JOURNAL

MÉMOIRES DE LA VIE LITTÉRAIRE

1851-1863

EDMOND ET JULES DE GONCOURT

JOURNAL

MÉMOIRES DE LA VIE LITTÉRAIRE

1851-1863

Avant-propos de l'Académie Goncourt
Texte intégral établi et annoté par
Robert Ricatte

TOME I

FASQUELLE   FLAMMARION
11, Rue de Grenelle   26, Rue Racine
PARIS

DE

L'ACADÉMIE GONCOURT

*E*N *publiant intégralement le* JOURNAL *écrit par Jules et Edmond de Goncourt, l'Académie Goncourt obéit à une volonté plusieurs fois exprimée par son fondateur. Elle tient à en rappeler les termes de façon précise. Voici donc, concernant le* JOURNAL, *le passage du testament d'Edmond de Goncourt, déposé par lui chez son notaire, M*e *Duplan, 11, Rue des Pyramides, le mois de Mai 1892 :*

« *Après ma mort, il sera trouvé dans ma petite armoire de*
« *Boule, placée dans mon cabinet de travail, une série de cahiers portant*
« *pour titre :* JOURNAL DE LA VIE LITTÉRAIRE, *commencé par mon*
« *frère et moi le 2 Décembre 1851. Je veux que les cahiers auxquels*
« *on joindra les feuilles volantes de l'année courante, qui seront dans*
« *un buvard placé dans le compartiment de ma bibliothèque, près de*
« *ma table de travail, soient immédiatement cachetés et déposés chez*
« *M*e *Duplan, mon notaire, où ils resteront scellés vingt ans, au bout*
« *desquels ils seront remis au Département des manuscrits de la*

« *Bibliothèque Nationale et pourront être consultés et livrés à l'im-*
« *pression. Si la garde de ces volumineux manuscrits chez le notaire*
« *faisait quelque difficulté, ils seraient aussitôt remis à la Bibliothèque*
« *Nationale, mais ne pourraient jamais être consultés et livrés à*
« *l'impression qu'au bout de vingt ans. Enfin si par impossible, la*
« *Bibliothèque Nationale refusait le dépôt, je demanderais à la famille*
« *Daudet de les garder jusqu'à l'expiration des vingt ans* ».

Lorsqu'il exprimait cette volonté, Edmond de Goncourt lui avait déjà donné, de son vivant, une réalisation. Une partie du JOURNAL *avait été publiée et Goncourt avait rapporté les circonstances de cette décision en* 1887 *dans la préface du premier tome :*

« *Ce journal ne devait paraître que vingt ans après ma mort.*
« *C'était de ma part une résolution arrêtée lorsque l'an dernier dans*
« *un séjour que je faisais à la campagne, chez Alphonse Daudet, je*
« *lui lisais un cahier de ce journal que, sur sa demande, j'avais pris*
« *avec moi. Daudet prenait plaisir à la lecture, s'échauffait sur l'intérêt*
« *des choses racontées sous le coup de l'impression, me sollicitant d'en*
« *publier des fragments, mettait une douce violence à emporter ma*
« *volonté, en parlait à notre ami commun, Francis Magnard, qui*
« *avait l'aimable idée de les publier dans le « Figaro.* »

Neuf volumes du JOURNAL *parurent entre* 1887 *et* 1896. *Edmond de Goncourt en avait maintenu une partie inédite dont il tint à rappeler, lors de la publication du Tome VI, qu'elle devait être publiée après sa mort :*

« *Dans ce dernier volume, je vais tacher, autant qu'il m'est*
« *possible de servir aux gens, saisis par mes* instantanés, *la vérité*
« *agréable, l'autre vérité qui sera la vérité absolue, viendra vingt ans*
« *après ma mort* » (1).

---

(1) Sur la couverture du cahier VII (1874-1879) du manuscrit du Jour-
NAL on peut lire cette note de la main d'Edmond de Goncourt : « A déposer,
cacheté, chez mon notaire pour être repis à la Bibliothèque Nationale et livré
à la publicité 20 ans après ma mort ».

Cette préface était datée « Auteuil, Décembre 1891 *». Quelques mois plus tard, le* 7 *mai* 1892, *il ajoutait un codicille à son testament :*
« *Les dispositions pour la conservation et la publication intégrale* « *du* Journal de la Vie Littéraire, *dont une partie, une moitié* « *seulement et la moins intéressante a paru sous le titre* « Le Journal « des Goncourt » *restent les mêmes* ».

Ces textes précisent, de façon indubitable, la volonté d'Edmond de Goncourt que le Journal *soit communiqué et publié en sa totalité vingt ans après sa mort. Si le testament n'indique pas que cette charge revient à l'Académie Goncourt, c'est que cette obligation lui paraissait évidente et qu'elle était implicitement exprimée dans le don qu'il avait fait de son œuvre à l'Académie :*
« *Je déclare affecter pour la constitution de cette société tant le* « *produit de la vente de mes biens et objets mobiliers que les sommes* « *à provenir de mes droits d'auteur pour les livres et les pièces de* « *théâtre publiés de mon vivant, aussi bien que pour les publications* « *d'ouvrages qui paraîtront après mon décès, notamment un ouvrage* « *intitulé :* Journal des Goncourt, Mémoires de la Vie Littéraire ».

(Testament du 10 *novembre* 1884 *recopié par Edmond de Goncourt en* 1892).

Pourtant, en dépit de cette volonté exprimée à plusieurs reprises, la partie inédite du Journal *qu'Edmond de Goncourt considérait comme la plus intéressante, n'a pas été publiée jusqu'à ce jour. Il nous appartient, en toute objectivité, d'en rechercher la raison et de fixer ce point d'histoire littéraire.*

*

Edmond de Goncourt est mort dans la nuit du jeudi 16 *juillet* 1896, *à Champrosay, chez ses amis Daudet. Il était âgé de soixante-quatorze ans. Deux jours plus tard, le* 18 *juillet,* Me *Duplan, notaire, lut à Alphonse Daudet et à Léon Hennique le testament d'Edmond de Goncourt qui les instituait légataires universels et exécuteurs testamentaires, à charge pour eux de constituer l'Académie et le prix prévus par le testament, et de remettre à l'Académie tous les biens qu'ils tiendraient de cet héritage ; ce qui fut accompli, Léon Daudet, ayant succédé comme exécuteur testamentaire à son père Alphonse Daudet, mort le 16 décembre 1897.*

C'est donc au mois de juillet 1916 que le JOURNAL *aurait pu être consulté et publié. En 1916, la France était en guerre. L'Académie Goncourt obtint aisément du Ministre de l'Instruction Publique, Paul Painlevé, de différer pour cinq années la communication du* JOURNAL *par la Bibliothèque Nationale, et pour ce qui la concernait elle décida d'en remettre la publication à plus tard. Quelques protestations s'élevèrent alors dans les rubriques littéraires. Elles prirent une forme pressante en 1921 où un journal fit sommation à la Bibliothèque Nationale de lui communiquer le manuscrit dont elle avait reçu le don et la garde. A la demande du Ministre, qui était alors M. Léon Bérard, un expert fut nommé dont le rapport fut soumis à l'appréciation de trois jurisconsultes, les bâtonniers Fourcade et Albert Salles et le doyen de la Faculté de Droit, Me Barthélemy. Ces messieurs conclurent au maintien de l'interdiction.*

Cette interdiction s'appuyait sur un texte de loi qui autorise la Bibliothèque Nationale à ne pas communiquer tout texte « contraire à l'ordre public ». Un argument, d'ordre sentimental celui-là, s'était sans doute présenté également à l'esprit de ces jurisconsultes, à savoir que le JOURNAL *écrit par Edmond de Goncourt, dans un parti pris intransigeant de vérité, mettait en cause des personnalités encore vivantes. Il est certain que nos aînés et Gustave Geffroy, notamment, obéirent à ce sentiment de discrétion. Le délai de vingt ans choisi par Goncourt n'était point celui d'une génération : il fut jugé trop court. L'Académie préféra les critiques, qui ne lui furent pas ménagées, à la hâte légale d'une publication.*

AVANT-PROPOS

Un quotidien qui montrait beaucoup d'ardeur à réclamer la publicité du manuscrit insérait dans sa « manchette » cette interrogation : « Accepter un legs sans exécuter les volontés du testateur, comment l'Académie Goncourt appellerait-elle cela, si elle faisait, elle aussi, un dictionnaire ? » L'Académie accepta ces attaques sans oublier pour autant, quoique en différant l'échéance, le vœu suprême de son fondateur.

Des années passèrent, une autre guerre survint, s'acheva et l'Académie jugea que cinquante ans s'étant écoulés depuis la mort d'Edmond de Goncourt, elle devait se mettre en mesure d'observer intégralement le testament qui l'avait créée. Elle demanda au Ministre communication du JOURNAL, en conservation au Département des Manuscrits à la Bibliothèque Nationale. Cette communication fut autorisée, à charge pour l'Académie d'en prendre, non une copie manuscrite, mais une photographie par micro-film.

*

Le JOURNAL se présente sous la forme de onze cahiers, dont huit sont de gros in-octavo, dos en parchemin, dans l'état où Goncourt les a laissés et trois de format in-quarto reliés en demi-chagrin vert foncé par les soins de la Bibliothèque. Ces cahiers ne sont pas tous de la même épaisseur. Le plus mince a 98 feuillets ; le plus épais en a 476. Les cinq premiers cahiers sont presque tous entièrement écrits par Jules de Goncourt, les autres sont de la main d'Edmond. L'écriture de Jules de Goncourt, parfois tracée au crayon, est petite, ramassée et d'une lecture difficile. En revanche toute la partie rédigée par Edmond de Goncourt est beaucoup plus lisible.

La transcription du micro-film, le travail critique à accomplir pour recenser et établir la partie inédite du JOURNAL, l'interprétation de textes qui comprenaient parfois plusieurs versions, représentaient une tâche considérable que l'éditeur du JOURNAL, après approbation de l'Académie, confia à un chartiste, M. Pognon. La difficulté de la

9

transcription des textes sur projection du micro-film, l'ampleur et la minutie du travail critique, la durée de plusieurs années qu'il exigeait, ne permirent pas à M. Pognon d'en poursuivre l'exécution. Un autre chartiste et historien apprécié, Robert Burnand, accepta de prendre sa suite et après avoir patiemment déchiffré une partie du micro-film obtint de l'administration de travailler directement sur le manuscrit. Il est mort durant cette tâche, alors qu'il achevait de copier les pages datées du mois de Septembre 1867. L'Académie Goncourt se doit de saluer en tête de cette édition la mémoire de Robert Burnand qui aura contribué, avec une sérieuse application, à donner du texte une première transcription.

M. Robert Ricatte, auteur d'une thèse remarquable sur LA CRÉATION ROMANESQUE CHEZ LES GONCOURT et professeur à la Faculté des Lettres de Clermont-Ferrand, accepta de reprendre entièrement le texte déjà transcrit et de poursuivre la tâche interrompue. Il lui aura fallu plusieurs années de travail pour la conduire à son terme et donner à cette édition l'appoint de notes qui l'éclairent sans l'alourdir et restituent au lecteur, jusque dans des détails et dans des visages oubliés, la physionomie exacte de la vie littéraire durant la seconde moitié du XIXᵉ siècle. L'Académie Goncourt remercie vivement M. Robert Ricatte pour avoir mené à bien un travail qui a permis de satisfaire la volonté d'Edmond de Goncourt.

*

Voici donc le JOURNAL, tel qu'il fut écrit, dans son texte intégral, sauf la suppression de quelques noms et de quelques précisions, suppression imposée par les nécessités légales. En déférant au vœu d'Edmond de Goncourt, nous savons que les appréciations, les jugements, les faits quotidiens rapportés dans ce JOURNAL, ne manqueront pas de soulever des contestations, voire des sévérités. Elles se sont produites avant même que ces pages soient imprimées et ont donné lieu à un *procès intenté à l'Académie Goncourt et qu'elle a gagné parce que son droit n'était pas contestable. Nous avons considéré ce droit comme un devoir. Me Maurice Garçon, dont le talent et la fidélité nous furent précieux, rappelait une vérité incontestable quand il affirmait dans sa plaidoirie qu'Edmond de Goncourt tenait le* JOURNAL *écrit par lui et par son frère pour l'œuvre maîtresse de leur vie.*

Cependant, la publication du JOURNAL *qui du vivant d'Edmond de Goncourt lui avait suscité des reproches dont les plus vifs vinrent d'Ernest Renan et les plus amicaux de la Princesse Mathilde, quand Goncourt croyait n'avoir publié que « l'agréable » de ses notes, ne saurait manquer de détracteurs alors qu'il paraît dans sa totalité, c'est-à-dire dans ce qu'Edmond de Goncourt a appelé sa vérité « désagréable », sa « vérité absolue ». Cette vérité absolue, Edmond de Goncourt et son frère l'avaient recherchée comme la condition de leur art — et son originalité. Edmond l'a plusieurs fois affirmé, notamment dans le* JOURNAL *même, dans la préface du Tome VIe : « Voici « quarante ans, écrivait-il, le mois de Décembre 1891, que je cherche à « dire la vérité dans le roman, dans l'histoire et le reste. Cette passion « malheureuse a ameuté contre ma personne tant de haines, de colères, et « donné lieu à des interprétations si calomnieuses de ma prose, qu'à « l'heure qu'il est, où je suis vieux, maladif, désireux de la tranquillité « d'esprit — je passe la main pour la dire, cette vérité — je passe « la main aux jeunes, ayant la richesse du sang et des jarrets qui « ploient encore ». Ce goût de la vérité totale, il n'est pas de notre rôle ni de le justifier, ni de le dénoncer ; du moins pouvons-nous préciser d'où les Goncourt le tenaient et quelles raisons ont conduit Edmond à en observer les inspirations jusqu'à l'extrémité de sa vie.*

*

Tous deux ont été formés par les œuvres du XVIIIe siècle, et l'on a remarqué, justement, que les écrivains du XIXe siècle qui avaient gardé des liens spirituels avec le siècle de l'Encyclopédie et des Mémoires, tels que **Stendhal** et Mérimée, présentaient dans leur temps une physionomie particulière. On leur trouve la même liberté d'esprit, un tour spirituel dans leur correspondance, le goût de l'analyse allant jusqu'à l'aveu ou à l'indiscrétion. Les Goncourt ont pris une partie de ces traits et l'ont prise consciemment. Ils avaient été séduits par la variété des documents et des correspondances secrètes, l'abondance des détails intimes essaimés dans les papiers du temps. On sait quelle avait été leur ardeur monacale pour les recueillir, y consacrant des journées entières, allant jusqu'à vendre leurs habits noirs par crainte d'être infidèles, ne fut-ce qu'un soir, à leur tâche. Tâche considérable, d'une assiduité sans relâche, à laquelle ils sacrifièrent combien de jours et de soirs de leur jeunesse ! Ils avaient entrevu et prétendirent atteindre une nouvelle forme de l'Histoire, celle qui consistait non point à montrer le grand homme sous son seul aspect public, mais dans sa vérité humaine, c'est-à-dire intime en se référant « aux journaux, aux brochures, « à tout ce monde de papier mort et méprisé jusqu'ici, aux autographes, « aux gravures, aux dessins, aux tableaux... » Ils ont résumé leur doctrine en une phrase de leur JOURNAL le 22 Juin 1859 : « Un temps « dont on n'a pas un échantillon de robe et un menu de dîner, l'histoire « ne le voit pas vivre », affirmation souvent raillée, mais dont la part de vérité est incontestable. Mérimée s'est également vanté, aux premières pages de sa CHRONIQUE DE CHARLES IX d'apprécier avant tout les anecdotes dans l'Histoire. Pour les Goncourt, leur méthode appliquée avec constance, avec minutie, a produit des livres d'une admirable richesse : l'HISTOIRE DE LA SOCIÉTÉ FRANÇAISE PENDANT LA RÉVOLUTION, l'HISTOIRE DE LA SOCIÉTÉ FRANÇAISE SOUS LE DIRECTOIRE, LA FEMME AU XVIIIe SIÈCLE, les PORTRAITS INTIMES DU XVIIIe SIÈCLE et leurs monographies sur Marie-Antoinette, sur Sophie Arnould, sur la Clairon et la Guimard. Dessinateurs l'un et l'autre, aquarellistes en voyage, aquafortistes à Paris (Jules, dans une œuvre qui comporte 86 eaux-fortes, témoigna d'un véritable talent), *ils sont d'excellents portraitistes la plume à la main, l'exactitude du détail soutenant une appréciation sensible des types humains. Les Goncourt ont été certainement des historiens et des peintres de portraits dont le temps n'a pas contesté l'exactitude ni affadi les nuances.*

*

On trouve dans les Portraits Intimes du xviiie siècle *une étude sur Bachaumont, l'auteur libertin et bavard de mémoires secrets, étude visiblement indulgente. Sans doute est-ce en lisant Bachaumont et en dépouillant tant de documents vierges, où la vie affluait d'un siècle à l'autre dans sa stimulante fraîcheur, que les Goncourt décidèrent d'écrire leur* Journal. *Ils ne le conçurent pas comme une introspection personnelle. Il ne s'est point agi dans leur esprit d'un journal intime mais d'un document sur leur vocation d'hommes de lettres et sur la vie littéraire.* Journal de la Vie Littéraire, *c'est le titre qu'ils ont donné, plusieurs fois, à leur entreprise. Leur volonté : être vrais, vrais envers eux-mêmes, envers autrui, envers la vie. Le XVIIIe siècle, leur modèle, leur inspirateur, n'a rien caché, fut-ce sous la grâce, et il s'est senti philosophiquement assez fort pour rechercher et accepter l'homme dans sa vérité. Les Goncourt se sont institués les héritiers de ce réalisme sans précaution dont la franchise, lorsqu'elle adopte ce parti pris absolu, cotoie parfois la curiosité, naïvement avide, de la jeunesse. Les Goncourt, d'autre part, ont appartenu l'un et l'autre à cette race d'hommes nerveux, de constitution émotive, que Paul Bourget a si bien définie, en parlant des deux frères dans sa pénétrante et noble étude des* Essais de Psychologie Contemporaine. *Cette sensibilité n'a fait qu'accroître leurs facultés perceptives et leur penchant à en recueillir les observations. Chaque trait dont ils furent les témoins ou qui leur fut conté, s'il leur paraissait ajouter à la vérité de leur temps et des hommes de leur temps, leur sembla digne d'être noté, quelle qu'en soit la nature et le degré* *d'intérêt immédiat. Car ils ont estimé que cet énorme foisonnement de petits faits vrais, de récits, d'aveux, consignés au jour le jour, servirait aux historiens et aux moralistes de l'avenir. Ce Journal est un immense vivier qu'ils offraient aux générations pour y découvrir la faune d'une époque, vingt ans après leur mort. Mais ils ne s'en sont pas exclus. Il y a sans doute des excès dans le* JOURNAL *des Goncourt, mais il n'y a pas d'hypocrisie, ni de vérités choisies ou simulées. Edmond de Goncourt, notamment durant les dernières années de sa vie, a écrit vraiment tout ce qu'il pensait ou apprenait sur autrui ; et, ce faisant, il ne pouvait ignorer que ces vérités, si résolument exprimées, constituaient souvent un aveu de ses propres faiblesses. Mais il avait visiblement décidé de se montrer tel qu'il était dans ses préventions, dans ses amertumes d'écrivain, dans ses détresses d'homme seul, en proie à cette banale inquiétude, si souvent inavouée, que la vie apporte à la plupart des hommes en leur retirant les forces et les espoirs qui la leur faisaient aimer.*

Jusqu'à sa mort ce fut Jules qui tint la plume pour les confidences du soir. Sa mort interrompit le JOURNAL *et brisa l'harmonie d'une existence. La mort de Jules fut pour Edmond un déchirement extraordinaire : cette nuit funèbre suffit à blanchir une tête et à dépareiller une âme. Edmond avait décidé d'interrompre le* JOURNAL, *conversation de tous les soirs entre deux frères qui ne se cachaient rien. Cependant, il voulut décrire la mort de son frère et l'ayant décrite, ayant peut-être trouvé un allègement de sa peine dans cette sincérité vespérale, il en reprit l'habitude. C'était le lien de confidence où il retrouvait celui qu'il avait perdu, où il lui contait, encore et toujours, comme quelqu'un à qui l'on peut tout dire, tout ce qu'il avait à dire et jusqu'à d'insignifiants secrets.*

*

Du XVIIIe siècle, les Goncourt seront passés, sans transition romantique, à un réalisme dont ils furent, pour une part, les initiateurs.

Leurs romans, planches d'anatomie morale et d'observation sociale, portent tous le nom de leur personnage : GERMINIE LACERTEUX, RENÉE MAUPERIN, LA FILLE ÉLISA, CHARLES DEMAILLY, SŒUR PHILOMÈNE, MANETTE SALOMON, MADAME GERVAISAIS, LES FRÈRES ZEMGANNO, CHÉRIE, *précisant en cela que l'homme et sa connaissance se placent au centre de leurs préoccupations, comme le but essentiel de leur art. Le* JOURNAL *s'inspire de la même vocation réaliste et concourt aux mêmes recherches. C'est leur annexe, leur grande réserve où ils lancent tout ce qu'ils trouvent, non sans noter, souvent, et en moralistes, ce que leur inspire telle remarque ou telle découverte. En sorte que des réflexions remarquables et de surprenantes anticipations sur l'avenir voisinent dans ces milliers de pages avec des anecdotes vaines en apparence et même scabreuses, mais révélatrices pour le romancier. Les vastes tableaux, les considérations sur les mœurs apparaissent surtout dans la partie écrite par Jules de Goncourt; mais il en est encore après sa mort. Toute la relation des épisodes de la guerre de* 1871 *et de la Commune, notamment, œuvre d'Edmond, témoigne d'un écrivain d'une puissance saisissante. Ce serait faire injure à leur mémoire et se montrer un bien médiocre lecteur que de chercher dans ces pages sans omission les seuls passages où Goncourt, par volonté de ne rien omettre, a écrit ce qui ne se dit que dans l'intimité de la camaraderie ou ne s'avoue que dans le secret des âmes. Nul contemporain d'Edmond de Goncourt n'ignorait qu'il tenait son* JOURNAL, *surtout lorsque ce* JOURNAL *eut paru. Il n'était plus alors d'homme à homme, de confidences destinées au voile et à l'oubli. Le parti pris de vérité et les outrances mêmes du roman naturaliste inspiraient les conversations et allaient désormais donner au* JOURNAL *des écrivains un caractère prononcé de franchise et de liberté de ton. Le premier tome du* JOURNAL *des Goncourt a paru en* 1887. *Or, c'est la même année que Jules Renard a commencé d'écrire le sien; et, deux ans plus tard, Barrès ses* CAHIERS. *L'exemple était suivi :*

15

André Gide n'avait qu'à paraître pour ne plus même attendre vingt ans avant de livrer les secrets d'une vie...

*

Edmond de Goncourt, s'il parle librement de ses amis dans ces pages, n'est pas moins sincère avec lui-même. La critique qui ne le ménagea pas, le silence sous lequel son effort demeura longtemps enseveli, l'échec de son théâtre, lui furent autant de blessures dont la plainte passe dans les aveux du JOURNAL. Il put advenir que le souvenir de l'injustice littéraire ait durci son jugement : ce souvenir était incapable pourtant de le détourner de ses résolutions. Un article railleur et peu clément de Jules Vallès sur le projet de l'Académie, n'empêcha pas Goncourt de maintenir le nom de Vallès sur la liste de ses académiciens et il n'y raya le nom d'Emile Zola que lorsque l'auteur de THÉRÈSE RAQUIN se présenta à l'Académie Française.

Son attachement aux Lettres est demeuré la règle jamais transgressée de sa vie ; et quand son frère, qui avait observé la même vocation, fut mort, l'existence pour Edmond de Goncourt tint tout entière dans une double fidélité. Cette double constance s'exerça dans la solitude, dans un célibat souvent triste, en une époque où les traditions bourgeoises donnaient à la vie familiale une cohésion et une chaleur que celui qui s'en était exclu ne pouvait pas ne pas parfois regretter. Les « fêtes carillonnées » pour Edmond de Goncourt furent souvent moroses ; mais il lui restait, le soir venu, cette conversation du JOURNAL, ce bavardage de vieil étudiant où il retrouvait, en pensée et dans une confidence totale, le frère inoublié.

Cette vocation, qu'Edmond de Goncourt aura observée toute sa vie, et le désintéressement qu'il y apporta constituent les traits essentiels de son caractère. C'est à cela d'abord que le lecteur devra penser en lisant le JOURNAL : c'est à cette opiniâtreté, à cette fureur de vérité pour justifier une doctrine et une forme d'art, c'est au vieil

AVANT-PROPOS

Edmond de Goncourt, fou de littérature, de « documents humains » et de réalisme, comme le fut, fou de dessin, l'artiste japonais qu'il admirait. Le JOURNAL *n'eut pas d'autre raison d'être pour les deux frères qui l'écrivirent et décidèrent de le publier. Et c'est l'inoubliable ferveur dont ils ont entouré leur ouvrage et leur vœu qui nous a confirmé notre devoir.*

L'Académie Goncourt.

INTRODUCTION

*I*L *n'est pas question de refaire ici l'histoire de la composition et de la publication du* JOURNAL : *c'est l'objet essentiel de l'*AVANT-PROPOS *de l'*Académie Goncourt ; *mais il faut rappeler ce qui intéresse notre tâche.*

Le 2 décembre 1851, dans le bruit du Coup d'État, les Goncourt rédigent la première page de leur JOURNAL. *Notes d'abord capricieusement espacées, sans date, parfois écrites assez longtemps après l'événement : de l'aveu même d'Edmond, il faut attendre 1855 pour que le* JOURNAL *prenne la régularité d'une fonction presque organique (1).*

L'écriture de l'aîné apparaît rarement dans le manuscrit jusqu'en 1870 ; mais il nous avertit, dans la préface de 1872, que Jules transcrivait leurs impressions « sous une dictée à deux ». Delzant, confident scrupuleux d'Edmond, précise : « Chaque soir... un des frères, mais plus souvent Jules, se mettait à écrire, tandis que l'autre, derrière lui, suggérait une touche pittoresque, avivait un mot d'une épithète ou renforçait une

---

(1) Cf. PRÉFACE de 1872 : « Ce n'est guère dans les premières années, qu'une suite, à longs intervalles, de pauvres notes, et nos mémoires ne commencent vraiment qu'en 1855. » Le lecteur, en présence de ces premières notes, transcrites telles que le manuscrit nous les livre, peut être tenté de s'irriter devant ces pages parfois maladroites ou inutilement obscures ; mais ce serait oublier tant de maximes déjà mûres et de « choses vues », dont la vie, déjà, vous saute aux yeux. Il faut tout simplement reconnaître que ces cinq premières années du JOURNAL nous en donnent une idée encore bien imparfaite.

impression » (1). *Jules, ayant le plus souvent le privilège du chevalet, a évidemment la plus grande part dans cette collaboration ; mais n'excluons pas l'apport d'Edmond dans la « manière » des deux peintres.* Pour le *fond même des confidences, Jules a beau dire constamment* je, *il arrive aux deux frères de mêler ou de substituer l'une à l'autre leurs deux personnalités dans les récits les plus intimes ; souvenirs, rêves et amours* (2). *Tout comme les romans des Goncourt, jusqu'en* 1870, *le* JOURNAL *hérite de deux tempéraments distincts et réalise, si l'on transpose le vocabulaire dont use Zola pour la généalogie des Rougon-Macquart, un* mélange-fusion *avec* prédominance *de l'un des deux créateurs.*

Quand sombre l'esprit du cadet, Edmond reprend la plume le 20 janvier 1870, *note l'agonie et la mort de son frère, survenue le 20 juin* 1870 ; *puis inlassablement, les rencontres de sa vie dépareillée, jusqu'à ce qu'il meure lui-même chez les Daudet, le 16 juillet* 1896.

Mais chemin faisant, de 1887 *à* 1896, *il s'était décidé à publier ces* MÉMOIRES DE LA VIE LITTÉRAIRE (3), *moyennant force coupures et atténuations. Celles-ci nous imposaient de revenir au texte original, pour retrouver l'acidité première du mémorialiste et ses audaces. Ce parti une fois pris, il fallait accepter le manuscrit sans biaiser, avec ses qualités et ses défauts.*

Il fallait d'abord le lire. La partie rédigée par Edmond est claire ; les notes de Jules, au contraire, sont d'une écriture fine, serrée et souvent difficile : les lettres se confondent dans la minuscule palissade de fins bâtonnets qui les forment ; et cette écriture équivoque devient redoutable, quand elle est au service d'un style qui toujours spécule sur la surprise. La ponctuation est absente ou capricieuse. Il eût été d'autant plus difficile

---

(1) Alidor Delzant, LES GONCOURT, Charpentier, 1889, in-12, p. 310.

(2) J'ai précisé ailleurs LA CRÉATION ROMANESQUE CHEZ LES GONCOURT, p. 52 sqq. quelques-uns de ces curieux échanges.

(3) Cette édition Charpentier, parue sous le titre général JOURNAL DES GONCOURT, MÉMOIRES DE LA VIE LITTÉRAIRE, comporte 9 volumes in-18, répartis en 3 séries. La première se compose du t. 1 (1851-1861), du t. 2 (1862-1865), publiés l'un et l'autre en 1887, et du t. 3 (1866-23 juin 1870), publié en 1888. La seconde intéresse le t. 4 (26 juin 1870-1871), édité en 1890, le t. 5 (1872-1877), édité en 1891 et le t. 6 (1878-1888) édité en 1892. Dans la troisième parurent en 1894 le t. 7 (1887-1888), en 1895 le t. 8 (1889-1891) et en 1896 le t. 9 (1892-30 décembre 1895). — Le texte et sa répartition à l'intérieur des 9 volumes ont été exactement conservés dans l'« Édition définitive », publiée par l'Académie Goncourt, avec trois postfaces de Lucien Descaves, placées au t. 1, au t. 4, et au t. 9 (Flammarion-Fasquelle, 1935-1936, 9 vol. in-18).

INTRODUCTION

de la conserver que la coupe des phrases était, la plupart du temps, le seul moyen dont je disposais pour faire apparaître l'intention des Goncourt, parmi les obscurités de ces confidences complexes et pressées. Je n'ai pas respecté non plus les fantaisies orthographiques des deux écrivains. Les noms propres, en particulier, leur donnent une espèce de vertige, qui leur fait écrire Shakespeare *ou* Rothschild *de cinq ou six façons différentes, toutes aberrantes. Cette infidélité m'a fait souvent hésiter, lorsqu'il s'agit de personnages peu connus.*

*J'ai transcrit en italique les idiotismes de la langue parlée, lorsque le glissement de l'usage risquait de provoquer un contresens et lorsqu'*Edmond, *ici ou là, dans les volumes imprimés, avait usé lui-même de l'italique pour l'expression qui était en cause. On trouvera d'ailleurs, à la fin du* JOURNAL, *un bref glossaire de ces idiotismes maintenant désuets.*

Il restait à régler le sort des ratures, nombreuses et souvent peu déchiffrables. Quelque envie que j'eusse de conserver toutes celles qui pouvaient intéresser le travail du style, j'ai dû les sacrifier en raison des limites assignées à cette édition. J'ai tenu compte néanmoins, de celles qui nous révélaient des notations supprimées. En effet, tel trait noir, Edmond a pu le tracer après coup, quand il a revu le manuscrit pour la postérité et voulu camoufler des indications parfois fâcheuses. Certaines de ces ratures révèlent un drame. Jules, en mai 1865, *écrit :* « un mot de moi qui a eu un grand succès à un des* Magny : Baudelaire, *c'est Béranger à* Charenton ! » *Une première et légère rature, de même encre que la note, court du début jusqu'à* Magny : *elle doit être de Jules, désireux de détacher plus brutalement son mot d'esprit. Celui-ci à son tour disparaît sous une rature plus épaisse et d'une autre encre, — scrupule tardif et bien compréhensible. Car le* 30 mars 1866, *l'aphasie et le ramollissement cérébral frappent le poète et prêtent un sens atroce au mot du mémorialiste ; mais Jules lui-même sombre à son tour dans l'aphasie en* 1870 : *on se prend à rêver tristement sur ce mot en forme de boomerang... Partout donc où un passage rayé présentait un sens complet et ajoutait une indication au texte conservé, je l'ai rétabli, en indiquant en note la rature.*

*Publiant le texte intégral du manuscrit, je devais en respecter l'ordre, qui suit jour à jour le fil d'une vie. Les familiers des neuf volumes à couverture crème ne trouveront pas toujours, où ils les cherchaient, des notes qu'*Edmond *avait dispersées ou regroupées. Ils devront aussi se résigner aux redites ; la vie se répète, et surtout l'admiration. Les Goncourt ont vénéré Gavarni ; pénétrant graduellement dans son intimité, ils ont consigné* *avec dévotion, au cours d'une longue amitié, les reprises d'une confidence maintes fois recommencée.*

L'établissement même du texte, pour les passages inédits, ne soulevait pas de problème de principe. Dans les rares cas où j'ai dû suppléer un mot, dont l'absence entraînait non-sens ou contresens, on trouvera indiqué exactement en note le ou les mots qui constituent cette addition de l'éditeur. Mais en dehors de ces cas exceptionnels, j'ai naturellement respecté les raccourcis parfois vertigineux d'une sténographie passionnée.

Les choses n'étaient pas aussi simples pour les parties éditées par Edmond de Goncourt. Le texte de base ne pouvait être que la version manuscrite, puisque Edmond, en la publiant, l'avait taillée, rognée, édulcorée. Mais en même temps, il l'avait enrichie d'une foule d'indications que l'on n'a pas le droit de négliger. Par exemple Jules de Goncourt, inventoriant, le 16 juin 1856, la collection Fossé d'Arcosse, avait cité « l'ordre de payer à Lajouski 1.500 livres, signé Philippe-Égalité le 11 décembre 1792 »; Edmond, en ajoutant : « Lajouski, le Septembriseur » donne aussitôt sa résonance dramatique à cette collusion entre un prince du sang et le tueur des massacres de Septembre.

Comment intégrer au texte ces innombrables précisions? Les servitudes de l'édition m'ont interdit un système de signes ou de caractères différenciés; de perpétuels renvois en bas de page eussent été abusivement fastidieux. J'ai donc délibérément choisi. Là où Edmond apportait seulement un bref et objectif supplément d'information — comme dans le cas du Septembriseur *— j'ai reproduit à sa place dans le texte et sans mention d'origine l'addition d'Edmond. En revanche, dès que celle-ci supposait une plus large ou plus personnelle initiative, le passage, tout en restant incorporé dans le texte, appelait une note qui indiquât l'origine et l'étendue de l'addition. Prenons, par exemple, le récit du Deux Décembre qui débute par l'irruption d'un M. de Blamont, venu annoncer le Coup d'État aux Goncourt endormis. Comment négliger les détails ajoutés par Edmond et qui suggèrent en un clin d'œil l'amusante figure de cet inconnu :* « M. de Blamont, — le cousin Blamont, un ci-devant garde du corps, devenu un conservateur poivre et sel, asthmatique et rageur » ? *Mais l'indication était trop personnelle pour qu'on pût se dispenser de noter en bas de page sa provenance. Enfin, lorsque le texte édité offre, non plus seulement une addition, mais une véritable variante, et que celle-ci me paraît révélatrice de la personnalité ou de l'intention des deux frères, cette variante, évidemment exclue du texte, prend place en bas de page. Par exemple, à propos du drame de l'hôpital de Rouen, rapporté par*

INTRODUCTION

Bouilhet et qui devait devenir SŒUR PHILOMÈNE, *Jules avait écrit :* « *Bouilhet nous conte* cette jolie nouvelle *d'une sœur de l'hôpital de Rouen...* » (*5 février* 1860), *et cette formule devait être conservée dans le corps du texte ; mais il n'était pas sans intérêt de mentionner en note le repentir d'Edmond, qui lui fait écrire :* « ...cette tendre histoire », *et qui nous fait sentir, à nous, le dilettantisme un peu cruel de son frère.*

Tout cela comporte, certes, des difficultés. Mais celles-ci sont inhérentes à la situation insolite du JOURNAL *imprimé par rapport au* JOURNAL *manuscrit. Le* JOURNAL *édité est tout à la fois un document tronqué et truqué, — et un état définitif du texte, revu et amendé par l'un des auteurs, ce qui impose de ne point le prendre comme texte de base, mais aussi de tenir compte de tout ce qu'il apporte.*

*

Les Goncourt ont vécu les yeux fixés sur la vivante tapisserie du monde contemporain. L'oubli y a creusé tant de trous qu'il fallait toute une annotation documentaire pour redonner leur sens aux allusions du JOURNAL. *Le dernier volume contiendra un index des noms propres. Ceux qui ne sont ni trop connus, ni trop inconnus y feront l'objet d'une brève notice. Cet index concerne également les personnages imaginaires, qui s'imposent aux Goncourt tout autant que les personnes réelles : Prud'homme est aussi souvent cité que Flaubert. Paris enfin revit à chaque page de ces mémoires : j'ai fait place dans l'index à des notes sur les cafés, les magasins, les bals, etc... où les Goncourt ont promené si souvent leur curiosité.*

D'autres renseignements ne pouvaient trouver place qu'en bas de page. J'ai mis là d'abord tout ce qui regarde les œuvres des Goncourt : la première mention, souvent obscure et voilée par un autre titre, d'un ouvrage publié dix ou douze ans plus tard, ou bien le rappel de tel épisode de leurs romans. Ceux-ci puisent au JOURNAL *la plupart des* « *documents humains* » *qu'ils recèlent : je n'ai indiqué cette utilisation, que dans les cas où la page du roman éclaire la page du* JOURNAL.

Mais ces notes de bas de page sont essentiellement consacrées aux citations sans référence, aux titres d'œuvres mentionnés sans nom d'auteur, aux événements d'actualité, bref à tout ce qui ne pouvait être matière aux notices de l'index. En ce qui concerne les théâtres et les journaux, au lieu de loger dans l'index des notices évidemment trop sommaires, j'ai **préféré** *indiquer au fil du texte les renseignements précis qu'appelait à cet égard* *tel ou tel passage. A l'intérieur de la liste des références au* Journal, *qui accompagnera dans l'Index la mention du périodique ou du théâtre, les pages où ceux-ci auront fait l'objet d'une note, seront imprimées en caractères gras.*

C'est là surtout, dans cette chasse aux allusions perdues, que je demande l'indulgence du lecteur et sa collaboration. L'immense fresque littéraire, historique et anecdotique du Journal, *je n'ai point de baguette magique pour l'animer, mais ma seule patience. Encore a-t-elle dû, malgré elle, se restreindre dans le temps, pour une tâche qui eût demandé presque une vie. J'espère que ce document unique qu'est le* Journal *des Goncourt connaîtra des rééditions nombreuses, où l'érudition éparse des chercheurs et des curieux comblera les insuffisances de mon information.*

*

Il conviendrait ici de dire ce que je dois à tous ceux qui m'ont aidé déjà à résoudre bien des problèmes irritants. Mais dans cette publication qui se poursuit, j'attends encore d'autres secours. Je m'excuse donc de retarder jusqu'à la fin de ce travail l'expression plus précise de ma gratitude.

Mais je veux dès maintenant saluer la mémoire de Robert Burnand, qui avait entrepris l'édition que je présente aujourd'hui : lorsque la mort l'a interrompu, il avait établi une première transcription du manuscrit, qu'il n'a pas eu le temps de corriger et qui intéressait la moitié du Journal. *M. Pognon, M*me *Frèze et surtout M*lle *Dubois ont assuré, pour l'autre moitié, la suite de cette transcription dactylographique ingrate et difficile : je les en remercie bien vivement. J'ai collationné mot à mot cette première copie avec le manuscrit : lecture à deux, où m'ont aidé tour à tour ma femme et le probe et diligent érudit, qu'est M. Parménie. A celui-ci, je veux dire toute ma reconnaissance pour tant d'heures passées ensemble, face au manuscrit, dans la pièce ombreuse et solitaire de l'Arsenal, qui abrite les archives de l'Académie Goncourt. A l'obligeance de M. Parménie et à sa curiosité, si vive notamment à l'égard du vieux Paris et de son histoire, je dois d'avoir pu, à plusieurs reprises, compléter les recherches qu'exigeaient mes notes documentaires.*

*

Le Journal *des Goncourt n'est pas seulement un mémorial de quelques hommes illustres. Si Flaubert n'est point Napoléon, Paris*

INTRODUCTION

n'est point Sainte-Hélène. C'est la totalité du paysage humain qui compte ici, avec ses taillis d'hommes et de vices. De ce point de vue, les Goncourt ont écrit avec leur JOURNAL *le plus beau de leurs romans. Edmond romancier se plaint du « métier d'agent de police » qu'il lui faut faire « pour ramasser la vérité vraie », mais il avoue que ce « travail hâtif et courant d'un cerveau qui* moucharde *la vérité » grise « le sang-froid de l'observateur » et lui inspire « une sorte de fièvre heureuse ». (1). Cette fièvre euphorique, il m'est arrivé de la ressentir aussi, lorsque je dépistais les hommes, les lieux et les faits qui nous faisaient des signes obscurs à travers le* JOURNAL : *jour par jour, c'est tout un monde qui se mettait en place. Je souhaite seulement que le lecteur perçoive à son tour ce frémissement d'une société qui remonte à la lumière.*

Robert Ricatte.

---

(1) JOURNAL, 3 décembre 1871 et 22 août 1875.

LISTE DES ABRÉVIATIONS COURANTES

Ms. : Manuscrit du Journal d'Edmond et de Jules de Goncourt, conservé au Département des manuscrits de la Bibliothèque Nationale (Nouvelles acquisitions françaises, 11 volumes, nᵒˢ 22.439 à 22.449).

Corr. : Correspondance adressée aux Goncourt, conservée au Département des manuscrits de la Bibliothèque Nationale (Nouvelles acquisitions françaises, 30 volumes, nᵒˢ 22.450 à 22.479).

Add. ou *Var.* 1887 ou 1888 etc. : additions ou variantes introduites dans le texte par Edmond de Goncourt lors de l'édition du Journal ; la date est celle de la publication du tome du Journal, où se trouve le passage visé.

Add. éd. : précède l'indication des mots suppléés par l'éditeur actuel.

*

Les références au Journal, tel qu'il est actuellement édité, se font sans autre mention que celle du tome et de la page (par ex., *Cf. t. II, p. 24*).

Les références aux autres œuvres des Goncourt se rapportent à l'« Édition définitive publiée sous la direction de l'Académie Goncourt » (Flammarion et Fasquelle éditeurs), pour toutes les œuvres comprises dans cette édition.

On trouvera à la fin du Journal une liste des ouvrages utilisés ici et dont le titre est cité en abrégé dans les notes.

*

Nous avons distingué des autres notes du Journal, dans les premières années, les ensembles touffus des Gavarniana grâce à ce titre, au tiret qui précède chaque fragment et au triple astérisque qui suit l'ensemble.

*

Les noms propres dont l'Académie aura décidé la suppression seront uniformément remplacés par la lettre N...

PRÉFACE

DE

EDMOND DE GONCOURT

à l'édition de 1887 (1)

LE journal est notre confession de chaque soir : la confession de deux vies *inséparées* dans le plaisir, le labeur, la peine; de deux pensées jumelles, de deux esprits recevant du contact des hommes et des choses des impressions si semblables, si identiques, si homogènes, que cette confession peut être considérée comme l'expansion d'un seul *moi* et d'un seul *je*.

Dans cette autobiographie, au jour le jour, entrent en scène les gens que les hasards de la vie ont jetés sur le chemin de notre existence. Nous les avons *portraiturés*, ces hommes, ces femmes, dans leurs ressemblances du jour et de l'heure, les reprenant au cours de notre journal, les remontant plus tard sous des aspects différents et selon qu'ils changeaient et se modifiaient, désirant ne point imiter les faiseurs de mémoires qui présentent leurs figures historiques peintes en bloc et d'une seule pièce ou peintes

---

(1) Étant donné sa valeur « testamentaire », nous reproduisons d'après le texte imprimé cette préface composée en 1872 et publiée en 1887.

27

avec des couleurs refroidies par l'éloignement et l'enfoncement de la rencontre, — ambitieux, en un mot, de représenter l'ondoyante humanité dans sa *vérité momentanée*.

Quelquefois même, je l'avoue, le changement indiqué chez les personnes qui nous furent familières ou chères ne vient-il pas du changement qui s'était fait en nous ? Cela est possible. Nous ne nous cachons pas d'avoir été des créatures passionnées, nerveuses, maladivement impressionnables, et par là quelquefois injustes. Mais ce que nous pouvons affirmer, c'est que si parfois nous nous exprimons avec l'injustice de la prévention ou l'aveuglement de l'antipathie irraisonnée, nous n'avons jamais menti sciemment sur le compte de ceux dont nous parlons.

Donc, notre effort a été de chercher à faire revivre auprès de la postérité nos contemporains dans leur ressemblance animée, à les faire revivre par la sténographie ardente d'une conversation, par la surprise physiologique d'un geste, par ces riens de la passion où se révèle une personnalité, par ce je ne sais quoi qui donne l'intensité de la vie, — par la notation enfin d'un peu de cette fièvre qui est le propre de l'existence capiteuse de Paris.

Et dans ce travail qui voulait avant tout *faire vivant* d'après un ressouvenir encore chaud, dans ce travail jeté à la hâte sur le papier et qui n'a pas été toujours relu, — vaillent que vaillent la syntaxe au petit bonheur et le mot qui n'a pas de passeport — nous avons toujours préféré la phrase et l'expression qui émoussaient et *académisaient* le moins le vif de nos sensations, la fierté de nos idées.

Ce journal a été commencé le 2 décembre 1851, jour de la mise en vente de notre premier livre, qui parut le jour du Coup d'État. (1)

Le manuscrit tout entier, pour ainsi dire, est écrit par mon frère, sous une dictée à deux : notre mode de travail pour ces Mémoires.

---

(1) Var. Ms. : ...*notre premier livre qui, par une* malechance *habituelle à notre existence entière, parut le jour du Coup d'État.*

Ce n'est guère, dans les premières années, qu'une suite, à longs intervalles, de pauvres notes et nos mémoires ne commencent vraiment qu'en 1855.

Cette dernière indication figure, plus imprécise, dans la note ajoutée par Edmond à sa préface de 1872 (voir p. 27, n. 1).

PRÉFACE

Mon frère mort, regardant notre œuvre littéraire comme terminée, je prenais la résolution de cacheter le journal à la date du 20 janvier 1870, aux dernières lignes tracées par sa main. Mais alors j'étais mordu du désir amer de me raconter à moi-même les derniers mois et la mort du pauvre cher, et presque aussitôt les tragiques événements du Siège et de la Commune m'entraînaient à continuer ce journal, qui est encore, de temps en temps le confident de ma pensée.

Edmond de GONCOURT.

Schliersee, août 1872. (1)

---

(1) Cette préface est suivie d'une note sur la publication partielle du JOURNAL, note assez différente dans le manuscrit et dans le texte imprimé.

Texte manuscrit : *Quelques pages tirées de ce livre-journal ont été publiées en 1866 sous le titre d'IDÉES ET SENSATIONS. Des fragments biographiques de la vie de Gavarni ont aussi pris place dans le travail qui se publie sur notre vieil ami : GAVARNI, L'HOMME ET L'ŒUVRE.*

Depuis, ce journal a fourni des notes pour les études sur Théophile Gautier, Alphonse Daudet, pour la préface de GERMINIE LACERTEUX de l'édition Quantin, etc., etc. Enfin il doit paraître en partie dans le FIGARO pendant les deux années 1886-1887. — Note du mois d'avril 1886.

Texte imprimé : *Ce journal ne devait paraître que vingt ans après ma mort. C'était de ma part, une résolution arrêtée, lorsque l'an dernier, dans un séjour que je faisais à la campagne, chez Alphonse Daudet, je lui lisais un cahier de ce journal, que sur sa demande j'avais pris avec moi. Daudet prenait plaisir à la lecture, s'échauffait sur l'intérêt des choses racontées sous le coup de l'impression, me sollicitait d'en publier des fragments, mettait une douce violence à emporter ma volonté, en parlait à notre ami commun, Francis Magnard, qui avait l'aimable idée de les publier dans le FIGARO.*

Or voici ce journal, ou du moins la partie qu'il est possible de livrer à la publicité de mon vivant et du vivant de ceux que j'ai étudiés et peints ad vivum.

Ces mémoires sont absolument inédits, toutefois il m'a été impossible de ne pas à peu près rééditer par-ci, par-là, tel petit morceau d'un roman ou d'une biographie contemporaine qui se trouve être une page du journal, employée comme document dans ce roman ou cette biographie.

Je demande enfin au lecteur de se montrer indulgent pour les premières années, où nous n'étions pas encore maîtres de notre instrument, où nous n'étions que d'assez imparfaits rédacteurs de la note d'après nature; puis, il voudra bien songer aussi qu'en ce temps de début, nos relations étaient très restreintes et, par conséquent, le champ de nos observations assez borné.
E. de G.
Je refonds dans notre JOURNAL le petit volume des IDÉES ET SENSATIONS qui en étaient tirées, en les remettant à leur place et à leur date.

NOTES ANCIENNES RETROUVÉES (1)

15 mai 1848 (2).
— *De 11 heures et demie à 5 heures et demie.*

A onze heures et demie, le défilé des corporations commença. Il dura une heure et demie. On dit qu'il y avait deux cent mille hommes. Peu de gaîté. On cria : « Vive la Pologne ! Vive l'organisation du Travail ! Vive Louis Blanc ! Vive Lamartine ! Vive la république démocratique ! » Je suivis ce défilé de la rue des Capucines à la Chambre de l'Assemblée. Cinquante gardes mobiles à peu près étaient placés sur le pont. Ils criaient : « Vive la Pologne ! » et fraternisaient avec le peuple. D'autres étaient groupés

(1) Notes inédites de Jules de Goncourt, antérieures au JOURNAL et collées dans le manuscrit entre avril et août 1855 à la fin du premier cahier, f° 107 sqq.

(2) Note manuscrite d'Edmond : *Note écrite par mon frère, encore au Collège Bourbon et qui avait filé, sur la journée du 15 mai.* — Ce jour-là, les clubs démocratiques, portant une pétition en faveur de l'indépendance de la Pologne, envahirent l'Assemblée. Barbès, Blanqui, etc. formèrent un nouveau gouvernement à l'Hôtel de Ville. Mais la tentative, aussitôt réprimée, accéléra la réaction, qui allait aboutir à la dissolution des Ateliers nationaux et par là, à l'insurrection de Juin. En 1849, les responsables du 15 Mai comparurent comme accusés au procès de Bourges.

31

dans l'entre-colonnes de l'ancienne Chambre. Les députations, à mesure qu'elles arrivaient, laissaient leurs délégués devant la porte de l'Assemblée et allaient se ranger jusqu'à la barrière du Maine en faisant cette immense queue. A peu près trois mille hommes en blanc, en casquette, des gardes nationaux, artilleurs ou autres, des officiers généraux à épaulettes d'or, beaucoup d'hommes dont chapeaux ou casquettes portaient l'indication des clubs. Grandes bannières. Quelques femmes. Les commandants de ces espèces de légions engageaient tous les curieux à s'y joindre pour faire nombre.

Les trois mille groupés derrière l'Assemblée sur la place étaient assez animés. « Dans quinze jours, nous serons là ! » disait un ouvrier montrant l'Assemblée, etc. On disait qu'il y avait des pièces de canon, des troupes : dix mille hommes. On criait haro sur la première et la seconde légion, « ces gens huppés », comme dit un homme du peuple. Les gens du peuple étaient harangués par les présidents des clubs. Un détachement de garde nationale était devant la porte fermée. On cria : « A bas les baïonnettes ! » Les gardes nationaux ôtèrent leurs baïonnettes. Un homme du peuple cria : « Ouvrez, ou l'assaut ! » Les délégués n'étaient pas encore entrés. Un homme de service monta sur la guérite et voulut se faire entendre, il ne le put. Il était une heure et demie.

De 2 heures 20 à 4 heures moins le quart.

Le défilé avait cessé sur le boulevard; il continuait sur la place de la Concorde et le pont. On entrait alors dans la cour de la Chambre, les deux portes étaient ouvertes à grands battants. En route, on rencontrait la garde nationale qui s'en allait; la garde mobile, sur le pont, avait la crosse de ses fusils en l'air et mettait ses baguettes dans les canons, pour montrer qu'ils n'étaient pas chargés. D'autres étaient montés sur les murs et jetaient des branchages aux meneurs du peuple. Nous arrivâmes à 2 heures 20 sur la place, derrière la Chambre. La grande porte était ouverte. Celle des bâtiments de l'Assemblée aussi; les clubs et corporations, avec leurs bannières, étaient dans la cour; on voyait quelques gardes nationaux s'en aller, et quelques officiers de gardes mobiles. Des hommes en chapeaux avec les cartes des clubs haranguaient le peuple.

Tout d'un coup, il y eut un mouvement sur un des côtés de l'Assemblée. C'étaient MM. Barbès, Louis Blanc et Albert qui descendaient sur le rebord de la fenêtre pour parler à la foule. Barbès parla le premier et fit son discours en disant que l'Assemblée allait décréter que le peuple avait bien mérité de la patrie et admettait les clubs à défiler devant elle. Alors on cria qu'il fallait que tout le monde défilât. Louis Blanc parla ensuite et dit que le peuple était immortel, etc., etc. Des acclamations accueillirent ces deux discours. Le soleil tombait d'aplomb sur les têtes de ces milliers d'hommes, qui criaient : La guerre ! la guerre !

Dans une cour, j'entendis trois officiers de gardes mobiles dire qu'ils étaient pour Barbès et que si leur colonel venait, ils lui foutraient leur épée dans le ventre.

Déjà le peuple entrait dans l'Assemblée. Nous entrâmes par la porte de gauche; nous montâmes un escalier, nous redescendîmes et nous nous trouvâmes dans l'Assemblée, à la droite de la tribune.

C'était un spectacle étonnant. Les tribunes étaient garnies d'hommes du peuple; il ne restait plus que trois ou quatre dames. Les représentants, à peu près au nombre de six cents, — les bancs les plus dégarnis étaient ceux du centre, — étaient calmes et dignes. Du reste, il n'y avait plus moyen de sortir, le peuple obstruait toutes les issues. Les bancs des députés étaient complètement libres. Au bas de la tribune, dans l'espèce de péristyle entre les bancs des députés et elle, entrait, se poussait, criait, hurlait une foule bariolée. Des officiers de la Garde-nationale-Artillerie, des artilleurs, des pompiers, des gardes nationaux, des blouses, des habits, des hommes en chemise — des bannières, des branches d'arbres (aucune arme) —, beuglaient à tue-tête.

M. Buchez était à la tribune de la Présidence, entouré de messieurs à brassard tricolore; il avait derrière lui un officier général de l'Artillerie-garde-nationale. Il agitait sa sonnette sans pouvoir se faire entendre. Plus de quinze personnes se disputaient la tribune. Des délégués des clubs, Hubert Barbe-Rouge entre autres, formaient, au pied, des groupes très animés. Le peuple ne voulait pas s'en aller malgré les prières de quelques citoyens : « Laissez délibérer au moins ! — Non, non, nous voulons rester, nous ne nous en irons point. »

L'Assemblée et les tribunes s'emplissaient. Deux tribunes vacillèrent. M. Buchez et les autres citoyens furent obligés de crier : « Descendez, citoyens, vous allez crouler ! » Ils descendirent

dans la salle par les appuis des fenêtres. Ils criaient : « Barbès !
Barbès ! »

Barbès, — tête pâle, yeux caves, impériale, tête de conviction
de Christ, un foulard à la main, une redingote boutonnée depuis
le haut jusqu'en bas — monta sur la tribune et dit : « Citoyens,
je propose de voter par acclamations que le peuple a bien mérité
de la patrie et qu'il est admis à défiler en ordre avec ses bannières. »
Silence et immobilité des députés; cris et agitation du peuple,
bravos. Le peuple ne pense pas plus à défiler en ordre qu'au Grand
Turc. « Citoyens, je demande qu'un impôt d'un milliard soit levé
sur les riches pour le peuple. » Bravos prolongés du peuple;
immobilité et mutisme de l'Assemblée. A ce moment, on entendit
le rappel. Agitation. M. Buchez : « Citoyens, on bat le rappel !
— On bat le rappel, dit Barbès, je demande qu'on vote par
acclamations que quiconque fera battre le rappel sera mis hors la
loi et déclaré traître à la patrie ! — Bravo ! » Bravos du peuple,
rien de l'Assemblée. — « À la question ! à la Pologne ! » crie-t-on.
« Pour la Pologne ! dit Barbès. La France doit marcher au secours
de tous les peuples opprimés ! » Barbès, à chaque motion qu'il
portait, se baissait pour prêter l'oreille à ce qui se disait au bas de
la tribune. Hubert n'était plus là. J'entendis un homme crier très
fort : « Dissolution de l'Assemblée ! L'Assemblée est dissoute ! »

Après une poussée comme jamais je n'en ai faite, nous par-
vînmes à sortir de l'Assemblée. Nous traversâmes la salle des
délibérations, où des hommes en blanc lisaient les journaux. Dans un
corridor, nous vîmes Hubert Barbe-Rouge au centre d'un groupe
très animé. Un clubiste lui apportait la liste du Gouvernement
Provisoire. Nous entendîmes les noms de Raspail, Blanqui, Cabet,
Barbès.

Nous sortîmes. Les corporations étaient encore dans la cour.

Toutes les marches de la Chambre du côté du pont étaient
garnies de gardes mobiles. La garde nationale emplissait le pont
et la place de la Concorde.

C'était un second 24 février... manqué !

De 10 heures à minuit.

A dix heures, l'aspect de Paris était curieux. Toute la place
Vendôme était illuminée. La rue Saint-Honoré, illuminée en verres

de couleur. Tout le monde était sur la porte. Des groupes animés étaient dans tous les carrefours. Des gardes nationaux occupaient les places, parcouraient les rues, dispersaient amicalement les rassemblements. On criait haro sur Barbès et consorts, qu'on disait arrêtés. A mesure qu'on approchait des quais, toutes les petites rues étaient gardées; sur les quais, on dispersait aussi les rassemblements. Deux ouvriers sur vingt parlaient en faveur de Barbès. En général, ils avaient l'air bien animés. La garde nationale occupait toute la place de l'Hôtel-de-Ville. Quand on approchait du Louvre, on vous criait : « Au large ! » Sur la place de l'Hôtel-de-Ville, défilé de la garde mobile au pas de charge, criant à tue-tête : « A bas Cabet, Blanqui, Barbès ! » etc., enfin dans de bons sentiments. Tout paraissait tranquille.

ROMAN AVEC MODÈLE (1)

« *Puer de la bouche à faire éclater des roues d'omnibus* ».

« Et votre petit modèle, comment va-t-il ?
— Il est mort.
— Oh ! il est mort ?
— Complètement ! »

Comme quoi *Du flan ! Des navets !* ne sont pas une invention du XIXᵉ siècle, — Arétin dit au XVIᵉ : *Trente-trois tanches frites !*

Des médecins italiens : au bout de trois mois de soins d'accident, M. Jalabert découvre que son médecin est un conducteur de diligence.

(1) Le second groupe de NOTES ANCIENNES RETROUVÉES ramasse des expressions populaires, un *mot* et une anecdote de peintre, à insérer dans un roman d'atelier. Ces collages de NOTES ANCIENNES ont été faits au mépris de la chronologie. Le ROMAN AVEC MODÈLE et les DÉBUTS DANS LA VIE DRAMATIQUE précèdent dans le manuscrit le récit du 15 mai 1848. Or les DÉBUTS datent d'octobre 1850 ; quant au ROMAN, il semble se rattacher aux premières recherches littéraires de Jules, sorti du collège en juillet 1848 ; il serait donc postérieur au 15 mai 1848, et antérieur à la composition de EN 18.., paru en décembre 1851 : cette première œuvre des Goncourt utilise, dans l'épisode de Nifa et avant MANETTE SALOMON, l'idée d'un « roman avec modèle » et elle recueille l'allusion aux « tanches frites » de l'Arétin (p. 54).

« Ma biche ! », dit une femme à un homme. « Dites plutôt mon cerf » (*serf*), dit un jeune homme.

DÉBUTS DANS LA VIE DRAMATIQUE (1)

L'escalier des acteurs du Palais-Royal, émargé de *rambuteaux* à l'état d'ébauche. Entrée infecte. Escalier du logis de la belle de don César (2). La loge du portier : un fauteuil, typique du voltaire le plus confortable et du velours d'Utrecht le plus éraflé; personne dans la loge, qu'un petit gamin qui cire une botte. Adresse donnée par deux allumeurs.

Antichambre chez un des rois du rire; introduction par un beau brin de fille; rendez-vous pris pour la lecture.

Quelques peintures ignobles, quelques pastels écœurants; intérieur d'un bon bourgeois cossu; trophées d'armes de l'hôtel Bullion. — Deux oreilles de plus que je n'en attendais : un ami qui se trouve là, par hasard, et dont la mine est terriblement suspecte de vaudevillisme. Lecture. Le rieur par excellence prend sa tête la plus *chienne*, s'enfonce dans son air de plus mauvaise humeur, s'impénétrabilise. Pas un tressaillement, pas un mouvement, pas un sourire.

La lecture finie, un silence. De temps en temps, des encouragements comme ceux-ci, entrelardés de pauses : « Il y a quelque chose », de reproches comme ceux-ci : « Il n'y a pas de couplets ». Suit l'apologie du couplet, au point de vue de la sortie de l'artiste ! Enfin le grand, l'énorme, le vrai grief, c'est celui-ci, en

(1) Ce troisième groupe des Notes anciennes retrouvées s'insère dans le manuscrit (f° 107) entre le Roman avec modèle et le récit du 15 mai 1848; mal coupé, on en retrouve la fin plus haut, au f° 103. — Edmond précise en note : *Lecture de notre pièce intitulée* Sans titre *chez Sainville. Voir la préface de notre* Théâtre. *Note de 1880.* E. de G. Cette préface date d'octobre 1850 la visite chez Sainville.

(2) Cf. Victor Hugo, Ruy Blas, acte IV, sc. 3. Don César de Bazan, envoyant le laquais de don Salluste porter à sa maîtresse l'argent qu'on lui remet par erreur, lui décrit la maison et l'escalier :
— Maison borgne ?
               — Non, louche. On peut s'estropier
En montant l'escalier. Prends-y garde.
                       — Une échelle ?
— A peu près. C'est plus roide...

toutes lettres : « Voulez-vous que je vous dise ? Il y a trop d'esprit ; il y en a pour quatre vaudevilles. » Obligation de passer par les fourches caudines de la collaboration et des coupures. — Malgré tous ces défauts, la pièce est gardée et doit être soumise à l'illustre Coupart !

Ainsi récapitulons, si notre pièce est jouée, les successives censures qui la mutileront.

Il y a d'abord ce que Sainville ne trouve pas bien.

Puis ce qui ne plaira pas à B***.

Ce que Coupart trouvera mal.

Ce que Dormeuil n'aimera pas.

Ce qui pourra déplaire à la censure.

Ce que retranchera et surtout ce qu'ajoutera le collaborateur.

Ce qui fait six !

Faites donc des vaudevilles littéraires !

ANNÉE 1851

Décembre.

AU grand jour du Jugement dernier, quand toutes les âmes seront amenées à la barre par de grands anges qui dormiront, pendant les débats, comme des gendarmes, le menton sur leurs deux gants blancs croisés sur le pommeau de leur sabre; quand Dieu le père avec sa grande barbe blanche, ainsi que les membres de l'Institut le peignent dans les coupoles des églises, quand Dieu le père, après m'avoir interrogé sur ce que j'ai fait, m'interrogera sur ce que j'ai vu, c'est-à-dire sur tout ce à quoi j'ai pu prêter la complicité de mes yeux, il me demandera sans doute : « Créature que j'ai faite humaine et bonne, aurais-tu vu par hasard le Combat du taureau à la Barrière du Combat, cinq gros dogues affamés déchirant à coups de crocs quelque pauvre vieux âne maigre et désarmé? — Hélas ! non, Seigneur, dirai-je, j'ai vu pis : j'ai vu un coup d'État. »

« Eh ! bien ! la révolution est faite ! » C'était l'homme de compagnie de notre cousin de Villedeuil, M. de Blamont, — le cousin Blamont, un ci-devant garde du corps, devenu un

JOURNAL

conservateur *poivre et sel*, asthmatique et rageur, — qui disait cela en entrant dans nos chambres. Il était huit heures. Par un geste qui lui était habituel, croisant sa redingote sur le ventre, comme on sangle un ceinturon, il prenait congé de nous et allait porter la triomphante nouvelle du quartier Notre-Dame-de-Lorette au faubourg Saint-Germain, en tous les logis de sa connaissance encore mal éveillés (1).

Ce fut un sursaut. Vite à bas ! Pantalons, souliers et le reste, et dans la rue ! Les affiches au coin de la rue annonçaient l'ordre et la marche. Au milieu de notre rue Saint-Georges, des troupes emplissaient l'hôtel du NATIONAL.

Pour aller chez notre oncle (2), nous passâmes sur le quai de la Cour des Comptes et de la Légion d'honneur. Un régiment campait le long, en ripaille, fusils en faisceaux, bidons de vin sur les bancs du quai et charcuteries variées, festoyant publiquement et prétoriennement, gris de la nuit et du matin, le cœur en goguette. Un faisceau, mal fait par ces braves trop arrosés, croula sur le pavé comme nous passions. Heureusement, les fusils n'avaient pas bu : ils n'étaient pas de la fête et ne partirent pas.

Ce vin et ces viandes, cette Cocagne salée fouettant à giboyer ces bandes de héros, c'était un beau tableau et qui m'est resté longtemps dans la tête. Avec cela, un beau soleil, le soleil d'Austerlitz, commandé et exact, en son uniforme d'or. La langue de Cicéron était là sans doute entre deux bidons, déclouée et sanglante, cachée, relique de la liberté, comme les reliques de saint Marc, entre de la charcuterie (3) Et longtemps, je ne pus passer contre des tonneaux rangés sur des trottoirs, près de la cave d'un marchand de vin, sans me demander si la société allait encore être sauvée. Mais les tonneaux descendaient lentement le long d'une

(1) Add. 1887 : *le cousin Blamont... asthmatique et rageur* et *Par un geste... encore mal éveillés.*

(2) Pierre-Antoine-Victor Huot de Goncourt, député à l'Assemblée Nationale.

(3) Quand Cicéron eut été, en 43 av. J.-C., exécuté par les *tueurs* d'Antoine, sa langue fut, dit-on, coupée et percée d'un poinçon sur l'ordre de Fulvie : la femme d'Antoine se vengeait ainsi de la libre éloquence qui les avait fustigés, elle et le triumvir, dans les PHILIPPIQUES.—L'allusion aux reliques de saint Marc concerne un épisode de leur transfert à Venise : des marchands vénitiens, les ayant acquises plus ou moins frauduleusement à Alexandrie, réussirent, dit la légende, à les embarquer sans encombre en les dissimulant dans un grand panier plein de viande de porc.

corde dans la cave et je voyais bien alors que la Société ne serait plus sauvée de sitôt...

La vieille portière de notre oncle, rue de Verneuil, avait une vieille larme de conserve dans son œil de chouette : « Monsieur, je lui avais bien dit de ne pas y aller !... Ils l'ont arrêté à la Mairie du dixième arrondissement. Il a voulu y aller; je lui avais bien dit... » Nous allâmes à la caserne du quai d'Orsay. On disait que tous ceux de la Mairie étaient là. La porte était fermée. Des sergents de ville cachaient le sabre du factionnaire. Les sergents de ville nous dirent : « Ils n'y sont plus ! — Où sont-ils? — On ne sait pas. » Et le factionnaire fit : « Au large ! »

Je suis sûr que les coups d'État se passeraient encore mieux s'il y avait des places, des loges, des stalles, pour les bien voir et n'en rien perdre. Mais ce coup d'État-ci faillit manquer; il osa blesser Paris dans un de ses grands goûts : il mécontenta les badauds. Il fut joué en sourdine, sans tambours; joué vite, en lever de rideau. A peine si l'on eut le temps de s'asseoir. Nous fûmes, on peut le dire, nous autres curieux, comptés pour rien. Même, aux moments les plus intéressants, les comparses tirèrent aux fenêtres, je veux dire sur la salle; et le pis est qu'ils avaient oublié d'oublier de charger leurs fusils. Je vous assure que cela faillit tout gâter. Même moi, qui trouvais la pièce mauvaise et qui pourtant regardais patiemment, en critique bien appris, les coups de pied des sergents de ville en pleine poitrine d'hommes, les charges de cuirassiers terribles, les pistolets au poing, contre des cris de *Vive la République !* les pauvres petites barricades en petites planches souvent dressées sur le boulevard par une seule main, les représentants arrêtés à coups de poing; moi, dis-je, qui regardais tout cela, anxieux, le cœur en colère, mâchant un peu de rage avec beaucoup de honte, mais muet comme une carpe, je faillis siffler lorsqu'au bout de la rue Notre-Dame-de-Lorette, une femme, à côté de moi, qui passait, reçut une balle dans sa robe, des chasseurs de Vincennes qui giboyaient aux passants, de la rue Laffitte.

....

(1) Parmi toutes les affiches qui, ce jour du Deux Décembre et les jours suivants, couvrirent les murs, annonçant la nouvelle

(1) Suit, à sa vraie place, le seul passage qui, dans le récit manuscrit du 2 Décembre, se rapporte à En 18... : Edmond a profondément altéré ces premières pages

troupe, son répertoire, ses exercices, les chefs d'emploi et la nouvelle adresse du directeur, de l'Élysée passé aux Tuileries, il y eut une affiche qui ne parut point et qui pourtant devait paraître, — ce dont, au reste, Paris ne se douta guère. Rien n'en fut troublé, de ce manque d'affiche, ni l'ordre des éléments, ni l'ordre des choses. Et cependant ce n'était point une affiche ordinaire que celle qui devait annoncer au monde, en deux lettres et en deux chiffres, EN 18.., et à la France deux hommes de lettres de plus : Edmond et Jules de Goncourt.

Mais les Républiques qui veulent être Empires, ou plutôt les hommes qui ont des dettes et une étoile, s'occupent bien de cela ! (1)

Mais l'imprimerie Gerdès était cernée par les troupes; Gerdès était tremblant : EN 18.., cela ressemblait à 18 *Brumaire*. Et Gerdès qui se trouvait à la fois l'imprimeur de la REVUE DES DEUX MONDES et de EN 18.., Gerdès jeta le paquet de nos affiches tirées au feu. Ce qui fit que nous parûmes, le 5 décembre, sans affiches, — mais avec des cartons dans un chapitre politique : nous avions fait, six mois avant, les plus dangereuses allusions, au dire de notre imprimeur, aux faits accomplis (2).

EN 18.., parut donc; cet EN 18.., notre premier enfant, si choyé, si caressé, travaillé et retravaillé pendant un an, œuvre incomplète, gâtée par de certaines imitations Gautier, mais originale jusqu'à l'étrange pour une première œuvre; première portée dont il n'y a pas à rougir, parce qu'elle contient en germe tous les côtés de notre talent, et tous les tons de notre palette, un peu outrés encore et trop vifs. Le premier mot de notre Credo sceptique était dit, et comme il nous convenait, avec le sourire.

Pauvre EN 18..! il tombait bien ! une symphonie d'idées et de mots en cette curée.

du JOURNAL en supprimant presque tout ce qui se rapporte à l'événement politique et en nous faisant croire que son frère et lui n'avaient en tête que la publication manquée de leur livre. (Cf. JOURNAL, édition définitive, 1935, t. I, p. 9-11).

(1) Biffé depuis *Mais les Républiques...*

(2) Cf. EN 18..., chap. XIX, *Paulus* : dans cette longue conversation de Charles, le sceptique, avec Paulus, l'exilé, les Goncourt ont modifié trois passages qui pouvaient sembler des allusions au césarisme triomphant.

Un matin cependant, par hasard, Rose nous monta les Débats (1). Edmond m'appela d'un cri : Janin, dans ce feuilleton attendu, son premier feuilleton après le Deux Décembre, parlait de nous, ne parlait que de nous et nous parlait avec toutes les langues, miel et épines de roses, nous fouettant avec l'ironie et nous pardonnant avec l'estime et les paroles sérieuses, présentant notre jeunesse en l'excusant et en lui serrant la main. Un méli-mélo délirant de notre livre et des vaudevilles du jour, de la Dinde truffée de M. Varin et des Crapauds immortels de MM. Clairville et Dumanoir, un feuilleton où il parlait de tout à propos de nous et de nous à propos de tout. Ce fut une joie plein la poitrine ; une de ces joies débordantes du moral dans le physique, qui vous mettent l'allégresse jusque dans le corps ; premières joies littéraires qu'on ne retrouve pas plus que les joies du premier amour ! Une joie de première communion littéraire, quelque chose qui enlève, qui vous met des ailes dans l'âme ; qui vous tient les yeux, sans lire, charmés, sur ces vilaines lettres de journal, où votre nom semble écrit en lettres de feu et qui vous caressent le regard comme jamais rien — le plus bel objet d'art — ne vous le caressera.

Tout ce jour-là, nous ne marchions pas, nous courions. Nous allâmes remercier Janin, qui nous reçut rondement, avec un sourire comme la main, en nous disant : « Eh bien, foutre ! c'est bien comme cela que je vous imaginais ! »

Nous rêvions. Nous bâtissions en Espagne. Nous nous semblions déjà grands hommes, armés par Janin du plat de sa plume. Nous attendions le feu roulant des journaux, penchés sur nos illusions et prêtant l'oreille. Il arriva un article de la Revue des Deux Mondes, furieux, féroce, presque impoli, signé Pont-martin, qui nous nia avec colère de la base au sommet, nous mit le bonnet d'âne et nous renvoya avec l'épithète de *Vadius de tabagie* (2). « Allons, dîmes-nous, nous n'aurons point d'ennemis tièdes. »

Au bout de tout, quand nous fîmes nos comptes avec Dumi-neray, le seul éditeur de Paris qui avait osé prendre en dépôt notre

_____

(1) Edmond précise la date : 15 *décembre*. — Rose, c'est Rose Malingre, la servante des Goncourt.

(2) L'article de Pontmartin parut dans la Revue des Deux Mondes du 14 janv. 1852.

pauvre livre sous l'état de siège, nous avions vendu une soixantaine d'exemplaires.

Un singulier garçon que l'ami qui nous était tombé du bout de notre famille, un mois avant la publication d'EN 18.., un parent, notre cousin ou à peu près. On sonne un matin chez nous : un homme grave paraît, que nous reconnaissons à peine. C'était lui. Nous avions grandi comme grandissent les enfants dans une famille, réunis par hasard, amis pendant les vacances chez son oncle, le marquis de Villedeuil. Tout petit, il visait à l'homme. Au collège Stanislas, il s'était fait chasser. A seize ans, quand je dînais à côté de lui, il me parlait d'orgies qui me faisaient ouvrir de grands yeux. A dix-huit ans, il touchait aux lettres et corrigeait les épreuves de son professeur d'histoire, Yanoski. A vingt ans, il était républicain. Il avait de la barbe et des opinions; il portait un chapeau pointu couleur feuille morte, disait « mon parti », écrivait dans la LIBERTÉ DE PENSER, lançait des articles terribles contre l'Inquisition et prêtait de l'argent au philosophe Jacques. Son père, qui avait servi dans l'Inde, passait pour y avoir reçu un coup de soleil. Pierre-Charles, comte de Villedeuil, semblait le fils de ce coup de soleil.

Nous le revoyons, nous renouons. Il nous donne pour raison de sa visite je ne sais quel livre de bibliographie, pour lequel il lui faut deux collaborateurs. Puis peu à peu, il sort de sa barbe noire, blague la grosse caisse sur laquelle il bat la charge de ses ambitions, montre l'enfant qu'il est, danse sur son masque et nous tend la main. Nous étions seuls, nous allions à l'avenir, lui aussi. Puis la famille, quand elle ne divise pas, noue toujours un peu : nous nous mîmes en route tous les trois pour arriver. Il faut dire qu'à lui, il était parfaitement égal de parvenir.

Un soir, à un café à côté du Gymnase, nous jetions par passe-temps des titres de journaux en l'air. « L'ÉCLAIR ! » fait Pierre-Charles en riant, et continuant à rire : « A propos, si nous fondions un journal ? » Il nous quitte, bat les usuriers, imagine un frontispice où la foudre tombe sur l'Institut en écrivant sur la nuée les noms d'Hugo, de Sand, de Musset, achète un almanach Bottin, fait des bandes et le dernier coup de fusil du Deux Décembre parti, L'ÉCLAIR paraît. L'Institut l'avait échappé belle : la censure avait retenu le frontispice du journal. C'est le seul service que la censure nous ait rendu.

Dimanche, 21 décembre 1851.

Janin nous avait dit : « Pour arriver, voyez-vous, il n'y a que le théâtre... » Il nous vient en sortant de chez lui l'idée de faire pour le Théâtre-Français une revue de l'année, dans une conversation au coin d'une cheminée entre un homme et une femme de la société, pendant la dernière heure du vieil an.

La petite chose finie et baptisée LA NUIT DE LA SAINT-SYLVESTRE, Janin nous donne une lettre pour Mᵐᵉ Allan.

Nous montons au cinquième, rue Mogador, dans l'appartement de l'actrice qui rapporta Musset de Russie. Une vierge byzantine rappelle cela dans son salon. Elle s'habille devant une glace d'actrice, qui s'ouvre à deux battants, un miroir-triptyque où l'on se voit tout et presque par derrière. Elle nous accueille ; et nous sommes tout étonnés de sa voix, sa voix de ville, rude, rocailleuse, populaire et commune auprès de sa voix de théâtre si fine, musicale, caressante, spirituelle. La voix joue chez l'acteur, comme tout le reste.

Et nous voici au rendez-vous qu'elle nous a donné pour aujourd'hui, pour écouter le petit rôle que nous lui apportons. Elle écoute, — nous avons une sueur froide dans le dos, — applaudit au milieu avec quelques-uns de ces petits murmures, pour lesquels on baiserait les pantoufles d'une actrice, et accepte le rôle !

Il est une heure. A deux heures, nous courons chez Janin. Mais nous avons oublié son feuilleton : pas moyen d'avoir une lettre. « Je parlerai demain de vous à Houssaye ».

A trois heures, nous entrons dans le cabinet d'Arsène Houssaye, qui nous reçoit droit, devant son bureau, debout, sans nous faire asseoir. A l'exposé de notre affaire, une pièce appelée LA NUIT DE LA SAINT-SYLVESTRE, que Mᵐᵉ Allan s'est engagée à apprendre d'ici au 31 décembre et qui doit être jouée ce 31 décembre, il nous regarde comme un ministre regarderait une prétention de collégien et il nous casse en deux : « Nous ne jouerons pas de pièces nouvelles cet hiver... C'est impossible... Je n'y peux rien. » A la fin : « Que Lireux vous lise et fasse son rapport ! Je vous ferai, si je peux,

45

obtenir une lecture de faveur. » De l'eau bénite de directeur qu'il nous jette à la figure, glaciale et suffocante comme un verre d'eau.

Nous sautons chez Lireux, à un cinquième quelconque. Une maîtresse nous ouvre : « Mais vous savez bien qu'on ne dérange pas M. Lireux ! Il est à son feuilleton. »

« Entrez, Messieurs », crie Lireux, et nous entrons dans une tanière de garçon et d'homme de lettres, où cela sent l'homme et l'encre et l'odeur d'un lit défait. Lireux est très aimable, promet de nous lire le soir et de faire son rapport le lendemain.

De là, nous courons chez Brindeau. Sorti ! Sa mère nous dit qu'il y sera à cinq heures. A quatre heures et demie, nous écrivons à Lireux. A cinq heures, nous resonnons chez Brindeau. Nous trouvons toute une famille. Il va rentrer pour prendre un bouillon. Nous causons avec la famille du comédien jusqu'à six heures moins le quart. Pas de Brindeau !

A sept heures et demie, nous le relançons dans sa loge aux Français.

« Dites toujours... », nous dit-il en s'habillant, en courant dans sa loge en peignoir blanc. « Impossible, — désolé ! — d'entendre la lecture de la pièce. » Il court toujours après un peigne, quelque chose.

« Et ce soir ?

— Impossible ! Je vais dîner en sortant d'ici avec des amis... Ah, tenez ! pendant la pièce, j'ai un quart d'heure de sortie : je vous lirai pendant ce temps-là. Attendez-moi dans la salle. »

On jouait une pièce de Gozlan. Enfin elle finit. Brindeau accepte et nous dit qu'il en parlera à Houssaye. A huit heures, remise du manuscrit chez Lireux, avec une lettre. A neuf heures, nous sommes chez M⁰ᵉ Allan, entourée de famille, de collégiens, toute bourgeoise, et nous lui racontons la journée. Voilà notre première journée d'émotion littéraire.

Deux jours après, assis sur une banquette dans l'escalier du Théâtre-Français, nous étions palpitants et tressaillants. Nous entendions la voix de M⁰ᵉ Allan, sortant du cabinet d'Houssaye : « Ça n'est pas gentil, ça ! »

« Enfoncés ! » dit l'un de nous à l'autre, avec cet affaissement moral et physique qu'a si bien peint Gavarni, dans l'écroulement de ce jeune homme tombé sur la chaise d'une cellule de Clichy (1).

C'était fini. Notre bulle de savon était crevée. Et au fond notre petite chose ne valait pas plus. C'est l'histoire des premiers rêves en littérature : ils ne sont faits que pour être suivis dans le ciel par des yeux d'enfants, briller et crever.

(1) Add. 1887 depuis « *Enfoncés !* ». C'est une allusion à une des plus célèbres lithographies de Gavarni, *Enfoncé ! ! !* publiée le 24 août 1840 dans le CHARIVARI, parmi la série CLICHY (Maherault, n° 429, I) : elle exprime l'amertume du jeune viveur, dont les créanciers viennent d'avoir raison en l'envoyant à la prison pour dettes de Clichy. Cf. GAV., ch. XLV.

L'écroulement de ce jeune homme tombe sur la chaise d'une cellule de Clichy (1).

C'était fini. Notre bulle de savon était crevée. Et au fond notre petite chose ne valait pas plus. C'est l'histoire des premiers rêves en littérature : ils ne sont faits que pour être suivis dans le ciel par des yeux écarlants, briller et crever.

(1) Add. n'est depuis « Dejeuner 1 », C'est une allusion à une des plus célèbres lithographies de Chavaril, Daumier, IV publié le 24 aout 1840 dans le Charivari, parmi la série Croquis (Maherault, n° 430, I) ; elle exprime l'amertume du jeune vivant, dont les créanciers viennent d'avoir raison en l'envoyant à la prison pour dettes de Clichy. Cf. Criva, ch. XIV.

ANNÉE 1852

Fin de janvier.

L'ÉCLAIR, *Revue hebdomadaire de la Littérature, des Théâtres et des Arts*, paraît le 12 janvier 1852 (1).

Et nous voilà à jouer au journal. Notre journal a un bureau, rue d'Aumale, au rez-de-chaussée, une rue alors à peine bâtie. Il a un gérant, à qui on donne cent sous par signature : c'est Pouthier, un peintre bohème, ami de collège d'Edmond. Il a une ligne de conduite : le romantisme pur, cru, vert et sans mélange. Il a des annonces gratuites, et même des promesses de prime : Villedeuil, qui a dans ses idées d'affaires un peu de ses extravagances de mise, un peu de ses gilets de velours et de ses chaînes de montre, qui lui donnent l'air d'un prince italien de table d'hôte, Villedeuil lance la prime d'un bal, qu'il offre à ses abonnés. Enfin, c'est un journal auquel ne manque rien, que des abonnés.

Nous passons à ce bureau deux ou trois heures par semaine, à attendre, chaque fois que passe un pas dans cette rue neuve,

(1) D'après la BIBLIOGRAPHIE DE LA PRESSE FRANÇAISE d'Eugène Hatin, L'ÉCLAIR disparaîtra avant le PARIS, le 15 mars 1853, après 61 numéros.

où l'on passe peu, à attendre l'abonnement, le public, les collaborateurs. Rien ne vient, pas même de copie, chose inconcevable!
— pas même un poète, chose plus miraculeuse encore.

Nous continuons intrépidement notre journal dans le vide,
avec une foi d'apôtres et des illusions d'actionnaires. Villedeuil
est obligé de vendre une collection des Ordonnances des Rois
de France pour lui continuer l'existence; puis il découvre un
usurier, dont il tire cinq ou six mille francs. Point de changement.
Le monde s'obstine à nous ignorer. A notre peintre-gérant succède
un gérant nommé Cahu, aussi fantastique que son nom, libraire
dans le quartier de la Sorbonne et membre de l'Académie d'Avran-
ches; puis un autre gérant, qui a l'air d'un casse-noisette, ancien
militaire, auquel un tic nerveux fait à tout moment regarder la
place de ses épaulettes et cracher par-dessus son épaule.

Je jette le nom de Gavarni dans la tête de Villedeuil : il prend
feu et voilà le journal avec des lithographies de Gavarni (1).

Dans l'idée de son bal des abonnés, Villedeuil avait accepté
de son usurier un lot de deux cents bouteilles de champagne : on
résout, le champagne s'avariant, de convertir le bal de l'Éclair
en fête de famille dans les bureaux. On invite toutes les connaissances de l'Éclair; cela se montait à Pouthier, puis un architecte,
puis un marchand de tableaux, quelques autres anonymes ramassés
au hasard de la rencontre, deux filles racolées dans un bal public, —
et Nadar, qui commençait une série de caricatures dans notre
journal et qui, pour aider à boire le champagne, voulait ouvrir les
volets du rez-de-chaussée et inviter les passants par la fenêtre.

Un beau jour, enfin, arrive un abonnement, un abonnement
d'actrice, la seule qui s'abonna à l'Éclair. C'était une chanteuse
du Théâtre-Lyrique. Elle s'appelait Rouvroy. Ses six francs furent
bien placés : Villedeuil devait manger plus tard avec elle pas mal
de ses deux millions.

Une maîtresse de Villedeuil, une rousse du nom de Sabine,
un jour, dans le bureau, demandant : « Et ce monsieur qui est là,
pourquoi est-il si triste ? », on lui répond en chœur : « C'est notre
caissier ! »

(1) Var. 1887 : *Nous qui avons passé notre enfance à regarder, à copier des litho-gra-
phies de Gavarni, nous qui étions, sans le connaître et sans qu'il nous connût, ses admirateurs,
nous avons décidé Villedeuil à lui demander des dessins. Et ce soir, un dîner a lieu à la Maison
d'Or, où il nous a proposé pour notre journal la série du MANTEAU D'ARLEQUIN.*

Un ami de Girardin lui dit : « Présentez-moi à votre femme. — Très volontiers. » Il le conduit à la chambre de sa femme, ouvre la porte, la referme en disant : « Impossible ! Elle est couchée avec monsieur M*** qui est horriblement jaloux. » (1)

Un fou que j'ai connu répétait à tout moment d'un air de se faire porter en terre : « Oui, il faut que je m'amuse. »

Mon oncle (2) dit, en parlant d'un mobilier qu'il admire : « C'est aussi beau que dans un ministère. »

La sculpture anglaise et les romances de Loïsa Puget sont sœurs.

J'ai une cousine millionnaire (3), qui a pour toute nourriture le vendredi un hareng dont, encore, le père mange la laite. Jusqu'à dix-neuf ans, on ne lui a pas donné de savon.

Ah ! si l'on avait un secrétaire de ses ivresses !

L'amour, un rêve à propos d'un corps, quand ce n'est pas à propos d'une robe.

A Paris, un pauvre sur treize individus.

A l'atelier de Labrador, une tête de femme passe par la porte entr'ouverte : « J'ai aussi une petite fille de six ans toute blonde, si vous aviez besoin,... un petit Jésus. » (4)

« Une mise à se faire offrir des stalles d'orchestre sur toute la ligne du Boulevard... »

---

(1) Rayé depuis *Un ami de Girardin...*

(2) Sans doute l'oncle de Croissy, Jules Lebas de Courmont.

(3) Eugénie Labille, la cousine de Bar-sur-Seine, fille de Léonidas et d'Augusta Labille.

(4) L'anecdote s'éclaire par le passage de MANETTE SALOMON (p. 45), où une Juive, ancien modèle d'atelier, vient proposer au peintre Coriolis sa fillette, future héroïne du roman, pour poser « un petit Jésus ».

JOURNAL

Il n'y a au monde que deux mondes : celui où on bâille et celui où on vous emprunte vingt francs.

« Il fait semblant d'être fou pour paraître original... »

Marie me disait d'un monsieur quelconque, qui lui faisait la cour : « Il m'intimide tant, ce monsieur, qu'il me semble qu'avec lui je retrouverais mon pucelage. »

Cauvain disait à une femme avec laquelle je couche parfois : « Pensez donc que si je vous fais faire un engagement, ça dépensera beaucoup d'argent en courses de cabriolet ! »

Dans l'hypertrophie du cœur, après la mort, la figure prend le caractère extatique. Une jeune fille, qui semblait morte de cette mort, — la couverture sur la figure, son père pleurant à côté d'elle, — écarte le voile, se met à genoux, fait un long discours, tout saccadé de consolations à son père, qui croit à un miracle; puis elle dit : « Je puis dormir maintenant » et se replace la couverture sur la tête.

Seveste disait à un jeune premier de province qu'il engageait : « Vous aurez cinquante francs par mois.
— Mais, Monsieur, comment vivrai-je ?
— Vous aurez les avant-scènes ! » (1)

Un monsieur qui fait tout le long de son voyage des nœuds à son mouchoir pour se rappeler les sites...

Une femme entretenue disait à sa bonne :
« Vous pourriez bien dire Madame, s'il vous plaît !
— Tiens, je n'ai pas la force de parler et il faut que je dise encore Madame et s'il vous plaît ! »

Certains livres ressemblent à la cuisine italienne : ils bourrent, mais ne remplissent pas.

(1) Ce passage s'éclaire par celui de 1854 (t. I, p. 141), où Hiltbrunner, le directeur des Délassements-Comiques, précisera plus cyniquement les ressources offertes aux acteurs et actrices mal payés.

Faulquemont, qui présentait obstinément une pièce, avait été mis à la porte, par Bouffé, du Vaudeville. On était en train de repeindre le Vaudeville: il monte par l'échelle des peintres et entre par la fenêtre.

Quoi de plus triste que cet omnibus qui mène chez Ricord et ramène de l'Odéon? (1)

Le lit où l'homme naît, se reproduit et meurt : quelque chose à faire là-dessus un jour.

Gestes et faits de pochards :
« Prête-moi ton doigt. — Pourquoi faire? — Prête-moi ton doigt ! » Et le pochard se le fourre dans le nez.
Un jour que Pouthier était complètement ivre et tout à fait déshabillé, il disait gravement : « Quand je suis nu, ce qui m'ennuie, c'est que je n'ai pas de poches. »

Quand je suis dans ma famille, il me semble que je suis dans l'intérieur d'un lavement au laudanum.

Dans un conte fantastique, un domestique en livrée avec des lunettes.

Acteur qui me fait l'effet du génie de l'Odéon, jouant devant une salle vide quelque chose comme LE TASSE MOURANT, tragédie très remarquable d'un fils de portier, qui a fait de très bonnes études !

J'ai connu un amant, qui disait à sa maîtresse, se plaignant d'avoir perdu une fausse dent de deux cents francs : « Il faut la faire afficher. »

(1) Ricord, le grand spécialiste des maladies vénériennes, demeurait alors 52, rue de Tournon, donc tout près de l'Odéon. Quant à celui-ci, les déboires financiers de ses directeurs successifs, — même les plus actifs, Harel, Lireux, Bocage — avaient exposé le second Théâtre-Français aux plaisanteries des boulevardiers. De 1849 à 1853, Altaroche y ramène la prospérité; mais les Goncourt ne pardonnent pas à l'Odéon d'avoir ouvert ses portes aux œuvres de l'École du Bon Sens, LA CIGUE d'Augier, la LUCRÈCE et L'HONNEUR ET L'ARGENT de Ponsard.

Il y aurait quelque chose à faire d'un acteur qui jouerait un crime qu'il aurait commis.

Quelqu'un m'assure avoir vu une horrible chose : c'est une jeune fille sortant du bal de l'Opéra, toute jeune et toute couronnée de roses, prise d'un terrible accès de danse de Saint-Guy.

Je vois dans l'atelier de Frémiet un monsieur occupé à sculpter : c'est le maître d'hôtel de Rothschild de Naples, qui apprend à modeler pour monter les plats.

Lorsqu'une fille fait une dénonciation, on lui donne une exemption qui s'appelle un *condé*, qui lui sert lorsqu'elle est prise en contravention.

Femme annonçant son suicide par une carte de visite avec, écrit à la main : *A la Morgue*.

Domestique, maîtresse du mari, faisant à la bière de la femme, au moment où elle passe devant elle, une révérence ironique avec : *Salut, Madame*.

Caractère et invention poétique et fantaisiste, que le rêve donne aux souffrances physiques et naturelles. La colique, ainsi, devient une chose romanesque : des brigands vous fouillent les entrailles, etc.

Les femmes des bordels de la Cité raclant de la brique avec un morceau de bois, pour se farder.

J'ai vraiment envie d'aller jeter quelque part mon titre de citoyen français comme une chemise qui vous gêne aux entournures.

Ourliac, très peureux de sa nature, revenant de chez Gavarni, pour obtenir d'être reconduit par Chandellier, faisant des frais énormes d'imagination, pour composer des histoires et l'intéresser jusqu'à sa porte.

Le Jéhovah de l'Écriture, un Arpin. Le Dieu de l'Évangile, un Ésope onctueux, un politique, un agent d'affaires à consultations gratuites et bienveillantes.

Place de la Bienfaisance, foire de haillons : sur une traverse, sept robes pendantes et désolées ont l'air des robes de Barbe Bleue.

Feuillet de Conches raconte que l'Indien Daes, qui avait épousé une fille de grande maison d'Angleterre, fut accusé de folie par sa femme, qui voulait 800.000 livres de rentes. Des médecins attestèrent sa folie. Enfermé, il se sauva, arriva chez Feuillet, qui obtint de M. Guizot qu'il ne fût pas rendu aux demandes de l'Angleterre. Un conseil de médecins français et de l'ambassade anglaise le déclara non fou, mais il ne put ravoir sa fortune. Il fut une seconde fois déclaré fou en Angleterre ; seulement, on lui laissa 400.000 livres de rente. Eugène Sue doit avoir eu connaissance de ce fait pour son prince Djalma et Mme de Cardoville (1).

Tony Johannot mort, il se trouva une centaine de francs pour l'enterrer, somme insuffisante. Mais il se trouvait en même temps plusieurs bons à courte échéance, un entre autres de 1.200 francs, du Ministère de l'Intérieur, qui avait acheté un tableau de Tony. On alla près de Nieuwerkerke, qui se fit un plaisir d'avancer cinq cents francs sur la somme. La Patrie ou le Moniteur annonça sur ces entrefaites que Tony Johannot étant mort dans l'indigence, la munificence du Président avait envoyé cinq cents francs : la famille humiliée réclama. La Patrie ne voulut pas faire droit à la réclamation. On alla à la Presse, au Siècle, aux Débats, mais ces journaux craignirent de se voir supprimés.

J'ai eu deux cousins.

L'un s'appelait Timoléon, marquis de Villedeuil. Il était fils d'un ministre de Louis XVI. Il avait été secrétaire des

(1) Rayé depuis *Feuillet de Conches*… Le prince indien Djalma et Adrienne de Cardoville, personnages du Juif Errant d'Eugène Sue, s'aiment, s'empoisonnent et meurent dans une voluptueuse agonie.

commandements du comte d'Artois. C'était, quand je l'ai connu, un beau vieillard à cheveux blancs, rayonnant de linge blanc, ayant la grande politesse galante du gentilhomme, la mine tout à la fois bienveillante et haute, la face d'un Bourbon, la grâce d'un Choiseul, le sourire jeune auprès des femmes.

Cet aimable et charmant débris de cour n'avait qu'un défaut : il ne pensait pas. Derrière ce masque, il n'y avait rien. De sa vie, je ne l'ai entendu dire quelque chose qui n'eût trait à un fait matériel, comme le beau temps ou un plat à table. Il recevait et faisait relier le CHARIVARI et la MODE (1).

Il avait un prie-Dieu en tapisserie dans sa chambre. Il était bon naturellement. Il invitait son curé à la campagne, et comme le curé lui apportait des roses, il ne sentait pas qu'il puait des pieds. Il avait une vieille livrée, une vieille voiture et un vieux nègre, qu'il avait rapporté des colonies, où il avait mené joyeuse vie et grand jeu pendant l'émigration. Ce nègre était comme un morceau de XVIIIᵉ siècle et comme un horizon de sa vie de jeune homme à côté de lui.

Il allait à la messe, jeûnait, faisait ses Pâques. A la fin du carême, le maigre l'exaspérait. Alors, il grondait ses domestiques.

Il votait pour le gouvernement, qui faisait monter la rente. Il s'enfermait pour faire des comptes avec sa cuisinière. C'était ce qu'il appelait travailler. Quand il arrivait à son château, ses domestiques devaient être rangés sur le perron.

Il aimait les plaisanteries sur les seringues. Il avait les préjugés les plus inouïs : il croyait par exemple que les gens qui font regarder la lune mettent dans les lorgnettes des choses qui font mal aux yeux.

La femme lui était nécessaire autour de lui : veuf, il prit un ménage de sa famille pour avoir une société.

---

(1) LE CHARIVARI, qui vit encore sous le Second Empire, avait été fondé le 1ᵉʳ déc. 1832 par le dessinateur Philipon, qui y représenta la tête de Louis-Philippe sous la forme vite légendaire d'une poire. Il fut gouverné par les « trois hommes d'État du CHARIVARI », Louis Desnoyers, Altaroche, Albert Clerc; mais son succès fut dû surtout aux lithographies de Gavarni et de Daumier. Si le marquis de Villedeuil lit cette feuille libérale, c'est qu'elle fut un pamphlet contre la Monarchie de Juillet. — LA MODE (oct. 1829-oct. 1854) fut fondée par Girardin, sous le patronage de la duchesse de Berry, comme une simple revue des salons; mais elle devint après 1830 un des organes politiques des légitimistes.

Il avait des meubles de la Restauration, des fauteuils en soie, où il y avait comme l'ombre du turban de la duchesse d'Angoulême (1).

Il y avait dans cet homme quelque chose d'un grand principe tombé en enfance. C'était une bête généreuse, noble, vénérable, une bête de cœur et de race.

Mon autre cousin s'appelait de son nom Labille, et de ce qu'on est convenu d'appeler un petit nom, Léonidas. Il est vrai de dire que sa femme, la fille du frère de mon père, s'appelait Augusta. Ce Léonidas était un monstrueux gaillard. Il tenait du moine, du porc et du taureau, du bouc et du satyre : c'était le propriétaire Farnèse (2).

Il avait conspiré. Il avait été carbonaro, et tout... Il avait semé des pois fulminants aux Missions (3). Il avait battu un commissaire de police à l'enterrement de Lallemand. Il avait été expulsé du Droit de Paris, manqué d'être condamné à mort. Béranger était son Dieu; *Gaudriole et République* était sa devise. Il haïssait le luxe, il brûlait de la chandelle pour ne pas brûler de la bougie. Il aimait avoir une blouse sur le dos. Il portait l'humanité dans son cœur et ne décolérait pas. Il était républicain et plus dur que l'usure au paysan. Il n'avait pas de rideau à la fenêtre de sa chambre conjugale. Il couchait avec ses bonnes ou les chassait. Il aimait le torchon, la piquette. Il était peuple. Il se vantait tour à tour de trois cents ans de roture par son père et de descendre de Robert

(1) Lorsque l'« Antigone royale », la duchesse d'Angoulême, fille de Louis XVI, rentra d'exil avec Louis XVIII, les courtisans qui l'attendaient à Calais, le 23 avril 1814, furent atterrés par son costume plus britannique que français, et en particulier par son turban, ou plutôt sa toque, — « un très petit chapeau blanc sans ornement », qui parut ridicule aux Françaises de l'Empire. D'ailleurs le tzar Alexandre, lui aussi, quand il la vit un peu plus tard à Compiègne, la prit pour une *house-keeper*. On parvint à lui faire changer sa vêture et sa coiffure pour son entrée à Paris; mais elle y revint dès qu'elle put : la toque de la duchesse d'Angoulême fut vite célèbre. (Cf. MÉMOIRES de la comtesse de Boigne, t. I, p. 386, et J. Turcan, LA DERNIÈRE DAUPHINE, 1909, p. 167-173).

(2) Allusion à l'Hercule et surtout au Taureau Farnèse, deux des plus célèbres antiques du musée de Naples.

(3) Sous Louis XVIII, la réaction politique et religieuse, qui suivit l'assassinat du duc de Berry (1820), se marqua notamment par la multiplication des *missions*, prêchées dans les paroisses, et par le caractère officiel qu'elles prirent, les autorités civiles et militaires participant solennellement aux processions et plantations de calvaires qui les clôturaient.

Bruce par sa mère. Il lisait de Jouy et la GUERRE DES DIEUX (1). Il croyait à l'imprimé. Il était intolérant et insociable, écrivait des injures anonymes aux corrompus, avait un Dieu en plâtre dans sa bibliothèque : Béranger, — et couchait avec sa femme dans une chambre sans table de nuit. Il était le fils d'un homme condamné pour n'avoir pas salué une procession, et blasphémait du matin au soir.

Ces deux hommes étaient deux principes en chair et en os. C'étaient les deux pôles sociaux résumés en types : le républicain et le légitimiste.

PORTRAITS EN OMNIBUS

Vieux monsieur, un col large rabattu à l'enfant, cravate chamois à bouquets roses et verts, énorme nœud; de dessous, une chaîne de montre s'échappant et allant se perdre dans la poche extérieure d'une redingote vert bouteille. A la main, une canne en jonc terminée par un bec à corbin en corne. Sur les genoux, un manteau plié, raisin de Corinthe. Cheveux blancs courts, sourcils restés noirs, œil charbon, nez d'oiseau de proie; galbe osseux, teint pâle, dessin des chairs carré. Singulière énergie, mélange de cabotin et de Conventionnel. Yeux qui semblent d'émail, sans cils, dans une figure de cire toute jaune. Mains maigres, nerveuses; à l'annulaire, bague avec turquoise.

Vieux monsieur, figure carrée et massive. Au lieu de sourcils, des taches blanches; yeux en verroterie bleue à fleur de peau; des poches jaunâtres et bleues sous les yeux. Un petit nez bien relevé, au bout couleur de nèfle, dans une face large à joues massives, épaulées de deux oreilles sans coloration avec un duvet blanc comme sur les orties. Cheveux blancs : à peine, sur le devant; un paquet sur la nuque, qui, relevé par le collet de l'habit, formait comme une queue de Paillasse attachée ordinairement avec un ruban rouge. La bouche très éloignée du nez; une bouche sans contour, ouverte comme par un coup de sabre. Longue distance de la bouche au menton : de cette manière, presque autant de hauteur des cheveux à la naissance du nez que du nez au menton.

(1) Poème de Parny (1799), parodie licencieuse de la Bible.

ANNÉE 1852

CE QUE JE RETIENS
D'UNE DES CONVERSATIONS DE JANIN

« Les tragédies ?... C'est embêtant, ces vieilles tragédies !...
Rachel ? une femme plate !... Les acteurs, ils jouent tous la même
chose... Moi, jamais je ne parle que des actrices... Encore quand
ils sont bien laids, comme Ligier, on peut dire qu'ils ont du
talent; mais sans cela, jamais leur nom ne se trouve sous ma
plume... Voyez-vous, le théâtre, il faut que ce soit *Deux et deux
font quatre*. Et qu'il y ait des rôles, des rôles de femmes. C'est ce
qui fait le succès de Mazères... Mademoiselle Bertin, elle est venue,
l'autre jour, me demander cinq cents francs. Je lui dis : « Pourquoi ?
— Pour parfaire les mille francs pour coucher avec Fechter. » Et
il rit. « Une chose neuve pour le public ? Allons donc ! Si la
Revue des Deux Mondes changeait de couleur sa couverture,
elle perdrait deux mille abonnés... Amusez-vous ! on regrette ça
plus tard, il n'est plus temps. »

A propos de notre article sur Possot, il nous dit : « Vous
avez quelque chose de lui ? » (1)

Un autre jour : « Les attaques de Roqueplan ne m'ont rien
fait. Qu'est-ce que l'on peut me dire ? Que je suis bête, que je suis
vieux, que je suis laid ? ça m'est parfaitement égal... Ce Roqueplan,
un homme tout couvert de l'*aes alienum*, comme dit Salluste (2)...
Tenez, il y a un jeune homme, l'auteur d'une Sapho, qui a touché

(1) L'Ornemaniste P... avait été publié en février 1852 dans l'Éclair (t. I,
p. 88) et il sera réédité dans Voiture de masques avec le nom de l'artiste : c'est
l'histoire, tragiquement vraie, d'un jeune ornemaniste mort du choléra, alors qu'il
s'attaquait à la grande sculpture, et trahi *in extremis* par sa maîtresse.

(2) L'allusion aux dettes des complices de Catilina (Salluste, Catilina § 40)
est bien grosse; il reste que la gestion de Nestor Roqueplan aux Variétés (1841-1847)
et à l'Opéra (1847-1854) fut brillante et ruineuse, sinon pour lui, du moins pour ces
deux théâtres. Il a d'ailleurs, sur ce point comme sur bien d'autres, contribué à créer
sa propre légende : « Mon rêve est de mourir insolvable et à la mode. »
La rivalité de Janin et de Roqueplan date, selon Villemessant, de 1827, des
débuts de Roqueplan au Figaro, où il touchait 50 francs, quand Janin n'en avait que 45.
Leur polémique au sujet du Juif Errant est célèbre. Janin ne cessa de se déchaîner contre le directeur de l'Opéra, expert « en gants et autres *attifaux* » et ignare en musique.
De son côté, Roqueplan s'en prenait au style de Janin : « Votre plume ...semble
soustraite à votre volonté comme les membres d'un homme malade de la moelle
épinière. Les mots abondent, le *mot* ne vient jamais. » (Villemessant, Mém., t. II, p. 111).

juste, le mâtin ! Il avait mis dans sa préface : « Les auteurs qui vont louer leurs livres au cabinet de lecture... » (1) Et puis Pyat ! J'ai voulu devant les magistrats dire toute ma conduite, montrer toute ma vie... (2) Mais quand on me dit que je ne sais pas le français, moi qui ne sais que cela ! Je ne sais ni l'histoire, ni la géographie; mais le français, cela me paraît prodigieux ! Tout de même, ils ne m'empêcheront pas d'avoir tout Paris à mon enterrement... » Et nous reconduisant jusqu'à la porte de son cabinet, il nous dit : «Voyez-vous, jeunes gens, il ne faut pas trop, trop de conscience!» (3)

Un jour, Meurice vint trouver Dumas et lui dit : « Il faut que tu me donnes trente mille francs. — Tu sais bien que je n'ai pas trente mille sous ! — Tu as un moyen bien simple. Je manque un mariage superbe, il me faut ces trente mille francs : les voilà ! » Et il déploya six volumes manuscrits qu'il avait sous le bras : « Tu n'as qu'à mettre ton nom au bas et cela me fera trente mille francs. » Dumas lui dit de revenir. Le lendemain, il avait lu le manuscrit et avait mis son nom au bas. Meurice se maria. Ce sont LES DEUX DIANES.

Cinq ou six ans après, il revint encore et lui dit : « Tu m'as rendu un grand service, tu peux m'en rendre encore un. Voilà un roman : veux-tu le signer? Nous partagerons. »

(1) Il s'agit de SAPHO de Philoxène Boyer, un acte en vers joué à l'Odéon le 13 nov. 1850. À la fin du volume, Boyer proteste contre les critiques qui ont déployé contre les inexactitudes historiques de sa pièce une érudition de seconde main : « J'aurais pu fournir la preuve que j'ai étudié mon sujet ailleurs que dans les biographies de cabinet de lecture. » Janin a lui-même attaqué SAPHO (cf. Charpentier, BANVILLE, p. 60), mais il proteste contre la science mal digérée des critiques.

(2) Félix Pyat avait collaboré au BARNAVE anti-orléaniste de Janin (1831) : l'épisode des « Filles de Séjean », le plus violent du roman, serait de lui. Mais Janin passe du côté du gouvernement ; et après avoir proposé à Pyat et à Auguste Luchet un compte rendu bienveillant de leur drame d'ANGO (1835), il *éreinte* leur pièce. En 1844, Janin fait le procès de la Révolution à propos du TIBÈRE de Marie-Joseph Chénier : Pyat saisit l'occasion pour reprocher à Janin ses palinodies dans un pamphlet, M. J. CHÉNIER ET LE PRINCE DES CRITIQUES dont Janin se vengera en assignant l'auteur devant les tribunaux, qui condamnèrent Pyat à six mois de prison. Tandis que Janin évoque ce dénouement judiciaire devant les Goncourt, Pyat, déjà exilé depuis 1849 s'installait en Angleterre.

(3) J'adopte ici le texte de 1887, depuis *Tout de même*. Celui du Ms. est beaucoup plus elliptique : *J'aurai tout Paris à mon enterrement. Voyez-vous, il ne faut pas de conscience.*

Alexandre Dumas accepta et signa.

L'argent lui coule entre les mains. Un jour à *Monte-Cristo* (1), il reçut d'Ancelin, garde du commerce, une lettre qui lui annonçait qu'il viendrait le saisir au corps, le lendemain, pour deux mille francs. On *fait* les deux mille francs ; le garde du commerce arrive à neuf heures au lieu de sept heures : un officier de Saint-Germain était venu emprunter mille francs, il manque mille francs à la somme. On court toute la journée, on *fait* cinq cents francs : Ancelin avance les cinq cents autres, qui ne lui furent jamais remboursés.

PAGES GAVARNI

— Une immense collection de lettres d'amour achetées au poids chez les épiciers, avec lesquelles il fait ses légendes.

— Il a son œuvre complète, composée d'épreuves sur Chine et retouchées.

— Barbe rousse. Cheveux gris poussiéreux. Tic à côté de la bouche.

— « Je hais les émotions, les sentiments, tout ce qui est cœur imprimé (2), tout ce qui est cœur mis sur le papier. »

— Chevallier, mécanicien. Sulpice (3).

— Une des horreurs de Gavarni : CLAIRE D'ALBE et Mᵐᵉ Cottin. Le mari surprenant sa femme adultère : « Il te reste encore assez de vertu pour faire mon bonheur. » (4)

— Anti-catholicité : Anti-Christ, — qui se nomme Luther, Robespierre, etc. — qui escompte le Ciel (5).

(1) La propriété de Dumas père à Saint-Germain-en-Laye.

(2) Add. éd. : *cœur*.

(3) État-civil de Gavarni : Guillaume-Sulpice Chevallier. Il avait appris la fabrication d'instruments de précision à l'atelier Jecker (1817-1818), puis le dessin de machines sous Leblanc au Conservatoire des Arts-et-Métiers (1819-1820).

(4) Dans CLAIRE D'ALBE (1799), l'héroïne de Mᵐᵉ Cottin aime Frédéric, orphelin recueilli par son vieux mari : celui-ci essaie de la guérir de sa passion en lui faisant croire à l'infidélité de Frédéric ; mais le jeune homme se disculpe, elle se donne à lui et meurt de remords et de désespoir.

(5) Gavarni, résolument antireligieux, dénonce ici ce qu'il entre de mysticisme intéressé jusque dans les adversaires du catholicisme : ils critiquent le Christ des

— « Je fais le bien, parce qu'il y a un grand seigneur qui me paye cela, — et ce grand seigneur, c'est le plaisir de bien faire. »

— Nadar parle d'un Polonais des Batignolles (1), couché sur des cosses de pois, ancien inspecteur supérieur de l'Université de Cracovie. Agent de police demandant moyens d'existence, laissant deux francs sur le poêle.

— Chez Mme d'Abrantès, Gigoux, venu avec un habit vert à boutons blancs, entreprenant une princesse Napoléon sur les destinées de l'Art; longues tartines : « Est-ce que Monsieur est de la Garde nationale ? »

— Blague de sentiment : missionnaire stupide dans le Midi, vieux paysan lisant à sa famille, le soir, le MIROIR DES AMES, deux pages. A la fin, il se montait le coup tellement, avec l'accent du prédicateur, qu'il pleurait de grosses larmes.

— Légende restituée : *Madame la Femme, la plus triomphante et le giron toujours plein de secrets de Polichinelle* (2).

— Altaroche au CHARIVARI. Sur les observations faites à Gavarni, qu'il fait toujours des bombances sur Clichy, Gavarni envoie une femme et un enfant sur les bras à un ouvrier à Clichy, qu'il appelle *Philosophe* : *Mon ami, je t'apporte ta pipe, ta casquette et ton Montaigne.*

« Très joli, mais pourquoi a-t-il appelé cet enfant *Montaigne ?* — Mais j'ai mis une grande lettre, dit Gavarni. — C'est justement pour cela ! » (3)

catholiques, mais jouent comme lui les prophètes et tirent des traites sur le Paradis, qu'ils ont annexé à leur profit.

(1) Add. éd. : *parle d'un* et *des.*

(2) Une des lithographies des PROPOS DE THOMAS VIRELOQUE (Maherault N°1796). Le vieux vagabond-philosophe, appuyé sur son bâton, contemple une jeune femme en négligé du matin, le corps enveloppé dans une écharpe noire qu'elle retient à deux mains. Il dit, d'après la légende imprimée : *Madame la femme: une Altesse qui n'a pas sa plus triomphante, mais lui faut plein son giron de secrets de Polichinelle.*

(3) De la prison pour dettes de Clichy, où il avait été enfermé en 1835, Gavarni avait rapporté les sujets de la série CLICHY, parue au CHARIVARI en 1840 et qui montre les détenus menant joyeuse vie : « Ce tableau parut si riant à la surface que sur des bruits qui se répandirent... d'un redoublement de sévérité dans le régime de la maison, le directeur du CHARIVARI pria Gavarni d'aborder le côté triste de l'emprisonnement pour dettes. C'est alors que Gavarni lui apporta ce chef-d'œuvre de sentiment qui a pour légende : *Petit homme nous t'apportons ta casquette, ta pipe d'écume et ton Montaigne.*

— Bordel de matelots à Londres, de tous pays : Chinois, etc. Couchés par terre, saoulés, avec des jeunes filles de douze ans, qui chantent des romances de Loïsa Puget, — anglaises (1).

— N'aimant pas les putains; préférant l'autre femme, plus libidineuse; — trouvant la putain hommasse.

— Un monsieur raconte : « ...Un silence, on aurait entendu voler,... voler... » Laurent-Jan : « Un foulard ! »

— Gavarni ayant proposé à Méry, puis à Gozlan de faire un journal dont lui ferait les dessins : 365 dessins par an.

— Sceptique en fait de tout progrès, même industriel : « Le chemin de fer? Qu'importe, si vous avez décuplé chez l'homme le désir de la vitesse? »

— Arguant des statues grecques et des tableaux de Raphaël pour nier le progrès de l'Art.

— Buvant de la bière tout le temps du dîner.

— Ayant commencé par faire des dessins sur les cahiers de mathématiques.

— Horreur surtout de l'hypocrisie.

— Eugène Sue faisant faire par Yanoski (peut-être par Charles) (2) les documents de ses MYSTÈRES DU PEUPLE à raison de deux cents francs par mois. Trois mois pas payés. Yanoski, ayant faim, demande. Eugène Sue lui indique son homme d'affaires, lui donne deux cents francs et lui dit qu'on placera le reste des six cents francs chez Luchat, éditeur des MYSTÈRES DU PEUPLE, — qui, par parenthèse, avait sous presse avant le Deux-Décembre, pour Juin (3), une gravure, le *Génie de la Liberté écrasant despotes*

On voit... la femme qui tend la pipe au père dont la figure et le baiser sont cachés dans le cou de son enfant sauté sur ses genoux » (GAV., p. 104). La méprise d'Altaroche vient de l'allure ouvrière du détenu — un artiste ou un écrivain — et il est bien loin de songer à l'auteur des ESSAIS : la majuscule de *Montaigne* lui fait croire qu'il s'agit du nom de l'enfant.

(1) Texte incomplet; add. éd. : *des romances* et *Loïsa*. — Souvenirs du séjour de Gavarni en Grande-Bretagne (1847-1851) et surtout à Londres, dont il explore les bas-fonds en compagnie de Terrien et où il finit par s'établir dans un quartier populaire au *Docks-Hotel*.

(2) Charles de Villedeuil, qui avait été l'élève de Yanoski. Cf. t. I, p. 44.

(3) Texte et sens incertain. *Pour Juin:* pour célébrer l'insurrection de Juin 1848?

63

et rois, avec en bas : *Aux bienfaiteurs de l'humanité, Maurice Lachâtre, Eugène Sue,* etc. — Yanoski meurt. Eugène Sue ne va pas à l'enterrement et dit : « Ce pauvre Yanoski ! Il me devait mille francs, mais Dieu me garde de les demander à sa veuve et à son enfant de neuf ans. » Là-dessus, tirades socialistes !

— Louis Blanc à Gavarni : « Moi, je ne suis pas du peuple et je ne l'aime pas ! »

Louis Blanc regardé seulement comme une bête curieuse au physique, — quoi qu'il dise, — les beaux crânes de l'aristocratie, qui n'émettent et ne tiennent pas d'intelligence, le regardant de même, pour dire aux questions de leurs femmes comment il est bâti (1).

— « Au Musée, il y a trois lignes : les gens qui regardent les tableaux, les gens qui regardent les poches des gens qui regardent les tableaux et les gens qui regardent les mains des gens qui regardent les poches des gens qui regardent les tableaux. »

— Une légende de Gavarni : un vieux et un jeune; le jeune salue une femme : « Tu connais cette femme ? — Parfaitement. C'est la femme de deux de mes amis. »

— « En Quatre-vingt-treize, on voulait tuer; en Quarante-huit, on voulait voler. Les sincères en Quarante-huit, voulez-vous que je vous dise qui ça a été ? Les gens de Juin. »

— « Oui, il y a du progrès, mais le Progrès ? Qu'est-ce que la vapeur, si vous avez décuplé le besoin de vitesse de l'homme ? »

— Une lorette, que Gavarni baisait, lui demanda à lui envoyer de sa littérature : c'était un épisode de la guerre des Sarmates.

— Le père Aubert, en allant chez Daumier, rencontre un affreux chien crotté. Il le monte chez Daumier, qui le trouve ignoble. Aubert l'embête tant, que Daumier finit par garder le chien. Daumier continue ses lithographies. Le père Aubert met sur sa note : « Un chien, 20 francs. »

— Daumier, le garçon le plus indifférent sur ses œuvres, toujours à l'Ile Saint-Louis, à boire des vins bleus avec des capitaines de canot qu'il appelle *Mon capitaine.*

(1) Cette confidence de Gavarni prétend expliquer les avances faites au républicain exilé par l'aristocratie anglaise. Louis Blanc, réfugié en Angleterre depuis l'affaire du 15 mai 1848, avait prié Ward de le mettre en rapport avec Gavarni, qu'il espérait gagner à la démocratie. Voir dans GAV., p. 237, le récit de cette rencontre.

— Caricatures de Cruikshank : La bouteille et Les Enfants de l'ivrogne. A la fin de la première série, l'ivrogne dans un cabanon, avec un feu entouré d'une grille, fou furieux. Sa fille et son fils le regardent. La fille déjà putain, le fils voleur de Londres, avec les cheveux en accroche-cœur et la petite fleurette à la bouche.

— Un clown anglais, écrivant de France, où il fait une tournée avec des cirques, à son père tonnelier et membre de la Société des Funérailles : « Mon père, voilà comme je suis » : dessin de la pose. « Voilà ce que je fais » : description des tours, et dessins. « Mais ma femme est grosse de mon cinquième enfant. Si vous vouliez envoyer une livre, vous auriez un plumet de moins à votre enterrement, mais ça m'obligerait. » (1)

— Dickens, vanité énorme et paralysante peinte sur sa figure (2).

— Balzac mangeait comme un porc. Voisin d'une indigestion, le ventre ballonné de boustifaille et quasi-fou, il se couchait. A minuit, se faisait réveiller par son domestique, prenait du café et couvrait matériellement du papier pendant deux heures. Une fois ce premier travail fait, il partait.

Gavarni avait vu de Balzac un billet ainsi rédigé :

« De chez Vachette

Mon cher Prosper, viens ce soir chez Laurent-Jan. Il y aura des chaudepisses bien habillées.

Balzac. »

(1) Rayé depuis *Un clown anglais.* — Encore un souvenir londonien de Gavarni. Les Goncourt en ont tiré une nouvelle du Paris, non rééditée (N° 1, 20 oct. 1852), Un père a six plumets : il s'agit des plumets dont le tonnelier londonien, membre d'une société mutualiste de pompes funèbres, espère orner son corbillard le jour de ses funérailles...

(2) Gavarni, pris à Londres d'un de ses accès de sauvagerie, avait repoussé les avances que lui faisaient Thackeray et Dickens.

A la suite de ce passage, le manuscrit comporte le récit, fait par Gavarni, de combats de boxe et de courses à pied en Angleterre. Mais il est trop mutilé, toutes les fins de lignes ayant été coupées, pour être transcrit. On trouvera le récit du combat de boxe dans Gav., p. 208 sqq. Quant à la course, le seul passage lisible du manuscrit, à la fin du récit, donne ce détail : *Quelquefois, une femme se met à courir au second jour à côté de l'homme. Les Anglais disent alors que c'est une femme respectable. Il y a un petit endroit pour chier et pisser. Ils s'y succèdent.*

Balzac, indécrottable et embêtant. Dans la vie privée, ignare et ignoble, ne sachant rien. Ouvrant de grands yeux à toutes les explications, bouffi de lieux communs, une vanité de commis-marchand. Il semblait qu'il se fît un phénomène somnambulique lorsqu'il travaillait, et que concentré sur un point, par une intuition, il se rappelât toutes choses, même les ignorées.

— Peytel avait vécu avec Gavarni. Peytel, chercheur de bruit à tout péril, faisant un article atroce contre Poirson, directeur du Palais-Royal, écrivant : « L'auteur de l'article dont vous avez à vous plaindre est devant vous. »

Il joua d'un bout à l'autre. Il eut deux sentiments, le sentiment de la pose, de devenir *contemporain*, et la vanité de ne pas vouloir être cocufié par son domestique. Ainsi, il faillit étrangler le juge d'instruction, qui allait du côté du flagrant délit d'adultère.

La famille de Peytel pria Gavarni de s'occuper de l'affaire. Sur ces entrefaites, Curmer vint trouver Gavarni, qui était fâché alors avec Balzac, et lui dit que Balzac avait la tête toute pleine de bonnes choses pour la défense. Gavarni et Balzac partent immédiatement en poste pour Bourg. En chemin, voulant *épaffer* les postillons, leur disait à chaque relais, pour les faire aller vite, — sa manie : « Allez vite, Monsieur gagne cinquante francs par jour, et moi, j'en gagne cent. Vous comprenez que chaque minute que vous nous faites perdre... » et ça augmentait à chaque relais.

A Bourg, il fallait surveiller Balzac : « Voyons, il s'agit d'une chose grave, sois convenable pendant les quelques jours que nous sommes ici. » Il fallait lui mettre ses cravates et le faire propre. Pendant une heure ou deux, Gavarni étant sorti, Balzac s'échappa : Gavarni le rencontre sur la place, il avait accroché le préfet et lui racontait comment les petites filles se branlent dans les pensions.

Gavarni entre en prison et trouve Peytel les fers aux pieds, qui n'attendait pas du tout Gavarni : a comme une surprise de franchise. La bouche à l'oreille de Gavarni, faisant cornet avec sa main, il lui demanda d'abord s'il savait parler latin, comme un homme qui tousse avant de parler. Récit complet, clair comme le jour.

Peytel venait de passer le pont de l'Ain avec deux voitures. Son domestique dans la première, lui avec sa femme dans la seconde. Il descend dans une montée et s'écarte pour pisser. Le domestique était descendu en même temps que lui. Il entend : « Est-il

là ? » Sa femme était très myope. Cette troisième personne réveille
en lui toute sa jalousie. Il revient, dit qu'il va en avant faire ouvrir
les portes, qu'on monte doucement; et va dans le bois et se cache
en haut de la montée derrière un arbre. Le domestique, au lieu de
remonter dans la première voiture, remonte dans la voiture du
maître à côté de la femme. Il perçoit des caresses équivoques. Il se
glisse inaperçu à la première voiture, prend un pistolet confié au
domestique, — car il y avait six mille francs, — va à la calèche, tire
sur le domestique, — qui se retire, — et tue sa femme. Louis Rey
saute en bas de la voiture et se sauve. Peytel, qui s'occupait de
minéralogie comme il s'était occupé de littérature, — LE VOLEUR,
etc., — prend son marteau de mine, s'élance à la poursuite de
Louis Rey, qui se retourne et lui porte un coup de fouet par la
figure, et le tue d'un coup de marteau.

Cette confidence reçue, il lui dit qu'il a amené Balzac et
qu'il devrait lui dire cela. Mais près de Balzac, la vanité le reprend
et il ne fit pas la même confidence à Balzac. Même, le soir, il envoya
son avoué à Gavarni, à l'hôtel, qui lui dit : « M. Peytel a entendu
parler » — ce qui n'était pas vrai — « de révélations qu'il aurait
faites; il est tout disposé à démentir. » Il est condamné. Il revient
à Paris (1).

A Paris, Gavarni, qui connaissait beaucoup Dutacq, songe
à écrire une lettre dans le SIÈCLE, où il aurait dit tout. Mais la
famille vient le trouver et lui dit : « Peytel a été condamné à mort;
mais il n'y a pas conviction du fait. Nous préférons cela. » Le
pourvoi en cassation est rejeté. Gavarni espérait que non; et alors,
il se serait porté comme témoin à charge, pour pousser Peytel
dans cette voie. Le recours en grâce est présenté. Gavarni, alors
brouillé avec Girardin, lui a écrit : « Un de mes amis va mourir. Je
vous demande de me faire avoir une audience de monsieur Teste. »
Girardin était à la campagne. Mme de Girardin l'adresse à Boutmy.
Gavarni voit Teste et lui demande une audience du roi. Teste lui
dit qu'il est impossible d'avoir une audience du roi, le roi doit
prononcer à midi au Conseil des ministres, — il est huit heures du
matin, — mais qu'il rédige une note au roi et que lui, la remettra
lui-même. Gavarni prend tous ses papiers, écrit. Il avait reçu, je
ne sais comment, par la poste, une lettre de Peytel toute pleine de

---

(1) Entendez : Peytel est condamné, Gavarni revient à Paris.

plaisanteries et de forfanteries; et comme il avait fait une Physiologie de la Poire, il plaisantait là-dessus, disant qu'il s'était
gardé une poire pour la soif (1). La lettre est mise dans une enveloppe pour le roi.

Il revoit, le soir, Teste, qui est très sec et qui lui remet
l'enveloppe qui contenait la lettre de Peytel (où Peytel demandait à Gavarni de lui faire passer de l'opium dans une Bible
cartonnée à la Bradel, disant que ça lui serait désagréable de
mourir devant tout le monde) avec ces mots du roi : *Fidèlement
recacheté. Louis-Philippe.* Teste lui dit que le roi a emporté les
pièces.

Au bout de quatre jours, il apprend que le pourvoi est rejeté.
Tous les matins, il regarde du coin de l'œil le journal, pour voir
l'annonce de l'exécution. Douze jours se passent, ce qui ne s'est
jamais vu. Louis-Philippe avait sans doute voulu lui donner le
temps d'envoyer la Bible.

Peytel n'était pas homme d'argent : une tête en l'air. Peytel
et Gavarni avaient souscrit pour vingt mille francs de lettres de
change. Peytel devient notaire. Gavarni lui dit, en lui montrant
le dossier : « Tiens, puisque tu es notaire, efface ta signature
là-dessus. » Peytel en effaça quelques-unes, puis laissa sa signature
sur le reste : ça l'ennuyait !

Broussais, beau-frère de Peytel, ayant épousé la sœur de
Mme Peytel, médecin de Mme Teste, poussa sans doute à l'exécution, alla demander et reçut le silence des témoins.

— En Écosse, vous rencontrez un monsieur qui se promène
dans la campagne avec un appareil sous le bras, comme les peintres. Viennent à passer quelques paysans, il déploie l'instrument :
c'est une chaire à prêcher.

— Bouquet et Gavarni se trouvant au Club de Tempérance à
Édimbourg, quand Bouquet réclamait trop impérieusement de
l'ale, l'hôte montait sur une chaise et les prêchait.

---

(1) « Physiologie de la poire par Louis Benoit, jardinier », Paris, 1832. — Peytel
y exploite la trouvaille de Philipon : la physionomie de Louis-Philippe figurée par
une poire.
Les Goncourt ont raconté le séjour de Gavarni à Bourg et publié la lettre délirante et rouée de Peytel à Gavarni dans Peytel, dernier récit de Voiture de Masques
(voir p. 265 l'allusion à la poire).

— « Seins comme des couvercles de communs. » (*Auctore* Aussandon). « Une femme qui a eu des enfants : ventre en persiennes » (*Idem*).

— « Voilà une idée que je voulais mettre dans mon THOMAS VIRELOQUE (1). Je voulais dire que de même que la gale, maladie dont on a été longtemps à savoir la cause, vient d'un petit acarus qui est dans le bubon, de même sous chaque bubon révolutionnaire, sous chaque émeute, il y a un acarus, qui est un journal. »

— Il ne savait pas du tout sa décoration. P. de Chennevières vint lui annoncer qu'il serait décoré le lendemain, et qu'il s'y trouve. Gavarni lui dit qu'il ne peut pas. Et il faut qu'un de ses amis le force presque à aller chez M. de Nieuwerkerke pour la recevoir.

« J'ai désiré très vivement la croix quand je portais des habits, mais maintenant je n'en porte plus. » Et il était en blouse bleue...

— « L'homme, moins l'être moral », qualification de Töpffer sur les doctrines révolutionnaires de Février : admiration énorme de Gavarni pour ce mot qui, dit-il, lui « a nettoyé toutes ses idées là-dessus. »

— « Le type de la caricature est le dessin de l'enfant. Je suis arrivé, après de longues études, à faire un bonhomme comme en fait un enfant de dix ans; mais je n'en peux faire qu'un comme cela ! »

— Parti trois jours à Clichy et resté dix en sus, parce qu'il s'y amusait.

— Maison Laroche, anciennement dans une hutte sur le bord de l'eau (2); maintenant dans un pavillon. La mère Laroche, soixante-quatorze ans : « Eh bien ! Louis, on ne va pas souvent au *bonheur* ? » Louis, l'amant, sans dents, un ancien forçat libéré, que Gavarni a vu un jour faire chanter, sans doute par un camarade.

---

(1) LES PROPOS DE THOMAS VIRELOQUE, 20 lithographies du PARIS (Oct. 1842-juil. 1853). Le héros de Gavarni est un vieux vagabond, simiesque et borgne, chargé d'exprimer la philosophie sceptique de l'auteur en une langue populaire, curieusement reforgée. Gavarni coupa court devant l'indifférence du public.

(2) Auberge borgne, sur les bords de la Seine, à Asnières, l'un des endroits où Gavarni, entre 1839 et 1844, entraînait Henri Monnier, Ourliac, Forgues, etc., dans ses « parties de garçons du samedi ». Voir dans VOITURE DE MASQUES (p. 239 sq.) l'hymne des GONCOURT qui ouvre MADAME ALCIDE, à la gloire des « gargotiers tragiques ».

A table, il est très sobre et lit le journal. Quand tout le monde est couché, il s'enivre et devient méchant. Le fils aîné Auguste, fait la police à coups de couteau et lui a déjà fait plusieurs *boutonnières*. Paméla et une autre fille : Paméla, type de Chingacgook et tribade, chantant le vaudeville leste, avec un gros grain de beauté comme une pièce de dix sous entre le nez et la bouche, sur le rictus. Son fils, Jules-Joseph, crétin croyant que les femmes ont des dents au con, appelant les femmes *culbuteuses, veaux baladeurs,* parlant toujours de leur donner du *jus de botte.*

Le vieux marquis, ancien amant de la mère, qui s'est ruiné avec elle, — femme d'un commandant de place, rue Monthabor. Se consacre à l'élèvement des lapins et poulets. Toujours en cravate blanche. Ne se mêle pas de la famille et apprend éternellement à lire à Jules avec une allumette, depuis l'âge de sept ans, avec la même allumette. Jules, grand et gros garçon de vingt-cinq ans, robuste comme un Turc, figure soufflée et huilée, la lèvre inférieure rabattue; cachant ce qu'il trouve dans une malle, la fermant, faisant un trou dans la malle et y fourrant la clef, parce qu'il est méfiant.

Affreuse promiscuité. Tout le monde couche ensemble. Et on donne au cuisinier la seconde fille de la mère Laroche, outre ses gages.

— Sur la route de Versailles, au Point-du-Jour, à côté d'un cabaret ayant pour enseigne : *A la Renaissance du Perroquet savant*, un mur qui avance avec de vieilles grilles rouillées, qu'on ne dirait jamais s'ouvrir. Le mur est dépassé par un toit de maison et par des cimes de marronniers étêtés, au milieu desquels s'élève un petit bâtiment carré, — une glacière surmontée d'une statue de plâtre tout écaillée : la FRILEUSE d'Houdon.

Dans ce mur fruste, une porte à la sonnette de tirage cassée, dont le tintement grêle éveille l'aboiement de gros chiens de montagne. On est long à venir ouvrir : à la fin, un domestique apparaît et nous conduit à un petit atelier dans le jardin, éclairé par le haut et tout souriant. C'est là que nous faisons notre première visite à Gavarni.

Nous parcourons avec lui toute la maison et les interminables corridors du second étage, où d'anciens costumes de Carnaval, mal emballés, s'échappent et ressortent de cartons à chapeaux de femmes.

Intérieur cénobitique. Petit lit de fer étroit de moine. Deux corps de bibliothèque. Un couteau dans un livre ayant pour titre LE CARTÉSIANISME (1).

— Théorie sur le théâtre. Admiration du BOURGEOIS GENTILHOMME et des PRÉCIEUSES RIDICULES : excellentes farces de convention. N'aime que la convention : « Les bonnes pièces sont celles qui ne font oublier à aucun moment qu'on les joue, que c'est sur des tréteaux. » Il faut qu'il voie que ce sont bien des montants et des toiles peintes. Du moment qu'il y a un clair de lune, une illusion, un diorama, patatras ! Horreur de la couleur locale, des *lames de Tolède*, etc. (2)

— Balzac, ayant acheté dans un champ avoisinant les Jardies un noyer pour le récolter, expliquant, selon des théories à lui, qu'il lui rapporterait son argent au quintuple.

— Balzac : *épaffer* par la science des questions de voirie, qu'il ne savait pas du tout. Par exemple, voyant un tas de bois dans la rue, il disait : « Il y a cinq minutes qu'il y a une contravention de tant... », et ce n'était pas vrai !

Mobilier de putain.

Dureté. Un malheureux, mourant de la poitrine, nommé Boulet, envoyé par Dutacq, du SIÈCLE, pour chercher de la copie aux Jardies, frappe à minuit par une pluie battante. Balzac, qui était seul, levé, lui ouvre, lui dit qu'il l'a faite et qu'elle sera prête à six heures. Il lui ferme la porte au nez.

Histoire sur des grandes dames ; et on le voyait aux premières représentations avec une affreuse cuisinière !

Orgueil de Balzac : les autres n'existaient pas !

— Gavarni anti-musical. Liszt ayant joué chez lui un tas de fioritures, comme des alouettes qui volent sur le piano, Gavarni lui demande ce que c'est : « Une promenade au bord de la mer ». Gavarni part d'un éclat de rire.

(1) Add. 1887 : presque tout le passage, depuis *Sur la route de Versailles* jusqu'à *de cartons à chapeaux de femmes.*

(2) La *lame de Tolède* est un des clichés favoris du romantisme. Hugo se plaît à armer d'une « fine lame de Tolède » le lieutenant d'Ahlefeld, dans une scène qui se passe en Norvège, à Drontheim! (HAN D'ISLANDE, éd. de l'Imprimerie Nationale, p. 41). Pour ironiser sur le romantisme attardé de son héros, Justin Ronan, Monselet dira en 1858 : « On l'appela la *dernière lame de Tolède* » (MONSIEUR DE CUPIDON, p. 251).

Gavarni ne connaît rien de bête comme les musiciens.

— Horreur de la métaphysique de la conversation bourgeoise et surtout des mots qui ont besoin de complément : « *L'Enseignement ?* L'enseignement de qui, l'enseignement de quoi ? »

— « Il vous faudrait, mon cher Balzac, un individu pour vous laver, pour vous débarbouiller, vous habiller... — Un ami comme ça, je le ferais passer à la postérité ! »

— Gavarni croit avoir trouvé une force motrice qui pourrait se débiter chez les épiciers.

— « Avez-vous vu le jeu de boules aux Champs-Élysées ? On y voit des gens venus de toutes les parties du monde social, un pâtissier, un invalide, un marchand, un monsieur *bien*, qui a mis ses gants dans sa poche. Il en est de même dans les partis politiques : ç'a été une réunion de gens de tous les coins d'esprit, de crétins qui se réunissent à ce jeu de boules politiques ».

— A présent, venait de voir chez Sauvage de mauvaises statues de Humann. Admiration pour l'inventeur de l'hélice.

— Gavarni monte dans un omnibus en même temps qu'une très jolie femme d'allure très distinguée. La femme lui tourne le dos. Gavarni s'amuse à lui souffler doucement dans le cou. La femme a plusieurs tressaillements. Enfin, arrivée dans une rue obscure, elle se décide à descendre en jetant un coup d'œil à Gavarni. Gavarni descend, passe de l'autre côté de la rue. La femme revient à lui et lui dit qu'elle ne conçoit rien à sa conduite; Gavarni se fâche *un'poco* et lui dit qu'il ne veut que la suivre. Puis la conversation devient générale, on cause politique, littérature, de tout enfin. La femme lui dit : « Je vous reverrai, mais à une condition : c'est que vous me donniez votre parole de gentilhomme que vous ne chercherez jamais à me revoir. — Je ne suis pas gentilhomme. » Nouvelle fâcherie : « Donnez-moi votre nom. — Comment vous donner mon nom, quand je ne sais qui vous êtes ? » Enfin, il lui donne l'adresse d'un de ses amis. Quelques jours se passent, il reçoit une lettre, qui ne contenait que : « Quand on veut faire une folie, il ne faut pas se donner le temps de la réflexion. » La dame lui avait dit qu'elle lisait le CHARIVARI. Gavarni porta à Altaroche un petit article, où le Diable, conducteur de l'omnibus, criait *Complet !* quand les deux voyageurs étaient montés. Il racontait sa conversation avec cette dame, toute, entièrement, ajoutait que le voyageur en omnibus en était devenu fou, mais que la dame qui lui avait promis d'écrire était borgne : il ne l'avait vue que d'un côté! Altaroche trouva l'article charmant et n'ajouta au *Complet !* du Diable que : «comme il est enjoint par l'administration ». La dame trouva la plaisanterie charmante, elle écrivit à Gavarni et ils vécurent assez longtemps ensemble, sans que la dame sût que ce fût Gavarni.

— Une des nouvelles qu'il jeta sur le papier était un homme qui était amoureux d'une idée. Il la caressait, la choyait, lorsque, sur une terrasse, il voyait une grosse nourrice assise, qui faisait sauter un enfant sur son pied. Il faisait une infidélité à son idée, il baisait la nourrice. L'idée mourait de chagrin; et lui, suivait le corbillard d'un pauvre homme qui n'avait personne à son convoi.

— Il avait aussi fait le PÈRE ALMANACH, ainsi appelé par les paysans, vagabond qui vivait loin des hommes et s'occupait d'un système planétaire. Enfin, quelqu'un était introduit près de lui; et après avoir étonné le visiteur par sa science, — il lui dit ses projets de locomotion dans l'air, — il lui disait : « Monsieur, c'est que j'ai des propriétés dans la lune ! »

— Gavarni, à Londres, fit pour l'ILLUSTRATION de Londres un dessin sur bois des vainqueurs de Février dans les caves des Tuileries, complètement à la gouache; et le burin, malgré les écailles enlevées à chaque coup, se retrouva admirablement.

— « Le travail et les femmes, voilà ma vie ! »

— Il tenait un livre de tous les jours, où les découvertes mathématiques dans le bon sens, les autres choses à l'envers (1).

— L'histoire des lampions, véritable : elle lui est arrivée à lui, lorsqu'il faisait la cour à une jeune fille (2).

(1) Cf. GAV., préface, p. 6: « Le fils de Gavarni, Pierre Gavarni, ...nous a confié ses fragments de mémoires, ...ses cahiers de mathématiques au parchemin graissé et noirci par une pulsation continue et où la littérature, écrite à rebours, se mêle aux x... ».

(2) *Lampions* ou *Almions* (?), texte incertain. — S'il faut lire *lampions*, l'allusion vise L'AMOUR A PARIS, un des contes de Gavarni recueillis dans MANIÈRES DE VOIR ET FAÇONS DE PENSER (Préf. de Yriarte, Dentu, 1869). Le narrateur suit une femme et son mari jusqu'aux lampions d'une fête publique; là, il guette à cette lueur les apparitions de sa belle à son balcon; il essaie en vain, le lendemain, de lui glisser un billet doux

— Origine du nom de Gavarni. — Gavarni à vingt ans, employé au cadastre dans les Pyrénées : excursion dans l'amphithéâtre de Gavarnie. A Paris, dessins, — vingt, vingt-cinq francs, — non signés. Susse ayant demandé à Chevallier de lui signer deux dessins, qu'il lui apportait et qui ne représentaient pas la vallée de Gavarnie, Gavarni, pensant soudainement aux Pyrénées et masculinisant le nom, signa, sur les comptoirs de Susse, ces deux dessins : *Gavarni*.

— Gavarni froid, mais pourtant, aux journées de Juin, écrivant à Louis Leroy de longues lettres coup sur coup.

— Discrétion sur les services qu'il rend.

— La Mésangère, grand vieillard très poli, poudré, cravaté blanc, tout en bleu barbeau, habit, gilet, pantalon. Au coin de la rue et du boulevard Montmartre, ancienne maison de Thomassin, aujourd'hui café : occupait le premier étage, où on le trouvait toujours dans un grand salon au milieu de comptoirs en acajou vitré, renfermant une précieuse collection de miniatures. Gavarni lui envoya de Tarbes une **suite** de travestissements, qu'il fit graver par Gatine.

— L'éditeur du CHARIVARI vint proposer à Gavarni de faire MADAME ROBERT MACAIRE, lui disant que c'était une idée (1). Gavarni lui répondit que Robert Macaire n'avait pas de sexe, que Mme Robert Macaire serait Robert Macaire, et il lui fit FOURBERIES DE FEMMES EN MATIÈRE DE SENTIMENT.

— Les deux frères Eugène et Achille Devéria : leur père leur ayant laissé des dettes, ils se dirent que pour les **payer**, l'un se livrerait à la grande peinture (Eugène) et l'autre **ferait** de l'argent (Achille).

Estime de Gavarni pour certains portraits de lithographie d'Achille, entre autres, celui de Roqueplan, tout *crâne* et sans crânerie.

---

en la suivant à travers la fête. Mais il découvre dans la même maison un logement de garçon, s'y installe et conquiert la rebelle. Dans GAV., p. 93, une allusion à « des emménagements » de Gavarni « dans des appartements porte à porte avec des femmes rencontrées au bras de leur mari dans un feu d'artifice. » Les Goncourt indiquent en note que c'est là la source autobiographique de L'AMOUR A PARIS.

(1) Add. éd. : *lui disant.*

— Gavarni obtient un pointillé dans ses lithographies : il découpe dans une feuille de papier la partie qu'il veut pointiller, pose la feuille de papier sur la lithographie et armé d'une brosse à dents frottée de noir, il promène le doigt sur la brosse et la fait cracher.

— Mme L'Hercule se faisant des chapeaux avec les gilets qu'on lui donnait. Se fit un jour un caraco avec des morceaux de doublures de soie multicolores et de multi-travail, que Chandellier avait d'épargnes de sa mère.

— Gavarni a commencé par une grande bande lithographiée, coloriée, genre Callot, DIABLERIE, pour Blaisot, alors au Palais-Royal. Blaisot le mit en rapport de commande avec La Mésangère. Gavarni partit pour Tarbes, envoya de là dessins : trouvés pas assez finis, pas assez précis comme patrons.

— Jules Perrin, garde du commerce, à Gavarni : « Ça vous serait-il égal de vous détourner ? » Il passe rue Saint-Denis et redescendant, il lui pose les mains sur les genoux en lui présentant un cadre : « Puisque je vous tiens, monsieur Gavarni, j'ai un petit qui apprend à dessiner, dites-moi votre avis là-dessus. » C'était une tête estompée de Niobé.

Autre garde du commerce : Leroux, qui venant l'arrêter (il était au lit), lui dit : « Monsieur X... désirerait vous voir... — J'irai. — Oui, il faut aller le voir ! — Je vous dis que j'irai. — Oui, cette affaire... — Pourquoi ne m'avez-vous pas dit que vous étiez garde du commerce ? Au moins, vous, vous êtes un homme qui comprend l'arrestation ! » (1) Il appelait le fiacre emmeneur, cet Alcibiade, le *corbillard de la lettre de change*.

A Clichy, ils jouaient des dindons au loto. La cour, la *Petite Provence*, pour femmes et enfants. (2)

— Rue Saint-Lazare, N° 27, phalanstère de peintres. (3)

---

(1) Add. éd., dans le paragraphe précédent : *C'était*; dans ce paragraphe : *garde du commerce* et *lui dit*. Le sens de cette conversation elliptique est donné par GAV., p. 103 : « Il nous parlait d'Alcibiade Leroux, le garde du commerce qui avait de si bonnes manières pour vous mettre la main dessus. »

(2) Lapsus du Ms. : *par femmes et enfants*; cette cour de la prison était réservée aux visites que leurs familles faisaient aux détenus.

(3) Gavarni s'y installa, « en face de l'emplacement où depuis a été bâtie la cité d'Orléans », au début de 1828, à son retour des Pyrénées. (GAV., p. 59).

Jeune homme du Béarn, marin, étudia la sculpture sous Mlle de Fauveau (1); espèce de Quasimodo trapu; s'éprit de Mademoiselle, qui s'amusa de sa passion. Un garde du corps qui passait pour son amant ayant mal parlé d'elle, il le provoqua et le tua, après avoir reçu un coup d'épée dans l'aine. Il se fâcha depuis avec Mlle de Fauveau et cita la mère et la fille en justice de paix. Faisait des petites figures en cire pour les pendules et donnait des leçons de bâton. Il demeurait dans une espèce de cave.

Dans une mansarde, un jeune homme gris, qui parlait de la « théorie du sublime », des « maîtres de l'art » et qui peignait des tableaux-horloges. « J'ai aujourd'hui, disait-il, dix-sept mains à faire... » Il avait trouvé le moyen de faire la MORT DE L'EMPEREUR, d'après Steuben, avec une horloge au fond du lit; il avait fait le NAUFRAGE DE LA MÉDUSE avec une horloge au lieu de voile.

Il y avait un jeune homme des îles Seychelles, nommé Bayard, qui avait de la fortune et s'amusait à faire de la miniature. Il avait fait la rencontre, à l'île Maurice, d'une jeune fille qui avait quelque fortune et ils étaient venus à Paris, où ils s'étaient logés en hôtel garni. Là, ils mangèrent ce qu'ils avaient; la femme se prit de mélancolie et s'empoisonna. Lui, resté seul, se mit à aller peindre des femmes dans les bordels et gagna sa vie. Il était curieux de l'entendre, lui qui ne connaissait la civilisation française que par le bordel. Puis, quand un dessin paraissait, il le reprenait, changeait la tête, mettait une pine ou un con et le vendait; car c'était alors une époque de cochonnerie. Il disait : « Savez-vous que madame Saint-Léon est une femme bien honorable... » — Un jour, juché sur un tabouret de peintre, une pomme cuite placée sur l'œil, sous une cravate, et raclant de la guitare, chantant : *Que j'aime ton œil noir*!...

* * *

Idée du manchon de Mimi (2) donnée à Murger par Paul Labat qui, conduisant sa maîtresse à l'hôpital, fit arrêter la voiture

(1) Le Ms. et GAV. (p. 59) portent l'un *Beauveau*, l'autre *Beauvau:* il ne peut, en fait, s'agir que de Félicité de Fauveau, artiste connue pour ses sculptures et son zèle légitimiste.

(2) Les Goncourt confondent, dans les SCÈNES DE LA VIE DE BOHÈME, l'épisode des violettes, que réclame Mimi mourante et que Rodolphe lui cueille à grand'peine en

devant une écaillère de marchand de vin, pour que la mourante pût manger des huîtres.

Sur le trottoir de la rue Saint-Honoré, j'entends derrière moi une fille disant à une autre : « Ah, une telle a changé de religion, elle aime les hommes à présent ! »

La versification est à la poésie ce que la discipline est au courage.

Les grands hommes sont des médailles que Dieu frappe au coin de leur siècle.

L'esprit de certaines gens ressemble fort au dimanche : il est le rendez-vous de toutes les banalités.

« Messieurs, disait un jour Nodier, assez animé à la fin d'un dîner, pour vous donner une idée de la corruption du gouvernement, monsieur Lainé, qu'on dit le plus vertueux des ministres, nous a envoyé au Jour de l'an, pour écrire un bon article dans nos journaux, un billet de cinq cents francs.

— Vous l'avez rendu ? dit Monsieur Leprévost.

— Non, répond Nodier, mais j'ai fait un article contre lui. »

Discussion entre Mme Sand et Clésinger :

Mme SAND — Je ferai connaître votre conduite...

CLÉSINGER — Et moi, je sculpterai votre cul. Tout le monde le reconnaîtra.

Enfant crétin terminant toutes ses phrases par : « N'est-ce pas ? »

Nos soirées, presque toutes les soirées que nous ne travaillons pas, nous les passons dans un fond de boutique d'un singulier marchand de tableaux, dans la boutique de Peyrelongue, qui va encore manger une trentaine de mille francs à son père.

---

plein hiver, et l'histoire du manchon de Francine : celle-ci, se sentant mourir, envoie Jacques lui acheter un manchon pour ses futures promenades, afin de lui faire croire qu'elle s'illusionne sur son mal.

Le meilleur des garçons, grand, gras, avec des lunettes qui descendent sur son nez et qu'il remonte à tout moment; le plus déterminé buveur de bière, — ce qui lui a donné une figure soufflée comme une baudruche et qui fait dire à Pouthier : « Fermez les fenêtres, ou Alcime va s'envoler ! » L'homme le plus incapable de faire un gain sur une chose qu'il vend, le plus mou, le plus paresseux, le plus flâneur, le plus *boubouilleur* et qui a toujours besoin de voir cinq ou six figures autour de son dîner ou, au moins, autour de la table où les canettes se vident.

Il a emménagé avec lui une femme qui n'est pas jolie, qui se cache avec de jolis mouvements pour prendre une prise de tabac, mais qui a des ronrons de chatte dans un fauteuil, un petit bagout agréable, une certaine grâce de femme comme il faut, recouvrant une hystérie très prononcée, qui la fait, tous les mois, se fâcher avec son amant pour vivre huit jours avec un des attablés de son mari; après quoi, elle rentre au bercail et le ménage reprend comme si de rien n'était. Elle a cela de particulier, qu'elle produit autour d'elle une certaine excitation de l'esprit, qu'elle met les gens en verve.

Au second plan, Pouthier, après des aventures à défrayer un roman de Karr, espèce de commis-restaurateur de tableaux, sans attribution bien nette, si ce n'est celle de *patito*, y jette à la cantonade des lazzis et des tours de force.

Là, viennent boire tous les soirs Nadar, le peintre Haffner, le plus ivre et le plus bredouilleur des Alsaciens; Valentin, le dessinateur de l'ILLUSTRATION; Deshayes, le petit maître aux tonalités grises; Galetti et sa méchante physionomie; le blond coloriste Voillemot et sa tignasse d'Apollon roussi; et le tout jeune Servin, et d'autres… Et il se fait un grand bruit et une grande licence, que réprime de temps en temps, solennellement, Peyrelongue, jetant un « Où te crois-tu ? » indigné.

Dans les raisons que Peyrelongue a données à son père pour se livrer à son commerce, il a fait entrer l'immense économie qu'il réaliserait en n'allant plus au café, et le malheureux tient un café gratis !

Un jour, on se décide à faire une excursion à Fontainebleau, à Marlotte, chez le père Saccault, la patrie d'élection du paysage moderne et de Murger. Amélie met sa toilette la plus pimpante, ramasse tous ses bijoux; et nous tombons dans cette forêt, où chaque arbre semble un modèle entouré d'un cercle de boîtes à couleurs.

Là, de grandes courses, à la suite des peintres et de leurs maîtresses, humant la campagne comme des grisettes : cela ressemble à un dimanche d'ouvriers. On vit en famille. Les cloisons laissent passer les bruits de l'amour. On s'emprunte son savon, on a des appétits d'ogre jetés sur de maigres ratatouilles, tout cela assaisonné de l'esprit qui fait oublier la piquette et met du vaudeville par toute cette forêt, même en ce Bas-Bréau, où il semble qu'on va voir passer les Druides. Chacun paye son écot de bonne humeur. Les femmes se mouillent leurs bottines sans grogner. Murger est gai dans cette verdure, comme un convalescent d'absinthe. On conte des charges, assis sur des roches.

On essaye chez le père Saccault des parties de billard sur un *sabot,* où il y a des ornières, qui font des carambolages forcés. Palizzi, les grands jours, revêt un tablier de cuisine et fait un gigot *à la Juive,* dont on laisse à peine l'os.

La nuit, on dort comme si on revenait de la charrue; les esquisses du jour sèchent et la maîtresse de Murger lui demande, en baisant, ce que rapporte la feuille de la Revue des Deux Mondes.

Août 1852.

Je trouve Janin toujours gai, épanoui, en dépit de la goutte d'un pied : « Quand on vint pour guillotiner mon grand-père, il avait la goutte aux deux pieds. Du reste, je ne me plains pas : c'est dix ans de vie ! Je n'ai jamais été malade et ce qui constitue l'homme, fait-il en souriant, je l'ai encore. »

Il nous montre une lettre de Victor Hugo, apportée par Mlle Thuillier : « Il fait triste ici,... il pleut, c'est comme s'il tombait des pleurs. » Il le remercie de son feuilleton sur son mobilier (1), lui dit que son ouvrage va paraître dans un mois (2) et qu'il le lui fera parvenir dans un panier de poisson ou dans un cassant de fonte : « On dit qu'après, le Bonaparte me rayera de l'Académie... Je vous laisse mon fauteuil. »

(1) Avant de rejoindre l'exilé, Mme Hugo avait vendu aux enchères le mobilier de l'appartement de la rue de La Tour-d'Auvergne. Le 7 juin 1852, Gautier dans la Presse et Janin dans les Débats avaient fait un article sur cette vente.

(2) Napoléon le petit, publié à Bruxelles le 5 août 1852.

79

Puis s'étale sur la saleté et l'infection de Planche, sa bête d'horreur : « Quand il a sa stalle des Français, les deux stalles à côté restent vides. Sa maladie, c'est l'éléphantiasis... Un moment, on a espéré qu'il avait la *copulata vitrea* de Pline. Il l'aurait eue, s'il s'était tenu un peu moins sale... »

Une petite actrice des Français, dont je ne sais pas le nom, lui demandant s'il a vu telle pièce : « Comment ? s'écrie Janin en bondissant, vous n'avez pas lu mon feuilleton ! » Et là-dessus, il la menace de ne jamais arriver, si elle ne lit pas son feuilleton, si elle n'est pas au fait de la littérature, si elle ne fait pas comme Talma, comme Mlle Mars, qui ne manquaient pas un feuilleton important ! La pauvre petite actrice a fait un grand acte de contrition.

LES QUATRE SOUPERS (1)

Orgie turque racontée par une maîtresse. Souper chez Leblond. Céleste Laveneur et son amant rejoignent dans un cabinet sept Turcs, avec trois femmes : deux prises sur le boulevard, une grande blonde Suissesse, une petite brune; et une nommée Blanche, actrice des Délassements-Comiques. Turcs au dessert : jeux. Un se couche sur le dos, par terre; tous les autres se rangent et lui sautent sur le ventre. Quand on saute bien, cris : « Touché ! Touché ! » et applaudissements. De la secousse, le touché se relève sur son séant et fait « Ah ! ah ! » et puis les autres crient : « A mon tour ! à mon tour ! »

Et puis se mettent à quatre pattes et courent les uns avec les autres.

(Pourrait être le bruit au-dessus du cabinet où on soupe.)

Et puis ils s'embrassent tous à la ronde, comme du bon pain.

(1) Titre rayé. Il désigne un projet de « fantaisie » des Goncourt, où leur scepticisme aurait éclaté en feu d'artifice. Venus des « orgies » balzaciennes de la Peau de Chagrin, des Illusions perdues, etc., ces Soupers sceptiques reparaissent en septembre 1855, octobre 1855, mai 1857. Les Goncourt y renoncent en octobre 1858, quand l'Assemblée nationale refuse les audaces, pourtant moins scabreuses, des Nouveaux portraits intimes. Quelque chose en survivra dans les soupers littéraires de Charles Demailly. Ici, les Goncourt notent comme un simple *bruit de fond*, pour un de leurs Soupers, le fracas provoqué par les singuliers exercices des soupeurs turcs.

De Lurde menant une folle jeunesse avec Mornay, etc., poussé par une mère ambitieuse, croyant arriver en étant viveur. Un beau jour, tous ses camarades de plaisir se retirent et se rangent. Il reste seul et part pour l'Espagne. Il se met dans l'armée espagnole. Le général Quesada, en inspection, le remarque et lui propose d'être son aide de camp. De Lurde accepte. Il part pour Madrid. Quesada trempait dans une conspiration absolutiste. Il est arrêté, son aide de camp aussi. On demande à l'aide de camp ce qu'il sait. Il répond qu'il ne sait rien. On le mure plus étroitement. Il est jeté dans un cachot, privé de toute communication. Il sut intéresser la fille du geôlier, qui venait s'asseoir près du soupirail qui donnait du jour. Elle lui dit de ne rien manger des aliments qu'on lui apporte, parce qu'on a le projet de l'empoisonner. Elle lui jetait des œufs durs par le soupirail. Le plan était de produire contre le général une fausse déposition de son aide de camp mort. Il demande à cette fille si elle pouvait porter un billet à l'ambassadeur de France. La jeune fille répond qu'elle ne sait pas où c'est, mais qu'elle connaît le cuisinier de l'ambassade et qu'elle le lui remettra au marché. M. Bois-Le-Comte intervient, fait un rapport sur la belle conduite de de Lurde. On obtient qu'il sorte de prison et on lui facilite l'entrée des Affaires Étrangères.

A Buenos-Ayres, M. de Lurde passe tout son temps à relever dans Bayle les éditions des livres.

Brizeux reste trois ans en Italie. Quand il n'a plus le sou, il revient à Marseille et écrit à sa famille pour avoir de l'argent. En attendant, il met sa montre au clou avec la plus grande facilité. L'argent arrivant est déjà dû ou il le mange. A Lyon, il reste trois ans. De Lyon, pour revenir chez lui, il passe par Paris et y reste quatre ans et y reste toujours. Poète breton aimant beaucoup le vin et la bonne chère. Insouciance de bohème.

De Lurde et Siméon, un autre haut fonctionnaire, sont à causer très sérieusement. Une personne, qui les avait interrompus, dit : « Vous êtes en affaire, je vais me retirer. — Oui, nous étions en discussion pour savoir si on doit porter ses décorations au bordel ou non. Moi, je dis que non; Siméon dit que si. Il dit qu'on vous fait donner des femmes qui n'ont pas la vérole. »

Gavarni : « Je travaille toujours. Je m'occupe de balistique, — et de dessin dans mes moments perdus. »

Sur les boulevards extérieurs, un corbillard vide, un boucher ayant déposé son panier de viande le suivait (1).

Un abbé, logé au Palais-Royal, voyait tous les matins, à la même heure, à une fenêtre du cinquième, un tas de petites choses blanches, qui allaient... Toutes lorgnettes inutiles. Enfin, après beaucoup de recherches, trouve la maison et découvre que c'est un vieux monsieur qui joue de la basse; et comme sa chambre est trop étroite, il passe le manche par la fenêtre et toutes les petites choses blanches qui sautillent sont des papiers qui entourent les cordes de sa basse.

Lorentz proposant d'avoir le *recouvrement* des réverbères comme une marmite, et on cuirait au-dessus le bouillon pour le peuple; — de semer du blé sur les toits, parce qu'on en perd énormément; — de dissiper les rassemblements de la Porte-Saint-Martin en 48 en emmenant gratuitement cinq cents émeutiers à LA FAMILLE THUREAU (2).

Il semble que les grands fonctionnaires soient destitués comme on renvoie des domestiques : à ceux-ci, on donne quinze jours d'avance; à ceux-là, la croix.

Jeunes gens de 1830 : les marchepieds d'Hugo, de Delacroix. Beaucoup vécu par la tête. Enfants jouant aux billes le matin, philosophes sceptiques le soir.

SAINT-CLOUD de Meissonier et de Français, acheté 320 francs par Souty, revendu 1.500; depuis, 5 à 6.000.
LA VUE DE GÊNES de Français, marchandée par M. de Noé à 150 francs et eue pour 120.

---

(1) Rayé depuis *Sur les boulevards extérieurs...*
(2) Au premier jour de la Révolution de 1848, le 22 février, des ouvriers envahirent le magasin d'accessoires du théâtre de la Porte-Saint-Martin et en sortirent avec toutes les armes qu'ils avaient pu trouver. — LA FAMILLE THUREAU est un mélodrame créé par Paulin Ménier à l'Ambigu.

Nous avons pris en affection un petit jeune homme nerveux, frêle et modeste, rougissant, — une violette sur une banquette d'antichambre de journal. Il y a de la femme et de la jeune fille en lui. Il s'appelle Scholl, vient de Bordeaux, fait de jolis vers et de la prose assez rageuse. Nous tâchons de le mettre à l'aise avec de chaudes poignées de main; nous lui faisons faire la connaissance de Villedeuil. Nous l'aidons et l'aimons.

Nous soupons beaucoup toute cette année : des soupers fous avec du Léoville en vin chaud et des pêches à la Condé, qui coûtent 72 francs le plat, en compagnie de gaupes, triées au hasard sur le volet de Mabille, de gueuses d'occasion, qui mordent à ces repas d'opéra avec un morceau de saucisson de leur dîner entre les dents et dont l'une s'écriait naïvement : « Tiens, quatre heures... Maman est en train d'éplucher ses carottes ! » (1) On les saoule, on déshabille la bête qu'il y a dans une robe de soie. Villedeuil, toujours à une veille d'échéance, relancé par les billets, s'étourdit presque chaque soir à noyer des billets de banque dans l'orgie.

Fêtes lugubres et toujours poursuivies par le guignon (2).

L'autre jour, ou plutôt l'autre nuit, — il était quatre heures du matin. C'était dans le cabinet n° 7 de la Maison d'Or, entre les murs à panneaux entourés de baguettes dorées, avec de grosses fleurs rouges et blanches, éclatantes et de larges feuilles imitant par leur relief le laque de Coromandel. Sur le canapé de velours rouge, une femme rousse était couchée, vautrée, une fille des rues nommée Sabine, qui tenait de la louve, de la lionne et de la vache, sans corset, sans robe, le sein nu, la chemise relevée au-dessus du genou. Il y avait sur la cheminée une corbeille de fruits intacte.

La femme avait par moments les cris d'enfant de la femme saoule, les yeux rouges, les lèvres fiévreuses. Puis elle jurait, grinçait des dents, voulait mordre; je lui ramassais la tête, quand elle la laisait tomber. Elle vomissait en jurant.

Charles, pendant ce temps, pleurait sur la main d'Edmond, en disant : « Louise ! je l'aime ! je l'aime ! » C'était de Rouvroy qu'il parlait. Il y avait en ce moment je ne sais quel nuage entre eux. Elle

---

(1) Depuis *et dont l'une...*, add.1887.

(2) Rayé depuis *Fêtes lugubres...*

lui battait froid pour le faire mieux cracher. La fille se soulevait pour le voir pleurer et lui disait au milieu des hoquets : « Pleurez, mais pleurez donc, monsieur le Comte, ça m'amuse ! Elle ne vous aime pas ! Elle ne vous aimera pas ! Mais va donc, Charles, pleure plus que cela ! Après ça, avec un billet de mille francs... Apportez-lui deux billets de mille francs ! » Moi, pendant ce temps, je lui versais, comme de l'eau froide, les noms de tous ses amants sur la tête.

« Allons, disait Edmond, sacré nom de Dieu ! laissez cette garce-là et allons au bordel ! La Rouvroy ne vous aime pas, il faut vous dire ça carrément. Elle se fiche de vous. Comment ? l'autre jour, j'ai été indigné : vous lui envoyez votre voiture pour trimballer sa famille, vous allez la voir dans la loge, que vous lui avez louée, et elle vous dit quelques mots... On se moque de vous à son théâtre. On sait qu'elle vous fait aller.

— Je lui ai acheté douze mille francs de bijoux, dit Charles et de grosses larmes roulaient une à une sur sa grande barbe noire.

— Comment, sacristi ! Vous êtes jeune, vous avez une revue, vous avez un coupé, vous avez un théâtre, et vous aurez quatre-vingt mille livres de rentes. Mais avec ça, nom de Dieu ! je marcherai sur une femme comme sur un pavé ! »

La fille dégueulait. Edmond assis en face, le menton dans les mains, semblait regarder dans l'avenir de Villedeuil. Villedeuil, les longs cheveux battant sur ses yeux rouges, embrassait en sanglotant une miniature de Rouvroy. Je jetais de l'eau glacée sur la tête de la fille.

Et les balayeurs, sur le trottoir du boulevard, en levant les yeux, enviaient tout le plaisir, qui semblait reluire dans la lumière pâlissante des bougies du cabinet.

Le Paris paraît le 22 octobre 1852. (1) C'est le premier journal quotidien littéraire, depuis la fondation du monde. Nous en écrivons le premier article.

(1) Villedeuil avait voulu doubler l'Éclair hebdomadaire d'un quotidien qui ne donnerait que ses articles littéraires, sans un mot de politique. Le premier numéro du Paris est lancé en fait le 20 octobre 1852. Le journal sera supprimé par jugement correctionnel le 8 décembre 1853. Son titre se modifiait selon les jours de la semaine : Paris-Lundi, Paris-Mardi, etc. Les Goncourt cesseront d'y collaborer peu après le procès que valut au journal leur Voyage du nº 43 de la rue Saint-Georges..., paru le 15 décembre 1852 : ils prendront congé du lecteur à la fin de leur article sur Ourliac, le 27 avril 1853.

ANNÉE 1853

LES bureaux du Paris furent d'abord n° 1 rue Laffitte, au rez-de-chaussée, à côté du restaurant de la Maison d'Or. De là, au bout de quelques mois, le Paris passa rue Bergère, au-dessus des bureaux de l'Assemblée nationale.

La curiosité de ces bureaux était le bureau de Villedeuil, où Villedeuil avait utilisé la tenture et les rideaux de velours noir, les crépines d'argent de son salon de la rue de Tournon, rêve d'un croque-mort millionnaire, au milieu duquel Villedeuil s'amusait à se faire peur à lui-même en se donnant des punchs, toutes bougies éteintes. Cette pièce mortuaire, où on semblait attendre le corps, était le Saint des saints du journal. A côté était la caisse, une caisse grillée, où se tenait le caissier Lebarbier, le petit-fils du vignettiste du XVIIIe siècle, que nous avions ramassé, à côté de Pouthier, du fin fond de la Bohème et qui, déjà, faisait le fier, avec de vieux souliers à nous encore aux pieds.

Un échappé du Corsaire (1) faisait dans un petit salon la

---

(1) Le Corsaire, créé le 5 fév. 1822, type du «petit journal» de la Restauration et de la Monarchie de Juillet. De 1844 à 1847, ayant absorbé une feuille similaire, il

cuisine du journal. C'était un petit homme, jaune de poil, l'œil rond du *jettatore*; un homme de lettres trouble, un journaliste suspect : seul, avec Villemessant, il avait échappé au coup de filet dans lequel on avait ramassé tous les journalistes légitimistes après le Deux-Décembre; un homme qui m'a toujours semblé être dans le journal une oreille de la police (1).

Il était le père de famille et le père de l'Église, prêchait les bonnes mœurs, se signait comme un homme égaré dans une bande de sacripants, — et malgré tout, allait dans l'ordure parlée plus loin qu'aucun de nous. Il fut, ô ironie, chargé de rédiger les Mémoires de madame Saqui.

A la table du grand salon passaient journellement les habitués de la rédaction : Murger, avec son œil pleurard, ses jolis mots de Chamfort d'estaminet, son air humble et caressant d'ivrogne; Scholl, avec son lorgnon dans l'œil et ses ambitions de gagner, la semaine prochaine, cinquante mille francs par an avec des romans en vingt-cinq volumes; Banville avec sa mine blafarde de pierrot, son fausset d'oiseau, ses fins paradoxes, les jolies silhouettes qu'il traçait des gens; Karr, avec sa tête rasée de forçat, — accompagné de son inséparable Gatayes, une tête de veau dans un pique-nique; un maigre garçon crasseux, aux cheveux pleurants, la face de l'onanisme, qui s'appelait Eggis et en voulait beaucoup à l'Académie; l'inévitable Delaage, l'Ubiquité faite homme et la Banalité faite poignée de main, un homme pâteux, poisseux, gluant, qui ressemblait à un glaire bienveillant; Forgues, un Méridional gelé, qui ressemblait à une glace frite par les Chinois et qui apportait d'un air diplomatique de petits articles pointus, faits avec des aiguilles; Louis Énault, orné de ses manchettes, de son obséquiosité et de sa tournure contournée et gracieusée de chanteur de romances.

Beauvoir se répandait souvent dans les bureaux comme une mousse de champagne, pétillant, débordant, parlant de tuer les

s'intitule le Corsaire-Satan. Karr, Gozlan, Sandeau y ont passé. Baudelaire y a publié plusieurs essais des Curiosités esthétiques et de L'Art romantique, et Murger, ses Scènes de la Vie de Bohème. Champfleury, qui y a débuté, a peint dans Les Aventures de Mademoiselle Mariette l'école de médisance et de chantage que fut le Corsaire à la fin du règne de Louis-Philippe, sous la férule du vieux routier Le Poitevin de Saint-Alme. Le journal, racheté en 1849 par les légitimistes et dirigé par le comte de Coetlogon, René de Rovigo et Bazancourt, avait été supprimé par le gouvernement le 30 sept. 1852. Viennot et Scholl tenteront en vain de le ressusciter en 1858.

(1) Il s'agit de Venet, dont il va être question un peu plus loin.

avoués de sa femme (1) et jetant en l'air de vagues invitations à un dîner chimérique.

Gaiffe avait élu domicile sur un divan, où il passait des heures, couché et somnolent. Il ne se réveillait que pour raconter qu'il avait forcé le secrétaire de sa mère et pris les derniers vingt francs, pour envoyer un bouquet à une actrice ; ou bien il lançait des mots à Venet, qui s'embourbait dans ses réponses, se noyait, enfonçait sous les coups et les ironies de Gaiffe, qui enfonçait des épingles dans sa phraséologie. Puis tout le monde parti, il se glissait jusqu'à Villedeuil, se collait à lui, allait dîner dans son assiette à la Maison d'Or ou bien lui tirait vingt francs, qui faisaient en lui une métamorphose : il redevenait le Gaiffe du soir, le Rubempré des coulisses.

Charles, au milieu de tous, ordonnait, s'empressait, allait, courait, se roulait dans son importance avec une fatuité d'enfant et une gravité de ministre, fier comme s'il entrait dans la peau de Girardin. Le journal ne faisant pas d'abonnements, il était sans cesse en projets, en innovations; tous les jours, il trouvait un système d'annonces ou de primes, un moyen, un homme ou un nom, qui devait lui donner dans la semaine dix mille abonnés.

Malgré tout, le journal avait fait son trou : s'il ne faisait guère d'argent, il faisait un assez grand bruit. Il était jeune et libre. Il y battait des convictions littéraires. 1830 y jetait comme un rayon. C'étaient, dans ces colonnes, l'ardeur et le beau feu d'une nuée de tirailleurs. Ni ordre, ni discipline; par principe, un mépris de chacun pour l'abonnement et l'abonné : quelque chose de brillant, de la fougue, de l'imprudence, de l'audace, de l'esprit, du dévouement à un certain idéal, des illusions, un peu de folie, un peu de ridicule, tel était ce journal, qui jamais ne se soucia — et ce fut sa singularité et son honneur — d'être une affaire.

Dimanche 20 février.

A la fin de décembre, Villedeuil était rentré du Ministère de la Police, et d'une voix de cinquième acte :

« Le journal est poursuivi. Il y a deux articles poursuivis. L'un est de Karr; l'autre, c'est un article où il y a des vers... Qui est-ce qui a mis des vers dans un article, ces temps-ci ?

(1) Roger de Beauvoir et l'actrice Léocadie Doze, mariés en 1840, étaient en procès, depuis qu'ils s'étaient séparés bruyamment en 1850.

— Nous.

— Eh bien, c'est vous ? C'est agréable ! »

Voici le prétexte de la poursuite, qui allait nous faire comparaître en police correctionnelle et nous salir d'une accusation et sans nul doute d'une condamnation pour outrage à la morale publique et aux bonnes mœurs, devant une justice sans écho et dont l'arrêt serait seul publié et mentionnerait le genre de notre outrage à peine suffisamment pour nous différencier d'un pédéraste ou d'un frère ignorantin ayant attouché des petits garçons.

Le 15 décembre, nous avions publié un article de fantaisie composé de bribes et de morceaux. Cet article avait pour titre : *Voyage du n° 43 de la rue Saint-Georges au n° 1 de la rue Laffitte.* Un voyage à la Sterne, de notre rue au bureau du journal — et qui passait en revue d'une façon fantaisiste les industries, les officines de produits bizarres, les marchands et marchandes de tableaux et de bibelots, que nous rencontrions sur notre route, et entre autres, la boutique d'une femme célèbre autrefois comme modèle, dans les ateliers de peinture (1), — et dans lequel nous avions inséré, sans les noms, l'histoire d'une nudité de Diaz envoyée par Nathalie à Rachel et renvoyée par elle à Nathalie, qui s'était vengée de la pudeur de Rachel par une lettre (2). C'étaient deux

---

(1) Add. 1887 de *Cet article* à *rue Laffitte* et de *et qui passait en revue* à *dans les ateliers de peinture.* — Il s'agit de Mme Hercule ou L'Hercule, « le modèle aux histoires et aux amours burlesques », qu'on voyait « au bras du premier ou du dernier venu » dans les parties de campagne de Gavarni, entre 1839 et 1844 (GAV., p. 171). Les Goncourt l'ont vivement esquissée dans MADAME ALCIDE de VOITURE DE MASQUES. — Le texte du VOYAGE... a été réédité, comme l'indique une note d'Edmond, dans les PAGES RETROUVÉES de 1886.

(2) L'édition de 1887 cite l'article et donne les deux lettres de Nathalie et de Rachel :

« *Dans cette boutique, ci-gît le plus beau corps de Paris. De modèle qu'il était, il s'est fait marchand de tableaux. A côté de tasses de Chine se trouve un Diaz, et j'en connais un plus beau. C'est un jeune homme et une jeune femme. La chevelure de l'adolescent se mêle aux cheveux déroulés de la dame, et la Vénus, comme dit Tahureau:*

> *Croisant ses beaux membres nus*
> *Sur son Adonis, qu'elle baise,*
> *Et lui pressant le doux flanc,*
> *Son cou douillettement blanc*
> *Mordille de trop grande aise.*

Ce Diaz-là, mes amis, a bien voyagé ; mais, Dieu merci, il est revenu au bercail. J'ai vu

lettres que Janin possédait en tête d'un exemplaire de GABRIELLE (1). Et à propos du Diaz, nous avions cité ces quatre vers de Tahureau :

*quelqu'un qui sait tous ses voyages et qui m'a conté le dernier. Mlle *** l'avait envoyé à Mlle *** Mlle *** l'a renvoyé à Mlle *** avec cette lettre :*

> « *Ma chère camarade,*

> « *Ce Diaz est vraiment trop peu gazé pour l'ornement de ma petite maison. J'aime le déshabillé d'un esprit charmant, je ne puis admettre cette nudité que l'Arsinoé de Molière aime tant. Ne me croyez pas prude. Mais pourquoi vous priverais-je d'un tableau que je serais obligée de cacher, moi !*

> « *Mille remerciements quand même, et croyez-moi votre dévouée camarade.*
>
> **** »*

*Et Mlle *** a repris son Diaz, ô gué ! elle a repris son Diaz, turelure ! et a répondu à Mlle ***, en le raccrochant au mur déjà en deuil et tout triste:*

> « *Chère camarade,*

> « *Je suis une folle, et presque une impie d'avoir cru mon petit tableau digne de votre hôtel. Mais ma sottise m'a du moins valu un précieux renseignement sur les limites de votre pudeur. Permettez-moi seulement de défendre contre vous le répertoire comique que vous invoquez ici un peu à contresens, car c'est justement dans les tableaux qu'Arsinoé n'aime pas les nudités,*

> > *Elle fait des tableaux couvrir les nudités.*
> > *Mais elle a de l'amour pour les réalités.*

> « *Je reprends donc mon petit Diaz, un peu confus de son excursion téméraire, et je cache sa confusion dans ma chambre où M. A... peut seul le voir.*

> « *Votre très dévouée,*
>
> **** »*

Et ces vers de Tahureau, nous ne les avions pas pris dans Tahureau, dont les éditions originales sont de la plus grande rareté, nous les avions pris dans le TABLEAU HISTORIQUE ET CRITIQUE DE LA POÉSIE FRANÇAISE ET DU THÉATRE FRANÇAIS AU XVIe SIÈCLE *de Sainte-Beuve, — oui, dans ce livre couronné par l'Académie. N'est-ce pas, ça n'a pas l'air vraisemblable ? Et cependant c'est parfaitement vrai. Du reste, le ministère de la justice d'alors, qui nous faisait poursuivre, n'avait-il pas eu, vingt-quatre heures, l'idée de poursuivre en police correctionnelle, dans un article de je ne sais qui du* PARIS, *une ligne de points, paraissant avoir un sens obscène à M. Latour-Dumoulin ?*

Une note indiquait les noms de Nathalie et de Rachel. Le passage incriminé est tiré du BAISER IV (POÉSIES de Jacques Tahureau du Mans, Paris, 1574, p. 106 sq.), et il figure au t. I, p. 166, de l'édit. Lemerre (1876) du TABLEAU DE LA POÉSIE FRANÇAISE AU XVIe SIÈCLE de Sainte-Beuve.

(1) La pièce d'Augier, créée au Théâtre-Français en 1849.

Croisant ses beaux membres nus
Sur son Adonis, qu'elle baise,
Et lui pressant le doux flanc,
Son cou douillettement blanc
Mordille de trop grand aise.

C'était de la citation de ces cinq vers, que la justice de notre pays nous demandait compte et qu'elle allait nous faire expier.

Mais derrière ce prétexte incroyable, puéril, de la poursuite, il y avait sa raison. Il y avait les dessous de l'affaire, le mot d'ordre secret donné par le Pouvoir aux juges, la main du Ministère de la Police, des rancunes d'employés, des suspicions de chef de bureau, des opinions littéraires de ministère, peut-être une vengeance d'actrice : c'est ce qui, dans un Bas-Empire, grossit un orage sur la tête d'un honnête homme.

Nous flairions le coup depuis longtemps. Le journal n'était pas en bonne odeur. On n'aimait pas le titre de comte, l'indépendance de fortune du directeur. Le PARIS passait pour la continuation du CORSAIRE. Nous personnellement, à ce qu'il paraît, nous déplaisions. Nous passions pour des orléanistes fougueux et, dans le faubourg Saint-Germain, pour des gens ayant refusé de faire une cantate. On nous citait même notre réponse à la demande, une réponse romaine. Aussi nous tenions-nous en surveillance de vivacité de style et de violence d'épithètes.

Malgré tout, les bruits de mauvais augure redoublaient. Dumas, lié avec le surveillant de la presse au Ministère de la Police, — un nommé Latour-Dumoulin, espèce de bohème industriel, qu'il avait jadis mené chez Girardin, pour lui offrir un nouveau modèle de bouton de guêtres, — Dumas fils nous tenait au courant de toutes les blessures et de tout le mauvais vouloir qui s'amassait là : « Monsieur de Villedeuil vient dans sa voiture au Ministère. Quand il me fait passer sa carte et que je lui dis d'attendre, il s'en va... La preuve de l'hostilité du journal est dans ceci : tout le monde s'aplatit pour avoir des invitations aux Tuileries et chez monsieur de Nieuwerkerke : le journal n'a jamais fait de demande! »

M. de Maupas disait à l'abbé de Susini, dépêché par Villedeuil : « Monsieur de Villedeuil a joué à la baisse, nous ne voulons pas de son journal. » Et n'oublions pas que Rachel était la maîtresse du prince Napoléon.

Nous attendions, — et nous dormions mal, comme on dort en attendant sous un Empire la justice d'une police correctionnelle. Rien ne rassure moins et n'effraie plus, en pareil cas, qu'une bonne conscience. C'est se sentir condamné que de ne pas se sentir coupable. Les lenteurs de cette lourde roue d'engrenage, par moments, nous faisaient cependant espérer que la chose n'irait pas jusqu'au bout, quand un soir, chez nous, dans un dîner d'amis, au milieu de la fumée du tabac, tombèrent deux des quatre assignations, l'autre était pour Karr et la quatrième pour Lebarbier, le gérant du journal.

J'envoyais mon oncle de Courmont chez Latour-Dumoulin, qui lui disait : « Monsieur, je suis heureux des renseignements que vous me donnez sur ces deux jeunes gens... Je dois vous le dire, l'affaire s'est d'abord présentée... nous avons cru qu'il y avait une affaire de chantage... Du reste, mieux renseigné, j'ai envoyé moi-même mon secrétaire particulier auprès de monsieur de Royer pour apaiser les poursuites et je vous autorise à rapporter à ces jeunes gens la démarche que j'ai faite. »

D'un autre côté, un conseiller d'État de ma famille, M. Armand Lefebvre, écrivait à M. de Royer en notre faveur. M. de Royer répondait que nous n'étions point poursuivis pour les vers cités par nous, mais pour tout autre chose : j'ai mis de côté l'aveu de ce procureur général. Et de vive voix, il déclarait à M. Lefebvre que nous serions condamnés, que nous aurions de la prison ; mais que nous n'avions qu'à faire un recours en grâce à l'Empereur et qu'il serait le premier à l'appuyer. Cela était parfaitement net et le plan était tout fait dans la tête du procureur général : on nous déshonorait un peu d'abord par la condamnation, et puis tout à fait par la demande en grâce. L'Empire, à ce qu'il paraît, avait besoin de deux bassesses de plus ; au moins M. de Royer le croyait. C'était une illusion dont il s'est défait dans la suite, j'aime à le croire.

Assignés, nous comparaissons au Palais, devant un de ces hommes qui ont élevé l'interrogatoire à la hauteur de la question. Notre juge d'instruction s'appelait Braux. Il nous interrogea, à peu près comme si nous avions étouffé notre mère dans des gilets de flanelle (1). Peut-être fut-il brutal pour ne pas paraître gêné.

---

(1) Le manuscrit porte *empoisonné* au lieu de *étouffé*.

JOURNAL

Quand nous lui montrâmes que nous avions pris les vers de Tahureau dans l'ESSAI SUR LA LITTÉRATURE DU XVIᵉ SIÈCLE de Sainte-
Beuve, un livre à peu près classique et qui a poussé son auteur à
l'Académie, il reçut le coup en pleine poitrine et ne sachant que
répondre, il oublia ce qu'il savait de politesse, — ce n'était guère !
En sortant nous dîmes à Karr : « Nous sommes poursuivis pour
outrages aux mauvaises mœurs ! »

Il nous fallait un avocat : ç'aurait été manquer de respect à
notre condamnation que de nous en passer. Un allié de notre
famille, avocat à la Cour de Cassation, M. Jules Delaborde, nous
conseillait de nous abstenir d'un avocat brillant, dont le talent
pouvait blesser et irriter les juges. Il nous fallait un avocat ayant,
comme il disait, l'oreille du tribunal ; quelqu'une de ces honnêtes
bêtes, dont la nullité attire sur son client une sorte de miséricorde ;
un nom et une parole peu sonores, un de ces hommes qui humilient
une cause aux pieds des juges touchés de pitié et qui soutirent
doucement, platement, ennuyeusement, un acquittement comme
une aumône. L'homme qu'il nous indiqua réunissant toutes
ces conditions s'appelait Mahon. Dans son salon, il avait une
jardinière dont le pied était fait par un serpent en bois verni
qui montait en s'enroulant vers un nid d'oiseau. En voyant cette
jardinière, j'eus froid dans le dos : je devinai mon avocat. Quand
je lui eus exposé l'affaire, il était fort embarrassé : il ne savait trop
comment il devait nous regarder. Nous étions pour lui un composé
d'hommes du monde et de criminels. Il nous eût bien confié sa
montre d'une main, mais il nous l'eût retirée de l'autre.

Il y eut un moment d'arrêt dans la poursuite. Le bruit se
répandit autour de nous que cela allait se terminer par une ordonnance de non-lieu. Mais le compte rendu de notre interrogatoire
dans un journal belge, où le juge d'instruction était appelé, à ce
qu'il paraît, *bourreau en habit noir*, la trahison de notre conversation
dans le bureau du PARIS, un rapport d'espionnage émanant des
intimes du journal, un ordre de police, une rancune de justice,
le Palais blessé faisaient reprendre définitivement la poursuite.

Nous étions cités à comparaître en police correctionnelle pour
le 2 février, devant la sixième Chambre. C'était la chambre de ces
sortes d'affaires, une chambre dont on était sûr et qui avait fait
ses preuves. Sa complaisance lui avait valu l'honneur de la spécialité
des procès de presse et des condamnations politiques.

Nous allâmes prendre notre oncle, Jules de Courmont, pour faire les visites à nos juges. On nous avait appris que la justice exigeait cette politesse. C'est un petit *Morituri te salutant*, dont ces messieurs sont, à ce qu'il paraît, friands.

Nous allâmes d'abord chez un président du nom de Legonidec, qui demeurait en haut de la rue de Courcelles, peut-être pour être plus près de la plaine Monceau où, d'après le bruit public, il allait chercher des amants. Il était sec comme son nom, froid comme un vieux mur, jaune, blême et une mine d'inquisiteur, dans un appartement qui sentait le moisi du cloître. Dehors, dans son jardin, les oiseaux ne chantaient pas (1).

Puis nous vîmes les deux juges. L'un qui s'appelait Dupaty, qui descendait de l'avocat général de Bordeaux (2) et qui n'avait pas l'air de nous trouver extraordinairement criminels. L'autre qui répondait au nom de Lacaussade, une espèce de bourgeois ahuri, qui ressemblait à Leménil prenant un bain de pieds dans le CHAPEAU DE PAILLE D'ITALIE (3), fourré dans l'affaire comme un comique dans un imbroglio, et qui avait de lui, dans la pièce où il nous reçut, un portrait en costume de chasse, un des plus extravagants portraits que j'ai vus de ma vie : imaginez Toto Carabo à l'affût ou Cocodès en plaine (4). Quand nous lui eûmes bien expliqué l'affaire qu'il devait juger, il n'y comprit rien. Je dois lui rendre cette justice que je n'ai jamais vu de juge moins susceptible

---

(1) Rayé depuis *Dehors, dans son jardin...*

(2) J.B. Mercier Dupaty (1744-1788) avocat général, puis président du Parlement de Bordeaux, un des adversaires de Maupeou dans l'affaire La Chalotais, a laissé un VOYAGE EN ITALIE et une réputation de magistrat intègre.

(3) Le célèbre vaudeville de Labiche et Marc-Michel, créé en 1851.

(4) La chanson populaire de COMPÈRE GUILLERI conte ainsi les mésaventures de Guilleri à la chasse :

> *Il s'en fut à la chasse*
> *A la chasse aux perdrix*
> *Carabi*
> *Toto Carabo*
> *Marchand d' Carabas,*
> *Compère Guilleri,*
> *Te lairas-tu tombi?* etc.

On sait que les *cocodès* sont les jeunes snobs du Boulevard sous le Second Empire.

d'être influencé et moins informé du jugement qu'il rendra. Il aurait été sourd qu'il n'aurait pas été plus indépendant (1).

La dernière visite fut pour le substitut qui devait requérir contre nous. Il s'appelait Hiver et avait les manières d'un homme du monde. Il nous déclara que pour lui, il n'y avait aucun délit dans notre article, que notre article, à son sens, ne tombait nullement sous le coup de la loi, mais qu'il avait été forcé de poursuivre sur les ordres réitérés du Ministère de la Police, sur deux invitations de M. Latour-Dumoulin; qu'il nous disait cela d'homme du monde à hommes du monde et qu'il nous demandait notre parole de ne pas faire usage de sa déclaration dans notre défense... Ainsi, cet homme était la Justice obéissant à la Police; il poursuivait sur ordre, il requérait sur commande, il faisait son devoir en mentant à sa conscience. Il nous jugeait innocents et il allait demander le maximum de la peine pour un délit dont nous n'étions pas coupables : il nous le déclarait naïvement, cyniquement, en face. Et cet homme ne faisait pas cela comme on se prostitue, pour du pain : il avait de la fortune, une trentaine de mille francs de rentes.

« Quelles canailles ! » dit mon oncle sur le pas de la porte. Tout cela, la déclaration de ce substitut, les mensonges de Latour-Dumoulin disant qu'il travaillait à arrêter les poursuites, tandis qu'il relançait par deux fois le substitut, tout cela, un instant, le sortant de son égoïsme et de son optimisme, le fit s'indigner et se révolter comme contre quelque chose le touchant. Cela tira un peu de feu de ce vieux bourgeois racorni.

Il nous restait, avant d'être jugés, à vider une chose qui nous tenait fort à cœur, la question et le mot de *chantage*, avec M. Latour-Dumoulin. Nous allâmes au Ministère. C'était la veille de notre jugement. On nous fit attendre dans une antichambre, où un garçon de bureau lisait un livre de La Guéronnière, en face d'un portrait de l'Empereur emballé pour une préfecture. Introduits dans le bureau de M. Dumoulin : « Monsieur, lui dîmes-nous, nous sommes sous le coup de poursuites, qui nous affligent, sans doute; mais il y a pour nous quelque chose de plus grave : le mot *Chantage* a été prononcé dans cette affaire et c'est sur ce mot que nous venons vous demander des explications... ».

(1) Rayé depuis *Il aurait été sourd*.

94

A ce mot d'*explications*, M. Latour-Dumoulin bondit, comme un bureaucrate qui met le pied sur un duel; et d'un ton très embrouillé et très colère :

« Messieurs, je n'accepte pas la discussion sur ce terrain. Je suis fonctionnaire ! » Et il semblait se retrancher derrière son bureau. « Quelles explications? Monsieur votre oncle est venu me voir... J'ai fait toutes les démarches... Je ne reconnais à personne...

— Pardon, Monsieur, vous vous méprenez sur mes intentions. Je me borne à vous demander si quelques plaintes sont venues appuyer ce mot?

— Eh ! Monsieur, il me vient des plaintes journalières contre le journal... Si j'écoutais les plaintes contre le journal, je le supprimerais demain.

— Permettez, Monsieur, je ne crois pas qu'il y ait de journal plus pur de chantage que le journal Paris. Non, Monsieur, je n'en connais pas. Monsieur de Villedeuil est, par sa position de fortune, au-dessus de toute imputation de ce genre. Du reste, il a défendu de recevoir les souscriptions d'acteurs. Voilà un fait.

— Je veux bien, Monsieur; mais je m'entends. Si monsieur de Villedeuil et vous-mêmes, Messieurs, par votre fortune indépendante, vous êtes au-dessus du chantage d'argent, cela n'empêche pas que le journal, comme tous les journaux de théâtre, ne soit un journal de chantage... Du chantage, par exemple, pour coucher avec les actrices.

— Monsieur, je déclare que pour notre part, nous ne connaissons aucune actrice de quelque théâtre que ce soit de Paris... Maintenant, que nous ayons eu la main malheureuse en citant les deux lettres de mademoiselle Rachel et de mademoiselle Nathalie, lettres qui ne nous appartiennent pas (elles sont chez Janin) et dont nous avons tu les noms : nous avons même poussé la discrétion jusqu'à mettre monsieur D... au lieu de monsieur Augier, qui était dans la lettre... En tout cas, mademoiselle Rachel n'avait pas à se plaindre, elle refusait un tableau libre...

— Elle ne s'est pas plainte, nous dit très vivement M. Latour-Dumoulin. Je reconnais un grand talent à mademoiselle Rachel; pourtant je ne m'incline pas toujours devant elle. Mais pour monsieur Janin, dont j'apprécie le talent, j'ai déjà parlé à monsieur

95

Bertin et je compte faire appeler monsieur Janin devant moi, parce qu'il ne doit pas être permis de dénigrer toujours et de parti pris le talent de mademoiselle Rachel. »

Puis sentant qu'il s'engageait là sur un terrain glissant, il se retournait et avec patelinage :

« Au reste, Monsieur, j'ai montré la plus grande indulgence vis à vis le journal... Je suis disposé, par des prises d'abonnements, à ce qu'il aille bien... Il est l'asile de certaines gens de talent, de monsieur Gavarni par exemple. Au reste, Messieurs, j'ai cru d'abord que votre nom était un pseudonyme. Je dois dire, Messieurs, que je vois avec plaisir des jeunes gens comme vous, qui ont une fortune indépendante, se livrer aux Lettres par goût. Ils honorent la littérature en n'en faisant pas un métier. Je suis tout disposé à vous voir écrire dans le journal... Il ne faut pas faire de critique, parce que par la critique, on se fait des ennemis, et que quand on dit même du bien, on se fait rarement des amis. »

Quand il nous eut bien emmiellés par cette volte-face et les banalités de l'homme qui ne veut pas d'ennemis, nous le saluâmes avec tout le mépris qu'on a pour une persécution hypocrite et pour un Empire qui vous envoie en police correctionnelle avec des compliments.

Vint le samedi. Villedeuil nous mena au Palais dans sa calèche jaune, une calèche qui tenait de Louis XIV et du char d'un opérateur : c'était le Soleil dans la voiture de Mangin, quelque chose d'éblouissant et de théâtral. Jamais si belle voiture ne mena des gens en police correctionnelle. Lui-même, pour qui ce procès était une grosse affaire de représentation, s'était fait faire pour la cérémonie un carrick prodigieux, un carrick sombre à cinq collets comme on en voit sortir à l'Ambigu des berlines d'émigrés. Ce fut à la grille une descente étonnante, cet homme barbu en carrick sortant de cette voiture d'or ! Cela ressemblait à un drame sortant d'un conte de fée. A la porte d'audience, l'huissier ne voulait pas le laisser entrer : « Mais, criait Villedeuil, je suis bien plus coupable qu'eux ! Je suis le propriétaire du journal ! » En ce moment, il eût donné quelque chose pour être poursuivi. Depuis les poursuites, il avait passé son temps partagé entre deux sentiments, l'envie d'être premier rôle comme nous et les craintes pour les intérêts de son journal.

Enfin, il passa; nous nous assîmes sur les bancs du public au fond de la salle, en face les juges. Il y avait deux fenêtres, une horloge, et le papier était vert.

La Justice bourdonnait là-dedans. Le banc des prévenus se vidait et se remplissait presque à chaque minute. Et cela était rapide à épouvanter! Une, deux, trois années de prison tombaient de minute en minute sur ces têtes entrevues. La peur venait, à voir la peine sortir de la bouche du président comme l'eau d'une fontaine, égale, intarissable, sans arrêt. Interrogatoire, témoignage, défense, réquisitoire, cela durait cinq minutes. Le président se penchait, les juges faisaient un signe de tête, le président psalmodiait : c'était le jugement. Une larme parfois tombait sur du bois et cela recommençait. Trois ans de liberté, trois ans de vie, ainsi ôtés d'une existence humaine en un tour de Code; le délit pesé en une seconde, avec un coup de pouce dans la balance; ce métier banal, endurci, mécanique, de tailler à la grosse pendant des heures des parts de cachot : il faut voir cela pour savoir ce que c'est!

Précisément, avant nous, fut appelé un petit jeune homme maigriot, qui après le Deux Décembre avait condamné, de son autorité privée, l'Empereur à mort et envoyé sa condamnation à toutes les ambassades. On le condamna au pas de course à trois ans de prison pour avoir eu plus de courage que la Haute Cour. Il devait trois ans après tirer sur l'Empereur à l'Opéra-Comique (1).

Enfin on appela notre cause. Le Président dit un *Passez au banc*, qui fit une certaine impression dans le public. Le banc, c'était le banc des voleurs et des gendarmes. Jamais procès de presse, même en cour d'assises, n'avait valu à un journaliste de passer au banc : il restait à côté de son avocat. Mais on ne voulait rien nous épargner. «Il y a eu répétition hier, je le sais d'un avocat»,

(1) Confusion entre deux attentats. Celui de l'Opéra-Comique (5 juil. 1853) est le plus connu, œuvre d'un groupe de conjurés, parmi lesquels figurait Arthur Ranc et qui furent arrêtés au moment où ils s'apprêtaient à abattre Napoléon III à la porte de l'Opéra-Comique. Mais en fait, les Goncourt songent à Bellemare, qui tira, sans l'atteindre, deux coups de pistolet sur l'Empereur, au moment où il entrait au Théâtre-Italien, le 10 septembre 1855.

Dans le manuscrit, rien ne distingue du reste du texte cette mention de l'attentat de Bellemare, rejetée en note dans l'édition de 1887 : l'ensemble de ces notes sur le procès Goncourt date donc au plus tôt de septembre 1855. La date initiale, *Dimanche 20 février*, ne figure d'ailleurs pas dans le manuscrit; elle a été ajoutée par Edmond en 1887.

me dit Karr en s'asseyant avec nous entre les gendarmes. « Nous sommes sûrs de notre affaire. Nous avons un président : j'ai eu le malheur de coucher avec sa femme, ils l'ont choisi. »

Nous étions assez émus, et assez indignés. La colère fit trembler nos voix, quand on nous demanda nos noms, que nous jetâmes comme à un tribunal révolutionnaire, avec un timbre frémissant.

Le substitut prit la parole, effleura ce qu'on reprochait à Karr, une vieille épigramme de Lebrun retapée en nouvelle à la main, que Nieuwerkerke, je ne sais pourquoi, s'appliquait. Il ne trouva pas grand'chose à dire non plus sur nos vers et sur la femme rentrant le matin, dans notre article, de dîner en ville avec son corset dans un journal. Il lança cependant force périodes, nous accusa de corrompre les mœurs, d'exciter à la débauche plus que des images obscènes. Il nous fit responsables de l'amour physique, etc... Puis, lassé de battre ainsi le vide, il tomba sur un article de Villedeuil, où Villedeuil niait la vertu des femmes. De là, une tirade nous représentant comme des gens sans foi, ni loi, ni famille, des sacripants sans mère, ni sœur, des apôtres d'immoralité bons à mettre en lieu sûr.

Villedeuil rayonnait. Il était fier, il se remuait, il se haussait, il semblait avoir envie de dire tout haut : « C'est moi, c'est moi ! » — Notez bien que ce jour-là même, où la société, par la voix du substitut, nous accusait de la corrompre, cette même société tenait ouvertes les maisons de tolérance, devait ouvrir le soir les théâtres, les coulisses, tous les tripots d'actrices, sans compter les bals publics, sans compter les femmes décolletées, sans compter les cent mille millions d'excitations à la débauche de la femme pour tromper son mari, de la mère pour marier sa fille et de la fille en carte pour souper.

Hiver, à bout de foudres, s'était rassis. Paillard de Villeneuve, l'avocat de Karr, avec une grande habileté mêlée à une certaine éloquence, poussa la plus belle trouée dans la déclamation de l'accusation, la réduisit à ce qu'elle était et demanda comment on osait requérir contre nous à propos d'un article non incriminé et dont l'auteur n'était pas avec nous sur le banc.

Mon avocat fut ce que nous attendions : il nous représenta comme de bons jeunes gens et cita de nous, comme trait recommandable, que nous avions une vieille bonne depuis vingt ans : une plaidoirie patriarcale, *à la papa*, qui pourtant, un moment, devant l'inouï de l'accusation, s'éleva comme une oie qui se mettrait à voler. Nous sentions le public conquis; nous sentions ce murmure d'une cause gagnée dans l'auditoire, cette conspiration des convictions d'un auditoire, qui se lève et se dresse contre une condamnation. La condamnation était impossible sous le coup de ces plaidoiries. Le tribunal remettait la cause à huitaine. « C'est cela, dîmes-nous, ils veulent faire passer notre condamnation au commencement de l'audience. Aujourd'hui, ils n'ont pas osé. »

Cependant, ce fut notre salut que cette remise de l'affaire. Dans la semaine, le procureur général était changé. Rouland succédait à Royer. Rouland avait encore alors des attaches orléanistes. Il était parent de la femme de Janin, qui lui parlait de nous. Il y avait des liens non encore rompus entre lui et les Passy, qui agissaient chaudement pour nous auprès de lui.

Nous revenions au bout de huit jours. Le prononcé du jugement était remis à la fin de l'audience. Nous allions déjeuner, très résignés et n'espérant rien, avec Karr, sur la place du Palais-de-Justice. Nous rentrions au tribunal. Nous nous levions pour écouter le prononcé et nous étions singulièrement étonnés d'entendre sortir de la bouche de Legonidec un acquittement avec blâme (1).

---

(1) Add. 1887 : *Le samedi 19 février, le président de la 6e chambre donnait lecture, à la fin de l'audience, du jugement dont voici le texte:*

....

« *En ce qui touche l'article signé Edmond et Jules de Goncourt, dans le numéro du journal* PARIS *du 11 décembre 1852;*

« *Attendu que si les passages incriminés de l'article présentent à l'esprit des lecteurs des images évidemment licencieuses et dès lors blâmables, il résulte cependant de l'ensemble de l'article que les auteurs de la publication dont il s'agit n'ont pas eu l'intention d'outrager la morale publique et les bonnes mœurs;*

« *Par ces motifs:*

« *Renvoie Alphonse Karr, Edmond et Jules de Goncourt et Lebarbier (le gérant du journal) des fins de la plainte, sans dépens.* »

Nous étions acquittés, mais blâmés.

Un cocher de fiacre du XVIIIe siècle, blâmé comme nous par une Cour de justice, s'écria, après le blâme:

— *Mon président, ça m'empêchera-t-il de conduire mon fiacre?*

— *Non.*

— *Alors je...* (Mettez ici l'expression la plus énergique de la vieille France).

En sortant de la salle du tribunal, nous pensions l'expression du « fiacre ».

Edmond ajoute en note, à la fin de ce passage:

Royer ne nous pardonna pas cet acquittement. Cet homme, je ne sais pourquoi, nous haïssait déjà avant. Il y a quelquefois, dans les hommes au pouvoir de ces haines instinctives contre les âmes libres. Peut-être cet homme, sans nous avoir jamais vus, nous avait-il flairés. Toujours est-il que sa noire malveillance nous suivit longtemps dans notre carrière. Il nous revint de lui, que nous ferions bien de renoncer au journalisme, et quelques années après, dînant chez M. Lefebvre, M. Lefebvre nous rapportait qu'il lui avait dit que nous étions des esprits dangereux, qu'il avait l'œil sur nous, que nous prenions garde... Nous étions les suspects d'adoption de cet homme !

* * *

Beauvoir donnait ce soir une grande soirée à son propriétaire, pour ne pas le payer. C'était plein de vaudevillistes. Il y eut une discussion de trois heures sur l'âge de Déjazet, puis l'on compta ce que le Gamin de Paris (1) avait rapporté à chaque auteur : 50.000 francs à chacun. « Croyez-vous, dit quelqu'un, un jeune homme, qu'il ne soit pas plus difficile de faire le Caprice que de faire un drame en cinq actes ? — Non, dit un certain Boulé, metteur en scène du Vaudeville, un drame bien pensé, Le Facteur par exemple, est bien plus difficile. » — Le Facteur est une pièce de ce Boulé ! J'ignorais l'homme et l'œuvre (2).

Depuis le printemps, on s'en va presque tous les dimanches, avec quelques-uns du Paris, dîner chez Villedeuil à Neuilly, dans un petit vide-bouteilles, comme en loue Désirabode, le dentiste, tout autour de Paris. On passe beaucoup de bouteilles de vin dans

---

En dépit de tout ce qu'on écrira, de tout ce qu'on dira, il est indéniable que nous avons été poursuivis en police correctionnelle, assis entre les gendarmes, pour une citation de cinq vers de Tahureau imprimés dans le Tableau historique et critique de la Poésie française par Sainte-Beuve *— couronné par l'Académie. Or, je puis affirmer qu'il n'y a pas d'exemple d'une pareille poursuite en aucun temps et en aucun pays.*

(1) Comédie-vaudeville en 2 actes de Bayard et Vanderbuch, créée au Gymnase le 30 janv. 1836, — un des triomphes de Bouffé, qui joua la pièce 315 fois entre 1836 et 1844. Avec une partie de ses droits d'auteur, Vanderbuch put s'acheter une propriété près d'Orléans, le *Château du Gamin de Paris*.

(2) Rayé depuis *J'ignorais...*

une salle à manger, où vous regardent douze Césars peints par un vitrier; et on se promène dans un jardin, où il n'y a guère que l'ombre d'une table de pierre.

Après dîner, La Landelle, le romancier de bâbord et de tribord, chante des chants de marin. La Rouvroy, qui est la maîtresse de maison, régale les invités d'un morceau d'opéra. On retrouve généralement Villedeuil ivre, couché par terre, dans une pièce à côté (1). Venet chante des airs de Colin et de Colinette (2) et perd son chapeau de paille. Et l'on monte, en revenant, sur les chevaux de bois des Champs-Élysées.

Hier dimanche, Beauvoir avait tellement insisté pour nous avoir à déjeuner que nous y allons. Une vieille bonne arrive : « Monsieur de Beauvoir a de la peine ce matin… » Nous voulons nous sauver. Beauvoir arrive, inondé de larmes : « Ah ! Messieurs, mon enfant est malade. Allons nous saouler, il n'y a que cela… » Et il tire d'une pièce sa maîtresse, un tableau vivant. Nous déjeunons au Moulin-Rouge. Beauvoir boit, comme à son ordinaire. En sortant, toujours son tableau vivant sous le bras, frappe à un hôtel dans le quartier François Ier, entre superbement, nous présente à un monsieur de Mortemart, veut entrer dans les appartements de son père qu'on n'ouvre jamais, sort, entre avec sa gueuse dans un gymnase à côté, dont il connaît le directeur et s'expose, lui et sa dame, sans sourciller, aux regards de toutes les mères de famille qui sont là.

Le soir à Neuilly, après avoir bu, comme on buvait là, du rhum dans des bols à café, le voilà, un peu plus gris que d'habitude, — car il avait une moyenne : il arrivait tout de suite à son point, mais ne le dépassait que rarement, — le voilà en omnibus. Il veut fumer. Le conducteur s'y oppose. « Madame, dit Beauvoir à une femme, vous êtes la reine de l'omnibus, dites un mot et nous jetons nos cigares. Mais quant à ce bougre-là, s'il continue, je lui coupe les couilles… Vous êtes hussard ? dit-il à son voisin, un militaire. — Non, chasseur. — Ah ! oui, oui, très bien. Votre

---

(1) Var. 1887 : *…régale les invités d'un morceau d'opéra, pendant que le maître de la maison, en un coin du logis, est en conférence avec des messieurs étrangers, au sujet de quelque affaire extravagante, comme le monopole des sangsues du Maroc.*

(2) Personnages traditionnels de l'opéra-comique au XVIIIᵉ siècle, par exemple dans COLIN ET COLETTE de Bonnay (1786) ou COLINETTE A LA COUR de Grétry (1782).

colonel, Bauffremont, un de mes amis... » Un cahot le fait passer à ses éditeurs de la Librairie Nouvelle : « Bourdilliat et Jaccottet, putains en robe bleue (1), en carte... Il a fait avorter Armand Carrel et Lamartine ! Delaage, tais-toi ! Tu vas chez Langlé, aux Pompes Funèbres ! *Pector !* Voilà ta gaîté ! Voilà ta joie ! Messieurs, on suivra le corps à onze heures ! Voilà où tu en es... Je passe à l'Assemblée Nationale : Lerminier, gros homme ! L'Assemblée Nationale, un Port-Royal boiteux ! » (2)

Philipon, me dit Gavarni, a une collection très curieuse de maquettes en terre coloriée, qui servaient à Daumier de modèles pour toutes ses caricatures d'hommes politiques, maquettes exécutées avec un rare talent par Daumier et vendues par lui à Philipon 15 francs pièce.

Daumier, en veine d'expansion, dit un jour à Gavarni : « Faisons un échange de ficelles ! » Et il lui avoua qu'il obtenait ses teintes plates en emmanchant un crayon au bout d'un appui-main, en appuyant l'appui-main contre son ventre et en sabrant la pierre des deux mains.

Le père de Terrien, qui fait le sport anglais au Paris, était le commandant, pendant la Terreur, de la frégate *La Vertu*, chargée de porter en Irlande des loups et des forçats, et qui avait à bord une petite guillotine d'acajou, pour couper le cou aux poulets.

---

(1) Bourdilliat avait été avec Jaccottet, depuis 1848, administrateur de L'Événement. Après que le journal de Victor Hugo disparut, en 1851, ils ouvrirent en 1852 la *Librairie nouvelle*, où ils ne tardèrent pas à inaugurer la publication de livres à bon marché, à 1 franc le volume, de format in-18 ou in-16, sous une couverture bleue vite célèbre. « Ce livre à vingt sols », dit Baudelaire, « est le fléau des maisons Lévy et Bourdilliat ». Je n'ai rien trouvé sur les rapports — posthumes ? — d'Armand Carrel et Bourdilliat. Lamartine avait publié à la *Librairie nouvelle* en 1842 Graziella et en 1853 L'Enfance, que devait suivre en 1855 une réédition de Geneviève.

(2) L'Assemblée Nationale, créée le 29 février 1848 par un jeune polémiste improvisé et plein de talent, Adrien de Lavalette : elle « avait semé de verres cassés la route du Gouvernement provisoire » et soutenu les espoirs de fusion des deux branches monarchistes. Un *Port-Royal boiteux ?* Entendez, je suppose, une chapelle politique austère et désuète; car du point de vue religieux, avec l'ultramontain Capefigue, le journal était aux antipodes du jansénisme. L'Assemblée Nationale sera supprimée par décret le 8 juil. 1857.

Une fantaisie à faire, des lettres d'une imprimerie rébellionées, etc...

Femme allant à l'échafaud avec son amant et faisant : *Ratissés !* à sa rivale, qui les voit passer à une fenêtre.

GAVARNIANA

— Caricatures fantastiques.

« J'avais fait des dessins, me dit Gavarni, des lavis, indiqués à la plume. La Presse Politique : une harengère avec un grand éventaire, plein de matière politique. Cette harengère avait deux torses ; et les deux têtes, retournées l'une contre l'autre, s'engueulaient l'une l'autre, les poings sur les hanches.

« Pour Le Duel, j'avais fait des valets de cœur et de carreau, tenant en laisse et serrant le cou à deux petits hommes voulant se jeter l'un sur l'autre. Une femme au milieu, *Opinion publique*, fouaillant ces petits hommes avec un fouet dont la mèche était le mot *Lâches !*

« J'avais fait aussi La Peine de mort, comme ceci : une tripière avec deux baquets en bas, l'un plein de petites têtes grouillantes, l'autre, de petits corps. La tripière tenait un petit homme entre ses doigts ; de l'autre main, un grand couteau de cuisine. Elle était éclairée par deux lampes à abat-jour et la flamme de ces deux lampes était deux figures de femmes blanches ; l'une, l'Accusation, allongeant le doigt sur le petit homme ; l'autre, la Défense, les mains jointes. En bas, un tas de petits hommes essayaient les habits et défroques des petits hommes du baquet, voyant s'ils leur allaient. Philipon m'a pris le dessin. Il l'a refait et il a mis en bas : *Françoise Royauté.* » (1)

— Gavarni a couché avec Mᵐᵉ Dash. Correspondance : « Elle a dans un recueil, intitulé Les nuits de Bal masqué, une nouvelle, *Lettres de Latour*, qui sont mes lettres. J'avais idée de

---

(1) Dans la Caricature (26 juil. 1832), la légende que Philipon substitua au titre de Gavarni, — pour des motifs politiques et moyennant quelques retouches de la lithographie, — était exactement : Mˡˡᵉ Monarchie, Félicité Désirée, *tient les hommes en sevrage, les tond, les coupe, fait leur éducation et leur bonheur, le tout à très bon marché.*

faire un article-compte rendu de ce livre, disant que les lettres de Latour sont bien, mais que les lettres de la femme sont composées, — mal composées; et que, moi, en cherchant, par hasard, j'ai trouvé les vraies et que les voici. »

— Pour frontispice de ses dessins fantastiques, il voulait faire un homme, dont la cervelle démesurée, en ballon, l'emporte et l'enlève de terre. Il tâche à y rester de la semelle, mais son cerveau ballonné l'emporte.

— Les épreuves avant la lettre du portrait du fils de Jérôme, celles signées Bertauts; sont de Lemercier celles qui ont le repentir de la botte effacé (1).

— « J'avais fait dans le Puppet Show (2) à Londres l'insurrection d'Irlande ainsi. J'avais présenté l'Irlande comme un grand champ de blé; seulement, au lieu d'épis, des piques; un policeman en Éole, joues gonflées, soufflant là-dessus; et tout ondulant et couché ».

— « Vous ne savez pas ce que c'est que les mathématiques et l'empoignant qu'elles ont. La musique, n'est-ce pas, est le moins matériel des arts; mais il y a encore le tapement des ondes sonores contre l'oreille. Les mathématiques sont encore plus poétiques que la musique : c'est la musique des nombres ! »

— Son cachet porte *Ce qui doit arriver ne peut manquer*, devise du fronton du château de *** (province basque, où est né Henri IV). Quand on bâtit le château, pas de sculpteur dans le pays. Un sculpteur espagnol, réfugié à la suite d'un assassinat, sculpta le fronton de la porte, mit la légende et pris de l'amour du pays, il retourna en Espagne, où il fut pendu.

(1) Le portrait, exécuté en 1853, du prince Napoléon, fils du roi Jérôme, s'intitule Napoléon Bonaparte (le Prince Jérôme), d'où la périphrase des Goncourt destinée à éviter toute confusion. — Ils distinguent le premier et le second état avant la lettre, ainsi décrits par Maherault (N° 75) : « 1er état : *Imp* (rimerie) *Bertauts, Paris*, au milieu, sans autre lettre. 2e état: *Imp* (rimerie) *Lemercier, Paris*, au milieu; fac-similé de la signature, avec le nom au-dessous, à droite, sans autre lettre. »

(2) L'orthographe phonétique du Ms., *Pappet Shoo*, dissimule le Puppet Show, journal satirique de Londres, dont la couverture, en 1848, s'ornait d'un bois de Gavarni illustrant son titre : le montreur dans son castelet, agitant deux marionnettes. Un juge et une femme à grand chapeau. — L'insurrection d'Irlande est celle qui éclata, sans résultat après la mort de O'Connell (1847).

— On dit que Gavarni, ayant oublié d'acheter une alliance, Mme Gavarni reçut de Gavarni une bague de Peytel pour alliance.

* * *

Comment Lambert-Thiboust et Delacour font recevoir un vaudeville. — Ils vont chez Carpier, un jour qu'il est bien disposé, un jour qu'il a couché avec Mogador. Lambert-Thiboust lit très bien et imite tous les acteurs, Delacour rit tout le temps : « Oh ! oh ! » en donnant des signes de la plus réjouissante gaîté. On tape sur le ventre à Carpier, et le tour est fait.

Les révolutions sont tout ce qui nous reste des jeux du cirque.

Rose me parle des amours d'une femme de pédicure avec un donneur d'eau bénite : cela ferait un joli titre.

A propos de viol, le bon Dieu accusé d'avoir fait le printemps : « Accusé, passez au banc... Qui vous a poussé à faire le printemps ? » etc...

Mme Ourliac, séparée de son mari, le rencontrant en revenant de la messe, allait dîner avec lui chez Véry et oubliait son paroissien.

Post-scriptum d'une lettre du petit Pierre Gavarni à Jean, qui habite avec son père : « Les têtards du bassin sont-ils bien gros ? »

Beauvoir voulant faire sortir ses enfants le jour de Pâques va chez la Guimond. Portrait de Girardin par Muller : plume d'or, *Inde fortuna*. Guimond, très sale au milieu du luxe. Dîner : *Plonplon*, Girardin ambassadeur, etc. — Beauvoir lui demande d'aller trouver de Belleyme pour ça : « Il y a huit mois que je n'ai vu le *vieux*. Donne-moi les renseignements ; j'irai demain. » Y va et rapporte permission (1).

---

(1) Déchiffrons le rébus. Tant que dure le procès qui l'oppose à sa femme (cf. t. I, p. 87 n. 1), Beauvoir a besoin, pour disposer de ses enfants, d'une autorisation de Louis-Marie de Belleyme, président du Tribunal de première instance de la Seine. Il l'obtient, grâce aux multiples relations d'Esther Guimond. — La courtisane était

L'abbé Constant (1), aimé d'une jeune fille de quatorze ans. La jeune fille, nature décidée, parvient à se faire épouser et à le défroquer. Petit ménage très heureux; amour complet quatre ou cinq ans; tout avec sa femme. Clubs en Février. Puis sa femme sculpteuse, jalouse de l'intelligence de son mari. — Constant, s'occupant tout entier de magie, découvre que le tarot, résumé de la plus haute science des mages, que nul n'a su expliquer, sert maintenant à tirer les cartes aux portières. Femme Constant BACCHUS, au Salon de 1853, en marbre; met son mari à la porte, qui va chercher fortune à Londres.

GAVARNIANA

— Sous Louis-Philippe, Gavarni propose à M. Cavé de faire quatre tableaux pour une mairie : les quatre ACTES DE L'ÉTAT CIVIL. Il voulait aussi faire une sorte de triptyque : la JUSTICE, grandeur naturelle au milieu, avec des cheveux blonds un peu *fontangés*, comme vieille perruque du Parlement; robe rouge, un peu comme la Cour de Cassation; l'œil au ciel; un peu de trois quarts, l'oreille tendue vers le public; le pied sur un glaive posé sur les tables de la loi gravées par terre; siège de marbre, d'un côté une tête de loup, de l'autre une tête de mouton; ville derrière.

alors entretenue, sur le maigre pied de mille francs par mois, par Emile de Girardin, dont le portrait trône chez elle, un portrait où la plume du publiciste, source de sa fortune, attire l'attention. La locution *Inde fortuna*, « De là la fortune », a été formée sur la formule célèbre de Juvénal (SATIRES, I, 168), *Inde irae*, « De là les colères », et Scribe l'avait fait graver sur le pourtour de son cachet, où figurait aussi l'image de sa plume d'écrivain abondant et fortuné. — La Guimond était fort mêlée au monde politique (elle avait servi, en particulier, d'intermédiaire, après 1846, entre Girardin et Guizot, officiellement brouillés). Elle était au mieux avec le prince Napoléon, — *Plomplon* pour les intimes; de son côté, Girardin, ami du Prince dès avant 1848, fut étroitement associé à sa politique d'opposition dynastique après le Coup d'État et durant une quinzaine d'années. — Reste l'allusion que fait la Guimond au cours du dîner, à *Girardin ambassadeur*. Ayant, l'un des premiers, soutenu en 1848 la candidature de Louis-Napoléon à la présidence de la République, Girardin attendait du Prince-Président un ministère important. Après qu'il eut refusé la Préfecture de police ou la Direction des Postes, il se vit offrir l'ambassade de Naples : il répondit qu'il « n'accepterait jamais qu'une fonction où il pourrait faire la preuve de la justesse de ses idées par leur application » et il passa à l'opposition.

(1) Plus connu, comme occultiste, sous le nom d'Éliphas Lévi.

— A étudié le dessin des machines chez Leblanc, le père de cette science. Ami alors de Tronquoy, professeur maintenant à l'École Polytechnique, à l'École Centrale, etc (1).

— Rue Fontaine Saint-Georges, quatorze fenêtres sur la rue. Sa chambre : blanc et or. Soirées : Godefroy Cavaignac faisant *le Pont d'amour ;* Balzac disant : « Maintenant, si on ne jouait plus ? Si on s'amusait ? » (2)

Hier. Aout 53.

— Gavarni nous avait dit qu'il y avait une belle chose à faire : une série contre le Prêtre ; que cela était difficile, qu'il ne fallait pas avoir l'air d'être de la bande des oppositionnistes et des aboyeurs ; qu'il faudrait s'appuyer sur l'esprit conservateur pour faire cela. Que d'un autre côté, avec la quasi-impunité qu'il a et qu'on lui permet, attaquer le prêtre de côté et sans que le prêtre voie qu'on se moque de lui, était indigne de lui ; qu'il fallait lui donner un coup de poing en pleine figure ; qu'il avait un peu commencé cela dans la dernière de Vireloque, *Quand le Figaro se fait vieux, il se fait Basile.* — Puis : « Le prêtre, le marchand d'eau de Cologne et le socialiste, voilà les trois frères. » Edmond : « C'est le Farina de l'Idéal ! — Oui. Mais les socialistes enragés ne sont que des manœuvriers de subversion ; le prêtre, lui, est un artiste ! »

L'autre jour, il disait : « Concevez-vous quelque chose de plus atroce, que le parricide allant au supplice, pardonné au nom de Dieu par le prêtre, en sorte que la justice humaine fait subir un supplice à cet homme lavé, excusé, à ce récent choisi de Dieu ? »

(1) Renvoyons, une fois pour toutes, à l'*Index* où l'on trouvera, au nom de Gavarni les repères chronologiques nécessaires pour rétablir l'ordre des épisodes de sa vie, capricieusement évoqués au fil du Journal.

(2) Gavarni habite au n° 1 de la rue Fontaine-Saint-Georges de nov. 1837 à déc. 1844. Sur ses soirées du samedi, cf. Gav., p. 128 sq. Le *Pont d'amour,* auquel daigne s'exercer « la hautaine raideur » du républicain Cavaignac, sert de titre à une « litho » ainsi composée de Gavarni : « Un garde national, à genoux... et appuyé sur ses mains, porte assis sur son dos sa jeune femme et l'amant de celle-ci » (Maherault, n° 1979). Otons l'amant et laissons la jeune femme... Le mot de Balzac s'éclaire par le commentaire du Gavarni : « ces soirées, dont le plus ordinaire divertissement se composait de jeux innocents, au bout desquels Balzac avec sa grosse naïveté et sa bonhomie d'homme de génie, disait : « Maintenant, si on ne jouait plus ? Si on s'amusait ? »

Puis il nous a dit qu'il s'était fait un ennemi mortel de Briffault, le mort fou : Briffault racontant qu'on ne s'amusait que de son temps, que le matin, on allait prendre un bain aux Bains Chinois, qu'il y avait là un garçon nommé Joseph, qui vous faisait vernir vos bottes, blanchir votre faux-col, etc., et vous mettait un louis dans votre gilet, Gavarni se permet de ne pas trouver cela fort gentilhomme...

— J'ai trouvé un jour Gavarni voulant inventer une nouvelle langue de musique.

— « Chateaubriand ? Oui, oui ! Mais frappez la porte à côté, c'est d'Arlincourt, comme l'amour est à côté du water-closet ! »

— « Dans l'état de la société, pour moraliser, j'ai trouvé une idée très simple. Je punis le mensonge et rien que le mensonge. Le voleur écrira sur son chapeau : *Je suis un voleur*. Ainsi, je moralise tout. »

— « Chaque jour, la science mange du Dieu : on a mis Jupiter en bouteille de Leyde ! Eh bien ! je crois qu'il est dans les données probables qu'on expliquera matériellement la pensée comme on a expliqué le tonnerre. Qu'est-ce que c'est qu'une chose immatérielle, qu'un coup de bâton ou un coup de pied suscite ? Un coup de bâton fait penser ! Il n'y a pas de séparation entre l'âme et le corps. »

— Pour grenu et pointillé d'un gros châle dans Je vends du plaisir et pantalons du Chemin de Toulon, brosse à dents chargée d'encre, qu'on fait cracher.

— Nous raconta ce mot charmant de Mme de Girardin, à une dame qui disait : « Mais j'entends dire que votre mari fait des affaires; monsieur Un Tel fait des affaires : qu'est-ce que des affaires ? — Les affaires ? C'est... c'est l'argent des autres ! » (1) ... Et puis celui-ci, de Mme d'Arlincourt voyant beaucoup jouer M. Scribe : « Il est donc bien riche ? »

— Gautier allant de la rue de la Tour-d'Auvergne au Temps corriger ses épreuves : chemise rose ouverte, pantalon gaine gris, pantoufles vertes.

* * *

(1) Le mot devait devenir célèbre, grâce à La question d'argent (créée le 31 janv. 1857) où Dumas fils prête cette réplique à son personnage d'affairiste, Jean Giraud (Acte II, sc. 7).

Je vais voir Rouland, pour savoir si je puis publier La
Lorette (1) sans retourner en police correctionnelle. Et dans la
conversation que j'ai avec lui sur notre poursuite, il me confirme
une chose qui m'a déjà été dite; c'est que le Ministère de la Police,
outre tout ce qu'il poursuivait en nous, poursuivait encore certaines idées littéraires : « Il ne voulait pas, me dit Rouland, de la
littérature qui se grise et grise les autres. C'était son idée, idée que je
n'ai pas à apprécier... » Oui, il y eut délit de romantisme dans
notre affaire, en l'an de grâce 1853 ! Latour-Dumoulin n'avait-il
pas dit, le 10 février, à notre cousin : « Je dois vous dire que je suis
désolé de la poursuite de ces messieurs : vous savez, les magistrats,
c'est si vétilleux, ces gens-là... Au reste, je les crois dans une
mauvaise voie littéraire et je crois leur rendre service par cette
poursuite. »

La Lorette paraît. Elle est épuisée en huit jours. Il nous
apparaît pour la première fois qu'on peut vendre un livre.

Nous partons en septembre avec Leroy, le graveur, et sa
femme pour les bains de mer et nous nous établissons à Veules.
Leroy est un grand diable, brun, avec une grosse voix; le plus
parfait modèle d'un républicain tel que le peut faire la lecture du
Siècle (2), ennemi des prêtres, des rois, très classique; une grosse
bonne enfance par là-dessus; et sous des apparences de force et de
férocité, un bêta prudhommesque que sa femme mène par le bout
du nez.

Sa femme : une miniature de M\ :sup:`me` Roland, petite, nerveuse,
distinguée, avec de beaux grands yeux noirs; très exaltée de

(1) C'est une monographie, qui exploite la vague finissante des « physiologies »
la mode sous Louis-Philippe : elle en a le format exigu, *in*-64, quand elle paraît en
1853 chez Dentu, avec un bois de Gavarni représentant une lorette en chapeau et
crinoline. Elle avait été publiée en 1852-1853 dans le Paris et dans l'Éclair
sous le titre vengeur des Lèpres modernes.

(2) Armand Dutacq, voulant concurrencer la Presse de Girardin avec un jour-
nal populaire à bon marché, créa le Siècle (1\ :sup:`er` juil. 1836), qui, sous la direction politique
de Havin, servit le centre gauche et l'opposition constitutionnelle de Dupont de
l'Eure, d'Odilon Barrot, etc. Il se distingua par son anticléricalisme. Ses romans-
feuilletons en firent le « journal des épiciers et des marchands de vin ».

républicanisme, de fraternité; une volonté d'homme dans le corps le plus frêle; elle est aimable, mais de cette amabilité un peu sèche des femmes de la bourgeoisie. Le ménage est le plus uni des ménages, sauf quelques accès de jalousie de la femme et quelques discussions entre les deux conjoints sur des difficultés grammaticales, qui est une des distractions aimées et chéries de ce couple.

Veules est un coin de terre charmant, une pittoresque avalure de falaise. Malheureusement, il y fait faim et les aliments sont tout à fait rares : il y a des plats faits uniquement avec des gésiers et des pattes de canard et les desserts se composent de deux prunes pour quatre. Nous passons là un mois dans la mer, la verdure, la faim et les controverses grammaticales, et nous revenons presque brouillés avec les Leroy, à cause d'un crabe que mon frère a inhumainement écrasé.

Les gens de Veules ont un petit endroit sur la falaise où ils se réunissent pour causer : ils l'appellent *le Menteux*.

Leroy a choisi un chemin creux pour un tableau et nous y passons une partie des journées à côté de ce peintre en lunettes bleues, qu'il est obligé de porter par suite des fatigues de la gravure; car par l'attention que l'œil est obligé d'apporter à travers la loupe, il se forme des espèces de varices dans ses fibrilles et il semble qu'il tombe de la suie. Là, il causait de Jacque et de Millet ses amis.

Millet, paysan complet, d'auprès de Cherbourg. Tout jeune, revenant de la ville, y ayant vu des images, crayonnait et dessinait; tourmentait son père pour avoir des crayons. Dessina entre autres une tête de mort et les images de piété du livre de messe de sa grand'mère. Mené au maître de dessin de Cherbourg, qui dit au père, ayant vu ses dessins : « C'est un meurtre de laisser aux champs un enfant comme ça ! » La ville lui fait une petite pension, moyennant laquelle il entre à l'atelier Delaroche (1).

A Barbizon toute l'année. Maîtresse : une vraie paysanne, jupe de paysanne. Trois enfants, dont une espèce de cul-de-jatte malade. Sa femme ne sait ni lire ni écrire. Quand il s'absente, ils correspondent par des signes dont ils sont convenus. Un jour à Barbizon avec Jacque; des paysans, fauchant, se moquent d'eux :

(1) Add. éd. : *il entre.*

« Eh les Parisiens ! » Millet s'approche, demande si ça coupe bien, si c'est bien difficile, — finesse gouailleuse de paysan ; puis prend la faux et la fait voler à toute volée mieux que le faucheur.

Jacque, fils d'un maître d'école de Chalon-sur-Saône. Cinq ans militaire. Au siège d'Anvers (1), passé en revue par le duc d'Orléans qui, voyant une tête intelligente parmi toutes ces brutes, dit : « Voltigeur, vous êtes content de la nourriture ? — Non, Monseigneur. — Enfin, vous êtes heureux ? — Non, Monseigneur. » Le duc, se tournant vers un officier : « Cet homme-là a l'air intelligent, il faudrait faire quelque chose, le nommer caporal… — Monseigneur, je ne suis pas ambitieux ! » C'est là qu'il puisa sa MILITAIRIANA.

Heureusement qu'il eut un capitaine, qui se pâmait à ses charges. Il le faisait appeler :

« Ah ! Cré nom de Dieu ! Foutre ! Qu'est-ce que c'est ? Jacque, encore un manquement de service ! Foutre ! Je devrais vous faire fusiller, sacré nom de Dieu ! Je vous ferai foutre huit jours à la salle de police, nom de Dieu ! Est-ce que vous vous foutez de moi ! Tenez, foutez-vous là et faites-moi la charge de la femme de l'adjudant. » — Une fois faite : « Ce bougre-là, c'est charmant ! C'est bien la femme de l'adjudant ! » Par la fenêtre : « Lieutenant, venez voir la charge de ce bougre de Jacque ! »

Marié avec une ouvrière, qu'il avait enlevée. Des enfants.

Jacque vient passer une journée avec les Leroy à Veules. C'est un homme blanc, maigre, qui a son chapeau toujours sur la tête, — pour manger, pour peindre, etc. — et rien de plus ; il a dans sa poche un petit album, où il y a deux ou trois lignes : ce sont les plans de terrain, qu'il a pris depuis une huitaine de jours qu'il est en marche.

Lui, le spirituel croqueur, l'habile aquafortiste, le *Maître au Cochon*, affecte doctoralement de n'admirer, de n'estimer que les

---

(1) Après l'insurrection belge de 1830, tandis qu'une conférence internationale délibérait sur le sort de la Belgique, le roi de Hollande rompit la trêve et une armée française, conduite par le maréchal Gérard, — qui avait sous ses ordres le fils aîné de Louis-Philippe, le duc d'Orléans, — vint assiéger et prendre la citadelle d'Anvers, tenue par l'armée hollandaise du général Chassé (29 nov. - 23 décem. 1832).

III

maîtres primitifs, de répudier toutes les habiletés, toutes les adresses, tous les procédés, tout ce dont est fait son petit, mais réel
talent. Cette admiration pour un idéal qui n'a ni ligne, ni couleur,
ni esprit, ni quoi que ce soit que recherche l'École moderne,
sauf M. Ingres, me semble un excellent moyen pour, tout en
affectant une excessive modestie, assommer Decamps et tout le
monde.

Décidément, les peintres que je vois se divisent en deux classes : ceux qui ressemblent à des ouvriers farauds et tapageurs, les
autres à des paysans malins et sournois. Jacque appartient au genre
paysan; il a même quelque chose dans sa personne, son chapeau,
son habit, du paysan, le jour où il est endimanché, où il enterre
sa femme.

Mme Leroy se couche; alors, Jacque quitte les Himalayas de
l'esthétique et descend à des sujets plus humains et plus intéressants. Il nous parle de la prostitution, en homme qui aurait fait
avec un médecin, maison par maison, dans les faubourgs, dans les
milieux de la plus pauvre et de la plus populaire, une enquête *de
visu* et *de tactu.*

Veules, 7 septembre.

Un petit ruisseau, qui coule clair comme de l'eau de roche,
le long d'une grande prairie, bordée de ce côté de grands arbres
et de petits saules. Il coule sur un lit de gravier parsemé de petites
pierres vertes et noires, de débris de briques, de moules ouvertes
et nacrées, de petites pierres blanches, de petites pierrettes jaunes,
qui au soleil prennent l'aspect de paillettes d'eau-de-vie de Dantzig.
Le fil de l'eau est indiqué par des pailles. Une mousse verdâtre met
des journées à descendre trois pieds. De temps en temps, il s'y
reflète des traînées de ciel bleuâtres. Un chaudron cassé avec de
la chaux dedans trempe à l'un de ses bords.

De l'autre côté de la prairie, il côtoie un petit mur en pierre
surmonté d'une petite barrière de bois maintenant un petit jardin,
où il y a quelques lilas, quelques fraisiers à grandes feuilles, qui
passent à travers la barrière, ainsi que des groseilles. Passerelles
sur le ruisseau, jusqu'au bout, où se hâte parfois une poule, hochant
sa crête.

Et dans le fond, toujours le tic-tac du moulin, que fait aller
le petit ruisseau.

ANNÉE *1853*

LES DRAPEAUX (1)

Dans la Cité, une allée se perdant dans les profondeurs de la maison. A droite de l'allée, tout en entrant, porte d'une petite boutique ayant une devanture sur la rue, grande comme à peu près une fenêtre, grillagée de fer et voilée par un rideau du jaune sale d'un enfant qui pisse au lit (2). Trois marches à monter et un vieux comptoir; une vieille dormichonnant en brinque-ballant sa tête, comme des gens en voiture, les deux coudes posés à plat sur le comptoir.

Un petit escalier, puis une chambre assez grande; sur trois faces de la chambre, un vieux banc en bois, scellé au mur, de cinq ou six cents ans; sur une autre face, un vieux comptoir. Sur le banc, sept à huit vieilles, vieilles comme des sybilles, dans des poses ratatinées, mises avec des loques de spectres, les genoux près du corps, voûtées; et sur les genoux, un *gueux*, sur lequel elles croisent leurs deux mains, comme deux mains sur les tombeaux. Une chandelle avec un *pied-de-nez* sur le comptoir.

Quand vous entrez, non pas : « Prenez-vous quelque chose ? », mais : « Qu'est-ce que vous prenez ? Un petit verre d'eau-de-vie ? » Toujours la même eau-de-vie de bordel : comme de l'eau quand on l'avale et, avalée, comme trois épées qui vous sortent de la gorge.

Dix sous. De très jeunes gens branlés dans l'escalier, pour deux sous. Bonne maison faisant bien ses affaires : il y vient des gens riches et des jeunes gens timides. Pas de femmes au-dessous de soixante ans. Les femmes ont de vieux béguins maternels pour les enfants (3).

Dans le quartier, ce lupanar est plutôt connu sous ce terrible nom : *les Parques* (4).

---

(1)   Ces études de la prostitution parisienne, qui se poursuivent jusqu'à la p. 114 (*si un seul mois, les cinquante francs non payés*), proviennent visiblement des confidences de Charles-Jacque.

(2)   Add. 1887, depuis *et voilée...*

(3)   Var. 1887, *de vieux béguins de linge maternels*. La correction est aussi gauche que le texte; il s'agit évidemment des béguins que les mères mettent à leurs bébés.

(4)   Add. 1887, depuis *Dans le quartier...*

113

Maison Milac, barrière de l'École, pour le militaire : dix sous. S'annonçait sur les gravures obscènes : « Femmes en velours et luxe de fleurs artificielles, d'où sortent nos belles putains, »

Place Maubert et rue Mouffetard, bal de voleurs et de voleuses ; femmes de onze à seize ans. Enlèvement admirable pour danse exagérée. Autocratie de la police ; les femmes : Monsieur le Préfet, le bon Dieu pour elles ! Crainte, respect ; méprisant un peu les employés inférieurs, disant que c'est elles qui les font vivre. Jusqu'à seize ans, toutes sortes de métiers : à la Halle la noix verte, le poisson, la marée, etc. ; vendant du papier à lettre, le soir, dans les rues désertes. Ayant des amants qu'elles entretiennent ; toutes *gougnottes* et toutes vérolées ; donnant à leur père et mère, pour qu'ils disent à l'amie qu'elles ont travaillé, pendant qu'elles ont été à la *retape ;* prostitution, avec les pères qui les réclament quand elles sont enfermées ; guérison plâtrée à Saint-Lazare ; au Dépôt, enfermées avec les enfants, elles les branlent : « Ça te va-t-il ? » A seize ans, en carte : orgueil ; séchant d'envie d'être assermentées et comptant les jours jusque-là, et allant jusqu'à s'en fabriquer de fausses pour leur satisfaction personnelle. Manger : *béquiller* (1).

Le baiser d'un homme reçu par une femme est un gage pour l'avenir : elle s'engage à coucher un jour avec lui (2).

Jeunes beaux corps, — gorge, cuisses, — à quatorze ans.

Tapissier : sur un serment, sans argent, à la Gaîté, meubles de 5.000 francs ; 300 francs comptant, 50 francs par mois. — Rentre dans tous les meubles, si un seul mois, les cinquante francs non payés (3).

---

(1) Texte incertain : *Manger : béquiller* ou *béquillade.* Les Goncourt, compilant la GAZETTE DES TRIBUNAUX entre 1862 et 1870, noteront dans leurs extraits une foule d'expressions populaires ou argotiques. On trouvera dans le JOURNAL en déc. 1860, des locutions de carabins. Ils ont dû recueillir ici, comme caractéristique de l'argot des filles, le verbe *béquiller*, au sens de « manger », plus répandu qu'ils ne croient : Lorédan Larchey (DICTIONNAIRE HISTORIQUE D'ARGOT, nouv. éd. 1878) le cite dans des textes de Gautier et d'Henry Monnier.

(2) Add. éd. : *d'un homme.*

(3) Passage mutilé depuis *Tapissier...* : il doit appartenir aux confidences de Charles-Jacque et se rapporter à la façon dont se meublent les lorettes.

ANNÉE 1853

ROMAN INTIME

Ma cousine Cornélie embêtée par son vieux père, qui voulait lui faire traduire à elle seule Vasari; elle meurt de froid, perd toute sa jeunesse et son père ne la laisse pas marier (1).

Chez Boissard, peintre qui, le premier, habitait l'hôtel Pimodan : un dîner, tous les mois, de littérateurs et de peintres, Louis Blanc, Gautier, Français, Nanteuil. On donnait cinq francs à Boissard, qui faisait faire le dîner par sa cuisinière. Chaque convive avait déboursé six francs pour un couvert en ruolz. Monnier était le président; et le nom de *Société des Prenkirs* avait été donné à la société à cause des charges sur les hannetons (2). Le dîner était composé d'hommes, absolument. Après dîner venaient quelques femmes, la maîtresse de Boissard et surtout celle appelée la Présidente, maîtresse de Mosselman, que Clésinger a prise pour sa FEMME PIQUÉE PAR LE SERPENT et qui a servi aux fantaisies de Vidal (3).

(1) Cornélie (1781-1863) et son père, Charles-Claude Le Bas de Courmont (1747-1820). C'est la vieille cousine ruinée, que les Goncourt vont voir le Jour de l'An dans sa pauvre chambre à courants d'air et dont ils feront Sempronie de Varandeuil dans GERMINIE LACERTEUX. Nous empruntons à ce roman le nom de Vasari, laissé en blanc dans le manuscrit : M. de Varandeuil ayant spéculé et perdu sur les tableaux italiens ramenés en France par les armées napoléoniennes, « il se mit en tête de donner la VIE DES PEINTRES de Vasari au public français, ...il enferma la jeune fille dans Vasari ; ...la tint voûtée sur l'ingrat travail, sur l'ennui et la fatigue de traduire des mots à tâtons... Deux ou trois ans se passèrent dans ce travail, où finirent par s'abîmer les yeux de Sempronie. Elle vivait ensevelie dans le Vasari de son père, plus seule que jamais » (GERMINIE LACERTEUX, p. 28 sq.). — Le texte est rayé depuis *Ma cousine Cornélie...*

(2) Henry Monnier avait été introduit par le sculpteur Feuchères à l'hôtel Pimodan, lorsqu'entre 1843 et 1848, Beauvoir, Boissard et Baudelaire y logeaient. — Cf. MANETTE SALOMON (p. 17), où Coriolis, convive imaginaire de ces dîners Boissard, raconte : « Nous avons Monnier, qui est superbe. Il a eu la dernière fois une charge belge, les *prenkirs*,... étourdissante. » Les Goncourt francisent le terme populaire flamand, *preekher*, qui désigne le hanneton. Monnier, acteur ambulant, avait fait de fréquentes tournées en Belgique, où il avait épousé en mai 1834 Caroline Linsel, une actrice du Théâtre du Parc à Bruxelles.

(3) Apollonie Sabatier avait servi de modèle à Clésinger, pour sa BACCHANTE du Salon de 1848 et déjà pour sa célèbre FEMME PIQUÉE PAR UN SERPENT du Salon de 1847, composée sur le même motif : Pour ménager la pudeur du jury, Clésinger avait ajouté un serpent et donné un titre inoffensif à cette figuration d'une femme convulsée dans l'amour. — Les Goncourt omettent le meilleur titre de gloire de

Dans le salon, meuble en damas blanc et or : on se réunissait en longues causeries agitant l'art et la littérature; tandis que dans un autre, on faisait de la musique, — et c'étaient les meilleurs musiciens. Charges étonnantes de Monnier.

Un jour, Daumier ivre, reconduit par Leroy, lui dit : « Ah, comme j'ai vieilli ! Autrefois, les rues étaient trop étroites, je battais les deux murs; maintenant, c'est à peine si j'accroche un volet ! »

Boissard avait pour maîtresse la juive Maryx, à qui il avait appris à lire et à écrire.

GAVARNI

— Se moquant des bas bleus, dans la société desquels il a beaucoup vécu : « Lyrisme et pot au feu ! Ça sentait le chou ! » Toilettes incroyables, plumeau dans les cheveux : « Un rien me pare ! »

— « Je tâche de faire, dans mes lithographies, des bonshommes qui me disent quelque chose. Oui, ils me disent ma légende, C'est pour cela qu'on les trouve si bien en scène et le geste si juste. Ils me parlent, ils me dictent. Quelquefois, je les interroge très longtemps, et ceux-là finissent par me lâcher mes meilleures, mes plus cocasses légendes. Quand je fais mon dessin en vue d'une légende faite, j'ai beaucoup de mal, je me fatigue et cela vient toujours moins bien. Les légendes poussent dans mon crayon, sans que je les prévoie ou que j'y aie songé avant. »

— A douze, treize ans, au Conservatoire des Arts-et-Métiers. Un nommé Petit dit à Tronquoy : « Eh bien, celui-là, il dit comme ça que tu as l'air atrabilaire ! » Petit, premier prix de dessin de machines; puis conducteur de malle-poste, pressant Gavarni en revenant de Limoges : « Pour un premier prix de dessin de machines, vous êtes bien dur ! » Explication... (1).

la *Présidente* : c'est d'avoir été « la Muse et la Madone » de Baudelaire, logé alors, lui aussi, à l'hôtel Pimodan.

(1) En fait, Gavarni a seize ou dix-sept ans, quand il suit les cours de Leblanc aux Arts-et-Métiers. Quand son ancien condisciple Petit houspille le voyageur retardataire, qu'il ne reconnaît pas et qui se donne le luxe de l'intriguer par ce rappel de sa jeunesse, Gavarni est fiancé ou marié, puisque la scène se situe au retour de Limoges, où habitaient les parents de Jeanne Martin de Bonabry, que Gavarni avait connue à Paris, élève du Conservatoire de musique, et qu'il épousa le 27 déc. 1844.

— Enfant, à sept, huit ans, dessinait des machines chez un architecte; comme il était trop petit, sur une chaufferette (1).

— Il gravait des portraits à l'eau-forte pour Adam, père de Victor Adam, qui faisait alors de la peinture d'amateur, nulle et sans succès.

— Tout petit, chez un architecte, qui demeurait dans une rue, boulevard du Temple, rue des Fossés-du-Temple, derrière les théâtres : idée de son talent (2). La patronne l'envoyait chercher des livres au cabinet de lecture, dans les passages sur les boulevards, chez un nommé Lacourière, libraire, dont Lainé était commis, — Lainé que Gavarni retrouva depuis, jouant les Amours aux Funambules, puis éditeur en rapport avec Gavarni (3) qui a tous les bois du Magasin de l'Enfance, magnifiquement gravés, — entre autres par Gérard, — dont il ne s'est pas servi et qu'il ne veut pas céder. Il le rencontre plus tard avec une femme et les suit jusqu'au théâtre de Montmartre.

— Chez Adam père, on demande deux jeunes gens pour graver le pont de Bordeaux : 2.400 francs par an. Accepte avec un ami.

Il avait rencontré sur le Boulevard une femme en châle rouge, à qui il n'avait pas osé parler. Il demeurait alors faubourg du Roule. Il vit un jour cette femme avec une amie, qui avait un chapeau jaune et une bonbonnière en écaille, où une pièce de quarante sous : voir tirer la Loterie (4); la suivit. Elle demeurait en face l'Élysée; en bas, il y avait un potier d'étain. A Bordeaux, dans une boutique, il allait pour acheter des couleurs, à six heures. Faisant du feu avec briquet, luminosités rouges, femme éclairée :

(1) D'après Gavarni (p. 13), Gavarni avait alors dix ou onze ans : il était «si petit qu'on mettait une chaufferette sous les pieds, pour qu'il fût au niveau de la table de travail. »

(2) Entendez que cette rue, située « derrière toutes les sorties d'artistes des théâtres du Boulevard » (Gav., p. 12), mettait déjà l'enfant à proximité de ces actrices qui inspireront si souvent Gavarni, « costumier » de Déjazet et peintre des Coulisses. — L'architecte, dont il a déjà été question un peu plus haut, est Dutillard.

(3) Add. éd. : *Lainé que Gavarni retrouva.*

(4) Cf. Gav. p. 15 : « C'était cette même brune qu'il avait retrouvée un dimanche dans la salle de la Loterie royale de France, causant et riant avec une amie très tachée de rousseur, et qui tirait d'une bonbonnière les quarante sous d'un numéro. » Voir texte plus explicite de toute l'aventure dans le Journal, t. I, pp. 152-153).

reconnue. La femme vient s'asseoir sur le devant de la boutique, les jambes croisées. Gavarni s'approche : « Vous êtes de Paris. — Oui, Monsieur. » Puis, toute l'histoire racontée. Il fut heureux...

— Pour Vireloque, fit longtemps des études de singe.

— Mathématiques : s'exerçant à la pensée suivie de problèmes mathématiques dans les circonstances les plus emmerdantes : mal de mer, couché sur les câbles; ou rendez-vous à des créanciers, pour demander un délai : pendant que le garde du commerce y est, attendant dans un petit café, verre d'eau-de-vie de deux sous, esprit tendu et suivant le théorème.

— Gavarni n'ayant pas le sou, refusant de faire un portrait lithographié à quatre ou cinq cents francs.

— Le père de Gavarni, capitaine dans la Milice nationale, très épris des idées de 89 : illusions de républicanisme, la république sans républicains. Lors de la Journée des Poignards (1), était à l'Hôtel de Ville; on démolissait Vincennes : ordre par La Fayette d'aller l'empêcher avec son détachement, en passant par le faubourg Saint-Antoine. Prit un détour : il y avait des barricades dans le Faubourg. Resta persuadé que La Fayette avait voulu, pour faire sauver le roi, les sacrifier à un tumulte dans le Faubourg!

— Idée de Marvy, de faire les parcs de Londres, dessin au fusain : LONDRES VERT. Gavarni s'était chargé de faire les foules : multitudes avec des pinceaux-aiguilles, à l'huile. Il en fit quatre. Marvy les grava abominablement. Entreprise tomba dans l'eau.

— Fit connaissance, à Londres, avec le graveur Masson : superbes dessins dans les musées, aux trois crayons; avec Mélingue, à qui il donna un très beau dessin, caricature de l'acteur tragique anglais; au bas, phrase d'Hamlet : « Premièrement, écoutez ce que je vais vous dire. » (2)

(1) Le 28 fév. 1791, cinq cents hommes du faubourg Saint-Antoine s'attaquent au donjon de Vincennes, où les travaux en cours avaient fait croire qu'on voulait y enfermer les patriotes; Santerre parvint à éviter un choc sanglant entre les émeutiers et les gardes nationaux envoyés par La Fayette. Pendant ce temps un groupe de royalistes s'introduisait aux Tuileries dans les appartements royaux : appréhendés, on trouva sur eux des pistolets et des poignards, d'ou le surnom qui leur resta de *Chevaliers du Poignard.*

(2) Serait-ce une traduction développée du *This above all* de Polonius, à la sc. 3 de l'acte I?

— Gavarni nous parle d'une vieille contrebasse d'un théâtre du Boulevard, qui racontait que, très jeune, il avait beaucoup de dispositions pour la pantomime. Il débutait en 92 au théâtre de Nicolet. Étant dans sa loge, en train de se mettre du blanc, du rouge, de passer son pierrot, il entend un grand bruit dans la rue, passe la tête par la lucarne et est presque touché par la tête de la princesse de Lamballe, qu'on portait au bout d'une pique. Il entre en scène sous l'impression, est détestable, échoue et devient contrebasse.

* * *

Je ne sais pourquoi le directeur de la Porte-Saint-Martin avait exposé au foyer les portraits que Gavarni avait publiés dans PARIS et parmi lesquels figuraient les nôtres. Scholl dit à Jules qu'une jolie femme s'est toquée pour lui et l'engage à coucher avec elle; il dit qu'il a vécu avec elle, mais que c'est complètement fini.

Jules voit la femme, dîne avec elle et couche le soir même. Scholl vient passer la soirée. Le lendemain, il est fiévreux, irascible, contradicteur, coupe deux ou trois fois la parole à Gavarni; et comme les *ficelles* du théâtre sont attaquées par tout le monde dans la conversation, il s'écrie avec un emportement grotesque qu'il n'y a pas de dénouement plus heureux qu'un acteur, serré dans un collant, sautant dans une barque; et avec des regards furieux, il parle de cette admirable invention, dans je ne sais quelle pièce de Brisebarre, de ciseaux oubliés par une couturière dans une première scène, qui servent à l'héroïne à se couper une mèche de cheveux à la onzième scène. On se regarde avec envie de rire et nous nous demandons, sans trop rien y comprendre, si Scholl est devenu fou.

Céleste Laveneur, que revoit mon frère, lui raconte que Scholl ne l'aime plus, mais que depuis qu'elle s'est donnée à lui, il en est jaloux sans l'aimer; que c'est un singulier caractère, envieux, jaloux, malheureux du bonheur d'autrui. Elle lui raconte qu'il l'a enlevée à Richard, non qu'il l'aimât, mais par haine de Richard, qu'il sentait heureux de l'amour de cette femme. Elle nous le peint comme obsédé par une peur incessante du ridicule et jusque dans l'amour où il est un peu platonique, affectant d'échapper à la moquerie par le tableau d'amours plastiques. Sa vie avec lui a été un enfer : il a un talent pour déchirer les gens. C'est une étude perpétuelle, il aime à faire suivre une scène d'amour de froideurs terribles, il a de secrets plaisirs dans l'humiliation d'une femme devant les autres; et ce sont, après, des comédies de repentir pour reprendre et rattacher la femme. Elle nous parle d'une nuit, de toute une nuit passée par Aurélien à lui peindre un charmant coin de terre près de la Rochelle, de descriptions poétiques, de rêves de bonheur, de tout un admirable travail de six heures, passées à monter l'imagination et les désirs de cette femme; et quand elle lui dit, le matin : « Eh bien, partons-nous ? — Non, je vous laisse, décidément ! » dit-il.

Elle me dit un mot curieux de Scholl : « Couche avec lui, dit-il en parlant de moi. Tu me diras ce qu'il a dans le ventre. »

Céleste Laveneur me racontait que, quand elle s'était jetée dans la Gironde, elle avait passé toute la nuit jusqu'à quatre heures du matin à se promener au bord de la rivière, voulant revenir chez elle; mais l'amour-propre la retenait, et la crainte d'une moquerie. La rivière allait en pente : elle entre pas à pas et lorsqu'elle a de l'eau jusqu'au genou, elle est entraînée; elle ne perd pas connaissance, elle sent parfaitement que sa tête cogne contre un câble tendu et que ses cheveux se répandent autour d'elle; et quand elle entend de la Verberie un chien qui saute à l'eau, toutes ses craintes sont qu'il ne l'empoigne par un endroit cochon.

Céleste Laveneur me raconte qu'un jour sortant de chez un amant qui la chassait et qu'elle adorait, elle dit au cocher de fiacre qui l'avait amenée : « Menez-moi dans une maison de filles. — Laquelle ? » reprit le cocher, froid et impassible.

FRANÇAIS

D'abord peintre dans une verrerie. La verrerie fit faillite. Allait travailler de cinq heures du matin à onze heures dans un atelier. Entre à la REVUE DES DEUX MONDES. On lui donne à ranger toutes les anciennes collections. On pensait qu'il y en avait pour un an. Au bout de huit jours, tout était fini. Gerdès, depuis imprimeur, était caissier à la Revue. Buloz, enthousiasmé du travail fait par Français, lui propose la place de Gerdès : 2.400 francs.

Français, qui voulait être peintre, prévient Gerdès; Gerdès le remercie. Buloz est étonné et peu à peu effrayé de ce garçon, qui refuse une place de 2.400 francs. A la fin, Français faisait peur à Buloz, rien qu'en fermant les portes. Buloz disait à Gerdès : « Est-ce que vous ne trouvez pas qu'il a un mauvais œil ? Capable d'un mauvais coup ? » etc. Enfin Buloz s'en alla en Angleterre, afin qu'on renvoyât Français.

Corot est le bonhomme des bonshommes. La fille d'un des Leleux casse le pied d'une petite table à dînette et dit à Corot : « Vois donc, je n'en puis plus rien faire; tu devrais me faire quelque chose dessus. » Corot emporte la petite table, fait un très joli tableau. La mère dit : « Ah, monsieur Corot, je le garde pour moi ! » Corot, bonnement : « Ça l'aurait amusée... Pourquoi ne pas lui laisser ? »

Ce fut un petit coup de sonnette, vif et court. Il y avait toutes choses dans ce coup de sonnette : un chagrin, une larme, de l'amour-propre blessé, la modestie de carillon de l'amour qui n'a plus droit de tapage. Ah ! que de visites dites par le coup de sonnette ! La première fois que la femme vient se rendre, quelle pudeur : un petit coup ! Il semble que la sonnette complice ne veuille rien trahir et ne pas la compromettre. Et les fois suivantes, la sonnette glapit, orgueilleuse comme l'amour orgueilleux : elle affiche, elle éclate. Mais la dernière fois, pour un peu, elle pleurerait.

La porte de la salle à manger ouverte, fermée, plus vite qu'on ne peut dire, la portière du salon écartée, Armande était déjà assise, ses mains dans son manchon, les yeux rouges, raide, l'œil dur, en une pose de statue, sur ce fauteuil qu'hier, elle couvrait des caresses de son corps, qu'elle baignait de ses membres dénoués.

« Vous m'avez écrit. J'ai lu votre lettre. » Cela sonna dans le salon comme la première lame d'acier qui s'engage. « Vous avez bien pensé que je vous demanderais des explications.

— Je n'ai rien de plus à vous dire que ce que je vous ai écrit.

— Je veux que vous me le répétiez de vive voix. »

Et aucun des deux n'avait encore osé un *Monsieur*, un *Madame*. Sur le *vous*, leurs lèvres hésitaient, involontaires; et le *vous* était forcé et venait mal sur le *tu*, comme une diligence qui écraserait un pot de fleurs et manquerait verser.

« Oh ! je sais bien, si je n'avais pas été si franche avec vous, si je ne vous avais pas tout dit...

— Non, je puis vous donner ma parole d'honneur que tout ce que vous m'avez dit n'entre pour rien dans la détermination irrévocable que j'ai prise. »

Paul appuyait sur l'*irrévocable*, pour mieux brûler ses vaisseaux. Il battait le cœur de cette femme, pour qu'il n'y eût pas de pardon entre eux.

« Ne jurez pas. Votre parole d'honneur m'est bien égale ! » dit-elle d'une voix nerveuse et serrée des larmes refoulées dans la gorge. « Vous ne savez pas ce que m'a fait votre lettre. Richard était là, il vous le dira.

— Est-ce que ma lettre n'était pas convenable ? dit méchamment Paul.

— Oh ! parfaitement, dit Armande, reprenant l'ironie. Vous avez toujours été parfaitement poli avec moi.

— Armande, » dit Paul, et ce mot fut comme une musique morte : rien ne vibra, « Armande, je vous quitte, je vous ai dit pourquoi : je n'ai pas le temps de vous aimer; puis un jour ou l'autre, dans la position où vous êtes, vous m'auriez demandé un service; je n'aurais pu vous le rendre; nous nous serions fâchés. Il vaut mieux rompre. Je vous laisse à votre avenir... Voulez-vous que nous partions chacun de notre côté, sans haine ? Voulez-vous me pardonner et que je sois votre ami ?

— Volontiers... Vous pardonner ? et pourquoi ? Ami, certainement... »

Paul approcha ses lèvres du front froid de la femme. Et ce fut un baiser éteint, un baiser mortuaire, sans tressaillement, — de l'eau bénite qu'on jette sur le drap noir.

« Tenez, dit-elle, voici vos lettres.

— Gardez-les.

— Non. Je vous les rapporte toutes. Si on les trouvait chez moi, elles pourraient vous compromettre. »

Elle les jeta sur la cheminée.

« Vous me permettrez de vous faire tenir les vôtres. J'irai vous les rapporter dans trois ou quatre jours.

— Non, je pars. Je pars dans une heure.

— Où allez-vous ?

— Que vous importe ?

— Je vous demande mille pardons d'être indiscret.

— J'ai fait fuir Edmond quand je suis entrée.

— Oui, dit Paul en appuyant son regard froid sur le sien.

— Ah !... Je veux lui dire adieu.

— N'insistez pas. Les explications lui sont désagréables.

— Vous ne voulez pas que je l'embrasse avant de partir ?

— Non.

— Adieu ! »

Elle passa vite, arriva à la porte, l'ouvrit :

« Une dernière fois, vous ne voulez pas m'accorder la dernière chose que je vous demande ?

— Non », dit Paul avec une voix de marbre.

Elle détourna la tête, tendit la main, ferma la pore.

Fla ! fit la porte. Tout était fini. Et cette femme, ces yeux, ces lèvres, cette gaîté de votre accoutumance, cette moitié de vous qui avait droit à votre lit, à vos pensées, à vous tout entier, — tout cela rompu. Ce *fla !* était la fin de tout ça. C'était comme un glas qu'on vous sonnerait au cœur. Ce *fla !* c'était le bruit de la pelletée de terre sur la boîte de bois blanc : *fla !*

ANNÉE 1854

Fin février.

T OUT cet hiver, travail enragé pour notre Histoire de la société pendant la Révolution. Nous emportons des quatre cents brochures d'un coup de chez M. Perrot, qui loge rue des Martyrs, un pauvre, tout pauvre collectionneur, qui a fait une collection de brochures introuvables, achetées deux sous sur les quais, en mettant quelquefois sa montre en gage, — une montre en argent. Nous les dépouillons tout le jour. Nous écrivons notre livre la nuit. Nous avons donné nos vieux habits noirs et n'en avons point fait refaire, pour être dans l'impossibilité d'aller quelque part. Point de femmes, point de plaisir, point de distraction; le labeur et la tension de tête incessants. Pour faire un peu d'exercice et ne pas tomber malades, nous ne nous permettons qu'une promenade après dîner, promenade dans les ténèbres, sur les boulevards extérieurs, pour n'être point tirés par la distraction extérieure de notre travail et de notre enfoncement spirituel dans notre œuvre (1).

(1) Add. 1887 : de *un pauvre, tout pauvre collectionneur* à *une montre en argent* ; de *nous avons donné* à *d'aller quelque part ;* enfin : *dans les ténèbres.*

Quelque chose à faire sur la fin du monde par l'instruction universelle.

On me parle d'un horrible accouplement de Monselet et d'une carmélite; de la prière, de la mysticité, mêlée à de petits plats et à des figures de l'Arétin.

L'industrie doit tuer l'art; car la vulgarisation de l'art, est-ce autre chose que sa mort?

Duplessis, trouvant Nodier mal à son aise, lui demandait ce qu'il avait : « Ce que j'ai? C'est que j'ai bu une bouteille d'eau-de-vie ! Je dois voir aujourd'hui la duchesse d'Orléans et j'ai besoin de cela pour causer. »

Les peintres pour moi, c'est comme les pâtissiers. Les pâtissiers font des choses qui me font un plaisir extrême, mais je n'estime pas les pâtissiers.

Napoléon est tout jugé pour moi. Il a fait fusiller le duc d'Enghien et exempté de la conscription Casimir Delavigne.

Corruption de la civilisation, qui amène l'homme à ne prendre plus plaisir qu'aux œuvres de l'homme et à s'emmerder des œuvres de Dieu.

Nadar me disait qu'à l'hôpital, il attendait avec impatience la mort de son voisin, le n° 6, par envie de sa table de nuit; et comme il demandait tous les matins à l'infirmier : « Eh bien, comment va-t-il? », l'infirmier répondait : « Oh, ça va très bien ! Il ne passera pas la journée. »

Dans les bals publics, Dourlans, la Chaumière, etc., lorsque les filles vont danser, leurs mères leur attachent un mouchoir autour de la taille, pour que les mains des danseurs ne leur salissent pas la taille.

La femme reçoit plutôt des impressions qu'elle n'a des sentiments ; les circonstances physiques beaucoup plus agissantes sur la femme que sur l'homme, beaucoup plus rivée à la matière que l'homme, etc.

Se figure-t-on Dieu au Jugement dernier prenant l'arc-en-ciel et se le serrant autour des reins, comme l'écharpe d'un commissaire, etc. ?

Célestin Nanteuil nous raconte que Gérard de Nerval rapporta d'Italie pour quatre mille francs de marbres de cheminée; dans sa misère, il avait un tel goût du luxe, qu'il se faisait des épingles avec du papier d'or.

Quand je suis gris, idée fixe d'une femme me secouant la cervelle dans un panier à salade, le bras et la main de la Lescombat (1).

Villedeuil était un type. C'était un enfant du siècle, non à la façon de Byron et de Werther, mais à la façon de Girardin et de Mercadet. Il entra tout jeune dans la vie, grisé et à demi corrompu par l'éblouissement des fortunes de faiseurs. Avec une fortune magnifique, il voulait faire fortune. Il oublia le mot de son maître Girardin : « Les affaires, c'est l'argent des autres. » (2) Les affaires, ce fut son argent à lui. Il lui manqua peut-être de n'avoir pas le sou pour réussir. Il se jeta à tout, se lança dans la littérature, se précipita à la Bourse. Il y avait en lui un tempérament de joueur et une fièvre de parvenir, servie par une activité physique prodigieuse. S'il n'avait fallu que des jambes pour arriver, il serait arrivé à tout.

Mais il était malheureusement un homme double, hardi et timide, saltimbanque seulement à demi, souple et haut, prêt aux compromis et se relevant tout à coup dans son orgueil, jetant l'argent par les fenêtres et le comptant avant de le jeter, moitié enfant, moitié vieillard, cynique et amoureux, blasphémant pour secouer l'idée de Dieu. Je ne sais quoi du gentilhomme demeurait

---

(1) Var. 1887, Edmond précise : *...une femme dont je n'aperçois que le bras et la main, et ce blanc bras et cette blanche main sont ceux de la Lescombat que j'ai entrevus une seule fois chez un mouleur.*

(2) Cf. t. I, p. 108, n. 1.

127

en lui mêlé à des restes d'éducation de prêtre : le sens moral, comme je l'ai remarqué souvent chez les élèves de prêtre, était abâtardi en lui. Il manquait à ses facultés la consécration d'un caractère. Son honneur semblait flottant. Quelque chose de sa conscience d'honnête homme eût pu faillir dans les crises de la vie. S'il était né sans le sou, Robert Macaire l'eût attiré.

Ce n'était ni un fou, ni une bête, ni un mauvais homme. Ce fut un garçon malheureux qui eut de grands appétits, et les reins trop faibles pour ses ambitions. Il rêva un journal, un théâtre, un champ de courses, une sorte de monopole des plaisirs de Paris; il échoua partout. Il était loin d'être assez coquin pour faire un industriel.

Ceux qui ont vécu de lui, beaucoup de gens de lettres qui ont tiré à vue sur lui et dîné de sa bourse, en ont fait un imbécile, un niais qui se laissait voler. Ce n'était point cela : il avait la connaissance des gens; mais malheureusement, il avait la pente d'un Empire pour les coquins, les gens tarés. Il aimait les bassesses qu'on trouvait dans ces gens-là. Il suffisait de l'appeler « Monsieur le Comte » pour le duper : sa vanité l'emportait en tout sans l'aveugler. Il a descendu sa ruine, pas à pas, sciemment : il s'est vu voler et il est resté faible contre tout ce qui le perdait. Femmes, hommes, chacun s'empara de cette volonté qui semblait appartenir à tous ceux qui voulaient la prendre.

En littérature, il valait certainement beaucoup des gens qu'il payait. Sans imagination, il avait de certaines drôleries de blague, des fantaisies de seconde main, des boutades et une verve qui auraient fait la fortune d'un petit journaliste sans le sou. Quelques comptes rendus de théâtre et son PARIS A L'ENVERS montrent qu'il aurait pu faire, s'il avait voulu travailler et ne pas jeter de la copie au vent, un assez bon écrivain de second ordre.

Je lui ai vu des colères d'enfant, jamais de haine. Obligeant, généreux à tous, il a été la ressource de tout le petit journal après le Deux Décembre. Il avait de la grâce et un aimable sourire à obliger; une caresse de femme dans l'œil, quand il vous faisait plaisir. Et c'était au fond une nature de femme : il en avait les inconstances, les caresses, les séductions, les petites passions, les petites envies, les tendresses, les émotions.

Il nous aimait et nous l'aimions, malgré tout ce qu'il nous faisait de petits tours de jalousie. Car son amitié pour nous, venue

des liens de famille, de la camaraderie, de la vie littéraire commencée en même temps, était mêlée de mille sentiments souterrains,
qui la combattaient. Il était gêné par un certain respect pour notre
caractère, une certaine crainte de notre raideur morale. L'estime
de notre personne se brouillait en lui avec l'envie de notre position,
bien inférieure à sa position, mais assurée, solide, sans les écrou-
lements qu'il sentait chaque jour dans la sienne, sans les tourments
du papier timbré. Entouré d'une cour de canailles dont il percevait
la canaillerie, il nous trouvait ne pliant pas, sur un pied de parfaite
égalité ; cela tour à tour le blessait et tour à tour le ramenait à nous
avec des effusions.

Pauvre garçon, auquel j'ai tout pardonné devant les secrètes
misères de sa vie, qui lui échappaient, un jour que dans tout son
luxe, avec un journal, un théâtre, une maîtresse, des chevaux, des
voitures et une clientèle de carotteurs, il disait à Pouthier : « Ah!
vous, vous avez toujours couru après une pièce de cent sous !
Mais vous ne savez pas ce que c'est que de courir après un billet
de mille francs. »

La Lagier. Il couche avec elle (1). « Si tu ne me fais pas jouir,
je te casserai la gueule. » A trois heures, lui dit : « Maintenant,
tu vas t'en aller. Les hommes, quand ça dort, c'est très laid. Je
n'aurais qu'à me réveiller demain avant toi, je te verrais ronfler
ou tu ferais une grimace. Et puis, l'homme pue de la bouche le
matin ; j'en pue aussi, mais je ne me sens pas. » Retourne lui faire
une visite de digestion deux jours après. Voit une tête entre les
jambes de cette femme et ne sait si c'est un homme, un chien ou
une femme. La femme se lève. C'était un homme. Prend l'homme
par la main et dit à Lorsay : « Je te présente mon amant. »
Puis prend Lorsay et dit à l'homme : « Je te présente mon
amant. Maintenant, comme vous êtes frères de cul, il faut que
vous vous connaissiez. » Leur décline leurs prénoms, noms,
qualités, etc.

Quelques jours après, Lagier dit à Lorsay : « Il est très beau
garçon, ce jeune homme de l'autre jour... — Oui. — Et puis, très
distingué, des manières... — Oui. — Et une intelligence ! — Oui.
— Il est maquereau ! — Ah ? Ah ça ! quelle idée tu dois avoir de

(1) Il s'agit de Lorsay, nommé un peu plus bas.

moi, qui ne le suis pas ? — Toi, tu n'es pas beau, tu n'as pas de chic ; sans ça, tu utiliserais ta jeunesse. »

Voit Lafontaine au Gymnase et dit à Lorsay : « Quoiqu'il soit crétin, je veux me le *poser* ». Lui écrit une déclaration.

« Moi, je ne suis pas une commerçante comme Mᵐᵉ Doche. C'est une femme à prix fixe. Son mollet, sa cuisse, sa *motte*, les tétons qu'elle n'a pas, tout ça, c'est étiqueté. Je ne saurais pas vendre des pruneaux, comment veux-tu que je débite mon cul ? »

L'autre jour, à souper, une femme écrit à son entreteneur : « J'ai envie d'aller voir guillotiner Pianori. Il faut que je sois levée à quatre heures ; je ne pourrais pas... Ne compte pas sur moi. » Lorsay la mène, le matin, après souper. Au moment où apparaissait sur la guillotine le condamné à mort, elle s'écrie : « Oh ! comme je me *poserais* bien Pianori ! » (1)

Dit à Lorsay : « Je coucherais bien avec un tel. — Eh bien, et moi ? — Oh, toi, tu es un détail ! »

La bonne de Lagier : « Madame, c'est un monsieur qui bande toujours... Madame fait des mots, mais elle ne fait pas ses affaires ! »

Lagier à Lorsay : « Vas-tu souvent au bordel ? — Heu, comme ça... — Moi, j'y vais. Ça m'amuse... »

Prière de mon cousin de Villedeuil :

« Faites, mon Dieu, que mes urines soient moins chargées, faites que les *moumouches* ne me piquent plus l'anus, faites que je vive pour gagner encore cent mille francs, faites que l'Empereur reste pour que mes rentes augmentent, faites que la hausse se soutienne sur les charbons d'Anzin. »

Et sa bonne lui lisait cela tous les soirs et il le répétait, les mains jointes.

Grotesque, sinistre, hein ? Et au fond, qu'est-ce ? La Prière toute nue et toute crue.

Je ne passe jamais à Paris devant un magasin de produits algériens sans me sentir revenir au mois le plus heureux de ma vie, à mes jours d'Alger. Quelle caressante lumière ! quelle respiration de sérénité dans le ciel ! Comme ce climat vous baigne dans sa

---

(1) Add. 1887 depuis *Au moment...* jusqu'à *elle s'écrie.*

joie et vous nourrit de je ne sais quel savoureux bonheur ! La
volupté d'être vous pénètre et vous remplit, et la vie devient
comme une poétique jouissance de vivre.

Rien de l'Occident ne m'a donné cela; il n'y a que là-bas,
où j'ai bu cet air de paradis, ce philtre d'oubli magique, ce Léthé
de la patrie parisienne qui coule si doucement de toutes choses !...
Et marchant devant moi, je revois derrière la rue sale de Paris,
où je vais et que je ne vois plus, quelque ruelle écaillée de chaux
vive, avec son escalier rompu et déchaussé, avec le serpent noir
d'un tronc de figuier rampant tordu au-dessus d'une terrasse...
Et assis dans un café, je revois la cave blanchie, les arceaux, la
table où tournent lentement les poissons rouges dans la lueur
du bocal, les deux grandes veilleuses endormies avec leurs sursauts
de lumières, qui sillonnent dans les fonds, une seconde, d'impassi-
bles immobilités d'Arabes. J'entends le bercement nasillard de la
musique, je regarde les plis des burnous; lentement le *Bois en paix*
de l'Orient me descend de la petite tasse jusqu'à l'âme; j'écoute
le plus doux des silences dans ma pensée et comme un vague
chantonnement de mes rêves au loin, — et il me semble que mon
cigare fait les ronds de fumée de ma pipe sous le plafond du
Café de la Girafe (1).

Départ en mai 1854.

Fantaisie faite en chemin de fer, la nuit, en allant à Bordeaux.

Quand au bout, tout au bout du chemin, dans la nuit noire,
un œil rouge s'éveille et que la locomotive dévorant la voie apparaît, du milieu de la colline, de grands ossements se dressent,
s'ajustent et descendent lentement jusqu'à la barrière, formant
une longue file de squelettes de vieux chevaux. Ils regardent
lentement de leurs orbites vides la locomotive, qui n'est plus qu'une
étincelle rouge dans le lointain. Puis ils se mettent à galoper,
suivant de loin la locomotive et faisant un grand bruit de leurs

(1) Add. 1887, depuis : *Je ne passe jamais à Paris...* — Ce voyage d'Algérie
remonte à 1849. Après avoir parcouru à pied la Bourgogne, le Dauphiné, la Provence
et le Languedoc, les Goncourt s'embarquent le 5 novembre pour Alger et ils en
repartent le 10 décembre. Leurs notes de voyage — leur première œuvre publiée —
parurent du 31 janv. au 8 mai 1852 dans l'ÉCLAIR et elles ont été rééditées dans PAGES
RETROUVÉES. Voir aussi dans l'ÉCLAIR (t. I, p. 123) un poème en prose, LES DEUX GIRAFES,
qui oppose le café de la Girafe à Alger et celui de la Grande Girafe, à Saint-Cloud.

ossements, qui craquent. Et sur ces chevaux, sautant de l'un à l'autre, voltigeant comme un clown de Franconi, galope Conquiaud le gars qui s'est noyé en menant boire les poulains du maire. Il porte, attaché à son cou de squelette, un seau de fer rempli de graisse, leur glissant de la graisse dans les jointures au milieu de mille cabrioles. Ils vont ainsi galopant toute la nuit; et le squelette de Conquiaud après eux, avec son seau de fer au cou. Puis, quand le premier coq chante, la file remonte lentement la colline; et arrivé au sommet, le squelette de l'un après l'autre se dessine grand sur le ciel gris; et le dernier de tous, le squelette du petit Conquiaud fait le saut périlleux derrière la colline.

Nous étions venus à Bordeaux sur les sollicitations de Scholl, qui voulait nous montrer la ville et les environs. Nous sommes invités à dîner chez lui. Il a une sœur, sèche petite demoiselle, qui n'a pas jugé bon de mettre des manchettes pour recevoir des gens de lettres. Sa mère a l'aspect d'une mauvaise paysanne desséchée par le soleil et les privations; son père est calme, froid, gourmé, lippu. On traverse, pour aller à la salle à manger, une classe remplie de bancs de bois, où le matin, le père fait une classe de notariat. On fait un assez triste dîner d'apparat, où l'avarice se débat avec l'ignorance absolue de ce que mangent les honnêtes gens. La fille regarde ses ongles, la mère ne dit pas un mot, le père parle de l'argent que lui dépense son fils à Paris. Scholl au dessert prend le derrière de la bonne devant ce monde, qui semble ne pas s'en apercevoir. C'est pauvre, avaricieux, triste et même malsain; il y a dans cet intérieur une atmosphère de vilaines et laides choses.

Les Bordelaises ont du style dans la marche, elles sont ondulantes.
Noéline Magdeleine Lamour.

20 mai.

La Chartreuse de Bordeaux.
Grande allée de platanes. Au delà, terrain couvert d'avoine folle, dont les tiges albescentes, à tout moment creusées par la houle, découvrent quelque ange en plâtre agenouillé au pied d'un tombeau. Ce riant pré de la Mort, tout plein de soleil, taché des ombres étroites de croix et de colonnes tronquées... Verdures

aériennes de saules pleureurs, qui se répandent sur un tombeau comme les cheveux dénoués d'une femme qui pleure.

Cette verdure est traversée de femmes au madras rouge portant des arrosoirs. Enfants de chœur rouges en aubes blanches, venant par une petite allée d'ifs, qui semblent des cippes végétaux, insouciants, ballottant leurs cierges de travers et arrachant des herbes de chaque côté du chemin.

La pierre des tombeaux, recouverte sur la tablette de mousse rougeâtre, écaillée de petites taches blanches et jaunes, piquetée de noir sur les bas côtés, tigrée d'une mousse jaunâtre, au milieu de laquelle quelques brins d'herbe plantés par le vent sont toujours ondulants et frémissants. Partout des rosiers, qui mettent au cimetière des odeurs de femme et d'Orient; des rosiers qui, gardant leurs roses de jardin, ont le vagabondage de rosiers sauvages et, enveloppant de tout côté la tombe, viennent mourir à terre en faisant une épaisse bordure de roses au liteau de la tombe, — des fusées de boutons pressant les fleurs qui s'exfolient. Des tombes où les roses sont si pressées, qu'elles empêchent le passant de lire le nom de la morte.

Petit coin réservé aux enfants, plus pris encore par la végétation; tout plein de petites armoires blanches, où les parents ont enfermé les joujoux, le souvenir des années vécues : il y a des exemptions, des pages d'écriture, des livres de messe, un A B C D brodé en rouge. Sur les croix blanches, trois larmes qui ont l'air de sangsues gorgées d'encre, avec des couronnes particulières, qui sont un bourrelet cerclé d'un lacet blanc... Où est Goya ? Une veste de fossoyeur pendue après une croix blanche; on ne le voit pas, on n'entend que les coups de pioche.

Voyage dans les Landes avec Scholl, Monselet et Angelo de Sorr.

Calembours en route.

Bassin : peu d'eau. On voit le fond jaune de sable et vert de végétation. Rangées de longs pieux, pour la chasse, dit-on, aux canards sauvages : Aurélien dit que ce sont des Landais surpris par la mer et qui ont laissé leurs échasses. Effectivement, il y a des pieux comme cela, comme d'un homme qui se sauve en courant. Les dunes, aspect de rives pelées d'Égypte. Grandes dartres de sable; végétation noire.

Au pied des dunes, puces de mer sur la plage, piquetant le sable comme des gouttes de pluie très menues. Petits insectes noirs voletant. Sur le haut des dunes, « la grande mer » bruit comme un coquillage approché de l'oreille.

Ajoncs tout chargés de la salive de la mer; petits crachats les fleurissant de blanc.

Pins; broussailles embroussaillées, mortes, enchevêtrées. Près de la mer, des herbes sèches couchées par le vent sur le sable comme des chevelures mouillées.

Tout près de la dune, tout sable, en petites tombelles; bouquets d'herbe comme des bouquets de poil sur un bouton. Joncs marins couchés par le vent. Sol ondé, strié par le vent, un peu avant d'être à la plage même (1).

Ciel : bleu sombre au bas et concentré de chaleurs violettes, comme un ciel de choléra. — Dune : blanc — sucre non raffiné. Chevaux noirs paissant, comme des fourmis. A gauche, petits pins qui n'ont que des branches et des pommes de pin et qui ont la forme du chandelier de Moïse de la Bible ou d'un lustre, dont les bobèches seraient les pommes. Quelques broussailles roussies; fleurs jaunes, brûlées par le vent; terrain de sable; plantes grises couchées sur le sol, quelques rares touffes vertes.

Sur le rivage même, une carcasse d'arbre blanc comme un ossement; reste d'écorce en filasse, comme vieux cheveux de perruque. Sur le rivage, une grande épave de naufrage; barre de bois de vingt pieds de long.

Retour à la Teste. Canot, quatre rameuses : femmes nous portant *à bon vinaigre*. Sarrau bleu, fichu noir laissant saillir manches bleues; sur la tête, fichu noir ; par-dessus, fichu bleu — pois blancs, noué sous le menton. Chapeau de paille éteignoir. Rubans noirs. Pantalons bleus relevés aux genoux. Jambes et pieds nus. Figure, mains, jambes tannées.

La Teste. — Clarine des vaches. Dans les rues, les femmes, dans des petits paniers longs, ramassent le crottin avec une espèce de marteau de jeu.

(1) Un croquis à la plume figure la dune embroussaillée, le « sol ondé » et la mer au fond. Les « bouquets d'herbe comme des bouquets de poil… » appelaient également une esquisse, un peu plus haut. Puis un dessin des « petits pins » montre « la forme du chandelier » à sept branches. Enfin, une des « quatre rameuses » du canot est indiquée, les épaules rejetées en arrière et les traits masqués par « le chapeau de paille éteignoir ».

Chez mon oncle de Courmont au château de Croissy.

Le jardinier Sébron, une voix de tonnerre poli : vous hèle d'un *Bonjour* à cent cinquante pas. Ancien dragon, épaules énormes; déteste les fleurs. « Oh, Monsieur, la terre n'est pas *amiteuse* cette année ! »

Le garde : insignifiant; bonhomme de Decamps; très peureux, rêvant des braconniers dans le parc.

L'intendant : ancien postier, ancien libraire établi à la Maison d'Or, causant d'Hugo, etc., au point de vue vente. Paresseux avec délices. Vivant avec sa femme dans une petite tourelle et se repaissant de la CHRONIQUE DE L'ŒIL-DE-BŒUF (1), — si bien qu'il se croit un véritable intendant du XVIIIe siècle, qu'il se croise les bras, ne surveille aucuns foins et dit *Nous* pour commander. Un lorgnon, qu'il fait virevolter entre ses doigts. Dit qu'on l'a jeté à huit ans sur un cheval et qu'il a mené la reine Hortense à huit chevaux.

La Fontaine d'Amour, à Croissy.

En face de vous, grands arbres filant droit, nus et lisses, qui montent; quelques-uns mangés de lierre; se détachent sur un petit bois de verdure légère et gaie, comme des lignes d'encre noire tracées à la règle sur de la gaze verte; tantôt, lignes séparées et parallèles; tantôt, partant en famille.

En avant de ces arbres, une petite pelouse, qui descend jusqu'au ruisseau, couronnée en haut par une demi-lune de terre de bruyère noire, d'où s'échappent, verts et lustrés, des rhododendrons, aux fleurs les unes violettes, les autres rosâtres.

A droite, la Fontaine d'Amour. Amoncellement pittoresque de rochers couverts de lierre. Entre les fissures, des branches tendent leurs feuilles comme des mains vertes. Des sureaux, dessus, aux branches tortillées et aux champignons de fleurs blanches, sortant du bloc. Du bas du rocher, une coulée d'eau, qui tombe et bouillonne avec un bruit permanent, passe sous une marche de pierre, qui forme pont : petit ruisseau qui passe sous un massif d'hortensias.

---

(1) Compilation célèbre de Touchard-Lafosse (1829-1833), chronique scandaleuse de la Cour de France, de Louis XIII à Louis XVI, tirée sans contrôle des mémoires du temps.

Alphonse appelle son père *Celui-là*. Et quand on lui demande ce qu'il fait : « Il idiotise. »

Beauvoir rentre ivre, s'assied dans son fauteuil et s'y carre : « Simon ! Simon ! » Le vieux domestique arrive, essoufflé : « Monsieur ? — Tu vois cette échelle ? — Oui, Monsieur. — Montes-y. » Il y monte. « Tu vois la Biographie Universelle ? — Oui, Monsieur. — Prends-moi la lettre *S*. — Oui, Monsieur. — Cherche Simon. » Simon : « Simon, savetier... Tour du Temple... Capet » etc. (1) « Comment, malheureux ? Coquin ! tu as tué ton roi ? » Il tombe sur lui à coups de pied, à coups de poing. Simon se sauve...

Toutes ses reconnaissances du Mont-de-Piété reliées dans un grand livre.

Mme T...f tient une ménagerie d'hommes de lettres, de faiseurs ; on s'y installe. Le mari n'est rien, c'est un homme qui chantonne dans les corridors. Bourgeoise rangée, mais *affriolée* de célébrités. Dumas fils y vient, y couche ; après avoir causé, s'endort. Fils furieux que le salon de sa mère soit ainsi traité, disant : « Enfin, tu ferais croire que tu es la maîtresse de Dumas ! » etc. (2)

Un tailleur du nom de Durand disait à Baschet dans la rue : « Ne me parlez pas de tout cela, habits, etc. Je ne suis tailleur que chez moi ! »

Un tailleur homme du monde, ami des lettres, furieux et *savantasse* de musique, parlant de Cimarosa, comparant Rossini et Meyerbeer, ayant des opinions, comme s'il avait des idées, des goûts, des manies, etc. ; meublant son salon de toiles sans nom, baptisées par ses amis et au-dessous desquelles il faisait mettre en grosses lettres sculptées : *RAPHAEL, RUBENS*, etc.

Chez lui, des tapis où l'on entrait jusqu'au ventre, disant que les tapis étaient le luxe des gens *bien*. Dans son salon, une merveilleuse collection de pipes orientales, qu'il fumait orientalement, indolemment.

(1) Allusion à Antoine Simon (1736-1794), le cordonnier que la Commune choisit pour garder à la prison du Temple le dauphin Louis XVII.
(2) Rayé depuis Mme T...f : pour ce nom, graphie abrégée et incertaine.

Ayant ses entrées aux Italiens : n'ayant pas réclamé une note de trois mille francs à Lumley, Lumley, devenu directeur, la lui paya et les lui accorda en même temps. Voisin de la stalle de Philarète Chasles, qui cause avec lui un an sans le connaître, le prenant pour un dilettante.

Gaiffe arrive auprès de lui, lui fait de ses phrases sur son goût, son luxe; Durand enchanté de cette célébrité. C'était du temps de l'ÉVÉNEMENT (1). Gaiffe se fait habiller et le fascine de phrases sur son orientalisme : qu'il serait digne d'être le roi des Ottomans...

A quatre heures, tous les jours, Durand tenant cercle chez lui : quelques jeunes gens du Quartier Latin, qu'il habillait, et Gaiffe tenant le haut bout et appelant Durand *Durandus*, ce qui enchantait l'autre. Un beau jour, Durand ne se connut plus de joie et d'orgueil : Gaiffe daigna écrire son feuilleton chez lui. Durand s'enhardissant jusqu'à la critique : « Tenez, dans votre feuilleton, il y a un mot qui m'a choqué. J'ai l'oreille très fine : vous savez que je suis un vrai juge de musique ? — C'est possible, oui, c'est vrai... » Durand, frotté de littérature, disant alors : « Moi, je suis le Hugo de l'habit. Monsieur Hugo a fait révolution dans la coupe du vers; j'en fais une dans la coupe du vêtement », etc. Disant de Gaiffe : « Il me plaît, ce garçon-là ! Il a du talent ! Il arrivera. »

L'artiste gentilhomme et le tailleur mécène, etc.

« Qu'est-ce que vous attendez pour arriver ? — Que tous mes amis soient morts ! »

« Il croit à Dieu, à la Vierge, au système constitutionnel, à la vertu des hommes, à l'École de France, à la pudeur des femmes, à l'Institut, à l'économie politique ! »

---

(1) L'ÉVÉNEMENT, lancé le 1er août 1848, reflétait la pensée politique de Victor Hugo, qui avait fourni l'épigraphe du journal : *Haine vigoureuse de l'anarchie, tendre et profond amour du peuple.* Les principaux rédacteurs appartenaient à la famille ou à l'entourage intime du poète : Charles Hugo, Auguste Vacquerie, Paul Meurice. Théophile Gautier, Méry, Karr, Champfleury y collaboraient, Gaiffe y faisait ses débuts. Hugo étant passé à l'opposition, L'ÉVÉNEMENT devenu anti-bonapartiste, fut supprimé le 18 sept. 1851.

Pour La Femme, commencement : « La femme jetée sur la table de dissection. Largeur du bassin, etc... Le cerveau de la femme est comme 16 à 17 au cerveau de l'homme... »

La religion pour la femme n'est pas la discipline à laquelle l'homme se soumet; c'est un épanchement amoureux, une occasion de dévouement romanesque. C'est dans les jeunes filles un exutoire licite, une permission d'exaltation, une autorisation d'avoir des aventures mystiques; et si les confesseurs sont trop doux, trop humains, elles se jettent aux sévères, qui remplacent la vie bourgeoise par une vie d'émotions factices, par un martyre qui donne aux martyrisées, à leurs yeux mêmes, quelque chose d'intéressant et de surhumain.

J'ai dans ma famille un curieux type de parvenus. Ce sont les Lefebvre; le mari est le beau-frère de mon oncle. Voici leur histoire. Cela commence par de tout petits bourgeois. La femme est créole et charmante. Le mari, fils d'un diplomate, entre au Ministère des Affaires étrangères et en est renvoyé pour paresse et absence totale de présence pendant l'été. Le ménage vit de la vie des petits bourgeois qui mangent et qui se coulent avec de mauvais petits placements. On reçoit, on attire du monde. La femme a les plus jolies toilettes de Paris, un quart de loge à l'Opéra; une vie incompréhensible pour ma pauvre mère qui, avec autant de revenus qu'eux, passa sa vie à se passer d'une robe de velours.

Quarante-Huit arrive. Ils allaient crouler. La Révolution se fait pour eux. Un ami de M. Lefebvre, M. de Lurde, parle de M. Lefebvre à Lamartine, fort embarrassé d'envoyer à l'étranger des gens qui eussent des gants. Sur un livre commencé, Les Cabinets de l'Europe, pour lequel il avait eu la croix sous Louis-Philippe en se faufilant chez Pasquier, il est improvisé envoyé à Carlsruhe. Puis prenant le flot de l'Empire, il est porté ministre plénipotentiaire à Munich; et de là, il saute à Berlin. Malheureusement, là, il déplaît au roi de Prusse, peut-être par un souvenir du grand Frédéric aimant les grenadiers de six pieds : M. Lefebvre, dans ses *crachats*, est haut comme Tom Pouce, c'est un ambassadeur à monter en épingle. Il retombe conseiller d'État, puis manque un moment de devenir ministre des Affaires étrangères.

Le trouble, l'éblouissement, qui s'est fait dans la tête de ces bourgeois devant leur fortune, est extraordinaire. L'ambassade les a grisés. Quand je dîne avec eux, ils ne nous reconnaissent guère, — nous, des familiers, des intimes d'enfance, — qu'au dessert. Depuis que son fils est attaché d'ambassade, la mère ne le tutoie plus. Après le dîner, elle prend un journal et fait semblant de lire comme une reine dépaysée. Il y a une lassitude en elle de tout le travail de grâce et de grandeur, qu'il lui a fallu faire dans les cours. Le père a l'air de porter l'État dans son silence et l'Europe dans un demi-sourire. Le fils demande si son courrier est venu. Il ne veut être servi que par un domestique allemand, qui ne parle pas le français et qu'on accuse les autres domestiques de corrompre. Pour lui, il n'y a qu'un livre, le roman biblique de la diplomatie : LA CHARTREUSE DE PARME, où Mosca est Metternich. Il dit *le laquais* pour *domestique*. Il se plaint qu'il y ait trop de monde sur les boulevards et que des gens de rien l'empêchent de respirer. Son père sollicite que son fils quitte son nom : il obtient qu'il prenne un *de* d'une ferme dont il possède un quatorzième. Dans leur maison de campagne, les Lefebvre ont une cigogne, parce que c'est un animal héraldique.

Édouard — c'est le fils — a eu à Munich un maître, qui était Damrémont, lequel apportait à sa maîtresse un râtelier, quand il venait, et le remportait, quand il partait, crainte d'infidélité.

Pouthier, ayant pris du haschich, se figurait qu'il avait une sonnette attachée à chacun de ses cheveux et que d'un côté de la tête, c'étaient des sonnettes graves, et de l'autre, des sonnettes aiguës.

Cas de folie produit par l'envie, raconté par Louis Passy : c'est l'histoire de son oncle, M. Félix Passy.

M. Félix Passy : trois ans sans parler; tout à coup, fou en sortant d'une maison : « Eh bien, il ne vient pas votre cadet ? » — Prend une voiture; cocher tourne à droite au lieu de tourner à gauche : l'injurie, est furieux, crie qu'il a lu sur son visage qu'il veut tuer l'Empereur.

Part de Gisors, arrive à Paris, descend et dit à son fils : « Tu sais que c'est moi qui ai sauvé la France ? J'ai fait déclarer l'état de siège; c'est moi qui ai mis tous les rouges dans un quartier et je les ai lardés de coups de baïonnette... J'ai une entrevue avec le Préfet de police. Il faut que j'aie des chevaux tout de suite ! » Ne veut pas attendre, dit que son fils retardera la pendule (1). On le décide à prendre un bouillon. Reste à causer avec son neveu : « Oh ! mon frère m'a toujours traité comme un imbécile, mais j'ai sauvé la France, j'ai sauvé la vie de l'Empereur. Un cocher de fiacre veut le tuer, je le sais ; mais je l'ai sauvé. Sais-tu ce qu'il va m'accorder ? Non ? Je vais être nommé maire de Gisors, je serai maître. Le jardin de ta mère me déplaît : il est humide, je le prends et pour qu'il ne soit pas humide, je le fais tout en escalier de pierre... Oui, on m'a toujours dit que je ne ferais rien. Quand je valsais, un jour, — tout le monde agitait ses chapeaux, — je tournais avec cette femme, je l'entraînais, je disais à la musique : « Allez jusqu'à ce que je tombe ! » et la déposant dans les bras de ses sœurs, après avoir mis un baiser sur son front, je lui disais : « Gardez ! gardez-la ! C'est mon amour ! » ...Ah ! c'est vous, Thérèse. » Il l'embrasse : « J'ai toujours bien regretté que vous fussiez au service de ma sœur. Je ne l'aime pas, ta mère... Il faut que je vous enlève à elle ; je suis riche : demandez-moi tout ce que vous voudrez... Cent mille francs, ça m'est égal ! Ta mère a voulu m'écraser ; ce n'est plus cela à présent. Tenez, l'Empereur m'a accordé la juste récompense que j'ai désirée toute ma vie : la Croix d'honneur » — il tire de sa poche... rien ! — « et cent mille livres de rente pour chacune de mes filles. Je vais être nommé chevalier d'honneur de l'Impératrice, je la défendrai contre les cochers de fiacre. Mon fils va être nommé général de l'armée qui va conquérir la Pologne, à moins, comme il est très joli garçon, que l'Impératrice ne veuille le garder auprès d'elle. » Montrant des pistolets : « Le plus sûr moyen, je le sais, vois-tu, pour tuer un moment, c'est de lui enfoncer un couteau dans le dos derrière le cou. »

Après le potage, — il y avait vingt-quatre heures qu'il n'avait mangé, — oublie l'heure. Médecin coupe dans le pont : « Monsieur le Préfet de police sait que vous êtes à Paris. Il n'ignore pas les services que vous avez rendus. Seulement, il ne peut recevoir aujourd'hui. Il m'a indiqué un hôtel pour vous y mener, où vous

---

(1) Add. éd. : *son fils.* — Un peu plus loin, le Ms. porte : « *Oh ! ton frère m'a toujours traité...*» ce qui est vraisemblablement un lapsus, puisque Félix Passy s'adresse à son neveu, Louis, qui n'a point de frère.

serez très bien; mais comme tous les cochers de fiacre vous en veulent, je vous emmène dans ma voiture. »

Coffré. Complètement fou. On lui apporte, pour signer, le contrat de sa fille; il signe : *Napoléon empereur.*

Son gendre va le voir. Il lui parle de sa fille. Il répond : « Oh mais, il y a longtemps qu'elle est morte ! Elle avait mal aux dents; je lui ai coupé la tête. »

Sa folie : l'expansion de sa vanité d'envieux contre son frère et de la peur de Quarante-Huit.

Il y a de gros et lourds hommes d'État, des gens à souliers carrés, tachés de petite vérole, grosse race qu'on pourrait appeler les *percherons* de la politique (1).

THÉATRE

M. Hiltbrunner, directeur du Théâtre des Délassements (2), à l'architecte Chabouillet :

« Monsieur, mon théâtre est un bordel !

— Oh, Monsieur !

— Non, Monsieur, mon théâtre est un bordel ! C'est tout simple. Je ne donne à mes actrices que 50 ou 60 francs par mois : j'ai 30.000 francs de loyer, je ne puis leur donner que cela. Mes acteurs n'ont guère plus. Ils sont tous maquereaux ou tapettes. Souvent, une femme vient me trouver en me disant que les 50 francs, ce n'est pas assez, qu'elle va être obligée de *raccrocher*, de faire des hommes dans la salle, à cinq sous... Ça ne me regarde pas : j'ai 30.000 francs de loyer ! » (3)

(1) Add. 1887, depuis *Il y a...*

(2) Un spectacle de pantomimes avait pris ce nom de Délassements-Comiques, boulevard du Temple, à la fin du XVIIIᵉ siècle. Le nom fut repris par une autre salle, construite en 1841 sur le même boulevard et où Laloue fit jouer des féeries et Sari des revues ou des « pièces à femmes ». Ce furent les célèbres *Délass' Com'* du Second Empire, qui périclitèrent dès qu'ils furent expropriés, lors de la transformation du boulevard du Temple, en 1862. Deux salles du même nom tentèrent en vain, à des emplacements divers, de retrouver la notoriété de 1866 à 1871 et de 1871 à 1877.

(3) Note datée d'Edmond, en marge, dans le Ms. : *Anecdote racontée à Zola, qui l'a mise dans «Nana».* 1880.—Cf. le début du roman, Nana, éd. Charpentier, p. 4-5.

Façon de *lever* ou de *faire un chargement* sur la scène : le monsieur met son programme à cheval sur la rampe de velours; cela veut dire qu'il demande une femme pour la nuit; l'attention de la femme attirée, il signifie avec ses doigts le nombre de pièces de cinq *balles*, qu'il est prêt à *abouler*. Et le tour est fait...

A la Morgue, il y a une grande balance avec deux plateaux bien nets : on pèse dessus les enfants qu'on trouve morts, — et par leur poids, on sait leur âge.

A ajouter au PARIGIANO (1).

Atelier d'architecte au-dessous de Jenny Colon; femme de chambre secouant le tapis, ordures tombant sur les lavis. Un jour, on empoigne le tapis, qui pendait, et on le descend. La bonne vient le rechercher, on la pelote ferme. Elle se plaint à Jenny. Jenny va trouver l'architecte, qui *fout un suif* à ses élèves. Vengeance : un soir où Jenny Colon ne sortait pas, on va à l'écurie, on prend par les naseaux les deux chevaux donnés par Hoppe, on les fait monter tous deux sur le palier de Jenny; on sonne, la bonne vient ouvrir : obligés jusqu'à minuit de mettre des tasseaux sur les marches pour les faire redescendre, — les chevaux montent très bien, mais ne redescendent pas. Tous les élèves chassés.

Dans une rue, à onze heures du soir, une grande charrette pleine de bottes de paille : un homme, dessus, les jette par terre; un autre les délie et les répand par terre (2); une femme de chambre, une lanterne sourde à la main, éclaire; deux jeunes gens disent : « Ici, tenez ! Encore un peu là ! » Au premier, une fenêtre d'une chambre, qu'on comprend éclairée par une veilleuse.

---

(1) LE PARIGIANO, une des LÉGENDES DU XIXᵉ SIÈCLE, publié dans le PARIS (t. II, p. 159). C'est le portrait de ce Parisien typique qu'est Pouthier et le récit de quelques-unes de ses farces de rapin. L'essai reparaît dans VOITURE DE MASQUES (1856); mais quand ce recueil est réédité sous le titre de QUELQUES CRÉATURES DE CE TEMPS (1876), LE PARIGIANO n'y figure plus, car son contenu a contribué entre temps à former le personnage d'Anatole dans MANETTE SALOMON.

(2) Pour étouffer le bruit des voitures sous la chambre d'un malade.

Passeport contemporain.

En haut :

RÉPUBLIQUE FRANÇAISE

LIBERTÉ - ÉGALITÉ - FRATERNITÉ

Au milieu : tête de Louis-Philippe, en clair.

En bas :

Le préfet : PIÉTRI.

Fin août.

Nous allons passer un mois aux bains de mer, auprès du Havre, à Sainte-Adresse. Là, comme nous étions installés au Château-Vert, Asseline, un écrivain du MOUSQUETAIRE, que nous avions vu une fois au bureau du PARIS, ivre, avec Beauvoir, devant un panier de champagne posé sur la table de rédaction, — c'était au retour d'un grand déjeuner auquel Verdier, le maître de la Maison d'Or, avait invité Villedeuil et quelques-uns, au berceau de sa fortune, à un restaurant de la Halle, rue des Poteries, — Asseline me présente à un jeune homme du nom de Turcas, petit-fils de Cherubini, qui jouait et gagnait à la Bourse.

Ce Turcas avait une amabilité ouverte à deux battants. Il était rond, gai, charmant. Sa manie était l'hospitalité. Au bout de deux jours, il avait mis nos couverts presque de force, et nous voilà à manger chez lui. C'était une vie charmante, douce, coulante, ayant le calme de la mer, que celle qu'il menait et que nous menions avec lui.

Il avait une petite maison, un petit jardin, une maîtresse qui était la belle et grande fille du Palais-Royal nommée Brassine, deux ou trois canots avec lesquels on courait en mer; et sur la plage, une cabane en planches, où l'on jouait à toutes sortes de jeux et où l'on passait de la pipe au bavardage. Heures de flânerie délicieuse. La mer à côté brillait et vous berçait. Le déjeuner menait au dîner. Les grogs du soir ne finissaient pas. Turcas avait une hospitalité confortable : c'était de la largeur sans blague, quelque chose d'anglais dans la table. Il avait supprimé toute vanité, sans rien retrancher du bien-être.

Un camarade de Bourse lui avait confié pendant son absence sa maîtresse, qui était une actrice comme Brassine, une actrice des Folies-Dramatiques, et qui s'appelait Dubuisson. C'était ce qu'on appelle dans un certain argot une *empoigneuse*. C'était une

143

petite créature qui vous mordait comme un petit chat et vous blaguait comme un voyou : une jolie petite bête agaçante.

A ce jeu-là, nous nous étions piqués l'un l'autre et nous étions en guerre de taquinerie, lorsqu'un soir, en revenant de chez Turcas, — il était onze heures, l'hôtel où elle demeurait était fermé — elle parut à un balcon d'une fenêtre en peignoir blanc.

J'étais à côté d'Asseline, qui lui faisait fort la cour : en riant, on commença à monter après des treillages, qui menaient presque jusqu'à sa fenêtre. Asseline lâcha vite pied. Cela n'était pas bien sûr. Mais moi, une fois le pied à l'escalade, je montai sérieusement. Il y avait en moi un désir, qui m'avait frappé comme un coup de fouet, de cette femme qui était là-haut. Elle riait et grondait à demi. Cela dura quelques secondes, — quelques secondes où quelqu'un fut en moi qui aimait cette femme, la voulait, y aspirait comme à cueillir une étoile. Je grimpais allègrement, fiévreusement comme un fou et machinalement comme un somnambule. J'étais entraîné dans l'orbite de cette robe et de ce point blanc. Enfin j'arrivai, je sautai sur le balcon : j'avais été amoureux pendant une longueur de quinze pieds. Je crois bien que je n'aurai de l'amour, dans toute ma vie, que de telles bouffées. Cela monte, étouffe, ravit; du paradis qui vous passe sous le nez.

Je couchai avec cette femme, qui me disait : « Es-tu drôle ! Tu as l'air d'un enfant qui regarde une tartine de beurre ! » Mais déjà, j'étais dégrisé : j'avais peur qu'elle ne me demande, le lendemain matin, un petit ouistiti, que j'avais acheté au Havre dans la journée. Il me semblait que cette femme devait adorer les singes.

Cette nuit, ce fut comme un déshabillé d'âme. Il passa des larmes à travers sa crapulerie. Elle me conta sa vie, mille choses tristes, sinistres, qu'elle coupait tout à coup d'un *zut !* qui semblait boire des larmes. Elle me demanda si je connaissais son amant ! « Quand tu le connaîtras, tu me plaindras ! » Il m'apparut, dans cette peau de voyou, je ne sais quelle petite figurine attristée, songeuse, rêveuse, dessinée sur l'envers d'une affiche de théâtre. — Après chaque coup, son cœur faisait *toc toc*, comme un coucou d'auberge de village : un bruit funèbre, c'était le plaisir sonnant la mort ! « Oh ! je sais bien, me dit-elle, que si je faisais la vie seulement six mois, je serais morte ! Je mourrai jeune avec une poitrine comme ça... Si je me mettais à souper, ce ne serait pas long. »

Sainte-Adresse : maison de Turcas.

Rue du Havre. Une petite ruelle montueuse, rue de Bellevue. Troisième porte à droite; porte verte dans une palissade noircie au feu. On entre par un petit couvert, d'une huitaine de pas, de sureaux et de lilas. Une treille, à la Napolitaine, de vigne folle devant la maison.

Jardin entouré de palissades grises de 9 pieds de haut; la vigne monte à cette palissade et l'embuissonne, montant au-dessus, puis retombant. Des rosiers éclatants de roses dans cette vigne. Quelques poiriers en pyramides, de petits arbres tout droits, des pavots, des roses blanches. Contre un côté, une plaque de fonte pour tirer au pistolet de salon, avec une image découpée de Turc, par-dessus, coloriée : il a reçu une balle dans le mollet. — Petits buissons de buis; petites allées larges de deux pieds. Au milieu, un divan rond, engazonné, à deux étages. Au milieu, un frêne pleureur, dont les branches retombent.

Maison peinte en jaune; sous le toit, modillon blanc.

Au rez-de-chaussée, une porte et deux fenêtres. Par la porte, on entre dans la cuisine. Sur un dressoir rustique, faïence bleue. Une petite porte ouvre sur la salle à manger, fenêtres au-dessus de la cave. Salle à manger : plafond en perse tendue, plissant vers le centre; au mur, trois lithographies teintées de de Dreux, lithographie par Ciceri et PHYSICIEN par Giroux.

Au premier, une grande chambre à deux fenêtres; lit dans une alcôve de perse. LIGUEUR ET HUGUENOT en plâtre, sur la cheminée. Autour de la glace, L'IMPÉRATRICE EUGÉNIE et LE MARIAGE DE L'EMPEREUR, etc.

A côté, chambre d'ami. Au-dessus, chambre de domestique. Jardin de vingt-cinq pas carrés. Agrément de la salle à manger, d'où l'on voit la treille et, par percées, la lune.

Un mariage d'artiste.

Duret, sculpteur, très amoureux de la sœur de Turcas, sans fortune et déjà d'un certain âge (1).

Turcas, très heureux de pouvoir lui marier sa sœur : « Eh bien, voyons, quand te maries-tu avec ma sœur? — Oh ! J'ai le temps... Tiens ! quand j'aurai fini mes commandes du Louvre. »

---

(1) Le nom de Duret est peu lisible et semble orthographié Durey.

Turcas songe à brusquer le mariage : « Voyons, veux-tu venir chez le notaire pour rédiger le contrat ? — Oh ! c'est inutile, nous sommes d'accord ! »

Turcas est obligé de lui dire un jour : « Veux-tu venir voir des logements ? » Le mène dans la maison de son notaire et lui dit, au second : « Tiens, justement, nous voilà chez mon notaire, entrons. — Pourquoi ? — Allons, viens. » Au clerc : « Votre patron est-il visible ? — Non, Monsieur, il est en affaires. — Ah ! diable ! » dit Turcas. Duret veut s'en aller. Le patron paraît : « Monsieur, je vous présente mon futur beau-frère, M. Duret. » Le notaire se met à parler régime de la communauté ou dotal, etc. A chaque moment, Duret voulait s'en aller, Turcas était obligé de le faire rasseoir. Enfin, Duret dit : « Je n'ai confiance qu'en mon ami Lequesne. » Lequesne va trouver le notaire : cela s'arrange.

Turcas dit à Duret : « Il faudrait votre acte de naissance. Où êtes-vous né ? — Ah ! je ne sais pas. Dans une rue..., la maison a été démolie... — Mais en quelle année ? » Duret dit : « A peu près dans ces trois ou quatre années-là... » Turcas est obligé de payer un homme pour rechercher au greffe du Palais de Justice la naissance de Duret dans quatre années. Pour l'acte de baptême, *idem*.

Un jour, Turcas dit à Duret : « Ah ! tu sais, c'est demain que tu te maries. — Pourquoi demain ? dit Duret. — Je viendrai te chercher », dit Turcas. La mairie : bien. Pour la messe, Turcas dit : « As-tu un habit ? — Un habit ? Pourquoi ? Attends, je vais chercher. » Il cherche... Il se marie en manteau !

Déjeuner de noces... Le soir, Duret dit à sa femme : « Ah ! j'ai l'habitude d'aller jouer à mon café, aux dominos. » Il y va. — Au Carnaval : « Ah ! tu sais, au Carnaval, je vais faire la noce avec des amis, comme en Italie ; je m'absente huit jours. — J'en ferai autant », dit sa femme. Duret ne s'absenta pas (1).

Petite nouvelle, avec lettres de Turcas et de Duret et de la femme, très heureuse.

Louis N... : famille furieuse qu'il n'ait pas de maîtresse, voyant un signe de dégénérescence dans cette chasteté, le grondant

---

(1) Suit une ligne presque illisible, d'où émergent quelques mots sur les goûts de Duret : *Petite... ique noire, etc. Culte de l'antique, de Naples et de la matelote.*

et le morigénant pour qu'il aille voir les filles. Entouré d'oncles paillards. Deux particulièrement.

Paulin, amoureux langoureux, les yeux au ciel, de toutes les femmes. Une fois, se couchant dans le lit d'une bonne renvoyée et, trouvé là, disant en gémissant : « Je n'ai rien pu avoir d'elle, j'ai voulu du moins avoir sa chaleur. »

Hippolyte, amoureux brutal, renversant les femmes d'un coup de poing : femme de chambre, cuisinière de sa femme, etc. Toutes les maladies. Vérole. Typhus à Paris, étant caché, après avoir été prisonnier de guerre en Russie, couché chez un charpentier dans des copeaux, quinze jours, à ne boire que de l'eau. — Condamné à mort; passé en Amérique, passant un examen en anglais pour un médecin qu'il rencontre à bord; fièvre jaune. — Retour à Gisors : dix ans d'études, enfermé; son livre paraît. Choléra affreux en 1832.

Ces deux oncles et un père navrés de la mauvaise bonne conduite de Louis. N'est pas aimé des femmes de la famille à cause de cela. Dit qu'il serait sûr d'hériter de son oncle Paulin, s'il voulait avoir une maîtresse, la lui raconter et lui demander d'intercéder auprès de son père et de sa mère, pour qu'on le laisse aimer et baiser tranquillement.

Le système de la métempsychose est très offensant : enfin, c'est penser que Dieu n'a pas plus d'âmes que le directeur du Cirque n'a de soldats et qu'il fait toujours défiler les mêmes sous divers uniformes ! (1)

GAVARNI

Septembre 1854.

— Parties avec des femmes au Panthéon (2) : spectacle, puis dîner chez Duval, place de l'Odéon. La mère L'Hercule faisant

(1) Allusion aux *mimodrames* et aux *drames militaires* de Ferdinand Laloue et de Fabrice Labrousse, joués au Cirque Olympique, surtout durant la Monarchie de Juillet, et qui mettaient en scène les principaux épisodes de l'épopée napoléonienne.

(2) Installé en 1832 dans les ruines du cloître Saint-Benoît, sous la direction d'Éric Bernard, le Théâtre du Panthéon végéta, puis mourut en 1847. Labiche, Lefranc et Marc-Michel y débutèrent avec leur mélodrame judiciaire, L'Avocat Loubet (28 août 1838).

souper Gavarni avec une actrice, qui chantait tous les soirs au Panthéon :

> Malheur, malheur à Gavarni
> Et son affreux *Charivari*.

— Henry Monnier, employé au Ministère de la Justice, ordonnant les frais des bourreaux. Chef : un certain M. Petit, type qui lui a donné l'idée de M. Prudhomme.

— De ces gens qui font de la profondeur dans le creux : « Des voix de ténors dans des corridors ! »

— Mlle Dupont qu'il rencontre. Histoire qu'elle lui fait : que son père a fait banqueroute, qu'il est en prison, qu'elle court toute la journée pour lui; provinciale. Le mène, un dimanche, rue Serpente, chez des teinturiers qui se retiraient. Gavarni fait l'œil à la demoiselle et à une brunette. Un jour, trouve la demoiselle; le petit frère au comptoir lisait MARINO FALIERO (1); en l'air, des culottes étendues sur des cercles; lui prend le cul. — Puis histoire des charmants petits thés chez la brunette; reste dans la boutique fermée des teinturiers comme dans un appartement (2).

— M. et Mme Linguet. Près des cafés chantants, s'assied dans l'obscurité; fait signe de venir s'asseoir sur la chaise voisine en frappant dessus. Relève sa robe pour être branlée à nu. Vieillard en chapeau de paille noir, chantonnant *turlututu*. Quand c'est fini, la femme dit à l'homme : « Tiens, tu prendras des glaces...» S'en vont. « C'est un passionné », dit Aussandon à ce récit, comme il classerait des papillons : une nomenclature de bordel.

— « Le *dogme de la foi !* Comme c'est bien fait ! Nadar n'eût pas mieux trouvé ! Le *dogme de la foi !* Ça me fait mépriser Philipon. » (3)

— Le bal Chicard.

(1) Sans doute la tragédie de Casimir Delavigne (1829), plutôt que le drame de Byron (1820).

(2) Cf. GAV., p. 108, sur cette idylle chez le teinturier.

(3) Allusion sans doute à l'Immaculée-Conception, proclamée comme « dogme de la foi » le 8 déc. 1854 par Pie IX. Gavarni se moque volontiers de l'amphigouri du républicain utopiste, qu'est pour lui Nadar; mais ici, il trouve que Nadar est dépassé par l'Église et il en veut à Philipon de n'avoir pas découvert un si beau sujet de plaisanteries anticléricales.

Chicard, un homme très bête, mais parlant toujours, toujours, toujours, — Alexandre Levêque, — banquier pour le commerce des peaux. — Bals aux *Vendanges de Bourgogne*.

En hommes, on était assez difficile. Exemple : Gavarni y mena Curmer; et Chicard — qui était en une espèce de contrôle, tout seul, costumé ainsi : culotte de peau, bottes à l'écuyère, gilet de marquis, habit, casque et plumeau — lui dit : « C'est impossible qu'il entre ! » Et Gavarni eut toutes sortes de difficultés à faire entrer Curmer. C'était pourtant dans le temps où la biographie de Chicard allait paraître dans les FRANÇAIS de Curmer. « Une autre fois, j'y menai Balzac qui monté sur une banquette, dans sa robe blanche de moine, regardait de ses petits yeux pétillants le cha- hut. » (1) Non excellente société, mais du moins Chicard connais- sait tout son monde. En trois ou quatre ans, pas une rixe d'hommes. Mais en femmes, tout ce qui venait, absolument ! Elles se *pei- gnaient* souvent.

Bal dans une grande salle, puis souper. Pour mettre le couvert, tout le monde descendait dans un grand corridor, puis dans un tas de cabinets, où l'on prenait du vin de Champagne, etc. On remon- tait souper. Un jour, une femme nue dans un grand pâté sortit et sauta sur la table et dansa. Tout compris, dîner et souper : quinze francs. Après souper, on retournait dans les mêmes cabinets qu'avant. Bons enfants, gais et peloteurs.

Peu d'hommes de lettres, d'artistes, etc. Un vaudevilliste, je crois, un des auteurs de LA POUPÉE DE NUREMBERG (2).

— Ce qui empêche Gavarni, ce magnifique penseur, d'avoir toute son élévation, c'est qu'il fait porter tous les vices de l'huma- nité à la bourgeoisie, toutes les blagues politiques à 1848, toutes les bêtises de la femme à la lorette et à l'actrice.

Septembre 1854.

— Guerre avec la Russie (3).

(1) Add. 1887 depuis *Une autre fois...*

(2) LA POUPÉE DE NUREMBERG, opéra-bouffe en un acte, d'après un conte d'Hoffmann, livret de Leuven et Arthur de Beauplan, musique d'Adolphe Adam, créé au Théâtre-Lyrique en 1852.

(3) La Guerre de Crimée était déjà en cours : les gouvernements anglais et français avaient déclaré la guerre à la Russie le 27 mars 1854. Après le débarquement

Comme nous causions découvertes scientifiques et que nous disions que l'issue de la guerre était aux mains d'un Fulton, Gavarni nous dit : « J'ai trouvé, moi, une petite machine, un canon sans âme, un tube qu'on chargerait avec deux boulets ramés. » Canon inenclouable ; et puis, si l'ennemi le prenait, comme il n'aurait pas les gargousses *ad hoc*, il ne pourrait pas s'en servir. Et il nous expliqua sinon son secret, au moins comment cela se pouvait.

« J'ai trouvé encore une autre chose. C'est de charger les canons avec de l'eau... Dans une forteresse, par exemple, où on aurait beaucoup d'eau, au haut d'une cascade... L'eau qu'on peut jeter de trente-deux pieds ayant la pesanteur d'une atmosphère, et comme on peut faire le vide... »

— Il s'éleva contre les figurations de Dieu : Dieu avec une barbe, des mains, etc. « Même les sauvages ne font pas ça ! » Cita ce mot sublime de Meslier : « Si Dieu a fait l'homme à son image, l'homme le lui rend bien. » (1)

« La Religion s'accommode de tout », disait-il. « Quand il y a un parricide, on trouve toujours un prêtre pour lui *faire des langues* sur l'échafaud. »

Blague de cette religion des pauvres, avec calices d'or, étoffes d'or, église toute dorée ! Beau monde panaché sur des chaises payées, — et les pauvres à la porte ; ou plutôt, pas même les pauvres : les mendiants d'église, ce qu'il y a de plus atroce au monde !

— Gavarni nous raconta qu'il avait fait quelque chose d'assez difficile. C'est de découper avec des ciseaux de femme les lumières d'une figure (difficulté par l'opération négative de faire les blancs

à Gallipoli et l'occupation de la Dobroudja, l'armée franco-anglo-turque menaçait Sébastopol, dont la bataille de l'Alma (20 sept. 1854) lui ouvre la route.

(1) On sait que Jean Meslier (1664-1729), curé d'Étrépigny (Ardennes), a écrit un TESTAMENT, où il explique ses raisons de ne point croire au christianisme et dont le texte ne fut publié qu'en 1864. Dans les deux plus célèbres écrits qui, avant cette date, avaient fait connaître, d'une manière plus ou moins altérée, la pensée de Meslier, je n'ai pas trouvé la formule que Gavarni lui attribue : ni dans l'EXTRAIT DES SENTIMENTS DE JEAN MESLIER (1762), œuvre déiste de Voltaire, ni dans LE BON SENS OU IDÉES NATURELLES OPPOSÉES AUX IDÉES SURNATURELLES (Londres 1772), profession d'athéisme attribuée à Meslier et qui est de d'Holbach. Tout au plus, dans ce dernier ouvrage, trouve-t-on des ironies dirigées aussi contre « cette combinaison de l'homme avec Dieu, cette *théanthropie* : « En adorant Dieu, c'est lui-même que l'homme adore. » (§ 47, p. 42).

noirs); de manière qu'exposée derrière une bougie, la figure paraît. — Analogie de ces lumières ainsi découpées avec les lumières carrées et cernées de Gavarni dans les lithographies et dessins.

— Gavarni : études pour la caricature avec des verres en long et ronds et des verres larges et ronds (1).

— « Monsieur Un Tel était un homme qui avait un gros chien, qui se nommait Citron : voilà tout son portrait ! »

— Gavarni nous parlant, lors de son projet soumis à l'Empereur, nous parlant d'arrangements de sa maison d'Auteuil, bronzes, treille dans la salle à manger, etc. : « Eh bien, quand ce sera fait, ce sera fini, ce sera fait ! » Fièvre de *faire*, détachement du *fait*. Il en est qui font pour que ce soit fini. Lui, il fait pour que ce soit fait. Réalisateur. — Rêvant un château en pierre, près de Vincennes, à Beauté. — « J'admire beaucoup la folie de cet homme, qui achetait de grands morceaux de bois. Il s'en allait avec des bûcherons, avec des cognées; puis il faisait abattre d'immenses morceaux d'arbres, pour faire les points de vue... Et le point de vue fait, il s'en allait ! » (2)

— Vireloque : les arcades du front développées, ossues; lèvres lippues et jouisseuses; pas de nez : « Du reste, un nez ce n'est qu'un accident et pas un caractère... » (3) Œil crevé par accident.

A beaucoup cherché le nom; voulait l'appeler *Poltorchon*.

Voulait faire une notice sur Vireloque. Au lieu de le faire sortir du bagne, il naît dans une boutique d'herboristerie de la rue de Cléry, rue tout occupée par des tourneurs de bâtons de

(1) Dans le Ms., croquis de figures déformées par des verres convexes et concaves.

(2) Le « projet soumis à l'Empereur » doit être le plan d'une transformation du Palais-Royal : les rues avoisinantes aménagées en galeries marchandes, — vitrées, — le jardin devenant un marché aux fleurs en contre-bas (cf. GAV., p. 302). Chez lui, Gavarni dépensait temps et argent à modifier sans cesse l'ordonnance de sa propriété du Point-du-Jour. Voir GAV., p. 285, sur ce dégoût des choses achevées; j'ai pris à ce texte une correction qu'appelle le manuscrit du JOURNAL, qui porte : *cet homme qui abattait de grands morceaux de bois.* Quant au château projeté à Beauté, il aurait sans doute pris la place, dans le bois de Vincennes, du château de Charles V, qui donna sous Charles VII son surnom à Agnès Sorel et qui a complètement disparu.

(3) Add. éd. : *un nez.* Cf. sur cette formule, GAV. chap. CX.

chaises, vieille rue du XVIIIe siècle conservée, dont l'exhausse-
ment empêche la circulation des voitures; boutique comme une
cave, avec des piliers saillants, comme aux Halles, et des paquets
d'herbes sèches.

— Admiration pour LES PRÉCIEUSES. Disait que le théâtre ne
devait que faire rire. Les drames et les émotions contraires à la
digestion : des gens empilés dans une salle, où il fait trop chaud...
Admiration pour cette fable si simple de laquais prenant l'habit
de leurs maîtres.

Novembre 1854.

— Gavarni a entendu dire aux ouvriers qui réparent le mur
de son potager : « Oh ! toi, tu es toujours là quand on est saoul,
tu n'es jamais là quand on est *soif !* »

— « L'aquarelle est noire. Elle est brillante quand vous
l'étendez sous le pinceau; mais séchée, elle est noire. On ne peut
arriver aux tons de pêche de l'épiderme qu'avec de la gouache
étendue : prenez du vermillon, cette couleur canaille, et du blanc,
étendez ça sur une figure et laissez sécher, vous avez l'incarnat
transparent. »

— Gavarni énamouré de Fargueil, — chignon noir sur un
cou blanc, — à un bal chez Berthélemot. Lui dit son amour. Père
et mère de Fargueil : manière dramatique d'accueillir son amour,
qui refroidit Gavarni; serrements de mains tragiques : voit la
comédienne là-dedans.

Va prendre des glaces avec Fargueil, père et mère derrière.
Elle lui dit : « Je vais donner des représentations en province... »
Chaleur de Gavarni : « Oh ! vous n'y viendrez pas ! »... Gavarni
la quitte sans rien dire, fait sa malle. Aperçoit sa figure à l'avant-
scène; Gavarni va voir la mer et revient. A Marseille, perd sa
malle; s'habille complètement, achète tout, va au théâtre. Pas de
places : paye la loge du maire et se montre. Revient. Jamais plus
Fargueil (1).

(1) Cf. Lemoisne, t. II, p. 92 : « C'est au milieu de juillet (1839) qu'il va jusqu'au
Havre prolonger un adieu bien joué par une certaine actrice et se montrer un instant
dans une loge à la belle lâcheuse, pour lui laisser, avec le doute de cette apparition,
l'hommage de ce regret. » A quoi s'ajoute le détail de la mer à minuit, vue des falaises
d'Ingouville. Les Goncourt supposent un autre voyage, à Marseille (cf. GAV., p. 124 :

— Travail et femmes : travaillait depuis midi jusqu'à cinq heures; soirée au plaisir. Une femme aimée venait-elle le matin, fichue à la porte : ce n'était pas l'heure.

— Berthélemot, le confiseur, au Palais-Royal, louant son local pour le bal costumé. Forgues dans l'escalier, se balançant et faisant des entrechats en l'air, entre deux rampes d'escalier; appelé *Petit, petit* par les femmes de Gavarni.

Costume *claquant* inventé par Gavarni pour ce bal : veste en basin blanc bordé de velours noir, pantalon noir, chemise mérinos rouge; petit chapeau de paille : branche de saule fournie par un bon fleuriste; bas à coins rouges, souliers vernis. Chez lui à Auteuil, croquis de Tronquoy dans ce costume.

— La princesse Ghika lui écrivant : « Emmène-moi dîner chez Griel à Saint-Cloud. Je bande (du verbe *bander*). »

— Chez lui, dans sa petite salle à manger, la tête et le corps d'Arnal, avec des lunettes, et de Levassor.

— Costumes, vases, chars, etc. de LA GUERRE DES SERVANTES (1).

— Gavarni, habitant pour dettes chez un pêcheur de l'île Saint-Denis, reçoit une lettre de Morère, qui lui dit : « Viens à la campagne. J'ai un parc, où il y a des balançoires et des jeux de bague ». Gavarni arrive à Courbevoie. Il trouve Morère faisant une partie de loto dans un petit salon avec un homme et une dame, Morère avec une vieille robe de chambre du maître de la maison et des pantoufles de la femme. On jouait avec des haricots.

M. Rousseau des Mélotries, usurier entre les mains duquel était tombée la propriété d'un journal, LE FLANEUR, voulant avoir Morère pour rédacteur, avait fait nouer par sa femme une intrigue

« des voyages de deux cents lieues, des traversées de toute la France. ») et livrent ici le nom de l'actrice, Anaïs Fargueil, une des plus célèbres comédiennes du Vaudeville, qui effectivement, ayant perdu ses costumes dans l'incendie du Vaudeville en 1838, partit alors jouer en province : on la signale à Marseille en 1839 (cf. Lyonnet, t. II, p. 26).

(1) Cf. GAV., p. 123: c'est Gavarni « qui fait pour le théâtre d'Harel, lors de LA GUERRE DES SERVANTES, toute une série d'aquarelles, costumes, accessoires, détails cherchés dans un archaïsme fantaisiste. » Il s'agit d'un drame en 5 actes et 7 tableaux de Théaulon, Alboize et Harel, représenté le 26 août 1837 à la Porte-Saint-Martin, avec Mlle Georges dans le rôle de Washla.

épistolaire, dont il était le rédacteur. Homme fripon sous des apparences bonasses; se permettait quelquefois des entrefilets, dont sa femme se déclarait auteur quand on demandait des explications (1).

Mme Rousseau : tête de lapin et de serpent, affectionnant les robes de chambre de velours, sur lesquelles une main de l'École bolonaise. Dans la maison, jeune fille naine de seize ans, paraissant en avoir douze, à qui la mère faisait mettre des pantalons d'enfant, qui dansait à la corde dans le parc et qu'on fouettait le soir. Le Morère, amant de la mère et de la fille. Maison étrange, où avaient lieu de petites fêtes peuplées d'intrus; par exemple, un monsieur inconnu, invité chez une marchande de bonnets de la rue X... par Mme Rousseau à venir : rapin voulant éveiller la maison avec un fusil de munition. Gavarni demande à la femme : « Avec qui vous promenez-vous? — Ah ! je ne connais pas ce monsieur ! »

Gavarni exploité de l'en-tête du Flaneur.

* * *

Songe. — Une plage. Une pirogue très longue et très fine se balance. Je vais dedans avec Edmond : pas de rames dans cette yole-pirogue, rien qu'un croc. Les flots l'emportent. Elle va, elle va, vers la grande mer, qui est d'un vert sombre. Le ciel à l'horizon est noir. Quelques moutons blancs dans ce sombre. La yole va toujours, emportée. Heureusement qu'une haie d'arbres est à notre droite, dans la mer. Le croc est assez long, nous empoignons les arbres et nous nous affalons le long. Nous sommes devant M. Thiers, qui se promène en un costume cocasse. Je lui parle de mon livre. Mme Berthier est à un bureau près de lui, qui déclame contre le gouvernement.

Second songe. — Je rêvais un naufrage. Millier de corps que je voyais rouler, blanchissant vaguement entre deux eaux. Puis

(1) Le Flaneur paraît de 1834 à 1837, avec des variantes de titre : le Flaneur-Cicérone des étrangers a Paris (1834-1835), le seul que mentionne Eugène Hatin; Le Flaneur, revue, littérature, théatre, monuments, mœurs, etc. (1836-1837); Le Flaneur-l'Oasis (1837). Rousseau des Mélotries y apparaît dès le second numéro et signe des poèmes, des comptes rendus théâtraux, etc. Aucun article n'est signé Morère.

sur un navire. Dans une grande salle, je voyais d'immenses rangées de cadavres. Au-devant, une femme debout, toute nue, vivante, dont je prenais les tétons. Je me trouvais avec des gens et je dissertais sur ce qu'une maîtresse réside dans les formes du corps, et non dans la tête.

J'étais dans la salle à manger, à la fin d'un mercredi, avec deux ou trois amis, causant et buvant. La nuit finissait. Le jour se leva à travers les petits rideaux; mais une aurore comme un crépuscule, un jour boréal. Alors beaucoup de gens se mirent à courir en rond dans les appartements, prenant les objets d'art et les rapportant au salon en deux morceaux; entre autres, je me souviens, les flambeaux et mon petit chinois de Saxe... Il y avait aux murs des espèces de faux ou de claymores. Furieux, j'en détachai une et en portai un grand coup à un vieillard de la ronde. Il lui vint une autre tête; et derrière lui, deux femmes, qui venaient, changèrent aussi de têtes. Les têtes qui revenaient étaient de grosses têtes comme ces têtes en carton et à verrues vermillonnées, qu'ont les pitres dans les fêtes. (1)

Alors je sentis que j'étais dans une maison de fous. J'avais de grandes angoisses. Il y avait une espèce de *box* avec des barrières à jour, où étaient entassés beaucoup de gens qui avaient des morceaux de la figure tout verts. Et un individu qui était avec moi me poussait pour me faire sauter avec ces gens. Puis j'avançais et je me trouvais dans un immense salon, tout peint, tout doré, tout brillant, où quelques hommes et quelques femmes étaient en habit d'or avec des bonnets pointus, comme des princes caucasiens. De là, j'entrai dans un autre salon, énorme, Louis XV, blanc et or, avec de grandes glaces à cadre rocaille doré et des statues plus grandes que nature, toutes blanches. Et là, je mettais ma bouche sur la bouche d'une femme et je mariais ma langue à sa langue. Il me venait une infinie jouissance, comme si toute mon âme me venait aux lèvres et était aspirée et bue par cette femme. Jouissance particulière au rêve, au delà de la jouissance réelle. Coït idéal Baiser par la bouche seule avec une femme de Prud'hon.

(1) Add. 1887 dans ce paragraphe : *amis..., entre autres...* et *mon petit Chinois de Saxe.*

ANNÉE 1855

Janvier.

JE retrouve une maîtresse de mes dernières années de collège (1), une maîtresse que j'ai désirée fixement, jusqu'à l'aimer pendant trois jours... Je me la rappelle rue d'Isly, dans ce petit appartement où le soleil courait et se posait comme un oiseau. J'ouvrais le matin au porteur d'eau. Elle allait, en petit bonnet, acheter deux côtelettes; elle se mettait en jupon pour les faire cuire et nous déjeunions sur un coin de table avec un seul couvert de ruolz et le même verre. C'était une fille comme il y en avait encore dans ce temps-là; un reste de grisette battait sous son

(1) Var. 1887 : *ma dernière année de collège.* Si la correction d'Edmond est valable, cette aventure amoureuse de Jules se situe en 1847-1848, alors qu'il fait sa rhétorique au collège Bourbon : ayant perdu sa mère le 5 septembre 1848, il ne retourne pas au collège à la rentrée d'octobre 1848 et prépare seul le baccalauréat qu'il affronte avec succès le 15 février 1849; après quoi, les deux frères entreprendront leur grand voyage à travers la France. — La lorette de la rue d'Isly, c'est Marie Lepelletier, qui sera nommée en décembre 1856. Il était déjà question en 1852 d'une Marie (cf. t. I, p. 52), mais à supposer qu'il s'agisse de Marie Lepelletier, cette première mention ne contredit pas les dates indiquées ici; car Jules se bornait à évoquer au passé un mot pittoresque de Marie, sans indiquer qu'elle fût encore sa maîtresse en 1852.

cachemire : un jour, elle me demanda quatre sous pour aller à Mabille.

Je l'ai rencontrée : c'est toujours elle, avec ses yeux que j'ai aimés, son petit nez, ses lèvres plates et rouges, comme écrasées sous un baiser appuyé, sa taille souple, — et ce n'est plus elle. La jolie petite putain s'est rangée. Elle vit bourgeoisement, maritalement avec un photographe. Le ménage a déteint sur elle. L'ombre de la Caisse d'épargne est sur son front. Elle soigne le linge, elle surveille la cuisine, elle gronde une bonne, comme une épouse légitime, elle apprend le piano et l'anglais. Elle ne voit plus que des femmes mariées et vise à l'avenir, c'est-à-dire au mariage. Elle a enterré sa vie de bohème dans une armoire à glace.

Son homme, qui s'appelle Thompson, est un Anglais d'Amérique, qui baise par santé, aime comme on se purge, possède des hémorrhoïdes, auxquelles elle s'intéresse, et la mène comme seule distraction jouer aux dominos tous les soirs, dans un café, avec les mêmes figures. Cet homme, réglé comme une montre Bréguet, dont l'huile serait le sang froid, ne sort de son imperturbabilité qu'à propos du domino. Souvent, ils se couchent et dans le lit, il se met en colère, au bout d'une demi-heure de silence, pour les fautes qu'elle a faites au domino, pour son manque d'attention : « Si tu avais posé le *six-quatre* au lieu du *trois-deux*, nous aurions gagné. » Et il lui défile tout le jeu.

Elle s'est mise à colorier des portraits au stéréoscope et elle réussit. Il lui a donné l'autre jour à colorier tous les portraits du *Moutard's Club*, avec cette désignation pour chacun : roux, blond, etc. C'était comme sa vie passée, qui lui repassait... Elle savait les cheveux de tous ces gens-là par cœur. — A un enfant mort, elle a ajouté, l'autre jour, des ailes à la gouache. Cela a enchanté la mère, qui n'a pas regardé aux frais de Paradis pour sa petite défunte.

Chasse aux rats, la nuit, dans les rues de Paris (1).

---

(1) Les Goncourt y avaient été invités le 29 mars 1855 par l'ami de Gavarni, Morère. Le 31, celui-ci les convie à venir déguster le produit de leur chasse ! Il regrette que l'on ait omis, la veille, « de s'exciter préalablement par quelques grogs et par un baccarat modéré jusqu'à une heure. De là, la petite teinte mélancolique de l'expédition. » (CORR., vol. XXI, f° 398 — 400).

Un homme marche en avant.

Un autre le suit.

Le premier a la face glabre, le visage en museau de fouine. Il porte une casquette de loutre, dont la visière est relevée; il n'a pas de linge, une cravate de corde se roule autour de son cou, il est habillé d'un veston de jockey. De la main droite, il tient une petite tige de fer, de la main gauche une sorte de troublette. C'est le traqueur.

Un hercule barbu suit le traqueur, balançant au bout d'un gros bâton une cage de bois, dont un côté est grillé de fer.

La nuit est belle; la lumière de la lune se dispute avec la lumière des réverbères, mêlée étrangement aux lueurs ennemies. Comme nous disons : « Le beau temps ! », le traqueur d'une voix scandée, à la fois nette et brusque, comme s'il semait en marchant des maximes et des axiomes : « Besoin de pluie... Tuyaux engorgés... Alors, ils sortent... ».

Devant nous tous, à vingt pas du traqueur, quelque chose de grisâtre trottine, s'arrête, repart, flaire, quête. « Trim ! » fait le traqueur, et Trim, oreilles coupées, queue rognée, suit, museau en terre.

Rue Saint-Honoré, Trim plonge son nez dans une gargouille et s'immobilise tout à coup. Le traqueur arrive, dit à Trim : « A ta place ! » Et pendant que le chien remonte à la tôle du tuyau, le traqueur met son filet à la bouche de la gargouille. Nous faisons cercle avec de longues ombres derrière, nous partant des talons et s'élargissant sur les dalles du trottoir. Le compagnon du traqueur passe dans la rainure du conduit la baguette, que suit le nez du chien; le bout du filet s'agite, le traqueur l'élève en l'air, il y a dedans du gris qui saute. Le rat est pris et encagé dans la caisse, que porte l'homme sur son épaule. Parfois, on lâche le rat; le chien d'un coup de dent le rejette par-dessus sa tête, noir dans le noir de l'ombre, avec l'œil encore brillant.

« Tiens, Honoré ! » dit une voix avinée, une voix jeune encore, vibrante et cependant cassée, avec des notes qui indiquent l'eau-de-vie, une voix qui a je ne sais quoi de caverneux, de gouailleur, d'usé, de discordant, une voix faite pour le *jar* des tireurs de cartes. L'homme, un petit blond, rasé, replet, un peu *vent-dessus*, *vent-dessous*, est suivi d'un chien blanc, qui se met à la chasse avec Trim.

159

On prend dix, quinze, vingt rats. Le traqueur est d'un mutisme de Mohican. L'homme à la cage, à chaque fois qu'il encage : « Allons, Gaspardo ! » Ou quelque autre plaisanterie : « Un joli rossignol ! » Il appelle *paquet d'épinards* la merde qui obstrue quelquefois les gargouilles. Chien du traqueur : paraissant deux dans la lumière, un dans l'ombre. Galopade de l'ombre, à droite et à gauche, chaque fois qu'il rencontre un réverbère.

Les chiens fouillent avec leurs nez le dessous des petites maisons en bois des inspecteurs de fiacres; et de dessous s'échappent des chats effarés. L'un, plus lent, est saisi par le chien de l'homme à la voix avinée; il se presse près de son chien, qu'il excite en tapant des pieds : « Allons, amour, fais-lui son affaire !... Hop, le greffier ! » et le *greffier* — le chat — n'est plus dans la gueule du chien qu'une fourrure agonisante et râlante, qu'il tourne avec fureur comme un boa d'Anglaise.

Quand une femme — fille ou dame — va manger au restaurant avec un homme, — mari ou amant, — elle tourne toujours sa face et tourne toujours le dos de l'homme au public.

Placer dans un roman un chapitre sur l'œil et l'œillade des femmes. Observations longues et étudiées sur une femme qui *fait l'œil*.

A ce propos, *œil* à la prise d'habit de Floreska : deux jeunes filles du monde, deux sœurs, y assistaient et *faisaient l'œil* à un jeune homme. Et pendant le discours de l'abbé pour la prise de voile, — discours tout tendre et tout allusionnant à ces noces de l'âme avec Jésus-Christ, à ces fiançailles mystiques, — l'œil des jeunes filles soulignait d'un élan et d'un éclat soudain tous les mots hyménéens et toutes les phrases suavement et chrétiennement sensuelles.

J'ai vu chez Janin mère Félix avec famille, venant apporter bouquet de la part de Sarah.

Mars 55.

Janin extrêmement affecté des attaques de la petite presse. Longs récits de ces attaques : « Un petit journal autographié, le

Sans le Sou, m'attaque beaucoup (1). C'est signé Aubriot …Oh ! mon Dieu, c'est tout simple… Il y a dans un pays une somme quelconque d'injures à dire par an, vingt mille par exemple. Eh bien ! sous un gouvernement constitutionnel, ces vingt mille injures se répandent sur le roi, les ministres, etc. Aujourd'hui, la même somme reste et ne peut être répartie que sur deux ou trois écrivains comme moi ».

Le samedi 24 mars 1855, notre livre, Histoire de la Société française pendant le Directoire, paraît, remis chez Barrière à quatre heures. Le lundi à deux heures, nous allons chez Barrière. Il entre en tenant à la main un carré de papier et nous dit : « Je sais pourquoi vous venez. Eh bien, c'est fait : vous voyez, j'ai lu la moitié de votre livre. » Se met à causer, nous raconte qu'au 15 mai (2), Mme Barrière, examinatrice des examens d'institutrices de l'Hôtel de Ville, venait d'écrire une difficulté de participe sur le tableau, lorsqu'on entend un grand bruit. On vient lui dire de se sauver. Et la liste du Gouvernement provisoire s'écrit au-dessous du participe.

Nous écrit le mardi. Je passe le mercredi matin. Un peu honteux et embêté, il me dit : « On demande une annonce, la partie financière s'oppose à l'insertion de la réclame. » Conseille d'*annoncer* et de traiter cela avec le journal.

Jules va trouver le directeur des annonces dans le bureau des Débats :

« Mon Dieu, Monsieur, vous avez fait beaucoup d'annonces dans les journaux, l'an dernier; vous n'en avez pas fait dans le Journal des Débats : c'est une exception fort désagréable pour lui. Pourtant, c'est le meilleur journal d'annonces ».

---

(1) D'après Firmin Maillard (Histoire anecdotique et critique des 159 journaux parus en l'an de grace 1856, Paris, 1857), le Sans le Sou, journal autographié, aurait été fondé par C. Arnould. Entre mars 1855 et février 1856, le Sans le Sou disparaît, mais Arnould le remplace successivement par l'Appel, l'Original, l'Aurore et la Mansarde. Ces journaux autographiés semblent avoir particulièrement fleuri en 1855 : Maillard, qui n'en trouve qu'un seul en 1856, en dénombre jusqu'à cinq en 1855 : la Terre promise, l'Enfant terrible, la Muselière, le Bohémien, la Fortune, sans compter la descendance du Sans le Sou !

(2) Cf. t. I, p. 31, n. 2

Éloge de la publicité des Débats. Défense présentée modestement par Jules, sur son peu d'argent, le peu que lui ont rapporté les annonces de l'année dernière et sa résolution de ne prendre que cinq lignes d'annonces dans les grands journaux. Réponse :

« Je ne veux pas vous mettre le couteau sous la gorge, mais il faudrait au moins prendre une annonce comme celle que vous avez prise l'an dernier dans les journaux.

— Mais c'est un tiers de page... 400 francs ! Cela m'est impossible ! Tout ce que je puis faire, c'est une annonce de 100 francs.

— D'une centaine de francs, dit l'homme.

— De 100 francs tout net, disons-nous. Seulement, c'est à la condition que l'entrefilet, qui est en ce moment chez monsieur de Sacy, passera d'ici à deux ou trois jours. J'enverrai payer l'annonce aujourd'hui.

— Vous me donnez votre parole que vous ferez prendre aujourd'hui une annonce d'une centaine de francs ?

— Oui, dans une heure, de 100 francs. »

Tristesse immense à la suite de cela : le chantage, même aux Débats !

Dans la même journée, lettre railleuse et insolente de mon imprimeur, niant ma parole et me réclamant, contrairement à nos conventions, le solde immédiat d'une note d'apothicaire.

Dans la même journée, insulté par une marchande de tabac, qui me traite presque de voleur, en sorte que le soir à minuit, je m'étonnais qu'on ne m'arrêtât pas pour voler les montres dans la poche des passants.

J'ai appris à Doré qu'il y avait une illustration ancienne de Rabelais et à Lorsay, qu'il existait des gravures de Jeaurat et de Chardin.

Vieille femme à qui son fils, un paysan, ne fait pas remettre le bras cassé, parce qu'il la trouve trop vieille.

Le rire est le mètre, le mesureur de l'intelligence. Les gens qui rient bête : jamais spirituels. Le rire est la physionomie de l'esprit.

Leboucher dit à Chabouillet, qui venait prendre une leçon de savate chez lui : « Mon petit, donne-moi soixante francs et je t'apprendrai à *crever* un homme ».

Au cimetière, quand plusieurs corbillards entrent, coup de sifflet semblable à celui du changement de scène au théâtre.

Homme qui attend pour assassiner le roi. Tableau de ses émotions. Retard dans le passage du roi ; il va en attendant au bordel, fait un enfant à une fille : cet enfant est mon héros.

Les deux plus belles conquêtes que l'homme ait faites sur lui-même, c'est le saut périlleux et la philosophie.

Les ailes de Mᵐᵉ Du Barry devenues un bénitier. (Voir Villiers) (1).

Dans LA BOURGEOISIE, terminer le roman par le mariage *in extremis* d'une jeune fille (2).

Un potage sur lequel on trouve une mouche, qui se sauve sur un cheveu...

Marchal, le peintre, déjeunant le matin chez les crémières, en habit, avec les domestiques du bal dont il sort.

Veuillot, *l'aboyeur* des idées de M. de Maistre.

---

(1) P. Villiers, MANUEL DU VOYAGEUR AUX ENVIRONS DE PARIS, 1804, t. II, p. 295 sqq. — Le financier Bouret ayant mené Louis XV et Mᵐᵉ du Barry dans ses jardins de Croix-Fontaine, — son rendez-vous de chasse, en forêt de Sénart, — Mᵐᵉ du Barry, devant une statue de l'Amour, s'étonna des ailes qui l'ornaient et Bouret, les ayant fait enlever, les donna à la favorite, qui les oublia dans le château du roi, à Choisy, d'où elles furent transférées à l'église du lieu, pour y servir de bénitier.

(2) Première apparition du roman qui, après s'être intitulé aussi LA JEUNE BOURGEOISIE et LA JEUNE BOURGEOISE, deviendra RENÉE MAUPERIN (1864). Renée Mauperin meurt à la fin du livre, mais sans qu'il soit question, comme ici, d'un mariage *in extremis*: ce sera, au contraire, l'originalité du roman, que même à l'égard de l'ami le plus cher, de Denoisel, Renée restera au seuil de l'amour.

J'ai vu aujourd'hui un homme de génie, c'est un soupeur qui a longtemps soupé au Café Anglais à 3 f. 50 : il demandait des lentilles et du jambon grillé.

Un mot de fille : « Qu'est-ce qu'il t'a donné ? — Il m'a donné l'œuf sur le plat ». (un louis et une pièce de cinq francs).

Comme œuvre d'art, la tragédie de M. Ponsard a le mérite d'un camée antique... moderne !

Oui, il y a dans la religion catholique une immense puissance de consolation : elle console la femme de vieillir et d'enlaidir.

Les enfants sont comme la crème : les plus fouettés sont les meilleurs.

La musique se fait avec huit notes, les vers avec vingt-quatre lettres, le bonheur avec rien.

La devise du cardinal de Bernis, *J'attendrai !*, me sourit (1).

Rien que cela pour un portrait : « Enfin, c'était un homme qui s'était fait peindre en officier de la Garde nationale, — en ballon ! »

Mon petit cousin Alphonse, apportant à ma vieille cousine de Courmont deux œufs frais, lui disait : « Oh ! ma cousine, je ferai tout pour vous conserver la vie ! »

GAVARNIANA

— Gavarni : lorgnon à deux branches n° 18. Avait une très longue vue étant jeune. Le travail sur la pierre lithographique lui fait voir, quand il lève les yeux, les gens qui entrent grimaçant et

---

(1) L'anecdote date de la jeunesse de Bernis. Le cardinal de Fleury reprochait au jeune abbé ses vers galants, lui disant que s'il ne s'amendait, il n'aurait rien à espérer tant que lui, Fleury, vivrait. Bernis répondit seulement : « Monseigneur, j'attendrai ».

pleurant; et il faut un peu de temps pour que les visages reprennent pour lui des lignes tranquilles.

— Intérieur en haut, dans un petit atelier mansardé. Un poêle en fonte. Tout autour, au mur, des plans, imprimés ou décalqués sur papier végétal, du Palais-Royal et de la rue de Rivoli auprès du Palais-Royal (1). Un grand bureau avec des livres; spécialement le livre relié en vélin, où il écrit. Près de la fenêtre, son chevalet.

Femme magnifique : profil juif busqué, brune Florentine, le nez net comme un nez de camée, les cheveux noirs, la bouche découpée au ciseau. Jean : rose, une petite figure ronde comme une pomme, avec des beaux yeux bleus et un petit rire finaud. Pierre : des yeux merveilleux, des cils énormément longs, les plus jolis traits du monde et de ces cheveux blonds qu'une mère doit rêver. — Gavarni, avec une grande redingote tombant au-dessous des genoux, pantalon de molleton, pantoufles; le corps en avant, les mains dans deux poches sur le devant, un foulard autour du cou. Mme Gavarni, en général accoutrée d'étoffes bariolées, d'écharpes rayées, allant à sa physionomie.

Mars 1855.

— Nouveau procédé. Dessins sur papier blanc; aquarelle légèrement rehaussée de gouache, retouchée de plume : limpidité, transparence. Se sauve ainsi de ses dessins fusinés et pastellés, fixés, qui finissaient par tourner au noir. — Sur papier écolier. Leur donne un dessous grisâtre très faible, qu'il étend avec un peu de gouache, ce qui fait le ton très fin. — Fait cette collection de dessins avec légendes pour Hetzel.

Mars 55.

— Nouveau procédé pour ses dessins. Même préparation. Mais au lieu d'aquarelle pure, pastel, fixé et aquarellé par-dessus : forte épaisseur. — Ainsi, *Une femme et un enfant* couchés sur l'herbe près d'une rivière, *Une bohémienne*, la main appuyée sur une espèce de baguette de fée.

— Lorsque Gavarni alla avec Balzac en chaise de poste pour trouver Peytel, Balzac toujours horriblement sale : « Ah ça !

(1) **Cf.** t. I, p. 151, n. 2.

Balzac, pourquoi n'avez-vous pas un ami ? — Un ami ? — Oui, un de ces bourgeois bêtes et affectueux comme on en trouve, qui vous laverait les mains, qui vous ôterait votre cravate, — moralement,... enfin qui prendrait de vous le soin que vous n'avez pas le temps... — Ah ! s'écria Balzac, un ami comme ça, je le ferais passer à la postérité ! »

— Récits de Gavarni sur les débutants venant lui apporter des petites esquisses, à peine faites, en deux secondes, *tra la la !* : « Ils ne savent pas, et ne s'appliquent même pas ! »

— « Un jour, au bal masqué de la Renaissance, j'étais avec ma sacrée bougresse ; nous étions beaux comme des soleils ! Costumés ! On me présente un monsieur avec des gants de voyage, des cheveux blonds, longs et tombants, étrange ! C'était Ward... Eh bien, un quart d'heure après, nous étions dans un coin de la loge à causer à nous deux métaphysique. » Ward présenté par Forgues, qu'on appelait dans la société *Petit, petit.*

— Gavarni a dit : « Ah ! c'est excellent d'avoir les pieds froids pour travailler ou d'avoir faim, parce que tout le sang est à la tête : la pensée est une congestion. »

— C'est Gavarni qui est l'inventeur du mot *Badinguet.* Voici comment il fit ce nom. Il avait un ami dans les Landes nommé Badingo ; ayant besoin d'un nom pour une légende, il en fit Badinguet. — Depuis, popularité du nom (1).

— Un jour, Gavarni étant à Londres dans le salon-salle à manger-fumoir de son ami Ward, avec Dickens et des membres de la presse anglaise, Ward fit un speech pour démontrer que, puisque c'était l'Exposition (2) et qu'on allait communier avec toutes les nations, c'était le moment de changer ce vilain costume

(1) Surnom de Napoléon III. Ç'aurait été, selon une version plus suspecte, le nom du maçon qui aurait aidé Louis-Napoléon à s'enfuir du fort de Ham. La lithographie de Gavarni (Maherault n° 635) représente un carabin montrant à son amie un squelette, qu'il lui fait prendre pour celui de la maîtresse d'un de ses camarades : *Tu ne la reconnais pas ? Eugénie, l'ancienne à Badinguet ?*

(2) Texte du Ms. très elliptique : *Un jour, étant à Londres, dans le salon-salle à manger-fumoir de son ami Ward, Dickens, presse anglaise, Ward fit un speech pour que puisque c'était l'Exposition...* J'ai dû compléter les sous-entendus. — L'Exposition dont il est question ici, doit être l'Exposition internationale de Londres de 1851, organisée par la Société Royale des Arts, des Manufactures et du Commerce. Elle se tint à Hyde Park, dans le Palais de Cristal, construit pour la circonstance.

qu'on avait et que lui, s'était occupé du chapeau. Il alla chercher un chapeau avec un grand rebord et un plumet. Il demanda l'avis de Gavarni. Gavarni s'opposa à toute révolution dans le costume, disant que dans une société égalisée, il fallait que la distinction ne fût pas dans le costume, mais dans la manière de le porter; non dans la richesse des étoffes, mais dans le goût, dans ce je ne sais quoi qui fait que dans tout un monde de redingotes, l'homme distingué est discerné, etc.

— La première fois que Gavarni vit Balzac, c'était chez Girardin et Lautour-Mézeray, du temps de LA MODE. Il vit un homme gros, de très jolis petits yeux noirs, un nez retroussé et un petit peu cassé, parlant beaucoup et très fort. Il le prit pour un commis en librairie.

Gavarni disait que du derrière de la tête aux talons de Balzac, il y avait une ligne droite, pourtant avec un ressaut aux mollets; et que devant, c'était un véritable as de pique. Et il se mit même à découper une carte pour nous montrer l'exacte silhouette de son corps (1).

La dernière fois que Gavarni a vu Balzac, c'était à Versailles : Gavarni était dans le box des premières, Balzac dans les troisièmes. Ils se parlèrent. Balzac lui dit : « Eh bien, nous voilà tous les deux; vous, vous êtes criblé de dettes; moi, je suis obligé de prendre des troisièmes... J'en parlais ce matin au ministre... »

Nouveau récit de Balzac bête, absorbant tout et le rendant dans un somnambulisme de génie.

— A l'âge de dix ans, Gavarni, voulant absolument avoir le dictionnaire des AMUSEMENTS MATHÉMATIQUES (2), osa entreprendre de le copier : c'était huit cents pages ! Le premier mot était *Abeille* : il le copia; et puis résolut d'économiser pour l'acheter et l'acheta : «Le beau, disait-il, n'était pas de le copier, mais de l'entreprendre».

— Gavarni a vu Pigault-Lebrun. C'était un vieillard qui avait un grand nez rouge et des bas de coton bleu.

---

(1) Add. 1887 depuis *Et il se mit même à découper...*, remplaçant la silhouette grossièrement croquée, qui sur le Ms. montre la ressemblance de Balzac avec une moitié d'as de pique renversé.

(2) LES AMUSEMENTS MATHÉMATIQUES, « précédés des éléments d'arithmétique, d'algèbre et de géométrie nécessaires pour l'intelligence des problèmes », par André-Jean Panckoucke, Lille, 1749.

— Balzac achetait ses chapeaux quai Lepelletier, dans des allées, de ces chapeaux de maçon, avec un fond bleu luisant comme de la lustrine bleue.

— « Quand le Christ a été foutu en croix, la blague de la charité est entrée dans le monde. Tout ça finira quand on ne laissera plus ouvrir de boutiques de charité, comme on ouvre des boutiques de mercerie : la charité payée à raison de 15%, payée au centuple !... Monsieur, je ne fais pas la charité à crédit. Monsieur le curé, quand je fais le bien, je suis payé comptant par un grand seigneur, qui est chez moi, — et ce grand seigneur, c'est le plaisir de bien faire... »

— « Je n'aime que le positivisme, le vrai au moral comme dans l'ordre scientifique. Les mathématiques sont la seule chose vraie; je ne dis pas : utile, je me fous d'être utile à l'humanité. L'art n'a pas de base... Descartes et Newton, les bons Dieux de la science, l'un qui affirme, l'autre qui nie... Le principe centrifuge ? J'apporte une nouvelle théorie du principe centrifuge contre Newton.

« La société élevée en ce moment ? Génération de Macaires mêlés de Bertrands !... Je fais élever mes deux fils aux champs : je ne les veux pas roués. Quand ils seront en âge de baiser, je les mènerai en Orient et je leur donnerai une femme. Baiser est aussi naturel que pisser. »

— Balzac voulait faire le capitaine Croque-Bâton et y mettre la *canne du maquereau* (1).

— Gavarni voulait faire la cour d'Angleterre, la dernière aristocratie de costumes. Voitures, marches, processions, armes, types, etc. : la cour d'Holbein.

— « La Philosophie positive de monsieur Auguste Comte : très bon livre, s'il y avait un peu plus de positivisme ! Par exemple, il dit que la première des sciences positives est l'astronomie, — science contrôlée par le plus trompeur des organes, l'œil. La lune,

---

(1) Aucune trace de ce projet énigmatique dans l'album publié par Crépet, où pourtant abondent les vaines esquisses de *Scènes de la vie militaire*. Tout au plus peut-on y noter : « Le tambour-major qui se tue pour avoir laissé tomber sa canne devant l'Empereur à la revue » (*Pensées, sujets, fragments*, Paris, 1910, p. 71). Mais on songe plutôt à quelque Philippe Bridau...

le soleil ne sont pas tangibles, nous n'avons jamais été derrière ;
au point de vue réaliste, ce ne sont peut-être que des images. »

— « La mort, la fin de l'effet chimique ! »

— Histoire de l'*Almana*, homme des champs, très savant, cherchant la locomotion aérienne, parce qu'il a des propriétés dans la lune.

— L'histoire de la paire de jarretières retrouvée à la lumière
du Diorama-Historique : arrivée à Gavarni (1).

— Un homme qui aime une idée ; mais un beau jour, il lui
fait une infidélité : il a vu sur une terrasse une femme faisant
danser un enfant, il lui voit les seins. Son idée meurt, et il voit le
convoi d'un pauvre homme dans la rue.

— Pierrot, petit garçon, envoyé à la ville mendier, s'endort
la main ouverte : un joueur met vingt francs ; il perd tout, il
reprend les vingt francs et Pierrot dort toujours, la main ouverte.

— Homme qui ne peut dormir, rentrant du bal : son démon
cause toujours avec lui. Il va prendre le Manuel du tourneur
pour conjurer l'idée, le démon.

— Idées de Gavarni sur le spectacle : « Trouvez-moi quelque
chose de plus cocasse que ces braves gens, qui tout de suite après
s'être empiffrés, dans le travail de la digestion, vont se mettre dans
un étouffoir, où suants et ne pouvant péter, les femmes bridées
dans leur corset, ils ingurgitent des drames larmoyants, malsains
et sentimentaux ! » Ayant contre le drame les hoquets de l'émotion et de la digestion, etc.

— Élevé à la douceur par son père vieillard. Pas d'autre
reproche, si ce n'est que Gavarni ayant la mauvaise habitude de
fréquenter un mauvais café du Boulevard, son père s'y rendit un
soir et s'assit à une table, le regarda comme un étranger, d'un
regard qu'il ne lui connaissait pas (2).

(1) La note précédente et les trois suivantes visent des essais réellement rédigés
ou de simples projets de Gavarni, qui reviennent dans le Journal mais dont rien ne
reste dans Manières de voir et façons de penser, recueil de quelques fantaisies
littéraires de Gavarni, publié par Ch. Yriarte en 1869. Au contraire, Les Jarretières
de la mariée y figurent : un jeune prisonnier a fabriqué dans sa cravate des jarretières pour celle qu'il aimera, il les donne en diligence à une inconnue, il les retrouve
à la jambe d'une femme attardée au Diorama-Historique, il reconnaît la voyageuse
et il l'épouse.

(2) Add. éd. : *Si ce n'est* et *Gavarni.*

— Père racontant la Révolution, froid, impartial, avec une pointe de républicanisme, fort dégrisé des hommes et pas tout à fait des choses. Et mère *attrapant* toutes les choses de la Révolution. Son père : à peu près ruiné à solder une compagnie de Garde nationale, dont il était l'officier. — Emprisonné pendant la Terreur, faillit, un jour, monter sur l'échafaud parce qu'il avait sauvé Mme de Custine. (Douteux).

— Habitations : Gavarni né rue des Petites-Haudriettes. Puis boulevard Saint-Martin, puis à Montmartre.

— Tout petit, Gavarni envoyé chez M. Dutillard, rue des Fossés-du-Temple, pour apprendre l'architecture. En faisait, monté sur une chaufferette. Il n'y restait que jusqu'à midi. Et quand M. Dutillard sortait avant cette heure et qu'il avait à faire le plan d'un quatrième étage, ouvrait un compas et le faisait tourner, se promettant à lui-même que si la pointe allait du côté du Boulevard, il se donnerait *campo*... Et recommençait jusqu'à ce que le compas allât de ce côté !

— Mme Dutillard, grande liseuse de romans, lui envoyait chercher des romans, — dans un passage comme il y en avait entre tous les petits théâtres, montant du Boulevard par des marches, — chez M. Lacourière, qui avait un commis que Gavarni reconnut plus tard, jouant les Amours dans les *gloires* des Funambules (1).

— Gavarni, tout garçonnet, étant avec Tronquoy chez M. Leblanc : jeune brune à châle rouge, passant sur les boulevards, suivie par lui jusqu'au Faubourg Saint-Honoré, en face l'Élysée : maison d'un potier d'étain, avec deux grands ronds d'étain et une espèce de treillage d'étain par-dessus. Mais n'osa pas lui parler. Un dimanche, s'en va voir tirer la Loterie : dans la salle, la jeune fille au châle rouge, avec amie très tachée de rousseur et en capote jaune, riant aux éclats et causant et tirant de sa poche une bonbonnière où il y avait une pièce de quarante sous.

---

(1) Texte Ms. : *...chez M. Lacourière, chez M. Lacourière que Gavarni reconnut Amour dans les gloires des Funambules*. Lapsus évident, car c'est Lainé, le commis du libraire, qui devint figurant aux Funambules. Corrigé d'après le JOURNAL, t. I, p. 117, et GAV., p. 12 sq. — On sait que le Théâtre des Funambules, créé en 1816, sur le boulevard du Temple, par un nommé Bertrand, acquit sous Louis-Philippe une grande célébrité, grâce aux spectacles de pantomimes qu'y montrèrent les grands mimes du temps, Gaspard Deburau et son fils Charles et son associé, Paul Legrand. Le Théâtre disparut dans la démolition du boulevard du Temple en 1862.

Six ans après, Gavarni à Bordeaux : panne atroce, avec un ami. Ayant 4800 francs à eux deux, une vieille femme leur persuade qu'ils seraient beaucoup mieux et meilleur marché chez eux en la prenant; et quoiqu'elle les nourrît de pommes de terre, déficit complet, si bien que son ami disparaît et le laisse avec toutes les charges et dettes. A la nuit tombante, un soir, allait acheter des couleurs chez un marchand, cours de l'Intendance. Aux étincelles d'un briquet, qu'une femme battait, reconnaît le châle rouge. Va acheter des couleurs, puis revient. Le magasin était éclairé par un quinquet : cabinet de lecture. Entre, demande un livre, puis s'assied à côté de la jeune personne, lui raconte ce qu'il sait d'elle, etc.

Le premier jour où il sort avec elle, toute belle : à la porte de la préfecture, militaire en capote grise, montant la garde, — son ami qui l'avait quitté, Clément, — maintenant lieutenant-colonel au 13ᵉ de ligne. — La boutique était tenue par la mère du commis-Amour de Lacourière, Mᵐᵉ Lainé. Le commis-Amour devint l'éditeur Lainé, passage Véro-Dodat, — qui, plus tard, commanda des dessins à Gavarni, délicieusement gravés et non parus.

— S'est occupé pendant cinq ans de la locomotion dans l'espace sans s'occuper du milieu; autrement dit : l'action sans la réaction. Cherchait à renverser l'axiome de Newton, qu'il n'y a pas d'action sans réaction. Regardait les ballons comme une idée ingénieuse sans avenir.

— Maison de Gavarni à Auteuil : ancien atelier de faussaires sous le Directoire, dans une cave. Furent pris. Porte de la cave : porte de fer pour n'être pas surpris. — Devenue propriété de M. Leroy, le fameux marchand de modes du Directoire et de l'Empire; fit élever la maison et mettre la porte de fer à une pièce cachée dans l'intérieur, qui devint la chambre de fer, où il serrait les broderies d'or des manteaux impériaux. — Dédicace à Leroy du PARIS ET SES MODES, An XI — 1803 (1).

— Souvenir du 20 mars (retour de Napoléon) (2). — Un beau soleil, un beau temps, un beau jour de printemps. Beaucoup de marchandes de violettes sur les boulevards, vendant bouquets de violettes à ruban tricolore. Gavarni tenu par son père par la main

---

(1) L'ouvrage — anonyme et non cité par Barbier — se présente ainsi : PARIS ET SES MODES OU LES SOIRÉES PARISIENNES, par L..., à Paris, An XI-1803.

(2) Le retour de l'île d'Elbe, le 20 mars 1815.

aux Tuileries, à côté d'un mameluk de la Garde. Une foule. Beaucoup de marchands de coco. A une fenêtre du pavillon de Flore, ouverte, il montait là par moments la tête d'un homme avec un grand front, une mèche en accroche-cœur sur un œil. Quand cette figure grandissait et arrivait devant la fenêtre, une frénésie de hurrahs. La figure s'inclinait un peu, redescendait et disparaissait. C'était l'Empereur qui se promenait d'un bout du salon à l'autre, les bras derrière le dos.

— Félix, sans habit : habitude de mettre pour servir un habit de son maître. Un jour, le met avec sa décoration. Heureusement que la cuisinière s'en aperçoit et le lui fait ôter avant.

— Janin fut toujours très bienveillant à Gavarni. Une seule fois, l'abîma un peu. Gavarni l'ayant rencontré dans une maison, Janin allant à lui : « Eh, mon cher, je vous demande bien pardon, je vous avais confondu avec Geniole. »

— Gavarni travaillait à graver chez Adam, le père de Victor Adam, des dessins d'architecture avec Tronquoy. — L'ingénieur du Pont de Bordeaux demanda deux jeunes gens pour graver le pont qu'on faisait. Adam proposa à Gavarni, qui accepta et partit avec un collègue du nom de Clément, aujourd'hui lieutenant-colonel d'infanterie. — Travaillait dans des petites baraques, sur le quai de la Garonne, à Bordeaux.

Avant de partir, avait déjà fait des séries de grotesques, accumulées pour Blaisot, qui demeurait alors au coin de la rue Saint-Augustin et de la rue de la Paix.

— Quand il fut à Tarbes employé au cadastre, sous les ordres d'un M. Deschamps, dessinant, versifiant, etc., faisant tout, sauf le cadastre, auquel il n'entendait rien, Gavarni songea à révolutionner le travestissement. On ne connaissait alors que la trinité hiératique : Pierrot, Arlequin, Polichinelle. Il fit des dessins de travestissements, auxquels il avait été conduit par quelques costumes espagnols et basques qu'il avait faits; des dessins de travestissements très imaginés et très originaux. Un simple trait à la plume. Les ombres indiquées à l'encre de Chine et lavées de teintes plates par-dessus. Envoya cela à La Mésangère, qui d'abord fut renversé, puis les fit graver par Gatine.

— Quand il revint, il alla habiter dans une grande maison qui était le 27 de la rue Saint-Lazare, dont les combles étaient tout pleins de peintres (aujourd'hui, en face de la cité d'Orléans). *Détails dans l'autre volume sur les peintres qui étaient là* (1).

Homme arrivant des Seychelles, etc. : fortune mangée, ainsi que celle de la femme : la femme s'empoisonne; tabouret; pomme cuite sur l'œil; copiait les dessins de mode de Gavarni et y adaptait les portraits des femmes des bordels : grand succès; travaillait pour Susse, propose à Gavarni de lui faire vendre des dessins à Susse. Gavarni accepte. Histoire du nom signé sur le comptoir.

Il habite cette maison à son retour d'Espagne.

— Quand Gavarni débuta, toutes les caricatures étaient d'une gaudriole effrontée et d'un calembour incroyable : LE CONCERT A TROIS. Gavarni en fit alors quelques-unes dans ce genre graveleux, roulant sur l'équivoque des mots : LA PARTIE CARRÉE, etc.

Mars 55.

— A en croire Gavarni aujourd'hui, ce n'est pas Philipon qui lui a proposé de faire Mᵐᵉ ROBERT MACAIRE. Ce furent M. et Mᵐᵉ ***, propriétaires du CHARIVARI. Gavarni répondit que la blague et la tromperie n'ont pas de sexe, que ce n'était pas une idée. Et il fit à la place FOURBERIES DE FEMMES EN MATIÈRE DE SENTIMENT.

Mars 55.

— Hetzel lui fait faire pour la Belgique une masse de dessins à la plume, sur papier écolier, lavés d'aquarelles par dessus.

— Passe le soir à faire répéter les leçons d'anglais à Jean : JEAN. — J'ai de la gomme élastique, *I have some Indian rubber*. GAVARNI. — *Farewell !*

— De la conspiration Malet, se rappelait des troupes sous l'auvent de bois, qui était alors devant le théâtre de la Porte-Saint-Martin.

De la mort de Lallemand, ceci : vit des messieurs, — plusieurs : chapeaux à large cocarde blanche, — sortir de la cour du Palais-Royal, — en tête, un vieillard à cheveux blancs, — remonter

(1) Renvoi au 1ᵉʳ volume du JOURNAL manuscrit. Cf. ici t. I, p. 76 sq.

la rue de l'Échelle vers les Tuileries, criant très fort : « A bas les libéraux ! Vivent les royalistes ! Vive madame la duchesse d'Angoulême ! A bas les libéraux ! » Peu de temps après, du peuple ; un jeune homme, en grande redingote café au lait, — la mode d'alors, — se penchant sur une civière, où était un mourant, qui était Lallemand. A l'enterrement, auquel il assista, discours, pluie battante (1). Un orateur : « Il a été tué par les sicaires de la tyrannie. » Une petite voix dans la foule, ton colère : « Ça n'est pas vrai ! » Et aussitôt, un soufflet qui claqua dans la pluie. Ce fut tout. Le discours continua.

— Gavarni allait beaucoup chez la duchesse d'Abrantès. Là, toutes sortes de monde et tout le monde. Un jour, y vit l'amiral Sidney Smith, mettre un genou en terre pour baiser la main de la duchesse. — La duchesse, une forte femme, la voix d'une harengère ; mais avec cela, un certain port, fort beau encore. Mme Regnault de Saint-Jean d'Angély, Mme le duchesse de Bréant, vieilles femmes, mais encore le port et l'air, que gardent de leur beauté les femmes qui ont été belles. Un jour, Gavarni voit une petite femme grasse, vieille, puant la bourgeoisie, bourgeoise d'air et de tout, l'air d'une femme à qui il manque une chaufferette sous les pieds et un *gueux* sur les genoux. Il demande qui c'est : « Madame Récamier ».

Avril 55.

— Continue ses dessins à la plume ; met des légendes au bas. — Un homme de cinquante ans, guilleret, en veste, les bras croisés derrière le dos, beaucoup de vignes derrière lui : *Eh ! Eh ! les petits vins sont chers cette année !* — Une vieille femme de la Halle, un madras sur la tête, les mains sous son tablier : *A quinze ans, j'étais pas'core formée.*

Avril 55.

— Dessine sur vélin esquissé au crayon ; dessine au pinceau à l'encre de Chine un éventail commandé par Duvelleroy : escalier en éventail, en fer à cheval, avec du monde, vêtu de fantaisie, qui le monte de deux côtés et s'accoude au milieu.

(1) Add. éd. : *auquel il.*

A déjà fait un éventail pour le mariage d'une princesse d'Orléans ; ne sait plus quel sujet.

Légendes de dessins (1855) : *Moi, je n'hais pas le cassis. — Les femmes qu'aiment pas un petit verre, c'est pas des femmes.*

— Gavarni né rue des Vieilles-Haudriettes, nº 5. C'est Collot, des *Frères Provençaux*, retiré et ayant acheté à Auteuil la maison d'Arnal, qui, l'ayant connu jeune, le lui apprend.

— Vieilles adorées, rencontrées dans le pêle-mêle de la sortie du parterre de l'Ambigu, avec le madras sur le front descendant jusqu'aux yeux.

Juillet 1855.

— « C'est très beau, l'exposition des machines à l'Industrie (1). Mais ça ne m'intéresse pas. Les mécaniques ne sont pas ma chose : je cherche la loi des mécaniques. »

— G...ly vient le matin chez A... Elle a un paquet : « Tu me déranges, dit A... qui travaillait. — Eh bien, je m'en vais ; mais garde-moi ce paquet. — Qu'est-ce que c'est, là ? » dit A... Elle fait difficulté pour avouer. Il insiste : « C'est, ...c'est une bouteille de vinaigre et un cervelas. — Comment ? — Oui, je sais que les hommes de lettres n'ont pas toujours de quoi. J'ai acheté du vinaigre en route pour, si je couchais, me laver ; et si j'avais faim, déjeuner avec le cervelas. »

— « Chez la femme, les larmes sont simplement une sécrétion du système nerveux. »

* * *

J'étais ce soir dans un café. Le gaz s'était éteint avec minuit. Devant moi, j'avais un verre et une cannette de cristal, indiqués par un trait lumineux de vieille toile flamande. Dans le fond noir, entre deux flammes de bougies, droites, sur lesquelles

---

(1) Gavarni semble songer au Palais de l'Industrie, qui constituait aux Champs-Élysées, le bâtiment central de l'Exposition Universelle de 1855. Il avait été inauguré par Napoléon III le 15 mai. Une Galerie des machines lui servait d'annexe, le long du Cours-la-Reine ; en outre, l'Exposition des Beaux-Arts occupait une construction provisoire avenue Montaigne.

175

montaient les fumées bleues des pipes, des crânes luisants, avec de belles virgules de lumière aux tempes, et une énorme discussion sur les dominos. Par la porte, un garçon qui mettait un drap sur le billard, et un autre, qui passait, un matelas roulé sur la tête. Lit de sangle adossé au billard.

M. et Mme Charr (1), après la mort de leur fils unique, adoré, — tué en Juin, — dépaysés dans la vie, vaguant, dépatriés, vieux vieillards allant une année à Constantinople, une autre en Égypte.

Dans la maison en face la mienne, au premier, séparée par une cour, je m'aperçois qu'une femme regarde, — et regarde sans cesse du côté de nos fenêtres, — cela sans impression de fatuité. Cette femme est une femme honnête : elle a une voiture et un mari. Pendant que sa femme me regarde, le mari, de sa chambre à lui, regarde pendant des heures un pavé, toujours le même, dans la cour. Il ressemble à un oiseau déplumé et mélancolique. La femme n'est ni trop belle, ni trop jeune. Elle est forte, avec des traits forts. Elle s'appelle la comtesse de L***.

Parfois, je m'amuse à regarder derrière mes persiennes. Elle darde alors, en semblant caresser sa petite fille, des regards brûlants de ses yeux levés, qui lancent des flammes. L'œil d'une femme, même pas plus belle que celle-là, qu'on sait toujours là, cherchant le vôtre, accroché à votre fenêtre, attire magnétiquement. Je m'amuse de ce regard, derrière lequel je vois une pensée fixe et de tous les instants. Puis ce regard me persécute peu à peu, me poursuit. Je le trouve sur ma tête, quand je passe devant sa fenêtre la nuit ; je le trouve à minuit derrière ses rideaux, qu'une forme blanche écarte. De cet œil à moi, va et vient je ne sais quel fluide. Un œil qui est votre voisin et qui veut de vous est à la longue irrésistible.

Je me mets à prendre l'habitude de fumer à la fenêtre. L'œil, chaque jour, prend un *rinforzando*. Toutes sortes de choses passent dans ce regard implorant, par moments fauve, mouillé de prière, suppliant de désir, dont je suis le pôle. C'est le viol du regard. La femme la plus laide peut y réussir. Cela devient à la fin agaçant, irritant ; ce désir vous enveloppe, cette prière vous appelle, ce

(1) Lecture incertaine.

regard vous entre dans les sens : on finit par vouloir d'une femme dont on n'a pas envie.

Un jour, je tombe face à face avec elle et son mari chez Gavarni, qui loge chez lui une vieille demoiselle, qu'elle a connue à Limoges. Le lendemain, je suis à mon poste.

Samedi.

Mme L*** s'habille, met son chapeau, met et remet ses gants, explique avec de grands gestes à son mari qu'elle sort, regarde, appelle de l'œil, descend l'escalier, regarde par les fenêtres des paliers, sort. Lui se jette dans sa chambre, chausse ses bottes, un gilet à son frère, etc. et dégringole les escaliers.

Aperçoit sa robe grise et son mantelet noir, tournant au coin de la rue Olivier. Presse le pas. Elle marchait très lentement. Passe sur l'autre trottoir, lui jette un coup d'œil par-derrière un fiacre, retourne, retraverse, et marche derrière elle, s'excite; Notre-Dame-de-Lorette passée, s'injurie, se traite de lâche, la dépasse, revient sur elle et la salue. La resuit dans le faubourg Montmartre. Une émotion énorme, le sang aux joues, les paupières tremblantes, le gosier sec. Tente trois fois de lui parler, s'arrête, recule, se figure que tout le monde lui lit dans la poitrine. Enfin, au moment où elle est arrêtée sur un bout de trottoir, s'approche et lui dit d'un ton strangulé :

« Il y a bien longtemps, Madame, que je n'ai pas eu le bonheur de vous voir chez monsieur Gavarni.

— Mais, Monsieur, je ne le connais pas. C'est mademoiselle *** que j'ai connue à Limoges et qui me donne des leçons de piano, qui le connaissait. Je n'y vais pas. »

Le sang lui monte aux joues. Lui, d'un ton bas et brusque, comme un lâche qui se presse d'être brave :

« Madame, peut-on vous écrire ?

— M'écrire ? Mais, qu'avez-vous donc à m'écrire ? (un sourire).

— Oh ! Madame, je suis affreusement timide et j'ai à vous écrire ce que je n'ose vous dire.

— Mais quoi ? Est-ce que vous avez à vous plaindre ? Est-ce que ma petite fille crie trop fort ? Est-ce qu'elle vous dérange ?

— Non, Madame. Est-ce que vous restez tout cet été à Paris ? N'irez-vous pas aux bains de mer ?

— Les bains de mer me sont défendus.

— Par qui donc, Madame ?

— Par les médecins ; oui, Monsieur, j'ai une maladie noire.

— Le spleen ?

— Le spleen, si vous voulez... Je m'ennuie. On ne s'en douterait pas, n'est-ce pas ? Tout le monde qui me voit, me dit : « Comme vous êtes bien portante ! » Mon mari voulait m'emmener à Fontainebleau, mais c'est trop sévère. Nous irons sans doute à Ville-d'Avray ; j'aime beaucoup le parc de Saint-Cloud.

— Ville-d'Avray est très joli.

— Vous connaissez ?

— Oui, Madame. »

Un silence. On était auprès de la *Belle-Française :* « J'entre ici un instant. » Lui l'attend. Elle revient :

« Ce serait plus court par la rue de Provence, mais revenons par là. Quelle flâneuse je fais !

— Vous souffrez de l'ennui, Madame ? Mais votre vie m'a l'air bien ennuyeuse ! Vous déjeunez, on attelle ; vous sortez, on dételle ; vous dînez, on réattelle ; vous sortez, on déréattelle ; vous vous couchez... ».

Elle, le regardant :

« On m'a dit que vous étiez très moqueur... Une dame...

— Moi, Madame ? Je suis horriblement timide, je vous l'ai dit, je crois ; et je m'en cache en raillant quelquefois. Mais c'est un éloge bien faux qu'on fait courir là de moi.

— Un éloge ! vous croyez donc que c'est une qualité ? On m'a dit encore que vous aviez trop d'esprit...

— Oh ! Madame, quelle calomnie ! Je vous promets de ne plus rire, si vous voulez.

— Et de fumer ? Car vous ne faites que cela toute la journée ! Et des pipes ! Combien fumez-vous de pipes ?

— Six, Madame, trois après déjeuner et trois après dîner.

— Mais vous devez avoir le gosier brûlé ! Fi, que c'est vilain !

— Je vous jure de vous faire le sacrifice d'une pipe par jour, si vous le désirez.

— Oh ! je ne vous demande pas de sacrifice...

— Je le désirerais, Madame !

— Savez-vous que vous avez l'air de mon fils ?

— Vous voilà moqueuse, Madame. » Un silence. On est derrière le chevet de Notre-Dame-de-Lorette.

« Je vais entrer un instant à Notre-Dame-de-Lorette... On m'a dit que vous étiez un vieillard...

— Mais, Madame, qui m'a desservi ainsi ? Je n'ai absolument que l'esprit de vieux, le reste...

— J'ai entendu parler de vous chez madame ***.

— Vous la connaissez ?

— Je connais son frère.

— Il est à Louveciennes, cette année.

— Ah ! »

On recommence la rue.

« Mais Madame, il fait bien du soleil...

— C'est vrai ; allons à l'autre trottoir. » (1)

Même soleil.

« Puis-je vous écrire ?

— Mon mari ouvre toutes mes lettres.

— Ce n'est pas mon affaire... Madame, pour que vos sermons me profitassent, il n'en faudrait pas qu'un. Où vous revoir ? »

La femme s'arrête. Lui s'accote à une devanture de boutique.

« C'est impossible ! (Un silence. Elle se passe la main sur les yeux). Non !

— Impossible ! Oh, Madame, une femme dire : Impossible ! »

La femme, agitée :

« Tenez ! il vaut mieux ne point se revoir.

— Oh ! Madame, pourquoi ne pas mettre un roman dans votre vie ?

— Un roman ! un roman ! (soupirant) Ah ! c'est bien sérieux pour moi ! (Souriant à demi) Mon mari me défend d'en lire. (Elle le regarde et brusquement :) Quittons-nous !

— Déjà ! Non, Madame. Je vous suivrai à l'église, partout et ailleurs !

— Tenez, voilà votre sourire moqueur. Quittons-nous !

— Ah ! Madame, vous avez l'air de ce personnage de comédie qui dit toujours : « Je vais me coucher. »

Mouvement de dépit. Elle traverse la rue. Il y a une noce à Notre-Dame-de-Lorette. Ils se mettent contre la grille. Le soleil

(1) Add. éd. : *trottoir.*

mord le front de la femme et le visage du jeune homme. D'un ton ému, attendrissant son regard :

« Oh ! Madame, vous ne me laisserez pas ainsi. Je vous reverrai.

— Et pourquoi ? C'est un jeu pour vous, une chose sérieuse pour moi. Cette fenêtre, je ne voulais pas y aller, je me mettais en colère contre moi-même et j'y allais. Je vous ai provoqué, j'ai excité chez vous un petit sentiment, j'ai eu du plaisir à vous voir, j'ai été imprudente; je viens de vous dire mille paroles sans suite, les premières qui me sont venues à vous dire. Allez ! ce n'est pas grand'chose chez vous, tout cela... Je déménagerai et ça ne laissera pas grande trace. Il vaut mieux, bien mieux qu'il n'y ait rien entre nous... Mettez votre lorgnon et regardez donc la mariée !

— Elle est brune, Madame.

— Ecoutez-moi, il y a quelqu'un de coupable dans tout cela, c'est moi. Je vous ai provoqué... ».

Réponse du jeune homme protestant de son sérieux :

« Oh ! J'ai bien du plaisir à vous voir de près, moi qui ne peux vous voir que de loin. Mais où nous voir ? Dans la rue comme aujourd'hui ?

— Saluez-moi et partez. Voilà mon mari. »

Le samedi, conversation dans la rue. Le dimanche, le frère sceptique conseille de la laisser cuire dans son jus et n'accorde qu'un œil de dix minutes, le soir. La bonne, sortant la tête de la fenêtre et la dressant, darde un œil de vipère. Le mari continue à se mettre à la fenêtre en redingote et regarde fixement son pavé aimé dans la cour. La femme s'accoude désespérément, s'en va, revient.

Le lundi, le frère sceptique conseille de recommencer le jeu pour préparer un rendez-vous le mardi, jour où Jules se fera beau et fera faire sa barbe. La femme paraît à la fenêtre, une lettre déployée et portant un timbre-poste à la main, la lit, la relit, la froisse, disparaît, revient, prend un papier, écrit sur son genou au crayon, disparaît.

Jules et le frère sceptique se mettent à travailler l'un dans sa chambre, l'autre au salon. Rose entre et dit à Jules : « Madame de L... vous demande ». Jules reste anéanti. Rose lui dit : « Mais allez donc vite trouver madame de L... dans l'antichambre ! »

Bouleversée, pâle, les lèvres d'une morte :

« Monsieur, vous vous êtes battu en duel ce matin !

— Moi, Madame, je vous assure bien que non. Pourquoi ?

— J'ai reçu une lettre, ce matin... Je suis toute tremblante, j'ai la fièvre depuis ce matin... Enfin, je n'ai pas pu y tenir, il a fallu que je vienne, que je sache... Il n'y avait que cela dans la lettre : « Monsieur de Goncourt le jeune se bat en duel ce matin. Mais rassurez-vous, ce n'est pas pour vous. »

— Et signé ?

— Non signé... Et puis, je vous ai vu hier au soir sortir à onze heures. Alors...

— Madame, je vous assure que je ne sais ce que cela signifie. Je n'ai aucune raison pour me battre en ce moment; je ne suis pas même insulté dans les journaux, en ce moment...

— Oh ! voyez-vous, j'ai passé une matinée horrible. Je ne pouvais distinguer si c'était vous ou votre frère qui étiez à la fenêtre. Tout cela devient trop sérieux; il ne faut plus que je vous revoie.

— Madame, le mot est cruel !

— Oh non, je ne peux vivre ainsi en de telles émotions !

— Mais, Madame, il faut absolument que je vous revoie. Demain, vous sortirez ?

— Oui, je vais à onze heures rue du Cherche-Midi, chez mon parrain, le général. Je vous défends de me suivre, je vous en supplie. Quelle démarche je fais ! Quand je vais être rentrée, je ne pourrai jamais croire que je suis venue ici ».

Jules lui prend la main et la lui embrasse.

« Si je n'avais pas su qu'il y avait un appartement à louer, je n'aurais su comment monter. Et si je rencontrais quelqu'un dans votre escalier ? Je suis folle !

— Madame...

— Ouvrez la porte, que je me sauve ! Oh ! je vous en prie, ne dites pas à votre frère que je suis venue.

— Je serai discret, Madame. »

Elle avait dit à la portière : « Est-ce que messieurs de Goncourt sont chez eux ? J'ai une lettre à leur remettre de quelqu'un de leur connaissance. » Et en descendant : « Ces messieurs travaillaient, ils n'ont pu me recevoir. » Le soir, la portière, à Rose : « Ah ça, ils sont polis, vos messieurs ! Ils ne peuvent pas recevoir Madame ? »

Jules lui envoie un baiser sur la porte. Il rentre dans le salon en faisant une culbute.

« Qu'est-ce que tu as ? » dit Edmond. Il allume une pipe. Jules raconte l'histoire. Edmond tire trois bouffées de sa pipe :

« Très joli ! C'est inconcevable, et très fort !

— Comment ?

— Il y a soixante-dix chances contre une pour que la lettre anonyme soit une invention. C'est très bien imaginé, au reste; une ficelle qui enfonce monsieur Scribe !

— Bah !

— Son mari décachette toutes ses lettres, elle te l'a dit : et d'un ! Elle ne nous a pas distingués l'un de l'autre ce matin, — et elle a des yeux qui percent les murailles ! C'est clair ! Tu as dû être très bête ?

— Ma foi, oui, abasourdi.

— Je comprends. Tu es un imbécile.

— Je lui ai baisé la main.

— Mais, mon cher, elle venait... Son mari est bien heureux que tu n'aies que vingt-cinq ans.

— Mais je sais où elle va demain.

— Ah ! demain, attention ! Tu vas acheter des gants. Pas d'habit, c'est trop officiel... Une chemise à col pointu, ça te va bien. Pousse à la voiture : rien de brusque, mais parle du genou, des yeux, gesticule, dégage le plus d'électricité animale que tu pourras.

Mardi.

Le matin, la femme sort sans que Jules la voie. Elle rentre à deux heures. Jules se jette à son poste, la foudroie de l'œil. Elle revient, remet son chapeau, descend l'escalier, s'arrête à chaque palier. Jules sort, ne la voit pas, descend la rue Laffitte, remonte la rue Saint-Georges et v'lan ! la rencontre au coin de la rue Olivier, la dépasse pour la suivre et lui parler plus loin. La femme lui dit :

« Voilà comme vous voyez les gens !

— Madame, vous aborder ici me semblait d'une imprudence... pour vous !

— Oh ! je sais bien, ...je cours ici beaucoup de dangers.

— Mais, Madame, ne serait-il pas plus raisonnable de nous voir autre part que dans la rue ? A chaque pas que nous faisons, je tremble pour vous. Je ne puis vous donner le bras, tout le monde nous regarde.

— Ah ça, que faites-vous tous les soirs, de sortir à onze heures ? L'autre jour, vous êtes sorti à minuit moins le quart.

— Nous allons nous promener.

— A cette heure-là ?

— Mais, Madame, s'il est une heure pour la promenade, c'est celle-là. Il faut être fou pour sortir à midi. (Tirade paradoxale et spirituelle).

— Le bel endroit, que le faubourg Montmartre pour se parler ! C'est un marché !

— Madame, je ne choisis pas. »

Un silence.

« Vous êtes triste aujourd'hui.

— Oui, Madame. J'ai mal dormi, j'ai passé trois heures à vous attendre à la fenêtre. Je suis mal portant de corps et de cœur.

— Vous souffrez ?

— Je n'en sais rien; mais ce doit être.

— Oui, vous êtes bien pâle; allons, vous travaillez trop !

— Le travail ? Madame, voilà deux jours que je n'ai plus mes idées à moi. Elles s'en sont allées : où ? je ne sais... Je vais passer cette nuit à les rappeler.

— Oh ! je ne veux pas que vous passiez la nuit; cela m'empêcherait de dormir.

— Tenez, Madame, voulez-vous que je vous dise deux de vos grandes méfiances à mon égard ? Ma réputation de moquerie, — vous voyez que je suis un moqueur assez funèbre, — et mon titre d'homme de lettres. Vous croyez que les hommes de lettres sont des baladins aériens, vivant leurs livres et rien de plus, rassasiés d'actrices, le cœur las; des monstres, qui n'ont plus d'humain que l'amour-propre; des gens qui ont vu le bout de toute chose et le fond de tout vice. Eh bien, figurez-vous bien qu'un homme de lettres est un homme, qu'il est accessible aux mouvements et aux secousses morales comme quiconque et qu'il a souvent le cœur du dernier bourgeois.

— Et ces voyages dont vous m'avez parlé ? Vous allez partir à Trouville, en Italie ?

— Oh ! Madame, c'est un avenir bien vague tout cela. Il est des circonstances qui peuvent me faire voyager, tout bonnement, rue Saint-Georges... Tenez, nous voilà encore tout près de chez vous. Il est impossible pour vous, je vous le répète, que nous nous revoyions ainsi. Il faut trouver absolument un endroit où il n'y ait personne. Connaissez-vous le passage du Soleil ?

— Non.

— Balzac en parle dans ses PARENTS PAUVRES : « Il n'y a qu'un écrivain public... » (1) Mais vous ne le connaissez pas... Vous savez où est la place Vintimille ?

— Oui.

— Que faites-vous demain ?

— Je vais à l'Exposition.

— A quelle heure ?

— A trois heures.

— Vous pourrez être à midi place Vintimille ?

— Oui. Mais ne m'attendez pas plus qu'une heure. Si je ne viens pas, ne m'en veuillez pas. C'est que je n'aurai pas pu.

— Mais si vous ne venez pas demain, après-demain ?

— Jeudi, oui, à midi. »

Ils se regardent. Se séparent à midi.

« Pensez un peu à moi.

— Vous devriez me dire de ne pas tant y penser. »

Le frère sceptique rêvant :

« La place Vintimille ? La place Vintimille... Il y a par là le père Lathuile... Mais...

— Mais quoi ?

— Il n'y a que des chaises ! »

(1) Citation approximative de LA COUSINE BETTE. Balzac décrit « le quartier sinistre nommé autrefois la *Petite-Pologne* et que circonscrivent la rue du Rocher, la rue de la Pépinière et la rue de Miromesnil » et il y indique la présence caractéristique d'un écrivain public : « Là où vous voyez écrits ces deux mots : *Écrivain public*, vous pouvez hardiment penser que le quartier recèle beaucoup de gens ignares, et partant, des malheurs, des vices et des criminels. Or ce quartier avait acquis un écrivain public établi dans le passage du Soleil, dont le nom est une de ces antithèses familières aux Parisiens, car ce passage est doublement obscur. » (Coll. de la Pléiade, p. 510). Cet écrivain public n'est autre que le vieux Hulot... — Le passage du Soleil rejoignait la rue du Rocher à la rue de la Pépinière.

Midi, la place Vintimille. Le soleil darde. On fait l'appartement des putains, qui occupent les beaux appartements du premier. On voit, par les fenêtres ouvertes, le derrière des toilettes engazées de rose et de blanc, avec des bougies roses qui se dressent au-dessus. Des rapins passent. Mesdames leurs maîtresses, en cheveux, vont chercher quelque chose chez les fruitières. Les maçons, chemises blanches éclatantes, remuent dans les terrains de grosses pierres éclatantes de mica.

L'on est si habitué, dans ce quartier, à attendre quelque chose, l'argent ou la gloire ou l'amour, qu'on ne le regarde pas attendre.

A midi et demie, Madame arrive, avec une belle robe et une de ces ombrelles qu'une femme honnête peut seule avoir, — une ombrelle verte, une ombrelle de femme de chambre, une ombrelle qui dit la mère de famille. Ils s'abordent.

« Mais on est vu de partout sur votre place ! Et il n'y a pas d'ombre...

— C'est vrai, Madame. Mais ici, il y a des gens qui vont, il n'y a pas de gens qui passent. Pour l'ombre, je l'avoue... Mais tenez, nous allons aller à deux pas. (Ils gagnent la rue de Clichy.)

— Je ne suis pas rassurée par ici. C'est comme un pays nouveau pour moi. Je crains d'être suivie. (Jules se retourne.) Oh ! je ne le suis pas, je le sais. Mais j'ai peur...

— Mais, Madame, ici vous courez mille fois moins de risques que dans le quartier de votre mari, songez-y. Nous sommes à quatre mille lieues de la rue Saint-Georges et du monde habité... Je veux être pendu si une femme comme vous rencontre quelqu'un hors de la barrière de Clichy. »

Ils passent la barrière. Ici, Jules, qui a épuisé ses tirades, commence à vouloir précipiter les catastrophes.

« Prenez mon bras. Cela est plus prudent.

— Oh ! non jamais ! Je n'oserais pas ! »

On refait les trottoirs. Il y a des chaudières qui bituminent, qui empuantissent toute l'énorme rue.

« Où me menez-vous ? Il fait un soleil horrible par ici et cela pue, ...mais d'une façon insupportable !

« — Oui, Madame, le soleil brûle et il pue horriblement, cela est vrai. »

Ils passent devant le père Lathuile.

« Vous l'avouez ?

— Oui, Madame. »

Ils reviennent. Madame souriant :

« Décidément, je ne comprends plus rien aux endroits que vous choisissez.

— Tenez, Madame, si vous vouliez, dans une seconde, vous seriez à l'ombre, dans un petit coin où il n'y aurait que des parfums de verdure. Un cabinet de restaurant est le meilleur des parasols. Un mot et... Tenez, justement, nous sommes en face !

— Y songez-vous ? Que j'entre là ? Dans un cabinet ? Et les garçons... On peut me voir... J'en mourrais de honte !

— Alors, Madame, il faut nous repromener héroïquement sur cette vilaine chaussée, dans ces vilains miasmes... Rôtissons-nous de compagnie ! »

Un silence. Jules est à bout d'éloquence et se demande si décidément son *Non* est un vrai non. Ils repassent devant le père Lathuile. Madame va à la porte, l'ouvre. Jules, tout étonné, suit. Les garçons ne peuvent croire à un rendez-vous tendre, ouvrent la porte du grand salon : « Non, un cabinet. » On monte. Jules parcourt de l'œil le cabinet : mouvement de terreur, — c'est un de ces cabinets si petits que, quand on veut se mettre à genoux devant une femme, il faut ouvrir la porte ou passer les pieds par la fenêtre. Jalousie; verdure derrière la jalousie.

« Garçon ! Donnez-moi une demi-bouteille de champagne et des fraises. »

Le frère sceptique avait dit : « Tu ne demanderas qu'une demi-bouteille de champagne. Il ne faut pas se mettre pour la première fois sur un pied qu'on ne peut soutenir, commencer par commander des gibelottes de diamants et finir par du bœuf à la mode. » Le garçon apporte. Madame d'une voix étouffée :

« De l'eau ! Oh, j'étouffe ! Je suis bien malade... Quelle imprudence vous me faites commettre ! Si mon mari venait me chercher où je lui ai dit que j'allais ? »

Jules lui prenant la main :

« Eh bien, Madame, maintenant que l'imprudence est tirée, il faut la boire ! » Verre de champagne versé. « Oh non ! cela me fera mal. »

Jules est très occupé. Il faut qu'il soit tendre de paroles et de gestes, respectueux et vif et animé. Outre cela, la petitesse du cabinet est son idée fixe. Il sait que la question n'est pas de faire un faux pas pour les femmes, mais de le faire gracieusement. Et il ne voit pas un nombre de pieds carrés suffisant pour la grâce de la chute.

. . . .

« Dites-moi votre petit nom !

— L... Aimez-vous ce nom-là ? »

Un bruit de lèvres, un fripement de jupes... « Oh non ! Non ! je vous en supplie ! » Une trêve. Un long bavardage... de lèvres. Madame le repoussant : « Parlez-moi, je vous en prie, parlez-moi!... Mais parlez-moi donc ! »

. . . .

Madame, l'étreignant avec force : « Vous êtes mon petit enfant, maintenant ! »

. . . .

« Vous ne savez pas ce que c'est que ma vie ! »

Récit spirituel de cette grande route, toute droite... L'éternelle promenade au bois de Boulogne. Silhouette du mari ennuyé, ennuyeux, se couchant à huit heures, jaloux sans l'aimer, comme d'un meuble :

« Il faut l'amuser comme un enfant... Mon mari a cent ans. Je le connais depuis l'âge de neuf ans. Je me suis mariée avec lui comme avec un père. J'étais sans fortune. Ma mère a cru me rendre heureuse...

— Au lieu du bonheur, vous avez eu une calèche. »

Grosse femme qui meurt d'apoplexie. Dialogue entre le maître du café et le jeune homme pour s'en débarrasser (1).

A je ne sais quel château, il y avait sur le perron, aux deux côtés, un gros singe attaché par le milieu du corps et un perroquet

_____

(1) Rayé depuis *Grosse femme...*

attaché par la patte. Ils vivaient en mésintelligence. Voici pourquoi. Tout ce que le perroquet criait, le singe l'exécutait. *Présentez armes !* criait le perroquet. Le singe, avec un bâton, présentait armes. *En joue, feu !* Le singe couchait le perroquet en joue, etc. Un jour que le singe dormait au soleil, le perroquet descend tout doucement de son perchoir, s'approche et d'un coup de bec, coupe le bout de la queue du singe, puis remonte vivement en riant convulsivement et frénétiquement comme les perroquets. Le singe s'éveille en un cri terrible, voit, entend, se met à pouffer de rire, prend le bout de sa queue, la jette en l'air et jongle avec, pour moquer le perroquet (1).

Louis Passy étant à la pêche, une dame s'approche de lui : « Tenez, voyez donc ! En fouillant les papiers de mon mari, j'ai trouvé ces lettres. Elles sont bien drôles ! Lisez donc ! » Louis, fort ennuyé de quitter le liège de l'œil, se met à lire, ne comprend pas d'abord. C'étaient des lettres, qu'un ami écrivait au mari, où il lui prédisait qu'il serait *cocu.* « Avez-vous lu là ? » et la femme de vingt-deux ans montre un endroit où il disait : « Je crains bien fort pour ta partie animale. »

Louis lit, puis la regarde d'un œil qui ne disait rien, puis jette un coup d'œil à sa ligne. La femme se met à rire convulsivement et dit : « Je suis souffrante ! — Qu'avez-vous ? » dit Louis, qui ne quitte pas sa ligne. « Je vais vous reconduire en pêchant. — Oh non ! j'ai la colique, j'ai mangé des fraises ce matin... »

---

(1) Sous la feuille carrée qui contient ce passage, on lit par transparence ce projet sans lendemain : *GRAND ROMAN FANTASTIQUE. Apothéose sceptique d'un feu d'artifice.*

Un chirurgien militaire taillant, rognant, amputant avec des scies, etc : c'est la gloire.

Médecin sceptique. Le docteur Brown, médecin de l'Ile de France. Teint jaune, yeux retroussés aux coins, caractère javanais de type. Peu de fortune. Mangeant à peine pour faire ses expériences sur les cervelets des serpents, grenouilles, crapauds, etc. Ami : un lapin auquel il avait retiré un tas de muscles et qui avait par exemple l'oreille au milieu du front, toute la physionomie renversée, etc. — Expériences sur la transfusion du sang : cadavre de guillotiné, se saignait lui-même, infusait le sang et les doigts remuaient.

Autre médecin : expériences sur la digestion. Mangeait des petits paquets ficelés avec une ficelle. Quand ils étaient à son point voulu, les retirait avec la ficelle.

Les habitants de l'Amérique du Sud chassent avec des chiens qu'ils peignent de toutes les couleurs, — rouges, bleus, verts : l'arc-en-ciel en meute.

G... ayant quatre bourses : 1re) l'*anse du panier*, — 2e) du *bas de soie:* la graisse des viandes, — 3e) le *sou pour livre* et 4e) ses gages. Mettait ça dans quatre bourses (1).

Mme P..., dite *la Poule*, maîtresse de beaucoup de peintres.— Un jour, Haffner voit entrer chez elle un homme solide, le chapeau casseur : M. Arpin. La *Poule* gagnée aux exercices d'Arpin, s'exerçant à renforcer ses bras avec des poids de plomb dans les mains et disant avec orgueil à ses amants : « Maintenant, je lève soixante livres. » Toute la société de Montesquieu venant chez elle (2).

Meissonier maniaque : trop aimable quelquefois, puis brutal comme tout. L'on ne sait, quand on vient chez lui, si on va être foutu à la porte ou s'il va vous couronner de roses. Demeure toute l'année à Poissy. Un temps, a eu le goût du canot : trois immenses canots, dont le plus grand a été revendu à Nanteuil, contre lithographie de Nanteuil devant représenter LES BRAVI, appartenant à M. le comte de Morny, qu'il doit faire avec le pendant, quand le pendant sera fait.

Meissonier voyageur : un habit pour monter les côtes, un habit pour entrer dans telle ville, etc. Remanie à tout moment sa maison de Poissy. A voulu d'abord faire sa maison d'après une gravure de Teniers; a montré la gravure aux ouvriers : les ouvriers n'y ont rien compris. Quand ç'a été fini tant bien que mal, a découvert que le toit n'était pas assez pointu, a démoli le toit; puis quand

(1) Rayé depuis *G... ayant quatre bourses.* — SŒUR PHILOMÈNE (p. 70) présente explicitement le jeu de ces quatre bourses : les domestiques d'une maison bourgeoise y détaillent « la tenue des livres de la cuisine avec les quatre bourses de la cuisinière : la bourse des *bas de soie* ou des profits sur la graisse, la bourse du *sou pour livre*, la bourse de la *gratte* ou des profits de la Halle et la bourse de l'*anse du panier*. » La *gratte* tombe à tort l'*anse du panier:* ce dernier terme, resté vivant dans l'expression populaire « faire danser l'anse du panier », désigne tout comme la *gratte*, la majoration indue que subissent les sommes payées aux fournisseurs, lorsque la domestique en présente la note à sa patronne. Le *sou pour livre*, lui, consiste en une ristourne sur ces mêmes sommes, consentie par le fournisseur à qui la domestique accorde sa clientèle.

(2) Rayé depuis *Mme P... dite « la Poule »...* — La Salle ou Bazar Montesquieu, située 6, rue Montesquieu, fort en vogue entre 1830 et 1855, abritait alternativement un bal public et des assauts de lutte et de boxe : c'est là que s'exhibait Leboucher et que l'illustre Arpin fut « tombé » le 20 mars 1852 par *Marseille*.

le toit a été fait, a trouvé qu'il n'était pas dans le caractère et l'a fait faire en une espèce de mosaïque vernissée. Nanteuil a vu son salon, très beau, en style du XVIᵉ siècle, tout bois sculpté, avec une grande cheminée : il n'y manquait que le parquet. Depuis, il a tout fait démolir pour le mettre en un autre siècle. Et chaque jour, changement nouveau. Sa femme désolée; il l'envoie en voyage chez des amis, quand il veut faire un changement.

A toujours beaucoup de panneaux dans son atelier, touchés de premier jet et qu'il gâte en les finissant. Les marchands de tableaux, Stevens surtout, viennent choisir un panneau, écrivent leur nom derrière, à la pointe. C'est leur propriété. Mais Meissonier ne les lâche que quand il en est content.

Beaucoup de conscience dans le talent : toujours un modèle; fait faire des costumes pour ses personnages; ne peindrait pas une botte sans l'avoir sous les yeux. Bien plus, ne travaille et ne peint un tableau que dans le même mois de l'année, parce qu'il croit qu'autrement, la lumière et les ombres ne seraient pas les mêmes.

Français : natif de Plombières, fils d'un aubergiste, qui l'envoya sans argent à Paris. Entra comme garçon chez Paulin, place de la Bourse, et commença par traîner le haquet. Paulin bon pour lui : en fait son commis (1). Puis illustration de PAUL ET VIRGINIE, et apprend la peinture à Fontainebleau.

Dumas fils étant à Clichy, sa maîtresse, pour le retirer, emprunte la somme qu'il devait sur ses bijoux, qu'elle engage... à qui ? A Maquet ! Dumas ne restitue pas et Maquet vend les diamants.

Dumas fils dessinant, faisant des petits anges du Pérugin avec des ailes (2).

Eugène Delacroix disant : « Il n'y a que Raphaël et Racine. »

Janin disait à Asseline : « Savez-vous pourquoi j'ai duré vingt ans ? Parce que j'ai changé tous les quinze jours d'opinion !

(1) Add. éd. : *en fait son.*
(2) Rayé depuis *Dumas fils dessinant...*

Si je disais toujours la même chose, on me saurait par cœur avant de me lire. »

Nous disons à Janin : « Eh bien, vous avez donc éreinté ce graveur qui a fait une pièce ?

Janin. — Ah oui ! Qu'il reste graveur, celui-là !

Une actrice de l'Odéon. — Mais vous n'avez pas lu la pièce ?

Janin. — Dieu m'en garde !... Mais je l'ai lue... J'en ai lu deux vers !

Moi. — Mais c'est en prose !

Janin (en riant). — Vers ou prose, peu importe ! »

Bordel. — Dîner : viandes fortes, noires, nourrissantes, quatre immenses saladiers de salade, très épicée : du poivre en salade. — La maîtresse passant derrière les femmes, la main dans le dos et disant : « Azélie, ma bonne, vous savez, vous avez vingt sous d'amende ! » (à cause de pas de corset).

Femme de bordel éprise d'un commis-voyageur. Quand il la quitte va demander à son hôtel où il va. C'était à Saint-Omer. Le soir même, il la rencontre, raccrochant sur la place. Elle lui tape sur l'épaule. Et ainsi de suite, dans les villes où il va.

Dieu a fait le coït, l'homme a fait l'amour.

Paris, rue des Fossés-du-Temple, la rue derrière les théâtres, rue noire. D'un côté, un mur peu élevé, au-dessus duquel pyramident des piles de bois ; portes cochères trouent ce mur. Çà et là, marchands de vin. Une crémière : des hommes en blouse, dans deux fonds séparés par une arcade ; à la devanture, des rangées de demi-tasses en grosse porcelaine. De l'autre côté, un immense mur, comme un mur d'une immense caserne, troué au hasard, sans symétrie et comme par un conseiller Krespel (1), de fenêtres en feu, toutes inégales comme grandeur, les unes à demi couvertes par des demi-volets, d'autres voilées de rideaux roses. A toutes

---

(1) Cf. Le Violon de Crémone d'Hoffmann : au début du conte, le père de l'héroïne, — Antonia, — le conseiller Krespel, fait construire sa maison à murs pleins et y perce après coup portes et fenêtres au gré de son caprice.

les fenêtres du bas, des barreaux de fer. Quelques gamins dans la rue. Des putains qui raccrochent, en bonnet et en pélerine de soie noire sur une robe de coton. De temps en temps, le bruit d'une porte à poids, et deux ou trois hommes qui traversent la rue et entrent chez les marchands de vin Passé les théâtres, lanterne de marchand de vin : fond bleu avec un pierrot en blanc, et au-dessus du pierrot : *Au vrai Pierrot.*

Passage Vendôme. — Marchands de tableaux : pastels impossibles ; écrit à la main sur une feuille de papier collée contre la vitre : *Tableaux pour l'exportation à 25 % au-dessous de toutes les maisons de Paris.* — Dans le passage, étalées sur des planches, tirelires à vingt-cinq sous. — Perruquier funèbre, avec une figure en cire : petite fille en pied, triste comme une élève de Mlle Doudet, tenant un petit bouquet à la main (1). Elle devait tourner. Le ressort est cassé. — Puis, près de la rue de Vendôme, marchande de modes, magasin nu, sale, triste, dans lequel on ne voit rien ; sur une rampe de cuivre, un petit rideau gris, sale, devant lequel, d'un côté, un chapeau rose qui est devenu jaune, et de l'autre côté, sur une tige qui devait porter un autre bonnet, un vieux ruban déroulé.

Faubourg Saint-Denis, homme très riche, — *Au Ver à soie,* — a fait une clause de son testament, par laquelle sa fille unique épouserait un individu qui sortirait le premier de l'École Polytechnique. Tous les ans, le notaire allait trouver le premier sortant, qui ne savait ce que cela voulait dire. Fille reste longtemps demoiselle (2).

Ne pas oublier les découragements, rien ne venant, ni revues, ni libraires ; et voir autour de soi des manufacturiers de littérature gagnant et arrivant ! Nous, cependant, persistant dans notre voie, plus raides que jamais ; l'un malade et que les attaques jetaient sur le lit pour deux ou trois jours.

(1) Allusion à l'affaire de Célestine Doudet, institutrice qui fut condamnée à deux ans, puis à cinq ans d'emprisonnement le 12 mars, puis le 27 avr. 1855, pour mauvais traitements sur la personne des demoiselles Marsden, ses élèves.

(2) Rayé depuis *Fille reste...*

ANNÉE 1855

Conversation avec Gavarni sur l'Exposition des Beaux-Arts (1) : « Courbet ? Il n'y a rien, rien ! » Grand mépris pour tous, grande admiration des Anciens : « C'est du barbouillage de paravent ; ça tient du torche-cul et du papier de tenture ! Puis, par là-dessus, les gens qui viennent parler du *supernaturalisme* de ça au Bourgeois ! Nous sommes dans le Bas-Empire du Verbe, dans le pataugement des arts de la parole. »

Sur Delacroix : « C'est un homme qui s'est tout donné au *lâché* dans l'art, et je trouve que le *lâché* a été ingrat pour lui ! »

Août 55.

Nous sommes retombés dans l'ennui de toute la hauteur du plaisir. Nous sommes mal organisés, prompts à la fatigue. Une semaine nous dégoûte pour trois mois ; et nous sortons de l'amour avec un abattement de l'âme, un affadissement de tout notre être, une prostration du désir, une tristesse vague, informulée et sans bornes. Notre corps et notre esprit ont des lendemains d'un gris que je ne puis dire, où la vie nous semble plate comme un mauvais vin. Après quelques remuements et quelques ardeurs, une satiété immense nous envahit. Des fruits pressés, une cendre nous reste. C'est une désespérance du vouloir, une indigestion morale de l'orgie. Tout nous pue au cœur et nous sommes guéris pour long-temps de nous agiter pour vivre. Repus et saouls de matière, nous nous en allons de ces lits et de ces veilles comme d'un musée de

---

(1) En 1855, à l'occasion de l'Exposition Universelle, s'ouvrit une Exposition des Beaux-Arts qui, outre les productions récentes des artistes français, offrait une rétrospective des écoles françaises et étrangères depuis le début du siècle. Courbet devait y figurer avec une dizaine de toiles. Le jury lui ayant refusé L'Enterrement a Ornans et l'Atelier le peintre organisa, dans le voisinage de l'Exposition officielle, avenue Montaigne, une exposition particulière de ses œuvres sous le titre : Le Réalisme. Gustave Courbet. *Exhibition de quarante tableaux de son œuvre.* Le catalogue contenait une profession de foi de Courbet, rédigée sans doute par Castagnary. Des polémiques s'engagent dans la presse. Dans l'Artiste, — où les Goncourt publiaient des extraits de leur Société française pendant le Directoire, — paraissent sous le même titre, Du Réalisme, le réquisitoire de Charles Perrier (14 oct.) et les deux plaidoyers pour Courbet de Champfleury (2 sept.) et de F. Desnoyers (9 déc.).

préparations anatomiques et je ne sais quels souvenirs chirurgi-
caux et désolés nous gardons de ces corps aimables.

J'en ai vu qui étaient — les heureux garçons ! — moins
analystes que nous. C'étaient de grosses natures, qui se grisaient
régulièrement de plaisir, sans effort, et que la jouissance mettait
en appétit de jouir. J'ai connu Duplessis, qui saoulait ses sens deux
mois de suite et les lassait sans les rassasier. Leur gros esprit bien
portant semblait la vulve de l'impératrice romaine (1); ils étaient
le lendemain, comme la veille, dispos et gaillards, jamais écœurés,
l'âme toujours en rut et en soif. Ils ne pensaient pas après; ils
ignoraient ce grand vide qui se promène en vous, après ces choses,
comme une carafe d'eau dans la tête d'un hydrocéphale.

Dimanche 19 *août.*

Duplessis est venu nous prendre pour dîner chez Maire, et
nous l'avons conduit au bal de l'Ermitage, à Montmartre.

Un litre est plus que trop pour ce cerveau. Alors, une fébrilité
stupide, une agitation balourde, un bredouillement épais. Ce n'est
pas le fouet léger et inspirateur de l'ébriété, jetant la cervelle
terrestre à travers les cerceaux des rêves énormes, ce n'est pas le
dégagement de l'animale réalité, la soupape ouverte à la poésie
du vin; c'est une épaisse tuméfaction de la matière, l'hébétement
d'un gâteux qui se branle dans sa chaise percée; les couilles montées dans la tête, le cervelet en rut, non pour les âpres satisfactions
du marquis de Sade, mais pour un gros cul de femme; une ivresse
de Saint-Cyrien, dans laquelle rampent quelques réminiscences du
collège. Une saoulerie d'une amabilité douteuse pour celui auquel
elle donne le bras, et en même temps, toute prudente pour
les coudes de ceux qui passent. Il se travaille l'esprit (2), —
sans qu'une seule pensée jaillisse du coup de briquet des sons,
des mots, — pour y trouver des calembours, — et les fait
latins par frais souvenir de *rosa, rosae.* L'animal physique rondit
le dos, rentre le cou, tourne ses bras révérencieux et, —
ainsi transformé en la marmite de Montmaur, en pot de terre

(1) Allusion au passage de Juvénal, SATIRES, VI, 129-130, sur le prurit
amoureux de Messaline.
(2) Add. éd. : *Il se travaille.*

de Grandville (1), le chapeau en évent sur cette fermentation de queues de mots (2), — *tontonne* sur ses deux jambes, le cul lourd, les gestes ronds, comme un hanneton grisé de la fumée d'une pipe qu'on lui a soufflée au nez.

Août.

Toute cette population impérialiste se pressant au-devant de l'Angleterre me fait un peu l'effet de la visite de Girardin sur la tombe de Carrel en 1848 (3).

20 août.

J'apprends par l'ILLUSTRATION que Henri Valentin est mort d'une attaque d'apoplexie à Strasbourg.

Valentin était petit, trapu, le cou court, un gros nez aplati, la face un peu d'un Kalmouk. Son geste était grossier, sa tournure lourde. Il s'était, dans Paris, conservé paysan et de son pays : il portait toujours l'accent vosgien.

C'était un brave et gros garçon, finaud pourtant, peu élégiaque. Un piocheur énorme, travaillant du matin jusqu'à cinq et six heures du soir; aimant les grosses joies, la bière, le vin,

(1) L'helléniste Pierre de Montmaur (1578-1648), gros mangeur et spirituel pique-assiette, était la cible des satiristes du temps, qui le représentaient métamorphosé en perroquet, en épervier... et en marmite ! Sallengre, entre autres factums dirigés contre Montmaur et qu'il a rassemblés, publie LA MÉTAMORPHOSE DE GOMOR EN MARMITE : la page de titre est ornée d'une gravure que les Goncourt ont dû voir et qui représente un chaudron d'où émerge, sous un large chapeau, un peu du visage du parasite, tandis que les anses du pot figurent ses bras (cf. Sallengre, HISTOIRE DE PIERRE DE MONTMAUR, La Haye, 1715, t. 2, p. 67). — Le caricaturiste Grandville a laissé une illustration célèbre des FABLES de La Fontaine (1re éd. 1838-1840): l'allusion des Goncourt concerne LE POT DE TERRE ET LE POT DE FER.

(2) Sur les *queues de mots*, cf. t. I, p. 224, n. 2.

(3) Du 16 au 22 avril 1855, Napoléon III et l'Impératrice avaient rendu visite à la reine Victoria. Celle-ci vient à Paris, du 18 au 27 août 1855. Son séjour fut marqué par des fêtes brillantes, à l'Opéra-Comique, à Versailles. Napoléon III et ses courtisans et le peuple de Paris semblent, au gré des Goncourt, oublier un peu trop Sainte-Hélène, de même que les amis d'Armand Carrel, tué en duel par Émile de Girardin en 1836, paraissaient pardonner la mort tragique du républicain, lorsqu'ils invitaient Girardin à se joindre au pèlerinage organisé le 2 mars 1848 par les élèves de Saint-Cyr sur la tombe de Carrel, à Saint-Mandé. Girardin prit la parole pour rendre hommage à son malheureux adversaire et conclut en demandant au Gouvernement provisoire d'abolir le duel.

l'eau-de-vie. Quand il était gris, il disait avec sa voix particulière :
« Mon cher, je suis *ramplan !* » Aimant la grosse chère, allant dîner
presque tous les soirs chez Ramponneau. Caractère entier, brusque
et brutal. Vous accostant d'un coup de poing et d'une poignée de
main cordiale.

Je ne l'ai jamais vu si drôle qu'allant au bal de l'Opéra, en
Alsacien, avec un gros toquet de fourrure sur la tête, de petites
et coquettes bretelles rouges au dos. Il avait l'air d'un poussah
qui *tiriliserait,* comme dit Heine.

Je l'ai connu rue de Navarin, d'abord dans une petite pièce
tout au commencement de la rue; puis dans un atelier qu'il avait
tout en haut d'une maison du milieu de la rue. Il avait là une
terrasse dont on voyait tout Paris. Dans son atelier, il y avait
une FÊTE GALANTE de Lancret, l'eau-forte, bordée de bleu, de la
CONVERSATION GALANTE, à côté d'un grand Callot. Tout un mur
était pris par des costumes alsaciens et de bariolés costumes
d'Espagne : entre autres, la garniture de fleurs de tête, que lui avait
donnée une danseuse de Madrid. Puis mille choses, tête de mort,
lampes en cuivre, etc. Mille bois, dessinés ou vierges, étaient debout
sur sa table, avec leurs papiers de soie, rangés par hauteur comme
une pension; et dans un plat de vieille faïence, une gerbe de pipes
merveilleusement culottées.

Son compagnon de noce était ce gros Allemand d'Haffner,
le naturiste coloriste, le maître des champs de choux violets.
Dans l'après-midi, on le trouvait presque toujours tenant
compagnie à Valentin... Déjà ivre depuis le déjeuner, le
menton calé sur sa canne, en la pose que j'ai vue à l'oncle
Shandy, dans une vieille illustration du roman de Sterne, il
regardait vaguement travailler son ami jusqu'à l'heure du
dîner (1). Je les ai vus saouls tous les deux un soir chez moi.
C'était un très beau spectacle. Haffner était abruti comme un
caporal prussien, les yeux fermés, et dodelinant de la tête.
Un sourire énorme fendait la bouche de Valentin; ses yeux
souriaient au-dessus, à demi fendus et petits. C'était une béatitude
massive.

Une des dernières fois que nous le vîmes, c'était au Grand
Balcon, dont il appréciait fort le *bock* et le *kinsing.* Nous lui disions

(1) Add. 1887 depuis *le naturiste coloriste...*

qu'il y aurait une fort belle illustration à faire de Paris : des tableaux comme Mabille, la Morgue, un cabaret de la Halle, etc.; enfin, prendre un tableau dans le plaisir et la douleur, à tous les étages et dans tous les quartiers; mais cela bien fait, d'après nature et non de chic, et pouvant servir de document pour plus tard. Et nous nous plaignions à lui que l'avenir n'aurait point de renseignements vrais sur tout cela.

Il nous répondit qu'il y avait bien songé; qu'il ne cherchait qu'à faire des études d'après nature; qu'il dessinait souvent dans les rues; qu'il n'y avait de bon que cela; qu'il avait proposé à l'ILLUSTRATION de prendre une page pour lui faire des scènes parisiennes comme celles-là, mais qu'ils étaient si bêtes qu'ils n'avaient pas voulu. « Je n'ai rien fait, ajouta-t-il, mais un jour, je voudrais faire de grandes scènes comme cela, et alors, j'aurai fait quelque chose. »

La dernière fois que nous le vîmes, c'était sur le Boulevard, en face le Café de Paris. Il vaguait, muet, au bras d'un ami. Nous l'abordâmes. Il nous regarda; au bout de quelque temps, il nous reconnut : « Ah ! mon cher, nous dit-il, je ne vous reconnaissais pas. Je deviens aveugle. » Il clignait des yeux, disant cela. Il avait le regard blessé. Il était triste comme la mort. Sept mois qu'il n'avait fumé. Il ne pouvait presque plus travailler. Ses regards se croisaient, il louchait sur son bois; et c'étaient des douleurs de tête, qui le prenaient subitement, comme si on lui tirait des coups de fusil. Depuis deux ans, il était déjà malade. Il avait eu clou sur clou. Son médecin plaisantait sur cela.

Venu sans un sou à Paris, il avait amassé 12.000 livres de rentes à force de travail. Les voyages d'Afrique et d'Espagne l'avaient tué.

De ce pataud, de ce rustre, le talent était fin, féminin, coquet, distingué. Il avait une petite grâce mondaine, qui était juste ce qu'il fallait à l'ILLUSTRATION. Il avait été fait pour elle. Il dessinait parfaitement. J'ai vu de lui sur un album, grand comme la moitié de la main, des bonshommes espagnols dessinés, d'une correction et d'une solidité remarquables. Outre cela, il savait le bois, et se faire comprendre du graveur parfaitement. — Un des côtés de son talent était que ses toilettes étaient toujours la toilette du jour; il ajustait ses femmes à l'heure de la Mode; le genre de manchettes, de collerette, de robe, il observait et rendait tout cela. D'une actualité rare.

Valentin a fait deux ou trois petites eaux-fortes, dont je me rappelle une : des musiciens ambulants. Sur les derniers temps de sa vie, il essaya un peu de peinture. Il fit, je crois, un tableau pour l'église de son pays, Alarmont.

Lisant la Bible le matin et Rabelais le soir.

Dans les premiers temps de son séjour à Paris, il se levait le matin pour aller voir la lithographie parue de Gavarni aux vitrines d'Aubert, alors place de la Bourse.

Lundi 20 août.

Léon est venu déjeuner aujourd'hui. Il est resté jusqu'à cinq heures et nous avons parlé six heures de choses passées. Nous avons parlé du passage Choiseul, où notre jeunesse a usé ses bottes, de Marie, qui nous a trompés successivement l'un avec l'autre, des suprêmes de volaille de Véfour, des parties de billard arrêtées par notre dernière pièce de vingt sols, des grands arbres de la maison, de l'Allée des Veuves, de notre première polka, de sa promotion à l'École Polytechnique. Nous nous sommes, six heures durant, raconté ce que nous savions, chacun contant à l'autre sa propre histoire, scandée à tout moment par : «Tu te souviens?», reprenant et recommençant ces machines qui ne sont ni bien gaies, ni bien dramatiques; et si l'heure de dîner n'était pas sonnée, nous en parlerions encore. Pourquoi ce charme de ces radoteries vieillotes? (1).

Août.

Le boulevard de Strasbourg a l'air de la grande artère d'une Californie improvisée. Toutes sortes d'industries logées dans des maisons ébauchées, beaucoup de restaurateurs; mouvement de piétons. Une petite fille de douze ans, grosse, avec un énorme ventre, promenant une toute petite chienne grosse. Caractère un peu alsacien des promeneuses ambulantes. Passage où on loue un vêtement pour soirée : *L'habit noir, 3 francs*; *de la plus grande fraîcheur, 5 francs.*

---

(1) Ce passage est bien de la main d'Edmond; mais celui-ci, en 1887, au prix de quelques modifications (par ex. : *Edmond et lui ont parlé* au lieu de *Nous avons parlé*), en attribue la rédaction à Jules : c'est prêter indûment au frère cadet une ironie un peu méprisante à l'égard des « radoteries » d'Edmond.

A droite du chemin de fer, comme l'escalier d'une Vénus, qui n'est pas bâti... (1). Au haut, le pont sur lequel s'ébattent de blonds enfants : petite Provence faubourienne, les vieilles grand-mères assises sur les bancs avec des mitaines noires. Par-dessus le parapet, les paysages de Cicéri, les ciels gris, les toits bleuâtres du zinc, les dévalements jaunes des terrains, les grandes pierres aux larges arêtes semées avec les caprices des angles, les grandes maisons blanches du premier plan, jaillissant des maisons bleuâtres du fond, — le paysage gris de notre climat.

Le poivre ne me semble avoir été créé que pour conserver les Anglais. Si par un malheur que l'on ne peut prévoir, le poivre venait à manquer, je crois qu'il y aurait dissolution de ces tempéraments à sang blanc et que le froid estomac de la Grande-Bretagne crèverait de sa froideur.

Août.

Les figures de cire, je ne connais pas de mensonge de la vie plus effrayant. Ce geste refroidi, cette mort vivante, cette fixité, cette immobilité, ce silence du regard, cette pétrification de la tournure, ces mains maladroitement pendues au bout des bras, ces tignasses noires et ballantes sur le front des hommes, ces longs cils, où est enfermé l'œil des femmes, — une grille de soie, où passe un oiseau de velours, — ce blanc azuré des chairs : tout cela est d'un macabre poignant.

Peut-être que ce prodigieux plagiat de la nature est appelé au plus grand avenir : je vois les deux grands arts plastiques, la peinture et la sculpture, réunis et fondus dans la figure de cire. Ce jour-là, les réalistes seront sans ouvrage.

La figure de cire en est à son enfance : elle a l'âge de la Comédie du temps de Thespis. Mais elle deviendra, dans la République qui menace, le grand art populaire. Nul doute que les démocraties de

(1) Intention obscure : une construction ébauchée — sont-ce les degrés de la rue d'Alsace, situés à droite, quand on sort de la gare de l'Est? — semble, avec ses pierres d'attente, s'élever en un escalier rudimentaire, à la façon, peut-être, de l'arcade rocheuse au sommet de laquelle se dresse la Vénus nue, amoureusement contemplée par Mars, du PARNASSE de Mantegna. En 1887, Edmond lui-même semble ne plus comprendre le texte du Ms., car le JOURNAL imprimé porte : *comme l'escalier resté inachevé d'un édifice qui n'est pas bâti.*

l'avenir n'élèvent aux gloires futures de la France un nouveau Versailles, un rendez-vous de chefs-d'œuvre commémoratifs, accessibles à l'intelligence de tous et que le peuple lira sans épeler : un Versailles de figures de cire.

Ce sera l'Histoire même, ses grandes scènes et ses hauts faits, saisis tout à coup, figés, immortalisés en même temps et dans leur forme et dans leur couleur ! On utilisera les peintres pour cela. Par exemple, les Delaroche dessineront la maquette de la mise en scène; ils rangeront les fauteuils, ils conseilleront des poses, ils placeront le modèle, ils dicteront les figures. On leur associera des acteurs, des régisseurs, etc., — tous les gens dont le métier est de disposer ou de rendre plastiquement des faits fictifs et imaginaires. Et peut-être ira-t-on jusqu'à mettre dans les personnages historiques une petite manivelle, qui récitera leurs plus beaux mots : *A moi d'Auvergne !* pour d'Assas, *Allez dire à votre maître...* pour Mirabeau, *Du haut de ces pyramides...* pour Napoléon et *Elle doit être à nous...* pour Bilboquet... (1). L'illusion sera alors véritablement complète et le peuple, ravi.

28 août 1855.

Je me rappelle de mon enfance des parties de charades chez Philippe de Courmont, rue du Bac, quand il était avec *Bonne Amie,* — la femme qui l'a élevé, Mlle Boileau, qui l'appelait *Fifi,* — la petite Saint-Edme, etc. Je me rappelle une charade. Le mot était *marabout.* On le fit avec Marat dans son bain, à qui on versait de l'eau trop chaude. Où diable nos intelligences d'enfant avaient-elles été chercher Marat et ce calembour ingénieux?

Il y avait aussi, là, des meubles couverts en personnages chinois, brodés en soie, qui m'amusaient beaucoup.

Nous avons dîné avec Pouthier hier. Toujours cette insolente confiance en la Providence. Il est toujours persuadé que sa dernière pièce de trois francs fera des petits le lendemain. Ne sachant s'il

(1) Allusions claires, sauf la dernière, qui vise Bilboquet, le vieux paradiste intrépide des SALTIMBANQUES, comédie de Dumersan et Varin (1851). A la fin de l'acte I, Sosthène Ducantal, jeune bourgeois engagé dans la troupe, est « récupéré » par son père et oublie sa malle. Gringalet questionne : « Cette malle est-elle à nous ? » et Bilboquet répond sans broncher : « Elle doit être à nous ».

dînera, est toujours enchanté de vivre. Va pêcher à Chatou avec des dentistes.

Servin, s'étant saoulé avec lui, est pris de l'idée subite de partir pour Fontainebleau. On prend un fiacre sur les boulevards, en face des Variétés. Servin veut absolument monter en postillon. Timide résistance du cocher. Il crie, brandissant sa canne : « Sept mille Autrichiens !... Et Grouchy ! Cet imbécile de Grouchy, qui n'arrive pas ! »

« Les Heiduques (1), enfin, d'où ça vient-il ? Est-ce que c'était un peuple ?

— Oui, un peuple qui naissait derrière les voitures, et d'où sont nés les courtisans, les critiques et les chasseurs à plumets verts. »

Il reste à exprimer une mélancolie nouvelle : la mélancolie française, qu'on pourrait appeler humoristique, mélancolie non blasphématoire, tristesse vague dans laquelle rit un coin d'ironie. Shakespeare dans HAMLET, Byron, RENÉ de Chateaubriand sont des mélancolies de peuples plus septentrionaux que nous. Ils s'ennuient à l'allemande.

Dentu et son commis, deux petits bassets. Un vieux petit vieillard ferme la trinité, toujours à rassembler des livres non brochés : le génie des éditions en feuilles.

Murger froid, fermé, rien de liant, lâche devant toute opinion, trouvant du talent à tout le monde.

Les Anciens avaient le plaisir grand, leurs distractions étaient le cirque, les combats des animaux, la vraie mort des hommes, les exécutions des martyrs sur une large échelle. Les lampions de leurs illuminations étaient des chrétiens résineux.

Nos pauvres distractions, c'est de trembler pour la colonne vertébrale d'un équilibriste, qui ne tombe jamais, l'entorse d'une Saqui, qui vit toujours quatre-vingts ans ; notre Cirque dramatique :

(1) Originellement, milice hongroise chargée de défendre les frontières Sud de l'Empire d'Autriche contre les Turcs. Puis valets de pied vêtus à la hongroise.

un poignard qui rentre, des émotions faites avec du blanc. Et la plus grande monstruosité qu'un Musset puisse faire, c'est de lancer une bouteille d'eau de Seltz dans la gorge d'une fille de bordel.

La beauté est passée dans la physionomie; elle a subi une évolution totale. Les conditions de vie des peuples complètement changées : de peuples en plein air, ils sont devenus peuples enfermés (1); toutes races abâtardies. Et les benêts officiels de la pédagogie veulent immobiliser le beau écrit !

Puis de l'action, du drame matériel, des romans de cape et d'épée et des romans-d'aventures — *Gil-Blas*, la curiosité, l'étude sont passées au sentiment, à l'action intérieure, au drame immatériel, du récit du bras au récit du cerveau.

Vivent les talents non-officiels ! Rembrandt, Hoffmann ! A quelle merveilleuse corruption du bon sens on est arrivé depuis l'homme sauvage, — à Hoffmann !

Binding, — le Silène de la bière, une tonne d'Heidelberg, — faisant l'oraison funèbre de Valentin : « Faible créature !... Il faut se résigner... Un garçon qui avait si envie de vivre ! » Et il est allé reboire de la bière...

Un monde dont je rêverais, ce serait les hommes en fourrure, les femmes en dentelle.

Le peuple ne fait queue à l'Exposition (2) que pour les diamants de la Couronne. Quand on parviendrait à lui matérialiser et à lui concentrer et à lui rendre visibles et tactiles la lumière de Rembrandt, la poésie d'Hugo, etc., le *Régent*, ce *quinine* de millions, aurait plus de charme pour lui, comme la plus concentrée essence de richesse.

Au XVIIIe siècle, meubles, etc., toute l'industrie, étaient un art. Au XIXe, pas un meuble, pas un bronze, pas une porcelaine ! Et jamais on n'a plus parlé de l'art dans l'industrie !

---

(1) Add. éd. : *ils sont devenus*.
(2) Sur l'Exposition Universelle, cf. t. I, p. 175, n. 1.

A l'Exposition, rien d'accessible au grand nombre, rien de pratique et d'applicable : pas d'*eustache* à deux sous comme sous Louis-Philippe.

Les deux choses stupéfiantes pour nous à l'Exposition : la jambe en cire, avec les poils, de Darthonay, rue d'Angoulême-du-Temple, et le fac-similé d'un dessin aux deux crayons de Portail.

27 *ou* 28 *août*.

Allé à Bougival voir Célestin Nanteuil.

Bougival, la patrie et l'atelier du paysage, où chaque arbre, chaque saule, chaque déchirure de terrain vous rappelle une exposition; où l'on se promène en entendant : « Ceci a été fait par ***, ceci a été dessiné par ***, ceci a été peint par *** ». Bougival, dont le patriarche a été Célestin Nanteuil, qui a eu le premier canot ponté, au temps où les bourgeois venaient s'y promener en bateau plat le dimanche, — et dont le premier poète a été Pelletan.

Tout est souvenir, là. Les maisons : la maison de Lireux et les dîners du dimanche, la maison de Barrot et le kiosque des rêveries politiques. Des murs vous racontent des passions et des histoires de femmes. Vous promenez-vous dans l'île d'Aligre, devant ces deux catalpas qui forment un *A*, l'on vous dit : « Le premier tableau de Français ! » et vous revoyez la petite femme nue couchée sur une peau de tigre, sous la verdure gaie.

Là, comme partout ailleurs, le commerce humilie l'art et Staub, du haut de la Jonchère, située comme un château de Lucennes (1), regarde de bien haut les petits toits de l'artiste.

Paysage à grandes lignes un peu triste.

Français, nature bien portante, un paysan franc-comtois logé dans une statue antique; amour très complet de la nature; se complaisant dans les contes de merde. Un soir, on lui parla d'une plante d'un magnifique dessin, dans l'île; et déjà dans sa tête, toute la nuit, le dessin se faisait, et les feuilles dentelées et la plante tout entière. Il se lève de bonne heure et cherche partout : pas de plante ! Un éclat de rire : son beau rêve, une vache l'avait mangé et digéré, la nuit... et sa plante était une énorme bouse.

---

(1) Lucennes ou Louveciennes, le château de Mme du Barry, près de Marly-le-Roi.

Français, épris de l'étude d'après nature, empoigné tout à fait, contant cette idée qui s'empare de lui devant un site ou un arbre : « Peut-être que je vais faire un chef d'œuvre ! » Contant avec animation et d'un ton amoureux ses trouvailles de champignons à Fontainebleau.

Nanteuil, un grand et long garçon, les traits énergiques, la physionomie douce, le sourire caressant. Il est la personnification et le représentant de l'homme de 1830, habitué aux belles luttes, à un public, à l'effort et à l'applaudissement. Il porte, inconsolable et navré au plus profond, le deuil et le regret de ces choses. Les idées politiques de 1848 l'ont renfiévré et fait revivre; quand elles ont été tuées, il a été repris de plus belle par l'ennui, l'indifférence ambiante et stagnante, l'inoccupation des pensées et des aspirations. C'est un esprit distingué, pris d'une tranquille et calme nostalgie de l'idéal, qui se lamente à demi-voix et n'attribue son mal qu'à lui-même.

Un homme essentiellement bon, non-aigri, froid, mais avec une poignée de main chaude et cordiale; modeste et faisant peu de bruit, plaisantant sans fracas, riant sans éclat.

Tout bon et charitable qu'il est aux autres, on voit que son esprit a de bons yeux et qu'il perçoit parfaitement les bêtises, les niaiseries, les lâchetés et les butorderies qui lui sont données à voir : il leur pardonne, en les fouettant d'une ironie féminine. Sa verge est un sourire à peine sensible, une petite flèche qui lui part d'un coin de lèvre et qui, toute petite et toute légère qu'elle est, va droit à son but et entre dans le ridicule comme dans du beurre. — Ce mot d'une dame à Dumas père l'explique bien, ce railleur voilé et discret : « Ah ! mais il est spirituel, Nanteuil ! je ne m'en étais jamais aperçue ! »

Tout apaisées que soient ses mélancolies, on voit qu'elles l'accompagnent, — plutôt qu'elles ne le poursuivent. L'avenir l'inquiète; il songe à vieillir. Il a la crainte du travail pouvant manquer à sa vieillesse d'un jour à l'autre, voyant l'illustration de la romance, dont il vivait en grande partie, déjà abandonnée (1) et récapitulant tous ces morts auxquels le XIXᵉ siècle n'accorde que le prytanée de l'Hôpital ou de la Morgue : Gérard de Nerval,

(1) J'ai suivi l'éd. de 1887. Texte Ms. : *Craintes de travail pouvant manquer d'un jour à l'autre, déjà plus de romances...*

son ami, pendu ; — Johannot, l'illustrateur (a mis 20.000 francs et son travail dans le Paul et Virginie de Curmer : perdus), pour l'enterrement duquel on fut forcé de se cotiser ; — Gavarni, pour qui on serait obligé de faire de même demain. Il dit : « Oui, je sais bien, j'ai gagné de 5.000 à 12.000 francs par an. Si j'avais été raisonnable, j'aurais eu une petite chambre, j'aurais dépensé quinze sous par jour, et j'aurais quelque chose devant moi. C'est de ma faute... »

Nous avons causé de l'idéal, ce ver rongeur du cerveau, — l'idéal, « ce tableau que nous peignons avec notre sang » (Hoffmann) (1). La résignation du *C'est ma faute !* lui est encore revenue : « Pourquoi nous éprendre de l'*inréel*, de l'insaisissable ? Pourquoi ne pas prendre but à portée de notre main ? Quelque désir satisfaisable, un *dada* qu'on puisse enfourcher. Par exemple, être collectionneur, c'est un charmant *dada* de bonheur. Il y avait encore la religion, jadis : oh ! le magnifique *dada* ! Mais c'est empaillé maintenant... Mais il faut avoir une vocation pour tous ces *dadas*-là. Tenez ! ces bourgeois qui viennent ici le dimanche et qui rient si fort, je les envie. Ou encore le *dada* de Corot : c'est un brave homme, qui cherche des tons fins et qui les trouve ! Il est heureux. Ça lui suffit.

« Et pour l'amour, que nous exigeons de choses de la vie ! Nous demandons à nos maîtresses d'être honnêtes et coquines ! Nous leur demandons d'avoir tous les vices et toutes les vertus !... Nous sommes tous des fous. Des fleurs qui sentent, le plaisir qui est, la femme belle, nous ne les savourons pas. Nous avons une maladie dans la tête. Les bourgeois ont raison... Mais être raisonnable, est-ce vivre ? »

Triste reconnaissance de la dépendance où l'art est du gouvernement : « Il faut vivre ! Les convictions courbent la tête pour manger... Plus de subventions particulières de l'art. C'est le ministre qui tient notre pain. » Après cela, causerie sur tout ce qu'on pourrait faire avec la peinture : « D'abord orner les cafés ; puis surtout les gares de chemin de fer : cet endroit où tout le monde attend et où on regarderait, et où on pourrait faire de belles choses... Tandis, qu'il y ait des peintures à la bibliothèque

---

(1) Cf. L'Église des Jésuites (dans la traduction de Loève-Veimars des Contes fantastiques, 1843, t. II, p. 193).

de la Chambre des Pairs, qu'est-ce que ça me fait? Je ne peux pas y entrer ! »

Dîner du Vendredi fondé par Paul de Musset, Corot, etc. Y vont Français, Nanteuil, etc., quelquefois. Dix francs par tête : pâté d'hareng de Calais aux truffes.

Nanteuil : petite maison à sphinx en plâtre, peinte en vert. A côté, la maison blanche, bâtie par Charpentier, où est mort Pradier.

Dans un champ nu et plat, nous avons vu une maison carrée et blanche. Un homme devant, en bras de chemise, traînait une brouette et une femme jouait toute seule, frénétiquement, au tonneau : c'était Emile Augier et sa maîtresse, Laure Lambert, ex-actrice du Palais-Royal.

Le père de Nanteuil a quatre-vingt-quatre ans. A peu près en enfance, se figure que toutes les nuits, des marchands de bœufs viennent lui proposer des affaires et raconte ça à la sœur de Nanteuil, tous les matins, disant qu'il faut qu'il aille consulter là-dessus M. Fould, qu'il a connu autrefois.

Nanteuil, enfant : on le forçait à aller chercher dans une armoire son bonnet pour se coucher. Cris de fou : croyait sentir dans l'armoire des mains de mort.

Un jour, marchant la nuit en Normandie sur une route blanche, vit devant lui son ombre. Marcha sans s'inquiéter. Se retourna au bout de quelque temps. Il n'y avait pas de lune. Remarcha. L'ombre continua jusqu'au village.

A la fin d'une nuit de travail, — car un moment, il dessinait toute la nuit, — la fatigue prend la tête, les yeux se ferment et, fermés, gardent en eux la lumière de la lampe : disposition à la peur de la partie nerveuse, surexcitée. Une nuit, tout fermé chez lui, il entend jouer du piano dans son dos : c'était le chat qui avait passé dessus.

Dans le moment, il tâchait d'emmancher une affaire avec Bertaux et une subvention du gouvernement, pour lithographier les tableaux des principales galeries de l'Europe.

Il répétait souvent : « Mais faire des petits paysages verts, trouver des tons fins, est-ce vivre ? »

Corot, l'homme heureux par excellence. Quand il peint, heureux de peindre; quand il ne peint pas, heureux de se reposer. Heureux de sa petite fortune, quand il n'avait pas hérité; heureux de son héritage, quand il a hérité. Heureux de son obscurité, quand il n'était pas connu; heureux de ses succès, — et tirant tous les mois son coup avec quelque sale modèle qui vient le voir.

Nanteuil nous a montré des dessins de Maurice Sand pour l'illustration de SPIRIDION, affreux dessins bêtes. Il est chargé de les refaire; quand il les refait trop, colères terribles de George Sand; et quand il ne les refait pas assez, reproches d'Hetzel.

Petite fille de quatre ans et demi chez Maurice à Bougival : « Eh bien, Sophie, tu ne veux donc pas te marier? — Non. — Cependant, tu vois, tout le monde se marie. — Pas vrai ! Chez papa, n'y a-t-il pas toutes ces belles dames, qui n'ont pas de mari et qui ont des fleurs à leur chapeau? »

Il est, dans toutes les boutiques d'art et de littérature, une cheville ouvrière, qui est un bourgeois stupide, ignare et prétentieux, un homme qui fait tout, qui brouille tout, qui touche à tout, comme le Polichinelle napolitain dont nous parlait Palizzi, l'autre soir. Par exemple, à l'ILLUSTRATION, un nommé Falempin, qui peut bien avoir avancé la mort de Valentin. Ce Falempin remet des yeux aux bois de Gavarni. Un jour, on lui apporte des bois de Delacroix : « Vous voyez bien ça? Ils les imprimeront comme ils voudront, mais je n'y retoucherai pas ! »

30 août.

Hier au restaurant, un père et son fils dînaient. Père : vieille tête de négociant, fatiguée et distinguée, sourire fin; le fils : tête de jeune renard. Père regarde une fille : «Elle a une belle carnation !» Le fils : « Oui... J'ai vu à l'Exposition de l'Industrie une machine à coudre, qui fait le travail de 25 ouvrières par jour... »

Septembre.

Nous avons été dîner chez Gavarni. Vint un M. Forlot, bras droit de la maison Lemercier, dont Gavarni fait le portrait sur papier jaune, avec des coups de gouache pour les lumières et un travail de tailles rondissantes à la mine de plomb pour les ombres. La miniature dans ce qu'elle a de plus doux, de plus fin, de

207

plus modelé, — et avec cela, un contraste, une opposition, une lumière, une vigueur !... Une des choses les plus admirables de Gavarni.

Gavarni vendit 100 dessins de la POLICE CORRECTIONNELLE à un nommé Bourmancé, ancien commis de Susse; payement réglé en billets. Le Bourmancé ne paya pas; Gavarni eut à payer avec « des grappes de frais ». Un homme qui avait un billet du Bourmancé étant dans un café, le Bourmancé y entre en se frottant les mains : « Qu'est-ce qui veut que je lui paye quelque chose? — Moi, ce billet-là ! » dit l'autre.

Retravaillage complet de son jardin. Abus de la maçonnerie : fait un chemin soutenu par un mur pour aller à la basse-cour future et à la remise, où il doit faire venir du Limousin sa calèche de voyage.

Gavarni nous raconte qu'il a été obsédé par les bureaux de la chancellerie de la Légion d'Honneur pour fournir ses états de services et ses lithographies d'état. Refus total : dit qu'il n'a rien sollicité et qu'il n'a pas besoin d'expliquer sa croix.

Dimanche 2 septembre.

Pouthier est venu dîner. En parlant d'un vieux peintre décoré, qui travaille avec lui au Louvre à une copie du portrait de l'Empereur, dit qu'il ressemble à ces chevaliers de la Légion d'Honneur, qui signent dans les journaux des annonces, des certificats de guérison de dartres.

Nous l'avons emmené au bal de l'Ermitage à Montmartre. Bouffonnerie saoularde et perpétuelle; toutes sortes d'esprit; une *olla-podrida* de calembours, d'épigrammes, de bêtises, d'allusions à Dieu et au diable, d'exagérations comiques, de portraits bizarres; un cauchemar bavard de vaudevilliste et de rapin et d'homme de lettres ivre, entremêlé de poses frénétiques, de remuements de singe, de *hop là !* de cirque, de démanchements et de fièvres de torse. Interpellait à tout moment une danseuse : « La nourrice de mon petit ! Elle échauffe son lait, la malheureuse !... Je te vois ! — Elle a le mouchoir de ma femme : *A.P. !* » Soutenait que le municipal préposé au contrôle de la pudeur des pas était son oncle, qu'il le déshériterait, etc. A dansé, a improvisé soudainement, avec un pantalon à jour dans le derrière, la caricature de toutes les

danses et de toutes les poses, a moqué la danse des salons, a moqué
la Petra Camara, a singé les castagnettes et le brio espagnol, puis
la lorgnette de Napoléon et sa main derrière le dos. Talonnait
une bourrée, rebondissait comme un sylphe, se fendait, remuait
les mains comme les idiots, embrassait les pas de sa danseuse, etc.

Entre l'Apollon du Belvédère et un cul-de-jatte, il n'y a pas
la moitié de la distance qu'il y a entre les intelligences, d'un bout
de l'échelle à l'autre.

3 septembre.

Été à la fête des Loges, au Tivoli. Joli bal. Blanchisseuses du
cru, jolies, toutes en blanc, rubans roses, petits bonnets de paysanne, en dentelle de coton, avec, tout autour, de petites fleurs
imitées, de petites roses, entremêlées de petits branchages et de
petites aigrettes d'or.

La sauvagerie est nécessaire tous les quatre ou cinq cents ans,
pour retremper le monde. Le monde mourrait de civilisation.
Quand les estomacs sont pleins et que les hommes ne peuvent
plus baiser, il leur tombe des bougres de six pieds, du Nord.
Maintenant qu'il n'y a plus de sauvages, ce seront les ouvriers
qui feront cet ouvrage-là dans une cinquantaine d'années. On
appellera cela la Révolution sociale.

La loi moderne, le Code, n'a oublié que deux choses : l'honneur et la fortune. Pas un mot de l'arbitrage de l'honneur, le duel,
que la justice condamne ou absout par interprétation et sans textes
précis. — La fortune, aujourd'hui presque toute dans les opérations
de bourse, de courtage, d'agiotage, de coulisse ou d'agence de
change, n'a pas été prévue davantage : nulle réglementation de ces
trafics journaliers, les tribunaux incompétents pour toute transaction de Bourse, l'agent de change recevant sans donner reçu.

6 septembre.

Été au cimetière Montmartre.
C'est une mélancolie qui tombe presque aussitôt dans le
vaudeville par le niais bourgeois de la douleur. — Rien ne vous

décourage de l'immortalité comme cet exemple de la mort. L'on se sent gagné de l'indifférence pour la survie de son nom : cela prêche le dénouement de la volonté... Un homme a eu l'idée d'entourer la tombe de son fils de deux rangs de tringles, où sont accrochées des sonnettes, trouées de petits trous, qui doivent, par le vent, le bercer d'une musique éolienne ! Non loin de la nécropole polonaise, — où toutes ces âmes, veuves de la patrie, ont signé : *Exoriatur nostris ex ossibus ultor* (1), — le marquis de Bouillé est côte à côte avec Alcide Tousez : les jeux de la Mort et du Hasard. Il n'est rien tant qui ressemble au pêle-mêle d'un cimetière qu'une collection d'autographes.

J'ai vu une tombe honnête, une tombe de famille; j'ai lu : *Paul Niquet, ancien marchand, mort en* 1829, et près de lui, une Niquet, née rue aux Fers en 1791.

10 *septembre.*

Rupture avec la comtesse, place Vintimille, là où elle est venue se donner; en voiture, prétextant qu'elle ne peut marcher. Les femmes ont le bavardage des larmes. Fait aller le coupé sur les boulevards extérieurs, jusque passé le chemin du Nord. — Je l'arrête, nous descendons. Course, sans un mot échangé, dans des quartiers inouïs au delà de la barrière. Retour par la rue Rochechouart. Demande à prendre un verre d'eau sucrée. Menace de se trouver mal. Elle mijotait un rendez-vous dans un cabinet. Place Chabrol, je lui dis de prendre une voiture. Elle exige que j'y monte. Les nerfs montés par cette scène, je refuse net et m'en vais. Elle me rattrape en courant. Je cède avec la figure froide d'un homme résigné, qu'on mène à l'échafaud. Au chemin de fer du Nord, nous ne descendons pas. Retour jusqu'à la rue de Provence. « Je vous aime à en devenir imbécile ! » ... Passage au doigt d'une bague de Sainte-Geneviève en argent : « C'est ce que j'ai de plus précieux au monde ! » De cette bague, elle n'a jamais voulu me dire l'histoire.

Le jour où nous avons été jugés en police correctionnelle, un petit jeune homme, très jeune et maigriot, passait devant nous. Il était accusé d'avoir condamné l'Empereur à mort et je me

(1) Virgile, ÉNÉIDE, IV, 625.

rappelle qu'il fut établi qu'il avait envoyé cette condamnation à toutes les ambassades. — Il avait une petite voix nette et rageuse. Il avait l'air assez indifférent. M. Legonidec psalmodia quelque chose : il était condamné à deux ans de prison. — C'est Bellemare, qui vient de tirer sur l'Empereur.

11 *septembre.*

J'ai vu des oiseaux aujourd'hui. Je n'aime pas la mort : si j'étais riche, je m'entourerais de vie, — d'oiseaux, de singes et de filles.

Édouard, décoré, dit à sa mère : « C'est assez beau d'être décoré, comme moi à vingt-sept ans. — Oui, répond la mère, on voit bien que c'est un gouvernement qui décore les gens d'esprit. »

Pouthier dîne chez nous. Il nous raconte un rêve de Deshayes. Deshayes, ayant des commandes chez une personne où il doit aller dîner, ne trouve à l'heure dite, point de voiture. Il avise une poule au coin de la rue. « Ma foi, se dit-il, tant pis ! je la lâcherai avant d'arriver. Ce serait bête qu'on me voie sur une poule... » Et enfourche la poule. Mais à tout moment le chemin se séparait en deux et Deshayes était obligé à tout moment de descendre pour raccommoder le chemin.

Pouthier nous raconte l'intérieur des ateliers du Louvre, pour la copie du portrait de l'Empereur. Un nommé Guichard, vieux peintre, décoré, très drôle, raconte comment il joue aux boules : « J'ai une femme et un petit enfant. Dans la nuit, l'enfant crie. Ma femme m'éveille : « L'enfant crie ! — Eh bien, que veux-« tu que j'y fasse ? Donne-lui à téter. — Mais tu sais bien qu'il est « sevré depuis un an. Joue-lui de la trompette. » Guichard se relève et lui joue de la trompette une partie de la nuit. Voilà pourquoi, le lendemain, il va jouer aux boules ! Et toujours les histoires de Guichard terminées par deux hommes qui jouent aux cartes, les pieds dans un seau d'eau, parce qu'il y a des puces dans l'appartement ! ... (1)

---

(1) Add. éd. : *les pieds*, — addition tirée de CHARLES DEMAILLY, p. 174, où le pince-sans-rire Bressoré accueille Demailly en lui contant cette histoire grotesque.

16 septembre.

Augusta vient nous voir. Elle loge chez une pauvre maîtresse de musique, au cinquième, à qui elle dit qu'elle donne une pièce de trente francs, quand elle s'en va. — Quand *Marin* était petit, on lui avait persuadé que les confitures n'étaient pas mûres : « Maman, les confitures sont-elles mûres ? »

18 septembre, de Paris à Gisors.

Dans la verdure, deux cordes qui vont, au-dessus d'un mur; de temps en temps, deux petites mains passent. C'est une balançoire.

21 septembre, Gisors.

M. Hippolyte Passy est un vieillard chauve, quelques cheveux blancs aux tempes, l'œil petit, brillant et vif, grand et allègre. Il est bavard avec délices. Il parle toujours et de tout. Son organe est zézayant, sa parole nette, son débit clair et pressé.

Il a, sur toutes choses au monde, non des idées, mais des notions. Il a beaucoup lu, beaucoup vu et beaucoup retenu. Il a l'agrément sans fruit des non-spécialistes. Science universelle à fleur de cerveau. Une grande poursuite et une grande recherche et une grande affectation de l'indépendance en tout : du pouvoir, de l'opinion, des théories reçues et des principes adoptés et des rois. Un homme du monde du Danube, lié avec toutes les Encyclopédies et brouillé avec tous les Évangiles; ne voyant guère dans les formes du gouvernement qu'une façon de corruption, tarifiant toute chose : une papauté à douze cent mille francs et la députation en 48 à dix-huit mille francs aux Ateliers Nationaux (1); ne croyant ni aux hommes, ni à la politique, mais uniquement aux chiffres et à l'économie politique.

---

(1)   Les Ateliers Nationaux créés le 26 fév. 1848 pour remédier au chômage consécutif à la Révolution de Février. Leur mauvaise organisation et leur dissolution entraînèrent l'insurrection de Juin. Mais par opposition aux délégués ouvriers groupés par Louis Blanc autour de la Commission du Luxembourg et qui votèrent pour la liste socialiste, les ouvriers des Ateliers Nationaux furent une masse de manœuvre aux mains des républicains conservateurs, qui les firent voter pour les candidats gouvernementaux.

Mémoire très diverse et très rangée : un arsenal contre les illusions et les dévouements. Une ironie bonhomme, un sourire de La Fontaine vieil homme d'État, contre tous ceux et tout ce à qui et à quoi on peut le croire attaché, Louis-Philippe par exemple, qu'il appelle le *papa d'Oliban* de la chose (1). Fort engoué de l'utile, indifférent au reste, à l'art, etc.; ne voulant voir, à l'Exposition de l'Industrie, que les couteaux à cinq sous. Acharné railleur de la foi par excellence, de la religion, et comme toute cette génération de 89, dont LA PUCELLE fut la nourrice, inépuisable en voltairianismes et en malices contre le gouvernement de Dieu, contre sa charte, la Bible, et contre ses ministres responsables.

Charmant causeur; esprit petit, tenant beaucoup; ami des paradoxes du bon sens, des thèses sceptiques; orateur de salon et de coin de cheminée, mordant de droite et de gauche, niant les principes, rapetissant les hommes avec ses souvenirs et les faits avec des détails; plus jaloux de charmer l'attention que de la ravir, de parler que de convaincre, de ne pas ignorer que de savoir, étourdissant les croyances, médisant du monde, de Dieu, des hommes et des choses, pour la plus grande gloire de la conversation. Il y a deux sortes de gens, a dit Montesquieu, les gens qui pensent et les gens qui amusent (2). M. Hippolyte Passy amuse.

Eugénie Passy, sa fille, a de petits yeux, un petit nez, une petite bouche, de petites dents et un petit menton. Elle a une voix de rien. Fait-elle un geste, c'est hasard. Ouvre-t-elle sa petite bouche, c'est miracle; et quand le miracle a lieu, elle use de ce filet de voix si doucement, qu'elle semble non une parole, mais l'écho modulé d'un murmure, murmuré dans une chambre de malade. Elle reste un quart d'heure dans la même posture. Elle agite ses regards de long temps en long temps, tout tranquillement. Elle semble une de ces héroïnes d'une vie morte et aimablement

(1) Ami politique de Thiers, Hippolyte Passy lui emprunte l'appellation narquoise dont Thiers se servait dans l'intimité pour désigner Louis-Philippe. Elle provient d'une comédie de Desforges, LE SOURD ou L'AUBERGE PLEINE, créée au Théâtre-Montansier en 1790 et souvent reprise depuis. M. d'Oliban y est le père de la jeune fille à marier, dont le prétendant, d'Asnières, un jeune sot présomptueux et désargenté, dit : « Comme on n'a jamais assez d'argent, disposons le papa d'Oliban à nous donner sa fille. » (Acte I, sc. 1).

(2) Montesquieu, PENSÉES DIVERSES, en ŒUVRES COMPLÈTES, 1839, t. II, p. 476.

tranquilles, une figure de keepsake, la statue de Pygmalion n'ayant reçu que la moitié du souffle, la femme-poupée d'Hoffmann (1) ; ou mieux, ces princesses infortunées des romans de chevalerie attendant avec confiance, dans leur calme et leur joliesse, le champion généreux qui doit les délivrer.

22 septembre, Gisors.

M. Antoine Passy est un homme froid, souriant, mais ne riant pas. Il a, comme son frère, une raillerie bonhomme. Il se raille des uns, des autres, des goûts de sa femme et de ses goûts. Esprit moins dilaté, moins étendu, mais plus solide et plus assis. Homme de famille, sans grâce et sans abandon dans les rapports sociaux. Bridé, narquois, sachant se taire, causant peu et se sauvant du dé de la causerie. Fort épris, quoi qu'il en dise, et fort engoué des sociétés agricoles et littéraires de province, des concours de bestiaux, y donnant son temps, son esprit et en occupant ses loisirs. Géologiste, naturaliste, collectionneur de pierres et d'herbiers, traduisant de l'anglais, etc. Anticatholique, mais moins abondant que son frère en sarcasmes sur ce point, plus net, moins bavard, sachant moins et mieux.

Mme Antoine Passy est tout nerfs et tout activité. Elle aurait tenu un pensionnat, une caserne, une cour ou un hôpital. Elle passe sa vie à être malade et à se guérir en s'agitant. Aujourd'hui, elle s'est créé un petit empire non de gens, mais de bêtes et de plantes. Elle administre une basse-cour, un monde de faisans, de poules cochinchinoises, Bentham et de toutes les races. Elle règle, elle ordonne un potager, mille serres, mille plantes, des fruits, des fleurs, des ananas et que sais-je ? Louis me donnait l'exemple de son activité : ayant une crise horrible de névralgie, elle passa vingt-quatre heures à se promener dans sa chambre, sans décesser ; et comme elle avait froid aux pieds, on lui avait fait un chemin de chaufferettes.

Septembre.

Quantier, propriété de M. Vinot, parc-ferme, où l'imagination de l'ancien possesseur, — est-ce à la fin du XVIIIe siècle, est-ce

(1) Olympia, l'automate de L'Homme au sable.

au Directoire ? — avait fait un véritable jeu d'oie en pierre et en chaux, avec la Prison, l'Auberge, le Puits, etc. ; toutes ces petites constructions peinturlurées ; éparpillées dans le bois, et le jeu se faisant au moyen d'un porte-voix, qui fait passer les joueurs d'un numéro dans l'autre. Imagination d'un vieillard qui semble tombée en enfance.

Septembre.

Le monde finira le jour où les jeunes filles ne riront plus des plaisanteries scatologiques.

Il y eut une fois en Normandie un M. Carré, ancien professeur, propriétaire d'un petit parc, lequel taillait ses arbres en personnages de l'ÉNÉIDE, Turnus, Didon, Énée, etc.

Tel est le calme et la sérénité et cruelle et placide de M. Antoine Passy, qu'un de ses neveux, lui ayant fourbu un cheval, se dit : « Enfin ! je vais voir mon oncle en colère ! » M. Passy lui dit tout bonnement : « Tu as fourbu mon cheval. Il ne faudra le remonter que quand il sera guéri. »

Au milieu de l'océan de scepticisme de M. Hippolyte Passy, deux ou trois îlots verts, où poussent des croyances. Au milieu des ruines de toute foi, seule debout la croyance à l'amélioration morale des populations et au talent des économistes.

Gisors, 25 septembre.

Mme Passy, présidente de la Société de l'ouvroir de Gisors, mêlée à mille affaires d'hôpitaux de Paris, etc.

Gisors, 29 septembre.

Je suis à Gisors; et comme une ombre riante, toute ma jeunesse se lève devant moi. Mes beaux souvenirs fanés reprennent vie dans ma tête et dans mon cœur, comme un herbier qui refleurirait; et chaque chambre et chaque arbre de la maison et du jardin est pour moi rappel, trace, tombe de plaisirs que je ne retrouverai plus. Tous, nous étions jeunes, alors, et ne songions qu'à être jeunes, et c'étaient des vacances remplies à déborder de passe-temps sans déboires et de bonheurs qui avaient des lendemains.

Que de fois ce perron, alors tout mangé de roses, — hélas ! les roses sont mortes, — nous l'avons descendu en sautant pour bondir sur cette verte pelouse ! Les camps des barres étaient l'un sous ce grand arbre et l'autre à côté de ce massif. Quelle émulation folle et joyeuse ! Quelles courses endiablées ! Que de courbatures guéries par d'autres courbatures ! Que de feu et que d'élan ! Je me rappelle avoir hésité trois minutes à me jeter dans la rivière, au bout du parc, pour n'être pas pris. Et puis mille autres jeux, dont j'ai oublié jusqu'au nom et qui pourtant étaient notre vie et notre fièvre bienheureuse ! Aussi quel paradis d'enfants cette maison était ! Quel paradis, ce jardin ! Il semblait fait pour les jeux de cache-cache, cet ancien couvent devenu un château bourgeois; et le jardin, tout plein de bosquets, tout coupé de rivières, n'était-il pas miraculeux pour nos ébaudissements ?

Les vieux bacs, où nous passions et repassions, ne sont plus.

Le petit pont, qui était l'écueil des bateliers et que tant de fois le bateau cogna, est mort; et le petit bras de rivière bordant l'île aux grands peupliers, le petit bras de rivière a été élargi : je ne le sauterais plus comme autrefois. Mais toujours, le pavillon de la Ganachière commande le petit pont de fil de fer, qui bondit sous le pas; et la vigne folle lui est toujours un manteau vert au printemps, rouge à l'automne.

Je me souviens bien, en voyant toutes ces choses, des uns et des autres, de mes compagnons et des petites demoiselles, qui étaient alors mes compagnonnes : les deux Bocquenet, dont l'aîné courait si fort, mais ignorait l'art des détours; Antonin Pourrat, qui semblait un petit lion; Gaston et Léonce Éthis; Bazin, qui se plaignait toujours du sort et qui ne décolérait pas de perdre; Eugène Petit, le frère de lait de Louis, toujours en train et qui jouait de la flûte. Et le dortoir où nous couchions sous la même clef et où nous dormions d'un même bon sommeil, pour nous réveiller en même appétit de fatigues. — Et je n'oublie pas le très bénin Jupiter de notre bande, le roi constitutionnel de nos jeux, « le père Pourrat », ce précepteur qui avait le bon esprit de nous montrer parfaitement à jouer et de s'amuser avec nous, autant que nous, et le petit travers de lire parfois sa fameuse tragédie des CELTES.

Et les demoiselles ! J'étais lors un petit pacha. Je tenais le mouchoir. J'étais disputé comme une belle dot. Et comme l'enfant est un petit homme, je me plaisais à faire des jalouses, à me prêter et à me reprendre. C'était Jenny Passy qui avait déjà un petit musée de soubrette et de fortes dispositions à être aimable ; Berthe L'Hôpital, qui embrassait le fond de mes casquettes et serrait dans une boîte les noyaux des pêches que j'avais mangées ; et Marie Pinard, qui avait les plus beaux cheveux et les plus beaux yeux du monde, qui fut bégueule huit jours et que j'embrassai le neuvième.

Et pour que le paradis fut complet, il y avait dans le potager un prunier dont les fruits étaient à notre portée, un gros pommier qui ne nous refusait pas de belles pommes vertes criantes sous la dent.

Et puis il y avait la Comédie ! Oh ! la Comédie ! c'était le lien, le plaisir des plaisirs, la joie suprême, le grand bonheur de chacun. Le théâtre était dans la serre, un théâtre complet, qui avait une toile représentant la Ganachière, des décors, des bancs, une galerie et jusqu'à une loge grillée. Les beaux costumes de hussards que nous avions dans LE CHALET ! (1) La belle perruque qu'avait Louis dans MONSIEUR PINCHON ! (2). Et comme j'étais bien grimé et comme M. Pourrat m'avait bien fait de la barbe avec du papier brûlé dans le père de LA SAMARITAINE (3), si bien que je parlais à Edmond sans qu'il me reconnût ! Que d'incidents, que de rires, que de surexcitations d'amour-propre, que de vie vivante aux répétitions menées par le père Pourrat, qui nous citait des recommandations de Talma ! Quelle belle halle c'était que notre loge d'acteurs : le grenier ! Et que je fus heureux, d'une façon toute neuve et frissonnante, le jour où Jenny en marquise, poudrée et décolletée, m'abandonna ses épaules dans la loge des actrices !

(1) LE CHALET, opéra-comique en un acte, livret de Scribe et Mélesville, musique d'Adolphe Adam, créé à l'Opéra-Comique le 25 sept. 1834.

(2) MADAME ET MONSIEUR PINCHON, comédie-vaudeville en un acte, de Bayard et Dumanoir, créée aux Variétés le 5 avr. 1838.

(3) LA SAMARITAINE, vaudeville en un acte de J. Gabriel et Michel Delaporte, créé aux Variétés le 23 sept. 1845.

Quelle colère eut Blanche, le jour où le ténor Éthis lui mangea la pêche qu'elle devait manger sur le théâtre ! Et quels soupers joyeux la petite troupe faisait le soir, quand se rangeaient tout le long de la table deux douzaines de chaussons aux pommes ! Et quel grand jour que le jour où Mme Passy rangeait tous les costumes dans la grande chambre, où nous couchons aujourd'hui !

Ne pas oublier le père Ginette, qui était chargé de faire le tonnerre en frappant des pincettes contre du fer blanc et qui levait la toile et qui fut tellement transporté d'enthousiasme au CHALET, qu'il entonna le chœur : *Vive le vin !* Est devenu un détestable teinturier rue Sainte-Anne.

Et s'il vous plaît, nous eûmes même la gloire de jouer une pièce inédite en vers d'un nommé Brainne ! (1)

Envolés, les uns, les autres... et le temps ! Le pommier vit, mais le prunier est mort. J'ai poussé la petite porte verdâtre derrière la serre, jadis l'entrée des artistes. Voici encore la cage à poulets, faite en feuilles de persiennes, où les actrices s'habillaient ; mais ce n'est plus rempli que de caisses de fleurs en bois blanc. Au grenier sont empilés les décors l'un sur l'autre. Il passe encore un morceau de rideau rouge à franges d'or. Les hautes treilles de vigne, accoudées à la serre, ont survécu. La serre a encore ses six poteaux, qu'on entourait de verdure le jour de la représentation, mais plus de galerie, ni de loges, ni de bancs : un établi où l'on menuise et des plantes grasses sur des planches... Jenny est une femme. Berthe est morte. Marie a épousé 12.000 livres de rentes aux Andelys. Blanche a vingt-deux ans. Les Bocquenet, ne sais où ils sont. Eugène Petit est le premier commis de M. Dailly à la Poste. Ce cancre de Bazin est professeur de géographie en province, publie des atlas et sollicite des décorations du pape. Antonin est en train de se faire tuer à Sébastopol. Le père Pourrat a toujours sa tragédie des CELTES en portefeuille. Léonce, le ténor, est garde des forêts. Gaston est resté Gaston. Louis est docteur en droit et je ne suis guère resté un pacha.

Le rouge qu'on nous mettait pour jouer était du rouge à 96 francs le pot, conservé par Mme Péan de Saint-Gilles. Elle le tenait de Mme Martin, femme du vernisseur Martin, —

(1) Rayé depuis *Et s'il vous plaît...*

fort renommé au XVIIIe siècle pour son rouge, — nièce de Martin, le chanteur rival d'Elleviou (1). L'on recommandait de l'épargner.

Gisors, 29 septembre.

M. Hippolyte Passy est dans ceci. Il eut le soir, à Cauterets, une discussion sur les Mérovingiens avec son neveu; la discussion n'était pas finie à la couchée, il emmena son neveu coucher dans sa chambre; et sa fille s'éveille le lendemain matin très étonnée, croyant avoir entendu son père causer Mérovingiens toute la nuit, tout seul.

Charles Bellangé : exilé de sa famille en Allemagne, parce qu'à seize ans, il s'était fait faire un habit à boutons d'or.

Nous raconte un dîner qu'il a fait chez les *Frères Provençaux* à 120 francs par tête. Entre autres recherches, les domestiques avaient des sandales pour ne pas faire de bruit. Chevreuil servi sur un plat fait exprès en Angleterre : chevreuil au milieu; aux quatre coins, places creuses pour deux faisans et deux coqs de bruyère; tout autour, places pour une caille et une perdrix rouge alternées. — Peut servir pour nos SOUPERS.

Le magnifique mariage de M. Frédéric Passy, le plus monstrueusement et dégoûtamment laid des hommes, s'est fait ainsi : de ce que Mme Vve *** a écouté son père si bien discuter une addition d'aubergiste en Italie, qu'elle a voulu l'épouser et a donné d'abord sa fille à son fils.

Paris, 3 octobre.

Nous allons voir Ménétrier, qui fait l'ouvrage de La Bédollière, les CHRONIQUES DE LA RÉVOLUTION, pour Barba. Barba lui a dit, avec un certain orgueil d'éditeur remplumant ses auteurs : « Je l'ai connu maigre, maigre, ce La Bédollière ! Maintenant, il est gros et gras ! »

(1) Var. 1887 : *mère de Martin*, — ce qui paraît en effet plus vraisemblable, puisque le chanteur Jean-Blaise Martin, qui eut ses plus grands succès sous l'Empire, est né seulement en 1768.

7 *octobre.*

Nous venons d'Auteuil. Gavarni est originaire d'une famille de paysans de Joigny.

Toujours en colère contre Chateaubriand, qu'il appelle « l'Empereur des diseurs de rien ».

N'admire qu'une chose à l'Exposition : des panneaux peints en imitation de bois veiné par un Anglais : « C'est le chef-d'œuvre du réalisme ! »

13 *octobre.*

Causerie sur la femme, après deux cannettes, chez Binding. La femme, un animal mauvais et bête, à moins d'être élevée et extrêmement civilisée. Ainsi, jamais la fille ne rêve, ni ne pense, ni n'aime. La poésie chez la femme n'est jamais de nature, elle est une acquisition de l'éducation. La femme du monde seule est femme; le reste, des femelles.

Infériorité de l'intelligence féminine à l'intelligence virile. Toutes les beautés physiques, toutes les forces et tout le développement de la femme affluant et comme coulées vers les parties moyennes et inférieures du corps : le bassin, le cul, les cuisses; les beautés de l'homme remontées vers les parties nobles, vers les pectoraux, vers les épaules amples, le front large. Vénus a le front petit. Les TROIS GRACES de Dürer n'ont pas de derrière de tête. Les épaules petites; les hanches seules rayonnent et règnent chez elles. Pour l'infériorité de l'intelligence de la femme, examiner encore ceci : l'aplomb de la femme, même jeune fille, qui lui permet d'être très spirituelle, avec un brin de vivacité et un rien de spontanéité compréhensive. L'homme seul a la pudeur et la timidité que la femme n'a pas et dont elle ne se sert que comme armes.

La femme : la plus belle et la plus admirable des pondeuses et des machines à fécondation.

Il nous revient à l'esprit cette ambition, la plus énorme des ambitions qui soient entrées dans la tête d'un mortel depuis que le monde est; la plus impossible, la plus irréalisable, la plus monstrueuse, la plus olympienne des ambitions; celle que Louis XIV et Napoléon n'ont pas eue à eux deux, celle qu'Alexandre n'aurait pu assouvir à Babylone; une ambition défendue à un pape, à un empereur, à un dictateur, au maître le plus maître : l'ambition de Balzac, qui était de péter dans le monde.

Dans la propriété de M. Vinot, le Quantier, disposée en jeu d'oie : la fontaine en terre cuite. Deux amours qui s'embrassent au-dessus d'un triton, en avant d'une coquille ; en bas trois tritons. Tout cela écorné, cassé et couvert de cette lèpre grisâtre de la pierre exposée à la pluie.

19 octobre.

Dîner chez Maire. Nous songeons pour nos Soupers à mettre dans la bouche d'un pochard, bredouillant et coupé de hoquets, un grand toast au vin, mêlé de toutes choses, lyrique et réel.

Tête de veau exposée chez Chevet : a l'air d'une bête qui vient de faire sa première communion.

Idée, pour une chose humoristique, d'un garçon ayant, pour tout titre de noblesse, le nom de son grand-père dans l'état des malades, qui ont été traités des maladies vénériennes sous les yeux et par la méthode de M. de Keyser, depuis le 30 mai 1765 jusqu'au 1er de septembre 1766, — inséré dans le Mercure de France d'avril 1767.

24 octobre.

Nous causons avec Pouthier du père Sauvage, devenu fou et à Charenton.

Idée, pour notre Rêve de Dictature, d'une dotation de cent mille francs à tous les grands inventeurs, peintres, hommes de lettres, etc.

A la porte de Pouthier, un petit cornet en peau, où il y a du blanc pour écrire sur la porte les visites.

Idée d'un volume d'Actrices, qui aurait pour milieu le Cirque (1).

(1)   Dentu publiera en 1856 la nouvelle intitulée Les Actrices, dont il va être question un peu plus loin et qui sera rééditée en 1892 sous le titre d'Armande.

Dentu lit les manuscrits à sa mère. Cela dit tout cet éditeur, s'attendrissant sur les gens de nos LÉGENDES et regardant comme un blasphème de leurs morts tristes d'appeler ça : UNE VOITURE DE MASQUES (1).

Paradoxe vrai, que les artistes sont les bourgeois du XIXᵉ siècle. La maison de Delacroix peinte en vert, quel bourgeois voudrait y demeurer? Un peintre gagnant 8.000 francs par an dîne à 32 sous (2).

Les églises jésuites du XVIIIᵉ siècle ont toutes l'air de maisons à éléphants.

Rêve : un homme dont la langue vient d'abord comme un cheveu, puis comme un brin de chanvre, — et il la file tout entière dans une mécanique pour en faire des bas à sa maîtresse. Pour un orateur.

Dans le rêve, l'amour est toujours charnel. Vous prenez, par exemple, le sein d'une femme; mais c'est comme si votre cœur la pelotait... Il y a dans la sensation charnelle une idéalité d'une douceur, d'un céleste et d'un « au-dessus de terre », d'un ravissement inexprimablement cochon.

Quand j'étais jeune, je me rappelle que j'allais dans la campagne au printemps et que j'avais une impression langoureusement triste de cette terre vêtue à la grâce de Dieu, de ces arbres maigres,

---

(1) Recueil d'essais et de nouvelles, déjà publiés pour la plupart en 1852-1853 dans L'ÉCLAIR ou le PARIS et dont certains portaient alors le sous-titre de LÉGENDES D'ARTISTES ou LÉGENDES DU XIXᵉ SIÈCLE. Le recueil avait été annoncé dès 1853 sous le titre FIGURES ET HISTOIRES DU XIXᵉ SIÈCLE. Les Goncourt songèrent successivement à VINGT-CINQ HOMMES ET TROIS FEMMES, — ce qui fit « flairer » à l'imprimeur « un fumet de promiscuité », — COMÉDIENS DU BON DIEU, — « enseigne assez spirituelle à 28 portraits de ces pantins sans le savoir qu'on appelle des hommes », mais où l'on vit « une attaque à l'Église », — au DESSOUS DES MASQUES. Enfin, malgré Dentu, le volume publié en 1856 s'intitulera UNE VOITURE DE MASQUES, par allusion aux tapissières du Mardi-Gras défilant sur les boulevards. L'allusion dut s'obscurcir, puisque Edmond, rééditant l'ouvrage chez Charpentier en 1876, le rebaptisera QUELQUES CRÉATURES DE CE TEMPS. (Sur ces discussions avec Dentu, cf. lettre s.d. de Jules, in H. d'Alméras, AVANT LA GLOIRE, 1902, p. 41 sq.).

(2) Fin de phrase inachevée et peu lisible : *et entretient* [?] *plus qu'un autre mortel, etc.*

de toute cette puberté souffrante de la nature ; et je me prenais à pleurer, gonflé de désirs et les glandes de ma mamelle douloureuses, l'âme pleine de bourgeons. Désir de femme à cette époque : non chaud, plein, de digestion, comme en été ; mais aspiration vague, grêle et malingre, comme une statuette gothique de Vierge. — Jour au printemps non flou, non ouateux, non baignant les choses, mais un jour aigu, clair, pas étoffé, tulle avare de l'or de la lumière, où les lumières semblent des hachures maigres de blanc sur du papier bleu (1).

Pour un Souper, après souper, les convives, au lieu d'aller au bois de Boulogne, vont à Montmartre et sur la Butte voient lever le soleil. Grande description. Discours et cicéronage sceptique de l'un : « Là, la Salpêtrière, où les gens d'intelligence envoient les sombrés d'entre eux ! Là, les Capucins, où les gens à sang chaud pourrissent tout vivants ! » etc.

J'ai vu un article du nommé Baudrillart dans les Débats. Le parti des universitaires et des académiques, des faiseurs d'éloges, des critiques, des non-producteurs, des non-imaginatifs : choyé, gobergé, pensionné, gorgé, festoyé, crachaté, chamarré, galonné, parlementifié, truffé et empiffré par le règne de Louis-Philippe. Toujours faisant leur chemin avec l'éreintement des autres, n'ayant pas donné à la France un homme, ni un livre, ni une idée, ni même un dévouement.

A la pension Saint-Victor, à la pension tenue par Goubaux, l'auteur de Richard d'Arlington, où je me suis trouvé avec les Judicis et Dumas fils, je me rappelle un de mes petits camarades, devenu amoureux de l'infirmière, une très belle femme de quarante ans, et qui, pour la voir et avoir le contact de ses soins caressants, se mettait une gousse d'ail dans un certain endroit, afin de se donner la fièvre (2).

---

(1) Add. 1887, en tête du passage : *Je copie ces quelques lignes dans de vieilles notes d'Edmond*, et à la fin : *où les lumières semblent des.*

(2) Texte Ms. : *Jeune collégien amoureux de l'infirmière d'une pension: gousse d'ail dans le cul pour lui faire la cour.* Le texte de 1887, que j'ai suivi ici, laisse croire que le narrateur est Jules, comme à l'ordinaire, alors qu'il s'agit de la jeunesse d'Edmond.

Chez Gavarni, rue Fontaine-Saint-Georges, jeux innocents, Balzac : « Si on ne jouait plus et si on s'amusait ? » (1)

Milon, à qui on demandait chez Mme Waldor ce que se disait un couple : « Je ne sais pas; ils changent de phrases à chaque instant. »

Sergent retiré du service, jouant déjà un peu au billard, épouse une femme, qui lui apporte 3.000 francs et une maison. Il achète un billard, s'enferme et joue tout seul un an. Il mit six mois, — douze heures par jour, — à envoyer, par les quatre bandes, avec la main, la boule blanche sur la rouge, sans faire tomber une pièce de cent sous sur la rouge. Il gagne 20.000 francs à Paris en quelques mois.

Dentu désespéré du chapitre canaille des ACTRICES. Déclare les queues de mots incompréhensibles (2). Aspire, ô folie ! à comprendre ce qu'il édite. Affirme que ce canaille nous fera bien du tort. Son idéal est le distingué et l'attendrissant. On lui vendrait bien cher un roman, où tous les hommes auraient des gants et où toutes les poitrinaires seraient soignées par Andral. Sentimental comme un orgue de Barbarie. — Censure de l'imprimeur : *J'avais un lit humide* nous est défendu. — Dentu continue à imaginer des couvertures (3).

26 octobre. — Automne, Croissy.

Dans les futaies de toutes couleurs, quelques grisards élancés avec leurs bouquets de branches sèches, écorce blanchâtre.

---

(1) Cf. t. I, p. 107, n. 2.

(2) Cf. t. I, p. 221, n. 1. Armande, ingénue tombée dans une troupe ambulante, se fait enlever par un jeune bourgeois, auquel elle promet de renoncer au théâtre : à peine à Paris, elle se fait engager aux Folies-Dramatiques. Le *chapitre canaille* conte la première entrevue d'Armande avec le directeur de la troupe qui, dans une langue populacière et cynique, la met au fait de la vie de théâtre. Ses tirades sont coupées à tout moment par les *queues de mots* attachées par un camarade à la dernière syllabe qu'il prononce : « ...Maison de cam*pagne*... — *De sauvage avancé la voiture de sanglier...*» etc.

(3) Allusion aux changements de titres imposés à VOITURE DE MASQUES. Cf. t. I, p. 222, n. 1.

Aux arbres, feuilles nankin, frites et roussies. Une place à charbon, terre noircie toute semée de fragments de charbon ; tout autour, des arbres droits avec une grosse boule de branches et de feuilles de chênes s'étendant en triangle sur le ciel ; quelques arbres dépouillés hachant le ciel de leurs branchettes noires. J'étais couché et j'avais au-dessus de ma tête un petit chêne haut comme ma jambe, aux feuilles tiquetées comme de taches de rousseur et mangées par place par des chenilles, qui en avaient dénudé la trame fine comme un tulle de fleur artificielle.

Parfois, le cri du geai, le rappel aigu et argentin d'un oiseau et à l'horizon de mon oreille, l'aboiement éteint d'une meute. Un ciel gris, avec quelques éclaircies comme faites à la mie de pain. Devant moi, un gros arbre marqué d'un collier rouge à la hauteur de mon épaule. Le long de l'allée, de petits blancs de Hollande semblent des marabouts violet pâle.

Des boules de gui aux arbres dépouillés.

Des arbres, — catalpas, — tout en squelette, qui balancent au bout de leurs branches torsadées deux ou trois feuilles jaunes, comme la main de la Jaunisse.

Les vignes vierges du pont, effeuillées, traînent à terre comme un entrelacement de serpents frileux, avec, de distance en distance, des étoiles de pourpre au-dessus de leurs graines gros-bleu.

Ciel tout gris, poussiéreux de pluie, avec quelques éclaircies d'argent. Les fonds estompés dans un brouillard gris perle. La verdure passant par tous les tons dorés, depuis le jaune d'or jusqu'à la terre de Sienne brûlée, et semblant le paysage d'une ancienne toile du Midi. Un ciel qui marche dans une poussière d'eau. Sur quelques arbres, quelques feuilles repliées qui pendent comme des cosses de haricots.

Dans les grandes allées, plus que les deux ornières pas recouvertes de feuilles. Dans l'allée, de temps en temps, de pas en pas, des jours venant et la balayant de lumière par les trouées des feuilles tombées, et le fond de l'allée devenant plus léger, plus lumineux et comme la nuance et la couleur locale idéalisée d'une apothéose de l'Automne. Dans l'allée, le jour a fait une fissure au beau milieu, là où les arbres se rejoignaient.

M. Erdan, accusé de s'être moqué de la religion catholique, est condamné par un tribunal de police à un an de prison.

Un homme convaincu d'avoir tué un autre à coups de couteau est condamné par un jury à quatre ans de prison.

30 octobre 1855.

En Italie, abbé qui voyage avec son bréviaire d'été, *breviarium aestivale*, 8 ou 9 volumes de maroquin noir dans une sangle.

1, 2, 3, 4, 5, *6 novembre* 1855.

Chez Milan, au coin de la rue de Beaujolais. Petite boutique percée de tous côtés de grandes portes et fenêtres, demi-voilées de petits rideaux blancs étriqués, sales, qui ont la prétention de cacher un tas de choses qu'ils ne cachent pas. Même dans l'intérieur, appliquée à une porte-fenêtre, une armoire en glaces, également voilée de petits rideaux blancs, contenant des suspensoirs. A gauche, en entrant dans la boutique, à hauteur d'épaule, sept ou huit planches appliquées au mur. Sur une planche, une burette en fer blanc à huile, une assiette, sur laquelle il y a une vieille croûte de pain et une fourchette et un couteau sales; plus loin, un bol en faïence; plus loin, trois à quatre assiettes les unes sur les autres. Au fond, le comptoir : une petite lampe de cuivre sans abat-jour; à droite du comptoir, du côté des assiettes, panneaux en noyer avec cadre sculpté, bordure de vigne vierge avec des bouquets de grains. La fissure de la rainure de l'armoire, qui doit contenir des choses inconnues : une branche de buis bénit. Derrière le comptoir, portes et fenêtres voilées toujours de petits rideaux blancs trop courts. Une petite porte dans la partie supérieure semble indiquer l'endroit où couche le commis de Milan. A côté, une échelle pendue au mur. Dans la boutique, une chaise en paille avec une couverture de velours d'Utrecht rouge, sur laquelle se prélasse un chat café-au-lait ardent. Un escabeau en bois et une assiette par terre, qui contient de la pâtée.

Scherer nous a fait des redingotes de boxeurs qui ont gagné.

Royer entre au Café du Grand-Balcon comme un traître de mélodrame qui aurait des chaussons de lisière. Ricquier, Faure, etc. : partie de dominos.

François Barrière, des DÉBATS, a vu Greuze. Greuze a fait son portrait enfant, parti dans une vente. Avait une lettre de Larive : inceste avec sa sœur, s'excusant auprès de Clairon ; l'a brûlée. — Barrière *olet* le XVIIIᵉ siècle : parfums dès son escalier.

Pouthier a eu une maîtresse qui lui écrivait *Gorge*; et pour que cela se prononçât Georges, elle mettait une cédille sous le *G*.

Louis-Philippe : Henri IV avec un parapluie.

Dans les PORTRAITS DE PEINTRES de Hondius (1618), LA MORT, avec la devise : *Post funera, vita.*

Binding, un de ces hommes si gros qu'ils ne pourraient trouver un cercueil d'occasion.

Gavarni : le blanc de l'œil très blanc et l'œil bleu, d'un bleu très vif et très parlant quand il s'anime.

A la Taverne Anglaise, un homme petit. Il ôte son manteau qui est un écossais doublé rouge et noir, carreaux. Grosse tête. Grand front carré, avec un coup de marteau au-dessus du nez. Grandes oreilles détachées. Petits cheveux rares et courts. Figure effacée, point de cils ni de sourcils, sur laquelle se détache l'ombre du nez, deux ailes noires, comme les oiseaux dans les ciels des paysagistes. Bouche large, pas de lèvres, fendue droite; pas de couleur à la bouche; deux grands plis verticaux à ses deux côtés. Des arcades sourcilières au menton, la face écrasée. Le regard bas. Tonsure, faite par la calvitie, qui a au-dessus d'elle de la lumière de nimbe (1). Petit homme râpé, très impérieux et très colère, type

---

(1) Texte de 1887; celui du Ms. est moins intelligible : *qui a les lumières faites comme un nimbe.*

dominateur. Rappel de Rodin. Yeux écartés, pommettes saillantes. Une ligne de linge.

La Première Communion, l'idéal tombé dans la pleine croissance physique.

Rêve. Trois statues de la mort. L'une, un squelette; l'autre, un corps de phtisique portant une grosse tête ridicule comme dans les foires; l'autre, une statue de marbre noir. Toutes trois sur un piédestal dans une chambre, tandis que dans l'ombre d'un corridor se débattent des formes confuses et qui font peur. L'une après l'autre, descendant de leur piédestal et cherchant à m'attraper et me prenant par les bras et me tiraillant à elles, se disputent ma personne comme des raccrocheuses de trottoir (1).

5 novembre 1855.

Les Folies-Nouvelles (2). — Gourgandine mal vêtue au contrôle. Placeur : Savigny, l'ancien homme à tout faire du MousQUETAIRE. Putains aux avant-scènes et aux loges découvertes; quelques-unes, voilées, se dévoilant à demi et montrant un coin d'elles aux hommes ou à un homme de l'orchestre; d'autres, aux jeunes gens d'en face, souriant ou faisant des menaces du doigt. A tout moment, ouvreuses suivies de femmes, demandant aux gens placés le premier rang « pour des dames ». Les spectateurs de l'orchestre assis de côté et tournant à demi le dos à la scène.

Les putains se sentent dans leur salon; elles ont les poses penchées de l'orgueil du chez-soi et de la calèche.

---

(1) Add. 1887 : *un corps de phtisique portant..., ridicule..., noir...* et la fin du passage depuis *et me prenant par le bras...*

(2) Les Folies-Nouvelles ont pour origine la salle des Folies-Mayer, ouverte en 1852 par le chanteur de ce nom, 41, bd. du Temple. Hervé, l'auteur-acteur-compositeur, y installe le 3 fév. 1854 les Folies-Concertantes, qui offrent aux spectateurs les chansons d'Hervé et les pantomimes de Paul Legrand. Ceux-ci restèrent les vedettes du théâtre, quand racheté par Huart et Altaroche, il rouvrit le 21 oct. 1854 sous le nom de Folies-Nouvelles : Hervé y faisait applaudir cette verve dans l'absurde, qui lui appartient plus encore qu'à Offenbach. En 1859,l e théâtre passe à Virginie Déjazet, il fut rebaptisé Folies-Nouvelles en 1870, résurrection sans lendemain.

Rangs d'hommes au balcon et aux avant-scènes, — au teint blafard, minéral, mercuriel, que les lumières font paraître blanc, des raies en pleine tête, qui donnent des aspects androgynes, un soin féminin de la barbe et de la chevelure, — qui se renversent comme des femmes et s'éventent avec le programme plié en éventail, gesticulant à tout moment de la main chargée de bagues, pour ramener de chaque côté des tempes leurs cheveux en un gros accroche-cœur, se tapotant les lèvres avec la pomme d'or d'une petite canne. Un parfum de bidet, des apparences de maquereau. Même l'homme décoré, qui prend l'aspect de bourreau ou de mouchard. Des barbes, — avec des poils blancs dedans, — qui fument le sucre d'orge du voyou, blanc — rouge ou le vert à l'absinthe de 50 centimes. Des petites lorgnettes de poche. A tous ces gens, je trouve quelque chose qui pue le gynécée ; un monde qui sent le TONNELIER (1).

Là se montre l'influence de la putain, montée à être un public, la putain juge et faiseur de succès littéraires, avec ses souteneurs.

Finir par un morceau : de la nécessité de la barbarie dans la Rome échignée et des ouvriers infiltrant leur foutre jeune et leurs estomacs neufs dans cette société pourrie et gastralgique.

J'ai rêvé ceci. J'allai voir la femme qui faisait les ouvrages de M. de Barante. Elle était dans une cage en pierre comme les ours... J'entrai, sans voir par où ; du haut, je compris qu'elle était enfermée. A peine entré, une femme de chambre me prit et me serra le nez entre deux doigts comme un barbier et de l'autre main, m'enfonça dans la bouche quelque chose qui était sur un papier. Il me vint à l'idée que c'était pour m'empêcher de sentir la puanteur du lieu et de la dame. « Je suis, dis-je, le célèbre auteur ; et quoique vous m'ayez fait bien du tort en faisant le livre de monsieur de Barante, je suis venu, Madame, vous présenter mes devoirs. » Alors, elle sortit dans le jardin et je me promenai avec elle.

---

(1) Add. éd. : *je trouve*. — LE TONNELIER, opéra-comique attribué soit à Audinot, soit à Quétaut et Rigarde (Foire St-Laurent, 28 nov. 1761). Cf. Alméras-Estrée, THÉÂTRES LIBERTINS, p. 336.

Pour notre DICTATURE, tous les monuments transportés à Paris.

Les femmes parlent de leur pudeur, de leur amour du confortable, — et elles voyagent !

Voyage d'Italie, du 8 novembre 1855 au 6 mai 1856 (1).

---

(1) Le JOURNAL, interrompu durant ce voyage, ne peut être que fragmentairement remplacé par les lettres de cette période (LETTRES p. 128-156) et par le carnet de NOTES D'UN VOYAGE EN ITALIE, illustré de croquis de Jules et déposé au Département des Dessins du Musée du Louvre (Nº 3.987 RF) : des extraits, arrangés par Edmond, en ont été publiés sous le titre L'ITALIE D'HIER (Charpentier-Fasquelle, 1894). D'autres passages ont été cités par Max Fuchs (LES GONCOURT EN ITALIE in LA GRANDE REVUE, 1920, t. CIII, p. 84-99) et par moi-même (LA CRÉATION ROMANESQUE CHEZ LES GONCOURT, p. 398-sqq.).

Dès 1849, les deux frères avaient l'intention de parcourir l'Italie; mais les troubles politiques de la Péninsule les en empêchèrent. En 1855, ils partent avec Louis Passy. Ils vont à Milan, Brescia, Vérone, séjournent à Venise, — où ils voient Armand Baschet et où Jules a une éphémère aventure amoureuse (Cf. LETTRES, p. 134) — et à Florence. Ils sont encore à Pise le 9 février 1856. A Rome, où ils sont avant le 21 février, ils dînent à l'Académie de France, chez Schnetz, le directeur, et fréquentent Amaury-Duval et ils sont sans doute les hôtes, un soir au moins, de M. de Rayneval, l'ambassadeur de France. Ils repartent de Rome pour Naples, où ils sont le 4 avril et ils regagnent la France le 6 mai. Ils comptaient mettre en œuvre leurs impressions de voyage dans un récit fantaisiste, L'ITALIE LA NUIT, dont le seul fragment publié, VENISE LA NUIT, effraya si fort Aubryet et Arsène Houssaye, lorsqu'il parut dans L'ARTISTE (VIIe série, t. I, pp. 20 et 99; rééd. dans PAGES RETROUVÉES), que les Goncourt durent renoncer à leur projet.

ANNÉE 1856

JE reviens. J'ai la tête comme si on y rangeait un musée de toiles et de marbres.

Quelques-uns de nos parents sont tombés en enfance. De ridicules, les parvenus sont devenus fous. Les putains de ma maison ont voiture ! Mme Collet-Meygret porte des robes de mille francs de façon. Mon cousin, le millionnaire, faisait des papiers de cigarettes avec le papier du bouquet que le Lechanteur envoyait à sa fille (1). Les domestiques ont un jour. Le fils de ma crémière (2) a foulé le poignet de son maître Leboucher dans un assaut de chausson. Le monde marche sur la tête !

J'ai été tâter le pouls aux lettres dans les petits journaux. Le pouls est remonté. Où ? je ne sais. Plus d'école, ni de parti; plus une idée, ni un drapeau. Des insultes, où il n'y a même pas de colère, et des attaques faites comme des corvées; des scandales de coulisses infimes et des bons mots de vaudevillistes; un parfum

(1) Le « cousin millionnaire » : Léonidas Labille; sa fille : Eugénie Lechanteur.

(2) Alexandre Colmant, l'amant de Rose Malingre, servante des Goncourt.

de bidet et de quinquet. Michel Lévy et Jaccottet devenus les Augustes de tous les mendiants qui salissent du papier pour vivre. Pas un jeune homme, pas une jeune plume, pas une amertume ! Plus de public, mais une certaine quantité de gens qui aiment à digérer en lisant une prose claire comme un journal, qui aiment à se faire raconter des histoires en chemin de fer par un livre qui en tient beaucoup; qui lisent non pas un livre, mais pour vingt sous. Véron, un Mécène modeste, encensé sous le masque par la Société des gens de lettres (1); Dollingen, un annonceur directeur de revue; Millaud aumônant de franches et royales lippées tous les porte-clairon de la Renommée et du Feuilleton (2); Fiorentino décoré et Mirès chanté en vers ! — Plus une œuvre : des volumes; et plus bas encore que les volumes, des réimpressions de toutes choses par tout le monde !... Un aplatissement, une ignominie, — un rien !

J'exagère? Écoutez. Jaccottet fait des volumes à 1 franc, Michel Lévy fait des volumes à 1 franc (3). Michel Lévy écrit à Champfleury de lui donner un volume. Champfleury dit à Michel : « Je n'ai pas de volume, je n'ai même pas de titre ». Michel Lévy : « Qu'à cela ne tienne ! » et il déroule devant Champfleury un réper toire de titres... « Tenez, LES PREMIERS BEAUX JOURS, cela n'engage pas. — Va pour LES PREMIERS BEAUX JOURS ! » dit Champfleury (4). Jaccottet, huit jours après, demande un volume à Champfleury. Même réponse. « Qu'à cela ne tienne ! » et la liste des titres... « Mais, dit Champfleury, je n'ai pas de sujet. — Oh ! mais nous avons aussi un répertoire de sujets... Tenez, voyez, choisissez ! »

(1) Admis à la Société des Gens de lettres, le docteur Véron institua, comme mandataire d'un donateur anonyme — et imaginaire, — un prix littéraire de 10.000 francs, mis au concours par la Société. Le jury, présidé par Mérimée, après avoir entendu le rapport de Sainte-Beuve, partagea le prix le 17 mai 1856, dans la salle du Conservatoire de la rue Bergère, entre un employé du Ministère d'État, Karl Daclin, pour son poème sur LES CHERCHEURS D'OR, Jacques Demogeot, pour une étude sur L'HOMME DE LETTRES AU XIXᵉ SIÈCLE, et Louis Fortoul, pour un recueil de nouvelles, CÉCILIE.

(2) Moïse-Polydore Millaud, — *Millaud-Million*, comme on l'appelait, — rachè-te en 1856 à Girardin sa part d'actions de la PRESSE, où désormais, il distribue la publi-cité financière, et il donne en 1856 et 1857 des fêtes splendides aux journalistes dans son hôtel princier de la place Saint-Georges.

(3) Cf. t. I, p. 102, n. 1.

(4) Effectivement, Champfleury publiera LES PREMIERS BEAUX JOURS chez Michel-Lévy en 1858.

Tous ces jours-ci, mélancolie vague, découragement, paresse, atonie du corps et de l'esprit. Plus grande que jamais, cette tristesse du retour, qui ressemble à une grande déception. On retrouve sa vie stagnante à la même place. De loin, on rêve je ne sais quoi qui doit vous arriver, un inattendu quelconque, qu'on trouvera chez soi en descendant de fiacre. Et rien... Votre existence n'a pas marché, on a l'impression d'un nageur qui, en mer, ne se sent pas avancer. Il faut renouer ses habitudes, reprendre goût à la platitude de la vie. Des choses autour de moi, que je connais, que j'ai vues et revues cent fois, me vient une insupportable sensation d'insipidité. Je m'ennuie avec les quelques idées monotones et ressassées qui me passent et me repassent dans la tête.

Et les autres, dont j'attendais des distractions, m'ennuient autant que moi. Ils sont comme je les ai quittés, il ne leur est arrivé rien à eux non plus. Ils ont continué à être. Ils me disent des mots que je leur connais. Ce qu'ils me racontent, je le sais. La poignée de main qu'ils me donnent ressemble à celles qu'ils m'ont données. Ils n'ont changé de rien, ni de gilet, ni d'esprit, ni de maîtresse, ni de situation. Ils n'ont rien fait d'extraordinaire. Il n'y a pas plus de nouveau en eux qu'en moi. Personne même n'est mort parmi les gens que je connais. Je n'ai pas de chagrin, mais c'est pis que cela (1).

10 mai.

Nous avons été servis hier au soir par un garçon qui avait les cheveux jaunes. — Les sergents de ville ont maintenant du coton dans les oreilles.

Scholl vient. Ce n'est plus l'auteur de SPLEEN, plus le successeur de Pétrus Borel. Il n'est plus que l'ami de Lambert-Thiboust : il m'a raconté un vaudeville d'eux deux. Hélas ! il doit gagner 12.000 francs l'an prochain ! — Le Ministère d'État fait demander une comédie à Delacour pour le Théâtre-Français. — Gaiffe est envoyé par Pereire pour le Crédit Mobilier en Portugal. — LES FILLES DE MARBRE ont rapporté à chacun de leurs auteurs 35.000 francs ! (2).

---

(1) Add. 1887 depuis *Tous ces jours-ci...*
(2) Drame en cinq actes de Th. Barrière et Lambert-Thiboust, créé au Vaudeville le 17 mai 1853. L'audace de la donnée — les maléfices de la haute prostitution — procura à la pièce un succès analogue à celui de LA DAME AUX CAMÉLIAS de Dumas fils.

En tout ce qu'on me dit, en tout ce qu'on m'apprend, je vois qu'il n'est pas plus question de littérature et d'art que des lunes mortes. Scholl me vante l'idée ingénieuse d'Angelo de Sorr, qui prend un conte de fées, ôte la fée, la remplace par un personnage réel, sert chaud et émarge dans les petits journaux. Pauvre Scholl ! Fort gras du reste, fort éjoui, fort fleuri, s'éventant avec un billet de cent francs, reçu le matin de je ne sais quel Dollingen, gonflé d'espoir, la bouche pleine de noms de gros vaudevillistes, gai comme une bonne affaire. — Et pourtant, je ne sais pourquoi, j'ai trouvé sa gaîté de faiseur et sa satisfaction du métier plus triste que ses désespérances de jadis, alors qu'il était homme de lettres et qu'il ne montait point derrière des collaborations.

Les croque-morts ont vingt sous par *papillote* : ainsi on appelle les cercueils des enfants.

Quand Murger écrivit LA VIE DE BOHÈME, il ne se doutait pas qu'il écrivait l'histoire d'une chose qui allait être un pouvoir au bout de cinq à six ans, — et cela est cependant. A l'heure qu'il est, le monde carotteur de la pièce de cinq francs, cette franc-maçonnerie de la réclame, règne et gouverne et défend la place à tout homme bien né : « C'est un *amateur* ! » Et avec ce mot-là, on le tue. Eût-il derrière lui les *in-folio* d'un bénédictin ou la fantaisie de Heine, «c'est un amateur»; il sera déclaré amateur par le *gagiste* sans verve et sans talent de Villemessant(1). Sans qu'on s'en doute, c'est le socialisme régissant la littérature et tirant à boulets rouges sur le capital littérateur... Et cependant le mouvement de 1830 avait été presque conduit par des hommes ayant leur pain sur la planche, Hugo, etc.

Cardinal, un lourd bedon, où sont attachés deux petits bras et deux petites jambes, face tournée en groin, deux petits

---

(1) Allusion à un article de Louis Goudall, LES NÉO-GROTESQUES: « *Une voiture de masques* », *par MM. E. et J. de Goncourt*, dans le FIGARO du 30 déc. 1855. Il trouvait l'œuvre « remarquable par le parti pris de l'excentricité aboutissant au dernier terme de l'absurde ». Les Goncourt étaient traités de « jumeaux de l'extravagance » et de «Siamois en goguette». Mieux, le 13 janv. 1856, à propos des ESPRITS MALADES d'Aurélien Scholl, Goudall acheminait Scholl vers « cette sorte de Bicêtre littéraire, où l'ont de quelques heures précédé MM. de Goncourt. » Scholl, d'ailleurs, à la suite de cet article, se battit en duel avec Goudall le 25 janvier.

yeux ronds dormichonnant dans une large face rasée et de larges oreilles qui s'ouvrent à tout ce qui se dit. Tout du cochon, sauf l'innocence, très malin et bête ; froid, causant peu, colère cependant, et à la moindre contradiction, la face pourpre ; dans ses moments de joie, un petit frottement de ses mains attachées à des bras trop courts. Médecin des eaux de Cauterets.

Ambition intéressante : médecin ami des notabilités politiques, choisissant ses clients et devenant un fauteuil du salon dans lequel il entre et cherchant à devenir le mari de la jeune fille qui se trouve dans le salon, malgré ses quarante ans et, je crois, un faux toupet. Déjà renvoyé pour entreprises pareilles de chez M. de La Fayette et autres. S'est rabattu sur la maison d'Hippolyte Passy. Influence d'une volonté de fer, qui met volontiers des années à arriver, sur cette tête faible de Passy ; influence de ce mutisme sur cette loquacité. Médecin de la jeune fille qu'il déclare poitrinaire, il lui fait accepter ses soins et ses madrigaux en la palpant ; et pour la sauver de tout mariage, il a déclaré au père que le mariage pouvait la tuer et lui fait passer tous les hivers loin de sa famille et des occasions de mariage, à Nice. Il a donné à entendre au père que le mariage ne serait possible qu'avec un homme qui ne la fatiguât pas. Un beau jour, il s'est déclaré et on ne l'a pas chassé. Les soins qu'il a donnés à la mère l'ont sauvé auprès du père, qui est sans courage dans ces occasions et qui l'a vu pleurer à ses pieds ; auprès de la fille, qui, sans l'aimer, est touchée de l'adoration de ce gros homme. Et il a continué à palper, promettant de renfoncer sa flamme amoureuse.

Cela en était là, la fille et le père passant toujours les hivers à Nice sur son ordonnance, quand il s'est décidé à les accompagner à Rome, à Naples, en compagnie d'un jeune baron allemand, qu'il voulait seulement donner en distraction aux coquetteries de la jeune fille. Mais la jeune fille y ayant pris goût, il redéclare sa flamme à Rome. La voiture était retenue, la jeune fille ne dit rien au père. A Civita-Vecchia, jeu de la jeune fille avec le baron. Colère comprimée du gros homme, qui ressemble au mal de mer. La nuit, la jeune fille restée dans le salon, reproches sur sa conduite très vifs ; il la fait pleurer toute la nuit, pendant que le père dort à côté : « Je sais que vous m'aimez !... » Il est congédié. Nous croyons qu'il finira par la violer.

Gavarni vient de venir. « Eh bien ! comment vont vos affaires ?
— Mes enfants, mais je n'en sais rien ! J'ai toujours une *intégrale* au
travers du corps... Vous savez, ma marmite est renversée... J'ai une
pension en bas, je dîne à la cloche. » (1)

20 mai.

Louis Passy sort de chez Nisard, le trouvant à lire L'ACROPOLE
D'ATHÈNES de Beulé, appuyé par le gouvernement pour le prix
triennal :

« Tiens, qu'est-ce que vous lisez là ? Ce n'est pas pour votre
agrément, je pense ?

— Non, pas précisément.

— Eh bien ?

— Ah ! c'est un homme bien habile.

— Mais encore ? A-t-il du talent ?

— Du talent ? C'est un homme bien habile...

— Bien habile ? bien habile ? Comment cela ?

— Un homme bien habile... Je voterai pour lui et je ne trouve
pas qu'il le mérite. »

Lucile Durand à Lambert-Thiboust : « Vois-tu, j'ai 8.000
livres de rentes ; avec les 100.000 francs que m'a promis le vieux,
ça me fera 13.000 livres. Nous tripoterons un peu le coupon, ça
fera 15.000 et nous vivrons heureux. »

Fin mai.

J'ai été chez la maîtresse de Morton. Nous n'avons pas l'idée
d'une maîtresse italienne. Une femme qui aime assez la poitrine
de son amant pour l'empêcher de sortir le soir et s'enfermer avec
lui, causant, fumant des cigarettes, lisant. Elle est toujours couchée
tout de son long sur une chaise longue, à cause de son genou,
laissant voir un morceau de jupon et les bouffettes de ses pantoufles,

---

(1) Cf. GAVARNI, p. 280 : « Pour ne pas être séparé de son enfant (Jean Gavarni),
au lieu de l'envoyer à la pension, il avait pris l'original parti de faire venir la pension
chez lui, et le vieux père du petit, avec sa barbe grise, dînait là, parmi les jeunes têtes
des pensionnaires, en buvant comme eux dans la timbale d'argent du collège. »

plus rouges que des cerises, ma foi fort provocantes. Deux ou trois Anglais y apportent leur pipe et deux ou trois idées utilitaires, criant fort contre la politique qu'ils appellent « politique sentimentale ». La dame du logis ne sort guère dans la journée, habitude de Rome qu'elle a conservée, et pour s'occuper, quand elle a découvert dans la PATRIE quelque feuilleton pas trop long, elle le traduit pour elle en pur toscan. Cet intérieur est charmant, mais il y a trop de peintures de parents et d'amis ; ça a l'air du Temple de l'Amitié : il n'y manque pas même le portrait de la maîtresse par la mère de l'amant, c'est original !

L'année dernière, le gouvernement m'a pris pour le curage d'une rivière, qui m'est indifférente et que je ne vois pas du tout de ma ferme, il m'a pris, sur un revenu de 4.700 francs, 1.800 francs. Cette année, il me prend 1.442 francs. C'est étonnant comme de ce temps-ci, tout est hostile au patrimoine honnête, au patrimoine de famille. Il n'y a de considération, d'égards, de respect que pour le capital véreux de la Bourse. L'impôt ne respecte que le portefeuille de Juifs qui tiennent, à l'heure qu'il est, agenouillé devant leurs millions, le gouvernement, devant leurs louis, la littérature.

Oui, cette bande de terre comprise entre la rue du Helder et la rue Grange-Batelière, c'est le morceau du monde le plus gai : le croyez-vous ? (1).

Rêve. — J'étais à la recherche d'un hôtel, je traversais des portiques, des galeries dorées. Au fond, tout au fond d'une serre, autour d'une vieille femme, un Décaméron de vieillards affreux, larves grotesques. Je demande pardon à la dame d'avoir pris sa maison pour un hôtel. Elle me dit que cela dépend des gens qui se présentent. Je lui décline mes titres littéraires... On m'accepte et on me conduit à la salle à manger, où chaque table est entourée de

(1) La rue du Helder et la rue Grange-Batelière, — qui allait alors jusqu'au boulevard, sur l'emplacement de l'actuelle rue Drouot, — limitent le boulevard des Italiens, centre du Paris des viveurs sous le Second Empire, avec ses grands cafés : le Café de Paris, Tortoni, la Maison d'Or, le Café Riche, le Café Anglais, le Grand Balcon, et avec, dans le voisinage immédiat, l'Opéra de la rue Le Peletier et le Divan Le Peletier.

treilles; et là, je vois un homme qui se verse du vin d'une bouteille sur laquelle est écrit : *Vin de* 1682, avec l'écriture du temps et, dessus, inscrit sur un vieux pain à cacheter gris : 1682.

27 mai.

Une bonne d'une fille qui habite la maison prête de l'argent à ses amants à 20, 30, 50 %.

29 mai.

Marie est venue voir Jules. Parlez-moi de transfiguration, quand elle a les yeux fermés et la bouche ouverte dans un sourire !

Elle est menée par Mme Delperq dans une curieuse société. Il y a au Bouchet, près de Marolles, une poudrière. Le commandant en second, jeune, mais usé, éreinté, a gardé ses habitudes de compagnonnage avec les femmes. Il lui en faut sous les yeux; c'est un excitant qui chatouille ses sens finis, en même temps qu'il est une échappatoire à sa verve lubrique. Il s'est arrangé avec un commissaire et un officier, et entre eux, ils ont fait de la maison donnée par le gouvernement une maison qui a trois chambres à donner aux femmes. Ils ont une cuisinière, qui s'entend parfaitement à rôtir pour les vieilles putains, et un groom, fils de paysans du voisinage, gros enfant qu'on a eu grand'peine à faire entrer de force dans une livrée, les bras tombant autour du corps comme les poupées antiques, la bouche ouverte, une casquette, ne sachant jamais rien, un peu sourd par là-dessus, une voix geignante et pleurarde, un ventriloque sentimental.

La maison est admirablement disposée pour l'hospitalité. Il y a un savon et une bouteille de vinaigre de Bully; l'on vous donne une brosse à dents si vous restez quatre jours. La salle à manger est le *forum* de cette vie de merde et de sperme. Aussi dans la salle à manger, ce ne sont pas des sièges, c'est un gigantesque divan-lit qui emprisonne la table, et au dessert, au café, l'on se couche et on se *pillaude*. Le domaine est appelé le *Domaine de la Pillauderie*(1). Les femmes vantent beaucoup une salle de bains, où elles ont pour femme de chambre un brosseur, et le champagne qui coule et les liqueurs...

---

(1) Texte Ms. : *Il est appelé...*

Le maître de la maison n'est occupé qu'à exciter le coït par des plaisanteries, par ses inventions de meubles, par des arrangements de bosquets, qu'il arrange pour la disposition des groupes comme un lieu destiné au culte du phallus. La journée, — on déjeune à midi et l'on dîne à huit heures, — se passe à table, sauf quelques échappades dans le jardin; car le pays est triste, tout plein de tourbe marécageuse et sans verdure.

Cette maison, où viennent des femmes et dont les orgies s'entendent au dehors, est regardée comme la maison du Diable et ils s'étonnent un peu dans les orages, qui apportent toujours une certaine terreur dans les poudreries, que le tonnerre ne fasse pas sauter le bordel. Le maître de la maison dit qu'il fera poser un bénitier à sa porte pour qu'ils se signent.

A un dîner donné par des jeunes gens, Marie a vu une femme prendre toujours le bordeaux entre ses jambes, disant : « Moi, je ne bois que du bordeaux », et en avaler trois et quatre bouteilles ainsi gardées, ainsi chauffées.

J'ai eu quelques secondes d'une jolie contemplation. Marie, les cheveux en bandeaux bien tressés, les yeux morts, les paupières battantes, la bouche ouverte, un sourire tremblant sur ses lèvres abandonnées, dans le demi-jour de rideaux roses.

30 mai.

Scholl est venu. Il m'a lu les lettres reçues. Toujours tyran. Il m'a exposé sa doctrine, qui est de toujours occuper une femme, — fût-ce à pleurer. Il exige tout son temps, toute sa pensée et tient son cœur par l'imposition de petits devoirs matériels, tels que de la forcer à se lever tous les matins pour lui écrire, la distrait par des scènes, consigne les gens à sa porte, la gronde, la boude, l'insulte, revient; puis reprend son manège et remouvemente le roman. Bref, il bat son cœur à tour de bras pour ne pas qu'il s'ennuie.

A vu Barrière, un vaudevilliste fielleux et envieux. De quel droit un vaudevilliste a-t-il du fiel ?... Il ne pardonne pas Dumas au public, ni son bel appartement à Maquet. Il cherche *sa* pièce, une pièce qui le venge du succès d'Aristophane !

Scholl me conte que l'autre soir, des putains ayant fait les bégueules chez Prémaray, le dit s'est écrié : « Comment ! me refuser, moi, moi qui ai des femmes qui ont un nom, moi qui ai enculé Mᵐᵉ Plessy-Arnould ! »

239

Scholl toujours roulant d'espoirs qu'il dit en désespoirs qu'il tait. Il va toujours arriver, non demain, mais dans cinq minutes. J'ai été avec Scholl au Divan de la rue Le Peletier. C'est un petit mauvais lieu fort bête. Le personnel est un ramas de personnages qui sont aux lettres ce que sont les courtiers d'un journal au journal. Celui-ci a plié des bandes au MOUSQUETAIRE; il est maintenant ouvreur de loges aux Folies-Nouvelles. Cet ignoble à nez bubeletteux a vu écrire Alfred de Musset. Cet autre a eu dix lignes dans je ne sais quelle feuille. Il y a un miniaturiste, qui cesse de gagner quand on le regarde. Barthet est le poète du lieu, poète du Danube qui a l'air d'avoir des souliers ferrés dans la voix et brandit un gourdin.

Scholl paye des cigares et de la bière; on fait un *mistron*, il perd cinq francs, dix francs; il est onze heures et demie, le garçon éteint le gaz. A minuit, la bande s'en va. Ces gens parlent, causent et blaguent; ils sont un pouvoir et une bande; ils jugent et exécutent et apprécient. Je ne sais de qui ils vivent... Ils montrent parfois des pièces de cent sous... Gavarni n'y a été qu'une fois et dit qu'on y scie les pommes de canne.

31 *mai*.

La pièce à faire est une pièce, LES HOMMES DE LETTRES, contre la Bohème (1). Elle règne, elle est mûre. Le paradoxe à prouver est celui-ci : pour savoir le latin, on n'en ignore pas davantage le français (2).

GAVARNIANA

1er *juin*.

— Nous avons été prendre Gavarni pour dîner. Il nous a fait voir son jardin, remanié, rebâti, réaccidenté. Il a fait des appartements pour Baston, un terre-neuve noir de montagne, élevé des ponts, fait des ravins. Il nous a montré des cyprès de toute sorte et des houx de toute espèce.

(1) Cette pièce, dont on suivra les vicissitudes durant les années suivantes, deviendra finalement le roman, publié en 1860 sous ce même titre des HOMMES DE LETTRES et réédité en 1868 sous le titre plus connu de CHARLES DEMAILLY.

(2) Rayé depuis *Le paradoxe*...

Nous avons dîné au restaurant qu'il aime, la Poissonnerie Anglaise. En route, il a déploré la mort de la Grisette, avec laquelle on s'amusait tant avec du cidre et des marrons ! « Mais les Lorettes !... C'est avec l'esprit de la Grisette que j'ai fait mes Lorettes ! »

Nous nous sommes accoudés une heure au café des Gondoles, rue du Bouloi. Il nous a parlé de son dégoût et de son détachement des choses faites. Comme nous lui parlions de son jardin : « Je ne fais une chose qu'à cause de ses difficultés, que parce qu'il est difficile de la faire. Mon jardin, quand il sera fini, j'en ferais bien cadeau à quelqu'un. Il y en a qui peignent des paysages ; moi, je m'amuse à faire des paysages en relief. Eh bien, qu'est-ce que vous voulez qu'on fasse d'un dessin, une fois fait ? Il n'y a qu'à le donner ! »

— Nous parle de Laurent-Jan, que Dutacq aimait tant à faire battre avec Balzac, esprit contre esprit. Laurent-Jan, bossu, pointu, par là-dessus très timide, franchit les boulevards d'un air terrible, tout bonnement parce que ça le gêne beaucoup de vous dire bonjour : « Vous concevez, quand il passe sur le Boulevard, c'est comme un homme qui porte une commode sur son dos : on se range... Le lendemain d'un jour où il s'était saoulé chez moi, je le rencontre : il me tend le petit doigt. Je le coupe et je lui tourne le dos ».

— Gavarni n'est pas retourné aux soirées du prince Napoléon depuis qu'à un salut froid du Prince, Gavarni lui ayant dit : « Vous ne me reconnaissez pas, Monseigneur ? », le Prince répondit : « Si fait, Monsieur, si fait », un *Si fait* glacial. (1)

— A eu cet hiver l'idée d'une pièce, dont il a parlé à Hostein, pour Paulin Ménier, THOMAS VIRELOQUE.

Revient, à propos de théâtre, sur ses idées contre l'illusion scénique, en faveur du tréteau visible. Dit qu'il ne connaît que deux pièces : les PRÉCIEUSES RIDICULES et le BOURGEOIS GENTILHOMME — « Il y aurait une bien jolie pièce à faire, me dit-il, le *Gentilhomme bourgeois* » — et peut-être encore MICHEL ET CHRISTINE (2), parce que ce sont des leçons de philosophie sous la forme la plus tangible pour tous, sous la forme la plus *parade*.

---

(1) Add. éd. : *Gavarni lui ayant dit* et *le Prince répondit*.

(2) Comédie-vaudeville de Scribe et Dupin, créée au Gymnase le 3 déc. 1821.

« Avez-vous jamais regardé non le théâtre, mais la salle ? Voyez ces têtes. Je ne sais, après avoir vu ça, comment on a le courage de parler au public. Le livre est bien plus appréciable, parce que l'homme en prend connaissance dans la solitude. Au lieu que ça, les images du CHARIVARI et les pièces, c'est apprécié par une masse réunie et une bêtise agglomérée ».

— « Ah ! la recherche, c'est une fière monomanie ! Maintenant, quand je ferai une lithographie de plus ou de moins, ça ne me fera pas grand'chose, n'est-ce pas ? Au lieu que s'il y avait le théorème Gavarni, hein, ce serait gentil ?... Je ne peux pas faire presque une addition sans me tromper. L'arithmétique, ça n'a aucun rapport avec les mathématiques. Ça, c'est pour le caissier. »

— Nous avions parlé en voiture de la mendicité de Lamartine, de cette honteuse quête : « Un chanteur entre dans un café, râcle du violon, écorche une chanson de chasse, ça, c'est Lamartine ! » Et il ajoute : « Il y a un droit reconnu en Angleterre qu'on ne reconnaît pas en France, c'est le droit au silence. »

— Aux Gondoles, on appelle M. Guillaume.

* * *

Les naïfs et les ignorants de la Bohème ! Doré, qui est toujours aux Estampes et qui a fait son originalité avec les gravures sur bois du Titien, — et Murger, qui a beaucoup lu Chamfort, lu et retenu !

Je suis triste, et j'entends sur le marbre de la servante du salon tomber une à une, avec un bruit mou et floche et une chute à voix basse, les feuilles des fleurs des pivoines... Et, au-dessus et au-dessous de ma chambre, des éclats de rire de femmes (1).

2 juin.

Nous dînons avec Marie au Café d'Orsay. Récit général de ses conquêtes à Metz. Le commandant de l'artillerie se met à genoux

---

(1) Le texte de Jules porte *craquant et lent*, corrigé par Edmond sur le manuscrit en *mou et floche*. La dernière phrase, — inspirée par cette simple notation de Jules, au crayon, dans le manuscrit : *Éclats de rire,* — a été confectionnée dans l'éd. de 1887, d'après le passage du 21 oct. 1856.

devant elle, dans la rue, en grand costume. — Masquée, avec un petit costume fringant, elle fait la joie et la gaîté, après un bal masqué, d'un souper au grand restaurant de la ville, montée sur la table et versant le champagne, qu'elle a décapité d'un coup de couteau : « On ne s'amuse pas ici, on est toutes pucelles ! » — Elle passe pour une actrice de Nancy.

Elle va réclamer un dégrèvement du préfet pour son père. Le préfet la reçoit, l'accueille et la courtise. Il la fait revenir, lui remet un petit pantalon et une blouse d'homme. Y va par une porte détournée du jardin. Lui donne cent francs chaque fois. Goûts crapuleux : ses pieds, et lui raser le con à peine couvert d'un duvet; trouve qu'elle se lave trop; homme épris du faisandé...

Ambition de la femme d'arriver à quelque chose, à n'importe quoi, — et confiance en son étoile. Fait croire à sa mère qu'elle est demandée comme institutrice par une famille américaine, lui dit qu'elle demandera ses meubles. Idées de province de la mère, lui disant : « Si tu es mal nourrie, si tu es mal couchée, reviens ». Va à Paris avec une femme et loue un appartement avec elle, rue Monsieur-le-Prince, à 50 francs par mois. La femme s'engage comme femme de chambre en Angleterre et lui laisse le logement sur le dos. Elle est prise d'une pleurésie. Le médecin lui ordonne 50 sangsues. Les meubles arrivent de son pays : 85 francs de port. Elle ne met que 25 sangsues, parce que les sangsues sont chères. Ne peut payer ni son terme, ni le port de ses meubles. Procès avec son propriétaire, — type du propriétaire. Séduit le juge de paix, le greffier et un avocat, qui plaide pour elle pour rien. Le propriétaire : « Il faut en finir avec ça ! » — *Ça !* Indignation du public, des étudiants. Le propriétaire perd son procès.

S'achète un petit bonnet, du fil et des aiguilles. Va chez une entrepreneuse de corsets : vingt sous par jour. Mais trop crapuleuse compagnie, quitte après un jour. — Toujours la confiance en son étoile. Se figure qu'elle est appelée au théâtre. Débute à Bobino en offrant un bouquet au Seigneur (1). Fait sa toilette

(1) Le Théâtre de Bobino ou du Luxembourg, alors rue Madame. Fondé en 1816, on y représenta d'abord des parades de Saix, dit Bobino, puis des vaudevilles, des drames, des revues. Il disparaîtra en 1868. — Le « bouquet au Seigneur » est une scène traditionnelle des vaudevilles, opéras-comiques, etc. du XVIIIe siècle : cf. MARIAGE DE FIGARO, acte IV, sc. 2, où de jeunes bergères, vassales du comte Almaviva, viennent présenter des bouquets à la comtesse.

dans un morceau de miroir. Il lui est recommandé de serrer ses effets dans un tiroir à clef pour ne pas être volée.

Un coiffeur de théâtre a 30 sous par mois.

4 juin.

Dîner chez Dinochau, marchand de vin rue de Navarin. Petit escalier tournant menant à une salle boisée, propre : chêne verni et papier rouge velouté. Table en fer à cheval. Le dîner bourgeois et provincial, de la soupe grasse et du bouilli.

Toujours les anonymes, toujours les hommes de lettres qui, vu leur âge, devraient avoir un nom et n'en ont pas. Barthet, le Dieu du banquet, le Dieu de ces bourgeois de lettres, dont la pudeur se signe au nom de de Sade et le goût au nom de Poe. Conversation sur les érotiques du XVIIIe siècle, le respect dû aux femmes honnêtes... Gens trop bas d'esprit pour voir un tableau de mœurs dans FAUBLAS et une maladie à étudier dans JUSTINE ! (1)

A la fin du dîner, après le café, dans ce monde dînant en manches de chemise, Dinochau, le maître de l'établissement, mine émerillonnée, cheveux frisés, venant se mêler à la littérature et racontant des charges d'Auvergnat, en manches de chemises.

4 juin.

Chennevières, à dîner l'autre jour, nous a conté ceci. Lorsque Sauvageot proposa de donner sa collection au Louvre, à Paris, à la France, et qu'on vint faire part à Fould d'une offre qui n'était pas une affaire, il dit : « C'est impossible ! Je ne crois pas, moi, à ce désintéressement. » Et quand Sauvageot lui fut présenté et vint conclure avec lui, il fut tellement embarrassé dans ce tête-à-tête avec cette espèce d'homme, nouvelle pour lui, — un solliciteur qui ne sollicitait que l'honneur d'une généreuse action, — qu'il le reçut de la plus glaciale et de la plus troublée et de la plus gênée façon.

6 juin.

« Chère amie, » disait Mme Lechanteur à notre petite cousine, qui vient de se marier et qui est déjà Parisienne par la crinoline, la voyant inoccupée et pas encore grosse, « est-ce que vous ne pourriez pas

---

(1) LES AMOURS DU CHEVALIER DE FAUBLAS, de Louvet de Couvray 1787-1790). et JUSTINE OU LES MALHEURS DE LA VERTU, du marquis de Sade (1791).

vous faire quelques occupations? Quand on n'a pas d'enfant, pas de ménage, on fait des bonnes œuvres, on visite les pauvres...» (1).

7 juin.

Fioupou, un des familiers du Divan, en grande dispute par lettres avec Saisset sur le platonisme chrétien, tout au Logos et ne voyant rien au delà, au dessus, ni à côté et parlant de l'exégèse...

Deux ou trois fois, il m'est arrivé de boire de la mauvaise bière au Divan.

C'est un grand enseignement du scepticisme que ce temps. « On peut se servir des coquins, disait La Bruyère, mais l'usage doit en être discret. » (2) L'usage en est extrême et insolent.

Il semble qu'on aille chercher les plus tarés et les plus publiquement et les plus judiciairement déshonorés. C'est un défi ! Y a-t-il une croix pour la littérature? A qui va-t-elle? A un Fiorentino. Et avec tout cela, avec cet entour de coquinisme et ce grand et impérial mépris de l'honnêteté, jamais gouvernement ne fut plus triomphant, plus puissant, plus glorieux, plus établi, plus argenté, plus régnant. C'est un grand enseignement du scepticisme!

7 juin.

Nous avons été retrouver l'escalier parfumé du vieux Barrière, le seul homme qui nous ait rendu service sans nous connaître et qui soit prêt à nous rendre service encore, nous connaissant. Il est toujours un vieillard gai, souriant, plein d'anecdotes, ne boudant rien, aimant l'homme dans l'Histoire. Heureux trouveur à domicile, sous la main duquel tombe parfois un portefeuille dormant dans la poussière, où dort la confession d'un cœur du temps de Louis XV, d'une âme de la Révolution.

J'entends un timbre. C'est un bruit sec, anglican, mécanique et net, toujours semblable à lui, qui dit qu'on sonne et non qui sonne; la détente d'un ressort de cuivre qui tombe dans le vide de

---

(1) La *petite cousine*, c'est Eugénie Labille, devenue, elle aussi, Mme Lechanteur par son mariage.

(2) Citation approximative des CARACTÈRES (VIII, 53) : « Il faut des fripons à la Cour auprès des grands et des ministres, même les mieux intentionnés; mais l'usage en est délicat...»

votre attente, de votre cœur, de vos espérances. Oh ! la sonnette qui fait *drelin ! drelin ! drelin !* qui rit, qui chante comme un tourne-broche, — il n'y en a plus non plus, de tourne-broche : on cuit au four, — qui vous dit avec sa chanson fêlée : « *Retour, Amour* », un vieil ami, une maîtresse neuve.

Que c'est laid, la civilisation des machines ! Le timbre sera la sonnette du phalanstère.

J'ai ouvert en bouquinant le dernier volume de la REVUE ANECDOTIQUE. Une page n'était pas coupée, je l'ai déchirée du doigt... J'ai un ami, un cher ami; un ami qui m'écrit en voyage, un ami qui a pris mon thé tout l'hiver et parfois mon vin, qui se confie tout à moi, me conte au long ses amours au bordel et au vif sa haine contre le pouvoir; bref, un ami intime. J'étais absent. Je recevais ses épîtres où tout heureux, il m'apprenait le bien qu'on pensait de moi et tout malheureux, le mal qu'on en disait. Pendant ce, il insultait anonymement mes livres de tout le peu de français qu'il savait... Au reste, ce Georges Duplessis, du Cabinet des Estampes de la Bibliothèque, et toute cette bande qui l'entoure, de petits bonshommes, de petits savantasses, de ces polissons en *us*, faux, sournois, cachottiers, se pillant et s'espionnant, travaillant la tête dans leur pupitre, est une des plus petites et des plus laides races que j'ai vues (1).

9 juin.

Rue du Bac, au fond de deux ou trois cours, une maison retirée et tranquille, avec de l'air, des coins de verdure, un coin de ciel. Une porte derrière laquelle on entend des pas avant qu'elle ne s'ouvre. Un domestique sans livrée. Un salon : un meuble en velours rouge et en palissandre; l'aspect ordinaire d'un salon du monde bourgeois riche, avec le MARIAGE DE LA VIERGE, une copie

(1) La REVUE ANECDOTIQUE DES LETTRES ET DES ARTS, née le 1er avr. 1855 disparaîtra en 1862. C'était, dit Hatin, un recueil de « documents biographiques de toute nature, nouvelles des libraires et des théâtres, bons mots, satires, épigrammes, excentricités littéraires de Paris et de la province ». Dans le volume visé, celui de 1855, à part quelques éloges décernés le 3 avril (p. 8) à la SOCIÉTÉ... SOUS LE DIRECTOIRE, on trouve deux entrefilets venimeux à l'égard des Goncourt, l'un du 26 août (p. 234) sur LA PEINTURE A L'EXPOSITION DE 1855 (« théorie sans consistance, avec quelques vues de temps en temps... »), l'autre du 27 novembre (p. 378) sur LES ACTRICES (« Leurs actrices se réduisent à une seule, dont l'histoire est bien tronquée, bien trivialement prétentieuse »).

du Pérugin, au-dessus du piano, et un gothique brugeois, le
Baptême de Jésus-Christ, en face, et des lithographies de saints.

« Pardon, Messieurs, voulez-vous entrer dans mon cabinet ? »
Des livres tout autour. Près de la cheminée, des portraits ; sur
la bordure dorée de la glace, un portrait de religieuse.

« Oh, dit-il, c'est un costume de comédie. C'est une personne
de ma famille, qui fit un rôle de couvent et se voulut faire peindre
avec les habits de son rôle. Mœurs du XVIIIe siècle ! Ma famille
aimait la comédie, et tenez ! » et il tira des rayons un volume :
Théâtre de M. le Comte de Montalembert, *joué sur le théâtre
de l'hôtel de Montalembert.*

« Votre tableau de Paris m'a bien intéressé (1). C'est bien
curieux... Je vous ai écrit... Oui, ce sont des vivacités de style qui
vous ont fait écarter. L'Académie est une dame qui n'aime pas
ces choses-là. Vous savez que je pense comme vous et non comme
elle... Tous ces hôtels, c'est bien curieux à suivre dans votre livre.
Je me rappelle, quand nous sommes revenus de l'émigration, il y
avait un cheval qui tournait une meule dans le théâtre de notre
hôtel... Si vous aviez pu recueillir en province la tradition orale...
Ce sera chose perdue pour plus tard.

« M. de Balzac a fait, dans les premiers chapitres de ses
Paysans, une peinture des paysans comme les a faits la Révolution.
Ah ! ce n'est pas flatté, mais c'est si vrai ! Je suis du Morvan, je
me disais : « Mais il faut qu'il y soit venu ! »

Puis il finit : « Je voudrais que le Correspondant rendît
compte de votre livre. Avez-vous un ami qui pourrait nous faire
ce compte rendu ? Il faut quelqu'un qui puisse faire cela pour les
presbytères et les châteaux. Je n'ai personne dans ce moment-ci.
Le petit Andral est paresseux. Si vous aviez quelqu'un... »

M. de Montalembert a de longs cheveux gris, blancs et plats,
une figure pleine, des traits de vieil enfant ; dans cela, un sourire
dormant, des yeux fins, profonds même, mais sans éclairs ; une
voix nasillarde et sans mordant, avec un accent de province ;
patelinage de manières des gens qui vous caressent de tout leur

---

(1) Dans l'Histoire de la société française pendant le Directoire, les
cent pages du chap. I sont une longue promenade à travers le Paris du Directoire,
où les Goncourt montrent ce que sont devenues les églises et les anciens hôtels, au
sortir de la tourmente révolutionnaire. Leur ouvrage, présenté à l'un des prix
Montyon, avait été écarté par la Commission de l'Académie.

corps, quand ils vous donnent une poignée de main; une robe de chambre cléricale. Au bout de cela, une amabilité douce, calme et tranquille.

Peut-être, — j'en doute, — y a-t-il encore un parti aristocratique en France; mais je cherche toujours un gentilhomme. Si l'élégance des beaux préjugés n'est plus, je voudrais au moins l'élégance des extrémités.

Même jour.

Jules Janin, qui engraisse et a l'air maintenant d'un poussah habillé par Paul de Kock, a une cour de petits jeunes gens, qui lui parlent chevaux et à qui il dit sans rire : « Ah ! ce cheval-là, je ne l'ai pas monté... »

Ce soir, en face, Berthe m'a envoyé des baisers par derrière les persiennes, tandis que son amie faisait, à l'autre fenêtre, un *con* avec les rideaux.

La propreté est une carrière comme la religion. Être propre, faire son salut sont des choses bien difficiles à des gens qui travaillent.

Je suis tombé sur du Victor de Laprade : je n'y ai vu que *des seins de jeunes filles palpitant sous des lèvres de jeunes hommes* (1). Les poètes sont comme les enfants, ils peuvent tout montrer. — Je suis sûr qu'on permettrait à Béranger de mettre JUSTINE en couplets. La rime et la gaudriole couvrent tout. Mais que si vous vous avisiez de parler en prose et de tenter le cru, le vrai, le philosophique, les Legonidec sont là.

12 juin.

Eh bien oui, nous sommes pourris ! La loque qu'il faut faire obéir se dérobe. La peau s'en va. Nous sommes dartreux, teigneux, et puis que sais-je?... Il faut se raccommoder.

---

(1) Citation approximative d'une invocation à Apollon, dieu du Soleil :
Comme sous le baiser frémit un sein d'amante,
Sous tes yeux printaniers, la terre au loin fermente.
(Victor de Laprade, LES SYMPHONIES, Lévy, 1855 : LA COUPE, p. 78). — Pour JUSTINE cf. t. I, p. 244, n. 1.

ANNÉE 1856

Déjeuner chez Chennevières à Versailles. Chennevières est tout à son *château* de Saint-Santin, masure qui l'a séduit par la date de 1555 sur une vieille pierre. Était ennuyé de traîner depuis longtemps les portraits et les livres de ses amis. Leur a trouvé enfin un logis et un asile. — Complètement amoindri et abîmé par cette rage de réimpression et de publication, devenant amoureux des petites personnalités et des petites médiocrités à demi célèbres, qu'il exhume dans l'histoire de l'art, prenant parti pour Roslin contre Diderot. Pourtant, caressant de l'idée et à l'horizon de son imagination quelque conte normand. Un entre autres, qui serait un conte vendéen : un jeune homme prenant les armes dans la levée d'armes de 1832 (1), jugé, mis au Mont Saint-Michel et là, développant la politique qu'auraient pu asseoir la duchesse de Berry et le parti légitimiste de 1832, la politique de la décentralisation, qui était la politique de la duchesse de Berry.

Nous avons déjeuné avec Mantz, petit bonhomme brun et poli, avec un clignotement d'œil finaud. Dussieux, professeur de Saint-Cyr, qui a quelque chose de professeur dans la tournure et de militaire dans la voix, qui vous regarde interrogativement par dessus ses lunettes bleues. Eudore Soulié, un profil pointu de fouine, dans une grosse face bien en chair, des cheveux ébouriffés en pyramide et jouant la perruque ; une gaîté et une espièglerie de gamin avec une voix de fausset ; — et cela très sympathique. Pas d'âge sur la figure.

Chennevières nous a menés aux autographes de Fossé d'Arcosse, dans un cabinet de travail dont les murs sont mangés d'armoires, de livres, de tableaux, de dessins, de miniatures, de babioles et de reliques, dans un milieu d'histoire et de bric-à-brac : marteau de Louis XVI, forgé par ses mains royales, sablier d'Henri III, boucles de soulier de Louis XV, couteau de chasse de Charles VIII et l'ordre de payer à Lajouski, le septembriseur, 1500 livres, signé *Philippe-Égalité*, le 11 décembre 1792. Un vieillard, cet A. Rigault, long et osseux, qui trouvait des Debucourt avant la lettre à quinze

---

(1) Débarquée sur la côte marseillaise le 29 avril 1832, la duchesse de Berry se dirige sur la Vendée, appelant aux armes les légitimistes, dont une poignée seulement la suit et se fait battre le 7 juin au combat du Chêne. La duchesse, réfugiée à Nantes, est livrée par Deutz et enfermée à Blaye.

sous, — la PROMENADE DU JARDIN DU PALAIS-ROYAL, achetée en 1810 sur le Pont-Neuf, — et des FORGES D'AMOUR de Boucher — dessin — à quarante sous, au bon temps.

Tout en feuilletant des paperasses qui tiennent de l'histoire, à propos d'un nom, il nous dit : « Deux branches d'une famille avaient chacune 100.000 francs sous Louis XIV. L'une place en terres, elle a aujourd'hui 400.000 francs ; l'autre en rentes de l'État : avec les réductions et les banqueroutes, elle a aujourd'hui 560 francs. »

Sous les arbres du Café de la Comédie, Théophile Lavallée, un autre professeur de Saint-Cyr, nous rejoint. Les lèvres rouges et sans forme des masques de Venise dans les tableaux de Longhi ; un truand de Teniers avec des lunettes. Nous parle de la religion laissée par Robespierre chez ses amis ; d'un nommé Henry Clémence, juré au Tribunal Révolutionnaire, devenu maître d'école sous la Restauration : culte de Robespierre, qui se dévoilait dans le vin avec l'apologie franche de la guillotine ; indignation de Lavallée, qui était tout jeune et cependant très libéral : la génération qui nous a précédés, non encore apprivoisée au Robespierre par des tentatives d'explications, comme dans Thiers, ou des poétisations, comme dans Lamartine.

Nous dit que Feuillet de Conches a montré l'autre jour en petit comité à l'Empereur et à l'Impératrice la correspondance de Marie-Antoinette. Feuillet a été tout étonné d'entendre l'Empereur parler ; son thème a été celui-ci à propos de ces lettres : « Quand on est bon, on paraît lâche ; il faut être méchant pour qu'on vous croie courageux ! »

Le soir, conversation avec les mêmes chez Soulié. Vient Delécluze, des DÉBATS. Conversation tout anti-catholique : une chose à voir, combien le voltairianisme est jeune, ardent et militant en ces vieillards ! A propos des peintures de l'intérieur de Notre-Dame, nous a dit qu'ayant été voir les peintures de la Sainte-Chapelle avec son neveu Viollet-le-Duc, lui a dit : « Eh bien, il faut un perroquet ! c'est une cage ! » (1) Opposé à la polychromie de l'architecture et de la sculpture : nie, Pausanias n'en parlant pas,

---

(1) La restauration de la Sainte-Chapelle ne sera achevée qu'en 1867 ; mais dès 1838, l'architecte Lassus y avait travaillé, auquel succédèrent Duban et Viollet-le-Duc. Sur les voûtes et les parois de la chapelle basse, on avait découvert, sous le badigeon, des éléments de l'ancienne décoration polychrome, à l'aide desquels les frères Vivet avaient tenté de reconstituer l'ensemble de cette décoration.

que les Grecs aient peint leurs statues. L'exemple de Pompéi non probant, à cause de la décadence de l'art. — Nous parle de la difficulté que les chrétiens fervents ont à mourir.

20 juin.

La danseuse Ferraris nous est recommandée de Naples comme à des « critiques influents ». Son mari, — les actrices italiennes sont mariées, — son mari nous met ses cartes. Nous y allons : rue Drouot, au second, un petit appartement qui a une grande porte. Une femme petite, maigre, brune de cheveux et de peau, les yeux ardents et allumés, la voix modeste. Étonnée du nombre de répétitions et du soin à monter les ballets en France : c'est une affaire de vingt jours en Italie. Deux jours après son arrivée, avait déjà reçu quatre journaux de théâtre : ô chantage !... Non seulement un mari, mais une mère qui travaille à l'aiguille, tout le temps, contre la fenêtre. — Décidément, une danseuse est une femme; et une famille au bout d'une danseuse, c'est fort laid. Un mari et une mère... une danseuse devrait opter !

23 juin.

La petite cousine Lechanteur et son petit mari ont monté notre quatrième : « J'ai vu que les paniers étaient revenus (1)... Que faites-vous ? — Nous travaillons beaucoup. » Pas un mot de nos livres passés et futurs... Lesquels gens, si on arrive, mettent vos portraits dans leur salon et vos noms sur la glace de la cheminée. — Tout homme de lettres devrait prendre un pseudonyme pour déshériter sa famille de son nom.

Vente de vins moderne avec tous les détails et observations : fromage, morceaux de pain, etc... Un certain vin : une histoire à inventer, douze bouteilles. Une longue scène de l'enchère et du désir du jeune homme... Lettre désespérée, railleuse et sceptique coupée en douze bouteilles.

1er juillet.

Faire quelque chose comme LA LORETTE : sur le peuple, intitulé LE PEUPLE, y mêler le cru et le haut, l'observation et les considérations en deux lignes.

(1) Entendez les robes à paniers.

Revenus de la campagne dans la journée, nous étions à dîner au Restaurant de la Terrasse, gargote treillagée d'or. Le soleil couchant versait l'or sur les grandes annonces dorées, au-dessus du Passage des Panoramas. Jamais je n'ai eu l'œil ni le cœur plus réjouis qu'à voir ce pâté de plâtre, tout barbouillé de grandes lettres, tout sali, tout écrit et puant si bien Paris. Tout est à l'homme ici; à peine un mauvais arbre, venant mal dans une crevasse d'asphalte; — et ces laides façades me parlent comme ne me parle point la nature. Les générations de notre temps sont trop civilisées, trop perfectionnées, trop pourries, trop savantes, trop factices pour faire leur bonheur avec du vert et du bleu. J'ai vu de très beaux paysages : il y a des gens que ces choses font heureux, cela ne m'a guère plus distrait que des tableaux.

J'ai eu des nouvelles de Banville. Il a fait toutes les cantates chantées pour le Prince Impérial, il a touché l'argent de toutes et n'a voulu en signer aucune : « Qu'on me donne 25.000 livres de rentes ! » a-t-il dit à M. de Mercey. Et Banville n'a guère plus d'opinion politique qu'un lézard ou un poète... Allons, il y a encore quelques gueux fiers ! (1)

Notre article sur Mme d'Albany (2) nous a été rapporté de la REVUE DES DEUX MONDES avec toutes sortes de politesses. Il a été trouvé que « ce portrait n'avait pas assez d'intrigue, d'action » et que Mme d'Albany « n'était pas une femme sympathique ».

2 juillet.

Été à Auteuil. Gavarni a fait 27 lithographies en une semaine, l'année du PARIS (3).

(1) Le Prince Impérial, Eugène-Louis-Jean-Joseph Bonaparte, était né le 16 mars et venait d'être baptisé en grande pompe à Notre-Dame le 14 juin 1856.

(2) Cet article, LA COMTESSE D'ALBANY paraîtra en 1857 dans la REVUE FRANÇAISE, t. VIII, p. 158, avant de figurer dans l'éd. de 1878 des PORTRAITS INTIMES DU XVIIIe SIÈCLE.

(3) Gavarni avait accepté de donner au quotidien de Villedeuil une litho-graphie par jour, et il tint parole. L'ensemble de ces séries du PARIS était intitulé MASQUES ET VISAGES. Elles parurent du 20 octobre 1852 au 8 décembre 1853.

Il nous conte le suicide de son locataire, voisin et ami, le vétérinaire, M. Berthier, vert et gai et dispos vieillard, avec qui j'avais joué chez lui. Il est sorti un matin de chez lui, après avoir demandé à sa fille une chemise blanche et de bien voir s'il y avait des boutons; a été voir quelqu'un à Auteuil, a causé tranquillement, lui a dit d'envoyer sa bonne dire à sa femme qu'il ne déjeunerait pas, parce qu'il allait déjeuner avec un capitaine de carabiniers; a acheté un pistolet, est allé au Restaurant du Havre, a demandé un cabinet, une tasse de chocolat, du papier et de l'encre; a écrit avec toute sa tête et jusqu'aux notes de ce qu'on lui devait et de ce qu'il devait; est descendu acheter chez un bijoutier deux médaillons, s'est coupé deux mèches de cheveux; a laissé une lettre ouverte où il priait Gavarni de venir le trouver; puis s'est fait sauter la cervelle. La figure emportée; tout le cabinet, très petit, plein de cervelle. L'homme envoyé par le commissaire de police s'est trompé, a remis la lettre à la femme.

Croissy-Beaubourg, 4 *juillet.*

Les tueurs d'animaux boivent un verre de sang le matin, avant le *quiqui.* L'un a dit avant-hier, un jeune homme blond, tête douce, en tapant sur sa poitrine : « Ce n'est pas une poitrine que j'ai là, c'est un mur ! »

Louis XVIII fuyait le revenant d'Elbe :
« Ah ! Monsieur le Maréchal, combien c'est pénible...
— Sire, la Providence...
— ...de faire des pantoufles neuves. »

Croissy, 5 *juillet.*

Un oiseau qui chante comme par ricochets : des gouttes d'harmonie claire tombant goutte à goutte de son bec. L'herbe haute, pleine de fleurs et de bourdons au dos marron doré, et de papillons blancs et de papillons bruns, les plus hautes herbes hochant la tête sous l'air qui les penche. Des rayons de soleil vautrés en travers du chemin vert et couvert. Un lierre qui serre un chêne, — comme les ficelles de Lilliput, Gulliver. Entre les feuilles, des piqûres de ciel blanc, comme des piqûres d'épingle. Cinq coups de cloche apportant au-dessus du fourré l'heure des hommes et la laissant tomber sur la terre verte de mousse et de lierre, dans le bois bavard de cris d'oiseaux. Des moucherons volant et sifflant tout autour de moi; le bois comme plein d'une âme murmurante et bourdonnante; une bonne grosse voix de chien à l'horizon. Le ciel plein d'un sommeil dormant.

Le soir, pêchant. — L'eau, toute pleine de joncs droits dans le ciel, sur laquelle dorment, aplaties, des feuilles de nénuphars, reflète un coin de ciel rose et éclairé, avec de gros nuages violets et couleur de fumée. Dans le petit lac, le liège rouge et la plume blanche qui ne bougent (1).

6 juillet.

La messe. Ainsi un homme qui estropie le français, un paysan tombé dans la Bible (2), le dernier des paysans dira Dieu ! — La meilleure des religions est celle qui compromet le moins Dieu en le montrant et en le faisant parler le moins. — La crédulité, la foi sont l'enfance des peuples et des cœurs. La raison est une acquisition et une corruption. L'utopie de Fauchet est une utopie et rien de plus. La raison et la foi sont les deux contraires absolus.

Deux choses me choquent : la statue du prince au Palais de Justice et le *Domine salvum fac* à l'Église. Il est des temples de choses éternelles, où les choses du temps ne doivent pas entrer.

Le latin de la religion, un de ses palladiums, ressemble assez au *Parapharagaramus* des escamoteurs : ne pas comprendre est beaucoup pour le peuple.

Le curé a attribué les inondations à la colère de Dieu contre les pays inondés; il a ajouté que si les inondations venaient ici, ce serait la faute de ceux qui font travailler le dimanche. Ceci est pour mon oncle, chez qui le curé ne dîne guère.

8 juillet.

Deux chiens jouaient sur l'herbe; ils se sont arrêtés pour bâiller.

Alphonse, pour tuer le temps, psalmodie les en-dessous des gravures de l'Illustration.

(1) Var. 1887 : tout le paragraphe supprimé depuis *Le soir, pêchant...* et remplacé par : *Et tout cela m'ennuie comme une description. C'est peut-être la faute de ces deux chiens que je regardais jouant sur l'herbe: ils se sont arrêtés pour bâiller.* Ces deux chiens figurent plus loin, au 8 juillet, mais non la notation de l'ennui des Goncourt.

(2) Rayé depuis *Un paysan.*

Si le temps ne changeait pas, que serait la conversation de voisins de campagne ?

Je songe à la réhabilitation — dans une pièce ou autre part — d'un parasite comme Gaiffe, éclatant à la fin d'un dîner : « Comment, malheureux ! je t'amuse, je fais passer des idées, un rire dans ta cervelle stupide et vide, et pour quoi ? Pour un mauvais dîner ! »

Moi, envieux ? Je ne suis pas si modeste que cela.

L'église de Croissy est abattue. Des tas de pierres, à droite et à gauche, au milieu de quoi montent les murs de l'église qu'on reconstruit. Dans le fond, debout comme un fragment de décor, le mur couvert de beau papier auquel s'adossait l'autel. A gauche, sortant des fosses creusées pour la fondation du clocher, de rougeaudes têtes de maçons mouchetées de plâtre. Sur le terrain, des débris de côtes, et dans un coin, un amas de planches noires d'un vilain aspect de planches de cercueil pourries.

Là-dessus, se promenant et arpentant du compas de ses jambes longues, le long corps du curé serré dans sa soutane noire, la soutane toute graisseuse au cou, où ne passe pas même le liseré d'une chemise, et des places toutes blanches au passage des mains dans les poches ; un chapeau rond avec un crêpe. Sa figure sale d'une longue barbe, avec des yeux perçants et clairs, un nez pointu, les grimaces de deux plis courant du nez aux coins de la bouche, quelque chose d'étrange. — Le curé, au temps où nous sommes, n'est-il pas l'être fantastique par excellence ?

Paris, 14 juillet.

Je trouve, en arrivant à Paris, un article de Louis Énault dans le Constitutionnel : fait son article avec mon livre même, en s'abstenant de guillemeter les citations, bien entendu ! (1) — Il me reproche de n'avoir pas eu, en l'écrivant, de « rougeur au front » (2). Ceci me rappelle autre chose. Louis Énault

---

(1) Addition postérieure, de la main d'Edmond, sur le manuscrit : *article bienveillant ; cependant fait son article...*

(2) Cf. le Constitutionnel du 1ᵉʳ juil. 1856, article de Louis Énault sur l'Histoire de la société française pendant le Directoire. Le style en est encore plus prudhommesque que ne le laissent supposer les Goncourt : « Beaucoup auraient

vint à un de nos thés, pimpant et tiré à quatre manchettes et des glands au bout de ses gants. Il me fit la plus belle tirade et la plus longue et la plus chaude sur la moralité et en particulier sur l'homme, le devoir, les principes, etc. Comme il sortait, Gaiffe entra : « Ah ça ! dites-moi donc, Gaiffe, d'où vient Énault ? — Énault ? Comment ? vous ne savez pas ? Il baise Mme de Césena ; voilà donc pourquoi Césena donne des meubles à sa femme : la femme les donne à Énault et Énault les *lave* ! »

J'avais présenté, avant de partir, l'Opéra galant au Figaro (1). J'ai trouvé Bourdin qui m'a demandé si je ne pourrais pas mettre dans mon article des anecdotes plus connues, des anecdotes d'*anas*, reprochant la nouveauté aux miennes.

15 juillet.

Nous avons eu avec Aubryet une grande conversation sur les amours qu'il faut à l'homme de lettres. Nous avons parlé des amours bordelières : mais il en faut le goût et le courage, et avoir le cœur bien planté et difficile à lever ; puis des amours de la grisette : mais elle est morte, etc... Nous avons agité la question si l'homme de lettres devrait être premièrement homme ou premièrement homme de lettres : Aubryet pour la première thèse, nous pour la seconde, et nous avons fini par conclure, surtout nous, — l'idéal de l'homme de lettres ne pouvant être rencontré par lui au bordel, ainsi que cela devrait être, et l'homme de lettres n'étant qu'une vanité, — que la vraie maîtresse est la maîtresse admirative, Mme d'Albany ou Mme Arsène Houssaye.

16 juillet.

Après avoir lu Poe. Quelque chose que la critique n'a pas vu, un monde littéraire nouveau, les signes de la littérature du

écrit ce livre l'indignation au cœur, les larmes aux yeux et la rougeur au front. MM. de Goncourt... ont cependant gardé dans tout ceci une sérénité impersonnelle... et ils manient de la même main légère et facile les bagues et les épingles de Mme Tallien et le couteau de Sanson. »

(1) Cet article refusé est sans doute devenu Camargo, etc. dans les Portraits intimes du XVIIIe siècle (1857) : les Goncourt y content les scandales galants de l'Opéra du XVIIIe siècle, l'enlèvement des deux sœurs Camargo par le comte de Melun, le procès de la danseuse Prévost contre le bailli de Mesmes, etc.

XXe siècle. Le miraculeux scientifique, la fable par A + B; une littérature maladive et lucide. Plus de poésie; de l'imagination à coups d'analyse : Zadig juge d'instruction, Cyrano de Bergerac élève d'Arago. Quelque chose de monomaniaque. — Les choses ayant plus de rôle que les hommes; l'amour cédant la place aux déductions et à d'autres sources d'idées, de phrases, de récit et d'intérêt; la base du roman déplacée et transportée du cœur à la tête et de la passion à l'idée; du drame à la solution.

En omnibus. Tête de femme, les cheveux rejetés en arrière et dégageant les bosses frontales. Le front droit, les sourcils remontés vers les tempes. L'arcade sourcilière profonde; un œil fendu long avec la prunelle coulant aux coins. Le nez d'une courbure aquiline et fine; les pommettes bien marquées. La bouche serrée et tirée par une commissure à chaque bout; le menton maigre et carré. Type nerveux de l'énergie et de la volonté féminine.

Juillet.

Été aux Petits-Ménages pour demander des renseignements sur Théroigne de Méricourt.

Six rangées de marronniers; et sous l'ombre sans gaîté de leurs feuilles larges, quatre rangées de bancs de pierre. A droite, des petits jardins avec des petites tonnelles demi-effondrées et des petites allées à cailloux jaunes, tristes comme des jardinets de cimetière. A gauche, une allée, et sur les bancs qui touchent à l'allée et qui sont sur le bord du soleil, des dos ronds dont les têtes sont à l'ombre; des dos qui font le gros dos et que les rayons grattent.

Sous ces ombres, un monde, mais un monde qui ne va, ni ne parle, ni ne vit; un monde qui se traîne ou demeure la tête baissée sur la poitrine, les mains prenant appui sur les nœuds osseux des genoux. Un bourdonnement fêlé, des lèvres blanches versant dans les conques cireuses des oreilles des idées en enfance, des ragots et des terreurs, des histoires, des soupçons de Pitt et Cobourg (1), dans une langue édentée, étoupée, comme une langue qui bave entre deux muqueuses.

(1) Les intrigues anti-françaises de William Pitt, traditionnellement associées, dans les craintes des patriotes sous la Révolution, aux faits d'armes du prince Frédéric de Saxe-Cobourg, qui vainquit Dumouriez à Nerwinde en 1792.

Les oiseaux jouent entre les jambes qui ne courront plus jamais, — et les oiseaux le savent bien ! De vieilles petites créatures, sèches et ratatinées, emballées dans un étoffement carré de grosses étoffes de laine ; les plis des jupes comme de gros tuyaux d'orgue écrasés ; les pieds vaguant et rivés aux bas bleus et à la lourde galoche, qui empêtrent la cheville ; et la jambe : un os !

La Mort les a griffées et marquées, les misérables créatures ! Et c'est une chose terrible de voir ces caricatures de la vie passer avec leur face de buis balayée des flasques barbes de leur bonnet de nuit, leur châle dépassant leur camisole de nuit, lentes comme des spectres, appuyant leurs pas qui tremblent d'un vieux parapluie, qui leur est béquille. Ou celle-ci, avec un grand abat-jour sur son bonnet, abîmée dans un pliant... Celles-là, affaissées trois par trois sur un banc et s'épaulant.

Une est seule, au nez de vautour, avec trois grandes taches noires par le nez et la face, l'œil clair, le regard torve, deux bouts de ruban feu pendant des deux côtés à son bonnet, — une face diabolique. Et toute grande et toute droite, osseuse et solide, toutes les phalanges de sa main gauche allongées comme des ongles de lionne sur sa jambe gauche, croisée sur sa jambe droite. Elle semble une de ces consciences césariennes, qui veille, compte avec elle et repasse muettement dans sa mémoire de marbre une vie fauve et des jours rouges.

Chez Dinochau. — Bourgogne, secrétaire du général Daumas, tête à la Mirabeau, avec la fièvre dans les yeux, pétillant d'esprit : « Moi, je suis un plumitif, on ne me demande que de l'exactitude et de la paresse ! »

Audebrand, grande tête de cheval décharné, un mélancolique bête. Quand il débuta en littérature, un de ses parents du Marais lui demanda : « En connais-tu des hommes de lettres ? — Quelques-uns. — Connais-tu Paul de Kock ? — Non. — Et Victor Hugo ? — Oui. — Est-il bien gai en société ? »

A la suite de ce dîner, Scholl est parti tout triste pour la Belgique, ne sachant quand les coups de bâton donnés à Richard seront amortis (1).

(1) Gabriel Lesclide signa d'abord Gabriel Richard, avant d'atteindre à la notoriété sous le nom de Richard Lesclide. Bordelais comme Angelo de Sorr, Monselet et Scholl, il collaborait alors à des journaux de Bordeaux. Aurélien Scholl lui avait enlevé Céleste Laveneur. Puis en 1855, à Bordeaux, Scholl, à la suite d'une nouvelle indiscrète, Les Fourches, ayant dû se battre avec Oscar Vallette et ayant été blessé au bras, Richard

Busquet, homme à lunettes et à manchettes bouillonnées.

Audebrand remarque que l'homme de lettres a contre lui tous les gens à uniforme : le soldat, le prêtre et le juge.

Un samedi de juillet.

Passé la barrière de l'École-Militaire, des devantures de boutiques avec des rideaux blancs. Au-dessus de la porte, un gros numéro, et un étage par là-dessus. — Au gros 9 : grande salle, éclairée par le haut, — jour blafard. Des tables, un comptoir plein de liqueurs. Des zouaves, des soldats, des hommes en blouse, en chapeau gris, attablés, des filles sur leurs genoux. Filles : chemises blanches ou de couleur, avec une jupe sombre; jeunes, jolies, les ongles roses, coiffées, les cheveux relevés de petits agréments; fumant la cigarette, puisant au maryland d'une amie; se promenant deux à deux dans l'allée des tables, jouant à se pousser; ou attablées, jouant aux dames.

Chanteurs venant chanter avec une voix de basse-taille quelque ordure. Garçons avec de grandes moustaches noires. Le *mac* de l'établissement, appelé par les femmes *le vieux marquis*. Une négresse, bras nus, qui passe.

Au premier, long corridor avec un tas de cellules grandes comme la main, tenant à peine une petite fenêtre aux persiennes démantibulées, un lit, une commode et, par terre, le pot à l'eau et la cuvette; une de ces images coloriées qu'on gagne aux macarons, — l'Été ou le Printemps, — et, pendu à une petite glace, un zouave en joujou.

Ces femmes à vingt sous : non les terribles créatures de Guys, mais une tournure et une langue de lorettes.

22 juillet.

Été chez Gavarni. Nous montre de merveilleuses aquarelles, balafrées de clair, de soleil, d'air et de vie. Des roses, des rouges

---

le chargea à coups de canne sur le terrain. Les ennemis de Scholl l'accusèrent de lâcheté. Le tribunal condamna Scholl et Richard à quelques semaines de prison, en décembre. Enfin, Scholl, le 15 juil. 1856, rencontre Richard dans un café et le bâtonne à son tour. Il s'enfuit en Belgique : il en reviendra à la fin de l'année se constituer prisonnier et sera grâcié, sur l'intervention de la Société des Gens de Lettres, au début de 1857.

et des bleus de teinte inimitable, avec des plans de figure prodigieusement pochés sur du papier Whatman, auquel il donne un ton de Chine en l'exposant à la fumée d'une chambre où l'on fume. Vendues à Labrosse, successeur de Vittoz, le bronzier, qui en place des bottes.

Nous conte ce mot d'un ami à un propriétaire qui venait de bouleverser sa propriété : « Eh bien ! c'est presque aussi bien qu'avant ! » C'est bien l'histoire de son jardin.

Nous parle d'une série dont il nous confie le titre : LE MÉRITE DES HOMMES. Nous recommande en amour les femmes bêtes : « Il n'y a rien de plus amusant ». A connu une femme qui lui écrivait des sept pages de bêtises : « A la fin, je ne les lisais plus... Au fait, il faudra que je brûle ces rames de lettres de bourgeoises... Elle me dit un jour : « Nous pourrons nous voir dans cinq mois et huit jours », — une femme d'un ordre !... Je devais m'introduire chez elle par la porte ouverte d'un potager (1). J'arrive dans un grand parc; je regarde aux fenêtres... Un grand château Louis XIII, auprès de Versailles... Rien qu'une lumière : une mansarde, un bougre de domestique qui devait lire du Paul de Kock ! Il y avait une grande pelouse où la lune donnait en plein. Et puis, une pluie très fine... Je m'avance. Je jette des cailloux dans sa fenêtre. Rien. Je vais dans le parc, je casse deux grandes branches. Mais il fallait les lier. Impossible de casser le cordonnet de ma blague; enfin, je l'use avec le chien de mon pistolet. Je frappe à la fenêtre avec mes deux branches liées. Elle descend, arrive à une fenêtre du rez-de-chaussée. C'était une maison barricadée ! Impossible d'ouvrir ! Et nous voilà à nous faire des signes... Enfin, elle me fait signe qu'elle va à une autre porte. Elle ouvre. J'avais un pantalon à pieds; je lui tends d'abord deux gros souliers de chasse avec une livre de boue... Vous concevez quel nez de bourgeoise elle a fait ! J'ai tiré des coups affreux !... Il paraît que j'étais en retard d'une heure... »

Au reste, c'est un crime d'habitude chez Gavarni. Une femme a fait son malheur par son exactitude : rendez-vous à midi, Gavarni ne rentrait chez lui qu'à midi cinq, il y avait cinq minutes que la femme l'attendait... Pourquoi Gavarni a-t-il une pendule chez lui ? « C'est pour être en retard ! »

_____

(1) Add. 1887 : *Je devais m'introduire chez elle par la...*

Charbonnière qui se lave avec du beurre : elle va en acheter pour un sou pour sa petite fille qui va mourir et qui demande à être débarbouillée ainsi (1).

« Un homme exact comme une éclipse... »

24 juillet.

Dans une salle de la bibliothèque de l'Arsenal, j'ai vu côte à côte, assis, deux fauteuils : un fauteuil Louis XV et un fauteuil Louis XVI. Il y a un siècle et un monde dans chacun de ces fauteuils. Le *rocaille* dit la corruption aimable, l'amour à l'aise et confortable; il dit l'accueil fait au plaisir, etc... L'autre, droit, est calviniste, janséniste, économiste, la vertu raide; il est Turgot, il est monsieur Necker.

25 juillet.

Comme j'avais vu des singes, rue Cadet, s'épouiller avec plus de fraternité que des hommes et que nous pensions à faire quelque chose de cette bête, — le chien du sceptique, — voilà l'idée venue entre deux chopes au Grand Balcon.

Un décor sévère et terrible, une nuit : un bivouac, des barricades aux journées de Juin, — prendre une rue et l'aller voir la nuit; prendre toutes les notes, les moindres même, d'après nature, et *battre* ça. — Quelqu'un, moi ou un autre, pris dans la barricade, pour n'importe quoi. Poser un insurgé étrange, avec rien (2). Conversation brusque, puis liée; grandes théories, hautes idées; remuer les thèses humaines et abuser des doutes de l'histoire naturelle, etc. : conversation coupée et prête d'aboutir à tout moment et revenant. — L'insurgé expliquant avec pitié le petit but de ses camarades, but tout politique : « Mais moi,... » etc.; et finit par lui avouer qu'il se bat pour l'émancipation des singes. — Intercaler tous les détails vivants, les remarques *de visu*, etc. — Branle-bas, l'homme se précipite, est tué... En le déshabillant, on trouve sa chemise marquée aux chiffres de la maison de Bicêtre.

---

(1) Var. 1887 : Edmond précise que Rose a appris la chose chez la crémière et il termine par : ...*demande à être débarbouillée pour le Paradis.*

(2) Sans armes, nons supposons.

Notre séide Curmer a fait relier sa Lorette ainsi : un semis de roses d'un côté, un semis de larmes de l'autre.

26 juillet.

Feuillet de Conches en robe de chambre : Robert Macaire consul dans l'Inde; un vieux singe qui a une maladie de foie! Sa collection? Un peu les bâtons flottants! Colossale adresse à faire *mousser* les pièces. Le brocanteur perçu derrière l'amateur. Des piles d'autographes, jetées sur la table négligemment; portraits, livres, gravures, etc. en fouillis. Montrant avec une baguette de saltimbanque des signatures dans un grand cadre : Newton, Torquato Tasso, etc. — Habile homme fort étourdissant, vous lapidant les yeux avec des volumes jetés.

1er *août.*

Rencontré sur le boulevard Banville, inculte, la barbe longue, revenant d'une tournée de musées avec Arsène Houssaye, de Paris à Bordeaux, défrayé par lui et prenant ses notes. Emmené dîner chez Maire.

Banville, même avant le chambertin, un délicieux causeur de la meilleure ironie, de la malice la plus amusante, crevant d'anecdotes de coulisses, contant ce qu'on ne lit pas, avec des aperçus et des paradoxes neufs et charmants, une philosophie superbe, des portraits en deux mots, des scènes comme à l'eau-forte : une Comédie Humaine qui me charme, m'éjouit, m'instruit.

Le plus vrai, le plus intime, le plus déshabillé portrait moral d'Houssaye, ce directeur blond qui se cachait et se réfugiait dans sa barbe; le roi des inertes, dont on ne pouvait tirer ni un regard, ni un mot; l'habile homme qui avait l'œil vague et échappait à tout, à l'assentiment, à la réponse, par un grognement; Houssaye, de la grande école des distraits, des préoccupés, des *en l'air* de notre siècle, Beauvoir, Gaiffe, etc., fous les plus sains, les plus avisés qui soient, passant le jeu de la ceinture lâche de César (1),

---

(1) Cf. Suétone, César, XLV, 5. César, dans sa jeunesse, portait sa ceinture très lâche, — signe de mœurs efféminées, — sans parvenir pourtant à endormir la méfiance de Sylla, qui devinait son ambition et répétait : « Méfiez-vous de ce jeune homme mal ceinturé ! »

hommes forts, merveilleux comédiens dans un verre d'eau sale, qui valent Talleyrand !

Houssaye, — bienheureux, les yeux fermés, toujours dormant dans sa barbe, — a tué sa femme sans le savoir avec ses infidélités ; a eu pour elles trois duels en une semaine : sa femme en est morte.

Un soir, au foyer du Théâtre-Français, Musset était saoul comme toujours. Augustine Brohan l'interpelle : « Ah ça ! Monsieur Musset, de quel droit vous vantez-vous d'avoir couché avec moi ? — Moi, par exemple ! Ce dont je me vante, c'est de n'avoir pas couché avec vous ! » Brohan reste épatée. Musset l'engueule, mais si fort qu'Houssaye dit :

« Monsieur de Musset, je ne laisserai pas insulter Madame devant moi. Je suis à vos ordres !

— Parfaitement, parfaitement ! Mais ce n'est pas pour cette rosse-là que vous vous battez ! Vous me cherchez querelle, parce que vous êtes un mauvais auteur, parce que vous êtes illisible ! Vous cherchiez une occasion... Une salope ! Allons donc ! c'est parce que vous n'avez aucun talent !... Parbleu ! je suis votre homme !... Une putain comme ça !... A vos ordres ! Quand vous voudrez ! »

Rendez-vous fut pris dans le cabinet d'Houssaye. Houssaye attend encore les témoins de Musset...

A propos de Musset et de Brohan, voici comment fut faite LOUISON. Dans le foyer : « Ah ! Monsieur de Musset, comment ne faites-vous plus de ces charmantes petites pièces ? » Musset saoul : « Intérieur cochon, sale ! Des brosses partout... Impossible de travailler... Trop sale ! — Mais si on vous mettait dans un appartement joli et bien rangé ? — Oh ! divin ! Pas de peignes sur les meubles... Une pièce, deux pièces, trois pièces ! »

Brohan lui offre son domicile, Musset arrive : « Pas de cigare ! Si je sors, voyez-vous... J'aimerais mieux commencer tout de suite. » Brohan envoie chercher deux boîtes de cigares... L'heure du déjeuner arrive : « Ah ! tenez, je vais aller déjeuner,... je boirai... Des amis... Impossible... Journée perdue ! — Qu'à cela ne tienne, vous mangerez ici. — Allons !» Le soir arrive : «Tenez, si je m'en vais chez moi, je vais me coucher tard, me lever à je ne sais quelle heure... — Eh bien, on va vous faire un lit. — Un lit ? Non, pas de lit ! Voyez-vous, j'aime mieux coucher avec vous. —

Oh ! — Positivement ! — Eh bien !... » La pièce fut faite au bout de quelques jours. Elle est copiée. Musset : « Ah ! un ruban ! Il me faut un ruban, un de vos rubans, tenez celui-là... Oui, j'ai l'habitude, comme cela, de nouer mes manuscrits avec une belle faveur... Une idée... C'est bête, mais voilà... » Brohan donne la faveur... Musset court porter la pièce chez Anaïs !

La femme du critique... Augustine Brohan et Mme Janin :

Mme JANIN.— Ah ! ma chère amie, vous êtes toujours charmante ! Des toilettes !...

— Mon Dieu, Madame... Je viens demander un grand service à Janin. Je débute dans MADEMOISELLE DE BELLE-ISLE (1). Qu'il ne me renvoie pas aux soubrettes !

— Délicieux, votre bracelet... Tenez, il faut que je vous dise ça, je suis très embarrassée... Je dois aller au bal chez M. Fould... Vous savez si bien vous mettre ! Mon Dieu moi, je suis simple ! Trop simple !... Envoyez-moi par votre faiseuse une toilette comme votre toilette du second acte de Mme de Carpentras... Vous vous mettez... Elle était délicieuse !... J'y compte.

Brohan envoie la toilette, qui lui reste sur le dos ; et le lendemain, Janin : « Ah ! Dorine ! ne touchez pas à l'éventail ! » etc.

Houssaye a eu un trait de génie. Il avait un paquet de lettres de Brohan. Brohan avait la clef de son cabinet. Les lettres disparaissent. Houssaye fait le désolé, disant qu'il voulait publier cette correspondance amoureuse... Brohan se hâte de rapporter les lettres. Et pas plus d'édition que sur la main ! — Deux cents lettres de Brohan, très longues et très *romance*... Feuillet de Conches fait le siège d'Houssaye pour cette correspondance. Houssaye a répondu : « Je vous les vendrais bien dans cent cinquante ans. »

Janin boude, paraît-il, pour ceci. Sa nomination d'officier de la Légion d'honneur était à la signature chez l'Empereur. Rachel, qui *couchait*, prend une plume et le biffe en disant : « Allons donc ! Ce vieux cul-là ! » » — Raconté par Janin à Banville.

Laferrière a en portefeuille deux volumes de Mémoires très curieux.

(1) Drame de Dumas père en 5 actes, créé au Théâtre-Français le 2 avr. 1839.

Un beau mot de Laferrière : « Eh bien, lui dit Banville, qu'est-ce que vous faites à LA BOURSE ? (1) — Qu'est-ce que vous voulez, mon cher ? Une pièce impossible ! Une pièce où il y a deux amoureux, un qui se nomme Tisserant et l'autre Laferrière, et une jeune personne qui hésite ! Comment voulez-vous qu'une jeune personne hésite entre Tisserant — un vieillard — et Laferrière ? Mon ami, » prenant les mains et les épaules de Banville, « il n'y a plus d'intérêt !... Le public sait son choix : Laferrière, parbleu !... Plus d'intérêt ! »

« Vous savez pourquoi monsieur About a été joué ? (2) Parce qu'il couche avec Valérie, qui couche avec le petit Fould. » Et voilà les coulisses et les cuisines de tous les succès !

LA DAME. — Êtes-vous spirituel ?
LE MONSIEUR. — C'est mon métier.
LA DAME. — Vous avez de la fortune ?

Histoire de je ne sais plus qui, du SIÈCLE, qui faisait toujours des enfants et que les rédacteurs étaient obligés d'aumôner : « Mais enfin ,» lui dit un jour Perrée devant Mme Perrée, « vous devriez prendre des précautions... — Comment voulez-vous ? Ma femme a des hémorroïdes ! » (3).

Monselet vit avec une religieuse, sortie du couvent, parce qu'elle était mal nourrie. C'est une association plutôt qu'une liaison, l'association du fricotage, des bons petits plats et des plantureuses ripopées, servies à la gloutonnerie de cet échappé d'une page de Rabelais et d'un couvent de la Révolution, l'image du moine paillard, qui voudrait bien se glisser dans un journal religieux.

« Enfin, c'est un universitaire, il sait le latin ! — Mais, Monsieur, Homère ne le savait pas ! »

(1) Comédie en cinq actes et en vers, de Ponsard, créée à l'Odéon le 6 mai 1856.
(2) Allusion à GUILLERY. Cf. t. I, p. 279.
(3) Nous croyons lire *Perrée* ou *Perret* : il peut s'agir soit de Perrée, qui fut directeur du SIÈCLE de 1848 jusqu'à sa mort en 1851, soit de Paul Perret (1830-1904), journaliste qui débuta en 1854 à la REVUE DE PARIS et qui très vite collabora à de nombreux journaux, l'OPINION NATIONALE, LA PRESSE. etc.

Asselineau couché et endormi. — La femme du libraire Clésinger, ouvrant les volets et s'asseyant sur le pied du lit : « Un beau temps ! Un soleil ! Une journée pour aller à la campagne ! » Asselineau s'étirant, le soleil dans les yeux : « A la campagne, à la campagne ? Je n'ai pas le sou !

— Pas le sou, allons donc ! Tous ces petits livres-là, n'est-ce pas de l'argent ? De l'argent que vous aurez quand vous le voudrez... Tenez, combien cela ? »

Et entre ses deux mains, elle tient serrée toute une rangée au-dessus de sa tête. « Au diable, à tous les diables ! Voulez-vous vous sauver ! Mes livres ! » Avec un sourire : « Voyons, combien ? Combien ? On vous en donnera ce que vous voudrez. » Asselineau dit un prix absurde : « Vous n'êtes pas raisonnable ! » Et la femme se rapproche et Asselineau tire son coup, — et la femme emporte les livres chez son mari. Puis elle revient avec l'argent, — qu'elle mange avec Asselineau à la campagne.

Gens qui reviennent de la campagne où ils ont dîné, — éreintement, depuis le maître de la maison jusqu'aux chiens : « Le petit, coiffé comme une vieille !... Rien que la petite me ferait sortir de la maison... Le mari ? un homme bien tranquille... As-tu vu ? La liaison des haricots était tournée. »

La mère de Pouthier, reprochant à son fils de n'avoir encore ni une situation ni une carrière ni un gagne-pain, terminait son sermon maternel par cette phrase admirable : « A ton âge, j'étais déjà mère ! » (1)

De samedi à mercredi, 27 août.

Esquinancie d'Edmond. — Imaginations d'Edmond, les yeux fermés, voyant des choses non évoquées par sa volonté. Un grand fleuve comme la Tamise, des lumières ; l'entrée d'un bal, ladies en toilettes prodigieuses. — Sa pensée veut entrer, veut voir le maître de la maison : c'est un taureau vêtu de velours. L'ombre d'une grande porte l'empêche de voir dans le bal. — Un appartement tendu d'un papier tout rempli des yeux de la queue d'un paon,

(1) Texte de 1887. Le Ms. porte : *La mère de Pouthier à Pouthier après tous les reproches. La suite identique.*

appartement dans lequel bondit une levrette faite en ces copeaux frisés que le rabot tuyaute (1).

29 août.

Jardin des Plantes avec Pouthier. — La girafe : les promenades de famille ! L'hippopotame, monstre chinois, un édredon qui paît, l'éléphantiasis faite bête. — Jacques, l'homme des bois, un nègre enrichi.

3 septembre.

Pièce en un acte : Au Bal Masqué. Trouver comique nouveau (2).

17 septembre.

Retour de Croissy. — Pour la nouvelle de ma tante : craignant que son enfant ne lui soit enlevé, chante le Roi des Aulnes (3).

J'ai appris que Miss O'Connor — cette vieille folle qui raffolait de musiciens et d'abbés, qui avait de si grandes dents, de tels *Ah ! Oh !* et une si grande bouche pâmée, quand elle écoutait de la musique — est morte folle complètement. Sa folie était de communier tous les matins et d'aller au spectacle tous les soirs. Pour la communion, on lui servait à déjeuner un *pain à chanter* ; et pour le spectacle, on la menait dans une société où on faisait de la musique.

M. de Tholozan, quarante-neuf ans, au château de Guermantes, va en visite de voisin de campagne chez Mme de Tupigny. C'était après Février. On cause des embarras du gouvernement : « Oh oui, Madame, certainement le gouvernement a beaucoup à faire.

(1) Dans le Ms., entre *bondit* et *une levrette*, quelques mots peu lisibles : *dans son ...de ruban.* — Depuis *appartement dans lequel...*, var. 1887 : *et sur ce papier, comme illuminé d'une lumière électrique, bondissait, dans une élasticité dont on ne peut se faire une idée, une levrette héraldique.*

(2) Première idée de ce que sera le premier acte d'Henriette Maréchal, en 1865, qui met en scène le bal de l'Opéra.

(3) Il s'agit de Nephtalie de Courmont, — morte à Rome dans un état de folie mystique, d'après les Goncourt — et de son second fils, Alphonse. Voici la première apparition de Madame Gervaisais, qui sera publiée seulement en 1869.

Il ne peut plus aller : toutes les filles sont parties, il n'y a plus de commerce. » Madame essaie de parler du mois de mai :

« Oh ! le mois de mai à la campagne !

— Moi, Madame, je passe toujours le mois de mai à Paris. C'est le plus joli mois de Paris !

— Comment cela ?

— Oui, Madame, les ouvrières sortent nu-tête ce mois-là. On voit bien mieux à qui on a affaire, si elles sont jolies ou laides. »

Le voyou, fils de cet enfant moqueur changé en grenouille par Cérès. Voir Prud'hon (1).

Pour notre préface : « Une histoire plus vraie que le roman... » (2)

Les amuseurs d'une génération, de tant de bourgeois pendant la pluie à la campagne, de tant de femmes pendant un ennui, ces imaginateurs qui nous ont fait vivre pendant des heures d'une vie hors de la nôtre, ces berceurs, ces distrayeurs, Méry, que j'ai lu là-bas, et Sue et Dumas, ne seront jamais estimés en France : ils seront toujours regardés comme des drôles plus ou moins gais. On ne pardonne pas en France aux gens qui n'ennuient pas.

La gaîté de Piron et la gaîté de Murger : les deux siècles !

21 septembre.

Asseline tombe chez nous. Il hérite, par une succession de trois testaments, d'abord 100.000, puis 300.000, puis enfin 1.400.000

(1) Allusion à la toile et à l'eau-forte de Prud'hon intitulée LA VENGEANCE DE CÉRÈS : « Cérès change en lézard le jeune Stellio, parce qu'il se moquait d'elle en la voyant manger avec avidité. »

(2) Cf. la préface des PORTRAITS INTIMES DU XVIIIᵉ SIÈCLE (1ʳᵉ série, 1857) : l'histoire a commencé comme le roman par être « action », par représenter l'homme « en ses dehors » ; mais « le XIXᵉ siècle demande à l'homme qui était cet homme d'État, cet homme de guerre » et cette histoire nouvelle, « c'est l'histoire intime, c'est ce roman vrai, que la postérité appellera peut-être un jour l'histoire humaine. »

francs d'une vieille dame, dont il était le filleul (1). Une joie encore étonnée d'elle-même, une stupeur, l'attristement et la confusion d'un éboulement de bonheur.

Nous montre chez lui tous les bibelots de Sèvres, tabatières, etc, de la vieille dame, avec la fièvre tatillonnante d'un enfant qui hérite soudain d'une boutique de jouets. — Une certitude qui se tâte tous les matins; l'homme qui ne marche qu'armé du testament et de l'envoi en possession. Nous montre les titres pour se les montrer, nous prouve sa fortune pour s'en convaincre, remue l'argenterie, déficelle le linge : « Voyons donc ce service gothique dont on m'a tant parlé dans mon enfance ! » Un attirail de geôlier, la ceinture de clefs de Bartholo. Le sentiment de la propriété, qui fait déjà le dépenseur rangé; les craintes déjà de l'avare, qui craint la ruine et l'envolée de ce coffre qu'il serre.

Cela, au moment où il gagnait sa vie à Bruxelles, à composer des feuilles de dictionnaire de géographie et d'histoire à 40 francs la feuille. — Le récit de ses 63 créanciers, dont quelques-uns ne sont pas venus se faire payer, crainte d'une mystification, et les autres disant : « Vous êtes bien chez vous ? On peut parler ? » — Les projets bourgeois : le mariage, etc. — Au fond de tout, comme une tristesse effrayée, comme une charge pesante, comme une responsabilité mûrissante, comme une gêne pensive de tant d'or inespéré. — Dîner au Moulin-Rouge.

Gisors, 22 septembre.

Berthe, grande fille de 5 pieds 2 pouces, grasse et rouge (2). La pléthore de la santé. Laide et vilainement laide; dix-huit ans auxquels on en donnerait vingt-cinq ! Gardant les enfantillages de l'enfance et ses sautillages, sautant sur les meubles, s'asseyant sur le tapis pour jouer avec des chiens, dans une maison où elle est

---

(1) Var. 1887 : *Il vient d'hériter de 1.400.000 francs d'une vieille dame dont il était le filleul. Un premier testament lui donnait 100.000 francs (le chiffre de ses dettes); un second 300.000 francs; enfin, la succession ouverte, un troisième testament, découvert sous le fauteuil dans lequel vivait, le jour et la nuit, la mourante d'une maladie de cœur, lui donne toute la fortune.*

(2) Berthe Mettol-Dibon, fille de Clémentine Passy et de Paul Mettol-Dibon, cousine de Blanche et de Louis Passy.

présentée pour la première fois, appelant la fille de sa cousine *Petite poison* et changeant la fin des noms en *mar* (1).

Élevée en pension rue Saint-Lazare et racontant tous les locataires, — dont la plus convenable était une actrice de la Gaîté, — les femmes assises sur les fenêtres, fumant et beaucoup recevant, etc.

Entre Eugénie, seize ans, et Blanche, quatorze : « Je crois que Pauline en tient. As-tu vu comme elle a rougi quand il est entré ?

— Non, on ne rougit pas on pâlit.

— Tiens, je croyais qu'on ne pâlissait que quand on se faisait du mal !

— Tu verras ! » (2)

Mme Passy : poulet peigné au peigne fin et lavé tous les soirs et nourri à la viande et dans sa chambre.

Le type de la beauté humaine, perdu au bout de deux ou trois mille ans de civilisation. Le médaillon grec, la plus belle preuve et le plus bel exemple de cette beauté pure. La beauté perdue dans les médailles romaines, mais sauvée et rachetée par le grand caractère des têtes : jamais l'Empire écrit sur une face humaine comme sur celles des Césars (3). Aujourd'hui, cette dégénérescence écrite sous les traits ignobles d'un Louis XVIII ou Louis-Philippe.

Une dame, étant enceinte et dansant : « Je bats du beurre... »

Un vieillard, grand, maigre, échassier, accompagnant une jeune fille au piano avec des castagnettes.

---

(1) Le passage de CHÉRIE (p. 169) qui s'inspire de ce trait, attribué à une amie de Chérie, Germaine Dangirard, est plus explicite : « Elle dénaturait tous les mots de son vocabulaire affectionné par l'adjonction de la terminaison en — *mar: chicmar, chouettemar.* »

(2) Eugénie Passy, fille d'Hippolyte Passy; sa cousine Blanche, fille d'Antoine Passy; Pauline Passy, fille de Ferdinand Passy, cousine également de Blanche Passy.

(3) Texte Ms. : *jamais l'Empire écrit sur une face humaine comme les Césars.*

ANNÉE 1856

Opération césarienne faite à la Bourbe, par Mᵐᵉ Charrier, sur une naine qui avait voulu avoir un enfant du géant de la troupe.

L'autre soir, au bal. En dehors, dans la cour, au froid, contre les vitres, des mufles de domestiques, appliqués, enviant des yeux la joie et la folie qui dansent, — image grossière et terrible du peuple qui regarde, à jeun de plaisir.

Après avoir lu Buffon, toute la journée, sur la génération : la Science, la révolte de l'ignorance humaine.

Mᵐᵉ Vinot à Blanche : « Eh bien ! tu ne célèbres pas l'Immaculée-Conception ? — Je la célébrerai, quand ce sera la fête. — Mais, ma chère, la Sainte Vierge est montée en grade ! » (1)

L'embaumement de M. Morinet à Nice. — Son gendre le trouve très allongé, — il était très petit ; l'embaumeur, très tranquillement : « Oh ! Monsieur, ça allonge toujours ! » Puis lui prend le nez et le rabat de chaque côté pour lui faire voir la souplesse. Cauchemar, à la suite, de milliers de têtes dont le nez violé retourne lentement à sa place.

Un monsieur de Gisors : « Eh bien ! on ne vous voit plus ? — Mon Dieu, je viens de *concourir* à la mort de ma mère et, nécessairement, à la petite cérémonie qui en a été la suite. »

Un Normand, enfoncé depuis deux jours dans une tourbière ; on se met en quête, on appelle : « Eh ! Père Chose, Père Chose ! » Lui, soulevant un peu la tête : « Eh bien ! *quèque* vous me voulez ? »

« J'ai un mari si brutal que j'en suis borgne et grosse ! »

Une demoiselle, disant en parlant de sa future nuit de noces : « J'ai si peur, si peur, que j'ai envie de me faire chloroformer ! »

---

(1) Blanche Passy ne songe qu'à la fête par excellence de la Sainte-Vierge, l'Assomption, à la date du 15 août, tandis que sa cousine, Lucie Vinot de Préfontaine, pense au 8 décembre, jour consacré à l'Immaculée-Conception, dont la bulle *Ineffabilis*, promulguée par Pie IX le 8 déc. 1854, a fait un dogme de foi.

271

Mme Passy nous raconte qu'elle a dîné chez M. Hue, le fils du fameux François Hue (1). Une guenon occupait sa gauche, assise sur une chaise. Un valet de chambre se tenait derrière et la servait. Grimaces, — et le domestique agité derrière elle pour prévenir ses désirs.

Un jour, la vieille Rosette rentrant tard : « Eh bien ! qu'est-ce que vous avez donc fait ? — J'étais à marchander à la boutique à un sou. »

« Charles Dupin, nous dit Hippolyte Passy, c'était un homme qui avait vendu toutes ses opinions sur toutes choses. » S'était rallié pour cent mille francs à Paris port de mer (2). Pour le faire nommer pair de France, le frère Dupin alla trouver Duchâtel : « Mon frère est un bon garçon. Mais il est ridicule à la Chambre. Faites-le donc pair de France ». Et ce fut fait.

Dans les MERVEILLES DE NATURE, il est dit : « Le papier, ce silence qui dit tout. » DES MERVEILLES DE NATURE ET DES PLUS NOBLES ARTIFICES, par René François (Étienne Binet), à Rouen, chez Jean Osmond, 1622.

M. Pasquier, étant allé voir Royer-Collard après son titre de duc, ne put en tirer qu'un : « Cela ne vous a pas diminué ! »

(1) Texte Ms. : *le fils du fameux*. Le nom omis par les Goncourt est certainement celui de François Hue (1757-1819), huissier de Louis XVI, premier valet de chambre du Dauphin, puis de Louis XVIII et qui suivit Madame Royale à Vienne pendant la Révolution. Louis XVIII, monté sur le trône le nomma trésorier général de son domaine. Son fils, le baron André Hue (1786-1854), hérita de sa charge.

(2) Charles Dupin, frère cadet du président de l'Assemblée Législative, était Polytechnicien et ingénieur de la marine. Élu député du Tarn en 1828, il intervint à la Chambre avant tout sur des questions techniques de son ressort, touchant l'administration des Ponts-et-Chaussées ou l'organisation maritime de la France. — Le Gouvernement semble en 1825 s'intéresser au premier projet de Paris port de mer, le projet Sabattié : en inaugurant le canal Saint-Martin, le 4 novembre, Charles X évoqua l'utilité d'un canal maritime du Havre à Paris. « Après quatre années de discussions, on aboutit à un projet transactionnel de canal de 18 m. de large, 6 de profondeur et devant coûter 160 milliards. » Mais les difficultés de financement et la Révolution de 1830 coupèrent court au projet. (Cf. Henri Picard, PARIS PORT DE MER, 1913, p. 16).

Eugénie Passy, beauté aux yeux abaissés, qui tient de la béguine et du keepsake. Yeux d'un bleu limpide et qui ne se laissent jamais surprendre, un nez de poupée, une bouche de rien, une voix d'un souffle, — et derrière cela, une rouerie de vieux conseiller aulique, une coquinerie du bon côté de la morale inouïe et sans exemple ; un peu poitrinaire et peut-être amoureuse comme une Viennoise. Elle dit, questionnée sur le plus joli homme qu'elle ait vu : « C'était un jeune homme comme ci,... comme ça... dans un tableau. » Des prières de quatre heures. En voyage, toujours portant à la main, dans un coffret, une statue de la Sainte Vierge. Un perpétuel somnambulisme ; distraction et absorption de nature et de comédie ; une pensée toujours veillante en dedans, rusée et mystiquement tendue ; point de grâces, rien de source, ni de mouvement ; un recueillement et un mouvement anguleux de vierge gothique ; une réflexion et un rêve qui marchent ; des coquetteries profondes, dissimulées, et la guette et la vision de tout ce qui se passe ; une volonté de fer, un entêtement de Bretonne sous un *paraître* frêle et victimé !

Blanche Passy, un homme, un honnête homme, avec la loyauté, la cordialité d'un homme ; des grâces de jeune fille dans cela ; un charme et un ami ; la raison mûrie et le cœur frais ; un esprit enlevé, on ne sait comment, du milieu bourgeois dans lequel il a été élevé ; toutes sortes d'aspirations au beau, au grand, au dévouement ; le mépris de ce qui est la pensée et l'entretien de la femme : le chiffon, l'argent, — a refusé quatre millions, — et la beauté de l'homme mésestimés.

Des antipathies et des sympathies de première vue et vives et franches et brutales et bravant le monde. Mal jugée et décriée par les femmes et les petites âmes qui n'aiment pas le franc, mais capable d'être aimée sans amour jusqu'au duel par des sceptiques comme nous. Des yeux qui ont des sourires de complicité délicieuse pour ses dévoués, — et des figures longues, comme dans une cuillère d'argent, pour les inconnus, les raseurs et les importuns, les jeunes gens *à citations*, les *bêtes* (1).

_____

(1) Add. 1887 depuis *les jeunes gens*. — *Les raseurs*: texte de 1887 ; le Ms. offre un mot peu lisible : peut-être *les soirées*.

Mal à l'aise dans le mensonge du monde, disant ce qu'il lui vient, comme il lui vient. Un tour de mots tintamarresque, avec une entente singulière de l'esprit d'atelier; — cela avec un fond d'âme mélancolique et bercé de noir; des visions de son enterrement en blanc, les vers à son corps et au corps de son amie Berthe. Grattée dans ses cordes les plus intimes par la MARCHE FUNÈBRE de Chopin. Des superstitions, des peurs enfantines du nombre treize et du vendredi, tout le cortège d'infirmités humaines et aimables des esprits forts dans la femme. Un appétit des choses les plus exquises de l'intelligence et de l'art. Aimant à monter à cheval et à conduire les voitures. Des coquetteries de race, celle du pied qu'elle a le plus petit du monde et qu'elle porte toujours chaussé d'un soulier découvert, à talon haut. L'adoration du père.

Paris, 12 octobre 1856.

Je lis dans le FIGARO que l'UNIVERS inaugure un feuilleton dramatique et que son feuilletoniste est Venet. C'est cet homme petit, les cheveux jaunes, le regard faux, gluant, humble, insipide, bavard, bas, loquace et pâteux; plus bas que tous les parasites qui se sont assis à la table et ont mangé au million de Villedeuil. — Baveux comme un pot à moutarde, a dit Rabelais, et méchant comme une maladie vénérienne, a dit Balzac (1). — Celui-là qui, dans le PARIS, a commis les deux ou trois *Macadams* de maquereau qui salissent le journal (2). Celui-là que j'ai vu à la fête de la putain de Villedeuil, la Rouvroy, à Neuilly, arriver en bergerolet, chapeau de paille au crâne, et bouquet en main, et chanter au dessert, — comme un jardinier qui souhaite la fête — des vers d'apothéose à la femme. Celui-là encore — ce théologien prolixe de la masturbation avec Eggis, ce libidineux de sacristie — qui, de ses lèvres batraciennes, souriait d'une façon si allumée, parlant d'une femme qui pisse et du bruit de l'urine frappant le

---

(1) Cf. Balzac, ILLUSIONS PERDUES (éd. de la Pléiade, p. 696) : « Félicien Vernou, un petit drôle méchant comme une maladie secrète ». Quant à l'expression de Rabelais, c'est une vieille locution proverbiale : « baveur comme un pot à moutarde », lit-on dans Leroux de Lincy (PROVERBES, t. II, p. 303). Elle se trouve dans le TIERS-LIVRE, chap. XXIV.

(2) Sous cette rubrique des *Macadams* paraissaient dans le PARIS soit d'inoffensifs calembours ou jeux d'esprit, soit de venimeuses « nouvelles à la main ».

pot, qu'il comparait à une volée de perdrix. Celui-là encore que je vois, à souper chez moi, une serviette voilant sa bestialité saoulée, dire avec une voix flûtée de nonne : « Moi, Messieurs, je n'ai jamais été au bordel », — d'un ton et d'une voix qui disaient : « Payez-le-moi ! ». — Homme d'ailleurs bâti pour l'Église, Nini – Moulin du CORSAIRE, qui de longue main tendait à Veuillot, poussant une famille d'enfants dans les Sociétés de Saint Vincent de Paul. Venait chez nous tous les ans nous faire une grande visite, dans laquelle il semblait inspecter les meubles et nous, avec des regards de côté de mouchard. Encore ce Venet qui au grand souper de fondation du PARIS à la Maison d'Or, Villedeuil soutenu par moi et dégueulant, disait : « Eh bien ! Il est poli ! il invite les gens et il prend toute la place pour vomir ! »

Pour une pièce, un jeu d'esprit, etc., le jeu du secrétaire que nous avons joué à Gisors ferait une charmante figure : *M*** et Mme *** se sont rencontrés à… Le monsieur a dit à la dame… La dame a répondu… Il en est résulté…* C'est un très joli cadre fantaisiste.

J'ai écrit aujourd'hui à Scholl :
« Je vous lis et je suis bien heureux de vous lire, parce que c'est une façon de causer avec votre esprit, que j'aime comme votre cœur, — de tout mon cœur.

« Où êtes-vous ? Êtes-vous à Gand ? Courez-vous la Belgique ? Vous me semblez en veine de travail. Tant mieux. Poussez-vous avec courage dans quelque grande machine ; oubliez avec la plume ; faites-vous un beau jardin d'imaginations ; déliez-vous de votre vie le plus possible : vivez un roman que vous écrirez. Je crois que c'est une Providence que nous autres, malades, maudits et meurtris, nous puissions, au-dessus des choses et des faits, monter et nous asseoir dans une œuvre, un rêve, un château en feuilleton fait de musiques et de mots et peuplé d'idées volantes… Mais le diable est de mettre l'échelle !

« D'où nous venons ? De vingt jours heureux, tout heureux, bercés doucement, sans une heure longue, et après lesquels, si l'on était sage, il faudrait jeter son anneau dans la mer, — mais qui le jette ? Toutes les caresses de la nature ; des arbres, de l'eau, du bleu au ciel et de la vie à tout bout de vue, des pelouses pleines de vaches. Une large et grande maison, royalement bourgeoise ;

un beau train sans bruit, sans exigence. Des vieillards qui ne boudent pas et vous encouragent à être jeunes; du monde, mais intime, à huis-clos, avec mille ententes charmantes et des complicités de goûts de tous les côtés de l'esprit. Une jeune fille, un garçon avec des grâces de femme et qui est bien, après vous, le meilleur de nos amis. Un je ne sais quoi dans l'air de doux et de gai et de vibrant, qui vous met le cœur en une joie paresseuse et épanouie; bref le meilleur des loisirs, un paradis tranquille et familier où Pétrus eût guéri de la lycanthropie et où vos serviteurs ont guéri de l'ennui... jusqu'à demain (1).

« Ah ! qui nous a enlevés à dîner au Moulin Rouge la veille de notre départ? Asseline le millionnaire. Étourdi, ahuri encore de sa fortune, la palpant, l'auscultant, la faisant sonner pour s'en convaincre, foudroyé presque, mal éveillé et mordant des billets de banque pour toucher et saisir le rêve d'une telle aventure. Décidément, tout arrive; je me rappelle, un soir, tous ces vœux qui sortaient à flots de la bouche d'Asseline : cristaux, linge de Saxe, bougies, soie, toutes les joies des yeux et des sens délicats; il les tient, il nage en ces espoirs inespérés. — Et voilà bien des créanciers étonnés ! »

13 octobre.

J'ai vu Villemessant. Ai-je mis qu'au bureau de la Presse, lors de l'amnistie du FIGARO, Collet-Meygret ayant dit à Villemessant : « Mais ça ne fait rien ! Vous serez supprimé un de ces jours, d'ici à trois mois », Villemessant répondit : « Bah ! En êtes-vous bien sûr? Mais alors, je vais mettre le FIGARO en actions ! » (2)

La littérature montée du fait au mobile du fait, des choses à l'âme, de l'action à l'homme, d'Homère à Balzac.

Si peu de civilisation, qu'il n'y a pas de chaise à porteur dans les restaurants pour emporter les *sombrés...*

---

(1) Pétrus, c'est Pétrus Borel.

(2) Add. éd. : *Villemessant répondit.* — Le 2 avr. 1854, Villemessant avait ressuscité l'ancien FIGARO de Latouche et de Roqueplan. En 1856, menacé de suppression, le journal fut sauvé, le 20 mars, par une supplique, plaisante et respectueuse, de Villemessant, adressée au Prince Impérial, âgé de quatre jours.

14 octobre.

Huit de mes PORTRAITS NOUVEAUX, dont les meilleurs, m'ont été refusés, il y a une huitaine, par l'ASSEMBLÉE NATIONALE « à cause des crudités » (1). Ils m'ont été refusés aujourd'hui par la GAZETTE DE PARIS « à cause de leur longueur ». — Ainsi des documents pareils ne trouvent pas place dans un journal !

Or comme roulant tout ceci, tristes et de méchante humeur, nous errions par les boulevards et les passages, regardant bêtement tout aux étalages, jusqu'aux bottines, comme des affamés de distraction, une main s'est posée sur notre épaule. C'était Banville. Nous lui parlons du BEAU LÉANDRE, puis du directeur du Vaudeville, M. de Beaufort. Nous parle de sa *toquade*, des pièces *littéraires* : « Avez-vous quelque chose ? » — Rendez-vous est pris pour après-demain pour être présentés et présenter un acte intitulé INCROYABLES ET MERVEILLEUSES, que nous avions écrit après notre HISTOIRE DU DIRECTOIRE (2). Ainsi d'espérance en espérance, on se raccroche et l'on retombe... C'est la vie ! Triste !

Le temps guérit de tout, — même de vivre.

15 octobre.

Avec Marie au café d'Orsay : un Devéria.

16 octobre.

Jours gris, presque noirs. Refus, échecs, à droite et à gauche, en haut et en bas. Des trésors, de l'histoire neuve plein les mains : rien d'ouvert, pas un souffle de passion publique à enfler notre voile ! Le public est mort !

---

(1) Il s'agit des PORTRAITS INTIMES DU XVIIIᵉ SIÈCLE, dont une 1ʳᵉ série paraîtra en mars 1857 et une 2ᵉ en mars 1858 chez Dentu.

(2) LE BEAU LÉANDRE, un acte en vers de Banville, avait été créé le 27 septembre au Vaudeville. — Sur INCROYABLES ET MERVEILLEUSES, cf. THÉATRE, Préface, p. 12 : cette pièce sur le Directoire, « un petit acte. ...une jolie mise en scène du temps étudié par nous, au milieu du touchant épisode d'un divorce », a été perdue. Le manuscrit de la pièce, « peut-être présentée en dernier lieu sous le titre du RETOUR A ITHAQUE », n'a pu être retrouvé dans les archives du Théâtre-Français, où il échoua après le faux espoir donné par Banville.

Le con philosophique, la vie toute nue, nos QUATRE SOUPERS (1) par exemple, impossibles ! Tant d'efforts et des succès ne menant à rien ! L'éditeur non encore assuré après nos deux volumes d'histoire. — Point, autour de soi, de cet air de bataille, de cette fumée des luttes littéraires ou politiques, qui enivre et emporte l'effort. Les jeunes gens eux-mêmes, *faiseurs* et producteurs. L'Art ? qui en parle ? — Ce DI-RECTOIRE, où nous avons entassé tous les *moxas*, vendu à 500 francs !

Ce matin encore, une tuile de nos fermes : un curage de rivière qui nous emporte des cents francs.

Après la douce vie de Gisors, cette chute en une vie d'ennuis, de courses vaines et déçues, de pensées de découragement, de solitude, de monomanie de la chose littéraire sans distraction... Nous nous promenons au hasard, pour distraire ce monde d'ennuis, regardant. Nous avons acheté, pour essayer de guérir, deux grands pots à thé de vieille porcelaine de Saint-Cloud, montés en vermeil, dans leur boîte à la serrure fleurdelisée. Voilà notre remède, en ces mauvaises heures, égayer notre esprit par notre œil, par l'éclair chantant d'une vieille et belle chose, d'une porcelaine, la paillette d'une monture dorée d'or mat, une relique de la grande industrie de l'art du XVIIIe siècle, chose morte et sans idée qui nous assouplit l'âme en nous enchantant le regard, famille d'amis sans voix qui nous caressent et nous bercent et dont nous nous entourons comme d'une consolation du beau, du joli, du passé.

Ces découragements, ces doutes, — non de nous, ni de notre rêve, ni de notre ambition, mais du moment et du moyen, — au lieu de nous amollir et de nous abaisser vers les concessions, nous rejettent au plus dru, au plus hérissé et au plus impitoyable de notre conscience littéraire. — Et nous agitons un instant si par ces temps indignes, nous ne devrions penser et écrire pour nous, absolument, laissant à d'autres le bruit, l'éditeur, le public, attendant notre heure, quittes à attendre la postérité. Mais comme dit Gavarni, « on n'est pas parfait ! »

17 octobre.

Lecture à Banville. Nous dit, après : « Vous n'êtes pas décidés à épouser madame Doche ? Eh bien, ne présentez pas cela ! Il vous faut des grands acteurs, comme on dit. Or, c'est impossible. »

(1) Cf. *t*. I, p. 80, n. 1.

Dîner chez Champeaux. — Banville, inimitable à nous exposer avec une ironie flûtée et poignardante le *pourquoi* des choses. « Il n'y a pas de vent », dit Beaumarchais (1).

About, amant de Mlle Valérie, maîtresse du fils Fould, voilà Guillery et Hadji Stavros au MONITEUR, payés huit sous la ligne (2). About, fils d'une femme de charge de la famille dont il a tiré tous ses personnages ridicules dans TOLLA. S'était empressé de demander la main de la fille de la maison : il n'y eut pas assez de portes pour le renvoyer !

Détails sur l'intérieur du FIGARO. Soirées de famille. Le loto : toutes les plaisanteries de Prudhomme, Banville grondé parce qu'il lâchait tous ses dix sous sans dire *Ah ! Ah ! Ah ! je vais vous le rendre*; la mère Bourdin ne voulant pas jouer de l'argent, jouant à sec et faisant répéter les dominos. — Villemessant en robe de chambre : « Mes enfants, ce n'est pas que votre société m'embête, mais je vais me coucher. » — Jouvin l'ogre, le plus indolent cœur et garçon du monde, ne prenant pas la fatigue d'avoir la conscience de ses éreintements; éreintant sans parti pris, parce que Villemessant lui a dit d'éreinter; sale, repoussant, refusé au contrôle de l'Opéra, parce que des écailles de crasse lui tombaient du front. Villemessant l'est, un jour, aller dénicher sous les plombs, dans une chambre où il y avait un lit de sangle et un carton à chapeaux rempli de choses, de détritus, de débris de victuailles, etc., où il vivait avec une femme; l'a fait écrire, lui a donné de l'argent. Jouvin est retombé dans son bouge. Villemessant est venu, lui a proposé sa fille; Jouvin a répondu indifféremment : « Oui... » Ce *Oui* est tout son caractère. « Mais vous avez une femme... il faudrait la mettre à la porte. — Elle ne m'a rien fait, je ne veux lui dire rien de désagréable — Eh bien ! si je m'en chargeais ?

---

(1) Cf. BARBIER DE SÉVILLE : Rosine a envoyé Bartholo chercher la romance qu'elle a laissé tomber et qu'Almaviva a ramassée prestement. Pour se justifier, elle dit : « Le vent peut avoir éloigné le papier, le premier venu, que sais-je ? » Et Bartholo : « ...Il n'y a point de vent, Madame, point de premier venu dans le monde; et c'est toujours quelqu'un posté là exprès, qui ramasse les papiers qu'une femme a l'air de laisser tomber par mégarde. » (Acte II, sc. 4).

(2) GUILLERY, comédie en trois actes, créée le 2 fév. 1856 au Théâtre-Français, « reçue et jouée », dit Vapereau, « sans retard et avec une solennité inusitée ». Ce fut une chute éclatante et la pièce fut retirée après deux représentations. Hadji-Stavros est le héros du ROI DES MONTAGNES, publié au MONITEUR (10 sept. - 17 oct. 1856).

— Oui.... » a fait Jouvin, et Mlle Villemessant est devenue Mme Jouvin.

Banville les scandalisant par ses paradoxes : que les nouvelles à la main, on n'en avait jamais fait une première fois, mais que depuis le commencement du Petit Journal, on les réchauffe et qu'il n'y en a pas une qui n'ait cent ans !

Jouvin furieux de livres, se ruinant sur les quais en bouquinerie. Sa femme a l'argent et ne lui donne que juste de quoi acheter quelques bouquins.

Banville, malade, travaillé d'une maladie nerveuse, condamné par son médecin à un traitement ferrugineux, ne mangeant presque pas, buvant le vin pur. Animant, mettant en scène un récit, un dialogue d'une façon vivante, délicieux comique en portraits, en peintures, en lambeaux de la comédie des coulisses et de la librairie. Ce lyrique fin, vrai, charmant, faisant pouffer dans le récit de la prose de la vie des Lettres ; criblant d'ironie comédiens et comédiennes. — Impitoyable à l'École du Bon Sens (1) ; inimitable dans cette scène où Lévy veut apprendre au moins à son commis les PARIÉTAIRES d'Augier ; heureux de citer, avec une méchanceté de singe, le beau vers de GABRIELLE :

> Ma mère m'aurait tout reprisé de sa main,

commentant tout l'idéal de la mère pour un fils dans cette reprise de sa main (2). — Vous avouant qu'il rêve de faire une belle tragédie, mais *romantique* : « Je me sers du mot *romantique* parce que c'est un mot proscrit ». — Au-dessus des opinions politiques et n'estimant point ceux qui en ont, les républicains surtout. De la dernière habileté à juger les gens, à les percer, flairant les Baschet à vingt pas. Un petit journal vivant, charmant, idéal ;

---

(1) L'École du Bon Sens, entre 1843 (date de la LUCRÈCE de Ponsard) et 1860 environ, par opposition au romantisme déclinant et particulièrement aux Fantaisistes, tente d'instaurer un néo-classicisme sans lendemain : bluettes à l'antique telles que LE MOINEAU DE LESBIE de Barthet, tragédies de Ponsard, drames bourgeois en vers d'Émile Augier.

(2) Cf. GABRIELLE, acte I, sc. 1. L'héroïne d'Augier, qui va être à demi séduite par Stéphane, mais reconquise à la fin par Julien, son laborieux mari, écoute distraitement les doléances vestimentaires de celui-ci :

— Mon linge est dans l'état le plus piteux du monde.
— Bien ! Je ferai venir une femme demain.
— Ma mère m'aurait tout rapiécé de sa main.

s'indignant et niant en souriant. Ayant sur le théâtre, dans la conversation, tout un livre qui serait charmant : le Paradoxe de la Comédie.

17 octobre.

Alphonse toujours de plus en plus enfoncé dans des rêves d'ameublement, — la Providence du boulevard Beaumarchais, l'homme de France qui paie des bois de meubles le plus cher; encore aujourd'hui, 1.200 francs de fauteuils. Toute sa tête et tout son cœur est dans le rococo. Il m'a dit : « Je vais te dire une chose que je ne dis qu'à toi : je me marierai et comme les femmes meurent en général plus tôt que les hommes, ma femme mourra avant moi et j'hériterai de toutes les curiosités que je lui aurai données. »

19 octobre.

Vu chez Niel l'œuvre complet de Méryon, avec tous ses états, dessins, essais, etc. Admirable chose, fantastique dans sa réalité. Une âme gothique; semble être l'âme réminiscente de ce Paris vu avec les yeux du passé. Des horizons tout poétiques, les riens et les incertitudes de lointains brouillés comme un rêve hors la terre. Admirable talent méconnu. La cervelle du poète perspectif plus brouillée encore, la démence assise avec la misère à son établi : nulle commande, pas de pain.

Il vit avec deux ou trois sous par jour et les légumes qu'il récolte dans un petit jardin, situé tout en haut du faubourg Saint-Jacques. Dans cette cervelle exténuée comme celle d'un meurt-de-faim, des imaginations peureuses, la terreur de la police qui en veut à sa vie, à son existence, à son talent, qui pour elle ne compte pour rien (1). Quelquefois, si fou qu'il dit que la police de l'Empereur a fait mourir saint Louis.

Un jour, ce cœur malade a fait un beau rêve : il est devenu amoureux d'une actrice de petit théâtre, entrevue au soleil des quinquets. Il l'a aimée, il en est devenu fou, il l'a demandée en mariage; on l'a refusé, parce que c'était marier la soif et la faim. Il s'est persuadé que c'était la police qui avait fait cela; il s'est persuadé que la police l'avait empoisonnée, et empoisonnée —

(1) **Texte incertain depuis** *qui pour elle.*

remarquez cela — avec des mouches cantharides : c'est le poison qu'il affectionne. Il s'est persuadé qu'on l'avait, par comble de cruauté, enterrée dans son propre jardin; et la dernière fois qu'il vit Niel, il avait passé toute la journée à bêcher pour retrouver son cadavre...

Ancien officier de marine. Longues promenades, la nuit, pour surprendre l'étrange des ténèbres dans les grandes cités.

20 *octobre.*

L'égalité de 89 est un mensonge; la non-égalité avant 89 était une injustice, mais une injustice faite au profit, très généralement, des gens bien élevés. Aujourd'hui, c'est l'aristocratie des gens qui ne le sont pas, l'aristocratie des banquiers, des agents de change, des marchands. Il viendra un temps où Paris demandera une loi contre l'insolence de ces derniers... J'étais assis à la Taverne à côté de trois grands *charabias*, des vendeurs de bric-à-brac, à loyer de dix mille francs, d'anciens Auvergnats dans la crasse encore de leur vieux cuivre : ils vous étourdissent et vous insultent même au besoin.

21 *octobre,*

Il y aurait une bien belle chose à faire, intitulée LA BOUTEILLE. sans moralité aucune.

Être triste et seul, et entendre des éclats de rire de femme, au-dessus ou au-dessous de soi.

26 *octobre.*

Journée à l'atelier de Servin, un atelier qui pue la flâne, une flâne majestueuse et décidée; un farniente sans la conscience de lui-même, sans le remords; la paresse sur la fumée des pipes et des mots, des blagues grosses et pouffantes; du rire et de la licence, de l'esprit, un lundi du pinceau, une saoulerie de verve, d'enfantillages, de coups de pied au cul; la gaminerie et la blague parisienne dansant en rond autour des couleurs et des fioles enchantées, qui tiennent le soleil et la chair. Des heures épaisses, mortes et filantes; le temps s'endormant sur le divan, où ces joyeux pitres le tuent, pendant qu'il dort, avec des pantomimes bavardes, des jeux bruyants, des riens, des mots, de la gaîté, de l'oubli et de l'insouciance du proverbe anglais : *Time is money.*

27 octobre.

Le café me semble une distraction bien en enfance. Il me semble qu'on trouvera plus et mieux. Il y aura des endroits, où avec un gaz, un je ne sais quoi, on vous emplira de gaîté comme d'une bière; des philtres qui vous gratteront la rate; des garçons qui vous verseront par tout le corps et tout l'esprit une sorte de paix et de joie; du Paradis à la tasse, de véritables *débits de consolation,* où les pensées feront peau neuve et peau belle, où l'on détournera le cours de l'âme pour une heure (1).

28 octobre.

C'est une chose singulière qu'à mesure que le confortable de la vie augmente, le confortable de la mort disparaît. Jamais la mort n'a été mieux traitée, mieux parée, mieux soignée, mieux respectée que par les peuples antiques, Égyptiens, etc. Aujourd'hui : une voierie...

29 octobre.

Marie m'emmène chez le grand sorcier des filles et de Paris, Edmond.

C'est dans la maison bâtie par Lechesne, 30, rue Fontaine-Saint-Georges, toute seizième siècle, fleurie de sculptures des pieds à la tête, avec des chouettes en pierre qui montent la garde sur les portes, — maison, dit la voix publique, qu'Edmond a achetée avec l'argent de ses consultations.

Cour encombrée de produits sculpturaux en plâtre du nommé Lechesne, sur des piédestaux de bois marbré : chasse au sanglier, terre-neuve défendant un enfant nu contre un serpent. A ce propos, jamais un sculpteur de talent n'essaiera un terre-neuve, animal tout

---

(1) Un *débit de consolation,* c'est un estaminet, dans l'argot du temps. Lorédan Larchey glose ainsi, dans les EXCENTRICITÉS DU LANGAGE, le mot *Consolation :* « Eau-de-vie. Un des plus beaux mots que nous connaissions. Il dit avec une éloquence navrante ce que le pauvre cherche dans un petit verre, — l'oubli momentané de ses maux. »

voilé et tout embarrassé dans ses poils frisés; à la sculpture, les animaux râblés et visiblement bridés et boudinés dans leur peau rase et collée sur les muscles.

Au premier, une vieille femme à cheveux blancs, la mère Edmond, ouvre, salue et introduit dans une salle à manger toute déshonorée et bourgeoisifiée par le carton-plâtre *seizième siècle*. Aux murs, encadrés, les Moissonneurs de Léopold Robert, personnages lithographiés par Julien et coloriés. Au-dessous, encadrées sur fond noir, des mains de papier blanc, découpées, avec des lignes et des signes tracés à la plume : main de Robespierre, main de l'Empereur, main de l'Impératrice, main de Mgr Affre, « tué sur les barricades », et — ceci étant un parloir de putains qui espèrent — la main de Mme de Pompadour. A la glace, pancarte contenant tout ce qu'on peut demander : *Talismans, thèmes généthliaques, horoscopes*, etc.

Une porte s'ouvre et l'homme paraît, vous invitant à entrer. Un grand homme, une grosse tête carrée, de gros traits et de grosses moustaches, la figure forte des portraits de Frédéric Soulié; une robe de chambre de velours noir, de grandes manches pendantes. La chambre est noire ou à peu près; les rideaux fermés, avec du haut de la fenêtre, par les vitraux de couleurs, un jour prismatique et bigarré, tombant et dansant en descendant dans cette nuit fourmillante et pleine de choses, que l'œil tâtonne et ne peut saisir : un hibou blanc, etc. — On s'assied. Il s'assied. Une table vous sépare, où le jour mystérieux aboutit comme dans un tableau de Rembrandt (1).

« En quel mois êtes-vous né? Quel âge avez-vous? Quelle fleur aimez-vous? Quel animal préférez-vous? »

Puis, remuant un paquet de cartes hautes comme la main : « Prenez-en treize au hasard ». Et il les retourne. Sur chaque carte est figurée une chose, une passion, une rencontre, un tableau de la vie, par exemple une femme brune, — toutes allégories ou images peinturlurées de rouge et de noir, dessinées par un homme ignare du dessin, avec une imagination bizarre et touchant au burlesque, fantastique et bourgeoise, monstrueuse comme le dessin de je ne sais quelles fatales divinités du jour le jour et de la

---

(1) *Comme dans un tableau de Rembrandt*, add. 1887, de même que *remuant* 3 lignes plus bas.

réalité crue, croquées et virulemment sanguinées par l'enfant fou
d'un bourgeois de la rue Saint-Denis. Au-dessus de chaque carte
sont écrits la signification et le dire (1).

Alors, avec un geste impérieux et l'index de la main plongeant
dans l'échelle descendante de la lumière, comme montrant et
assignant l'avenir, l'homme commence et d'une voix canaille, avec
des intonations du peuple, il vous récite pendant une demi-heure
le roman qui vous menace. Cet homme est rare en un tel métier :
il parle sans tarir, sans arrêt, sans repos, enflant et descendant sa
voix, avec — au milieu de toutes les solennelles phrases de l'orateur du futur et de tous les grands riens de la faconde divinatrice,
*Des trappes s'ouvriront, des fantômes s'avanceront contre vous avec leurs
griffes,*—avec, au milieu de cela, de ce parlage qui coule majestueusement comme l'eau, — des éclats de phrases et de voix de Vautrin,
des *Vous aurez une femme, vous la lâcherez !* et des sourires crapuleux
et profonds sur votre individu. — Au parmi de tout ce, des berce-
ments de la partie aventureuse de l'âme dans l'invraisemblance
et le feuilleton de la vie : « Des femmes puissamment riches, étrangères et que vous connaîtrez dans une ville où il y aura des ruines »
etc., etc. — Un *Vous* perpétuel : « Vous, vous êtes comme ci...
comme ça... Vous avez un baromètre dans le cerveau. » Et tant
d'images de kaléidoscope et de lanterne magique, des jours promis
et un bruit de paroles et de choses et un tel tumulte de faits
prévus et prédits, que cet homme semble, avec sa voix sonore et
ses yeux qui vous fixent, verser la confusion dans votre tête et
l'étourdissement dans votre attention... Un habile homme, qui a
l'éloquence qu'il lui faut, — j'allais dire toute l'éloquence : l'art
de paraître parler.

Une seule chose m'a frappé; c'est un hasard assez bizarre
que cela lui soit tombé sous la langue : « Vous, vous n'avez
rien à craindre d'un coup d'épée ou d'un coup de pistolet,
vous avez tout à craindre d'un trait de plume ! » Vraiment
le hasard ne l'a pas trop mal servi, parlant à un homme de
lettres déjà poursuivi et qui se sent poursuivable toute sa vie...
Mais dans la bouche du devin, la phrase n'avait-elle pas un
autre sens ? Voyant un jeune homme avec une femme légère

---

(1) Nous avons dû corriger le texte Ms. : *Au-dessus de chaque est écrit la signification et le dire.*

du quartier, son trait de plume ne faisait-il pas allusion à la signature de billets ? (1).

Cela m'a coûté quarante sous; mais j'ai connu le confesseur qui vend l'Espoir à Paris. Quelque chose à faire sur le tireur de cartes... Et je suis sorti convaincu que la sorcellerie mourrait le même jour que la religion : deux Fois immortelles comme l'Espérance humaine. Les sorciers dans un pays sont en proportion de la religion.

30 octobre.

Rue Bonaparte, en achetant notre bacchanale enfantine d'Angelo Rossi, il nous est montré, haute comme deux mains, une femme en ronde-bosse, terre cuite de Clodion, signée. Elle est debout et de face, auprès d'une sorte de brûle-parfums, sans doute après le bain, tordant de ses deux mains ramenées ses cheveux mouillés en deux tresses. Tout fuit et s'estompe, sauf une jambe qui avance un peu et un genou qui sort du fond rose. C'est une virginité, une gracilité de lignes, un modèlement du ventre, une finesse solide du cou-de-pied; une science de tout le grassouillet solide et bridé, une simplicité et une pureté de dessin, une grandeur dans une si petite chose, une sévérité dans le rien, une grâce délicate et comme voilée et dans laquelle il faut comme pénétrer; une grande statue enfin et étudiée d'un bout à l'autre; la beauté de la femme, plus en bouton qu'en fleur; toutes les promesses au moment même où elles éclosent; saisie, l'heure délicieuse et précise où toutes les formes, enfantines hier, sont accomplies et mûres à peine. De l'art grec; un squelette et des études qu'on ne s'attendait pas à trouver sous le gras et le rond d'un Clodion.

Le réalisme naît et éclate alors que le daguerréotype et la photographie démontrent combien l'art diffère du vrai.

Gavarni nous dit, — à propos d'une petite biographie sur lui dans un petit journal, LE PASSE-TEMPS, — laquelle dit : *On sait que ses légendes lui ont été fournies par Alphonse Karr, Théophile Gautier, etc.* : « Il n'y a que deux légendes qui ne sont pas de moi. Une est de Karr : ce sont deux étudiants qui se lavent. Il a mis au-dessous

(1) Add. 1887 depuis *Vraiment le hasard...*

quelque chose comme ça : *Si Oreste et Pylade n'avaient eu qu'une cuvette, ils n'auraient pas fait si bon ménage.* Une autre est de Forgues ; ce sont deux vers, à peu près :

Toi qui t'en vas au bal Chicard
Tu rêves Don Juan, tu trouves Chicandard !

Et puis Philipon, qui a *dérangé* quelques mots de mes légendes des COULISSES. Voilà tout ! »

1er *novembre.*

Dîné avec Pouthier au *Pied-de-Mouton*, à la Halle. — Café Choiseul. — Bière chez Binding. Causons, les coudes sur la table, du carnaval florentin et remuons en nous jouant toute la joie et tout le rire, une transfusion de la licence et de la gaîté française dans ce menuet du plaisir, costumées comme les grotesques de Callot (1). Nous nous voyons charriant dans une voiture de saltimbanques les parades de l'esprit français.

De là, au quai ; marrons chez la mère Moreau ; étudiants gras et gris. Les quais : point de lune, point de passants. L'eau noire, avec les réverbères qui font dans l'eau des crucifix. Les arches noires des ponts, comme laissant tomber des morceaux de velours noir dans l'eau. L'Hôtel-Dieu assis sur ses voûtes en cintre, mouillant dans l'eau des trous d'ombre, éclairé comme un derrière de théâtre avec des lampes à abat-jour, entrevues du quai de la Tournelle.

Pouthier pousse un *Hou ! Hou !* — cri de ralliement d'une société de plaisir, il y a une dizaine d'années. Une fenêtre s'ouvre : *Hou ! hou !* C'est son cousin qui descend ; nous fait entrer, nous montre le lapin blanc qu'ils ont gagné aux barrières, ainsi que la soupière Louis XV amenée du premier coup.

(1) Sur ce souhait confus d'un mélange des carnavals florentin et parisien, cf. LETTRES, p. 145, à Gavarni, 28 fév. 1856 : Jules décrit le bariolage pittoresque du carnaval florentin, — « des volées de dominos bleus, roses, jaunes, noirs, rouges, ...des pantalons et des bottes passant sur le calicot glacé et miroitant ; de vieux gants blancs tenant la barbe des masques, ...des madras, un turban » — et se plaint en revanche de l'absence de fantaisie sonore : « le dialogue d'une grande armée de cravaches qui ne disent rien, avec une petite armée de chapeaux noirs, qui ne leur répondent pas, ...un sempiternel *hou ! hou !* qui impatiente comme un gloussement de châtré. »

287

Retour par le pont d'Austerlitz et le Marais où, à l'étonnement des sergents de ville, nous nous arrêtons, admirant, devant les portes du XVIIIᵉ siècle. A la Halle, chez Bordier, un mur éclatant de lumière par toutes ses fenêtres ; au bas, une activité grouillante, un effarement de service, deux écaillères qui ouvrent des huîtres. Un escalier d'une colonne Vendôme, tout tournant, où par le vitrage des cabinets l'un sur l'autre, vous voyez des ivresses affreuses et en blouse. Un cabinet, non fermé, comme dans les imprimeries, où à tout moment, une tête passe, de garçon, d'inspecteur, d'agent de police avec deux yeux qui vous constatent et vous inventorient. Tout autour, des sortes de psalmodiements qui montent et des saouleries qui s'attendrissent et se lamentent.

Causerie sur les hôpitaux, le franc demandé maintenant aux malades, contre les ouvriers honnêtes qui ont un peu amassé de mobilier et contre le vœu des donateurs (1) ; sur les amphithéâtres, la farce faite aux étudiants le premier jour : leur montrer un bocal de pus, qu'on leur dit du sang où grouillent des têtards ; histoire d'une femme, disséquée par des gens mangeant des radis, dont le nombril faisait la salière.

Par ces carreaux de Bordier, entrevu le bas du monde, le fond qui se sait maître depuis 89, la barbarie, la lie, le peuple, la blouse, se gavant et se gaudissant, en attendant la moralisation, — dont je me fous.

Histoire racontée par Servin. — A la préfecture de Police, pour un passe-port :

« Votre nom ?

— Louis Jacques Mathieu.

— Votre âge ?

— Vingt ans.

— Votre profession ?

— Agiteur de bottes.

— Comment ?

— Agiteur ed'bottes.

— Qu'est-ce que c'est que ça ?

(1) En vertu de la loi du 7 août 1851, tout malade pouvait être reçu sans condition de domicile dans les hôpitaux de Paris ; mais seuls les indigents, après enquête des visiteurs de l'Assistance publique, étaient exonérés des frais de traitement.

— Vous savez bien, dans les bordels... Vous n'avez donc jamais été au bordel ?... Quand vous ne voulez pas payer, toutes ces bottes au-dessus de vous, qu'on vous dit que ce sont les maquereaux qui descendent : c'est moi, avec une ficelle... »

4 novembre.

A propos de la GAZETTE de Champfleury. (1) Il y a longtemps que nous avons l'idée de faire un journal à nous deux, — les SEMAINES CRITIQUES, plus hautes, le TABLEAU DE PARIS de Mercier mêlé à du PÈRE DUCHESNE (2), à du personnel : les nouvelles sociales, la philosophie de l'aspect des salons, du monde et de la rue. — Premier article sur l'influence de la fille dans la société présente, — un second sur l'esprit contemporain de la société, monté de l'atelier : l'argot dans les bouches des jeunes personnes, — un troisième sur l'agiotage, la Bourse, la plus-value des charges d'agent de change, etc. Animé de mise en scène, de cadre vivant et actuel, un journal moral du XIXe siècle. Mais il faut pour cela... attendre !

Rose, notre Laforest, si bien éduquée par nous qu'elle chante comme romance, une romance de Mlle de Bourgogne :

> La fille à Dangeau
> Ressemble à Dangeau
> Dangeau ressemble...

7 novembre.

Labrador s'est marié : « Il ne me reste qu'une chose à demander, nous dit-il, c'est que Dieu ne bénisse pas notre union. »

(1) LA GAZETTE DE CHAMPFLEURY, rédigée par lui seul et destinée à dégager les aspirations, disait-il, d'une « génération jeune et indisciplinée, qui s'avance de toute part », n'eut que deux numéros (1er nov.-1er déc. 1856). Champfleury y publia des professions de foi réalistes, des articles critiques (sur Diderot, sur d'Aurevilly), qui seront partiellement repris en volume dans LE RÉALISME (1857).

(2) Les SEMAINES CRITIQUES OU GESTES DE L'AN V ET DE L'AN VI, publiées durant l'année 1797 par un officier cultivé, Joseph La Vallée, qui avait voulu faire « un ouvrage qui contiendrait tout ce que le siècle produisait, même de plus piquant et de plus curieux, en faits et gestes, en sagesse et en folie, en vices et en vertus », etc. —

Dîner chez Dinochau : Busquet, Voillemot, la maîtresse à Murger, Monselet.

Monselet venait d'être payé d'un roman à la PRESSE; paie Pommard et Champagne. Toujours l'abbé Grécourt : des façons chattes, une polissonnerie béate, le ton galant des ordures du XVIIIe siècle.

Il a voulu nous dire nos caractères d'après l'oreille. Il m'a dit que j'avais « l'oreille pleine de restrictions ». On l'a prié de passer à lui-même : « Moi, tenez, j'ai l'oreille d'un bon homme », montrant un gros bout d'oreille non détaché. « J'ai le nez, » — son nez a du ventre, un nez gros, rond et poli, des gouttes de sueur d'argent sur la lumière beurre-frais de son crâne et des petits cheveux frisés d'ange en cire, — « j'ai le nez d'un homme sensuel. Sensuel, c'est-à-dire d'un homme qui embrasse toutes les sensations... Eh bien ! tenez, voilà une chose extraordinaire : la bouche! Pas de grosses lèvres : j'ai la bouche fendue d'un coup de sabre. Mais au coin, il y a toutes sortes de choses, bien des restrictions... Et les yeux ! Les yeux, » — deux petits yeux de porc, — « il y a toutes sortes de choses dans mes yeux. Quand j'ai travaillé quinze jours, j'ai les yeux brillants du travail. Si j'arrive à la fortune littéraire et à la famille, quand je pourrai dire : « Asseyez-vous là, mon gendre », j'aurai les yeux fiers d'un bel orgueil ».

Gris, ayant à mon bras le balancement d'une frégate, le pas lourd et ralenti, un paquet de rillettes de Tours enveloppées dans du papier sous un bras, de l'autre tenant un de ces joujoux d'enfant, un diable qui bondit soudain de sa boîte, poussant aux femmes de petits *coui coui* enfantins, jouant comme d'une petite pratique de polichinelle. Il a dû revenir à Chaillot par le bordel... Grande admiration, dans son ivresse, de ce qu'il appelle notre volonté !

Dîner à trente-cinq sous, qui coûte quinze francs.

Maîtresse de Murger, petite créature menue, visage tout pointu, tout bridé, tout retiré. Les cheveux sur le front, petite moustache piquante. Ratatinée, venimeuse, pie-grièche frottée de mots, disant que Buloz demande de ses nouvelles !

Le TABLEAU DE PARIS de Sébastien Mercier (1781 à 1787) mérite encore d'être lu pour tous les tableaux de mœurs et les dessous de la société du XVIIIe siècle qu'il révèle. — LE PÈRE DUCHESNE est le journal, où Hébert, depuis 1790 jusqu'à sa chute, exhalait les « grandes colères » de son personnage populaire.

« J'ai été hier au Prado. — As-tu dansé ? — Je ne danse plus depuis le Deux Décembre ! » dit Monselet dans la rue, les yeux empriapés par une petite fille de douze ans...

La conversation effleure Gaiffe, Lucien de Rubempré fait homme, à qui j'ai entendu dire au bureau du PARIS, où il apportait ses cadeaux du Jour de l'An à Doche : « J'ai forcé le secrétaire de ma mère, j'y ai pris 30 francs. Ma foi, je ne sais pas comment elle dînera ce soir. » — Je l'ai rencontré l'autre soir, fredonnant, sortant des Italiens : « Eh ! Gaiffe, où allez-vous ? — Je vais dans une petite fête réjouir mes concitoyens. »

Busquet dit que quand il était à l'hôtel de Bade, une dame d'honneur de l'Impératrice, la duchesse de Montebello, s'affichait jusqu'à laisser sa voiture à la porte jusqu'à trois heures du matin.

10 *novembre.*

Ce matin vient Morère. Nous causons de Gavarni, du numéro de l'ILLUSTRATION anglaise de la mort de Wellington vendu à un million d'exemplaires (1). Où est passé tant d'argent ?... Ces fameuses fêtes fabuleuses de la rue Fontaine-Saint-Georges, on n'y servait jamais plus qu'un verre de grog (2)...

Toujours de l'ingéniosité sur des riens, — il y a dans La Bruyère un personnage comme cela (3). Alors, un tas de petites mécaniques pour fermer et ouvrir ses persiennes de l'intérieur. De son lit, il ouvrait sa porte. Des portes rentrantes, des meubles sur ses modèles, etc.

---

(1) Texte Ms. : *...de la mort de Wellington vendu à un million.* — Sollicité par Guys, dès le début de 1847, de donner à l'ILLUSTRATED LONDON NEWS des types de la société française, Gavarni collaborera au périodique anglais durant son séjour en Angleterre, entre 1847 et 1851. Il y publiera notamment des scènes de la Révolution de Février et des journées de Juin, exécutées d'après des croquis envoyés par Chandellier et Constantin Guys, alors à Paris ; il y illustrera JÉROME PATUROT A LA RECHERCHE DE LA MEILLEURE DES RÉPUBLIQUES de Louis Reybaud. — Enfin, Gavarni retournera à Londres avec les Goncourt, pour quelques jours, entre le 6 et le 15 oct. 1852, à temps par conséquent pour insérer dans l'ILLUSTRATED LONDON NEWS une lithographie inspirée par la mort de Wellington (14 septembre 1852).

(2) Add. éd. : *on n'y servait.*

(3) C'est Hermippe, « l'esclave de ce qu'il appelle *ses petites commodités,...* un grand maître pour le ressort et pour la mécanique. » (CARACTÈRES, XIV, 64).

« A été demander de l'argent à Mirès ? Bon ! » dit Morère sans être sensible. « Aujourd'hui, il a une centaine de mille francs de dettes, mais il est en litige. » Délié en affaires : donne l'assaut à Paulin, — trois visites en un jour, — et en tire mille francs de ses légendes.

Été voir le marchand d'estampes Vignères. Sorti de là comme d'un monde de fous. La MADAME DU BARRY avant la lettre que j'ai payée dix francs, il y a deux ans : 63 francs ! Il n'y a plus de prix ! Une folie furieuse d'enchères, une manie, une frénésie, tout le monde s'y mettant. Les gravures payées presque plus cher que les dessins, par cela qu'il n'est pas besoin de goût en gravures, mais seulement de savoir lire : *Avant* ou *Après la lettre*.

Vente le mois prochain de la collection de Delbergue, le commissaire-priseur, vendue par lui à un ami et revendue par cet ami, — par le ministère de Delbergue ! Tout l'art cochon du XVIIIe siècle, les petites polissonneries de la gouache et du burin, les Baudouin avec le con; tout le XVIIIe siècle Arsène Houssaye — de Sade : les petits faux-maîtres, les petits portraits en couleur, le joujou, le colifichet, le *bandochage* d'art. Déjà les amateurs les plus froids, enragés : cela va être une orgie de surenchères. La rente baisse, les goûts s'emportent. Où cela s'arrêtera-t-il ?

Une putain du nom de Garcia, qui loge au second, — appartement de douze cents francs — envoie emprunter par sa bonne à Rose « la moindre des choses, cinq francs... » Elle a dix sous, il pleut, elle ne peut sortir *faire* un homme. Il fait froid, elle vit au lit, chez elle, dort ou lit.

11 *novembre.*

Un grand, un maigre jeune homme boutonné, tout noir, presque des gants, terminé par une paire d'énormes souliers de ferme... Un garçon qui doit demeurer à Chaillot ! Tête ridée, tirée, parcheminée, crispée, avec dans le coin d'un sourire jeune, quelque chose de faux et de méchamment félin. Causerie sur Watteau dont il dit, à mon grand étonnement : « Watteau, c'est beau comme le Titien ! » Au fond, sans charme, sans grâce et

de sang froid au mot d'*admiration* sur ses planches (1). — C'est Bracquemond.

1 2 *novembre.*

Dîner chez mon oncle. Furieux, donne congé à un locataire qui l'a fait assigner pour réparer une fuite de merde dans son appartement. Ce locataire tient une table : « Mais, mon oncle, c'est fort désagréable, si c'est dans la salle à manger ! » Mon oncle, comme atténuation : « Ah ! c'est dans la cuisine... » Ceci est du sublime, tout simplement !

Alphonse, qui aura 70.000 francs de rentes, va être à la Cour des Comptes, — aimant la chasse et la campagne, — avec quinze jours de congé par an !

Chez Mme Koenigswarter. — Cuisine : toutes les casseroles, un nœud de ruban cerise; les planches garnies d'une guipure en papier, comme sur les boîtes de dragées.

16 *novembre.*

Maréchal (de Metz), Guichard et autres, à leur arrivée à Paris, entraîneurs de bals, ayant, pour ouvrir le bal et danser jusqu'à onze heures toutes les contredanses, une portion de viande et un litre.

L'art français du XVIIIe siècle, le seul art qui, depuis les priapées de Pompéi, ait avoué la libidinerie humaine : une pine avec des rubans... Les gravures d'Arétin, un accident, — et d'ailleurs, la chose crue et plutôt horrible que gracieuse. Au lieu que l'art du XVIIIe : enveloppé, coquin et coquet, un décolletage polisson à la manière d'un zéphyre, et bandant comme à une gorge montrée et défendue.

Le Paradis, voici ce que ce devrait être pour les hommes de lettres : les saints et les anges chantant divinement quelque chose sur des harpes éoliennes, et tous les auteurs entendront leurs livres,

---

(1) Entendez : au mot d'*admiration*, que nous prononçons devant ses eaux-fortes.

293

Hugo disant: « Ce sont mes vers », et Monnier disant: « C'est ma *pierreuse* » (1).

Je crois encore que le Paradis, ce sera, pour tous les gens qui ont travaillé pour la postérité, de s'y voir vivre; et l'Enfer, pour tous ceux qui n'ont rien fait pour elle, — les bureaucrates, bourgeois, crétins et pions, etc. — de s'y voir morts, morts, morts.

Boivin, marchand de gants, rue de la Paix : la femme, très distinguée, allant recevoir les dames à leur voiture; M. Boivin sortant par une porte de derrière et allant boire avec les cochers. Retiré, trente mille livres de rentes.

Les marchands de dessins et de gravures déroutés, en pleine crise, menacés de ruine par les amateurs achetant dans les ventes et n'achetant plus que dans les ventes. Plus de lots dans les catalogues; les objets détaillés un à un. Ainsi se trouvent jetées à bas leur fortune cette fameuse *révision*, cette coalition de la compagnie tout entière des marchands se repartageant les lots vendus, quelques-uns, comme Blaisot, allant jusqu'à mettre 20 francs dans la main d'un confrère en disant : « Tiens, ne me pousse pas cela ! » (2)

20 novembre.

Je rêvais (3) que le bon Dieu descendait sur la terre et qu'il m'écrivait ma pièce, les HOMMES DE LETTRES, qu'il signait de mon nom, qu'il apportait au Gymnase, où le portier le laissait monter chez M. Montigny, et qu'il obtenait une lecture, une réception et qu'à la représentation, il se faisait claqueur.

(1) Nous ne connaissons point de sketch de Monnier qui porte ce titre ou dont le personnage principal soit ainsi désigné. Mais dans ce très beau dialogue entre une prostituée et un assassin, qui s'intitule UNE NUIT DANS UN BOUGE, la femme, d'abord nommée *Mélie*, est ensuite désignée anonymement comme *la Fille :* ce doit être la *Pierreuse* des Goncourt. Cette scène appartient aux BAS FONDS, qui paraîtront seulement en 1862; mais on sait de façon certaine que quatre au moins des scènes, qui composent ce recueil, avaient été déjà publiées; et d'ailleurs, Monnier jouait souvent ses sketches devant ses amis avant de les imprimer.

(2) Add. éd. : *se trouvent* et *en disant.*

(3) Add. 1887 : *un rêve tout éveillé...*

ANNÉE 1856

Visite au nommé Chambe, Auvergnat, ferrailleur, rue de l'École-Polytechnique.

Grand magasin ouvert, plein de meubles de noyer. A droite, grande allée sans porte cochère, encombrée de toutes les vieilleries, vieilles voitures, clouteries, harnacheries, etc.; un fond rouillé de morceaux de poêles et de tuyaux. — Chambe, tout petit, très bossu; chapeau noir, une blouse bleue courte; un grand nez, les yeux coquins, toujours souriant.

Ce ferrailleur a acheté l'an dernier la bibliothèque d'un portier, dont il a tiré 12.000 francs. C'est dans cette vente, faite obscurément, que Lefèvre a acheté les Conférences de l'Académie Royale de Peinture, où nous avons retrouvé cette fameuse vie de Watteau, du comte de Caylus, que tous croyaient perdue. Il vient de lui tomber, je ne sais comment, un trésor de dessins et de gravures du XVIIIe siècle : vingt Boucher, des Watteau superbes. Mais il ne veut rien vendre, rien *séparer*, il veut faire une vente. Il a consenti à me montrer seulement dans sa chambre cinq ou six Boucher, de sa belle manière, pendus au mur. Tout le reste est sous son lit, un affreux riche lit moderne à dorures. — Dans le grenier, en un tas, au milieu de linges pendus, tous les papiers de Lucas Montigny, une montagne.

C'est un imbécile, un niais, un Berquin, qui a écrit les pages les plus touchantes qui soient depuis que la littérature est; les seules pages qu'un homme, qui n'est pas femme, ne peut lire sans se sentir des larmes au cœur et aux yeux; — un petit roman bien au-dessus de tout le dramatique idyllique de Paul et Virginie. Ce bonhomme est Bouilly et ce chef-d'œuvre des vraies larmes est La Perte Irréparable dans ses Récapitulations (1).

Dans un rêve, homme dont le nez tombe à terre et sert de mèche à allumer les cigares.

---

(1) Dans ce chapitre de ses mémoires (Mes Récapitulations, 1836-37, t. I, p. 398-434), Jean-Nicolas Bouilly conte la mort de sa fiancée Antoinette, fille du musicien Grétry, qu'il voit s'en aller de consomption et qu'il aide à tromper les siens sur sa fin prochaine, survenue en 1790.

Rencontré dans la rue un garçon de ma famille qui a coupé ses dettes à temps, Eugène (1), marié, père de famille et qui nous tire et nous montre au coin de la rue de Choiseul ses occupations : un éventail fignolé sur vélin. Apprivoisé avec l'ennui, sans désirs, sans appétits, ayant pris le parti de son bonheur négatif, se levant à 9 et se couchant à 10, restant sur l'escalier aux soirées de Caen, ayant pris racine dans sa vie végétante, assoupli et discipliné aux jours qui se suivent et se ressemblent, à ce train sans bruit, à cette mort du mouvement.

Et les demandes : *Et vos amis ? Et un tel ? Et un tel ?* Oh ! quels trous fait la vie parmi ces bandes de caracoleurs, viveurs, baiseurs ! Quel balayage, en si peu de temps, de tant d'aventures, de tant de bruit, de tant de jeunesse ! Que Paris en mange vite, de ces garçons et de ces fortunes ! Un an, deux ans, c'est le plus, — et le bitume les a brûlés. Le tapage de leur prospérité a duré un fagot.

« Camusat ? Il a un conseil judiciaire. Il empruntait à 400 % à des messieurs qu'il rencontrait aux courses. Je ne sais plus ce qu'il a mangé de mille livres de rentes en bêtes de somme et d'amour... Le gros d'Orgeval ? Il avait *mangé* : il s'est marié. »

Marié, — marié ou coulé, c'est le refrain.

« Saint-Loup ? Saint-Loup vit avec une putain en Bretagne et fait le piquet avec elle et le curé. — Et ton frère ? — Je l'ai recueilli. C'est à peine s'il a maintenant trois mille livres de rentes. — Et Lovaïs ? — Il est en fuite. Il répondait pour son père et son père a croulé. — Et tu sais, Chose ? — Ah ! Chose, il a fini par un fait divers,... il s'est fait sauter le caisson... Un coup de pistolet, v'lan ! » (2)

C'est un chapelet de dégringolades, de chutes dans le pot-au-feu, de misères ; tous ces garçons, qui finissent comme les putains, se rangent ou vont crever incognito quelque part. C'est effrayant à entendre faire le compte et de voir tous ceux-là qui manquent au drapeau en si peu de temps.

---

(1) Eugène Le Bas de Courmont, fils de Louis Armand Le Bas de Courmont et de Jenny Delaborde.

(2) Add. 1887 depuis *Et tu sais, Chose.* De même, un peu plus haut pour *un garçon de ma famille ...ses dettes à temps* et *Il empruntait... aux courses* et *...dans sa dernière ferme.*

On a offert un parti à son frère : une demoiselle de Gand, dont la famille demandait un titre, prévenant que cela lui était égal qu'on le prît. A ce propos, quelle différence trouvez-vous entre un homme qui porte, sans l'avoir, le cordon de la Légion d'honneur et celui qui porte, sans l'avoir, un titre ? (1)

Dîner chez mon oncle, qui nous conte une gravure cochonne qu'il possède : un perruquier qui accommode une dame et en est accommodé. Va chercher la gravure dans son musée secret. Quand il est sorti la remettre, son fils dit tranquillement : « Je ne sais pas ce que je trouverai... »

Rose nous parle d'une femme saine sur tout le reste, folle sur ce point : elle se croit immortelle. Quand elle apprend une mort : « En v'la un qui est bien heureux de pouvoir mourir ! »

25 novembre.

Été sur les quais. Entré au Pont Royal, chez Mᵐᵉ Leclerc, marchande d'estampes, désolée des ventes : impossible de rien trouver et de rien acheter; quitte au mois de janvier.

Un monsieur arrive chez elle, feuillette beaucoup de cartons, met de côté pour soixante francs, en disant : « Mais ça ne rapporte rien, ça ! — Ah ! certainement, Monsieur, si vous mettez ces soixante francs à la Bourse, ça rapporte plus. » Demande à emporter ces estampes, disant qu'il veut les montrer à ces dames, pour qu'elles choisissent des costumes, et donne sa carte (2). C'était M. Le Hon. Renvoie sans rien prendre : Mᵐᵉ Leclerc s'aperçoit qu'on lui a changé un petit Watteau. Elle lui aurait fait l'échange moyennant deux francs ! M. Le Hon passe; elle lui dit qu'il lui a changé son Watteau. Le Hon nie, la femme soutient mordicus. Il dit : « Mais vous aviez donc écrit quelque chose derrière, pour savoir ? » Finit par avouer et revient avec son domestique, qui rapporte la gravure.

(1) Texte Ms. : *le cordon de la Légion d'honneur et un titre.*
(2) Add. éd. : *disant ;* et un peu plus loin : *Il dit.*

Songer que sauf Gavarni, il n'y ait personne qui se soit constitué le peintre de la vie et de l'habit du XIXᵉ siècle ! Tout un monde est là, que le pinceau n'a pas touché. Cependant quel intérêt, quel charme, quelle vie dans ces portraits d'après nature du XVIIIᵉ siècle, — Carmontelle, etc. — qui sont le portrait de l'homme entier et pris dans ses habitudes de pose et dans les entours ordinaires de sa vie. Folie, de faire des portraits dans une pose solennelle et d'en draper le décor avec une colonne et une draperie !

Simon, un décorateur dans un atelier de décoration, avait une caisse sur les *lieux*, et quand un créancier venait : « M'sieur Alphonse ! ... Passez à la caisse ! »

Pouthier, l'esprit d'un vieux singe : tout petit, entrant au collège, se mettait à courir dans la rue en criant : « V'là la révolution qui commence ! » ...Ils étaient trois, l'autre jour, dans cet atelier de Servin : Pouthier, avec cet esprit de vieux singe, un macaque qui rit et mord, Servin, avec l'esprit d'un gamin d'école, et Simon, l'esprit d'un voyou de la rue, — une trinité de blague. — Pouthier, toujours attelé à un Christ humanitaire ou à un tableau chinois.

26 novembre.

Dîné chez Maire, à côté de deux militaires habillés en civils, avec des écrevisses cuites dans un bouillon et des herbes semblant le cataplasme pour les sorcières de Macbeth, contusionnées en allant au sabbat (1).

28 novembre.

Il y a à Paris un mauvais peintre de chevaux, inconnu et gagnant beaucoup d'argent. Son atelier est dans le haut des Champs-Élysées. Il y a dans son atelier toutes sortes de jeux, billard polonais, toupie hollandaise, etc. Rendez-vous des élégants qui reviennent du Bois. On joue. Héreau parie un tableau contre

---

(1) Texte Ms. : *...deux militaires habillés en hommes.*

les dix louis des joueurs. Aux femmes, pour qu'elles lui ramènent leurs amants, il donne quelque bout de tableau (1).

30 novembre.

A dîner chez Mme Passy, Blanche nous dit : « Ah ! j'ai une querelle avec Louis, vous serez juge... Il a tort, je voudrais que vous lui donniez tort ! » La petite cousine Eugénie confie que c'est une querelle sur sa laideur, niée par Louis. Après dîner, dans un coin du salon, elle pose la question. Et Louis demande à la poser ainsi : qu'une jeune fille laide a moins de chance pour un mariage de convenance, mais que pour un mariage d'amour, la laideur ne fait rien. Nous autres, faisons avancer notre théorie sur ce que les femmes n'ont pas de traits, etc. Très fine et très jolie scène de coquetterie féminine.

Mirès a commencé par faire un journal à Marseille en un temps d'épidémie. Il mettait le nom des personnes mortes et au bout, le nom du médecin qui les avait soignées. Au bout de quelque temps, les médecins se cotisent pour le chasser de Marseille à prix d'or.

Millaud a acheté son hôtel de la place Saint-Georges, le *Lingot d'or*, du syndic de sa faillite, M.*** (2)

Vernet, le miniaturiste attaché à la Bohème : « Où donc vas-tu ? — Je vais chez un prince... et peut-être me parlera-t-il ! »

3 décembre.

Dîné, passé soirée chez Dinochau et chez moi avec hommes de lettres et putains, — avec ce monde qui crache sur la bourgeoisie, lui refuse le cœur, l'élan et le mouvement sans arrière-pensée et le battement primesautier. Eh bien ! tout ce monde, ce ne sont

---

(1) Add. éd. : *il donne.* — Les mots *Héreau et ramènent* sont incertains.

(2) Sans doute la faillite de la Compagnie générale immobilière, fondée par Millaud en 1854 et qui échoua bientôt faute d'un nombre suffisant de souscripteurs, non sans laisser aux mains de Millaud un grand nombre de terrains.

que des affaires ! Ces phrases à froid dans le dos, qui sortent comme des crapauds de la bouche de cette belle putain, ce sont des affaires, quelque chose de sec et de glacial comme des règlements de billets. Les tirades de ces hommes de lettres vont à quelque chose; leurs poignées de mains sont une combinaison; leur blague, une manœuvre. Gueux et gueuses, ils marchent à la fortune ou à l'éditeur avec une logique de machine, une insensibilité sublime et comédienne, un débarras de cœur et d'honneur complet. L'on peut dire de ces décolletées et de ces écervelés qu'ils ne mourront certes pas d'un anévrisme !

10 *décembre.*

Été chez Barrière, malade et souffreteux. Nous conte qu'il y a de cela bien longtemps, Thiers avait vingt-trois ans, venait souvent dîner dans son petit appartement de la rue de Condé. Barrière avait gardé de son enfance des soldats de plomb; après dîner, tous deux les rangeaient sur une commode et Thiers s'amusait à les démolir avec des boulettes de mie de pain. Ainsi il préludait aux récits des batailles de l'Empire. Mais bientôt, le petit appartement de la rue de Condé d'un pauvre homme de lettres ne put plus le contenir.

Édouard Lefebvre nous avait conté la veille, chez mon oncle, qu'entre autres miniatures, il avait vu, l'autre jour, dans un coin de rayon chez Mme de Boigne un ravissant portrait de la Duthé, qu'un abbé d'Osmont — Mme de Boigne est née d'Osmont — avait reçu de l'abbé de Bourbon, son amant, lors d'une maladie dont il mourut ou crut mourir. Nous disons cela à Barrière, et encore le portrait de la Duthé gravé par Janinet, vendu la semaine dernière 153 francs. Nous dit qu'il a vu la Duthé, étant tout enfant. Son père était joaillier de la Reine et un jour, il vint une belle grande dame choisir des bijoux. Sa mère, qui était très jolie et assez intolérante en fait de beauté, comme toute jolie femme, lui demanda comment il la trouvait. Lui, enfant, répondit : « Jolie ! — Oh ! elle a un trop grand cou ! » lui dit sa mère. C'était la Duthé.

La veuve de M. Fortoul a obtenu une pension de 1200 francs, l'Enregistrement constate que son mari a laissé plus de deux millions !

11 décembre.

Dentu nous a soumis ce soir un projet de traité, qui ressemble à la demande qu'un homme armé fait à un passant à un coin de bois. Il nous achète 150 francs le volume les PORTRAITS NOUVEAUX DU XVIIIᵉ SIÈCLE; 150 francs, toutes les éditions qui pourront suivre; 150 francs, tous les volumes qui pourront suivre, quelque succès qu'il puisse advenir ! Il nous a lu cela impudemment.

12 décembre.

A propos de la vente d'estampes du XVIIIᵉ siècle (vente Delbergue), sur la polissonnerie de laquelle M. Thiers a débagoulé, puis a poussé furieusement, M. Delécluze disait à Vignères que lui et sa sœur avaient été élevés jusqu'à quatorze ans dans une chambre où il y avait aux murs les QUATRE PARTIES DU JOUR de Baudouin, sans jamais songer à mal. Dans la salle à manger, il y avait l'ESCARPOLETTE de Fragonard. On lui avait dit que c'était une femme qui avait un cauchemar. Certaines pudeurs sont une question de mode et de temps.

12 décembre.

Chez Banville, hors barrière, boulevard de Clichy, cité Véron : un petit logement aux petites pièces qui ressemblent aux pièces qu'on loue l'été dans la banlieue de Paris. Quelques dessins de costumes de théâtre de Ballue; le portrait de Louisa Melvil en photographie; un panneau de vierge gothique éreinté. *Monstre vert* dedans sa robe de chambre à lui, Banville (1). Un feu de charbon; une absence de meubles déguisée par quelques chaises flânant autour d'un fauteuil; je ne sais quoi qui sent la vie de travail tracassée, dérangée, tourmentée par la vie, les dettes, les déménagements; un foyer de hasard. Je ne sais quelles tristesses, quelles luttes, quelles angoisses racontent muettement ces murs. Rien

---

(1) Le surnom nervalien de *Monstre vert*, porté aussi par Estelle Gautier, ne peut désigner ici que Marie Daubrun, inspiratrice de Baudelaire et de Banville (cf. Feuillerat, BAUDELAIRE ET LA BELLE AUX CHEVEUX D'OR, 1941). Banville l'hébergeait depuis l'automne 1855 et les lettres de Banville à Poulet-Malassis la montrent, d'octobre 1856 à mars 1857, dans son rôle de ménagère. Séparés par le séjour de Banville à la clinique Fleury, en 1857, les deux amants partiront ensemble pour Nice, en 1860.

n'est gai comme un foyer bourgeois. Heureuses gens ! Qu'ils sont bien vengés de ceux-là qui pensent, écrivent, rêvent ! Quelles joies carrées et saines auprès de ces chatouillements de l'amour-propre maladif, auprès de cette solitude à deux avec une fille ! Comme tout est chez ces dieux-parias boiteux, misérable, serrant le cœur et puant je ne sais quel effort terrible et au jour le jour de la plume qui sue contre le bien-être qui manque ! Comme il est peu de chansons dans ces ateliers, d'où le rire et la poésie s'envolent, colombes qui souvent ne rapportent pas le dîner ! La terrible vie de ces gens hors la famille et le sens commun des sots, des cuistres et des riches !

Toujours le même esprit paradoxal et charmeur qui vous dit : « Savez-vous la recette de Duvert et Lauzanne pour faire un vaudeville? Ils prennent ANDROMAQUE, et puis voilà comme ils font. Ils l'arrangent : d'Andromaque, ils font un pompier; de la jalousie, ils font le désir d'obtenir un bureau de tabac et ainsi de suite... »

Le malheureux corrige les épreuves de ses ODES FUNAMBU-LESQUES et reçoit tous les matins des lettres de quatre pages de son éditeur. « C'est un homme dangereux, dit-il, je ne lui réponds plus. Il faut décidément aller en province pour avoir autant de temps pour écrire des lettres ! Il s'épanche : « Mais, Monsieur, Descartes a dit de l'âme... » Il m'écrit ces choses-là ! » (1)

21 décembre.

Été à trois heures chez Marie, qui nous fait visiter en détail son appartement, l'appartement de Thompson. Labyrinthe à deux étages de salons, cabinets, recoins, ateliers, officines, séchoirs, greniers à produits chimiques, — tout l'attirail photographique. Encombrement de daguerréotypes, stéréoscopes, photographies... Il y a comme une mort dans cet embaumement de la ressemblance; un funèbre portrait de la vie, toutes ces faces diverses amoncelées et rangées dans des boîtes comme dans une bière, toutes ces chairs et ces yeux morts, sans couleur, ni physionomie. Çà et là, une

---

(1) Les ODES FUNAMBULESQUES parurent d'abord à Alençon, en 1857, chez Poulet-Malassis, l'éditeur de Baudelaire. Il s'intéressait d'ailleurs au jeune « ménage » et lui envoie par exemple un service de table (cf. Feuillerat, loc. cit. p. 66).

défroque comme pour rhabiller un cadavre ou une figure de cire,
comme un vestiaire de Morgue : un uniforme de la vieille Garde
flétri et vieux comme une relique, posé sur une chaise dans une
pose de loque fière attendant le modèle. Côte à côte, la plaque d'un
enfant mort, d'une femme nue et d'un garde national.

Marie, là-dedans, allant, venant, virevoltant, la voix et le
geste vifs, courant d'explication en explication et de coin en coin,
montrant ses coloriages et son *fourneau économique* (1) et nous faisant
déguster son vin, son eau-de-vie et sa tourte de lapin, jouant du
piano, frisant sa petite, — ménagère, presque mère, la Marie
Lepelletier de la rue d'Isly ! De toute sa vie d'alors, il ne lui reste
qu'un fauteuil de damas rouge. Heureusement, il est muet !

Dîner chez mon oncle avec M. Armand Lefebvre. Jusqu'au
premier verre de vin, il est solennellement et terriblement muet,
comme un secret d'État. Au premier verre de vin, il daigne sourire,
au second, parler et au troisième, répondre. C'est le cerveau de la
plus petite bourgeoisie, un homme très petit et un très petit homme, d'une naïveté exorbitante, perpétuellement ébouriffé par le
moindre des paradoxes; nous regardant comme des esprits dangereux, le moral vicié; nous estimant au fond à peu près comme de
grands criminels; croyant chacun de nos mots empoisonné; ne
nous pardonnant rien, pas même notre silence qu'il juge une ironie.
— Un seul trait pour le peindre : Buloz lui a affirmé que c'était lui
qui avait fait les articles de M. de Champagny sur les Césars, il l'a
cru. C'est véritablement un gobe-mouche, pris dans une presse
pour être homme d'État.

Idée d'une nouvelle où un homme serait montré, qui n'aurait
pour frein absolument que la loi sans l'honneur.

Idée d'une nouvelle, LE PREMIER RENDEZ-VOUS. Dialogue,
— faire comprendre qu'il *gamahuche* :

(1) Jusqu'au milieu du XIXᵉ siècle, les fourneaux de cuisine étaient de simples caisses en briques réfractaires, ouvertes par le dessus. Les essais de l'Allemand
Rumford, puis du fouriériste français Charles Harel (1771-1852) contribuèrent à répandre, sous l'appellation de *fourneaux économiques*, des appareils moins dangereux
et de meilleur rendement, munis, comme nos actuelles cuisinières, de carneaux pour
l'échappement de la fumée et couverts de plaques de fonte formant surface chauffante.

303

LA DAME — Oh, Monsieur! Quelles femmes avez-vous aimées ?
LE MONSIEUR — ....

Pour l'ITALIE : à Pise, idée de tout un peuple frappé de l'idée de la Mort voisine (1). Les uns ne pensant plus qu'à vivre et les autres qu'à mourir. Sur les projets morts et l'espérance morte, le présent tout seul assis.

Pièces diverses de la Police. Catalogue des archives de la Police, manuscrit Bibliothèque Impériale, cité par Gérard de Nerval, LES FILLES DU FEU (2).

Duclos, 28, rue du Cardinal-Lemoine.

Théophile Gautier, l'esprit de la chair de Henri Heine (3).

« Profession? — Souffleur au théâtre de Séraphin. » (4)

25 décembre.

L'espérance ici-bas ou là-haut : Paradis ou loterie.

Été chez Gavarni qui tripote ses eaux-fortes avec Bracquemond, — CÉLÉBRITÉS d'Havard, qui lui a proposé d'y mettre Mirecourt (dans cette série, Béranger, etc.) Gavarni a refusé.
Été dîner tous quatre dans un *bistingo*, à la porte d'Auteuil. Plus seul que jamais : son cœur se suffit. Il n'est pas un homme,

(1) Cf. t. I, p. 230, n. 1, sur ce projet d'une ITALIE LA NUIT. Ici, allusion au TRIOMPHE DE LA MORT (alors attribué à Orcagna) du *Campo Santo* de Pise, et qui avait inspiré aux Goncourt des pages enthousiastes en 1855-56, reproduites dans l'ITALIE D'HIER, p. 159.

(2) Simple note de travail, indice de documents à exploiter, pour les historiens du XVIIIe siècle que sont les Goncourt. La référence vise le passage d'ANGÉLIQUE (éd. de la Pléiade, p. 190) où Nerval, à la recherche du fantastique abbé-comte de Bucquoy, trouve sa trace dans des PIÈCES DIVERSES DE LA POLICE conservées à la Bibliothèque Nationale.

(3) Note rayée.

(4) Les Goncourt jouent sur le fait que le théâtre de Séraphin, au Palais-Royal, était un théâtre d'ombres chinoises; mais en fait, on y jouait de véritables pièces, écrites par ex. au XVIIIe siècle par Dorvigny et au XIXe par Édouard Plouvier.

mais un esprit, un génie. Je lui ai déjà vu plusieurs couches d'amis. Quand je lui parle de l'avant-dernière, on voit, c'est au diable, derrière lui; c'est à peine s'il s'en souvient. Il y a des pelletées d'oubli par-dessus. Ne voit plus personne dans sa mansarde carrelée. Seulement un dîner de pique-nique, le samedi, dans une salle de Bonvalet avec Labrosse, le fabricant de bronzes, Duvelleroy, Isabey, etc.

Nous parle de l'intérieur des gens, de l'intérieur de Daumier, qu'il a vu ainsi : une grande pièce, autour d'un poêle en fonte chauffé à blanc; des hommes assis par terre, une bouteille de vin chacun, buvant à même. Dans le fond, un savetier, le groom de Daumier, *choumaquant*; et dans un coin, une table avec tout le désordre des choses lithographiques entassées.

Sous Louis-Philippe, Forgues, s'épanchant, lui confia que le parti d'Arago était décidé à le guillotiner s'il arrivait; ça leur coûtait parce que c'était un bon garçon, mais le motif était qu'il était un corrupteur du peuple.

Gavarni a beaucoup ri avec nous d'un article de biographie cranologique publié sur lui ces jours-ci. Il a la *sensitivité*, mais pas la *vénération* : « Voilà, Messieurs, je n'ai pas pour deux sous de vénération ! »

Voici un mot que le XIXᵉ siècle seul a pu dire. La mère de Pouthier lui dit : « Ah ! je sais bien quelqu'un qui ne me donnera pas d'étrennes ! — C'est moi, n'est-ce pas ? — Oui. — Eh bien ! tu te trompes. — Ah ! — Je t'achèterai une muselière. »

Vendu 300 francs à Dentu les vingt Portraits intimes du dix-huitième siècle : ce n'est pas le prix de l'huile et du bois brûlés; deux volumes pour la fabrication desquels nous avons acheté deux ou trois mille francs de lettres autographes (1).

---

(1) Add. 1887 depuis *deux volumes...*

ANNÉE 1857

1er *janvier.*

NOUS n'avons plus que deux visites à faire. La famille est tout ébranchée. Un oncle très riche et une vieille cousine (1), dans un logement d'ouvrier, assise entre le courant d'air d'une porte et d'une fenêtre.

Elle est pourtant la petite fille d'une femme qui avait trois millions, le grand et le petit hôtel Charolais, le château de Clichy-Bondy, des plats d'argent pour le rôti de gibier que deux domestiques avaient peine à porter : tout cela c'est devenu des assignats et cette Elisabeth Lenoir, cette *fille d'argent*, comme alors on disait, que M. de Courmont avait épousée pour sa fortune est morte dans un grenier avec un vieux chien, enterrée dans la fosse commune. — Ma cousine : plus qu'une petite rente viagère et une place au cimetière Montmartre, payée d'avance et bien à elle.

(1) Jules et Cornélie Le Bas de Courmont.

307

3 janvier.

Bureau de l'Artiste (1). — Gautier, face lourde, tous les traits tombés, un empâtement des lignes, un sommeil de la physionomie, une intelligence échouée dans un tonneau de matière, une lassitude d'hippopotame, des intermittences de compréhension : un sourd pour les idées, avec des hallucinations d'oreille, écoutant par derrière lui quand on lui parle devant.

Épris aujourd'hui de ce mot que lui a dit Flaubert ce matin, la formule suprême de l'École, qu'il veut graver sur les murs, à ce qu'il dit : *De la forme naît l'idée.*

Son caudataire, un agent de change toqué d'Égypte, arrivant toujours avec quelque plâtré de basalte égyptien sous le bras, grave avec de très graves phrases, un Prudhomme d'après Champollion, qui expose à l'Europe et aux auditeurs son système de travail : se coucher à huit heures, se lever à trois, prendre deux tasses de café noir et aller en travaillant jusqu'à onze.

Ici, Gautier sortant comme un ruminant d'une digestion et interrompant Feydeau : « Oh ! cela me rendrait fol ! Moi, le matin, ce qui m'éveille, c'est que je rêve que j'ai faim. Je vois des viandes rouges, des grandes tables avec des nourritures, des festins de Gamache. La viande me lève. Quand j'ai déjeuné, je fume. Je me lève à sept heures et demie, ça me mène à onze heures. Alors je

---

(1) L'Artiste a joué un rôle essentiel entre 1830 et 1860, en établissant un contact étroit entre les écrivains et les artistes du temps, dont il faisait connaître les œuvres par ses illustrations et ses comptes rendus. Fondé par Achille Ricourt en 1831, il connaît dix ans de gloire avec Delacroix, les deux Johannot, Decamps, Raffet, du côté des artistes, et du côté des écrivains, Mérimée, Janin, à l'occasion Balzac ou Sand. Il publie en inédit des Contes d'Hoffmann et des Salons de Diderot. Puis Ricourt à bout d'argent, Arsène Houssaye reprend la revue en 1843 : nouvel essor, des artistes comme Diaz, Pradier, Meissonier, Chassériau, des écrivains comme Nerval, Gautier, Baudelaire, Esquiros, Murger, Champfleury venant s'ajouter ou succéder aux anciens collaborateurs. Une troisième phase s'ouvre en 1849 : Arsène Houssaye passant à la direction de la Comédie-Française, son frère Édouard et Xavier Aubryet sont à la tête de l'Artiste, avec Gautier comme rédacteur en chef, autour de qui se groupent Flaubert, Feydeau, Charles Blanc, les Goncourt, qui publient dans la revue en 1855 des fragments de la Société pendant le Directoire, en 1856 Feu Monsieur Thomas, en 1857 Venise la nuit et Jean-Georges Wille. Enfin, après 1860, quand Arsène Houssaye reprend possession de l'Artiste, beaucoup des anciens rédacteurs sont morts ou en exil, que ne suffisent pas à remplacer Saint-Victor, Banville ou Chesneau ; et surtout, l'Artiste devient une publication de luxe à l'usage des salons mondains plutôt que des ateliers d'artistes. Néanmoins, il survivra jusqu'en 1904.

traîne un fauteuil, je mets sur la table le papier, les plumes, l'encre,
— le chevalet de la torture. Et ça m'ennuie ! Ça m'a toujours
ennuyé d'écrire, et puis, c'est si inutile !... Là, j'écris comme ça,
posément, comme un écrivain public. Je ne vais pas vite, — il m'a
vu écrire, lui, — mais je vais toujours, parce que, voyez-vous, je
ne cherche pas le mieux. Un article, une page, c'est une chose de
premier coup. C'est comme un enfant : ou il est fait ou il n'est pas
fait. Je ne pense jamais à ce que je vais écrire. Je prends ma plume
et j'écris. Je suis homme de lettres, je dois savoir mon métier. Me
voilà devant le papier, c'est comme le clown sur le tremplin... Et
puis, j'ai une syntaxe très en ordre dans la tête. Je jette mes phrases
en l'air, comme des chats ; je suis sûr qu'elles retomberont sur leurs
pattes. C'est bien simple : il n'y a qu'à avoir une bonne syntaxe,
je m'engage à montrer à écrire à n'importe qui. Je pourrais ouvrir
un cours de feuilleton en vingt-cinq leçons. Tenez, voilà de ma
copie, pas de rature !... Tiens, Gaiffe ! Eh bien ! tu n'apportes
rien ? (1)

— Ah ! mon cher, c'est drôle, je n'ai plus aucun talent. Et je
reconnais ça parce que maintenant, je m'amuse de choses crétines.
C'est crétin, je le sais. Eh bien, ça ne fait rien, ça me fait rire !...

— Tu étais *talenteux*, toi, pourtant !

— Moi, je n'aime plus que me rouler dans les créatures.

— Gaiffe, il vous manque de boire.

— Ah bien, s'il buvait...

— As-tu déjà des fibrilles bleues sur le nez ?

— Merci ! Si je buvais, j'aurais des rubis sur le nez. Les
folles courtisanes ne m'aimeraient plus et je serais obligé de posséder des femmes à vingt sous. Je deviendrais abject et repoussant,...
et alors j'attraperais des maladies vénériennes. »

6 janvier.

Comme nous étions à dîner chez Broggi, le seul restaurant
où les garçons daignent encore être polis, nous avons rencontré
un morceau de la vie d'Edmond : face à face avec mon ancien

---

(1) Texte Ms., en marge, au crayon, de la main d'Edmond : *Florissac*. C'est
le personnage de CHARLES DEMAILLY, qui s'inspire de Gaiffe, en particulier pour
cette conversation avec Gautier (p. 81).

avoué, chez lequel j'ai bien gagné 70 francs en deux mois ; ce vieux, joli, beau et gros, que le bal de l'Opéra vit promener en majestueux Silène, comme le Nini-Moulin du Palais (1).

7 janvier.

Jamais siècle n'a plus *blagué*. La blague partout, et même dans la science. Voilà des années que les Bilboquets nous promettent tous les matins un miracle, un élément, un métal nouveau, — de nous chauffer avec des ronds de cuivre dans l'eau, de nous nourrir avec rien, de nous tuer pour rien et en grand, de nous faire vivre indéfiniment, de nous faire du fer avec n'importe quoi. Tout cela, blagues académiques et énormes, qui conduisent à l'Institut, aux décorations, aux influences, au traitement, à la considération des gens sérieux. La vie augmente pendant ce temps, double, triple ; les matières premières manquent ; la mort même ne progresse pas, — on l'a bien vu à Sébastopol où l'on s'est écharpé, — et le bon marché est toujours le plus mauvais marché du monde (2).

En regardant autour de moi les choses de mon salon, je pense à ceci : les goûts ne naissent pas, ils s'apprennent. Tout goût demande une éducation et un exercice, c'est une bonne habitude ; et quand je vois mon portier admirer, en fait d'ameublement, l'or le plus cru, la forme la plus grosse, la couleur la plus bruyante, vous voulez que je croie que le beau est un fait absolu et que les choses exquises de l'intelligence sont à la portée de tous ?

8 janvier.

Appeler une nouvelle, simplement : MONSIEUR CHOSE.

(1) Tout le passage est de la main de Jules ; mais Edmond, au milieu de la phrase, se substitue à son frère pour évoquer, à la première personne, son stage d'étudiant en droit chez Mᵉ Fanier, ou plus probablement Fagniez : l'ANNUAIRE ROYAL, entre 1840 et 1845, ne connaît que Mᵉ Fagniez, 10 rue des Moulins, avoué près le tribunal de première instance depuis 1826. Confusion imputable à l'actrice Fanier (cf. MAIS. D'UN ART., t. II, p. 143). L'expression *en deux mois* est curieuse : lapsus pour *en deux ans ?* Nous savons seulement par des lettres de Mᵐᵉ de Goncourt à Mᵐᵉ Collardez qu'Edmond travaillait « chez l'avoué » en février 1843 et que ses études de droit ont duré au moins de 1842 à novembre 1844. Cf. Billy, t. I, p. 37.

(2) Passage rayé : *où l'on s'est écharpé.*

Finir une nouvelle par une lettre de l'imprimeur vous apprenant que le reste du manuscrit est perdu.

10 janvier.

Révélation admirable par Marie d'une preuve d'amour militaire. Un vieil officier à qui Mme D*** avait dit : « Mon Dieu! moi, les gens me déplaisent pour un rien. Monsieur un tel, je l'ai vu se moucher, je ne l'aimerai jamais ! » Le vieil officier, fort enrhumé, allait perpétuellement dans une chambre voisine et poussait un tiroir de commode pour dissimuler sa moucherie.

16 janvier.

Banville et *Chien vert* (1).

Houssaye, un ami à la petite semaine; exploiteur grand modèle; un nom fait de vols, un succès fait d'emprunts, un journal fait de pillages, une réputation qui n'a que sa signature, une habileté qui n'a qu'une barbe. A fait faire par Philoxène Boyer, pressé d'argent, son QUARANTE ET UNIÈME FAUTEUIL. Fera signer à Banville la préface, écrite par lui-même, de ses POÉSIES COMPLÈTES (2). Ayant toujours un louis pour les besoins galantins — cadeaux de femmes, bouquets — de son *teinturier* Philoxène et pressurant ce garçon singulier, sans souci de signer.

Banville nous raconte qu'en 48, Buloz cherchait par toute la ville un poète qui insultât un peu la République au nom de

---

(1) Ces quatre mots rayés. — Cf. t. I, p. 301, n° 1

(2) Arsène Houssaye, dont Banville trace ici un portrait assez dur, était alors inspecteur général des musées de province, poste qui lui échut à point nommé quand il quitta le Théâtre-Français en avril 1856. Le *journal fait de pillages*, ce doit être L'AR-TISTE, qui appartient en nom à son frère, Édouard Houssaye, et à Aubryet (cf. p. 308), mais où il est encore tout puissant. Quant à sa barbe légendaire, elle fournit dans CHARLES DEMAILLY (p. 129) une tirade brillante à Boisroger, *alias* Banville : « Il se réfugie dans cette barbe, il y remonte ! Ses créanciers ne sont pas toujours sûrs de l'y rencontrer !... C'est une barbe dodonienne, où il se fait souvent du bruit, jamais de réponse ! » — Pour se venger de son échec à l'Académie, Arsène Houssaye publie en 1855 LE QUARANTE ET UNIÈME FAUTEUIL, histoire de cet imaginaire fauteuil académique, dont il choisit les titulaires parmi les écrivains de mérite écartés par les Quarante. — Théodore de Banville a signé effectivement l'HISTOIRE D'ARSÈNE HOUSSAYE, qui sert de préface aux ŒUVRES POÉTIQUES d'Houssaye (1857).

l'Intelligence, contre les ouvriers nommés à l'Assemblée, quitte à désavouer le poète et à le flanquer à la porte, la satire faite, avec une note de mépris. Banville lui apporte la Prophétie de Calchas. Mais Buloz voulant absolument lui faire mettre Ledru-Rollin au lieu de Calchas, Banville le lâcha, ses vers tout composés.

18 janvier.

Été hier avec un Devéria au bal masqué (1). Voilà une chose grave et plus grave qu'on ne croit : le Plaisir est mort. Ce rendez-vous de l'imprévu, cette foire de romans sans titre ni fin, à l'aventure, ce carnaval de la gaîté et de l'amour; cet archet de Musard qui fouettait et refouettait de tonnerres et de fifres un monde fait de tous les mondes, un coudoiement de rencontres, un feu roulant de reparties, une joie sans suite ni but, une belle folie riant d'elle-même, une furieuse jeunesse qui foulait le Lendemain avec des bottes à l'écuyère: ce n'est plus, tout cela, qu'un trottoir.

Du haut en bas, nous sommes montés et descendus, cherchant à prendre langue, accrochant de propos les passants, essayant d'attraper au vol deux oreilles et une langue, un dialogue, un morceau de Watteau tombé d'un sourire du hasard, parlant à toutes la langue et l'esprit de France. Nulle n'a daigné répondre. Des affaires, partout des affaires, il n'est plus qu'affaires, et même au cintre. La Lorette, ce n'est plus même cette lorette de Gavarni, gardant encore un peu de la Grisette et perdant de son temps pour s'amuser, — c'est une femme-homme d'affaires qui passe des marchés sans fioritures. Jamais le bas monde de l'amour n'a reflété le haut de la société comme maintenant ! Des affaires depuis le haut de l'échelle jusqu'en bas, du ministre à la fille. Le génie, l'humeur, le caractère de la France complètement retournés, tournés aux chiffres, à l'argent, au calcul et complètement guéris du premier mouvement. La France devenue une Angleterre, une Amérique ! La fille est un homme d'affaires et un pouvoir. Elle trône, elle règne, elle toise de l'œil, elle insulte; elle a le dédain, l'insolence, la morgue olympienne. Elle envahit la société, — et le sent... Elle gouverne aujourd'hui les mœurs, elle éclabousse l'opinion; elle mange des marrons glacés dans la loge, à côté de

(1) Cf. t. I, p. 287.

votre femme; elle a un théâtre à elle : les Bouffes (1); un monde à elle : la Bourse. A la fin, je me suis amusé à frapper sur l'épaule de ces rosses régnantes et leur ai dit : « Vois-tu, il viendra un jour où l'on te marquera avec un fer chaud un phallus sur l'épaule. » (2) Eh oui ! je crois que l'on sera forcé prochainement d'en venir à des mesures de police répressives. On fera des règlements qui les remettront à leur place, au ruisseau, qui leur défendront, comme au XVIIIe, les loges honnêtes, qui corrigeront leurs insolences et réfréneront leurs prospérités.

Tout cela viendra et il viendra encore une chose : une grande lessive. Je la vois, je la sens. C'est un temps anormal, un renversement trop grand de la cervelle et du cœur de la patrie, la matérialisation de la France, se faisant trop vite et trop dégoûtamment pour que la société ne saute pas. Et alors, ce ne sera pas qu'un 93 ! Tout y passera peut-être !

Pour LA JEUNE BOURGEOISIE, faire un personnage éloquent, jeune homme parlant le langage patois des économistes. — Voir chez Louis HISTOIRE DES CLASSES PAUVRES par Charles Doniol (3).

Pour LA JEUNE BOURGEOISIE, attaque terrible contre le personnel des DÉBATS : professeurs, historiens, etc. De tous les maux de l'instruction, etc... Le gouvernement des professeurs, le pire, qui a perdu Louis-Philippe. Magnifique portrait moral, sceptique de Louis-Philippe.

(1) Les Bouffes-Parisiens sont le théâtre d'Offenbach. Encore inconnu et désireux de concurrencer Hervé et ses Folies-Nouvelles, Offenbach acquiert, avec les fonds de Villemessant, la salle du prestidigitateur Lacaze aux Champs-Élysées, dans le voisinage de l'Exposition Universelle. Le 5 juillet 1855, il inaugure les Bouffes avec un spectacle varié de bouffonneries musicales, qui réussit. Puis à la fin de 1855, les Bouffes émigrent dans une autre salle de prestidigitation, la salle Comte, près de l'Opéra-Comique, sur le boulevard, au passage Choiseul. Embellis en 1864, ils subsisteront jusqu'à nos jours, après avoir vu Hortense Schneider triompher dans les grandes opérettes d'Offenbach, ORPHÉE AUX ENFERS (1858), LA BELLE HÉLÈNE (1864), etc.

(2) Var. 1887 : *A la fin, agacé par l'air princesse d'une de ces rosses régnantes, que je reconnais sous le masque, je lui ai touché l'épaule en lui disant : « Là, vois-tu, un de ces jours, on te marquera d'un phallus au fer chaud ! »*

(3) Sans doute l'HISTOIRE DES CLASSES RURALES ET DE LEURS PROGRÈS DANS L'ÉGALITÉ SOCIALE ET LA PROPRIÉTÉ, d'Henri Doniol, parue en 1857.

Nous réfléchissons combien un de nos sens, la vue, nous a coûté. Tous ces jours-ci, inoccupés : courses sur les quais et gros achats. Combien avons-nous dans notre vie tripoté d'objets d'art et joui par eux ? Insensibles ou à peu près aux choses de la nature, plus touchés d'un tableau que d'un paysage et de l'homme que de Dieu, n'est-ce point la façon de notre œil qui nous fait autant aimer l'art, embrassant mieux l'objet, que nous caressons de tout près, que nous touchons presque ? Il est à croire que les myopes sont collectionneurs et amateurs d'art de nature.

20 *janvier*.

Comme on causait, aux bureaux de l'ARTISTE, de Flaubert traîné à notre instar sur les bancs de la police correctionnelle et que j'expliquais qu'on voulait en haut la mort du romantisme et que le romantisme était devenu un crime d'État, Gautier s'est mis à dire : « Vraiment, je rougis du métier que je fais ! Pour des sommes très modiques, qu'il faut que je gagne parce que sans cela je mourrais de faim, je ne dis que la moitié ou le quart de ce que je pense... et encore, je risque à chaque phrase d'être traîné derrière les tribunaux ! » (1)

22 *janvier*.

Je rencontre aujourd'hui à Paris, comme je revenais d'Auteuil, Gavarni. — Il y a eu, cette semaine, un *puff* énorme dans le JOURNAL DES CONTEMPORAINS de Mirecourt, un *puff* très osé de presque vraisemblance ou d'insolence, où Gavarni, inventeur de la direction des ballons, aurait été et serait revenu d'Alger en quelque chose comme vingt-quatre heures. Nous en parlons à Gavarni, qui se met à rire et nous dit : « Il y aurait eu une très jolie chose à faire, un procès, — avec dix mille livres de dommages-intérêts, — un

(1) Flaubert, poursuivi pour la publication de MADAME BOVARY dans la REVUE DE PARIS, cité pour le 24 janvier, remis à huitaine, comparaîtra le 31 janv. 1857 devant la 6ᵉ Chambre Correctionnelle, celle devant laquelle les Goncourt avaient comparu le 2 fév. 1853. Après réquisitoire de Mᵉ Pinard, qui réclamera contre lui deux ans de prison, et plaidoirie de Mᵉ Sénard, il sera acquitté par le jugement rendu le 7 février.

avocat blagueur qui aurait dit aux juges : « Le pain coûte cher aux
pauvres, n'est-ce pas ? Eh bien, il faut les nourrir avec du *canard !* »
— et envoyer les dix mille francs à la mairie d'Auteuil pour les
pauvres. Mais il vaut mieux laisser passer cela...»

Jeunesse des Écoles, jeunesse autrefois jeune, qui poussait
de ses deux mains battantes le style à la gloire, jeunesse
tombée à l'enthousiasme du plat bon sens ! Jeunesse comptable
et coupable des succès de Ponsard ! (1)

2 février.

Histoire, — racontée par le baron de Brockhausen, son parent
— du colonel de Couët, mis en disponibilité par le maréchal
Randon au lieu d'être nommé général. Furieux, se rappelle qu'autrefois dans la guerre d'Espagne, Randon, alors son inférieur, lui
a vendu un cheval mauvais, au su de Randon, cheval qui le soir
même a étendu mort son palefrenier d'un coup de pied. Il écrit à
Randon une lettre de sottises, l'appelle *Jean-foutre* et lui dit qu'il
lui envoie un coup de pied dans sa lettre, lui disant du reste que
cette vieille affaire n'est qu'une occasion qu'il s'empresse de saisir
et que s'il n'est pas un lâche, il viendra lui demander satisfaction.
Randon ne souffle mot. Autre lettre, où il lui promet de le déshonorer. Randon lui fait un procès en diffamation.

Pendant le procès, Couët occupant trois secrétaires, à dix
francs par jour et nourris. Condamné à quatre mois de prison et
cinq mille francs d'amende, — réduits par la naissance du petit à
deux mois, puis à un mois de prison, qu'il finit par faire sur parole
à Bellevue, et de cinq mille à mille francs d'amende. Mais celle-ci,
Couët, ne veut pas la payer, dit qu'il n'a pas d'argent, qu'il veut
être saisi, pour faire des affiches grandes comme un mur, où tout
Paris lira : *Vente après saisie, à la poursuite de M. le Maréchal Randon,
des meubles de M. le colonel de Couët,* comptant racheter ses meubles :

(1) La plupart des pièces de Ponsard avaient été jouées à l'Odéon et applaudies
par le public du Quartier Latin : les étudiants hostiles au régime savaient gré à Ponsard
d'avoir démissionné en 1852 de son poste de bibliothécaire du Sénat, d'avoir en 1853
flétri dans L'HONNEUR ET L'ARGENT les ralliés et les profiteurs du régime et enfin,
dans son discours de réception à l'Académie en 1855, d'avoir fait un courageux éloge
de Lamartine et de Victor Hugo.

il a eu quarante-cinq mille livres de rentes, dont il lui reste vingt ou trente.

Alors, commencent une carrière, une monomanie, une idée et une vengeance fixes. Aidé de son valet de chambre Blondelu, son sbire, organise à grands frais une véritable police pour rechercher tout le passé de Randon, tout ce à quoi il tient, et surtout sur sa femme, qui a plu à Metz et qu'on croit vertueuse. Découvre, flaire, évente, dépiste, et par toutes les voies, allant retrouver les vieux domestiques, suivant de trace en trace, arrive à apprendre qu'un monsieur Suin, frère de l'amiral Suin, avait une fille dans une ville du Nord, fille baisée par les officiers, puis emmenée par son oncle l'amiral à Paris. L'amiral la baise dans un petit hôtel de la rue de Provence, — et si bien que l'été, les fenêtres ouvertes, les domestiques et les femmes de chambre de la maison d'en face voient l'amiral caresser le derrière de sa nièce avant de baiser et crient : « Tirez les rideaux, la pièce est jouée ! » La fille devient grosse, est mise aux Néothermes par l'amiral. Quand elle commence à être grosse, on veut la marier; mais le futur évente une grossesse. L'amiral augmente la dot et va jusqu'à 750.000 francs. Le mariage ne se fait pas, la fille disparaît. Randon accepte la maîtresse de l'amiral pour 750.000 francs. Le colonel suit la trace de la fille. A neuf ans, il la perd. Il cherche et la retrouve aujourd'hui âgée de dix-sept ans, chez une portière, à Chaillot.

Tous ces faits prouvés par attestations de concierges, dépositions de domestiques, toutes authentifications du scandale et pièces probantes. Crie l'histoire partout, la raconte, la trompette à ses deux cercles, Ganaches et Cercle des Chemins de fer. Dit : « Enfin, j'aurai fait une action morale dans ma vie, je forcerai ce cochon de Randon à reprendre sa fille. » Ou encore : « Moi, je ne suis pas une vertu, j'enfile tout ce que je trouve, ce qui me convient, moyennant finance ! Mais je ne baise pas ma nièce »

Ne pense, ne vit que pour cette affaire. Blondelu gagné à cet intérêt. Perpétuellement, Couët s'écrie : « Blondelu, il faudrait aller demain relever à la mairie l'acte de naissance de la petite. Vous prendrez Joséphine, — la cuisinière, — le concierge. » (1) Aussitôt qu'une visite vient, raconte toute l'affaire, lit les lettres

---

(1) Add. éd. : *s'écrie.*

qu'il écrit perpétuellement aux ministres, à l'Empereur, dont il est ancien compagnon de noce, à tout le monde, sur Randon. Mais M. de Fénelon, aide-de-camp de l'Empereur, ayant épousé la fille de Randon, nulle lettre n'arrive ! « Blondelu, apportez-moi la lettre n° 480, carton de février — Voici, mon colonel. » Il a pris pour cuisinière une ancienne domestique du père Suin. Grand homme de soixante-dix ans, fort, énorme, les yeux écrasant de fixité, noceur encore, bonne table, cigares, etc.

6 février.

La Justice à deux degrés, chose stupide et discréditante ! Il faut que la Justice soit infaillible comme le Pape. — Voir ces jours-ci, pour l'affaire Hachette, un jugement de cour royale qui contredit complètement un jugement de première instance (1). C'est la plus terrible preuve que les juges sont des hommes et qu'il y a des justices, non la Justice.

Une femme qui n'a pas le sentiment de la musique et un homme qui l'a sont deux êtres incomplets.

L'âme de la femme, sans emploi, rabâche et rumine.

8 février.

Une jeune fille, Blanche, a eu la plus fraîche, la plus fine et la plus poétique idée. Elle a eu un reliquaire de gants, les gants qu'elle portait quand elle a donné la main à une personne qu'elle aimait.

Louis me dit :

« Je suis en train de découvrir des documents sur Boucher (2).
— Ah ! Comment ?

---

(1) Le général duc de Saint-Simon, qui se prétendait seul propriétaire des Mémoires de son ancêtre, et l'éditeur Hachette, avec qui il avait traité, attaquaient l'éditeur Barba, qui avait lancé une nouvelle édition de l'œuvre de Saint-Simon. Le tribunal de première instance avait rejeté la plainte; au contraire, la 1re Chambre de la Cour Impériale de Paris condamna Barba, le 3 fév. 1857, à payer 20.000 frs. au duc et 50.000 frs. à Hachette à titre de dommages-intérêts.

(2) Add. éd. : *de découvrir*.

— Par sa petite-fille.

— Tu la connais ?

— Non, c'est chez Mme Dailly... J'ai rencontré un médecin qui la soigne pour des maladies, tu sais... et à qui elle a donné deux pastels de Boucher, trouvés dans la maison où il est mort, à Château-Thierry... C'est une femme galante. »

La petite fille de Boucher putain ! Comme c'était dans le sang !

9 février.

Souper au quai de la Tournelle avec des dentistes, des étudiants qui passent des examens pour d'autres, et une femme grêlée, appelée la Cigale. Pouthier ivre et drôle. La femme chante, il dit : « Ça me donne vingt ans de moins et trois cheveux de plus. » Et encore : « Je n'ai pleuré qu'une fois dans ma vie, à l'enterrement du Maréchal Ney. » Parle nègre à la fin (grand caractère pour nos SOUPERS) : *Moi, zéphyr, petite fleur, nuage ; moi rien ! toi...* etc.

Voici un symptôme inouï de notre temps. Mme Le Hon a été très affligée du mariage de M. de Morny. Elle a pleuré, elle a fait mettre à son petit salon des carreaux en verre bleu : un jour demi-deuil. Les larmes passées, elle a assemblé les gens de son conseil et leur a dit : « Messieurs, je suis très triste du mariage de monsieur de Morny, mais ce n'est pas de cela dont il s'agit. Nous étions associés, monsieur de Morny et moi... Monsieur de Morny n'a pas toujours été riche, il est entré dans l'association sans y apporter d'argent. C'est moi qui ai fait ses premiers fonds; par conséquent, je dois entrer pour moitié dans les bénéfices... Monsieur de Morny m'a bien donné un million pour marier ma fille; mais un million,... vous comprenez que les bénéfices de notre société n'ont pas été d'un million ! Il faut par conséquent que monsieur de Morny me fasse le rapport de ce qu'il reste me devoir dans ses bénéfices. » Puis est allée trouver l'Empereur et a obtenu qu'on ferait cracher à M. de Morny quelques millions.

Mme Roger, — ci-devant Alexandrine, qui a épousé Roger le chanteur, — Mme Roger, de la rue Louis-le-Grand, en ce règne des robes d'une façon de cinq cents à mille francs, Mme Roger occupe trois cents ouvrières, a des salons quadrillés d'or, — de vraies cages dorées, — des essayeuses vêtues de soie; et d'un crayon indolent, indique sur un carnet les retouches et les corrections à apporter à la robe qu'on essaye. C'est elle qui dit magnifiquement d'une robe de trois cents francs : « Madame, c'est pour une jeune personne ? Une toilette de tulle ! »

L'abbé Châtel est mort ces jours-ci, sans bruit. Cet homme avait eu la singulière idée de vouloir que l'homme qui prie comprît ce qu'il dit. Mais le latin, c'est-à-dire l'inintelligible pour la masse, c'est l'arche sainte de la foi, c'est le *parapharagaramus* des escamoteurs.

16 février.

Il faut bien peu de pudeur à un homme et à une femme pour baiser sans être ivres.

18 février.

Il y a très peu de vertus naturelles. Beaucoup de vertus sont impossibles au peuple. Au-dessous de deux mille livres de rentes, il n'existe pas certains sens moraux. Il faut du loisir pour aimer ses enfants. Il n'y a que très peu de mères dans la classe ouvrière. Mille sentiments s'acquièrent : l'amour platonique, — l'idée autour d'une robe et d'un sourire, — par exemple, n'existe pas au-dessous de ce qu'on appelle le monde.

19 février.

On a tort de regarder les peintres comme des gens du monde. C'est une exception. Les peintres sont des ouvriers qui restent ouvriers, avec ce levain d'envie, — qu'ils tournent en blague, — qu'ont les ouvriers contre les classes hautes. Prudhomme est un manifeste. Même, ils affectent la voyouterie, l'arsouillerie, le vin du peuple, pour être plus peuple et mieux, contre les gens qui ont des gants. Il y a un socialisme non formulé, non de théorie, mais de mœurs et de penchants, un socialisme latent et se terrant parfaitement, une guerre à la priorité, à l'habit, à l'éducation et jusqu'aux manières. Cette guerre, vous la retrouvez, moindre, mais encore vivace, dans les gens de lettres: dans les gens de lettres de café et de brasserie qui sont une puissance plus considérable qu'on ne

319

croit, une camaraderie parfaitement organisée, tenant en main les petits journaux et les égratignures à tous les talents qui se séparent d'eux et ne boivent pas de chope en public.

Il n'y a plus de société, du moment qu'il n'y a plus de castes, du moment que 89 a désappris le respect des inégalités sociales. L'envie, la maladie incurable de l'humanité, qui croît avec l'intelligence développée, règne et gouverne et est tout près de pousser le monde à l'absurde et au laid... Le pape et le bourreau? (1) Peut-être...

20 février.

Dîner Millaud : événement et symptôme (2). L'opinion publique publiquement bâillonnée de truffes; la fusion de Commerson et du duc de Saint-Simon. Plutus, maintenant, a le courage de son cuisinier.

Trois classes de gens dans le monde présent. En haut, chevaliers d'industrie, régnant, — au milieu, les épiciers domptés, — en bas, le peuple qui, un beau jour, fera une bouchée de cette belle société.

Dans LA JEUNE BOURGEOISIE, mettre le caractère moral de Pouthier, personnification en blague de l'irrespect des fils et du bafouement de la famille : la muselière (3).

Mettre, comme caractère fort et arrivant à tout, jeune homme avec trois croix achetées et un comté acheté en Italie.

(1) Formule célèbre, qui résume les doctrines du PAPE et des SOIRÉES DE SAINT-PÉTERSBOURG, où Joseph de Maistre rêve d'un gouvernement théocratique appuyé sur la toute-puissance du Pape et où il exalte le rôle du bourreau : l'homme étant radicalement perverti, le châtiment est sa loi d'expiation et de contrainte et le bourreau doit être « la pierre angulaire » de la société.

(2) Cf. t. I, p. 232, n° 2. Cette fête de 1857 comportait un dîner de 150 couverts : y figuraient deux anciens ministres, un général, 12 banquiers, tous les directeurs de théâtre, une grande partie de la presse, Villemessant, Lamartine, Gautier, Houssaye. Il fut suivi d'un concert donné à 800 invités, où des airs d'opéra alternaient avec des chansons populaires de Berthelier.

(3) Cf. t. I , p. 306.

Je regarde mon salon où il y a tant de clous, tant d'or et tant d'argent. A peine en dix ans peut-on faire un panneau. Je me console avec ceci, que je n'ai jamais rien vu de complet. J'ai vu des palais, des galeries, des appartements de millionnaires : rien n'était au paroxysme de décoration et d'arrangement, rien ne m'a étonné. Une des seules merveilles décoratives du monde, la galerie d'Apollon : voûte admirable est déparée par la forme droite des fenêtres et des portes et les arabesques multicolores d'un détestable goût.

Rencontré le fils Dunoyer partant pour la Grèce, lequel enverra des lettres qui seront publiées dans les DÉBATS et la REVUE DES DEUX-MONDES. — C'est une chose étonnante que, depuis que l'hérédité n'existe plus en droit, elle existe d'une façon terrible et étonnante en fait, avec des excès et des privilèges exorbitants, inconnus de l'Ancien Régime. Et chose encore plus étrange, ce n'est plus les privilèges d'une hérédité de sang, c'est l'hérédité monstrueuse du mérite personnel, le bénéfice de la place acquise par le père (1). Comptez les fils, de Dumas fils à Deburau fils, parvenus derrière leurs pères arrivés.

M. Antoine Passy nous conte qu'il a vendu une croix d'honneur : un monsieur a proposé de donner deux millions aux hospices, les a donnés, l'a eue.

22 février.

L'autre dimanche, il y avait tant de voitures au Bois de Boulogne qu'on les a fait revenir par la contre-allée, au lieu de l'avenue de l'Impératrice. — Tout le monde aujourd'hui a voiture. Singulière société, où tout le monde gagne ou se ruine. Jamais le *paraître* n'a été si impérieux, si gouvernant, si perdant un peuple et le démoralisant. Le Camp du Drap d'Or est dépassé par les femmes, qui portent sur leur dos pis que des métairies. C'en est venu à un tel point que nombre de magasins, — les *Montagnes Russes* — ouvrent des crédits à leurs clientes, qui ne paient plus que l'intérêt de leurs achats. Un beau jour, demain peut-être, sera organisé un

---

(1) Rayé depuis *le bénéfice*.

Grand-Livre de la Dette de la toilette publique. — Un fait entre mille : Mme de Turgot, femme du ministre, dont la fille a épousé M. Dubois de l'Estang, a tiré 30.000 francs de son gendre pour la corbeille de noce, avec lesquels elle a acquitté ses dettes de couturière. Voilà le beau train du monde !

Nuée de petits journaux et de figarotinades. C'est la descente de la Courtille des lettres (1). Il me tombe une feuille où Hugo est déclaré sans talent, les livres de Balzac jonchés sous le triomphe de Champfleury. Puis des insultes et des engueulements, de la critique de professeurs de chausson... Tout cela, au reste, est encouragé par le gouvernement qui, s'il poursuit les œuvres sérieuses et les hommes qui respectent leur conscience littéraire, est enchanté de voir la littérature se manger le nez en famille et laver son linge sale en public. C'est autant de pris sur l'ennemi : l'Idée.

1er mars.

Jusqu'à présent, tout ce que nous avons voulu, nous l'avons eu. Les belles choses que nous aimions allaient de 50 à 500 francs, les folies étaient convenables et à notre portée. Tout cela est fini. La manie des objets d'art a gagné les millions... Bonsoir !

A la vente de Richard Hertford, ruiné à la Bourse, deux groupes de Clodion, que nous guignions avec un billet de mille francs : 5.525 francs ! Il y a trois ans, nous avons manqué à 314 un délicieux et capital Clodion, les MOISSONNEURS, — à 314 !... A la vente Montebello, M. Thiers a raflé tous les laques, jetant les boîtes à des prix de 500 francs et un petit cabinet de laque grand comme la main, un joujou, un bijou, pour lequel j'aurais donné un de ses ministères, à 2.045 francs.

---

(1)   La Courtille, située à Belleville, rue du Faubourg-du-Temple, était un quartier suburbain de guinguettes et de bosquets. Les deux cabarets de Ramponneau et de Denoyez en étaient le centre. Le Mercredi des Cendres, les voitures de masques, qui étaient allés dans la nuit y fêter le Carnaval, en redescendaient à l'aube par le faubourg du Temple. Cette descente, — conduite sous Louis-Philippe par lord Seymour, d'Alton-Shée, Romieu, — se faisait au milieu des lazzi et des grossièretés échangés entre les masques et les spectateurs de la rue. La Révolution de 1848 marqua le déclin de cette coutume.

ANNÉE *1857*

Été à l'ARTISTE : Gautier, Blanc et nous.

Blanc reproche, avec des coups d'encensoir, à Gautier de mettre tout au premier plan dans ses articles, de ne pas laisser de repos, ni de parties plates, de tout faire étinceler.

Gautier : « Voyez-vous, je suis malheureux ! Tout me paraît plat. Mes articles les plus colorés, je trouve ça gris, papier brouillard ; je fous du rouge, du jaune, de l'or, je barbouille comme un enragé, et jamais ça ne me semble coloré. Et je suis très malheureux parce qu'avec cela, en art, j'adore la ligne et Ingres. » De là, sur les Anciens. Moi :

« Je voudrais bien avoir votre opinion sur Molière et le MISANTHROPE.

— C'est emmerdant parce que j'ai l'air d'une vieille culotte de peau romantique ; mais le MISANTHROPE, ça me semble infect. Je vous parle très franchement. C'est écrit comme un cochon !

— Oh ! fait Blanc.

— Non, Molière, je ne le sens pas du tout. Il y a dans ses pièces un gros bon sens carré, ignoble. Oh ! je le connais bien, je l'ai étudié. Je me suis rempli de sa pièce typique, le COCU IMAGI-NAIRE ; et pour essayer si j'avais bien l'instrument en bouche, j'ai fait une petite pièce, le TRICORNE ENCHANTÉ. Eh bien, l'intrigue n'est rien, mais la langue, le vers, c'est beaucoup plus fort que Molière.

— Pour moi, Molière, c'est Prudhomme écrivant des pièces.

— Oui, c'est cela, Prudhomme…

— Oh ! le MISANTHROPE ! dit Blanc et il se voile la tête.

— Le MISANTHROPE, pour moi, dit Gautier, est une ordure. Je dois vous dire d'abord que je suis organisé d'une certaine façon : l'homme m'est parfaitement égal. Dans les drames, quand le père frotte sa fille retrouvée contre les boutons de son gilet, cela m'est absolument indifférent, je ne vois que le pli de la robe de la fille. Je suis une nature *subjective*.

— Diable ! dit Edmond, vous êtes bien mal organisé pour votre métier de critique.

— Oh ! le MISANTHROPE ! dit Blanc, voilé.

— Moi, je vous dit ce que je sens. Après ça, ces choses-là, du diable si je les écrirais ! Il ne faut pas diminuer le nombre des chefs-d'œuvre. Mais le MISANTHROPE… Mes petites filles me tourmentaient pour aller au spectacle : « Je vous y mènerai — Dans un beau théâtre, Papa ? — Dans un beau théâtre. » Je les ai menées au Misanthrope... Non, Molière, comme vous dites, c'est Prudhomme ! »

6 mars.

Été chez les Passy.

Il y a en ce moment à Paris 68 beaux partis. Ils sont cotés au cercle d'Edgar, rue Royale (1).

Toujours mystère Blanche (2).

7 mars.

Le matin, vient le grand marchand anglais de dessins, Mayor, petit bonhomme à cheveux blancs, l'œil vif. Montre de deux de nos cartons. Offre sur le champ le double du prix d'acquisition de toute la collection.

Alphonse, à dîner, chez moi, me raconte que M. Home, célèbre évocateur d'esprits, Américain à Paris, est appelé l'autre jour chez l'Empereur. Première expérience : l'Impératrice tenant une sonnette, l'Empereur au bout de la table. La sonnette s'échappe des mains de l'Impératrice et va, en marchant sur la table, dans la main de l'Empereur. — 2°) La pendule allait sonner onze heures, l'Empereur dit : « Je veux qu'elle sonne trois heures. » M. Home met la main sur un ornement de la pendule. La pendule sonne trois heures. — 3°) M. Home dit : « Le tapis de cette table va remuer, comme agité par une main ». Le tapis s'agite. L'Empereur met la main dessus, se sent pris par une main, la dégage vivement, lève de l'autre le tapis : rien. L'Impératrice dit que c'était assez. — Ressemblance Marie-Antoinette et le comte de Saint-Germain.

(1) Edgar Passy, fils d'Hippolyte Passy. — Le cercle d'Edgar est le *Club de la rue Royale*, dit *Club des Moutards*, où des jeunes gens du faubourg Saint-Germain avaient recommencé, — avec salle d'armes et gymnastique de salon, — les temps héroïques du *Jockey-Club*. En 1856, il fusionna momentanément avec le *Jockey*, installé boulevard des Italiens, et les deux locaux furent communs; mais en 1857, le *Jockey* émigra rue de Gramont.

(2) Ces trois mots rayés. En 1859, dans la note datée *Gisors, du 6 au 24 septembre*, Jules s'interrogera plus longuement sur ce « mystère de Blanche ».

A donné aussi à une personne de la Cour, qui le demandait, l'impression, dans sa main, de la main de l'enfant impérial.

Chez Mme de Kisseleff, une dame, ancienne maîtresse de Paul Delaroche, a demandé qu'il lui procurât une poignée de main de la personne qu'elle aimerait le plus. Delaroche avait une certaine façon de lui donner la main; elle a tendu la main et s'est trouvée mal.

Ce soir, Scholl nous amène M. Goudall, l'individu qui l'a insulté dans le FIGARO et avec lequel il s'est réconcilié après l'avoir battu, — lequel Goudall nous a logés à Bicêtre pour notre VOITURE DE MASQUES (1). C'est un petit brun, accent méridional, yeux verts, modeste comme un ouvrier gêné dans un salon, et fort commun.

8 *mars*.

Été au Musée. Objets Renaissance. Chose étrange : les puristes de goût, énamourés de Renaissance et tonnant contre le mauvais goût de la Rocaille ! La Rocaille, dans son ordre, aussi nue et aussi pure que l'art grec, comme l'art chinois. La Renaissance, le délire du faux goût et du mauvais goût, des incestes de réminiscences !

16 *mars*.

Publication du premier volume de nos PORTRAITS INTIMES DU XVIIIe SIÈCLE. Barrière, des DÉBATS, nous gronde de dépenser du talent sur de trop petites choses. Il faut au public des corps d'ouvrage solides et compacts, où il revoie des gens qu'il a vus, où il entende des choses qu'il sait déjà: les choses trop peu connues l'effarouchent, les documents tout vierges l'effraient. Une histoire, comme je la comprends, du XVIIIe siècle, dans une longue série de lettres autographes et de documents inédits, servant de prétexte à développer tous les côtés du siècle, une histoire neuve, fine, exquise, sortant de la forme générale des histoires, ne me rapportera pas le quart d'une grosse histoire, où mon plan sera nettement écrit sur le titre et où j'aurai à patauger des pages entières dans des faits connus... Il a dit cela et peut-être a-t-il raison. Idée conçue de MARIE-ANTOINETTE.

(1) Cf. t. I, p. 234, n° 1.

Rencontré Rosa Bonheur à un dîner chez les Passy. Tête d'un petit juif polonais bossu; elle est flanquée de son éternelle amie Nathalie, qui a une tête de Pierrot éreinté, un vieux Deburau auquel il ne manque que le serre-tête noir.

Ma famille paternelle ne me semble pas du tout composée de parents (1). Ce sont de bonnes gens que j'aurai rencontrés en diligence, mais j'ai eu tort de me lier avec eux.

Rose me disait : « J'aurais du goût, allez, si j'étais riche ! »

Dans le monde, nous ne parlons jamais musique, parce que nous ne nous y connaissons pas, et jamais peinture, parce que nous nous y connaissons.

Qu'est-ce qu'un journal? Au premier chef, la vulgarisation du torche-cul.

Le succès plein, entier et complet, de LA FIAMMINA (2) montre que c'est peut-être une défaveur pour écrire que d'être homme de lettres.

Barrière nous raconte que sa mère — son père était bijoutier de la Cour — le mena une fois à la messe à Versailles et que la Reine, au sortir de la messe, lui passa la main sous le menton. Il a encore vu passer Théroigne au 20 Juin : un domestique la lui montra chevauchant, et sa petite cervelle en garda un souvenir pas mal canaille (3).

19 mars.

Scholl est venu nous voir ce matin. La femme qu'il aimait lui a écrit que fatiguée des tyrannies de son amour, son amour à elle

---

(1) Add. éd. : *composée de.*

(2) Drame en 4 actes de Mario Uchard, créé le 12 mars 1857 au Théâtre-Français.

(3) Louis XVI ayant refusé les décrets « brissotins » de la Législative et renvoyé le ministère Roland, le 20 juin 1792, un cortège de mécontents dirigé par le brasseur Santerre et où figurait l'*Amazone de la Liberté*, Théroigne de Méricourt, envahit les Tuileries, sans obtenir d'ailleurs du roi autre chose que de le voir coiffer un bonnet rouge et boire « à la santé de la Nation ».

était mort, bien mort; et pour lui ôter tout espoir, elle lui faisait entendre qu'elle avait pris un autre amant. Le pauvre garçon faisait pitié. Des larmes dans la voix, d'admirables vers écrits sous le coup et tout saignants du coup que son cœur venait de recevoir, — tout cela mêlé et brouillé dans une fureur sourde, qui demandait à grand cris des coups, des batteries, des duels.

C'est une étrange organisation que celle de ce garçon, marié si étroitement au dramatique, que sa vie commence à n'être plus qu'un grand drame, à la manière des aventuriers du XVIe siècle. À tout moment, des émotions à pleines mains, un crucifiement douloureux et incessant de cette organisation nerveuse, qui va, les yeux fermés, à tout ce qui l'agite, lui fait mal, la martyrise, lui enlève toute la tranquillité de la pensée, le sommeil de la nuit.

Pauvre garçon, il a trouvé en deux ans le moyen de se battre deux fois en duel, de donner des coups de bâton à Richard, de faire deux mois de prison à deux reprises différentes, de passer cinq mois en Belgique, — et le voilà qui part encore pour taper ou pour tuer, broyant des menaces et des colères terribles et laissant derrière lui un article au FIGARO, qui va allumer des colères. J'ai peur que tout cela finisse d'une manière tragique.

Les civilisations ne sont pas seulement une transformation des croyances, des habitudes, de l'esprit des peuples; elles sont une transformation des habitudes du corps.

On ne peut admettre que les beaux gestes longs et tranquilles, les larges tombées de plis faits dans les tuniques et les toges par les corps solennels de la vieille Rome, de la belle Grèce se retrouveraient sur nos torses mélancoliques habitués à marcher l'échine voûtée, à se dandiner les bras en anses, à s'affaisser inharmonieusement dans un fauteuil. Comparez maintenant une pause d'éphèbe assis d'une manière théâtrale et ce jeune seigneur crayonné sur une chaise par Cochin. Il est là, assis de face, les jambes écartées, la tête de profil, rejetée un peu en arrière, regardant à droite et tournant le dos à son épaule gauche qui s'efface; le coude gauche appuyé sur son genou et la main montant en l'air et jouant inoccupée; son bras droit court, par une ligne ronde et résolue, sur son genou, où, au revers de la main, son pouce passant. C'est d'un charmant, c'est d'un coquet ! C'est un homme *rocaille*, mais ce n'est plus le même homme que l'éphèbe.

Nous n'avons plus ni la grande ligne de l'antiquité, ni le caprice du XVIIIe siècle. Si nous sommes distingués, nous nous développons d'une manière assez mélancolique dans le drap noir; si nous ne le sommes, c'est très laid et très canaille.

25 mars.

Jules a la jaunisse à la suite d'intolérables douleurs d'estomac.

Pontmartin, homme étrange qui n'a que des jambes. C'est un faux-col posé sur une culotte.

Je ne me rappelle plus bien, mais il me semble qu'il était interne et moi externe. J'étais tout petit et lui plus grand que moi de la tête, élancé et nerveux, avec de gros poignets et de grosses chevilles. Cela est très vague, mais je crois que c'était le lundi, à la classe du matin, une leçon de géographie où nous étions complètement dérobés derrière de grands atlas. Il était Anglais et, je ne sais comment, il savait que j'étais le fils d'un ancien militaire. Et invariablement, tous les lundis, me donnant un coup de pied sous la table, il me disait « Les Français battus à Waterloo ! battus par les Anglais, toujours battus ! » Et ses gros pieds allaient chercher mes petites jambes sous la table; et j'avais les yeux tout pleins de larmes, non des coups de pieds, mais de notre défaite. Et je songeais à des moyens de vengeance, quand tirant quelque chose d'un livre sur lequel il était assis, il m'en passait un morceau. C'était un hareng-saur écrasé sur un morceau de pain d'épice, — et je devenais lâchement son meilleur ami pendant la seconde heure de la classe.

Forgues, l'honnête homme du parti républicain. Comme une glace tout autour de lui : il rend ses causeurs rétractiles comme des sensitives. Et cependant, avec le geste et l'émotion de corps la plus gasconnante ! La glace frite des Chinois (1)...

(1) Cf. t. I, p. 86 : même métaphore, de même que dans Sœur Philomène : « Singulière nature faite de chaud et de froid, qui faisait penser à ce mets des chinois : une glace frite. » (p. 218).

Comment M. Augier eut une voix de plus que M. de Laprade (1). Passy rencontre Nisard et lui demande pour qui il vote : « Mais je n'en sais rien du tout ! Je ne connais pas l'un et guère l'autre. — Il faut voter pour Augier. Laprade est porté par le parti catholique. C'est fait chez la Lenormant. Cela ne vous va pas, ce choix ! C'est le parti politique vraiment qui le porte. — Alors, je voterai pour Augier. »

Dans le monde des hommes de lettres se rencontrent les plus étranges illusions, non pas sur leur propre talent, mais sur la perspicacité du public à deviner les sous-entendus de leur prose, de leur colère, de leur adulation, de leur éreintement (2). Mais de tous, Janin est le plus grand illusionné. Chaque semaine, tous les personnages de l'histoire, depuis la famille des Atrides jusqu'à Rétif de la Bretonne, sont les têtes de Turc, par dessus lesquelles il tape sur ses contemporains ; et il se figure que tout Paris, toute la France, toute l'Europe le comprend et saisit les masques ; et cela, il le croit avec une bonne foi qui désarme.

Dernièrement, à propos d'une pièce sur Benvenuto Cellini, où il avait abîmé l'orfèvre à ne pas en laisser un morceau : « Que vous avait donc fait ce pauvre diable de Cellini ? lui disait un ami. — Il ne faut pas jouer au fin avec moi, lui dit Janin, vous avez bien compris que c'était Bacciochi. »

Il est étrange que la grâce d'un roi entre dans les affaires privées d'une manière qui annule toute justice. Un receveur des finances d'Evreux enlève une femme et l'emmène à l'étranger. Le mari dépose une plainte en adultère. On fait grâce au séducteur et à la femme. Le séducteur refuse un duel avec un seul pistolet chargé. Et voilà le mari chargé de sa justice lui-même ; il le frappera, lui et son fils, partout où il le rencontrera. Le frappé obtient de la

(1) Emile Augier est élu à l'Académie le 31 mars 1857, par 19 voix contre 18 à Victor de Laprade, pour qui le parti religieux, la coalition Guizot-Cousin-Noailles-Montalembert, avait fait campagne.

(2) Texte Ms. : *Dans le monde des lettres se rencontrent les plus étranges illusions, non pas sur son propre talent, mais sur la perspicacité du public à deviner les sous-entendus de leur prose, de leur colère,* etc. L'incohérence des possessifs m'a amené à compléter et à corriger le début de la phrase.

police le droit de porter des armes. Mais le mari le frappera encore et le fera tuer. Je serais curieux de connaître l'opinion du jury, lors de cet homicide.

Penser qu'à l'heure qu'il est, où les papiers se gardent, il n'est pas un homme, grand ou petit, de la littérature, des arts, du théâtre, de la finance, que sais-je, de la politique, qui n'ait, gardés en portefeuilles amis ou ennemis, deux ou trois volumes qui trouveront des éditeurs. Penser aussi qu'il n'est pas un de ces hommes qui n'ait, dans son portefeuille, presque achevé, un volume de mémoires (1). Cela fait frémir pour la mémoire des générations futures. Et c'est la seule chose qui me fait penser à la fin du monde, parce que le jour où la mémoire butera sous les millions de volumes, qu'un ou deux siècles vont lui fabriquer, pourquoi le vieux monde existerait-il encore, puisque le souvenir en serait impossible ?

3 avril.

Quand je prends une tasse de chocolat, je suis à Naples, au Café de l'Europe, au coin de la grande place du Palais (2). Il est midi. Il fait du soleil et je vois le joli garçon frisé et leste qui nous servait. Des musiques militaires éclatent. Les pantalons rouges de la garde montante passent dans les fanfares allant au Palais et je vois au comptoir le gros capucin causant, accoudé, sa grosse corde autour des reins, avec la grosse femme du comptoir, roulant ses yeux diablement noirs.

Lu, dans le bain, un joli vers d'un poète entre Ronsard et Corneille, l'inconnu Pager :

Je crains ce que j'espère (3).

(1) Add. éd. : *il n'est* et *qui.*

(2) Sur le voyage en Italie de 1855-1856, cf. t. I, p. 230, nᵒ 1.

(3) Cf. Les Œuvres Poétiques du sieur Dupin-Pager, Paris, 1630, p. 136, Le Mélancolique, où Pager exprime les souhaits contradictoires de la neurasthénie :

Je demande le jour dedans l'obscurité
Je demande la nuit, quand je voy la clarté,
Je crains ce que j'espère.

6 avril.

Que n'avons-nous écrit, jour par jour, au début de notre carrière, ce rude et horrible débat contre l'anonyme, cette Passion aux stations d'injures, ce public cherché et vous échappant, cet avenir vers lequel nous marchions résignés, mais souvent désespérés, cette lutte de la volonté impatiente et fiévreuse contre le temps et l'ancienneté, un des grands privilèges de la littérature. Point d'amis, pas une relation, tout fermé; de l'argent jeté dans des livres. Cette conspiration du silence si bien organisée contre tous ceux qui commencent et veulent manger au gâteau de la publicité; ces tristesses et ces navrements à rouler pendant des années le rocher de Sisyphe. Cette agonie psychique, monotone et sans événement, écrite sur le moment, serait une page curieuse de notre vie, et instructive; une page que l'on ne retrouve plus dans sa mémoire, parce qu'un peu de succès, l'éditeur arrivé, quelques cents francs gagnés, quelque peu d'encens vous guérissent si vite du passé et l'éloignent si loin ! Misères et blessures d'hier, il suffit d'un rayon d'aujourd'hui pour les cicatriser. Une toute petite ascension vous fait si bien oublier ce long et horrible Golgotha, ces larmes dévorées, tant de douleurs muettes et renfoncées !

7 avril.

J'apprends, — il n'y a que la langue des femmes pour être méchante comme une maladie vénérienne, — j'apprends que la belle-mère d'Eugène (1), Mme du Méril, ce bas-bleu de province, — avec qui, il y a deux ans, nous nous sommes disputés à propos de l'esprit de M. Philarète Chasles, *son ami*, et mal disputés, parce qu'elle manque des deux petites vertus de causerie : l'intelligence et le savoir-vivre, — Mme du Méril, donc, a inventé contre nous une calomnie rare, nouvelle, admirable et qui nous a d'abord étonnés, quoique nous la sachions femme : « Notre affection est une comédie... Quand on vient chez nous, on voit que nous venons de nous disputer... Moi, je suis mené par le nez, *opprimé*, malheureux, mais je n'ose rien dire... » etc., etc.

---

(1) Eugène Le Bas de Courmont, marié en 1854 à Stylite Pontas du Méril.

Ceci ferait croire à la métempsychose : la femme a été vipère. Et ceci prouve seulement que les vraies, solides jusqu'à la mort et immortelles affections, comme la nôtre, font le monde jaloux et que le monde, honteux et rougissant de ses affections jouées et qui ne sont que tirades et dehors, les envie au fond de lui et se venge en ne les pardonnant pas.

7 avril.

Dîner chez Broggi, à côté d'un petit vieillard en cheveux blancs, qui est un des plus grands, un des plus purs, un des plus beaux caractères de ce XIXe siècle vénal et vendu à des appétits ; un homme qui, modestement, dîne à cinquante sous, plus grand qu'un Romain de la vieille Rome, sorti des honneurs après avoir donné, *donné pour rien*, véritablement, — car ces héroïsmes-là, sans bruit et sans réclame et sans public, sont invraisemblables, — donné à la France une collection d'un million, sans vouloir même un traitement pour la garder ; un homme qu'il faut nommer pourtant pour qu'on le devine : M. Sauvageot (1).

Il était en face d'un membre de l'Institut, — causant de son Cercle des Arts : « Je ne sais plus ce que c'est que ces gens-là ; je ne sais plus la langue qu'ils parlent. Non, je ne comprends plus. J'y entre l'autre jour, un monsieur demande : *Qu'est-ce qu'on a fait ?* Et l'autre lui répond : *Six dont un !... Six dont un...* Non, je ne comprends plus rien à cette langue-là. » C'était beau ce mot, ce jugement de l'argot de la Bourse dans la bouche de ce grand désintéressé.

Rose a vu chez la portière la toilette de nuit, — du matin, si vous aimez mieux, — que la Deslions envoie par sa bonne chez un des hommes à qui elle donne une nuit. Elle a, à ce qu'il paraît, une de ces toilettes pour chacun de ses amants, la couleur qu'il aime. C'est une robe de chambre de satin blanc, ouatée et piquée, avec des pantoufles de même couleur, brodées d'or, — une robe de chambre de douze à quinze cents francs, — une chemise en

---

(1) Il donna au Louvre en 1855 sa collection d'objets d'art français, notamment de la Renaissance ; il reçut simplement, en 1856, le titre de conservateur honoraire du Musée.

batiste, garnie de valenciennes, avec des entre-deux de broderie de trois cents francs, un jupon garni de trois volants de dentelles de trois ou quatre cents francs, un total de douze cents francs porté à tous les domiciles qui peuvent la payer.

Il n'y a d'amusant que les arts inférieurs. Une tapisserie de Beauvais est plus amusante qu'un beau tableau; les Debucourt, plus que des Mellan ou je ne sais quelle grave gravure au burin, etc. Meubles de Riesener, porcelaines, etc.

Mlle Delisle, à propos de Mme Lefebvre : « Et comment va Mme Lefebvre? — Mais assez bien. — A propos, est-elle toujours jeune? »

8 avril.

Gavarni vient nous demander à déjeuner. Il a lithographié 96 pierres depuis le 1er janvier : une par jour, sauf deux jours.

11 avril.

Vu Marie. Je me garde bien de lui dire que c'est ma fête demain, parce qu'elle m'aurait demandé un cadeau.

A cinq heures, été à l'ARTISTE : Gautier, Feydeau, Flaubert.

Feydeau, toujours l'enfant dont le premier article vient d'être imprimé; une infatuation, une admiration de soi, une satisfaction et un renflement de si bonne foi et si naïvement insolente qu'elle désarme. Demandant à Gautier, à propos de la première de ses SAISONS, qui paraîtront à chaque solstice: « Trouves-tu que ce soit une perle? Je veux te dédier une perle. »

Grande discussion sur les métaphores. « Ses opinions n'avaient pas à rougir de sa conduite », de Massillon, acquitté par Flaubert et Gautier (1). « Il pratiquait l'équitation, ce piédestal des princes », de Lamartine, condamné sans appel.

---

(1) Littré cite, sous une bizarre référence qui ne m'a conduit nulle part (*Carême, Mélange*) la formule rectifiée de Massillon : « Ses instructions » — en parlant d'un prédicateur — « ne rougissent pas de sa conduite. » — Je n'ai pu localiser la citation de Lamartine.

A la suite de quoi, une terrible discussion sur les assonances, une assonance, au dire de Flaubert, devant être évitée, quand on devrait mettre huit jours à l'éviter... Puis, entre Flaubert et Feydeau, mille recettes de style et de forme agitées ; de petits procédés à la mécanique, emphatiquement et sérieusement exposés ; une discussion puérile et grave, ridicule et solennelle, de façons d'écrire et de règles de bonne prose. Tant d'importance donnée au vêtement de l'idée, à sa couleur et à sa trame, que l'idée n'était plus que comme une patère à accrocher des sonorités et des rayons. Il nous a semblé tomber dans une discussion de grammairiens du Bas-Empire.

Comment n'y a-t-il pas une sonnette dans chaque appartement, que le portier tirerait quand il vous arrive une lettre ? On descendrait un corbillon, comme à Venise ces paniers où l'on met le pain. Le portier y mettrait votre lettre qui remonterait et qu'on aurait immédiatement.

La religion est une partie du sexe de la femme (1).

12 avril.

Il nous tombe dans les bras un parent de province, Alexandre Curt, qui a fermé les yeux de notre père. Quoique parent, il est le bienvenu. Ses malheurs sont horribles parce qu'ils sont simples, domestiques et quotidiens. Sa femme est à peu près folle de dévotion. L'a quitté trois fois pour faire des retraites, est revenue, a commencé contre lui un procès en séparation, l'accusant de mauvais traitements. Lui, à ses retours, l'a reçue et lui a tout pardonné, et toujours parce que, dit-il naïvement, « je suis fonctionnaire public : tu comprends, je ne veux pas d'esclandre... » Il est inspecteur des contributions à 3.000 francs... Femme qui lui fait des scènes toute la journée, qui l'a engagé par sa famille dans des affaires d'étangs, qui lui ont mangé une cinquantaine de mille francs ; en outre, le ruinant journellement en envois de vin et de viande aux Frères de la Doctrine chrétienne. Tellement exaltée, — une chaleur permanente au sommet de la tête, — que son confesseur

(1) Add. 1887 depuis *La religion...*

est obligé de l'apaiser et de l'attiédir; le confesseur intervenant presque tous les huit jours dans le ménage pour être le médiateur et le juge de paix. Insultes de la femme en plein dîner. Sa femme, congréganiste : tout le parti prêtre contre lui, parti terrible, dominant, régnant à Vesoul, où sur 6.000 habitants, 1.000 congréganistes. Un de ses fils, de quatorze ans, dérobé à sa main et mis par sa femme au collège des Jésuites à Nancy, ce qui lui prend 1.200 francs du peu qu'il lui reste. — D'un autre côté, son frère ayant ruiné son père et sa mère, l'ayant fait déshériter, séparé de sa femme, tenant dans un petit village, aux environs de Bar, un petit café avec une fille.

Pauvre garçon, frappé partout ! Il y aurait, de cet enfer mis dans un ménage par une femme dévote, un court roman, étudié sur les lieux, jour à jour, heure à heure, noté comme un journal de maladie, une nouvelle terrible et courte à faire, sans déclamation, avec des faits; du *quinine* du JUIF ERRANT de Sue (1).

13 avril.

Je me rappelle, — dans notre JOURNAL DE WILLE (2), — Wille, pour la convalescence d'un de ses amis, le promenant chez tous les marchands de curiosités de Paris. Pour ma convalescence, d'une crise de foie, comme il va nous tomber 3000 francs du reste de la vente de notre petit terrage de Breuvannes, résolus à les consacrer à l'arrangement complet de notre salon (3).

(1) LE JUIF ERRANT (1845) est un roman essentiellement anticlérical : la famille Rennepont y est en butte aux intrigues de la Compagnie de Jésus, qui lui dispute un immense héritage. Le personnage antipathique par excellence y est le jésuite Rodin.

(2) Le graveur français, d'origine allemande, Jean-Georges Wille a laissé des MÉMOIRES ET JOURNAL..., édités par Georges Duplessis avec une préface des Goncourt (octobre 1857).

(3) Les Goncourt reparleront souvent de leurs fermes et fermiers. J'indique ici, pour ne plus y revenir, l'état de leurs terres.

Leur père, Marc-Pierre Huot de Goncourt, avait reçu en se mariant, comme dot imputable sur la succession de ses parents et du chef de sa mère, Marguerite-Rose Diez, le 27 juin 1821, deux fermes, l'une à Brainville (Hte-Marne), qu'il aliénera en 1826, l'autre à Breuvannes (Hte-Marne). C'est ce « petit terrage » de Breuvannes composé de « terres labourables, prés et chennevière » et cultivé alors par Jean-Baptiste Miellot, que les Goncourt vendent en 1854 à Charles Morlot pour 13.500 fr.

335

Toute cette semaine, battu par tous les marchands de curiosités de Paris, des quais, des boulevards, du Temple, de partout et d'ailleurs encore, à la recherche de cadres Louis XVI, de portières de Beauvais pour aller avec notre emplette de fauteuils, etc. — Aujourd'hui, agité la question de portières des Gobelins de 3.500 francs. C'est étrange et effrayant comme nous commençons à nous habituer et à nous familiariser avec les plus gros prix et les sommes les plus grandement rondes. Allons ! il se fait temps d'arriver et de toucher notre gloire.

15 avril.

La Deslions, ce chameau sur notre palier, comblée d'or par le millionnaire boursier Bianchi, ex-canut de Lyon, et par Lauriston: « Le *lévier* de sa cuisine est noir », nous dit Rose, noir de ses injections de feuilles de noyer.

Comme nous passions près du guichet des Tuileries, au moment où l'Empereur allait sortir, un sergent de ville nous a

---

dont 4.500 comptant et 9.000 payables en 3 annuités : ils viennent donc, en avril 1857, de toucher la dernière de ces annuités.

D'autre part, le 24 déc. 1828, Jean-Antoine Huot de Goncourt et sa femme distribuent leurs biens entre leurs enfants à titre de partage anticipé. La part de Marc-Pierre se compose d'une maison à Breuvannes, de la ferme de Breuvannes donnée en 1821, d'une autre ferme sise aux Gouttes-Basses à Breuvannes et d'une ferme sise à Fresnois (Hte-Marne).

La ferme des Gouttes-Basses faisait partie du domaine de l'abbaye de Morimond. (Les papiers de famille des Goncourt contiennent l'acte de donation — authentique ? — des Gouttes-Basses à l'abbaye, daté de 1150). Vendue en 1791 comme bien national, elle passe des mains de la famille Miellot dans celles de Jean-Antoine Huot, par l'intermédiaire et grâce à un prêt des cousins Rattier, en 1824. Elle était cultivée par la famille Flammarion. En 1833, la terre est partagée en deux lots, dont l'un continue d'être cultivé par les Flammarion, tandis que l'autre est donné en fermage aux Sémard. Antoine Sémard étant mort, le bail passe à son beau-frère Jean-Baptiste Foissey, à qui les Goncourt renouvellent son bail pour 9 ans en 1852. L'ensemble des 2 lots forme, d'après un état dressé en 1848, une terre de 108 hectares 16 ares. Les Goncourt tentent, dès juil. 1862, de la mettre en vente par l'intermédiaire de Me Lambert, notaire à Chaumont. Ils la vendront seulement le 19 juin 1868 et c'est en partie l'argent de cette vente qui leur permettra d'acheter leur maison d'Auteuil.

Enfin, la ferme de Fresnois, achetée par Jean-Antoine en 1812 à Charles Hubert de Clermont-Crèvecœur et passée en 1828 à Marc-Pierre, est cultivée par Nicolas Philippe, puis par Louis Philippe. Le 28 déc. 1857, les Goncourt vendent cette terre de 29 hectares à un marchand de biens de Lamarche, Alexandre Fribourg, pour 34.000 francs.

rudement priés de passer au large, — comme si nous avions à nous deux l'étoffe d'un Brutus ! Nous pensions à des tapisseries de Beauvais. Les objets d'art du passé, leur culte et leur recherche vous détournent peu à peu du présent et du gouvernement qui est. Je ne crois pas qu'un amateur puisse être patriote. Ma patrie, ce sont mes cartons et mon salon. Le foyer paré dégoûte du Forum. Il se fait en vous un égoïsme de la pensée, sur lequel passe, sans que cela vous occupe, le gouvernement qui est. Un peuple artiste est un peuple qui a abdiqué le dévouement; et peut-être qu'elle n'était pas sans logique, la Convention qui abolissait l'art en jetant la France aux frontieres. Aux yeux des économistes et des politiques sensés, le haut point de la vigueur et de la santé d'un peuple doit être son âge brut et iconoclaste. Que si de l'amateur d'art, nous allons à l'artiste, nous trouverons que l'artiste n'a point de foi, encore moins de patrie : l'Art lui est une foi et une patrie suffisantes; l'Idéal, un suffisant dévouement et un suffisant martyre.

En descendant, j'ai vu deux bains à une porte de putain (1). Littérairement, on ferait quelque chose de très imprévu et de très *fantaisie*, d'un homme se mettant dans le bain d'une femme et se faisant rouler ainsi dans sa chambre. — A imaginer le dialogue.

16 avril.

Gavarni vient nous demander à déjeuner. Guilleret, tout à son affaire : en projet, un CHARIVARI par Millaud et Villemessant, Gavarni devant faire les lithographies.

Nous dit : « Quand les femmes vont quelque part, elles apportent de petites machines pour travailler, faire un bout de tapisserie, du crochet, etc. Eh bien, moi, j'ai inventé une petite mécanique fort simple pour trouver des intégrales, que je porte toujours. C'est très commode, je me promène, je sors de chez vous par exemple : crac ! je trouve une intégrale ! Et c'est une jolie chose qu'un homme qui a une jolie collection d'intégrales. On ne sait pas, ça peut se vendre très cher après sa mort... »

---

(1) Rappelons que l'usage, importé d'Allemagne sous la Restauration, s'était établi, à Paris, de bains apportés à domicile par les soins d'un établissement de bains.

Nous parle de ses projets de nouvelles des Pyrénées, de l'attrait qu'ont toujours eu pour lui les trous dans les montagnes, les entrées de cavernes, les cratères au fond desquels dorment la Nuit et l'Inconnu. Bien souvent descendu là dedans, avec un arbre jeté en travers et une corde. A découvert ainsi dans les Pyrénées une magnifique grotte de stalactites, maintenant exploitée et visitée par les étrangers. Faisait alors en huit jours des sépias très pinochées, à la manière de Thiénon, des grottes en *réservant* le blanc des stalactites : « J'étais, dit-il en souriant, de l'école qui réservait les blancs... Une jeune personne est venue, après moi, dessiner ma grotte : elle était d'une école encore plus forte, elle *réservait les marges !* » Et il rit.

Nous parle d'un grand trou sur un plateau, au haut d'une grande montagne, près de Bagnères, le Casque de Lhéris (1), je crois, — un trou qui a toujours excité sa curiosité et son activité de supposition, un trou tout noir : on y jette des pierres, on ne les entend pas tomber. « Comment n'a-t-on pas installé là-haut une machine avec un panier et une corde pour descendre ? Ça en valait la peine ! » Un mystère qui le sollicitait. « C'était une marmite où je voulais faire cuire une nouvelle : je descendais là-dedans et je trouvais un vieux savant qui savait tout, et particulièrement, *prométhifier* les êtres par la résurrection. Son valet était un général romain tué à une bataille de Pharsale quelconque, à qui il avait redonné le mécanisme vital, en ne lui donnant que la dose d'intelligence nécessaire pour nettoyer ses fioles. »

Nous conte qu'il y a deux ans, Villemessant qu'il ne connaissait pas vint chez lui, à Auteuil, et lui proposa ceci : toutes les fois qu'il mettrait dans une légende un des noms dont il lui donnait la liste, en bien ou en mal, il lui donnerait cinquante francs. Villemessant avait imaginé de persuader à des commerçants de se faire faire des réclames en se faisant citer dans une plaisanterie Coquardeau ! (2)

---

(1) Ou plus exactement la Pène de Lhéris (1593 m.). Le Casque se trouve à la base de la Pène de Lhéris, à deux heures de marche de Bagnères de Bigorre : c'est une « paroi menaçante dont l'écho répète, dit-on, jusqu'à treize syllabes ». Le trou de Gavarni doit être, sur la route, près des hauts pâturages du Tillet, le gouffre profond de Haboura.

(2) Juste Coquardeau est un type de bourgeois créé par Gavarni, symbolisant le mari ou l'entreteneur trompé, dans les séries notamment du CARNAVAL de 1841 et des LORETTES.

Gavarni, trouvant la proposition mystérieuse, refusa : « Mais, dit-il naïvement à Villemessant, quel est votre intérêt ? — Oh, mon Dieu ! moi, ne vous inquiétez pas, j'ai passé le traité à cent francs. »

Dans le quartier Poissonnière, Mme Frédérique, tenant un hôtel garni, toujours vêtue en homme, un pantalon de nankin, l'air d'un Prudhomme de Monnier, dénonceuse politique, — et se fâchant quand on l'appelle Madame ; ayant *usé* deux femmes.

Un somnambule, allant visiter le bon Dieu pour une consultation, dit :

« Je le vois. C'est un vieillard avec une barbe blanche... Oh, que c'est beau !

— Eh bien, parlez-lui !

— Otez-moi mes bottines, je ne peux pas parler au bon Dieu en bottines. »

18 avril.

Je voudrais une chambre inondée de soleil ; des meubles tout mangés de soleil, de vieilles tapisseries dont toutes les couleurs seraient comme passées sous des rayons. Là je vivrais avec des idées d'or, le cœur réchauffé, l'esprit bercé et baigné de lumière dans une grande paix chantante et dansante. C'est étrange comme, à mesure qu'on se fait vieux, le soleil vous devient cher et nécessaire, — et l'on meurt en faisant ouvrir la fenêtre, pour qu'il vous ferme les yeux (1).

20 avril.

Une calinotade : « Sont-ils bêtes, ces sauvages ! Ils se regardent à l'envers dans une glace ! »

Lu le mémorandum de sept pages des Archives de Toscane. Les petits États sont susceptibles comme les petits hommes. — Idée pour notre Cour : notes, démarches diplomatiques, le résident

---

(1) Allusion au geste et au mot de Gœthe mourant, faisant ouvrir la fenêtre et demandant : « Plus de lumière ! »

à Paris sens dessus dessous, parce qu'on a dit dans une feuille de chou que la Grande Duchesse avait le bout du nez rouge (1).

Été à la Foire aux pains d'épices, barrière du Trône. Les baraques. Petite fille de sept ans, couronnée de roses, jupe courte, le corps penché sur le bras gauche plié sur la grosse caisse, les jambes croisées, un pied remuant, le bras droit pareillement posé sur l'autre genou et tenant la grosse baguette, qui dort contre la peau de la grosse caisse, encore sonore du *presto* de tout à l'heure. — « Mademoiselle Adèle venue au monde sans chandelle ! » — Tableaux vivants : « La superbe DESCENTE DE CROIX tirée d'après le tableau du célèbre monsieur Rubens. » A la fin, Jésus-Christ se levant de son linceul et saluant le public. — Tom Pouce annoncé : « Tambour-major coupé en huit. » — La mère, en tartan, annonçant sa fille sur la corde, « sans balancier, isolée comme un oiseau sur la branche. » Exercice du *drapeau*, « pour chasser les mouches dans le mois de janvier. » — La fille quêtant : « Allons, Messieurs, c'est mes petits bénéfices. »

21 avril.

Vu Janin, — d'où sortait Ozy. Nous parle de son déménagement, de son chalet de soixante mille francs à Passy. Au plafond de bois, peinture d'ornements par un ami; cheminée magnifique donnée par le prince Demidoff, cheminée où il a fait encastrer des mosaïques de Rome et autres choses de pareil goût. Nous dit que tout est à vendre chez lui; nous lui proposons de lui acheter ses chaises Louis XV de salle à manger; nous les fait six francs : marché conclu, puis se dédit.

Nous parle du Mirecourt, du FIGARO, des insulteurs, etc... Voudrait une société, qui viendrait proposer à tout homme attaqué par Mirecourt de suivre son procès, de fournir l'avocat, de lui éviter tout ennui et toute dépense, société se rattrapant sur les dommages et intérêts.

Tout cela, selon lui et comme c'est notre avis, venant du gouvernement. Tout ce qui est permis est dicté. Et à ce propos,

(1) Rien dans les journaux, ni dans l'ARCHIVIO STORICO ITALIANO de Florence. Écho du mariage de Ferdinand de Toscane et d'Anne-Marie de Saxe (24 nov. 1856) ou du voyage à Mantone du grand-duc, venu saluer l'empereur d'Autriche (mars 1857)?

après la paix d'Amiens, les journaux anglais se remplirent d'attaques contre Bonaparte. Bonaparte le fit rendre au gouvernement anglais par les journaux français. L'ambassadeur d'Angleterre vint s'en plaindre : « Comment ! Mais les journaux anglais ne font que m'attaquer et vous trouvez étonnant... — C'est parfaitement différent. Les journaux français sont sous une censure; par conséquent, tout ce qu'ils disent est approuvé et émane directement du gouvernement. Sous un gouvernement absolu, le gouvernement est responsable de ses journaux. L'Angleterre est un pays libre; la presse y est libre, elle est complètement indépendante du gouvernement et le gouvernement n'en est pas plus responsable que des opinions particulières des citoyens. »

22 avril.

Vu aux Commissaires-Priseurs une collection d'habits du XVIIIᵉ siècle : habits fleur de soufre, gorge de pigeon, pluie de rose, caca dauphin, et couleur *désespoir d'opale* et *ventre de puce en fièvre de lait* (1), — tous avec un tas de petits reflets agréables, gais à l'œil, égrillards, chantants, coquets, joyeux. Le monde, depuis qu'il existe, n'avait jamais eu à s'habiller de noir, à vivre en deuil. C'est le XIXᵉ siècle qui a inventé cela. Il montait et descendait toute la gamme des couleurs, le XVIIIᵉ siècle; il s'habillait de soleil, il s'habillait de printemps, il s'habillait de fleurs, il jouait la vie dans la folie des couleurs. De loin, l'habit riait avant l'homme. — C'est un grand symptôme que le monde est bien vieux et bien triste et que bien des choses sont enterrées.

Idée d'un homme qui aurait une collection des costumes du XVIIIᵉ siècle et des domestiques dont le service unique consisterait à les mettre devant lui et à les porter dans des poses de marquis (2).

Vu, à l'ARTISTE, Blanc, le plus pâteux des bavards, — le critique Prudhomme, au fond : s'indignant fort, au nom du beau sérieux, du prix de 33.000 francs mis aux deux grands Pater de la collection Patureau, les plus beaux Pater du monde.

(1) Add. 1887 depuis *et couleur désespoir d'opale...*
(2) Add. éd. : *des domestiques.*

Vu Saint-Victor, toujours portant la tête comme une épithète neuve, ce demi-joli garçon qui ressemble à un chevrier, hésitant entre le type de Velasquez et le type garçon-coiffeur (1), — la moustache cirée, pincée, le ton sec et cassant, un petit stick en main, daignant parler quelquefois et alors très fatigant par la peine qu'il se donne pour attraper un mot, qu'il n'attrape pas.

1er *mai*.

Été à l'Artiste. Vu Gautier, l'oreille endormie, un doux et épanoui sourire dans l'œil et sur les lèvres; la parole lente; la voix trop petite pour le corps, mal notée et pourtant, avec l'habitude, harmonieuse presque et agréable. Causerie simple, nette, sans surcharge de métaphores, allant à l'idée sans se presser, mais droit; un grand sens et une grande suite dans ce qu'il dit : perçant par-ci par-là, des vues d'une très grande science, qu'il laisse voir sans la montrer; une mémoire étonnante, photographique.

Grands compliments de notre Venise : pour lui le plus fin bouquet des parfums de Venise (2). Et de nous prouver qu'il a tout compris et tout senti dans ce que nous indiquions : nous décrit, par exemple, l'*Osteria della luna*, où elle est, sa couleur, etc... « Mais ce ne sera pas compris. Sur cent personnes qui le liront, à peine deux qui le comprendront ! » Ici, Houssaye et Aubryet enragés contre l'article. « Et cela, nous dit-il, tenant simplement à une chose, c'est que le sens *artiste* manque à une infinité de gens, même à des gens d'esprit. Beaucoup de gens ne voient pas. Par exemple, sur vingt-cinq personnes qui entrent ici, il n'y en a peut-être pas deux qui voient la couleur du papier. Tenez ! voilà Monselet qui entre. Eh bien ! il ne verra pas si cette table est ronde ou carrée... Maintenant, si avec ce sens *artiste*, vous travaillez dans une manière *artiste*, si à l'idée de la forme, vous ajoutez la forme de l'idée, oh ! alors, vous n'êtes plus compris du tout ! » Prenant un petit journal au hasard : « Tenez ! Voilà comme il faut écrire pour être compris... Des nouvelles à la main ! La langue française s'en va positivement. Villemessant a écrit dernièrement à l'Empereur

---

(1) Texte Ms., dans le corps du texte : *ce demi-joli garçon entre le type de Velasquez et le type garçon-coiffeur*, et en marge : *à un chevrier*.

(2) Cf. t. I, p. 230, n° 1 et l'Italie d'hier, 1894, p. 252.

à propos d'une poursuite : « Sire, vous nous laissez persécuter et cependant, nous sommes la littérature de votre règne. » Le mot est vrai... Eh, mon Dieu ! tenez, dans mon ROMAN DE LA MOMIE, on me dit aussi qu'on ne comprend pas ; et pourtant, je me crois l'homme le plus platement clair du monde... Parce que je mets *pschent* ou *calarisis*... Mais enfin, je ne peux pas mettre : « Le *pschent* est comme ci, est comme ça. » Il faut que le lecteur sache ce que disent les mots... Mais ça m'est bien égal ! Critiques et louanges me louent et m'abîment sans comprendre un mot de ce que je suis. Toute ma valeur, ils n'ont jamais parlé de cela, c'est que je suis un homme *pour qui le monde visible existe*. »

Léonidas, à qui son père avait recommandé, venant être étudiant à Paris, de ne pas baiser sa tante, nous conte les Dumanoir, l'instituteur Pouchard baisant Mᵐᵉ Dumanoir et très ami du mari, élevant le fils, qui va être majeur et, s'étant aperçu de tout, dit qu'aussitôt sa majorité, il s'engagera et viendra brûler la cervelle de Pouchard.

2 mai.

Il y a encore dans les cafés des gens qui s'intéressent aux naufragés de la *Méduse* (1)...

3 mai.

Déjeuné chez Asseline avec E. Ciceri, le décorateur (2), véritable ouvrier, tête brune, barbu, gros traits, des compliments de parasite, — et sa maîtresse, Mᵐᵉ de C*** qui, après une attente d'une demi-heure sort impudemment de sa chambre. Les femmes n'ont pas de pudeur.

Mᵐᵉ de C*** : trente-quatre ou trente-cinq ans, petite, grêlée sur la figure, les traits fins et résolus, les yeux à volonté durs et caressants (3). Bien faite, commençant à avoir peur de la

(1) Le naufrage de la frégate la *Méduse* remontait au 2 juillet 1816.

(2) Entre les deux fils du grand décorateur Pierre-Charles Cicéri, Ernest et Eugène, tous deux plus connus par leurs lithographies et leurs aquarelles, il est difficile de dire qui est le décorateur : nous penchons pour Eugène, qui débuta au Salon de 1851 et décora la salle de spectacle du Mans.

(3) Son nom ne paraîtra que dans la note du 5 juin 1857 : encore y est-il si peu lisible — *Cumont, Curnont, Cumoni ?* — que nous avons dû nous contenter partout de l'initiale.

graisse, le sang à la tête après le vin pur qu'elle boit. Le je ne sais quoi et l'accent créole, qui fait les *a* brefs et la petite tonalité stridente qui enlève et relève la fin d'un mot, ainsi que l'adoucissement un peu nègre des *r*.

Tout d'abord les craintes de la femme contre sa position, les hommes qui parlent contre vous le dos tourné : « Enfin, comment vous y prenez-vous, Messieurs ? Je voudrais vous entendre attaquer une femme... » etc. Causerie sur la pendaison future de la crémaillère. Curiosité de ce qu'on y fera. « Non, je sais, nous les femmes, nous vous gênons pour dire des folies... Je voudrais voir comment ça se passe quand vous êtes entre hommes. Voyons, faites comme si je n'y étais pas... » etc. — Causerie sur l'Italie ; au milieu, amenée à dire :

« Il y a trois choses dont il ne faut pas me parler, parce que j'ai mes idées là-dessus : la religion, la politique et l'amour.

— Pardon, Madame, en Italie, la religion...

— Oh ! Monsieur, ne m'en parlez pas ! J'ai perdu bien des illusions à Rome, cela m'a fait bien de la peine. Nous étions à la Minerve, où les ecclésiastiques descendent. Un vendredi, il en vient un : « Y a-t-il du maigre ? — Non, Monsieur, il n'y a que du canard. — Oh ! le caneton est maigre ! Moi, je ne savais pas que le caneton fût maigre... Oui, je savais, la sarcelle, la macreuse mais le caneton ! »

Des dispenses pour le maigre, etc...

« C'est comme à Venise ! Moi, qui avais été élevée à prier, dans mes prières, pour mon roi, quand je l'ai vu en loge à la Fenice, avec un col à la Colin, gros et riant beaucoup... N'avoir pas même la convenance de son deuil ! » (1) Puis : « Êtes-vous musiciens, Messieurs ? (2)

— Non, Madame... (*explication*).

---

(1) La *Fenice* (le Phénix), entre la place Saint-Marc et le Grand Canal, campo San-Fantino, le plus grand théâtre de Venise, construit de 1789 à 1791. L'empereur d'Autriche, François-Joseph Ier, y assiste à un spectacle, le 25 nov. 1856, au cours de son voyage en Vénétie. Il avait perdu une fille, Sophie, en bas âge en 1855. Le roi de Piémont, Victor-Emmanuel, a perdu en 1855 sa mère, sa femme et son frère le duc de Gênes ; aucun séjour officiel à Venise en 1856-1857.

(2) Passage obscur et peu lisible dans le Ms. : *Puis sur les ongles* (?) *légitimistes.* « *Êtes-vous musiciens, Messieurs* ?

— Moi, j'aime toute la musique; je m'arrête à écouter un orgue... »

Asseline, qui a été un peu respirer à la fenêtre : paradoxe contre la musique.

« Vous ne pensez pas cela. Vous m'avez écrit une lettre,... vous ne vous en souvenez pas ?

— La musique que vous faites est différente, mais la musique en général... »

Nous rencontrons, au café Durand, Crettet et Baroche, un beau blond amenant deux putains caparaçonnées à dîner. Crettet, fils d'un entrepreneur, d'un plâtrier : 20.000 livres de rentes, trois enfants, père allant chercher le vin à la cave, toute la famille se saignant pour l'enfant prodigue. Empruntant à tous ses amis, couchant avec les femmes à deux cents francs; amis s'éloignant peu à peu : « Je ne peux plus le voir, c'est trop cher ! »

A Monaco, on demande un bifteck :
« Il n'y en a plus.
— Comment ?
— Oui, la Cour a tout pris ce matin.
— Comment, vous n'avez pas de pain frais ?
— La Cour a tout pris le pain frais. »

Asseline s'informe, voulant acheter une maison, quelles sont les formalités et les garanties, s'il y a une loi :
« Certainement ! nous avons un Code !
— Ah ! très bien ! Je vais l'acheter.
— Monsieur, il est chez le Receveur.
— Comment ?
— Oui, Monsieur, il est à la main. »

Oublié, dans la causerie de la maîtresse d'Asseline, grande discussion : 1°) si les femmes mènent les hommes, la maîtresse combattant, comme *pro domo sua*, notre opinion, qui est que *oui*, puis se repliant — 2°) s'il est heureux pour un homme d'être mené par une femme, ce à quoi nous concédons à peu près.

Louis est venu nous voir ce matin, nous apprendre le grand article de Sainte-Beuve sur MADAME BOVARY, empressé comme un ami qui vient vous apprendre un petit embêtement. S'est longuement étendu sur l'importance d'un pareil article; et n'ayant pas le tact assez fin pour comprendre que nous avions parfaitement compris et que le coup avait parfaitement porté, a fini par nous dire en appuyant : « C'est un article comme j'aurais voulu vous en voir un » (1).

J'ai remarqué que notre parasite Pouthier, quand le dîner n'est pas bon, refuse de boire afin de n'être pas gai et de ne pas nous amuser. Il ne se grise pas, pour nous punir.

4 mai.

Été le soir chez Louis, qui voulait me présenter à notre ancien camarade de rhétorique, Prévost-Paradol, un garçon qui a le torse aux genoux, un **grand** nez, des favoris, un col rabattu (2). Présentations : se lève, **veut** bien me dire quelques mots des études que doit nécessiter le détail des mœurs et se rassied. Il reste collé toute la soirée, deux heures, à la conversation des vieux, n'ouvrant pas la bouche, raide sur sa chaise, sérieux comme un doctrinaire qui boit. — Évidemment un garçon qui arrivera, mais c'est dur !

(1) Un des plus célèbres articles de Sainte-Beuve, paru dans le MONITEUR du 4 mai 1857 et reproduit au t. XIII des LUNDIS. Saluant la maîtrise de Flaubert, qui « a fait d'un bout à l'autre ce qu'il a voulu », Sainte-Beuve reconnaissait en MADAME BOVARY ces « signes littéraires nouveaux, science, esprit d'observation, maturité force, un peu de dureté » qui apparaissaient alors chez presque tous « les chefs de file des générations nouvelles » et il terminait par le mot fameux : « Anatomistes et physiologistes, je vous retrouve partout. »

(2) Ces précisions physiques (aggravées dans l'éd. de 1887 : ...*un nez de comique, des favoris d'homme grave*) et le reste du portrait, lorsque le JOURNAL parut en feuilleton, provoquèrent une lettre de Ludovic Halévy, ami de Prévost-Paradol, qu'Edmond reproduisit dans une note dès la 1re édit. du JOURNAL :
A propos de ce croqueton de M. Prévost-Paradol, i'ai reçu la lettre suivante de M. Ludovic Halévy:

« *Monsieur,*
« *Prévost-Paradol, écrivain, vous appartient: mais je n'ai pu lire, sans étonnement et sans tristesse, ces lignes signées de vous sur la* longueur de son torse *et sur son* nez *de*

Je suppose que M. Hippolyte Passy a dû dire en le quittant :
« Garçon très remarquable ! Il écoute avec une profondeur... »

5 mai.

Ce soir, Scholl vient. Depuis quelque temps, il m'ennuie. Il
tombe comme un drame dans votre vie, comme un trouble-calme.
C'est une aventure chronique. D'ailleurs peu à peu, nos sympathies
sont tombées par mille petites choses. Il croit au Petit Journal, à
l'opinion publique de Dinochau, des brasseries, prête des chemises
à Bataille; pour arriver, pense qu'une poignée de main de Villemessant vaut une bonne page. Notre tenue littéraire, au-dessus
de tous ces bas-lieux et cette basse littérature, contraire en tout
à la sienne, nous a éloignés. Oui, encore, Scholl a contre nous
certaines reconnaissances qui le gênent : non seulement argent,
mais accueil, services, dévouement même, quand il était si petit
garçon et si timide. Il a encore contre nous notre calme, notre
simplicité, notre absence de pose qui le déroutent, l'ennuient,
l'inquiètent. Ajoutez les jalousies tombées en lui goutte à goutte :
notre intérieur, notre nom, notre entrée à l'ARTISTE, des réclames
de gens à qui nous n'avons jamais prêté cent sous. Le milieu
malsain où il vit, de choses, d'idées, d'hommes et d'événements, —
sa vie l'a changé : il s'est aigri, enfiévré, c'est un ami *tourné*. Le
physique même a subi le moral : sa petite tête s'est décharnée en

comique. *Permettez-moi de vous dire que je ne me serais jamais attendu de votre part à de
pareils procédés de critique.*

*« Il me semblait que vous étiez de ceux à qui la mémoire de mon ami ne pouvait inspirer
que des sentiments de respect et d'émotion.*

« Recevez, Monsieur, l'assurance de ma considération,

« LUDOVIC HALÉVY.
« Mercredi, 22 septembre 86. »

*A la réception de cette lettre, mon premier mouvement a été d'enlever la note sur ces
lignes amies qui me semblaient dictées par un sentiment pareil que j'éprouverais à sentir la
mémoire de mon frère égratignée ; mais, en réfléchissant, j'ai trouvé la prétention énorme, et j'ai
pensé qu'il n'y aurait plus de mémoires possibles, s'il n'était pas permis au faiseur de mémoires
de faire les portraits physiques des gens qu'il dépeint, d'après son optique personnelle — qu'elle
soit juste ou injuste.*

*Du reste, que M. Ludovic Halévy le sache, la petite antipathie inspirée à mon frère,
par M. Prévost-Paradol, est plus générale qu'il ne le croit, et il n'a, pour s'en convaincre, qu'à
prendre connaissance du terrible article, publié sur l'écrivain des* DÉBATS, *par M. Barbey
d'Aurevilly, dans le* MUSÉE DES ANTIQUES. (Cf. *loc. cit.,* 1884, p. 209-220).

tête de hyène; je ne sais quoi de fauve, de méchant, de pointu et d'aigu y est venu. — En sorte qu'il a pris un très bon moyen d'ami qui ne vous aime plus et qui va vous détester : « J'ai rencontré Un Tel, il m'a dit que vous n'aviez aucun talent... J'ai entendu causer de vous : on vous a démolis », etc.

Donc, il vient, mystérieux, un peu gêné. Nous parle en l'air d'une société de gens de tous états se réunissant pour arriver : hommes de lettres, peintres, sculpteurs, médecins, prêtres mêmes, formant à une dizaine une Sainte-Vehme de la réclame, tous liés par leur intérêt commun (1). Se monte pour nous monter, voit l'association tenant théâtres, journaux, opinion publique. Précise le fait et le personnalise. Arrive à nous dire qu'en entrant là, plus d'amis, mais les intérêts seuls de l'association. Bref, au fond et sous les paroles voilées, nous menace de son inimitié et de l'association, si nous n'y entrons pas. Nous, dès le principe, très froids, versant de l'eau sur cet échauffement romanesque, ne reconnaissant de profitable association que les coteries et non les sociétés secrètes... A la fin : « Entrez-y toujours; si ça ne réussit pas, eh bien ! vous pourrez toujours en faire un roman...»

Au fond, voilà les enseignements des succès modernes : la jeunesse, au lieu de tendre à conquérir l'opinion, veut la filouter; au lieu d'arriver à être connue, se faire trompetter; au lieu de travailler et de produire, s'imposer par les relations; faire son chemin, en un mot, *per fas et nefas*, comme on *fait* un foulard.

Oh ! il y a des jeunes gens très forts ! About se promenant avec Philoxène Boyer dans un foyer, regardant sa boutonnière : « Comment ! vous ne la portez pas ? — Quoi ? — Mais la décoration... — Je ne l'ai pas. — Comment? »

12 *mai.*

La curieuse chose et l'infiniment petite que la première idée d'une œuvre littéraire. Quand je pense que nos deux volumes in-8º de l'Histoire de la Société française pendant la Révolution

---

(1) La Sainte-Vehme authentique fut en Allemagne un tribunal secret, que la tradition fait remonter à Charlemagne, qui dura jusqu'au XVIe siècle et dont les dures sentences suppléaient aux lacunes de la justice féodale.

ET LE DIRECTOIRE étaient ceci dans notre pensée au premier jour : HISTOIRE DU PLAISIR SOUS LA TERREUR, un petit volume à 50 centimes. Puis le volume à 50 centimes devint, grossissant, grandissant, s'élevant, un volume Charpentier à 3 francs. Puis il fit craquer ce format et devint un in-8°. Puis son sujet, une histoire interne, complète de la Révolution, — et du même coup, deux volumes in-8°.

Gautier, — le styliste à l'habit rouge, pour le bourgeois : le plus étonnant bon sens des choses littéraires, le jugement le plus sain, une lucidité terrible jaillissant en petites phrases toutes simples, sur une voix qui est comme une caresse estompée. Cet homme, au premier abord fermé et comme enseveli au fond de lui-même, a décidément un grand charme et est sympathique au plus haut degré. Il dit que, quand il a voulu faire quelque chose de bien, il l'a toujours commencé en vers, parce qu'il y a toujours une incertitude sur la forme de la prose, tandis qu'un vers, quand il est bon, est une chose frappée comme une médaille ; mais que les exigences de la vie, de bien des nouvelles commencées en vers, ont fait des nouvelles en prose.

Musset est mort, une des originalités les moins vraies, le talent le plus transpercé de l'originalité de Shakespeare, de Byron et même de Joachim du Bellay, dont il n'a pas dédaigné de plagier toute une pièce de vers (Préface du SPECTACLE DANS UN FAUTEUIL) (1).

Les gens qui travaillent leur forme en ce siècle ne sont pas heureux. Vraiment à voir l'hostilité du public pour le style travaillé, le style de toutes les œuvres qui sont restées, on dirait que le public n'a jamais lu un livre ancien, qu'il se figure sérieusement que toutes les œuvres d'imagination ont été écrites par M. Dumas et toute l'Histoire par M. Thiers. Le public semble vouloir lire comme il dort, sans une fatigue, sans un effort et sa haine semble tourner à la fureur de l'ignorance.

(1) Les Goncourt songent au passage célèbre de l'INVOCATION adressée au Tyrol et qui ouvre LA COUPE ET LES LÈVRES : « Salut, terre de glace, amante des nuages », et d'autre part au sonnet de du Bellay, *France mère des arts*. (REGRETS, IX).

« Je donnerais bien dix sous pour savoir ce qui arrivera après la mort. — On voit bien que tu ne sais pas le prix de l'argent ! » « Gringalet, qu'est-ce que vous pensez de l'immortalité de l'âme ? » Gringalet ronfle.

Il y a une dizaine de jours, Beauvoir, à l'Artiste, avec les pantoufles de la goutte aux pieds. Son premier mot, — il y a un an que nous nous sommes vus : « Je vous lisais cette nuit. » Ce mot est tout Beauvoir.

Monsieur Bovary, au lieu de Madame Bovary, le seul bon livre qu'a fait et que fera Champfleury : l'intérêt transporté de la femme au mari. — La femme, moins délicate, au fond, que l'homme. Par exemple, mari avec nos goûts, blessé par sa femme ne comprenant point les dessins de Watteau, ni les cadres Louis XVI (1).

Vu Scholl; il nous conte son joli mot à Lespès : « J'ai failli plusieurs fois devenir millionnaire... — Oui, vous n'avez que failli. »

Merveilleuse révélation sur Baschet, ayant tenté de tous les moyens et de tous ses amis pour entrer chez Mme de Girardin : enfin, un jour qu'elle attendait son dentiste, Baschet entre comme dentiste...

On ne conçoit que dans le silence et comme dans le sommeil et le repos de l'activité morale. Les émotions sont contraires à la

(1) *Au lieu de MADAME BOVARY* : rayé. — A quel roman de Champfleury les Goncourt songent-ils ? Aux Bourgeois de Molinchart (1855), dont la parenté de thème avec Madame Bovary (l'adultère en province) a un instant inquiété Flaubert ? Mais Creton du Coche, le mari trompé, y est encore plus ridicule que Charles Bovary ! Seules, Les Aventures de Mademoiselle Mariette (1853) correspondent *grosso modo* à la définition des Goncourt : Champfleury y oppose la grossièreté de goûts de l'infidèle Mariette à la délicatesse sans cesse blessée de Gérard. Peu importe que Mariette soit une concubine et non une épouse légitime : le couple Gérard-Mariette a fourni aux auteurs de Charles Demailly et de Manette Salomon le prototype de ces mésalliances de goûts, où l'homme, journaliste comme Gérard et Demailly ou peintre comme Coriolis, est victime d'une femme séduisante, mais sans culture et sans tact, actrice comme Marthe Demailly ou modèle d'atelier, comme Mariette ou Manette.

gestation des œuvres. Ceux qui imaginent ne doivent pas vivre. Il faut des jours réguliers, calmes, un état bourgeois de tout l'être, un recueillement *bonnet de coton* pour mettre au jour du grand, du tourmenté, du nerveux, du passionné, du dramatique. Les gens qui se dépensent par trop dans leurs passions ou dans le mouvement nerveux ne feront pas d'œuvres et auront épuisé leur vie à vivre.

Vendre des hommes, ça déshonore un peu; — des femmes, tout à fait.

Lundi, 18 mai.

Des voleurs : des *envieux* de grand chemin.

Brasserie des Martyrs, une taverne et une caverne de tous les grands hommes sans nom, de tous les bohèmes du petit journalisme. Atmosphère lourde, ennuyeuse, ignoble de nouvelles à la main. — Point une idée, point un parti, point un drapeau agité ! Tous candidats au FIGARO avec une histoire d'homme qui pète dans son bain ou de la circoncision du fils de Pereire. Le carottage de la pièce de cent sous au bout de toutes les conversations. Un sérieux à se trier les uns les autres en *littéraires* et *non littéraires* ! Là, tous les génies du rien, les grands personnages de la feuille de chou, les vétérans du CORSAIRE, les jeunes du TRIBOULET (1), tous ces gagne-deniers, tous ces journaliers qui vivent dans les boues de la presse, ces maquereaux du scandale honteux, ces écrémeurs de bidets de filles osant parler en juges d'un livre, tous ces jaloux qui n'ont pas le droit de l'être, plus galeux et plus rogues qu'un grand homme; coterie malsaine de l'impuissance et du rien, goujats qui sur ces tables de bois de la Brasserie, autour d'une canette, parlent d'eux et se content leurs petites affaires, tout entiers à se carotter les uns aux autres un écu neuf ou une vieille

(1) Sur le CORSAIRE, cf. t. I, p. 85, n° 1. Le TRIBOULET, « journal critique et satirique », apparut le 13 janv. 1856, selon F. Maillard, le 7 mars 1857, selon Hatin, reprenant un titre passagèrement utilisé en 1843 et 1847. Il groupait les noms obscurs d'A. Morand, E. Muller, Raymond-Signouret et Barrillot. « Chaque numéro du journal débutait par une vigoureuse *triboulade* ». Le 2 mai, il s'annexe le DIOGÈNE, mais s'attire bientôt la rancune de l'actrice Fargueil. Le jour même où les Goncourt en parlent, il devient le RABELAIS, auquel Baudelaire collabora et qui succomba sous les poursuites au bout de 70 numéros.

351

idée, pendant que ceux qu'ils insultent luttent, se battent, meurent ou vivent et tentent, avec le travail, dans le recueillement et une solitude entourée des piailleries de ces drôles, la Fortune et l'Avenir de leur muse.

Murger, leur seul homme, a encore les deux pieds là dedans; il parle à tous ces gens, les apprécie, lit le peu qu'ils font et s'attable avec eux comme en une patrie de son esprit, crapuleux nid d'habitude et de préférence.

19 mai.

Le soir, été voir Banville. Nous le trouvons au lit, un lit de fer; maladie de cœur venant de l'estomac, à ce que dit Pétroz, l'homéopathe qui le soigne. — Petit bonnet de peintre sur le sommet de la tête, sa figure maigre là-dessous, assis sur son séant; je ne sais quel air de Pierrot, d'improvisateur de la Foire, riant et faisant rire de ses misères et des misères humaines, une moquerie qui ressemble à une arlequinade perpétuelle, avec une voix de fausset doucement aiguë. Sa maîtresse, *Monstre Vert*, le visage tout griffé d'une explication avec une bonne.

Baudelaire, descendant de chez une fille, rencontre sur l'escalier Sainte-Beuve. Baudelaire : « Ah ! je sais où vous allez ! » Sainte-Beuve : « Et moi, d'où vous venez ! Mais, tenez, j'aime mieux aller causer. » Vont dans un café. Sainte-Beuve : « Voyez-vous, ce qui me dégoûte des philosophes, de Cousin et des autres, ce qui me les rend odieux, c'est qu'ils ne font que parler de l'immortalité de l'âme et du bon Dieu. Ils savent bien qu'il n'existe pas d'immortalité d'âme, ni de bon Dieu. C'est ignoble ! » Et là-dessus, une tirade sur l'athéisme, — auprès de laquelle la plus effrontée philosophie du XVIIIe siècle : de la Saint-Jean, — s'animant, s'emportant, prenant Dieu à partie, au point d'arrêter dans le café toutes les parties de domino, ce même Sainte-Beuve qui a fait de Bernis un quasi-père de l'Église ! (1)

(1) Sainte-Beuve a consacré à Bernis 3 articles (28 mars, 4 et 11 avr. 1853; cf. LUNDIS, t. VIII). Dès le premier, il marque les distances entre le poète léger des débuts, *Babet la bo:quetière*, comme on l'appelait, et le cardinal de Bernis, ambassadeur de France à Rome. Mais c'est surtout dans le troisième qu'il vante ces prélats d'Ancien Régime, « entrés un peu légèrement dans leur état », mais qui « deviennent à un moment des hommes d'Église dans la meilleure acception du mot. »

Mercredi, 20 mai.

Mme de C***, la maîtresse d'Asseline, nous conte le supplice de la beauté. Femme qui se lève à six heures et demie, se met à la fenêtre jusqu'à huit heures, bain d'air et rafraîchissement du teint; de huit à neuf, bain, déjeuner et digestion dans une pose étendue, de face, la peau isolée de tout contact.

Imagination de jeunes créoles excitées par les romans de Mme Cottin : avaient baptisé et personnifié tous les bananiers du jardin; adressaient des discours insensés à l'un, qui était pour elles Malek Adhel.

Dîner au Moulin-Rouge. Des carafes frappées, pleines de champagne rosé; des femmes assises au milieu de l'éventail bavant de leurs jupes sur des chaises de paille; des jeunes gens empoussiérés arrivant des courses. Sur les tables vides, un papier avec, écrit au crayon : *retenu.* M. Bardoux, la serviette sous le bras, une tête de forçat marseillais, proposant le *poulet en fritot,* etc. Au fond, sur le fond éclairé des cabinets, des têtes de femmes comme à des loges, du haut en bas, saluant de droite et de gauche quelques-unes de leurs anciennes nuits et quelques-uns de leurs louis d'hier.

Nadar expose hautement le regret qu'il a de ne pouvoir lire MADAME BOVARY, mais on lui a dit que c'était un roman sans moralité. Déploration de la non-moralité des œuvres de Balzac. A propos d'une interruption de moi, Jules, sur : « Qu'est-ce que c'est que la moralité? », tirade sur l'impossibilité de me répondre à moi, né et élevé sous Louis-Philippe, en pleine corruption, puis gâté par le spectacle de ce qui est, des infamies... Nadar s'indigne très haut dans les endroits publics. Long pataugement, à la suite duquel Nadar éprouve le besoin de tirer encore un feu d'artifice en l'honneur des Polonais.

Nadar nous présente un monsieur insignifiant, à qui il impose silence, quand il hasarde un mot sur la littérature : « Tais-toi, tu n'es qu'un homme de Bourse ! » Cet homme est Lefranc, l'un des deux auteurs de l'immortel CHAPEAU DE PAILLE D'ITALIE. Il paraît que c'est un associé de Mirès. Il n'a, dans sa vie privée, de sa pièce, qu'un chapeau de paille. Ce temps est étrange : on vous présente un homme d'affaires, c'est un vaudevilliste. Il y a un mélange d'états incroyable, c'est la confusion des métiers.

Prendre des verres de Madère, regarder passer des calèches, y monter, — plaisirs insipides. A l'homme d'intelligence, des plaisirs d'action et excessifs, l'orgie ; les plaisirs de la contemplation, plaisirs creux et fades. Il lui faut quelque chose qui brutalise ses sens et secoue sa machine physique, condamnée à la passivité, à l'asseoiement pendant de longues heures.

Jeudi, 21 mai.

Création dans une œuvre moderne d'un médecin qui, ressuscitant les traditions charlatanesques du XVIIIe siècle, prendrait la spécialité des débilités, tous les hommes de trente-cinq ans de Paris ; qui aurait étudié assez la chimie et le corps humain pour savoir la dose la plus forte de dépuratif qu'il peut supporter dans un temps donné, un temps court ; qui aurait fait une étude assez grande des choses alimentaires et fortifiantes pour refaire un tempérament et une jeunesse à un corps usé et à des organes en enfance, avec des jus de viande, du bordeaux, etc.

Vu Scholl et Louis. J'ai remarqué que la figure de mes amis s'allonge, quand je leur parle de notre pièce, à peu près comme s'ils me voyaient en main un billet de loterie à qui ils croiraient des chances.

Il faut à des hommes comme nous une femme peu élevée, peu éduquée, qui ne soit que gaîté et esprit naturel, parce que celle-là nous réjouira et nous charmera comme un agréable animal, à qui nous pourrons nous attacher. Mais que si la maîtresse a été frottée d'un peu de monde, d'un peu d'art, d'un peu de littérature et qu'elle veuille parler de plain-pied avec notre pensée et notre conscience du beau, que si elle veut être la compagne et l'associée de notre livre ou de nos goûts, elle devient pour nous insupportable comme un piano faux, — et bien vite un objet d'antipathie.

22 mai.

J'ai lu un livre de 1830, les CONTES DE SAMUEL BACH (1). Comme c'est jeune ! Comme le scepticisme même y est un

(1) Ouvrage de Théophile Ferrières, publié en 1836.

scepticisme de vingt ans ! Comme l'illusion y perce l'ironie ! Comme c'est l'imagination de la vie et non la vie ! Voyez à côté les livres remarquables des jeunes gens depuis 1848 : ils ont l'air d'hommes qui ont vécu, beaucoup vu, tout retenu. Le scepticisme y est mûr et comme formé et bien portant; le scalpel a remplacé le blasphème. Si cela continue, nos enfants naîtront à quarante ans.

Peut-être qu'on n'écrit bien que ce qu'on n'est pas. Les coquins écrivent des livres vertueux, les coureurs de petites filles, des livres de religion, etc.

Qu'est-ce que rapporte en général la Première Communion à l'enfant ? Une montre qui lui sert à *filer* sans danger, quand il est au collège.

23 mai.

L'insipide chose que la campagne et le peu de compagnie que cela tient à une pensée militante ! Cette immobilité, ce calme, ce silence, ces grands arbres avec leurs feuilles repliées comme des pattes de palmipèdes sous la chaleur, cela met en gaîté les femmes, les enfants, les notaires. Mais l'homme de pensée ne s'y trouve-t-il pas mal à l'aise comme devant l'ennemi, comme devant un antagoniste, l'œuvre de Dieu, qui le mangera et fera de l'engrais et de la belle verdure de sa cervelle de penseur, de travailleur, de philosophe ?

Ma maîtresse me racontait qu'elle avait eu une fluxion de poitrine et qu'elle n'avait pas l'argent nécessaire pour acheter le nombre de sangsues nécessaires, commandées pour qu'elle guérît. Elle racontait cela d'une manière très apitoyante. Mais qu'est-ce que cela, auprès des mille souffrances de ceux qui peuvent acheter des sangsues tout à l'aise ? Le tout est de savoir si un homme qui meurt de male-amour, de male-ambition souffre plus qu'un homme qui meurt de faim. Et moi, je le crois bien sincèrement.

A bien étudier la femme, c'est un animal plus raisonnable que l'homme, plus bourgeois, plus sensé, sacrifiant moins à l'imprévu, plus sur les gardes de ses sens, de son cœur, moins victime de l'occasion. — Cette femme me laisse un peu regarder dans son cœur tout nu; c'est une excellente nature, et cependant ses amours ont été plutôt un arrangement moral et financier de sa vie qu'un roman. C'est étonnant, — les hommes semblent mettre cinquante ans à l'apprendre, — comme les femmes regardent leur sexe comme un gagne-pain ! Elles ont beau l'enguirlander de toutes les fleurs imaginables : pour les pauvres, pour les riches, pour celles qui sont élevées, pour celles qui ne le sont pas du tout, leur sexe est une carrière, traversée de quelques aventures, mais bien courtes.

23 mai.

La Revue des Deux Mondes a un style à elle, tout le monde le sait : le style de la Revue des Deux Mondes est l'effort, au commencement de la carrière, de tous les débutants dans cet estimable recueil. Mais pensiez-vous qu'elle eût une ponctuation à elle, une ponctuation « dans le sens de la Revue des Deux Mondes » ? C'est ce qui a été dit et appris à M. Lefèvre-Pontalis lorsqu'on examina son article des Élections anglaises.

C'est étonnant comme on ne juge jamais les femmes aussi bêtes qu'elles sont ! Les hommes, on les juge à la première visite; les plus bêtes des femmes, il en faut au moins deux !

Dubois, amateur d'autographes original, singulier; vieillard sceptique qui vous dit à sa troisième parole : « Monsieur, moi qui vous parle, j'ai passé vingt-cinq ans à jouer, vingt-cinq ans sans me coucher; vingt-cinq ans, le jeu, les femmes, le vin. J'avais une santé à enterrer tout Paris. Maintenant, après mes repas, je suis obligé de me sauver chez moi, parce que je dormirais... Monsieur, je crois à Dieu comme à un boulet de canon, mais la religion catholique et les prêtres ! Dire que le Journal des Débats n'ose être clair là-dessus !... Monsieur, je fais des pièces de théâtre, il y a vingt-cinq ans que j'y travaille. Oh, elles ne seront pas jouées ! Ce n'est pas que si je voulais... J'ai des amis en place, qui les feraient jouer de force. Mais je ne travaille pas dans le genre d'à présent. Deux hommes, Corneille et Molière ! Racine, un crétin ! Monsieur, je suis bien malheureux, je suis découragé... Si je demande un conseil à ma femme, rien : elle lit Madame Bovary !

Quant à mon fils, qui vient d'être reçu avocat, je suis sûr qu'il ne pourrait pas dire le titre de quatre pièces de Molière. »

27 mai.

Idée, à propos de Pouthier qui n'est plus amusant, d'une insertion dans les PETITES AFFICHES : « A céder un parasite qui a servi ».

Les livres dits sérieux me paraissent les plus oiseux et les plus futiles du monde. Il n'y a de sérieux pour moi que l'art ou la science dans les solutions possibles et dans le domaine palpable. Le reste est vain. Tous ces mots, toutes ces grandes phrases sur Dieu, l'humanité, etc., tous les livres de philosophie, tous les manuels de la science morale; la philosophie qui vous dit : « Je vais vous expliquer le phénomène de la pensée »; toutes ces niaiseries ambitieuses qui commentent l'inconnu, la vie future, Dieu, — tout cela, ce ne sont pour moi que des hypothèses vides, amplifications qui mènent les gens à l'Institut et qui ne mènent qu'à des mots la pensée de l'homme.

Dans nos QUATRE SOUPERS, mettre le caractère d'un jeune homme :

LA FEMME. — Ah ça ! à quoi penses-tu ?

— Moi ? je pense que tu vas me carotter d'un louis ou de dix, etc.

A faire, une parade, une mêlée, une salade de tous les esprits, à trois personnages. Un banquier, un homme de lettres, une putain : l'argent, l'esprit et l'amour.

28 mai.

Notre pièce va être finie, et nous nous disons, — un château en Espagne, — que si elle nous apportait de l'argent, beaucoup d'argent, nous nous amuserions à blaguer l'argent, à le fouler aux pieds, à en rire, à en faire abus, à le jeter et à le faire rouler dans l'absurde, ce dieu de tant de gens. Nous qui ne croyons pas qu'avec l'argent, nous pourrions nous procurer ni une jouissance, ni un sens, ni un bonheur, ni un plaisir de plus, nous userions de l'argent expérimentalement; nous ferions des folies de dépenses entre quatre murs pour rien, pour essayer notre originalité et la légèreté spécifique d'une grosse somme et le soufflet qu'on peut donner aux adorations de la foule et de la plèbe des riches.

Il faut que notre conte de fées soit dans un genre rabelaisien — idéal, l'histoire et la satire ailée, mordante et fantaisiste de tout l'homme du XIXe siècle, depuis la création de son âme avec les ingrédients byroniens, blasée par l'instruction provenant de l'éducation et des révolutions (1), etc., jusqu'à la mort solitaire et sans croyance au chevet, — en passant par toutes les institutions sociales, le baptême, la conscription, le mariage, etc.

31 mai.

C'est prodigieux comme les 97 centièmes d'une population ont la bosse de la vénération et de la servitude pour les opinions de leurs père, grand'père, arrière-grand-père ! Et c'est vraiment admirable comme le collège jette dans la circulation du monde une foule de têtes moutonnières, qui ne se dégageront jamais des admirations qu'il leur a inculquées, ne jugeront jamais par eux-mêmes et ne voudront jamais croire qu'un vivant puisse valoir un mort. C'est ce sentiment fétiche, irréfléchi, irraisonné, absurde, qui a quelque chose de religieux, contre lequel nous tous auteurs, petits ou grands, nous venons nous briser. Et cela, remarquez-le, existe chez les intelligences les plus grandement sceptiques : M. de Talleyrand croyait à Racine. Il y aurait une jolie blague à faire, dans notre conte de fées, de ces espèces de mystères de la littérature, imposés à la foi des générations qui se condamnent à avoir encore des tragédies.

A propos de la Brasserie des Martyrs et d'un duel qui devait y avoir lieu, le commissaire de police disait à Busquet : « Comment ! ce monsieur se bat avec cet homme ? Mais quand on est insulté là, il faut prendre un couteau et tuer l'insulteur, la police ne s'en mêlera pas. » A ce qu'il paraît, ce n'est pas le vrai monde...

(1) Add. éd. : *provenant.*

ANNÉE *1857*

Un joli titre pour des mémoires publiés de son vivant:
SOUVENIRS DE MA VIE MORTE (1).

Ne pas oublier que dans notre conte de fées, il faut faire la
féerie avec la science moderne.

1er *juin.*

Rien ne recommence et l'homme ne peut rien recommencer.
Il ne faut jamais vouloir retourner où l'on fut bien. Les écrevisses
bordelaises étaient aujourd'hui trop poivrées au PIED-DE-MOUTON,
à la Halle (2).

3 juin.

Au bureau de l'ARTISTE, Gaiffe s'amusant à jouer innocemment
au paradoxe : « Vinci n'est qu'un Dubufe consacré par les
siècles. » Puis se met à causer concessions de terrains en Algérie,
protection de Baroche fils, etc., avec un jeune homme très
brun, très jeune, avec des cheveux gris, très vif, l'œil spirituel,
une décoration à la boutonnière, qui dit avoir 14.000 arpents
dans la Sologne. Je l'avais pris pour un homme de Bourse, c'est
Vitu, ci-devant bohème, maintenant commandeur d'Isabelle la
Catholique.

Il paraît que Dubuisson est prodigieuse dans la reprise de
LA CANAILLE (3), en gamin. Grande actrice, une des trois ou quatre

(1) C'est le titre que les Goncourt donneront aux extraits du journal de leur
héros, dans CHARLES DEMAILLY (p. 70), — extraits empruntés à leur propre JOURNAL.
Georges Moore reprendra le même titre pour ses MEMOIRS OF MY DEAD LIFE (Londres,
1906).

(2) Var. et add. 1887. Au *Pied-de-Mouton*, restaurant des Halles, se substitue
le restaurant Maire, situé 18 boulevard Saint-Denis, à l'angle du boulevard de Strasbourg, et qu'Edmond évoque longuement : *Aujourd'hui chez Maire, les écrevisses
bordelaises n'étaient pas réussies... Ah! ce restaurant Maire! aux environs de 1850,... du
temps qu'il était simplement un marchand de vin, et que derrière le comptoir en zinc, il avait
un tout petit cabinet pouvant contenir, les coudes serrés, six personnes. Là, le vieux père Maire,
servait lui-même en personne, et dans de la vraie argenterie, aux gens dont il estimait le goût
culinaire, servait un haricot de mouton aux morilles, un macaroni aux truffes inénarrable: le
tout arrosé de plusieurs bouteilles de ces jolis petits bourgognes, venant de la cave du roi Louis-Philippe, dont il avait acheté la cave presque tout entière.*

(3) Comédie de Dumersan et Dumanoir, créée aux Variétés le 6 avr. 1839.

359

actrices de ce moment-ci : elle est à Déjazet ce que le voyou est au gamin; grande actrice des rôles *flan,* grande diseuse de l'argot.

La femme est l'actrice. Un jour, j'y allais. Elle dînait; un mauvais petit dîner sur une petite table dans son cabinet de toilette; une petite bonne, toute petite. Elle mâchonnait de petits plats, penchée dessus et l'œil mauvais. Elle jouait le soir.

« Vous allez bien ?

— Non, je m'emmerde. Qu'est-ce que tu veux ? Coucher avec moi ?

— Oui.

— As-tu cent francs ?

— Non, j'en ai quarante... quarante et un faisan !

— Eh bien ! viens me prendre au théâtre jeudi. »

L'amour sans phrase, la prostituée sans masque !

4 juin.

Une mère à sa couturière : « Faites-moi toujours une robe noire, j'ai trois fils en Crimée. »

Marie vient ce matin, les yeux gros, la voix étouffée, en deuil, lire une lettre bordée de noir : sa sœur est morte. Les femmes naturellement bavardes deviennent éloquentes sous une passion ou une émotion. Elles trouvent — les sans orthographe comme les bien élevées, les prostituées comme les marquises — des mots, des phrases, des mouvements, l'éternelle étude et l'éternelle envie et l'éternel désespoir de ceux qui tentent d'écrire vrai et d'émotion. C'est un bien terrible argument contre la tragédie que ces douleurs si peu apprêtées, ces larmes et ces mots de source et ce parlage au hasard et à l'aventure du chagrin.

Marie nous conte comment elle s'arrangera pour son deuil. Je ne sais s'il est des douleurs de femme, je parle des plus vraies et des plus vives, où n'entre pas, au premier moment de la douleur, la préoccupation du deuil. Bien peu de douleurs au milieu desquelles la femme ne vous dise pas : « J'ai bien fait de ne pas m'acheter une robe d'été. »

Vu, hôtel Drouot, première vente de photographies. Tout devient noir en ce siècle : la photographie, c'est comme l'habit noir des choses.

En allant à Auteuil, une petite fille dans le wagon, sur les genoux de sa bonne. Elle est de profil. La petite, tondue : les petits cheveux blonds, courts et raides; un petit bout d'oreille avec le trou noir. Un morceau de joue, orbe rebondi et rose; sous le menton, deux petits plis de graisse. Sur la nuque blanche, polie, un petit cordonnet noir qui doit tenir une médaille de Sainte-Vierge sur la poitrine. Une bouffante robe blanche, bleuie à la lessive. Autour du cou, une petite pélerine, un fichu de dentelle anglaise à grandes dents. Un bout de coude nu, sur lequel meurt une toute petite fine chemise, taillée à dents rondes. Sur la jupe, une grosse main rouge et pataude de la bonne.

Jeux d'enfants, rires, frais tableau. — Opposition à un homme, dans le wagon, allant se battre en duel.

A Auteuil, nous trouvons Jean Gavarni très malade; fièvre muqueuse. Le pauvre enfant est là, dans un grand lit, contre la fenêtre ouverte, par laquelle il voit jouer ses petits camarades, — une petite caisse de cerises sur ses pieds, les yeux encore agrandis et bleus par la fièvre, ses pauvres yeux d'enfant malade qui vous reconnaissent et vous parlent et vous sourient comme des petits martyrs, — toute la face verte, l'air d'un beau petit pâtre des Marais Pontins qui va mourir.

A son chevet, Mme Gavarni avec sa tête de médaille bohémienne, pâle, jaune, avec ses grands traits, terrible et belle comme une Guanhumara mère.

Le médecin vient avec Gavarni. Gavarni nous emmène tous trois dîner à son restaurant d'affection et d'habitude, la Poissonnerie Anglaise, où l'on est si mal et où il se trouve si bien, parce que le maître lui raconte toutes les ruses des voleurs de plats d'argent et lui sert un dîner sans qu'il le demande.

Nous causons de Nadar, des utopies polonaises, des aimeurs de peuple et des représentants de l'ouvrier, etc. Gavarni tape là-dessus, nous disant que ces gens ne sont pas du peuple et ne savent pas l'ouvrier, qu'ils n'ont rencontré le peuple qu'au bordel, par hasard. Que lui, le sait et le connaît bien, qu'il a été dans un atelier de mécaniciens, que c'était aussi beau, mais autre que ce que les républicains prêtent au peuple; qu'il y avait dans cet atelier beaucoup d'Allemands et que l'élément allemand y dominait, braves gens qui, s'ils allaient au cabaret, y allaient pour boire simplement une bouteille de vin, mais sans autre ambition ni préoccupation de blague politique.

« Vous feriez une belle chose sur l'ouvrier, vous Gavarni.

— Oui, j'ai essayé de rendre tout ce beau côté dans le Jour de l'an de l'ouvrier (1). »

Voir l'article de Gavarni à Forgues, sur les gants blancs et le peuple (2).

Nous causons peinture, de l'exposition Delaroche où nous avons été hier. Nous en disons ce que nous en pensons, que Delaroche n'avait aucun talent, aucun ! Gavarni nous conte qu'à une exposition, il fut séduit, étant jeune, par la Jane Grey de Delaroche. Quelqu'un, qui avait l'habitude de faire tenir une idée en un mot, lui prit le bras et lui dit : « Plus vous regarderez ceci, plus ça vous embêtera » — et lui montrant la Bataille des Cimbres de Decamps, qui était en face : « Plus vous regarderez cela, plus ça vous amusera. » La plus grande admiration pour Decamps, le seul homme de notre temps qu'il reconnaisse un grand peintre.

Ce médecin, Veyne, un homme, ça ! — Longs cheveux blancs, avec yeux noirs et figure jeune, voix méridionale. — Nous parle, Gavarni sorti, des soirées de la rue Fontaine-Saint-Georges : Balzac, Ourliac étincelant; proverbes charmants, improvisés, comme ces canevas de la Comédie Italienne affichés dans les coulisses; le duc d'Abrantès excellent. Se rappelle un Juif achetant un diamant, qui était une chrysopale (3), — et un bourgeois venant faire faire son portrait chez un peintre, cette charge se terminant, on ne sait pourquoi, par une fabuleuse allocution du maire de

(1) Cf. Maherault, nº 2189 : « Dans un atelier de mécanicien, deux petits garçons viennent souhaiter la bonne année à leur grand'père... » C'est une lithographie isolée, publiée dans l'Illustrated London News.

(2) Cf. Gav., p. 135. Gavarni se vante d'avoir brûlé « un superbe morceau, très-bien pensé et écrit... intitulé La Presse, Lettre a Old Nick », hostile à la liberté de la presse : en fait, cette « lettre ouverte » à Émile Forgues, *alias* Old Nick, datée *décembre* 1842, a paru dans Manières de voir et façons de penser en 1869. (cf. p. 141) : les contacts concrets réconcilient les classes sociales, le « poignet noirci au soleil » et la « main gantée ».

(3) Les dictionnaires ne connaissent que le *chrysocale*, qui imite l'or et non le diamant ! Gav. (p. 129) indique, plus prudemment : « un Juif qui avait acheté un diamant faux. » Moins proches du mot manuscrit, se présenteraient encore la *chrysoprase*, calcédoine vert-pomme, ou la *chrysolithe*, péridot vert-jaune, à l'éclat vitreux.

Strasbourg. Soirées si à la mode que bientôt, obligé de fermer son salon, les banquiers, etc., voulant y venir.

Ce médecin est le médecin de Champfleury, de Courbet, *tutti quanti*. Il a vu, il a soigné toute la Bohème, Nadar, Murger, etc.; il les a guéris de la vérole; il a envoyé leurs maîtresses mourir à l'hôpital. C'est le confesseur de tous ces bohémiens, qui n'ont guère eu d'autres confesseurs. Il les a vus en leurs commencements, en leurs misères, tant de gens qui depuis... Par exemple, sur Vitu. A trois heures, il est appelé dans l'hôtel où presque tous demeuraient, un phalanstère de misère et d'amour. C'était la femme de Vitu qui accouchait. Vitu sorti. Trois heures du matin. Pas un linge ! Fit une espèce d'amas avec des habits pour recevoir l'enfant. Vitu revient, comme il sortait; il pleure pendant une heure comme un veau.

Ami de Sainte-Beuve. Sainte-Beuve se lève à cinq heures du matin; ne sort jamais avant quatre heures, porte fermée. Veut arriver à six mille livres de rentes, va y arriver : belle ambition par sa modestie dans ce temps-ci !

Ami de Labitte, mort à vingt-sept ans, subitement, deux heures après qu'il l'avait quitté travaillant, d'une syncope dans son lit.

Toute cette journée, la maladie, la mort — et un médecin ! Pour sortir un peu de ça, nous entrons chez Blaisot acheter un joli dessin de Lancret, bien gracieux, vivant d'une jolie vie.

5 juin.

Été le soir, fête de nuit Château des Fleurs. — Les filles n'arrivent à être jolies qu'à quarante ans. — Assis à côté d'Asseline, en train de meubler de bois de rose Mme de C*** qui nous dit : « Les femmes du monde sont aussi jolies que ça, et elles ne vous demandent rien... la première fois ! »

6 juin.

Été à Auteuil. Nous voyons les *fumés* des bois de Gavarni, — entre autres, la série du MAGASIN DES ENFANTS (1), possédée par

---

(1) LE MAGASIN DES ENFANTS, *journal des jeunes garçons*, a paru de 1847 à 1848.

Lainé, passage Véro-Dodat, qui n'a pas été publiée, gravée par Gérard : la série que Gavarni estime la mieux gravée par lui. Ces *fumés* arrivent à l'agrément et à l'artistique de l'eau-forte; des finesses inconcevables, une véritable révélation de la gravure sur bois. Bara, Gérard, Lavieille, Louis ont fait là des chefs-d'œuvre, que le tirage ordinaire ne montre pas. Gavarni nous parle du bon temps de ces bois, de ce temps où éditeurs, graveurs, artistes mettaient un certain orgueil à faire quelque chose de propre, l'âge d'or des Curmer et des Hetzel.

Nous parlons des noms de légendes : Gavarni estime très bons les participes passés, par exemple *Mlle Ida Hérissé*, etc.

Gavarni nous parle de Lorentz, véritable cœur d'artiste, qui est venu le voir et ayant trouvé Jean malade d'hémorragie, lui a écrit qu'il avait lu dans un journal qu'on avait transmis du sang à un malade et qu'il lui offre du sien. Il est bon. « C'est fou, dit Gavarni, touché, mais c'est joli. »

A l'intention de faire monter toute son œuvre uniformément et de la donner à la Bibliothèque.

7 juin.

Notre pièce, LES HOMMES DE LETTRES, nous est rapportée de la copie.

8 juin.

Été lire hier au cabinet de lecture un éreintement de Barbey d'Aurevilly, dans le PAYS du 4 juin; c'est un des plus forcenés que nous ayons encore lus. Nous y sommes traités, à propos de nos PORTRAITS INTIMES et de SOPHIE ARNOULD, de *sergents Bertrand de la littérature* (1). Ceci est suffisant à donner la mesure de l'engueulement, qui nous porte un peu sur les nerfs. M. Barbey ne veut plus qu'on parle du XVIIIe siècle, parce que c'est un siècle immoral. Ne pas oublier que M. Barbey est impérialiste; ne pas oublier que l'homme qui nous fait une leçon de moralité, l'homme dont il est impossible d'avoir l'adresse au PAYS à cause de ses

---

(1) Peu après juin 1848, on trouvait dans le cimetière Montparnasse des cadavres de femmes exhumés et mutilés. On découvrit le coupable, le sergent Bertrand, du 74e régiment d'infanterie; il fut condamné le 10 juil. 1849 à un an de prison. — Barbey d'Aurevilly traite donc les Goncourt de vampires de l'Histoire.

créanciers, est un homme qui raconte aux gens qu'il voit pour la seconde fois l'histoire de ses viols : s'adresser à Gavarni. Honneur d'être insulté par l'insulteur de Hugo (1).

Dîner chez Asseline, avec Anna Deslions, Adèle Courtois, une certaine Juliette (2) et sa sœur.

Anna Deslions, ex-maîtresse de Bianchi, la ruineuse de Lauriston : des cheveux noirs opulents, débraillés et magnifiques; des yeux de velours, qui sont comme une chaude caresse quand ils vous regardent; le nez fort, mais fin de ligne; les lèvres minces, la face pleine; — une magnifique tête d'adolescent italien, éclairée d'or par Rembrandt.

Adèle Courtois, une vieille fille quelconque chantée par le FIGARO.

Juliette, un petit pastel blond, frisotté, chiffonné, aux cheveux baignant le front — elle raffole de fronts bas, — un La Tour un peu fou, une blondinette ayant quelque chose du pastel de la Rosalba au Louvre, la FEMME AU SINGE, et tout à la fois de la femme et du singe. Et sa sœur, une petite créature sèche, aux narines remontées; de plus, enceinte, l'apparence d'une araignée au gros ventre (3).

Et pour accompagner la fête au piano, Quidant, un loustic de prostitution à l'esprit si foncièrement parisien, à l'ironie féroce, qui a baptisé Marchal « le peintre des connaissances utiles » (4), — la voix éraillée, patelin, le teint rouge et les yeux bridés.

---

(1) Rayé depuis *S'adresser à Gavarni*. — Barbey d'Aurevilly avait écrit les 19 et 25 juin 1856, dans LE PAYS, contre LES CONTEMPLATIONS, un article qui donnait la mesure de sa critique explosive : « A dater des CONTEMPLATIONS, Hugo n'existe plus. On en doit parler comme d'un mort. » Les sévérités du catholique contre le « panthéisme dissolvant, hébété de métempsycose, » de la BOUCHE D'OMBRE parurent une insulte au père douloureux et au proscrit. D'Aurevilly devait d'ailleurs infliger à l'athlète de Guernesey la plus contrastée des douches écossaises. Après la condamnation sommaire des CONTEMPLATIONS, il se réjouira de voir le poète de la LÉGENDE DES SIÈCLES recommencer « de vivre une vie plus intense que ne l'a été sa jeunesse ». Mais LES MISÉRABLES provoquaient une flambante plaquette rouge, qui valut au critique ce qu'il appelle « sa couronne murale » : l'inscription *Barbey d'Aurevilly idiot !* sur tous les murs de Paris.

(2) Juliette Beau.

(3) Add. 1887 : de *une blondinette* à *et du singe* et depuis *l'apparence...*

(4) Add. 1887 depuis *à l'esprit si foncièrement parisien...* — Allusion au célèbre JOURNAL DES CONNAISSANCES UTILES, lancé par Girardin en 1831.

Ces dames sont toutes en grandes robes blanches, à mille falbalas, décolletées dans le dos en triangle. La conversation, d'abord, entre ces dames, sur les maîtresses de l'Empereur. Un propos de Juliette, disant :

« Giraud fait mon portrait et cette année, il fait le portrait de Mme de Castiglione.

— Ce n'est plus elle, dit Adèle, je le sais de bonne source. Non, c'est la Serrano. Il y a une querelle entre la Castiglione et l'Impératrice... Vous savez le joli petit mot de Constance : « Si je lui avais résisté, j'aurais été impératrice ! »

Juliette, folle, avec des éclats de rire nerveux à propos de bottes, une ironie verveuse et comédienne de passion. Un nom est prononcé, à propos duquel Deslions jette à Juliette :

« Tu sais, cet homme que tu as tant aimé et pour qui tu t'es tuée ?

— Oh ! je me suis tuée trois fois !

— Tu sais bien, Chose... »

Juliette met la main devant ses yeux, comme une personne qui regarde au loin et cligne des yeux pour voir si elle ne voit point venir ce monsieur sur le grand chemin de ses souvenirs. Puis elle dit en éclatant de rire :

« Tiens, c'est comme à Milan, à la Scala, un monsieur qui me faisait des saluts, des saluts... Je me disais : « Je connais cette bouche-là. » Je ne reconnaissais que la bouche !

La Deslions : « Te rappelles-tu quand par la boue, nous avons été voir où s'était pendu Gérard de Nerval ?

— Oui, je crois même que c'est toi qui as payé la voiture. J'ai touché le barreau; c'est ça qui m'a porté bonheur : Adèle, tu sais bien, c'est la semaine suivante... »

Après dîner, Quidant fait sur le piano l'imitation du carillon du coucou auquel manque une note. Les dames valsent. Valse de la blonde et de la brune, Juliette et Anna, toutes blanches dans ce salon de reps rouge. En jouant, Juliette prend entre ses dents la chaîne d'Anna, au bout de laquelle pend une magnifique perle noire, et mordillonne la perle. Mais la perle est vraie, elle ne casse pas.

Au milieu de ce plaisir, un froid glacial, une agression instinctive des femmes, qui rentrent les griffes aussitôt qu'on montre les dents. Toutes ces femmes, par moments, se mettent à parler javanais. Chaque syllabe interlignée par un *va*. Les prisons ont l'argot, les bordels ont le javanais. Elles parlent ça très vite et c'est inintelligible pour les hommes.

9 juin.

Mauvaise nuit. Hésitation entre deux voix. L'une : « Il faudrait peut-être vous battre. » Et l'autre : « Ce serait assez bête, pour la satisfaction d'amis qui ne vous aiment pas. »

Luttes et combats, déchirements intérieurs. Tristesse profonde de voir tant de travail, tant d'efforts, tant de conscience ne rencontrer que l'insulte et des critiques des Halles.

Étonnement de cette colère inouïe et unique contre nous. Les gens qui nous attaquent ne nous attaquent pas, ils nous mangent. Il y a contre nous, je ne sais pourquoi, des inimitiés implacables, furibondes, risquant tout... Il faut que nous ne soyons pas médiocres, pour nous faire, auprès de gens que nous n'avons pas vus, de ces haines à la Veuillot, terribles et déchaînées, qu'aucun autre, à côté de nous, n'a l'honneur d'obtenir.

12 juin.

Jules est repris de ses douleurs de foie et nous craignons un moment une seconde jaunisse (1). On est bien malheureux d'être organisé nerveusement dans ce monde des lettres. Si le public savait à quel prix est acquise une toute petite notoriété et par combien d'insultes, d'outrages, de calomnies, de malaises de l'esprit et du corps, secouant à tous moments notre pauvre machine, il nous plaindrait bien sûrement au lieu de nous envier.

12 juin.

Louis vient, comme nous nous levons. Nous lui contons l'article et notre ennui, et que nous avons failli nous battre. Il ne

(1) Add. 1887, Edmond qui avait omis, en transcrivant le passage du 8 juin de nommer Barbey d'Aurevilly, ajoute ici en note : *A la suite de cet article où nous étions appelés « les sergents Bertrand de l'Histoire ». Je ne nomme pas l'auteur, parce que j'aime beaucoup son talent et sa personne, et que je crois maintenant ce double sentiment partagé par lui à mon égard.*

367

peut s'empêcher de s'épanouir, de sourire et de rire, si fort et si naïvement qu'Edmond est obligé de le rappeler à la pudeur avec un « Il n'y a pas de quoi rire ». Je ne sais s'il est de plus grandes joies que celle d'un ami à qui on apprend ses ennuis.

Murger, à l'absinthe au Divan, nous conte qu'il a vendu toute la propriété de la VIE DE BOHÈME à Lévy 500 francs et que ça lui a déjà rapporté 25.000 francs. Maintenant, vend deux sous l'exemplaire vendu.

Dîner avec Scholl; après quoi, nous propose d'aller voir des ouvrières qu'il a dénichées en en suivant une et où il a mené déjà Murger, Barthet et Monselet.

Faubourg du Temple, grande maison, caserne à deux cents chambres, maison meublée de quatre cents ouvrières, giletières, piqueuses de bottines, peintresses de porcelaine. Au cinquième, au bout d'un boyau noir en labyrinthe, une chambre. Sur un vieux fauteuil droit, une femme assoupie. Au fond, dans un lit, quelque chose comme une femme, qui s'étire à notre entrée. Un suif, sur une armoire, coule sur une bobèche de papier. La femme du lit se lève. Elles ont travaillé jusqu'à onze heures du matin pour livrer gilets. La femme du fauteuil est pelotée par Scholl, qui la croit pucelle. Elle se défend, ensommeillée. Je regarde pendant ce. Deux malles et un carton à chapeaux au chevet du lit, contre la fenêtre; une table ronde au milieu de la chambre; des châles à un porte-manteau; une petite, étroite table de bois blanc pour le travail; deux petits services de porcelaine à vingt-cinq sous; une petite glace à la cheminée. C'est tout.

La femme est levée. Scholl lui donne cinq francs pour aller chercher de quoi faire un punch. La Mulhousienne reste, — la vraie chair à prostitution de l'Alsace, de Mulhouse; une oie qui va au foutoir; pour toute pudeur, une paresse de vache.

L'autre remonte avec un paquet de gâteaux et de l'eau-de-vie. D'une armoire, elle tire une vieille casserole brûlée de vieux punchs et... Vlan ! Entrent deux *blouses* à barbiches et casquettes. Nous croyons à des coups. Ce sont, tout bonnement, les messieurs de ces dames, que la femme a prévenus, en bas, du punch. Celui de ma gauche a servi, il sait se tenir, parle et n'est pas trop gêné de lui : l'armée est décidément la grande école du peuple. Mais l'autre tourne sa casquette comme une chique et ne sait sur quelle fesse s'asseoir. Ils boivent et nous trinquons tous. Une lumière a été posée sur la table, qui éclaire soudain la femme levée du lit : c'est un monstre !

Or, dans cette chambre, au mur, pour tout idéal et pour toute pensée de ces femmes du peuple, pour toute chose de tendresse et d'ornement, d'un côté, au-dessus du lit, un daguerréotype de militaire en capote et en bonnet de police, — et faisant vis-à-vis, une SAINTE FACE coloriée, une VIERGE et un ENFANT JÉSUS coloriés ; dessus, un brin de buis, une petite croix brodée en soie. — Et cette chambrée misérable et puante, l'odeur de ce travail hâté et nocturne et de ces siestes du jour, les flammes du punch éclairant ces mâles et ces femelles crapuleuses, les obscénités dans les bouches se heurtant contre les *cuirs*, ces hommes obséquieux pour boire, des rires pour des *légendes* de punaises, — tout cela me semblait le peuple et toute la femme du peuple, et sa joie et sa foi, un uniforme dans le cœur, un verre tendu aux marlous et un bon Dieu en image par-dessus le tout !

Oui, cela est le peuple, cela est le peuple et je le hais. Dans sa misère, dans ses mains sales, dans les doigts de ses femmes piqués de coups d'aiguille, dans son grabat à punaises, dans sa langue d'argot, dans son orgueil et sa bassesse, dans son travail et sa prostitution ; je le hais dans ses vices tout crus, dans sa prostitution toute nue, dans son bouge plein d'amulettes ! Tout mon moi se soulève contre ces choses qui ne sont pas de mon ordre et contre ces créatures qui ne sont pas de mon sang.

Songez-vous que c'est là, dans ce fond, dans ce ruisseau, dans la mansarde, que se récolte l'armée, — la défense et la garde des sociétés ? Songez-vous que l'armée sera socialiste avant cinquante ans ? Et alors ? Les officiers nobles, qui ont fait faire tant de tirades, n'étaient pas si bêtes : ils mettaient l'armée dans la main de la Société. L'armée est rentrée dans la main du peuple depuis 1789, on le verra un jour !

Et je songe en sortant, toutes mes aristocraties de goût et d'idées en érection, que le gouvernement doit être ici un gouvernement d'habits, une administration de redingotes, un *ergastulum* de blouses, les habits au moyen des redingotes maintenant et pressurant les blouses (1).

---

(1) Rayé depuis *les habits au moyen des redingotes...*

Au sortir de la maison, abordés par un petit maquereau, casquette de cuir verni, galon d'or.

Un mot du peuple : « A quoi penses-tu ? Au chapeau d'Henri IV ? »

Scholl nous conte que les invalides font sécher au soleil sur des bancs leurs mouchoirs mouillés de tabac.

Entré au Café Riche avec Murger, Aubryet, qui s'attable avec Marchal, le peintre si connu comme ami de Dumas fils. Jeune journaliste du Pays, du nom de Claudin, qui n'a de Gaiffe que la raie au milieu de la tête et veut nous éblouir avec le récit d'une reliure, qu'il possède, du relieur de l'Empereur ! Puis Guichardet, le dernier pochard, une rose à la boutonnière, toujours ivre, bredouillant, barbouillant la fin de ses mots et de ses idées et disant qu'il a fait vingt-deux vers dans sa vie : un Beauvoir gâteux.

A Croissy, du 15 juin au 3 juillet.

Chez mon oncle. — Nous nous sauvons à la campagne de la maladie et de la fièvre, pour nous mettre un peu de glace au sang.

Les élections se font ou plutôt se jouent (1)... On vote dans ce petit coin de Brie; 78 paysans vont voter, comme des veaux vont à l'abattoir. Symptôme triste d'une société abaissée ! Il n'y a plus même de partis en France. Légitimistes, orléanistes votent pour l'Empereur... Il n'y a plus de religion politique, plus de convictions... La peur suffit à mener la France ! La peur, voilà tout le cœur de la France de 1857 ! La peur des voleurs et du socialisme, c'est tout le mobile et toute l'âme d'un peuple de

(1) C'était le premier renouvellement du Corps Législatif depuis sa création en 1852. Les élections eurent lieu les 21 et 22 juin 1857. Dans le Siècle, Havin avait fait campagne pour que les républicains se soumettent au serment, afin de pouvoir siéger au Corps Législatif : beaucoup acceptèrent effectivement de se présenter; mais en dépit du nombre de voix obtenues dans les grandes villes et notamment dans l'Est, ils ne parvinrent à faire élire que 5 représentants, tous à Paris : Goudchaux, Cavaignac, Carnot, Emile Ollivier et Darimon. L'année suivante, après les élections complémentaires, le chiffre fut maintenu avec Ollivier, Favre, Picard, Darimon à Paris et Hénon à Lyon : c'est ce groupe historique des Cinq qui allait jusqu'en 1863 représenter au Corps Législatif l'opposition républicaine.

36 millions d'hommes. La France est devenue un immense Harpagon, crispant ses doigts sur ses rentes et ses terres, prêt à subir prétoriens et Caracallas, toutes les hontes, avec la conscience de la honte, pour garder sa bourse. La patrie, ce n'est plus qu'une diligence chargée, effarée, dans un défilé suspect, prête à vendre son âme aux gendarmes... Plus d'ordres, plus de castes; mais une déroute et une débandade où roulent et se broient, comme deux armées en fuite, deux seules sortes d'hommes : ceux-là, les habiles et les oseurs, qui veulent de l'argent *per fas et nefas*, et ceux-là, les honnêtes gens, qui veulent garder le leur à tout prix.

Nous allons voir des voisins de campagne, gens charmants, accueillants, aimables, M. et Mme de Charnacé. — Plus nous allons, plus il nous fatigue de jouer par politesse, sans but, ni intérêt, la fatigante comédie du monde, que tous jouent si naturellement et comme de source. Il y a dans ce jeu de l'amabilité une dépense du *soi-même* physique, pleine de préoccupation et de lassitude. Ce masque du sourire nous pèse et nous contracte les lèvres, la tête et bientôt la parole et la pensée. Les lieux communs nous répugnent tant, que quand nous les abordons, nous les abordons avec répugnance, — et mal. Prendre intérêt, même par le remuement et le jeu de la physionomie, au bruit de paroles, — dont tout le devoir est d'empêcher le silence, — est une attention crispante au bout de peu.

Puis entre nous et ce monde, il y a un monde; notre pensée, vivant d'elle-même dans l'idée et au-dessus des choses, ne sait descendre à ce terre-à-terre de la pensée ordinaire et tout entière puisée aux réalités de la vie et dans le matériel des accidents journaliers. Nous sommes de ce monde où nous allons par les façons de langage, les bottes vernies; et cependant nous y sommes dépaysés et mal à l'aise comme des gens bombardés en une colonie de notre pays, qui n'aurait que ses dehors à notre portée, avec une âme à cent lieues de la nôtre.

Une caractéristique de la noblesse qui reste encore en France, c'est que toute l'histoire et toute l'anecdote y est portée au compte de la famille de celui qui parle. Tout a été fait ou subi — prodigalités ou périls, grandes ou petites actions — par les gens de son sang, père, grand-père, cousin.

Charier, avant la Révolution, berger ; avec quelques économies et l'argent de quelques gens comme lui, à Torcy, marchand de bois de charpenterie, qu'il achetait dans le grand parc. Achat du château à la Révolution : 50.000 francs en argent et assignats. Vente des grilles, plomb, fer, pour 80.000 francs. Vente de la forêt, en reprenant le terrain au bout de cinq ans, ce qui lui donne un bénéfice de 200.000 francs, plus le terrain. Son fils, riche, va dans le monde, épouse la fille sans fortune du général d'Elbée, prend le nom de de Gerson.

Jeune fille qui voit un jeune homme dans la rue, pendant que lui parle son cousin. Le cousin dit au jeune homme qu'il a plu à la jeune fille, à qui il remet, comme venant de lui un cachet dans une boîte, au fond de laquelle elle trouve un billet du jeune homme (1). Au bout de deux ans, passion enflammée : écrit au jeune homme comme si c'était à son cousin, détaille sa famille, sa fortune, — une imagination de jeune fille à la recherche d'une affaire.

Histoire d'un banc d'église : L'ÉGLISE, — autour duquel banc, faire tourner toutes les ironies contre la religion.

Pleignes-Tupigny, touche-à-tout, l'air d'un officier de cavalerie avec un col noir, — et il n'a pas servi !
Charnacé, bon gros homme, anecdotes scandaleuses.

21 juin.

Après la grand'messe : s'il est un Dieu, il n'est pas de plus grand sacrilège qu'un culte.

Alphonse me raconte que quand son père apprit la mort de notre mère, ils étaient tous deux au bain : « Eh bien, dit Alphonse, il faut partir. — Partir ! Comment veux-tu ? Nous arriverons trop tard. Elle ne le saura pas. »

22 juin.

Mauvaise veine. Menace d'esquinancie. La fièvre.

(1) Nous avons dû compléter le texte très elliptique du Ms. : *Le cousin dit au jeune homme qu'il a plu ; remet comme de lui un cachet ; au fond, un billet.*

Mon oncle parle de sa maîtresse après déjeuner. Elle est très paresseuse. Elle se couche de bonne heure. Elle n'a qu'un plaisir, la lecture. Elle lit des romans, de l'histoire, surtout du XVIIe siècle. Elle connaît toutes les femmes du temps de Louis XIV. — Même les maîtresses sont classiques !

J'ai vu un être, — Alphonse — qui pouvait vivre avec lui seul. Chez lui, des bourrasques nerveuses qui le font insociable; un caractère secoué comme de coups d'humeur.

Le coutelier d'Alphonse possède près de Périgueux les ruines d'un château : quatre tours et un donjon. On monte par le roc. Il possède le roc; et en terre arable, rien que la plate-forme, qui produit des giroflées jaunes. « Restaurer? Non. Voyez-vous, le Moyen Age est fini. » A arrangé sa chambre dans le donjon en gothique : tapisseries, lit à baldaquin, poutres saillantes. « Voyez-vous, ces braves gens, je suis leur seigneur. Autrefois, le château avait tout : le moulin, etc. Le château commandait à la rivière. Il faut bien aimer quelque chose; moi, j'aime les ruines. Je me mets sous la garde des anciens seigneurs; il y a le blason en entrant. » La nuit, passe son temps à regarder d'une sorte de guérite au-dessus du donjon. A payé 10.000 francs : Alphonse croit que ç'a été une façon de s'acquitter d'une de ses pratiques insolvables. A deux vues du château inouïes, faites sur les lieux. — Imagination grisée par les romans Moyen Age.

Je suppose le bon Dieu avec un gros trousseau de clefs, — un Bartholo céleste, — un paquet de breloques, avec lesquelles, le soir, il remonte le soleil, la lune, les étoiles, la terre. — Emploi de la journée du bon Dieu.

Une rochée de trois immenses tilleuls, se joignant au pied, entre lesquels file un tilleul plus petit. Sur les vieux troncs, la mousse vert-jaune semble avoir coulé. Une mousse sèche et couleur de vert-de-gris, qu'imitent si bien les naturalistes sous les pieds de leurs animaux empaillés, sourd par plaques sur l'écorce grise, rayée, serrée.

L'immense bouquet de l'arbre, — ses branches énormes et frissonnantes, tremblantes de milliers de petites feuilles rondes, piquées par le bleu du ciel comme avec une aiguille, — tout chargé de fleurs d'un blanc jaune-vert, d'où descend une fine, moelleuse et pénétrante odeur d'un arome caressant et tiède.

Et dans l'arbre immense, incessamment bourdonne une immense musique, emplissant l'oreille du bruit d'un monde au travail, un mugissement doux, bruit qu'endort par moments la brise balançant son murmure à travers les arbres : un bourdonnement continu, un bruissement infini comme le bruit de la mer, des millions de petites chansons balancées aux millions de feuilles des arbres, l'hymne d'une ruche de millions d'abeilles, qui butinent dans l'arbre et l'emplissent de je ne sais quelle voix et de je ne sais quelle vie dodonienne. — Et le chant un peu plus lointain de mille enfants dans une école mutuelle...

Petite fille, — quatre ans,— à qui un monsieur avait l'habitude de baiser la main : aussitôt qu'elle le voyait traverser la cour, montait dans sa chambre et se lavait les mains à la pâte d'amandes, et redescendait quand le monsieur entrait au salon.

Dans dix ans, il y aura des gens qui, pour donner du pain à leurs enfants, annonceront une représentation de suicide.

Cheval de diplomate, qu'on « nourrit de cartes de visite ». — Diplomate, dessert en cire.

Les critiques ne louent que les choses qu'ils trouvent mauvaises et qui réussissent.

Lu à Croissy vie du Maréchal de Richelieu. Comparer les deux amours du XVIIIe siècle : Richelieu et Lauzun, celui-là galant, l'autre romanesque. Ce sont les deux faces du cœur de ce temps. — Quelque chose là-dessus.

Paris, 4 *juillet.*

Pour notre roman, la JEUNE BOURGEOISIE, un caractère de jeune homme fort, ayant vite vu la vie et les hommes, prenant le plus court pour arriver, ayant jugé qu'un seul parti soutient ces hommes, le parti républicain; allant deux ans à Rome et en rapportant une véritable confession du système papal, mettant à jour tout ce que Saint-Simon appelle le *souterrain* (1) et qu'on pourrait appeler à Rome les *catacombes* : immédiatement, homme sérieux, politique, etc.

Nous allons sur les quais renouer avec la vue des curiosités, gravures, etc. Nous entrons chez France, le libraire honnête et légitimiste. Son fils est à Stanislas (2). Au lieu d'avoir, comme son père, un état indépendant et lucratif, lui donnant ses aises et de l'argent assez pour éduquer ses enfants, il sera, ses études faites, lui, fils d'un bouquiniste, très fièrement bureaucrate à 1800 francs.

Le fonctionnarisme, ceci est la plaie; l'instruction, ceci est le malaise moderne. Chaque génération surmonte son ascendante. C'est une crue d'ambitions, de surhaussements, de rougeurs de la boutique ou du métier paternel. Cela fait l'engorgement des surnumérariats, les chutes de rêves, les insurrections d'ambitions malsaines et trop chauffées. Tous étant aptes à tout, la société n'a plus de lit. Ce n'est plus une armée, c'est une bande (3). C'est le même effet que dans le commerce, l'abolition des privilèges : un déchaînement de concurrence.

Le jour, — et nous y allons à grands pas à ce jour, — où toutes les femmes joueront du piano et où tous les hommes sauront lire, le monde finira, pour avoir trop oublié une phrase du testament politique du cardinal de Richelieu : « Ainsi qu'un corps qui aurait des yeux en toutes ses parties serait monstrueux, de même un État le serait, si tous les sujets étaient savants. On y verrait aussi peu d'obéissance que l'orgueil et la présomption y seraient ordinaires. »

L'air de Paris, l'air des lettres et leur tapage et l'ordure de leur monde nous reprennent.

C'est Duplessis, rencontré sous l'Institut, qui nous conte que c'est Mme Colet qui, en marchandant vers à vers, a vendu

---

(1) Saint-Simon, Mémoires, XXXIX, 191 : « La duchesse de Lude... eut recours à un souterrain »

(2) Il s'agit du jeune Anatole France.

(3) Rayé depuis *Ce n'est plus une armée...*

sept sous le vers à sa REVUE ANECDOTIQUE cette boutade rimée de Musset contre l'Académie, — le scandale de l'autre semaine (1).

C'est le FIGARO, — toujours FIGARO, — où Scholl conte l'histoire du PARIS avec les bribes qu'il a ramassées de nos causeries et parle de nous en ami, — c'est-à-dire le moins possible et le moins agréablement qu'il peut.

C'est un volume que j'ouvre à un étalage, LES FLEURS DU MAL de Baudelaire, où je lis : *Gavarni, le poète des chloroses* (2).

Le soir, à Mabille, rencontré Aubryet, un Prudhomme déguisé en paradoxe. Brave garçon au fond, mais fatigant de gestes et d'efforts de causerie. A tout moment, il fait craquer sa cervelle, — se prenant au sérieux pour manger de l'argent dans l'ARTISTE, parlant haut et faisant sonner du cynisme, comme les collégiens font sonner leurs bottes à la porte d'un bordel. Ami de Dieu pour essayer d'être connu de tous ses ennemis. Affichant un fond Lovelace; voulant un appartement à double sortie pour les femmes du monde, — et baisant à dix francs dans des coupés des femmes de louage. Fort enfant, avec beaucoup d'illusions auxquelles il met des masques de satyres, croyant à Mérimée et aux idées musicales. — Ce soir, se lamentant sur ce que les critiques sont traités d'impuissants, fatigué de cette manœuvre de parler des autres pour faire parler de soi et voyant que ce chemin-là est un cul-de-sac, jérémiant à perte de vue là-dessus et triste au fond de ce métier, comme un nègre qui bat la lune dans l'eau.

(1) Cf. REVUE ANECDOTIQUE, 1-15 juin 1857 : UNE SÉANCE A L'ACADÉMIE PAR UN ACADÉMICIEN. Voir le texte complet de cette SATIRE CONTRE L'ACADÉMIE dans les POÉSIES COMPLÈTES, ed. Allem, Pléiade, 1941, p. 569. La pièce, datée du 25 juin 1852 est le récit en quatrains de la séance académique de la veille, où Musset siégeait comme chancelier : la plupart des académiciens y sont ridiculisés l'un après l'autre. Philibert Audebrand attribue la pièce à Roger de Beauvoir, qui l'aurait fait courir sous le nom de Musset. Mais il semble établi que F. Platel l'acheta à Louise Colet et la revendit à Lorédan Larchey, qui l'inséra partiellement dans la REVUE ANECDOTIQUE. Il reste possible, mais non prouvé, — en dépit des affirmations de Paul de Musset, — que la pièce soit de Louise Colet et non de Musset.

(2) LES FLEURS DU MAL, SPLEEN ET IDÉAL, XVIII, L'IDÉAL :
> *Je laisse à Gavarni, poète des chloroses,*
> *Son troupeau gazouillant de beautés d'hôpital.*

Nous allons avec lui au Café Riche, où Marchal lit le RABE-
LAIS(1) et où Lévy, à côté de lui, prend magistralement un sorbet au
rhum, un œillet à la boutonnière. Il est là, le pacha de la Librairie,
daignant sourire, pendant qu'Aubryet le gratte, le déride, lui tape
moralement sur le ventre, fait des cabrioles de phrases, jongle
avec ses plus beaux paradoxes et joue son grand jeu, — le tout à sa
façon, nerveusement, en coupant à tout moment l'air de ses mains
et de ses jambes et comme attrapant des mouches, suant après les
mots qu'il appelle et l'esprit qu'il cherche. Lévy le remercie de l'œil,
à la façon d'un sauteur par lequel un roi se laisserait amuser.

La conversation tombe sur Asseline, qui cherche des chaperons
pour se garer de ses remords, de son petit vol. Décidément je crois
qu'il est prudent de se garer un peu d'Asseline : il a contre lui tous
les jaloux de la fortune. Nous ne pouvons pas le sauver, ni l'abriter
contre tout le monde.

D'Asseline, on fait le tour du bagne inofficiel de la littérature :
Jules Lecomte, — Philarète Chasles que Bertin, dit Lévy, n'a
jamais voulu renvoyer des DÉBATS, mais qu'il a toujours consigné
dans son antichambre, — Méry, chassé de tous les cercles de Paris
pour tricher au jeu, — Vitu, son élève, à ce qu'il paraît, etc... Je
crois que Lévy aurait pu ajouter à la liste déjà longue : il souriait
dans sa barbe avec le sourire d'un préfet de police. Mais le confesseur des hommes de lettres a été discret.

Vient un petit bonhomme, un petit Bischoffsheim, tenant
à des banquiers de Naples, petit bonhomme sans âge, laid comme
un Kalmouk, un Allemand et un Juif, dont le rôle est d'être volé
par Janin dans des trocs de livres et de monter dans les carrosses
de Lévy. — Puis Claudin, courriériste de Paris quelconque, qui
sort de chez Béranger, dont il est le filleul et qui n'est pas encore
mort, — raie au milieu de la tête et crédule comme un public,
quoique journaliste. Nous conte sur Mogador, que quand il
vivait au Quartier Latin, la journée chez Bullier avec des amis,
Mogador arrivait en disant : « Qu'est-ce qui me paie un bifteck ?
Je reste avec lui jusqu'à demain matin. » Puis je ne sais en quel
mois, à la fête de je ne sais quel compagnonnage de charpentiers,
allait à la barrière, près du Château Rouge et restait une huitaine
avec eux à se les *poser sur l'estomac.*

(1) Sur le RABELAIS, suite du TRIBOULET, cf. t. I, p. 351, nº 1.

Été voir ce pauvre Gavarni, qui a perdu son fils Jean pendant notre absence. Frappé en plein cœur, « découragé de faire et d'être : c'était ma seule raison d'être. Monsieur Andral l'avait vu la veille et n'avait rien vu d'alarmant. Le matin, à un moment, il fixa ses yeux sur les miens, sans me voir sans doute, mais avec des yeux grands comme je n'en ai jamais vu. La pupille était comme ça », mesurant avec son pouce. « Je lui pris la main, elle commençait à être froide... L'expression de ses yeux était comme un grand étonnement... La main devint froide; c'était fini... J'ai voulu user ma douleur. Je ne suis pas sorti d'ici. Je n'aurais jamais pu y rentrer... » Après un silence : « Ça ne fait rien, c'est bête... J'ai eu beaucoup d'orgueil : je n'ai presque plus d'orgueil et je n'ai plus du tout de vanité. Pour cet enfant, c'était une manie, une toquade ! J'avais toujours peur... Quand je revenais, descendant de *gondole*, mes yeux se portaient aux fenêtres de suite; je croyais toujours voir un accident, un attroupement, je ne sais quoi... C'était une toquade, mais je ne pouvais pas ôter ça de mes nerfs. Ah ! maintenant, ça a un bon côté : on peut crier, la maison peut brûler, j'ai un *Qu'est-ce que ça me fait ?* qui est sublime. Je peux même me casser le cou... »

Nous faisons un tour dans le jardin.

« Dites donc, Gavarni, c'est bien nu là, entre ces arbres?

— Ah ! ça, maintenant, qu'est-ce que vous voulez que j'en fasse? C'était le jeu de ballon de mon enfant... »

Il nous avait dit avant de descendre :

« Vous pensez bien, il faut que la pension s'en aille à présent !... J'ai dit à cet homme que s'il voulait s'en aller avant quinze jours, il n'y avait pas d'argent à me donner... » (1)

Été au Salon, au Palais de l'Industrie. Le jardin avec sa rivière anglaise, ses fleurs rares, ses deux cygnes sages comme des images au bord de l'eau, ses vrais arbres : une féerie. Les architectes et les constructeurs de jardins, décidément très forts. Depuis quelques années, de véritables merveilles de nature factice et de

(1) Cf. t. I, p. 236, n° 1.

jardinage. C'est le seul luxe où, je crois, nous ayons progressé de façon admirable.

Le Salon. — Plus de peintres, ni de peinture. Une armée de chercheurs de petites idées ingénieuses; partout l'intrigue d'un tableau au lieu de la composition. De l'esprit non pas même de touche, mais de sujet; de la littérature de pinceau, avec deux idéals menant tout cela.

L'un est je ne sais quelle poussière d'idées anacréontiques; des énigmes effleurées sur la toile, de la poudre de l'aile d'un papillon gris; l'antiquité et la mythologie par le petit et par le menu, par une spirituellerie morale qu'elle n'a jamais connue : des hannetons attachés par la patte, que des grands enfants s'amusent à faire cogner contre les murs de marbre du Parthénon.

Et d'autre part, cet idéal de l'anecdote et de l'histoire en vaudeville; bref, l'idéal qui pourrait s'appeler MOLIÈRE LISANT LE «MISANTHROPE» CHEZ NINON DE LENCLOS. Plus une main douée ! plus le génie éclatant d'une palette ! plus de soleil, plus de chair ! Plus rien que des adroits, cherchant et volant le succès par le chemin des voleurs, par le chemin de Paul Delaroche, par le drame, la comédie, la littérature, par tout ce qui n'est pas la peinture. En sorte qu'avec cette pente et cette décadence, je ne serais pas étonné que ces années-ci, on arrive à faire un tableau ainsi : une bande de ciel, un mur et une affiche sur le mur, où il y aura écrit quelque chose d'excessivement spirituel.

9 juillet.

Été souper à la Halle avec Pouthier et son cousin. Mangé des escargots.

Histoire d'un brave ménage qui au bout de vingt ans de mariage, va au spectacle, trouve dans le fiacre qui les mène un paquet de lettres. Au théâtre, une pièce comme LE SCANDALE (1) : une jeune fille, compromise par des lettres qu'elle a perdues, s'inquiète et pleure. La femme aussitôt se lève : « Mademoiselle, ne vous désolez pas c'est peut-être vos lettres que nous avons trouvées. »

(1) Comédie en un acte de Duvert et Lauzanne, créée au Palais-Royal en 1834

Revenu le matin à quatre heures : Paris mort, muet et fermé. Un cadavre de ville, quelque chose d'étrange et de majestueusement triste et imposant. Cette ville pétrifiée, qui vous fait penser qu'un jour cette ville mourra. Les sergents de ville qui passent de loin en loin ont l'air de gardiens d'une Pompéi.

Le Cabinet des Estampes ne possède qu'un seul modèle de canapé XVIIIe siècle : encore est-il dans les Meissonier donnés par M. Odiot à la Bibliothèque !

Été voir Gavarni. Nous parlons de ballons; il nous dit que pour lui, le ballon est obstacle : « J'ai cherché la locomotion dans l'espace par le renversement d'une loi de Newton, *la réaction est égale et contraire à l'action*... Si bien obstacle, le ballon, qu'une idée très ingénieuse vient d'être émise : séparer la nacelle du ballon par une corde d'autant de lieues qu'il faudrait, en sorte que le ballon restant relativement immobile et la terre tournant, la nacelle attendrait que l'endroit où elle veut descendre passe, — comme, à peu près, l'ivrogne qui attend que sa maison passe ! »

Du 11 juillet au 22 juillet 1857.

Partis de Paris pour Neufchâteau, sur la nouvelle que notre oncle Huot de Goncourt est au plus mal.

A Chaumont, à trois heures et demie du matin, il n'y avait de levé que le chien du percepteur, qui est un danois taché de noir.

On enterre notre oncle, le 13 au matin. Le salon tendu en chapelle ardente; le cercueil avec la croix, les épaulettes et l'écharpe de représentant. Les fermiers venus de loin, poussiéreux, avec des chapeaux noirs, les vieux serviteurs retraités, les domestiques septuagénaires servant encore, leurs fils montant dans le commerce et vers la position et la fortune, — réunis et groupés autour de ce cadavre de patron. Des camarades d'armée, de vieux personnages encore verts, au ruban de la Légion d'honneur passé et presque orange, des évadés de Sibérie en faisant rôtir des trognons de choux.

Le souvenir de notre père encore vivant çà et là, et les *fils de monsieur Charles*, comme on nous appelle, montrés et passant dans des bras d'inconnus qui nous parlent des morts. Dernière représentation peut-être, pour les hommes de notre génération, de cette *gens* et de cette clientèle amie et dévouée, qui faisait à la famille une base élargie, le cortège de ses noces, le convoi de ses funérailles et ne laissait ni la joie ni la douleur isolée et personnelle, comme en notre temps de Bourse et de familles d'une génération.

Puis les groupes noirs de femmes en deuil, suivant ici le mort jusqu'au bout, la haie de Garde nationale, qui ne rit pas, et puis toutes ces têtes suivant le convoi des fenêtres émeuvent comme la dernière apparition d'une poésie sociale que le Code a tuée.

Tout, en ces tristesses, a été digne, simple et convenant, chose rare ! Il n'y a point eu un incident grotesque et les fermiers mêmes, régalés à l'auberge, ont respecté le vin du dîner des funérailles.

Nous avons donc revu cette maison où est mort notre grand-père, ce joli modèle bourgeois de l'hôtel du XVIIIᵉ siècle, cette façade de pierres de taille toute fleurie et égayée de rocaille et de fleurs. Les grandes chambres, l'escalier de pierre à repos, la salle à manger au papier animé des jardins de Constantinople et des Turcs des Mille et une Nuits. La cuisine et les six fusils au manteau de la cheminée; et dans le jardin, la serre.

Elle est toujours une merveille, la serre, avec ses mansardes et ses statues de pierre, les pieds dans la gouttière; et le dessus de la porte, une face du gros Rire jaillissant d'une fraise à tuyaux, des plumes sur la tête, une moustache en l'air, l'autre en bas. Et les fenêtres et les trumeaux... Les trumeaux, où tous les symboles gais, tous les instruments sonnants de la fête et du vin, tous les outils du plaisir, sculptés de verve et à vif et en pleine pierre, semblent le *Memento vivere* muet d'un siècle mort! Pauvre salle de spectacle, où jamais comédie ne fut jouée et qui pourtant, s'élevant de terre et se parant de sculptures, devait prendre tant de place dans les rêves du bâtisseur de cette maison du temps jadis. Son nom, il est quelque part dans un contrat de vente, je ne sais plus; mais le bonhomme était — tout ce que je sais — un vieux marchand de sabots, qui au temps jadis, sa fortune faite, avait donné asile, pendant deux ou trois ans, à deux sculpteurs italiens de passage dans la province et qui, affolé de musique et de jolis trophées de pierre, sur les marches de son perron, devant la fête de sa façade, amusait les échos de la grand'place, debout, penché sur les radotages de son vieux violon.

Là, dans la salle à manger d'hiver, j'ai vu mon grand-père (1), le député du Bassigny-en-Barrois à la Constituante, un vieux vieillard, bredouillant des jurons dans sa bouche édentée, toujours fumant une pipe toujours éteinte et la rallumant toujours avec un charbon pris au bout d'une pince, une canne sur sa chaise à côté de lui. Rude homme, qui n'avait pas toujours eu sa canne sur une chaise ! Il avait façonné et formé et s'était fait aimer de sa domesticité à coups de canne, dans son château de Sommérécourt, fatiguant son jardin et son parc des colères de sa voix. La vieille Marie-Jeanne est là encore, qui nous remémore avec un souvenir affectueux les coups de bâton distribués aux uns, aux autres et à elle-même. Et même, elle n'a pas gardé rancune d'avoir été, sur les ordres de notre grand-père, jetée plusieurs fois dans la pièce d'eau, pour lui rafraîchir le sang, quand elle voulait se marier. Ces coups de bâton et ces traitements étaient au bout du compte une familiarité du maître envers le valet, qui était peut-être un lien. Du reste, un chef de famille pas commode ; notre père, qui était chef d'escadrons à vingt-cinq ans et qui passait pour un vrai casse-cou parmi ses camarades de la Grande Armée, racontait qu'il lui arrivait de garder dans sa poche, huit ou dix jours, une lettre de son père, avant d'oser l'ouvrir (2).

Cette vieille Marie-Jeanne, il faut l'entendre, dans le fond de boutique de mercerie de son fils, contant son bon temps, toute la famille, et disant sa fameuse phrase : « Nous partions de Sommérécourt. Lapierre menait. Nous arrivions à Neufchâteau. Nous découvrions les crimes, nous mettions en broche et nous repartions. » Et dans les souvenirs de cette vieille servante, associée à l'orgueil de la famille, confusément et par bouffées, il revient le grand train bourgeois et richement provincial du château de Sommérécourt et la grande hospitalité donnée par mon grand-père au prince Borghèse, lequel, elle se rappelle, se montra ladre en partant (3).

(1) Var. 1887 : *Edmond a vu notre grand'père...* — Il s'agit de Jean-Antoine Huot de Goncourt.

(2) Add. 1887 depuis *Du reste, un chef de famille...*

(3) Rayé depuis *lequel, elle se rappelle...*

L'oncle que nous venons de perdre était le frère aîné de notre père. C'était un grand honnête homme : tout cela, mais rien de plus. Maintenu et gardé dans toutes les illusions de l'honnête homme, absolument garé des leçons sceptiques du jeu de la vie et croyant presque les lois d'une Salente bonnes pour la France et toujours dupe. Ne guérissant pas de cette crédulité niaise par quatre ans de frottement et de législature, s'y enfonçant à mesure qu'il vieillissait, honorable recrue de toute intrigue qui montrait un drapeau honorable. Il mourut moralement tué par le Coup d'État, sans y croire encore.

C'était au physique un ancien capitaine d'artillerie, un peu sourd, brusquement cordial, appelant tout le monde *mon camarade*. Et puis encore, un homme de la campagne, doué de tout le bon que la nature donne aux bonnes natures, incapable de vouloir même le mal, entouré d'ennemis et n'en ayant pas, naturellement sans fiel et qui portait cette bonté comme son courage, sans effort, comme un tempérament. Au fond, plongé dans ses mathématiques et dans la fatigue physique de faire, sous une incessante promenade, du sable des cailloux de son jardin. Il était dans la vie incapable de discernement comme de conseil, le sens pratique des hommes et des choses lui manquant absolument, si bien qu'un jour il s'était affolé pour sa petite-fille d'un prétendu, — petit-gendre qui, selon lui, devait faire son bonheur et dont il disait en un mot tous les mérites : « Il m'a très bien expliqué le baromètre ! »

La douleur de sa fille est très grande et très vraie, très respectable comme toute passion vraie (1). Le rabâchage même ne l'amoindrit pas. Peut-être, au reste, qu'en province, les douleurs ont plus de rappels et de repères qu'ailleurs, chaque plat du dîner et du souper faisant un souvenir et ramenant le regret. En sorte que pour un plat de haricots à la crème, par exemple, il y a un *Ah ! Papa les aimait tant !* et un relais de larmes. Mais ici, ce n'est qu'un père. Quand c'est une femme, le déchirement est bien plus grand. Sert-on un jambon ? « Ah ! dit le mari, ma femme les salait si bien ! »

(1) Il s'agit d'Augusta Labille.

Un propriétaire m'a appris hier que les étoiles étaient des soleils et qu'il y avait 75 millions de soleils faisant tourner à peu près chacun 65 planètes comme notre terre. Cela ne le décourage pas d'acquérir.

Les chiens de province sont bien autrement heureux que les chiens de Paris. A Paris, un chien est un passant. Il est seul. Je vois ici les chiens sur la place, ils sont une société.

Une seule chose peut donner l'idée du ruminant et des quatre estomacs que lui donne l'histoire naturelle, c'est la province. La vie y tourne autour de la table. Les souvenirs de famille sont des souvenirs de galas. La cuisine y est l'âme de la maison ; et dans un coin, les aïeules parlent d'une voix cassée des pêches qui étaient plus belles de leur temps et des écrevisses dont un cent, en leur jeune temps, emplissait une hotte. Le tourne-broche est comme le pouls ronflant de la vie provinciale. L'appétit y est une institution ; le repas, une cérémonie bienheureuse ; la digestion, une solennité. La table en province est à la famille ce qu'est l'oreiller conjugal au ménage : le lien, le rapatriement et la patrie ! Ce n'est plus un meuble et c'est presque un autel. L'estomac prend en province quelque chose d'auguste et de sacro-saint, comme un outil d'extase journalière. Le ventre n'est plus le ventre, mais quelque chose en soi, d'où se répand en tout le corps une joie animale et saine, une plénitude et une paix, un contentement des autres et de soi, une douce paresse de tête et de cœur et le plus tranquille acheminement de l'homme vers une belle apoplexie.
Ici, allant par une pente, coulant du dîner au souper, repus au réveil, repus au coucher, nous guérissons pour quelques jours de la fièvre, de l'agitation, du démènement, de l'activité morbide de la tête et de la volonté. Préoccupations, soucis, ambitions, empressements des deux mains à saisir nos espoirs, tout cela s'endort comme un mourant de vingt ans penché sur un réchaud de charbon. Le temps marche pour nous sans sonner et les heures suivent les heures, disant toujours *Aujourd'hui* et ne disant jamais *Demain*, comme une horloge au petit marteau entouré de coton.

Béranger, ce Béranger que les catalogues d'autographes appellent *notre poète national*, Béranger est mort. Le plus habile homme peut-être du siècle, qui a eu le bonheur de se faire tout offrir et qui a eu la rouerie de tout refuser, qui a fait de la modestie la popularité de son nom, de la retraite une réclame, de son silence un bruit. Honnête homme, mais sans sacrifice, dont toute la singularité, ordinaire en d'autres temps, a été de monter sa vanité jusqu'à l'orgueil et de la mettre au-dessus des places, des pensions et du fauteuil. L'homme d'ailleurs le mieux payé de son vivant, le plus comblé, le mieux adulé par le tapage de gloire des partis et des journaux, le plus encouragé, le plus soutenu dans sa fidélité à lui-même, déifié par les passions publiques, martyr à grand orchestre, sauvé d'une petite ambition par des satisfactions d'amour-propre immenses et presque sans exemple ; pensionné au début dont tout le caractère est d'avoir refusé de manger au budget et dont tout le sens est de n'avoir point consenti à se laisser amoindrir en académicien (1).

Que si je passe au poète, j'ai là justement sous la main le public de Béranger fait homme : c'est mon cousin Léonidas. Béranger est son homme et son Dieu. Tout le gros côté des plaisanteries de Molière sur les cocus, tout le gros côté des plaisanteries de Voltaire contre la catholicité, tout le gros côté des vieilles chansons à boire et à aimer de France, tout le gros côté matériel et *gaudriole* de Rabelais contre la poésie, la tendresse et la mélancolie, tout ce chauvinisme, tout cet hosanna du sabre, ce *Vae victis* aux élégances de la vie sociale, aux beaux préjugés, aux aristocraties, cette ovation de la mansarde et de la servante, toute cette truanderie saoulée d'aÿ à bas prix, grattée dans ses envies et dans ses appétits, cette goguette d'ouvriers en manches de chemise, ce lyrisme de petits verres, cette Tyrtéide populacière et bourgeoise, — Béranger, c'est le Tyrtée de la Garde nationale, — ce génie classique et bien raisonnable, ce Boileau ! c'est bien le grand poète de cet homme.

Je suis entré dans la chambre de mon oncle :

---

(1) Béranger venait de mourir le 16 juil. 1857. Il avait successivement refusé la recette générale, que lui avait proposée Laffitte, les offres de décoration de Thiers, les votes de plus de 100.000 électeurs, qui voulaient l'envoyer siéger à l'Assemblée Constituante en 1848, et enfin, en 1850, la succession de François Droz à l'Académie, pour laquelle on lui offrit une dispense des visites et qui échut finalement à Montalembert.

« Quel est ce portrait au-dessus de la porte, ce vieillard aux traits tirés et fins, jabot, habit brun, boutons brillants et perruque soignée ?

— C'est, me répond Léonidas, un portrait que ton oncle n'a jamais voulu ôter de là. C'est un homme qui, à Paris, a eu un théâtre de marionnettes, où il avait mis : *Sicut infantes audi nos*. Il faut dire qu'il s'appelait...

— Parbleu, Audinot ! Qu'est-ce que fait Audinot ici ?

— C'était un ami de la famille à Bourmont, et c'est lui qui payait à Paris les quartiers de pension de ton oncle et ton père. » (1)

Été nous promener le long du Mousson, crapaudière sans ombre où la ville barbote. De grosses femmes assises dans l'eau sous des parapluies rouges. Un tableau de Courbet.

22 juillet.

Nous partons pour un voyage d'affaires à Breuvannes, à nos fermes des Gouttes (2)...

Route du souvenir pour nous et du passé de notre famille : çà et là, le vieux nom d'Huot semé et comme repoussant dans de vieilles têtes à notre aspect, et chacun contant quelque chose de notre père et de notre mère. Nous foulons cette patrie étroite et chère, plus patrie que toute autre, la patrie de la famille.

D'abord Sommérécourt, le château de notre grand-père, avec son rideau de peupliers et son ruisseau à écrevisses. Rabaut-Saint-Etienne voulut bien, sur un plan manuscrit que nous avons vu, signer et approuver le désir de notre grand-père de retirer

(1) Nicolas-Médard Audinot, parti à vingt ans de Bourmont, fonda à Paris, bd. du Temple, le 9 juillet 1769, l'Ambigu-Comique, où il commença par pasticher avec des marionnettes les spectacles des Comédiens Italiens, qui protestèrent : il leur ferma la bouche en obtenant privilège pour une troupe d'enfants, d'où l'inscription ironique : *Sicut infantes audi nos*, « Entends-nous comme des enfants ».

Son théâtre, où il fit jouer des opéras comiques plus ou moins grivois, par exemple son Tonnelier, était un fort mauvais lieu. Une orgie d'officiers le fit fermer en 1771 ; mais la protection du duc de Chartres et de la Du Barry le sauvèrent. Entre temps, les enfants grandissaient et Audinot put ainsi tourner sournoisement les bornes de son privilège. Il passa de l'opéra-comique au mélodrame, qui devait faire la réputation de l'Ambigu, où Corsse lui succéda après sa mort, en 1801.

(2) Cf. t. I, p. 335, n° 3.

Sommérécourt des Vosges et d'en faire comme une gourde au bout de la Haute-Marne, où il avait ses propriétés (1).

Puis Breuvannes, la maison d'été de notre grand-père et de notre père, aujourd'hui fabrique de limes et de tire-bouchons (2). La lime et la machine crient et grincent où chantaient nos cris d'enfants. Le mirabellier, tout plein de guêpes et qui fournissait à tant de tartes, a fait place à un atelier. Les lucarnes des greniers, d'où mon père canonnait à coups de pommes les polissons du village, n'ont plus de jeu et dans la chambre à four, où le maître à danser du village m'apprenait des entrechats, je ne sais plus ce qui se fait (3).

J'aime cette vieille habitude romaine d'ignorer l'auberge et de descendre chez un ami. Vieil ami, ce M. Collardez, vieux complice des luttes électorales de mon père, quand mon père pansait les chevaux (4). Vieil hébergeur de la famille, ami d'une

(1) Rabaut-Saint-Étienne était, depuis le 15 mars 1790, président de l'Assemblée Constituante. Jean-Antoine Huot de Goncourt était député du Bassigny à cette Assemblée; en outre, le 7 mars 1790, il avait été nommé « commissaire chargé de la formation et établissement du Département de la Haute-Marne » : il lui fut donc facile d'obtenir que Sommérécourt, petite commune du canton de Bourmont, à une lieue à l'est de Goncourt, fût compris dans le département de la Haute-Marne.

(2) Cette maison, sise rue Morel à Breuvannes, la dernière du village, avait été achetée en 1826 à Decharmes, fondeur de cloches, par Jean-Antoine Huot. Dans le partage de 1828, elle est indiquée dans le lot de Marc-Pierre, le père des Goncourt; mais en fait, elle devait être indivise entre les trois enfants. Aussi, après la mort de Marc-Pierre, elle fut mise en adjudication et vendue aux locataires qui l'occupaient depuis 1834, Charles Gérard et Sébastien Miellot, fabricants de limes, le 1er mai 1835.

(3) Noter, là encore (cf. t. I, p. 223, nº 2), que le *je* de ces souvenirs d'enfance, ce n'est pas Jules comme à l'ordinaire, mais Edmond : Jules avait cinq ans lorsqu'on vendit la maison de Breuvannes.

(4) La dernière allusion est obscure : occupations de vacances du capitaine en retraite Huot de Goncourt? Quant à ses activités politiques à Breuvannes, on sait seulement que tout comme son fils Edmond, qui songea un moment à se présenter à la députation en 1848 dans la Haute-Marne, M. de Goncourt avait eu la velléité en 1831 de se porter candidat à Chaumont ou à Bourbonne. Au reste, la lettre à Paul Collardez citée par André Billy, t. I, p. 14, laisse voir un libéral bien plus tiède que ne l'était le fils du notaire de Breuvannes : « Que vous dirai-je pour répondre à vos interpellations politiques, si ce n'est de vous répéter que, malgré les résistances qui lui font obstacle, la Révolution de Juillet marche à grands pas et *irrésistiblement* vers l'accomplissement de ses destinées. Encore une fois, ayons patience, fions-nous au progrès qui pénètre le monde, à cette tendance unique, quoique *diversement exprimée*, de tous les peuples vers la liberté. » Ajoutons, pour être justes, qu'il se défend de vouloir être préfet et de jamais porter « la *livrée* de l'administration actuelle ».

race, de père en fils, qu'on ne trouve plus. Imaginez un homme court et replet, la tête d'un porc ou de Balzac, crâne étroit, les yeux ronds et pétillants de flamme, les lèvres appétentes et le double menton. Voilà l'habit ! Pour l'homme, c'est un grand esprit, enterré vif dans un village, nourri de moelle par la solitude et la lecture, familier avec tous les grands livres, plein de ressort ; à demi foudroyé par la mort d'un fils de onze ans, mais repoussant et reverdi, sans rouillure, ayant pris son parti de la vie, « ce cauchemar entre deux néants » ; avec une parole espacée de mots qui font réfléchir et le plus exquis et le plus rare de l'intelligence, l'ironie ; jugeant de haut, allant au sommet de chaque grande question, voyant le rien de l'humanité dans les plus grands, enfermant sa pensée dans une formule nette et frappante et qui semble matrice à frapper les médailles ; cœur tendre, mais esprit vigoureux ; volonté d'homme d'État sans défaillance, génie dantonien peut-être, à qui le théâtre et les circonstances ont manqué, — le seul homme que j'aie vu prêt à tout et digne de tout (1).

Nous avons passé de bonnes heures, dans l'allée droite de son jardin, à renouer, à communier, à nous comprendre d'un mot. Il est là, ce captif, tenu au rocher par sa femme et qui, la fortune arrivant, son père mort, ne pourra jamais secouer la poussière de Breuvannes pour entrer dans une grande ville. Je ne sais, mais cet homme n'est pas fini et Dieu lui doit une Révolution.

Parfois ce grand méconnu se console à raconter que les derniers descendants des Clermont-Tonnerre, réfugiés dans un petit bois qui leur reste, près de Saint-Mihiel, ont là dépouillé le Français et presque l'homme ; et ces Clermont-Tonnerre, dont un aïeul vendit — lisez Mme de Sévigné (2) — cinq millions une terre de vingt-deux villages, vivent là, peuplent avec des bûcheronnes

---

(1) Add. 1887, note d'Edmond : *Nous avons tenté mon frère et moi, un croquis, un croquis bien incomplet de cette originale figure dans nos* Créatures de ce temps *sous le titre de* Victor Chevassier. Cette nouvelle est constituée par le journal intime d'un jeune libéral, tout prêt à conquérir la notoriété avec ses amis du National et qui, par obéissance à sa mère veuve, retourne s'enterrer dans son village, épouse une femme nulle et se laisse amèrement submerger par la vie morte de la province : une des esquisses les plus âpres et les plus sobres des Goncourt.

(2) C'est Coulanges qui, le 3 et le 9 oct. 1694, entretient Mme de Sévigné des terres immenses que François-Joseph de Clermont-Tonnerre a vendues, autour d'Ancy-le-Franc, à Anne de Souvré, veuve du marquis de Louvois ; simple réflexion de Mme de Sévigné dans sa lettre du 14 octobre.

tout prêts à recommencer, en plein XIXe siècle, une race sauvage, vêtus de peaux de bêtes et parlant déjà une langue à eux, qui recule au patois des peuples qui bégayent.

Course à Lamarche. — Morimond : il ne reste plus de la magnifique abbaye que de quoi faire la plus belle propriété de France (1). Soixante-dix arpents d'eau, un lac où se mirent des arbres centenaires et des pierres de taille à bâtir un château, semées çà et là dans la broussaille. Là, une maisonnette au bord de l'eau, un canot, le plus bel endroit pour « mourir au monde ».

Course à Lamarche, dans le soleil, dans le feu du midi, dans la poussière, dans les cahots du chariot plein de paille. La route brûle la figure et sur les bords de rivières, des ombres de corps humains courent sous les verdures ensoleillées après les hommes passés et déjà à l'eau.

Une servante nous servit à dîner à Lamarche, une vraie merveille de nature, dont les deux tétons, dardant drus sous la camisole, allumaient le regard et le désir. C'était la séduction robuste et brutale de la campagne. Poussant au viol, elle allait, elle marchait, elle tournait, élastique et rebondissante, poussant devant elle et vous frottant l'épaule, à chaque assiette qu'elle donnait, de ces orbes à la Jules Romain, sur lesquels on se figure un Jupiter en taureau, couché. Une des plus vives impressions purement charnelles de notre vie. Terroir de la Haute-Marne !...

Été avec M. Collardez voir son fils au collège tenu par des prêtres. Jeunes prêtres à l'intérieur plein de livres, de fleurs et d'oiseaux; côté civilisé et distingué de ces fils de paysans, plaisants et intelligents. Encore à ce propos, ce maudit débat, sans accommodement, de nos goûts contre nos idées, de nos haines pour l'Église et de nos sympathies pour ses hommes.

Aux Gouttes, notre fermier Foissey nous dit en souriant : « Monsieur, nous travaillons comme des satyres ! » Dîner chez notre fermier. Une de ses filles, un peu malade, est à côté dans la cuisine, faisant les *toutelots* : « Eh bien, dites à votre fille de venir !

(1) L'abbaye de Morimond, une des *quatre filles* de Cîteaux, à 37 km. au Nord-Est de Langres, avait été fondée en 1115 par un seigneur de Choiseul. Plusieurs ordres militaires espagnols et portugais en dépendaient. La Révolution la ruina; on vendit ses terres, celles de Breuvannes par exemple, les 26 et 27 janv. 1791, comme biens nationaux.

— Viens donc ! » dit la mère... « Elle dit qu'elle ne veut pas venir, elle dit qu'elle est trop maigre ! »

Dans la ferme, l'autorité paternelle, le patriarcat conservé : les fils ne tutoyant pas le père et la femme ne tutoyant pas le mari.

Paris, 1er *août* 1857.

Dîner dans un *bistingo,* comme dit Gavarni, avec Gavarni. Cette pensée de Gavarni, non nuageuse, mais très élevée, très raffinée, très subtile, très ténue sous le coup qui l'a frappé, a tout à fait perdu terre. Elle vous fatigue à la suivre dans le presque insaisissable et dans je ne sais quel mysticisme de sophismes. — A propos de Veuillot, avec son livre des LIBRES PENSEURS, ça a été d'abord une de ces adorations sans frein, une sorte de fanatisme prolixe et débordant, non à propos du thème, mais à propos de la forme ; puis c'est arrivé au thème et il a développé une théorie pleine de fumée et d'éclairs sur le seul critérium de toute religion et de tout miracle, qui doit être l'autorité morale du témoin. — Une immense tristesse nous reste de cette soirée.

4 août.

Louis vient nous voir. Il arrive de Claremont (1). Le comte de Paris lui a dit de bien dire à tous ses amis qu'il n'était pas mort et que, s'il se présentait une occasion de montrer du courage, il n'y manquerait pas. — Les professeurs, cette plaie et cette peste du règne de Louis-Philippe, jusque dans l'exil et à la cour du duc d'Aumale, Cuvillier-Fleury improvisant un parallèle appris par cœur entre Dupin et Cicéron.

Le soir, sur les boulevards, Scholl nous tombe dessus, toujours cherchant ce que Girardin appelait « une bonne affaire », une réclame de duel, furieux contre des témoins conciliateurs qui viennent de lui enlever une affaire avec un petit bonhomme de vingt et un ans, qui n'avait jamais touché une épée (2). Il me fait

(1) Louis Passy et sa famille étaient orléanistes. Le château de Claremont, à 24 km. au sud de Londres, dans le Surrey, bâti en 1768, abrita, après février 1848, la famille d'Orléans. Louis-Philippe et la reine Amélie y moururent.

(2) Rayé depuis *furieux contre des témoins conciliateurs...*

l'effet — irrité, excité, toujours nerveux, avec ce tempérament qui sans cesse grince, cet amour-propre furieux et volontaire comme d'un enfant — de ce petit animal féroce, toujours hérissé et sifflant dans sa petite cage, dans l'antichambre des grands animaux féroces, tâchant par la peur d'enrayer les hostilités et de dicter les réclames. Mauvais calcul : les dominations de terreur par un individu ou un gouvernement ne durent pas.

Murger arrive, ivre, fait trois mots, prend Scholl sous le bras, et comme Scholl a quarante francs dans sa poche...

Aperçu, pendant que nous étions attablés au Café Riche, Villemot, une chaîne d'or sur un gilet de soie noire, le type d'un riche marchand de cochons, mâchonnant d'une bouche salement et mauvaisement nerveuse un bout de cigare.

5 août.

Rose nous apporte des lettres de couvent trouvées dans l'étui de serge noire du livre de messe de sa nièce (1). Lettres d'amie à amie, un pathos mystique et amoureux.

Ces jeunes filles, destinées à être des femmes d'ouvriers, ont été développées sous les côtés poétiques les plus hostiles au foyer laborieux; tout ce tendre, tout ce vaporeux hystérique, toute cette surexcitation de la tête par le cœur et de la femme par les idées fleuries et entêtantes de la foi catholique font de la religion catholique une très mauvaise institution de la femme pauvre. Elle la prédispose à l'amour et à toutes les choses romanesques et élancées de l'amour, qu'elle n'est pas destinée à trouver dans son mari.

Jeudi.

Renvoi du manuscrit des Hommes de lettres du Gymnase, avec lettre (2).

(1) Fille de Pierre Domergue et d'Anne-Rose Malingre, la petite Rosalie Domergue, née en 1844, perd sa mère à quatre ans, est recueillie par sa tante, Rose Malingre, la servante des Goncourt. Celle-ci, grâce à Mme Antoine Passy, trouve en 1850 « une pension à 12 francs par mois », qui se charge de l'enfant et qui est sans doute le couvent où nous la voyons en 1857 (l. inéd. de J. de G. à Louis Passy, 30 oct. 1850).

(2) Le 6 août 1857, Édouard Lemoine, frère de Lemoine-Montigny, le directeur du Gymnase, justifie ainsi son refus : Les Hommes de Lettres sont une

J'ai lu Courier ces jours-ci. Je lis qu'aux lectures populaires de 1848, Courier n'a fait aucun effet : je l'espère bien !

12 août.

« Venez-vous chez madame Roger de Beauvoir, à l'Abbaye-aux-Bois ? dit Villemessant à Scholl.

— Eh bien, oui.

— Nous allons prendre une voiture, nous partagerons les frais. »

On prend la voiture, on achète des gants. C'est 22 francs au compte de Scholl sur un article futur au FIGARO !

« Eh bien, oui, mon cher, il fallait y aller ! Et j'ai très bien fait, quoique je n'eusse pas le sou. Les bandagistes, les chocolatiers, quand ils dépensent 6.000 francs pour une annonce, ils savent bien ce qu'ils font. Ces 22 francs m'ont plus rapporté qu'un livre. Car si je n'y avais pas été, Claudin n'aurait pas raconté dans le PAYS que j'étais tombé dans l'eau; Villemessant, que j'ai tiré de l'eau, n'aurait pas dit dans le FIGARO que j'ai sauvé Villemot; et Villemot ne dirait pas samedi, dans l'INDÉPENDANCE BELGE que je ne l'ai pas sauvé... Vous voyez que ça vaut mieux qu'un livre ! »

« Pas si bête ! » dirait Brid'oison (1).

Le sacrifice d'Abraham : Abraham avec un mousquet visant son fils; un ange pisse dans le bassinet (2).

15 août.

Le cousin de Pouthier nous raconte qu'un de ses amis, envoyé chez une femme qui demandait des secours par un bureau de charité, ne trouve chez elle qu'un lit :

« peinture vraie » des mœurs littéraires, mais inintéressante au théâtre; pas d'action : en particulier « le 5ᵉ acte est une longue et triste agonie rappelant celle de LA DAME AUX CAMÉLIAS, mais ce 5ᵉ acte ne finit rien » ; de l'esprit, « mais de l'esprit de mots » (CORR., vol. XVIII, f° 291).

(1) Beaumarchais, LE MARIAGE DE FIGARO, acte I, sc. II. La réflexion est de Figaro — et non de Brid'oison, — à propos d'un trait d'esprit inattendu de Bazile.

(2) Déjà Voltaire s'était gaussé de cette représentation anachronique et irrespectueuse de l'épisode biblique. Cf. VOLTAIRE'S NOTEBOOKS, Genève, 1952, p. 232 : « Ange qui pisse dans le bassinet du fusil d'Abraham ».

« Mais vous avez dit que vous aviez des enfants ?

— Oui, Monsieur, j'ai deux grands fils.

— Mais vous n'avez qu'un lit ?

— Ah ! que voulez-vous ? j'aime mieux qu'ils restent avec moi que d'aller avec des femmes qui leur prendraient leur argent. »

16 août

Discussion avec Louis au sujet des résultats « avantageux » de 89. Plus de société ! L'armée point du tout fermée à la roture : voyez Sénac (1). Le Tiers déjà administrant toute la France à la fin de Louis XIV : voyez là-dessus les plaintes de Saint-Simon.

De là, négation de la raison de l'histoire, de l'enchaînement des faits, de la démonstration de la perfectibilité humaine, l'Histoire n'étant que le roman du hasard. Toute cette histoire du système de Guizot et des autres, descendue de Condorcet : un jeu d'esprit, tordant la vérité pour en extraire une preuve du mieux incessant de l'âme et du corps de l'homme (2). L'Histoire, c'est un jeu d'échec entre le mal et le bien, entre le Diable et Dieu. Elle n'aboutit jamais et recommence toujours, parce que le Diable est mauvais joueur et fait sauter le jeu d'échecs toutes les fois qu'il va perdre.

---

(1) Entendez : avant 1789. — Sénac de Meilhan nie en effet qu'il y ait eu des cloisons étanches entre la noblesse et la roture ; mais sa thèse est moins nette que ne le disent les Goncourt, car il met sur le même plan les roturiers et les anoblis récents. Voici le passage sur l'armée : « Il existait dans la maison du Roi et celle des Princes un nombre considérable d'emplois honorables ou utiles, exercés par des hommes du Tiers-État ou qui étaient à la première ou à la seconde génération d'anoblissement. Dans l'armée, un quart des officiers à peu près n'était pas noble ou était anobli. » LE GOUVERNEMENT, LES MŒURS ET LES CONDITIONS EN FRANCE AVANT LA RÉVOLUTION (1797), chap. *Du Tiers-État,* éd. Lescure, 1862, p. 114).

(2) On s'étonne un peu que les Goncourt s'en prennent à Guizot plus qu'aux « autres », — plus qu'à Michelet par exemple, — pour dénoncer une conception de l'Histoire trop orientée par l'idée de progrès. Mais Chateaubriand n'avait-il pas clairement défini la méthode de Guizot sous la rubrique de l'*école philosophique* dans ses ÉTUDES HISTORIQUES de 1831 ? De fait, cet analyste des structures politiques étudie par exemple, comme le dit Lanson, « les éléments de la société du Moyen Age... de façon à faire apparaître le régime de 1830 comme le couronnement nécessaire et légitime de toute l'histoire de France ». Quant à Condorcet, son ESQUISSE D'UN TABLEAU HISTORIQUE DES PROGRÈS DE L'ESPRIT HUMAIN, composée en 1794, fait le pont entre les thèmes progressistes des Encyclopédistes et ceux des penseurs français du XIXᵉ siècle.

JOURNAL

A Saint-Cloud, hôtel Saint-Nicolas. Du 20 au 26 août.

Nous voilà en plein rêve de bien des gens, de l'argent dans notre poche, à la campagne, avec une femme bon garçon, vieil ami, qui nous raconte ses amants et de laquelle nous n'avons nulle carotte à craindre (1), — bien libres, bien à l'aise par conséquent. Quelques jolis moments, comme par exemple de la voir dans la chambre, en camisole, un peu de peau blanche de-ci de-là, troussée et ballonnante, enfouie dans un grand fauteuil avec des ronrons de chatte; ou bien sous les feuilles, la joue tachée de lumière, avec les pois de son voile faisant sur la peau, pleine de jour, des grains de beauté d'ombre; ou encore dans une allée du parc, couchée tout de son long, les bras arrondis en couronne et sa robe ondoyant autour d'elle et jusque par-dessus sa tête comme un nimbe, blanche, paresseuse, enviée du regard par la marchande de coco tannée qui passe.

Mais la femme est femme. Celle-ci, par exemple, est parfaite à cela près qu'elle est prise en mangeant d'une manie narrative. Dès que la soupe lui a ouvert la bouche, la Schéhérazade des romans de la PATRIE se déclare. De ses lèvres, voilà que le Ponson du Terrail découle, sans trêve et sans arrêt, sans suite au prochain numéro, à torrent et à pleins bords; et cela va jusqu'au légume, souvent jusqu'au dessert. L'étonnant est qu'elle mange, le miraculeux est qu'elle finit parfois, l'insupportable, qu'elle veut être comprise.

Pour nous donner totalement toutes les joies de cet ordre, dans leur plus gros et leur plus accentué, et nous nourrir de choses en situation, nous avons été louer le premier roman venu de Paul de Kock, l'HOMME AUX TROIS CULOTTES. Le soir, elle lit cela à voix haute, les deux pieds croisés sur la table, le genou remonté entre le jupon et la jarretière rouge, scandant dramatiquement tout le mélodrame, accentuant tout l'esprit et semblant nous avertir par des temps d'arrêt de toute la couleur révolutionnaire du susdit romancier, — Providence ! si tu existes, tes ironies sont belles ! — nous qui avons fait l'HISTOIRE DE LA SOCIÉTÉ PENDANT LA RÉVOLUTION !

Un homme admirable, après tout, ce Paul de Kock, pour avoir appris de la Révolution à la masse du public tout ce qu'il en

_____
(1) Marie Lepelletier.

pense et tout ce qu'il en sait. Admirable pour avoir immortalisé poncivement tous ces types consacrés, qui traînent dans la mémoire du peuple, toutes ces vieilles connaissances du préjugé populaire, tous ces personnages hiératiques du drame écœurant et salé de gros rires et de larmes bêtes : l'émigré hautain, le jeune républicain triste et honnête, la vieille mère apitoyée, la femme adultère déesse de nos libertés, le portier dénonciateur, dont le caractère moral est une queue de renard au bonnet... Oh ! la belle chose de n'avoir rien dérangé dans l'instinct et le préconçu du portier, de la lorette et du petit boutiquier, d'en avoir tiré toute sa fable, toute sa langue et d'avoir fait une Révolution à côté de l'autre, plus typique, plus historique et populaire, comme une imagerie de canard.

Et puis des cartes... Car il faut cela, Paul de Kock et des cartes. Deux tueurs de temps et deux amis de la femme du peuple, restée peuple sous la soie, qui gagne sa vie avec le plaisir. Elle s'endort avec le rire du livre, elle s'éveille avec la promesse des *fafiots*. Les cartes, c'est toujours un peu d'espérance et de promesse, du lendemain à remuer à la pelle, un jouet qui est un peu Dieu, la roue de la Fortune qu'elle tripote et qui parle.

Beau travail à faire par un médecin sur ce petit diable de Loudun (1), que le champagne met dans la femme, — sur cette petite bête hystérique qu'il déchaîne, lâche et qui court soudain jusqu'au bout de ses doigts, qui frémissent et pincent, — sur ce rien de gaz qui la jette soudain au pétillement, au cri en chaleur, au rut et au frétillement des nerfs et au glapissement de la voix.

La femme semble toujours avoir à se défendre de ses faiblesses. C'est, à propos de tout et de rien, un antagonisme de désirs, une rébellion de volontés et une guerre de résolutions incessante et instinctive, comme faite à plaisir. Le caprice est la façon d'exercice de sa volonté, la combativité est la preuve de son existence à ses yeux. Elle gagne à ces batailles courtoises, mais irritantes une domination abandonnée, en même temps qu'un tantinet de mépris

---

(1) Allusion à l'affaire d'Urbain Grandier, prêtre de Loudun : des religieuses du couvent des Ursulines se disaient possédées du démon et en rendaient responsables les maléfices de Grandier, qui, après un procès mené par Laubardemont, fut brûlé vif à Loudun en 1634.

de l'homme, qui n'aime qu'à se dépenser en gros et non en détail, sur de si petites choses.

Il est rare que la pensée de la femme trouve compagnie à la pensée de l'homme. Ou elle est à la pensée de son sexe, toilette, chiffons, etc... Alors, vous avez le bruit et l'occupation d'un corps en agitation et en froufrou. Ou bien si elle veut faire la cour à ce que vous pensez, l'être frêle se trouve avoir de si grosses mains, des mains si maladroites, qu'elle touche à côté ou qu'elle fait mal quand elle heurte.

La femme ne se suffit pas : elle ne va pas de soi; sa fébrilité a besoin d'être relancée et remontée, de recevoir une impulsion, un *la*. Il faut qu'on lui fouette le temps, la causerie, la pensée, les nerfs. Si elle n'est tenue aussi impérieusement en haleine, vous avez la rêvasserie insipide.

L'excès en tout est la vertu de la femme.

La domination est la volonté fixe de la femme. L'exigence est son moyen; la patience, sa force; la goutte d'eau, son maître.

L'âme de la femme, — de cet être que les poètes nous font ailé, ange, vapeur, etc. — l'âme de la femme est plus près des sens que l'âme de l'homme. De là, plus de sensation que de sentiment, plus de tact des surfaces et des enveloppes que de vue du fond. De là, le jugement chez elle du mets par le plat, du fait par la façon du fait, de l'amour par l'individu, de la faute par les circonstances, de l'homme par l'habit, de toutes choses par ce qu'elles montrent, de tout acteur par son rôle, du gilet par la chaîne, de la chanson par l'air et du soldat par l'uniforme. La femme aime naturellement la mousse, le pétillement, l'agacement et le coup de fouet, la salade, les boissons gazeuses, le champagne, le gibier faisandé et les mauvais sujets.

Le génie est mâle. L'autopsie de Mme de Staël et de Mme Sand auraient été curieuses : elles doivent avoir une construction un peu hermaphrodite.

Il n'est pas impossible que dans une grande douleur, une femme oublie de penser à sa robe de deuil...

C'est une chose étrange que les femmes demandent à leur ami d'être un homme. Il n'y a pas d'exemple d'amitié entre une femme et un Abélard ou un impuissant.

La lorette n'est que l'exagération de la femme.

ANNÉE 1857

Paris, 30 août.

Gavarni vient nous emmener dîner dans un bistingo dont il raffole; Café du Mail, avec une demoiselle de comptoir qui a une voix comme une vrille, et plein de commis-voyageurs.

Gavarni, chapeau brun, moustaches relevées, ressemble ainsi d'une façon frappante au portrait connu de Rubens (1); mais traits plus gros, plus accentués, plus *peuple*.

Après dîner, nous emmène acheter sur les quais un énorme dictionnaire de Ménage pour sa belle reliure en veau; raffole des belles reliures en veau.

Château de Croissy, 3 au 21 septembre.

Lapin qui *fait chandelier* : se lève sur ses pattes de derrière.

Une âme vivant d'une vie de moine, bercée et paresseuse comme un corps, une âme qui digère ; par là-dessus, la fiction bête et dramatique d'un mauvais roman : c'est peut-être le bonheur.

Les nobles d'argent ne peuvent même avoir des domestiques bien élevés.

Rien de mieux dans un État pour mener à la banqueroute que les économies. Dès que les dépenses se réduisent, le crédit cesse. Voyez l'administration de Necker avant la Révolution : diminuant tout, il alarme tout. Ou encore le Gouvernement provisoire après 1848.

Quand au contraire, les dépenses sont excessives, la prodigalité folle, comme aujourd'hui, le crédit est tel que la banqueroute du gouvernement peut se faire à l'amiable, comme pour le 5 % réduit à 4 ½. Un État qui se ruine est le seul qui trouve à emprunter (2).

(1) Le plus célèbre est celui du Musée de Vienne.

(2) 10 noav. de 5 % eavait été réduite, par Bineau à 4,5 % en 1852, conversion garantie pour 10 ans. Mais des bruits alarmistes coururent, à l'automne 1857, auxquels Napoléon III dut couper court par sa lettre rentdu L 1857. Fould réalisera le 8 fév. 1862 une conversion facultative du 4,5 %.

397

Lu les PAYSANS de Balzac. Personne n'a vu ni n'a dit Balzac homme d'État; et pourtant, c'est peut-être le plus grand homme d'État de nos temps, un grand homme d'État social, le seul qui ait plongé au fond de notre malaise, le seul qui ait vu par le haut le dérèglement de la France depuis 1789, les mœurs sous les lois, le fait sous le mot, l'anarchie des intérêts débridés sous l'ordre apparent de la concurrence des capacités, les abus remplacés par les influences, les privilèges par d'autres, l'inégalité devant la loi par l'inégalité devant le juge; le mensonge de ce programme de 89, l'argent au lieu du nom, les banquiers au lieu des nobles et le communisme au bout de cela, la guillotine des fortunes. Chose étrange, que seul un romancier ait vu cela !

Lu la MARE AU DIABLE de George Sand, où il est dit : « La chasteté des mœurs est une tradition sacrée dans certaines campagnes éloignées du mouvement corrompu des grandes villes (1) ». Le XVIIIᵉ siècle, Boucher, les peintres et les romanciers de trumeaux n'ont donné que des rubans au paysan; Mᵐᵉ Sand lui prête une âme et son âme. Génie faux et faux génie, qui descend de PAUL ET VIRGINIE par l'ASTRÉE. De Mˡˡᵉ de Scudéry à Mᵐᵉ Sand en passant par Mᵐᵉ de Staël, les femmes ont le génie du faux.

J'appellerais volontiers le moral une température de l'âme.

Turgot et les autres inaugurent le gouvernement de l'homme par des systèmes, au lieu du gouvernement par la connaissance de l'homme, comme Richelieu.

J'ai regretté Decamps à la messe, ce matin : d'un rien, avec ces figures de paysans béats, il eût fait un beau lutrin de singes (2).

(1) Cf. G. Sand, LA MARE AU DIABLE, ch. 5, *in fine :* la réflexion est destinée à expliquer que la Guillette confie Marie, qui a seize ans, à Germain, qui en a vingt-huit, pour un voyage à cheval.

(2) Allusion aux SINGES BOULANGERS, aux SINGES CHARCUTIERS, aux SINGES EXPERTS, à tous ces tableaux où Decamps a représenté ces animaux imitant les activités humaines. Jules de Goncourt (EAUX. F., ed. Burty, nᵒ 12) a gravé le SINGE AU MIROIR de Decamps.

ANNÉE 1857

Lu les Causeries du lundi de Sainte-Beuve, ce Dictionnaire de la conversation de la biographie (1). Il y a un mot d'Henri Heine sur lui-même, qui me peint parfaitement cet homme : « romantique défroqué » (2). C'est cela, le défroqué tout plein cet homme et tout plein ce style : du Saint-Simon de demoiselles, du louche, du patelin, du mal-à-l'aise, du lâche pour entrer en grâce, des accommodements de conscience et de convenance, des coups de pied de prêtre, des restes de vieil homme désavoués aussitôt et reniés. Un fond sermonneur, un sourire aigre, une critique prude faisant le *mea culpa* de la jeunesse, du romantique sur le dos des drus, des verts et des francs génies de la France. Entraîné encore par la pente de Volupté dans les petites quêtes dans le petit et le malsain de l'âme humaine, mais renvoyant à tout moment le démon avec les grands mots et le signe de croix et Dieu et la société et le monde et la conscience humaine et la kyrielle des saints classiques.

Un petit esprit, après tout, ambitieux, mais bas; jugeur de phrases mieux que de livres, analyste de parties et de membres, estimant le style par la grammaire, ennemi de l'esprit par envie, ami de la platitude, glissant avec ses petits bras sur les statues des grands hommes et s'accrochant à leurs pieds d'argile.

Il y a deux grands aristocrates de nature, Dieu et le chien. Dieu a fait les uns beaux, les autres laids, les uns intelligents, les autres crétins, — et le chien aboie après la blouse.

Lu saint Augustin. Les martyrs, certificat de folie d'une idée ou d'une religion, par laquelle elles commencent à vivre.

Le faisan bien faisandé doit sentir le fromage de Stilton.

De la confusion des langues, à la Tour de Babel, sont nés Pierrot qui s'en joue et les traducteurs qui en vivent (3).

---

(1) Le Dictionnaire de la conversation, « inventaire raisonné des notions générales les plus indispensables à tous », publié de 1832 à 1851 (rééd. 1853-1860) sous la direction de William Duckett fils.

(2) Cf. Heine, Œuvres complètes, trad. publiée chez Michel-Lévy, 1855, De l'Allemagne, vol. II, p. 254.

(3) Pierrot, héros muet des pantomimes, se contente de gestes...

Lu saint Augustin, saint Jérôme, etc. : une des choses qui compromettent le plus Dieu, après la religion, ce sont les livres mystiques. Sorti de la lecture de tous ces mystiques comme d'une maison de fous et d'un hôpital d'âmes.

Voir dans mes notes en cahier réflexions sur saint Jérôme (1).

Idée pour la JEUNE BOURGEOISIE : adoration de ce crétin de Vauvenargues. Manie de la bourgeoisie de se frotter aux gens connus, la mère Agnès, etc.

Élève fort, acheté en province moyennant 500 francs de rente aux parents (2). Ne sort jamais. Outre les devoirs du collège, fait toujours un devoir plus fort donné par la pension.

Mariage *in extremis* d'une jeune fille.

Paris, 23 septembre.

A dîner, Murger et Scholl. — Murger nous dit la belle oraison de Planche par son seul ami, Buloz : « J'aimerais autant avoir perdu 20.000 francs. » — « Il m'a payé mon article ! » dit Murger qui l'a pleuré dans le FIGARO. Murger guigne la pension de 1200 francs du père Boissonade (3).

La dernière lettre de Planche, de son lit d'hôpital : désistement de sa candidature ou plutôt de ses chances à l'Académie à la prière de Mme Sandeau en faveur de son mari.

25 septembre.

Édouard Lefebvre vient ce soir. A vu verser à Buloz de véritables larmes sur la mort de Planche, qui a pu avoir l'horreur de

(1) Ces notes de Jules sur saint Augustin et saint Jérôme figurent dans le carnet de préparation de MADAME GERVAISAIS de la collection Gimpel (f° 76-78). On voit qu'en 1857, les Goncourt se documentaient déjà pour ce que Jules appelait le 17 sept. 1856 « la nouvelle de ma tante ».

(2) Suivent dans le Ms. quelques mots incompréhensibles : *12 par an au* [...] *semaines*. Quelques lignes plus bas, la mention du *Mariage in extremis d'une jeune fille* est en gros caractères, comme pour souligner à sa seconde apparition l'importance de ce thème romanesque, qui est à l'origine de LA JEUNE BOURGEOISIE (cf. t. I, p. 163, n° 2).

(3) Planche meurt le 18 septembre; le 10 septembre disparaissait érudit Jean-François Boissonade, ancien professeur au Collège de France, membre de l'Institut : les Goncourt insinuent ironiquement que le fantaisiste, l'ignorant Murger doit guigner la succession du savant, tant est inattendu son article élogieux, signé *Schaunard* (24 septembre), sur le sévère critique de la REVUE DES DEUX MONDES, Gustave Planche.

l'eau, mais qui a été un caractère noble et désintéressé (1). Nous conte sur Planche un beau fait, un fait rare. Quand Bonaparte était à Ham, faisant des livres et ne sachant guère en faire, il envoyait sa copie pour être remaniée à une Mme Cornu, femme d'un peintre (2). Celle-ci, ayant des relations avec la REVUE DES DEUX MONDES, les confia à Planche, qui les remania avec beaucoup de travail et de soin. Bonaparte le sut et quand il fut président, je crois, enfin avant la nomination de Nieuwerkerke, il proposa sans conditions aucunes à Planche la direction des Beaux-Arts. Planche refusa.

Édouard fait, dans l'annuaire de la REVUE, l'Allemagne d'après les cartons du ministère. Buloz l'ayant supplié de lui faire aussi Haïti, Édouard le fait d'après les cartons. Trésors les plus curieux et les plus cocasses sur Soulouque, ceci entre autres : M. Dillon, notre consul là-bas, amenant Soulouque à la paix avec les Dominicains, moyennant une canne à pomme d'or guignée par Soulouque tout le temps de la conférence. Dillon s'en aperçoit, parle, parle, laisse l'empereur s'enflammer pour sa canne et quand il le voit bien non convaincu, mais amoureux de la pomme, la lui offre et Soulouque se décide à la paix.

Nous causons des lettres de Napoléon (3). Son père est de la Commission, qui convient de beaucoup de choses qui ne seront point publiées, — entre autres, un projet d'interrogatoire, de piège à loup au duc d'Enghien, parfaitement fait et combiné et rédigé de la main de Napoléon, que Mérimée a apporté l'autre jour à la Commission.

Au Café Riche, Scholl nous présente à Edmond About. Au physique, un singe souriant... C'est le compliment à

(1) Add. 1887 depuis *qui a pu avoir horreur de l'eau...* — C'est une allusion à la malpropreté proverbiale de Planche.

(2) Louis-Napoléon, après son débarquement manqué à Boulogne, fut emprisonné au fort de Ham du 10 oct. 1840 au 25 mai 1846, date de son évasion. Il y composa L'ANALYSE DE LA QUESTION DE SUISSE (1842), L'EXTINCTION DU PAUPÉRISME (1844), etc.

(3) Le 7 sept. 1854 avait été créée une Commission officielle « pour publier et coordonner la Correspondance de Napoléon Ier », sous la présidence du maréchal Vaillant. Ses membres étaient Charles Dupin, Boulay de la Meurthe, Prosper Mérimée, le général Aupick, Chabrier, Perron, Chassériau et Armand Lefebvre, le père d'Édouard.

brûle-pourpoint. Il paraît que c'est habile, puisque ça réussit; pour moi, c'est grossier, — un peu trop.

Paris, octobre.

Il y a trois styles : la Bible, les Latins et Saint-Simon; il y a peut-être le grec, mais nous ne le savons pas.

Grand résultat de la suppression de la Loterie : les domestiques ne volent plus vingt sous pour mettre à la loterie, ils volent vingt francs pour mettre à la Bourse.

Pour la JEUNE BOURGEOISIE, toisement par un ami de la valeur matérielle d'un jeune homme qui veut se marier : « Votre nom, cela vaut 20.000 francs », etc.

Idem : M. Aviat, le père de la jeune fille élevée par Mlle Pouchard, avoué et bourgeois paradoxal, trouvant qu'il n'y a rien de bête comme une jeune fille timide et qu'une femme doit tout savoir, lui fait apprendre les armes.

Me meublant ces jours-ci, je vois de plus en plus que les gains du commerce ne sont pas des gains, mais une suite de fraudes, qui me fait penser quel sommet d'un peuple ce sera, voleur, mensonger, etc., dans un siècle à peu près, quand toute l'aristocratie de la France sortira du comptoir.

Notre cousine Augusta nous tombe sur les reins, amenant son petit au collège Rollin. Pauvre tyran que ce mari, son mari ! L'ennemi enragé de l'aristocratie et des prêtres, dont le fils est fourré dans le collège le plus aristocratique et le plus religieux et dont la fille a épousé un homme qui fait maigre le vendredi et le samedi et communie ! (1) Sa mère m'apprend que celle-ci a une chlorose. O la belle ironie ! Cette fille millionnaire, cette fille à quatre cent mille francs de dot, qui ne pourra procréer, — ambition des parents, — parce que — elle me l'a dit elle-même — elle a un sang trop pauvre, n'ayant pas assez mangé chez ses parents toute son enfance, — pas assez mangé, en province ! L'Avare de Molière, le Grandet de Balzac, qu'est-ce auprès ?

(1) Add. éd. : *le collège.*

Il y a des livres, comme L'HISTOIRE DES MARIONNETTES de Magnin, qui me semblent des caricatures en mosaïque (1).

Scholl m'amène à dîner chez moi Mario Uchard, l'auteur de LA FIAMMINA, que je n'ai ni lue, ni vue, mais que je devine : Uchard est pour moi un Scribe fils. C'est un grand garçon maigre et brun, sans bruit, dans sa mise anglaise, doux et distingué de formes, cheveux et favoris noirs semés d'argent, avec un joli œil plein de sourires et de caresses. Il nous parle de sa femme, Madeleine, comme d'une personne qu'il aurait rencontrée dans le monde et qu'il aurait perdue de vue (2).

Le Café Riche semble dans ce moment vouloir devenir le camp des littérateurs qui ont des gants. Chose bizarre, les lieux font les publics. Sous ce blanc et or, sur ce velours rouge, nul des voyous n'ose s'aventurer. Murger, avec qui nous dînons, nous fait sa profession de foi. Il renie la Bohème et passe, armes et bagages, aux hommes de lettres du monde. C'est le Mirabeau de la chose.

C'est au fond du Café Riche, dans le salon qui donne sur la rue Le Peletier, que se tiennent de onze heures à minuit et demi, sortant du spectacle ou de leurs affaires, Saint-Victor, Uchard, About avec son masque simiesque de sourire faux, le nerveux Aubryet, dessinant sur les tables ou insultant les garçons ou M. Scribe, Albéric Second, Fiorentino, Villemot, l'éditeur Lévy, Beauvoir, le dernier des ivrognes de la Régence, etc.

A l'entrée, dans le salon séparé de celui-ci par deux piliers, on aperçoit çà et là quelques oreilles qui se penchent et boivent les paroles de notre cénacle. Ce sont quelques gandins, qui finissent de manger leur petite fortune, ou des jeunes gens de Bourse, des commis de Rothschild, qui ramènent du Cirque ou de Mabille quelques lorettes de premier choix, au petit appétit desquelles ils

---

(1) Nous ne savons en quoi L'HISTOIRE DES MARIONNETTES (1852), de cet ami de Sainte-Beuve, collaborateur de la REVUE DES DEUX MONDES, a pu produire cette impression sur les Goncourt. *Caricatures ?* A cause des marionnettes elles-mêmes, de leurs gestes raides, etc. *En mosaïque ?* Peut-être à cause de la coupe des chapitres, qui n'ont chacun, souvent, que deux ou trois pages et juxtaposent ainsi toute une suite d'indications bigarrées ? La remarque serait curieuse de la part des Goncourt, ces pointillistes.

(2) L'actrice Madeleine Brohan, que Mario Uchard avait épousée en 1853 et dont il était séparé depuis 1855.

offrent le passe-temps d'un fruit ou d'un thé en leur montrant de loin, du doigt, les premiers rôles de notre troupe.

La conversation générale est ordurière, sans être spirituelle. Il y a une affectation de cynisme, comme si on avait parié de faire rougir les garçons. Et jusqu'à la porte du boulevard, frôlant les oreilles de ces femmes, il s'échappe des lambeaux de considérations esthétiques sur M. de Sade.

C'est très singulier : cet Uchard, ce sans-style, cet esprit d'analyse bourgeoise, nous parle, une longue heure, de la belle langue du XVIe siècle et du XVIIe siècle avec feu et des jaillissements de mémoire, de tous ces tours et détours de langue, qui peignent si bellement dans Béroalde la ramasseuse de cerises (1). Le voilà, tout d'une haleine, nous récitant de Ronsard la grasse épitaphe de Rabelais (2); puis soudain, nous disant du grand Corneille ce grand et cornélien sonnet, si fier de l'immortalité qu'il peut dispenser :

> Belle marquise...
> Et vous ne passerez pour belle
> Qu'autant que je l'aurai dit (3).

Baudelaire soupe à côté, sans cravate, le col nu, la tête rasée, en vraie toilette de guillotiné. Une seule recherche : de petites mains lavées, écurées, mégissées. La tête d'un fou, la voix nette comme une lame. Une élocution pédantesque; vise au Saint-Just et l'attrape. — Se défend, assez obstinément et avec une certaine passion rêche, d'avoir outragé les mœurs dans ses vers (4).

(1) Cf. Béroalde de Verville, LE MOYEN DE PARVENIR, ch. VII : *Cérémonie*. Il s'agit d'une jeune paysanne, Marciole, que M. de la Roche oblige à ramasser nue des cerises jetées à terre, mais à qui les gentilshommes présents doivent verser en dot le prix du spectacle...

(2) Cf. Ronsard, BOCAGE de 1554, *Epitafe de François Rabelais :* « Si d'un mort qui pourri repose... » (éd. Laumonier, 1932, p. 20 sqq.)

(3) Cf. Corneille, POÉSIES DIVERSES, LVIII. Ce sont les fameuses Stances de 1658 — et non point un sonnet — adressées à Mlle du Parc :
> *Marquise, si mon visage,*
> *A quelques traits un peu vieux.*
Le *Et* de l'avant-dernier vers cité fait le vers faux.

(4) Le 20 août 1857, à l'audience de la 6e Chambre correctionnelle, après le réquisitoire de Pinard et la vétilleuse défense de Chaix d'Est-Ange fils, Baudelaire avait été condamné à une amende de 300 francs et à la suppression de six pièces des FLEURS DU MAL.

Je monte au cinquième, rue de la Petite-Paix. Une antichambre tendue en Perse. Un cabinet tendu en tapisseries : des verdures horribles; à la fenêtre, enchâssés dans les carreaux, quatre maigres petits vitraux anciens.

Et Uchard, au coin du feu et d'une tasse de thé, me dit qu'il raffole des appartements tendus, qu'il adore se meubler; — qu'il a une étoile, que tout ce qu'il désire lui arrive, qu'il a désiré aller à Ceylan et que les affaires d'un agent de change, dans la charge duquel il était, l'ont fait aller à Ceylan, qu'il a chassé l'éléphant; — qu'il a beaucoup d'imagination, que Dumas fils ne peut faire que ce qu'il a vu, que lui, c'est le contraire; — qu'il fait d'abord son plan dans sa tête, jamais de scénario et que ses scènes se déduisent logiquement et nécessairement l'une de l'autre; qu'il a énormément lu. Il a sur sa table le MONDE AVANT LA CRÉATION de Zimmermann. Il lit en mangeant, il lit chez les femmes quand il couche et il m'avoue qu'il a lu dans son lit pour s'endormir, la première nuit de ses noces.

A propos de l'affaire Migeon, le progrès est à remarquer, du suffrage par le cens au suffrage universel : sous Louis-Philippe, les candidats donnaient à dîner; sous Napoléon III, ils payent à boire ! (1)

Toujours à propos de l'affaire Migeon : un gouvernement serait éternel, à la condition de donner tous les jours au peuple un feu d'artifice et aux gens qui ne sont pas *peuple* un gros procès.

Certains inconvénients du Café Riche, — l'intrusion d'un peuple de vaudevillistes, les marches souterraines des tables de l'entrée vers les tables du fond, des inconnus se bombardant dans

(1) Jules Migeon avait été élu député, comme candidat officiel dans le Haut-Rhin en 1852. En 1857, le gouvernement s'opposa à sa candidature, ne put empêcher sa réélection et entama contre lui un long et scandaleux procès, « dans lequel furent révélés les plus curieux détails d'influence électorale ». En 1858, il démissionna, ayant été condamné par le tribunal correctionnel de Colmar pour port illégal de décoration; il se représenta, fut réélu et son élection fut annulée.

ALITY썼

la conversation, le spectacle de certaines ivresses de Beauvoir, un peu trop vives et pouvant donner aux passants une opinion peu favorable de la sobriété du corps entier des hommes de lettres, — nous décident à transporter la Contre Révolution contre la Bohème au fin fond du Café du Helder, où nous espérons causer sans être entendus et cacher nos auréoles sous nos chapeaux. Nous sommes convenus, Mario Uchard, Aubryet, Murger, Saint-Victor, Marchal le peintre, Royer de l'Opéra, Lévy et d'autres qui ont le mot de passe, dès le second soir, de ne révéler cet asile de notre incognito à personne et de n'y amener aucun ami.

Dîné avec Gavarni à la barrière de Passy. — Nous a montré les cent lithographies nouvelles qu'il vient de donner à l'ILLUSTRA-TION, remarquables par un premier coup, une lumière comme un matin, — auquel je ne sache personne arrivé, — et des portraits d'un peuple, d'une classe entière en un homme, en une femme, en un type. Son œuvre, une véritable immortalité du XIXᵉ siècle, Quelle invention du vrai ! Quel génie ! C'est véritablement le génie en action, cette ponte admirable, épouvantante, de tant de chefs-d'œuvre, jeux de sa main et d'un souvenir dont il n'a pas conscience ! Peintre, le grand peintre de ce temps ! Que sont colorieurs et dessinateurs, Ingres et Delacroix, auprès de ce créateur intarissable, qui porte tout son temps dans son crayon et toutes ses mœurs dans une plume emmanchée au bout ?

Travaillé à des dessins-aquarelles de musiques de tous les genres personnifiées, pour les SYMPHONIES de Janin, qui paraissent au Jour de l'An. Comme David, dessine d'abord l'académie de toutes ses Muses du son avant de les habiller.

Au bas de ses dessins, j'ai trouvé encore une série d'x. A ce propos, me dit que c'est un bien vieux goût, qu'il a retrouvé, ces jours-ci, des cahiers de calcul intégral de 1818, lorsqu'il était à la pension Butet de la Sarthe, rue de Clichy.

Causeries sur l'être et le Grand Être : « Tout ce qui est à sa raison d'être et son explication... Plus la science engraisse, plus l'idée de Dieu maigrit. »

A retrouvé aussi sa première légende, un dessin d'enfant à la plume, — et au-dessous : « *Poure* représenter une nymphe portant une corbeille de fleurs... »

Grand côté de Gavarni : c'est d'être peintre de mœurs non par le costume et le meuble, comme Lavreince, etc., mais par la physionomie.

Il n'y a dans ce temps que les dessins de Gavarni de comparables et d'analogiques aux grands dessins de l'école italienne.

Mercredi 21 octobre.

Lu notre pièce, LES HOMMES DE LETTRES, à Paul de Saint-Victor, Mario Uchard, Xavier Aubryet. Le cinquième acte paraît trop lyrique, pas assez expliqué, — trop « une mort de sensitive » (1). Nous nous décidons à le retrancher.

Causerie à dîner sur Dante, que Saint-Victor met au-dessus de Shakespeare et qu'il appelle « le bélier de l'humanité, celui qui marche en tête du troupeau ». — Joli mot de Saint-Victor sur Baschet : « Cadet-Rousselle dans les archives de Venise ». — Saint-Victor nous récite les strophes si luxurieusement peintes de Théophile Gautier sur les poils de la femme.

Samedi 24 octobre.

Nous allons remettre notre pièce en quatre actes à Mario Uchard, qui s'est chargé de la présenter au Vaudeville avec Saint-Victor.

Il nous conte comment il a été amené à faire des pièces. Voulait d'abord faire faire par Gautier une pièce pour sa femme, a une idée, la dit à Gautier. Gautier commence, fait mille vers et s'arrête. Poursuivi par cette idée, rencontre Gautier au Café de Paris, prennent ensemble une voiture et vont devant eux, Gautier disant : « Oui, vous avez raison, je crois avoir une idée assez jolie : c'est une femme qui serait Agnès au premier acte, Célimène au second et putain au troisième. » Uchard rentre, prend du papier à lettres et se met à écrire couramment le premier acte, l'apporte à Gautier, qui le trouve charmant, le fait en vers, puis en reste là :

---

(1) Add. 1887, note d'Edmond : *C'est cependant de cette mort de sensitive que mourra mon frère.* On suppose donc que dans la pièce, tout comme dans le roman des HOMMES DE LETTRES, Charles Demailly sombrait graduellement dans la folie, à la suite des perfidies de la Petite Presse.

impossible de lui tirer le reste. Uchard se destine alors à faire des pièces tout seul, fait une pièce, la jette dans un tiroir et fait son éducation d'écrivain en commençant par la grammaire et les auteurs. Cette pièce est refusée; et au bout de trois mois, LA FIAMMINA est reçue à correction.

Difficulté d'avoir le sentiment de sa pièce par ce récitatif chanté des acteurs jusqu'à la représentation. Principalement Got, qui cache absolument et démasque seulement le jour de la première représentation son personnage, qui est toujours une personnalité. Par exemple dans Sylvain Duchâteau, c'est le fils Beauvallet qu'il a joué.

Dit qu'on n'apprend pas à faire une pièce; qu'il disait à Dumas fils, quand ils étaient ensemble à *Monte-Cristo*, le conseillant dans la machination de la DAME AUX CAMÉLIAS et accueilli par beaucoup de mépris : « Moi, franchement, ça ne me paraît pas difficile de faire une pièce; et si j'en fais une, il me semble que j'en ferais une comme tout le monde » (1)

Lundi 26 octobre.

Notre pièce commence à grouiller. Annoncée dans l'ENTR'ACTE, le NORD, le PAYS, etc. Ce soir, la PRESSE annonce que nous sommes reçus. Cela commence à nous inquiéter comme un mauvais présage.

Au Café du Helder : Saint-Victor a présenté la pièce à Goudchaux aujourd'hui. Il doit avoir la réponse mercredi.

Le personnel littéraire envahi par le domino. Royer, qui ne joue pas, fait passer la dépêche télégraphique envoyée ce matin par le mari de la Ferraris, — au sujet de la représentation d'hier soir à Bologne, — partie à dix heures, arrivée à midi et demie : « Hier, fanatisme, ovations, enthousiasme, trente fois rappelée. Amalia Ferraris, *diva balladiera.* »

Murger, qui ne joue pas non plus, nous conte qu'une femme d'un bordel de la place Louvois lui a dit que M\ʰ\ᵉ Valérie, du

(1) *Monte-Cristo*, malgré la tournure ambiguë de la phrase, désigne encore ici la demeure de Dumas père à Saint-Germain (cf. t. I, p. 61) et non son journal; car LE MONTE-CRISTO, « rédigé par M. Alexandre Dumas seul », ne succède au MOUSQUETAIRE qu'en mai 1857 et l'allusion à LA DAME AUX CAMÉLIAS nous reporte à 1852.

Théâtre-Français, en faisait venir quelquefois cinq ou six de la maison, qu'elle leur donnait à manger et qu'elles disaient des bêtises...

« Tiens, » dit Hector Crémieux, qui, dit-on, est cocu par About, l'amant de Valérie, « il faudra que je dise ça à About ! »

« Au reste, dit Murger, vous savez que deux des meilleures pratiques de la Farcy, c'étaient Constance et X... »

À propos de l'article étonnant Arsène Houssaye, d'Arsène Houssaye, signé Banville (1), dans l'Artiste, Murger nous dit ce joli mot sur Houssaye : « Vous savez, c'est un homme qui se trouve toujours là, quand vous venez de casser un carreau de quarante sous et que vous n'avez pas de quoi le payer. »

Mardi 27 octobre.

Passé à l'Artiste. Les réclames de ma pièce — reçue... dans les journaux, hélas ! — mettent l'Artiste à mes pieds. Aubryet me salue comme un succès, me parle comme à un grand homme; et moi-même, je me mets à lui parler comme d'un piédestal. Il ne serait pas impossible qu'avec un succès, je devinsse orateur ! Mille propositions de *Courrier de Paris*, de biographies, etc., etc.

Mercredi 28 octobre.

Mauvaise nuit. La bouche sèche comme après une nuit de jeu. Des espérances qu'on chasse et qui reviennent. Puis tout remplis d'émotions et de mauvais pressentiments, nous n'avons pas le courage d'attendre la réponse chez nous et nous nous sauvons à la campagne, regardant bêtement, ahuris et muets, à la portière du chemin de fer, passer les arbres et les maisons d'Auteuil, nous gagnons à pied le pont de Sèvres. Nous avons besoin de marcher. Là, sur la gauche, dans les vapeurs bleues, dans l'or de l'automne, le Bas-Meudon, la muse de notre pauvre En 18.. (2)

Sur la route de Bellevue, nous rencontrons, tenant à la main une jolie enfant, la jeune fille, — jeune femme aujourd'hui, —

(1) Cf. t. I, p. 311, nº 2.

(2) Cf. En 18.., chap. XVI, *Bas-Meudon* : Charles, le héros, y rencontre la jeune Juive Nifa. C'est le prétexte d'une description brillante de la Seine, que Jules Janin admira, dans son feuilleton des Débats du 15 déc. 1851.

que l'un de nous a eu, bien pendant huit jours, la très sérieuse envie d'épouser et qui nous rappelle du bien vieux passé (1). Il y a des années qu'on ne s'est vu. On s'apprend les mariages et les morts et l'on vous gronde doucement d'avoir oublié d'anciens amis... Puis dans la maison de santé du docteur Fleury, sur la pelouse en terrasse, c'est, dans notre conversation avec Banville, l'apparition de ce vieux dieu du drame, le vieux Frédérick Lemaître...

Dans tout cela, par tous ces chemins, dans toutes ces rencontres, dans toute votre vie morte qui vous revient et que semble faire repasser devant vous le hasard, dans tout ce rappel de votre jeunesse, qui semble vous présager une vie nouvelle, nous roulons, écoutant et regardant tout comme un présage, tantôt bon, tantôt mauvais, pleins de pensées qui se heurtent dans une pensée toujours fixe, prêtant aux choses un sentiment de notre fièvre ; pour un air d'orgue qui passe, nous disant des yeux : « C'est l'ouverture de notre pièce qu'on joue ». Et silencieux et nous parlant tout le temps sans rien nous dire...

Même, en revenant, comme si ce jour-là, tous les spectres du passé devaient se lever, nous avons regardé rue du Dragon cette fenêtre près des étoiles, où le lit n'avait pas de draps en décembre.

En arrivant : rien.

Le soir, dans notre salon, fumant nos pipes, assis sur ce royal meuble de Beauvais, qui nous parle sans nous consoler, fouettés par tout le passé de la journée, nous remontons tous deux à nos souvenirs de collège, alternant de la voix et de la mémoire.

Edmond contant le collège Henri IV et ce Caboche, ce singulier professeur de troisième, qui donnait à des échappés de Villemeureux le portrait de la duchesse de Bourgogne de Saint-Simon en thème latin; qui lui prédisait un jour : « Vous, monsieur de Goncourt, vous ferez du scandale ! » Intelligence délicate et aimable, un peu du bénédictin, un peu amer et sourieusement ironique; un profil resté dans le fond de ses sympathies, comme un des premiers éveilleurs de l'intelligence, du beau style, de la belle langue française... Son rôle déjà d'opposition et de défenseur à

---

(1) Var. 1887 : *l'aîné de nous deux*. Il s'agit de Mme Louise Lerch. Voir dans le Journal sa visite à Edmond, le 9 juin 1886.

coups de ses poings assez faibles, contre les tyrans. Puis ces espèces de bonne aventure, que les camarades se jetaient au nez les uns des autres : « Toi, tu écriras un jour. »

Jules contait le collège Bourbon. Ce professeur de sixième qui passait sa classe à raconter à ses élèves ses aventures de Garde nationale, Herbette, ce chien qui fit malheureuse toute son heureuse enfance, le poussant sans miséricorde aux prix, au Concours (1). Plus tard, un professeur de seconde à qui il déplut, pour faire autant de calembours que lui et les faire aussi mauvais ; et cette bienheureuse classe de rhétorique où il *fila* à peu près toute l'année, faisant en vers un incroyable drame d'ÉTIENNE MARCEL, sur la terrasse des Feuillants, et revenant à la maison lorsque la musique de la garde montante allant au Palais-Bourbon lui indiquait l'heure de la rentrée ; et passant les quelques classes où il se montrait à illustrer NOTRE-DAME-DE-PARIS de dessins à la plume dans les marges, sous ces deux professeurs, l'un de rhétorique française qui, le lendemain de la Révolution de Février, fit lire en classe du Béranger, tandis que le professeur de rhétorique latine — c'était le frère de l'académicien Nisard — faisait lire Jérémie et tous les déplorateurs de la Bible. Et les camarades, et celui-là, un garçon à lunettes, qui faisait l'envie de toute la classe, racontant qu'il baisait la bonne de son père, amoureux de plus de Mlle Rachel dont il allait voir les appartements à louer. — Et déjà, pour lui cette haine des voyous, qui sifflaient avec tant d'ensemble les mauvais vers français qu'il risquait dans ses versions latines et ses discours français, les plus courts de tous ceux de la classe.

Jeudi 29 *octobre.*

Plus la moindre espérance. La fièvre et un grand vide dans la tête ; et pas le courage cependant d'aller au-devant de la nouvelle. Battu les quais, usé la pensée avec les jambes toute la journée.

(1) La ponctuation de la phrase est incertaine : dans le texte imprimé Edmond assimile Herbette au professeur de sixième ; d'autre part, Delzant (p. 20), utilisant les confidences d'Edmond, date de la classe de quatrième les succès de Jules au Concours général. Or le palmarès des *Concours généraux de l'Université* mentionne Jules de Goncourt pour le 2e prix de version latine et le 2e prix de version grecque, au Concours de 1844, pour la classe de cinquième.

Vendredi 30 octobre.

Rien.

Quelle ironie que la fortune ! Avec 10.000 livres de rentes, nous aurons touché à tous les luxes, et du plus cher, et nous aurons saoulé nos yeux comme pas un Trimalcion.. Acheté, pour un peu faire diversion, un secrétaire et une commode Louis XVI, style Marie-Antoinette, 1200 francs : deux bijoux ! Une marqueterie et des bronzes !

Gavarni vient nous chercher pour dîner à son horrible Café du Mail. Il a fait de Morizot un éditeur de lithographies : Morizot vient de lui commander cent planches; et l'idée de Morizot — qui est de Gavarni — est celle-ci : c'est de faire faire le texte de ces cent planches de Gavarni par... Veuillot ! Gavarni, en ce moment, raffole du talent de Veuillot.

Dimanche, 1er novembre.

Nous faisons sortir du collège Rollin le fils de nos cousins, les millionnaires de Bar-sur-Seine... Non, nous ne croyons pas que les pêches étaient meilleures de notre temps; mais les enfants que nous avons été, si nous ne les croyons meilleurs, étaient autres. Ils étaient amusables et amusés. Ils avaient de petites passions et déjà de grands entraînements; ils avaient des joies immenses de parties de spectacles promises; ils avaient des indigestions au dîner où ils n'étaient pas surveillés; des appétits de tout le défendu de l'enfant, des bonheurs faits d'un simple changement et renversement de leur vie. Ils portaient tout autour d'eux un rayon, une satisfaction, une exubérance, une pétulance et une intempérance, les passions de l'homme en bouton et en miniature. L'enfant que nous avons là a le corps de ces enfants-là, le remuement et le tapage, mais rien que cela : point de grandes joies, point de déraison, point d'enfance. Il ne mange pas même trop !

2 novembre.

Ce que c'est que le simple ébruitement sur la possibilité d'un succès ! Un ami qui ne nous aime pas et que nous avions, depuis deux ans, presque autant perdu de vue qu'il nous avait perdus de vue lui-même, Louis Leroy, le graveur, tombe chez nous, comme soudain monté par un mouvement de cœur au haut de nos quatre étages. Inutile de dire qu'il nous affirme, en entrant, tomber de la lune, arriver de la campagne et ne savoir pas le premier mot de notre pièce, ni des journaux qui en parlent !

9 novembre.

Été au petit Trianon, pour pénétrer Marie-Antoinette dans son *chez soi* intime. Voilà donc ce joujou de reine, dont on a fait une si monstrueuse folie, ce Trianon, un des grands chefs d'accusation contre la Reine. Mais les moindres gros financiers de ce temps ont fait bien pis, — et bien mieux ! Et si l'on avait conservé le château de Bellevue de cette Mme de Pompadour, qui faisait 800 livres de pension à un ouvrier du faubourg Saint-Antoine pour une chaise percée, au dire de d'Argenson, — ou le château de Luciennes de Mme Du Barry, on verrait ! (1)

Une idée au-dessus de tout cela, c'est que l'homme le plus riche, même les rois modernes, ne peuvent que bien peu en architecture et en contrefaçon de la nature. Peut-être des millions ont-ils été jetés là, et ce n'est qu'un très joli jardin, ce ne sont que des appartements avec des boiseries bien inférieures à de belles boiseries que j'ai vues, les boiseries de l'hôtel Ferriol, rue Saint-Augustin (2). Allons ! c'est encore un désenchantement : mon rêve est bien au delà !

Le conservateur du musée qui nous guide partout là, le bon Soulié, nous dit combien cette Marie-Antoinette, cette ombre charmante et dramatique de l'Histoire, est la pensée et l'occupation de tout l'étranger, de M. de Nesselrode qui lui demande à voir l'endroit de l'entrevue de la d'Oliva et lui envoie à lire Georgel,

---

(1) Si le château de Bellevue, près de Meudon, construit pour Mme de Pompadour en 1748 et cédé au roi en 1757, a disparu sous la Révolution, celui de Louveciennes ou Luciennes, comme on disait jadis, sur la route de Versailles à Saint-Germain, donné par Louis XV à Mme Du Barry, a subsisté : il a abrité Ouvrard, Laffitte, le maréchal Joffre, le parfumeur Coty... Sur la pension faite par Mme de Pompadour à l'ébéniste Migeon pour une chaise percée, voir la note sceptique des Goncourt, MADAME DE POMPADOUR, p. 124, n. 4.

(2) Il s'élevait 24, rue Saint-Augustin (1er arrond.) et prenait son nom de Charles d'Argental, comte de Ferriol (1627-1722), notre ambassadeur à Constantinople, célèbre pour avoir ramené en France Mlle Aïssé et qui occupa cet hôtel à partir de 1707.

que lui, Russe, sait par cœur (1); — et de ce prince Constantin, tout plein de Marie-Antoinette, éclatant de dépit de ne pouvoir rester toute la journée à causer d'elle, si près d'elle.

Il nous demande si nous connaissons un livre de gravures érotiques, intitulé CABINET DE LA REINE. C'est M. Nicolardot qui lui en a parlé chez M. Feuillet de Conches. Il paraît qu'il va déshonorer la Reine dans son LOUIS XVI. C'était Hébert catholique ! (2)

Et nous allons, émus, religieux, dans ce passé touchant et tout présent, dans cette mémoire vivante de ces arbres, de ces eaux, de ces roches, de ces pavillons, de cet opéra-comique de la nature et du village, parmi toute cette féerie et cette berquinade de la Reine et d'Hubert-Robert, — marchant peut-être où elle a marché, et coudoyant des bandes de bourgeois qui se promènent, riant et irrespectueux, — où plus rien de royal ni d'officiel qu'une ridicule sentinelle, qui, du haut d'un pont rustique, tâche d'empêcher un cygne en colère d'aller se battre avec d'autres cygnes.

Pourtant, çà et là, dans le palais-bonbonnière, dans la salle de spectacle, des traces bourgeoises, comme un mouchoir à carreaux bleus d'invalide traînant sur un canapé de Beauvais. Louis-Philippe a collé partout du papier à vingt-deux sous sur les souvenirs de Marie-Antoinette, tout sali d'acajou et de velours d'Utrecht. Cela ressemble à un portier qui a hérité d'une relique. Rentrés, trouvons dans notre salon notre canapé de Beauvais ! Pauvres souverains, pauvres banquiers, ô risées, ô railleries ! Qu'avec dix pauvres mille livres de rentes, nous ayons un salon que vous n'avez pas !

Dame qui, son chien étant mort, en fait porter le deuil à sa femme de chambre.

15 novembre.

Ce matin, un tambour de la Garde nationale vient avec un grand livre pour m'engager dans la Garde nationale. Refus formel.

(1) Allusion à l'affaire du Collier. L'ouvrage de Georgel, ce sont les MÉMOIRES POUR SERVIR A L'HISTOIRE DES ÉVÉNEMENTS DE LA FIN DU XVIIIe SIÈCLE, *depuis* 1760 *jusqu'en* 1806-1810 *par un contemporain impartial feu, M. l'abbé Georgel* (l'abbé Jean-François Georgel), Paris, Eymery, 1817-1818, 6 vol. in-8.

(2) Le venimeux Nicolardot, célèbre par ses études sur Sainte-Beuve et Voltaire, éditera, seulement en 1873, le JOURNAL de Louis XVI.

Je vais chez Uchard. Il a vu Goudchaux. Le théâtre étant encombré de pièces en ce moment, notre pièce n'est pas reçue. Je le remercie en souriant de ce qu'il a bien voulu faire et j'ai le courage de lire sa nouvelle pièce, de rire aux *mots* et de m'intéresser au dramatique. Après tout, cela me console un peu : c'est le contre-pied de ce que nous faisons, de ce que nous tentons, de ce que nous rêvons.

Dans la journée, nous songeons à livrer encore une bataille sur le terrain des HOMMES DE LETTRES : c'est de faire le contraire de ce qui se fait, un roman avec notre pièce.

Uchard nous avait invités à ses dîners du dimanche. Nous y allons. Dîner avec Claudin. Vivier, le cor, ne vient pas. Domestique en cravate blanche, réchauds, verres mousseline. Vin ordinaire, soupe, poulet, gigot, haricots, entremets, fromage : très court dîner sauvé par la mise en scène. De l'école de ces gens de Bourse, frottés d'anglais, épris du résultat, entendant parfaitement la vie et sans grande dépense, jouant un train assez large (1).

Uchard se dit l'homme heureux par excellence. Insolente confiance dans son étoile, légitimée par les hasards et les remous les plus incroyables de la vie. A touché à tous ses désirs, a satisfait toutes ses passions et a goûté l'imprévu et l'inespéré même de toutes ces choses.

Il va à une noce, s'éprend d'une femme mariée, ne peut en avoir qu'une petite promenade sur le quai du Jardin des Plantes; est forcé de partir pour l'Italie; emporte là la tristesse d'une passion; est entraîné par un ami sur le lac de Côme. Sur le bateau à vapeur, vague, triste, enfoui en lui-même et ne regardant personne. Au moment où il va descendre, la femme de chambre qu'il connaissait s'approche et lui montrant une femme en deuil assise sur le pont : « Vous ne voulez donc pas reconnaître Madame ? » Au bout de trois mois, la femme, se trouvait veuve, libre, était venue en Italie sans savoir où il était. Et voilà deux mois d'amour au bord du lac de Côme, les plus beaux mois de sa vie !

Une autre fois, étant aux Pyramides, dans le couloir étroit et noir des Pyramides, courant et pressé de sortir et ayant besoin d'air, heurte quelque chose. Voilà deux hommes à cul : « Imbécile !

(1)   Add. éd. : *épris.*

415

— Imbécile toi-même ! » C'est la voix de son ami le plus intime...
Et parlez après cela des invraisemblances des romanciers !

Et son mariage donc ! Il revient de l'Inde en 1848. Il entre
un soir, sans but, aux Français; on jouait MADEMOISELLE DE LA
SEIGLIÈRE (1). La beauté de Madeleine le ravit. Il jure de ne plus
remettre les pieds au théâtre, craignant de devenir amoureux. Il
lit dans les petits journaux que Bataille va épouser Madeleine.
Roger donne son bal des Porcherons. Mario se fait faire un costume tout de fleurs, galonné de camélias, avec un chapeau qui était
un bouquet de lilas blanc. Madeleine, qui donnait le bras à Roger,
se trouve à la porte; le costume lui fait sensation : compliment
des fleurs ; lui met son chapeau dans les mains, en la priant de le
cueillir; demande une contre-danse et l'obtient. Puis dans le
souper deux à deux, l'amour s'ébauche. A la fin du bal, regrets
de ce bal qui finit trop tôt. « A huit jours », dit Uchard. Roger
recommence son bal et l'amour d'Uchard recommence à faire sa
cour.

Le difficile était d'entrer dans la maison Brohan. Le père
Gouje, fondateur de la MODE et père des Brohan, en défendait
assez brutalement la porte. Un beau jour, Uchard se présente tout
seul. La mère et la fille, rencontrées sur l'escalier, remontent. La
mère ne lui fait pas trop mauvaise mine et la conversation amoureuse entre lui et Madeleine se reprend en anglais (2). Madeleine
est amoureuse. On écoute les gens du gouvernement... Un
beau jour, parlaient en anglais : « Ah ! dit la mère Brohan, par
exemple, voilà un mot que je crois avoir compris ! — Je ne crois
pas » dit Mario. Madeleine toute rouge : « Je vous défie de le
dire tout haut. — Moi ? Vous allez voir. » Se tournant vers la
mère :

« Voilà ce que je disais et voilà ce que Madeleine me répondait.

— Comment ? dit la mère effarouchée.

— Et en même temps, je vous dirai que nous sommes
convenus de nous marier, Madeleine et moi. »

Le père Gouje arrive, on lui annonce le mariage : « Foutre,
comme vous y allez, vous autres !... Nous verrons. » La famille

_____

(1) La pièce tirée du roman de Jules Sandeau, jouée au Théâtre-Français le
4 nov. 1851, et qui fournit à Madeleine Brohan un de ses plus beaux rôles.

(2) Add. éd. : *la mère.*

part pour Londres, Mario part avec eux, loge avec eux et de retour à Paris, se marie.

Se défend très fort que LA FIAMMINA soit sa situation (1). Lorsqu'il lit la pièce à Got : « Mais c'est votre histoire ! — Mais mon fils n'a qu'un an ! — Ça ne fait rien, on dira que c'est votre histoire. » Dans la pensée de Uchard, le peintre Lambert : M. de Plaisance ; la Fiammina, Mme de Plaisance ; lord Dudley, Belgiojoso. Tout le temps de sa pièce, retenu et mal à l'aise par cette situation et crainte d'applications. Tous les mots durs contre la femme, retranchés ; dans la première pièce, la Fiammina avait un, deux, trois, quatre amants, etc.

Toute sa vie, toute sa carrière, tout son bonheur venant d'un tabouret trop bas. Apprenant à dessiner, embêté de dessiner, feuillette les livres qu'on avait mis sur son tabouret pour l'exhausser : c'était une méthode de flûte. La lit, l'apprend, s'apprend la musique tout seul, la nuit, dans son lit. Il se trouvait avoir une magnifique voix ; c'était le moment des débuts et de l'éclat de Mario et de Duprez, moment de passion musicale qui jetait au théâtre les jeunes gens de famille. Entre au Conservatoire : succès. Rencontre chez Delsarte un étudiant en médecine, Antonin Péri, baryton qui devient son ami intime (2). Là, le pousse, au lieu d'aller s'user en province, d'aller en Italie pour revenir en France avec un nom. Tous les deux à Milan ; bientôt les rois, les lions, vernissent admirablement leurs bottes eux-mêmes, mènent la mode et les femmes. Intrigues amoureuses. Antonin appelé, par sa distinction, *il principe* ; Mario rehaussé par un duel à propos du courage des Français. Ont leurs petites entrées dans les meilleurs salons. Mario devient bientôt intime ami de la comtesse Samoïloff, fille de ce Palhen qui étrangla Paul Ier, parente de l'Empereur, ayant quitté son mari pédéraste, — la grande figure de Milan par ses dépenses et ses charités royales, qui dépassent son revenu de onze cent mille francs, et ses amours au grand jour, allant d'artiste en artiste et de sculpteur en chanteur,

---

(1) Dans LA FIAMMINA, le peintre Daniel Lambert a eu un fils, Henri, de la Fiammina, cantatrice italienne, qui, depuis, vit en Italie avec lord Dudley. Le retour à Paris du couple illégitime amènerait un duel entre Dudley et Henri, si la Fiammina, quittant Dudley, ne décidait de disparaître généreusement.

(2) Le JOURNAL du comte Apponyi, 1926, t. 4, p. 84 sq., donne l'anecdote du mariage Samoïloff et orthographie *Perry*.

promenant dans Milan ses amants à quatre chevaux et achetant partout, en toute ville de théâtre *di primo cartello*, où chante le ténor aimé, un palais. Dans le moment, plus que jamais rage des chanteurs. Confiance déjà de Mario dans ce bonheur insolent, disant à Antonin : « Antonietta ? Eh bien ! tu l'auras, je te l'aurai. Je prendrai sa sœur. J'aurai quand je voudrai, la grande marchande de modes de Milan, la Paolen. » — Et remarquez le bonheur de Mario : quelques jours après, l'Antonietta et la Paolen emménageaient à côté d'eux et n'étaient séparées que par une cloison (1).

Un jour, il mène à la villa de la princesse absente son ami Antonin Péri. Voilà le cabot à admirer cette richesse, à la désirer et comme à s'y carrer d'avance, touchant aux flacons d'odeur et entrant dans ce luxe; et Mario, tranquillement, lui disant : « Eh bien, ça vous irait ? » et le voilà tranquillement à le féliciter devant Peroni, le maître de musique de la comtesse, comme s'il était déjà le maître de la maison (2)... Mario avait abandonné à quelques années de là l'Italie, le théâtre et la musique. Il était quart d'agent de change chez Bezard et par hasard se trouvait à Strasbourg. Il se heurte, en sortant de son hôtel, à Peroni qui se jette dans ses bras, l'embrasse en lui disant : « Monsieur Mario, venez, venez! » Et derrière, c'est Antonin, qui lui dit : « Je vous présente ma femme », et la comtesse Samoïloff, qui lui dit : « Je vous présente mon mari ». Ils venaient se marier à Paris.

La liaison se rétablit et Mario fut chargé de mettre un peu d'ordre dans le désordre des dépenses de la comtesse. Et une des scènes les plus curieuses fut celle où Mario ayant établi qu'en quatorze ans, la comtesse ayant mangé onze millions, par-dessus ses onze cent mille francs de revenu, il ne lui restait plus que cinq cent mille livres de rentes, la comtesse se jette dans les bras d'Antonin, lui disant en soupirant : « Ah ! mon pauvre Antonin, il ne me reste que cinq cent mille livres de rentes ! »

Puis Péri mourut d'une fièvre typhoïde à Trieste, où elle était allée se marier à l'église grecque non dépendante de l'Empereur de Russie... Un jour, elle fit demander Mario et le consulta sur un mariage qu'elle voulait faire. Il s'agissait de M. Charles Mornay, et en même temps de faire sonder par Uchard l'opposition

(1) Add. éd., dans la phrase précédente et dans celle-ci : *de Mario.*
(2) Add. éd. : *le voilà.*

de la famille Péri. Uchard s'oppose à ce mariage. Là-dessus, elle lui dit : « Allons chez ma tante, la comtesse Bagration ; je veux avoir son avis. » On arrive chez la comtesse : suisse avec hallebarde, huissiers avec leur vergette, la comtesse Bagration dans son lit par 32 degrés de chaleur et mangeant du melon à trois heures, heure du dîner, où elle ne mangeait que du froid et des fruits, entourée de quelques jolies demoiselles de compagnie, avec lesquelles elle tribade... « Je viens pour une consultation de famille ! » Haut-le-corps de la comtesse. « Oui, monsieur Mario est mon ami. » Elle annonce son projet de mariage avec Mornay : « Comment, ma chère ! Pourquoi vous marier ? Mais couchez avec Charles !... Vous marier ? Mais moi, je le connais, vous savez, ce n'est pas ce que vous pensez et il n'est plus ce qu'il était ! »

Étrange chose que ces Russes, qui recèlent, sous l'écorce la plus civilisée, la dépravation jusqu'à la sauvagerie, au cynisme et en lesquelles les seules aventures romanesques et brusques du roman et du drame semblent réfugiées : la DAME AUX PERLES de Dumas, Mme Nesselrode (1).

Et quelles plus jolies scènes que toutes les scènes de la CHARTREUSE DE PARME, ces scènes où Mme de Samoïloff était l'intermédiaire de l'indulgence et des grâces entre l'Italie et Radetzki ! Par exemple, la façon dont elle arrache le rappel de Manara. Elle avait adopté les deux filles de Paccini ; l'une, Antonietta, avait épousé Manara, compromis dans le parti révolutionnaire et exilé. La comtesse va trouver Radetzki, habitué à lui peu refuser :

« Maréchal, je viens vous demander quelque chose qui sera très bien et qu'il faut faire, c'est de rappeler Manara.

— Oh ! Comtesse, ceci est de la politique.

— Eh bien ! je m'y entends très bien, en politique.

— Véritablement, c'est impossible.

— Écoutez, Maréchal, aussitôt qu'Antonietta a été grande fille, je l'ai mariée de peur qu'il n'arrivât quelque chose ; je me suis débarrassée de ma responsabilité sur son mari. Mais voilà que la pauvre enfant n'a plus son mari ; il va arriver quelque chose, elle ne peut pas rester toujours à l'attendre ! Eh bien, s'il arrive quelque chose, c'est très ennuyeux pour moi... Au lieu que si vous rappelez Manara, vous comprenez...

---

(1) Add. éd. : *qui recèlent.*

— Comtesse, n'insistez pas, c'est impossible.

— Ah ! c'est votre dernier mot ? Eh bien ! je fermerai ma porte à Seebach ! (c'était son amant et l'aide-de-camp de Radetzki).

— Mais que diable ! ce pauvre Seebach n'est pour rien là-dedans !

— Je fermerai ma porte à Seebach ! »

Le lendemain, Seebach arrive auprès du maréchal, l'air fort ennuyé : « Maréchal, je me suis présenté hier chez la comtesse, on m'a dit qu'elle était sortie ; je m'y suis présenté ce matin, elle m'avait fait dire qu'elle ne pouvait me recevoir et que vous saviez pourquoi : je viens vous le demander, Maréchal. » Le maréchal se met à rire, explique à Seebach ; Seebach rit et Manara est rappelé.

Uchard dit qu'il est l'homme de toutes les situations fausses et terribles que n'a pas prévues la loi, le dramatiste de toutes les lacunes du code. Rapprocher cela de Beyle qui dit : « Lire le code tous les matins pour faire un roman. » (1)

About, qui lui dit vouloir être son élève, flairant le succès derrière lui, est venu lui dire hier l'idée de sa pièce, L'IMPASSE, et étudier dans la seconde pièce d'Uchard sa manière et ses ficelles. — Il y a, dans l'orgueil sûr et convaincu de déducteur de scènes et d'échangeur de situations de Uchard, une bonne foi qui désarme, lorsqu'il dit : « Je donne le sujet de ma pièce à tout le monde, il n'y a que moi qui puisse la faire ! »

Claudin, le plus pâteux des bavards et le plus ignare des nouvellistes et le plus parleur de sa personne, qui a passé, lui aussi, par mille aventures, mais comme l'âne chargé de sel de La Fontaine dans la rivière, conte que Marie Duplessis avait fait coller du papier tout le long des marges d'une MANON LESCAUT et que la Manon moderne l'avait annotée. Le livre est passé en Angleterre (2).

(1) La formule se trouve dans la célèbre lettre à Balzac, remerciant Balzac de son article élogieux de la REVUE PARISIENNE (25 sept. 1840) consacré à la CHARTREUSE DE PARME : « En composant la CHARTREUSE, pour prendre le ton, je lisais chaque matin deux ou trois pages du Code civil, afin d'être toujours naturel » (lettre du 16-30 oct. 1840, ŒUVRES POSTHUMES, 1855, t. II, p. 295). On voit que les Goncourt s'abusent sur l'intention de Stendhal.

(2) Add. éd. : le livre est...

ANNÉE *1857*

Ces jours-ci, nous avons eu la naïveté d'écrire à l'ARTISTE pour être payés de 200 francs de copie, dette remontant en partie au mois de mai. L'ARTISTE avait fait le mort. Nous y étions passés. Édouard Houssaye nous avait fait une belle tirade sur la difficulté des rentrées dans la dernière semaine de novembre. Son tailleur, comme dans une scène de comédie, était apparu à point; et là, avec un magnifique *macairisme*, le digne frère d'Arsène s'était refusé avec fureur et indignation à rien commander avant le mois de janvier. Il nous demande notre *Courrier* et comme nous répondons en demandant de l'argent, il nous dit ce mot sublime : « Ça ne fait rien ! »

Aujourd'hui, nous y passons; il y avait Gautier, deux anonymes et Aubryet. Aubryet nous demande un article sur Janin : « Nous le ferons... nous le ferons, quand l'ARTISTE nous aura payés. » Aussitôt, appel dans le cabinet au rideau vert. Grande colère d'Aubryet; pas un mot comme paiement, pas une minute parlé d'argent; et au bout de cette grande scène de susceptibilité, une déclaration timide d'Édouard Houssaye, de ne pas payer tous articles ayant paru en livre après être passés en article dans l'ARTISTE et ne voulant payer que l'actualité : « Faites-nous des articles d'actualités, je vous les paierai cent francs », etc.

Toute cette famille des Houssaye, sang de filous et de Macaires et de carottiers ! Chose curieuse, plus haut que cela, un métier où le créancier est humble et mendiant, le débiteur haut et insolent, où la paie de l'ouvrage est comme une grâce et un bon vouloir de celui qui a reçu l'ouvrage et où les plus honnêtes ne se résignent qu'avec peine à payer leurs dettes. Déjà, au paiement d'un article de cent vingt francs, Houssaye tirant de sa poche soixante francs et quelques sous : « Tenez, voyez, nous n'avons plus que cela. » Ma foi ! je pris les soixante francs.

Alphonse m'apporte un article des DÉBATS, signé Rigault, sur le mariage de Mlle Schneider avec M. Fay (1). Lire cela et voir

---

(1) Hippolyte Rigault, dans sa *Revue de quinzaine* des DÉBATS, le 26 nov. 1857 conte, sans donner les noms, les circonstances de ce mariage, qu'il juge édifiantes et romanesques : une jeune fille du monde a épousé, il y a deux ans, un jeune homme distingué et sans fortune, qui a, depuis, conquis un prix d'éloquence de l'Académie

au fond une mère putain qui a vendu sa première fille à son amant et qui livre l'autre à l'ami de son amant ! Voilà la grande feuille, le grand journal, le journal honorable. Il nous a fait chanter pour les annonces. Il loue un maquereau pour un dîner. Race de professeurs !

29 novembre.

Été chasser trois jours à Croissy. Causerie avec un voisin sur ceci et sur cela. Un jeune homme, ayant pour tout bien 30.000 francs, fiancé avec une jeune fille ayant pour tout avoir 20.000 francs, — la jeune fille lui demande pour présent de noces une ombrelle en point d'Alençon : « Très bien », dit le jeune homme qui ne sait pas du tout ce que c'est. Va chez une marchande d'ombrelles : « En point d'Alençon ! — En point d'Alençon ? Monsieur, c'est six mille francs. » Le jeune homme n'a pas épousé la jeune personne.

Une femme du monde faisait des dépenses de toilette folles. Quelqu'un lui disait : « Mais comment ferez-vous ? — Oh ! je me suis mariée sous le régime dotal. »

Il est de par le monde, en Seine-et-Marne, un marquis de Montdebise, qui exige que ses domestiques lui rapportent la mèche de leur chandelle pour en avoir une autre. Il monte à cheval avec des bottes à entonnoir du temps de Louis XIII; vieilles livrées de famille centenaires; la voiture de Lætitia, un carrosse à quatre lanternes d'or, qui a servi sous Napoléon à amener de force le pape en France. Riche, avec deux filles auxquelles il ne donne pas un sou : le *Sans dot* de l'Avare. Ne vient à Paris que pour acheter des Almanachs royaux, sa seule bibliothèque et sa seule lecture.

1ᵉʳ décembre.

Gaiffe est revenu de *cornaquer* le fils Solar en Italie. Il disait l'autre jour à un ami : « Qu'est-ce que tu as donc ? — Je ne sais pas, il me semble que j'ai moins de génie qu'hier. »

et qui marie sa jeune belle-sœur à un ancien ami, connu à Saint-Cyr, pauvre comme lui, glorieux officier d'Afrique et de Crimée et aide-de-camp du maréchal Bosquet. Le mariage doit avoir lieu le 1ᵉʳ décembre à Saint-Philippe-du-Roule.

3 décembre.

Scholl vient : toujours, en public, insolent de ses succès de montre, faisant sonner les poignées de main qu'il a reçues et son avenir de demain. Au fond et sans masque, rongé, impuissant à trouer dans le premier dessus, voyant que les livres restent et que les coups d'épée s'oublient, fiévreux, nerveux, prêt au FIGARO et à vendre son fiel et ses aigreurs, ses envies, furieux de cette mauvaise audition qui ne dicte pas de belles choses, mais conseille l'éreintement et le scandale. Médite une série, L'HEURE DE L'ABSINTHE, où il se vengera de n'être pas encore un grand homme sur le dos des passants. Dupe au fond, gibier des emprunteurs de Divans, carotté des uns, des autres et de Murger qui ne rend jamais l'absinthe, ni un louis.

4 décembre.

Uchard a vu Beaufort, le nouveau directeur du Vaudeville. Notre pièce n'est ni acceptée ni refusée : « Le directeur n'ose pas la jouer en ce moment. Il voit un danger, il veut attendre... » — Allons, le PETIT JOURNAL (1) n'est pas mûr, mais patience...

5 décembre.

Gavarni, Paul de Saint-Victor et Uchard à dîner chez nous. Avant dîner, à propos de M. Home, discussion sur les esprits. Uchard : « Tous ici, nous croyons à l'âme ». Gavarni : « Moi, je n'y crois pas pour deux sous; c'est comme Dieu : une invention très mal faite ! »

Gavarni raconte que Godefroy Cavaignac lui dit un jour : « Vous, vous êtes un jacobin quiétiste ». Et ajoutait : « On n'aime pas sans haine. Moi, j'aime l'homme et je hais la société. Eh bien, je veux la république en France, non pour la France, mais parce que c'est un pays propice; non pour la république, mais pour que la société ait vingt pieds de merde par-dessus elle. »

Saint-Victor nous récite l'*Erotikon* de Gautier : la COLONNE VENDÔME, la VIEILLE, etc. Nous parle de sa fameuse lettre, longue

---

(1) Sans doute une variante du titre que les Goncourt se proposaient pour leur roman des HOMMES DE LETTRES, destiné à remplacer la pièce refusée.

comme trois feuilletons, sur les bordels d'Italie, à une dame, Mme Sabatier. Un grand côté inconnu de Gautier : une bacchanale d'un Titan du vers, de Sade-Michel-Ange.

Je dis sur Gozlan : « C'est Eugène Guinot qui vient de causer avec Méry. »

Causerie sur les Anglais. Haine de Saint-Victor pour la civilisation anglicane. Dit des Américains : « Ces gens qui n'ont pas assez d'imagination pour trouver un nom à leurs rues; ils disent : *Section 1re, coupure 3e.* » Amour de l'Inde : admiration de leurs livres, de leurs forêts, de leurs dieux, de leurs Bibles qui ont inventé toutes les religions. Haine personnelle contre les Chinois qu'il trouve plats, bêtes, ennuyeux : il leur refuse jusqu'à l'imagination des monstres. Ses grandes craintes et prévisions, que l'Orient mangera l'Occident, — une invasion de Chinois, d'Indiens, etc., à mille contre un : la loi du nombre et de la grosseur, — par la même raison que le chat mange la souris.

Plus nous entrons dans l'histoire de la Révolution, plus la Révolution nous est haïssable et déplaisante : des gens qui puent des pieds, des portiers, des monstres bêtes, qui appellent des soldats des *satellites*, qui ne donnent pas de *lieux* à Marie-Antoinette, etc.

Un atelier, un endroit gai? Un endroit où il y a des peintres et où il n'y a pas de soleil !

Asseline est complètement déshonoré. Décidément, on ne se réhabilite pas avec du gigot...

Lundi, 7 *décembre.*

Dîner hier chez Mario Uchard. Nous étions Saint-Victor, le marquis de Belloy, un gros gaillard sanguin, l'air d'un gentilhomme de chasse, aimable avec violence et, pour le reste, ancien ami de Balzac; Claudin; Paul d'Ivoi, cet homme attaché à cette meule d'invention nouvelle, l'invention de raconter tous les jours Paris à Paris, et le faisant le mieux, venant de Belgique comme tous les chroniqueurs, comme Jules Lecomte : ils ont là-bas le sang du cancan; cheveux blancs, l'œil aimable, l'air d'un joli hussard de cinquante ans. Murger, en habit noir.

Ce fut un dîner et une soirée charmante que nous avons passée avec Uchard, couchés sur les divans et les coussins, dans son cabinet à tapisseries de Teniers, que son enfant aux grands beaux yeux appelle son *cabaret* et où il vient boire, trinquant dans sa dînette avec les personnages de haute ou de basse lisse (1). Une soirée où la conversation, sortant du commérage, du bidet des putains et de la table de nuit des gens connus, s'éleva et se promena sur toutes les hautes têtes et sur tous les grands livres, de l'épopée de l'homme à l'épopée de Dieu, de Dante à Shakespeare, courant les sommets avec toutes sortes d'éclairs des uns et des autres et avec les violences et les sorties de Saint-Victor, se déclarant Latin de la tête au cœur, n'aimant que les arts latins, les littératures latines, les langues latines et ne trouvant sa patrie qu'en Italie, avec l'abomination des septentrionaux, indifférent à une invasion espagnole ou italienne, mais non allemande ou russe; — et avec l'enthousiasme de de Belloy, qui a passé toutes ses études à travailler le Dante avec un dictionnaire.

Puis de là, on redescend aux légendes de Bohème. Et Murger conte le vrai *Chien-Caillou* (2), les vrais meurt-de-faim et les campements en cabanes d'Osages sur les bords de la Bièvre. — Murger a été secrétaire du comte Tolstoï.

Puis la suspension de la Presse nous ramène, nous, tous hommes de plume, aux regrets du règne de Louis-Philippe, au *mea culpa* de chacun, de ses niches, de ses gamineries et de ses vers à la Barthélemy contre le *tyran* (3). Le marquis de Belloy raconte ces cochers d'omnibus qui, rencontrant la pauvre berline du roi dans l'avenue de Neuilly, soulevaient leur chapeau en ayant l'air de le

(1) Add. éd. : *que nous avons passée avec Uchard*; et dans la phrase suivante : *Une soirée.*

(2) Chien-Caillou est le titre d'une nouvelle de Champfleury (publiée dans le premier de ses recueils de Contes, en 1847, remarquée par Hugo, louée par Baudelaire dans l'Art Romantique) et le surnom du héros, un graveur miséreux et génial, qui tue dans un coup de folie le lapin blanc, son fétiche, lorsqu'il se voit abandonné de la petite prostituée qu'il aimait. Son aventure s'inspire de la vie du graveur Bresdin.

(3) Le 4 décembre 1857, un arrêté de Billault, ministre de l'Intérieur, suspendait la Presse pour deux mois, à la suite d'un article d'Alphonse Peyrat, DANS LES ÉLECTIONS QUI ONT EU LIEU, paru la veille et qui appelait le « parti démocratique » à prendre conscience de sa force et à entendre la voix qui « d'un bout de l'Europe à l'autre... nous crie : Levez-vous et marchez ! »

saluer et se penchant, lui criaient dans les oreilles : « Merde pour le roi ! »

Il a été aussi parlé de ce banquier du drame et du vaudeville et de cet armateur de bravos, Porcher. Sa femme, une femme charmante aux belles mains, et sa fille, une belle âme dans un vilain corps, qui attendrit la caisse de son père avec un : « Oh ! papa, ce jeune homme, il travaille ! » Homme de confiance, à qui Barrière devait treize mille francs avant les Faux Bonshommes.

9 décembre.

Eh, mon Dieu ! tout homme de lettres est à vendre. C'est simplement une question de prix et de la manière de lui offrir la pièce. S'il ne veut pas d'argent, on l'achète avec du bruit, un morceau de gloire et de ruban. Il ne faut pas non plus lui demander des choses trop énormes comme de scier la tête d'un homme avec un barreau de chaise : quelques-uns refuseraient...

12 décembre.

Notre vis-à-vis, une fille anonyme du nom de Durand, prend le logement à côté parce qu'il porte bonheur : c'est là d'où la Deslions s'est envolée sur les épaules de la fortune de Lauriston.

Avant dîner vient Bellangé nous demander l'adresse de notre réparatrice de tapisseries de Beauvais pour Mme Crapelet, dont le frère a épousé notre cousine Henrys. Nous parle de sa fille : rousse, vingt-et-un ans et 70.000 livres de rentes, qui se disait — me disait ma cousine à la noce, il y a de cela des années — fort amoureuse de moi et faisant tous ses efforts au dîner pour sortir de sa robe jusqu'à me montrer ses aisselles imberbes... Eh bien ! en voilà un rêve de beaucoup : l'épouser ! Soixante-dix mille livres de rentes, ce Potose, cette féerie, qu'est-ce que c'est, après tout ? Vingt mille francs d'argent de poche à peine, et pas seulement la permission d'un achat, d'un objet d'art de dix mille francs. Manger ? Mais il est insupportable de bien dîner deux jours de suite... Les chevaux ? J'en tombe, etc. Il nous faudrait bien les 800.000 francs d'une princesse russe, au bas prix, pour réaliser un petit morceau de nos rêves. Et tout bien pesé, je ne ferais jamais une si bonne affaire que pour les autres, pour la galerie, le monde, ma famille et mes amis, — et pour montrer en moi qu'un homme de lettres peut toucher à un million. Mais je me jurerais bien, la veille, de quitter ma femme et mon million le lendemain des noces, — ce qui est une démarche assez délicate.

Le soir, le fils de notre crémière (1) nous a fait prendre par Rose deux billets d'assaut de boxe dans une salle. Il s'appelle Alexandre et ce nom a l'air d'être connu du public. On fait en général un bœuf d'un lutteur-savatier, mais le vrai est plus joli et plus caractéristique. Ce garçon-là est un jeune Hercule, avec une petite tête de Faustine; et c'est merveilleux de voir cette petite tête au milieu des coups de pied et des coups de poing, toujours souriante d'un petit rire retroussé et félin, avec toutes les petites rages et toutes les perfidies nerveuses, féroces de la physionomie de la femme.

Dimanche, 13 décembre.

Encore un dîner chez Uchard ce dimanche-ci : Saint-Victor, Claudin, Murger. Nouveaux : Massé, compositeur décoré, aimant l'oie aux truffes; Foussier, un renard blond, et Augier, un académicien qui fume la pipe, frais et gras, sain, enluminé et nourri comme la prose de Rabelais; une face entre le cheval et Henri IV, bon vivant, beau rieur et portant tout autour de son crâne un peu dénudé une couronne de petites mèches frisées, autour desquelles se sont enroulées les amours de Rachel et de Nathalie.

Le dessert est la lecture par Saint-Victor du voyage pornographique de Gautier, de Genève à Rome par Venise, en une lettre de huit pages à Mme Sabatier, la chanteuse, qu'il appelle la Présidente. Du de Sade, du Michel-Ange, du Saint-Amant, du Titien, du Régnier, du Teniers, du Ricord; du chaud, du cru, du dru, du fauve, de la merde ! Tous les ruts de la pensée, l'été à midi, dans un bois; le CANTIQUE DES CANTIQUES du sperme, un phallus charbonné par un satyre sur un pan de Paros. Tout cela est là, dans un lyrisme à poil, dans une langue barbotante dans un bruit de cuvette et de foule se *culetant* aux temples antiques ! Et de tout cela, de cette fanfaronnade bandante, le narrateur sorti vierge : c'est son compagnon de voyage, Cormenin, qui tout le temps a baisé pour lui. Bon père, bon époux, ce bon Gautier,

(1) Alexandre Colmant, l'amant de Rose Malingre.

427

dont toute la vie a été détraquée par cette méprise : allant chez Carlotta Grisi, il s'est trompé de porte, est entré chez Ernesta, lui a oublié quelques enfants dans le vagin, qui l'ont mené devant monsieur le maire.

Fanfaronnade et toujours fanfaronnade chez ce bourgeois. Il n'y a pas bien longtemps, à une première du Théâtre-Lyrique, la Guimond, « le lion », comme elle s'appelle, se penchant de sa baignoire, lorsqu'il passait : « J'ai quelque chose à vous proposer. — Si c'est quelque chose d'infâme, j'accepte, j'accepte ! »

Claudin, toujours naïf, conte que pour faire son SALON, About a pris deux hommes : un vieillard qui a peint et un autre vieillard qui brocante de la peinture. Il leur donnait à manger, puis les excitait sur le goût, sur la couleur, sur le dessin, etc., les lançant et puis les arrêtant : « Assez sur Titien, maintenant parlez de Rubens. » (1)

Saint-Victor, qui n'a pas dit grand'chose de la soirée et qui reste au coin du feu enterré dans un grand fauteuil, dans une digestion de César, s'allume tout à coup comme nous causons de la Révolution : « Hein, s'écrie-t-il en bondissant, si on pouvait revivre dans ce temps-là seulement trois jours ! — Oh oui ! faisons-nous, voir tout cela... — Mais non, pour acheter ! Trois jours ! Tout acheter, quel coup !... Et tout emballer et se retrouver... » — Rémonencq s'est trahi dans Saint-Victor.

Uchard nous mène à minuit dans une maison où il nous assure que nous serons bien reçus, en un mot, dans le plus connu des bordels de Paris, la Farcy, maintenant Élisa. Voici donc ce petit paradis dont les attachés d'ambassade parlent comme d'un rêve des MILLE ET UNE NUITS ! Le salon est un salon de dentiste. Il y a du papier grenat à fleurs sur les murs, des divans de velours rouge, des portières de velours rouge de coton, trois glaces ovales, avec des cadres dorés, taillés à la serpe aux Quinze-Vingts, avec deux branches à bougies. Sur une cheminée, deux candélabres et une pendule : un jeune homme qui donne à manger à une chèvre, en zinc imitant le bronze; et puis, comme crachée au plafond, qui est très bas, il y a une rosace : une couronne de fleurs et deux amours au milieu. Dix femmes panachées, — bleues, rouges,

---

(1) NOS ARTISTES AU SALON DE 1857, d'Edmond About, venait de paraître au MONITEUR, avant d'être édité en janvier 1858.

blanches, jaunes, — couchées, vautrées, affalées sur le divan avec des coquetteries de vaches et de petits trémolos de leurs petits patins rouges. Une seule femme lit : les CONTES SANS PRÉTENTION d'Albéric Second. — La conversation consiste en ceci : « Sais-tu, toi, pourquoi les jeunes filles n'aiment pas l'architecture gothique ? — Oh ! Ah ! Oh ! Ah ! — C'est parce qu'elles n'aiment pas les *vits trop gothiques.* »

Toutes vous entourent, mais cela vous coûte un soda. Toutes vous embrassent : un soda ! Toutes vous lèchent : un soda ! Il y en a qui vous promènent dans l'admiration : « Qu'il est bel homme ! » Ça ne vous coûte qu'un soda !

C'est ça, c'est là, cette débauche insipide, le plaisir et l'excès de toute la jeunesse élégante, bien élevée, intelligente même !

Je monte dans une chambre : c'est une très mauvaise chambre d'auberge dans une ville où ne passent plus les diligences.

Il faut convenir que les hommes ne sont pas bien difficiles sur la mise en scène de leur plaisir. Il faut convenir qu'ils n'exigent pas grande sauce à leur jouissance ! Comment ! rien que ce sale hôtel garni pour les sens du XIXe siècle ! Pas un palais, des fleurs, des jets d'eau, des féeries, des femmes nuagées de gaze, des peintures, des thermes, tout ce qui invitait, ce qui conviait, ce qui enchantait les sens de l'Antiquité, tout cet art, magnifique *marcheuse* à la porte du lupanar antique ! Allons, si demain Montmartre *vésuve* et qu'on déterrât Paris comme Pompéi, oh ! l'étonnement, quand sortirait de la cendre le Priapeion de la rue Joubert ! Ce serait à faire croire aux postérités que nous fûmes un peuple de portiers, culbutant des laveuses de vaisselle dans le décor et le mobilier d'un roman de Paul de Kock.

Pendant que je travaille à la bibliothèque du Louvre, j'entends grognonner contre le poêle comme deux vieux rhumatismes. Ce sont deux vieux garçons qui causent. L'un a été se présenter l'autre matin comme portier chez un Anglais, qui a un hôtel aux Champs-Élysées et tire son cordon lui-même. L'Anglais lui a fermé la porte au nez en lui disant : « Je n'ai pas besoin de vous. » L'autre lui raconte, sans se douter combien la calinotade est jolie, le discours de Mangin l'autre jour : « On a fait courir le bruit que j'étais mort, *ça n'est pas vrai !* »

Penser qu'on ne sait pas le nom du premier cochon qui a trouvé une truffe !

Je trouve le soir, chez Mario, Murger en train de ramasser dans les armoires de la maison deux ou trois de ses livres pour les porter à Élisa, la *successrice* de la Farcy.

Le travail excessif : hébétement agréable, tension de la tête qui ne lui permet de s'arrêter à rien de désagréable, distraction incroyable des petites piqûres de la vie des lettres et d'affaires très pressées, qu'on remise sans les ouvrir dans un tiroir. Au milieu de la nuit, on s'aperçoit qu'il est l'heure de se coucher par le froid; fatigué par tout le corps, mais plus envie de dormir.

Béranger, l'Anacréon de la Garde nationale.

Vu en allant à la Bibliothèque quelque chose de très charmant, de très humoristique, de très fantaisiste : un gros chien de Terre-Neuve, qui s'élance furieux, avec de grands aboiements, contre un des jets d'eau de la fontaine Louvois et veut le mordre et revient toujours, impuissant, grotesque, avec toutes sortes de contorsions enragées et risibles, contre ce jet d'eau désespérant.

Au café, la conversation tombe sur Turgan, l'homme du Moniteur. Quelqu'un raconte que Turgan, aussitôt que quelqu'un entre un peu dans son intimité, le couche sur un cahier, un vrai cahier de banquier : d'un côté la recette, de l'autre la dépense; et au premier service qu'il lui rend, marque un chiffre à la dépense; si l'autre riposte, marque un point à la recette et fait la balance tous les mois, pour que son amitié, son obligeance soient toujours à la tête d'un actif considérable.

N. Esnault a donné une soirée qui est le renversement de nos idées : un jeune célibataire, sans célébrité, donnant une soirée pleine de femmes du monde ! Du reste, c'est merveilleux que ce si petit talent lui ait donné des appartements de treize pieds, un lit en bois sculpté, des lustres de Venise, des aiguières de Rudolphi, toute l'apparence d'un luxe de banquier. Ça avait tout à fait l'air d'un appartement monté pour faire une femme légitime !

Dimanche, 27 *décembre.*

Soirée chez Uchard. C'est merveilleux, la maladie utérine de Murger pour la femme, le besoin qu'il éprouve de se frotter à une de ces peaux, de coucher sa muse érotico-lymphatique dans le giron d'une salope. Ne trouvant personne pour aller au bordel, il s'enfuit au foyer des Variétés. C'est étonnant, comme cette intelligence n'est faite pour aucun des plaisirs sérieux de l'intelligence, ne les goûte ni ne les sent et est dépaysée dans une conversation un peu haute, comme un convive de goguette dans un dîner diplomatique. C'est merveilleux, le rien qu'il y a chez cet homme. C'est merveilleux, encore, le procédé de cet esprit qui n'est jamais une pensée fine, un mariage grotesque et étincelant de deux pensées, mais tout simplement le rapport burlesque et hurlant de deux expressions qui ne se sont jamais rencontrées : côté curieux de l'esprit moderne, qu'un homme sans aucun esprit pourrait obtenir au bout de quelques mois d'une gymnastique semblable, mais qui n'a pas le moindre rapport et la moindre parenté avec l'esprit de Chamfort, de Rivarol, de tous les spirituels non du mot, mais de l'idée.

En sortant de chez Uchard, vu la répétition générale de l'opérette de BRUSCHINO (1). Une chose charmante que cette intimité qui est dans toute cette salle, les petits saluts de la tête à droite, à gauche ; le personnel féminin gracieusé et égayé et se plaisant tellement à cette fête de famille, qu'il se laisse prendre les genoux par tout le monde.

---

(1) BRUSCHINO O IL FIGLIO PER ASSADO, opéra-bouffe en un acte de Rossini œuvre de jeunesse créée en Italie en 1813 et représentée pour la première fois à Paris aux Bouffes-Parisiens le 28 déc. 1857.

431

ANNÉE 1858

3 janvier.

J'APPRENDS chez Uchard que l'homme qui fouaille nos livres au nom de la morale divine, de la morale humaine, de la morale sociale, de toutes les morales connues, d'Aurevilly, est un pédéraste, — ou du moins, fait tout pour y faire croire (1).

7 janvier.

Été hier avec Chennevières, toujours maniaque de ses anonymes provinciaux sans aucun talent, presque sans œuvres, Saint Vincent de Paul de tous les talents trouvés de Normandie, sa patrie, qu'il appelle, en riant de lui et d'eux, «mes crétins» (2) — Été voir la collection de gravures de M. de Baudicour, gros vieillard, cheveux

(1) Depuis *ou du moins...*, ajouté après coup par Edmond sur le manuscrit.

(2) Les RECHERCHES SUR LA VIE ET LES OUVRAGES DE QUELQUES PEINTRES PROVINCIAUX DE L'ANCIENNE FRANCE de Philippe de Chennevières-Pointel (4 vol. : 1847, 1850, 1854, 1882) concernent aussi bien des Provençaux comme Finsonius, des Bourguignons comme Nicolas Quentin que des Normands comme Jean Le Tellier (1614 - 1676).

très blancs, avec un gros ventre et un gros nez tout rouge, ressemblant de façon frappante au Gourmet de Debucourt. Bon Dieu ! que d'amateurs ayant des collections, véritables sérails dans lesquels ils sont eunuques, sans le sentiment de l'art, n'entrant dans le sens, ni dans le secret de tout ce qu'ils ont, entourés de choses qui prouvent qu'ils ne peuvent rien y comprendre : portraits de famille, vrais portraits de portiers, meubles odieux de ferme, etc. Leur collection véritablement n'est pas à eux : ce sont des gardiens de scellés.

10 janvier.

Je reçois une lettre de ma petite cousine Lechanteur, armoriée comme un Rohan, qui me demande pour une quête : parents qui ne se rappellent que vous existez que le jour où leur vanité a besoin de vous.

Soir chez Uchard. Il paraît que l'article de Lecomte, du Figaro, sur Rachel était composé depuis deux mois. Villemessant disait : « Pourvu que la nouvelle arrive un mardi, juste pour le numéro ! »

A propos de la mort de Rachel, comme on demandait à Bischoffsheim, le petit juif frotté de littérature et ami de Janin, les cérémonies d'enterrement des Juifs, ce qu'on faisait aux morts : « C'est bien simple, on leur met le dernier cours de la Bourse sur le ventre et quand ils se réveilleront au Jugement dernier, ils crieront : « Cinq cents autrichiens ! »

Claudin nous conte un de ses articles, tombé en poste à Rouen, sur les funérailles de Mlle Rimblot, auquel était mêlé un article sur la courge à la moelle : « On s'est réuni à la maison mortuaire, la courge à la moelle... »

Notre pièce dort au Vaudeville sur le four des Fausses bonnes femmes (1). Beaufort a dit à Saint-Victor : « Je vais m'occuper de la pièce de ces messieurs ».

13 janvier.

Été voir Leroy, le graveur : tourmenté du démon du théâtre et ayant lu des pièces à tout le monde, présentant partout, refusé

---

(1) Les Fausses bonnes femmes, bouffonnerie satirique en 5 actes de Théodore Barrière et Ernest Capendu, au Vaudeville (déc. 1857), tenta en vain de renouveler le succès obtenu en 1856 par Les Faux bonshommes des mêmes auteurs.

partout, ayant goûté à cette joie et ne pouvant y regrimper, furieux, exaspéré : « Je me ferai jouer par les pompiers, par les ouvreuses de loges, ça m'est égal ! » Descendu jusqu'à la pantomine, PIERROT MÉDIUM : refusé encore. — Idée d'un commencement de pièce : gens se racontant qu'ils ne peuvent être joués.

14 janvier.

Louis vient nous demander notre petit acte, LE RETOUR A ITHAQUE (1), pour être joué ou au moins présenté chez Mme Bocher et de là, peut-être, oui ! chez Duchâtel.

Toute la société reposant sur la tête d'un homme : les vœux et les alarmes des intérêts de chacun, — et de ceux-là qui jouent à la hausse à la Bourse, — et de nous-mêmes, qui ne voulons pas cette mort pour notre livre en train (2).

Mais plus haut, jamais l'Histoire faite de main d'homme ainsi et les événements pareillement ordonnés : la plus évidente collaboration avec Dieu, la Providence presque au gré d'une volonté humaine (3).

Singulier instinct naturel de l'homme ! Un certain étonnement admiratif de ces gens qui surmontent les deux plus grands intérêts de l'homme vis-à-vis de lui et des autres : l'instinct de ne pas être tué et de ne pas tuer. Tuer et mourir pour une idée, quelle que soit l'idée : mesure de l'élévation morale d'une nation, la hauteur de la température morale, le pouls de l'idéal, qui n'est donné qu'aux civilisations avancées et refusé aux peuples en enfance, réduits à l'état sauvage.

Dimanche 17 janvier.

Dîner chez Uchard. Grande conversation sur la religion. Saint-Victor : violences de sa parole. Arrivant avec la passion de la voix et du ton à des grotesqueries rares, à l'esprit, qu'il n'a

---

(1) Cf. t. I, p. 277, nᵒ 2.

(2) Avec l'aide de Rudio et de Gomez, le soir même du 14 janvier 1858, Orsini avait jeté des bombes sur la calèche impériale, au moment où Napoléon III allait entrer à l'Opéra : l'Empereur était sain et sauf, mais 156 personnes avaient été tuées ou blessées.

(3) Entendez : à prendre les choses de plus haut.

pas la plume en main. Disant de Delaage, ce gluant donneur de poignées de main : « Il y a du miel dans cet homme-là comme il y a de la crotte dans un chemin vicinal » — et de la *machine* de Feydeau sur les saisons : « Ça me fait l'effet de deux bêtes à bon Dieu qui se promènent dans un herbier. » (1)

20 janvier.

Rose, malade, est partie se faire soigner pour quelques jours (2). Nous nous servons. Cela n'est guère dur.

Vu le soir la seule personne peut-être qui nous aime avec cette vieille bonne, malade un peu et triste (3). Nous voyons que nous l'aimons, car nous sortons de chez elle un peu tristes. Le panier que nous lui envoyons au Jour de l'An est en belle place sur le marbre de son secrétaire. Joli détail pour une jeune fille dans le genre de Diana Vernon : trois pieds de cerf, fendus jusqu'à la corne et tressés, pendus à des faveurs bleues et rouges avec, à chacun, la carte qui détaille la chasse.

Ce matin, suppression de journaux... Le sabre et l'idée, Napoléon Ier (4).

28 janvier.

On m'annonce la loi des suspects :

> Et lorsque l'esclavage à son faîte est monté,
> L'esclavage, crois-moi, touche à la liberté (5).

(1) Les Quatre Saisons, *étude d'après nature*, 1858 : c'est l'histoire d'un couple dont l'amour naît, flambe, stagne et meurt au cours de quatre saisons et à travers une suite de paysages.

(2) Le D^r. Simon apprendra aux Goncourt, dans une lettre immédiatement postérieure à la mort de Rose, survenue le 16 août 1862, qu' « il y a quatre ans, elle a accouché; elle désirait que vous n'en sachiez rien. » (Corr., vol. XXVII, f° 68). Voilà sans doute la raison de cette absence de janvier 1858. L'enfant de Rose Malingre et d'Alexandre Colmant mourut au bout de six mois.

(3) Blanche Passy souffrait de rhumatismes aigus, qui lui faisaient craindre d'être cardiaque.

(4) Le 18 janvier 1858, un décret de Billault, ministre de l'Intérieur supprimait la Revue de Paris et le Spectateur (nouveau titre de l'ancienne Assemblée Nationale).

(5) La « loi de sûreté générale » sera votée par le Corps Législatif le 19 février et promulguée le 27 février 1858. — Citation non localisée.

ANNÉE 1858

Samedi 30 janvier.

Nous allons souper avec Alphonse chez Voisin. Il nous avertit, de la part de son oncle, d'être prudents, Royer continuant d'être fort mal disposé pour nous (1). Ceci me porte un peu sur les nerfs ; des idées d'exil volontaire me passent par la tête. Aller en Belgique, fonder un journal philosophique et jugeant de haut, non ces choses, mais leur milieu social. Mais il y a une patrie, Paris et le ruisseau. Crispé de cela et inquiet. Je ne sais s'il y a plus *pot de terre* contre *pot de fer* qu'un homme de lettres et une tyrannie.

Un perdreau et sorbets au rhum dans un cabinet à papier chinois, à baguettes grecquées en bambous dorés.

Nous entrons au bal. Notre pantalon très sombre n'étant pas un pantalon noir, sous sommes refusés au contrôle. On nous prie d'aller changer de pantalon pour être en tenue de bal. Nous demandons s'il faut la cravate blanche... On nous laisse entrer pour cette fois seulement : « Mais, nous dit l'homme du contrôle, vous aurez des désagréments. » Toujours ce bal, — tout ce qui reste de Venise, — tombé dans le bordel. Je rencontre dans un corridor une rousse démasquée. Je luis dis qu'elle ressemble à ma cousine. Elle m'engueule. Je lui réponds. Elle m'empoigne. Je me débats. Elle me fout mon chapeau par terre. Je la soufflette... Et je reçois sans les rendre les trois premiers soufflets de ma vie. En revenant, nous avons songé qu'il faut laisser aux anonymes et aux sots ce plaisir d'être spirituels avec des guenons qui font les reines et qui font semblant d'être des femmes au bal masqué et qui peuvent là-dessus nous mettre un duel sur les bras. — Idée, pour un ROMAN D'UNE HEURE, d'un homme qui cherche à reconnaître la main d'un soufflet qu'on lui a donné (2).

Dimanche 31 janvier.

Dîner chez Uchard. Toujours le gigot de chevreuil comme plat de fondation.

(1) Cet oncle est Armand Lefebvre de Behaine. Ernest de Royer et lui étaient entrés tous deux au Conseil d'État en 1852; Lefebvre était devenu directeur des affaires politiques, puis du contentieux au ministère des Affaires Étrangère et Royer était ministre de la Justice depuis le 6 nov. 1857.

(2) Le ROMAN D'UNE HEURE est une comédie en un acte que le célèbre critique du JOURNAL DE L'EMPIRE, François-Benoît Hoffman, avait fait représenter avec succès en 1803.

Au dîner, causerie sur Dumas. Tous les littéraires conviennent que ça n'a aucun rapport avec la littérature. Puis causerie de l'homme. Murger le défend et devient tout rouge, quand Uchard lui apprend que Dumas a dit à tout le monde l'argent qu'il lui a prêté et que lui, Uchard, allant un jour chez Dumas pour lui emprunter, Dumas lui a tiré son livre de prêts, où il y avait : *Chandellier*, 14.000 *francs*, *Murger*, 250 *francs*, etc., et lui a dit à la fin qu'il avait ainsi 30.000 francs dehors, que par conséquent... Lui a vu, après avoir joué avec un ami, perdre 2.000 francs et les tirer de son portefeuille... Dumas, l'homme le plus sage du monde, pas une passion, baisant régulièrement, n'aimant pas, parce que ça dérange le sang et le temps, ne voulant pas se marier, parce que cela occupe, le cœur réglé comme une montre, la vie comme un papier de musique. Égoïste au suprême et rangé dans le bonheur le plus bourgeois et le plus sans émotion, ni entraînement, faisant tout avec ce but. Type pour les HOMMES DE LETTRES.

Charles Edmond est un des habitués de ces amusants dimanches, blond comme le chanvre, la voix douce, sourde et tout à coup éclatante et tonnante quand il s'anime. Plein de récits d'héroïsmes romains de la Pologne, de légendes d'atrocités russes. Parlant bien, lentement ; nuageux, systématique, les idées violentes, le sourire aimable et caressant de l'œil des Slaves, le charme un peu asiatique et félin de ces peuples, évadé du mysticisme, avec des traces de cela dans l'esprit, contant de Mickiewicz mille traits colorés, mille choses vibrantes, mille drames de pensée, — et de Towianski, un fondateur de religion, qui a pris un moment l'émigration polonaise, réfugié maintenant sur une montagne en Suisse.

Le marquis de Belloy, : l'air d'un gentillâtre de campagne, de gros vin et de grosses chasses ; fin, spirituel, la voix de fausset et s'égosillant ; nourri de ses humanités, citant du latin comme un feuilleton de Janin.

Le soir, vient un petit monsieur maigre, brun, avec un grand nez, l'air pincé et pointu. C'est Fromentin, le peintre et l'écrivain, paysagiste du Sahara, niant naturellement toute l'école moderne, sauf Ingres et Delacroix, ne trouvant rien de *sain* dans la peinture moderne, bourré de théories et de dialectiques de l'Art, comme un peintre faisant l'humble et ne sachant pas être modeste.

1, 2, 3 *février.*

Ennui ; ennui vague : « C'est le temps », comme dit Rose. Oui, c'est le temps ! L'Idée suspecte et traquée, rien de possible sans péril. L'œuvre de demain, pouvons-nous la faire ? Au bout, la Morale et le Parquet ! Puis partout dans les journaux, la main de la police ; des injures auxquelles on ne peut répondre ; plus qu'une littérature de goujats et d'insulteurs : pour tout Rivarol, des Veuillot, des Granier de Cassagnac, des Barbey d'Aurevilly. — Pas un drapeau, pas une idée, — des personnalités. Des condottieri. Tout pauvre succès acheté comme un triomphe par l'esclave insulteur. — Un de ces soirs, j'ai vu Scholl : il va insulter dans le FIGARO Uchard, parce que j'y dîne... Le FIGARO, voilà le journal, voilà les hommes ! L'impuissance, l'envie, le linge sale et la table de nuit... Pouah !

13 *février.*

Été chez Alphonse, grippé, au coin de son feu. Sur sa cheminée, brochurette, prospectus de M. Vafilard, entrepreneur de pompes funèbres, avec le menu et le devis de toutes les classes, depuis la dixième jusqu'à la première. Rien n'est oublié dans cette carte de la mort : nombre de prêtres, de franges, de cierges, etc. Même une gravure sur bois, en haut de chaque classe, représentant fidèlement ce qu'on aura pour son argent.

Feuilletant, je trouve une addition au crayon et un total de quatre mille et quelques cents francs. Le père d'Alphonse était là : il avait compris, mais souriait et riait avec nous. Nous plaisantons Alphonse sur ses prévisions, son esprit d'ordre, son devis tout prêt et tout fait. Nous sortons. Alphonse marche devant son père, avec moi : « Dis donc, c'est...? — Oui, c'est pour mon père », fait-il en souriant.

Les plus grands comiques n'ont jamais imaginé une si terrible chose. Les parricides mêmes n'y songent pas. Au coin du feu, faire, sur la marge d'un prospectus de pompes funèbres, et posément, la facture de la mort de son père ! Et notez qu'il a tout allié dans son devis : la convenance à l'économie, la nécessité de la position sociale de son père avec le mépris des fausses dépenses ; il a combiné deux classes : messe de première classe et convoi de seconde classe. Comme cela, tout est sauf, l'honneur et l'argent.

439

Retrouvé ces jours-ci une vieille maîtresse engraissée et embellie : Maria la sage-femme (1). Sa conversation est intéressante comme un livre du docteur Baudelocque et son cul a des fossettes comme une académie de Boucher. Elle me conte avoir fait avorter la maîtresse du président de la Chambre correctionnelle, qui nous a jugés pour outrage aux mœurs, M. Legonidec. Il était alors juge d'instruction et marié et lui a amené lui-même cette femme, qui était la femme de chambre de sa femme.

Toujours, chez Uchard, des dimanches délicieux. Charmantes et hautes causeries, toujours des salauderies rabelaisiennes et de l'anecdote courante montant à la grande interrogation de l'âme et de la mort, au monologue immortel : *To be or not to be...*

Saint-Victor, qui a passé après dîner deux heures dans une pose de soupirant Watteau au pied des jupes de cette vieille gloire, Maria la Polkeuse, — aujourd'hui une tête crispée de vieille mauvaise putain, et de quoi se commander un meuble de 15.000 francs à Beauvais, — Saint-Victor, sorti d'auprès d'elle comme un sanglier soufflant, les narines gonflées, l'œil agrandi, et bousculant les meubles qu'il ne voit plus, Saint-Victor parle de la terreur que lui inspire Dieu. Nous nous déclarons, aussi, médiocrement rassurés.

Nous agitons le monde, la Bible, les droits de la femme, que nous trouvons exagérés à Paris. Ce joli mot d'une femme, Mme de Tracy : « La femme doit avoir un léger parfum d'esclavage. »

Le dernier cénacle, ces soirées d'Uchard, qui consolent, égaient et élèvent l'esprit, après tout ce linge sale que l'envie lave dans le ruisseau, devant tout ce rien, la pâture présente de l'esprit français.

Claudin nous conte qu'au dîner de Marc-Fournier, ce parvenu s'est ingénié à surpasser le service à l'anglaise : on change de serviette à chaque service.

---

(1) On ignore son identité. Tout au plus connaît-on l'initiale de son nom, d'après l'eau-forte de Jules de Goncourt, APRÈS SOUPER, qui la représente, d'une manière hélas ! inexpressive, en mars 1859 et qui porte la mention manuscrite : « Étude d'après Maria M*** » (cf. Fosca, p. 145, n° 1 et Burty, EAUX-FORTES DE J. DE G., n° 15). Elle est assise, « le coude posé sur une table » et vêtue d'un « peignoir de broderie anglaise ».

22 février.

Nous allons dîner chez les Passy, invités par Blanche. Tablée de savants : Becquerel, Payen, etc. Chose étrange, tous ces hommes : types bestiaux. Payen a l'air d'un macaque ; Becquerel, de l'homme des bois : front fuyant, mandibules inférieures avançantes. Un autre mêle en lui l'éléphant au porc. Mon voisin, qui est un médecin, me dit : « Moi, Monsieur, quand j'ai un rhume de cerveau, je le fais avorter avec du suif et de la graisse de veau que je fais bouillir dans de l'eau chaude. » Entourés par une conversation d'un technique ineffable sur l'igname et ses facultés propagatrices.

Blanche — toujours la seule personne qui nous aime et la seule pour qui nous nous ferions casser les os — rit tout haut comme pour s'afficher... Idée d'une charmante et fraîche scène d'amour ainsi, à un coin de table, au milieu d'une conversation de savants.

Le soir, ce mot cité de Laplace, Napoléon lui disant à propos de ses ESSAIS SUR LE MONDE :

« Il y a une chose qui m'étonne, monsieur Laplace, c'est que vous n'y ayez pas prononcé une fois le mot *Dieu*.

— Sire, je n'ai pas cru devoir me servir de cette hypothèse. »

Causerie avec Blanche : perles de Mme Duchâtel, « des perles grosses,... grosses comme des perles fausses ! »

24 février.

Ce matin, Monselet nous fait une blague assez drôle dans le FIGARO. Il nous costume et nous charge en rococotiers du XVIIIe siècle, furieux et enragés (1).

Nous sortons. Chez Blaisot, nous achetons pour une coupure de cent francs le plus délicieux Lancret du monde; chez Danlos, 300 dessins de costumes d'opéra de 1770 de Boquet : total, 400 francs. Cela était bien dû aux historiens de l'Opéra, de trouver de belles reliques d'Arnould, et d'Heinel et des autres.

(1) Ce sketch, réédité dans les TRÉTEAUX DU SIEUR CHARLES MONSELET (1859), représente Jules et Edmond fouillant les boutiques des antiquaires et des marchands d'autographes. Après avoir acheté une tasse de Sèvres qui a appartenu à Mme de Pompadour, ils vont voir les manuscrits de Charavay, qui leur propose en vain des lettres importantes de Benjamin Constant, du maréchal Berthier : ils réservent leur enthousiasme pour un insignifiant billet de l'acteur Brunet.

Été le soir au café du Helder. Un boursier nous parle de ses terres cuites, se sauve, revient et nous met dans les mains un plâtre moulé d'après un groupe de Marin. Voilà un article justifié ! (1)

Nous avons été voir ces jours-ci pour notre MARIE-ANTOI-NETTE un vrai marquis, M. de Biencourt, dans un vrai hôtel, rue Saint-Dominique. Les hommes de cette race ont assurément des façons et comme une tradition du corps qui n'est qu'à eux. Pour le reste, je crains bien qu'ils ne lisent trop la GAZETTE (2). Je remarque que la chose qui intimide le plus un homme est la hauteur des plafonds de l'homme chez lequel il entre.

En me faisant faire la barbe, devant moi un bocal : au fond, un Deburau blanc à serre-tête noir, à genoux, en verre soufflé. Un gros poisson rouge tournant fatalement là-dedans et de temps en temps donnant un paresseux coup de queue, qui fait perdre l'équilibre à cette figurine effacée et suppliante.

Vendredi, 26 février.

Uchard nous emmène à sa répétition du RETOUR DU MARI au Théâtre-Français. Nous entrons pour la première fois dans le foyer des acteurs du Théâtre-Français. Un ramassis de toiles de bric-à-brac. Portraits d'acteurs : un seul beau, le portrait de la Duclos, — et la croûte la plus étonnante de M. Ingres, MOLIÈRE ET LOUIS XIV.

Mme Plessy : toilette de brûleuse de maison, chapeau rose du Temple, sorte de boa d'Anglaise. Un sac de bonbons sur une

(1) Ce semble être une allusion à un article des Goncourt sur le sculpteur Joseph-Charles Marin (1759-1834), article dont je ne trouve pas trace, alors que LA MAISON D'UN ARTISTE (t. I, p. 166 sq. et 246-48) décrira avec éloge une terre cuite de Marin, un buste de « songeuse », — que possèdent les Goncourt et qui semble un Clodion, — et fera l'inventaire des lettres et papiers de Marin, qui sont dans leur collection.

(2) La légitimiste GAZETTE DE FRANCE. Elle était la lointaine héritière de la GAZETTE de Renaudot et la doyenne des feuilles de France. Sous Louis-Philippe, elle s'était distinguée de la QUOTIDIENNE, l'autre journal légitimiste, par l'appel au suffrage universel, que n'avait cessé d'y réclamer M. de Genoude. Sous une forme moins virulente, après la mort de Genoude (1849), son nouveau directeur, Lourdoueix, continuait ce curieux essai de royalisme fondé sur l'appel au peuple. La GAZETTE durera jusqu'en 1915.

fausse cheminée. Les petites actrices en noir. Les hommes vêtus et laids comme des notaires en deuil. Provost arrive en retard avec un rhumatisme. On charge de braise les chaufferettes traditionnelles et monumentales de la maison de Molière, — et la chose commence.

Dans la demi-nuit de la salle emballée, une grande filée de lumière bleuâtre, pareille à la lumière d'un glacier, sur un côté de la salle (1). En haut, par une ouverture du *paradis*, le jour du dehors frappe sur les rideaux rouges des loges. Le lustre, au milieu de cette ombre crépusculaire, scintille, en huit ou dix points, de petits morceaux de prisme, rubis et saphirs. Dans l'orchestre, dans la salle vide, çà et là, des taches noires comme pochées par Granet, qui sont la vingtaine de spectateurs. La scène : la rampe basse, et au-dessus du plafond qui s'abaisse lentement pour rejoindre les décors, des trouées d'échafaudages, de décors bleuissants, qui semblent la charpente d'un clocher éclairée par un clair de lune.

L'amoureux emmitouflé et enfoui dans un cache-nez, jouant ainsi. Tous les acteurs faisant seulement le geste d'ôter leur chapeau et le gardant... Quelque chose de nocturne, de silencieux, de funèbre, et de fantômes bourgeois.

Dimanche 28 février.

Dîner chez Uchard. Grande discussion sur la musique des Grecs. Saint-Victor, le dernier des Grecs, le Philopœmen de l'art grec, une passion, une violence, une *furia* pour cette civilisation, l'œuf de toutes les civilisations, son *Credo*, son palladium, sa patrie, — et ne laissant pas plus toucher à cet amour qu'un dévot à sa conscience. Dégoût de l'aplatissement moderne. Passionné en tout, jugeant hommes et choses à outrance ; la nature la plus inéclectique, la plus chaude de pensée et la plus sympathique.

Charles Edmond, l'esprit fin, le charme félin presque, pénétrant et doux des Slaves ; l'accent de l'esprit tout français ; une ironie merveilleusement bonhomme, une science de la matière des mots et de la méchanceté des tours ; des lectures et des systèmes ; des passions qui tonnent tout à coup dans sa voix, — mais un éclair, un moment — bientôt ramenée à la note musicale de son parler.

(1) *Pareille à la lumière d'un glacier*, add. 1887.

443

Grande conversation philosophique sur de Sade, puis sur les LIAISONS DANGEREUSES que Charles Edmond juge de ce mot charmant : « Les LIAISONS DANGEREUSES, savez-vous de quoi leur corruption me fait l'effet ? Du cadavre de Louis XIV qui sentait bon. »

Nous sommes emmenés chez le fils de Mme Sand, Maurice Sand, un mauvais peintre qui ne s'occupe que de marionnettes. Un atelier plein de fauteuils et de femmes en corbeille, étalées et vautrées. Un petit théâtre de Guignol. Une parodie des gros drames ; des marionnettes qui ressemblent à des acteurs et qui jouent parfaitement l'organe de Fechter, etc. Au bout de trois actes, nous partons. La marionnette, c'est Thalie qui joue à la poupée et ça porte sur les nerfs au bout de quelque temps.

Lundi 1er mars.

Nous allons à la première du RETOUR DU MARI. Une salle de glace ; pas un rire ; les bravos de la claque tombant dans la solitude. Une chose effrayante que cette salle, indéridable et sans larmes, devant laquelle s'agitent vainement ces quatre actes et se trémoussent ces voix, ces bras, ces histrions et ces situations. — Le soir, Mario entre au café en disant : « Ce n'est pas de ma faute ! » Jamais il n'y a eu plus de monde au café !

Nous rentrons chez nous. Tristesse et effroi pour nous-mêmes d'une pareille salle, qui peut-être ferait le même visage à une pièce littéraire, étincelante de verve, de mots et de poésie... Après tout, nous nous demandons si le public est si coupable. Plaignant Uchard pour lui, nous ne pouvons plaindre la fin de ce théâtre bâtard, cette gymnastique et cette dialectique des passions, cette bobine déroulée et enroulée d'acte en acte et de scène en scène, cette impasse où les personnages enfermés passent le temps à se cogner la tête et le cœur contre les murs, ces comédies sans dénouement, qui ne finissent pas, ne peuvent finir et pourraient toujours recommencer.

Mardi, 2 mars.

Nous allons panser l'amour-propre d'Uchard. Nous lui parlons de la cabale, etc., toutes les consolations usitées... Il se cramponne de la meilleure foi du monde à son génie. Il a appelé tous les médecins consultants. Nous voyons arriver Jouvin, un gros vilain, sale homme, l'air d'un moine devenu cabotin, et nous partons.

3 mars.

Ambroise Firmin-Didot, un vieux bonhomme à cheveux blancs, de ces vieillesses qui cachent un imbécile sous des cheveux blancs. Charmant, nous parle de notre réputation, conclut l'affaire presque sans en parler et termine en nous montrant ses incunables. Enfin, nous allons avoir un éditeur sérieux.

Le soir, en dînant chez Riche, les boursiers à côté de nous, parlant très haut, disent que le four du MARI montre bien clairement que LA FIAMMINA n'est pas d'Uchard... Je ne croyais pas que ce brave garçon d'Uchard eût dépensé assez de talent et fut encore mûr pour l'ostracisme.

4 mars.

Mon oncle de Courmont est un homme qui est mort corporellement et moralement, tant que ne sonnent pas des histoires galvanisantes comme ces deux-ci.

Un bon juge de tribunal se faisait écrire par sa maîtresse, chaque fois qu'elle se sentait envie de chier : « La poule va chanter ». Il demandait aussitôt de s'absenter au Président, sous un prétexte de famille, et courait se faire chier dans la bouche. — Idée de ce juge dans un procès d'outrage aux mœurs, pour un petit volume de scepticismes impubliables.

Un créole demande à sa maîtresse de lui faire du café bien fort, le lui donne en lavement, la femme le rend. Il le passe dans une passoire d'argent et boit ainsi son café avec délice.

5 mars.

En regardant et écoutant autour de moi tout ce petit monde de petites lettres qui s'agite, ce peuple de Figarotins qui se trémoussent pour un peu de bruit absolument comme pour la gloire ; en voyant ces orgueils rassasiés et satisfaits de si maigres honneurs, l'honneur d'aller à une première ou à un bal d'artistes ou d'être salué par un directeur de journal, il me semble — et c'est la consolation des âmes plus difficiles à satisfaire — que la mesure de l'amour-propre des gens est la mesure même de leur avenir.

445

Tirade pour une pièce : « C'est une chose étonnante. Je vois l'amour partout, dans les livres, au théâtre, dans la vie des autres. On en parle, on en rabâche. C'est une chose qui a l'air d'être et d'occuper beaucoup. Cependant, nous voilà tous les deux, bien constitués, bons pour le service du cœur, ayant de quoi mettre des chaussettes propres et payer un bouquet, le nez à peu près au milieu de la figure, — et du diable si nous nous rappelons avoir plus d'une fois aimé plus d'une semaine de suite ».

A côté de nous, chez Broggi : « J'ai vu sa maîtresse. — Mais c'est sa femme ! — Il me l'a présentée comme sa maîtresse, pour la réhabiliter... »

Faire LE PEUPLE, trilogie : L'HOMME, LA FEMME, LE PETIT (le voyou).

Curieux êtres que nos étourdis, nos dissipateurs, nos fous, qui ne jettent au vent que l'argent des usuriers. La fortune leur vient-elle ? Les voilà rangés, sages, comptant et liardant. Gaiffe, ce dernier des fils de famille sans famille, ce joli type d'enfant prodigue a vraiment de l'argent. Il a ouvert son secrétaire, montré quinze cents vrais billets de cent francs à ses amis (1), les a feuilletés un à un, a soupiré, les a fait rentrer dans le tiroir et se tournant vers ses amis : « Je sais que je vous dois à tous de l'argent, mais c'est une drôle de chose, cela m'ennuie de vous le payer. Voulez-vous me tenir quitte pour un souper ? »

Scholl qui nous conte cela, nous parle encore de Mme S... et de sa dernière scène avec elle. Il pousse la porte. Il entre. L'ami se lève, interdit et tâchant de rire. La femme veut dire : « Mais, Monsieur... » Il va à l'ami, le fait lever d'un geste, prend sa place : « Voyons, avez-vous des droits ? Etes-vous seulement l'amant de Madame ? » Et il le chasse : « Vous voyez, c'est un lâche... Ce que j'aimais en vous, ce n'était pas votre corps : vous avez le ventre comme une persienne ; vous avez des places chauves sur la tête ; le matin, vous puez de la bouche... J'étais toujours là au poste, à vos rendez-vous, à votre tempérament... Ce que j'aimais en vous,

---

(1) Add. 1887 : *billets de cent...*

c'était mes illusions : je crois qu'on appelle ça comme ça ! » Et la quitte en disant : « Vous êtes une putain. »

Au café du Helder, quelques Juifs et boursiers se faufilent, petits Plutus fort flattés de se frotter à des hommes de lettres et d'en recevoir quelques rebuffades.

Siraudin, un Philippe Bridau chauve et le chapeau casseur : cet auteur de cocasseries, ce vaudevilliste fangeux ayant une bibliothèque, des livres qu'il a lus, sachant Bachaumont, sachant même Métra, — et pourquoi ?

Le beau-frère de Louis, maire auprès de Versailles, a reçu du commissaire de police de Versailles l'ordre de lui envoyer des notes sur les opinions des gens de sa commune et le relevé des gens ayant voté aux dernières élections contre le gouvernement.

Pour la JEUNE BOURGEOISIE, caractère d'un prêtre très intelligent, conseillant aux femmes les vertus et la science du monde, — caractère résumé par les avis donnés à une femme dont le mari s'écarte : « Il faut, voyez-vous, ma chère enfant, qu'une femme honnête ait un petit parfum de lorette, ... du linge fin. »

12 mars.

Écrit à Charles Edmond, à propos d'une charmante réclame dans la PRESSE : « Cher Monsieur, merci et grand merci ! Nos illusions sont dans le passé, vos religions sont dans l'avenir ; mais si loin que soient nos dieux, il y aura toujours une patrie commune où nos esprits se serreront la main, une certaine Jérusalem de libres et nobles idées, où nous chercherons ensemble la consolation et le courage. »

14 mars.

Dîner d'Uchard. La censure n'a pas permis à Uchard de nommer monsieur le comte d'Artois, il a été forcé de dire *Monsieur*. Ce n'est plus une phrase, une idée, un mot, une allusion qu'on supprime ; c'est un fait, un nom qu'on veut qui ne soit plus.

Causerie sur 1830. Pour nous donner l'idée et le goût du courant de pensées, de la confraternité, des folies enfantines et généreuses, de l'atmosphère des choses ridicules et grandes, de la

447

fièvre, hélas ! qui circulait alors et poussait tous les cœurs, de Belloy raconte cette anecdote. Quelque temps avant Marion Delorme, écrit à un ami, étudiant en médecine en province ; l'ami voit de la tristesse dans la lettre, croit à un manque d'argent, ramasse tout ce qu'il peut, part et le lui apporte. De Belloy n'en avait pas besoin, le remercie, le mène le soir chez une femme qu'il aimait. Ils vivent à trois. Au bout de quelques jours, entre chez son ami, trouve dans le lit... un monstre, le croit devenu fou : il s'était rasé cheveux, sourcils, moustache, barbe. Se fait presser pour avouer que devenu amoureux de la maîtresse de Belloy, il a voulu se mettre dans l'impossibilité de la revoir.

De Belloy l'emmène le soir même dîner avec elle, puis l'emmène comme cela à Marion Delorme. Faillit faire chuter la pièce. Chaque fois qu'il se retournait pour imposer silence à une opposition, la figure de ce monstre enthousiaste et glabre faisait éclater de rire la salle. — A Hernani, à *l'escalier / Dérobé* : « Bravo ! » Son bravo éclate, frénétique et provocant, à l'enjambement (1).

15 mars.

Scholl, chargé de 300 lignes par semaine au Figaro, vient faire chez nous de la copie comme un navire fait de l'eau. Il emporte Métra, qu'il va copier. Il y a dix-huit volumes. Il sera bien malheureux, s'il n'est pas spirituel pendant trois semaines...

17 mars.

Scholl a pris dans Métra la blague la plus connue, *La Foire Saint-Germain*, qu'il a appelée la Foire des Champs-Élysées : Mlle Brohan a le portrait de la Duthé, etc. Et tout est ainsi pour le mieux : personne ne s'est douté du tour et Scholl ne sait plus bien si l'article est de lui ou bien de Métra.

Dîner avec Gavarni au *Bœuf à la mode*.

(1) C'est la première réplique d'Hernani :
Serait-ce déjà lui ?... C'est bien à l'escalier
Dérobé...
Sur l'effet de cet enjambement impertinent, cf. Théophile Gautier, Histoire du Romantisme, 1874, p. 107, qui donne le mot légendaire d'un spectateur : « On casse les vers et on les jette par les fenêtres. »

ANNÉE 1858

A Auteuil, un atelier mansardé, une seule fenêtre, une cheminée de marbre noir, une console en acajou et en bronze. Sur la pendule, le buste en plâtre, singulièrement fin, du fils de M. Magne.

Contre le mur, un porte-lorgnette, un thermomètre en bois doré, restes de son ancien mobilier. Des deux côtés de la porte, deux bibliothèques en acajou, surmontées d'étagères : livres modernes, livres de mathématiques, livres d'amis. Contre le mur, une palette chargée de tons de gouache, qui est comme des fleurs de Diaz. Des plans, des devis, des équerres. Puis dans un désordre rangé, des cartons, des paquets de lithographies, des piles de livres, des objets de mathématiques couvrant une table et un bureau. Contre la cheminée, dans l'angle du mur, le petit divan vert de sonatelier, disparaissant sous les FIGARO, ILLUSTRATION, UNIVERS...

Auprès de la fenêtre, auprès d'un grand panier de tapisserie, brodé par sa femme, donné à sa mère et gardé comme souvenir de sa mère, dans un grand fauteuil d'acajou à velours vert, les pieds dans une chancelière, il travaille sur un chevalet, une espèce de petit guéridon à côté de lui : pour la lithographie, tous les grattoirs et les crayons, et de l'encre de Chine délayée pour l'aquarelle, les tons gouachés étendus sur un godet retourné. Au mur, papier fleureté vert.

Six ouvriers dans son jardin. Remaniement de toute la partie anglaise du jardin : bâtisses, escaliers, des bancs, des endroits de repos, une place maçonnée pour le hamac, comme pour une société et une famille. O folie... qui le fait heureux !

Boitaille fortement : la goutte...

Il nous parle de Guys, de ce conteur animé et pittoresque, des héros de ses histoires. Il doit un jour dîner avec un certain homme que voici.

Un Italien au passé inconnu, vivant à Londres, tirant sur la charité de ses compatriotes, à peu près tous les jours, de quoi risquer quelques schellings dans les tripots. Tous les soirs, dans le même tripot, où il est défendu de dormir et où l'on ne peut s'asseoir, et appelé *la Mouche*, par l'habitude qu'il a contractée, à la fin, de dormir contre le mur. Un jour, le jeu s'anime, un souverain tombe, il roule jusqu'à lui doucement. Il avance le pied nu sous la botte, qui n'avait que le dessus, et le saisissant avec l'orteil, il reste jusqu'au matin immobile et sans le ramasser, de peur de soupçons. Le matin, pour la première fois de sa vie, se trouvant au monde avec un souverain dans sa poche, cet homme, qui depuis des années ne se couchait jamais, songe à coucher dans un lit. Il frappe à une maison garnie. Vers les dix heures, il est réveillé par la bonne qui lui demande s'il veut venir déjeuner avec ses maîtresses, deux vieilles *governesses*. Il plaît, couche avec l'une le lendemain, l'épouse, leur donne à toutes deux le goût du jeu, les ruine. Quand il les a ruinées, fait convertir sa femme au catholicisme puis sa belle-sœur ; et de l'argent reçu des lords catholiques, tente le jeu à Hombourg, gagne 200.000 francs, les reperd... Et maintenant, va de porte en porte dans les cabarets de la barrière de l'Étoile, organisant une société de jeu parmi les compagnons maçons, — mise de fonds : 500 francs, — par laquelle il ira jouer avec une surveillance d'une dizaine de maçons, costumés en habit noir et n'ayant qu'à manger, se promener (1).

S'est abonné à l'UNIVERS. Dit que Veuillot a deux voix, l'une quand il joint les mains et qu'il parle de sa boutique et quand il parle du nez, — et l'autre, quand il se fiche des gens : alors il est très beau. « On devrait faire une parade où le Veuillot qui parle du nez aurait des grandes tirades onctueuses et tendres, qu'il couperait de choses à la cantonade comme : *Attends, toi, hé la-bas ! je vas te foutre mon pied dans le cul !* »

Avait envie de faire une brochure sur l'Angleterre. Dit qu'on ne connaît pas les Anglais et que pourtant, « c'est bien simple, l'Anglais est plus n'importe quoi, — qu'il est — que n'importe qui : plus filou, s'il est filou, plus honnête, s'il est honnête... L'Anglais, c'est un pois, un haricot, une perle, etc. Pour en faire un collier, il faut un fil ; ce fil, c'est la nation anglaise. » (2)

Les réclames partent de tous côtés sur nos PORTRAITS INTIMES : nous voyons que nous approchons de la dixième année, qui est le surnumérariat littéraire.

19 mars.

Reçu les premières feuilles de MARIE-ANTOINETTE. Petites ambitions, petits articles, petits journaux, tenant cette feuille et cette

(1) Entendez : une société de jeu par laquelle il est mandaté pour aller jouer...
(2) Rayé depuis *Gavarni avait envie...*

espérance dans notre main, il nous semble, du haut de ce grand rêve comme d'une pyramide, voir des fourmis charrier un fétu.

L'homme doit être éduqué et du monde; la femme, naturelle et du peuple. L'éducation ôte tout à la femme et donne tout à l'homme. La femme : esprit naturel, le seul supportable.

Idée pour une pièce : pour rafraîchir et rajeunir l'éternelle scène d'amour entre jeune homme et jeune personne, rappel des souvenirs de Première Communion ; c'est le premier éveil de l'homme idéal, toute l'enfance aux joies matérielles lancée dans les chatouillements du cerveau.

« Combien cette canne ?
— Cent francs.
— Comment, cent francs ?
— Mais, Monsieur, c'est un jonc naturel !
— J'aimerais mieux qu'il fût légitime et qu'il ne coutât que cent sous. »
C'est là l'esprit d'Aubryet.

Plus je coudoie de ceux-là qui dépensent leur vie, la fièvre de leur esprit dans le Petit Journal, plus je suis convaincu que l'état, les agitations, la vie sans assiette, la précipitation des idées, le détournement de la pensée, de l'observation, du travail lent et mûri rendent ceux-là absolument impropres, même dans l'avenir, à une œuvre : il faut, pour *pondre*, une retraite et comme une nuit à l'esprit.

24 mars.

Nous allons acheter chez un orfèvre, revendeur de la rue du Petit-Carreau, toutes les tentures de tapisserie de notre salle à manger, y compris le plafond, tapisserie Louis XV fond blanc, pour 2.100 francs ; et nous en revenant, le gosier sec d'émotion comme après une nuit de jeu, nous calculons que deux mille cent francs, c'est presque deux ans de la vie d'un homme, non point du premier venu, mais d'un bachelier, — c'est-à-dire d'un homme embrassant les connaissances humaines et assez heureux ou apparenté pour avoir attrapé une place.

Plus nous allons et plus la vie nous semble une bouffonnerie, qu'il faut prendre et quitter en riant.

26 mars.

Pouthier nous emmène au Jardin des Plantes : une des choses qui donnent la plus petite idée de Dieu, pour ceux qui l'estiment assez pour le rêver quelque chose de plus grand qu'un gros et grand maçon des mondes. Peu d'imagination, des répétitions de formes... Le cerveau de l'homme me semble plus grand que la création, et la comédie de Balzac que la comédie de Dieu.

L'homme des serpents a jeté à une grosse vipère noire trois grenouilles qu'elle a mangées. Pourquoi ? Où peut être le péché originel de la grenouille ?... Et l'affreuse pensée, le désespoir de toute justice, qui entre dans l'homme, devant cette loi de destructivité générale et universelle, ce *circulus* dévorant, qui monte du ciron à l'éléphant ! Dans les religions antiques, tout cela se déduisait et concordait. Dieu, c'était le mal, un croquemitaine qu'on adorait. Mais le Dieu de l'An I de l'ère chrétienne, il ne va pas dans ce monde de fatalité et du droit de la force. C'est un mouton dans un cirque.

Comme nous étions là, regardant engloutir une grenouille dans la tête en triangle du serpent et descendre dans son cou comme des ressorts de laiton distendus, une femme avec sa bonne regardait à côté de nous et détournait les yeux en disant : « C'est affreux ! » C'est la plus grande marchande de chair humaine de notre temps, Élisa, la Farcy II. Plus loin, aux herbivores, nous coudoyons Vigneron le lutteur. Voilà donc la promenade et la distraction de ces grands blasés, tout ce qui reste du monde antique dans le monde moderne, l'athlète et la maquerelle.

Dans sa cuve de pierre, l'hippopotame est venu à fleur d'eau. Il a ouvert cette chose rose, immense et informe, une ébauche de gigantesque muqueuse, le long de laquelle descend cette longue langue en fer de lance, — et il vous semble, dans un cauchemar, avoir, dans cette bouche qui nage sur l'eau comme un lotus énorme, un petit coin du monde antédiluvien.

Pour la Jeune Bourgeoisie, prendre tante et cousine de Passy.

Jeune fille, type nouveau et répandu, Mlle *Prudhomme.*

ANNÉE 1858

La bonne avertissant les fournisseurs, quand Madame a reçu de l'argent et recevant cinq francs.

Je comprends parfaitement le mariage dans le monde des affaires. La femme, là, n'est ni une maîtresse, ni une fée, ni une muse : elle est la Providence; quand le mari est ruiné, elle est l'*Au nom de...* de ses biens et de ses meubles.

Dimanche 28 mars.

A dîner : Mario Uchard, Saint-Victor, Charles Edmond, Aubryet, Scholl, Paul d'Ivoi, Albéric Second, Murger.

31 mars.

« Vous ne serez pas décorés ! » C'est ainsi que notre excellent Louis commence le récit suivant : « Il y a, à Biarritz, une bibliothèque de vingt cinq volumes, votre HISTOIRE DU DIRECTOIRE y était (1). Damas-Hinard dit à l'Impératrice : « Voilà un livre nouveau qui vous intéressera, c'est l'HISTOIRE DE LA SOCIÉTÉ FRANÇAISE PENDANT LE DIRECTOIRE.» L'Impératrice se met à lire, puis le style la fatigue un peu, puis elle part d'un éclat de rire. L'Empereur s'approche, interroge; l'Impératrice lui montre le mot *tétonnières*, appliqué aux femmes du Directoire. L'Empereur regarde, relit, s'assure de l'épithète et ferme sévèrement le volume... »

Et voilà pourquoi, affirme Louis, nous ne serons pas décorés !
— Raconté par le général Roguet, témoin oculaire et auriculaire.

Walferdin, l'ami intime de Diderot et de Fragonard, vient voir nos dessins ; selon lui, Frago a d'abord été chez Chardin, puis il est passé chez Tiepolo et il a été coucher chez Rembrandt.

4 avril.

Dîner chez Mario. Charles Edmond nous apprend que l'histoire de GERMAINE a été racontée tout au long dans

---

(1) Après les fêtes du 15 août, le couple impérial résidait en général à la *Villa Eugénie*, à Biarritz.

453

l'INDÉPENDANCE BELGE par Jules Lecomte et que c'est l'histoire de M. et Mme de Calonne (1).

Léon Gozlan, l'air d'un vieux marchand de chaînes de sûreté, est resté tout le temps à l'état d'une bouteille de champagne non débouchée.

En sortant, Charles Edmond nous apprend que Ozy, la maîtresse de Saint-Victor, pour laquelle Saint-Victor a envoyé des témoins au FIGARO, à propos d'une attaque d'About, est partie en Italie avec About... Nous réfléchissons que c'est être encore bien jeune, que d'enlever une femme pour plus de vingt-quatre heures !

10 avril.

Scholl vient nous emporter la fin du Métra pour avoir encore un peu d'imagination dans le FIGARO. Est très heureux, quoique voyant que le Petit Journal est une impasse et que la gloire ne le mène nulle part. Il va avoir une montre et une chaîne, la montre et la chaîne de Villemessant, que Villemessant lui vend à la petite semaine en lui retenant les cinq cents francs sur sa copie.

Nous feuilletons la sage-femme, intéressante comme la portière de la vie humaine. Le premier mouvement de l'homme, — alors que l'homme est entre l'animal et le fœtus, quand il sort de la femme, de son premier domicile, oscillant et balançant et se glissant de côté à l'ouverture, — le premier geste, le premier acte de la vie est de redresser la tête et de la lever à la lumière : ... *coelumque tueri jussit* (2).

11 avril.

Dans un coin glacé de la Place-Royale, là où il y a deux coupés qui se morfondent à la porte, des sergents de ville et une queue

---

(1) GERMAINE, roman d'Edmond About, publié en juin 1857. Le duc d'Embleuse, viveur ruiné, a une fille poitrinaire, Germaine, qui accepte, se croyant mourante, de sauver la fortune de son père en épousant le comte de Villaneva et en passant pour la mère d'un bâtard du comte. La maîtresse de celui-ci essaie en vain d'empoisonner Germaine, qui guérit de son mal et conquiert son mari.

(2) Cf. Ovide, MÉTAMORPHOSES, I, 84 sqq. : « Tandis que tous les autres animaux ont les regards orientés vers la terre, il a donné à l'homme une face tournée vers le haut et lui a fait regarder le ciel. »

de passants du Marais, ménages de Daumier, dernières grisettes en cheveux... C'est là. Je monte avec ceux qui montent. Et d'abord une grande pièce éclairée par le jour morne d'une cour froide et nue, et tout autour, à un portemanteau, pendues en des poses affaissées et pleurantes, toutes les hardes de la morte, hardes de femme, hardes de reine : les sorties de bal de satin piqué blanc, les robes d'Athalie, toutes les reliques de ce corps, tous les costumes de cette gloire accrochés en grappes comme aux murs d'une morgue, avec un aspect d'enveloppes fantomatiques, vêtements d'un rêve immobilisés et morts au premier rayon du jour.

Quelques marchandes de ce regrat des nippes orgueilleuses et flétries s'en vont, le long, flairant dans la tunique de Camille l'accroc de l'épée de son frère.

« Passez, Messieurs et dames ! » fait la voix glapissante du crieur, qui pousse par les épaules la foule hébétée qui bourdonne.

A côté, voilà l'argenterie, les légumières et les seaux de champagne, fort ordinaires et que Meissonier ni Germain n'ont dessinés ; les livres en pauvre habit, reliés en demi-veau ; trois nécessaires d'argent, des diamants, un reliquaire de bijoux dessinés sur les bijoux étrusques du Vatican et du Museo Borbonico ; et des bijoux zingares, pierres de hasard montées par quelque Gilles l'Égaré du royaume de Thunes ; un odieux service de dessert en porcelaine peinte, et puis quatre ou cinq tasses de mauvais Sèvres moderne, qui jouent, sur un buffet, à cache-cache avec une tasse de vieux Sèvres.

« Passez, Messieurs et dames ! » glapit encore la voix.

Et le salon ! Un salon de tapissier passé ! Voilà une petite chambre à coucher, un lit de bois noir, des rideaux de soie bleue et, jetés dans toute la chambre, des dentelles, des volants d'Angleterre, des garnitures de Malines, des mouchoirs de Valenciennes, tout le travail de patience d'une araignée au bagne. Une vieille est au chevet du lit, jaune et l'œil allumé, cupide et juif, couvant toutes les dentelles. « Passez... » dit la voix.

E tutto, et voilà ce que laisse Rachel : des nippes, des diamants, des bijoux, des demi-reliures et des dentelles, un héritage de courtisane.

Le soir, dîner chez Uchard. Un nouveau personnage dans la lanterne magique de ces dîners : Sari, directeur des Délassements-Comiques.

Causerie sur Marchal, le *cuphage* de Dumas, toujours disant :
« Ma mère », et : « Je ne puis pas dépenser quatre francs à mon
dîner, j'ai ma *mèrrre* ». Insinué et faufilé partout, assez habile pour
ne jamais parler peinture ; ses entrées dans tous les théâtres. Ne se
liant qu'avec les gens utiles, ne chauffant les critiques qu'au moment
où ils rendent compte de l'exposition, arrivant à ce que Saint-
Victor le nomme à côté de M. Ingres ; commandes du Ministère
d'État ; gagnant huit mille francs par an et toujours disant *Ma
mère* comme un drame honnête.

On cause de de Goy, toujours rêvant millions et qu'on nomme
l'abbé Faria (1). L'autre jour, a hérité sérieusement d'une soixantaine de mille francs, en a joué et perdu 40.000 en un soir dans
le cercle de la Maison d'Or ; a payé à dîner aux passants, dans cette
prospérité soudaine et fugitive, offrant au dessert de l'argent, par
exemple à Busquet, qui a accepté un billet de cinq cents francs,
et à Murger, qui déclare n'avoir accepté qu'un louis. Murger est
toujours où il y a à emprunter un louis à ne pas rendre.

Didot, cou rouge, cheveux blancs : un dindon sur lequel il a
neigé.

Mardi 13 avril.

Hier au soir, j'ai reçu avec mes épreuves de Marie-Antoinette un petit mot du nommé Ambroise Firmin-Didot, lequel
me dit qu'étant imprimeur de l'Institut et ayant été en rapport
avec des littérateurs très distingués, il croit devoir m'indiquer
quelques corrections, lesquelles corrections se montent dans six
feuilles au nombre de 119 ! Ça a été une belle colère chez nous,
quand cette chose insolite nous est arrivée, l'imprimeur se
faisant censeur, l'éditeur se faisant auteur ! A chaque ligne, à
chaque mot faisant image, à chaque harmonie imitative de la
phrase, à chacun des efforts et des tours prémédités, qui sont

---

(1) André de Goy devait mourir fou en 1863. Ce traducteur de romans anglais
était un mégalomane qui ne parlait que de pistoles et d'écus et qui se vantait, par
exemple, d'avoir vendu à Girardin 400 feuilletons, qui occuperaient les colonnes de la
Presse pendant deux ans (Cf. Monselet, Portraits après décès, 1866, p. 283). Son
surnom fait allusion au célèbre personnage du Monte-Cristo de Dumas, l'abbé
Faria, détenu avec Dantès au Château d'If et qu'on a cru fou, parce qu'il offrait au
gouvernement les millions qu'il savait enfouis dans l'île de Monte-Cristo.

notre volonté et notre signature, le malheureux fait une raie d'ostracisme...

Oh ! il est de certaines lâchetés dont j'aurais peut-être le courage ; mais nous, ayant notre pain sur la planche et libres, après tout, de la tyrannie de l'éditeur, — nous qui avons un idéal, qui cherchons, qui pesons une virgule, qui tentons d'écrire, qui aimons nos phrases, nous qui sommes et voulons être nous, — nous, laisser un niais, un bêta, un idiot toucher et tripoter dans ce que nous avons pondu, et recouver nos enfants et rhabiller nos idées avec les ciseaux de Prudhomme ? Non pas ! Et je viens dire aujourd'hui à M. Ambroise Firmin-Didot, imprimeur de l'Institut, que certaines de ses 119 corrections nous ont paru admissibles et les autres impossibles, ayant tout pesé et prêts, au pis-aller, à remporter le manuscrit plutôt que de laisser mutiler l'œuvre.

Voici la scène. Lui est là, à son bureau, à côté de la fenêtre par où l'on voit la Charité ; je le vois de dos, avec sa vieille redingote, son morceau de cou de vautour pelé, turgide et flanqué de petites plumes blanches s'échappant de dessous son bonnet grec de velours noir. Et avant que je ne parle, il me pateline de la voix, du geste et, m'engluant de paroles, m'enfile dans la discussion de ses corrections une à une. Alors, il va de phrase en phrase et je m'aperçois que l'insolence de cet imbécile de vieillard est au delà de ce que j'imaginais : il s'avise de vouloir nous comprendre !

De temps en temps, il fait un « Je ne comprends pas ! » avec un geste désespéré ; et moi, d'un ton sec : « Pardon, Monsieur, je tiens à cela ». Et enfin, il abandonne ma pauvre phrase avec le mouvement de Pilate se lavant les mains. A propos d'une expression, je coupe son réquisitoire avec : « Avez-vous là un La Bruyère ? Je vais vous la montrer dans La Bruyère. » A propos d'une autre, qu'il veut encore couper et que je maintiens : « C'est dans la première page de l'oraison funèbre d'Henriette d'Angleterre. » Et pour une autre encore : « C'est du Saint-Simon. » Sur ces mots-là, étonné et blessé, il se retourne, il retourne sa face de vieillard hébété et mielleux, qui tente un sourire : « Je vois que vous lisez de bons auteurs, mais... » Et puis, c'est ce mot qui n'est pas français, — et le mot de Hugo me brûle la langue : « Il le sera ! » Et puis c'est ceci, et puis c'est cela : « C'est bien hardi, *La reine passait sa vie*, c'est bien familier. » Et puis c'est une inversion qui l'indigne, et moi de lui dire : « Mais Monsieur, c'est un de vos hommes, c'est Bossuet qui a dit, à propos de l'inversion, que le génie de la langue latine était précisément le génie de la langue française. Je suis de l'avis de Bossuet. » (1)

La bataille a duré trois heures, le mauvais bonhomme assez furieux et passant sans tact d'une condamnation à un compliment, d'un mot que je relevais à un patelinage que je laissais tomber, ennuyé de mes lectures et de mes citations qui l'enclouaient, ouvrant de grands yeux, hébété et comme médusé de voir tant tenir à des choses réprouvées par le goût d'un imprimeur de l'Institut, hébété de cette déclaration : « Il y a des phrases auxquelles je tiens autant qu'à des idées, je ne vous en ferai pas plus le sacrifice que je ne vous ferais le sacrifice de mes opinions. Croyez que je n'ai jamais plus regretté qu'aujourd'hui d'avoir une conscience littéraire. »

Les pages tournaient lentement. Il bataillait, se réfugiait de syllabe en syllabe, et moi : « Oh ! la belle chose, — disais-je, mais il n'y a pas de Providence ! — la belle chose que la foudre ou l'apoplexie tombant sur cette nuque et cette boîte osseuse de cet idiot et le clouant, ô justice ! sur la phrase-papillon, dont il veut tremper les pattes dans du plomb ! » A la fin, impatienté des incorrections et des latinismes : « Mais c'est un système ! a fait l'imbécile d'un ton aigre. — Non, Monsieur, c'est une religion. » Je ne sais pas s'il a compris, mais il s'est tu.

Relu le Neveu de Rameau. Quel homme, Diderot, quel fleuve, comme dit Mercier ! (2) Quelle œuvre, celle-là, une descente du génie dans la conscience humaine ! Terrible objection contre la justice de la postérité : Diderot, popularité de second ordre, popularité presque suspecte, Diderot, l'Homère de la pensée moderne, est terne auprès de cette popularité qui remplit son temps, occupe le monde, envahit l'avenir, Voltaire, le cerveau de la Garde nationale, pas plus ! Otez de celui-ci son succès, ses tragédies et ses livres touche-à-tout, que reste-t-il ? Candide, sa seule gloire, son seul titre.

---

(1) Cf. Bossuet, Sur le style et la lecture des écrivains et des Pères de l'Église, *in* Floquet, Études sur la vie de Bossuet, 1855, t. II, p. 516, à propos non de l'inversion, mais du *style tourné et figuré*.

(2) Cf. Sébastien Mercier, Tableau de Paris, t. XI, 1789, p. 109.

Nous avons bien ri en notre par-dedans. Villemessant ne dort pas : ce lièvre qui a tant fait sauter de grenouilles, il saute à son tour et se sauve. Un boursier du nom de Lemaire, — rude homme, taillé dans un taureau, qui se battant en duel, recevant une balle dans le ventre, met ses pouces dans sa blessure, les sent et ne sentant pas la merde, dit : « Continuons », — ce bretteur, grand ce jour-là comme le sublime et qui poursuit Villemessant depuis longtemps comme une ombre à fortes épaules, troublant son triomphe, menaçant ses prospérités, se dressant comme témoin à côté de tous ceux qui demandent raison, ce Lemaire, témoin d'un boursier du nom de Lange, pincé dans le FIGARO, veut tâter du Villemessant, ce à quoi Villemessant se refuse avec entêtement.

Scholl, que Villemessant, dans ces affaires, envoie en éclaireur, nous a l'air de trouver assez abusif qu'un homme veuille se battre assez sérieusement pour vous tuer : « Notre métier n'est pas de nous battre ! » fait-il avec humeur.

Allons, les hommes ne sont pas même complets en ce sale temps. Le Petit Journal lésine sur sa peau. C'est à grand'peine qu'on trouve une poitrine derrière une signature. Singulières années, où l'on peut faire trembler si longtemps à si bon marché et où le *miles gloriosus* du FIGARO évite à peu près les coups de canne !

Voyant l'homme et pensant à Dieu, je ne vois d'autre excuse à l'homme que Dieu, s'il est.

Tout le monde ancien est à reconstruire par un esprit libre, émancipé des professeurs, des Académies et de la routine des livres qu'on fait tous les jours, un esprit montant des mots aux idées et des phrases aux mœurs. Une belle et grande étude, par exemple, sur Aristophane, considéré non comme un poète, mais comme l'aïeul de tout le parti Rivarol de l'esprit humain, l'ancêtre du journalisme, l'aristocrate sceptique.

Sceptique, scepticisme : hélas ! mauvaise voie, mauvaise foi pour faire son chemin. D'abord le moyen du scepticisme est l'ironie, l'essence et la quintessence de l'esprit français, la formule la moins accessible aux masses, aux obtus, aux épais, aux sots et aux niais ; puis l'idée choquant les illusions de tous, — ou du moins celles que tous affichent, — le contentement de l'humanité qui suppose le contentement de soi, cette paix de la conscience humaine que le bourgeois affecte comme la paix de sa conscience particulière. Oh, le mauvais métier de déranger la foi, l'espérance, la charité du voisin ! C'est un si bel oreiller pour dormir et se pardonner ! Et vos livres généreux et dont le sourire est indigné semblent une âme de cynique dérangeant un festin où tous digèrent.

17 avril.

Villemessant a eu, pour se débarrasser du Lemaire, une très belle idée : il a envoyé chercher la plus forte lame de Paris, Darcier le chanteur, et lui a cédé sa place contre le terrible Lemaire. Façon nouvelle d'arranger ses affaires !

Aubryet, qui se tord pour faire du bruit, de l'original, du nerveux et qui serait ridicule sans tant de peine, — au milieu de son dîner au restaurant, tirade subite : « Oh, mon Dieu ! pourquoi avez-vous fait la femme si belle, si vous ne voulez pas qu'on en use ? » etc.

Mario nous emmène à la Salle-Lyrique, rue de La-Tour-d'Auvergne, entendre Darcier. Bon Dieu ! Qu'il faut peu de chose pour être un grand chanteur ! On ne leur demande pas même de chanter ! Et puis, que la Bohème est une belle franc-maçonnerie. Quelle marchande de couronnes ! Comme tout ce monde, brouillé avec les gants, la pièce de cent sous et certains préjugés sur les femmes, se soutient, se tient, se réclame et se trompette ! Quel Panthéon de faux dieux, de Nadar à Darcier !

Lu le RÉVEIL : il y a en ce moment, une débauche de morale (1)...

Pour la nouvelle de notre SINGE (2) : un professeur italien a composé un traité sérieux pour prouver que l'homme n'est qu'un

---

(1) Le RÉVEIL, feuille hebdomadaire, fondée «pour la défense de la religion, de la morale et de la saine littérature » par les frères Escudier, sous la direction de Granier de Cassagnac et avec la collaboration de Barbey d'Aurevilly, ne vécut qu'un an, de janvier à décembre 1858.
(2) Cf. t. I, p. 261.

singe dégénéré. Il y avait, dans le profond de l'Amérique, une ville bâtie par des singes, avec les plus belles peintures du monde et une échelle de dégénérescence de beautés physiques, peinte par un Raphaël, du singe à l'homme.

Il y a des gens qui ne comprennent pas nos livres, — lesquelles gens comprennent le catéchisme !

18 avril.

Nous sommes onze à dîner chez Uchard. Il y a comme femme la Lagier, une grosse mère avec une grosse voix, type de bon chien de Terre-Neuve, qui doit donner son cul comme un sou.

J'admire autour de moi-même, chez des esprits braves et dans des cerveaux passionnés, la platitude du caractère et l'abaissement de la poignée de main. Attaqués par le Petit Journal, c'est-à-dire insultés, au-dessus de lui, indépendants n'ayant pas même besoin d'ennemis, avec assez de talent et assez de nom pour être quelqu'un, quand même ils ne seraient plus un feuilleton, une puissance, ils caressent le Petit Journal, en ménagent et grattent les hommes. Scholl, qui devient décidément un grand homme de plus en plus et dont Mme Doche a envie, — à ce qu'il dit, — Scholl est caressé par Saint-Victor !

Je crois que nous enterrons aujourd'hui les dîners de Mario. Aussi bien, c'était tout à l'heure le jardin d'Académus : les grandes questions, les *to be or not be* de l'art, le beau et le laid, Dieu et l'homme, le présent et l'avenir, y étaient amenés sur la table, comme le Juste et l'Injuste des Nuées, dans de belles cages et s'y battaient comme de beaux coqs (1). Puis tout cela est parti. Figaro est rentré dans ce Portique et nous sommes tombés dans les nouvelles à la main, dans la boue de la semaine dernière et dans le *fait-scandale* de demain.

23 avril.

Nous trouvons, chez Gavarni, Guys, le dessinateur de l'Illustration anglaise, le dessinateur à grand style et à lavis enragé

(1) Cf. Aristophane, Nuées, v. 882 sqq. : Strepsiade demande à Socrate d'apprendre à son fils « les deux raisonnements, le fort, tel quel, et le faible qui, en plaidant l'injuste, renverse le fort » et Socrate fait sortir de chez lui le *Raisonnement juste* et le *Raisonnement injuste*, qui entament un long débat.

des scènes bordelières, le physionomiste moral de la prostitution de ce siècle.

C'est un étrange homme, qui a roulé sa vie dans tous les hauts et les bas de la vie, couru le monde et ses hasards, semé de sa santé sous toutes les latitudes et à tous les amours, un homme qui est sorti des garnis de Londres, des châteaux de la *fashion*, des tapis verts d'Allemagne, des massacres de la Grèce, des tables d'hôte de Paris, des bureaux de journaux, des tranchées de Sébastopol, des traitements mercuriels, de la peste, des chiens d'Orient, des duels, des filles, des filous, des roués, de l'usure, de la misère, des coupe-gorge et des bas-fonds, où grouillent comme dans une mer toutes ces existences échouées, tous ces hommes sans nom et sans bottes, ces originalités submergées et terribles, qui ne montent jamais à la surface des romans.

Un petit homme sorti de tout cela avec l'énergie, une énergie terrible sous ses moustaches grises; étrange, varié, divers, changeant de voix, et d'aspect, se multipliant et se renouvelant, faisant oublier un moment le grognard que vous avez à vos côtés, et dans sa causerie emportée et avec sa physionomie qui mue, changeant de masque et en changeant encore, entrant dans tous les personnages qu'il vous peint; boitaillant le long du chemin et battant contre vous, poussé par le vent et sans cesse, d'un coup de plat de main sec et nerveux relevant ses manches sur ses bras osseux, diffus, verbeux, débordant de parenthèses, zigzaguant d'idée en idée, déraillé, perdu et se retrouvant, ne lâchant pas une minute votre attention, vous tenant toujours sous le coup de sa parole éclatante, peinte et dont le tapage est comme visible aux yeux, comme celui d'un tableau. Éloquence bavarde, singulière, fortunée, où tout à coup, votre attention qui va lui manquer, il la ramasse avec une image de voyou, une métaphore d'argot; où tantôt apparaît, dans le désordre et le miroitement, un grand mot de la langue des penseurs allemands; où tout à coup, l'objet est défini par un mot de la *technie* de l'art, comme un bas-relief de lord Elgin.

Et ce sont mille choses qu'il évoque ainsi, dans cette promenade de souvenirs, où il jette de temps en temps des poignées d'ironie, des croquis, des souvenirs, des paysages, des tableaux, des profils, des aspects de rue, des carrefours, des trottoirs où flaquent des savates de *marcheuses*; des physionomies de villes trouées de boulets, saignantes, éventrées, des ambulances où se pressent les rats. Puis au revers de cela, — comme dans un album, au revers d'un dessin de Decamps, une pensée de Balzac, — il sort de la bouche de cet homme des silhouettes sociales, des aperçus sur l'espèce française et sur l'espèce anglaise, tout nouveaux et qui n'ont pas moisi dans les livres, une philosophie comparée du génie national des peuples, des satires de deux minutes, des pamphlets d'un mot.

C'est Janina prise et ce ruisseau barboteux de chiens, qui coule entre les jambes de Guys.

C'est Dembinski avec une chemise bleue, jouant sa dernière chemise, jetant un louis, son dernier louis, sur un tapis vert et sans pâlir, le poussant jusqu'à quarante mille francs.

Puis c'est le château anglais, la haute futaie, la chasse, trois toilettes par jour et bal tous les soirs, une vie d'empereur menée, conduite, payée par un monsieur qui s'appelle Simpson ou Thompson. C'est le voyage éclaboussant à l'étranger de ce marchand de la Cité, dont le fils de dix-huit ans inspecte dans la Méditerranée les 18 bateaux de son père, dont pas un n'a moins de deux mille tonneaux : « Une flotte, dit Guys, comme l'Égypte n'en a jamais eu. » C'est nous, qu'il compare à l'Anglais : « Avez-vous jamais vu à Londres un Français qui ne fît rien, qui fût là pour dépenser de l'argent, bien tranquille dans une belle voiture ? Les Français voyagent pour se distraire d'un chagrin d'amour, d'une perte au jeu ou pour placer des rouenneries... Mais là, un Français dans une calèche, un Français qui ne soit ni acteur, ni ambassadeur, ni cuisinier, avec une femme, une femme comme notre mère ou notre sœur, une femme qui ne soit ni une putain ni une actrice ni une couturière, on n'en a jamais vu ! »

Puis le voilà qui nous parle peinture, qui nous parle des peintres, qui nous parle des paysagistes, de cette innombrable représentation de la nature sans action, de l'amour de la friture : « Jamais de gants, jamais aux Italiens ! Ils n'aiment pas la musique, ils n'aiment pas les chevaux, — parce qu'ils n'en ont pas. Le soleil, la campagne et encore la friture ! »

23 avril.

Entre le soufflé au chocolat et la chartreuse, Maria desserre son corsage et commence ses mémoires.

C'est un petit village au bord de la Marne, ombreux et glacé, comme les paysagistes les aiment. Une fille de marinier de treize ans et demi, blonde et que le soleil n'a pas brûlée, qu'un jeune homme vient voir, déguisé en architecte. Le jeune homme, comme dans les romans, est le comte de Saint-Maurice, propriétaire d'un des grands châteaux du voisinage, beau jeune homme de vingt-sept ans, blasé, recevant chez lui les d'Orléans et en train de se ruiner.

Voilà la petite villageoise installée dans le château; et l'autre l'aime, tout en l'enfermant dans sa chambre, quand il fait venir de Paris des filles qu'il fait courir dans son parc, nues, avec des robes de gaze et des nœuds de ruban que déchirent deux petits chiens de la Havane.

Il y a au fond de cela une vieille mère, comme dans les drames, qui a l'air d'avoir empoisonné la fille de la paysanne et du comte et d'avoir tenté d'empoisonner la mère dans du café au lait.

Et cela se termine par le jeune homme qui a tout mangé et qui, traqué par les huissiers, après toutes les résistances d'un temps plus héroïque, se réfugie sur le toit de son château, où il se brûle la cervelle. La petite fille est mise à la porte, avec sa montre garnie de perles et ses pendants d'oreilles en diamants. Elle est grosse. Elle va accoucher chez une sage-femme, — qui la vend à un entrepreneur de maçonnerie qu'elle prend aussitôt en dégoût, — et pour vivre, revient apprendre le métier de sage-femme chez celle qui l'a accouchée. Et puis l'histoire de Maria devient l'histoire de toutes les femmes, à cela près que les femmes n'apprennent pas, en général, l'état de sage-femme.

24 avril.

Mis en rapport avec M. Hédouin, père du peintre Hédouin, républicain, qui fait des éventails pour l'Impératrice, — lequel M. Hédouin me parle de ses goûts, du plaisir qu'il aura à nous montrer un dessin de Gabriel de Saint-Aubin, à nous, les historiens des Saint-Aubin. Je vais voir le Saint-Aubin... et l'amateur me le vend très cher !

25 avril.

Été chez M. Norblin, un véritable amateur, la Providence des marchands et des ventes. Petit intérieur modeste et peuplé d'enfants, tout plein de Claude Lorrain de cinq cents francs. Nous montre sa riche collection de Hollandais; des Jean Steen payés au poids de l'or. Tous ces maîtres-là m'ennuient; je pense aux hommes qui ont dessiné tous ces magots-là et je les vois vilains, trapus, gros culs, pissant dans la cheminée, leur bonnet sur l'oreille, leur veston de boulanger, leur petit tablier de *pétrin*, — laids et mal élevés comme des Teniers, sans plus d'idéal.

28 avril.

Je n'étais entré que deux fois dans ma vie à l'Hôtel de Ville.

Une fois, en Quarante-Huit, j'avais vu dans la Salle Saint-Jean tous les tués de Février, bien proprement *gannalisés*, dans des cercueils (1).

Une autre fois, dans la même salle, je m'étais mis nu comme un ver, avec des lunettes bleues; et malgré ma myopie, attendu que j'étais propriétaire, le conseil de révision avait déclaré que je ferais un charmant hussard.

Ce soir, je vais pour la troisième fois, à l'Hôtel de Ville, mais au bal. Cela est riche et cela est pauvre. De l'or, et puis c'est toute la magnificence des salles et des galeries. Du damas partout, à peine du velours; pas une tenture de vieille tapisserie. Le tapissier partout, nulle part l'art. Et sur les murs, chargés de plates allégories peintes par des Vasari dont je ne veux pas savoir le nom, moins d'art encore qu'ailleurs. Ah! qu'on me ramène à la galerie d'Apollon! Mais l'éblouissement des douze mille paires d'yeux qui sont là n'est pas bien exigeant...

J'ai aperçu, au-dessus d'une cheminée, un grand portrait de l'Empereur, qui mérite bien d'être d'Horace Vernet. J'aime à croire que le cadre est un passe-partout: il faut songer au lendemain.

Pour le bal, c'est un bal: au moins, l'on se coudoie et même l'on danse. J'ai vu un uniforme et une institution vieille comme le général Foy ou le mot *C'est la meilleure des Républiques* (2), un

(1) Jean-Nicolas Gannal avait inventé un procédé d'embaumement des cadavres, à l'aide d'injections d'acétate d'alumine, qui fut couronné par l'Académie des Sciences en 1835 et qui fut perfectionné par son fils, Félix, sous le Second Empire.

(2) Lorsque Louis-Philippe, reconnu comme souverain par les Chambres, le 7 août 1830, eut donné, au balcon du Palais-Royal, l'accolade à La Fayette, on prêta à celui-ci cette formule légendaire, extraite, semble-t-il, d'un rapport de la commission municipale et substituée à la déclaration moins catégorique de La Fayette: « Voilà ce que nous avons pu faire de plus républicain. »

mythe, un symbole, un drapeau, une relique : des élèves de l'École Polytechnique valsant en masse, furieusement, avec des morceaux de robe de gaze bleue ou blanche accrochés aux boutons de leurs pans d'habits.

Ce qui m'a le plus frappé, — et c'est une belle chose, — ce sont les encriers siphoïdes du Conseil municipal : on les voit, ces grands jours-là. Ils sont monumentaux, sérieux, graves, recueillis, carrés, opulents et imposants ; ils ont quelque chose des Pyramides et quelque chose du ventre de M. Prudhomme : ils ressemblent au bon sens et à la prospérité d'un bourgeois !... Oh ! l'encrier de M. de Maurepas, de Meissonier !

Puis, çà et là, de grandes pancartes qui ressemblent à des pages d'écriture de Brard et Saint-Omer (1) : ce sont de solennelles poignées de main en anglais de la Cité de Londres à la Municipalité de Paris.

Point de Parisiennes : une Parisienne est une femme au bal, il n'y a de Parisienne que dans la rue ou en omnibus. Des femmes sans type, laides et joyeuses, qui puent la misère décente des ménages de petits employés, des fortunes perdues, des Malvina (2) de la MAISON NUCINGEN. Parfois une jolie jeune fille au bras de son vieux père général, une jolie fille si jolie et si bien mise, avec tant de dentelles, qu'on devine qu'elle n'a pour dot que la croix de son père. De loin en loin, j'ai aperçu, dans une pièce étroite, des chiades de pans d'habits et de crinolines qui me masquaient absolument quelque chose ; puis j'ai vu un bras victorieux sortir de là avec un verre de punch dans un dé à coudre et j'ai supposé que c'était le buffet et je me suis sauvé dans un café de la rue de Rivoli, où j'ai pris, sans pousser personne, une tasse de chocolat.

29 avril.

Que de Prud'hon chez un des deux fils de M. Marcille ! Il en tire des murs, des armoires, des coffres, de partout. C'est le chapeau

(1) Ce sont les maîtres de Joseph Prudhomme, cités fréquemment par le héros de Monnier et rendus célèbres dès la première apparition de Prudhomme dans LA FAMILLE IMPROVISÉE (Vaudeville, 15 juil. 1831, sc. 15) : « Monsieur, je vous présente mes civilités... Joseph Prudhomme, professeur d'écritures, élève de Brard et Saint-Omer, expert assermenté près les cours et tribunaux et qui, pour le moment, plaisantait avec la bonne. »

(2) Malvina d'Aldrigger.

de Fortunatus (1) : dessins, académies, tableaux... Un grand homme, Prud'hon, et un très bon homme, l'autre !

Dîner à côté d'une tablée de vaudevillistes : on se croirait dans la corbeille de la Bourse.

Scholl me dit, le soir, qu'il va lire une pièce à Ravel. Ravel aurait dit à Lambert : «Une pièce d'un rédacteur du FIGARO ? Comment donc ! mais j'y suis toujours éreinté ! Je jouerai dans sa pièce n'importe quoi, un accessoire; s'il le faut, je porterai un flambeau : au moins cette fois, le FIGARO me fera grâce ! » Ainsi va le monde.

Pour les HOMMES DE LETTRES, faire un type en mêlant ces deux types particuliers à notre temps, About et Dumas fils, la grosse caisse et la Caisse d'épargne; hypocrisie de la misère, l'ordre, — et de l'autre côté, hypocrisie de la famille, idée de scandale.

Quand le XVIIIᵉ siècle va mourir et que la grâce de Watteau n'a plus que le souffle, il arrive dans l'art français, dans cet art d'esprit, une invasion de Barbares qui se gracieusent, les teutomanes qui font les gentils, tous ces Allemands, Wille fils, Freudeberg, Lavreince, Schenau.

Préface de notre catalogue de dessins. — L'art français qui ne commence qu'à Watteau. Poussin et Le Sueur nés en France, mais talents italiens. L'art français est l'esprit. Or, où l'esprit se manifeste ouvertement, familièrement, intimement, c'est dans le premier jet, dans le berceau du tableau, dans le dessin. Et voilà pourquoi...

1ᵉʳ *mai.*

Aujourd'hui, rencontré Gavarni. Nous parle de la honte de la souscription Lamartine (2) : «Est-ce qu'il ne pourrait

(1) Allusion à la vieille légende germanique de Fortunatus et de ses fils : de ce chapeau magique sort de quoi combler chaque vœu qu'ils forment, mais l'abus qu'ils en font les conduit à leur perte.

(2) En février 1858, Lamartine ruiné consent à laisser s'ouvrir la souscription nationale à laquelle ses amis lui conseillaient d'avoir recours. Napoléon III s'inscrivit en tête de la souscription, le 28 mars, mais la plupart des royalistes, des catholiques et

pas faire comme nous tous ? Tirer tranquillement le diable par la queue... »

La peinture, rien autre chose qu'un chatouillement physique de l'œil ; et la gloire des peintres, rien autre chose que le besoin de la critique de tartiner à propos d'eux et de trouver des idées, où il y a des glacis.

Dimanche 2 mai.

Été au Musée. Le TRAJAN de Delacroix, indignement volé du grand bas-relief de Puget, ALEXANDRE ET DIOGÈNE. Décidément, il n'y a qu'un homme né de lui, en ce siècle, dans cette partie-là, c'est Gavarni.

Ils ont mis un grand dessin de David au-dessus du grand dessin de Prud'hon, la JUSTICE, comme pour montrer toute la distance de l'un à l'autre et le génie différent de la tentative. Ce dessin bête de graveur, cette misère et cette peine et ce ligné, à côté de ce libre jet d'une pensée harmonieuse et puissante, douée de tous les dons des grands maîtres, écrite à grands coups, comme toutes les premières idées des plus belles choses de l'art. Cela m'a fait penser ceci : Prud'hon, Corrège qui a lu Virgile, — David, Prudhomme qui a lu Homère.

Ma maîtresse vient me voir. Nous avons pris tous deux l'amour comme deux sages. Elle, parce qu'elle est tourmentée du sang; et moi, parce que j'ai l'habitude de mon sexe... Elle est très heureuse : elle vient de trouver un remède infaillible contre les hémorroïdes ; et c'est le pot au lait de Perrette, échafaudé sur tout le nombre d'anus sédentaires et échauffés de la bureaucratie de France, tous à quatre francs le pot... Ironie ! Car au fond, je suis très spiritualiste.

C'est une bien drôle de chose, — et personne ne l'a remarqué, — que le seul monument de l'atticisme, des charmantes mœurs et du fin et délicat esprit de la grande cité de l'esprit,

---

des bonapartistes restèrent hostiles et ce fut un échec. Au printemps de 1859, Lamartine put écrire au Comité d'organisation, auquel il demandait de se dissoudre : « Cette souscription sera la souscription de l'injure. »

d'Athènes, Aristophane en un mot, soit le plus gros monument scatologique de la littérature : la merde y est le sel et la merde y semble le dieu du Rire. Diable m'emporte, si je crois à la délicatesse d'intelligence des spectateurs des Nuées, de Lysistrata et des Grenouilles ! La délicatesse de l'esprit est une corruption longue à acquérir au peuple. Ce ne sont que les peuples usés qui la possèdent (1), des peuples qui n'ont pas besoin de coucher tous les soirs avec les femmes, des peuples auxquels il ne suffit pas des sièges de fer et des bains de marbre ; des peuples dont le corps est devenu délicat et lassé, des peuples dont le physique est devenu anémique ; enfin des peuples attaqués de ces maladies morales qui viennent comme aux arbres fruitiers trop vieux et qui ont trop porté. Pas un fou, pas un mélancolique dans toute cette peinture des mœurs antiques.

5 mai.

Sortis du XVIIIe siècle et de l'histoire, pour rentrer dans l'inspiration moderne.

A la salsepareille et à l'iodure pour chasser les dartres et refaire un peu le sang, ne pouvant demander d'excitation au vin, nous cherchons à nous griser la tête avec les choses les plus capiteuses des lettres et de l'art : Albert Dürer, Rembrandt et Shakespeare.

Nous ne voyons plus Scholl. Il est l'amant de Doche, à n'en pas douter : hier au soir, au Helder, il a tiré avec orgueil une boîte de pastilles de menthe, qu'il a offertes à la ronde. Et chacun de le féliciter en riant; car chacun sait que c'est un palliatif, auquel recourt depuis longtemps la bouche empoisonnée de Mme Doche.

6 mai.

Curieuse origine de la langue javanaise, la langue argotique de toutes les impures de Paris : inventée à Saint-Denis par les pensionnaires pour se cacher des sous-maîtresses. Mais un javanais plus compliqué que le *va* après chaque syllabe : celui-ci est un redoublement, après chaque syllabe, de deux

(1) add. éd. : *qui la possèdent.*

syllabes qui en prennent la désinence. Par exemple, « Je vais bien » : je *de gue* vais *dai gai* bien *dien guien*. Langue impossible, incompréhensible, bardelée de diphtongues et comme une brosse dure qui vous passe dans les oreilles.

Maria nous apprend ceci, et puis encore cela. Il existe, — c'est un fait, elle l'a vu, menée par une autre sage-femme, — il existe des femmes, mais complètes ! avec toutes les beautés et toutes les utilités de la femme ; des femmes avec la peau qui enfonce et qui revient en place, une langue qui remue et darde cinq minutes, des yeux qui roulent, du poil à se méprendre, la moiteur et la chaleur du reste, chez un fabricant de ces choses-là, pour 15.000 francs, à l'usage des communautés religieuses ou bien de riches navigateurs. Celle-ci était pour un vaisseau, dont Maria ne sait plus le nom ; mais il y en a pour toutes les fortunes : dans des boîtes dorées, des parties de femme ou des parties d'homme qui ne coûtent que 300 francs. Maria dit que celle qu'elle a vue était merveilleuse. Elle était presque finie ; il n'y avait que les ongles des pieds qui n'étaient pas encore posés.

L'artiste de ces choses, — ce bienfaiteur, ce moraliste qui cherche à éviter tant de choses, à éviter par exemple à l'homme, sans compter le reste, cet âge de tempête de la femme, cette époque insupportable, le retour d'âge, — ce rare artiste a été poursuivi, il y a six mois, et mis en prison sous prétexte, sans doute, d'immoralité. Il avait aussi un petit sérail de petites femmes de deux pieds de haut, parfaitement imitées aussi, pour servir à l'excitation.

Ressemblance des sculptures mexicaines avec les traits des fœtus.

Pour nos Soupers : « Garçon, un verrou ! » (1)

(1) Sur le projet des Soupers, cf. t. I, p. 80, nº 1. — La plaisanterie du *verrou* vient de l'expression *un doigt de verrou*, qu'utilisent alors les imitateurs du style galant du XVIIIᵉ siècle. Cf. par ex. Charles Monselet, Monsieur de Cupidon, 1858, p. 200, où M. de Cupidon, en visite chez une baronne, qu'il trouve seule, dit : « Nous, tirons les rideaux, mettons un doigt de verrou. » D'où l'idée de dire : « un doigt de verrou », comme on dit : « un doigt de champagne », ainsi qu'en témoigne ce passage des Hommes de Lettres, où la plaisanterie est attribuée justement au prête-nom de Monselet, à Mollandeux, occupé dans un café à conter fleurette à une grisette : « Vous êtes un ange... Garçon, garçon ! deux doigts de verrou !... Parbleu, ce n'est pas sur la carte, mais c'est dans tous les romans de Crébillon fils » (p. 69).

ANNÉE 1858

Nous sommes emmenés aux courses du Bois de Boulogne, rendez-vous des vanités, des apparences aux dépens du pot-au-feu. Des filles qui se mettent à quatre pour avoir voiture et des marchés de prostitution faits tout haut du siège, où sont hissées des putains à peine dégrossies du bordel.

Nous dînons à Bellevue, chez Charles Edmond, dans une petite maison douillette, pleine de mousseline, d'un frais et joli luxe de tapissier et de femme : un petit nid avec un jardin grand comme une corbeille, où il y a assez de place pour des fleurs et des fruits. Et là dedans, le sourire amical de l'œil de Charles Edmond et la bonne enfance, l'accueil et le rire franc de Julie, sa maîtresse. Rien qui pue la misère de ces ménages bohémiens, de passage dans des garnis de banlieue, que les romans de Murger attablent devant du *bleu* et couchent dans des draps sales, — ce qui tue la femme complètement, la femme ne pouvant exister qu'à la condition d'une certaine élégance et comme d'une certaine pudeur d'entour.

Au dessert, la maîtresse de Charles Edmond nous prévient que chaque invité est tenu de recevoir aux prunes : joli usage.

La causerie va sur Proudhon et son livre (1), dont la voix de Saint-Victor jette des morceaux au vent, et Charles Edmond nous parle de l'homme qui se cache derrière cette plume, de la tendresse et de la sensibilité enfouies en ce rude paysan. Et comme pour nous faire bonne bouche après tous ces gros mots et cette savate à l'encontre de l'Église, l'un cite ce mot de Montrond, le viveur, l'ami de Talleyrand, que son curé, à son lit de mort, interroge s'il a blasphémé, attaqué l'Église, etc. : « Fi donc, Monsieur le curé, j'ai toujours vécu dans la bonne compagnie ! »

Scholl, tout gonflé, tout enflé de son aventure amoureuse, se frotte à vous et semble solliciter que vous mettiez ses confidences en perce ; et comme on ne presse point sa discrétion, il prend à la fin le parti de montrer une bague et une clé d'appartement.

Saint-Victor nous dit qu'il a parlé ce soir dans la PRESSE de nos PORTRAITS INTIMES.

(1) Proudhon, DE LA JUSTICE DANS LA RÉVOLUTION ET DANS L'ÉGLISE, 1858.

Nous sommes fort étonnés. C'est un de nos amis, nous l'aimons même, — et il nous a rendu un grand service ! J'ai lu, ce matin, un très long et très aimable feuilleton de Saint Victor sur nos PORTRAITS INTIMES. Je lui ai écrit que nous ne savons comment le remercier, que nous sommes heureux d'être ses obligés, fiers qu'à tous ces liens d'hier, à cette sympathie de nos goûts, à cette amitié de nos esprits, à cette conspiration de nos consciences, il ait ajouté un lien qui met notre cœur de la partie. Et vraiment nous pensons cela... Le singulier malheur, que ce garçon, avec qui nous partageons tant de choses et tant d'idées, tant de goûts et tant de préjugés, soit, à chaque fois nouvelle qu'on le voit, comme une connaissance à refaire, sans qu'on se sente avancer d'un pas dans son intimité et son habitude, — et cela non de son gré, mais du gré de sa nature.

12 *mai.*

La littérature a pour le quart d'heure son couvert mis au Restaurant du Gymnase. On y mange, à la vérité, mais il y a presque trop de vaudevillistes.

Scholl est décidément amant déclaré ; et à le voir, à entendre la tyrannie de sa voix, à étudier son geste content, sa physionomie satisfaite et dédaigneuse, toutes les dominations et tous les renflements du succès qu'il affiche, descendant, dans la montre de sa joie, aux plus petites ficelles et aux plus misérables ostentations de commis-voyageur montrant à un conducteur de diligence un portrait de femme, à voir Scholl, de si petit garçon que je l'ai vu, tournant ses gants, sur une banquette dans l'antichambre du PARIS, à le voir aujourd'hui, si rengorgé et si insupportable, — je songe combien les petites âmes, les âmes du peuple, supportent mal la bonne fortune et combien le succès les fait ridicules.

Amant déclaré, il a des devoirs de position : il ne croit plus devoir boire que du Saint-Émilion pour ordinaire, ne plus pouvoir déjeuner au Café de Mulhouse, mais au Café Mazarin, ne plus fumer que des cigares dont il attend une caisse de Londres, ne plus porter que des étoffes à l'anglaise, ne plus parler aux gens décorés qu'en les tutoyant et à Mario qu'en le blaguant... Il tire la montre de Villemessant pour dire au garçon qu'il attend depuis dix minutes. Il semble vouloir cacher sa main pour regarder sa bague à la dérobée ; en jouant négligemment avec un médaillon, il vous le passe. En interpellant Siraudin, il le protège. Tout cela coupé de mouvements de fièvre, de tapes joyeuses qu'il vous donne et de regards inquiets et soupçonneux qu'il semble jeter à l'opinion de ceux qui l'entourent.

Naturellement, le peintre Marchal dîne aussi là : « C'était un charmant garçon, une bonne nature, dit-il, parlant d'un de ses amis, il dînait tous les soirs avec sa mère ; après dîner, il jouait avec elle et il passait toute la soirée avec elle... Eh bien, il était fort comme un Hercule ! » Encore un, ce Marchal, de cette bande des Nadar, qui a repris au drame le vieux cri et la vieille blague : *Ma mère !*, qui en a fait son paravent et sa réclame, qui a tapé avec cela sur le cœur et l'attendrissement du public, jetant leur mère au nez de leurs amis, des passants, des feuilletonistes, des créanciers, voire même de leurs débiteurs, et des bureaux de journaux, mendiant la charité, mendiant l'estime, mendiant la copie, mendiant la commande, mendiant la réclame, mendiant la bourse et le cœur des autres avec cette balançoire effrontée, comme si la famille ne devait pas s'enfermer dans la famille, comme si tout ce que le cœur de l'homme a de sincère et de pieux — dévouements, sacrifices — n'était pas soumis à cette sainte, belle et pudique loi du silence ! Comme si pour les vrais fils, l'image et le nom révéré de la mère ne devaient pas, pareils à la Romaine, garder le foyer !

Notre ami Pouthier tombé à coucher côte à côte avec un sergent de ville, dans un garni, près de l'Hôtel de Ville. Ne nous emprunte rien ; et le merveilleux, c'est que nous ne devons lui en savoir aucun gré : demander de l'argent exige un effort et sa paresse est telle que cet effort est au-dessus de ses forces.

J'apprends le duel de de Pène, avec un détail qu'on ne dira pas (1). Pendant l'affaire avec Hyenne, les ouvriers terrassiers

(1) Henry de Pène avait, la semaine précédente, ironisé dans le FIGARO sur les sous-lieutenants valseurs, dont les éperons accrochent les robes des danseuses. Un officier du 9e régiment de chasseurs, en garnison à Amiens, vint le provoquer et fut blessé légèrement au cours du duel. Un autre officier qui lui servait de témoin, Hyenne, intervint alors, injuria de Pène, le contraignit à se battre sur le champ avec lui et le blessa très grièvement. On crut de Pène perdu; il guérit pourtant contre toute attente.

accourus criaient : « Kiss, kiss ! Tue le militaire, tue le pantalon rouge ! »

Il me revient du FIGARO un détail qui peint l'armée. Les officiers vont au FIGARO un dimanche, trouvent le FIGARO fermé, vont à l'imprimerie, demandent l'adresse de M. de Pène ; on leur répond qu'on ne la sait pas : « Où est son café ? »

Au fond, à notre jugement, deux choses seulement sont regrettables. C'est que ce soit tombé sur le seul homme propre, le seul gentilhomme du FIGARO, un homme qui, à vrai dire, n'avait guère plus de talent qu'Eugène Guinot, mais qui avait du cœur, de l'honneur et des gants, — et encore, que la leçon ait été donnée aux hommes de lettres par des militaires. Mais ôtez cela, la leçon était méritée ; il est bon que ces gens qui s'abaissent à faire ce métier de lessive de linge sale, de remueur de lits de putains et scandales privés, — et cela, comme des capitans de comédie, — rencontrent à la fin des coups d'épée vrais... Et voilà le FIGARO mort de peur !

20 mai.

Comme nous étions sur le quai de la Rapée, il y avait des troupes qui faisaient l'exercice comme des soldats de bois, sur cette espèce de herse avançante et reculante, qui amuse les enfants. En face des pelotons, à l'ombre des arbres, couchés à plat ventre, les coudes sur l'herbe et les mains au menton, des voyous hors d'âge, mystérieux comme des sphinx, le regard immobile, voilé et comme dormant, regardaient travailler la troupe et, comme des voleurs étudiant une porte à crocheter, semblaient vouloir voler la charge en douze temps pour d'autres journées de Juin.

La beauté, dans les animaux, est donnée aux mâles ; dans la race humaine, à la femelle. Dans les animaux, c'est le mâle qui a l'ornement de l'appendice, la crinière du lion, la queue du paon, etc. Dans la race humaine, c'est la femelle : les cheveux, la gorge.

21 mai.

Au Helder, aperçu Scholl, qui se laisse échapper à nous conter ses joies, un peu féroces et envieuses, d'essuyer ses bottes crottées sur les tapis et les soieries, se gaudissant dans son amour et dans ce luxe nouveau, comme un peuple aux Tuileries, qui chie dans le lit d'un roi.

Il y a là Hector Crémieux, qui parle avec une *pratique* et imite Pelletier, des Délassements-Comiques ; Lambert-Thiboust, qui nous conte avoir été jeune premier aux Funambules, puis imite Félix, du Vaudeville. Le théâtre marque ses hommes comme un bagne ; il y a un fumet de cabotinage, de caresses hybrides, de ventriloquie, d'argot de planches, qui persiste dans l'argent, dans les amours distinguées, dans le frottement de la haute société, dans le coudoiement et l'éducation du monde.

Il y a encore Aubryet, ce Bobèche gastralgique qui imite la muse de Hugo et la muse de Musset, l'éloquence de Guizot, la rhétorique de Prudhomme et l'*ut* de Grassot.

Trois hommes dans lesquels il n'y a ni un homme ni une idée ni même un Paillasse sincères.

22 mai.

Les sociétés commencent par la polygamie, finissent par la polyandrie.

24 mai.

Nous partons avec Eudoxe Marcille pour voir une exposition de tableaux et de dessins à Chartres. Tout l'intérêt de cette exposition est dans les Prud'hon et les Chardin appartenant à M. Camille Marcille, frère de M. Eudoxe (1). Ces expositions inencouragées importeraient cependant à la France ; elles seraient l'inventaire de sa richesse mobilière et artistique, richesse énorme, gigantesque, qui se cache, pour ainsi dire, au fond de chaque maison et qui a ses échantillons chez les plus pauvres comme chez les plus riches ; richesse qui échappe aux marchands plus volontiers en province qu'à Paris, par un attachement comme à des reliques et par des besoins moins grands de les *laver*.

Il y a là, à Chartres, dans cette vieille ville que le chemin de fer effleure sans y apporter Paris et où j'ai vu de mes yeux des chaises à porteur qui portaient quelqu'un, il y a dans cette famille Marcille tous ces bons types, toutes ces braves têtes, aujourd'hui presque perdus et qui font plaisir à voir comme des portraits de famille.

(1)   Add. éd. : *dans.*

La vieille tante qui a des terres, des fermiers, redoute les revenus à 5%, croit que Roger de Beauvoir fait encore la mode à Paris, ne voit que la ville haute et donne un bal par an. Son fils, le juge, un vieux petit singe, jaune comme un coing, ayant une gastrite, guilleret pourtant et légèrement gaudrioleur. Puis le cousin, le bon jeune homme, violet de santé, fort aux dominos et chasseur. Puis l'ami de la famille, le vieux colonel d'état-major, une de ces vieilles et charmantes têtes à la Chamborant (1), qu'on devine vide comme une calebasse, mais dont le sourire vaut mieux qu'une pensée.

Il y a encore dans cette famille une jeune femme. Mais celle-ci est de son siècle, elle est cette bourgeoise qu'ont faite les révolutions. Une femme qui sent qu'elle n'a pas une place assise et définie dans la société ; une femme qui a l'air de craindre à tout moment qu'on ne la traite pas comme une grande dame ; une femme frottée d'art et de littérature, mais comme une pensionnaire est frottée de mathématiques à la pension ; une femme s'exprimant bien, mais parlant comme on écrit, sans abandon, avec une garde, sans rien de la liberté, ni du charme, ni du laisser-aller charmant de la femme ; une femme mise parfaitement, mais dont la robe est raide et n'obéit pas au corps ; une femme gênée devant un *de*, armée de susceptibilités ; dont le sourire même ne vous met pas à l'aise et que la moindre parole abandonnée peut faire agressive ; une femme dont l'amabilité est presque un effort. Bref, la bourgeoise un peu rêche, ce type nouveau de femme doctrinaire, qui semble avoir poussé en même temps que la fortune et les hommes de M. Guizot.

Le lendemain, nous déjeunons chez cette jeune dame qui est la petite fille de Walckenaer et la belle-sœur de M. Eudoxe Marcille, dans une propriété toute petite, toute verte. C'est le même monde qu'hier, sauf une petite fille, toute petite et déjà insupportable ; et le maire de l'endroit, le plus singulier corps du monde, une tête de ligueur dans les HUGUENOTS (2), qui réchappe en ce

(1) Cette expression, souvent appliquée à de vieux officiers de cavalerie, venait d'un régiment de hussards, acheté en 1761 par André-Claude de Chamborant et qu'on dénomma « hussards de Chamborant ».

(2) L'opéra célèbre de Meyerbeer, sur un livret de Scribe et E. Deschamps, créé à l'Opéra le 29 févr. 1836.

moment du traitement auquel il s'était mis après une lecture, la
Sobriété de Cornaro : un œuf par jour, — et qui achève de se
guérir en rattrapant le boire et la nourriture perdus ; original
enragé qui, avant son accès de sobriété, atteint d'un accès de catholicisme, s'en est allé à pied, en pélerinage, à Notre-Dame-de-
Liesse, suivi de sa femme en voiture et s'éloignant de toutes
les villes, — et des petites villes ! — pour se dérober au champagne frappé de tous ses amis, militaires et autres, qu'il possède
en France.

A mesure que je vois des ménages, deux choses me frappent.
C'est la solennité de cette chose, le mariage. Cela donne à
l'homme une assiette, une carrière, une sévérité et une dignité,
une fonction, je ne sais quoi d'occupant et d'officiel. Bref, le mariage me semble une magistrature couchée.

Mais ce dont je suis plus touché encore, c'est de ceci, c'est
d'une sorte d'impudeur glorieuse, un concubinage affiché et dont
on s'honore, l'image d'un monsieur et d'une dame dans leur lit, la
conjonction par-dessus les blonds petits cheveux de l'enfant ;
et l'enfant arrive à me faire l'effet d'un phallus dessiné sur les
murs… Et ce que j'écris là, tout le monde le pense.

27 mai.

C'est un éclat de rire que son entrée; c'est une fête que son
visage ; c'est, quand elle est dans la chambre, une grosse joie et
des embrassades de la campagne (1). Une grosse femme, des cheveux blonds, crespelés et relevés autour de son front ; des yeux
bleus d'une douceur et d'une caresse singulières, de bonne lèvres
épaisses, un bon visage à pleine chair, les traits d'un Louis XVI
éphèbe; un corsage craquant sous la gorge, l'ampleur et la majesté
d'une déesse de Rubens. Elle emplit la chambre. Et cela nous
réjouit et nous change, après tant de grâces maigres, ces petites
rouleuses malignes et chlorotiques; après ces tristes mendiantes
de la Vénus Pandémos (2), toujours tristes et préoccupées

(1) Var. 1887 : *que l'entrée de Maria.*

(2) La Vénus populaire des amours physiques, que Platon oppose à la Vénus
céleste, à l'Aphrodite *Ourania.*

comme des quêteuses, et des nuages de saisies sur le front, toujours songeuses et enfoncées, sous le masque du rire et de la caresse, dans l'enfantement de la carotte ; après tous ces bagouts de seconde main, ces chanterelles de perroquet, cette pauvre petite langue argotique et malsaine émiettée du TINTAMARRE, du bordel et de l'atelier ; après ces petites créatures grinchues et susceptibles, cette santé du peuple, cette bonne humeur du peuple, cette langue du peuple, tout le fort, tout le vivace, tout le cordial, tout l'exubérant, tout le contentement dru et tapeur, et ce cœur qui apparaît là dedans avec de grosses formes et une brutalité attendrie, tout, en cette grosse et bonne femme, m'agrée comme une forte et saine nourriture de campagne après les dîners à trente-deux sous de gargotes de Paris.

Puis, pour porter un torse de Michel-Ange, elle a les jambes fines d'une DIANE d'Allegrain, le pied d'une statue antique et des genoux modelés.

L'homme a besoin de dépenser journellement certaines gros-siéretés et certaines crudités de langue et de pensée, — et surtout l'homme de lettres, l'homme d'idée, le brasseur de nuages, en qui la matière opprimée par le cerveau semble se venger ainsi et le fait volontiers le parleur le plus cru. C'est sa façon de prendre terre comme Antée, c'est sa façon de descendre du panier de Socrate (1)... Et celle-ci me sert à cela.

Nous venons de voir un amateur singulier, jaloux comme un sultan. Peut-être est-ce là la sagesse... Il a une maison à lui, dont il se rappelle à peine le chemin, des tableaux et des dessins qui se piquent aux murs et restent six mois sans le voir. Cet original s'appelle M. Laperlier.

Il nous montre ses Chardin et ses Prud'hon. Et nous, qui avons fait vœu de ne jamais acheter de tableau, nous revenons amoureux de deux tableaux ; il est vrai que ce sont deux esquisses : l'esquisse des TOURS DE CARTES, de Chardin, une merveille de couleur gaie et papillotante qu'on ne rencontre pas d'ordinaire chez lui et (2) qui, pour nous, nous démontre que cet homme est

---

(1) Aristophane imagine dans les NUÉES (v. 218 sqq.) que Socrate se juche dans une corbeille suspendue, pour mettre son esprit à la hauteur des phénomènes célestes, qu'il veut comprendre.

(2) Add. 1887 depuis *Une merveille*...

le premier peintre français ; et le portrait de Mlle Mayer par Prud'hon, que Prud'hon avait dans son alcôve : le sourire de la JOCONDE dans une nymphe de Clodion.

28 mai.

Étudié Prud'hon. Singulier effet : tantôt un grand poète, le seul poète de l'Empire, — et tantôt, nous nous demandons s'il ne nous trompe pas et s'il est rien de plus qu'un peintre d'enseignes sourieuses pour l'achalandage de parfumeurs.

Samedi 29 mai.

Gavarni, dînant avec nous, nous parle de Proudhon (1). Grand mépris pour les étonneurs de bourgeois. A propos de la diatribe contre la femme, il la traite d'absurde : « Il y a une femme coquette, bête, insupportable, vide, creuse : c'est la jeune fille ; maintenant, il y a un être dévoué, grand, beau : c'est cette même jeune fille devenue mère. Une pièce superbe, dit-il, à faire de cette transfiguration et de cette antithèse. »

Nous parle de ses amours. Il en a commencé la liste et croit qu'elle monte à cent cinquante. N'a aimé qu'une fois, étant jeune : une femme entretenue. A eu une liaison dans la vallée de Chevreuse. Une femme ordonnée comme une Flamande, qu'elle était, qui vous disait : « Dans six mois, tel jour, à telle heure, mon mari s'absentera peut-être ». Jour ou plutôt nuit prise. Entre dans le potager, franchit un mur. Pluie affreuse, souliers crottés. Juste en face du château complètement obscuré, sauf une chambre de domestique, où il y avait une lumière, qui annonçait qu'il lisait un roman. Grande pelouse éclairée par la lune à traverser. Jette des cailloux dans la fenêtre de la dame : rien... Va cueillir deux branches de lilas, scie la ganse de sa blague avec le chien de son pistolet, lie les deux branches, frappe aux carreaux. La femme descend. Barricades, verrouillements à défaire. Comme il était toujours inexact, en retard de deux heures, la femme s'était endormie. Ouvre enfin ; et lui, lui met dans les mains ses deux souliers pleins de boue, ce

---

(1) Cf. t. I, p. 471, n° 1. L'allusion vise la 10e et la 11e études de DE LA JUSTICE DANS LA RÉVOLUTION ET DANS L'ÉGLISE, intitulées : *Amour et mariage.*

qui estomaque un peu sa Flamande. Mauvaise nuit et dégoût de sa passion.

30 mai.

Louis revient de Londres, de l'enterrement de la duchesse d'Orléans. Lui, ainsi qu'une dizaine de petits bonshommes de la Conférence Molé, de petits personnages politiques, ils ont été porter leurs conseils et leurs plans de conduite au comte de Paris (1). Pauvre prétendant de vingt ans, peut-être qu'il les écoute !

Doineau porte sa croix et ses épaulettes en Afrique, Mercy est grâcié et Libri va rentrer en France.

Mario et Saint-Victor viennent nous prendre pour aller à Saint-Germain mettre nos cartes à M. de Pène, qui se meurt, et dîner devant des arbres.

En chemin de fer, il y a deux femmes, dont une rousse comme le soleil. En un clin d'œil, Mario, l'homme pratique de toutes choses, qui vient de m'apprendre à repasser mes rasoirs, Mario nous a installés à côté d'elles, a lié conversation, a dénoué les chapeaux; et le chemin de fer n'est pas parti, que les femmes ont à la bouche un cigare sorti du porte-cigares de Mario et doivent dîner avec nous à Saint-Germain.

Tout le temps du voyage, c'est la plus amusante comédie. La rousse entre Saint-Victor et Mario, chacun la tiraillant, l'embrassant, tous deux se la disputant, Saint-Victor brutal et, d'un ton qui semble furieux de conviction, aplatissant Mario : « Finis donc tes jeux d'enfant, ça n'est plus de ton âge ! Tu me dégoûtes ! Tu as des façons de commis-voyageur Gaudissart. » Et Mario, pendant ce temps, toujours souriant, bénin, se faufilant près de l'oreille de la femme, allant piano, ripostant doucement à Saint-Victor, gagnant les mains de la femme et un peu en haut et un peu en bas.

Tout cela coupé de mots vifs et de drôleries des uns, des autres, que tous, nous saluons en chœur, pour l'intelligence des femmes

(1) La Conférence Molé fondée en 1832, réunit de jeunes avocats désireux de se préparer aux débats politiques : la disposition de la salle et la répartition des membres entre une gauche, un centre, une droite imaginaires visent à recréer les conditions de l'éloquence parlementaire. La Conférence Molé fusionnera en 1877 avec la Conférence Tocqueville, d'inspiration analogue, créée en 1863.

qui ne comprennent guère, de la qualification de la portière de Monnier : « Ce sont des mots d'auteur ! » (1) Et de rire !… Et de temps en temps, d'une voix solennelle, comme la proclamation d'une religion, Saint-Victor lance quelque aphorisme de Gautier sur les pédérastes : « Quant à la façon de s'extraire cette humidité, c'est bien indifférent… » Et les femmes, ébouriffées, presque hébétées, contractent un certain respect de gens s'exprimant avec de telles métaphores.

On parle beaucoup d'aller se rouler sur l'herbe et nous allons dans la forêt prendre des pauses de Lancret, traversant, avec nos deux gueuses glorieuses et en frou-frou au bras, la haie des familles, qui nous jettent les regards furieux de la vieillesse et de la morale. Dans la forêt, les femmes balancées sur une grosse branche, nous nous disons : « La campagne, c'est joli, mais ça ressemble trop à un paysage. » Et nous voilà six dans un cabinet de quatre, tendu de perse, au Pavillon Henri IV.

On boit, on mange tant bien que mal, on cause, tantôt à deux cents pieds du niveau de l'intelligence des femmes et tantôt sous leurs robes.

Les femmes, comme il arrive après le fromage à la crème, ont envie de dormir ou envie de vomir. Saint-Victor crie funérairement : « Goncourt, donnez-moi un symbole,… je comptais sur vous pour me donner un symbole. » Alors chacun se dit ses religions : « Moi, je suis païen ! » crie Saint-Victor avec la fureur d'un échappé des Jésuites ; et nous, nous reconnaissons tristement que nous n'avons qu'une religion, celle de l'Art !

Nous sortons, c'est la fête, la promenade dans les baraques, Saint-Victor cherchant à imiter Grassot, en nous disant : « Encouragez mes essais. » Puis une cuvette, où un éléphant se laverait les pieds, gagnée par une femme. Puis une physionomane, qui nous dit à tous nos santés et nos caractères ; puis les femmes enfermées avec la tireuse de cartes, pour se les faire tirer plus confidentiellement ; puis les femmes reprises de force à la tireuse de cartes pour le départ du chemin de fer. Puis le retour

(1) Cf. Le Roman chez la portière dans les Scènes populaires de 1830 : une des commères, qui écoutent la lecture d'un roman feuilleton, achoppe sur le mot *inculqués*, qu'elle prend pour un nom espagnol ; Mme Desjardins, la concierge, lui répond : « N'y a pas plus d'Espagnol là dedans que dessus la main ; c'est seulement un mot d'auteur. »

bacchanalesque, qui fait descendre de notre compartiment un bourgeois épouvanté. Puis chacun qui s'en va, bien content, coucher tout seul.

Juin.

Louis va peut-être écrire dans la REVUE DES DEUX MONDES; du moins, on le lui a fait espérer. On ne lui a imposé d'autres conditions que de mettre le commencement de son article à la fin et la fin au commencement, d'y «ajouter des points de vue», de le remanier dans le fond et dans la forme, d'y traiter ce que le sujet de son article ne comportait pas, d'y ajouter enfin, en bouquet, à propos des classes agricoles, un couplet de facture en l'honneur du régime parlementaire. — Et voilà tout le secret et toutes les conditions pour entrer rue Saint-Benoît : couper son talent en tête et en queue laisser retripoter le reste, accepter des rajoutis de phrases et d'idées, être *perinde ac cadaver* dans les mains du Suisse (1), qui dit sérieusement avoir fait par ses corrections les CÉSARS de Champagny. Il est dommage que pour cela, il faille être bien riche du mépris de soi-même...

3 juin.

Devisant, après déjeuner, des diverses morts, des morts déplaisantes et des belles morts ; de celles-là, répulsives comme la guillotine, et de ces autres, douces comme l'apoplexie, nous pensons qu'après tout et les préjugés à bas, c'est une admirable façon de partir, vieux, son nom fait, après dîner, avec du linge propre, dans le coup de foudre du plaisir, et de tomber de l'autre côté de la coulisse, éjaculant encore, au pied d'un trône, où le dieu des catholiques vous dit avec la voix du grand'père de Prudhomme : « Inclinez, Monsieur, vous m'inondez. » (2)

(1) François Buloz était né en 1803 à Vulbens, aujourd'hui commune du département de Haute-Savoie et qui faisait partie de la province du Genevois, rattachée non à la Suisse, mais à la Savoie et par là au royaume de Sardaigne.

(2) Il doit s'agir de GRAND-PÈRE ET PETIT-FILS, un sketch de Monnier, recueilli plus tard dans PARIS ET LA PROVINCE (1866). M. Dumont serait bien digne d'être le grand-père de Prudhomme, lui qui dit sentencieusement à son petit-fils, Théodule, un bambin zézayant : « J'espère, Monsieur, qu'aujourd'hui, vous allez vous conduire un peu mieux que de coutume... Pardon, qu'est-ce que vous venez de me faire l'honneur de me dire ? »

La chambre est une soupente qui tire le jour et l'air d'une porte de côté. La pluie passe par les fentes du toit. Le lit, ce sont des copeaux; les draps, c'est un vieux tapis... Voilà au XIXe siècle, après tant de grands mots, après tant de boniments de la solidarité humaine, voilà où mettait bas, tout à l'heure, une femme du peuple légalement mariée, que la charité catholique n'avait point inscrite sur ses registres.

Pourquoi pas une charité laïque? Comment laisser encore au clergé ces deux armes, ces deux omnipotences, la charité et l'éducation?

C'est Maria, qui sort d'accoucher cette femme, qui nous conte cela, et avec le mot vrai, l'éloquence crue, l'émotion qui peint. Les femmes sont une admirable machine à charité. Elles ont le cœur dans les nerfs : la pitié, le poignant d'un malheur est chez elles une attaque de nerfs. Par cela même, l'accès court : un homme laisserait sa pensée et sa tristesse deux jours, où une femme jette une larme et ne laisse rien.

5 juin.

Le RÉVEIL nous écrit, et il nous écrit qu'il estime notre talent comme il le mérite, et il nous écrit qu'il voudrait nous compter dans ses rangs (1). Le RÉVEIL, c'est-à-dire Barbey d'Aurevilly... C'est une chose étrange, comme en ce temps, les gens qui vous insultent vous gardent peu longtemps rancune!

Eh ! Messieurs du Petit Journal, Messieurs, du FIGARO et du RÉVEIL, que si nous avions voulu, que si nous n'avions pas eu de pain, que nous aurions grandi le métier ! Et quel grand bruit à faire, quelle place à prendre dans le public et dans le budget, en s'abritant de la police, pour servir ses haines à soi en servant les rancunes du pouvoir ! Sortir de la bastonnade des petites choses et des petits hommes, chasser tout de suite la grosse bête, pousser aux DÉBATS, à la REVUE DES DEUX-MONDES, à tous les ridicules de si petits ennemis d'une petite tyrannie, les ridiculiser sans gros mots, les déshonorer sans épithètes, enter enfin sa popularité sur l'immolation de grosses gloires et de grands mots.

(1) Cf. t. I, p. 460, n° 1.

On nous conte, en tournant dans cet insipide manège de Mabille, deux beaux mots de fille.

Le premier appartient à Adèle Courtois. En soirée, un monsieur lui propose de la reconduire. Elle dit : « Oui ». Un second, — elle dit : « Peut-être ». Un troisième, — elle est forcée de dire «Impossible». Et à un quatrième, n'y tenant plus : « Sacré cochon de métier, où on ne peut pas prendre des ouvrières ! »

L'autre est de la Nugeac, — de cette Nugeac, la maîtresse de M. Génie, le secrétaire de M. Guizot, la première fille qui eut voiture à Paris. Et c'était il y a dix-sept ans ! Simplicité romaine dont la Bourse nous a mis loin... Un étonnement et un attroupement dans la rue, au coin de la rue des Mathurins et de la Madeleine, quand elle montait dans sa voiture. Outre cela, la femme la plus peinte de Paris. Au spectacle, un homme, avec qui elle s'était mal conduite, lui apporte deux mille francs dans sa loge. Elle, touchée : « Eh bien ! » dit-elle à quelqu'un qui entre, sans cacher son émotion « je vaux mieux que je ne croyais, là, vrai, je suis émue : ça m'a fait quelque chose. » Et disant cela, elle se retourne vers la glace de sa loge, quand tout à coup, voyant une larme qui coule sur sa joue : « Nom de Dieu ! Je déteins ! »

6 juin.

Dîner dans la forêt de Saint-Germain chez le garde. Saint-Victor, Mario, Scholl et Jules Lecomte.

Jules Lecomte, cet homme que nous n'avions qu'entrevu, dans son cabinet, dans son décor, avec un fond d'ombre, avec un regard froid, métallique et mystérieusement intimidant, ne nous semble plus guère au grand soleil qu'un bourgeois qui aurait des remords ou une maladie d'estomac. Il a l'air de porter son passé sur les épaules, avec la gêne et le peu d'entrain de façons d'un homme qui ne veut tendre la main que sûr d'en trouver une autre au bout, — sympathique après tout et vous attendrissant de pitié.

Un homme rempli d'histoires qu'il tire de tiroirs et qu'il raconte sans chaleur et d'une même voix, comme un procès-verbal. Homme intelligent, sagace, mais sans goût ni tact littéraire. Le seul homme qui, dans toute la presse, soit un chroniqueur, un informé, un écho de ce qui court et de ce qui se dit, de ce qui se fait, le seul ayant des oreilles autre part que dans le Café du Helder et dans le très petit monde des lettres, une petite ville de province ; sur la pointe du pied, à la porte entrebaîllée du monde et de tous les mondes, des filles à la diplomatie ; écoutant, pompant, aspirant ce journal quotidien de la vie contemporaine, qui n'est nulle part imprimé ; à la piste de tous les moyens d'information et de tous les moyens de battre le briquet des nouvelles ; ayant par exemple essayé de donner des dîners où toutes les professions mangeaient, espérant que chaque spécialité se confesserait à l'autre et que toute l'histoire intime et réservée de Paris débonderait au dessert de la bouche du banquier, du médecin, de l'homme de lettres, de l'homme de loi, etc.

Hier, à trois heures moins dix minutes, le FIGARO était à lui. Mais à trois heures, il était à Villemot et à son capitaliste amené en cabriolet (1).

Lecomte, las et usé de sa vie, s'en console avec ce grand livre, dont les feuilles, à mesure qu'elles s'écrivent, se déposent chez un notaire, ce Bachaumont en cinquante volumes, l'histoire de notre temps, le Léviathan des anecdotes, du vrai, de l'intime. Homme précieux et providentiel qui, depuis vingt ans, a eu le courage de ne pas se coucher sans écrire ce qu'il a vu, entendu, surpris et qui, causant avec vous, vous demande la permission de faire son butin de ce que vous lui dites.

« Savez-vous, nous a dit Lecomte, pourquoi Véron a vendu sa collection ? Il se figure que tout ça va finir demain ou après-demain ; et comme il se croit un des grands auteurs du Deux Décembre, une tête à prix, il se figure que chez lui, tout sera cassé, mis en miettes et il a vendu. Il n'a plus qu'un lit, un fauteuil et sa malle. » — Du haut en bas, une panique morale, qui va à ceci, que les Conseillers d'État veulent placer leur argent à l'étranger et que les Empereurs publient leur testament (2).

(1) Fausse sortie de Villemessant : excédé des tracasseries de la censure, il vend en 1858 le FIGARO à son gendre Jouvin et à Villemot, son collaborateur le plus direct ; mais il le reprend presque aussitôt.

(2) Allusion au message adressé par Napoléon III au Sénat le 1er fév. 1858 : alarmé par l'attentat d'Orsini et craignant de succomber avant la majorité du Prince Impérial, l'Empereur y désigne l'Impératrice comme Régente éventuelle ou, à son défaut, un Prince français selon l'ordre d'hérédité de la Couronne, et il institue un Conseil privé « qui, avec l'adjonction des deux Princes français les plus proches dans l'ordre d'hérédité, deviendra Conseil de Régence. »

Le soir, après le dîner, dans le jardinet de Charles Edmond, sur la petite terrasse, contre le chemin, Charles Edmond, Saint-Victor et nous, nous galopons dans le passé, nous remontons aux Grecs et aux Latins, faisant de nos souvenirs de classe jaillir les étincelles et les rapprochements; appréciant la langue de Tacite — et le latin de Cicéron, « le latin de M. Dupin »; montant jusqu'à ce palais de l'astronomie antique, le SONGE DE SCIPION (1), ce supramonde, cyclique comme le poème du Dante, — lorsqu'au milieu de la causerie, dans le ciel clair, détonne, comme un rappel du présent coupant la parole à la grande voix du passé, le chant chanté dans une ruelle et marchant dans les champ : *Ohé ! les petits agneaux !* Ainsi passerait le bruit d'un orgue devant un bas-relief antique.

Saint-Victor a une grande histoire en tête et déjà avancée, LES BORGIA, toute l'Italie et toute la Renaissance : ce sera un beau livre. Puis se confiant à nous, ses *copains*, comme il dit, politiques et artistiques, il nous parle, comme furieux d'enthousiasme, des métopes du Parthénon, désespérant de pouvoir dire cela avec des mots : il n'y a pas, dans la langue française de mots assez sacrés pour rendre ces torses, « ces corps où la divinité circule comme le sang », ce Parthénon qui le remplit de « l'horreur sacrée du *lucus* ». Voudrait faire un livre sur les types antiques, la Vénus, l'Athlète, etc. Partirait des bas-reliefs éginétiques.

Sur le beau antique, prend feu comme une foi et nous conte, non en riant, mais comme frappé et d'un ton croyant, avec presque l'agenouillement du païen voyant le doigt du Dieu, l'histoire de ce savant allemand, Ottfried Muller, qui avait nié la divinité solaire d'Apollon, tué d'un coup de soleil !

C'est une admirable chose, comme on déprave vite une femme et comme vite, on la déshabille de toute pudeur. C'est, pour un sceptique, un expérimentateur à la façon du philosophe roué des LIAISONS DANGEREUSES, un très intéressant travail que celui-là. Le progrès en est mathématique et l'on peut, avec de certaines paroles qu'on laisse tomber et de certaines idées qu'on laisse germer,

(1) Épisode célèbre du DE REPUBLICA de Cicéron (VI, 9-26).

arriver à calculer, presque montre en main, le jour où elle nommera les choses par leur nom et comptera les choses pour ce qu'elles valent, les préjugés pour ce qu'ils sont et l'amour pour ce que les intelligents doivent le compter.

Je dirais à un garçon, le visage jeune et le cœur vieux, dépouillé d'illusions sottes, — voulant user des femmes, en faire non son plaisir, mais son chemin, — de toujours s'attaquer, et sans crainte, à la femme de trente-huit ans, pléthorique et tourmentée par le sang. Là, il peut tout oser, et tout oser très vite ; et une fois la femme à lui, il la possède entièrement : il peut en faire l'instrument de son ambition ou l'outil de ses passions.

La terreur de Veuillot est si grande, que les DÉBATS coupent et rognent tout ce qu'il peut y avoir de galantin dans la critique des DÉBATS. Ainsi Rigault, le jeune dieu du journal, a eu cette semaine un article amputé et Barrière s'est vu renvoyer son article sur les MÉMOIRES DE LAUZUN.

Toute cette semaine, c'est à peine si nous avons le courage de faire les quelques démarches pour faire passer, ici et là, des chapitres inédits de notre HISTOIRE DE MARIE-ANTOINETTE. Comme la nature avant une grande secousse, une torpeur et une attente paresseuse à laquelle nous nous laissons aller. Avec cela, le peu d'impatience d'un homme qui se sent l'avenir dans la main et qui dit : « A demain... Nous allons... Nous verrons... » Le temps ne nous semble ni court ni long ; nous le tuons à petits coups insoucieux et en vivant au delà du moment présent.

Vendredi 18 juin.

Didot, insolent comme les sots, nous demande, à propos de ce qu'il appelle nos bravades de style, si nous avons chez nous un dictionnaire de l'Académie française. Pour un peu, nous lui aurions répondu : « Lequel ? » Car un dictionnaire est un almanach !... Malheureux, qui ne sait pas que tout homme qui ne féconde pas la langue n'est pas un homme de lettres !

Samedi 19 juin.

L'HISTOIRE DE MARIE-ANTOINETTE est mise en vente.

Je lis par hasard un éreintement de nos PORTRAITS INTIMES dans le CORRESPONDANT (1). Les partis sont de grands niais. Le fond n'est rien ; tout, chez eux, est une question de grammaire, de forme. Il semble que les opinions d'un livre ne leur soient de rien, il n'y a que les mots qu'ils ne pardonnent pas.

Pour nos HOMMES DE LETTRES, personnage épisodique : un garçon toujours à polir et à remanier un article pour la REVUE DES DEUX MONDES. Prévost-Paradol, des DÉBATS, a perdu avec eux un an à refaire un article, qu'ils n'ont pas inséré.

20 juin.

Dîner au bois de Boulogne, au Pavillon d'Armenonville, Mario, Ludovic Halévy, Scholl, Saint-Victor et nous. Décidément, un restaurant où on mange de la viande... Dumas part pour la Russie. Il a besoin de ses décorations, en gage chez un usurier de Londres. L'usurier est mort, le fils les a vendues à Vidocq. Voyage de Dumas dans la famille Vidocq. Enfin, les rattrape.

23 juin.

Dîner avec Maria, elle fait comme le public : elle accepte notre collaboration (2).

Malgré notre foi au succès, des retours perpétuels, des doutes, des inquiétudes des retards de réclames, des étalages rétifs à l'exposition. Puis, dans le lointain, un petit bruissement du livre dont on parle; des échos de çà, de là. Puis une demande, ce matin, de trois exemplaires par l'ambassade de Russie. Puis des rêves...

2 juillet.

Dans ces jours de la campagne, qui ne semblent plus avoir

---

(1) LE CORRESPONDANT fondé en 1843, organe des « Catholiques libéraux » sous l'Empire, avait à sa tête Montalembert et Falloux. Dans la revue critique de mai 1858 (t. VIII, p. 195), tout en reconnaissant les progrès accomplis par les Goncourt depuis le temps du PARIS, Fernand Desportes reprochait aux PORTRAITS INTIMES d'être écrits « de la façon du monde la plus prétentieuse, la plus incohérente, la moins française » : les Goncourt « voudraient faire beaucoup de bruit dans le monde et n'y font en somme qu'un peu de tapage. »

(2) Var. 1887 : *Trop suffit quelquefois à la femme*. Cette formule spirituelle, substituée par Edmond à l'aveu trop cru du manuscrit, est prise à un passage postérieur du JOURNAL (novembre 1858).

de nom, qui ne sont plus ni jeudi, ni vendredi, ni samedi, parce qu'il n'y a rien qui les distingue, qui les peigne pour ainsi dire, dans ces jours incolores que mesurent deux seuls événements, le déjeuner et le dîner; dans cette grande mort des arbres et de la terre et du ciel, où tombe l'heure morte du clocher de l'église, — lu RICHELIEU ET LA FRONDE de Michelet. Style haché, coupé, tronçonné, où la trame et la liaison de la phrase ne sont plus; les idées jetées comme des couleurs sur la palette, une sorte d'empâtement au pouce; ou bien comme des membres sur une table d'anatomie : *disjecta membra...* (1)

Mais plus haut et au fond, une grande menace. Ce dernier livre de ce grand poète est la voie ouverte carrément vers le je ne sais quoi que fait ce siècle avec des ruines et qui sera Demain. Tout est cru en ce livre, déshabillé, nu; plus de couronnes de lauriers, plus de manteaux fleurdelisés, plus de robes mêmes. Fouillés à bout, les hommes y perdent leur piédestal comme les choses y perdent leur pudeur. La Gloire y a des ulcères et la reine des avortements. Ce n'est plus le stylet de la Muse, c'est le scalpel et le *speculum* du médecin. L'historien y semble le médecin des urines du peintre hollandais (2). Le bassin d'Anne d'Autriche, visité comme en d'autres oubliettes de Blaye. L'anus même du Roi Soleil, interrogé comme en un dispensaire de police (3)... Plus de dieux, donc, ni de religions, ni de susperstitions, mais l'arrière-faix de l'histoire exposé en public. Cependant, où va cela, où va ce siècle, qui n'avait plus d'illusion que dans le passé ? Où mènera

(1) Adaptation du *Disjecti membra poetae*, d'Horace, SATIRES, I 4, v. 62, « les membres du poète mis en pièces » (allusion à Orphée).

(2) Allusion à deux œuvres de Gérard Dou sur le même thème, LE MÉDECIN AUX URINES de Vienne (1653) et LA FEMME HYDROPIQUE du Louvre (1663) : dans ce dernier tableau, l'on voit le médecin examinant à contre-jour un ballon de verre contenant les urines de la malade assise au second plan.

(3) Après l'échec du soulèvement légitimiste de 1832, la duchesse de Berry fut tenue à la forteresse de Blaye, jusqu'à ce que Thiers pût annoncer qu'elle était enceinte et révéler le mariage secret de la duchesse avec le comte Lucchesi-Palli. — Les deux passages de RICHELIEU ET LA FRONDE (1858), que visent les Goncourt, se complètent, p. 52 et p. 80. Dans une grave maladie de Louis XIII, en 1630, Anne d'Autriche, fort désireuse d'empêcher Monsieur d'accéder au trône, se trouva opportunément enceinte. Mais le roi, qui avait ignoré cette grossesse, guérit et Richelieu, qui l'avait apprise, est également informé que la reine vient d'avorter. La seconde allusion suppose un lapsus des Goncourt : il ne peut être question ici du Roi Soleil, mais de Louis XIII, dont la maladie était due à un abcès à l'anus, ignoré des docteurs.

cette grande avenue de l'Histoire, qui ne va plus être qu'une avenue de rois, de reines, de ministres, de capitaines, de pasteurs de peuples montrés dans leur ordure et dans la misère humaine, de rois au conseil de révision?

En France, en ce moment, pour élever les riches et les aisés, il y a deux instructions. L'une qu'on pourrait appeler professorale, sorte d'initiation à l'École Normale. L'autre commerciale, toute tournée vers l'industrie et le commerce. Il s'agirait de savoir s'il n'y aurait pas une troisième instruction, davantage appropriée à l'immense majorité de la génération qui grandit, — c'est-à-dire l'instruction de l'homme du monde, une instruction émondée d'un tas de sciences et de langues, dont on n'apprend que l'A.B.C.D., une instruction faite avec la gymnastique antique, avec ces humanités viriles du XVIe, du XVIIe et XVIIIe siècle : les armes, le cheval; une instruction appuyée sur l'étude de la langue française dans toute son étendue, dans toutes ses variétés, dans tous ses chefs-d'œuvre; une instruction enfin des façons et de ce que l'on pourrait appeler l'âme sociale de l'homme par l'éducation, par un avant-goût du monde et, s'il était possible, par l'introduction de femmes âgées, la femme polissant seule le jeune homme, comme elle polit les sociétés qui commencent.

7 juillet.

Été un peu savoir et revivre à Paris. Chez Saint-Victor, au fond de la maison, n° 49, rue de Grenelle-Saint-Germain. Au bout de la cour, au rez-de-chaussée, petit salon, rempli de fac-similés encadrés de Raphaël et des grands maîtres italiens, par Leroy. — Saint-Victor arrive, hérissé, ébouriffé, non peigné, non lustré, en déshabillé de tout l'être, charmant garçon, beau comme un éphèbe de la Renaissance dans tout son rayonnant désordre, non fait pour l'habillement moderne, qui le grossit et le *perruquifie*.

Comme nous sortions de chez Saint-Victor, nous accrochons le père Barrière, qui sur sa porte, en robe de chambre, fait la toilette d'une de ses jardinières. Nous parle de toutes les luttes qu'il a soutenues aux Débats pour nous, du mauvais vouloir de Sacy contre notre style, qui retarde sa réclame. Sacy, petit homme et animé de toutes les petites rancunes d'homme, dans cette grande position de grand directeur du Journal des Débats; rétrécissant tout à des questions de forme et donnant asile, avec son armée de professeurs à férule, à cette queue du classicisme; se vengeant, sur le dos de la seconde fournée de 1830, de toutes les gloires jeunes, de toutes les muses libres qu'ils ont été forcés de subir... Grand péril pour un parti qui pourrait attacher la jeunesse.

Dîner au Café du Gymnase. La conversation, débarrassée des vaudevillistes et des petits journalistes, va de suite, entre nous et Saint-Victor, au génie du Corrège, le père de l'art jésuite, surtout dans son SAINT GEORGES de Dresde, cette pourriture presque contemporaine, chose singulière, de l'art sain de Raphaël et des autres. Nos paroles vont, bâtonnant le jansénisme, niant les Nicole, puis tombant à Rousseau à ce mot à côté de nous : « Moi j'ai lu L'ÉMILE, dit un Prudhomme des lettres... — ET UNE NUIT », ajoute un Siraudin.

« Rousseau ? Rousseau en Arménien, c'est don Japhet d'Arménie, un laquais lui aussi » (1). Et Saint-Victor de répéter le mot de Diderot, avec la terreur de voix de Diderot : « Cet homme m'a fait croire à l'Enfer, j'ai peur, j'ai peur ! » (2) Puis ce Robespierre, le fils de Rousseau, ce serpent à lunette !

Le soir, vaguant sur les boulevards, causerie sur la femme, des pieds à la tête. Le soin de propreté, comparé au peu d'occupation de son corps de la femme honnête; supériorité de la propreté du vice à la propreté de la vertu : « Enfin, des pieds qui sont comme des mains ! Ces femmes-là sont quadrumanes... En un mot, la femme mégissée... » Cela coupé d'adorables naïvetés rabelaisiennes de Saint-Victor, disant avec un bonheur d'enfant : « J'ai trouvé un beau mot sur le con de la Païva : ses lèvres sont comme un divan rouge, aplati par le cul d'un pacha. »

(1) Rousseau, à qui ses infirmités rendaient commode le port de la robe, prit l'habitude, à Motiers-Travers, de se vêtir du bonnet fourré, du dolman et du cafetan arméniens. — DON JAPHET D'ARMÉNIE, comédie en vers, en 5 actes, de Scarron (1645) : don Japhet est un fou de cour, un extravagant qui signe *d'Arménie*, parce qu'il croit descendre de Noé, dont l'arche s'arrêta en Arménie.

(2) Lettre de Diderot à Grimm du 5 déc. 1757, publiée dans LES MÉMOIRES DE Mme D'ÉPINAY (t. II, p. 397 sqq.). L'authenticité en paraît aujourd'hui douteuse, puisqu'on sait que ces MÉMOIRES ont été rédigés pour former un véritable roman. L'effroi de Diderot se rapporte à une visite que Diderot fit à Rousseau pour le convaincre de ses torts envers Mme d'Épinay et au cours de laquelle Rousseau se serait comporté comme un furieux.

Rêve. En enfer. Permission de dix heures du diable, pour aller sur la terre. Cloches lointaines. En chauve-souris dans un dortoir de pensionnat de demoiselles...

Mot de mon oncle (1) à son fils : « Qu'as-tu besoin d'amis ? J'ai passé toute ma vie sans en avoir. »

La nature ne fait point meilleur. Elle endurcit et désattendrit l'homme. Comment l'utopie, le rêve et la folie du mieux, la commisération de l'animalité et de la vie naîtraient-ils devant ce spectacle de fatalité, ce *circulus* de dévorements, où tout accuse le triomphe de la force brutale, où il n'est d'autre justice que la nécessité, théâtre décourageant de toute foi et de tout espoir, où du plus petit au plus grand des animaux, du plus noble au vil, la vie vit de la mort ? (2)

Un ouvrier ébéniste a d'un mot, d'un de ces mots de peuple, peint le style de ce temps sans style, le style du XIXe siècle. Il a dit : « C'est une julienne ! »

La peau d'une fille, douce comme une vieille rampe d'escalier.

Le monde est généralement représenté comme un théâtre et un lieu d'action. A peine est-il un rendez-vous d'étrangers qui se connaissent. Rien ne s'y fait, comme le feraient croire les romans, ni une carrière ni un amour. C'est au contraire une halte et un engourdissement des forces vitales et des forces amoureuses, dans la musique, dans la compagnie, dans les banalités de la politesse et des mots.

Le forceps, une invention comme toutes nos inventions modernes ! Il jette de force le fœtus à la vie et au soleil, mais l'intelligence ébréchée, le cerveau dans un étau, l'âme à demi formée, sans défense pour les combats de la vie, avec le cœur trop développé

---

(1) Jules Lebas de Courmont.
(2) Add. éd. : *naîtraient-ils.*

et trop tendre. Point de balance ! Un malheureux petit être, avorté d'un côté, trop formé de l'autre, impressionnable, barométrique, tout ouvert à ces choses dont le conduit est non la pensée, mais la sensation, la susceptibilité des organes : la musique, la bienveillance des figures, le charme des voix, les dehors de toutes choses...

Quels seront les fils de cette bourgeoisie, — bourgeoisie montée de la boutique à la fortune, comme l'a si bien montrée Balzac ? De ces fils élevés dans la communion — ou du moins qui ont dans le sang — de ces ruses, de ces dols, de ces piperies, de ces faussetés, de ces mensonges, de cette blague, qui est le commerce parisien ? Prenez garde, en effet : notre commerce, notre grand commerce de l'article de Paris, ce commerce d'où sortaient des pairs de France sous Louis-Philippe, ce commerce qui possède les grands châteaux à l'heure qu'il est, ce commerce qui a fait jeter dans les vallées de Montmorency plus de millions que Sémiramis, ce commerce qui marie aujourd'hui ses filles avec les fils des ministres et dédaigne le faubourg Saint-Germain, — ce commerce est un métier où l'homme met de sa probité et laisse de sa conscience. C'est le surfait d'un article, la pièce brûlée pour laquelle on prime un commis quand il l'écoule et *enfonce* l'acheteur. Ce sont les yeux d'une jolie demoiselle de boutique mise en appeau. C'est le mensonge enfin ! Ce n'est pas le négoce du temps des Médicis ou seulement le négoce anglais, cette haute spéculation qui, combinant les hausses et les baisses, agit seulement avec l'intelligence, — sans se salir les doigts, ni mettre les mains à la pâte, — dans des opérations mathématiques, pour ainsi dire.

Les penseurs n'ont pas assez vu la race, une des grandes raisons de la noblesse : la ressemblance presque animale du fils au père; le pied dans certaines familles, l'esprit dans d'autres.

Hier, on a pris un petit geai. Le garde s'est mis dans le bois, lui pinçant l'aile pour le faire crier, comme une mendiante son enfant; aux aguets, le doigt sur la détente de son fusil, pour tuer la mère, si elle venait aux cris de son petit... Nous nous sommes sauvés.

Notre livre lu avec intérêt par les imbéciles, — un grand symptôme. C'est le succès...

La critique est l'ennemie et la négation du génie d'un temps : Fréron avec Voltaire, Chénier avec Chateaubriand. Le journalisme est le triomphe de la critique. Cette feuille de papier d'un jour, le journal : l'ennemi instinctif du livre, comme la putain de la femme honnête.

Pour arriver, il faut enterrer deux générations, celle de ses amis de collège et celle des vieux, la vôtre et celle qui vous a précédé.

Pour la JEUNE BOURGEOISIE, type Pourrat, avorté de 1830. Avait commencé sa tragédie des CELTES, jouant encore aux billes (1). L'avorté de 1830. Éducation forte, le jeune homme au bordel, l'opposition à l'abbé; le soir, parties avec Grassot à la Pissotte.

Nous revenons de Ferrières. Des arbres et de l'eau créés à coups de millions, autour d'un château de dix-huit millions, extravagant de bêtise et de ridicule, un pudding de tous les styles, la stupide ambition d'avoir tous les monuments en un ! Rien de superlatif, rien d'excessif dans cette terre, où la fantaisie d'un homme a semé les billets de banque. — Dans un coin de la faisanderie, je vois une voiture, où il y a : *Baron James de Rothschild, propriétaire-cultivateur*. C'est la voiture de chasse qui mène à la Vallée les faisans à vendre de ce pauvre marquis de Carabas.

Parcouru des numéros de la REVUE DES DEUX MONDES. Juste la somme de lecture en quinze jours d'un homme qui va dans le monde ou à un ministère, sa ration : l'ILLUSTRATION, convenable et de décorum, de tout homme qui a un certain nombre de mille livres de rentes ou une certaine place dans la hiérarchie administrative (2). Revue toujours à la portée de son public, c'est-à-dire des

---

(1) Add. éd. : *avait commencé... des CELTES... encore.* Cf. t. I, p. 218.

(2) Sous une apparente gravité, la REVUE DES DEUX MONDES est, aux yeux des Goncourt, aussi peu sérieuse que l'ILLUSTRATION : elle s'adresse simplement au monde des officiels et non à un public de bourgeois épris de mondanités. L'ILLUSTRATION, créée en 1843, à l'imitation de l'ILLUSTRATED LONDON NEWS par Paulin, Joanne et Charton, répondait alors tout à fait à son titre : d'innombrables gravures sur bois s'ajoutaient au texte imprimé pour retracer les actualités les plus diverses de la semaine.

hommes et des femmes du monde, en leur apprenant tout ce qu'il leur importe de savoir sur ce qu'ils ignorent : science, agriculture, voyages, etc. Toujours en quête d'actualités, — même dans l'étude du passé, — d'allusions flattant en tout le succès et le bruit du moment et obéissant à l'ordre des matières d'un journal; faussant l'histoire, dont elle fait un enchaînement de faits logiques, raisonnables, conformes aux principes, pour agréer au bon sens et à la logique bourgeoise; dans les études biographiques, cachant l'homme à tout prix et ne montrant que son masque, drapant son caractère, cachant l'humanité en lui; le tout avec un pathos coulant et propre et un dictionnaire tout particulier, qu'il serait bien curieux d'étudier, le dictionnaire de la Revue des Deux Mondes : « l'héroïsme moral », la « dignité morale ».

La femme, une cantharide providentielle dans la création.

Édouard, type : ne supporte des animaux que la cigogne, parce que c'est un animal héraldique (1).

Un faiseur de mosaïques, venu de Rome, amasse à Paris dix mille francs; achète, avec, un terrain boulevard Montparnasse ; creuse un puits, trouve pour huit cent mille francs de poudrette : était tombé sur un Montfaucon abandonné.

Dans les Hommes de lettres, à la fin du grand souper, conversation sur l'âme : « L'âme est un cerveau agissant et rien de plus » (Broussais) (2). Finir : *Et toi, qu'est-ce que tu penses de l'immortalité de l'âme?... Il dormait* : « L'homme n'est ni ange ni bête. » (Pascal)

Visite d'un jeune homme de trente ans à la campagne, à une voisine : « Et vous aimez la campagne au printemps, Monsieur ? — Moi, Madame ? Pas du tout. Au printemps, j'adore Paris.

---

(1) Édouard Lefebvre de Béhaine, retenu ici comme type social pour La Jeune Bourgeoisie, fournira effectivement au Bourjot du roman ce détail de la cigogne : cf. Renée Mauperin, p. 113.

(2) Extrait de la profession de foi matérialiste laissée à sa mort par Broussais et publiée par H. de Montègre, Notice historique sur Broussais, 1839, p. 13.

495

Au mois de mai, les jours deviennent plus longs; c'est le meilleur mois pour voir les petites filles qui sortent des magasins... » (1)

Type d'un jeune homme de vingt ans, gâté et adoré de sa mère. Entre dans le salon, s'assied, maussade, et ne dit rien. Au bout de quelque temps, se lève et dit : « Je vais m'engager. »

La mère : « Engagez-vous... — C'est qu'il me faut votre consentement. — Demandez-le à votre père. » Silence. Mimique du jeune homme : « Je vais prendre une maîtresse. — Ah, par exemple, Adolphe ! Je ne vous demande pas ces confidences-là. »

Croissy.

J'ai, tout de suite, sous le bois, un silence, mais un silence murmurant de toutes les petites et caressantes voix de la vie et de l'amour, que domine, comme une dièse profonde, la plainte amoureuse du ramier. L'herbe même est murmurante, la feuille parle à la feuille et la plus petite poussant la plus grande, qui lui cache le soleil, semble lui dire : « Range-toi ». Et cela *basso, basso*, jusqu'à ce que la brise, passant dans la tête du bois, fasse un frémissement longuement s'en allant, qui emporte tous les bruits. Doux bruit de feuilles qui se froissent, qui rappelle le bruit fuyant d'une eau qui coule.

Au-dessous de ce dôme tremblant, tout est tranquille et droit sur sa tige. Seule, la grappe de l'avoine sauvage ondule, comme la dernière vibration du mouvement. Par terre, le lierre luisant et vert, accroupi sur la feuille sèche et rougie, semble la verte patine mangeant un bronze florentin. Dans cette ombre qui se tait, le soleil court d'un arbre à l'autre, le prend en écharpe, le raye de lumière en haut et en bas et fait, dans ce demi-jour vert, estompé et voilé, comme des fuseaux d'argent.

Au-dessus de votre tête, en haut de votre regard, dans le feuillage étincelant, des morceaux de ciel bleu que les feuilles, se fuyant ou se cherchant, vous montrent ou vous cachent. Tout autour de vous, une haie de lignes dressées devant vous, qui

(1) Il s'agit d'un détail projeté pour un roman et venu d'une boutade de M. de Tholozan (cf. t. I, p. 267). Il trouvera son emploi dans LES HOMMES DE LETTRES, p. 18.

brisent à tout moment le regard et l'enferment tout près de vous. Au loin, tout là-bas, quelques lignes bleues étroites, comme celles qui filent à travers la fente d'un volet : c'est le bois qui finit. Toute cette ombre, où vous êtes, est percée, mouchetée, piquetée de traits de soleil, qui sautent de feuille en feuille, courent, jouent, se balancent dans des traînées de rayons. Sur le petit sentier, barré de zébrures lumineuses, passe, comme un éclair d'argent ou comme une lueur d'étain, de l'ombre dans la lumière et de la lumière dans l'ombre, le zigzag vif de deux papillons blancs qui se cherchent.

Un oncle des de Pleignes a perdu sa fortune au billard, au Café Turc. Il en était venu à faire des carambolages en mettant une bille entre ses deux talons et en la jetant sur le tapis du billard.

Alphonse a réglé et ordonnancé comme un budget de peuple toute sa vie. L'enterrement de son père est aligné et il a en tête la robe de chambre avec laquelle il entrera chez sa femme, à sa nuit de noces. Il n'aime point son plaisir et il hait celui des autres. Le prochain n'existe pas pour lui. Son château n'a pas de billard, parce qu'il n'y joue pas ; il n'aurait pas de lieux, s'il ne digérait pas. Ce garçon de vingt-cinq ans a dans le cœur les soixante-dix ans de son père.

Paris, 26 juillet.

Les bras me sont tombés en lisant le CORRESPONDANT. Un parti qui a contre lui toutes les gloires, tous les noms, tous les talents, Lamartine, Michelet, Blanc, les jeunes gens et l'avenir, ce parti-là, — qui n'a pas parlé de la SOCIÉTÉ FRANÇAISE, — dans un coin de la revue, nous querelle et nous blâme pour cause de style (1). Il en est là, aux questions de grammaire du Bas-Empire, et pour un livre qui s'appelle HISTOIRE DE MARIE-ANTOINETTE ! Pauvre parti ! Mort et bien mort, qui ne sait pas seulement battre la caisse avec une si belle balançoire...

(1) Cf. t. I, p. 246, n. 1. L'article mi-élogieux, mi-acide, auquel les Goncourt font allusion est le compte rendu de leur MARIE-ANTOINETTE, par Fernand Desportes, dans la revue critique de juillet 1858 (CORRESPONDANT, t. VIII, p. 596 sq.).

Tous ces temps-ci, détente complète de l'activité physique et morale; une somnolence qui irait au sommeil de dix-huit heures; — dans l'éveil, les yeux lourds comme la tête; — notre regard, et non plus notre pensée, feuilletant les livres et se traînant de l'un à l'autre ; — un grand effroi de faire moins que rien ; — la tête vide et pourtant lourde; — le sang comme envahi par la lymphe; — un lâche ennui, la pensée et le mouvement aussi durs pour nous que pour l'aï, qui passe une journée à se dérouler de son arbre; — un état de l'âme sur lequel tout passe sans le secouer, l'orgie même et les grattements de vanité.

C'est la maladie qui vient aux boutiquiers retirés, à toutes les activités retraitées, aux têtes qui restent trop longtemps à se reposer, à nous qui, depuis cinq mois, ne vivons pas en dehors de notre vie, dans une œuvre et pour une idée.

Dimanche 1er *août.*

Dîner à Bellevue chez Charles Edmond : Saint-Victor, Villemot, Claudin et nous.

Villemot, l'un des deux consuls du FIGARO, gros yeux à fleur de tête, les yeux bêtes d'Odry, avec une flamme et une lumière aiguës dans le masque grenouillard, une bouche crispée, tournée, tordue et toujours mâchonnante à vide; un sac d'anecdotes; drôle, comédien, mais de fond bourgeois, un Chamfort d'un Café des Mille Colonnes.

La conversation va et vient et tombe sur Dumas fils : côté des hommes de lettres plaçant leur santé à la Caisse d'épargne, rangeant leurs passions, reniant leurs habitudes et quittant leurs vices à la minute, comme celui-là qui, sur un mot de son médecin, ne fume plus et tous les jours, sans y manquer, fait à pied le tour du lac du Bois de Boulogne; tous les jours, à dîner, mange le même menu : soupe grasse, filet, fromage. Un entraînement de raison et de sagesse hygiénique; une régularité de pendule, une modération et une discipline de tout l'être. Mais le génie, la flamme d'esprit vivent-ils avec la règle et le gilet de flanelle?

A la nuit, sur la terrasse, rien de brillant que nos cigares autour du café... Un monsieur enchapeauté et empaletoqué, une petite voix nerveuse, un esprit pointu et pince-sans-rire, dont le travail fatigue et dont le ton agace : c'est Nestor Roqueplan.

C'est la fête à Bellevue et nous y allons. Voilà une calèche à la Daumont, écrasant les lampions, la livrée verte, la voiture du Prince. Qui est là avec lui ? C'est la vieille Guimond, chaperonnant la Deslions, sautée du bordel des Deux Boules dans le lit de l'Empereur à Plombières et rebondie au Palais-Royal.

2 août.

Par la littérature qui court, c'est vraiment un grand et noble type littéraire que ce Saint-Victor, dont la pensée vit toujours dans le chatouillement de l'art ou dans l'aire des grandes idées et des grandes questions. Couvant de ses amours et de ses ambitions de voyage la Grèce d'abord, puis l'Inde, qu'il vous peint comme au retour d'un rêve, poussant sa parole ardente et furieuse, profonde et peinte, autour de l'origine des religions, dans tous les grands rébus de l'humanité ; la remontant au berceau du monde, à la source des sociétés ; pieux, respectueux, incliné, admiratif devant ce monument moral de l'humanité, les Antonins, et chantant comme un Évangile la plus haute morale du monde, la morale de Marc-Aurèle : un sage, maître du monde et de ses cimes.

S'il descend, c'est dans un éclat viril et dans une ironie à la Michel-Ange (1) : « Janin ? c'est la chimère de Rabelais, *chimaera bombycinans in vagum*. Il bombycine ! » (2)

Tout cela coulant, courant dans l'ombre d'un mylord, qui roule au bois de Boulogne, le cocher dormant sur le siège : « Ne le dirait-on pas accoudé sur le *triclinium* ? »

Comme nous pissions au bois de Boulogne : « Moi, j'aime beaucoup Louis XVI », me dit Aubryet, et puis il se tracasse à marier la foi et la raison, et fort perplexe, descend au Château des Fleurs.

Sur la Belgique, rendez-vous de toutes les batailles.

---

(1) Allusion aux dessins de Michel-Ange, réalistes parfois jusqu'à la caricature.

(2) C'est un des titres facétieux inventoriés à la « librairie de Saint-Victor » : *Quaestio subtilissima, utrum Chimera, in vacuo bombinans, possit comedere secundas intentiones ?* « Question très subtile : la Chimère, bourdonnant dans le vide, peut-elle se nourrir d'intentions secondes ? » Cf. PANTAGRUEL, ch. VII.

6 août.

Nous voici près Blois, à la Chaussée-Saint-Victor, dans une façon de château et dans une manière de parc, avec Mario, sa perpétuelle bonne humeur et sa rare égalité de caractère, avec les beaux yeux de son *baby* et son babil d'oiseau; une nourriture forte et large; et le nez rouge de miss Charlotte, la gouvernante du *baby*, une presque fantastique personne, passant automatique dans le paysage, raide, ombragée de son chapeau de paille brun en tourte, tenant dans la paume de sa main levée une toute petite cage garnie de ouate, sur laquelle trébuche un moineau, les ailes coupées, suivie à deux pas d'un de ces petits chiens ratiers, à qui Landseer fait agacer un perroquet, rasé et le cul râpé comme une couverture d'hôpital et marchant sur trois jambes, la quatrième paralysée par un rhumatisme, Fanny, dite familièrement *Fane*.

Août.

Couchés sur le dos, sur la levée de la Loire, — une eau d'étain, avec une ligne de peupliers reflétée dans l'eau et derrière, la Sologne, — pendant les variations d'un ciel de cape bleue, à la nuit, dans le chant mélancolique des grenouilles.

Mario nous conte la torture de son mariage. Donc, ils étaient mariés, obligés de rester trois jours à Neuilly, pour qu'elle ait des robes pour Paris, rien que des robes effilées. En arrivant à la loge, à Lise, l'habilleuse du théâtre :

« Ah ! je vais te payer les cent sous que je te dois pour avoir pris des glaces en cachette avec Fix. (Il y avait huit mois de cela).

— Comment? Ta mère te tenait serrée comme cela?

— Ah bien ! tiens, regarde ma cuvette », une cuvette raccommodée. « Lise, depuis combien de temps est-elle comme cela?

— Depuis dix-huit mois.

— Tu vois ! »

Alors, lui l'entoure de tous les enchantements, de tous les luxes, robes et costumes, lui donne six mille francs pour s'en acheter. La dépense court avec une rapidité folle : dans les comptes de rupture, pour deux années, outre la dépense de la maison, Madeleine a reçu 55.000 francs, sans compter ses appointements de 15.000 francs par an.

Les premières amours passées, il se trouve avoir épousé une femme qui, le matin passé à sauter sur les coussins, à mille gamineries charmantes, se trouve tout à coup « avoir du vide dans la tête. » — « Je m'ennuie », fait-elle.

Et comme elle en est là, joue les CAPRICES DE MARIANNE. C'est de ce jour que cette fille d'une mère actrice, actrice elle-même, se crée, dans sa vie et dans celle de son mari, un rôle et veut être Marianne au foyer, un instrument de torture raffinée et ce génie de la femme pour faire souffrir.

C'est cette terrible chose du silence en réponse à une chose touchante et importante, silence suivi, à la troisième fois, de : « Hein, vous parlez? » (1)

Puis le *crescendo pianissimo* de l'enfer. Elle remarque qu'en faisant ses yeux petits d'une certaine manière, elle fait venir des larmes dans ceux de son mari et un jour qu'elle les lui fait : « Tu crois que c'est pour toi? Tiens ! je les fais pour les petits cailloux qui sont là... » Il pleure, et quand il pleure, d'un petit ton goguenard : « Va, va, pleure, ça te fait du bien. Ça passera. » Et à toutes les amnisties du mari : « Tu es bon, toi, mais ce n'est pas ta faute; tu es bon parce que tu es faible. » — Et des choses comme : « Essaie donc de ne plus m'aimer, lâche, essaie donc ! »

La mère, dans tout cela, animant la fille dans son rôle, la poussant à ce rôle de victime-tyran, lui soufflant le mensonge, qui est déjà dans son sang; et quand le mari s'en aperçoit et la met à la porte : « Bah ! bah ! nous serons plus forts que vous; nous vous perdrons, vous verrez... »

Va chez Mlle Wertheimber, lui disant qu'elle vient de Fresnes, de chez sa mère et que son mari ne lui a pas donné quarante sous pour prendre une voiture. Mario est obligé d'amener Wertheimber et de forcer devant elle et sa femme le secrétaire de sa femme : il y avait 1.000 francs en billets de banque et 800 francs en or.

Tous les jours, démonétisation de Mario par de semblables moyens (2). C'est Augustine qui le fait appeler et lui dit devant

(1) Add. éd. : *en réponse.*

(2) Add. éd. : *de Mario.* Dans la phrase suivante, il s'agit d'Augustine Brohan, sœur de Madeleine.

deux comédiens qu'elle peut lui prêter de l'argent, s'il en a besoin. C'est à Gassin et à Doucet, l'assurance par Madeleine qu'elle a été forcée de mettre tous ses bijoux au Mont-de-Piété :

« Mais enfin, tu sais bien que ce n'est pas vrai ! C'est un mensonge !

— Oui, je sais bien.

— Mais alors, pourquoi ?

— Parce que ça te déshonore un peu, et si nous nous quittons... »

Ce jour-là, la bat. Puis dès lors, plus des jours, mais seulement des heures de repos, des rapatriements de bête châtiée et léchante, comme le jour où lui ayant foutu le fouet vertement, elle se met au piano et en riant, lui montre son derrière à giroflées.

Puis Madeleine toujours suivant son système de calomnie (1), une amie vient dire à Mario : « Je ne sais comment vous dire ça, je ne peux y croire... Madeleine a entendu des messieurs qui disaient tout haut que vous alliez la leur vendre pour 10.000 francs, que c'était signé... » Va à sa femme, elle dit qu'elle a entendu dire cela sur les boulevards... Le mensonge pour le mensonge ! Tâche de le torturer par la jalousie, lui dit qu'elle a reçu une inscription de rente de 15.000 francs, qu'elle l'a renvoyée par un commissionnaire : « Comment ? Par un commissionnaire ? Et c'était du cinq pour cent ? — Oui. — Sur papier rose ? — Oui. » Mario n'est plus inquiet !

Une autre fois, comme elle revient tard, elle dit qu'elle est allée chez Mlle Fernand, qui est malade et l'a priée de rester (2). Le lendemain matin, il la trouve lisant les journaux de théâtre et lui annonçant la mort de Mlle Fernand (3); lui dit qu'elle lui a fait un mensonge, qu'elle n'a pas voulu lui dire que Mlle Fernand est morte, que c'est sa tante qui l'a reçue; le lui jure sur la tête de son enfant : « Qu'il meure si ce n'est pas vrai ! » Il va aux Français; blague découverte de suite, avec Samson (4), qui vient de voir le matin Mlle Fernand ! Avoue alors qu'elle a été se promener avec Fix à Neuilly. On va chez Fix : c'était enfin la vérité.

(1)   Add. éd. : *Madeleine.*
(2)   Add. éd. : *elle dit qu'.*
(3)   Add. éd. : *et lui.*
(4)   Add. éd. : *découverte.*

Accouche et accouchée, son enfant à côté d'elle, parle d'aller en Russie. Voit qu'elle n'a pas de cœur. Pour aller en Russie, demande audience à l'Empereur, dit que son mari la poursuit avec du vitriol.

L'enfant malade. La mère, un peu souffrante, au lit, avec toujours son miroir sous son oreiller, ne va pas voir l'enfant de trois jours. La grand'mère vient, la voit qui se regarde dans son miroir : « C'est joli, une mère qui se regarde, pendant que son fils se meurt. » Puis va à la glace et se passe dans les sourcils un peigne de plomb : « C'est gentil, une grand'mère qui se peigne, pendant que son petit-fils se meurt. »

Désespoir, larmes de Mario, — larmes et tendresses moquées : « Mais, mon cher, voyons, vous êtes spirituel ! Oui, vous êtes très spirituel. Eh bien, vous m'aimez, je ne vous aime pas, c'est un malheur pour vous... Nous sommes mariés, restons ensemble tant que ça pourra. Vivons chacun de notre côté et puis, nous nous en irons un jour chacun du nôtre. » La première fois qu'il la bat, lui dit d'un ton presque s'humiliant : « Tiens, je n'aurais pas cru ça de toi ! »

Un jour, si désespéré que de l'Opéra à la rue de la Paix, il se perd. Des amis le rencontrent et le ramènent chez lui : « Eh bien, ça va ! Je savais bien que je vous ferais mourir de chagrin. » — Un jour, l'exaspère à ce point qu'il se précipite la tête contre le mur et tombe : « Tiens, tu t'es raté. » — Suicide au charbon; suicide à l'eau de Saturne, qui finit par des mouchetures de 400 francs.

L'amour meurt. Enfin, la femme part. Mario ne veut plus la reprendre et Mario prend sa revanche. Jolie conversation ici, dans l'allée où nous nous sommes couchés, de ce mari et de cette femme séparés, refeuilletant le passé froidement et tristement, lui légèrement, elle fâchée et presque triste de tout ce qu'elle a perdu. Lui avait promis, quand elle se moquait de lui, d'éteindre sa petite gloriole comme une petite bougie : « Ah, dit-elle, tu l'as bien éteinte, ma petite gloriole ! » Et coupant le rappel de ses cruelles folies : « Ah, c'est trop fort ! »

Août.

Au XIXe siècle, l'Italie est la terre où le roman et l'invraisemblance de la vie européenne semblent s'être réfugiés. Elle a reçu, elle a gardé des comédies, des drames, des imbroglios, des catastrophes, des douleurs et des ridicules qui seraient vraiment pour un esprit poète les vraies planches d'un théâtre entre ciel et terre.

Un Français, La Roche-Pouchin, mignon du duc de Lucques, est envoyé par lui pour complimenter une princesse à Vienne, afin de lui avoir une décoration de plus. Voit à Vienne la famille N... et cette princesse N..., si putain qu'on avait été obligé de la changer de chambre et de lui faire quitter son rez-de-chaussée, par où elle faisait monter des hommes. Un jour, vient sérieusement demander sa main au prince, qui d'abord plaisante, puis, l'autre insistant, lui fait entendre que les N... ne s'allient qu'à des familles princières. Huit mois après, La Roche-Pouchin était à Florence, le prince N... lui propose la main de sa fille, au moment où le duc de Lucques était au moment de faire épouser à son mignon sa tante, la reine douairière de Naples : « Mais, lui dit N... vous concevez qu'il y a des motifs : ma fille est grosse.» La Roche-Pouchin épouse.

Quelques jours après, entre dans la chambre de sa femme : « Madame, je vous savais grosse, mais je ne vous savais pas malade, et je le suis. On ne m'avait pas prévenu ; je vous préviens que vous en mourrez. » Dès lors, surveillance, domestiques achetés pour ne laisser parvenir aucune drogue, aucun médecin auprès de sa femme. Cependant, obligé de la mener quelquefois dans le monde. Le duc de Bentivoglio, jeune et beau, amoureux d'elle ; conversation de contredanse, elle lui dit : « Je veux bien vous appartenir ; mais je suis malade, vous le serez, vous me passerez vos remèdes. » La baise, n'attrape rien, va chez son médecin, lui dit qu'il a la vérole. Le médecin, ne voyant rien, ne lui donne que des remèdes anodins, qu'il passe à Mme Pouchin à l'église. La Roche-Pouchin un peu jaloux, mais rassuré voyant Bentivoglio toujours monter à cheval. Bentivoglio part, charge *Plonplon* d'être son intermédiaire entre elle et lui pour sa correspondance.

Un jour, *Plonplon* étant dans la loge de Madame, elle lui dit : «Vous faites pour un prince un singulier métier... Et pour un autre ! — Je le ferais bien pour moi, dit *Plonplon*. — Eh bien, tuez mon mari et je serai à vous. Je suis malade... » etc. Le mari rentre dans la loge, *Plonplon* l'insulte, l'autre répond ; soufflet donné par *Plonplon*, qui a le front fendu par la lorgnette de La Roche.

Plonplon la baise, attrape la vérole, dont Ricord le soigne encore aujourd'hui; il lui passe des remèdes. Pendant huit mois, le duel rate, des gendarmes arrivant. Enfin le roi de Wurtemberg, parent de Jérôme, qui veut le duel, prête le terrain de ses États; La Roche-Pouchin un peu blessé au bras. Pendant cette absence, le plus beau des princes grecs aime et passe des remèdes, se procure une clef et vient la nuit. La Roche-Pouchin, revenu, est informé, fait enlever, dans son palais aux immenses portes de Gaza (1), les gonds de sa porte de bronze, qui tombe sur le prince grec, quand il met la clef dans la serrure, et lui brise la colonne vertébrale. Il met huit jours à mourir, avec la partie inférieure du corps en putréfaction. Et la femme, plus gardée que jamais, sans remèdes et sans amant, meurt, les cheveux et les dents tombants, rongée.

Puis comme un *intartinamento* après ce drame du Moyen Age, ce sont les débuts de Mario. Chante d'abord dans un opéra du duc Lotta à Milan, avec les gens de la société : succès. Mais il veut le vrai public. Se fait engager pour la foire de Codogne, près de Florence. Il a douze cents francs pour un mois : un ténor, une voix charmante et pleine, un timbre à la Mario, aussi distingué, mais plus étendu (2). Ses terreurs aux répétitions. Mate bientôt ses camarades, l'accompagnateur et le chef d'orchestre, par ses connaissances musicales : nommé le *professore* par tout ce monde ignorant la musique, sans éducation et sorti du bas des métiers, de la perruquerie, etc.

Dans une lettre à son ami Antonin Péri, s'épanche sur cette première représentation. Il jouait ROBERT DEVEREUX (3). Le premier acte à peine annoncé, toute la cour l'attend. Enfin prenant sa volonté à deux mains, il entre, se met à genoux auprès de la reine et commence son récitatif. Il attaque la note juste et cela va. Il tenait son *sol*, il s'y cramponnait, il s'y asseyait, il n'en voulait plus

(1) Sur cet épisode biblique de la vie de Samson, surpris dans Gaza et qui s'échappe en arrachant de leurs gonds les portes de la ville, cf. JUGES, XVI, 1-3.

(2) *Un timbre à la Mario* : naturellement, il s'agit non plus de Mario Uchard, mais du célèbre chanteur Joseph de Candia, dit Mario.

(3) ROBERTO DEVEREUX, COMTE D'ESSEX, opéra en trois actes de Donizetti, sur un livret de Cammarano, d'après la tragédie de Thomas Corneille, créé à Naples en 1837 et à Paris, au Théâtre-Italien, en 1839.

sortir. Mais voilà le récitatif fini : il n'entend plus l'orchestre, il ne distingue plus la salle, il ne peut plus se relever, il lui faut un effort de volonté gigantesque pour le faire et aller jusqu'au quinquet. Là, il ramasse toutes ses forces et forçant son manque de salive, — cette terreur des chanteurs, qui ferme toutes les muqueuses et les fait *avvilito*, comme disent les Italiens, — se disant que ce n'est plus un public d'amis, mais payant, il chante son duo et est applaudi. Toujours un reste de cette émotion le suivant dans toutes ses représentations et lui donnant la crainte du *levare* — c'est-à-dire d'être remplacé dans son rôle — et lui faisant chaque fois rendre son dîner : abîmement de son estomac et rire de ses compagnons.

Dans l'hiératisme du théâtre italien, ses ennuis et ses révoltes. A la cour, toujours le maillot blanc; en prison, toujours le maillot noir; et le baryton toujours, quand il y a mort d'homme, en maillot rouge. Pour toutes les pièces non modernes, toujours le même vêtement : jaquette pailletée; et toujours des paillettes... Ose mettre des maillots violets et des jaquettes sans paillettes, à la grande terreur de son directeur. Ses rivalités de costumes avec le baryton Mancuzzi, pour un manteau pris par celui-ci : gros mots, épée de théâtre tirée dans la coulisse, puis duel en passant le Pô, où Mario est blessé au pouce, parce qu'en Italie on pare avec la gauche, et Mancuzzi blessé à l'épaule : fait interrompre les représentations. Le directeur veut rabattre quatre cents francs à Mario pour cette perte, mais les seigneurs abonnés se mettent pour lui. Représentation à bénéfice; refus de recevoir l'argent et les bijoux à la porte dans un plat d'argent. Terreur du directeur, succès énorme de Mario, soutenu par toute la noblesse du pays (1). L'apparition, là dedans, du chancelier grotesque de Marie-Louise, venant officiellement annoncer aux acteurs, — avec une voix de polichinelle, prisant et reniflant à chaque mot, — pour le soir, l'honneur de sa présence. Donizetti vient l'applaudir. Il fait cinq cents francs à son bénéfice. Et il garde encore une affiche annonçant « la représentation du célèbre Adolfo Uchardi, avec la mort du protagoniste ». Il avait inventé une autre mort que la mort italienne, où les mourants se tiennent le ventre sur une chaise.

Des offres du théâtre de la Scala, pour y entrer; mais tout à fait pris en amitié par Donizetti, qui le ramène à Paris, le dresse

_____

(1) Add. éd. : *de Mario...*

pour Lucrèce Borgia, aux Italiens, à qui il rajoute un air inédit pour sa voix, — lorsque Mario entre dans les affaires et Donizetti devient fou. Craintes d'ailleurs pour sa poitrine, en qui il sentait déjà du feu et qui se fût vite usée.

Mario, fils d'un cloutier, travaillant à la gravure sur métaux.

15 août.

L'ironie et la Providence des choses nous fait entrer — nous, faisant notre roman des Hommes de lettres et hier même, faisant le procès du Petit Journal au nom de l'art et de l'honneur des lettres (1), — nous fait entrer au cœur et dans l'intérieur de l'homme qui sera au XIXe siècle le grand type, le grand homme et la grande fortune du Petit Journal : nous allons dîner chez Villemessant.

Au bout de la forêt de Chambord, de dessous un chêne centenaire, un homme se lève d'un cercle de femmes encrinolinées au mieux, et de sa voix polichinellesque et enrouée, de sa grosse voix de gamin cassée : « Ah ! c'est vous, mes enfants… » Et le voilà qui, marchant et montrant la forêt et montrant une maison assise au bord, s'exclame : « V'là où j'ai été élevé, mes enfants ! Je n'en suis sorti qu'à dix-sept ans » (2). Puis ce sont ses vignes et ses terres qu'il montre avec un peu de la joie toute neuve d'un Mercadet, débiteur d'hier, montrant des murs dans la vallée et des prés et des bois au loin : « Tenez, la vue, est-ce assez bien ? Ah je vous préviens, ça compte pour un plat ! » Tirant de sa poche des lettres : « Vingt-et-une lettres par jour, quatorze journaux ! Je ne les lis pas… C'est-à-dire que le facteur d'ici en vieillit ! Il en perd la tête, comme le contrôle de l'Odéon, quand il y a du monde ! Tenez, v'là ce qu'on m'écrit, textuel : « Chose et Chose vont faire un journal, Satan… » C'est Doche qui fait les frais : Jouvin a vu, l'autre jour, à Chose, des billets de banque dans les mains (3)… Chose

(1) Cela se réfère au chapitre III des Hommes de lettres, qui brosse l'état de la petite presse au début de l'Empire (Cf. Charles Demailly, p. 24-28).

(2) Add. éd. : *s'exclame.*

(3) Sur les antécédents du Corsaire-Satan, cf. t. I, p. 85, n. 1. Ici, étant donné l'allusion à Mme Doche, *Chose* devrait être Aurélien Scholl. Mais ce serait alors sa seconde tentative pour ressusciter le Satan : il avait fait paraître, sous ce titre 28 numéros d'un *petit journal* en 1854. Voir au 24 décembre 1859 un autre essai journalistique de Scholl, La Silhouette.

aussi en fait... Mais je les tiens ! J'ai fait déposer hier au Ministère le titre de SATAN, j'en ferai paraître un numéro et j'ai leur titre... Et d'une ! Moi, je ne demande pas mieux, qu'ils gagnent tous de l'argent... Qu'ils en fassent, des journaux ! En attendant, nous avons fait 900 francs au dernier numéro... Et puis, s'ils m'embêtent, je parais tous les jours... Je dédouble le FIGARO : ça me fait quatre jours; la vignette répétée, ça fait un numéro : et de cinq !... Et puis des hommes de lettres, je connais la ficelle. Dans le MOUSQUETAIRE, il y avait Viard qui faisait des nouvelles : c'était assez *montant* (1). Je rencontre Dumas, je lui dis : «Vous avez un garçon qui va bien, Viard. C'est très joli, ce qu'il fait. » J'étais avec cet imbécile de Machin. Il me dit : « Pourquoi as-tu dit ça à Dumas? — Pourquoi? Tu vas voir ! » Le lendemain, Dumas flanquait Viard à la porte, je l'ai pris... Et comme j'écris à Villemot : « Tant mieux ! Des journaux, ça fouettera le FIGARO... » Tenez, pas mal, c't' entrée-là. L'année prochaine, je reculerai la porte ici. Je me disais : « A quoi diable est-ce que je pourrais dépenser de l'argent maintenant? » Eh bien! je reculerai la porte là. Ah! si vous saviez, c'était une masure, il y avait des brouettes dans le salon... »

On entre dans le vestibule tout frais : des boiseries blanches, de la perse en portières, un piano, des chaises Louis XVI blanches, capitonnées de perse et des causeuses en cuir chocolat. A gauche est la salle à manger en boiseries couleur bois à profil rocaille, où pend au plafond une cage Louis XIII en cuivre estampé : « J'ai rapporté ça d'Allemagne, comme les coucous. J'en ai partout, des coucous de la Forêt Noire... Blanche, fais donner du vin blanc. Oui, du vin blanc : les vins fins, c'est pour ce soir. »

Il y a un salon rempli de femmes et de voisins. Plafonds et murs tendus de papier sombre, jouant une tente de cuir noir; des cabinets d'ébène, une glace Louis XV achetée à Blois; des photographies de Nadar représentant Guizot, Berryer, photographie de Rachel morte, d'après le dessin de Mme O'Connell, les mains étendues et sans bagues : « Vous savez ce qu'on disait : *La famille vient de lui rendre les derniers devoirs...* » Une photographie de la Doche, avec une dédicace. Photographie de Henri V. Une

---

(1) LE MOUSQUETAIRE, quotidien des lettres, fondé par Dumas père le 12 nov. 1853, vécut jusqu'au 31 oct. 1855, avec la collaboration de Méry, de Beauvoir, de Philibert Audebrand, d'Aurélien Scholl ; Rochefort y débuta.

grande gravure de Louis XVIII en costume de sacre. Tout fraîchement verni, un portrait de vieille femme avec un bonnet et une roulière de campagnarde : « Ma vieille grand'mère. Tous les paysans qui viennent ici s'en souviennent. »

Il nous fait monter par un escalier de chalet à son premier étage, mansardé, — la maison n'a qu'un étage, — et nous montre une chambre avec un lit de perse ancienne, son cabinet et une chambre d'ami, puis une autre chambre à deux lits pour un ménage d'amis, et les balcons en bois brun, des balcons de chalet : « Tout cela en six semaines... J'ai eu quarante ouvriers. Je suis bon pour eux, ils ne m'ont pas quitté. »

Il vous promène avec l'ingénuité du propriétaire. Maintenant, c'est le jardin. Il vous fait retourner pour voir la maison, les volets peints en vert de Chine, le pignon mangé de mousse : « C'est ce pignon-là qui m'a décidé. Je mettrai une treille contre ce mur, je mettrai un paletot à la maison. » Entraînant tous les mâles de la société, écartant les femelles, qui gêneraient ses récits un peu gras, montrant le vivier, ses fruits qu'il vous fait goûter, son raisin, ses pêches, ses prunes, son banc de gazon : « Je l'ai fait de mes mains royales ». — Blaguant tout en marchant, contant, chantant, tirant des anecdotes dans sa mémoire, avec une blague pour ceux qui sont devant, qu'il désigne en clignant de l'œil, pour les absents, pour les présents, pariant de faire nommer Domange ou le Juif Errant député et disant le discours qu'il ferait aux paysans : « Mes enfants, il dépense peu, vous aurez un gouvernement bon marché. Il est fatigué, il se reposera... » etc. Animé et colère contre le gouvernement, avec la voix très haute et le verbe très provocant, comme un homme qui se grossit le masque et s'enfle en légitimiste ardent, disant le mot de Roqueplan sur l'Impératrice : « Pourquoi lui en veut-on ? C'est une très bonne fille, très aimable, très bonne personne. On lui en veut parce qu'elle est la femme la mieux entretenue de France. » Et de là, chantonnant de sa voix éraillée cette chanson qu'il prête à la République :

> Et bientôt le bourgeois éclairé
> Donnera sa fille
> Au forçat libéré...

Histoire de l'homme adoptant tous les enfants naturels dans les villes où il passe, disant : « C'est bien le diable, si un de ces

ces petits bougres-là n'arrive pas à quelque chose et n'est pas reconnaissant ! »

La table est mise dans la cour, tout entourée d'une treille verte collée aux murs, attendant les plantes grimpantes. A l'entrée, deux beaux ânes gris, bien nourris, tout enharnachés de rouge et remplis de houppes, comme des mules espagnoles, sont graves et sérieux comme des hallebardiers. Sur des chaises du jardin, nous nous asseyons dix-neuf. Villemessant est en face sa femme, l'air d'une mère d'une actrice de province, à qui il dit : « Bois du bordeaux, ça te fera vivre quinze jours de plus. » Appelant sa fille *Fouyou* et la traitant comme un vrai gamin, disant que c'est son fils. Blaguant l'appétit des gens, les *fours* de Mario, se retournant pour nous dire : « On m'a demandé à Blois qui vous étiez. J'ai dit que vous étiez les frères Lionnet, des chanteurs de chansonnettes, que vous alliez chanter aux fêtes...» Ou bien le mot de la petite fille de Millaud : « Elle dit : « Je veux être à côté d'un petit », et elle va à côté de Prémaray ! »

Au fond de tout cela, seigneur de village et en même temps Dioclétien, entouré du silence, de l'attention, puis de l'applaudissement, du rire pour chacune de ses paroles ; *putiphardé* du regard par les femmes de journalistes de province, à sa droite et à sa gauche ; à l'aise au milieu des interrogations de propriétaires de châteaux voisins, lui demandant comment avec son esprit, il n'a pas écrit un grand livre. Au fond de ses façons et de son hospitalité, une chère d'épicier. Le bouilli après la soupe, le poisson avec une rose entre les dents, le petit bordeaux dans une bouteille à étiquette dorée ; au dessert, les deux doigts de champagne à casque d'argent. Le peu de souci et le peu d'entente et le peu d'occupation de l'amphitryon, habitué à n'être en rapport qu'avec des gens qui le craignent ou qui ont besoin de lui ; appuyant avec manque de goût sur les plaisanteries : un lit qu'il n'offre pas, des invités qui ont bien fait de ne pas venir, des amis dont il est content d'être à deux lieues, et du beau moment qu'il fait pour s'en aller.

La fête finit par une sauterie improvisée, où il a chahuté, en criant à sa fille, qui lui fait vis-à-vis : « Ah çà ! tu sais, nous sommes comme il faut, ce soir. Ne pince pas le cancan ! »

Il y avait là un original de soixante-seize ans, conservé comme un homme de quarante, qui met des pantalons blancs, des redingotes de lasting et des chaussettes de soie. Grandi dans les grandes intendances de Napoléon, rattaché plus tard aux Bourbons, huit croix, amant de la Leverd, familier de bien des personnages historiques et qui, mêlé aux grands événements de ce temps, est quelquefois le détail anecdotique d'un grand fait historique. C'est le baron de Penguilly, père de Penguilly le peintre, dont il ne comprend pas du tout le talent.

À Moscou, prend possession d'un palais; dans la visite des chambres, entend un frôlement de robe, voit un pied sous un lit, tire un bas de soie noire, amène le pied, une femme jolie; puis un autre pied, puis une autre femme; puis une vieille et horrible : esclaves qui n'avaient pas voulu suivre les Russes et battues du knout. Les fait dîner, couche avec l'une le soir, l'autre le lendemain, quand arrive un de ses amis : « Tu es heureux, toi seul as des femmes ! — Donnant donnant ! » et les lui échange contre dix tonnelets de madère.

Le Théâtre-Français était resté, lorsque Moscou est évacué. Le maréchal le charge de conduire deux actrices dans sa voiture : ce sont deux vieilles duègnes. Un cheval meurt, puis deux, puis trois; puis plus de calèche et les deux femmes sur un cheval acheté de hasard; puis l'une, prise de dysenterie, est attachée sur le cheval. Puis l'agonie, et la femme disant à Penguilly : « En cas de mort, tout le monde peut baptiser et donner l'absolution », et le force à écouter sa confession : fille d'un marchand du faubourg Saint-Antoine, enlevée à treize ans, des enfants dans les quatre bouts du monde. Et lui tend une bourse, pour faire dire des prières à la première ville, et meurt. L'autre, à la première ville, lui fait faire un service. La survivante écrit tous les ans à Penguilly une lettre de remerciement.

17 août.

Mario, fils d'une mère épousée à seize ans par son cousin, âgé de vingt ans, fille d'un cloutier, le grand cloutier de Paris à l'époque où l'on ne faisait pas des clous à la mécanique, occupant vingt-cinq ouvriers, fabrique donnée en dot à la fille, rue du Cherche-Midi. Le père, n'ayant pas jeté sa gourme, se dérange à la suite de ce commerce, coutumier de traiter les affaires à déjeuner : pochardise, etc. (1). La mère, femme de tête et de négoce,

---

(1) Add. éd. : *coutumier...*

mène bien les affaires de la fabrique, pendant le dérangement de son mari. L'enfant naît. Le père commence à battre la mère, puis la renvoie. La mère prend son fils et s'en va. Talent de broderie, gagne quarante sous par jour dans sa mansarde. Quand elle est là, confraternité du commerce : un serrurier vient lui demander pourquoi elle ne s'établit pas (1); elle dit qu'elle n'a rien, il lui offre de lui faire des commandes; et un de ses amis, marchand de fer, de lui avancer les matières nécessaires. Son mari avait culbuté; ruine totale. La mère consent et va s'établir faubourg Saint-Marceau; fabrique sous le nom de son père, prospère. Mais un beau jour, le père lui dit : « Je suis content de la manière dont va ma maison, je n'ai plus besoin de toi. »

La voilà sans le sou, avec son fils, âgé de huit ans, obligée de gagner une mansarde et de travailler. Dans le lit où ils couchent tous les deux, le fils, se réveillant, voit la mère travaillant dans son lit pour économiser le feu. Ne buvait jamais de vin.

L'enfant à l'école; puis, à dix ans, est mis dans un magasin de nouveautés de la rue de Sèvres, *Au Tisserand*. Patron, canut de Lyon, bon homme; mais femme bossue, épousée pour son argent, méchante et battant l'enfant comme plâtre jusqu'à quinze ans. Les cinq plus dures années de sa vie. Magasin ouvrant à six heures, fermant à onze. Couchant dans le comptoir; froid de la nuit; le cœur gros à voir les plaisirs et les jeux d'enfants dont il est sevré. Pas d'autres congés qu'un jour, tous les quinze jours, et le dimanche à deux heures.

A quinze ans, ne voyant pas d'avenir là, n'ayant pas d'argent pour acheter un fonds, ayant un cousin graveur, dit à sa mère qu'il veut être graveur : décidé par les publications illustrées. Sur ces entrefaites, petit héritage survenu, mettant la mère à même de lui payer les cinq années d'apprentissage. Entre chez Portant, graveur sur métaux, où de suite habile, il fait l'ouvrage d'un ouvrier. C'est là où mis sur un tabouret trop petit, l'histoire du livre de musique : méthode de flûte par la femme de Portant, qui était maîtresse de piano, lui donne le goût d'apprendre la musique (2). Il se fâche avec Portant, qui veut le reprendre : il refuse et entre chez Marcelin Legrand. Là, très habile, prend de l'ouvrage

(1) Texte Ms. : *vient lui dire pourquoi...* Dans la phrase suivante, *elle* et *il*, add. éd.
(2) Cf. t. I p. 417.

chez lui, à la tâche, travaillant douze heures par jour, gagnant peu à peu de dix à quinze francs par jour. Est pris d'une rage de tout apprendre, soupant sur le pouce et courant à tous les cours du Quartier et du Jardin des Plantes, physique, chimie, anatomie, phrénologie, etc. Légende d'une gravure du Tasse en italien : veut apprendre l'italien. En toutes choses, sa mère ne doutant pas de lui et lui disant : « Eh bien, apprends-le si tu veux. »

Un jour, son maître, à qui des missionnaires ont demandé des caractères chinois pour faire imprimer les prières, très mécontents des caractères de l'Imprimerie Royale, imparfaits, vient lui proposer de les graver. Les grave parfaitement. A l'Exposition de 1840, son maître est décoré pour cela (1). Habileté merveilleuse, main de singe, capable de prouesses, comme de faire en une journée vingt-cinq poinçons de lettres, qui lui rapportaient cinquante francs (2).

Pendant ce, se trouve une très belle voix ; un piano loué dans un petit appartement au-dessus de sa mère ; suit les cours du Conservatoire ; outre cela, suit les leçons à dix francs le cachet des meilleurs professeurs, Bordogni, Panseron, Delsarte, chez qui il rencontre Belgiojoso. Va dans la société, rencontre Antonin Péri, qui venait d'être reçu médecin et pousse avec lui le projet d'aller chanter en Italie pour se former. Belgiojoso les décide à aller à Milan et leur donne des lettres.

Mais dans ce temps, tombe à la conscription. Était assuré : l'imminence d'une guerre d'Orient fait sauter les maisons de remplacement et il lui faut, par des travaux surhumains dans le chinois, faire les 3.800 francs d'un homme, plus 2.000 francs avec lesquels il part pour l'Italie. Dans ce temps-là, l'épisode d'un amour avec la fille d'une amie de sa mère : toutes les tribulations pour un avortement, qui ne réussit pas et est suivi de la mort de l'enfant.

18 août.

Mario ayant, au café, soutenu le courage de la France contre le courage de l'Italie, qui ne peut se débarrasser des Autrichiens,

(1) Il s'agit en fait de l'Exposition de 1839, qui, du 1er mai au 30 juin, groupa 3.381 exposants dans les Champs-Élysées, au carré Marigny.

(2) Add. éd. : *capable de prouesses.*

le lendemain, arrive chez Mario un grand gaillard, qui d'un ton de tragédie : « *Io vengo sfidarti* (1). — Allons, assez, c'est bien, quittons la tragédie, je vous enverrai deux amis. » Ils partent et passent le Pô. Un des témoins de Mario : Mariani, qui amena la Grisi à Paris et à cinquante ans, aide-de-camp de Charles-Albert, se fit tuer à Novare (2). Arrivent dans une auberge et les conventions de la rencontre se font insolitement devant eux. On dit à l'adversaire : « Voulez-vous l'épée ? — Non. » Mario, qui avait ramassé son courage pour l'épée, se sentant pâlir, va à la fenêtre et regarde les paysages. Le pistolet proposé : refusé. Mario se dit : « C'est le sabre ! » et se voit déjà charcuté. Le sabre refusé. « Mais c'est le canon alors que vous voulez ? » ne peut s'empêcher de dire Mario, en se retournant. L'adversaire, Sicilien, propose alors son duel : dans un tonneau, avec des couteaux, le bras gauche attaché par derrière. Mariani le fout en bas des escaliers, les témoins l'abandonnent et Mario rentre à Milan couvert de gloire.

Réunion à Milan, dans la société de Mario et d'Antonin Péri, d'Alizard la basse, d'un baryton nommé Boucher, d'un ténor nommé Wartel.

Alizard énorme, court, trapu, ronflement de Titan, taillé comme un portefaix, excellent musicien, basse admirable dans LA MORT ET LA JEUNE FILLE de Weber (3) ; un peu hypocondre, malheureux, souffrant de sa laideur et de sa petite taille, terrible pour le théâtre. Jeunesse malheureuse, élevé durement par sa mère, maîtresse de pension, qui vivait avec un prêtre. Misères affreuses. En ayant conçu l'horreur de la famille et quand on lui disait : « Comment vas-tu ? — Bien. — Et ta famille ? — Elle est crevée ! » de sa basse la plus profonde. Ça étonnait Belgiojoso. Alors, se retournant : « Ah ! vous, c'est différent ! Monsieur votre père vous a bien bâti. Il vous a fait riche, beau, grand, spirituel. Moi, on a fait de moi un porteur d'eau... Pas le sou... Je conçois que quand votre père mourra, Monsieur lui fasse élever un mausolée, je le comprends ! » — Un jour, à l'Opéra, Barilhet manquant

---

(1) « Je viens te provoquer en duel. »

(2) Charles-Albert, roi de Piémont, ayant pris la tête de l'insurrection italienne contre l'Autriche, fut battu à Novare le 23 mars 1849.

(3) Lapsus pour Schubert.

pour chanter un opéra, où il ne paraissait qu'au second acte,
Alizard, dans la salle, est appelé par le directeur désespéré : « Mais
je ne suis pas un baryton ! Mais je ne sais pas le rôle ! —
Vous pouvez l'apprendre pendant le premier acte, ça vaut cinq
cents balles ! » Et il le joue... Instruit, passion des livres, des
montres anciennes, des violons. Couche — dans une misère,
qui va jusqu'à avoir tout son lit vendu, jusqu'à la paillasse
— avec pour traversin deux Guarnerius, de cinq cents francs
chaque (1).

Boucher, ancien élève de séminaire, latiniste et helléniste des
plus distingués, toujours cherchant l'émission italienne, disant :
Tu u u u m'emmerdes, m'emm-e-erdes, posant sa voix : *A a a e e e.*

Wartel, espèce de fou, long comme un jour sans pain, des
enjambées terribles, mystificateur sans jamais rire, embrassant les
frati qui passent, etc.

Vont ensemble au lac de Côme. Alizard veut monter le Bisbino
(2). Monte en ôtant tous ses vêtements, qu'il donne successivement
à Boucher en chemin. Arrivés au village, le curé les accueille.
Ils l'enchantent de musique au dessert, vont à l'église, se mettent
au pupitre, Mario à l'orgue, et régalent tout le village de plain-chant.
Un habitant leur offre à coucher. Alizard se sauve dans le jardin
et on le trouve voulant violer la femme, grosse de sept mois.
La nuit, mangés de punaises. Le matin, on entend des cris de
tonnerre. Alizard, avant le jour, très propre, était descendu par
la corde dans le puits et ne pouvait remonter... Dernier épisode
du voyage : Alizard, qui ne savait presque de l'italien que *Mena
mi l'ucello,* avisant une petite fille allant au cimetière avec un panier
et des couronnes d'immortelles, se faisant branler, le panier passé
dans le bras et une couronne d'immortelles sur la tête (3).

Août.

Rien n'est plus triste, plus fait pour donner une idée misérable du théâtre et de l'art dramatique des *habiles,* que ces doutes, ces

---

(1) Add. éd. : *qui va* et *avoir...*

(2) Le Monte Bisbino (1325 m.) domine Cernobbio, à l'extrémité Sud-Ouest
du lac de Côme.

(3) *Mena mi l'ucello,* « Tire-moi l'oiseau » : sens obscène indiqué par le contexte.

tâtonnements, ces découragements, ces effacements, dont Mario nous donne le spectacle depuis quelques jours. Voilà une pièce sur le métier, qui, vingt fois, a changé de front, a essayé comme des robes un tas d'idées, un tas de caractères, a tourné au vent du hasard et du pile ou face des scènes, hier à la réhabilitation de la courtisane, aujourd'hui au tableau des malheurs des passions de la vieillesse, demain à une thèse sur la perte de l'autorité paternelle par la perte de la dignité. Tout à cela, à tricoter l'intrigue, à jouer de la *carcasse* comme d'un casse-tête chinois, disant naïvement et superbement : « L'esprit ? je le mettrai après... Le style, voyez-vous, je le trouve quand ma pièce est faite. J'ai écrit LA FIAMMINA en trois jours. » Comme si le style n'était qu'une sorte de calligraphie ! Comme s'il n'était pas la chair et les os de la pensée, le rajeunissement et la transfiguration de la comédie usée, mais éternelle de l'humanité ! Ces tristesses, ces erreurs, ces poursuites douloureuses, cette mendicité des conseils, cette batterie des ficelles, voilà la punition de ceux-là qui, gâtés par le succès, y visent encore et ne travaillent pas pour le Dieu qu'ils ont en eux, ne portent pas dans leurs conceptions cette belle conscience et cette noble confiance, qui est, je crois, le *sine qua non* des hommes et des œuvres qui restent. Au fond, cela nous attriste pour ce garçon, le plus charmant, le plus enfant, le plus sociable, l'homme le moins de lettres qui soit, qui n'a que la vanité du succès qu'on lui a fait et qui ne manque absolument de la perfection de son humeur, que quand je lui démontre qu'il ne sait pas le latin, qu'il apprend depuis trois mois et qu'il veut savoir.

Plus je l'entends causer et moins je comprends comment ce garçon, avec cette vie pleine d'accidents et d'incidents, toute au mouvement, au roman, au drame, pleine de mille appels à son observation, remplie de tous les hasards et de tous les chocs de la passion, qui devraient donner la mémoire de l'observation à la moins observatrice des créatures, — comment laissant de côté tout le bénéfice et toute la mémoire de la vie, il s'est mis à inventer, la plume en main, un monde banal et de convention, où les larmes chantent comme une romance de Loïsa Puget et où les passions ressemblent à un colonel du Gymnase en deuil, où en un mot, tout est faux comme une comédie de rhétorique ou un piano de village.

Un autre jour.

Jusqu'à cinq heures, nous travaillons; puis de cinq à six, c'est, dans le parc ou sur les chemins, une récréation d'enfants. Nous forçons des cigales à courre, nous mettons de l'amour-propre à sauter à pieds joints et nous jouons avec nos pantoufles jaunes, dans un passe-passe à trois, une pantalonnade incessante de coups de pied. Après le dîner, nous nous tassons trois dans le hamac, où nous faisons comme une gibelotte humaine. Nous prenons le café là, en fumant, tandis que le soleil se couche derrière un moulin, qui tourne plus lentement. C'est l'heure de bavarderie confidente, où le passé revient dans la bouche de chacun. Il semble que les paroles aient une odeur de roses séchées. Puis la nuit venue, on rentre dans le salon en velours d'Utrecht jaune; et là, sur le piano, Mario fait se renvoler ses ressouvenirs d'Italie, des bribes d'opéras et des refrains de chansons.

Il avait dix-sept ans; il allait à l'Opéra avec la claque pour vingt sous. Fanny Elssler était la fée de ses rêves, la reine de ses espoirs, quelque chose comme l'étoile pour le ver de terre. Deux ans après, il se trouvait à Florence, où joli garçon et fêté par tout le monde, par la société, comme un Chérubin brun, Fanny Elssler l'avait adopté comme cavalier servant. Lui, toujours plein d'amour; elle, le matin, au lit, se laissant lutiner par lui. Un jour, après une ovation, Fanny Elssler revient à son bras, tout heureuse, se penchant sur lui; lui, pensant que l'heure du berger est venue. Trouve dans son palais un petit souper. Une sérénade des artistes du théâtre les interrompt. Elle passe sur le balcon. Lui, la soutient dans ses bras. Il sent qu'elle se livre, qu'elle va défaillir : « Qu'avez-vous, chère ? — Ce sont mes hémorroïdes : quand je danse, ça s'échauffe, je ne souffre plus; mais maintenant... »

Pour les HOMMES DE LETTRES. — Le sens de l'observation, le sens propre de l'homme de lettres, un sens déplorable dans la vie. Sens qui se tend et travaille de lui-même, sans la volonté de celui qui l'a. Par ce sens, nous entrons au fond de tout, nous démontons tous nos jugements, nous creusons le plaisir, nous allons au bout de la femme. Rien ne dure entre nos mains, des apparences, des paravents, des dehors. Nous sommes lassés de toutes choses avant les autres. Un monde, dont il faut à un autre un an pour en faire le tour, nous le savons par cœur au bout de huit jours. Donc, satisfaction de la curiosité très rapide et suivie promptement de dégoût. Puis par cette perception sensitive, — cette seconde vue des choses que tout le monde voit sans les voir, — des blessures et des attristements, qui viennent d'un meuble, qui pour nous seuls sent la misère, de visages souriants, où nous lisons une querelle qu'on s'est empressé de raturer, etc.

Pour les HOMMES DE LETTRES. — Dans ce temps d'appétit matériel, une ambition toute nouvelle de la littérature : une carrière, un métier (1). L'argent, mobile tout nouveau des lettres au XIXe siècle : Scribe, etc. Voyez au XVIIIe, Voltaire, Diderot, etc., bien plus préoccupés du gouvernement de l'opinion, — et c'est pourquoi ils l'avaient.

Un autre jour.

Dans le parc, un petit carrefour, toujours au soleil, — où le foin non coupé, tassé sous les corps comme une vieille perruque, les herbes versées font comme des courants et des éventails jetés l'un sur l'autre, — enserré de tous côtés de bruyères qui cherchent à presser la place, entouré de petits pins épineux, sur lesquels la lumière ruisselle en une sorte de givre bleuâtre. Une terre chaude, brûlée, pleine de chansons de grillons, un petit coin d'Italie, la température du Campo de Pise ; d'où l'on aperçoit sur le ciel bleu le parasol d'un pin d'Italie, malade, tronc violet, feuillage grêle comme une agate herborisée, dont le ton vert-émeraude fonce et fait intense, autour, l'azur du ciel. Sous l'herbe, un dessous de mousse, un terrain qui doit servir de lit de sieste aux reptiles, aux lézards ; les tiges non couchées sous les corps, desséchées comme sous un souffle d'incendie. Une lumière, un ruissellement de lumière blanche sur le terrain et les pins blanchis. Les arbres sont petits, autour, comme sur une ancienne place à charbon.

Le long des allées, des entrelacs de plantes grimpantes, formant comme de petits berceaux aux feuilles jaunies, séchées. Allées de charmille, en partie de lilas, dont la feuille lisse et foncée s'étage dans une lumière bleuâtre. Des fonds de mousse presque dorée au bout de l'allée, où est comme assis un rayon de soleil. L'ombre

(1) Add. éd. : *de la littérature.*

remuante des feuilles sur l'allée rouillée; des petits bouts de feuille sèche balancés à des fils de toile d'araignée.

Dans ce feuillage sans profondeur, des sautillements de lumière, de feuille en feuille, comme dans les forêts de Diaz; et dans les mille rameaux aux tons violets d'une aquarelle anglaise, des sauteries de soleil. Le cri de la feuille sèche sous le pied. Les allées conservées : d'un côté un mur de lumière, de l'autre un mur d'ombre. Un chemin de soleil, sur lequel passe à tire-d'aile l'ombre d'un oiseau dans le ciel, où le ton de la vieille mousse passée se marie aux tons roussis de la feuille morte.

De temps en temps, au-dessus de la charmille, des pommiers presque sauvages partent en étendant leurs bras. Les fonds d'allées, qui sont comme un transparent vert. Les feuilles mortes rangées des deux côtés par le passage. Toujours des cris d'oiseaux et un voyage d'oiseaux autour de vous. Parfois un coup de vent, un frissonnement de feuilles qui va d'un bout de l'allée à l'autre, les feuilles s'abaissant et le frissonnement mourant comme une vague au bord de la mer. Une raquette défoncée et dont, au manche, il reste un morceau de cuir rouge, abandonnée au bord d'une allée, squelette de joujou, seul souvenir de ceux qui ont passé.

Grappes de graines de lilas, qui ont l'air de café brûlé. Les arbustes vieux, avec cette mousse jaune et gris tendre étalée aux embranchements des branches. Un réservoir d'eau tout couvert d'une certaine petite mousse d'eau, voile vert de l'eau dormante, qui est comme fendillé et craquelé comme un vieux tableau.

Une mauvaise serre à serrer les instruments aratoires, où une clématite, avec ses mille étoiles d'argent, avait fait irruption par la fenêtre sans carreaux. A côté, contre le mur blanc, un figuier aux tiges presque roses descend jusqu'à terre ses feuilles lourdes et fortes, prenant largement le soleil dans sa large feuille à cinq doigts maroquinés.

Vers les six heures, envolées d'oiseaux, rabattus de toute l'immense plaine, voletant et battant les feuilles et se sauvant du fourré avec des froufrous. — Les pousses jeunes des lilas, dans la masse : vert pâle et plus clair sur vert foncé et terne.

Une allée de marronniers d'une trentaine d'années, coupés et sur la tête à mille branches desquels partent comme des faisceaux de rejetons, partant tout droit dans le ciel; quelques feuilles rares; les diverses colorations au coucher du soleil doré, et tous les

oiseaux là-dedans, piaillerie joyeuse et animée, souhaitant le bonsoir. Arbres bleuâtres et ocellés de mousse jaune d'or. Un hamac.

Sur la route des eaux de Saint-Denys, un petit château. Deux
mansardes à volets de bois, sur un toit à la Mansard; trois fenêtres
de face; deux petits corps de logis plus bas (1). Sur le toit, au
milieu, chapeau chinois abritant une cloche. Deux girouettes de
coqs dorés, avec des épis (2).

Des vignes avec des cerisiers et des noyers. Des éclaircies
qui montrent l'inexorable Loire qui dort, la ligne des peupliers et
derrière, la plate Sologne. — Des trifouillis de chardons, de mûres
et de prunelles sauvages sur des pierres grises, desquelles partent
des nuées de sauterelles.

Entrée : de grands noyers, puis d'immenses peupliers, à la
tige toujours allante et venante, qui ont l'air de prendre dans leurs
tiges tout le vent du pays; des salutations perpétuellement balancées
dans une perpétuelle harmonie dodonéenne; toutes leurs branches
en coups de vent comme des cheveux courts. Toujours une grande
voix dans le haut; la lumière courant avec le vent sur les feuilles
comme un frisson d'argent.

Tout de suite le soleil quitté, l'allée de sable sombre; comme
des raies de lumière, qui passent comme une flèche lumineuse dans
la verdure. Quelques aulnes aux troncs gris, feuilles luisantes. Des
masses de verdure noire, où par place le soleil : comme un transparent de feuilles. Partout, dans ce terrain, où les sources changent
de lit, les arbres, un peu déracinés, déchaussés et penchés les uns
vers les autres, ont leurs rochées prises, tortillées, ensevelies, nouées
cachées par la montée d'une végétation vivace, qui cherche à monter au soleil, le long de toutes les branches : le lierre, les ronces
montantes, des sortes de lianes. Dans cette verdure, verte de
toute la fraîcheur de l'eau, éclate le vermillon d'une tige rouge.
Sur l'eau qui court, des ponts formés par les orties qui se rejoignent.

Une eau d'une limpidité qui a l'air de laver les pierres mous-
sues, vert de bouteille, qui sont au fond, faisant des feuilles
du velours, et des cailloux jaunes, de la topaze brûlée. Un insecte

(1) Add. éd. : *de logis.*

(2) Add. éd. : *épis.* Un dessin, représentant l'objet, remplace dans le Ms. ce
terme technique.

d'eau, à tout moment, brisant le miroir. Le reflet dans l'eau d'un coin de bleu de ciel, barré par la silhouette des arbres. De petits ruisseaux barrés, qui glougloutent en descendant d'une pierre. L'eau courant sur un lit de gravier, ses moires voyageuses. Des fonds lointains et clairs, à travers des percées, dans des vapeurs. Des joncs plats, qui laissent tomber leurs pointes dans l'eau. Le tremblement vital de l'eau, où à tout moment, un insecte fait des milliers de cycles dans les coins d'ombre. Le ciel et les ombres foncés et détaillés comme dans les bouteilles de verre des jardins. Un sol tout mou et enfonçant sous les pieds.

A travers les lignes grises des arbres, à mi-côte, un chalet de bois rougi par le soleil. Des troncs cachetés de lumière; quelque chose de l'exubérance et de la licence de végétation d'une forêt vierge; et dans un coin d'eau noire, l'ombre d'un saule trapu se détachant sur l'argent du ciel. Tout de suite, une plaine inondée de soleil. Quelques arbres çà et là. Une allée bordée de rosiers mène au kiosque. Un kiosque en brique, treillagé de vert : galéga et glycine; toit à la turque.

Pour les Hommes de Lettres. — Tirade sur les caudataires, Blau, etc... Abus de l'amitié par l'homme de lettres.

Mettre la tirade d'un homme donnant la recette pour arriver en faisant l'Octave Feuillet : en faisant la cour aux femmes, à la vertu, à la province, aux maris, à la religion, etc., et en mettant à tous ces sermons-là une jupe courte.

Chanson styrienne. — Balancement, pieds joyeux. Comme des tailles prises et ondulantes. — Cri jeté en l'air; un rire haut de la voix. — Balancement d'hommes, le poing sur la hanche. Puis souvenirs balancés de jeunes filles. Puis le sourire éclatant de l'ironie amie : garçon d'honneur finissant son couplet sur un trille malin. — Deux musiciens jouant du violon; un troisième, de la cithare. Refrain marquant un rythme de valse.

Lettre de Bade. — En faire une ville fantastique, une ville où la valeur de l'argent n'existe plus (1).

(1) Cette lettre sur l'atmosphère fantastique d'une ville de jeux comme Bade, les Goncourt l'ont écrite et attribuée dans les Hommes de Lettres au journaliste Nachette. Cf. Charles Demailly, p. 98-102.

A faire, d'après nature, les trois grands actes de la vie, l'Accouchement, le Coït et la Mort.

En été, les enfants presque nus sont charmants. J'aime les petits animaux, les petits chats, les petits enfants.

Il me revient en tête que la voisine de Maria, rue de Chabrol, est une brûleuse de cierges : c'est son état.

Tout va au peuple et s'en va des rois : l'intérêt des romans, passé des infortunes royales aux infortunes privées, de Priam à Birotteau.

J'ai connu un homme qui savait soixante-deux langues. Il n'avait qu'un regret en mourant, c'est de n'avoir jamais pu les parler : il était muet.

Nous promettons ce matin au fils de Mario de lui montrer à la foire de Blois un sous-préfet mangeant le Budget.

Il semble que Bilboquet soit mort comme Moïse. De la montagne, il a montré le Chanaan de la banque aux Badinguet, Doré, Courbet, Champfleury, Nadar, About, Villemessant, etc.

La province ne rayonne sur Paris que par des crimes célèbres.

« Et à Rome, qu'avez-vous vu ?
— A Rome, j'ai vu Monsieur Sauzet. C'est une bien petite ruine dans le Colisée... »

Lundi 30 août.

Bal dans la Salle des États. Feuillet dit que la discipline est la gardienne des grands instincts dans l'armée; moi, j'y vois seulement un aplatissement et un abrutissement du physique : type comique et bestial des officiers.

Nous sommes pilotés tout le temps par Blau, qui a fait de la maison de son père, l'horloger, très fier de donner l'heure à la ville, l'auberge des hommes de lettres de passage à Blois. Le fils, lui, est très flatté de faire les commissions des hommes de lettres, d'être leur correspondant et leur *patito* et d'acheter leurs livres. Orléaniste par

là-dessus. Il songe à fonder une revue « jeune », où il appellera la prose de Saint-Marc-Girardin et l'esprit de John Lemoinne.

« Présentez-nous. Il est trop drôle ! » Présentation par Blau du mari, haut comme ma botte, un gros nez, les yeux bridés, la chevelure frisée à la nègre ; un grotesque bout d'homme, avec des gestes de comique et la voix de Gil-Pérez dans ses meilleurs jours, l'air d'un épicier de plume. S'excuse de n'être pas connu : « Ah ! Messieurs, j'ai entendu parler de vous par X... — Connais pas ! — Pardon. » On le fait souper. Il cause sur sa femme :

« Je l'abandonne... Elle danse... Oh ! elle a des danseurs ! — et il rit.

— Ah ça ! vous la laissez seule ?

— Figurez-vous que j'ai été canoter deux jours avec un monsieur à Bougival, qui a construit son canot lui-même...

— Vous qui êtes de Blois...

— Je ne suis pas de Blois, Môssieu, j'habite Paris !

— Où habitez-vous ?

— Tel endroit... Ah ! j'y suis né de père en fils !

— Il y a même une plaque en marbre, où tu es né.

— Non, il y a une place (Couteau fait un mot sans le savoir).

— Monsieur, c'est un mot !

— Ah ? — il regarde avec méfiance — J'en fais quand je suis malade. »

Donne sa carte :

« Quand vous trouve-t-on ?

— De telle heure à telle heure. Si vous ne me trouvez pas, vous trouverez ma femme...

— Et l'Odéon ?

— Ah oui, l'Odéon ! Ç'a été ma passion. Ce l'est encore. Je ne peux pas me retenir d'aller à l'Odéon. Ah ! les premières ! J'aime tant les premières ! Tenez, à LA FLORENTINE, il y avait des claqueurs...

— C'étaient nous. Notre ami...

— Oh ! ce n'est pas la pièce que j'ai sifflée, c'est les claqueurs. » (1)

(1) On comprend que Mario Uchard et les Goncourt, — qui, étaient alors en Italie depuis le 6 nov. 1855, — se posent rétrospectivement en champions de LA FLORENTINE, puisque ces cinq actes en prose, représentés à l'Odéon le 28 nov. 1855, étaient l'œuvre de leur ami Charles Edmond.

On commence à lui faire avaler du champagne et des blagues : que la ville du Havre vient de faire une pétition à l'Empereur pour expulser Monselet, etc. On le scandalise en lui demandant s'il ne compte pas empoisonner ses parents, que ça se fait ! De temps en temps, on l'envoie vers sa femme, on lui propose de la mener à table : dit qu'il ne refuserait pas à Paris; mais qu'à Blois, on est si *chipie*... Le souper fini, au buffet, tous se tordant : « On prévient quand on dit des mots comme ça, ça fait avaler de travers. »

On passe dans une pièce derrière le buffet, grande pièce éclairée d'une seule lampe, des chaises entassées dans le fond, l'air d'un foyer de province. Grande fenêtre donnant sur la place, devant le château; une échelle par laquelle entrent et montent à tout moment des individus, des espèces de choses en blouse qui ouvrent la fenêtre, tombent dans la pièce et se faufilent regarder derrière le buffet.

On relance le jeune homme sur la littérature. Raconte son envie d'aller aux premières, son impossibilité d'y aller. On lui dit qu'il faut un titre pour cela... « Et puis les foyers ! Je voudrais tant voir un foyer ! » Blau lui propose de le faire entrer au foyer des Folies-Nouvelles :

« Fi ! un homme marié ! Oh ! quand je serai veuf... Hi ! Hi !... Non, je veux un foyer sérieux, comme la Comédie-Française, l'Opéra. »

Nous : « Mais Kalkbrenner a donné cent soixante mille francs pour entrer au foyer de l'Opéra !... La Comédie-Française ! Vous demandez des choses !... Il n'y a que Monsieur qui puisse vous y faire entrer.

— Je vous y ferais entrer; mais vous n'oseriez pas... C'est imposant, voyez-vous...

— Eh bien, je leur dirai : « Je suis inconnu, je désire l'être. » C'est-à-dire...

— Très bien! Voulez-vous m'acheter mon entrée perpétuelle au Théâtre-Français ? Ça coûte, à l'administration, six francs par jour. Comme ça, vous irez aux premières; et vous vivriez cent sept ans... Pour aller partout, là, voyez-vous il faut des titres. Vous n'êtes pas connu, faites-vous connaître. Vous avez plusieurs moyens pour vous faire connaître. La musique...

— Ah oui ! j'ai appris l'ophicléide au collège.

— Voyons, le plus facile... Voulez-vous être comme Pelletier, secrétaire du ministre d'État ?

— Non, je ne veux dépendre que de moi-même.

— Tenez, faites un petit chef-d'œuvre !

— Ah oui ! Ça me va, un chef-d'œuvre...

— Tenez, plutôt, achetez-en un !

— Ah, c'est ça ! Qu'est-ce que ça vaut, un chef-d'œuvre, en moyenne ?

— Oh ! oh, jeune homme ! Avant d'opérer, quelle est votre fortune ? Avez-vous seulement cent mille livres de rentes ?

— Non.

— Quatre-vingt ?

— Non.

— Cinquante ?

— Non.

— Alors, vous êtes un pauvre... Aurez-vous un million ?

— Plus tard.

— Mais vous êtes majeur ?

— Oui.

— Très bien ! Vous pouvez faire un billet. Votre maison vous appartient, on peut prendre hypothèque. Un chef-d'œuvre rapporte cinquante mille francs....»

Puis on lui persuade que tout le monde arrive ainsi, en achetant ses livres, qu'Alexandre Dumas n'a jamais tenu une plume. On lui dit qu'on le présentera à l'un, mais il est un peu vénal; à l'autre, à Villemessant, etc. Rétif à l'argent. Disparaît de temps en temps. Sa femme soupe à côté avec des Parisiennes et des amies. — Se grise en parlant, se familiarise. Au mot *Mon bonhomme*, adressé à Mario, je fais les poses élastiques; et avec Mario, nous dansons un pas de caractère sur une jambe.

A la fin, les deux huissiers venant ôter leurs chaînes, graves comme des rois qui se démettent, et le jour qui va venir nous font partir. Nous le trouvons au buffet, à rôder comme un pantin autour de la table, où sa femme — ravissante, des cheveux de jais (1), grasse et jamais de corset, pleine de colliers de perles, l'œil allumé et vaguant, le sourire abandonné — rit en buvant le

(1) Entre *ravissante* et *des cheveux*, expression peu lisible dans le Ms. : *Balade brune dans l'œil*.

champagne, tapotant d'un geste lascif et coquin ses tétons comme des jabots de chair.

Mardi 31 août.

Grand concert. Il y a là, à côté de nous et au milieu de nous, qu'on a huchés sur l'estrade, Faure et son œil bleu mélancolique, un poussah attristé; l'insignifiant Guimard, l'œil coquin de sa femme; Wertheimber, ses mines et son charmant sourire de singe; Berthelier en Levassor II; Offenbach, un squelette à pince-nez, qui a l'air de violer une basse; le maigre Lecieux, qui se tord cabalistiquement sur son violon comme un sarment de vigne au feu.

Duprez a chanté; je l'ai vu arracher en aspirations sa voix des cordes de son cou, de ses omoplates soulevées, de sa grosse échine, de ses courtes jambes et de ses talons de bottes. Faire chanter Duprez, c'est comme si on voulait faire gagner des batailles aux cendres de l'Empereur !

Nous étions sur l'estrade, dominant tout. De là, voyant tous ces crânes, toutes ces têtes jaunes et roses comme des marrons sculptés et coloriés, nous avons eu le sentiment des rois, des maîtres, des empereurs, le mépris des hommes, qui ne sont plus pour eux que foule, et leur *sans-remords* à disposer des masses, où ils ne perçoivent plus d'individus.

1er septembre.

Nous partons avec Charles Jouffroy pour Chambord. Vraiment, ce qui est est plus bizarre que ce qu'on invente et le vrai dépasse le romanesque. Voilà le fils de ce penseur qui, pour prendre sous celui-ci (1) une carrière politique, a fait les fonds d'abord d'une maison de graineterie, — de la graine pour nourrir les serins en Angleterre — maison qu'il n'a jamais vue et qui s'est évanouie au bout de deux ans avec son argent. Puis il a avisé, un jour, le Bureau Azur pour les chiens perdus, a blagué le monsieur, qui s'est trouvé avoir lu son père et être très fort en histoire, s'est pris d'affection pour lui, a voulu lui vendre son fonds. C'est six mille francs de rentes, dit-il, que la mémoire de son père lui a

(1) Entendez : *sous Napoléon* III.

empêché d'acquérir au dernier moment. Enfin, il a acheté la
GAZETTE DU THÉATRE (1) et, dans ce moment-ci, semble le *patito*
de la Wertheimber qu'il accompagne sur les chemins et dans les
auberges comme une Mignon.

Il faut l'avouer, Villemessant est aussi fort qu'un empereur.
Il y a eu, pour l'enthousiasme des populations, salut à grandes
voix et à grand orchestre, quêteuses de la société, feux de joie, feux
d'artifice, illuminations, cent livres de galettes et trois violoneux.
Les populations ont comparé ce matin Sa Seigneurie à un olivier,
à l'ombre duquel croissait la commune. Le soir, ils crient : « Vive,
vive Villemessant ! » comme s'ils voulaient marcher sur Blois
pour le proclamer. Et nous, regardant tout cela dans la cour au
haut d'une échelle, les danses et les verres de couleur, nous nous
disons : « Quelle ironie de songer d'où vient l'argent qui fait sauter
ces paysans ! Du FIGARO, de tous les scandales de Paris, des coulisses, des théâtres, des lettres, de l'art... »

Mais voilà le cœur humain ! Cet homme, — un misérable
peut-être, un homme qui, à nos yeux, a nui à l'honneur des lettres,
un faiseur, — il trouve grâce auprès de nous et presque auprès de
notre conscience par une fille, Mme Jouvin, une fille-homme, un
garçon qui s'appelle Blanche, elle aussi, et qui semble une réhabilitation du père, avec tous les côtés libres, francs, propres, honnêtes
d'une femme qui est un bon garçon et un honnête homme.

Gisors, 5 septembre.

Nous retrouvons Gisors, les deux rivières, la grande maison,
— la plus gaie propriété du monde.

Blanche nous montre sa chambre. Un papier à fond blanc sur
lequel courent des feuilles de vigne pointillées en bleu, où des
rubans bleus forment des panneaux; une petite corniche grecque à
denticules; et au milieu du plafond, encadrée dans des rubans
bleus, une envolée d'amours peints. A gauche, entre la porte et la
fenêtre, un petit prie-Dieu en bois sculpté avec un coussin de tapisserie; au-dessus, un bénitier en cuivre estampé du temps de Louis

---

(1) Sans doute la REVUE ET GAZETTE DES THÉATRES, qui était née en mars
1838 de la fusion de la GAZETTE DES THÉATRES avec la REVUE DU THÉATRE et qui
forme deux séries, la seconde débutant en 1858 et durant jusqu'en 1913.

527

XV : une scène de saint Jean-Baptiste baptisant le Christ. Au-dessus une descente de croix par son maître, d'après Prud'hon.

Dans l'angle, contre la fenêtre, une petite étagère qui est la bibliothèque. Surtout des livres anglais : SIMPLE HISTOIRE, le VICAIRE DE WAKEFIELD (1). En livres français, les SAUVAGINES de Gustave Aymard, les GENTILSHOMMES CHASSEURS de Foudras. Et un volume de Poe.

Devant la fenêtre, où montent des plantes grimpantes, une toilette habillée de mousseline, un miroir encadré de velours bleu tendre, comme la glace de la cheminée; et autour, des boîtes et des flacons, couverts en plaqué, tirés d'un nécessaire et, devant la glace, une grosse de soie bleue couverte d'une dentelle.

Dans le pan coupé, entre cette fenêtre et l'autre fenêtre en retour, une cheminée, une glace, au côté de laquelle un bouquet blanc de fleurs séchées, noué par un ruban de satin blanc, le bouquet du comte de Paris, dérobé par son père dans la chapelle du roi Louis-Philippe. Une miniature de sa mère jeune, un daguerréotype de sa mère âgée; deux petits émaux du XVIIIe siècle encadrés : des ENLÈVEMENTS D'EUROPE. Au-dessus de la glace, le portrait de son père, peint par elle, dans un cadre ovale, en habit de velours gris. Contre la cheminée, une petite servante Louis XVI, de jolie forme, élevée sur ses jambes, sur laquelle une cuvette à pans coupés et un pot à l'eau du Japon à dessins bleus, montés d'une monture très fine en argent.

Entre la glace et la seconde fenêtre, des pieds de cerfs tressés, attachés par des rosettes de rubans bleus et nacarat et laissant pendre l'historique de la chasse et le nom des présents : *Attaqué un cerf dix-cors en forêt d'Arc* et *Tué après deux heures de chasse en Chemin-Boeuf.* Et à côté, un faisceau de cravaches et un fouet des Pyrénées.

Passé la fenêtre, dans un retour du mur, un secrétaire en marqueterie Louis XVI, où, autour d'un verre d'eau, font les fiers les paniers à bonbons du Jour de l'An passé. Dans le secrétaire, les souvenirs et les rancunes politiques, le Journal de M. d'Haussonville contre Bonaparte.

Dans l'encoignure du mur tournant, un petit buffet-étagère donné par son maître de dessin, du haut duquel tombent des

(1) LE VICAIRE DE WAKEFIELD, d'Olivier Goldsmith, date de 1766. SIMPLE HISTOIRE, roman longtemps célèbre de Mrs Inchbald, parut à Londres en 1791 et fut traduit en français en 1826.

brindilles de lierre, et contenant dans son bas la fameuse collection de couteaux, allant depuis le catalan monstre jusqu'à un eustache grand comme le petit ongle de sa petite main.

Un petit lit couvert d'une mante des Pyrénées à grandes raies rouges, et à la tête, une étagère, forme algérienne, sculptée par un ami, sur l'unique tablette de laquelle se trouvent tous ses livres de messe depuis son enfance, les plus beaux dans leur étui, le bas finissant par un bénitier tout enguirlandé de chapelets et de verroteries arabes. A son chevet, une petite table, — sur laquelle un petit livre couvert d'écriture, appelé SOUVENIR JOURNALIER, — une commode Louis XVI en marqueterie. Une étagère toute bourrée de petites verreries, de petits ménages d'enfant, de joujoux gagnés aux loteries, de mille petits riens et grandes joies d'enfant, d'un monde de souvenirs microscopiques de ses petits neveux morts et de son enfance à elle-même, jusqu'à ces animaux fantastiques, en mie de pain cuite au four et les jambes faites en allumettes.

Il y a dans cette maison, sous le sourire, sous la plaisanterie, sous le rire, une tristesse qui vous prend au bout de deux ou trois jours. On sent des illusions politiques trompées, des rêves à vau-l'eau. Il y a un fils qui a vingt-sept ans, sans carrière; il y a une fille de vingt-cinq ans, non mariée. Il y a tous les navrements intérieurs qui prennent les pères et les mères dans ces rêves qui s'ébauchent dès le berceau. La tristesse surnage malgré tous les efforts. Le fils est préoccupé, la fille nerveuse et malade, le père n'a plus qu'une gaîté de commande, que du coin de l'œil, il essaye sur sa fille.

Cette bourgeoisie des Passy a quelque chose de beau et qu'on ne peut nier. C'est le sentiment de la famille, l'unité, le faisceau, rare en ce siècle, lié par une camaraderie charmante des vieillards avec les jeunes gens (1). Et dans ce milieu, la gaîté douce, l'humeur égale, la plaisanterie bonhomme de M. Antoine Passy est comme le reflet d'une belle âme, le tempérament d'un homme de bien. Et par le temps qui court, cela mérite quelque respect.

Nous en étions là, recevant au dedans de nous un peu le contre-coup de cette tristesse répandue jusque sur les objets inanimés, et par conséquent tristes, quoique notre mission fût d'égayer Blanche, quand est tombée une visiteuse, Mᵐᵉ Blackwell,

(1) Add. éd. : *rare*, pour combler le vide d'un mot rayé et non remplacé.

une Française sans le sou, qui a épousé un Anglais très riche, qui chante, a salon en Angleterre, qui reçoit les artistes français ; par là-dessus, très aimable, avec un grain de coquetterie qui lui sied très bien.

Je parcours un livre de devoirs des enfants Dailly, où chaque journée se termine par un compte rendu grognon, dur, terrible, du travail fait, avec des phrases bien indignées de ce qu'ils se mettent les doigts dans le nez ou de ce qu'ils ont commis encore un malheureux barbarisme. Cela est signé Faucher et cela l'a mené tout simplement à être ministre. Cela est le début d'un ignorantin et d'un méchant pédant.

Tin, tin, tin ! Tout le monde s'habille pour le dîner. Nous occupons la chambre des enfants de Mme Dailly. *Tin, tin, tin !* C'est la sonnette qui appelle tous les matins les enfants près de leur mère. Décemment, nous faisons les morts.

A table, Mrs Blackwell : « J'ai sonné, mais où cela va-t-il ? *(en nous regardant)* — Chez nous ! — Ah ! Je voulais appeler, mais je n'étais pas dans un costume à me mettre à la fenêtre. » Et moi : « Lorsque vous avez sonné, je n'étais pas dans un costume à me présenter chez vous. » Et le soir : « Si je sonne, c'est que j'aurai besoin de vous. » Ainsi, les premières phrases et le premier commencement d'un joli proverbe.

Dans un livre, les auteurs doivent être comme la police : ils doivent être partout et ne jamais se montrer.

Ce parc est charmant; il nous raccommoderait presque avec la campagne. Il vit. Deux rivières y courent; et errant partout sur les pelouses ou se cachant dans les massifs, des vaches bretonnes, des chèvres de Nubie, des pintades, des faisans argentés, des paons, toute la volaille possible. C'est le jardin de Noé.

Rosa Bonheur vient passer trois jours ici. Rien chez elle de la femme. Rien en elle de l'artiste; rien même de la pensée de l'homme : elle cause comme toutes les femmes. Et puis, vraiment, elle porte des robes d'indienne trop *peuple.* Elle a voulu aller à la chasse déguisée en homme et le père Hippolyte Passy, à qui le garde témoignait de ses doutes sur sa virilité, s'amusa à lui dire : « Entre nous, je pense comme vous. Je ne serais pas étonné que ce fût une femme, que mon neveu a présentée à ses parents comme un de ses amis ».

Un mot de Blanche pour peindre toute une famille anglaise, avec tous ses enfants à la suite par rang de taille : « Une famille en flûte de Pan ». Parlant de la jeunesse orléaniste, elle la classe en « jeunes gens à citations », etc.

L'un : « Être à Amalfi, huit jours... Amalfi, oh ! oh ! » — L'autre : « Oui, à l'époque des cailles... »

Pris de mes sacrés maux de foie.

Paris, 15 septembre.

Nous revenons. Nous cédons nos deux places de coupé à un tout petit ménage de petits jeunes gens, dont la femme est mise comme une Mimi de Murger. C'est un fils Sacy, marié à une nièce de Brongniart. Savez-vous ce que son père en a fait ? Il est bibliothécaire du Crédit Mobilier !

Ce matin, le baigneur nous a apporté un bain. Apprenant de Rose qu'Anna Deslions est la maîtresse du prince *Plonplon*, lui dit : « Il n'est pas dégoûté, elle laissait des morceaux de son corps dans le bain ! »

Nous dînons chez Charles Edmond, à Bellevue, avec deux aides de camp de *Plonplon*.

David, le petit-fils du peintre, fils du David consul en Grèce : élevé dans un bâtiment-école, où le professeur de tour du monde vendait de ses élèves à chaque relâche. Se sauve en Amérique; à onze ans, fait le métier de garçon de café, etc. Est rapatrié en France par un ancien Conventionnel, fort touché du nom de David. C'est ce petit-fils qui a vendu au Prince le tableau de MARAT. Spirituel et homme du monde à fleur de peau, mais n'allez pas plus loin...

L'autre, Ferri-Pisani. Il a amené une dame quelconque et fort laide, en amazone, qui croit qu'*araignée* est masculin et qu'il appelle baronne. C'est un bellâtre brun, le front mangé par les cheveux, des gilets en velours, des chaînes en or, des odeurs de prince italien et de très grandes tartines sur les langues sémitiques, dont il est tout frais émoulu, d'après le dernier livre de Renan (1).

20 septembre.

Maux de foie.

Je vais voir Scholl, qui est décidément le cavalier servant, à toutes les premières, de Doche. Au physique, plus pâle, plus tiré que jamais, très fier de n'avoir plus une goutte de sperme sur lui, la face blanche avec le bleu de la barbe, l'air d'un jeune premier de province dans la dèche, avec des moustaches. Au moral, sourdement exaspéré contre tout le monde, contre tous les succès et déjà de toutes les attaques qui tuent un homme et qu'il prévoit contre sa liaison; et me disant presque que ma MARIE-ANTOINETTE est tirée de MADAME DE CHARNY de Dumas. Pour un peu, je lui aurais dit : « C'est là aussi que j'ai pris qu'elle a été guillotinée ? » Mais à quoi bon ? C'est un ami dont l'on ne peut mieux se venger qu'en arrivant.

Nous accrochons Saint-Victor à Tortoni. Nous sommes là, les bras ballants, battant le boulevard, parlant de nos amis et de nos pères en littérature. Des jansénistes qu'il hait et dont il rit, comme de de Maistre, nous allons au prince de Ligne, léger, si vif, si français : «C'est un dessin au fusain rosé», dit Saint-Victor. Et de reconnaître avec moi, que ce style du prince de Ligne est moins un style qu'un air et comme les façons d'un gentilhomme et l'élégance même de l'homme au bout de sa plume.

Puis, voilà des ânesses, rencontrées par des frères ignorantins et que ceux-ci semblaient mener : « Oh ! fait-il avec un gros rire, voyez donc ! Quelle caricature toute faite ! Sous la Restauration, on ne l'eût pas manquée. Oui, le beau temps pour tous... Il y avait là de quoi faire un procès et un grand homme. »

---

(1) L'HISTOIRE GÉNÉRALE ET SYSTÈME COMPARÉ DES LANGUES SÉMITIQUES qui remonte d'ailleurs à 1855 : entre temps, Renan avait publié ses ÉTUDES D'HISTOIRE RELIGIEUSE (1857) et son ESSAI SUR L'ORIGINE DU LANGAGE (1858).

Barrière nous abouche avec un bonhomme du parti légitimiste, à ce qu'il paraît, fort bien en cour à Frohsdorf (1). Il nous parle du livre de Beauchesne comme d'un chef-d'œuvre et de Beauchesne comme d'un caractère (2). C'est un parfait légitimiste et s'il a une place de ce gouvernement, c'est qu'il a des enfants à nourrir... Et pourquoi ne pas dire tout de suite qu'au-dessous de cinquante mille francs, un homme ne peut pas avoir d'opinion politique ? Le plus frappant caractère de ce parti est décidément la bêtise ; l'ignorance ne vient qu'après.

Envoyé par ce bonhomme mon volume à Frohsdorf, avec la lettre que voici (3) :

« Paris, ce 22 septembre 1858.

« Monseigneur, veuillez recevoir en très humble hommage notre Histoire de Marie-Antoinette. Le succès de ce livre, succès que nous sommes heureux de rapporter non à nous-mêmes, mais à la grande et douloureuse mémoire de la Reine, nous fait un devoir de le rendre, dans les éditions futures, le moins incomplet possible. Résolus à aller, au commencement de l'année prochaine, chercher à Vienne, dans la première patrie de la fille de Marie-Thérèse, les traces et les souvenirs de sa jeunesse, Votre Altesse nous permettra-t-elle d'espérer de sa bienveillance une aide précieuse et presque sainte, l'aide de la famille de Marie-Antoinette, dans cette recherche des pièces et des documents que l'histoire n'a pas encore consultés ?

« Nous avons l'honneur d'être profondément et très respectueusement, Monseigneur, de Votre Altesse Royale, les très humbles et très obéissants serviteurs. »

22 septembre.

Mario nous parle d'une chambre faite pour une jeune mariée du faubourg Saint-Antoine. Une chambre en satin blanc, sur lequel était appliquée de la blonde, et les panneaux dessinés par une

---

(1) Frohsdorf, château autrichien des Alpes Styriennes, résidence, depuis 1841, de la duchesse d'Angoulême et du comte de Chambord, qui y mourut en 1883.

(2) Louis XVII, sa vie, son agonie, sa mort, captivité de la famille royale au Temple, par Alcide-Hyacinthe du Bois de Beauchesne, 1852.

(3) Texte Ms. : *la lettre à l'autre page.*

ruche faite avec le satin. Les draps de batiste si fine qu'on voyait à travers. Les matelas recouverts de satin blanc et capitonnés avec des morceaux de soie floche bleu de ciel.

23 septembre

Claudin nous apprend qu'on est embarrassé au MONITEUR pour parler de l'HISTOIRE DE MARIE-ANTOINETTE. On en a référé au Ministère, qui a dit d'attendre. Ceci m'explique Sainte-Beuve qui, jusqu'à présent répondant à tous nos volumes, a fait le muet à celui-ci, attendant le mot d'ordre et craignant de se compromettre.

Bar-sur-Seine, 26 septembre.

On vendange. Une côte toute caillouteuse montant dans le ciel implacablement bleu, toute grise et toute violette : gris de perle dans la lumière, violet de fleur de bruyère dans l'ombre. Tout cela monte, hérissé d'échalas, qui brillent comme des piques au soleil, au bas desquels, sous l'abri de quelques feuilles recroquevillées et écarlates, ramassées comme des serpents, quelques grappes brillent comme des perles noires.

Sur le petit sentier au bas de la côte et derrière les caprices de la haie, l'écho retentissant des sabots d'une vendangeuse, dont la chemise blanche éclate de temps en temps par les trous de la haie et que l'on voit, d'une main, abaissant son chapeau de paille sur ses yeux. Partout, montant et descendant, les hommes qui portent la hotte la tête en avant, les bras ballants. Et partout, ici et là et dans tout le bas, où ils ne sont que des points rouges, bleus, blancs, des reins baissés, qui relèvent en plis forts les courtes jupes. Tout parle, bruit, chantonne et rit. La parole, le refrain, l'attaque et la riposte sonnent dans l'air comme la voix de l'ivresse, qu'applaudit au loin l'écho battant et sonnant creux des marteaux sur les futailles vides. La vendange, après la moisson, est comme le dessert des opérations de la nature.

Sous le hangar aux poutres grises, couleur de glaise, là, près des tonneaux rangés en ligne sur un plan incliné, dans un air enivré de l'odeur du raisin qui fermente et dans lequel roulent, les ailes lourdes, des mouches à miel, j'entends le vin couler goutte à goutte des cannelles, faisant un ruisseau rouge dans les rigoles de la chanlatte, sur laquelle surnage une mousse rose, comme une crème rose fouettée.

J'entends le bruit mat de cette gorgée qui, tombante, frappe le baquet, scandant le temps comme un hoquet d'ivrogne. J'entends le glouglou incessant qui monte dans ces cannelles de bois, au bout desquelles pend une goutte rose, dans laquelle le soleil se loge comme un rubis. Et moi, près de cette file de cannelles, qui tendent leur goulot comme un bras de bois, assis sur ce raisin foulé qui sera du vin un jour, la pensée fermente et bout et le crayon à la main, je foule aussi mon livre.

Le cabinet de mon cousin est ainsi. Une fenêtre sans petits rideaux, avec un calicot blanc sans bordures sur une tringle. A gauche, dans un cadre en bois de palissandre, le portrait de Gerdy. A droite, des livres qui, posés sur des planches, passent par-dessus la porte située dans le panneau, qui regardent la cheminée et font une espèce de bibliothèque, qui tient tout le panneau, le bas formant armoire en bois blanc peint en noyer. Ils renferment les titres de propriété. Les livres sont le vertueux Andrieux, Ducis, Courier, Dupuis : l'ORIGINE DES CULTES, un BULLETIN DES LOIS, etc. La bibliothèque ne touche pas au panneau du fond : le NATIONAL de 1840, fixé en paquets, le remplit. Devant, il y a un pupitre à violon.

Dans le panneau en face la cheminée, il y a deux grands plans, l'un du domaine de la Béranerie et de la Bécassière, pris entre un rouleau et une traverse de bois; — l'autre, de Vandœuvre. Au-dessus, dans des petits cadres de bois, il y a les portraits de Dupin, Benjamin Constant, Manuel; et entre ces cadres, une paire de pistolets d'arçon dans leur gaine de serge verte, touchant au plafond. Là, le papier, qui est visible, montre des ananas dessinés d'après les récits des voyageurs, montrant leurs couleurs vert cru et jaune orange dans des encadrements de bois marron.

Au milieu de l'autre panneau, sur la tablette de la cheminée peinte en marbre, est posée une pendule en bois de noyer, d'où ressort au milieu un cadran de montre d'un cocher de fiacre. D'un côté est un bocal de cerises à l'eau-de-vie, couvert d'un morceau de papier et surmonté d'un vieil abat-jour de lampe, un autre bocal de prunes à l'eau-de-vie. De l'autre côté, une bouteille d'eau-de-mille-pertuis, bonne pour les coupures. Entre ces choses, — mon cousin garde tout, — sont des vieilles boîtes d'allumettes vides, des vieilles bouteilles d'encre et de petits tubes vides de granules de digitaline à 1 milligramme.

Le dessus de la glace : un grand trumeau en boiserie blanche, où est encadrée une toute petite glace. Toute la boiserie est couverte — attachés à des clous — de paires de ciseaux, d'une petite lanterne d'huissier du XVIe siècle, de vieux supports en fer-blanc, d'abat-jour, de vieilles pipes hors de service, d'un miroir à se faire la barbe, d'un casse-tête, de poignards, de seringues à injection pour les oreilles. Tout l'entour de la glace est fait de lettres-franches glissées, qui montrent sur leur champ bleu la tête de Napoléon III. Au-dessus de la glace, au milieu, dans un de ces cadres dorés à la grosse, est le portrait de sa mère, une figure dure sous un chapeau à plumes blanches, un Jansénius en femme, avec une robe noire fermée par une de ces boucles dorées, qui datent le portrait de l'Empire. Deux cadres de palissandre de chaque côté; l'un contenant cette boucle, le couteau, la tabatière, les lunettes, l'étui, les ciseaux, une dent de la défunte; l'autre consacré à l'Empereur et donné « par le général Gourgaud », contenant de la terre et du saule de Sainte-Hélène (1).

De l'autre côté de la cheminée, un secrétaire en bois de rose, sur lequel est posé un grand casier en bois blanc, où est le dictionnaire de Bescherelle et des liasses de papier, comme chez un avoué.

Au milieu de la pièce est un grand bureau ancien en bois de rose, orné de cuivre tout vert-de-grisé, sur lequel est posé un pupitre taché comme un pupitre d'école. Près du pupitre, une chandelle dans un bougeoir de cuivre, avec une mouchette de fer, où une branche manque, des encriers et beaucoup de choses sans nom. Pour s'asseoir, il y a un fauteuil en noyer, — sur lequel une housse blanche laisse passer ses bras ronds, qui sont des pieds de chaise ! — et deux chaises en paille.

J'oubliais le dieu du logis, Béranger, en lithographie, en gravure, en papier gaufré, — les mains dans ses poches et son gros ventre proéminent, — et ses nombreuses éditions et l'édition affectionnée, l'édition de 1822, qu'il a achetée étudiant et qui est cachée dans le tiroir du milieu de son bureau.

---

(1) Add. éd. : *de Sainte-Hélène.* Dans le Ms., la phrase semble inachevée ; je crois lire : ... *et du saule avec l'intent* ...

C'est un cabinet à égorger de l'argent, la bauge où se tient tapie la lignée des acheteurs de biens nationaux, ces reconstructeurs de la grande propriété en France, mais d'une propriété qui ne rend rien à la circulation et où se tapissent des avarices à en revendre à l'Avare de Molière et même à Grandet.

Là dedans, un homme écrasant une chaise sous lui, prenant de temps à autre des aspirations de marsouin, secoué sans cesse par une pituite énorme et profonde, qui semble lui arracher des entrailles des caillots d'humeur. Au-dessus de ses épaules rondissantes et bavantes sur la chaise, sans cou, une figure épaisse avec des yeux enfouis sous des lunettes vertes, le nez de bouc et appétant d'un François Ier, la bouche comme une écuelle baveuse, mal dessinée, dans les tons gris et sales de cette barbe faite tous les huit jours. Une rouge coloration quand il rit, quand il chante le COMPÈRE SABRENA, — cette bouche comme un masque de faune, comme un sourire de Tarasque, toute gargouillante de rires cyniques étouffés dans le gosier... Un Farnèse mâtiné de chantre de paroisse (1).

Cet homme est un type : le parti libéral sous la Restauration, avec ses préjugés, ses envies, ses étroitesses, la croyance aux Jésuites dans tout et partout, toutes les bêtises de l'ancien CONSTITU-TIONNEL (2). Vexation de la particule, mais rappel de la bonne famille de sa mère (3). Au fond, le paysan qui n'aime que ce qui est laid, préférant la chambre-taudis, la maison de paysan, se servant obstinément de suif; ayant son savon veiné de bleu s'ennuyant dans le manteau de la cuisine, troué au milieu par une ficelle, d'où il pend; gêné et mal à l'aise dans tout ce qui est propre, ressemblant au confortable et à la civilisation; voulant tout mener d'après son égoïsme, grand partisan des lois somptuaires.

Avec tout cela, en quête toujours d'un pot à pisser, interrompant ses récits par : « Jeannette, Jeannette, ma bouteille, je vais pisser dans mes culottes ! » Il se croit le diabète et tâte sans cesse

---

(1) Cf. t. I, p. 57, n. 2.

(2) Le CONSTITUTIONNEL racheté par Véron sous Louis-Philippe · par Mirès sous Napoléon III, continuait de paraître; mais les Goncourt visent le CONSTITUTION-NEL de la Restauration, tel qu'il fut entre 1819 et 1830, avec Cauchois-Lemaire, Thiers, etc. : libéral et violemment anticlérical. En décembre 1825, un procès lui fut intenté pour ses campagnes contre les Jésuites, 34 articles furent incriminés; mais défendu par Dupin aîné, le journal fut acquitté.

(3) Elle était née Brigitte-Françoise de Breuze.

le pouls à son urine. Et cela avec l'astronomie, ses amplifications sur les astres, Dieu, qu'il prend par le pan de son habit, — discours qu'il coupe à tout moment par des retraites pour pisser dans un litre et par des plaintes sur les deux litres qu'il a dépassés (1).

Hypocrite de tous les sentiments, jouant avec indécence le culte de sa mère, la passion de sa femme qu'il pelote, comme ce porc de Granville (2), et qu'il n'a fait que tromper avec les servantes ; disant à son fils de grandes phrases à la Prudhomme : « Mon dernier soupir sera pour toi », et lui faisant écrire : « Mon père, mon meilleur ami... » Inventant des bouteilles pour les paysans, qui font le bruit de verser et ne versent pas. Par là-dessus, anti-catholique, mais anti-catholique professant, missionnaire, convertissant jusqu'à des paysans, qui viennent lui vendre des peupliers et qui disent : « *Nous avont' une âme.* »

Faible sous ses bourrasques, jusqu'à vous dégoûter. Sa fille mariée à un homme qui jeûne et dont il dit sans rire : « Il n'aurait pas eu le sou, que je lui aurais donné ma fille ! » En littérature, Béranger, l'esprit de M. de Jouy, le génie de Boileau, Andrieux. Épouvanté du socialisme, jusqu'à marcher sur toutes ses opinions, reculer jusqu'à la noblesse et au clergé.

Octobre.

Ayant ouvert un livre de Gerdy, le médecin : Physiologie philosophique des sensations, je me demande quel beau travail il y aurait pour un Michelet, au lieu de mettre sa pensée sur l'oiseau, sur l'insecte, sujets déjà déflorés par Bernardin de Saint-Pierre, de prendre cette chose neuve et inconnue dans le domaine de ce qui s'élève au-dessus du domaine de la médecine : l'Enfant ; de faire pour lui un journal d'observations, de raconter jour à jour l'éveil des sensations de ce microcosme de l'homme, de le suivre depuis le sens de la succession jusqu'à l'épanouissement de l'intelligence, l'ouverture de la rose intellectuelle de son cerveau.

(1) Add. éd. : *discours... et par des plaintes sur...*

(2) Dans les Métamorphoses du Jour (1829, rééd. 1854), série gravée qui rendit Grandville célèbre et où il avait imaginé pour la première fois de costumer en hommes les animaux, la planche XXXVI représente un porc ventru, en gilet, qui agace le menton d'une chatte-servante en lui disant : *Ma femme est sortie, ma petite chatte... Hi !... hi !... hi !...*

Personne n'a remarqué, et cela cependant saute aux yeux, combien la langue de Napoléon, cette langue par petites phrases commandantes et qui a l'air de se parler à elle-même, la langue conservée par Las Cases dans son MÉMORIAL DE SAINTE-HÉLÈNE, — et encore mieux dans les ENTRETIENS de Roederer (1), — a été prise et employée par Balzac dans la bouche de ses types militaires, gouvernementaux, humanitaires, depuis les tirades du Conseil d'État jusqu'aux tirades de Vautrin (2).

Ici, il y a un propriétaire qui dit à son fils : « Tu es riche, parle fort ! »

Une jolie propriété... Nous passions en voiture... Cela est assez curieux. Gruet se trouvait étudiant à Paris, sans grand argent. A la fin d'une orgie avec un de ses amis : « Tiens, nous n'avons pas de parent proche. Si nous faisions un testament, où nous nous donnerions chacun ce que nous possédons ? » Cela est fait. Gruet perd de vue son ami, il finit son droit et retourne dans son département, quand quinze ans plus tard, il reçoit une lettre d'un notaire, qui lui apprend qu'il hérite de cent mille francs. Son ami était mort sans se marier; et dans son secrétaire, on retrouvait, au milieu de vieux papiers, le testament, sans doute bien oublié de tous les deux.

Dans cette concurrence de falsification, on arrivera, avant cent ans, à désigner du doigt dans la société un homme qui aura mangé dans sa vie, une fois, de la viande, de la vraie viande venant d'un vrai bœuf.

Il y avait ici un procureur du roi qui, interrogeant un homme arrêté, avait une main sur son cœur, l'autre sur son pouls (3).

(1) Add. 1887, depuis *et encore mieux...*

(2) Voir par ex. dans HONORINE, la grande discussion entre les trois dignitaires du Conseil d'État, les comtes de Grandville, de Sérizy et de Beauvau, au sujet de l'adultère dans la société moderne (Pléiade, t. II, p. 267-269). Quant à Vautrin, voir sa profession de foi dans le jardin Vauquer devant Rastignac (LE PÈRE GORIOT, Pléiade, t. II, p. 932 sqq.).

(3) Add. éd. : *homme.*

L'homme riche, l'homme riche de tout temps, l'homme vivant et élevé dans le bien-être depuis son enfance, par quel miracle est-il plus humain aux besoins, aux misères du malheureux que l'homme qui a été pauvre ?

Comment Paris a-t-il pour sa domesticité des entrailles tout autres que la Province ? En province, c'est la loi dure de la vieille Rome, du vieux Caton, qui dit qu'il faut vendre les vieux esclaves comme les vieux fers (1). C'est ici un capital dont il faut tirer tout l'intérêt possible. La maladie, le chagrin, les misères de ces corvéables, n'importe !

Sous une gronderie perpétuelle, qui est l'occupation et la santé de la femme de province, qui n'a rien à faire, ces êtres opprimés, torturés, crucifiés, portent autour d'eux des tristesses de peuples réduits en servitude; anxieux, tremblants, effarouchés et se remuant nerveusement pour faire croire qu'ils travaillent, quand on entre; roulant en eux de perpétuels mensonges ou bien les yeux effarés, la cervelle effarée, la tête allant de droite à gauche, comme des animaux pourchassés et qui cherchent une issue. Il vous prend un mal-à-l'aise à voir ces jeunes filles, qui vivent ordinairement d'éclats de rire, tristes et absorbées, vous répondant à peine d'une voix effacée, promener le suicide de leur jeunesse.

Eux, ils ne s'en doutent pas et font des éclats de voix terribles, quand ils vous racontent qu'une fille entrée chez leur voisin a demandé à manger de la viande et passent à l'abomination de. Révolution.

La plus jeune des bonnes de ma cousine a, par-dessous le linge qu'elle repasse, le SECRÉTAIRE FRANÇAIS, qui apprend à une amante à répondre à son promis, à un soldat à demander la place d'un caporal vacant.

Depuis quelques années, le collège Charlemagne est battu par le collège Bonaparte (2). N'est-ce pas l'intelligence des classes pauvres et laborieuses se rangeant du côté des classes riches et

(1) Marcus Portius Caton, DE RE RUSTICA, ch. 2, *in fine*.

(2) Le collège Bonaparte est l'actuel lycée Condorcet, situé dans le quartier de la Chaussée d'Antin, tandis que le lycée Charlemagne s'élève dans le quartier Saint-Paul, beaucoup plus populaire.

financières, des fils de banquiers, des fils de lorettes de la Chaussée d'Antin ?

Un joli type parisien de bourgeois inoccupé, Charpy, qui semble être né dans un tableau hollandais et dont toute la vie est la propreté. Le grand ennemi de la poussière, homme qui est malade, quand il va chez les autres ; donne un gant pour tourner la clé de sa bibliothèque ; vous dit, vous versant un petit verre : « Dépêche-toi de le boire, il faut que tout soit rangé avant onze heures. » Faisant sortir le collégien toute la journée, sans le laisser entrer chez lui (1). Laissant son domestique, l'été, chez lui avec la mission d'ôter la poussière des rainures du parquet.

La prison ou le mariage, une place, me feraient mourir. Même la servitude de l'hospitalité m'abat, comme ces peuples que les Pharaons traînaient aux Pyramides avec la tristesse de *Super flumina Babylonis* (2).

Les types ridicules, grotesques, naturels de la province traités avec la légèreté de Musset et l'humour de Heine, — du réalisme rien qu'à fleur de peau, rien que pour prendre pied, et non le réalisme alourdi et de procès-verbal de Champfleury, — peuvent être pour le théâtre, quelque chose de nouveau.

Et je pense à ce bon type de mon enfance, le vieux Doyen, qu'on me faisait appeler Mardi-Gras, lui qui, après quelques mois de veuvage, donnant à dîner, mangeant du jambon, lève tout à coup les yeux au ciel : « Ma pauvre femme ! c'était elle qui savait bien saler les jambons !... » Un ilotisme par cette femme, dont il disait *Madame !* Gourmet de petits plats ; un de ces ménages de province qui passent leur vie à gobeloter. Camarade de guerre de mon oncle, jamais pressé d'aller au feu, il disait tranquillement : « Pour ce qui nous attend là-bas ! » Quand il y avait dîner chez mon oncle : « Doyen, va à la cuisine, tu goûteras les sauces. » Type gras et bonasse : à l'École Polytechnique et à l'armée, dans ses petites poches de veste d'artilleur, toujours des gâteaux, que tâtaient ses camarades. Éternel martyr de Totor,

---

(1) Le *Collégien :* sans doute *Marin*, le jeune fils de Léonidas Labille.
(2) Psaume CXXXVI.

qui lui donnait des coups de pied dans les jambes et jetait toutes les pierres de son jardin dans le sien (1). Dans une affaire qu'il a, très tremblant, avec Gourgaud, Totor, sous prétexte de lui montrer les bottes de Gourgaud, le couvre de bleus. Venant, tous les jours, faire la salade à midi.

A côté de ce type comique, tout de suite le type dramatique. C'est une fille, religieuse sortie de son couvent pour soigner son père, trop malade pour y rentrer, qui, par une espèce de dévouement, s'attache à un frère d'un autre lit, l'enfant gâté de son père; par l'introduction de la bonne-concubine et les brutalités de ces relations de servante, fait mourir à petit feu cette sœur, déjà mourante d'une tumeur au ventre. C'est étonnant comme, presque toujours, la prise de voile indique un martyre caché : c'est comme une évasion de la vie. Toute petite fille, sa belle-mère laissait ses repas à la charité des voisins et se servait d'elle pour espionner au coin de la rue, par la fenêtre, le retour de son père, du mari qu'elle trompait. C'était, sur elle et ses sœurs, une suite de supplices telle que l'une d'elles se soulevant d'une chaise s'écria : « Vous dîtes que je suis une grande paresseuse; ce n'est pas vrai, je me meurs. » Et elle mourut, ce qui jeta la belle-mère dans d'horribles craintes de cette mort.

Singulière terre, cette terre de l'Aube ! Ici, Guillaume, cet éreinté et maniaque protecteur du corps de ballet, avare et lésinant dans sa terre, grondant aux morceaux de gigot coupés trop gros pour les paysans électoraux. Là, un Duval, qui fut un homme du Boulevard et du Café de Paris, passant dans un cabriolet fantastique, une marionnette d'Hoffmann, lunettes, sa casquette à côtes de melon, petit veston étriqué, grand faux-col, le tout fait par lui et de ses mains et puant un certain parfum de 1820. Se servant, labourant, sarclant au soleil, à la pluie, au matin, faisant suer ses trois millions, l'homme de l'intérêt de l'intérêt, et mangeant un dîner sans viande dans sa cuisine, grouillante d'enfants rougeauds, sortis des larges flancs de ses servantes, son harem crotté.

Au milieu des autres millionnaires, les uns faits avec l'argent de Paris, les autres avec la pièce ajoutée à la pièce de terre, il y a une famille qui marche dans un certain respect et presque dans l'étonnement de vertus et d'habitudes antiques. Rien du siècle,

(1) *Totor* : Pierre-Antoine-Victor Huot de Goncourt, l'oncle des Goncourt.

ni du pays n'a mordu sur eux. Ils vivent trois frères ensemble et leurs sœurs. Ils vivent sur leurs terres, de leurs terres qu'ils cultivent. Ils ne regardent pas aux enfants augmentant la famille et la table ; ils vivent avec un prêtre pour les élever. Ils vivent avec leurs idées catholiques et légitimistes. Ils vivent avec le culte des ancêtres et pour places et argent, — cela est arrivé, — ils n'ont voulu et ne veulent quitter le berceau. Ils vivent comme autrefois, largement, traitant la *gens* de cinquante ouvriers ; et leur hospitalité, comme autrefois, riche du laitage du lieu, du gibier du lieu, de la viande du lieu, des légumes, du vin du cru, riche de la pâtisserie que les femmes, levées à cinq heures du matin, ont faite, ignore, comme l'hospitalité antique, les fleurs, les fruits et les vins qui ne sont pas de la maison et de la patrie. Ils sont trois, là dedans, dont un sourd et muet. Et dans cette thébaïde agricole, parmi ces sages paysans, parfois naît et meurt une jeune fille, en qui s'unissent toutes les élégances et toutes les parures du corps, de l'esprit et de l'âme ; de ces filles dont toute la vie n'a qu'une impatience et qui ne désobéissent qu'une fois, alors que malades, elles disent à leur père : « Je veux Maman... » Et comme leur père leur dit qu'elle est fatiguée, qu'elle dort, en réponse : « Je veux Maman... » et alors prennent leur mouchoir, le jettent à leur mère endormie, qui s'éveille pour recevoir leur dernier soupir.

10 *octobre.*

La Seine au matin. Effet de brouillard sur l'eau. Tout est une vapeur bleue, aérienne, lumineuse, dans laquelle des formes et des apparences d'arbres doucement roux ; sur cela, une branche d'arbre, au premier plan, pleine de rosée au soleil, une branche de cristal. Sur l'eau, le soleil vous brûlant les yeux et dans l'incendie, des roseaux qui brillent comme des écrins brisés et renversés. A un détour de la Seine, un coin comme un vieux pastel effacé, où les blancs ont seuls survécu ; un ciel blanc d'argent en fusion, derrière des arbres qui semblent tout passés sous le brouillard blanchement bleu qui les voile.

Dans l'eau, le bleu du ciel reflété durement et coupé des reflets noirs des arbres renversés et durement accusés. Puis tout le reflet de la verdure, un ton vert sans couleur d'une mousse sans soleil, quelque chose de frais, de froid et de heurté dans un vague et une indécision de lignes, que semblent avoir caressées les pinceaux de Corot.

Le placement à fonds perdus : un intérêt qui n'a pas été traité en littérature.

Un joli titre : MÉMOIRES HISTORIQUES D'UN HABIT NOIR (1).

— Moi, l'État : Louis XIV.
— Moi, la Patrie : Napoléon (Conseil d'État, décembre 1813, vol. I) (2).
— Moi, la Société : Napoléon III.
— Moi, l'Humanité : X...

La révélation la plus curieuse sur le luxe parisien : au Mont-de-Piété, tous les hivers, 3.000 amazones déposées.

Le coup d'œil, le génie du commerce parisien est dans un mot dit à Léonidas. Il marchandait une pendule au Palais-Royal : « Mais c'est très cher ! — Oh ! Monsieur, l'emballage est compris. » Le provincial était averti.

Pour les HOMMES DE LETTRES, discussion entre Saint-Victor et Barbey ; lui, soutenant les livres à idées et Saint-Victor, l'art pur, Vénus de Milo valant Platon.

Appuyé sur le mur du jardin, je vois et j'entends sur la place des halles, un charlatan en habit noir qui se sert de l'épithète « morale » autant qu'un article de la REVUE DES DEUX MONDES : « Un être moral... » etc.

Il fait fiasco et ne vend pas un seul GUIDE DES MÉNAGÈRES.

---

(1) Nous croyons lire à la suite, ajouté après coup par Edmond : (*Pris*).

(2) Nous n'avons pu trouver à quel recueil se rapportait la référence des Goncourt. Pour l'idée, voir le discours de Napoléon au Corps Législatif (aux séances duquel Sénat et Conseil d'État assistaient en corps depuis le Senatus-consulte du 15 nov. 1813), le 19 déc. 1813 et surtout le discours prononcé à la réception du 1er janvier 1814 aux Tuileries, où Napoléon apostrophe ainsi les députés : « Etes-vous représentants du peuple ? Je le suis, moi : quatre fois, j'ai été appelé par la nation et quatre fois, j'ai eu les votes de cinq millions de citoyens pour moi. »

Ce charlatan est un niais. Il faut tout promettre au peuple, qu'on soit empereur, système ou saltimbanque. Quand on ne lui promet qu'un peu, il se défie. La spécialité d'une chose ou d'un homme lui échappe; la panacée, voilà la grande religion des masses.

Pour les HOMMES DE LETTRES, nom de Banville : Romilly (1). Tirade de Barbey sur la Province, amenée par la centralisation. L'Académie démoralisante, — par exemple faisant manquer de conscience la critique qui y vise : type des Pontmartin.

Augusta, notre cousine : une divinité terrible de l'Inde, avec des yeux noirs dans des paupières dures et comme arrêtées au couteau par des peuples sauvages; une bouche immense, à manger des sacrifices humains, avec des dents de scie.
Toute la journée, de près ou de loin, en bas ou en haut de l'escalier de bois, une querelle éternelle, une réprimande, un fouet moral des bonnes, à propos d'une sauce ou de rien; une existence de bougonnement. Une vanité monstrueuse, folle, délirante, plaquée de la bassesse, qui est l'autre côté de la vanité; presque *cliente* de la famille de son gendre, de sa fille même, parce qu'ils ont voiture, la regardant monter en voiture, elle qui pourrait tout se donner, aussi fière qu'un peuple qui paie, honoré de voir passer son souverain en voiture de gala... Et une bonne et brave femme au fond (2).

25 octobre.

En revenant de Bar, femme en voiture, un Prudhomme.
Toujours : « Oui, oui, ah ! ah ! » Cite des proverbes : « A la Saint ***, la charrue sous le poirier. » C'est une fête de l'agriculture ! Toujours *Madame* : « Madame, voici la maison qui a été le dernier quartier général de Napoléon... Moi, Madame, je bénis les chemins de fer : le mouvement est la source du commerce... » A Bar-sur-Seine depuis deux ans : « Monsieur, je suis

---

(1) Banville paraîtra effectivement dans LES HOMMES DE LETTRES, comme un ami loyal de Demailly, un poète pauvre et indépendant, sous le nom de Boisroger, non de Romilly. — Barbey d'Aurevilly sera Franchemont.

(2) Depuis *Et une bonne...*, l'indication a été ajoutée après coup sur le Ms. par Edmond.

du Midi, de Toulouse, mais je l'ai quitté très jeune, à huit ans, je m'*en* rappelle, mais vaguement : c'est un tableau effacé... »

Bribes de phrases de romans, métaphores d'occasion par-ci par-là. Elle dit : *A l'instar de Paris*.

« Nous allions avec ma sœur chez M. Haingerlot, l'avoué. » Côté de fréquenter des gens bien, des gens posés, avoués, etc· — « C'est mon père qui a fait son portrait... » *Mon père, ma sœur*, énumération de toute la famille, les alliances : « La famille de mon mari, c'est charmant : ils m'ont épousée, leur belle-sœur est leur sœur. Et si unis ! ils ne font qu'un... J'ai des parents à Troyes ; mais vous savez, quand on voyage pour affaires, il est difficile de s'arrêter... Ils m'attendront au chemin de fer. » Grand côté de la famille, de la femme qui raconte toutes ses affaires.

« Mon Dieu, je prends des troisièmes : c'est un peu dur, mais j'ai mon châle. » Énumération des façons dont elle arrange son châle selon les temps. « Dans les secondes, on est gêné, il y a des personnes qui ouvrent, d'autres qui veulent fermer, et puis on ne peut pas causer. J'ai voyagé une fois en première, pour les boules d'eau chaude. Nous étions quatre dames aux quatre coins; nous n'avons pas ouvert la bouche; et puis, il n'y avait pas encore d'eau chaude : c'était froid de toutes les façons. Au lieu qu'avec ces bons paysans... »

A l'appui de cette préférence, une *platine* toujours allante, courante, coulante, avec de petites intonations de contralto de drames ou terminées dans un rire naturel et presque intelligent.

« Nous aimons beaucoup à nous promener. Il y a une vallée... C'est une herbe si verte, vous savez; il y a beaucoup de vert... C'est un vert, un vert tendre : quand le soleil donne, ce serait magnifique pour un peintre... Oui, j'ai la nature artiste. J'avais des dispositions, de la facilité. Toute petite, je faisais déjà des petites choses, des bamboches, mais mon père ne m'a pas poussée; et puis la perspective m'a arrêtée... Nous avons été à la fête de X... La fête de Y... est plus jolie, plus champêtre : on danse sur l'herbe. Ce pays-ci est magnifique. Si j'avais été riche, j'aurais adoré la campagne. » Grand sentiment acquis, seriné et serinant de la nature; côté Marie-Antoinette à Trianon, tombé du trône à la rengaine bourgeoise. « J'aurais voulu faire valoir. Toute cette vie m'aurait amusée; les poules, les vaches, j'adorerais ça. C'est si intéressant ! » A la suite, détails appris par bribes dans les livres, fables poétiques sur les tendances maternelles de l'hirondelle, qu'elle raconte *de visu*... d'après quelque Michelet; fables non plus sur le chant du cygne, — un préjugé dont le scepticisme de la Révolution a débarrassé la bourgeoisie, — mais sur le cygne noir qui se jette sur le blanc : « J'ai lu ça... » Tendance à la Rousseau, bosse de la religiosité de l'histoire naturelle.

Paris : admiration des embellissements. « Je passe souvent exprès pour voir le Louvre, c'est admirable, si beau... Et ces magasins du Louvre ! L'Hôtel du Louvre ! J'y ai dîné, ça coûte six francs : ce n'est pas trop cher; mon père en connaissait tous les détours. »

Génie commerçant de la femme : ce monsieur disant qu'il a naturellement peu de rapports avec une marchande de modes, elle lui énumère tout ce qu'elle tient pour hommes, bretelles, gants... N'oublie point de faire l'éloge de toutes les dames, ses pratiques. Puis se lamente : « Que voulez-vous ? Nous, nous ne sommes pas commerçants, on est probe, honnête, on fait des dépenses. Une devanture, ça n'est pas pour nous... Si vous saviez comment on fait le commerce, maintenant ! »

Va à Paris au renouvellement des saisons et rapporte les modes dessinées.

Sentimentalité, avec des notes émues, à propos du prix Montyon. Côté *artiste* reparaissant fièrement à propos d'une femme jaune : « Moi, j'aime ça : aux lumières, elle a l'air d'une Américaine... Mais c'est peut-être un goût d'artiste. » Parle des mains qui chiffonnent, opposées aux mains qui touchent au fumier : « Ah ! ces mains-là — les mains chiffonnantes — cachent bien des amertumes, on ne voit que le beau côté. » Tirade des boulevards, genre JENNY L'OUVRIÈRE (1) : bonheur de la chaumière. Morceau de regret sur les diligences, petit tableau canaille du mouvement qu'elles faisaient dans les villages, les gens sur la porte, etc : « C'était si gentil ! » Côté de la Parisienne de faire une réclame et de s'en faire une des gens connus qu'elle connaît, de faire mousser les hommes de lettres : elle parle de Frédéric Thomas, énumère ses livres.

(1) Mélodrame célèbre de Decourcelle et Barbier, créé à la Porte-Saint-Martin le 28 nov. 1850.

Cette modiste, cette femme : la distinction commune. Toutes les poésies jaillissantes de la femme, apprises, serinées par le roman, le théâtre. L'esprit, la pensée, le sourire, l'élan de perroquet, le fond de M. Prudhomme, mais dissimulé et paré par les dehors d'idée et de sentiment de la femme, qui font de la banalité d'une petite bourgeoise un ton presque propre à tous les états, à toutes les situations, à toutes les conversations. Un joli violon faux, dont l'âme est le vent qui souffle, la tirade qui passe. Ce n'était pas une femme qui disait *ormoire*, c'était une femme qui disait *pantomine* : il y a des mondes entre ces deux mots.

Pour le RÊVE DE DICTATURE. Endormi. Tous nos amis appelés : « Saint-Victor, je sais que vous voulez faire de la diplomatie : voici toutes les ambassades. Vous prenez Londres ? Bon, mais comme je ne vais plus avoir votre feuilleton, que je regrette, vous m'enverrez tous les huit jours un feuilleton pour moi sur la cour, les hommes d'État, etc... Je ne tiens pas aux idées politiques, mais aux jolies images... De la bonne littérature... Je vous envoie faire du Saint-Simon là-bas. Allez... Ah! c'est vous, Koyeski? (1) Je dois vous dire que je ne peux pas, pour vous, reconstituer la Pologne; ce seraient des complications... »

Gavarni, devenu très riche, tout aux mathématiques : je ne peux pas en tirer une lithographie. Maîtresse : un bureau de tabac monstre. Pyramide à Henri Heine, élevée dans le Champ de-Mars par des soldats grommelant et se demandant : « Sais-tu qu'est-ce que c'est que ce *troubadour*-là, Henri Heine? » Explication donnée par les *coulonnels*.

Moi, le souverain, voulant toujours aller voir à la Préfecture de Police les archives de l'Humanité et aux Archives, la police de l'Histoire : toujours empêché par les employés... A la fin, lassé, donnant un exemple unique, rassemblant mon peuple, lui énumérant tous les emmerdements d'un souverain, historiographe de ma merde, etc., jetant la couronne et me sauvant, suivi de mon peuple et surtout de la Société des Gens de lettres, s'accrochant au pan de mon manteau royal. — Réveil.

---

(1) Charles Edmond n'est que le pseudonyme littéraire du Polonais Chojecki, dont le nom est souvent déformé par la transcription française, en *Koyeski* chez les Goncourt, en *Coïeski* chez Vapereau.

Pour les Hommes de lettres, le père Cerceau, un ancien Oratorien, marié à une religieuse, gros, n'y voyant pas, un mouvement grimaçant de la face, le type du gobe-mouche, avec un certain bon sens et une latinité énorme, taillant dans le buis de son jardin les personnages de l'Énéide. Une faiblesse doublée de l'énergie et, au besoin, de la poigne de Mme Cerceau dans la tenue de sa classe, appelant toujours dans les crises : « Madame Cerceau, madame Cerceau... »

Commençant toujours la classe par la question traditionnelle : « Eh bien, y a-t-il quelque chose de nouveau, Messieurs ? — Marmont a trahi ! — Deux cents vers, toi ! Pourquoi dis-tu des choses comme ça ? — Mais, Monsieur, vous me demandez... — Vois-tu, j'ai connu une personne qui m'a donné tous les détails ! — Mais, Monsieur, il y avait du son dans les cartouches ! — Tu vas sortir !... Qu'est-ce qui t'a dit ça ? — Mais je les ai vues, monsieur Cerceau ! — Tu les as vues ? » Il s'approche de lui pour le mettre à la porte. Il serre le bambin plus fort et appelle : « Madame Cerceau, madame Cerceau, mettez à la porte cet homme. » Puis il le rappelle le lendemain : « Qu'est-ce qu'il y a de nouveau ? — Monsieur, il y a eu un duel ! — Un duel ici ? On s'est moqué de toi ! — Mais non, c'est entre M.*** et M.***. Même que nous avons vu des gouttelettes de sang ! — De sang ? Messieurs, c'est trop curieux ! Vous ne le direz pas ! Ficelez vos livres, nous allons aller voir cela ! »

C'était le grand moment de la restauration des idées catholiques : « Messieurs, vous serez cause de ma ruine, on fermera le collège ! Madame de Noiron se plaint que vous lui faites des grimaces à l'église. — Si elle regardait son livre de messe, elle ne nous verrait pas ! » Mme de Noiron était la mère du procureur du Roi, la femme du sous-préfet et faisait trembler le prêtre marié. On reprit l'étude de l'Évangile et mon cousin lui disant : « Moi, je ne veux pas l'apprendre ! — Eh bien ! je t'en prie, apprends-le pour moi. Seulement le samedi... Faut-il que je me mette à tes genoux ? Le veux-tu ? Tu es trop jeune pour comprendre... »

Plus tard, l'élève sorti du collège, demandait à son élève, qui lui glissait des pains de sucre sous ses fauteuils : « Crois-tu en Dieu, Labille ? — Oui, monsieur Cerceau. — C'est comme moi... Mais en Jésus-Christ ?... C'est une trop jeune barbe ! »

Quand il venait le soir : « Labille, tu me feras un petit dîner : moi, je ne suis pas gourmand, je suis friand. Tu me feras des

petits plats. Tu auras une petite truite saumonnée, non citronnée…,
un pain au lait… Tu ne mettras que trois œufs, c'est plus douillet. »

Vieillard, au premier argent qu'il recevait de quelques leçons
à des demoiselles de la ville, filait à Paris sous le prétexte de
ramener des élèves.

Possibilité de faire une apostrophe fantaisiste du bon Dieu aux
lamentations des hommes, sur l'air de cette chanson de Léonidas :

> Le bon Dieu, qui de nous se mêle
> Une fois tous les dix-huit mois,
> L'autre jour, en ouvrant la prunelle,
> Dit après avoir craché trois fois :
> « D'où vient que vous vous plaignez toujours?
> Vous avez le vin, etc., etc.
> Nom de Dieu! de quoi vous plaignez-vous ?
> Vos femmes sont presque fidèles.
> Vos enfants sont presque de vous,
> Vos filles sont presque pucelles.
> Nom de Dieu! de quoi, etc...

— Je ne suis pas aussi heureux que ces gens qui portent comme
un gilet de flanelle, qu'ils ne quittent pas même la nuit, la croyance
en Dieu. Du soleil ou de la pluie, du poisson faisandé ou du gibier
à point me font croire ou douter. Il y a aussi dans la fortune des
coquins des complicités de la Providence, qui ne me poussent pas
à croire. La survie immortelle me sourit, quand je pense à ma mère
et quand je pense à nous. Mais une survie impersonnelle, une
survie à la gamelle m'est bien égal. Et me voilà matérialiste.

Mais si je me mets à penser que mes idées sont le choc des sensations et que tout ce qu'il y a d'immatériel et de spirituel en moi, ce
sont mes sens qui battent le briquet, aussitôt, je suis spiritualiste.

Pour les HOMMES DE LETTRES : « Qu'est-ce que l'imprimerie?
— C'est l'immortalité de l'âme. »

On pourrait définir l'orgueil : cette vanité qui empêche de
faire des choses basses.

Il n'est de langues universelles que les langues sans paroles :
la musique, la sculpture, la peinture, la pantomime.

Pour les Hommes de lettres, caractère d'Audebrand : jalousies du Bulletin des bouquinistes, des fruits secs de lettres
et des réimprimeurs, criant : « O Hugo, ô Lamartine, où êtes-vous ? »
Rien que les grands noms passés. Faisant le silence avec leurs
journaux sur tous les jeunes noms et les jeunes livres. Grande
ligue contre le talent et le bruit.

Paris, le 27 octobre.

Le comte de Chambord nous répond lui-même une lettre
convenable. Une chose nous étonne, c'est comme les gens entrent
bien dans leur rôle et les rois, même déchus, dans leur style ; c'est
le phénomène de tous les gens régnants, qui deviennent des têtes
à médaille.

M. de Fresne, qui nous apporte cette lettre, nous parle des
d'Orléans, nous conte un mot qui l'a fait juger Louis-Philippe.
Lui disant, à lui, alors duc d'Orléans : « Ah, Monseigneur, vous
faites des embellissements magnifiques au Palais-Royal ! — Oui,
Fontaine m'arrange très bien ça... Ça me coûtera quatre millions. — Les Parisiens vous sauront bien gré... — Et ça me
rapportera quinze pour cent. » Nous cite aussi, sur l'éducation
bourgeoise des princesses, ce trait. Se promenaient à pied avec leur
gouvernante, reluquaient toutes les boutiques : « Ah ! que c'est
joli, ça, que c'est joli !... Mais ça coûte dix francs... »

Nous raconte la chronique de la fusion, la question du drapeau remise à d'autres temps par le comte de Chambord, assez
disposé, selon ce qu'il croit, à prendre le drapeau qui surgira et
emportera la situation, le drapeau du succès (1). Peut-être est-ce
politique, mais nous nous disions à part nous : « Ma foi ! si
j'étais Henri V, je serais légitimiste ! »

28 octobre.

Gavarni nous tombe à dîner, très gai. Son mot à Guys lui
présentant un monsieur : « Comment ! En plein jour ? » qui a

(1) En fait, la *fusion* entre les deux branches monarchistes était bien loin d'être
réalisée : en 1873 encore, alors qu'on croira, après l'entrevue de Frohsdorf, la fusion
accomplie en vertu de la soumission du prétendant orléaniste, le comte de Paris, et

coupé Guys. Beaucoup de dessins, cette année, à Picot, pour la Russie, à la plume, encre de couleur relevée de blancs.

Il semble que dans les temps de tyrannie, de pensée captive, opprimée, dans les temps éteints et morts, la passion se retourne et reflue vers les morts, vers l'histoire. Alors, les choses du présent qui pèsent et attristent, on les soufflette sur les joues des morts; et c'est un phénomène de ce temps dompté et de cette littérature contemporaine édulcorée, que la passion dans les livres d'histoire, les coups de pierre et les couronnes. C'est Michelet secouant Richelieu comme une tyrannie vivante; c'est nous, pauvrets, chantant le passé, faisant la Marseillaise du passé.

Un seul homme, un M. de Wailly, de l'ILLUSTRATION, nous a assez vus à travers nos livres pour affirmer que si nous aimons, nous aimons ensemble et que les lois et les mœurs doivent faire une exception pour notre dualité phénoménale (1).

Dans la Révolution, David, Robespierre, deux talents de glace dans un volcan.

29 octobre.

Un regret, un désir, une attente, une folie future, un rêve, une féerie, une passion, un amour, le tout pour une tapisserie de Beauvais, signée *Boucher* 1737 : FOIRE DE VILLAGE, charlatan, lanterne magique, — que nous a enlevée pour un morceau de pain — huit cents francs — le gendre de l'éditeur Hachette, chez une marchande. Rien de royal comme cela, de plaisant, de gai, de beau et de joli; l'apothéose de la palette de Boucher. Mais il faudra une maison pour la mettre... Nous aurons la tapisserie, nous aurons la maison.

De la peinture au roman, la différence du roman au conte de fée.

par suite du projet d'adoption de celui-ci par le prétendant légitimiste, le comte de Chambord, ce dernier fera échouer la négociation sur cette question du drapeau, n'ayant pu consentir, en faveur du drapeau tricolore réclamé par les orléanistes, à abdiquer le drapeau blanc, « l'étendard d'Arques et d'Ivry ».

(1) Add. 1887 : *M. de Wailly, qui ne nous connaît pas plus que nous ne le connaissons* .. L'article de Léon de Wailly, consacré à l'HISTOIRE DE MARIE-ANTOINETTE, a paru dans l'ILLUSTRATION du 23 octobre 1858.

Un maître à son domestique : «Vous me réveillerez — Oui, Monsieur. Monsieur me sonnera. »

Comparez le *Cave canem* écrit sur le pavé, le priape peint en rouge et armé d'un bâton pour effrayer les voleurs, aux chinoiseries des Chinois avec leurs boucliers peints de monstres, etc.

La campagne dans l'antiquité, — voir Horace, — non une mère ni une sœur comme dans Bernardin, Hugo, etc.; ni une harmonie comme dans le XVIe siècle; mais un repos, un déliement des affaires, l'endroit où les conversations échappent aux choses de la vie et de la ville et montent aux grandes questions humaines : c'est le salon d'été de l'âme d'Horace.

30 octobre.

Les Archives. On n'entre point sans quelque respect, émotion, curiosité, — barrée par tous ces cartons dont toute la figure n'est qu'un numéro, — dans cette bibliothèque des papiers de famille d'un peuple, les Archives. Arrivé au bout d'une salle, M. de Laborde a mis sa clef dans un mur, que je croyais un mur de carton. Les deux battants d'une porte de fer à immenses serrures d'acier se sont ouverts, puis deux autres battants d'une autre porte de fer, — serrures de la Convention, — aussi solennelle que le cri d'annonce entendu par le Mangeur d'opium : *Senatus populusque romanus* (1). Dans un carton, dorment là le testament de Louis XVI et la dernière lettre de Marie-Antoinette : deux feuilles de papier.

Dimanche, novembre.

Saint-Victor, Charles Edmond, Mario dînent chez nous.

Flaubert, une intelligence hantée par M. de Sade, auquel il revient toujours, comme à un mystère qui l'affriole. Friand de la

---

(1) Citation approximative des CONFESSIONS D'UN MANGEUR D'OPIUM (1821) de Thomas de Quincey. Cf. trad. Descreux, 1890, p. 287-289. Il s'agit d'un des rêves d'opium de Quincey. Il explique le prestige qu'ont toujours exercé sur lui Tite-Live et surtout la mention du *consul romanus*. Il rêve d'une fête anglaise à la cour de Charles Ier : « Cette fête s'évanouissait soudainement et en un clin d'œil, j'entendais succéder le mot terrible de *Consul romanus* : aussitôt apparaissait silencieusement Paulus ou Marius, drapé dans le magnifique *Paludamentum*. »

turpitude au fond, la cherchant, heureux de voir un vidangeur manger de la merde et s'écriant, toujours à propos de Sade : « C'est la bêtise la plus amusante que j'aie rencontrée ! » Dans le moment, dressant ses grosses et pantagruéliques ironies contre les attaqueurs de Dieu. Un individu est mené à la pêche par son ami athée; on retire une pierre sur laquelle est écrit : « Je n'existe pas », signé : *Dieu.* « Tu vois bien! » dit l'ami.

Il a choisi pour son roman Carthage comme le lieu et la civilisation du globe la plus pourrie. En six mois, il n'a fait encore que deux chapitres, qui sont un bordel de petits garçons et un repas de mercenaires (1).

Saint-Victor avoue qu'il aime la religion catholique, qu'il lit avec un énorme plaisir les débats de l'affaire Mortara (2), « pris d'une passion, d'un intérêt immense pour tout ce qui touche à la mythologie », dit le singulier catholique. « Oui, reprend-il, je ne connais rien de beau au monde comme une grande fête à Saint-Pierre, les cardinaux qui lisent leurs bréviaires, dans ces poses insolemment renversées des pendentifs... Avez-vous vu? avez-vous vu?... La religion catholique, ah! c'est une jolie mythologie!»

Mirès-Millaud à la PRESSE, le CONSTITUTIONNEL, les DÉBATS dans la main de Rothschild, le COURRIER DE PARIS acheté par un Juif, tous les journaux pris par les Juifs... Et l'on finit par dire : « Nous en dépendons tous — la voix de Gavarni, la proposition Gavarni — ou nous en avons tous dépendu! » (3)

(1) Dans SALAMMBÔ, aucune trace du premier thème indiqué; en revanche, le second forme le chapitre I du roman, *Le Festin.*

(2) Le 24 juin 1858, l'enfant d'une famille juive de Bologne, Edgar Mortara, était enlevé, avec la complicité d'une servante qui, voyant l'enfant gravement malade, voulait à tout prix qu'il fût baptisé, et il était transporté dans un couvent de Rome. Les démarches des parents se heurtèrent aux refus du Vatican. Il fallut attendre 1870 pour que le roi Victor-Emmanuel, devenu maître de Rome, pût trancher l'affaire. Mais Edgar Mortara avait grandi dans la religion catholique et il refusa d'abjurer. L'affaire Mortara fut connue en France dès août 1858 et déchaîna de vives polémiques, notamment entre le SIÈCLE et la PRESSE d'une part et l'UNIVERS de Veuillot d'autre part. — Cf. t. I, p. 660, le récit de la représentation de la TIREUSE DE CARTES de Séjour et Mocquard, qui présente une version très romancée de l'affaire Mortara.

(3) Émile de Girardin avait, à la fin de 1856, cédé pour 825.000 francs ses actions de la PRESSE à Polydore Millaud, journaliste et homme d'affaires, associé à la fortune de Mirès depuis 1848. — Nous ignorons tout de la main-mise de Rothschild sur les DÉBATS des Bertin. Quant au CONSTITUTIONNEL, c'est Mirès encore qui

A propos des Rémonencq du gouvernement, de Rouher et de Parieu : on les appelait la *Charabie heureuse* (1).

« Aubryet : un chat dans un courant électrique ! » dit Saint-Victor. « Veuillot, de quoi il a l'air ? D'un champignon vénéneux. » dit Charles Edmond.

Le dîner se termine par un humoristique récit d'une pendaison à Londres, un dimanche, fait par Gavarni. Pluie fine : il pleut toujours. Le pendu en paletot de caoutchouc et en bonnet de coton, tête à tête « avec un ministre anglican, qui lui lit du BONHOMME RICHARD (2) ou lui montre les caricatures d'Hogarth... Est-ce funèbre, cette œuvre ! Avez-vous remarqué ? Ça finit toujours par un pendu !... Et pendant ce temps, on passe dans la foule sur des assiettes, des petites dragées blanches. »

Là où la vengeance du bourgeois se montre le mieux contre l'homme de lettres, c'est la résistance de tous les corps non lettrés à lui assurer la propriété de ses œuvres.

Le beau chemin du succès, que la cour des lettres faite à la femme ! Les quatre éditions, tous les ans, du MÉRITE DES FEMMES (3), — et Arsène Houssaye...

Depuis 1852, que nous sommes dans les lettres, aujourd'hui, nous nous amusons à compter notre succès d'argent. Tout compris,

l'avait racheté à Véron et à Morny pour 1.900.000 francs en 1852. Enfin le COURRIER DE PARIS, qui inaugura, selon Hatin, « le règne de la chronique quotidienne et lui fit les honneurs des colonnes réservées d'ordinaire à la politique », était né, le 11 avril 1857, des cendres de la VÉRITÉ et avait été vendu par l'abbé Migne au banquier Prost.

(1) Esquirou de Parieu, ministre de l'Instruction publique entre 1849 et 1851, était né à Aurillac ; Eugène Rouher, qui, sous la Présidence de Louis-Napoléon, puis sous l'Empire, avait déjà détenu les portefeuilles de la Justice et du Commerce, était de Riom. Ils étaient donc Auvergnats, comme le personnage de Balzac, Rémonencq, le brocanteur du COUSIN PONS. Rappelons que le *charabia* désignait originellement le dialecte auvergnat, d'où le jeu de mots, par allusion à l'Arabie Heureuse.

(2) Il s'agit de l'ALMANACH DU BONHOMME RICHARD, une des publications les plus populaires de Franklin, qui parut à partir de 1732 et qui dut son succès à ses aphorismes pittoresques.

(3) LE MÉRITE DES FEMMES, poème de Gabriel-Marie Legouvé, le père d'Ernest Legouvé, publié en 1800, eut plus de quarante éditions et a laissé dans les mémoires ce vers célèbre : « Tombe aux pieds de ce sexe à qui tu dois ta mère ! »

après 13 volumes publiés, nous gagnons 4.511 francs. Encore y en a-t-il là-dessus 300 sur notre Marie-Antoinette.

Singulière chose, que ces Romains polis du temps d'Auguste n'aient été considérés que comme des barbares, des soldats, des hommes de caserne par les Grecs, qui ne parlent jamais de leurs poètes, de leurs œuvres d'art : un Lucien, un Denys d'Halicarnasse, qui a si bien parlé des choses romaines. Une admirable civilisation, qui se trahit par le refus de cette courtisane de coucher avec un fanfaron guerrier : elle croirait coucher avec le bourreau (1). N'est-ce pas, dans notre monde le plus délicat, cette défiance du militaire et ces salons qui n'invitent pas de sous-officiers ?

Baschet me parle de Mme Mayendorf. C'est une femme qui vous dit : « Voulez-vous que je vous fasse peur ? » Et les volets fermés, voilà une terrible tragédienne, qui vous récite, à votre choix, en anglais, en allemand ou en français, la tache de sang de Macbeth. Si elle vous trouve un peu pâle : « Voudriez-vous quelque chose de plus frais ? Je sais toute Mme d'Arbouville. »

Dans la rue des Postes, par une porte cochère restée entr'ouverte : deux sphinx à l'entrée d'une allée en contre-bas, sphinx de pierre grise, à tête de femme coiffée du béret d'un mezzetin, une pèlerine aux épaules. L'allée faisant dôme, les arbres, l'armature et le dessous tout remplis de tons fauves, d'entrecroisements de branches terre de Sienne, lavés par-dessus d'un ton doucement vert; et au fond, dans un brouillard tout bleu, une récréation de petites filles en tabliers blancs. Tout à fait le ton des aquarelles d'Hubert Robert.

Dans le roman de la Bourgeoisie, un type de vieux paradoxal, le type de M. Hippolyte Passy.

Une jeune femme, nouvellement mariée, disait à un de ses cousins : « C'est singulier, Paul, tu fumes le cigare; mon mari fume la pipe, il ne sent pas le tabac et tu empestes, toi. » Quelques

---

(1) Cf. Lucien, Dialogues des courtisanes, XIII, 4.

années après, la femme disait à son mari : « Pourquoi ne fumes-tu pas des cigares comme mon cousin ? Il ne sent rien, lui... »

Trop suffit quelquefois à la femme (1).

La seule création — non recréation — de l'homme : la ligne droite, seule invention.

8 novembre.

Lu dans le DICTIONNAIRE DES CONTEMPORAINS : « Goncourt, Edmond et Jules Huot, *dits de* » etc. Cette contestation de notre particule, si enviée, il paraît, devait nous venir. Nous l'attendions par un duel; nous sommes très contents d'en finir par un procès en diffamation, que nous allons faire aux nommés Hachette et Vapereau.

10 novembre.

Edmond, à la première du LUXE de Lecomte, dans la loge d'Ozy : « Lecomte m'a éreintée, mais je ne lui en veux pas. C'est Judith qui m'a fait éreinter. Lecomte n'avait pas le sou alors; Judith le logeait et lui donnait à manger... » Ozy disait pendant la pièce : « C'est jeune, ça a du cœur. »

11 novembre.

Nous allons trouver Mᵉ Paillard de Villeneuve pour le charger de notre affaire contre les nommés Hachette et Vapereau. On va un peu chez un avocat comme si on allait chez un homme de lettres : on ne s'attend ni au luxe ni à la fortune. La salle à manger de Paillard nous a un peu interdits. On sent, dans cette salle à manger aux portières épaisses, à la grande table ronde, à l'argenterie du buffet, on sent les gains faciles et les festins de ces corps, les avocats, les médecins : ça a quelque chose de l'opulence d'un dentiste et d'un Ricord. En homme intelligent, à peine notre affaire exposée : « Cherchez dans le DICTIONNAIRE ce qu'ils disent de Benoît-Champy. » Il a trouvé le joint, — et la plus belle ironie de la justice humaine : Champy est le président que nous devons avoir.

(1) Cf. t. I, p. 488, n. 2.

Il nous envoie chez notre avoué. Là, au fond d'une étude, devant deux chandelles, notre avoué absent, nous essayons de faire comprendre l'affaire, de l'entonner à une sorte de pauvre idiot, rustique et gras, tel qu'un caricaturiste anglais a peint un garçon-clerc.

12 novembre.

Nous trouvons chez l'avocat et chez l'avoué des hésitations, des reculs devant une saisie, une action en diffamation, pour cette diffamation constante; la crainte de ce gros bonnet, Hachette. Il faut nous contenter d'une défense de vente et d'une instance civile. Nous croyons bien pourtant que Paillard mettra du zèle dans sa plaidoirie : il n'est pas dans le DICTIONNAIRE.

Paillard vient d'Allemagne; seul écrivain français populaire là-bas : Paul de Kock. Vu un garde-chasse qui avait appris le français, pour lire Paul de Kock, uniquement dans un seul roman de Paul de Kock, MONSIEUR DUPONT.

Pour les HOMMES DE LETTRES. — Convoi où tous les hommes d'un état seraient réunis, tous les épiciers : il y aurait des voitures ! Au convoi de Gérard de Nerval, tous les hommes de lettres : pas une voiture !

Décidément, ce dont j'ai le plus peur au monde, ce ne sont pas les prêtres, ce sont les juges. Les prêtres n'ont à faire à l'homme que par le confesseur, s'il se marie ou au lit de mort : l'homme est à peu près mort, au moins de tête. Mais le juge, sauf le paradis, dispose de tout l'homme et toujours.

13 novembre.

Voici ce qu'on appelle le progrès : la cervelle *peuple*, qui a cru à la blague de Pitt et Cobourg (1), et la mienne ont le même droit, la même voix.

Habiles gens que ces philosophes du XVIIIe siècle, les académiques, les Suard, les Morellet, etc., dont les DÉBATS descendent : plats, serviles, rentés par des seigneurs, à peu près entretenus de

(1) Cf. t. I, p. 257, n. 1.

pensions par des grandes dames et au cul, les culottes de Mme Geoffrin. Ces âmes d'hommes de lettres-là font tache dans ce libre XVIIIe siècle par la bassesse du caractère, sous la hauteur des mots et l'orgueil des idées.

Le monde de l'art au contraire contient les belles âmes, les âmes mélancoliques, les âmes désespérées, les âmes libres et gouailleuses, comme Watteau qui échappe aux amitiés des grands et parle de l'hôpital comme d'un refuge; comme Lemoyne qui se suicide; comme Gabriel de Saint-Aubin qui boude l'officiel, les académies et suit son art dans la rue; comme Le Bas qui met son honneur d'artiste sous la sauvegarde de la blague moderne.

Aujourd'hui, nous avons changé cela : les peintres ont pris les mœurs basses des lettres et les lettres ont pris la libre misanthropie de l'art.

16 novembre.

La mère Rollin, toujours un cœur de peuple avec des brutalités des Halles : « Ma fille, je voudrais bien la marier le plus tôt possible : je lui foutrais un trousseau, un petit mobilier et puis, oust!»

La Dumège, petite femme distinguée, brune, coiffée en Sévigné, mise avec une grande distinction. Nouveau type de l'usurier-femme qui arrange un mobilier chez elle, attire des putains et le leur cède. Partout où elle va en visite, emporte quelque chose. La voilà, très bien mise, arrivant chez une lorette qu'elle a meublée. La bonne : « Madame n'y est pas. — Je vous emmerde. Qu'est-ce que ça me fait qu'elle soit avec son maquereau?» Et elle entre. Le monsieur est là, rien n'y fait : « Ah çà ! tas de putains, v'là comme vous me payez! Allons, signez ça ! » Et elle se fait signer des billets.

Juive ayant un enfant: tout le temps de ses couches, promettant de le vouer à la Vierge. Enfant très beau, son seul amour, voué au blanc et au bleu. Amant : un gros distillateur de la Chapelle, ayant trois maisons.

Au total, pendant la Révolution, il n'y a que deux journalistes : Hébert et Camille Desmoulins; les autres sont des gamins, des professeurs ou des hommes d'esprit (1).

(1) Texte Ms. : *Au résultat, pendant la Révolution...*

559

La crédulité de la femme, rapprochée de sa rouerie, est inouïe : les hommes roués ne croient à rien.

Nous allons toucher l'argent de notre première édition de MARIE-ANTOINETTE, tirée à 1.500 et épuisée en quatre mois. Nous étions convenus avec Didot de partager les bénéfices. Tant pour frais d'impression que pour risques et autres rocamboles, avec un compte parfaitement fait et jouant très bien un compte raisonnable, il nous prend, en somme, 86 ou 87%... C'est-à-dire que sur 1.500 exemplaires vendus, nous touchons 1.125 francs. Voilà à quels bénéfices mène le livre, un gros livre. C'est à peu près le bois, l'huile, le papier blanc et les souliers usés en courses au document ! Un succès, le plus sincère succès historique de l'année, fait tout seul et qui n'a eu que 25 francs d'annonces !

Il y a bien des blagues sur le gain littéraire et le vrai est dans le mot de Villemain, prenant un jour le bras de Viennet à l'Académie et lui disant d'un ton navré : « Je vais briser ma plume... Mes volumes ? Savez-vous ce qu'ils me rapportent ? Je touche quatre sous par exemplaire vendu... »

Je dis : « le succès le plus sincère », à cause des trucs imaginés pour *faire* le succès comme un mouchoir : livres d'Houssaye, livres de Reiset, enlevés par des huit cents francs d'annonces, les Didot me l'avouent. Côté de ce succès à coup d'annonces, la banque du succès organisée et effrontée comme elle ne le fut jamais, — pour les HOMMES DE LETTRES.

Les livres à portée de ma main, le rayon dont je vis, là, près de mon lit, ce rayon fait par le hasard, je le regarde, ce clavier de ma pensée, quelque chose comme ma palette : Eschyle, Henri Heine, un mauvais petit dictionnaire français de poche, ANGOLA (1), un EXCERPTA de Cicéron, une HISTOIRE DES SINGES, Aristophane, Horace, Pétrone, le BRIC-A-BRAC de Grille, Rabelais, Courier, la REVUE PARISIENNE de Balzac, TRISTRAM SHANDY, La Bruyère, Bonaventure des Périers, Anacréon.

(1) ANGOLA, HISTOIRE INDIENNE, roman de La Morlière (1746).

Dimanche 21 novembre.

Dîner de huit. Il nous tombe comme une taie des yeux à propos de Mario, que nous jugions jusqu'ici avec une bienveillance que nous efforcions de griser. C'est étonnant, comme dans un tas de riens, la façon de se servir à table deux ailes comme un commis-voyageur, de mettre ses pieds sur un fauteuil doré, de se tenir et d'être, c'est étonnant comme jamais un homme qui n'a pas été élevé dans la société, qui n'a pas eu l'éducation première des manières, ne peut dépouiller — quelque masque que lui donne l'habit — le vieil homme, le peuple dont il est né : son corps est toujours un parvenu.

Le soir, sérieux et riants, nous causons de la mort, de la pourriture, de la crémation, que nous demandons et qui nous mène à l'imagination d'une rôtissoire, où on criera comme au restaurant : « Une crémation, une ! Soignée ! »

22 novembre.

M. Didot fils nous renvoie la première épreuve de la seconde édition de MARIE-ANTOINETTE, en appelant notre attention sur les corrections de son correcteur. Nous ouvrons et nous trouvons dans la préface, dont nous avions pesé chaque mot, quatre demandes de changement. L'insolence de ceci nous met la main à la plume et nous répondons : « Notre livre sera imprimé comme il est et je vous dirai de nos phrases : *Sint ut sunt, aut non sint.* » (1)

24 novembre.

Hachette et Vapereau ont capitulé. Il paraît, dans les quatre grands journaux, cette note : « C'est par une erreur qui va être rectifiée que dans le DICTIONNAIRE DES CONTEMPORAINS, le nom *de Goncourt* a été indiqué comme un pseudonyme de MM. Edmond

(1) *Sint ut sunt aut non sint :* « Qu'ils soient comme ils sont ou qu'ils ne soient pas. » Le mot s'applique aux Jésuites et implique le refus de toute modification du statut de la Compagnie ; on l'attribue tantôt au Père Lorenzo Ricci, supérieur des Jésuites, s'adressant à Clément XIV, tantôt à Clément XIII, répondant en 1761 aux réclamations du cardinal de Rochechouart, ambassadeur de France.

et Jules de Goncourt, le nom patronymique de ces messieurs étant légalement *Huot de Goncourt.* »

25 novembre.

A neuf heures et demie du soir, on sonne. Nous sommes dans le travail, ébouriffés et sales, dans notre roman des HOMMES DE LETTRES. C'est Scholl. Derrière lui, une ombre, une femme : Mme Doche. Il a pris le prétexte, pour nous l'amener, de lui faire voir nos costumes du XVIIIe siècle. Mais le fond et le but, c'est de lui montrer qu'il a des amis qui ont un meuble doré dans leur salon.

Le vilain ménage, physique et moral ! Mme Doche, plus rien que des yeux, encore assez jolis, dans un visage si fatigué et si usé qu'il en paraît sale. Lui, plus tiré, plus nerveux que jamais et se promenant dans le salon en tenant et tournant sa canne avec un geste d'homme douteux.

L'un et l'autre ont dit un mot, — et toute leur âme. Comme je lui parlais de sa sœur, morte il y a huit jours, une morte toute chaude : « Les médecins l'ont tuée. Six mille francs de médecin ! Mon père aurait bien mieux fait de m'acheter un mobilier avec ça ! » Et la Doche, à propos d'un duel qui pointe : « Oh! les hommes ne *marchent* pas fort dans ce moment-ci ! C'est peut-être qu'il fait froid. »

26 novembre.

Nous allons voir Charles Edmond et, ne le trouvant pas, nous causons une heure avec Julie. Quelle langue ! C'est une exécution des uns et des autres, sans avoir l'air d'y toucher. De l'avarice d'Ozy; de l'avarice de Saint-Victor, des primes qu'il touche sur les actions, de par Ozy, fort bien avec un monsieur du Crédit Mobilier. Julie — qui en veut peut-être sournoisement à Saint-Victor de la traiter un peu sous la jambe et comme une femme comme les autres, lâchant les gros mots — n'a trouvé rien de mieux que d'allumer le côté imaginatif d'Ozy, femme toujours cherchant une passion, en me servant sous le plus gracieux portrait. Il paraît que ça a pris et qu'elle a un peu envie de moi, sans m'avoir jamais vu : du reste, côté particulier aux femmes de théâtre, qui se toquent tout à coup pour un nom... Si bien que Saint-Victor, inquiet, nie ma beauté !

Dans le roman de la Bourgeoisie, côté classique des anciens rédacteurs du National, Forgues, etc... Type de Nisard, ne parlant que de *l'âme blanche de Virgile*; côté honnête et élevé, littéraire, sain, etc., — là-dessous, une vie de bassesse !

Décidément, les grandes actrices m'ont tout à fait déçu. Je les croyais un *suprême* de lorette et je m'aperçois que ce ne sont que des femmes de grand bordel au salon.

27 novembre.

Gavarni vient dîner avec nous. Conversation sur la femme et sur l'amour : « Il n'y a rien dans la femme. On parle à la femme, on lui dit des phrases, en sachant bien qu'elle ne comprend pas, comme on parle à un chien ou à un chat ou, plutôt, comme un escamoteur parle à Jean de la Vigne, ce petit bonhomme en bois, — dialogue qui n'existe pas et auquel s'associent les spectateurs, le public ».

Deux femmes pointant dans l'existence de Gavarni. Virginie, la femme de son époque de bals, grande, brune, mauvaise, superbe créature : chez lui, en vareuse rouge et en jupon. Scène de colère, la femme envoyée sur le divan, faisant tomber l'Écorché de Houdon, l'œil mauvais.

L'autre, Adèle, petite : son portrait dans Une faction hors tour. La femme de ses parties de campagne, plus tard, ici et là, à Saint-Cloud, à la *Tête Noire*, au *Petit Pêcheur*, chacun avec sa chacune; avec Ourliac, toujours chantant au dessert des chansons cocasses et sans queue ni tête, toujours sur un air d'église, de plain-chant; le comte Valentini, bellâtre italien, son voisin, rencontré chez Mᵐᵉ d'Abrantès, faisant des aquarelles; Forgues, quelquefois Balzac, Cavaillé-Coll, — le faiseur d'orgues, — Aussandon, quelquefois Leroy.

Enfant, apprenant l'architecture, — chez Dutillard, vieillard poudré à blanc, — les pieds sur une chaufferette pour hauteur de table; allant chercher des livres dans la maison de Fieschi, chez Lacourière, où le petit Lainé était commis, depuis amour aux Funambules, puis libraire. De là, Gavarni graveur chez Adam, le père de Victor Adam; puis dessinateur de machines chez M. Leblanc, professeur de dessin au Conservatoire des Arts-et-Métiers. Demande à M. Leblanc de deux jeunes gens pour faire pont de Bordeaux : part avec un camarade, Clément, engagé ensuite comme simple soldat, depuis capitaine; à eux deux 2.400 francs par an, logeaient ensemble (1).

La chasse à la femme. — L'acte physique : rien pour lui; la chasse : tout. Et surtout pris, quand une femme avait un homme au bras. A Saint-Cloud, à force d'œil, fait quitter une femme du bras d'un homme, qui lui dit, derrière une boutique de pains d'épices : « J'ai le mari ! » — Son histoire de la Madeleine, où la femme le trouve le lendemain en robe de chambre sur son balcon : appartements côte à côte et les fenêtres se touchant. Ramenant les persiennes sur eux pour n'être pas vus, causaient à travers; et avant de coucher avec elle, elle lui donnait des verres d'eau sucrée; lui, demandant qu'elle bût d'abord; elle, avançant la main en avant de la persienne et lui montrant, au reflet d'un bec de gaz, que l'eau avait diminué. Femme d'employé supérieur dans un ministère; liaison cassée, mort apprise dans un journal, femme charmante et douce.

2 décembre.

Le mysticisme ou l'utopie pour les intelligences remarquables : ce qu'est la religion pour les vieilles femmes.

Il y a des races dans la société comme il y a des races dans l'humanité. Un sang noble.

Les classiques, les tragédies du XVIIe siècle, sont à l'antiquité, à Sophocle, à Eschyle ce qu'est la religion catholique à l'Évangile.

Mario Uchard m'apprend ceci, qui n'est pas consolant : le MARIAGE DE FIGARO est la pièce qui a fait le plus d'argent aux Français... après la FIAMMINA, qui a fait 107.000 francs en 24 représentations.

Expression du peuple, à propos d'une pompe : « Ça se monte et ça se démonte comme le trou du cul à Pilate. »

---

(1) Add. éd. : *ensuite comme.* — Gavarni participa comme graveur et dessinateur industriel aux travaux de construction du pont de Bordeaux, d'oct. 1824 à nov. 1825. Cf. t. I, p. 117 et GAV., p. 13 sqq.

Les Allemands, des Chinois : la porcelaine, les examens... Les conseillers auliques ? Des mandarins à brandebourgs.

7 décembre.

Alphonse nous conte l'intérieur Torcy. Un intérieur : depuis une dizaine d'années le duel le plus terrible entre un mari et une femme Une femme humiliée d'avoir été trompée par son mari, jaune, bilieuse, sèche, ne lisant jamais, inoccupée et s'en vengeant par un ton doucereux, toujours calme à faire sauter. Le mari rentrant et disant : « Le temps est affreux, énervant ! — Mais non, mon ami, je ne trouve pas, vous exagérez... Vous souffrez, vous avez mal aux nerfs. » Une contradiction toujours douce, mais continue, pénétrante, irritante avec sa douceur, sur tout, sur la viande, un filet : « Il sera bon, il est rose. — Oui, mon ami... Rose ? Si vous voulez... » etc. La vengeance du mari : « Camille, le bouchon ! — Voilà, mon ami. » Puis recommence : « Mais les bouchons sont faits pour boucher les carafes ! — Oui, mon ami. »

Le mari très souffrant : « Pourquoi n'êtes-vous pas sortie ? Vous deviez sortir, ça vous aurait fait du bien. — Non, il fait vilain. — Mais non, il fait beau. — Oh, une contrariété... — Quoi donc ? — J'ai vu de ma fenêtre un malheureux enfant écrasé. — Ce n'est pas une raison... — Et puis, vous étiez si mal, je n'ai pas voulu vous quitter... — Oh ! je n'en suis pas encore là ! » Parle longuement d'un enfant mort, avec tous les détails de l'agonie et ajoute en le regardant : « Ça vous fait réfléchir. » S'asseyant auprès de lui — il a attrapé la chaude-pisse — et le couvant d'un œil méchant : « Comment allez-vous, Wladimir ? — Eh bien, je vais bien. — Mais non, mon ami, vous n'allez pas bien, vous avez mauvaise mine. — Moi ? » Il se regarde dans la glace : « Ce n'est rien, un peu de fatigue. — Vous devriez voir le médecin. — Oh non ! — Voyez-vous, vous avez tort, il ne faut pas plaisanter avec ces maladies-là. »

Les Lefebvre sont complètement fous. Ils viennent de lire dans la Revue Contemporaine un article sur la Cochinchine, où il est parlé d'un de leurs arrière-grands-oncles par les femmes, un certain évêque d'Adran, un nommé je ne sais quoi de Béhaine, dont

Édouard vient de prendre le nom, dont il est encore chaud (1). Leur orgueil, à l'exposé du rôle de cet évêque, qui a joué auprès du roi de Cochinchine un rôle de Père Joseph, ne connaît plus de bornes. Mais surtout, ce dont ils sont enflés, c'est du nombre d'éléphants que cet évêque cochinifié a eu à son enterrement : vingt-six, pas un de moins; et à un sourire du neveu sur leur burlesque enflure, la tante : « Hein? va, petit moqueur! tu n'auras pas même à ton enterrement l'ombre d'un éléphant. »

Édouard n'en délire qu'un peu davantage... La police des rues l'occupe spécialement en ce moment; il s'indigne qu'on laisse se faire des foules autour d'un accident et il dit, avec la voix d'un Calinot-Schahabaham (2) : « Moi, si j'étais l'Empereur, aussitôt qu'un homme s'assemblerait, je le ferais arrêter. »

La collection est entrée complètement dans les habitudes et dans les distractions du peuple français. C'est une vulgarisation de la propriété de l'œuvre d'art ou d'industrie, réservée dans les siècles précédents aux musées, aux grands seigneurs, aux artistes.

La révolte contre l'égalité, le sentiment aristocratique, injustice innée chez l'homme. Une reine, pour le peuple comme pour les gens éclairés et, mon Dieu, comme pour nous-mêmes, sera toujours plus qu'une femme; Marie-Antoinette, à malheurs égaux, parlera toujours plus qu'une bourgeoise à la mémoire des hommes.

(1) Cf. Revue Contemporaine, 1858, t. VI, p. 312-317, 520-522. Le P. Pierre Pigneau de Béhaine, missionnaire, évêque *in partibus* d'Adran (1771), recueillit au Cambodge en 1774 le roi de Cochinchine, Nguyen-Anh, déchu de son trône. Mgr. de Béhaine vint à Versailles et obtint de Louis XVI en 1787 l'envoi d'une expédition, pour rétablir Nguyen-Anh. Mais cet envoi fut retardé jusqu'en 1789; Mgr. de Béhaine mourut en 1799; enfin en 1801, Nguyen-Anh put établir sa domination sur la Cochinchine et l'étendre en 1802 en Annam et au Tonkin.

(2) Pour cette légendaire incarnation de la naïveté transcendante qu'est Calinot, ou mieux : Calino, v. l'*Index*. Schahabaham, c'est le héros de la folie-vaudeville de Scribe et Saintine, jouée au Gymnase le 2 mars 1832, Schahabaham II ou les Caprices d'un autocrate. Le tout forme un couple hugolien du type *Tom Pouce-Attila* (Chatiments, IV, 13).

Vu mon oncle et son fils (1) : ne me parlent que du puits qu'ils font creuser. Si je leur parlais de mon livre, ils ne m'écouteraient pas ou me couperaient. Il y aura un jour où je me sauverai de tous mes parents et quand ils me diront : « Mais pourquoi ? » je leur dirai : « Ah ! assez ! Il y a vingt ans, trente ans que vous me rabâchez votre égoïsme et vos potins, vingt ans que vous êtes mes parents, mes cousins, que sais-je ? des gens qui vous croyez un droit à me parler de vous, à me raconter vos affaires, à me seriner votre propriété, à me regarder comme un homme qui sculpte des cocos ou qui tourne des chandeliers en buis. Eh bien ! en voilà assez : ne me connaissez plus, c'est tout ce que je vous demande. »

La tristesse et la mélancolie modernes viennent de l'augmentation des livres, c'est-à-dire de l'accroissement des idées. L'idée est la vieillesse de l'âme et la maladie de l'esprit.

Pour les HOMMES DE LETTRES, Saint-Victor sceptique, mais catholique, parce que c'est la religion la plus pompeuse.

13 *décembre.*

Vu sur le pont de l'Institut un pauvre jouant de l'accordéon, à deux jambes de bois : il battait la semelle.

Reçu une lettre de province, qui m'annonce que le notaire à qui j'ai donné procuration pour tâcher de toucher de l'argent de la vente d'une ferme, est séparé de biens avec sa femme, qu'il a fait de mauvaises affaires et qu'il y a crainte qu'il n'emporte mon argent (2). Ce département, la Haute-Marne, est plein de notaires

---

(1) Jules et Alphonse Lebas de Courmont.

(2) Add. éd. : *qu'il a fait de.* — Il s'agit de Mᵉ Cornu, notaire à Montigny-le-Roi (Haute-Marne), chez qui les Goncourt avaient passé l'acte de vente de leur ferme du Fresnois le 28 déc. 1857. (Cf. t. I, p. 335, n. 3.) L'acheteur, Fribourg, devait payer en six ans les 36.000 francs, qui restaient dus sur la valeur de la ferme. Léonidas Labille avait, le 10 déc. 1858, alerté les Goncourt au sujet des mésaventures de Mᵉ Cornu, qui rassure ses clients le 10 janv. 1859 ; et de fait, les paiements de Fribourg se feront normalement jusqu'à extinction de la dette, le 29 janv. 1864.

comme cela et, sans doute, toute la province. Encore un beau résultat — cette institution du notariat, avec ses bases et ses garanties présentes — de la Révolution de 89 !

On nous parle d'un Russe, dont tout se démonte. La canne contient une lorgnette, un mètre, une boussole; la montre, des miniatures cochonnes, et ainsi de suite. Il est à vis.

Vu Mme Doche et son appartement, rue de la Ville-l'Évêque. Un mobilier de fille, encombré de bibelots, moins somptueux en somme que je ne pensais. Point de tenture, du papier, ce qui est une misère chez une femme aussi populaire.

Des bibelots et des bibelots... Quelques vieux Saxes, bien peu, égarés parmi des masses de Saxes modernes, ces Saxes spéciaux aux filles. Des petits candélabres, tout chargés de fanfreluches de porcelaine. Des masses de portraits en pied, en buste, en costume, en Déjazet, à cheval, en France, en Angleterre.

Un bureau, fait exprès, en marqueterie, qui n'est que camélias et marguerites. Guéridons à vitrines pleines de bijoux rapportés; des vitrines pleines de toutes sortes de choses, des souvenirs, des pantoufles de Constantinople, des peignes garnis de camées, des rivières de corail rose, des gondoles de Venise en filigrane. Des masses de grandes gravures anglaises, des Landseer avant la lettre ou de ces scènes de famille anglaises, qui ont l'air gravées à l'aquatinte par le vicaire de Wakefield (1). Immense cadre ovale contenant des bouquets de fleurs artificielles, jetées dans ses triomphes, ornées d'un ruban d'or, où en lettres noires : *Bordeaux* ou 10 *octobre.*

Un lit, un lit usé comme la planche aux assignats, au fond duquel un émail, le Baptême de Jésus-Christ, encadré dans du velours encadré dans un cadre de chêne. Le plus petit Meissonier connu. La Vénus de Milo et des accessoires sur une table. Des attributions insensées, écrites sur les cadres, en bas de saletés, comme *Baudouin, gendre de Boucher*, donné à une odieuse saleté d'après le tableau de Colson gravé, qui est à Dijon (2). Des plats de Faenza

---

(1) Cf. t. I, p. 528, n. 1.

(2) Add. éd. : *donné.* — Allusion à la Jeune Fille surprise par le sommeil de Jean-François Colson (1733-1803).

achetés au petit bonheur; du Sèvres qui a l'air de ce Sèvres repeint, comme ces services qu'on trouve chez certains marchands spéciaux (1). Tout plein de médaillons de Marie-Antoinette.

Des meubles de Boule modernes, des meubles de bois de rose, plaqués de ces odieuses plaques, où des amours de Voillemot nagent sur des nuages, et qu'elle croit anciens et qu'elle a payés comme tels. Des choses d'un goût ! comme une table de marqueterie, où elle a encastré un carré de porcelaine de Chine.

Rien de beau, que sur la cheminée du salon, une pendule de Berthoud, marbre blanc, garnie d'envolées d'amours dorés mat, qu'elle a payée cinq mille francs et qui les vaut au moins. Elle a des velléités de la faire redorer.

Pauvre luxe, et bancal ! Ça a l'air, un appartement comme ça, du Mont-de-Piété de l'amour.

Aurélien Scholl, qui est installé là, qui y couche, et qui y dîne, — ce qui est plus grave, — l'a promenée aujourd'hui dans tous les bureaux des petits journaux, jusqu'au GAULOIS, sous prétexte de désarmer la critique, mais pour montrer sa maîtresse. « J'ai un tas d'ennemis, dit Doche, ça me fait grand bien. Il n'y a pas eu de femme qui en ait autant que moi. Ah si ! il y avait cette pauvre Rachel... »

Le *E.D.* — Eugénie Doche — partout, sur les stores des fenêtres, en or, avec une couronne de fantaisie au-dessus, et jusque sur les patères des fenêtres, en or sur fond blanc.

Doche : charmante expression d'yeux, des yeux flottants, dans cette vieille figure.

Ce qu'il y a de curieux, c'est que tous les républicains sont plus ou moins fils des doctrines de Rousseau, de la théorie de l'homme bon à l'état de nature, mais déformé moralement par la civilisation, — et que tous, ils travaillent à l'éduquer, à le civiliser.

15 décembre.

Mario m'a appelé auprès de son premier acte, comme médecin consultant du style. Il l'a écrit, me dit-il, « au courant de la plume ». Je le crois bien ! C'est le patois de Scribe, sans grammaire. Le lent

---

(1) Add. éd. : *qu'on trouve...*

supplice d'écouter cela phrase à phrase, mot à mot ! Et toujours : « Enfin, ça ne te choque pas ? Tu écrirais ça ? ». D'abord, ça m'étranglait un peu la gorge, pour répondre : « Moi ? mais... certainement ! » Et puis après, j'ai pris le parti de rire en moi et de m'amuser tout seul. Je n'ai fait qu'approuver. Qui lui a écrit sa FIAMMINA ? Je ne sais, mais ce n'est pas lui. Il ne sait point écrire le français, encore moins le parler et le dialoguer.

Il y a une première scène ambitieuse, un *Pour et contre* de notre temps. C'est trop drôle : « Quand notre armée a-t-elle été plus brave, la science plus avancée ? » etc. Tous les chauvinismes, — le chauvinisme du retour de Crimée, le chauvinisme des bons sentiments filiaux, de la mère qu'on embrasse le soir, — et renouvelés par un tour, une manière !

Ah, le brave garçon ! Il attendait que j'allais, séance tenante, mettre de l'esprit dans sa pièce, et du style ! On ne dore pas de l'eau ! Et puis vraiment, il serait trop bête de rebouter une phrase à un homme qui a un succès cent fois plus grand que Flaubert, sans savoir mettre deux lignes de français sur ses pattes. En marge de sa pièce, on voit des ajoutis de traits d'esprit empruntés à l'Anecdotiana... Non, les drames n'écrivent plus ce français-là : « Les mines, dont j'avais été chargé de l'exploitation, se sont trouvées fécondes » et : « Heureux autant qu'on peut l'être à mon âge, quand l'avenir est assuré, j'accours joyeux, comme un exilé qui retourne au foyer maternel. » Ce dernier mot est le trait. Mario m'a demandé si cela n'était pas assez neuf : « Mais si, mais si ! » Et je riais en dedans comme un singe... Les hommes disent : « Madame, vous me terrifiez et je frémis. »

« Vois-tu, dit Mario, dans les moments dramatiques, je tâche d'être aussi simple que possible... » Et moi de lui donner toutes sortes de bonnes raisons, pour lui prouver qu'il avait raison ! Ce qu'il y a de plus gai, c'est que, comme tous les gens qui ne savent pas écrire, il veut écrire, aligner ses phrases, mettre de beaux *qui* et de beaux *que*. Jamais la phrase n'a un mouvement : elle est au port d'armes. Jamais une phrase coupée, cassée, c'est une prose qui a l'air endimanchée et n'ose pas remuer ; la passion parle le plus pur français de M. Prudhomme. Il y avait dans une scène : « Je vous ai fâché, mon père ? — Non, tu m'affliges. » Il me dit « *Tu m'affliges...* ça te va-t-il, *tu m'affliges* ? » Je ne peux m'empêcher de dire : « Mets : *Tu me fais de la peine...* »

Il réfléchit : « Non, j'aime mieux *Tu m'affliges.* » Il trouvait son verbe plus noble.

Oh ! vraiment, le succès d'une machine comme ça serait une objection contre la langue française !

19 *décembre.*

Je lis l'article de Saint-Victor sur Gavarni, dans cette publication à quatre chevaux de Morizot, D'APRÈS NATURE (1). Et je me prends à douter qu'il puisse faire un livre qui soit un livre. Le feuilleton est le laminoir de la pensée et de la phrase. Au lieu de tonifier la pensée et de serrer la phrase, le feuilleton les étend et les délave, tire dessus comme sur une étoffe. C'est comme une composition d'imprimerie qui flotte et qui n'est pas encore serrée dans son cadre.

Lu du Lucien. Des côtés barbares et d'autres humains. Il y avait, dans les festins antiques, un dieu, un certain Bacchus, dieu des parts égales : ça a l'air d'un dieu d'une table d'hôte de commis-voyageurs. D'un autre côté, voyez dans les saturnales les esclaves servis par les maîtres, — par l'idée de l'égalité, — absolument comme les pauvres servis par le pape dans les saturnales catholiques de la Semaine Sainte, — par l'idée de la charité (2).

Nous avons à dîner Saint-Victor. Parlant du gouvernement : « Ça me fait l'effet d'un tuyau de latrine dans un mur, la nuit. C'est puant, malsain et silencieux. » Et sur Bacciochi : « Figurez-vous de la gelée de mollet de domestique, derrière une voiture, qui tremble. » Il nous dit que quand il a quelque chagrin, il a des rêves d'une douceur et d'un charme angéliques.

Le plus beau produit de la Révolution, c'est l'inauguration la plus complète du scepticisme : il n'y a pas de plus grande figure, après Napoléon, que la figure de M. de Talleyrand.

(1) D'APRÈS NATURE (Morizot, 1858), 40 lithographies de Gavarni, avec quatre préfaces de Janin, Saint-Victor, E. Texier et les Goncourt.

(2) Cf. Lucien, ÉPITRES SATURNALES, 32 et CRONOSOLON, 18.

Blau nous apprend, à un déjeuner donné par Jouffroy, le fils du philosophe, que la sœur et la mère de Villemessant se sont asphyxiées aux Batignolles, de misère. La fille de Villemessant avait été séduite par un maire de Blois, qui avait promis de l'épouser.

31 *décembre.*

Il y a quelque six ou huit mois que je n'ai vu Pouthier; ces vieux amis d'enfance et de parties, si loin de vous maintenant, vous reviennent à de certaines heures et s'emparent de vous. J'ai eu peur qu'il ne soit mort et je voyais qu'il me manquerait. Et puis, je me disais, pour me rassurer : « Ce garçon si drôle, mourir ? Arlequin, mourir ? Non ! » Et puis je pensais au Hamlet, avec le crâne d'Yorick (1). — J'ai écrit à un de ses voisins, dont je savais l'adresse, à peu près. Yorick n'était pas encore mort. Il m'écrit qu'il fait comme les chiens, qui se cachent quand ils sont galeux, que lui est galeux... de misère, d'ennui, de tourment. Il doit venir ce soir finir cette année et commencer l'autre avec nous.

Scholl est venu aujourd'hui. De sa liaison avec Doche, il n'a gagné qu'une chose : c'est de se musquer au point d'entêter ses amis. La singulière chose, qu'il y ait des natures qui, jetées dans un autre monde que celui où elles ont été élevées, ne prennent du nouveau monde que toutes les exagérations caricaturales de mauvais goût. Dans ses paroles, dans ses sous-entendus, dans son silence, il y a, bien vivement exprimée, la volonté de se faire par l'intimidation un chemin, de se créer une célébrité qu'il ne veut même plus demander au travail.

Dans les tableaux italiens, l'écartement des yeux dans les têtes, marque l'âge de la peinture. De Cimabué à la Renaissance, les yeux vont de maître en maître en s'éloignant du nez, quittent le caractère du rapprochement byzantin, regagnent les tempes, et finissent par revenir chez le Corrège et chez André del Sarte à la place où les mettaient l'Art et la Beauté antiques (2).

(1) Cf. HAMLET, acte V, sc. I.
(2) Add. 1887, depuis *Dans les tableaux italiens...*

La plus étonnante modernité étonne et charme dans Lucien. Ce Grec de la fin de la Grèce et du crépuscule de l'Olympe, est notre contemporain par l'âme et l'esprit. Son ironie d'Athènes commence la « blague de Paris ». Ses Dialogues des Courtisanes semblent nos tableaux de mœurs. Son dilettantisme d'art et de scepticisme se retrouve dans la pensée d'aujourd'hui. La Thessalie de Smarra, la patrie nouvelle du fantastique s'ouvre devant son âne (1). Son style même a l'accent du nôtre. Le boulevard pourrait entendre les voix qu'il fait parler sous la Lesché! (2). Un écho de son rire rit encore, sur nos tréteaux, contre le ciel des dieux... Lucien! en le lisant, il me semble lire le grand-père de Henri Heine : des mots du Grec reviennent dans l'Allemand, et tous deux ont vu aux femmes des yeux de violettes (3).

(1) Allusion d'une part à Lucius ou l'Ane, roman où Lucien, comme Apulée, imagine les aventures d'un homme métamorphosé en âne par la magie, et d'autre part à Smarra de Nodier, où le héros, Lorenzo, s'identifie avec Lucius chevauchant en Thessalie et livré par les maléfices de la magicienne Méroé au démon du cauchemar, Smarra.

(2) La *Lesché*, une des salles décorées, qui servaient de promenoir à Sparte, à Delphes, à Athènes.

(3) Add. 1887, depuis *La plus étonnante modernité...* — Cf. Lucien, Les Portraits 8, et Pour les Portraits 26, où d'ailleurs, Lucien fait honneur à Pindare de ces « paupières couleur de violette». Comparer Heine, Intermezzo, XXVI : « les violettes de ses yeux ».

ANNÉE 1859

J'AI pour mes étrennes la dernière épreuve de la seconde édition de MARIE-ANTOINETTE.

7 janvier.

Après sept ou huit mois d'absence, Pouthier s'est décidé à revenir dîner chez nous. Son existence est toujours fantastique. Il demeure dans une maison, rue de l'Hôtel-de-Ville, tout habitée par des logeurs de maçons; et c'est, à cinq heures du matin, *chi chi* et *boum* et *boum*, le bois qu'on scie pour la soupe, le feu qu'on souffle, le bruit des légumes dans la marmite, la descente de l'escalier; puis, plus tard, toute la marmaille de la maison descendant dans les souliers larges de leurs pères et mères.

Il a eu des jours où il est resté couché, trompant la faim avec une cigarette. Il a eu un camarade de chambre plus raffalé que lui, restant deux jours au lit sans manger, — et l'affreux est qu'il l'entendait rêver qu'il mangeait.

Il a été à une noce où la demoiselle d'honneur était une femme qui fait tirer des lotos dans les gargotes, où la mariée, au milieu

575

de la course, a dit : « Je boirais bien » et où la mère, descendant chez le marchand de vin, a fait apporter des *canons* à toutes les personnes de la noce, rassemblées dans cinq ou six fiacres et buvant à la portière. Il a assisté au repas de noce, où la voisine d'un de ses amis, lui voyant mettre de l'eau dans son vin, lui a dit avec intérêt : « Vous avez la vérole ? »

De là, il est allé autre part, s'est fait accepter chez M. de Clermont-Tonnerre, organisant une fête d'enfants, une représentation de BARBE-BLEUE, sur un théâtre admirablement monté, peint par lui et machiné par un répétiteur de l'École Centrale. Heureux, complètement heureux dans cette maison, jusqu'au moment où le maître de la maison veut à toute force faire atteler pour le reconduire chez lui, et lui s'en sauvant en lui disant qu'il va voir une petite femme tranquille, que cette voiture effaroucherait.

Il a persuadé à des pochards, dans des conversations de minuit à trois heures du matin, que le bel avenir de Privat d'Anglemont était compromis par la manie de ne plus faire de feuilletons que sur le bécarre et le dièse, qui peuvent intéresser les musiciens, mais fatiguent le public.

J'oubliais : il s'est fait l'ami du corps des pompiers, pour lesquels et à l'occasion du bal qu'ils donnent tous les ans, il a peint un resplendissant transparent qui, amère ironie, lui a été payé seulement par quelques paroles bien senties du Préfet de la Seine, qui l'a félicité de son désintéressement envers le corps qui rend de si grands services. Comme tout ce qu'il fait, cette peinture de onze jours lui a valu deux dîners... Et il est joyeux, content et tout fier d'avoir fait saisir quelqu'un, orgueilleux enfin d'une créance, qu'il ne touchera jamais. Il est, de son état, dans ce moment-ci, garçon-pharmacien amateur.

Vraiment, je l'estime plus que beaucoup d'autres (1), quand je regarde autour de moi et que je vois ce garçon, dont le malheur, il est vrai, est d'aimer la crapule, mais partageant son morceau de **plain** avec le premier venu, rebelle aux emprunts, incapable de trahir ses antipathies et de caresser quelqu'un pour avoir une commande ; *putain*, banal, mais tout plein de sentiments délicats ; incapable d'envie ; professeur de scepticisme, prometteur d'une

(1) Add. 1887 depuis : *Je l'estime...*

muselière à sa mère pour ses étrennes, qui, tout en la blaguant et ne disant pas comme au théâtre *Ma mère, ma mère*, lui a envoyé à peu près la moitié de ce qu'il a gagné cette année et répondant à la malédiction qu'elle lui a envoyée pour n'être pas allé la voir à Saint-Germain juste le Jour de l'An : « Je n'ai pas pu parce que... et je t'affranchis ma lettre, ce qui me prive toute la journée de fumer ! »

Ce qui me fait supposer que les gens qui meurent à peu près de faim ou qui n'ont pas de lendemain renté ne souffrent pas tant qu'on veut bien le dire, c'est qu'il n'y a pas d'amertume dans leurs œuvres. C'est dans les œuvres de riches qu'il faut aller la chercher, dans Byron, Musset, Chateaubriand.

Prudhomme est un type bien curieux, en ce que nous avions des types de caractère, Turcaret, etc., mais Prudhomme, c'est une caricature de l'intelligence.

Étudiant la folie, j'en reviens à cette idée et à ce mot de Gavarni : « La folie est un *excès* ». Des jours de folie dans la vie, de la naissance à la mort : la folie de jeux de l'enfant, la folie d'amour du jeune homme, la folie d'ambition de l'homme mûr, la folie d'avarice du vieillard. Peu de cas de folie présentant une hallucination morale aussi caractérisée que de croire à Dieu dans un pain à cacheter. Et pourtant, cette folie est à l'état endémique : on l'appelle la religion.

Ce régime-ci aura tout bouleversé, et même les vieilles garanties d'âge de certains états de confiance(1). Le corps des agents de change, par exemple, plein de jeunes gens, à ce point que Moreau, le fils de l'agent de change, disait à Louis : « Le quatrième doyen, sur la liste des agents de change, est à présent mon frère, qui a trente-cinq ans ! »

L'envie du *de* est décidément une rage. C'est aux attaques qu'on sent tout ce que vaut une particule pour ceux qui ne l'ont pas. Cette rage a des mauvaises fois inouïes, même dans le monde

(1) Add. éd. : *et même...*

des lettres et même bien plus là qu'ailleurs. Louis Ulbach a l'imprudence de s'attaquer à notre nom (1). Mon Dieu, c'est beaucoup, sans doute, d'être fils d'un tailleur de Troyes, mais encore faut-il être modeste... Voilà ce que nous répondons à ce gros homme qui, quand il fait de l'esprit, rappelle et même explique ces éléphants funambules dont parle Pline (2). Et notez qu'il a écrit cela après les rectifications insérées dans les journaux.

On dit que les paroles adressées par l'Empereur à M. de Hubner ont eu pour raison la nécessité de refaire à la Bourse des situations pannées de courtisans (3). Le plus étrange n'est pas que cela soit, mais que cela soit vraisemblable.

Un autre symptôme : Lauriston, — ce Lauriston qui a achevé de se ruiner avec la Deslions et dont mon portier a jeté dans la cour les cadeaux de fleurs, laissés par la Deslions en déménageant, — vient, paraît-il, de se refaire à la Bourse, sur la nouvelle, que lui a soufflée la Deslions reconnaissante, des menaces de guerre et du mariage de la princesse Clotilde avec son amant, le prince Napoléon.

Dimanche 16 janvier.

Nous allons voir au Musée la restauration des tableaux anciens, commencée sous la direction de M. Villot. Il est inouï que ceci soit permis. C'est de la restauration de marchand de tableaux pour vendre des croûtes à des Américains. Les Le Sueur et les Rubens y ont déjà passé. Pour les Le Sueur, la perte, selon moi, n'est pas bien grande, mais les Rubens ! C'est comme une musique dont on supprimerait les demi-tons : tout crie, tout hurle, c'est de la faïence enragée. ...Ah, cela doit bien réjouir les bourgeois ! Pas une voix, pourtant, pour protester, pour arrêter

(1) Add. éd., depuis le début du paragraphe : *pour ceux...*, *là qu'ailleurs* et *de s'attaquer à notre nom.* — L'article où Louis Ulbach faisait écho à la notice de Vapereau (cf. t. I, p. 557) avait paru dans le CHARIVARI le 26 décembre 1858.

(2) Cf. Pline l'Ancien, HISTOIRE NATURELLE, VII, 2-3 ; il s'agit d'éléphants acrobates, que l'on admira au cours des combats de gladiateurs donnés par Germanicus : ils exécutèrent « une sorte de danse... puis ils marchèrent sur la corde tendue ».

(3) Répondant aux vœux du corps diplomatique le 1er janv. 1859 et s'adressant au baron de Hubner, ambassadeur d'Autriche, Napoléon III exprima le regret que

ce vandalisme, le plus convaincu et le plus insolent que j'aie jamais vu. M. Villot appartient à M. de Nieuwerkerke, qui appartient à la princesse Mathilde, qui appartient, etc... Ce serait une attaque au gouvernement !

En vérité, ces tableaux, ainsi dépouillés de leur patine d'or, nous ont jetés dans un grand doute. Le temps est un grand maître : serait-il un grand peintre ? Oui, devant ces Rubens qui ne sont plus que des décorations, nous nous sommes demandé si ce n'est pas l'âge qui fait ces tons chauds et fondus, la grande couleur des maîtres.

Vu un nouveau Rembrandt merveilleux : un bœuf ouvert et pendu. Voilà la peinture, décidément, et un peintre ! Le reste appartient au livre. Du Poussin à Delaroche en passant par David, que de fruits secs des lettres !

L'atelier, au XVIe siècle, fait l'artiste dans le grand sens du mot et dans la couleur du temps : un être romanesque, allant jusqu'au crime, vivant au-dessus de la vie, dans le beau et en pleine passion, l'aventurier du beau.

Au XVIIIe siècle, l'atelier est l'école d'un monde ouvrier, laborieux, qui n'a plus que le cœur artiste et dont la vie est rangée et bourgeoise; une petite république qui a le bel orgueil de l'indépendance, le franc parler, le franc juger; un tiers-état qui, par l'esprit et le talent, fait respecter en chacun la dignité de tous.

Au XIXe siècle, l'atelier est une sorte d'Institut de voyous, le Conservatoire de la blague, formant l'artiste aux mœurs crapuleuses du cabot et aux haines du socialisme.

24 janvier.

Nous dînons ce soir en famille pour le mariage d'un de nos cousins, Alphonse de Courmont, un garçon qui a mangé les trois quarts de sa fortune et qui s'est raccroché à une quasi-héritière de Belgique, qu'il va épouser (1). Je suis à côté de lui à table et voilà

« ses relations avec le gouvernement autrichien ne fussent plus aussi bonnes que par le passé ». Ces paroles firent grand bruit et parurent l'annonce de la guerre contre l'Autriche, pour l'Italie, qui allait effectivement éclater en mai 1859.

(1) Texte Ms. : *qu'il vient d'épouser*. Lapsus : Alphonse de Courmont contractera d'autres fiançailles, rompues le 11 juin 1862, et se mariera le 16 avr. 1865.

ce qu'il me dit : « Mon cher, il y avait dix-huit mois que je cherchais à me marier. Je m'étais mis en rapport avec un curé. — De la Chaussée-d'Antin? — Oui. — L'abbé Caron? — Non... Il y eut une entrevue; la jeune personne ne m'allait pas et le père était légitimiste, mais si légitimiste que ça m'embêtait... Celle-ci, ce n'est pas qu'elle soit belle : tu la vois, elle n'est pas belle; mais elle a déjà maintenant deux fois plus de fortune que *papa*. » — *Papa*, c'est lui. On a beau savoir la vie, on a froid dans le dos.

27 janvier.

Scholl est venu déjeuner chez moi. Il a dit un joli mot à propos de Barrière : « Oui, oui, il a du talent, mais il ne se le fait pas pardonner. »

Jeudi 27 janvier.

Pouthier est venu dîner. Le singulier et complexe personnage... C'est toujours une paresse, une veulerie de la volonté, de l'amitié, du caractère, qui le fait prendre en mépris de tout ce qui l'approche. Il passe maintenant des journées entières au lit, dormant et quelquefois, pour se distraire, se couchant sur le côté gauche, pour avoir l'incident du cauchemar. Il nous racontait que sa mère, qui n'a plus que 600 francs de rente, était venue le voir et qu'elle s'était indignée de le voir si peu convenablement logé. C'est bien là le fait de la bêtise bourgeoise, qui veut les apparences de l'honorabilité.

Vendredi 28 janvier.

Gavarni nous tombe à la fin du dîner : il n'a pas faim, il vient « de déjeuner à l'instant même... » C'est lui, un esprit qui ne prend plus aucune jouissance par sa guenille matérielle, qui n'a de chatouillement intime, de récréation de son terrible labeur, que quand il a la conversation de ces gens qu'il appelle les *riches*, les êtres *pleins de faits*, par opposition à ceux qu'on baptise avec un mot, « homme d'esprit », « bon garçon », etc.; ces originaux complexes, résumé et assemblage d'un tas de choses comme Aussandon, Guys, natures étranges, organisations qui vous démontent, langage concret, hommes dont « la vie se passe à être un objet d'étude et de jouissance pour l'intelligence de ceux qui boivent avec eux, sans qu'il reste rien de cela dans une œuvre écrite ou peinte. »

Il nous dit que la géométrie devrait être la forme des choses dans l'espace. Il nous parle de choses qui, n'ayant que deux quantités, comme la fièvre ou la musique, l'intensité et le temps, — marquées par un bâton montant et descendant sur un plan fixe, — devraient écrire leur forme.

Il est fatigué, il a couru tout ce temps, il a vu tous les banquiers, Rothschild, Solar, etc., à propos d'un emprunt de 50.000 francs qu'il voudrait faire sur sa maison d'Auteuil. Il a trouvé simplement des banquiers et pas un Médicis, qui mît un peu de facilité dans son hypothèque. Ce qui lui est le plus pénible, c'est que le Crédit Foncier l'a dérangé un mois ; il s'est adressé à lui en dernier ressort. Pas une amertume, rien que le regret d'être tiré et dérangé de son travail ordinaire.

Il nous emmène le reconduire. Chemin faisant, il s'arrête tout à coup dans le Palais-Royal et de sa canne, nous montrant une fenêtre éclairée au-dessus de la rotonde : « Vous voyez bien ces fenêtres, là, au-dessus de la rotonde, au second, je crois ? Eh bien ! c'est là que Ricourt avait son ARTISTE (1). Après Ricourt, c'est l'acteur Achard. Maintenant, c'est un monsieur Audon, un petit bossu, tout petit, avec sa fille, une petite bossue, qui a sur elle un tas de choses comme si elle allait toujours au bal. Eh bien, ce petit bossu, qui ne manque pas de défiance, a prêté huit cents francs sur un dessin qu'une femme lui assure être du général Bonaparte : une fête, un plan de fête ; le général n'aurait jeté que l'ensemble, les figures de premier plan seraient de Carle Vernet. La femme lui a apporté des certificats de généraux. Le drôle, c'est que ce dessin semble avoir été fait par un architecte, au tire-ligne, un dessin de huit jours de tire-ligne... Oui, cet Audon, un garde du commerce, qui est venu m'arrêter deux ou trois fois, et il m'a consulté sur son dessin du général Bonaparte. »

Nous continuons notre chemin. En passant devant un magasin de confection de la rue Montesquieu : « Tiens, je vais acheter un pantalon. » On monte : « Un pantalon chaud et foncé ». On lui prend une mesure : « Je n'y entends rien, mais du tout ! — Il vous

(1) Cf. t. I, p. 308, n. 1.

ira. — Vous le croyez? Combien? — Vingt-six francs. » Il paye et emporte sous son bras son pantalon.

Nous entrons dans le petit café borgne de la voiture, où nous trouvons une limace dans la bière(1). Nous causons du malheur, pour lui, qu'il ne soit pas suggéré à la Cour Impériale de faire un grand ouvrage sur cette cour. Il nous dit : « Oui, oui, il était question, ces jours, de refaire un costume de la Garde, quelque chose dans le genre des *horse-guards*. Il n'y avait que moi,... et je ne leur aurais pas fait un costume d'opéra... Mais la paresse du corps m'envahit tout-à-fait. Non, la paresse me défend tout maintenant, la paresse du corps qui devient plus forte à mesure que ma pensée s'active. »

Admiration des gravures d'après Piazzetta, horreur des Marc-Antoine.

Causerie sur le théâtre. L'amour au Gymnase : toujours Mme de Pourceaugnac, poursuivie par la *seringue à perruque*... « Dans Monsieur de Pourceaugnac, la lui mettra-t-on par derrière? Ici, la lui mettra-t-on par devant? » (2)

Notre siècle? D'abord quinze ans de tyrannie, de traîneurs de sabre, de Luce de Lancival, de gloire de Cirque, de bâillon, de censure et de tailles sous les seins. Puis quinze ans de blague libérale, de tabatières Touquet, de Bridau en demi-solde, de Missions, de Grande Aumônerie et de princesses en chapeaux à plumes. Puis dix-huit ans de règne de la Garde Nationale, Robert Macaire dans Henri IV, de princes entretenant des rats de l'Opéra à cinquante francs par mois, une Cour où les gens s'appelaient Trognon, Cuvillier-Fleury, des bourgeois et des professeurs. Puis des assommeurs, des souteneurs d'Empire avec des cannes, des Bridau saoulés, et ceci... Pouah ! (3)

---

(1) Il s'agit du café de la rue du Bouloi, qui servait de salle d'attente pour la *Gondole*, la voiture publique, qui allait des Halles à Auteuil : Gavarni demeurait au Point-du-Jour.

(2) Cf. Molière, Monsieur de Pourceaugnac, acte I, sc. 15 et 16.

(3) Les allusions au Premier Empire, aux allures bourgeoises et à l'économie serrée de la cour de Louis-Philippe, aux hommes de main du Deux Décembre, symbole du Second Empire, sont claires. Pour la Restauration, cf. t. I, p. 57 et n. 1, une autre allusion à la coiffure de la duchesse d'Angoulême, coiffure que les Goncourt imaginent plus compliquée qu'elle n'était. En ce qui concerne les Missions, voir

28 janvier.

Notre roman est fini; plus qu'à le recopier (1). C'est singulier, la chose faite ne vous tient plus aux entrailles; cette chose, que vous ne portez plus et ne nourrissez plus, perd ses attaches et elle vous devient pour ainsi dire morte. C'est un sentiment pareil à ce qui suit le coït; il vous prend de votre œuvre un ennui, une indifférence, un dégoût. Tous ces jours-ci, nous avons presque eu cela.

30 janvier.

Saint-Victor, en dînant chez nous, nous parle des dîners, du luxe insolent de la Païva, presque toujours en Circassienne, enveloppée de voiles et ruisselante de diamants. Il nous conte cette histoire qu'elle lui a contée. Femme de Herz, elle était partie de Paris sans argent; arrive à Londres, malade de corps, d'esprit, sans ressources pour le lendemain; avec le peu d'argent qu'elle a apporté, — et encore, il ne lui suffit pas, — elle envoie retenir la grande avant-scène du Théâtre-Royal (2). La voilà dans sa loge, parée, si malade qu'elle avait des boutons blancs sur les bras et ne sentant rien autour d'elle de ce que la courtisane flaire quand l'homme mord. Elle rentre à l'hôtel et montant l'escalier, se voyant dans la glace du fond, elle se fait peur de sa pâleur, de sa fatigue et se dit : « Allons, ma biche, c'est fini. » Elle avait emporté une fiole de laudanum ; mais le lendemain au matin, lettre et au

t. I, p. 57, n. 3. Le Grand Aumônier de France était avant 1789 un personnage important : il choisissait les aumôniers militaires, les prédicateurs de la cour, les chapelains royaux et en principe les professeurs au Collège de France. Il avait surtout droit de présentation aux évêchés et archevêchés. C'est Napoléon, en 1806, et non la Restauration, qui ressuscita la Grande Aumônerie. Mais sous Louis XVIII et Charles X, le prince de Croy, cardinal archevêque de Rouen et Grand Aumônier depuis 1821, joua, à ce dernier titre, un rôle considérable dans la réaction cléricale, notamment comme directeur de la *Société de la Propagation de la Foi*. Surtout, on lui reprocha une *Instruction pastorale* de 1825, invitant les curés de son diocèse à afficher aux portes des églises la liste des paroissiens non pratiquants... Enfin, Touquet, colonel en demi-solde, s'était établi libraire, avait édité un Voltaire choisi en 15 volumes (1821) et créé en 1820 les « tabatières à la Charte », dont le dessus contenait le texte gravé de la Charte. Cf. V. Hugo, LES MISÉRABLES, éd. Allem, p. 147.

(1) Il s'agit des HOMMES DE LETTRES (qui s'intituleront ensuite CHARLES DEMAILLY). Le roman paraîtra chez Dentu seulement le 24 janvier 1860.

(2) Add. éd. : *retenir...*

bout de la lettre, un homme qui lui donna de l'argent, beaucoup d'argent, plus de cent mille francs, avec lesquels elle put poursuivre, arrêter, attacher, par l'Europe, jusqu'en Suède, jusqu'en Laponie, le jeune homme aux quatre millions de rente, le comte Henckel, propriétaire de mines de zinc de Sibérie, avec lequel elle vit maintenant et qui la couvre de diamants et d'hôtels.

Ma maîtresse me parle d'une très jolie pendule qu'elle a vue chez une de ses amies : ça représente Paul et Virginie... Nous rions : « Mais je sais très bien voir quand c'est bien fait ! Je vois ça aux ongles des pieds... »

5 février.

Mario a dîné l'autre soir chez Doche. Il était invité en cérémonie avec Lurine. Il y avait six bouches à table : Scholl, Doche, la fille de Doche, la femme de confiance de Doche et eux deux. Ils ont eu une soupe, deux maquereaux, un entrecôte, de la salade et des pommes de terre; c'est Doche qui faisait les parts.

17 février.

Je suis dans une pièce au rez-de-chaussée. Deux fenêtres sans rideaux versant un jour blanc et laissant voir un jardinet pelé aux arbres maigres. Devant moi, une grande roue, où s'engrènent de petites roues. A la roue, un homme et son bras nu, manche relevée; un homme en blouse grise, qui essuie avec des tampons de gaze une planche de cuivre chargée de noir et la margeant avec du blanc d'Espagne. Aux murs, deux caricatures crayonnées, attachées avec des épingles, un coucou qui semble respirer l'heure. Dans le fond, un poêle en fonte, de grands cartons debout et isolés sur deux rangs. Au pied du poêle, un chien noir aplati sur le flanc, les deux pattes allongées, dormant et ronflant.

A tout moment, la porte s'ouvre, où les carreaux tintent, et trois petits enfants, joufflus comme des culs, collent leurs visages contre les carreaux, entrent, roulent autour de la presse et dans le cuivre, l'eau-forte, sous les tables, dans les jambes de l'homme qui tamponne.

Et sur ma chaise, j'attends, comme un homme qui a fait le plan d'une bataille et qui remet le reste à la Providence, ou comme un père qui attend un fils, une fille ou un singe. — Une émotion véritable... C'est ma première eau-forte que je fais tirer chez Delâtre : le portrait d'Augustin de Saint-Aubin. Voilà quelques jours que nous sommes plongés dans l'eau-forte, mais jusqu'au cou et par-dessus la tête ! Chose étrange, rien ne nous a pris dans la vie comme ces choses, autrefois le dessin, aujourd'hui l'eau-forte. Jamais les choses d'imagination n'ont eu cet empoignement qui fait oublier absolument non seulement les heures, mais encore la vie, les ennuis, tout au monde et le monde entier. On est de grands jours, d'un bout à l'autre, à vivre tout là dedans; on cherche une taille comme on ne cherche pas une idée, on poursuit une ligne et un effet de pointe sèche comme on ne poursuivrait pas un scénario de livre ! — Ainsi nous sommes... Jamais peut-être, en aucun cas de notre vie, autant de désirs, d'impatience, de fureur d'être au lendemain, à cette grande issue, à cette grande catastrophe du tirage.

Et voir laver la planche, la noircir, la nettoyer, mouiller le papier, monter la presse, mettre les couvertures, donner les deux tours, tout cela vous bat dans la poitrine, et les mains vous tremblent à cette feuille de papier tout humide, qui porte une ligne à peu près viable.

Aujourd'hui, 28 février, la correction de notre roman, CHARLES DEMAILLY, est terminée. Pour que nos bonshommes du SCANDALE ne fussent pas d'une ressemblance à faire crier, nous les reprenons. Voici le portrait de Mollandeux :

« Les cheveux châtains et frisottants, les yeux bleus et clairs, le regard clignotant sous des paupières lourdes, le nez taillé en pleine chair, battant des deux ailes, sensuel, friand et fleurant et tiqueté imperceptiblement des petits points d'un fruit mûr, la lèvre humide, le menton plissé sur la cravate lâche, joufflu, dodu du haut en bas, semblant à première vue un gros bel enfant de trente-cinq ans. Sûrement, s'il eût fait tâter sa figure à Mme du Deffand aveugle, les mains de Mme du Deffand se fussent tout à coup retirées de ses joues, comme des joues de Gibbon, en le prenant pour une plaisanterie. Mais à le mieux regarder, son air doux, mielleux, onctueux, ses petits gestes sournois et menus, manœuvrés par de petites mains blanches, potelées et fort soignées, son sourire de chat, ses grâces papelardes vous rappelaient l'Église du XVIIIᵉ siècle et vous montraient un abbé de Pouponville... »

Voilà Nachette :

« L'autre, nerveux, la face tiraillée et tressaillante, de la terre dans le teint, avait une petite figure ramassée et serrée entre les arcades zygomatiques, un œil de feu et le blanc de l'œil rayé par un filet de sang. Il semblait un féroce de la petite race. » (1)

Dans le procès des Petites Voitures, un homme est devenu fou de la prison cellulaire (2). Voilà le progrès philanthropique : au lieu de la torture, la prison cellulaire; au lieu du supplice physique, le supplice moral; au lieu du brodequin, la folie.

Je lis qu'à la noce d'une fille Rothschild, ils étaient à dîner 74 Rothschild ou à peu près, — et je me figure la table, et je me les figure dans un de ces jours qu'a inventés Rembrandt pour les synagogues et les temples mystérieux, éclairés d'un soleil en Veau d'or. Je vois toutes ces têtes d'hommes verdies par la patine du million, blancs et mats comme le papier de billet de banque. Une fête dans une caverne de banque, avec le maire de l'arrondissement apportant au banquet la considération sociale. Rois-parias du monde, aujourd'hui tenant à tout et tenant tout, tenant les journaux, tenant les arts, tenant les plumes, tenant les trônes, disposant du Vaudeville et de la paix, tenant les États et les Empires, escomptant leurs chemins de fer, comme un usurier tient un jeune homme, escomptant ses espérances; rayonnant de Rothschild à Mirès, de Mirès à Pereire, de Pereire à Solar; si régnants dans toutes les

(1) Le SCANDALE dont il est question dans cette note est le petit journal, où Charles Demailly fait ses premières armes littéraires et qui se déchaînera contre lui lorsqu'il sera en passe de devenir un romancier justement célèbre. Mollandeux et Nachette sont deux rédacteurs du SCANDALE; Mollandeux, qui est le double de Monselet, se contentera d'un sketch ironique contre le littérateur « névropathe »; mais Nachette, dont la personnalité s'inspire de celle de Scholl, montera contre Demailly une machination, qui plongera dans la folie le malheureux écrivain.

(2) Au cours d'un procès qui dura du 16 au 25 février 1859, des administrateurs de la société de voitures de places, connue sous le nom de Compagnie des Petites Voitures, avaient été condamnés à des peines diverses « pour avoir distribué, en l'absence d'inventaire ou au moyen d'inventaires frauduleux, un dividende non réellement acquis à la société ».

créations de choses humaines qu'à l'Opéra même, derrière la toile, ils sont si bien maîtres absolus du corps du ballet, qu'une danseuse déjà faite, voyant Gaiffe incirconcis, n'en revenait pas de voir un homme ainsi fait : c'était le premier prépuce qu'elle voyait. Comme dit Saint-Victor, ce n'est pas la captivité de Babylone, c'est la captivité de Jérusalem !

On a beaucoup défini le beau en art. Ce que c'est ? Le beau est ce que les yeux sans éducation trouvent abominable. Le beau est ce que ma maîtresse et ma servante trouvent d'instinct affreux.

L'expansion d'un imbécile, outre qu'elle est particulièrement insupportable, a quelque chose d'humiliant : c'est une supposition que vous comprenez sa langue.

Saint-Victor tombe chez nous à dix heures. Il sort de chez la Guiccioli, aujourd'hui Mme de Boissy. Il fulmine, il tempête, il rugit, il écume contre la grande société. Des douairières, des duchesses, avec des noms à queue, — qui ont l'air de marchandes de pommes. Ça lui a fait l'effet du Grand Monde de plumassiers de Villemot (1). Il est furieux d'avoir donné dans cette blague, comme un homme qui aurait mis des gants pour aller chez maîtresse de Champfleury.

Nous parlons de Millaud, qui n'a plus la PRESSE : il nous le peint méprisamment comme une sorte de Robert Macaire bourgeois, un Buvat qui a fait dorer la langue du serpent de sa pièce d'eau. Et puis ce sont des petits tableaux comme Saint-Victor sait les jeter et les éclairer : du vieux père, que Millaud faisait apparaître dans les solennités, une momie à abat-jour, au pas traînant, « un Abraham de louage. » — Pour Solar : « Vous savez bien, ces gens qui font des ronds dans un puits ? Solar est un homme qui fait

(1) Villemot avait publié en 1858 LA VIE A PARIS, recueil de ses chroniques du FIGARO, dont Veuillot disait qu'elles étaient assez lourdes, pour qu'on pût éprouver la solidité d'un pont en faisant passer dessus les articles de Villemot. Villemessant vante ses « contes parlés », mais reconnaît que la mise de Villemot « était celle d'un bourgeois du Marais, toujours propre, mais jamais à la mode » (MÉMOIRES, t. II, p. 9). Quant aux Goncourt, ils insinuent que ses chroniques mondaines ne pouvaient faire illusion qu'à des artisans ou petits commerçants du Marais.

des ronds en lui-même et Gaiffe est sur la margelle et l'amuse en jetant des cailloux dans ses ronds. » (1)

Nous faisons imprimer nos SAINT-AUBIN à Lyon, chez Perrin. On parle du progrès de l'industrie; mais toutes les fois qu'on veut faire de « l'art industriel », il faut en revenir à copier le passé. Ces jolis caractères de Perrin, qu'est-ce? Les caractères des Aldes.

Rose me conte qu'elle a vu, l'autre matin, passant un lendemain de bal masqué devant la Maison d'Or, une sœur de charité avec une petite charrette, venant ramasser les croûtes des soupers.

Mars.

Tous ces temps-ci, nous ne voyons personne. Nous restons plongés et la pensée enfermée dans l'eau-forte. Rien n'occupe, rien n'arrache des soucis présents comme ces distractions mécaniques. Distraction venue à temps et qui nous empêche de songer au retardement de notre roman dans la PRESSE, — un tour d'ami, bien entendu, de Gaiffe sans doute, soufflé par Scholl... Allons, nous voilà dans les mains encore un outil d'immortalisation pour ce que nous aimons, pour le XVIIIe siècle, et nous roulons projet sur projet de livres popularisant par la gravure les hommes et les choses de ce temps : un PARIS AU XVIIIe SIÈCLE, donnant les tableaux et les dessins inédits; une série sur les artistes par fascicules, comme nos Saint-Aubin; enfin les personnages célèbres du XVIIIe siècle, les têtes de grandeur naturelle, d'après La Tour et autres... Il faut, en ce monde, beaucoup faire, beaucoup vouloir : l'idée fixe est la tristesse.

Nous sommes relancés, tous ces temps-ci, par d'anciens amis, qui nous en veulent beaucoup de ne plus les connaître, pour le banquet des anciens élèves du collège Bourbon. C'est un des côtés de la Bourgeoisie, à ne pas oublier dans notre roman, que cette manie des banquets, de frottement aux célébrités que le hasard

---

(1) Sur la cession de la PRESSE à Millaud par Girardin, cf. t. I, p. 232, n. 2. En 1859, Polydore Millaud, en difficulté, doit céder ses actions de la PRESSE à un associé de Mirès, Solar, banquier et journaliste.

d'une table, d'un banc de collège met à côté de vous; ces agapes de Garde nationale, de comices, ces petites tribunes érigées entre la poire et le fromage, cette comédie d'orateurs, d'organisateurs de quelque chose, ces titres de commissaires au veau froid pris au sérieux, enfin cette folie de représentation bourgeoise, cette soif d'un rôle quelconque, d'une considération : j'ai connu un bourgeois qui a brigué d'être adjoint au maire de Suresnes; il y est arrivé.

Pour la Bourgeoisie, type du père L..., recevant, par sa place, communication des complots et des manifestes socialistes : le trembleur en place, toujours épouvanté, tremblant, furieux de peur.

Comme nous parlons à Gavarni des grandes décorations d'appartement qu'un millionnaire aurait dû lui commander, de tapisseries de Carnaval, dont on aurait dû lui demander le dessin, des masques et des dominos de grandeur naturelle, — nous dit que pour qu'un tel dessin conserve sa grandeur dans de telles proportions et ait la ligne simple, le style, il les aurait fait grossir par une lanterne magique, de façon que son esquisse ne perdît point, en étant grandie et grossie, de son caractère et de l'effet qu'il aurait cherché en petit.

Pour la Bourgeoisie, type : Mme L..., communiant tous les huit jours pour marier son fils. Rattacher à ce type le type du prêtre proxénète de belles dots, l'abbé Caron.

« Et comment va sa femme ? — Il a perdu l'espérance de la perdre. »

J'ai Mario à dîner avec Charles Edmond et Julie. Mario est vieilli de dix ans, il est blanc, il est vieux, il écoute dans des poses anéanties, il n'entend plus, il ne comprend pas. C'est un homme foudroyé, un malheureux sortant des couvertures où il vient d'être berné, avec le vent de cette voltige dans la tête. Tout cela, c'est sa pièce, cette pièce tournée et retournée tant de fois, léchée et reléchée tant de fois, sur laquelle il joue tout son orgueil, sa position et aussi, sinon son pain, du moins le beurre de son pain. L'orgueil même de lui-même, qu'il portait si naïvement, cette confiance suprême au succès, il ne l'a plus que comme un manteau plein de trous, par où passe son découragement. Ce sont le visage, le regard affaissé, la parole morte d'un condamné au *four*. Quelle Passion, ces répétitions où, par ce qui me revient des uns et des autres, la blague et l'outrage lui sont servis par les *cabots*, et chaud ! C'est expier rudement la FIAMMINA. Une chute et voilà un homme fini, peut-être mort. Les vraies et horribles douleurs, les rugissements, les angoisses, les fièvres, les suicides, les larmes de sang, qu'il y a dans ce monde de carton, de quinquets et d'enluminures ! Touchez-les au vif comme sur Mario, c'est à faire peur !

9 avril.

En ce moment, deux admirations chez Gavarni. Les gravures de Pittori d'après Piazzetta, — et des photographies publiées à Genève d'après un nommé Van Muyden, composition italienne étonnante de vérité, de réalisme élégant, gracieux ou simple : un capucin, entre autres, raccommodant un froc.

Au Café Riche, à côté de nous, dîne un vieillard, un habitué sans doute, car un garçon en habit noir vient lui énumérer longuement les mets; et comme il lui demande ce qu'il désire : « Je désirerais, dit le vieillard, je désirerais... avoir un désir. Donnez-moi la carte. » Ce n'était pas un vieillard, ce vieil homme, c'était la Vieillesse.

13 avril (1).

Nous recevons ce matin une lettre de Charles Edmond, qui nous annonce un accroc épouvantable à notre roman. Nous le flairions et nous avons deviné d'où venait le coup. C'est Gaiffe qui empêche notre roman de passer, au nom de l'honneur des lettres et de la considération du journalisme. Il paraît qu'il écume

---

(1) Texte Ms. : 13 *février*. Le fragment suivant, sur Uchard, est daté de même : 14 *février*. Nous croyons à un lapsus, ces passages se trouvant insérés, sans que rien les en distingue, parmi des notes du mois d'avril. D'ailleurs, ici, *nous le flairions et nous avons deviné d'ou venait le coup* fait allusion au passage du mois de mars, sur l'eau-forte, où on lit : ...*songer au retardement de notre roman dans la* PRESSE, — *un tour d'ami, bien entendu, de Gaiffe sans doute, soufflé par Scholl* (t. I, p. 588).

contre notre roman dans les bureaux de la PRESSE : « C'est ignoble contre les journalistes, c'est écrit en argot », etc. Au fond, toute cette indignation bouffonne, c'est notre personnage de Florissac, souligné auprès de Gaiffe par notre excellent ami Scholl (1). Au-dessus de ces comédies et de ces menées souterraines, éclatant enfin, ce sentiment dont parle Balzac dans la préface des ILLUSIONS PERDUES : la presse, qui parle de tout et de tous, ne voulant point qu'on parle d'elle et se proclamant hors le roman, hors l'histoire, hors la loi de l'observation (2). — Au bas de la question, pour ce qui regarde Gaiffe, il devrait nous savoir gré de n'avoir point fait Lucien de Rubempré jusqu'à la DERNIÈRE INCARNATION DE VAUTRIN inclusivement (3).

Sur les instances de Saint-Victor, nous donnons trois jours aux démarches de nos amis avant de retirer notre roman.

14 avril.

Des scènes refaites onze fois; les quatre actes maniés, remaniés au commandement du directeur, de l'acteur, de l'actrice, du mou-cheur de chandelles; des répétitions pleines de risées, une atmos-phère de blague autour de lui, une scène où tout le monde semble l'auteur, excepté l'auteur même; des rôles abandonnés, repris, jetés au nez avec le mot *ordure*, repris enfin à coups de papier timbré...

(1) Florissac, un des rédacteurs du SCANDALE, imaginé d'après Gaiffe, ne joue qu'un rôle épisodique dans l'intrigue des HOMMES DE LETTRES ; mais il apparaît comme le type du journaliste brillant, endormi dans la paresse, et du parasite sans scrupules.

(2) Il s'agit de la préface, composée en avril 1839, pour la seconde partie des ILLUSIONS PERDUES, UN GRAND HOMME DE PROVINCE A PARIS, et où Balzac dit notam-ment : « Les journalistes ne pouvaient pas plus que les autres professions échapper à la juridiction de la comédie », et où il explique par la crainte des vengeances du jour-nalisme le fait qu'on ne puisse guère citer comme attaques contre le journalisme avant lui qu'une comédie de Scribe, un article de Latouche et la préface de MADEMOISELLE DE MAUPIN de Gautier.

(3) Dans les HOMMES DE LETTRES, les tares de Gaiffe, que les Goncourt prêtent à Florissac, sont simplement celles du journaliste sans scrupules tout comme celles de Rubempré dans LES ILLUSIONS PERDUES. Les Goncourt insinuent qu'en poussant le parallèle, ils auraient pu montrer Gaiffe jouant auprès du son protecteur, le banquier Solar, le rôle de mignon que tient le beau Lucien auprès de Vautrin dans SPLENDEURS ET MISÈRES DES COURTISANES. A noter, d'ailleurs, que Lucien y disparaît, en se sui-cidant dans sa prison, à la fin de la 3e partie. *Où mènent les mauvais chemins*, donc avant la 4e partie du roman, *La dernière incarnation de Vautrin*.

Voilà la vie de Mario, ces temps-ci, et qu'il me conte avec l'abattement d'un Jésus au Jardin des Olives, la face jaune, sans colère,
sans éclat, la voix tombante et basse, enfoncé dans un fauteuil,
humilié dans l'attitude même de son corps, dans son geste, dans
son regard, — presque dans son orgueil.

18 avril.

Nous allons à Versailles voir Soulié. Il nous montre la photographie du dessin de David, MARIE-ANTOINETTE ALLANT AU
SUPPLICE. Quelque chose d'affreux et d'ignoble : dessin d'enfant
pour la gravure d'un canard, avec une intention évidente, républicaine et caricaturale de ce peintre, valet de Marat et de Napoléon,
qui n'a trouvé qu'une charge hideuse au bout de son crayon pour
l'agonie de Marie-Antoinette.

Soulié nous mène voir le décor et le théâtre des 5 et 6 Octobre,
la chambre de la Reine, la petite porte, — la porte où sont tombés
les gardes du corps, — l'escalier de marbre, par où montait la
populace, le passage par où la Reine s'est sauvée, le corridor par où
le Roi accourait, leurs pas se croisant l'un au-dessus de l'autre (1).
Tout ce drame, nous le touchons ; et ainsi sur les lieux, en face des
choses muettes et parlantes, tout revient, tout recommence et se
lève dans le souvenir : le caquetage des femmes sous les fenêtres
de la Reine, les clameurs, l'alerte et le petit jour gris d'octobre
éclairant lentement — fureur, terreur, dévouement — le dernier
jour d'histoire du palais de Versailles.

Puis nous montons voir les galeries de portraits : quelle
pauvreté indigne de la France ! Il n'est, pour une collection, qu'un
particulier. Un État ne fait rien que des mesquineries, des choses
sans suite. Une vingtaine de portraits sincères du XVIIIᵉ siècle ;
tout le reste, copies, attributions en l'air, mensonges dont rougit
le conservateur. Pas un portrait de Mᵐᵉ de Lamballe, de Mᵐᵉ de
Polignac, pas un portrait vrai de Mᵐᵉ de Pompadour, de Mᵐᵉ du
Barry. Tout est à remanier dans le gouvernement des musées et

(1) La foule parisienne, venue à Versailles le 5 octobre 1789 réclamer du pain,
envahit le Palais à l'aube du 6, massacra les gardes et pénétra dans les antichambres
de la reine, qui chercha refuge dans les appartements du roi. Le soir du 6, Marie-
Antoinette et Louis XVI étaient contraints de regagner Paris.

de l'art servant à l'histoire. Il y a tout à ramener à l'unité, rassembler les dispersions, mettre par exemple les portraits de La Tour qui sont au Louvre aux portraits de Versailles, reprendre les La Tour de Saint-Quentin, piller les musées de province pour tout ce qui est d'intérêt général français, rallier à Paris toute l'histoire de France, les dédommager en expositions locales ou modernes, surveiller les ventes, etc. Mais jamais un salarié ne mettra ce cœur et cette intelligence au service d'une chose publique.

About revient un peu sur l'eau avec son livre sur l'Italie, livre commandé sous le manteau de la police et interdit (1). Ce garçon-là fait un métier assez bas, il tourne à l'écrivain provocateur. Le plus triste de sa personne est son talent. J'en reviens à mon jugement sur sa Grèce contemporaine : c'est Gaudissart au Parthénon.

20 avril.

Solar, effrayé, dit-il, d'un roman contre le Petit Journal, au fond inquiet par le portrait de son ami à tout faire, veut nous renvoyer aux calendes grecques.

Nous retirons notre roman, qui dormira jusqu'en septembre, et nous relisons la préface de Balzac des Illusions Perdues. Il paraît que les choses n'ont pas changé et que c'est encore une œuvre brave que de parler des journalistes.

Un proverbe charmant à faire : un vieux Juif, blasé de millions, asservissant un jeune chrétien comme Gaiffe, l'abreuvant d'humiliations et de billets de banque et rossant sur son dos la religion chrétienne.

22 avril.

La guerre, une guerre que nous prévoyions depuis longtemps (2). Il y a dans M. de Pradt un passage bien curieux sur le

---

(1) La Question romaine, publiée d'abord à Bruxelles au début de 1859, et qui était un pamphlet contre le pouvoir temporel du pape; About servait, avec une violence parfois gênante, la politique italienne de Napoléon III, telle qu'elle allait s'affirmer quelques jours plus tard, quand éclata la guerre d'Italie, le 22 avril.

(2) Le gouvernement autrichien venait de refuser l'offre d'une conférence internationale sur les questions italiennes, suggérée par Napoléon III, par

besoin perpétuel de coups de théâtre du premier Empereur, la nécessité de son tempérament et de sa position de toujours remuer et de sans cesse occuper la scène, de toujours emplir la patrie de représentations à grand spectacle, une démangeaison de parade (1). Il y a de cela dans celui-ci. Mais je crois que cette parade héroïque, la guerre, sera moins longue, cette fois, moins nationale. Nous sortions de la Révolution, nous sortons de la Bourse. Et tout cela, c'est la sommation de la bombe d'Orsini, c'est la peur : le plus étonnant exemple d'un pareil mobile sur un pasteur de peuples.

25 avril.

Les troupes partent. Une singulière chose que ce grand mot, la Guerre, drapé de si grandes tirades. Vous croyez à un enthousiasme pour un désir ou une idée : ce sont des files de bêtas mal en ordre et titubant, qui courent à la Gloire en sortant du *minzingue*... Des soldats ivres, on ne voit que cela zigzaguant par les rues. Le vin est décidément le premier des patriotismes.

26 avril.

Il me semble que tout joue faux autour de moi; je souffre au contact des autres. Le bruit des paroles et des gens qui m'entourent me blesse et m'agace. Ma bonne, ma maîtresse me paraissent plus bêtes. Mes amis m'ennuient et me semblent me parler d'eux-mêmes plus qu'à l'ordinaire. La sottise, que j'accroche ou avec laquelle je suis forcé d'échanger quelques mots, me grince aux oreilles comme la serrure criante d'une porte. Tout ce qui me touche, tout ce qui m'approche, tout ce que je rencontre et perçois me chatouille et me gratte à rebrousse-nerfs. Je n'espère rien et attends quelque chose d'impossible : un nuage qui viendrait me prendre et m'emporterait loin de la vie, des journaux, des dépêches annonçant si les Autrichiens ont passé le Tessin ou ne l'ont pas

l'intermédiaire de la Russie. Le lendemain, 23 avril, c'est l'ultimatum autrichien exigeant la démobilisation piémontaise; puis le refus du Piémont, l'ouverture des hostilités par l'Autriche et l'entrée en guerre de la France aux côtés du Piémont, le 3 mai.

(1) Cf. Histoire de l'ambassade dans le Grand Duché de Varsovie, par M. de Pradt, 1815, p. 49.

passé ! (1) — loin de mon moi contemporain, littéraire et parisien, dans une campagne de fées, rose et pleine de roses, comme dans la FOLIE de Fragonard, gravée par Janinet, un pays où il y aurait des bruits de voix pour me bercer et où la vie ne m'ennuierait pas.

27 avril.

De l'ennui, de l'ennui plus noir, plus profond, et nous nous y enfonçons. Au fond, une jouissance amère et rageuse, un rêve de vengeance, l'idée de dépouiller sa patrie, de recommencer en soi la Hollande libre-parleuse et penseuse du XVIIᵉ et du XVIIIᵉ siècles; je ne sais quels projets de désespoir, où la pensée s'assied et se repose, d'aller à l'étranger faire un journal contre ce qui est; et là, de s'ouvrir, de briser le sceau sur sa bouche et de répandre ses dégoûts.

Il y a, depuis des mois, une veine de malheur sur nous. Toutes nos espérances presque mûres tombent pourries. Tout avorte, tout manque. Notre pièce annoncée, promise par les journaux, puis roulant dans le panier. Notre roman, *annoncé annonceras-tu*, dans les mains d'un ami qui ne nous veut pas de mal, d'un ami dont nous essayons les pièces, notre roman va passer, il est composé... Un homme à base de millions, Millaud, croule huit jours avant. Gaiffe devient un personnage, Gaiffe ! Et notre roman rentre dans notre tiroir... Par là-dessus, des accrocs de santé qui nous tiraillent, des ennuis de remballement de fermes à l'horizon, la guerre avec l'Autriche, — notre débouché pour MARIE-ANTOINETTE, — jusqu'aux petites choses qui ratent et aux eaux-fortes qui manquent.

29 avril.

Nous recevons une lettre de Mario, une lettre qui montre ce que coûte une première. Nous allons le voir. Il est flamboyant, rayonnant, plus épanoui, plus carré, plus insolent dans son franc orgueil que jamais... Il a eu un succès... C'est un succès qui nous effraye : nous nous demandons si l'art est de quelque chose dans le métier que nous faisons. Imbéciles peut-être de l'avoir cru et de nous efforcer de le croire encore.

(1) Add. éd. : *annonçant.*

Nous espérions nous secouer un peu par notre jolie publication des SAINT-AUBIN : le convoi de marchandises qui nous l'apportait de Lyon, rencontré et brisé en route... C'est le coup de grâce ! Il y a de certaines continuités de mauvaise chance qui cassent les bras. C'est à peine si l'on a encore la force de vouloir et de tenter quelque chose.

Ce soir, nous allons à la troisième représentation de la SECONDE JEUNESSE, cette SECONDE JEUNESSE que nous avons vue sortir au forceps, morceau à morceau, débris à débris, de l'imagination de Mario pendant un mois à Blois, et avec quels efforts, quels déchirements ! Et j'entends devant un public, devant une rampe, un orchestre, des loges, un peu de Paris, récitées par des acteurs, cette prose, ces tirades, ces longues tirades, dont chaque personnage s'assomme dans les situations dramatiques à la façon des héros d'Homère. Le public souffre tout, pâtit tout, tranquille et laissant faire la claque et riant beaucoup du rôle comique de la pièce, auquel rien ne manque de ce qui peut faire rire un public, pas même la plaisanterie sur les cornes.

Et tandis que j'écoutais, un peu crispé, cette chose qui dérange toutes les illusions littéraires possibles, qui ôte la foi au public, le respect de l'art, la confiance d'un jury digne d'une œuvre, tandis que toutes ces inepties plates et sottes se déroulaient, pendant que ce long rien enflé de pathos m'attristait et me désolait, voilà que dans cette pièce qui me doit déjà son titre, j'entends réciter par Félix, mot pour mot, toute une scène que Mario m'avait prié de lui faire au mois de janvier et qu'il s'était mis, aussitôt faite, à recopier de sa main. Seule scène qui dessine le rôle de Félix, seule scène qui fasse un peu tache dans la pièce par une apparence de traits, par un simulacre d'esprit, par une ombre de français, — esprit de troisième ordre, fausse monnaie qu'on donne à un pauvre importun, — bâclée en une demi-heure, au courant de la plume, sur un coin de table...

Et j'entendais rire, applaudir. Mille pensées me venaient. Je pensais au peu d'orgueil d'un homme vis-à-vis de sa conscience, d'emprunter ainsi aux autres. Et je ne concevais pas l'enflure de ce succès, où entrent tant de plumes de paon. Je pensais encore que c'était la dernière fois que j'entrerais dans la complicité de pareils mensonges et dans la charité de si immorales aumônes. Je pensais surtout que nous étions là, tous deux, et que nous ne pouvions pas nous faire jouer, nous dont un morceau de prose de la moitié de nos deux talents, jeté sur le papier du bout de la plume, parait et soutenait un acte de ce grand auteur dramatique.

30 avril.

Ce soir, Saint-Victor vient prendre rendez-vous avec nous pour aller demain dîner à Bellevue, chez Charles Edmond. C'est lui qui a récrit les deux premiers actes de la FIAMMINA. Son opinion est la nôtre sur la SECONDE JEUNESSE : « C'est infect, mais vous concevez, Solar, le Vaudeville... Solar m'a dit d'en dire du bien. Que voulez-vous ? J'en ai dit du bien... C'est ce que Gautier appelle *ciseler des étrons.* »

1ᵉʳ *mai.*

Partout, autour de vous, contre vous, dans l'air, dans les gens qui passent, dans les lambeaux de phrases qui vous heurtent, cette chose odieuse et qui porte sur les nerfs de l'intelligence, cette forte, plantureuse et populairement bourgeoise stupidité : le chauvinisme. Il m'en monte des fumées de la loge de mon portier. Un fond de voltairianisme se réveille dans mes vieux parents, qui se frottent les mains de voir le pape à bas. Il court dans le peuple des courants de *canards* : les légitimistes ont envoyé 130 millions à l'empereur d'Autriche... Tout le monde a l'air de sortir du Cirque et d'avoir vu un Français faire prisonnière une armée. Déjà commence le grand murmure de crédulité animale, les commencements d'un de ces bêlements enragés, Pitt et Cobourg (1). Ma patrie devient bête comme le SIÈCLE.

A Bellevue — Saint-Victor tourmenté toute la journée de l'idée que Mario pourrait avoir, qu'il pense de sa pièce le bien qu'il en a dit. Précisément, Mario tombe du chemin de fer dans la soupe : « Mon cher, dit Saint-Victor, j'ai été forcé de dire du bien de ta pièce, à cause de mon *bourgeois*; mais je te donne ma parole que je n'en pense pas un mot. Je trouve ça très mauvais. » Je pense au cachet de Saint-Victor : *Vincet veritate...*

(1) Cf. t. I, p. 257, n. 1.

Comme Edmond, le tireur de cartes, demandait à Julie : « Quel est l'animal que vous préférez ? — L'homme. »

3 mai.

D'une voiture découverte, un garçon saute à moi, si étonnant, si prodigieux, que je ne le reconnais pas d'abord. C'est Scholl, avec un gilet blanc énorme, grand comme un soleil, une cravate de soie blanche, la chaîne de sa montre passée comme une décoration à la boutonnière de son habit ; et dans toute cette mise inouïe et triomphante, une coupe et un parfum de cabot, un habit qui tient du jeune premier et du père noble, quelque chose de crapuleusement endimanché. Il a l'air d'aller à un bal de contremarques... Il paraît que dans le monde du théâtre, la femelle déteint sur la pelure du mâle.

Mai.

Nous nous étonnons de n'être pas encore arrivés. Je ne parle pas de nos livres, de nos titres, de notre valeur littéraire. Je considère notre valeur et notre force morales. D'abord, ce grand *impedimentum* de l'homme, l'amour et la femme, réduit à la plus simple expression. Rien de ce compagnonnage que nous voyons autour de nous, de ces acoquinements et de ces contrefaçons de ménage, qui embarrassent la carrière de l'homme, occupent sa pensée, le dérangent d'une volonté une et constante : l'amour nous prend cinq heures par semaine, de six à onze, et pas une pensée avant ou après. — Une autre de nos forces, une force aussi rare, c'est l'esprit d'observation, le toisement des gens, une science et une institution de physionomistes moraux, qui nous fait déshabiller des caractères à vue de nez, entrer au fond de tous ceux à qui nous nous frottons, toucher tous les ressorts des marionnettes, deviner et déduire l'humanité de chacun : grande faculté pour mettre les chances pour soi, biseauter les cartes avec lesquelles on joue, piper la veine et jouer du prochain. — Puis encore, le caractère, une forme positive de l'âme, une place fixe de la volonté et de la conscience, le caractère qui donne la solidité aux actes et la suite à la vie. Pas de faiblesse aux conseils, des idées bien assises, bien à nous, et que rien n'entame.

Puis, au-dessus de tout, au-dessus même de la tension perpétuelle de tout l'esprit et du cœur entier à un but, nous sommes deux, *lui et moi*. L'égoïsme à deux de l'amour, nous le possédons avec toute sa puissance et avec une intensité sans relâche dans la fraternité. Qu'on imagine, si l'on peut, deux hommes, deux cerveaux, deux âmes, deux activités, deux volontés liées, rivées, nouées, confondues jusque dans la vanité ! S'appuyant et se fortifiant, arc-boutés l'un dans l'autre, n'ayant pas besoin de se répandre, de se livrer et qui s'épanchent en eux-mêmes; un boulet ramé qui marche d'ensemble, même quand il fait une courbe. Comment n'a-t-il pas fait encore son trou ?

La nature ou plutôt la campagne a toujours été ce que l'a faite l'humanité. Ainsi au XVIIIe siècle, elle n'était pas ce pays romanesque, cette patrie de rêverie, teinte du panthéisme d'un dimanche de bourgeois, la nature poétisée, ossianisée, dépeignée, décoiffée par Bernardin de Saint-Pierre et le paysage moderne. Elle n'avait ni la signification morale, ni l'aspect matériel de la campagne moderne, du jardin anglais par exemple, avec son imprévu, son caprice, son élégie, son sans-façon et ses sites à la Julie de Rousseau.

La campagne était alors matériellement le jardin français, moralement plutôt quelque chose comme la campagne antique, la campagne d'Horace, **un** repos, une excuse de paresse, la délivrance des affaires, les vacances et les récréations de la causerie.

Le jardin français, il faut en sentir et en retrouver les agréments dans cet ordre d'idées du temps. Le jardin français avec sa rectitude, sa clarté, ses allées sans détour, tous ces angles se montrant les uns aux autres, ces mystères qui n'étaient jamais que des apartés — le jardin français où l'arbre n'était qu'une ligne, un mur, un fond, une tenture et une ombre, — le jardin français était un salon meublé d'un bout à l'autre de jupes, d'habits gais, de voix rieuses et entendues à tout bout d'allées et sauvant la nature de la mort, de l'ennui, de l'immobilité, de la monotonie de la verdure, du beau temps, montrant l'homme et la femme et dissimulant Dieu.

Le château au XVIIIe siècle était l'hôtel, avec une vie plus libre, plus large, une véritable cour. C'était Chanteloup, avec tous ses hôtes et tous ses courtisans, c'était le Saverne des Rohan, tous ces palais où l'hospitalité était si énorme, si grand seigneur, que l'on pouvait se faire servir chez soi (1).

8 *mai*.

Marcille nous mène voir la collection de M. Lacaze. Déception ! Nous nous attendions à une collection, à un ensemble de l'art français, à un panorama, à une éducation, à une révélation de cette peinture française si peu connue, à une suite des petits maîtres, à un Panthéon des plus petits dieux et des plus inconnus. — Et au lieu de cela, M. Lacaze nous jette aux yeux des Rembrandt, des Rubens, des Ribera, toutes sortes de grandes peintures, au milieu desquelles quelques Watteau, quelques Chardin, quelques Lancret détonnent et se pelotonnent, écrasés. Déplorable idée de faire se manger les écoles ! L'éclectisme ne vaut rien en rien et surtout en collection. Il empêche le complet et la suite, il dépayse chaque morceau. Il faut comme une filiation, comme un air de famille aux choses rangées à côté l'une de l'autre. Un soldat gagne ou perd beaucoup selon son voisin.

Une autre déception, peut-être à cause de cela, sur la peinture française. Décidément, Watteau bien plus grand maître dans le dessin que dans la peinture. Une peinture petite, assez peinée, assez brillantée, avec des égratignures d'émail sur les jupes, dans les ciels. Avec cela, chez lui comme chez Lancret, Pater, une peinture dessinée; des glacis où la ligne, l'esprit est donné comme à la plume, où le pinceau a piqué les intentions de main de vermillon comme des traits de force de sanguine, une peinture escamotée dont descend toute une école de peinture anglaise.

Des Chardin comme il y en a... Des Fragonard, sauf une jolie esquisse de la CHEMISE ENLEVÉE, enluminés, baveux, décoratoires, de vraies rinçures de Tiepolo. Le grand Lemoyne gravé par Cars, HERCULE ET OMPHALE : de belles parties, un torse de femme élégant, juvénile, une chair fraîche, des moiteurs corrégiennes.

Et nous montrant tout cela, le propriétaire, un vieillard très vert, de l'âge des collectionneurs, remuant des toiles énormes,

(1) Le château de Chanteloup, à 2 km. d'Amboise, construit par la princesse des Ursins, est surtout célèbre pour avoir servi de fastueuse retraite à Choiseul, lorsqu'il fut exilé par Louis XV en 1770. Le château de Saverne ayant brûlé en 1779, le cardinal de Rohan, prince-évêque de Strasbourg, et, à ce titre, suzerain de Saverne, le fit reconstruire en 1784.

dont il est, comme il dit, le saint Vincent de Paul, s'animant sur les tableaux, leur parlant et les faisant parler, entrant dedans, s'y promenant, violant ou ratant la pensée du peintre, s'éprenant parfois à faux, émettant de grands principes et enamouré du ragoût et de la tartouillade, proclamant la peinture spirituelle et bonne française, la première peinture du monde, et trouvant à admirer dans trois stupides GRACES du baron Regnault, aimant tout, embrassant tout, dans un goût ardent; un peu bel esprit, faiseur de mots, de phrases, jaloux du feuilleton.

Une grosse voix de bourgeois qui dit toutes les bêtises que suggère à un bourgeois la vue d'un musée, la musique fausse, des admirations de perroquet d'une femme devant quelque chose qu'elle ne sent pas et qu'elle croit convenable de paraître sentir, nous poursuivent de chambre en chambre : c'est M. Jules Sandeau et sa femme.

On a beaucoup écrit sur la tragédie, la grande tragédie du grand siècle. Et cependant, rien ne la dit, rien ne la montre comme une image, cette belle gravure des COMÉDIENS FRANÇAIS de Watteau.

Comme c'est le sens et la couleur de la tragédie telle qu'elle fut conçue dans le cerveau d'un Racine, déclamée et non jouée par une Champmeslé, applaudie par les gens bien nés d'alors et les seigneurs sur les banquettes ! C'en est la pompe, la richesse, la composition solennelle, le geste accompagnant la mélopée. Oui, la tragédie respire et vit là, mieux que dans l'œuvre imprimée et morte de ses maîtres, mieux que dans les reconstitutions de ses critiques. Là, sous ce portique ordonnancé par un Perrault, qui laisse voir sous un de ses arcs, le jet d'eau d'un bassin de Latone; là, dans ce quatuor balancé, dans cette partie carrée où la passion semble un menuet royal et grandiose.

Qu'il est bien celui à qui une Ariane dit *Seigneur*, ce glorieux personnage couronné de sa perruque, des brassards et des cuissards de dorure et de broderie, une cuirasse où reluit un soleil, en grand et magnifique habit de tirade ! Qu'elle est bien celle que l'on appelle de ce grand nom, *Madame*, la princesse au panier superbe, au corsage comme la queue d'un paon ! Et quelle compréhension de ces ombres qui suivent prince et princesse, en portant la queue de leur tirade, le confident et la confidente, ces deux silhouettes qui se détournent pour pleurer et font une si régulière perspective d'attendrissement !

A Bellevue, à dîner chez Charles Edmond. Un cascadeur assez amusant, le célèbre auteur de cette ineptie à succès extravagant, ORPHÉE AUX ENFERS, Hector Crémieux, conte la façon dont il a lu une pièce à Roqueplan : « C'est une pièce qui m'a fort rapporté. — On l'a jouée ? — Jamais, mais il y avait de forts paris engagés, que je ne la lirais pas. » Va chez Roqueplan : « Mon cher, je sais que vous êtes très occupé ; mais quand vous aurez un moment donnez donc des ordres pour qu'on me renvoie une pièce que j'ai ici, un petit acte. — Qu'est-ce que c'est ? — Non, mon cher, ça ne vous irait pas ; j'en ai le placement ailleurs... N'est-ce pas, je compte sur vous. — Mais encore, qu'est-ce que c'est ? » Enfin toujours la lui redemandant, Crémieux pique sa curiosité : « Mais enfin, si je l'avais là, sous la main... J'ai bien encore un quart d'heure par-ci par-là... » Crémieux met le verrou et tire l'acte de sa poche : « Ah, que c'est canaille ! Mais je vous préviens, je vais dormir. — Nous allons voir. » Première scène, voix tranquille ; seconde, voix terrible. Roqueplan s'habitue aux deux tons et commence à dormir. Troisième : symptôme terrible, laisse tomber son cigare. Crémieux le ramasse et le lui présente par le bout allumé, Roqueplan se brûle et se réveille et va jusqu'à la fin.

Aux journées de Juin, rue Saint-Jacques, mobile pendu à un reverbère, en guise de bec de gaz, résine dans la bouche.

11 *mai*.

On sonne, c'est Flaubert à qui Saint-Victor a dit que nous avions vu quelque part une masse à assommer, à peu près carthaginoise, et qui vient nous demander l'adresse. Embarras pour son roman carthaginois : il n'y a rien ; pour retrouver, il faut inventer le vraisemblable.

Se met à regarder, à s'amuser à voir, comme un enfant, nos cartons, nos livres, tous nos musées. Il ressemble extraordinairement aux portraits de Frédérick Lemaître jeune, très grand, très fort, de gros yeux saillants, des paupières soufflées, des joues pleines, des moustaches rudes et tombantes, un teint martelé et plaqué de rouge.

Passe quatre ou cinq mois à Paris par an, n'allant nulle part, voyant seulement quelques amis : la vie d'ours que nous menons tous, Saint-Victor comme lui et nous comme lui. Cette ourserie forcée, et que rien ne vient rompre, de l'homme de lettres du XIXᵉ siècle est étrange, quand on la compare à la vie, toute mondaine, en pleine société et criblée d'avances, d'invitations, de relations de l'homme de lettres du XVIIIᵉ siècle, d'un Diderot ou d'un Voltaire, à qui le monde de son temps allait rendre visite à Ferney, ou des gens moindres, des auteurs en vogue, d'un Crébillon fils, d'un Marmontel. La curiosité de l'homme, les avances à l'auteur n'existent plus depuis la fondation de la bourgeoisie, depuis que l'égalité a été proclamée. L'homme de lettres ne fait plus partie de la société, il n'y règne plus, il n'y entre même plus. Dans tous les hommes de lettres que je connais, je n'en connais pas un seul allant dans ce qu'on appelle le monde.

A cela, à ce changement, beaucoup de causes. Quand la société avait des ordres, une hiérarchie, le seigneur, pénétré de la conscience et de l'orgueil de son rang, ne jalousait point l'homme de lettres ; il se faisait familier avec lui, parce que le talent n'empiétait point sur son rang et ne régnait point sur sa vanité. Puis dans ce siècle de spleen, dans ce siècle à l'image de Louis XV, siècle où la noblesse trouvait la vie toute faite et l'épuisait vite, le vide, le néant de la tête était grand, la distraction d'un homme d'esprit, le plaisir d'une conversation étaient prisés et estimés. Un homme de lettres était un spectacle rare, dont la verve et l'intelligence chatouillaient les esprits délicats et blasés. L'hospitalité familière, la réception amicale, les marques flatteuses ne semblaient point à ce monde payer trop cher le plaisir de la compagnie d'un écrivain.

Mais la bourgeoisie a rayé cela. La grande passion de la bourgeoisie est l'égalité. L'homme de lettres la blesse, parce qu'un homme de lettres est plus connu qu'un bourgeois. Il y a rancune sourde, jalousie secrète. Puis la bourgeoisie, grosse famille de gens actifs, faisant des affaires, des enfants, n'a pas besoin d'un grand commerce d'esprit : le journal lui suffit. Aussi ne voit-on en ce siècle, dans les grandes familles bourgeoises, d'autres hommes lettrés installés que des Weiss ou des Ampère, un bouffon ou un cicerone.

J'ai un ami qui a une sœur et un voisin. La sœur est à marier, le voisin est à la mort. La sœur a vingt-six ans, le voisin a un fils unique. Le voisin mort, le fils aura 30.000 livres de rentes. Aussi mon ami, qui est bon frère, a-t-il fait la connaissance du voisin; et le fils d'être cajolé, attiré, consolé, réconforté... Il paraît qu'on peut jouer ces jeux-là tout en étant bon chrétien. Mon ami va à la messe, fait ses pâques trois fois par an, croit au pape et même en Dieu.

Aujourd'hui, il m'apporte un carton de dessins : ce sont des dessins du fils du voisin. Il me les apporte, absolument comme une pièce d'or à essayer, pour que je lui dise s'il est destiné à avoir un grand talent. Les 30.000 livres de rentes ne sont pas assez, il voudrait du génie et une fortune par-dessus le marché. C'est, comme je le disais, un bon frère...

14 *mai*.

Le pamphlet anti-ultramontain, de Michelet tombé à About (1). Le pamphlet, un génie en tirailleurs, ce poignard brave et noble comme l'épée, l'expression la plus indépendante et la plus personnelle d'un esprit libre, osé, hardi, briguant de frapper et de souffrir pour l'ironie ou l'indignation de la conscience morale et spirituelle, — ainsi donc, le voilà devenu je ne sais quoi de faux, de louche, d'enrôlé, de commandé, de soudoyé, un agent provocateur, une arme de police. Le pamphlet, une œuvre du démon, — comme la comédie et plus qu'elle, commandé par le pouvoir pour être sa pensée et sa menace, publiées et désavouées et puis congédiées ! On habillera demain, après-demain, la vente faite, le livre en martyr, comme on habille un mouchard en soldat. Une saisie à l'amiable finira la farce...

Le livre comme livre, comme talent, c'est du Lavicomterie, LES CRIMES DES PAPES. Il y est dit que le regard d'Antonelli à des

(1) La grande campagne « anti-ultramontaine » de Michelet remontait à 1843 : à la suite de l'offensive catholique contre l'Université, menée surtout par l'UNIVERS, où Veuillot venait d'entrer en 1842, Michelet décida de consacrer le second semestre de son cours du Collège de France aux Jésuites; le livre tiré de ce cours, LES JÉSUITES, fut publié en juin 1843. — Quant à Edmond About, son pamphlet de 1859, LA QUESTION ROMAINE, (publié d'abord à Bruxelles et à Lausanne, puis à Paris, et bientôt interdit) prend place dans la vaste polémique religieuse déclenchée par l'issue de la guerre d'Italie. La libération et l'unification totale de la péninsule allaient se

femmes fait penser à des chaises de poste culbutées (1). Et puis des nouvelles à la main et des nouvelles à la main, et de la statistique à la Jérôme Paturot.

15 mai.

Naturellement, le livre d'About est saisi.

Nous causons avec Saint-Victor de Napoléon III, de cette fortune inouïe, insensée, de ces torrents de prospérité, comme dit Saint-Simon : « Oui, mon cher, une vraie copulation d'étoiles sur la tête de cet homme. Et quelles adorations ! Ah ! c'est un phénomène bien curieux dans l'histoire naturelle de l'humanité. Ce n'est plus l'autorité, c'est le Césarisme; la chose qui a fait la divinisation de cette espèce d'enfant de chœur de Syrie, Héliogabale, le Césarisme !... Et comme c'est beau ! Tout y entre, il absorbe tout, il se prête à tout, il dévore tout, libéralisme, républicanisme, expédition de Rome et guerre d'Italie, tout. C'est cette déesse de l'Inde à qui on offre des fleurs, des sacrifices humains, tout... C'est magnifique ! »

Le soir, à dîner, dans la salle à manger de Charles Edmond, avec Lambert-Thiboust, qui nous raconte que les actrices voulant cacher à leur amant légitime, comme Aline à Ravel, l'argent qu'elles gagnent en dehors ou qu'elles mettent de côté, le donnent au chef de claque, qui leur montre leurs valeurs nominatives et les garde en dépôt. Le bagne a bien un banquier...

Charles Edmond, — qui a connu tout le monde et vécu partout et qui n'ouvre ses mémoires que par échappées, tirant une figure, un souvenir, un éclair qui vous montre un morceau d'une vie pleine de coudoiements avec mille aventures et toutes sortes de femmes, — comme nous parlons susceptibilité nationale des Italiens, nous conte ceci.

A Nice, il y a sept ans, très lié avec Orsini, qui l'invite à déjeuner. Charles lui dit que lui, est homme ordinaire, qu'il aime un

heurter à la souveraineté temporelle du pape; déjà, les habitants de la Romagne, ses sujets, se soulevaient. Napoléon III souhaitait sinon la suppression, du moins la limitation de ce pouvoir temporel. L'UNIVERS de Veuillot menait campagne contre la politique impériale, que soutenait l'ouvrage d'About.

(1) LA QUESTION ROMAINE, éd. de Lausanne, 1859, p. 105.

bon morceau de bœuf et que les Italiens ne se nourrissent que de polenta et de macaroni; par conséquent, refuse et le quitte; va chez une comtesse russe, à qui Orsini faisait la cour. Un petit Pepoli, ami commun, le demande dans l'antichambre, lui dit qu'Orsini a consacré toute sa vie à la patrie italienne, qu'il n'y a pour lui de plus mortelle injure qu'une offense au drapeau italien et de fil en aiguille, Charles Edmond découvre qu'il venait comme témoin, à cause des propos sur la polenta et le macaroni. Amène Pepoli devant la comtesse, lui raconte l'histoire : « Ah ! c'est trop bête ! » dit-elle. Orsini, moqué par la comtesse, se raccommode avec Charles Edmond.

François II avait dans sa chambre un petit modèle du Spielberg, avec toutes les cellules (1). Tous les matins, passait dans ce modèle la revue des prisonniers; il s'imaginait leur parlant : « Ah ! c'est toi, nº 13, Un Tel... Eh bien, on t'a donné hier des harengs et pas à boire ? Il fait chaud, tu dois avoir soif ? » Tout cela pour le bien de leur âme.

20 mai.

Aujourd'hui arrive cet ami, qui a une sœur à marier et un voisin. Arrive d'un air pénétré, avec une joie en-dessous, qui passe comme du soleil à travers un temps couvert. Le père de son ami est mort. Il l'a surveillé, veillé, l'a mené jusqu'au dernier hoquet de son agonie... Il conte tout cela détail à détail, comme un journal d'hôpital. Ça l'a intéressé. Et puis le dramatique de la chose : l'air du TROVATORE sur l'orgue accompagnant le râle du mourant (2).

Et puis, au milieu de ce récit où il n'y a pas une goutte de cœur, il se reprend pour vous dire : « Ça m'a fait un mal ! » et il se tord dans une contraction sentimentale, ajoutant comme zénith de son attendrissement : « Je n'en ai pas pu dîner ! »

(1) C'est la forteresse autrichienne, au-dessus de Brünn, qui servit de prison politique jusqu'en 1855 et que Silvio Pellico, qui y fut incarcéré, a rendue célèbre par Mes Prisons.

(2) Il Trovatore, l'opéra de Verdi sur un livret de Cammarano, créé à Rome en 1853 et au Théâtre-Italien de Paris en 1854. — L'air en question est sans doute le morceau, entre tous populaire, du *Miserere* du 4ᵉ acte, chanté par les moines, tandis qu'on mène Manrique au supplice.

Mais où il est affreux, où il vous inspire une répulsion, quelque chose qui lève le cœur, c'est quand il vous parle des consolations religieuses qu'il a données au fils, de l'appui en Dieu contre le suicide, de tout ce qu'il a dépensé d'homélies pour le garder à la vie, c'est-à-dire pour garder à sa sœur ses trente mille livres de rentes couchées en joue.

Je pense à ce pauvre diable de jeune homme perdant tout avec son père, n'ayant nulle affection, nulle camaraderie, nul appui, seul, sans famille, se plaignant, se désolant de tout ce qui lui manque, de n'avoir personne à tutoyer sur la terre, aucun cœur où s'épancher et qui ne trouve auprès de lui que cet ami, qui entre dans toute cette peine, dans cette désolation, dans cette effusion, dans cette maison mortuaire, dans ce deuil comme un filou qui vient violer une femme.

Il n'y a que les catholiques pour ces choses-là... Un païen, un hérétique, un indifférent élevé dans le sentiment de l'honneur a sa conscience, là où ils ont l'absolution.

C'est décidément une grande chose dans la vie moderne, dans la société bourgeoise que le mariage ; et ce serait une belle chose, un beau drame de sentiment et de scepticisme qu'une chose qui s'appellerait la CHASSE AU MARIAGE et qui débuterait par une conversation de cercle, sur le coup de deux heures du matin, entre un jeune homme brûlé comme Alfred, avec, au fond, tous les brûlés de leurs amis, et qui ouvrirait par un exorde cynique: «Au dernier salut, le mariage!»

C'est un grand étonnement des républicains de voir la grandeur de ce mot au XVIIIe siècle et tous les dévouements, les bassesses mêmes auxquelles la *Royauté*, le Roi fait descendre ou monter les gens. Tout cela parce que jamais on ne veut juger les idées d'un siècle avec les idées de ce siècle, mais avec les *post-jugés* du siècle qui suit et où l'on est. Eh bien! peut-être dans deux cents ans, quand les chemins de fer auront rapproché les langues et les races, quand on verra tout ce qu'a fait faire de sublime, d'absurde, d'inhumain, de fanatiquement bête, de bourgeoisement idiot, de populairement héroïque cet autre grand mot, la *Patrie*, on s'en étonnera pareillement (1).

(1) Add. éd. : *on verra...*

A-t-on pensé à ce qu'était Londres au XVIIIe siècle? Le Londres français, les réfugiés, les Thévenot de Morande, toujours craignant le poignard, l'empoisonnement dans les épinards; et malgré ce, l'oreille au guet, l'esprit aiguisé, la plume imprudente, le pamphlet forcené, dressant les batteries contre toutes les maîtresses des rois de France, les impures; et dans des ombres, négociant toutes ces ventes et tous ces reniements de la vérité, qu'ils osent, qu'ils vendent et qui les fait vivre? (1) Quelque chose de mystérieux comme Rembrandt, avec des aventures, des hasards voilés et louches, tout le métier noir de la plume vénale qui conspire, tenant du conjuré et du faux-monnayeur, tenant à la liberté, à la licence, à la police, à l'exil, journalistes révolutionnaires sans Révolution, — un joli décor et bien distingué pour une conversation...

Je pense aux jolis cadres de conversation XVIIIe siècle qui ont échappé. Nonne foutue à la porte de son couvent en 92, rencontrée par un jeune homme : conversation de la plus pure fantaisie... Des chapelets, du couvent, tomber en pleine Révolution !

22 mai.

Chez Charles Edmond, nous trouvons About; et nous promenant dans les bois de Bellevue, il parle, il s'ouvre, il se déploie. Comme intelligence, la mesure juste et le ton précis d'un homme du monde intelligent. Un rien de pion là dedans; et encore, du bagout de faiseur. Il nous parle de lui, de sa personne, de ses cheveux gris, — il est tout gris, — de sa mère, de sa sœur, de sa famille, de son château à Saverne, de ses cinq domestiques, des dix-huit personnes qu'il a toujours à table, de sa chasse, de son hôte, Sarcey de Suttières, dont le roman des SALONS DE PROVINCE vient comme « du Balzac bien écrit »; de la désillusion qu'il a eue à relire NOTRE-DAME DE PARIS, la semaine dernière; des qualités de Ponson du Terrail et du cas qu'il en fait avec Mérimée. C'est le *moi* du succès, mais point insupportable, pour ainsi dire point trop personnel; se faisant gentil, au reste, et ayant pour ceux avec lesquels il se trouve, de petites caresses littéraires, des citations de

(1) Texte Ms. : *ces reniements de la vérité qu'ils osent, vendent et les font vivre.*

leurs livres. Mais dans la conversation, pas un atome qui ne soit terrestre, parisien et de Petit Journal.

Il nous parle de son livre, LA QUESTION ROMAINE, qui vient d'être saisi. Il nous dit, et nous le croyons, que l'Empereur a corrigé les épreuves, que Fould y a travaillé et que Morny a donné la fin, c'est-à-dire la Métropole à Paris, idée du MÉMORIAL, idée de l'Autre, comme tout cet Empire (1). Il ajoute que M. Fould lui a dit, et je le croirais encore, qu'on prépare les appartements du pape à Fontainebleau, — à Fontainebleau ! — si par hasard, il était méchant ou qu'Antonelli fît quelque tour.

La révolution libératrice, émancipatrice, cet autre Hercule tueur de préjugés, qui devait nettoyer l'esprit humain des latries et des agenouillements, qu'a-t-elle fait, qu'a-t-elle produit après tout ? La France et le XIXᵉ siècle : un peuple et un temps qui donnent l'exemple d'une idolâtrie, dont il faut aller chercher l'aveuglement, l'abaissement, la lâcheté endémique dans les Bas-Empires, autour des Héliogabales.

Il faut un dieu aux peuples et quand Dieu leur manque, ils divinisent un homme, dont ils adorent jusqu'à l'ordure. Il faut quelque chose ou quelqu'un, sous lequel l'esprit des masses se tienne aplati et dans lequel ils s'abrutissent : le Césarisme est peut-être destiné, dans les sociétés futures, à remplacer la religion. Au lieu de Dieu fait homme, ce sera l'homme fait Dieu.

Oui, tout ce qui se passe, du plus grand au plus petit, est un exemple immoral, un découragement de la pensée, un dégoût de vivre et, dirait Chamfort, « une objection contre la Providence » (2). Tout apprend à mépriser l'humanité, cette humanité

(1) Sur LA QUESTION ROMAINE, cf. t. I, p. 593, n. 1. Les Goncourt visent la dernière phrase du livre : « Les princes... verront que les gouvernements forts sont ceux qui ont tenu la religion sous leur main... et que la métropole souveraine des Églises de France devrait être légitimement à Paris. » — *L'idée de l'Autre*, de Napoléon Iᵉʳ, se trouve au chap. VIII du MÉMORIAL DE SAINTE-HÉLÈNE, où l'Empereur explique les suites qu'il eût données au concordat de Fontainebleau, s'il en avait eu le temps : « Et dès lors, j'allais relever le pape outre mesure,... il fût demeuré près de moi; Paris fût devenu la capitale du monde chrétien. » (Coll. Pléiade, t. II, p. 120). Quoi qu'en disent les Goncourt, l'idée n'est pas la même chez Las Cases et chez About.

(2) Chamfort, ŒUVRES COMPL., 1824, vol. I, MAXIMES ET PENSÉES, ch. I, p. 346, passage où Chamfort analyse ironiquement la métaphysique du noble Dorilas,

qui n'aime que qui la méprise, n'encense que qui la saigne et ne donne la popularité de son histoire et l'éternité de sa mémoire qu'aux verseurs de sang : les noms les plus grands et les plus solides sont des noms en lettres rouges, Robespierre et Napoléon. Le sang est la plus grande gloire d'ici-bas.

Et je songe à cette guerre... Qui le croira, de ceux qui viendront après nous ? Lancer la France à ces aventures, pourquoi ? Par peur, pour la bombe d'Orsini. Suivez les faits, les brochures anonymes et désavouées, la marche des choses, l'opinion montée peu à peu : tout vient de là. C'est cette jolie histoire d'Eugène Sue, Hercule le Hardi, un héros par peur.

A-t-on songé qu'avec ces nouvelles troupes, les zouaves, — une machine de guerre que rien n'arrête, — il n'y a plus de stratégie, plus de génie militaire, plus de capitaines ? Une bataille devient une immense lutte à main plate. Et la guerre s'en retourne droit à la barbarie, avec ces soldats qui n'abordent plus même à la baïonnette, qui assomment avec la crosse du fusil : c'est le tomahawk.

Ces jours-ci, nous tombons chez Gavarni. Nous le trouvons à son chevalet, avec son appui-main, sa table à couleurs, avec les couleurs gouachées sur une assiette, préparées au couteau à palette, à côté de lui. Il a déjà fait 60 des 400 aquarelles de Hetzel. Quelquefois cinq par jour, « comme cela vient ». Je lui en vois préparer deux en un tour de main.

Fait un croquis très léger à la mine de plomb, l'efface et le fait fuir avec de la mie de pain, puis indique ses masses avec un pinceau trempé dans de l'encre de Chine mélangée de carmin, ce qui réchauffe l'encre de Chine. Le pinceau est à sec, de façon à faire des frottis qui n'alourdissent pas. Ainsi, indique ses masses. Puis là-dessus, sur ce dessin que l'encre de Chine fixe, lave à grande eau, jette les tons, crayonne avec une plume grosse comme une plume de roseau et chargée d'une encre de couleur à ton chaud, crayonne les contours et les détails, puis pose les éclairs

---

à qui l'existence de l'homme de qualité apparaît comme « une forte preuve de l'existence de Dieu,... le chef-d'œuvre de la Providence », et au contraire celle de plébéiens trop bien doués comme une « objection... spécieuse » contre cette même Providence.

de gouache aux étoffes, aux mains, aux plans de figure. Quelque chose de semblable aux préparations de bitume des peintres.

Dessins toujours admirables, mais auxquels il ne s'applique plus et qu'il *chie* avec le moins de fatigue possible, épuisant le même cours d'idées et le même caractère de loques, le même ordre de tabliers. Mais n'est-ce pas la fatigue d'un dieu, après avoir créé le monde parisien ?

Il nous mène voir son jardin, à peu près fini, les mouvements de terrain, les rampes, les escaliers et les bancs de pierre de taille, si joliment habillés de lierre et qui lui donnent l'apparence de certaines architectures de jardins italiens; des haies de rosiers abandonnés à eux-mêmes. Puis au bout, nous allons nous asseoir dans le petit creux, chaud comme une Petite Provence tout entouré de tous les arbres verts possibles, qu'il adore (1),.

Et nous causons. Il nous dit qu'il a envie de faire de la peinture, de l'huile, qu'il a fait deux ou trois tableaux, mais très mauvais, parce qu'il n'avait pas alors la couleur et comme nous nous récrions : « Non, je n'avais pas du tout le sens de la couleur. Je l'ai acquis. Il y a des sens comme cela, qui s'éveilleront en moi demain... » Nous l'encourageons fort; et de fait, il y a tant de gens qui ne voudront jamais voir un peintre dans un homme qui fait des aquarelles, des lithographies et ne fait pas de peinture à l'huile !

Nous rentrons dans la maison, dans ces grandes pièces du bas, qu'il a fait peindre de couleurs tristes, grises, austères et où des in-folios en veau du XVIIIe siècle, Moreri, l'Encyclopédie, montrent la bibliothèque sérieuse d'un savant de campagne. Tout ce logis de Gavarni est nu, dur, comme une couchette de cénobite. Ce grand salon a l'air d'une grande cellule, où rien ne vit, qu'une pensée. C'est le domicile rigoureux d'une pensée abstraite.

Nous parlons de la guerre, de ce qu'il y aurait de beau à faire avec une bataille, un champ de bataille vrai, au lieu de l'éternel rapport du MONITEUR d'Horace Vernet. Nous dit qu'il a eu cette idée, — des poitrines d'hommes dans le ruisseau, etc., — et qu'il a pris des croquis d'après nature en 1830 pour cela.

Toujours la même pensée haute, s'attaquant de préférence aux plus grands rébus de la science et se demandant vainement

---

(1) La *Petite Provence*, c'est aux Tuileries, l'espace ensoleillé qui s'étend en contrebas de la terrasse des Feuillants, du côté de la place de la Concorde.

l'explication du pourquoi une toupie ne tombe pas, quand elle tourne, et tombe, quand elle ne tourne pas ; une pensée newtonienne trouvant partout la pomme qui tombe et cherchant des lois de l'infini.

Il a l'idée, sa maison arrangée, de prendre un jour pour recevoir, et comme nous lui parlons des importuns et des ennuyeux : « Vous concevez, mes enfants : toute la journée, très bien ! Et puis à cinq heures, nous laissons la maison et nous filons, quatre ou cinq, dîner quelque part ensemble ! »

Juin.

Je lis dans la préface d'une étude sur Saint-Just le lieu commun d'usage sur la dignité apportée aux gens de lettres par la Révolution. Quoi ? Parce que nous ne courtisons plus une Pompadour, ni un ministre ? Mais nous courtisons Solar, Mirès ; on brigue la poignée de mains de Lévy ; chacun caresse l'éditeur ; l'éditeur donne des idées de romans : Hachette commande un roman sur les tables tournantes à About ! Il y a des dédicaces à un chef de claque, à Porcher, par Murger... Dignité !

Dignité, même, de l'esprit et de la conscience littéraire !... Il y a une revue où Buloz et de Mars récrivent et recomposent tout le monde, Cousin même et Villemain... Dignité ! Allons, ce n'est pas une chose que les constitutions donnent et ceux qui veulent en avoir en ont toujours : même dans la République d'Utopie, j'en sais qui en manqueraient !

Une barbe blonde comme les fils du macaroni...

Jeté sur le pavé les SAINT-AUBIN. Une merveille typographique de Perrin, où nos eaux-fortes ne font pas trop mauvaise figure. — Première livraison d'un beau livre de biographies d'art sur le XVIIIᵉ siècle, que nous avons en tête... Mais le canon, quelle actualité qui tue tout !

Nous avions pris ces temps-ci un maître d'armes, un vrai maître d'armes, comme George Sand en mettrait un dans ses romans, si elle en avait besoin. Républicain, philanthrope et filandreux, théoricien comme Sancho Pança, rustique et aimant la

campagne comme un Parisien, industrieux comme un sauvage;
et avant d'avoir une centaine de mètres à Créteil, habitant un wagon
de marchandises monté sur un mur dans un terrain vague; louche,
chauve et lecteur du SIÈCLE, par là-dessus.

Nous reconnaissons que l'escrime est un art de pure
théorie et qu'il y a, entre la salle et le terrain, toute la distance
qu'il y a entre l'Académie et la littérature, entre les traditions et
la pratique; et notre maître reconnaît avec nous que l'homme
qui ne sait rien et qui joue sa peau est le plus redoutable des
adversaires... En somme, la science la plus problématique
du monde, — après la politique.

12 *juin.*

Dîner chez Charles Edmond. — Les deux femmes à la mode,
dans le monde qui hante les théâtres et se frotte de littérature : la
maîtresse de Marc-Fournier, Jeanne de Tourbey, — pour laquelle
Marc-Fournier, qui vit comme un cénobite, dépense à peu près
cent mille francs par an à ses commanditaires; une femme, dit
Saint-Victor, qui fait l'œil à sa côtelette; Baroche est son patito —
et Gisette, la maîtresse de Dennery, qui possède une collection de
monstres chinois.

Comme nous revenons par les rues qui descendent du chemin
de fer Montparnasse à la rue de Grenelle, nous voilà avec Saint-
Victor, regardant la lune, le ciel, nous disant que c'est cette même
voûte vers laquelle se sont tournés les yeux de ces millions d'hommes morts pour tant de causes diverses et de querelles contraires,
des soldats de Sennachérib aux soldats de Magenta. — De là, nous
nous demandons ce qui peut être derrière, ce que signifient cette
comédie, la vie, ce gaspillage de mondes, la fatalité des instincts,
des circonstances, ce Dieu qui ne nous apparaît pas avec des
attributs de bonté, cette loi du dévorement des créatures, la
préoccupation des espèces et le dédain des individus. Et puis,
Dieu, vous le figurez-vous faisant la cervelle de Prudhomme ou
des insectes ridicules ? Et l'éternité ? Un être qui n'aura jamais
de fin et qui n'a jamais eu de commencement ?... C'est cela surtout,
l'éternité en arrière : voilà ce que nous pouvons le moins imaginer...
La guerre, conçoit-on cela ? Ah ! que de moyens l'homme, cet
éphémère, a trouvés pour se faire souffrir ! *Homo homini lupus,*

cela est vrai ! (1)... Pas une révélation, cela était si facile à Dieu... Oui, de grandes lettres dans le ciel... Le buisson ardent devrait bien se rallumer.

L'immortalité de l'âme est-elle ? Et qu'est-elle ? Une immortalité personnelle ? Ou collective ? Collective, c'est plutôt à penser. La nature n'est pas personnelle, elle est collective.

Je trouve que l'homme a fait des choses plus fortes que Dieu, avec ses forces si petites. Il a tout fait pour lui, tout créé : vapeur, imprimerie, daguerréotype... « Et pensez-vous, mon cher, que l'humanité est si jeune ! Songez que vingt-quatre centenaires, se tenant par la main, feraient une chaîne qui nous ramènerait aux temps héroïques, à Thésée... Il n'y a pas à dire, chaque découverte de la science démolit le catholicisme. Ah ! tenez, il faut en revenir à Kant. Après avoir senti tous les systèmes et toutes les fois qu'il essayait d'échafauder crouler dans sa main, dans ses idées, il a conclu qu'il n'y avait que la morale, que le sentiment du devoir. — Oui, mais c'est bien froid, bien sec. Pourquoi sur cette terre ? Pourquoi la mort ? Et puis, après la mort ? C'est la grande pensée... Et puis que personne ne soit revenu dans le rêve, quand on est délié de la vie, un père mort, pour avertir son fils, une mère... — Ah ! mon cher, *diis ignotis* : c'est un bel autel des Athéniens ! » (2)

Et au fond de cette conversation à bâtons rompus, je vois dans Saint-Victor cette préoccupation de la mort, ce fond de terreur, que laissent toujours au fond des plus émancipés et des plus libres de pensée les éducations religieuses.

« Et pourquoi cette peur si vieille de la mort ? Vous rappelez-vous Homère, quand Achille fait des libations ? Et de ce qu'il verse, les âmes s'élèvent comme un essaim d'abeilles. Il dit : « J'aimerais mieux être garçon de ferme que le chef des âmes. » (3)

(1) La formule, rendue célèbre par Hobbes, vient de Plaute, ASINARIA, II, 4, 88.

(2) Allusion au passage très connu des ACTES DES APÔTRES (XVII, 22-23), où Saint Paul parle aux Athéniens de l'autel dédié *Au Dieu inconnu*.

(3) Dans cette évocation des morts, au livre XI de l'ODYSSÉE, c'est évidemment Ulysse et non Achille qui fait aux morts trois libations de lait, de vin et d'eau (v. 26 sq.), avant de sacrifier les animaux, dont le sang fait accourir les ombres, parmi lesquelles paraît Achille, désespéré de « régner sur ces morts » au lieu de n'être qu'un « valet de bœufs » (v. 489-491).

ANNÉE 1859

Pour le DIX-HUITIÈME SIÈCLE, un chapitre : *État des âmes*. Ame des philosophes ; âme Du Deffand, vide et inquiète, — voir sa CORRESPONDANCE chez Michel-Lévy ; — âme Bachaumont, Doublet, indifférents, satisfaits, tranquilles, confiants, sans soucis.

Un mot attribué à lord Derby : « Cet homme ne parle jamais et il ment toujours. »

22 juin.

Notre siècle ? Un siècle d'à peu près. Des hommes qui ont à peu près du talent, des flambeaux qui sont dorés à peu près, des livres qui sont imprimés à peu près... L'à peu près en toutes choses, dans la main-d'œuvre comme dans l'œuvre, dans les caractères comme dans l'industrie ; l'à peu près du bon marché, l'à peu près de la science... L'à peu près, ce sera notre génie.

24 juin.

La France est révolutionnaire d'instinct et de fait. Et le curieux est qu'elle est ainsi par esprit d'aristocratie. Point de peuple plus amoureux, plus jaloux des distinctions, plus amateur de noblesse, de titres, de galons, de toutes les surélévations individuelles. C'est pour cela même que nous disons et que nous croyons tant aimer l'égalité, quelque chose que le Français veut toujours pour les autres, jamais pour lui.

Idée d'un fils découvrant un adultère et l'amant de sa mère par le bouquet chaque jour apporté sur son tombeau.

26 juin.

En allant chez Charles Edmond, nous causons avec Saint-Victor du DIVAN de Gœthe, un flacon d'essence de roses comparé aux ORIENTALES d'Hugo ; et parlant de la grossièreté, de la grosse couleur de celles-ci, Saint-Victor compare celui-ci à un gros pâtissier, *A la Renommée de Bagdad,* quelque chose comme le coupe-toujours des MILLE ET UNE NUITS.

Nous dînons une douzaine à table, en plein air. Oh ! qu'en ce monde, même en ce monde de la pensée, en ce pays des lettres, la pensée est peu individuelle, personnelle et, pour ainsi dire, autochtone chez l'homme ! Elle vient des livres, des préjugés. Elle est faite d'alluvions, comme la cervelle de Prudhomme. C'est Voltaire dont on cause et auquel toute la table croit une âme qui embrassait l'humanité dans ses bras, une âme qui était la Charité magnifique des idées, un cœur dévoré de la soif de la justice... Voltaire ! Ce cœur sec, cet esprit furieux d'égoïsme, un avocat, non un apôtre ! Voltaire, le squelette du *moi* !

Et puis la guerre, la victoire d'hier (1), le chauvinisme, le chœur des titis patriotes du paradis du Cirque, tous les esprits aplatis devant la victoire, devant le succès ! Pas un esprit qui se raidisse contre ce triomphe, qui est la mort des lettres et le sabre posé sur un livre, — et la grande liberté non des peuples, mais des hommes, la liberté de la Presse, enchaînée, muselée, qui sait pour combien ! Toutes ces consciences étourdies, retournées, ralliées au plus fort ! Et les palinodies les plus confondantes des religieux ou des républicains !

Allons, rentrons dans notre coin, allons nous enterrer dans notre famille ! Quittons ce monde sec et plat, où il n'y a ni un dévouement ni un caractère, rien qui dure, rien qui résiste, rien qui aime, souffre, se révolte, rien qui soit fraternité, idéalité, sacrifice ! Monde bourgeois au fond, mais sans éducation et qui ne voile même pas du mensonge mondain des façons, des paroles et des hypocrisies la sécheresse et le sans-cœur profond, horrible, féroce de l'égoïsme humain !

Il y a en nous du dégoût de Caton pour les dieux, du dégoût de Chamfort pour les hommes. Ce temps nous lève le cœur. Il nous semble que nous soyons exilés chez nos contemporains... Les faits nous blessent, la Providence nous répugne, la Chance est impie, la Fortune joue des farces, les pantins sont laids. Cet autre enfant pourri de la Victoire entre tout botté dans l'Histoire et tout vivant dans la Postérité : c'est l'An Mille des illusions et des croyances de l'honnête homme, de la religion de l'honneur.

Combien peu d'hommes de lettres dans le monde littéraire ! Tout ce qui approche du théâtre sent la contremarque. Les

(1) La victoire de Solférino, qui est du 24 juin.

Lambert-Thiboust, les Crémieux : mouvement d'épaules, dans la vie, avec un *Eh toi, ma vieille !* des *grassotisants*.

Une femme, dans une partie, est nécessaire à l'animation : c'est un animal dans un paysage.

Bar-sur-Seine, du 29 juin au 7 août.

Sur la rivière, il semble que la Nature s'amuse à jouer aux ricochets avec ces oiseaux, taches d'argent qui effleurent l'eau, des culs-blancs, je crois.

Le soir et le matin, j'entends chanter : *Et flon flon flon et zon zon zon...* C'est la grosse voix de mon cousin Léonidas, qui chante du Béranger. Cela est régulier, bi-quotidien et long; enfin, tous les caractères des litanies. Ce sont véritablement pour lui des offices; véritablement, la gaudriole lui sert de religion. Béranger lui est un dogme.

Pour moi, la philosophie est l'algèbre du pathos.

Un Ancien a mieux défini l'amour que Chamfort. C'est Marc-Aurèle : « L'amour? une petite convulsion » (1).

Nos promenades sur la Seine sont bornées par une usine à papier, et je pense : « Usine à papier, moulin à paroles. »

Il y a ici une dame très légère et scandaleuse, qui vient de perdre son fils, un beau jeune homme de seize ans. Sa crainte et le cri de sa conscience, qui se connaît, est : « Si j'allais l'oublier ! »

Les deux grandes mélancolies du siècle, Byron et Chateaubriand, appartiennent à l'aristocratie.

Il y a ici un vieux chat qui ne joue plus, qui ne fait plus le gros dos et qui se sauve, quand il voit un enfant : voilà l'expérience.

(1) Marc-Aurèle, PENSÉES, VI, 13. — Pour l'allusion à Chamfort, cf. t. I p. 820.

JOURNAL

Je lis dans le journal l'annonce d'un Béranger des familles.

Un temps de plomb, une chaleur de plomb, quelque chose de fauve et de fade dans l'air. Il est deux heures, et couché tout habillé sur mon lit, une idée me saisit, s'empare de moi, me remplit. Est-ce une idée, ce quelque chose de vivant, de présent, auquel il me semble que j'atteindrais en tendant la main et que je vois, les yeux fermés ? Cette visitation obstinée et furieuse du désir... C'est l'obsession même, la possession. Car la vision semble incorporée à moi-même, être en moi, s'incarner dans mes organes. Et chose encore plus étrange, ces élancements des sens et ce travail fiévreux d'idées matérielles, qui tournent sans cesse et dans tous les sens les pages d'un album obscène, ces appétences dans lesquelles on s'agite, ne sont point vagues, ni flottantes, ni errantes sur des formes indéfinies et des créatures en l'air, elles ont un objet précis; elles tendent constamment à un corps connu, familier, usuel.

Un dialogue ici :
« Bonjour, madame Mahu ! et vos enfants ?
— J'en ai déjà un de placé.
— Où çà ?
— A Clairvaux. »

Louis XIV, véritable et prodigieuse incarnation de la Royauté. C'est de lui-même qu'il en tire l'image. Il fixe le personnage royal comme un grand acteur fixe un type de théâtre.

Herschell a jaugé les cieux.

La gloire, c'est un bien petit bruit à quelques lieues de Paris.

La pensée est une maladie. L'être heureux, c'est l'idiot, le gâteux. — Non, l'être heureux par excellence serait celui qui aurait juste assez d'intelligence pour apprécier ses jouissances matérielles, être heureux de digérer.

Il est des natures populaires, qui semblent endimanchées dans la fortune. Pourquoi deux fois millionnaire, un homme qui, en fait de femmes, aime les bonnes, — en fait de vin, le râpé, — en fait de lumière, la chandelle, — en fait de sièges, les chaises de paille, — en fait d'eau-de-vie, l'eau-de-vie de picton, — en fait de pain, le pain de ménage, — un homme enfin en qui les sens sont *peuple* ?

On reçoit ici un monsieur qui ne fait de visites à Paris que dans le rayon des lignes d'omnibus.

Ma petite cousine est... une femme, — peut-être la femme. Un zéro avec une crinoline. C'est le plus grand néant que j'aie encore vu. Une poupée d'où sort une jacasserie d'oiseau et de petites cascades d'éclats de rire. Elle mange et elle dort, et elle lit pour dormir. C'est dans l'ordre humain, un ordre particulier : ça rattache le zoophyte à l'espèce humaine.

Lekain, Mirabeau, beautés toutes modernes, contraires aux lignes, beautés de la flamme de l'œil, de la passion de la face, beautés de physionomie.

Le rêve : un kaléidoscope d'idées.

Ce soir, un ouvrier disait à mon cousin : « Moi, je ne suis pas *religionnaire*... J'aime la religion pour les enfants; mais moi, *je suis trop vieux pour la comprendre.* »

Un temps dont on n'a pas un échantillon de robe et un menu de dîner est un temps mort, un temps ingalvanisable. L'histoire ne peut pas y revivre, la postérité ne peut pas le revivre.

J'avais mon pistolet de salon à la main, dans le jardin. L'arme fait l'homme méchant. Passe un chat sur la crête d'un mur. J'ai tiré. Le chat n'a pas bougé d'abord, puis il s'est affaissé sur lui-même; puis il a trembloté; puis tout à coup, il est tombé sur le dos, du mur, sur la sable de l'allée. Il s'est débattu un moment, frappant désespérément l'air de ses pattes de derrière, sa queue a remué lentement, il s'est raidi... La mort d'un animal est humaine.

Et ce sont mes deux plus grands remords : d'avoir tourmenté mon sapajou Kokoli, le matin de sa mort, et d'avoir tué ce chat, qui vivait, qui était peut-être heureux (1).

A l'heure qu'il est, la société est divisée en deux partis, en deux passions : cléricale et républicaine, l'hypocrisie et l'envie.

L'homme, ce rien créé, a une manie de création.

Août.

1º Une troupe de comédiens.

2º Une troupe de ballerines.

3º Des marchands de marionnettes pour le peuple (au moins trois ou quatre).

4º Une centaine de femmes françaises.

5º Chirurgiens, pharmaciens, médecins.

6º Fondeurs, liquoristes, distillateurs.

7º Une cinquantaine de jardiniers.

8º 200.000 pintes d'eau-de-vie.

9º 50.000 aunes de drap bleu et écarlate.

Voilà ce que Bonaparte, voulant coloniser l'Égypte, demandait pour faire une société, une civilisation, une patrie européenne.

Dans la bibliothèque emportée par Bonaparte en Égypte, les livres religieux, — Ancien et Nouveau Testament, Védas, Coran, — sont rangés dans la politique.

La langue allemande n'est pas une langue, c'est un hache-paille.

On sonne les cloches. Mlle M*** dit : « Ah! deux cloches... *C'est du gros !* Ça doit être Madame de *** ».

(1) Kokoli est sans doute le sapajou acheté au Havre en août 1854 (cf. t. I, p. 144) et qui sauta du quatrième étage de la rue Saint-Georges et se tua : Jules fit une aquarelle de KOKOLI MORT datée du 6 octobre 1854 (Delzant, p. 366). Edmond s'abuse, quand il déclare à Georges Docquois (BÊTES ET GENS DE LETTRES, 1895, p. 27) que son frère et lui gardèrent Kokoli plus d'un an et prirent sur lui « force notes », qui servirent pour l'épisode de Vermillon dans MANETTE SALOMON.

Dans Ségur : pour panser les blessés, comme linge, le papier trouvé dans les archives de Smolensk ; parchemins servant d'attelles et de draps ; charpie avec de l'étoupe et du coton de bouleau (1).

Rousseau, Necker, Marat venus de Genève. Ce sont les trois âges de la Révolution.

C'est une grande misère de tout homme qui ne reçoit pas le pouvoir d'héritage, qu'il y grimpe et s'y maintient par toutes sortes de rouleries grossières, de saltimbanqueries, d'*attrape-peuple*. Toute l'histoire de Napoléon, depuis l'époque où, pour me servir de l'expression antique, il affecte la tyrannie, jusqu'à celle où il la possède et l'épuise, est pleine de ces habiletés, de ces mouvements médités et à effet, de ces parades et de ces boniments aux badauds. De la lettre que Premier Consul, il envoie avec un sabre d'honneur à un caporal, en l'appelant « mon camarade », au décret sur le Théâtre-Français, daté, pour donner le change, de ce tombeau de ses destins insolents, Moscou, tout est coup de théâtre. Tout est apprêté, tout est mensonge, tout est réclame chez cet homme, admirable comédien qui n'eut pas, dit Ségur, une passion gratuite (2). Lisez sa correspondance avec Joseph... Il vous laisse hésitant entre l'admiration pour sa campagne de France et l'admiration pour la façon dont il en organise la publicité à Paris, entre deux coups de canon. Lisez surtout les deux lettres (Presse, 2 août) pour l'entrée triomphale de la Garde : quel metteur en scène n'oubliant rien et descendant jusqu'au détail des couplets à chanter au dessert des repas militaires ! (3) Bilboquet de la victoire, Mercadet de génie ! Jupiter-Scapin ! C'est le mot de M. de Pradt (4).

(1) Cf. Philippe de Ségur, Histoire de Napoléon et de la Grande Armée pendant l'année 1812, 2 vol., 1824, t. I, p. 306.

(2) Ségur, rapportant l'attitude de Napoléon à l'égard de deux prisonniers de marque, le général Wintzingerode, qu'il accable de sa colère, et le prince Narischkine, qu'il flatte, ajoute : «Ce qui prouve qu'il y avait eu du calcul jusque dans sa colère.» (*loc. cit.*, t. II, p. 155).

(3) Ces deux lettres de Napoléon, communiquées d'abord à l'Indépendance Belge, puis reproduites dans La Presse du 2 août 1859 et fidèlement analysées par les Goncourt, datent du 31 octobre 1807 et du 17 septembre 1808.

(4) Cf. Histoire de l'ambassade dans le Grand-Duché de Varsovie en 1812, par M. de Pradt, 1815, *Préface*, p. XIII : « L'esprit de l'homme qui unissant

Chose étrange : le despotisme moderne, hier comme aujour-
d'hui, a une base nouvelle et anti-naturelle, l'opinion publique.
C'est à elle qu'il semble toujours parler. Force muselée qu'il
caresse et flatte. Toutes les courtisaneries du premier Empereur
sont pour l'opinion, toutes ses peurs aussi. Les salons le font
trembler, il les hait. L'encre est le sang de l'opinion publique, il
la hait; et cependant que d'actes, que de paroles, que de faussetés
pour la séduire et lui plaire ! Par tout son personnage, par le costume même, la redingote grise, il lui parle. C'est comme une
femme légitime, qui lui impose assez pour qu'il la trompe avec des
égards ou plutôt, c'est une princesse enchaînée et ensorcelée par
un mauvais génie, qui lui fait la cour à travers la porte.

L'homme dans César et l'homme dans Napoléon devaient
se ressembler. Même mépris de l'humanité, etc. Mais que l'autre
est plus sympathique ! Il a des élégances, des aristocraties; il y a
de l'Alcibiade en lui : c'est un génie patricien. Celui-ci, quoique
gentilhomme, est peuple. Il n'a de nobles goûts que quand ils sont
nécessaires à son rôle. Il prend le goût ou plutôt la patience de la
musique et de la chasse seulement dans son manteau d'empereur.
Derrière l'homme de génie, il y a toujours le parvenu, le fils de la
Révolution, l'officier d'artillerie, quelque chose de la caserne et de
la République.

L'Esprit des lois, livre vide : les codes des peuples découpés
aux ciseaux par un Lapalisse-Machiavel.

J'ai trouvé le portrait du comte de Morny dans le comte de
Beppo : « Il savait chanter une ariette, raconter une histoire, *vendre
des tableaux* et danser avec grâce ». (1)

Les grands esprits ne sont pas patriotes : voir Byron.

dans sa bizarrerie tout ce qu'il y a de plus élevé et de plus vil parmi les mortels...
présente une espèce de *Jupiter-Scapin* qui n'avait pas encore paru sur la scène du
monde. »

(1) Beppo, conte en vers de Byron : Laura se croit veuve de Beppo, riche
Vénitien, mi-négociant, mi-pirate, tombé aux mains des Barbaresques; elle le prend pour
sigisbée un comte, dont les Goncourt résument ici le portrait qu'en fait Byron aux
str. 31-33. Beppo revient et s'accommode fort bien du ménage à trois. — Le Don
Juan cité plus bas, est évidemment celui de Byron.

Don Juan me donne à l'esprit le fin et délicat plaisir que doit donner, je suppose, à ceux qui entendent la musique, la musique de Rossini.

Mon cousin a inventé quelque chose de merveilleux. Il achète une bande de cent sous de timbres et avec la bande du bout, se fait du taffetas d'Angleterre pour les coupures de son rasoir.

Château de Croissy, du 12 au 26 août.

Rien ne m'attriste comme un rôti de dindonneau : cela me fait songer à un gala de la FAMILLE MALHEUREUSE de Prud'hon (1).

Un ennui profond, désespéré. Le temps me semble retarder...

Hier, j'étais à un bout de la grande table. Edmond, à l'autre bout, causait avec Thérèse. Je n'entendais rien, mais quand il lui souriait, je souriais involontairement et dans la même pose de tête... Jamais on n'a mis pareillement une âme dans deux corps.

Quelque chose de très dramatique sur la férocité des enfants : Barancourt devenant fou au milieu de sa classe, au milieu des risées sans cœur.

L'Université, une fabrique de critiques.

J'ai eu des illusions, des dévouements d'idées, j'ai eu des chaleurs de tête, des enthousiasmes d'âme; mais à présent, je juge qu'il n'y a pas une idée qui vaille un coup de pied dans le cul, — au moins dans le mien.

Le curé ici, — un homme qui boit son rince-bouche.

Mme de M*** est une grosse femme, une femme pleine de recettes, — recette du vinaigre des quatre-voleurs... — et qui vous

---

(1) LA FAMILLE MALHEUREUSE, exposée en 1822, dut sa célébrité au suicide imprévu de Mlle Mayer, disciple et compagne de Prud'hon : elle avait esquissé le tableau, que Prud'hon acheva après sa mort. La toile représente un père agonisant sur une chaise, dans une mansarde, avec toute sa famille groupée autour de lui.

623

reprend sur les subjonctifs et vous montre son château jusqu'aux *lieux*.

Thérèse et Théodosia. — Le mari entend, derrière une portière, les deux sœurs, se disputant Batta, dire : « Cré mâtine, tu ne me l'enlèveras pas, celui-là ! » Part et va se faire tuer en Afrique.

Point d'autre récompense pour les lettres, point d'autre reconnaissance officielle possible et juste de la valeur, que la reconnaissance de l'opinion, du succès. L'Académie et la croix données au succès, — au fond, quoi que cela semble, ce système serait une rémunération moins criante en injustice. Par exemple, à l'Académie, vous aurez, au lieu des Patin, des Nisard et des académiques, des gens qui ont agi sur leur siècle, Sue, Dumas père, Paul de Kock même, qu'importe ! La postérité remettra les gens en place. Les contemporains ne leur doivent que la reconnaissance de la place qu'ils prennent et du bruit qu'ils font. Et pour les décorations, si bête que soit le succès, elles vaudraient encore mieux, distribuées ainsi. Par exemple, depuis 48, ce serait Murger, Dumas fils, Uchard même, Flaubert, Feydeau.

Le XVIIIᵉ siècle, le siècle où le canon a fait le moins de bruit et la guerre, le moins de gloire.

Paris, 27 *août.*

Nous nous sommes tellement ennuyés là-bas, entre ce vieillard et ce jeune homme plus vieux que son père, dans ce grand parc morne, sous ce ciel qui me semblait un filet où j'étais pris, sans un échange possible d'idées, qu'en arrivant, je me suis mis au lit, le foie mordu affreusement. Triste nature, où le moral fait le physique.

30 août.

Toutes les professions qui impliquent pour l'homme un niveau au-dessus de l'humanité, tel que le prêtre, le juge, le critique, sont des professions infâmes, parce qu'on n'est pas parfait et qu'on remplit des fonctions qui commandent de l'être.

Pour une nouvelle sceptique sur la Religiosité, pendant à l'HOMME AUX SINGES pour la Politique (1). — Un monsieur se fait annoncer chez Louis, avocat de lettres, dit qu'il a écrit à l'Académie des Sciences, etc. Après un préambule très grave : « Monsieur, je fais des miracles. Deux livres sur une table : s'il y en a un contraire à la religion catholique, je me sens immédiatement repoussé, la face contre le mur ». Si au contraire..., le contraire, etc. « Monsieur, j'ai fait une visite au CHARIVARI », visite qui finit ainsi :

« Eh bien, monsieur, puisque vous prétendez, etc., voici la collection du CHARIVARI : vous sentez-vous attiré ou repoussé ? — Immédiatement je me sentis violemment repoussé. »

Autre visite chez Desnoyers : « Monsieur, croyez-vous en Dieu ? Ne blasphémez pas, Monsieur, ou je fais un miracle ! — Ah, par exemple, je voudrais bien en voir un ! »

Peut-être que les gens timides sont les esprits braves. Il y aurait peut-être beaucoup de recherches à faire là-dessus. Je n'ai qu'un exemple qui me revient. C'est Nodier — l'auteur de l'ode contre Napoléon, dans ce temps où tous étaient plats (2) — qui, quand il devait aller chez la duchesse d'Orléans comme lecteur, passait sa matinée à boire de l'eau-de-vie, pour se donner de l'assurance.

Entre Louis XV et la Révolution, dans ces années troubles, lourdes et chaudes où l'orage s'amassait, il surgit de la société qui se déclasse, de l'humanité qui se dérègle au vent qui passe, chargé d'illusions et de poussière, un essaim et une pluie d'hommes nouveaux, bizarres, mystérieux, grotesques. Tout le bruit, tout l'air respirable de la publicité est accaparé par des baladins grandioses, des charlatans, des magiciens, des agioteurs, des *factotums* enragés, des libellistes, des pamphlétaires, des faiseurs de systèmes, de miracles, d'affaires. Les hommes sont des appétits.

---

(1) Cf. t. I, p. 261, sur le projet de l'HOMME AUX SINGES.

(2) Vers 1802, Nodier, entré dans un groupe de jeunes royalistes et de jeunes républicains ligués contre Napoléon, compose cette ode, LA NAPOLÉONE, qui est publiée à Londres, puis imprimée clandestinement à Paris par Dabin. Las d'être obscur, Nodier se dénonce comme l'auteur de ce pamphlet, est arrêté le 22 déc. 1803 et passe quelques semaines à Sainte-Pélagie.

C'est, en plein soleil, un défilé de ces personnages, de ces individualités qui poussent comme des champignons dans le crépuscule d'un monde qui finit, les organisations de décadence : les thaumaturges et les *blagueurs* ! Beaumarchais, Ouvrard : un Lucien (1), un Mercadet; Mesmer et son baquet, Thévenot de Morande et les Arétins; Brissot, Linguet, Cagliostro; — et dans cette comédie de caractères, dans cette troupe de bohémiens, des comiques, des cocus grandioses, des Kornmann protégés par le calembour de leur nom. C'est la plaie des aventuriers qui commence, aventuriers de plume, d'agio, d'affaires, de langue, — et des hommes universels, bruyant partout, emplissant l'Opéra et le Palais de factums, brûlant et écrivant, créant le journal, prédisant Robert Macaire par Figaro.

L'idolâtrie humaine va aux hommes qui méprisent l'humanité et la représentent en laid, Voltaire ou Napoléon. C'est l'histoire des femmes qui aiment les mauvais sujets.

Je crois être le premier homme qui ait reçu de sa maîtresse, en cadeau, une seringue.

On lit et l'on répète partout que l'armée est l'école des grands et nobles sentiments, le conservatoire de l'honneur. Je ne sais trop... Les hommes, avant d'être soldats, font l'amour pour l'amour; quand ils deviennent soldats, cela devient l'histoire du caporal et de sa payse, le bouillon de la cuisinière. Le cadeau de la femme ne répugne pas à l'uniforme.

En rentrant à Paris, on sent, on respire le reste de ces enthousiasmes de la force brute qui marque les Bas-Empires. Ce sont, dans les journaux, les noms des généraux qui vont présider les conseils généraux. C'est, aux vitrines des marchands de musique, ZOUAVE-POLKA, TURCO-POLKA... Turcos! Voilà la guerre civilisée! Où la guerre du XIXᵉ siècle en est venue? A la bête sauvage, à la bête brute, à ces soldats, dont on a été forcé de fusiller une demi-douzaine : ceux-là, pour avoir à peu près éventré une maison de

---

(1) Lucien de Rubempré, le héros des ILLUSIONS PERDUES et de SPLENDEURS ET MISÈRES DES COURTISANES.

filles, et l'un, parce qu'il voulait absolument baiser la femme en cire de la devanture d'un coiffeur et, sur son refus, avait à peu près assommé le coiffeur.

Lorsque Louis-Napoléon était à l'Hôtel du Rhin (1), au commencement de ses grandeurs, il fit venir un acteur, Pastelot, pour s'entendre avec lui pour promener dans la province, avec une troupe, tout le répertoire du Cirque, des guerres de l'Empire (2). Et ils étaient là, le cabot et le futur César, cherchant l'homme pour porter la redingote, le petit chapeau et le nez en cire de feu Gobert, l'homme rare, l'homme unique pour monter le coup aux futurs médaillés de Sainte-Hélène. Enfin, Pastelot se souvint de Rhozevil. Napoléon fournit l'argent de la troupe. La grosse caisse de sa candidature était trouvée.

3 septembre.

Ma maîtresse est là, à côté, couchée et saoule d'absinthe. Je l'ai grisée et elle dort. Elle dort et elle parle. J'écoute, retenant mon souffle... C'est une voix singulière et qui fait une émotion étrange, presque peur, que cette voix involontaire et qui s'échappe, la parole sans la volonté, la voix du sommeil, — une voix lente et qui a la coupe, l'accent et le poignant des voix de drame au Boulevard. Et d'abord, peu à peu, mot à mot et souvenir à souvenir, comme si avec les yeux du souvenir, elle regardait dans sa jeunesse, voyant les choses et la figure des gens sortir, sous la fixité de son attention, de la nuit où le passé dort : « Oh ! il m'aimait bien !... Oui, on disait que sa mère avait eu un *regard*... Il avait des cheveux blonds... Mais ça ne se pouvait pas... Nous serions bien riches à présent, n'est-ce pas ?... Si mon père n'avait pas fait ça... Mais c'est fait, tant pis... Je ne veux pas le dire... »

Oui, il y a comme une terreur à être penché sur ce corps, où tout semble éteint et où la vie animale seule semble veiller, et à entendre ainsi le passé y revenir, comme un revenant dans quelque chose d'abandonné ! Et puis, ces secrets prêts à jaillir et qui

---

(1) Louis-Napoléon Bonaparte, à son retour à Paris en 1848, s'installa à l'Hôtel du Rhin, place Vendôme, et il en fit le quartier général des manœuvres politiques qui devaient le conduire à la Présidence de la République.

(2) Cf. t. I, p. 147, n. 1.

s'arrêtent machinalement, ce mystère d'une pensée sans conscience, cette voix dans cette chambre noire, c'est quelque chose d'effrayant, comme un cadavre possédé par un rêve...

Puis ce fut l'impression du jour même, le retour à des paroles dites il y avait quelques heures et toutes chaudes dans sa mémoire. La scène avec un monsieur pour lui faire reconnaître son enfant, l'enfant d'une femme qu'elle avait accouchée. Et chose étrange, cette femme, si *peuple* de langue et de ton, eut dans tout ce récit non seulement une langue orthographiée, mais encore la diction d'une admirable comédienne. Tantôt elle parlait au cœur de cet homme; mais surtout, c'était l'ironie qu'elle lui jetait, une ironie sourde et vibrante, qui se terminait presque toujours en un rire nerveux. C'était une verve, des arguments, une éloquence, une science de dire merveilleuse et qui me confondait et par laquelle j'étais ravi comme par la plus étonnante scène de théâtre. Je n'ai connu que Rachel pour dire certains mots, pour jeter certaines phrases comme elle les jetait. Quelque chose aussi, par moments, de la voix poitrinaire de Mlle Thuillier. Car sa voix était changée, transposée je ne sais comment, amère et douloureuse.

Quand je l'éveillai, elle avait encore les yeux pleins de larmes, des souvenirs qu'elle avait évoqués d'abord; et bientôt sans que je l'y poussasse, elle alla d'elle-même, suivant dans l'éveil le cours de son rêve, à son enfance, à sa jeunesse, à son père, à son amant.

4 septembre.

Nous tombons à neuf heures chez Charles Edmond. Julie nous reçoit au lit. Ils ont passé à Cauterets un mois assez ennuyeux, Julie occupée tout le jour et toute la nuit à consoler Gisette — Mme Desgranges, la maîtresse de Dennery, qui par amitié l'appelait *charogne* au bout de deux jours — de la fuite de son amant de cœur, M. Puy, filé de la Bourse avec de l'argent de ses clients. Gisette jouait de si grands sentiments, — vente de ses diamants, arrangement des affaires de Puy, additions de sacrifices possibles pour le sauver, — jusqu'à deux heures du matin, que Julie la jette dans la religion, la fait confesser, etc. En sorte que Gisette lit sa messe tous les soirs, — son livre de messe toujours sur sa table, — en disant, avant et après, des cochonneries à révolter un carabinier. Enfin, si contente qu'elle se jetait à tous moments dans les bras de Julie : « Ah, ma chère ! je vous promets que Dennery ne fera plus de pièce qu'avec Charles Edmond ». C'est son mot qu'elle dit à tout le monde.

D'un autre côté, Hector Crémieux, ennuyé, *vachait*. Et puis Lia Félix et Luther : intérieur hideux, juiverie, comptes pour les voitures jusqu'à un centime près et disputes de crocheteurs.

Dennery, pour remercier Julie, l'invite à Cabourg avec Lia. Julie croit qu'il va les héberger et le fait prévenir de leur arrivée. Dennery arrive, leur dit : « Vous êtes très bien... Avez-vous fait vos prix ? Voilà ce que ça vous coûtera. » etc. Le nez de Julie !

Il paraît que c'est Scribe qui a fait décorer Albéric Second, pour avoir eu le courage de le défendre dans l'ENTR'ACTE.

Charles Edmond — ennuyé dans son gouvernement du feuilleton par Gaiffe, qui ne lui pardonne guère l'histoire de notre roman, ni sa lettre — vient encore de donner sa démission à Solar ; et comme le soir, il a rencontré Solar dans les couloirs du Vaudeville : « Ah ça ! mon cher, vous voulez donc me tuer avec vos démissions ! Ne m'en parlez pas ! Si vous saviez comme je m'ennuie ! »

A propos de Gaiffe... Il y a quelque temps, Charles Edmond obligé d'aller chez Gaiffe. Un domestique à gilet rouge et à plumeau, comme dans les pièces, jette son nom à travers une enfilade d'appartements. Arrivé au salon, une voix : « Je suis à vous... » La porte s'ouvre bientôt et Gaiffe entre tout nu : « C'est-à-dire que je le crus nu d'abord, mais il avait une chemise, une chemise de batiste si fine que je l'avais cru nu. » S'assied à la turque, puis : « Louloute ! » Paraît une femme pareillement vêtue, qui s'assied de même... « Vous avez là de beaux vases, dit Charles Edmond, en montrant des vases hauts comme un homme. — Oui, dit Gaiffe, je les ai payés un morceau de pain : 3.000 francs... »

Gisors, du 6 au 24 septembre.

C'est ici un lieu où je m'épanouis. J'y suis à l'aise. J'y amuse et je m'y amuse. J'y ai de l'assurance, de la gaieté, de l'esprit et de tous les esprits, — du gros surtout. Je fais des imitations, des queues de mots, des bêtises, tout ce qui délasse une pensée tendue et une langue obligée de se surveiller. Je me détends et je m'abandonne. Ce sont les vacances de ma tête et de mon caractère. Il y a un grand enfant en moi, que je lâche dans cette maison qui m'a vu petit.

J'ai une grande curiosité, — curiosité toute psychologique : d'elle à moi, qu'y a-t-il eu ? Qu'est-elle au fond ? Je la cherche et ne puis la saisir. Au dehors, à la surface, elle est toute franche, tout homme, tout camarade. Rien de secret, rien de médité, rien de joué, à ce qu'il me semble. Et cependant, il y a des jeux de sensibilité en elle, des expressions de tendresse filiale ou de charité pour les animaux, outrées et qui sonnent le faux. Est-elle fausse ? Qui le dira ? Non, elle est femme...

A-t-elle eu un sentiment, un caprice ? Je ne sais. Il y a, dans les formes de son amitié, quelque chose de si ouvert, de si libre, que toute idée devrait en être repoussée... Et à côté de cela, mettez en balance le plaisir qu'elle montre à se trouver avec moi... Peut-être est-ce mon esprit qui s'accordait à son esprit tintamarresque, à sa plaisanterie littéraire.

Singulière fille, faite de contrastes et dont on ne peut voir le fond ! Pleine de mélancolies et de plaisanteries, intelligente et l'esprit petit comme un parti, coquette et sans coquetterie; raffinée sur ses souliers et s'affublant la tête d'un mouchoir à carreaux; ayant les plus délicates recherches des petites religions de la femme, du souvenir, des amitiés tendres, des jolies superstitions; puis, fort matérielle sur la nourriture et semblant chercher des satisfactions matérielles à me toucher, à se frotter à moi, à s'asseoir auprès de moi, à me passer le bras par-dessus la tête, à rencontrer du bout de ses doigts le bout des miens... Je sais qu'elle a refusé des millions et je suis persuadé qu'elle n'épouserait jamais un homme, quel qu'il fût, ne lui apportant pas l'aisance et qu'elle épousera cet homme, qui est là et dont elle voit les mains et les pieds, pour ses trente millions de rente. Avec cela, aimant fort à m'afficher, à me pousser dans un coin du salon en tête-à-tête, plus familière que jamais avec moi et plus aimable devant un public et surtout devant une autre femme. — Voilà l'énigme.

Bapst, le fils du joaillier, nous conte la parure de Mme de Rothschild la jeune, portée par un gamin de dix ans, enfermée dans une petite boîte de fer blanc, pendue à une chaîne, et le gamin s'arrêtant pour jouer au bouchon : le moyen le plus sûr de transport; et la parure rapportée à la polisseuse par un gamin du même âge (1).

Rosa Bonheur, qui sort d'ici : que les yeux bleus ou les yeux bruns font les peintres coloristes ou froids.

Les Anglais n'ont point d'esprit dans l'esprit. Ils en ont beaucoup dans la philosophie, l'histoire, l'économie politique, à la façon de Galiani dans le DIALOGUE DES BLÉS.

J'ai mesuré : il faut à la campagne un invité par arpent.

Quelle supériorité de la parole écrite, du livre sur la causerie! Les plus mauvais livres, les plus légers, les plus vides, sont encore les cordes qui fixent le terrain, l'arène de la vérité.

C'est un joli mot de Mme Odilon Barrot, qui voyant tous les élèves, tous les Barrot en herbe se rallier, disait à son mari : « Tu ressembles à une poule qui a couvé des canards; ils vont tous à l'eau. »

Pour la BOURGEOISIE, type de républicain : Bazin, républicain parce qu'il était persuadé qu'on extrayait, sous l'Ancien Régime, la rate aux coureurs pour en faire des coureurs *dératés*.

Pièce bouffonne, spirituelle, cadre Sérail.

Prud'hon disait à Mme Passy, pendant son portrait : « Il faut que l'âme parte par les yeux. »

Les trois thèmes de conversation d'une jeune personne avec une autre jeune personne : le dernier sermon qu'elle a entendu, la dernière robe qu'on lui a vue et le dernier air qu'elle joue sur le piano.

Ces vieux officiers de cavalerie à barbe blanche ont un bon air de franchise et de douceur. Celui-ci est un bien joli caractère. Tout homme qui n'est pas soldat lui semble un homme mal

(1) Add. éd. : *le gamin...*, *la parure...*

tourné, une carrière manquée : « Ah ! dit-il de l'un, il aurait fait un si joli hussard ! » Et sa plus grande marque d'estime est de vous dire : « Quel zouave vous auriez fait ! »

Deux forces balancent l'homme et pondèrent sa volonté : le changement et l'habitude.

La liberté n'a rien à reprocher à la religion : la Terreur et la Saint-Barthélemy. On avait trouvé des soldats, on trouva des juges pour tuer : voilà le progrès.

Hippolyte Passy, l'homme qui a toujours la bouche pleine de l'égalité de 89, dont toutes les paroles sonnent la mort des castes et la haine de l'aristocratie, l'homme qui a écrit un livre contre l'aristocratie et qui le récite tous les jours, s'est approché avant-hier de sa belle-sœur et lui a dit : « Vous comprenez, il faut que je loue un appartement au premier. Je reçois des gens si distingués, si considérables, que je ne peux pas les faire monter au quatrième. Je ne peux même pas les faire trouver avec ma famille... Je vois la plus grande société russe, la plus haute noblesse. Edgar a manqué d'épouser une jeune personne plus noble que le czar... Oh ! il sera très difficile à marier. J'ai fait l'illustration de la famille. Il a son nom et il ne peut épouser qu'une personne comme cela. »

28 septembre.

On sonne. C'est Gavarni que nous n'avons pas vu depuis trois ou quatre mois. Il s'asseoit et vient perdre sa journée avec nous. De tout ce temps, de ces quatre mois, il n'a vu personne. Il en est au cent cinquante et unième de ses dessins, qui ne sont plus des aquarelles. Il a inventé un dessin *cursif*, mais qui est peint, comme il dit, et qui se fait à la plume avec deux encres : de l'encre noire lavée d'eau et de l'encre rouge carminée.

Il a été un instant malade : « Oui, j'ai été malade; car pour moi, il n'y a d'autre mal que la crainte de la maladie, et je l'ai eue. » Ç'a été une douleur au cœur et le sang si fort à la tête, qu'il craignait à tout moment de tomber : « J'avais perdu le sentiment de la verticalité... Vous concevez, ça n'aurait pas été drôle ! » Mais le médecin l'a rassuré : ce n'était que rhumatismal.

N'a fait guère qu'une sortie pour alle acheter trois c ents francs de plantes à l'exposition d'horticulture, sa « grande passion ». « Et enfin, dit-il, ça n'a aucun rapport avec mes idées, avec les mathématiques. » Pourtant, cette chinoiserie, comme il l'appelle, est si forte en lui qu'il a été transporté par la lecture d'un catalogue de pépiniériste d'Angers et que lui, si casanier, songe à faire le voyage d'Angers par amour d'une plante annoncée : le *lierre à feuilles de catalpa*. Il nous parle de son jardin, des houx qu'il veut y amener, des nouveaux massifs d'arbres verts qu'il y fera, de son dégoût absolu de l'arbre caduc et de son projet de tout mettre dans son jardin en arbres verts et de tuer ses grands arbres avec du lierre qui montera dans leurs branches. Il médite une grande réhabilitation de l'arbre vert, un guide de l'amateur d'araucarias et autres cyprès, sous ce titre : Le Jardin vert, et s'élève plaisamment contre le préjugé qui fait de l'arbre vert un arbre triste, nous citant son *buisson ardent*, rouge de baies comme un sorbier.

Nous parlons photographie et de la façon *demoiselle*, dont se colorient les figures dans la chambre noire, du contraste complet avec la manière de sentir et de reproduire des peintres. Nous dit qu'évidemment la peinture est une convention et une corruption, dont le triomphe est le style, c'est-à-dire la tension de l'entendement vers l'idéalité. Voit dans la photographie deux résultats : des documents pour la peinture, par exemple des académies toutes dessinées, etc. — et le rejet de l'art vers les compositions idéales, les autres devenant la proie de la photographie.

La conversation tombe sur la femme. Selon lui, c'est l'homme qui a fait la femme et qui lui a donné toutes ses poésies à lui. Il appuie sur la non-compréhension de la femme et sur cette effusion baveuse qui suit le coït, au moment où l'homme en est rassasié. Ce qui lui avait donné, dans le temps qu'il faisait des caricatures fantastiques, l'idée de celle-ci : Un homme aimé. C'est une femme nouant ses bras autour du cou d'un homme, qui la portait sur son dos. Il compare aussi la femme dans ce moment-là à une chose très lourde, qu'on a beaucoup de peine à ébranler et qui, une fois ébranlée, vous écrase. Nous parle de sa chasse à la femme, la chasse à l'inconnue, dont le grand charme est l'aléatoire, « l'aléatoire qui fait le filou, le pêcheur à la ligne, le chasseur, le joueur et le coureur de femmes ».

Puis nous arrivons aux mathématiques, je ne sais par quel zigzag de paroles. Là, il ne mange plus, sa voix devient amoureuse, son œil est plus vif et plus fixe; et avec sa parole pleine de couleur et d'accent, il nous emporte dans un monde d'idées, où il fait jaillir des éclairs qui nous montrent des sommets.

Il va publier bientôt un premier cahier de ses recherches mathématiques. C'est, autant qu'il m'en souvient, sur le mouvement et la vitesse. Il nous parle de sa difficulté personnelle à se faire accepter et à se faire lire sérieusement sur de telles choses, de la prévention du public et des savants contre lui, de la défiance qu'il faut qu'il ait de toute poésie. Il faut s'astreindre à écrire cela comme un maître d'école de village. Il faut aussi commencer par des choses qui ne renversent personne, et ne venir qu'après aux grandes révolutions, à celle qu'il veut tenter contre le calcul différentiel, contre l'x : « La mathématique meurt de l'x ! »

C'est tout un renversement de la géométrie qu'il veut : « Les géomètres ne sont que des arpenteurs, qui mesurent à un cheveu près la distance de la terre au soleil, mais ce cheveu qui n'est rien pour nous est énorme, comparé à l'acarus du bourdon. » La géométrie, mal baptisée « mesure de la terre » : ce n'est pas de mesurer qu'il s'agit, « c'est de faire connaître, c'est de donner la forme de la durée et de l'intensité des choses. » De là, amené à une nouvelle notation de la musique, dont une ligne doit donner la forme de l'air : une ligne montante et descendante, marquant l'intensité du son, sur une ligne horizontale marquant la durée.

Nous confie une des seules grandes sottises de sa vie, contre des tirades républicaines et des rabâchages renouvelés du SIÈCLE; et finit par un croquis délicieux du moral de Chandellier, ce comique mélancolique comme un comique et l'intelligence toute pleine de vignettes de romances.

8 octobre.

Nous trouvons le titre d'un livre à faire et que nous ferons : HISTOIRE IMPOPULAIRE DE NAPOLÉON.

12 octobre.

Tout ce temps, plongés dans notre HISTOIRE DES MAITRESSES DE LOUIS XV, fouillant la Pompadour et la Du Barry. Hier, nous avons été dîner à Bellevue, chez Charles Edmond.

Il y avait là une sœur de Rachel, Lia Félix, une petite miniature de sa sœur, qui fait l'effet de Rachel demoiselle de magasin, mais le visage couturé et criblé de pois, comme si le bon Dieu avait joué de la sarbacane contre elle. Au demeurant, au moral, point de signe particulier, comme disent les passeports. Elle a couché un peu avec tout le monde et beaucoup avec Victor Séjour, voilà tout.

A côté d'elle, il y avait Amaury Duval, rapin du classicisme de son oncle Alexandre Duval, fin, calme, féminin avec de petits pouffements, des rires d'une ironie très douce et distinguée.

Et de l'autre côté, c'était Saint-Victor, un Saint-Victor retour d'Italie, tout chaud, tout ardent et tout baigné d'art antique. Ç'a été un Chemin de la Croix que ce voyage et que ce compagnonnage, à travers tant de belles choses fermées aux bourgeois, avec cet Aubryet, un provincial qui ne veut pas être étonné. Il faut entendre Saint-Victor sur le creux et le vide d'un tel individu, dépaysé, se sentant loin, comme il dit, et comme n'existant plus hors du Café Riche, du public du Petit Journal, sans Villemessant à l'horizon. Une ignorance inouïe, le voltairianisme du commis-voyageur, la jalousie secrète de l'admiration et de la foi de son voisin, comme d'une supériorité, d'un sixième sens, d'une aristocratie qu'il blague, ne l'ayant pas.

Et ça, — tous ceux dont j'entends parler, tout le monde de Dennery, tous ces faiseurs d'imitations, ces gens d'esprit à grands coups de *Eh toi ! ma vieille vache !*, cette légion de pitres et de débitants d'idées de vaudevilles, tous ces boursicots du couplet, ces gens qui n'ont jamais vécu avec un livre ou une idée du passé que pour en tirer quelque machine pour les boulevards, — ça, des gens de lettres ?

15 *et* 16 *octobre.*

Édouard nous enlève pour passer deux jours à la Comerie, chez son père, une de ces propriétés des environs de Paris, où l'on met cent mille francs et dont on en retrouve trente : rien ne ressemble à la paternité comme la propriété.

Nous allons voir Royaumont, ce petit phalanstère, cette petite oasis bordelière du monde, dont nous avons eu par les Lefebvre les oreilles rabattues toute notre jeunesse. Société morte ! joies finies ! dont il ne reste plus que Mme Berthier et Froidure, ce vieux ménage qui a vu les belles fêtes du passé, le théâtre du marquis de Bélissens, où de vrais chevaux montaient sur la scène et où le moulin faisait la toile de fond ! (1)

Maintenant, plus rien que de petites maisonnettes rembrunies et qui ont l'air grognon, un parc accaparé par un commissionnaire en charbon, une galerie de cloître fermée par des fenêtres où de hideuses impressions d'étoffe s'allongent entre des rigoles noires; et dans le paysage, dans la verdure, des voyous de manufacture qui jouent à la pigoche avec, aux lèvres, l'argot de Paris.

Nous allons voir, dans un grand château Louis XIII, assez superbement restauré, une comtesse de Sancy, dont le mari est Sancy-Parabère et qui est dame d'honneur de l'Impératrice. Il est plein de portraits de l'Empereur et de statuettes du Prince Impérial en grenadier (2).

Nous allions voir un portrait de Mme de Parabère; il est dans le salon. C'est un des plus beaux portraits de Largillière. Une femme comme trônant sur des nuages d'étoffe opulente et dont le corsage aux tons violets du Titien sort de flots de soie jaunâtre. A la main, elle tient une rose (3), que la légende de la famille dit être donnée par le Régent et le prix de sa livraison. Perdu dans le bas du tableau, un nègre du Véronèse présentant des fleurs à celle que le Régent appelait « mon petit corbeau noir », à la frêle jeune femme aux nerfs d'acier pour le plaisir et l'orgie (4).

---

(1) L'abbaye cistercienne de Royaumont, en Seine-et-Oise, à Asnières-sur-Oise, édifiée par saint Louis en 1235, fut vendue comme bien national en 1791. Le ci-devant marquis de Travannet l'acheta, consentit à sa démolition en 1792 et établit sur ses ruines une filature de coton, se réservant pour lui-même les luxueux bâtiments du Palais abbatial et de la Maison des hôtes, édifiés en 1785-1789 par l'abbé de Balivière, aumônier de Louis XVI. Quand Travannet eut cédé en 1815 sa filature à un industriel belge, Joseph Vander Mersh, le Palais abbatial, occupé par le nouveau propriétaire et par sa femme, Anna Seale, fut le cadre de somptueuses réceptions, qui s'y poursuivirent quand en 1832, Vander Mersh se retira dans la Maison des hôtes et vendit le « château », — c'est-à-dire le Palais abbatial — et une partie du parc au marquis de Belissens. Sur l'emplacement du passage joignant le Palais abbatial au monastère, un théâtre avait été construit, où l'on joua les premières opérettes de Flotow.

(2) Texte Ms. : *elle est pleine de portraits...*

(3) Var. 1887 : *D'une main, elle cueille un œillet.*

(4) Add. 1887, depuis : *à celle que le Régent...*

Le caractère de cette physionomie, le sourire de l'œil, l'esprit de la physionomie, cette chose toute moderne, qui sort à la fois du type de Louis XIV et du type bovin de la Régence, des femmes de Nattier. La physionomie moderne, une grâce spirituelle dans le costume Louis XIV, les cheveux frisés et remontant en pointe comme un diadème de déesse, toutes choses dont il n'existe rien dans le portrait gravé de Vallée (1).

Au moment de partir, Mme de Sancy, qui est la fille du général Lefebvre-Desnouettes, nous demande si nous voulons voir son musée napoléonien. C'est la chambre de Bonaparte dans l'hôtel de la rue de la Victoire, qui a été léguée à son père.

La porte sur l'escalier a à peine la hauteur d'un homme de taille moyenne : la pièce était mansardée. Sur un fond brun violacé, des arabesques genre Pompéi, camaïeu blanc bleuâtre. En haut la Légion d'honneur, *Honneur et Patrie*; puis d'un côté un aigle et de l'autre un crocodile. Au-dessous, une tête d'homme antique, une tête de femme antique. Le lit en bois peint en bronze vert; des canons font les quatre montants du lit; la flèche du lit, une lance antique, de laquelle tombent des rideaux pareils aux rideaux de la fenêtre, rideaux de tente, cotonnade à grandes raies bleues.

Il y a un bureau, le bureau peut-être sur lequel fut signé le 18 Brumaire : bois verni, cartonnier vert, et pour les deux battants du bas, deux glaives antiques, dont la poignée est surmontée d'une tête d'aigle peinte en bronze vert. Devant un fauteuil curule d'avoué, en acajou et maroquin vert, il y avait une petite cheminée à la prussienne. Une très petite commode en acajou, à têtes de lions en bronze, avec des panneaux dans la gueule. Les sièges de la chambre simulent des tambours, à peau rembourrée.

On voit l'homme d'avant Brumaire, théâtral déjà. C'est la tanière dramatisée qui doit parler à ses complices de gloire. Une mise en scène de coup d'État. Ça sent le Spartiate, l'autorité, la guerre, tout ce qu'il veut qu'on sente en lui. Ça ressemble à de mauvais accessoires d'un vieux théâtre de province.

La vie est dramatique, absolument comme le roman, et les gredins des pièces des boulevards sont dans le monde. Édouard me raconte l'histoire d'un certain pianiste d'Argenton, qui a joué

(1) Add. 1887, depuis : *toutes choses...*

en Russie avec un monsieur de Lagarde, son tentateur, tout à fait la pièce des CHEVALIERS DU LANSQUENET et dont il a dans les mains la confession en huit pages (1).

17 *octobre.*

Maria, qui a de la corde de pendu, et d'un homme qu'elle a connu, de la vraie et de la bonne, veut nous associer à son bonheur futur. Elle se met à en couper un petit morceau et elle prend, pour l'entortiller, le papier le premier venu et qui se trouve être — c'est assez bizarre — la première feuille d'épreuves des HOMMES DE LETTRES. Nous verrons ce que vaut un préjugé du peuple.

Pour la BOURGEOISIE, horrible type d'institutrice, type des Campan, des Genlis, — les femmes qui ont eu le moins de dévouement, qui ont le plus lâché leurs maîtres dans l'histoire, — et type Delisle : quelque chose de l'ingratitude des domestiques.

Type *idem* de marguillier : de Pleignes, ayant toujours peur des bobos et de la mort; type Guiffrey, affilié à toutes les sociétés d'ouvriers : sociétés pour les empêcher de faire de mauvaises connaissances, — la messe et les vêpres le dimanche (2). Le petit neveu de Rose, qui tombe ici d'Afrique, — n'ayant d'autre souvenir de la France, qu'il a quittée vers les quatre ans, que d'avoir crié : « A bas Guizot ! » pour lequel cri on lui a donné quatre sous, — protégé par ce marguillier et patronné par une de ces sociétés de patronage religieux, sous l'invocation d'un saint quelconque, et placé chez un fabricant de dentelles, dont il sort à cause de crevaison de faim (3). Ces sociétés sont une espèce de conspiration

(1) LES CHEVALIERS DU LANSQUENET, roman (1848) et drame en 5 actes (Ambigu, 4 mai 1850) de Xavier de Montépin et du marquis de Foudras : Georges de Marigny devient le chef d'une bande de jeunes mondains dévoyés, qui s'enrichissent en trichant au jeu; il y attire un jeune gentilhomme normand, qu'il a ruiné — et qui finira par épouser la vertueuse sœur de Georges, tandis que celui-ci rachètera ses forfaits et ira recommencer sa vie en Amérique.

(2) Cf. RENÉE MAUPERIN, p. 178 : Henri Mau «perin se rappelait qu'il n'avait pas porté sa cotisation à la *Société du bon emploi du dimanche pour les ouvriers* : il la portait. »

(3) Augustine, l'une des deux sœurs de Rose Malingre, était morte en Algérie à Cherchell, où elle avait suivi son mari, Joseph Damant; elle laisse un fils, Michel, né en 1844, qu'on voit apparaître ici et dont on perd la trace. Le 28 août 1862, après la mort de Rose, Joseph Damant, rentré en France, qualifié « sans profession » et

entre les petits patrons contre de malheureux orphelins (1), que les autres échinent et ne nourrissent pas, en abusant comme de meurt-de-faim.

Dimanche 23 octobre.

A Auteuil, chez Gavarni.

Nous le trouvons en tenue superbe, avec une jaquette de ses anciennes coquetteries, en soie verte, sur laquelle il s'amuse à jeter, pour nous la montrer, une robe de chambre à mille raies d'étoffe de l'Inde, avec ces ors qui n'ont pas plus d'éclat que le maïs, taillée sur le patron d'un sac. Et ainsi, avec ses beaux plis titianesques, un feutre sur la tête, son teint un peu fouetté et flamand, sa barbe, il ressemble à Rubens en mage, d'une façon étonnante — ou encore à ces beaux patriciens de Venise, chauds, safranés et rutilants, qu'on voit dans les musées.

Il est gai, content, guilleret. Il est tout à fait sorti de cette maladie intérieure, de ces désordres, qui sont allés en lui jusqu'à faire craindre, cet été, à ceux qui l'entouraient une apoplexie, — si faible, ne pouvant plus aller dans son jardin qu'avec une canne, — et à lui une maladie de cœur très avancée.

Il nous montre ses dessins à l'encre carminée et grise, dont il nous donne un. Puis nous causons, — et comme nous causons ensemble : de tout. Il parle de la grandeur d'aspect que prennent les dessins petits par le grossissement. Et là, il nous raconte qu'à un dîner, au Banquet d'Anacréon, une lanterne polissonne, improvisée par Lorentz, avec des verres dessinés à la plume, le lui révéla et lui fit se demander si le grossissement ne produisait pas le style.

Il nous parle de Rubens avec admiration : « Sans doute, il n'a pas la hauteur du Vinci, mais quelle élégance continue, perpétuelle ! Quelle abondance et quelle sûreté ! Quelle certitude de lui-même ! »

Il passe à ses tirades, qu'il dit si bien, contre les blagues modernes et ce mensonge de la parole imprimée. Et le retour de son mot : « Ce n'est pas imprimé, donc c'est vrai ! » ... Cette diffusion non des lumières, mais de la publicité, qui a mis de chaque

domicilié en Lorraine, à Circourt, près d'Audin-le-Roman, agit comme tuteur du mineur Michel Damant et mandate son beau-frère, Pierre Domergue, pour recueillir la succession de Rose Malingre, tante de l'enfant.

(1) **Texte Ms. :** *une espèce de conspiration entre les petits patrons et de malheureux orphelins,* — ce qui me paraît faire contresens.

côté de deux vérités vraies deux plaidoiries et deux avocasseries, diffusion de la lumière, qui fait cette confusion que le microscope donne aux choses qu'il étend trop. Et il arrive à un type de cela, à Biétry, qu'il appelle le *Pape du tissu*... Et ce sont de charmants et paradoxaux aperçus sur la marque de fabrique du Pape, marque de fabrique sur la vie, sur la mort, sur le mariage, sur l'affiquet, la petite croix que le fiancé donne à la fiancée, etc.

Puis une histoire de joueur, un homme qu'il a connu au travers d'une femme et qui passait toutes les journées à se poncer les doigts : arrivé à une tactilité si parfaite et si supérieure aux aveugles, que ses doigts lui disaient les cartes.

Il ouvre ses cartons et nous montre des photographies anatomiques. Entre autres, le dessous de pied coupé d'une femme : réalité effrayante, avec le douillet lacis de ces rides chatouilleuses. Pareil à ce pied que Mercier vit, pendant la Terreur, sortir d'une charretée de cadavres chauds, mort et voluptueux.

En somme, le talent est ce à quoi un homme arrive le moins avec de la patience. Le mot de Buffon : « Le génie, c'est la patience », est un paradoxe faux (1).

Il y a deux grands glas, deux grands avertissements qui annoncent chez l'homme la mort de la jeunesse. Le premier est quand l'homme prend l'horreur des sauces de restaurant; le second, quand il songe à se retirer à la campagne.

Nous y songions ces temps-ci, sur un mot jeté dans la conversation par le vieux père Barrière, sur une maison à Saint-Brice, bâtie pour l'actrice Colombe par un fermier général, avec — quelles mœurs ! — des verrous en dehors aux chambres, et dans la cave, un souterrain qui n'en finit pas : une maison machinée comme un imbroglio de Beaumarchais, avec des boiseries en calembour, montrant partout des colombes.

29 octobre.

Vraiment, il y a un grand courage à résister à la tentation du feuilleton, à cette chose qui donne la grosse publicité, la jouissance

(1) C'est Hérault de Séchelles (VOYAGE A MONTBARD, éd. Aulard, p. 11) qu attribue le mot à Buffon, sous cette forme : « Le génie n'est qu'une plus grande apti‐ tude à la patience. »

de l'orgueil hebdomadaire et jusqu'aux compliments des sots, sans parler de la place matérielle qu'elle donne à votre individu aux premières représentations, de la présentation toute naturelle qu'elle fait de vous à toutes les femmes de théâtre, de la gloire comptant et de l'argent sonnant qu'elle vous met dans la poche.

Être dans son coin, vivre seul et sur soi-même, n'avoir que les maigres satisfactions, — qui vous touchent de si loin et dont vous avez si peu conscience, — de cette chose dont le succès n'est jamais au présent et est toujours à l'avenir : un livre. Être méconnu de ses ennemis, inconnu de ses amis par le sérieux de son œuvre et le peu de bruit qu'on fait autour de soi-même, — il y a, surtout en ce temps, quelque force à cela.

Après un habit mal fait, le tact est ce qui nuit le plus dans le monde.

Pour la Bourgeoisie, type très distingué : le jeune homme qui a peur du ridicule; type que nous avions étudié sur deux ou trois jeunes gens. Dans le monde, pose crispée du journal de modes; et à la bouche, la blague comme une défense.

Chose très curieuse, les livres qu'on vend le plus sont les livres qu'on lit le moins. Ce sont les livres de fond qui font la bibliothèque, par respect humain, de tous les hommes qui ne lisent pas, les livres *meublants*. Exemples : Voltaire, Thiers, etc.

29 octobre.

Nous allons voir M. Paulin Passy. Nous le trouvons au premier dans un appartement, où il fait gris, dans une petite chambre, au coin d'un petit feu, faisant, sur une table, une patience avec des cartes rangées. C'est la fin de toute une journée de pluie. Il nous dit : « La journée d'aujourd'hui a été longue à passer. » Et dans ces cartes, amusement solitaire, dans cette chambre où les heures doivent se traîner sans compagnie, il y a un isolement, un désert, une mélancolie, toutes les tristesses de la vie du vieux garçon. — Type d'homme déshéritant ses neveux qui ne lui confient pas leurs chaudes-pisses.

Il y a dans le talent de certains hommes comme Saint-Victor, talent très remarquable, une certaine continuité et égalité de production, qui parfois m'ennuie. Ils ne semblent plus écrire, mais couler. Ce sont ces fontaines de vin des fêtes publiques : une distribution de métaphores au peuple.

Le dimanche, voici ce que font les femmes du peuple : les plus gaies vont au cimetière et celles qui n'ont pas de famille vont à l'hôpital.

Nous pensons à faire sur toutes les choses de la société une satire, un roman philosophique, dans les trucs bêtes d'une féerie de cirque.

Dire du mal des autres, et spécialement de ses amis et de ses parents, est encore la plus grande récréation que l'homme social ait trouvée. Qu'est le monde? Une association de médisance.

1er *novembre.*

Je vais inviter Saint-Victor à dîner. Je l'invite pour vendredi : « Ah ! mon cher, c'est mon feuilleton... Désolé ! Impossible ! — Et samedi? — Aussi. »

Il me montre des photographies de Memling, qu'il appelle un Vinci flamand. Il me parle de la spiritualité de ses vierges par la lymphe, ce caractère lymphatique des Flandres.

Puis nous convenons, en parlant des deux livres auxquels nous travaillons, lui à ses BORGIA, nous à nos MAÎTRESSES DE LOUIS XV, que nous avons pris deux sujets bien embarrassants pour ne pas compromettre deux vieilles choses que nous respectons, peut-être parce qu'elles sont vieilles, la Papauté et la Royauté.

Vous rappelez-vous? Dans une satire de Juvénal, je crois, il y a les mots qui s'envolaient, il y a bien des siècles, de la bouche de la Jouissance : c'était le mot grec, le mot aérien, le mot ailé, ψυχή, « *mon âme* » (1).

(1) Juvénal, SATIRE VI, 194-195.

Aujourd'hui, voilà le murmure, la respiration et le *han* de l'amour. C'est la femme qui parle et qui geint : « Ça m'attaque les nerfs... Oh ! Bibi, je vais décharger... Hum... hum... hum... Fais-le !... Hum... hum... hum... »

Ici la femme a fini de jouir, l'homme continue. La femme : « Oh ! j'ai mal à une jambe... Fais ça, dis, cochon !... Oh ! c'est tout mouillé... »

Un très singulier symptôme, dans les arts et les amateurs d'art, contre Gavarni. Il y a dans cette prodigalité, dans cette variété et dans cette constance de production merveilleuse, dans ce flot de comédies et de tableaux qui lui jaillissent de la main et de la tête, dans l'insolence de l'originalité en art quelque chose d'humiliant par la confusion qu'elle donne aux autres et la conscience de l'impossibilité d'y atteindre. Humiliation que les autres ont fait habilement partager aux amateurs avec les théories des *pointus*. Ils leur ont persuadé que Gavarni était vieilli, qu'il n'y avait que ses premières lithographies, si maigres, de bonnes.

Et c'est au moment où ce génie est dans sa plénitude, où il a acquis la couleur qu'il n'avait pas, où ce dessin anguleux de modes est devenu le dessin carré, où le moins de gaîté, la verve moins polissonnante de l'esprit sont sauvés par la hauteur philosophique, — c'est le moment où il baisse ! Ce qui est concevable dans le public, ce qui est inconcevable dans le monde des artistes et des soi-disant amateurs ! Il y a de l'ostracisme dans la République de l'Art contre lui.

Il a aussi, surtout, contre lui cette puissance du parti républicain, si puissant dans la réclame et dans la démolition des gens. Ils ne lui pardonnent pas ses caricatures ou plutôt cette MÉNIPPÉE contre 1848. (1)

Chose curieuse que les deux plus grands génies de ce temps, Balzac et Gavarni, aient été des anti-égalitaires et des anti-républicains, les souteneurs de formes différentes du passé.

(1) De même que la SATIRE MÉNIPPÉE met en scène les discussions politiques des États-Généraux de 1593, de même Gavarni ridiculise les conciliabules d'ouvriers démocrates au cabaret, — notamment dans HISTOIRE DE POLITIQUER, série parue dans le PARIS en 1852-1853.

Étrange et merveilleuse indifférence qui nous peint d'après nature ! Nous avons donné ces jours-ci de la rente à vendre pour l'impression de nos HOMMES DE LETTRES. Et nous, qui lisons tous les deux le journal tous les soirs, nous n'avons songé ni l'un ni l'autre à regarder ce qu'avait fait la Bourse.

Joli type pour la BOURGEOISIE : aux environs de Paris, l'homme des mouvements de terrain de soixante mille francs ; et jamais d'arbres, rien que des jalons pour les bois futurs.

Le *dada* est peut-être le plus grand besoin de l'homme : ce grain de folie est comme le sel de la vie. Il faut absolument qu'un homme soit monomane, ait une pensée fixe qu'il ramène, digère et remâche sans cesse comme un bétel, à propos d'un jardin, d'une bâtisse, d'une collection, d'une femme.

4 novembre.

Nous recevons nos épreuves. Quand la feuille est bien venue, que nos personnages nous paraissent vivants et que notre style nous semble une voix, nous sortons de la lecture de ce papier échappé de nos entrailles et que nous corrigeons avant de nous coucher, nous en sortons avec une fièvre, une vraie fièvre qui nous retourne deux ou trois heures sans sommeil dans notre lit.

4 novembre.

Je plaisante ma maîtresse sur un monsieur dont elle me parle souvent. Je lui dis qu'elle l'aime, qu'elle a envie de lui. A cela, ma maîtresse, qui pourrait me répondre ce que toutes les maîtresses répondent en ce cas-là, me répond superbement : « Va donc ! Cet homme-là ? Il aurait quarante pines sur lui que je n'en voudrais pas ! »

Chez mon dentiste.

Comme il me nettoie les dents, le voilà qui me dit : « Est-ce ce que vous allez quelquefois entendre les prêtres ? Ils sont bêtes ! Ils n'ont jamais dit ce que c'était que Dieu. »

Sa voix, d'une voix de dentiste, était devenue une voix d'apôtre :

ANNÉE 1859

« Il n'y a qu'un homme qui a dit ce que c'était. Dieu ne peut pas être homme : il est essence. C'est Bacon qui l'a dit. Marie, c'est la production universelle, la réverbération de Dieu, voilà ce que les prêtres n'ont jamais dit. Apollonius de Thyane l'a vue ainsi, des siècles avant sa naissance, car elle a existé de toute éternité !

« Comme il fait chaud aujourd'hui ! Quel drôle de temps ! Des tremblements de terre ! Un nouveau à Erzeroum... Des aurores boréales, ces chaleurs exceptionnelles de l'été, la comète de l'an passé : tout cela est signe de quelque chose... Il va y avoir un fier coup de balai sur le Pape ! Il ne restera presque plus de prêtres, c'est le règne de Jésus-Christ qui arrive. Et tout ça, ce ne sont pas des farces : c'est dans l'Apocalypse... Les prêtres le savent bien ! Monseigneur l'Archevêque en a parlé dans son mandement, de ce règne de Jésus-Christ. C'est très répandu, dans ce moment-ci à l'étranger, mais les prêtres sont tout-puissants, ils ne laissent rien entrer... Cependant, il y a une église de cela, du règne de Jésus-Christ, qui était autrefois près du chemin de fer, à la barrière du Maine, qui est maintenant auprès du Panthéon. Je connais un médecin qui en fait partie. Ce sont les aperçus religieux de Swedenborg qu'ils exploitent. Mais ça n'a pas de base. Moïse, Jésus-Christ et la prière que nous adressons à Notre Père, pour que son règne arrive sur la terre : voilà la base. »

Mouvement des esprits, trouble des âmes, religions agitées dans l'ombre, quelque chose comme une mine de mysticisme, sous la raison et le XIXᵉ siècle, agitations sourdes de la veille d'une suprême bataille du catholicisme, il y a dans ces paroles du dentiste, — sous le coup de la question italienne, des lettres pastorales des évêques, dans ce grand débat présent du spirituel et du monde (1), — il y a dans ces paroles le symptôme et l'annonce d'un grand bouleversement de consciences ; et je vois en elles, germant

---

(1) A la suite du soulèvement des Romagnols contre Pie IX, Napoléon III avait proposé de remettre ce territoire pontifical à Victor-Emmanuel, avec le titre de Vicaire du Saint-Siège. Le Pape s'indigna et en France, en 1859, Mgr Dupanloup à Orléans et Mgr Pie à Poitiers publièrent des mandements ou brochures, où ils protestaient vivement contre toute atteinte à la souveraineté temporelle du Pape. D'autres évêques les imitèrent et en octobre encore, quand Napoléon III se rendit à Biarritz, l'archevêque de Bordeaux, Mgr Donnet, l'accueillit en l'engageant à « mettre un terme aux anxiétés du monde catholique. »

déjà dans le boutiquier et le bourgeois, l'anarchie des croyances, que font une révolution sociale, et les grandes révolutions futures qu'elle prépare, peut-être à la date de quatre ou cinq ans (1).

Ce dentiste a pour excuse de ne pouvoir porter quelque chose sur sa tête et de tenir son chapeau dans la rue; mais ces idées et ces croyances qui lui jaillissent de sa faible cervelle ne lui sont pas propres et individuelles; elles sont endémiques et comme le souffle d'une situation; elles lui sont catéchisées par le courant des choses et le vent des idées dans l'air.

Le conseiller d'État Lefebvre est tremblant. Il voit l'Empereur lancé dans le tourbillon, sans souci de compromettre les appointements des grands corps de l'État. Il en a parlé à Baroche, qui lui a dit qu'il n'y avait rien à faire, que l'Empereur n'écoutait rien que lui-même.

Oui, cet homme va à sa perte, par volonté d'une personnalité, par une omnipotence dont peut-être il n'y a pas d'exemple dans le gouvernement monarchique de la France. Le despotisme d'un Louis XIV, d'un Louis XV avait à compter avec des conseils et des représentations de ministres, appuyés sur leur nom ou se prévalant de leur talent et corrigeant l'initiative du roi par le poids du personnage qu'ils étaient eux-mêmes. Un Colbert sous Louis XIV, un Choiseul sous Louis XV avaient une assez grande conscience de ce qu'ils étaient dans l'État pour n'être pas les simples valets de la volonté du maître. Mais sous celui-ci, les hommes autour de lui ne sont rien que par lui. Les Baroche et les Rouher ne sont pas des individualités. Ces gens, à qui le pouvoir a donné depuis 48 un habit de ministre, — et peut-être des bottes, — ne peuvent pas être les ministres du pouvoir : ils en sont les domestiques; et le maître viendrait à devenir fou, qu'ils continueraient à servir.

6 novembre.

Nous avons à dîner le ménage Charles Edmond et le ménage futur Saint-Victor et Lia Félix.

(1) Texte conjectural, la phrase du Ms. étant incomplète et peu cohérente : *l'anarchie des consciences que font une révolution sociale et les grandes révolutions futures peut-être à la date ou cinq ans qu'elle prépare.*

Je crois, d'après le petit nombre de femmes de théâtre que j'ai vues, que les comédiennes sont des personnes de tête, les femmes qui ont le plus de préméditation dans le caprice et qui savent mettre le plus d'intérêt dans le coup de cœur. Même les plus bêtes ont une sécheresse admirable et des coquetteries parfaitement raisonnées. La petite Lia fait la cour, avec toutes les petites mines, toutes les petites balançoires ingénues et les modestes sourires, non à Saint-Victor, mais à son feuilleton. Comédienne doublée de Juive, elle fait d'avance ses conditions avec une naïveté très adroite, lui disant à l'oreille qu'elle n'a rien pour le retenir, qu'elle est laide, qu'elle n'a pas d'esprit et qu'elle ne veut point avoir le regret de s'attacher à lui pour quelques jours... Bref, elle veut un bail. Et Saint-Victor passe sa soirée avec Lia sur ses genoux ou au bas de ses jupes. Vraiment, jamais la fable d'Hercule filant aux pieds d'Omphale n'a été représentée comme par ce garçon. Cette intelligence, cet esprit mâle et à idées, ce penseur, ce peintre de pensées, mettez une femme quelconque à côté de lui, le voilà devenu un courtisan de cette femme, avalant ses bêtises, lui si dur aux bêtises des mâles ! Fourré, niché dans ses jupes, fourrageant ses désirs comme un amoureux dompté, tombé d'un tableau de Watteau avec la pose humble et désireuse.

Pour Charles, il a avec ses amis, dans cet intérieur familier qui lui plaît, une gaieté qui lui illumine la figure, je ne sais quoi d'un cocasse particulier, quelque chose d'un Bobèche froid et slave, des mots étranges, impossibles et sérieux, des pantomimes, des jeux de physionomie d'une finesse adorable, des bonhomies d'une ironie et d'une fantaisie ! Des phrases comme son compliment à Rose : « Mademoiselle, — il parle d'une sauce, — le bon Dieu vous descendrait dans l'estomac en culotte de peau, que ce ne serait pas meilleur. »

La Lia nous dit le beau mot que lui dit Doche après la mort de Rachel : « Ça m'ôte le goût de jouer... Il n'y a plus de lutte pour moi ! » Et nous parle des révoltes de la Gisette, que Dennery a forcée de coucher avec le petit Baroche et qui promet de se venger en couchant avec Gaiffe (1).

(1) Jules Baroche, le ministre de Napoléon III, a eu deux fils : Alphonse, qui fit une carrière sans incident de receveur des finances, et Ernest, maître des requêtes, visé ici, et qui, avant de mourir héroïquement au combat du Bourget, le 30 sept. 1870, avait eu une vie passablement agitée et avait été mêlé notamment à l'affaire Mirès.

Tous désirent être riches. Mais sur 100 hommes, il y en a 99 au moins qui le désirent par envie, par comparaison, si l'on veut, en regardant autour d'eux, en voyant les autres. Je fais l'exception. Rien ne me console, au contraire, de n'être pas riche comme de regarder ceux qui le sont. C'est quand j'oublie les autres, quand je pense à moi tout seul, que je voudrais quelques mille livres de rentes de plus.

Je suis obligé de mener Maria au spectacle. Un instant, sérieusement, j'ai cru que j'étais en proie à une punition divine, à une expiation diabolique, que jamais le spectacle ne finirait, que toujours ces gestes, ces voix, ces décors se dérouleraient infiniment et de tableau en tableau. Il y avait une menace d'éternité dans cette continuité d'un mouvement monotone... J'ai rarement autant souffert qu'étouffant dans cette baignoire, sous cette prose et cette histoire de France : LA REINE MARGOT (1).

Un symptôme curieux de l'ennui que me fait le théâtre, c'est que tout cela ne me semble pas vivant; ç'a m'a l'air de tableaux peints, plats et vivants qu'on déroule, comme ces écrans qu'on dévidait.

Un symptôme bien curieux de la production de l'esprit, — le contraire de la paternité : l'enfant de votre esprit, pondu, ne vous est plus de rien. L'émotion et la curiosité de la première épreuve passées, un ennui, une fatigue, comme s'il ne vous appartenait plus et comme si l'on corrigeait les épreuves d'un autre.

Rouen, Hôtel de Normandie, mardi 15 novembre.

Pour la première fois de notre vie, une femme nous sépare. Cette femme est Mme de Châteauroux, qui fait faire à l'un de nous le voyage de Rouen, tout seul, pour aller copier un paquet de ses lettres intimes à Richelieu, dans la collection Leber. Je suis à l'hôtel, dans une de ces chambres où l'on meurt par mégarde en voyage, une chambre au carreau glacial et qui tire un jour gris

(1) LA REINE MARGOT, le drame en 5 actes que Dumas père et Auguste Maquet avaient composé pour l'inauguration du Théâtre-Historique (20 fév. 1847).

d'une cour comme un puits. Et dans mon mur, une voix de Gaudissart de trente ans chante alternativement le *Miserere* du Trovatore (1) et le *Roi de Béotie* de l'Orphée d'Offenbach (2)...

Je comprends peut-être aujourd'hui ce que doit être l'amour, s'il existe. Otez le côté charnel, le rapprochement du sexe, c'est ce qui existe entre nous, — qui fait que quand l'un n'est pas avec l'autre, il y a dépareillement comme dans un couple d'oiseaux qui ne peuvent vivre qu'à deux. L'un séparé de l'autre, il y a une moitié de nous-mêmes qui nous manque. Nous n'avons plus que des demi-sensations, une demi-vie, nous sommes décomplétés comme un livre en deux volumes, dont le premier est perdu. Voilà ce que je pense être l'amour : le décomplétage et le dépareillement dans l'absence.

Et encore, l'amour est-il cela? Ne faut-il pas ajouter à la fusion de deux cœurs la fusion de deux esprits, ce mariage complet de tout l'être moral, peut-être unique, qui nous est particulier?... Je flattais l'amour en le comparant à notre fraternité.

16 novembre.

Je rencontre à la gare du chemin de fer Flaubert, qui conduit sa mère et sa nièce, qui vont passer leur hiver à Paris. Son roman carthaginois en est à la moitié. Il me parle de l'embarras qu'il a, le travail qu'il lui a fallu d'abord pour se convaincre que cela était comme il le dit. Puis l'absence de dictionnaire, qui l'oblige aux périphrases pour toutes les appellations. A mesure qu'il avance, la difficulté augmente. Il est obligé d'*allonger* sa couleur locale comme une sauce.

Nous parlons d'About qu'il trouve, avec moi, manquer à tous ses devoirs en manquant absolument d'esprit : « Puis il faut parler de ces choses-là sérieusement... Voltaire lui-même, quand il parle de ces choses-là, est crispé, convulsé, il a la fièvre, il écume, il dit : *Écrasons l'Infâme !* » (3)

(1) Cf. t. I, p. 608, n. 2.

(2) Dans l'Orphée aux Enfers, c'est John Styx qui chante au 3e tableau de l'acte II :

> *Quand j'étais roi de Béotie*
> *J'avais des sujets, des soldats...*

(3) Il s'agit de la Question romaine d'About. Cf. t. I, p. 593, n. 1.

Boulevard du Temple, n° 42. (1)

Le sentiment de la destruction inné dans l'homme : on dirait que c'est un animal mal doué et homicide de nature. Rien n'intéresse l'enfant, rien ne l'attire, rien ne tente sa main et son regard comme les armes. Un pistolet, une arme quelconque est son grand jouet, sa grande envie.

Étude de l'amour d'après nature.

Bruit de draps. — « Hi! hi! hi! » — Respiration qui s'enchifrène. A voix basse : « Ça me chatouille... Pousse fort... Ah ! oh !... » Le lit crie; respiration qui se hâte : « Je veux aller sur toi... Oh! mon Bibi... Hum! hum! hum!... Oh! tu vas trop loin, nom de Dieu!... Ton cœur, il battait sous mes fesses... »

La civilisation va de l'Orient, du Midi au Nord : c'est comme le pouls du globe qui remonte.

Tout est esprit dans le XVIIIᵉ siècle. Il a pourtant un grand côté de bêtise, que lui a donné la philosophie. Il est bête par là, comme le sera après lui la Garde nationale.

J'ai été, il y a huit jours, porter en épreuves notre roman, LES HOMMES DE LETTRES, à Michel Lévy qui, tout de suite, m'a dit : « Vous ne touchez pas à mes amis ? » Aujourd'hui, il me donne sa réponse. Il est désolé : « Si c'était autre chose... Mais éditer un roman contre Villemessant ! Vous comprenez, il m'empoignerait! » (2) Bref, il n'ose. — C'est une singulière chose que la lâcheté des gens qui ne se battent pas, ne peuvent pas se battre et ne doivent pas se battre.

Lundi, 21 *novembre*.

Nous dînons chez Lia Félix. C'est une sorte de repas de noces de ses amours avec Saint-Victor, déclarées dans le monde du théâtre

(1) C'est l'adresse parisienne de Flaubert : il passe là une partie de l'hiver, depuis 1856, peut-être même 1855.

(2) Dans LES HOMMES DE LETTRES, le petit journal, le SCANDALE, rappelait le FIGARO. Son directeur, Montbaillard, qui ne jouait d'ailleurs qu'un rôle secondaire, était effectivement calqué sur Villemessant.

aujourd'hui. Il y a là son directeur, Marc-Fournier, qui ressemble tout à la fois à Lambert-Thiboust, à un bottier et à un cabot de province. Puis le fameux Dennery, avec sa rosette d'officier de la Légion d'honneur, ses cheveux blancs, ses moustaches encore bon teint et cette tête fine et rouée d'un faiseur et d'un exploiteur, et son petit œil qui fait le mort, à demi voilé de sa paupière. Il y a encore son élève, Hector Crémieux. Saint-Victor, à peu près aussi gêné qu'un marié et mal à l'aise dans ce monde, comme une façon de Diderot tombé dans la société de La Morlière, et Charles Edmond.

Les femmes sont Lia, sa sœur Dinah, qui a la petite tête serpentine d'une Faustine, avec des yeux de velours noir et ses cheveux ondulés en petits tortils raides qui sont l'indice des petites passions noires chez les femmes. Puis nous avons ces deux étoiles du monde qui est derrière les coulisses, la maîtresse de Dennery, — Mme Desgranges, qu'on appelle Gisette de son petit nom, une femme qui avoue trente-six ans et qui me semble une femme de quarante ans très bien conservée, — et la maîtresse de Fournier, la célèbre Jeanne de Tourbey, une brune avec de fort beaux yeux, avec des regards qui s'épandent, meurent et se promènent et ces ondulations d'épaules, qui font comparer au poète chinois la femme à un saule qui balance; une beauté dont le seul malheur est d'être la beauté qu'une sonnette appelle au salon.

On s'observe, puis on cause. Ce sont les petits bruits de cette petite ville de province, le théâtre. La pièce qu'on répète, la pièce qu'on jouera la semaine prochaine, les arrangements de billets pour les loges. Puis vient une grande discussion sur l'haleine de Mme Doche, qui reste à l'état de fait historique. Fournier cite un mot d'elle, qu'elle a trouvé quelque part : « Moi, en amour, je n'ai jamais eu d'appétit, je n'ai eu que des fringales. » Puis c'est une grande thèse sur le public, sur le succès que Fournier veut toujours être factice, fait par une vingtaine de personnes.

Le dîner est exquis et rare, des truffes, des plats montés, de vrais vins fins. On passe fumer dans le petit salon à côté. Et voilà, entre hommes, une grande conversation sur les maladies de la moelle épinière, conversation terrible, espèce de clinique causée, pendant laquelle chacun a l'air de se tâter et qui dure plus longtemps que les cigares.

Nous causons avec Gisette de sa collection de monstres chinois; elle en a cent-cinquante. Puis les deux maîtresses se mettent en aparté et c'est, derrière un éventail, une exécution des personnes présentes et sans doute, principalement, de nous qui avons eu l'insolence de venir en redingote. Car tous les hommes sont en habit, absolument comme dans le monde. Puis l'on s'en va et les femmes qui restent abîment celles qui sont parties, et Lia nous demande pardon de sa société.

Ce monde, qui est, à l'heure qu'il est, le grand monde du théâtre, est aussi ennuyeux que le monde. Les femmes, voulant y être comme il faut, y étouffent dans la contrainte comme dans un corset moral; et les hommes y ont cela d'insupportable qu'ils ont l'air de croire que leur théâtre est la littérature.

Lia nous paraît aujourd'hui une excellente fille, mais je plains Saint-Victor d'avoir pour maîtresse une femme qui a, encadrés dans son salon, le Rêve de bonheur de Papety en aquatinte et, dans le passé de ses amours, Victor Séjour, au talent duquel elle croit.

Il paraît que tous les mariages maintenant se font sous le régime dotal. Encore un symptôme du temps et de notre bourgeoisie. Le père et la mère modernes veulent bien livrer à un homme le corps, la santé, le bonheur d'une fille, mais ils sauvent la caisse.

Au reste, sans exagération, la pièce de cent sous est bien le Dieu de ce temps. Et il y a un symptôme bien frappant. Ouvrez le théâtre des divers siècles et des divers peuples : vous y trouverez des drames, des passions, des sentiments, des ridicules. Vous n'y trouverez ni drame ni passions sur une question d'argent. Aujourd'hui, il n'y a qu'une pièce : l'argent. Et il n'y a plus d'autre coup de théâtre sur toutes nos scènes, depuis l'Odéon jusqu'aux Français, que des coups de théâtre d'argent : le contrat de mariage et le testament. Une société, un peuple où la masse des sentiments moraux, des passions mêmes de la jeunesse ont été domptés par la souveraineté absolue de l'argent, cette société, ce peuple ne sont-ils pas menacés d'une révolution de l'argent?

On nous dit que Thiers est sournoisement rallié au gouvernement, qu'il envoie des notes à l'Empereur sur les questions politiques et que l'Empereur daigne lui prendre des phrases pour ses discours... Le parti orléaniste méritait ce serviteur, comme il a mérité Dupin : les fils de bourgeois gardent des âmes parvenues, quelle que soit la hauteur où ils montent. Ils ont du sang bas dans le cœur.

Républicains, orléanistes ! vous aurez beau réclamer contre les faits, jamais les malheurs de votre parti, les chutes de vos princes ou de vos idées n'auront des fidèles et des courtisans aussi religieux que la défaite de la Royauté en a trouvé parmi les nobles, et vous aurez toujours ce dont la Restauration n'a pas eu la honte, des retournements de conscience, qui compromettent l'honneur d'une idée ! — Vous surtout, républicains, il ne vous manquera jamais de ces hommes qui d'apologistes de Robespierre, deviendront les chantres d'un Morny et les flatteurs d'un Mocquard.

Nous n'allons qu'à un théâtre. Tous les autres nous ennuient et nous agacent. Il y a un certain rire de public à ce qui est vulgaire, bas et bête, qui nous dégoûte. Le théâtre où nous allons est le Cirque. Là, nous voyons des sauteurs et des sauteuses, des clowns et des franchisseuses de cercles de papier, qui font leur métier et leur devoir : les seuls talents au monde qui soient incontestables, absolus comme des mathématiques ou plutôt comme un saut périlleux. Il n'y a pas là d'acteurs et d'actrices faisant semblant d'avoir du talent : ou ils tombent ou ils ne tombent pas. Leur talent est un fait.

Nous les voyons, ces hommes et ces femmes risquant leurs os en l'air pour attraper quelques bravos, avec un remuement d'entrailles, avec un je ne sais quoi de férocement curieux et, en même temps, de sympathiquement apitoyé, comme si ces gens étaient de notre race et que tous, Bobèches, historiens, philosophes, pantins et poètes, nous sautions héroïquement pour cet imbécile de public.

Au fait, savez-vous que c'est la plus grande supériorité de l'homme sur la femme, que le saut périlleux ?

Aujourd'hui, — je ne sais pas quel jour nous sommes, — j'ai un groom. Il a une livrée : une grande redingote vert russe, un pantalon noisette, une cravate blanche et un chapeau à cocarde noire. Il tombe d'Afrique où il a mangé du tigre, — et encore plus, je crois, de vache enragée que de tigre ! C'est une charité que je fais, à ce que me dit Rose, qui est sa tante (1). Il a un visage moitié singe, moitié voyou de Londres, le type complet de l'emploi. Une petite tête et un petit corps, où semblent germer tous les petits mauvais instincts d'un cocher de remise, d'une bonne de fille et d'un enfant de pauvre. Avec cela, il est déjà républicain et fort indigné contre les rentiers. Rose qui, à notre école, commence à faire des mots, comme une pièce des boulevards, lui prêche dans un coin de la cuisine *la religion de l'honneur.*

29 novembre.

La librairie Amyot me rend mon livre des HOMMES DE LET-TRES, en me disant que sa librairie est une librairie tranquille.

Les gens qui ne croient pas à la puissance du Petit Journal me semblent se tromper. Il serait curieux de ne pas trouver à Paris un éditeur pour un livre où ces messieurs croient trouver la ressemblance ou la personnalité de M. de Villemessant. Peut-être enfin qu'en ce moment, le Petit Journal est une chose plus sacrée que le bon Dieu !

J'envoie ce pauvre brave livre à Dentu, dans le courage d'éditeur duquel je n'ai pas grande confiance. A dix, nous ferons une croix.

En attendant cette réponse et la mise au jour de ce livre qui porte nos espérances et qui, jusqu'à présent, a eu tous les malheurs, nous nous jetons avec fureur à la gravure. Et plus rien n'existe pour nous que notre planche de cuivre et notre eau-forte. Nous avons dit quelque part que l'eau-forte était une œuvre du démon. C'est tout le contraire : l'œuvre d'un monsieur bien sage qui s'applique, qui fait des petites raies, des petites vermicellures avec une petite aiguille. Eh bien ! ce travail mécanique, que coupe la surprise des morsures, le calcul, l'espérance de ce qui viendra, de ce qui ne viendra pas, est une occupation merveilleuse qui nous fait dîner sans savoir ce que nous mangeons, coucher sans avoir un sentiment du temps de la journée et nous réveille le matin : un miracle que l'amour même n'a jamais fait chez nous.

(1)   Sur Michel Damant, cf. t. I, p. 638, n. 3.

Un très joli type d'un monsieur faisant une collection ironique, une collection de saletés des artistes qu'il n'aime pas, payant des prix absurdes pour avoir les plus mauvaises choses de ces hommes et, après avoir joui de la bête admiration du bourgeois sur l'étiquette, se livrant férocement à son fiel, à sa science, à son goût. Par exemple, le dessin à la mine de plomb d'éventail de M. Ingres.

3 décembre.

Je passe la soirée au Cirque avec Charles Edmond et le ménage Lia-Saint-Victor. Le ménage est la plus amusante comédie du monde : ça a l'air d'un couple de petits jeunes gens mariés dans le commerce. Lia demande, comme une pensionnaire, l'explication d'un tas de choses que lui refuse Saint-Victor, comme n'étant pas convenables.

Un instant, nous causons tous les deux. Me parle d'un grand travail, dont il a l'idée et qu'il a commencé. Ce serait les DOUZE GRANDS DIEUX, tout le cycle mythologique antique, d'après ses mythes et ses représentations. Au milieu de son enthousiasme pour son sujet, il est furieux contre un rhume de cerveau qui lui déforme le nez et me dit que le coryza lui semble une invention d'Hoffmann : « N'est-ce pas ? il semble qu'on ait lu ça : *Le seigneur Coryza se promenant, par une nuit pluvieuse, dans les rues de Vérone...* »

Julie me conte, en sortant, ce trait de caractère de Rachel. En sortant un soir des Délassements, elle voulait absolument entrer au Café du Géant et comme on lui représente l'impossibilité, elle voulut absolument boire et but sur le boulevard un verre de coco : palais blasé, femme lassée et inassouvie, à qui les goûts de la canaille, de temps en temps, revenaient, la tentant comme d'une espérance de jouissance neuve et d'une odeur de la bourbe de sa jeunesse. Beau comme une satiété d'impératrice romaine !

Il paraît que le mariage morganatique de Lia et de Saint-Victor déplaît fort à la mère Félix. Elle ne trouvera plus dans le nouvel amant le joueur acharné du loto de ses dimanches, qu'elle trouvait dans Victor Séjour.

5 décembre.

Nous tombons sur des fragments de discours du Marat de Lyon, l'éloquence grisée de Chalier, où la phrase sonne parfois

655

comme un vers de Hugo. Personne, vraiment, n'a rien fait sur ce temps, personne n'en a rendu la passion, l'excitation, la furie, le grand *delirium tremens*. Ce sont des journalistes comme Thiers ou des harpistes comme Lamartine.

7 décembre.

Nous trouvons, à neuf heures, Gavarni qui dîne dans sa cuisine, chauffée comme un bureau de ministère. Plus de servante ni de cuisinière. Aimée qui sert et sa vieille mère à table : toute la compagnie d'esprit de ce si grand esprit !

La conversation tombe sur Charlet que Gavarni proclame un grand paysagiste. Nous parle avec admiration de ses fonds de paysages où défilent des armées, aux soldats comme des têtes d'épingles, et de ses belles légendes ! Gavarni ayant un jour à lui recommander quelqu'un, Charlet lui écrivit une grande lettre pleine d'éloges, lui parlant tout le temps de Watteau, auquel il le comparait, « Watteau qu'on ne connaît pas assez », disait-il.

Toujours la passion du veau : un Régnier, un de ses favoris, relié en veau ! (1)

Lorsque je vois cet homme ainsi vivant, mangeant, réglant sa vie, composant sa compagnie, — la compagnie de deux vieilles provinciales de Paris, — claquemuré dans cet isolement qui n'est même pas la solitude, je songe, devant ce prodigieux exemple de la diversité du bonheur que chacun se cherche et se veut, à la stupidité utopique du phalanstère : un bonheur coupé pareillement et du même morceau à chacun, comme une part de galette.

A la fin des sociétés troublées, quand il n'y a plus de doctrines, d'écoles, que l'art est entre une tradition perdue et une tradition qui s'inaugure, il se trouve des décadents singuliers, prodigieux, libres, charmants, des aventuriers de la ligne et de la couleur, qui mêlent tout, risquent tout et marquent toutes choses d'un cachet singulier, corrompu, rare; brouillons de bonne foi, d'élan, d'abondance, de génie, qui semblent un grand artiste manqué, une imagination qui déborde. Tel Fragonard, le plus merveilleux des improvisateurs parmi les peintres.

(1) **Add. éd. :** *relié...*

Je m'imagine Fragonard sorti du même moule que Diderot. Chez tous deux, même feu, même verve. Une page de Fragonard, c'est comme une peinture de Diderot. Même ton polissonnant et ému; tableaux de famille, attendrissement de la nature, liberté d'un conte libre. Tous deux se jouant de la forme précise, absolue, de la pensée ou de la ligne. Diderot, parleur sublime plus grand qu'écrivain; Fragonard, plus dessinateur que peintre. Hommes du premier mouvement, de la pensée jetée toute vive et naissante aux yeux ou à l'idée.

9 décembre.

Comme nous allions, il y a deux jours, au Musée pour demander la permission de graver le Watteau, l'ASSEMBLÉE DES MUSICIENS CHEZ CROZAT, Chennevières nous conte que le Musée est tout en l'air depuis huit jours pour un dessin de Moreau, LA REVUE DU ROI, que le Musée n'a pas de quoi acheter. M. de Reiset veut bien nous donner l'adresse.

Nous courons 13 rue des Bourbonnais. Nous voilà dans une petite chambre, avec un poêle devant une table, où un petit enfant de quelques mois est assis sur son séant, — un pauvre atelier de chemises en gros. Une femme travaille à la lampe. Nous demandons à voir le dessin; de dessous la table, la femme tire un carton empaqueté d'une serviette, et voilà le Moreau, le fameux Moreau, la REVUE DU ROI, le coup de vent, la Maison du Roi, le Roi, l'artillerie suisse, les carrosses, les curieux refoulés à coups de crosses, les soldats microscopiques, la longue ligne d'arbres de la plaine des des Sablons.

Nous demandons le prix : mille francs. Et au Musée on nous avait parlé de trois cents francs ! Et comme nous les offrons, un sec : «Reconduisez ces Messieurs», dit par la femme à une petite fille, nous ôte tout espoir et nous fait descendre le misérable escalier, le gosier sec comme après une grande émotion.

Le lendemain, nous offrons quatre cents francs au mari, à l'homme du ménage, par acquit de conscience. Le soir, le mari, la femme et jusqu'à l'enfant au sein de la femme nous apportent le dessin, que nous n'espérions plus et que nous passons le soir à regarder, fiévreux comme des joueurs après une nuit passée au jeu.

Deux petits faits historiques, à propos de ventes.

Je vais pour donner des commissions pour une vente de livres et de brochures de la Révolution, dont j'ai reçu le catalogue : « Monsieur, me dit Mme France, la vente n'a pas lieu. — Comment ? — Oui, on a appelé mon mari au Parquet et on a défendu la vente. Ces messieurs lui ont même dit qu'il devait s'estimer heureux, qu'ils auraient pu saisir ! » — Supprimer le passé, défendre l'histoire en 1859 ! Ceci est, de ce temps inouï, un des faits les plus inouïs. Omar au moins avait le courage de ses opinions : il brûlait les bibliothèques. Et le droit du possesseur, la liberté des transactions ?

Autre fait. Je vois chez Vignères une affiche de vente de Mme Biennais : *Porte-flacons ayant appartenu à la reine Marie-Antoinette, 23 pièces en cristal de roche :* « Ah ! ce doit être curieux ! » Vignères sourit : « Vous ne savez pas ce qui est arrivé ? L'Empereur a demandé à le voir. On le lui a apporté. Il dit : « C'est bien, ça me va. — Mais, Sire... — Ça me va, c'est bien. » Le commissaire-priseur est très embarrassé... » Une impériale façon d'acquérir !

N'oublions pas un des plus sales côtés des ministres de ce temps, le côté des mariages pour leur fils. C'est le fils du ministre de l'Instruction publique épousant Mlle Giroux, le fils Magne soufflant au fils de Baroche cette demoiselle de Reims qu'il cravache, etc. (1)

16 décembre.

La note du M~ONITEUR~ sur *la liberté incontestée de la presse* : tout est mensonge, jusqu'au despotisme qui est hypocrisie, jusqu'à la censure qui se déguise ! (2) — Le même jour, dans le journal,

---

(1) Le fils de Gustave Rouland, ministre de l'Instruction publique du 13 août 1856 au 24 juin 1863, se prénommait aussi Gustave et depuis l'entrée de son père au ministère, il exerçait à l'Instruction publique les fonctions de chef de cabinet et de secrétaire général.
Sur Ernest Baroche, cf. t. I, p. 647, n. 1. Le fils Magne est sans doute Alfred Magne, qui fut sous l'Empire, receveur général du Loiret.

(2) Le décret du 16 août 1859, supprimant le régime des avertissements, et la nomination de La Guéronnière aux fonctions de directeur de la Presse, au ministère de l'Intérieur, avaient fait croire que la liberté de la presse allait être intégralement rétablie. Des notes successives du M~ONITEUR~, le 18 septembre, le 19 septembre, avaient démenti cette interprétation et affirmé que le système en vigueur assurait suffisamment la liberté de la presse, tout en prévenant « les effets désastreux du mensonge, de la

la grâce de Doineau et l'annonce de la grâce imminente de Mercy. — Il y a des moments où ceci semble un défi à la conscience de l'opinion publique.

Toute la journée, plongé dans les MÉMOIRES de Mme de La Rochejacquelein. Quel livre! Quelle épopée! Quel roman! C'est tout à la fois l'ILIADE et le DERNIER DES MOHICANS. Que de tableaux! Le passage de la Loire à Saint-Florent-le-Vieux, c'est grand comme le passage du Nil! Et comme dans les temps antiques, toujours dans des scènes les individualités en relief! Ce sont les derniers héros; après cela, il n'y a plus que des armées. Jusqu'au comique qui s'y trouve mêlé : à la fin, quand les restes de l'armée en guenilles s'affublent des turbans du théâtre de la Flèche et qu'on se fait fusiller sous de vieux jupons, c'est comme la défroque du ROMAN COMIQUE tombée sur l'épaule d'une Légion Thébaine (1).

Quels crétins que les peintres, qui n'ont pas seulement trouvé une grande page là-dedans, qui n'ont trouvé qu'un curé qui monte la garde !

Lundi 19 décembre.

Dîner chez Charles Edmond avec Lia, Dinah, Crémieux et Saint-Victor. Paillasseries de Crémieux, qui chante sa complainte

calomnie et de l'erreur. » Enfin la note du 16 décembre précise dans quelles conditions s'exerce la saisie des brochures. Les Goncourt transforment les formules de la note qui parle seulement de « l'exécution régulière et loyale » de la législation existante.

(1) Le 18 octobre 1793, les Vendéens, défaits la veille à Cholet et voulant porter la guerre en Bretagne, où ils espéraient recevoir des secours anglais, passèrent la Loire à Saint-Florent-le-Vieil, y laissant le corps de Bonchamp et transportant d'Elbée et Lescure grièvement blessés. L'armée traînait avec elle une foule de femmes et d'enfants, qui fuyaient l'avance des Républicains. Sur cet épisode, cf. MÉMOIRES DE MADAME LA MARQUISE DE LA ROCHEJACQUELEIN, 2e éd., 2 vol., 1815, vol. II, ch. 14, p. 1-10. — L'anecdote des turbans se place plus tard, quand l'armée vendéenne, renonçant à attendre à Granville les Anglais, reflue vers la Loire et marche sur Savenay, où elle sera anéantie le 23 déc. 1793. Les Goncourt ont un peu amplifié le détail, Mme de La Rochejacquelein dit seulement : « Pour se garantir du froid, pour se déguiser ou pour remplacer les vêtements qu'on avait usés, chacun était couvert de haillons... M. Roger-Mouliniers avait un turban et un doliman qu'il avait pris au spectacle de La Flèche. » — On sait que le ROMAN COMIQUE (1651-1657), de Scarron, conte les aventures d'une troupe de comédiens nomades. — La *Légion Thébaine* ou *Thébéenne*, commandée par saint Maurice et composée de chrétiens, fut, d'après la tradition, massacrée en Suisse sur l'ordre de Maximien.

sur l'affaire Angélina Lemoine (1), puis parie un litre qu'il a la plus belle gorge de Paris, se déshabille, promet du lait à 10 sous et offre la vue de son nombril pour 17 sous.

Les femmes empêchent de causer : elles font plus de bruit que les idées.

22 décembre.

Nous sommes à la Porte-Saint-Martin, dans la loge de Saint-Victor. C'est la première représentation de la TIREUSE DE CARTES, drame de M. Victor Séjour et de M. Mocquard.

Saint-Victor a le menton crispé, cette physionomie dure, fermée, morte, qu'il a dans l'embarras, l'émotion ou l'ennui. La salle est pleine du monde des premières représentations. C'est plein de mères d'actrices, de vaudevillistes, de critiques et d'hommes sans nom qui ont un nom au théâtre, des droits sur le directeur, des créances sur l'auteur, des amis dans un journal, une parenté avec le souffleur, le placeur. Puis des actrices qui ne jouent pas, des acteurs qui se sont débarbouillés, des putains littéraires et des petits amants de poche.

Voilà Fiorentino, avec son air et son teint de figure de cire. Au fond de cette loge, Bischoffsheim, le petit Juif, l'ami de tous les critiques, un papillon kalmouk qui voltige de banquette de fond en banquette de fond. Au balcon, Dinah avec sa petite tête serpentine, à côté de la mère Félix, avec un beau tour et un beau manchon blanc, qui semble la caricature bourgeoise de sa fille.

Ici rayonne, enveloppée de gaze comme une fiancée d'Abydos, Gisette, à côté de la femme du célèbre dramaturge Grangé (2). Dennery est derrière, avec son petit œil éteint. Là, le vieux Janin, le patriarche du feuilleton, vieilli et dont les joues tombent, venu

---

(1) Mme Lemoine vivait, depuis 1851, séparée de corps de son mari, avoué à Chinon. Elle avait, auprès de la société bien-pensante, la réputation d'un « esprit fort ». Sa fille, Angelina, se trouva grosse des œuvres d'un jeune cocher, Jean Fétis. Les deux femmes jetèrent au feu l'enfant à sa naissance. Au procès, jugé en 1860, elles assurèrent que l'enfant était mort-né, ce que les expertises médicales tendaient à confirmer. Angélina, qui avait chargé sa mère à l'instruction, fut acquittée ; Mme Lemoine, malgré la plaidoirie de Lachaud, fut condamnée à 20 ans de travaux forcés.

(2) Zuleika, la tendre héroïne de LA FIANCÉE D'ABYDOS de Byron (1815), s'enfuit pour échapper à un mariage odieux et meurt de désespoir en voyant tomber Sélim, qu'elle aime depuis l'enfance, sous les balles des sicaires du pacha Giaffir, son père.

de sa villa de Passy; le podagre a, contre la goutte et le froid, des manchettes de tricot rouge.

Doche avec sa petite mine chiffonnée, écrasée par la grande passe bleue de son chapeau, chaperonne sa fille, une grosse fille, belle de la beauté du village. On voit, derrière, la petite figure blafarde et crispée et le lorgnon de Scholl. Gautier, torpide comme un sphinx et un poussah, semble résigné à tout ce qui va se passer. Dans la loge d'avant-scène du rez-de-chaussée trône, dans un demi-jour et dans l'air royal des poses nonchalantes, la de Tourbey, tout entourée d'inclinations et d'une cour de cravates blanches qu'on perçoit dans l'ombre.

Grande représentation ! Il y a un sergent de ville collé au carreau de notre loge; un cent-garde flambant neuf est derrière nous, debout à côté de l'ouvreuse. Alessandri rôde et surveille les corridors, la main sur un poignard de son pays. L'Empereur est venu applaudir avec l'Impératrice l'œuvre de cet ami, historien des crimes célèbres, passé secrétaire du Coup d'État : il est des prédestinations !

La pièce commence. Une pièce comme toutes celles que les rhétoriciens serrent dans leur commode. Ce n'est pas même de l'Hugo foiré ! Et dans la salle, on entend un murmure de femmes : « Ah ! c'est bien écrit ! »

Mais la comédie est dans la salle : l'intrigue et le drame, c'est la déclaration du ménage Lia et Saint-Victor. Toutes les lorgnettes interrogent cette face de marbre de Saint-Victor. Et précisément, en face de nous, au balcon de secondes, l'ancienne, la délaissée, l'Ariane, Ozy elle-même, accompagnée de la petite Virginie Duclay, plonge sur l'ingrat. Comme elle n'a pu avoir qu'une mauvaise place, elle n'a pas voulu abîmer ses beaux habits et elle a l'apparence d'une marchande de pommes, remuant un éventail noir, riant et faisant contre mauvaise fortune bon cœur.

Nous passons dans les corridors, encombrés d'hommes et de groupes, où Janin souffle sur une banquette; où Villemessant, comme un capitan dont la voix est tombée dans un verre d'eau-de-vie, raconte les détails du second duel Galliffet; où Albéric Second passe, où Claudin vague, où Villemot montre son gilet blanc et cette face de grenouille à laquelle on marche sur le ventre; où le cocasse Crémieux se plaint de sa poitrine, comme un paillasse qui réciterait du Millevoye; où Marchal salue tout le monde.

Nous tombons, présentés par Julie, dans la loge de Sarah (1), qui n'est plus une femme, mais une éléphantiasis et qui porte horriblement sur les nerfs par cette voix chantée, sonore et grasseyante : elle « vibre » comme un drame des boulevards et ses amis disent d'elle : « Que vous a-t-elle *vibré* ? » Elle est encore insupportable par le jugement qu'elle fait du style de la pièce, qu'elle trouve à son goût. De là, je vois l'Impératrice, assise de profil dans sa loge, avec son fichu Marie-Antoinette, la figure contractée par l'émotion et des larmes plein les yeux, qu'elle essaye d'abord de cacher sous l'éventail et qu'elle se décide à essuyer bourgeoisement, avec le coin de son mouchoir. L'homme, le cou tors, le regard immobile sur le théâtre, regarde dans une pose de bois.

Saint-Victor a l'émotion d'un début qui se trahit surtout par le silence, toute l'attention de sa lorgnette à Lia et ce cri enfantin, timide et si naïf, à la tombée du rideau du quatrième acte, quand le public rappelle les acteurs et crie *Tous ! tous !* : « Lia toute seule ! Lia toute seule ! »

La pièce est finie. Les ouvreuses jettent les toiles sur le velours des balcons. Le rideau s'est relevé sur la scène, où les allumeurs emportent les quinquets des portants. Dans le demi-jour de la scène, nous heurtons Fournier en cravate blanche, en habit noir, qui se promène, demandant nerveusement aux gens si c'est un succès : « Moi, je n'ai rien vu, j'étais là, derrière », — du ton d'un homme qui demande : « Est-ce ma faillite ? »

Puis nous heurtons des pompiers qui dégringolent d'un petit escalier ; et au bout d'un corridor noir, nous entrons dans une loge tout engorgée de monde. Et on fait queue... Cela ressemble aux effusions de la sacristie à un mariage. Des avalanches de femmes qui se précipitent dans les bras de Lia et l'embrassent ; des hommes qui s'effacent pour les laisser passer. Au fond, la famille, la mère, la sœur et le frère ; et épanoui, sur un fauteuil, à l'entrée, le maître du logis. Et tout le monde s'embrasse ; car la poignée de main qui est rare dans le monde, si banale dans les lettres, est remplacée dans ce monde-ci, comme manquant d'intimité, par l'embrassade qui, sous le coup des émotions de la soirée et de la secousse des nerfs des femmes, a véritablement une effusion de bonne foi dans le moment.

(1) Sarah Félix, sœur de Rachel et de Lia.

Lia, — qui a l'air d'un petit séraphin gothique, aux cheveux blonds nuageux, des maîtres primitifs et dont le corps grêle est perdu dans les grands plis d'une robe de chambre brune, — disant : « Ah ! mes enfants ! » à tout le monde, aux conseils d'un chacun lui disant : « Tu as été trop vite. » Elle est à sa toilette, ôtant ses bottines, puis ses fausses boucles de cheveux.

Une petite chambrette tendue d'un bout à l'autre de perse : fond damassé, bouquets de fleurettes dans des baguettes bleues; de distance en distance, des renflements de perse; perse autour d'une glace qui sert de psyché; plafond avec des rouleaux convergents de perse renflés.

Divan au fond, deux fauteuils recouverts de housses blanches. D'un côté, au milieu, est la toilette, une tablette de bois blanc recouverte de toile cirée, — assise sur un strapontin de piano, recouvert en maroquin gris perle, — et dont la guipure retroussée laisse voir deux tiroirs, dont l'un fermé à clef. Là-dessus, en désordre, des houppes, des pots de cold-cream, des cartons où elle met ses nattes.

Au-dessus, une petite glace Louis XV au cadre doré, faisant face à la glace de l'autre côté; les deux glaces entre deux quinquets de cuivre, à globes de lampe, qui donnent une lumière fumeuse et une odeur d'huile.

Dans le fond, deux rideaux séparent d'un petit cabinet de toilette intime, où elle se déshabille tout à fait. On y aperçoit vaguement des poteries blanches.

L'habilleuse a une vilaine tête plate, quelque chose du poisson, et sale. Par la porte, laissée ouverte par le va-et-vient, entre Mme Laurent, vêtue en brûleuse de maison, avec la silhouette de satyre de son mari, Dessieux, dans le corridor; puis Murger ému et qui pue le vin. Puis une vieille horrible, enveloppée dans un châle noir, qui vient demander si l'on s'en va, pour qu'elle puisse fermer la porte du corridor.

Nous passons par des escaliers noirs, des rampes obscures, un fond de cuisine de café, avec ses fourneaux et bouillottes vaguement entrevus, puis par le café fermé et à peu près éteint, où il y a des dialogues d'ombres de cabots; et nous tombons assis à la table de Lia. Lagier, qui a été invitée aussi, arrive.

C'est d'abord une causerie pleine de gestes, d'éclats, de nervosité, où les actrices encore fiévreuses parlent de toutes les grandes choses du soir, de tel effet qu'on leur a fait manquer, de tel effet qu'on devait enlever, des applaudissements du public et des claquements de la claque. Et toujours cela revient à la claque, au chef de la claque, à Goudchoux, qu'on n'a pas été voir, qu'on n'a pas payé, que le mari de Mme Laurent reçoit chez lui, qu'elle a payé, — et récriminations du même genre, pour lesquelles ces voix usées et brisées retrouvent des fureurs, des animations, des cris.

Puis de ce premier chaos de voix, jaillit la verve et l'esprit de Lagier qui, grisée par deux verres d'eau et le voisinage de la chair fraîche que je représente, se plaint de la bosse de quarante ans qui lui vient au cou à vingt-huit ans; abîme Scholl qu'elle appelle le Rubempré de Bordeaux; échine Doche; singe la Duverger; mime une scène cochonne; déshabille les hommes qu'elle a connus; raconte que Séjour est furieux de l'avoir vue manger du saucisson dans la gondole qui la traîne sur la scène; parle des *tripaudières* comme elles; du bonheur qu'elle a à avoir dix francs dans sa poche, elle qui a mangé huit cent mille francs; parle de la nuit qu'elle a passée avec Marchal, séparés par un drap; compare l'un de nous à l'un de ces jolis maîtres de dessin de pensionnat, qu'elle appelle un éreinteur de dortoir de demoiselles; tutoie tout le monde et finit par cette profession de foi de son mariage avec Sari : « Vous, ma chère, vous avez bien raison. Vous avez eu à peine deux amants. Moi, j'en ai eu cent, cent cinquante, est-ce que je sais ? Un homme, pour m'aimer, aurait trop de choses à me reprocher... Il me laisse libre, il me fait des *queues*, il me permet de lui en faire, pourvu que je ne lui en fasse pas pour de l'argent. Il me nourrit, il me blanchit, il me paye mon entretien. Eh bien quoi ? Je gagne six mille francs, c'est pour ma mère... J'aurais cent mille francs que je les dépenserais comme un sou en bibelots. Je suis un homme, moi, voyezvous... Eh bien, nous sommes très heureux ! C'est si embêtant, toutes ces balivernes des hommes... »

Et tout cela dit avec sa bonne grosse figure, bien blanche et douce, à laquelle un col d'homme sur une cravate blanche va si bien, et avec ce gros œil caressant, intelligent, tendre et ironique à la fois, comme le sourire de l'esprit et de la bonne enfance; une langue qui remue tous les argots et les jette comme des poignées de couleurs vives, une riposte intarissable, des histoires qui semblent salées par Rabelais, un cynisme si franc, si libre du collier qu'il n'a rien qui dégoûte, le caprice de la fille montré tout nu et tout rayonnant. Nulle comédie de ce temps pareille à cette femme, nulle joie si amusante que ce boute-en-train et cette réjouissante forte-en-gueule, le plus beau plat d'un souper, une femme à servir dans du cresson comme une maîtresse de la Régence.

Fournier ne voulant payer qu'une serrure, des deux verrous de quarante-cinq sous de la loge de Lia (1).

Sommes-nous bien ou mal organisés ? En toutes choses, nous voyons la fin de la chose et l'extrémité. Les autres se jettent comme des étourneaux et de premier mouvement dans une aventure. Nous, dans un duel, par exemple, nous voyons la mort de notre adversaire, la prison, la pension qu'il faudra payer à la famille, un tas de déductions de l'imprévu, qui ne viennent même pas à la pensée des autres. Dans une liaison, dans un caprice, nous envisageons les suites, les ennuis d'argent, de santé, de liberté. Dans un verre de vin, nous voyons le mal de tête du lendemain. Et ainsi de tout... Et cela sans que cela nous corrige de nous battre en duel, de nous lier avec cette femme, de boire ce verre de vin.

Est-ce tout à fait un malheur ? Non, car si cela empoisonne la jouissance présente, l'imprévu ne nous désarçonne jamais et vous êtes toujours prêt à aller au bout de toutes choses, avec une résolution délibérée, des forces ramassées, une patience constante des mauvais hasards.

Rien de plus charmant, rien de plus rare et de plus exquis que l'esprit français des étrangers : ça a le charme d'accent d'une créole qui parle français. Galiani, le prince de Ligne, Henri Heine, les plus délicieux hommes d'esprit de la France.

Pour les ACTRICES, règle de conduite à l'entrée de ce monde par un mentor, et finir la tirade : « Et surtout pas de tact ! »

Ma maîtresse dit d'une soupe maigre, très maigre, qu'elle vient de manger chez une amie : « Il faudrait un fier maître d'armes pour crever les yeux à ce bouillon-là ! »

(1) Après *de la loge de Lia*, quelques mots décousus : *Chansons de Grassot; saute-mouton; croc-en-jambe de la p de M à C* : cela semble se rapporter aux divertissements de ce souper d'artistes, et les abréviations de la fin peuvent peut-être se lire : *de la putain de Murger à Crémieux*.

Toute œuvre haute est suspecte : elle est fouillée, elle est retournée comme une malle annoncée à la police douanière. Mettez du cru dans un livre philosophique, le livre est saisi. Tandis que dans toute œuvre basse et courante, il y a le bénéfice de toutes les licences et de toutes les tolérances. Les équivoques les plus ignobles du vaudeville et de la farce ont le libre cours et le laissez-passer des censeurs de théâtre. Alphonsine peut dire dans une revue : « Vous me piquez le Magenta »; mais faites une MADAME BOVARY, par exemple, il y aura des juges à Paris.

Samedi 24 décembre.

Ce soir, réveillon chez Doche. Nous trouvons Scholl avec une cravate de soie blanche, une mise de cabot et ce mauvais port de corps, le dos en dos d'âne, qui fait aller si mal les habits; puis un monsieur qui s'appelle M. Piétri et qui a un accent corse; et un autre monsieur anonyme, qui a l'air d'un répétiteur dans une famille bourgeoise.

Le salon est en fête, tout orné de fleurs qui jaillissent des divans et de camélias panachés dans des jardinières dorées. Au fond du salon, deux bustes en marbre blanc dans des enveloppes de lustrine, — qui sont Sheridan, un des amants de Doche, mort à vingt-neuf ans, et la Doche elle-même avec sa coiffure de la DAME AUX CAMÉLIAS, — semblent présider à la fête.

Doche est en maîtresse de maison, en robe de chambre mauve avec une grosse épingle en diamant sur une chemise d'homme. Elle regarde la pendule et appelle le boudin du souper et l'on cause. Tout d'abord de Gisette, qui doit venir. On l'éreinte, naturellement, comme une invitée qui n'est pas encore arrivée. Elle entre, radieuse et charmante, la tête dans ce nuage de dentelles qu'elle avait l'autre jour, deux longs repentirs coulant le long de sa figure sur des épaules délicieusement modelées et ravissamment blanches. Elle a une toilette tout en blanc, une robe blanche très décolletée, avec des volants rayés de soie paille. Elle est vraiment transformée. Ses yeux, un peu vagues et tendrement clignotants, la forme charmante de son nez, tout cela en fait une femme qui n'a plus rien de l'air mauvais, qu'elle avait à notre première entrevue.

L'on se met à table, elle entre nous deux. Une place reste vide, qui devrait être occupée par la fille de Doche. Mais elle a communié le matin; et plus désireuse d'aller à la messe de minuit, que sa mère lui refuse, elle ne vient pas. Il paraît qu'elle a une religion fort vive et guidée par un ecclésiastique fort intelligent...

Le boudin et les crêpes ne sont que le prétexte d'un très beau souper, qui n'a pour boisson que du xérès et du champagne et auquel Doche ne veut pas d'eau. On parle de la pièce de Séjour. Gisette cite le fameux mot des « chiffons effarouchés » et moi : « La prière désarme les lions », qui devient ma scie du dîner.

Scholl commence bientôt ses plaisanteries, moitié méchantes et moitié rieuses, et nomme entre les amants de Gisette ce Protais, dont un tableau, un soldat qui meurt dans un coin, l'a si fort touchée au Salon qu'elle en a retenu l'adresse du peintre, 16, rue Vintimille; et les autres et les autres... Ce qui fait que Gisette lui dit en riant : « Ah çà ! est-ce que je suis encore avec celui-là ? » Et moi : « Mais Scholl tient vos livres ! » Puis on passe aux actrices de la pièce de Séjour.

C'est Lia, qu'on proclame la meilleure fille du monde, que Gisette défend contre la calomnie d'une liaison Crémieux; puis c'est son talent qu'on attaque et que Doche nie complètement; puis c'est sa figure qu'on abîme et pour laquelle Scholl a ce mot : « Il ne manque rien à cette liaison, pas même la grêle ! » Puis c'est son cœur pour l'enfant qu'elle a eu de Séjour et qu'elle a cédé à un Anglais, Martin, qui s'est chargé de son sort. Et Doche de dire avec cette voix qui va si peu aux choses de cœur : « C'est beau, mais moi, je n'aurais pas pu. Je n'aurais mangé que du pain, mais j'aurais gardé ma fille. » Puis me dit : « Voulez-vous avoir Jeanne ? Je vous écrirai demain une lettre et vous l'aurez. » (1)

Et à quelque temps de là, comme on parle des ressorts de montres de Genève tombés dans les gencives du Genevois Fournier et du coup de minuit qui sonne dans sa dent creuse, voilà Gisette s'écriant : « Mais il y en a un autre, qui a des ressorts dans les gencives. — Qui ? qui ? — Crémieux ! Lia s'en est aperçu, la nuit, à Cauterets... » On fait un grand « Oh ! » et voilà Lia avec un nouvel amant dans sa liste.

Puis Scholl se livre à son genre particulier d'esprit, qui est presque un procédé. Il faudra mettre dans les ACTRICES un personnage qui aura ainsi une recette pour avoir de l'esprit sans

---

(1) Entendez : Jeanne de Tourbey.

fatigue. Il se livre à un éloge forcené de Lafontaine dans Dalila, que seul il pouvait jouer, et son éloge finit par ces mots : « Au reste, je dois vous dire que je ne l'ai jamais vu dans Dalila. » (1) Parle aussi des embarras de son journal, Noriac le retenant, ayant peur qu'on lui jette le jugement d'escroquerie à la tête, et Courcy, qui ne s'est pas battu sous une insulte, l'insulte de : « Mademoiselle de Courcy ! » (2).

Gisette a une bague en cornaline, pierre gravée, un antique qui représente une priapée. Elle a un esprit de répartie, de phrases coupées, de mots, de petits airs, de sourires, un certain petit pétillement, comme un jeu de raquettes auquel il faut toujours être prêt. Et nous nous faisons la cour tous les deux à peu près de la même façon, avec des ironies, comme des gens qui ferraillent ensemble pour se tâter. Elle, — quand je lui dis, par exemple, avec un air moqueur, qu'elle doit farcir les pièces de Dennery de tous les mots qui les émaillent ou quand je fais un mauvais calembour, — faisant un certain *brrr* entre ses dents, qu'elle me dit dire tout ce que je voudrais.

Lia veut de l'eau plein son verre de champagne, « mais jusqu'aux bords ! »

« Pourquoi ?

— Mais vous ne savez donc pas ? C'est quelque chose que je veux qui réussisse. »

Puis une conversation sur les malheurs de Fournier, obligé, l'autre semaine, de mener trois fois Jeanne au spectacle, parce qu'elle n'a plus ses aides-de-camp, ses chambellans, sa cour. Fureur de Doche contre les critiques qui font des compliments à la femme et non à l'artiste, Doche toute vieille, le cou qui se ride, le nez qui pointe et tombe.

Côté curieux de ces ménages, Sari, Fournier, Dennery, liaisons sans jalousie où l'homme et la femme se permettent des *queues* réciproquement, — ce qui n'ôte rien à l'amitié, au dévouement, — et où les queues de la femme sont quelquefois autorisées par l'amant et subies par la femme pour le bien de la raison sociale, du théâtre, d'une pièce.

(1) Dalila, drame en 3 actes, d'Octave Feuillet (Vaudeville, 29 mai 1857).

(2) Il s'agit de La Silhouette, rédigée par Jules Noriac, Aurélien Scholl, Charles de Courcy, née le 11 déc. 1859 et qui n'eut que 8 numéros.

668

Et pendant que Piétri dit à Edmond que Gisette est la belle-sœur de M. Antonelli, l'ancien gouverneur de la Banque, mariée à un M. Desgranges, magistrat, je ramène Gisette dans un fiacre très étroit. Gisette a, quand elle rentre dans le fiacre, l'éclat de rire d'une femme qui tient ce qu'elle veut. Je dis au cocher : « Rue de l'Échiquier, numéro...? Rappelez-moi donc votre numéro, que je n'ai jamais su... — Comment, mon cher, vous savez bien, 14 ! »

Le tête-à-tête la désarme et la fait plus tendre. Elle fait jouer joliment la dentelle sur son front et ses yeux, où les réverbères en passant jettent successivement leurs lueurs fugitives. La conversation semble rouler de cahot en cahot, sans logique. Moi :

« J'ai toujours eu idée que les hommes et les femmes sont le contraire de ce qu'ils paraissent. Vous semblez si détachée de tout, qu'il ne m'étonnerait pas que vous fussiez dévouée. »

Elle rit. Moi :

« Ce n'était pas très gai, cette petite fête de l'autre jour ? Ah ça ! franchement, là ! je vous ai pas mal déplu, n'est-ce pas ? Et puis, ce gilet du matin...

— Oh ! je ne vous ai pas regardé. Vous m'avez été ce jour-là fort indifférent.

— Merci !

— Mais à propos, si vous veniez voir mes monstres ?

— Eh bien, un de ces jours...

— Non, dites-moi le jour, je vais vous dire pourquoi : c'est que je les époussetterai.

— Eh bien, votre jour... Moi je suis libre, je n'appartiens ni à un gouvernement, ni...

— Libre, oui ; mais vacant ? »

Elle me regarde. Moi :

« Non.

— Eh bien ! vous êtes franc ! Avez-vous remarqué que je louchais ?

— Oh ! vous avez le regard vague, c'est un regard que j'ai aussi et que je me suis toujours pardonné.

— Comme c'est drôle, tout de même ! Me voilà à quatre heures du matin dans un fiacre avec monsieur de Goncourt, un homme que j'avais une envie énorme de connaître.

— Et ça roule ?

— Et ça roule… Au reste, je vous avouerai que je n'ai jamais lu de vous que des fragments, jamais un livre,… ce qu'en a donné Saint-Victor dans ses feuilletons… Je ne sais pas si vous avez du talent. »

Moi :

« J'en ai beaucoup ! »

Côté des femmes de théâtre : ce n'est pas l'homme, ce n'est pas la figure, c'est la réputation, la notoriété, la qualité de bête curieuse d'un homme qui les prend.

« Eh bien, oui, voilà la vie… Du diable si je savais ce matin…

— Mais moi, je savais ce matin que vous deviez souper ce soir.

— Ah !

— Savez-vous que votre conversation est fatigante comme une comédie de Beaumarchais ?… Eh bien, nous voilà tous les deux, n'est-ce pas ? Il pourrait arriver mille choses… Voulez-vous que je vous en propose une ? Quand je vous ferais la cour, en supposant que je réussisse, nous finirions par nous brouiller et nous nous éreinterions. J'ai pris une assez bonne opinion de vous par tout le mal que j'en ai entendu dire…

— A qui ?

— A moi d'abord : on m'a écrit un jour une lettre anonyme. On ne jette de pierres qu'aux arbres à fruits… Eh bien ! voulez-vous faire un petit traité ? Voulez-vous être de vieux amis ? **Nous** dirons réciproquement du bien de nous deux. Nous nous défendrons, quand on nous éreintera. Nous partagerons nos ennemis.

— Et à quoi ça nous mènera-t-il ?

— Ça nous mènera à ne point nous fâcher, à dîner une fois par an ensemble et à nous avoir connus sans nous en vouloir. A jeudi ! »

Et comme je lui embrasse la main sur le pas de la porte :

« C'est grave ! »

25 décembre.

Je sors de dîner chez mon oncle, qui est tout guilleret et épanoui de la brochure contre le pape (1). Il y a un vieux sang **voltairien**

(1) LE PAPE ET LE CONGRÈS, brochure publiée anonymement dans les derniers jours de 1859, rédigée par La Guéronnière et inspirée par Napoléon III, qui aurait

dans le bourgeois, quand même ce bourgeois a un père mort sur l'échafaud, — quelque chose comme une haine personnelle contre la Papauté. Niais qui ne comprennent point que la Papauté n'est pas le pape, mais la clef de voûte de l'ancienne société, la sanction de l'ordre social, de la propriété, quelque chose comme un îlot d'autorité que la Révolution va dévorer. Vieille race en France, cette race de magistrats à tête étroite, de badauds libéraux. Cette opposition du bourgeois riche, de l'abonné du CONSTITUTIONNEL, du parlementaire ou du boutiquier, — peut-être le plus grand élément de dissolution de la France, — mon oncle en est le type.

Hier, il criait : « Vive la réforme ! », il envoyait sur les finances du gouvernement de Juillet des notes secrètes au NATIONAL et il a fait ainsi, selon ses forces, cette Révolution de 48, qui a brûlé les propriétaires en effigie, descendu les loyers, — lui, propriétaire dans la rue Saint-Antoine ! Mais Guizot du moins était tombé !... Le voilà aujourd'hui déclamant contre le pape, applaudissant des deux mains à la menace révolutionnaire, jusqu'à ce qu'il tombe dans un chaos social, l'impôt progressif, l'impôt sur les riches du 15 mai 1848, à la suite de cette autre expédition de Pologne décrétée par Barbès (1), la guerre d'Italie... Et il a été à la messe ce matin ! ... Voilà le bourgeois !

Le matin, je vais chez Julie. Gisette vient d'envoyer trois nappes d'autel à Cauterets.

Jeudi 29 décembre.

Je suis assis au coin de la cheminée, le coude à une table où sont rangées une armée de brosses montées en ivoire, dans une pièce chaude, fermée, douillette, à grands ramages de perse, perdus dans un demi-jour intime, dans ce mystère doux et irritant, que fait une lampe à abat-jour, qui fait un rayon dans un coin, — dans le coin où Gisette est assise en face de moi, les pieds croisés, allongée dans un fauteuil, en robe noire et me regardant avec des

voulu que Pie IX renonçât de lui-même à sa souveraineté sur les États de l'Église, qui réclamaient leur rattachement au royaume piémontais. La Guéronnière admet le principe du pouvoir temporel du Pape, mais croit « essentiel qu'il soit restreint » et pratiquement limité à la ville de Rome.

(1) Cf. t. I, p. 31, n. 2.

671

yeux de chatte. Elle a quitté son piano, dont j'avais entendu quelques notes dans l'antichambre :

« Pardon, Madame, je vous dérange ? (en me débarrassant du paletot, du cache-nez et du chapeau sur un fauteuil).

— Oh, de mon piano ? Une manie... Quand je m'y mets, j'en joue à l'heure.

— Vous aimez les chiens ? »

Il y a à mes pieds, sur le tapis, deux chiens, un caniche qui semble tenir entre ses bras un petit King-Charles. Ils dorment le ventre au feu.

« Cette question ! Puisque j'en ai... J'aime assez celui-là, tenez, le caniche... C'est dommage que ce soit le chien de Bélisaire (1). Mais pour le King-Charles...

— Il y a des amis que l'on subit !... J'ai eu de vos nouvelles, ces jours-ci...

— Vrai ? Par qui ?

— Par Julie... et par une personne qui a passé la soirée hier dans votre loge.

— Ah ! Cavé ?

— Précisément.

— Comment a été la pièce ? (2)... Oh ! une pauvre pièce, à qui la censure a coupé les bras et les jambes...

— Oui, mais la tête ! Frédérick...

— Ah ! je suis contente de vous entendre dire ça !

— Moi ? Mais j'aimerais mieux voir jouer l'orteil de Frédérick Lemaître que...

— Savez-vous que je ne comptais pas sur vous ? Je croyais que vous ne viendriez pas.

— Et moi, je pensais que vous m'aviez oublié. Un jour pris dans un fiacre à cinq heures du matin, vous conviendrez que ça a bien le droit d'être oublié comme un rêve...

— Moi, les rêves ? Mais c'est la seule chose de ma vie à laquelle je pense !

---

(1) La légende, qui veut que l'empereur Justinien ait fait crever les yeux du général Bélisaire, ne précise pas qui guidait ensuite les pas du vieux soldat réduit à mendier : alors que les toiles célèbres de David et de Gérard lui prêtent l'escorte d'un jeune garçon, Gisette, ici, imagine Bélisaire guidé par le populaire caniche des aveugles parisiens.

(2) LE MARCHAND DE COCO, de Dennery et Dugué. Cf. t. I, p. 679.

— Mais voudriez-vous me dire, s'il vous plaît, pourquoi je ne serais pas venu?

— Je croyais que Saint-Victor vous l'aurait défendu.

— Pardon! Je suis l'ami de Saint-Victor, mais je suppose qu'il me conseille de ne pas payer mes dettes...

— Merci, le mot est aimable! »

Elle rit.

« Voyons, voulez-vous m'expliquer pourquoi Saint-Victor vous en veut? Il est votre ennemi comme un homme qui vous a beaucoup aimée.

— Je puis vous parler franchement? Nous sommes entre hommes?

— Parfaitement! »

Et je me mets contre la cheminée.

« Saint-Victor est peut-être l'homme que j'ai le plus aimé. Oh! je suis franche... Je l'ai adoré, mais jamais je ne lui ai appartenu.

— Mais enfin, il doit y avoir des raisons?

— Vous les a-t-il dites?

— Je ne les lui ai pas demandées.

— Voici ce qui s'est passé entre Saint-Victor et moi. M. Dennery avait une nièce, Mlle Lambert, qu'il a mariée à M. Decourcelle. Connaissez-vous?

— Je ne connais personne.

— Je l'ai à peu près dotée. Quelque temps après le mariage, des amis sont venus me dire que j'étais éreintée dans une pièce qui allait être jouée au Vaudeville... C'était, attendez donc, du temps d'un Beaufort quelconque, — il n'y aurait qu'à acheter la pièce pour savoir la date... Ah! ça s'appelait les Amours forcées, c'est cela (1)... Pour moi, ça m'était égal. Mais, j'ai une famille honorable, des gens que je respecte et j'aurais été désolée, s'ils avaient pu apprendre... On donna la première, j'étais à l'Ambigu... Si je l'avais su, j'y aurais été... Oh! je suis brave, j'aime assez voir les choses en face. J'ai le courage de mes opinions, moi!... La pièce eut seize représentations. Cela fit beaucoup de bruit dans le monde, mais seulement dans le nôtre, c'est-à-dire parmi trois hommes de

(1) Les Amours forcées, pièce en 3 actes d'Adrien Decourcelle, créée au Vaudeville le 11 juillet 1856.

lettres et quatre femmes entretenues, etc. J'avais des amis dans le feuilleton. Je crus qu'on me défendrait. Je comptais sur Gautier, mais vous savez, Gautier...

— C'est un ami en mie de pain, Gautier...

— Oui... Enfin, il n'y eut que Saint-Victor qui prit ma défense. Je ne le connaissais pas. Je lui écrivis un mot de remerciement sans signer. Il me répondit aussi sans signer. J'étais alors avec un homme que j'aimais comme un ami, mais pas autrement. Comme je n'ai jamais su appartenir à deux hommes à la fois, je proposai à Saint-Victor de quitter Ozy. Il ne voulut pas et nous en restâmes là. Au bout de quelque temps, Saint-Victor vint m'offrir de quitter Ozy, si je voulais quitter M. Puy, — c'était la personne avec qui j'étais. Mais dans ce moment, ce malheureux était dans d'horribles affaires... Il se roulait à mes pieds, il me disait : « Je n'ai que toi. Si tu m'abandonnes, je me brûle la cervelle »... Enfin, il était dans une de ces situations dont on ne se relève pas... »

Sa voix s'attendrit.

« A moins de devenir empereur !

— Royaliste !... Je trouvais que c'était une lâcheté de le quitter. Je l'aimais alors par charité. Je ne sais pas faire des lâchetés, moi; je n'en ai jamais fait. (Elle s'anime et prend des tons de drame.) Je suis franche, je vous le répète. Si je vais dans le Purgatoire, je n'y ferai que deux tours de broche. J'ai pu quelquefois ne pas me conduire en honnête femme, je me suis toujours conduite en honnête homme. (Un silence.) Je vous jure, sur tout ce que j'ai de plus cher au monde, sur ma mère, que voilà tout ce qui s'est passé entre Saint-Victor et moi. Je l'ai revu au bal de l'Opéra... J'irai samedi, à propos...

— Oh ! Ça vous amuse vraiment?...

— Beaucoup, j'adore ça... Quand je l'ai vu, il m'a pris la main, sans me reconnaître, et ça m'a fait tellement d'effet que je n'ai pas pu lui dire un mot. Je ne l'ai revu qu'une fois depuis, la veille de mon départ pour Cauterets. Il a été charmant. C'était dans une loge; il était avec Bapst, tenez, l'ami de Janin, et il me tenait presque embrassée... J'en étais tout embarrassée... Il n'y a eu qu'un homme vraiment bon pour moi, dans ce temps où j'ai été si malheureuse pour cet homme. (Sa voix a des larmes.) Halévy a été si charmant pour moi dans ce moment-là !... Encore un qu'on me prête, parce que, en montant chez Julie, nous sommes convenus de faire la farce de nous tutoyer et de nous disputer... C'est comme Cavé...

— Savez-vous que c'est très dangereux pour les autres !

— Oh ! les autres, vous comprenez, ça m'est égal ! »

Et je vois la femme qui me fait la place nette, avec des explications de femme cousues de fil blanc, mais joliment dites et qui charment comme la plus jolie musique fausse. Elle reprend :

« J'ai été au moment de vous envoyer deux places, hier...

— On est toujours au moment... C'est comme moi, j'ai pensé à y aller, de six heures à six heures et quart, et puis je n'y ai plus pensé.

— Eh bien ! ça n'a pas été long !

— Et qu'est-ce qui vous a empêchée ?

— Deux raisons. J'ai pensé d'abord que vous ne viendriez pas ; et puis vraiment, j'aurais eu l'air de me jeter à votre tête.

— Vous avez eu tort, j'aurais été enchanté de voir Frédérick... (Un silence.) Mais je suis venu pour voir vos monstres... (Je regarde la pendule.) A quelle heure dînez-vous ?

— A sept heures.

— Savez-vous que sans vous, je me serais bien ennuyé à ce souper ? Qu'est-ce que c'était que ces deux messieurs ?

— Mais l'un était M. Piétri, un cousin.

— Mais l'autre, le muet, l'élève de l'abbé Sicard ?

— C'est l'épée de Charlemagne.

— Hein ?

— Il s'appelle Durandal !

— Il aurait dû l'apporter, il aurait découpé !... Où allez-vous ? »

Elle est sur la porte dans une pose penchée, coquette, souriant malicieusement :

« Allons, Monsieur, puisque vous êtes venu pour voir mes monstres...

— Oh ! tout à l'heure...

— Non.

— Il faut être en train de voir des monstres !

— Je vous attends... Allons, venez ! »

Et j'entre dans un salon aux portières de soie rouge, aux meubles rouges, resplendissant de lumières : les candélabres, le

lustre, trente-six bougies jettent leurs flammes, leur doux éclair.
« Oh, par exemple ! Mais c'est intimidant, savez-vous ? Ça
a l'air d'un salon éclairé pour un contrat de mariage... Il n'y manque que le notaire !

— Et les mariés... »

Un des plus singuliers salons du monde. Sur des étagères,
qui commencent au tapis et font monter en l'air leurs toits de
pagodes, c'est la ménagerie de la fantaisie. Monstres blancs, verts,
noirs, bleus, multicolores, toutes les chimères d'un rêve d'opium :
bronzes, jades, porcelaines, bois, cristal de roche, le tonkin et le
kaolin, un peuple d'animaux qui semble tiré de la côte d'un
plésiosaure et d'un dragon, des animaux antédiluviens et des
animaux de la Fable, quelque chose d'hybride qui tient du monde
de bêtes retrouvé par Buffon et du monde de bêtes conté par
Hérodote (1), quelque chose comme des fœtus de lion, de
chamelles qui auraient un *regard* d'hippopotame, des bêtes héral-
diques, etc., etc.

Il y en a jusqu'à de noirs et dorés au fond d'une boîte, comme
ces petits temples portatifs des dieux de l'Inde. Des gros crapauds
blancs à lippes blanches, le dos ouvert pour des fleurs, font
les angles d'une table. Un cornet et des potiches, où rampent
et nagent tour à tour des animaux qui tiennent de la sangsue et de
la chenille et des insectes de Batavia. Les candélabres sont soutenus
par des monstres, et deux monstres portent l'heure et le temps
de deux pendules sur leurs dos chimériques. Je m'assieds par
terre pour mieux voir.

« Ah ! en voilà un superbe !... Mais il y a ici de quoi faire
avorter un régiment ! »

Elle s'approche de moi et me caresse de sa robe.

« En voici un, tenez, qui donne bien des idées !...

— Quelle singulière idée pour une femme ! Quand on m'en
a parlé la première fois, ça m'a tout de suite fait penser que vous
n'étiez pas une femme comme les autres.

— Et mon meuble ? Comment le trouvez-vous ? Tenez, les
tiroirs aventurinés, — c'est plein de dentelles, — on pourrait
serrer quelque correspondance là-dedans... » Elle le regarde et

(1) Allusion aux Époques de la Nature de Buffon et à la description des
animaux sacrés d'Égypte, Hérodote, Histoires, liv. II, chap. 68-76.

souriant, comme le trouvant trop petit : « Il est haut comme un homme… »

C'est le plus joli mot de la soirée. Aux compliments qui relayent dans ma bouche les ironies, ce n'est plus le *b r r r* de l'autre soir, mais :

« Rue des Lombards, Monsieur !… Rue de la Verrerie !

— Voulez-vous bien me reconduire ? »

Et je passe devant.

« Oh ! vous savez déjà le chemin… »

Je remets cache-nez, paletot. Je lui baise la main.

« Adieu… » et je me rassieds. « Il faudrait pourtant, Madame, convenir d'un plan de conduite. Nous nous sommes vus trois fois. La première, nous nous sommes déplu considérablement ; la seconde, nous nous sommes amusés ; la troisième, nous avons causé. Ce n'est pas une situation ; car enfin, si Saint-Victor me gronde ?… Au fait, je puis être amoureux de vous ?

— C'est cela, vous m'aimez, c'est convenu.

— Oui, mais comment fait-on ? Oh ! je puis faire comme dans les romans : je prononcerai votre nom dans mes rêves, je sortirai sans chapeau, je vous trouverai du talent, si vous débutez.

— C'est cela, c'est cela. Oh ! Ce sera très amusant ! Vrai, faites cela !

— Oui, mais il y a un petit embarras, c'est que j'aime assez les représentations à bénéfice ! »

Je me lève et veux lui embrasser l'autre main :

« Elle serait jalouse !

— Le bureau est fermé ! »

Elle la retire.

« Comment peut-on vous revoir ? Avez-vous un jour ?

— Dieu m'en garde ! On est assommé d'imbéciles !

— C'était pour ne pas me faire remarquer ! »

Elle, en riant :

« Vous espériez passer dans le nombre… Six heures et demie ! Allons, vous avez fait votre temps. Vous pouvez très décemment vous en aller… »

Je me rassieds :

« Vous avez là le fauteuil enchanté !

— Oh ! moi, j'adore le confortable. Je trouve qu'une femme doit avoir toutes ses aises, un intérieur qui l'encadre.

— Surtout dans sa chambre à coucher.

— Comment? Mais ce n'est pas ma chambre à coucher !

— Tiens ! j'avais rêvé un lit, derrière moi.

— C'est vrai, c'est une toilette. Tenez, voilà ma chambre. »

Même perse à ramages, armoire à glace et lit en palissandre; un bureau Louis XV, bronze et marqueterie; une commode, sur laquelle un cabinet incrusté de jade.

« Je n'ai fait finir que le haut du cabinet, voyez-vous?... J'ai eu tant de choses à faire.

— Quoi?

— J'enterrais mes morts, Monsieur.

— Là-dedans?

— Non, dans celui... vous savez, dans celui du salon,

— Ah ! la terre commune...

— Oui, là, ce sont les concessions...

— A perpétuité?

— Le vilain mot !

— Tiens, il y a un de ces pots de Saxe qui est cassé, n'est-ce pas?

— Vous êtes sorcier...»

Rentrée, embrassade de la main.

« Vous vous en allez? Ah !...

— Quoi?

— J'ai vu Camille Doucet aujourd'hui, je lui ai parlé de ses chances à l'Académie sans rire.

— Je parie qu'il vous a écouté de même. »

Et je me rassieds :

« Ma parole d'honneur, si nous n'avons pas l'air de jouer un proverbe ! Je fais des fausses sorties comme dans Musset, n'est-ce pas? » (1) Et je me lève. « Allons, cette fois-ci... Est-ce qu'on vous dérange, vrai, en venant? »

Elle, sans se lever, avec un sourire :

« Vous verrez ça à l'user.

— Alors, — je lui embrasse la main — c'est un stage? » Et je la regarde : « Ou un surnumérariat, comme nous disons dans les ministères? Bonsoir, Madame.

(1) **Allusion** aux fausses sorties du Comte dans IL FAUT QU'UNE PORTE SOIT OUVERTE OU FERMÉE.

ANNÉE 1859

— Bonne nuit, Monsieur.
— C'est un souhait qui en vaut un autre ! »
Je trouve en rentrant ma grosse Maria. La pauvre fille, inquiète de ce que je lui ai annoncé le souper de Doche, vaguement jalouse de ce monde d'actrices où elle me sent, a fait grande toilette.

Idée dans une insomnie. Proverbe dans un cadre neuf, dramatique : Conciergerie, 93. Deux femmes et un homme. Fin : substitution de femme : « *Ratissée !* Ah ! la voleuse ! » Appel des prisonniers, etc... Silhouettes.

Vendredi 30 décembre.

Je reçois ce matin une lettre de Julie, qui nous offre deux places dans sa loge pour ce soir, au MARCHAND DE COCO. Et nous voilà à la pièce de Dennery.

L'homme est un animal singulier : je n'attends pas Gisette, mais il me semblerait convenable qu'elle vînt. Je croyais la trouver en entrant. La loge n'a que quatre places et j'ai presque une déception d'amour-propre,... quand on ouvre la loge : c'est Gisette. Et je m'aperçois qu'il y a dans le fond de la loge un petit divan, sur lequel elle s'assied dans le demi-jour que font les globes dépolis des lampes du corridor.

Elle passe là deux heures. Tantôt debout, avec des poses penchées de femme qui aime, accotée à Charles Edmond et le touchant pour lui parler. Puis comme contenance, elle prend l'ENTR'ACTE. Elle a apporté son ouvrage et se met à effiler sur le papier de la soie (la chaleur de l'édredon lui étant désagréable, elle s'édredonne avec de la soie effilée). La loge s'ouvre encore; c'est Dennery, arrivant d'une répétition du Cirque, qui vient la rechercher. Il se penche sur la salle, jette un coup d'œil de marchand, — un de ces coups d'œil qui jaugent et qui jugent un public, comptent les loges vides et pèsent la recette, — dit un mot de mécontentement. Elle l'envoie se promener pendant une demi-heure, il revient et l'emmène.

Julie m'apprend alors que c'est elle qui est venue le matin chez elle avec une loge, lui disant de nous envoyer deux places. Elle a voulu rester jusqu'à notre réponse, et c'est elle qui a écrit

679

la lettre signée Julie. Là-dessus, Charles Edmond me dit qu'elle est folle et que c'est une vieille *toc*, qu'elle a quarante ans, qu'elle a été la maîtresse de tout le monde, que j'aurai mille ennuis; que si j'ai un succès, on me fera une *scie*; que dans ma position, il me faut coucher avec une putain comme Anna Deslions ou Schlosser; qu'elle voudra un collage; enfin qu'elle ne sent pas la violette le matin. Tous les conseils et les avertissements qui font un homme amoureux, plus amoureux et versent une carafe d'eau froide sur le dos d'un homme qui ne l'est pas.

Au dernier acte du MARCHAND DE COCO, le décor de la Conciergerie rappelle à Charles Edmond cette jolie histoire de Judith allant voir les petits Hugo en prison et, ne trouvant rien à emporter, emportant dans ses poches la plume des édredons (1).

Samedi 31 *décembre.*

Je dîne en famille. Après cette vie vivante, ces hommes et ces femmes, nerveux, excités et qui vous fouettent l'esprit, il me semble être, dans ma famille, dans l'intérieur d'un lavement d'eau de guimauve.

Un de mes cousins a ce joli mot, que vient de lui dire son tailleur, Alfred, qui lui reproche de ne pas être assez recherché et sur la commande d'une jaquette à poches : « Mais qu'est-ce que vous mettez, quand vous allez dans les petits théâtres ? » La tenue des petits théâtres, une mode pour les petits théâtres !... Petit Théâtre, Petit Journal : deux puissances !...

Mon autre petit cousin me récite ce qu'il appelle des vers, sur son pion. A-t-on remarqué que l'enfant commence toujours à jouer à la littérature par la poésie, c'est-à-dire par la rime, par l'assonance des mots ? C'est un moyen pour lui de se passer d'idées. Un terrible argument contre la poésie, qu'on a oublié.

(1) Charles Hugo, condamné à six mois de prison en juin 1851, pour un article de L'ÉVÉNEMENT sur l'exécution d'un braconnier, restera à la Conciergerie jusqu'au 3 février 1852. François-Victor Hugo, pour avoir contribué à faire reparaître sous un autre titre L'ÉVÉNEMENT, interdit entre temps, fut condamné à neuf mois de prison en septembre 1851. Il quittera la Conciergerie le 16 février 1852.

ANNÉE 1860

1er janvier.

DOUZE cents récompenses à l'armée, pas une aux lettres, aux sciences. Voilà le beau résultat où nous sommes arrivés avec notre progrès, notre civilisation, notre société moderne. La force brutale y est tout et prend tout.

3 janvier.

Si nous avions besoin de scandale pour avoir du talent, nous ferions une brochure intitulée: DE L'UTILITÉ DE DIEU DANS LE CIEL ET DU PAPE SUR LA TERRE.

Après tout, la Religion demande la foi à des mystères, sa Trinité, etc. : si j'étais forcé d'opter, je crois, ma parole d'honneur, que j'aimerais mieux encore ça que la foi demandée par la religion républicaine, la foi à l'amour de l'humanité de Voltaire, au cœur de Robespierre, etc.

7 janvier.

Soirée de la signature de contrat du mariage d'Édouard avec la fille d'un avoué (1). J'ai passé mon temps à inspecter les attitudes.

_____

(1) Édouard Lefebvre de Béhaine épouse Louise Masson.

681

Jeunes gens de la diplomatie, dont le genre est de marcher sur la pointe du pied, les épaules relevées, le dos bossu, les bras en anse et riant à chaque phrase qu'ils disent ou entendent, la tête penchée.

Puis des conseillers d'État, de vieux avoués, bref des bourgeois. Tous ces hommes, dont le physique dit la fortune bourgeoise, la fortune moderne, qu'on ne peut remonter à plus d'une génération sans la trouver faite par des grappillages en grand sur les armées, les retours de bâton d'une recette générale, d'une étude achalandée, des gains de commerce ou de Bourse, je ne sais quoi d'impur et de bas : généralement des carrures de marchand de bœufs, des faces tourmentées d'usurier de campagne, parfois grotesques, un col farnésien, une massive envergure d'épaules, de petits avant-bras, du ventre. Oh! que Daumier leur a été suscité justement! Quels portraits de la race, quelle vengeance! — Signalement physique à ne pas oublier dans la BOURGEOISIE.

9 janvier.

« Venez-vous passer un mois à Étretat, dans le chalet de Villemessant? Il me le prête! Nous aurions la mer, les vagues à quinze pas... Figurez-vous que les hommes de lettres sont si paresseux que je ne peux pas en trouver un qui vienne travailler avec moi! »

C'est Scholl, qui tombe chez nous avec cette proposition et une grosse épingle en pierre quelconque sur sa cravate : « Au moins là, je travaillerai. Ici? Mais, mon cher, c'est à peine si j'ai le temps de me laver... Je ne sais pas où je prends un moment la semaine pour écrire mes échos dans la SILHOUETTE. Vous n'avez pas idée...

« Tenez, avant-hier, je sors de déjeuner. Je vais chez moi, j'écris deux ou trois lettres. Je cours au Vaudeville. Doche venait de partir. Elle était allée à l'enterrement du régisseur, une vieille brute qui était là depuis trente ans. Enfin, je vais à l'église des Saints-Pères. Elle y était, elle faisait semblant de prier pour cette vieille rosse. Je passe faire un tour à la SILHOUETTE. Du monde,... on blague,... impossible d'écrire une ligne. Doche vient me prendre à quatre heures. Elle me dit qu'elle a une course à faire chez sa marchande de modes : « Tu regarderas le magasin, les demoiselles, tu verras des femmes du monde. » Elle essaye son chapeau pour la Pénélope (1). De là, chez la couturière.

« Il est sept heures. Elle a accepté à dîner chez Lafontaine, pour répéter le cinquième acte après dîner. Nous y allons... Au diable, en haut des Champs-Élysées... On ne dîne pas : Karr, qui dîne avec nous, va voir Gatayes, qui est malade. Lafontaine nous montre sa maison : c'est d'un sale! Il y a des lapins dans les chambres à coucher et des portemanteaux dans le jardin. A neuf heures, Karr arrive, on dîne. J'ai un mal à l'estomac! Un dîner! Des oignons et du brie... Heureusement que nous avions apporté du vin et quelque chose de chez Potel. Je bois. Ils répètent leur acte. Je ramène Doche. J'avais bu, je monte. J'avais eu un instant envie d'aller coucher chez moi, mais j'avais bu. Elle me dit qu'elle est fatiguée : « Ah! — je lui dis — ce soir? Par exemple! »

« Le lendemain, je m'éveille à dix heures. Elle me grogne, me dit que c'est moi qui l'ai empêchée de se lever. Par exemple, elle est bonne!... Je suis au Café Mazarin à onze heures. Je déjeune, ça me mène à une heure. Je rentre chez moi, je me débarbouille. Je vais à la répétition. En revenant, il y a trois personnes de plus à dîner. Il faut que j'aille chercher un jambon chez Potel et Chabot. Lafontaine se grise à dîner. Il veut que Doche mette son schall brodé d'or, un cachemire de sept mille francs : chaque fois qu'elle le met, il tombe des paillettes d'or! Voilà Karr qui lui dit qu'elle sera encore plus jolie avec. Ça l'emballe, elle est pincée. Crac! Lafontaine casse un vase de Sèvres de huit cents francs : « Bon! — je me dis — en nous couchant, tu vas me faire des lamentations sur ton vase, mais je te dirai merde! » Puis il se met dans la cheminée, il crie : « Aurez-vous bientôt fini, là-haut? » Et une petite voix répond. Il se retourne : « Hein, vous ne me connaissiez pas ce talent-là? » Je m'en félicitais... Enfin, un cabot infect! Qu'est-ce que vous voulez que j'écrive une ligne dans cette vie-là? »»

Jeudi 12 janvier.

Nous sommes dans notre salle à manger et cette jolie boîte de reps, tout enfermée et plafonnée de tapisseries, pleine de dessins

(1) La Pénélope normande, drame tiré par Siraudin et Lambert-Thiboust du roman d'Alphonse Karr (1858) et joué au Vaudeville le 13 janv. 1860 sans grand succès.

aux marques bleues, où nous venons d'accrocher le triomphant Moreau de la REVUE DU ROI, reluit et s'égaie des éclairs et des feux doux du lustre de cristal de Bohême.

Il y a à notre table Flaubert, Saint-Victor, Scholl, Charles Edmond, et en femmes, Julie et Mme Doche, une résille rouge sur ses cheveux, qui ont un œil de poudre. On cause du roman de LUI de Mme Colet, où Flaubert est peint sous le nom de Léonce (1); et de temps en temps, Scholl, pour tirer l'attention à lui, blague quelque chose ou éreinte un absent. Il finit par s'engager d'honneur à casser les reins à Lurine.

Au dessert, Doche se sauve à la répétition générale de la PÉNÉLOPE NORMANDE, qu'on doit jouer le lendemain (2). Saint-Victor, qui n'a rien pour son feuilleton, s'en va aussi à la répétition avec Scholl.

Et voilà qu'entre nous, nous nous mettons à causer du théâtre et voilà Flaubert à cheval sur cette jolie rosse : « Le théâtre n'est pas un art, c'est un secret. Je l'ai surpris des propriétaires du secret. Voici le secret. D'abord, il faut prendre des verres d'absinthe au Café du Cirque, puis dire de toute pièce : « C'est pas mal, mais... des coupures! », répéter : « Oui,... mais il n'y a pas de pièce! » et surtout, toujours faire des plans et ne jamais faire de pièce... Quand on a fait une pièce, quand on a même fait un article dans le FIGARO, on est foutu! J'ai étudié le secret d'un imbécile, mais qui le possède, de La Rounat... C'est La Rounat qui a trouvé le mot sublime : « Beaumarchais est un préjugé »... Beaumarchais! s'écrie Flaubert, du foutre et du phosphore! Seulement le type de Chérubin, qu'il le fasse! »

N'a jamais voulu laisser mettre MADAME BOVARY au théâtre, trouvant qu'une idée est faite pour un seul moule, qu'elle n'est pas à deux fins, et ne voulant point la livrer à un Dennery : « Savez

---

(1) Louise Colet et Flaubert s'étaient liés en 1846. Leurs amours, interrompues déjà en 1849, lorsque Flaubert partit en Orient, avaient été coupées encore par un intermède de six mois, consacré par Louise à Musset; puis ce fut la rupture en 1854. En 1859, Georges Sand publie le récit romancé de ses relations avec Musset dans ELLE ET LUI, Paul de Musset répond par LUI ET ELLE et Louise Colet par LUI, où Flaubert était présenté, épisodiquement, comme un cœur sec et un avare. Mais déjà elle l'avait dépeint dans UNE HISTOIRE DE SOLDAT (1856), où il séduit Caroline, l'abandonne brutalement et la réduit à un désespoir, dont elle meurt en lui pardonnant.

(2) Cf. t. I, p. 683, n. 1.

vous ce qu'il faut pour le succès aux boulevards? C'est que le public devine tout ce qui va arriver. Je me suis trouvé une fois à côté de deux femmes qui, de scène en scène, racontaient la scène suivante : elles faisaient la pièce à mesure! »

Puis la causerie va sur les uns, sur les autres de notre monde, la difficulté de trouver des gens avec lesquels on puisse vivre, qui ne soient point tarés, ni insupportables, ni bourgeois, ni mal élevés. Charles Edmond promet de nous en nommer dix et ne nous en nomme que trois ou quatre. Et l'on se met à regretter tout ce qui manque à Saint-Victor : on en ferait un si joli ami ! Ce garçon au fond duquel on ne peut jamais voir clair, à l'expansion du cœur duquel on n'arrive jamais, quand même on arrive à sa plus confiante expansion d'esprit; ce garçon qui, après trois ans de relations et d'amitié, a des glaces subites et des froideurs de poignées de main comme pour un inconnu... Flaubert nous dit que c'est son éducation qui l'a marqué et que ces trois éducations, ces trois institutions de l'homme, l'éducation religieuse, l'armée, l'École Normale, marquent d'un cachet indélébile l'homme et le caractère.

Puis on passe en revue les femmes de théâtre, les bizarreries de ces singulières créatures. Flaubert donne sa recette pour les avoir : il faut être sentimental, les prendre au sérieux. Puis on agite la question de savoir si vraiment elles couchent autant que les hommes le disent, si les soins de la santé, la fatigue, les travaux du théâtre ne les poussent pas seulement à des escarmouches. On cause de leur influence inouïe sur la critique de leurs amants; et comme des femmes de théâtre, la conversation monte à la femme : « J'ai trouvé un moyen bien simple de m'en passer, dit Flaubert, je me couche sur le cœur, et dans la nuit.,... c'est infaillible. »

Puis nous sommes seuls, lui et nous, dans le salon tout plein de fumée de cigares; lui, arpentant le tapis, cognant de sa tête la boule du lustre, débordant, se livrant comme avec des frères de son esprit.

Il nous dit sa vie retirée, sauvage, même à Paris, enfermée et fermée. Détestant le théâtre, point d'autre distraction que le dimanche, au dîner de Mme Sabatier, la *Présidente*, comme on l'appelle dans le monde Gautier; ayant horreur de la campagne. Travaillant dix heures par jour, mais grand perdeur de temps, s'oubliant en lectures et tout prêt à faire un tas d'écoles buissonnières autour de son œuvre. Ne s'échauffant que vers les cinq heures du soir, quand il s'y met à midi; ne pouvant écrire sur du papier blanc, ayant besoin de le couvrir d'idées posées comme par un peintre qui place ses premiers tons.

Puis nous causons du petit nombre de gens qui s'intéressent au *bien fait* d'une chose, au rythme d'une phrase, à une chose belle en soi :

« Comprenez-vous l'imbécillité de travailler à ôter les assonances d'une phrase ou les répétitions d'une page ? Pour qui ?... Et puis, jamais, même quand l'œuvre réussit, ce n'est le succès que vous avez voulu, qui vous vient. Ce sont les côtés de vaudeville de MADAME BOVARY qui lui ont valu son succès. Le succès est toujours à côté... Oui, la forme, qu'est-ce qui dans le public est réjoui et satisfait par la forme ? Et notez que la forme est ce qui vous rend suspect à la justice, aux tribunaux, qui sont classiques... Mais personne n'a lu les classiques ! Il n'y a pas huit hommes de lettres qui aient lu Voltaire, j'entends *lu*. Pas cinq qui sachent les titres des pièces de Thomas Corneille... Mais l'image, les classiques en sont pleins ! La tragédie n'est qu'images. Jamais Pétrus Borel n'aurait osé cette image insensée :

Brûlé de plus de feux que je n'en allumai (1).

« L'art pour l'art ? Jamais il n'a eu sa consécration comme dans le discours à l'Académie d'un classique, de Buffon : « La manière dont une vérité est énoncée est plus utile à l'humanité que cette vérité même. » (2) J'espère que c'est l'art pour l'art, cela ! Et La Bruyère, qui dit : « L'art d'écrire est l'art de définir et de peindre. » (3)

Puis il nous dit ses trois bréviaires de style, La Bruyère, quelques pages de Montesquieu, quelques chapitres de Chateaubriand; et le voilà, les yeux hors de la tête, le teint allumé, les bras soulevés

(1) Racine, ANDROMAQUE, acte I, sc. 4.

(2) Buffon dit exactement : « Un beau style n'est tel que par le nombre infini des vérités qu'il renferme. Toutes les beautés intellectuelles qui s'y trouvent, tous les rapports dont il est composé sont autant de vérités aussi utiles et peut-être plus précieuses pour l'esprit humain que celles qui peuvent faire le fond du sujet. » Ce qui est assez différent... (DISCOURS DE RÉCEPTION A L'ACADÉMIE FRANÇAISE, 1753, péroraison).

(3) La Bruyère, CARACTÈRES, I, 14 : « Tout l'esprit d'un auteur consiste à bien définir et à bien peindre. »

comme pour des embrassements de drame, dans une envergure d'Antée, tirant de sa poitrine et de sa gorge des fragments du DIALOGUE DE SYLLA ET D'EUCRATE, dont il nous jette le bruit d'airain, qui semble un rauquement de lion (1).

Flaubert nous cite cette critique sublime de Limayrac sur MADAME BOVARY, dont le dernier mot : « Comment se permettre un style aussi ignoble, quand il y a, sur le trône, le premier écrivain de la langue française, l'Empereur ? » (2)

Nous parlons de son roman carthaginois, au milieu duquel il est. Il nous dit ses recherches, ses travaux, ses lectures, un monde de notes, à faire le piédestal d'un Beulé, la difficulté des mots, qui le force à mettre tous ses termes en périphrases : « Savez-vous toute mon ambition ? Je demande à un honnête homme intelligent de s'enfermer quatre heures avec mon livre, et je veux lui donner une bosse de haschich historique. Voilà tout ce que je veux... Après tout, le travail, c'est encore le meilleur moyen d'escamoter la vie ! »

13 janvier.

Julie, dont je suis le cavalier servant à la première de la PÉNÉLOPE, a été voir Gisette ce matin. Gisette lui a dit : « Avez-vous vu mon copiste, qui est là ? — Qu'est-ce qu'il copie ? — Il copie des prières auxquelles je tiens, qui sont dans des livres de prières que je ne peux pas emporter en Italie. » Deux minutes après, comme Julie lui demandait : « Mais est-ce que vous allez vous amuser en Italie ? », Gisette, avec un sourire : « C'est selon ce que j'y trouverai. »

Samedi 21 janvier.

Nous trouvons Julie et Charles Edmond au coin de leur feu. Le ménage est sombre. Julie est, comme dit Charles, *grinchue*. Après quelques paroles qui tombent et qu'on laisse tomber, Charles Edmond nous dit qu'About est venu le chercher pour lui servir

---

(1) LE DIALOGUE DE SYLLA ET D'EUCRATE fut lu par Montesquieu au Club de l'Entresol vers 1722.

(2) Cet article de Paulin Limayrac a paru dans le CONSTITUTIONNEL du 10 mai 1857. Voir le passage visé dans le SUPPLÉMENT de la CORRESPONDANCE de Flaubert, éd. Dumesnil, Pommier et Digeon, 1954, t. I, p. 232 : «... les espérances redoublent, si l'on songe qu'il y a sur le trône un grand écrivain. »

687

de témoin contre Villemessant et qu'il a accepté, selon ses principes de ne jamais refuser un pareil service à tout le monde qui le lui demande et qui lui prouve qu'il n'est pas galérien. Et nous voyons, jusque dans le ménage de l'homme, se glisser la terreur de Villemessant. La ménagère a peur de la rancune pour la pièce de Charles, qui doit faire aller la maison. Elle trouve le dévouement de Charles prodigué et dangereux. Et ce sont chez elle, avec les nerfs de la femme, mille terreurs des attaques futures et d'une critique mise à dos... En nous reconduisant, Charles Edmond nous dit qu'About doit ce soir souffleter Villemessant au Théâtre-Lyrique.

Dimanche 22 janvier.

Nous montons l'escalier d'une maison du boulevard Saint-Martin. Au premier, nous frappons à une porte d'appartement. On dit : « Qui est là ? ». On ouvre et nous tombons dans la loge de la grosse Lagier, plus appétissante et plus opulente que jamais, dans sa robe de duchesse de la TIREUSE DE CARTES (1). Puis nous voici dans la loge de Lia Félix, à qui nous venions rendre visite.

Les quatre becs de gaz donnent une chaleur étouffante. C'est l'atmosphère stupéfiante d'un bain maure. La pensée s'engourdit et on reste comme somnolent (2), les yeux ouverts, tandis que vos doigts tripotent machinalement toutes les petites choses de toilette et de maquillage qui sont sur la tablette, au-dessous de la glace : éponge à blanc, crayon à sourcils, patte de lièvre, brosses, poudre, houppe et jusqu'au verre d'eau, sur lequel pose un rouleau de sirop de groseille.

Dans cette espèce d'hébétement, on voit les actrices aller, venir, sortir comme à un appel invisible, aller à quelque chose de lointain et qu'on ne voit pas et d'où s'échappent un murmure sourd, des lambeaux d'éclats, comme une clameur d'horizon. Tout ce mouvement vous fait par moment l'effet d'une agitation automatique et réglée de figures de cire. Le bout de foyer que l'on

---

(1) Drame de Victor Séjour, avec la collaboration inavouée de Mocquard, le secrétaire de Napoléon III. Cf. t. I, p. 660, le récit de la première représentation, le 22 décembre 1859, à la Porte-Saint-Martin. On sait que la pièce exploite, en la romançant, l'affaire Mortara (cf. t. I, p. 554, n. 2).

(2) Texte Ms. : *on reste comme éveillé.* Lapsus corrigé en 1887 par : *on reste comme somnolent.*

entrevoit montre des personnages en costume, assis sur les banquettes, affaissés, immobiles et les bras dénoués comme des Polichinelles. Les actrices qu'on embrasse, on les embrasse sur le cou, pour ne pas déranger leur blanc. On cause avec des têtes de femmes, qui serrent contre leur cou les deux rideaux de leur loge, du fond, pendant qu'on les habille, comme la Frileuse d'Houdon : charmant cadre de proverbe.

Près de soi, on n'entend de bruit distinct que la causerie du foyer, qui ressemble à des alignements de chiffres de caissier : « Combien ce soir ? — Cinq mille deux cents. — Et la Gaîté ? — Quatre cents. — Le Cirque ? — Huit cents », etc.

Une femme vous laisse à l'autre et dit : « Viens les amuser ! » C'est un milieu où l'on semble dans une maison de fous, qui font d'un air raisonnable des choses qu'on ne comprend pas. Mme Laurent passe, cette furie de la maternité selon M. Mocquard. Et toutes de lui reprocher les charges qu'elle leur fait en scène et toutes les blagues qu'elle fait à mi-voix sur les jeux de cartes, dans la grande scène : « Veux-tu le grand Etteïla, 63 cartes ? » (1)

Nous apprenons qu'on a craché à la figure d'About, ce matin.

23 janvier.

A midi, je trouve Charles avec la migraine, au lit. Il a passé la nuit à tenir des cartes, ne pouvant dormir. Il me conte toute l'affaire d'About et comment le Vaudin a été lâché à la figure d'About et précisément au moment où les témoins d'About étaient chez Villemessant (2). Un parfait arrangeur de duels, que notre

---

(1) La Tireuse de cartes, acte II, sc. 7. Gennea, la mère frustrée de sa fille, est devenue, pour la retrouver, usurière et cartomancienne. Elle tâche ici d'intimider la comtesse Bianca, qui a élevé l'enfant volée ; elle s'apprête à lire dans les cartes ce qu'elle sait de la comtesse et lui propose les divers jeux de tarot, « le Petit Sorcier... ou le grand Etteïla, que voilà, 78 cartes et 118 tableaux symboliques ».

(2) Dans la polémique suscitée par une nouvelle méthode de notation chiffrée de la musique, la méthode Chevé, Edmond About s'en était pris à un critique de l'Orphéon, J. F. Vaudin. Celui-ci répliqua dans son journal par un article insultant, où il déclarait ne croire « ni à la justice ni au courage » du « Ponce Pilate mal lavé de la Question romaine ». About répondit dans l'Opinion Nationale du 20 janvier et refusa de se battre avec un adversaire jugé trop peu honorable. Le 22, au Café Napolitain, Vaudin crache à la figure d'About. Entre temps, About avait envoyé ses témoins, Charles Edmond et Najac, à Villemessant, qui avait reproduit avec des

ami Charles, qui avait arrangé sa maison de Bellevue, sa petite maison où nous avons tant de fois si gaîment dîné, pour les blessés. Le duel a eu lieu dans le bois de Bellevue, en haut d'une montée, là où souvent, — je crois même une fois avec About, — nous nous asseyions pour causer, nous mettant comme des bourgeois endimanchés en manches de chemise.

Il est temps : nous tombons bien avec notre livre, au milieu de ces brutalités de voyou et de cette savate ignoble de la basse presse. Nous paraîtrons demain.

24 janvier.

Nous paraissons. Nous allons porter notre livre à Janin, dans son chalet de Passy : un chalet capitonné, qui ressemble à un cottage de vieille putain, meublé de cadeaux de gens de mauvais goût, le rêve d'un bourgeois d'opéra-comique... Il y a une chose charmante cependant : c'est plein de lumière et de jour. Mais hélas, plus de Cour ici, et Janin, en clopinant sur un pied goutteux, guette à sa fenêtre les rares visiteurs.

Nous croyons être les seuls hommes qui, depuis que le monde est, ayant un livre paru, n'en avons pas même dit le titre à nos maîtresses.

25 janvier.

Nous avons cette émotion d'une première représentation, qui vous pousse dans la rue, — cette sorte de vague attente de voies de fait à la mode du jour, d'un soufflet, d'un coup de canne, de l'inconnu, — qui vous chasse de chez soi comme d'un milieu fade et qui fait lâche.

Et nous voilà au boulevard du Temple, dans le cabinet de travail de Flaubert, dont la fenêtre donne sur le boulevard et dont le milieu de cheminée est une idole indienne dorée. Sur sa table, des pages de son roman qui ne sont presque que ratures.

De grands, de chauds et de sincères compliments sur notre livre, qui nous font du bien au cœur ; une amitié dont nous sommes

commentaires malveillants l'article de Vaudin dans le FIGARO du 12 janvier et qui avait, le 21 janvier, accusé le pamphlétaire anticlérical d'être à la solde du gouvernement. Villemessant se déroba et après l'incident du Café Napolitain, About dut se battre non avec le directeur du FIGARO, mais avec Vaudin, qui le blessa au bras le 23 janvier.

fiers, qui vient à nous franchement, loyalement, avec une sorte de familiarité robuste et de généreuse expansion.

Le soir, nous vaguons sur les boulevards, pensant aux chances de duel, aux chances de succès, regardant les étalages comme des provinciaux, avec une certaine excitation nerveuse que nous ne pouvons maîtriser. Nous tombons sur Scholl au passage des Panoramas. Il nous entraîne boire un grog au Café des Variétés, l'antre du vaudeville. Il nous dit qu'il va souffleter quelqu'un, qu'il a besoin d'un duel. Puis d'anciennes effusions de notre vieille liaison se renouent, et ce sont des demi-aveux, des confidences étouffées, des plaintes contre Doche : « Un jour, je vous raconterai ma vie avec elle... » Puis il nous dit : « Nous venons d'avoir une scène. Venez donc avec moi. »

Nous trouvons la Doche, qui est tombée en glissant sur son genou, au cinquième acte de la PÉNÉLOPE (1), et qui est en train de se faire frotter par l'habilleuse avec de l'eau-de-vie camphrée. Très aimable, mais avec cette amabilité sèche qui dénote le fond de cette femme et donne la note de son cœur.

Puis Scholl veut absolument que nous montions voir Lafontaine, et voilà ce malheureux cabot, entre les mains de son coiffeur, tout étourdi de la visite, entassant les meubles pour nous recevoir. Tout le monde se tutoie dans ce monde et il nous donne la main de l'air le plus ému. Scholl veut le blaguer sur la représentation impériale :

« Oh! dit Lafontaine, l'Impératrice a été charmante. Comme mon directeur lui a dit que j'étais très enroué, elle lui a dit : « Nous reviendrons. »

« Voilà les Bonaparte! dit Scholl, ils croient toujours revenir!»

Vendredi 27 janvier.

Nous recevons ce matin une lettre de Mario, nous disant qu'il a lu notre livre et que rien ne pouvait lui être plus pénible (2). Et

(1) Cf. t. I, p. 683, n. 1.

(2) Pour le drame conjugal de Marthe et de Charles Demailly, dans LES HOM-MES DE LETTRES, les Goncourt avaient abondamment utilisé les confidences que Mario Uchard leur avait faites sur les ruses et les méchancetés de Madeleine Brohan. Cf. t. I, pp. 500-503.

émotionnés par le ton gémissant de sa lettre, nous allons chercher un peu de réconfort auprès de ce grand ami, Gavarni.

Gavarni nous a lus, lui qui ne lit guère. Il nous félicite. Il est content de nous, avec une certaine joie et un certain orgueil presque paternels. Causerie charmante, flottante, à bâtons rompus toute la journée; et le soir, au dîner sur la table de cuisine, dans la cuisine, c'est Michelet et ses derniers livres, à propos desquels il nous dit que l'idée de la femme, pour lui, est un ballon lesté d'un pot de chambre : « Eh bien, Michelet a retourné la chose : il met le pot de chambre en-dessus! » (1)

Point de caricatures politiques, sauf une seule, dont il a grand regret.

Puis ce sont des histoires d'un fantastique bourgeois éblouissant, cette maison de Courbevoie où Morère le fait venir, pendant que lui, était caché contre les recors à l'Ile Saint-Denis. Il arrive, trouve Morère dans la robe de chambre du mari, les coudes troués, qui l'introduit dans le petit salon où M. Rousseau des Mélotries et sa femme jouent aux cartes avec des haricots. Une femme : une main bolonaise ramenant sur la gorge une robe de chambre laissant voir une pantoufle rose, une tête de lapin. Une maison où tout est mystérieux, suspect, menteur, où l'on ne sait rien, — s'il y a de l'argent ou non, si le mari est en voyage ou non, s'il baise sa femme ou non, — et où même Morère dit à Gavarni, à propos de cette femme qui fait des articles : « Je ne sais pas même, ma parole, si elle sait écrire. »

Il y a une vague histoire, presque surprise à Morère, de cet homme faisant de l'usure, ayant ramassé le FLANEUR au bout d'une dette, ne sachant comment l'exploiter : décoche sa femme au bal de l'Opéra pour coucher avec Morère et le lui faire rédiger. Là dedans, une petite fille, — état-civil mystérieux : est-ce la fille? on ne sait, — qui a quinze ans et que la mère force à jouer au cerceau et fouette en public. Là-dessous, des jalousies terribles entre la mère et cette enfant, qui cherche à voler les amants de sa mère. Puis ce Rousseau resurgissant en Février, président d'un club socialiste, puis faisant le plongeon et reparaissant dans un entremettage matrimonial pour Chandellier.

---

(1) L'Amour (1858) et La Femme (1859), où Michelet insiste sur les données physiologiques, qui conditionnent la vie de la femme.

La conversation va à Aussandon, cet homme qui voulait savoir la vie des autres, comme arme; et le bon tour que lui joua Gavarni. Le rencontrait dans la rue Saint-Jacques; Aussandon voulant absolument savoir où il va, s'attachant à lui, Gavarni le mène jusqu'en haut, presse un bouton de porte. Elle s'ouvre, il entre et Aussandon reste le nez cassé devant cette porte fermée, dont Aussandon n'a pas le secret. Il allait chez une enlumineuse, étourdissante d'esprit naturel, rousse, laide de figure, mais le plus beau corps, un satin... L'étonnement, si on eût su ce Gavarni, si élégant et si connu, dans cette mansarde !

Nous parle de ses études à l'École des Arts et Métiers. Tronquoy, — c'est comme ça qu'il le connut, — avec une petite veste et une collerette brodée, détaché par un nommé Petit : « Ce grand qui est là dit que vous avez l'air atrabilaire ! » Ce Petit eut un prix de machines. A bien loin de là, revenant en poste du Limousin et se trouvant avec un courrier, qui ne lui laissa pas de la route le temps de manger, Gavarni lui dit dans la cour des diligences : « Monsieur, vous n'êtes guère complaisant pour les voyageurs... Pour un homme qui a eu un prix de machines ! » Étonné fut le courrier Petit, qui n'en put tirer davantage.

Puis ce sont ses mathématiques et le premier cahier de recherches qu'il prépare, DE LA VITESSE DANS LA VITESSE : « Ceux-là seulement doivent trouver des choses extraordinaires qui cherchent l'impossible. »

Puis nous regardons des académies de Cochin, qu'il admire : « Comme c'est *palpité* ! »

A propos de l'aboiement qui crache les pensées de Mme de Dampierre, il est effrayé de ce voisinage de la pensée à son expression, de cette parole qui la jette avant la volonté : « C'est comme une fuite effrayante ! »

Nous dit qu'il a de certains sens qui lui manquent, — le sens de tout ce qu'on met autour d'une idée et que causant avec Lassailly d'une jolie idée, Lassailly lui dit qu'il fallait mettre, autour, des chants, toutes sortes de choses et qu'aux explications de Lassailly, il ne comprit rien, sinon que le public aime surtout la robe d'une idée.

Comme nous causons de l'éternelle plaisanterie de la seringue : « C'est si drôle, au fond, cette machine hydrostatique en pointe, qui cherche un pertuis ! Monsieur de Pourceaugnac ! Et qu'est-ce, tout notre théâtre, qu'est-ce l'amour, sinon une mademoiselle de Pourceaugnac, poursuivie par un tas d'apothicaires érotiques, avec la seringue à perruque ? » (1) Puis il compare Walter Scott, qui intéresse par les conversations et les descriptions, à Scarron qui met tout en action et met toute l'action d'un personnage dans ses gestes.

A porté, comme tout le monde, des cols en papier gaufré pour imiter la piqûre, à un sou, au temps où on pensa remplacer tout le linge avec du papier, qu'on aurait rendu aux fabricants.

Samedi 28 janvier.

Arrive une lettre très aimable de M. Gustave Rouland. Puis je fais acheter le FIGARO, qui contient un article ignoble et plein de mensonges sur le duel About, donnant ce premier exemple en France de l'irrespect d'un homme qui s'est battu et qui doit se rebattre.

J'envoie acheter L'OPINION NATIONALE pour lire le feuilleton hebdomadaire d'About. Il se trouve que l'article d'About est sur les HOMMES DE LETTRES ; un article d'assez bon goût pour ne point nous engager dans sa querelle, une sorte d'hommage à notre honorabilité, — quelque chose qui, à ce qu'il paraît, devient une singularité dans les lettres ! (2)

Puis c'est Passy, commençant son éloge de notre livre, qu'il ne se dépêche pas de lire, par les critiques de son père qui, à ce qu'il nous annonce, en a défendu la lecture à sa fille.

Puis c'est Mario qui tombe éploré chez nous. C'est, pendant deux heures, une plainte gémissante de ce que, dit-il, sa femme croira qu'il nous l'a livrée. Nous avons beau lui répéter que quatre ou cinq traits mis dans une femme, qui n'est nullement sa femme, mais pour ainsi dire, le contraire de sa femme, ne peuvent en aucune façon la désigner au public, quand le mari du roman est un

(1) Cf. t. I, p. 582 et n. 2.

(2) Sur le duel About-Vaudin, cf. ici, p. 207, n. 2. L'article du FIGARO est une chronique, PARIS AU JOUR LE JOUR, (29 janvier), où Villemessant résume l'affaire. L'article d'About sur LES HOMMES DE LETTRES, paru le 28 dans l'OPINION NATIONALE, reconnaît dans les deux auteurs « deux observateurs très fins, deux écrivains très brillants », possédant « des qualités et des vertus privées, que je souhaite à tous les écrivains de notre époque ».

autre personnage. Il persiste dans sa lamentation pâteuse, d'où rien ne sort de précis, pas une détermination de lui, pas même une menace, sauf celle d'un procès en diffamation par sa femme... Et il nous laisse assommés de cet orgueil, qui ne veut voir dans toute cette œuvre que les quatre ou cinq traits qu'il nous a donnés; et aussi, attristés de la plainte piteuse d'un garçon qui n'est pas méchant et qui se croit trahi et qui dit lugubrement : « C'est le dernier coup. »

Nous battons un peu les quais, pour secouer tout cela. Et nous allons dîner dans notre famille, qui ne nous ouvre pas la bouche sur notre livre. Si nous étions enrhumés du cerveau, elle nous demanderait de nos nouvelles. Nous rentrons, nous fumons notre pipe, espérant que les émotions de la journée, qui nous ont fait passer comme par des courants de chaud et de froid, sont finies, quand un furieux coup de sonnette, un coup de sonnette particulier à Scholl, nous apprend que nous l'avons à notre porte. Qu'est-ce qui sonne, un soufflet ou un coup de canne? Mais nous avons le désir de ne pas remettre ça au lendemain. C'est bien Scholl, mais avec un sourire, — Scholl qui nous apporte, Scholl qui nous lit le plus chaud et le plus aimable article sur notre livre dans la SILHOUETTE ! C'est par ce coup de théâtre, auquel nous ne comprenons pas grand'chose que finit la journée. Est-ce un mot d'ordre donné par le FIGARO? Et Flaubert aurait-il raison, quand il nous a prédit que le FIGARO aurait l'esprit de parer l'attaque en louant notre livre?

Dimanche 29 janvier.

Vu Barrière qui nous conte cette chose saisissante, qu'il a vue sur la place de Grève, d'un homme dont, au moment où on le tournait en face de l'échafaud, les cheveux se dressèrent d'un coup, visiblement. C'était pourtant le condamné à mort à qui le docteur Pariset demandant ce qu'il voulait, avait répondu : « Un gigot et une femme ! »

Passé la soirée chez Flaubert. Il y là Bouilhet, qui a le physique d'un bel ouvrier. Merveilleuses légendes sur des avarices provinciales. Légendes des professeurs du collège de Rouen. Puis causerie sur de Sade, auquel revient toujours, comme fasciné, l'esprit de Flaubert : « C'est le dernier mot du catholicisme, dit-il. Je m'explique : c'est l'esprit de l'Inquisition, l'esprit de torture, l'esprit de l'Église du Moyen Age, l'horreur de la nature. Il n'y a pas un arbre dans de Sade, ni un animal. »

Nous parle du romantisme. Au collège, couché la tête sur un poignard et arrêtant son tilbury devant la campagne de Casimir Delavigne, monté sur la banquette pour lui crier « des injures de *bas voyou.* »

Lundi 30 *janvier.*

On nous dit chez Dentu qu'il y a ce matin un article de Janin. Nous achetons les DÉBATS et nous trouvons dix-huit colonnes sur notre livre. Nous nous attendions à un article au moins bienveillant, et c'est un des éreintements les plus féroces de Janin. Au milieu de tous ces œufs à la neige du feuilleton, il y a une perfidie : c'est de faire de notre livre un tableau poussant au mépris des lettres, un pamphlet contre notre ordre, une amère et calomnieuse vengeance. Ce livre, la meilleure et la plus courageuse action de notre vie ! Un livre qui ne fait si bas le bas des lettres que pour en faire le haut plus haut et plus digne de respect !

Nous serions quelque peu curieux de savoir quelles petites passions, quel petit ressentiment, quelle misérable jalousie de places données par nous aux uns et aux autres a pu nous valoir ce déluge de signes de croix et d'horreurs pudibondes de l'auteur de L'ANE MORT. Mais le fond est que cet homme, en qui tout est faux, de la phrase à la poignée de main et du style à la conscience, a l'horreur du vrai, — et la preuve de combien la réalité l'embête. Un des seuls articles d'éreintement, dans notre vie littéraire, qui nous ait laissés sans la moindre amertume...

Cependant au fond de nous, un fond d'émotion et comme un tressaillement continu des nerfs, une sorte de fièvre qui semble une attente. Il nous faut, à dîner à la Taverne Anglaise, réveiller notre appétit, qui s'oublie, avec de la moutarde anglaise. Puis une leçon d'armes. Puis une visite à notre ami Passy, — qui est venu ce matin, en notre absence, sonner, d'un air désolé, l'alarme dans notre maison à propos du feuilleton de Janin, — pour lui montrer que nous endurons de bonne façon une attaque, qui fait à notre livre une belle publicité. Il a été cause d'une sorte de tableau à la Dickens dans la rue : notre groom, vaguement inquiet de ce JOURNAL DES DÉBATS qui avait coupé l'appétit de sa tante, s'approchant d'un étalage de journaux, offrant deux sous pour lire les DÉBATS, — en pleine rue et dans son uniforme, — et lisant tous les DÉBATS, sauf le feuilleton !

Idée pour une pièce : confession de l'adultère de la femme pendant son sommeil, comme Maria (1).

Je suis tombé, l'autre jour, sur un feuilleton du CONSTITUTIONNEL, où il est parlé de peintures-allégories par Chaplin, dans les appartements de l'Impératrice : l'une représente l'Idée. L'Empereur a blâmé l'idée des ailes à l'Idée : on lui coupera sans doute les ailes. Quoi ? Même en peinture...

31 *janvier.*

« Monsieur le Rédacteur,

« Permettez-nous de répondre quelques mots à l'article qu'a bien voulu consacrer à notre livre, LES HOMMES DE LETTRES, un critique dont les sévérités honorent une œuvre et dont nous étions déjà les très – obligés, M. Jules Janin.

« Le feuilleton du JOURNAL DES DÉBATS du 30 janvier pourrait donner à croire que notre livre ne montre que les misères des lettres et les fanges, les corruptions, les visions malsaines, les perfidies et les trahisons de la plume de fer.

« Notre livre, — notre conscience nous en rend témoignage, — n'est point cette œuvre amère, sans pitié et sans consolation. S'il touche aux choses qui déshonorent le métier des lettres, aux hommes qui le compromettent, il parle aussi des nobles passions et des généreux esprits qui l'ennoblissent. S'il est brutal pour les scandales et les bassesses, il a des saluts pour les grandeurs, les dévouements, les héroïsmes silencieux, les vertus méconnues du monde des lettres. S'il humilie les suivants et les mercenaires de l'armée, il en glorifie les porte-drapeaux et les soldats. Et par cette opposition des scènes et des personnages de leur roman, les auteurs sont loin de croire qu'ils ont diminué l'honneur de ce grand corps des lettres, auquel ils se font gloire d'appartenir.

« Veuillez agréer, Monsieur le Rédacteur, l'assurance de notre considération la plus distinguée.

Edmond et Jules de Goncourt ».

(1) Cf. t. I, p. 627.

1er *février*.

Il me revient en mémoire cette jolie histoire de Lafontaine, disant à Mario pendant les répétitions de la Seconde Jeunesse : « Voyez, c'est moi qui ai fait venir Octave Feuillet. C'est moi qui ai fait jouer sa Dalila. Et voilà tout ce qu'il m'a donné comme remerciement! » Et il montre une épingle de quinze cents francs... Feuillet ne lui avait rien donné du tout, mais c'était pour monter le coup à Mario.

Je croirais assez volontiers que le tabac tue non la mémoire des idées, mais la mémoire de leur formule. Il fera oublier un vers, non la pensée de ce vers.

Jeudi 2 *février*.

Je tombe chez Julie sur About, qui me fait, selon son usage, de grands compliments en pleine figure. About, qui a l'air d'un petit singe, a avec lui une espèce d'ours : c'est son *fidus Achates*, Sarcey de Suttières, un gros paysan, mal léché, avec de gros pieds, de grosses mains et un gros et lourd accent de province, qui s'incline fortement à mon nom, me complimente, puis reprenant sa peau de critique, me dit qu'il y a trop d'esprit, que c'est trop *touffu* : « Voilà le mot » — et il en paraît enchanté, — que nous n'écrivons pas assez pour le public, que la province ne peut pas comprendre notre livre... Je coupe assez brusquement ces théories plates, ces rengaines : « Écrire pour le public? Mais est-ce que tous les succès honorables, enviables, durablement glorieux ne l'ont pas violé, le public, ne l'ont pas fait, ne se sont pas imposés à lui? Prenez toutes les grandes œuvres, elles font monter le public à elles et ne descendent pas à lui... Et puis quel public, le public du Café des Variétés ou le public de Castelnaudary? le public d'hier au soir ou le public de demain matin? C'est le dogme de l'Ornière. »

Je demande à About si la vente du Figaro sur la voie publique ne devait pas être défendue par suite de son récit du duel : « Oui, me dit About, Billault a fait écrire l'ordre devant moi à La Guéronnière; et à dîner, le soir, chez la princesse Mathilde, pour engager La Guéronnière, je lui ai demandé tout haut quand il l'enverrait. Il m'a dit : « Demain »... Fould, à qui je parle de cela aujourd'hui, m'a dit : « C'est Mocquard qui a empêché l'ordre, ou le préfet de

police, que Villemessant a dans sa manche... » Et About ajoute :
« Vous n'avez pas idée de ce que c'est que le gouvernement. Le
putanisme y règne. »

La littérature d'Houssaye me fait tout à fait l'effet de ces
bonheurs-du-jour en bois de rose, de la confection des ouvriers du
faubourg Saint-Antoine, avec des plaques de Sèvres peintes par des
enlumineuses de gravures de parfumerie.

Caractère de Fournier, le secrétaire d'ambassade, disant des
choses désagréables à tout le monde : « Mais vous, madame
Lefebvre, vous n'avez pas de cœur; vous êtes une jolie femme,
vous n'avez pas de cœur... Monsieur Lefebvre, vous n'avez
fait que décliner, vous êtes un paresseux. Qu'est-ce que vous
faites au Conseil d'État ? Rien... »

Samedi 4 février.

Je vais aux DÉBATS savoir la réponse d'une petite réponse
de dix lignes à l'article de dix-huit colonnes de Janin, disant
simplement, en somme, que nous ne croyons pas avoir
diminué l'honneur des lettres en opposant le travail au métier
des lettres et les porte-drapeaux aux goujats de l'armée :
« Monsieur, me dit M. de Sacy, votre réponse paraîtra, si
vous l'exigez : vous en avez le droit. Mais je vous préviens
franchement que jamais le JOURNAL DES DÉBATS ne parlera
plus de vous. » Ça serait un trop mauvais marché et je reprends
ma lettre. Voilà le droit de réponse dans le journal le plus
honorable du temps...

Gavarni vient dîner. Il a fait la grande partie d'aller au bal de
l'Opéra avec nous. En arrivant, il demande du papier et fait des
petites machines de mathématiques, qui lui sont venues en route.
Il nous dit : « Je suis né très jeune, je suis encore très jeune. Il n'y a
que la cervelle qui, en moi, est d'un vieux... »

A propos de bal, nous causons de Chicard, qui s'appelait de son
vrai nom Alexandre Lévêque. Cela coûtait 15 francs d'entrée.
Entrée très sévère, Chicard étant le contrôle et recevant personnellement les gens. Noyau de gens de commerce. A ce point difficile
qu'il fit de grandes difficultés pour laisser entrer Curmer, l'éditeur

des FRANÇAIS, où avait paru l'article qui le fit, lui et son bal, Européens (1).

Gavarni y amena aussi Balzac, qui, monté sur une banquette avec sa robe blanche de moine, ses petits yeux pétillants, sa face rabelaisienne, son nez en petite pomme de terre relevé, regardait tout.

Les danseurs célèbres, c'était Brunswick, qui ne dansait pas, marchait en avant et faisait le mouvement de tourner de l'orgue : cela arrachait des rires aux larmes. Des femmes de partout, de bordel, etc... Parfois, la savate entre elles; jamais de rixe entre hommes. Danse furibonde, femmes léchant la sueur des caleçons des danseurs. Chicard dansait avec le casque de Marty dans le SOLITAIRE (2). Grande farce de saouler les gardes municipaux de garde en dehors, de leur prendre leurs casques et de danser avec.

Cabinets où l'on allait avant et après souper. Grande table du souper dans la salle de danse.

Le plus drôle et le plus arsouille, Douvé, un joaillier du Palais-Royal, chantant avec une guitare une chanson sur le gamin de Paris.

Chicard, un banquier bien établi de la rue Montorgueil pour le commerce des cuirs, avait une petite grisette honnête, qui ne se doutait point qu'il était le célèbre Chicard.

Nous emmenons Gavarni voir Léotard. Puis après le Cirque, nous prenons un grog dans un mauvais café, où il nous parle avec admiration des travaux de Biot, de ses livres de mathématiques où il n'y a pas de figures.

Puis nous voilà montant l'escalier du bal de l'Opéra, ce bal qu'il n'a pas vu depuis quinze ans. Le voilà à mon bras, perdu

(1) Exploitant la vogue des *physiologies*, courtes et plaisantes monographies consacrées chacune à une catégorie sociale déterminée, l'éditeur Curmer en avait rassemblé un grand nombre dans les 8 volumes des FRANÇAIS PEINTS PAR EUX-MÊMES (1840-1842). Dans cette publication, ce fut Taxile Delord qui conféra au bal Chicard cette réputation « européenne », dont parlent les Goncourt, par une étude ornée de 10 vignettes de Gavarni, parue à la fin du t. II (1840) et intitulée LE CHICARD, le patronyme de l'organisateur du bal étant devenu déjà un nom commun pour en désigner les habitués.

(2) LE SOLITAIRE ou plutôt LE MONT SAUVAGE, mélodrame en trois actes tiré par Guilbert de Pixérécourt du SOLITAIRE, le célèbre roman de d'Arlincourt, et créé à la Gaîté le 12 juillet 1821.

dans cette foule, lui, Gavarni, comme un roi méconnu dans son royaume, pouvant dire : « Le carnaval, c'était moi. »

Il vient se retremper aux fantaisies nouvelles de la mascarade, aux modes du jour de l'absurde. Nous montons et restons une heure à regarder, d'une loge, la danse et les masques ; et il semble faire une grande étude du costume nouveau et presque général des danseuses, en bébé, robes descendant moins bas que le genou, montrant toute la jambe et les jolies bottines, ballantes au cou et voyageant sur les épaules et les seins, selon le branle des avant-deux (1).

Puis quand il a tout le bal dans les yeux, je le ramène coucher chez nous. Il a eu froid en sortant du Cirque. La chaleur du bal l'a frappé. Il marche, il monte en se traînant et nous confie, au coin de notre feu, qu'il a cru un instant qu'il ne pourrait mettre un pied devant l'autre dans la rue. Et il s'endort en nous faisant de charmantes plaisanteries d'enfant, qu'il sait si bien faire, sur le bal et les folies que nous aurions pu y faire.

Dimanche 5 février.

Déjeuner chez Flaubert. Bouilhet nous conte cette jolie nouvelle d'une sœur de l'hôpital de Rouen, où il était interne (2). Peut-être amour platonique avec un interne de ses amis. Bouilhet le trouve pendu un matin. Sœurs cloîtrées et ne descendant dans la cour de l'hôpital que le jour du Saint-Sacrement. La sœur entre dans la chambre du mort, s'agenouille ; prière muette d'un quart d'heure. Lui, lui donna dans la main, sans un mot, une mèche de cheveux du mort. Elle ne lui en parla jamais ; mais depuis, très aimable pour lui (3).

A cinq heures Saint-Victor arrive et nous dit chaudement, avec ces paroles qui sortent de la conscience et pour ainsi dire du cœur de l'esprit, que notre roman est, depuis quinze ans, avec MADAME BOVARY, le seul roman qui soit une œuvre. Il voulait y consacrer un feuilleton. Mais Gaiffe — il nous montre sa lettre —

---

(1) Var 1887 : *...les hautes bottines ballantes dans l'air et dessinant des nimbes au-dessus de la tête des danseurs.*

(2) Var. 1887 : *cette tendre histoire...*

(3) C'est de cette anecdote tragique qu'est sortie SŒUR PHILOMÈNE.

se réserve le feuilleton, pour venger Florissac (1). Saint-Victor lui a dit, entre les deux yeux, d'être bien poli. Arrive qui plante! Ce sera assez drôle de voir l'honneur des lettres défendu par un maquereau. Ce monde est une comédie burlesque.

Lundi 6 février.

Nous voyons arriver chez nous, avec un air bonhomme et intéressé, Monselet, qui tourne à un abbé de l'éléphantiasis et qui vient chercher, nous dit-il avec un sourire, « l'ouvrage à la mode ». Il nous annonce, en gardant la moitié de ce sourire, qu'il veut vider les questions de morale dans son compte rendu de la PRESSE. Nous sentons dans cet homme toutes les colères contre notre position et notre foyer, toutes les jalousies de l'HISTOIRE DU TRIBUNAL RÉVOLUTIONNAIRE contre les historiens de la SOCIÉTÉ et de MARIE-ANTOINETTE, toutes les colères de ces succès enlevés sur son champ d'études et, en lui, jusqu'aux rancunes du bohémien contre un meuble de Beauvais.

C'est Gaiffe qui n'a pas eu le courage de l'attaque et qui est allé chercher un petit journaliste pour plaider *pro domo sua*. Jadis, quand un grand seigneur était attaqué par un homme de plume, il le faisait bâtonner par ses gens; aujourd'hui, quand un banquier ou le mignon d'un banquier est attaqué, le banquier fait insulter l'homme de lettres par un petit journaliste à ses gages... Je me demande le progrès qu'a fait en ceci l'honneur de la littérature.

Le soir, chez Dentu, nous tombons sur Fournier, qui nous dit avoir parlé de nous dans la PATRIE. Nous le remercions, il se sauve. L'article que je lis est un éreintement, au nom de l'honorabilité des gens de lettres. Il paraît qu'il y a un *tollé* contre notre livre et contre nous et que toute la littérature est prête à se déclarer, en masse, solidaire de l'honneur des Montbaillard, des Couturat et des Nachette (2). La Société des Gens de lettres, surtout est furieuse comme un seul homme. Nous apprenons un article de

---

(1) Cf. t. I, p. 591, n. 1 et 3.

(2) Dans LES HOMMES DE LETTRES, Montbaillard, imaginé d'après Villemessant est le directeur du SCANDALE, le petit journal mis en scène par les Goncourt; Nachette et Couturat en sont les principaux rédacteurs et ils sont responsables de la folie où sombre Demailly, l'un en insérant, l'autre en laissant insérer dans le journal des lettres compromettantes du jeune écrivain.

Pontmartin, que nous allons lire. C'est le seul et sans doute, ce
sera le seul qui nous soutienne (1).

J'apprends que ce fut Janin qui se chargea, dans la REVUE
DE PARIS, de l'exécution d'UN GRAND HOMME DE PROVINCE A
PARIS (2).

Mardi 7 février.

Nous allons remercier Janin, qui nous dit qu'il ne comprend
pas que nous ayons eu l'intention de répondre à son article; que
du reste, il l'a fait très vite et qu'il ne l'a pas relu; qu'il aime beaucoup notre livre. Sur nos craintes qu'il n'ait attiré sur le livre
l'attention du Parquet, il nous rassure en nous disant que le procureur impérial a lu tout haut son feuilleton dans son salon.

Et il prend à témoin de cela un monsieur qui est à côté de lui
et que je reconnais. C'est ce vieillard original, ce toqué, ce Dubois,
ce collectionneur par raccroc d'autographes et de tableaux, qui
se vante d'avoir passé trente années de sa vie sans se coucher, à
jouer, qui dit : « Maintenant, c'est fini. J'ai soixante-dix ans.
J'ai été forcé de déménager; je n'ai plus mes chiens : ils sont
morts. Je vends mes livres, je vends mes tableaux. Il n'y a plus
dans Paris un homme pour causer... Je me survis, et je ne sais
pas pourquoi. »

Une espèce de Carniole, qui élève à la brochette un peintre
de Prague, inconnu, sans talent, qu'il proclame le plus grand
artiste de l'avenir et qu'il défend contre la calomnie d'enlever
des femmes du monde : « Il est pur, monsieur, il y a quelquefois
dans son œil le bleu du ciel. »

Comme Janin a demandé communication d'un testament
autographe de Mirabeau (3), mijotant déjà son article sur la vente
de ce fils adoptif de Mirabeau, Lucas-Montigny, qui achetait les
lettres compromettantes de Mirabeau pour les brûler, Dubois
commence ainsi : « Mon cher ami, j'ai eu un oncle. Il a fait sous la

---

(1) L'article de Pontmartin parut dans L'UNION du 4 février.

(2) Jules Janin passait pour avoir fourni à Balzac certains traits du journaliste
Lousteau et même de Lucien de Rubempré dans ce second volume des ILLUSIONS
PERDUES. Son article est de juillet 1839.

(3) Add. éd. : *demandé*. La réponse de Dubois, dans la suite du paragraphe,
implique qu'il n'a pas encore donné communication de l'autographe à Janin.

703

République deux très grandes opérations financières : la première et la seconde Société Rousseau. Il a gagné cent mille écus de rente par les friponneries des fripons qui l'entouraient et dont il n'a jamais eu conscience ni connaissance. Puis il a reperdu tout cela par d'autres friponneries, dont il ne s'est pas douté davantage. Eh bien! si je vous prête mon testament, vous êtes comme mon oncle, un très brave homme, mais il y a un tas de gens qui viennent chez vous, je vous connais, vous êtes très bon enfant,... vous le copierez devant moi! »

De là, nous allons chez Gavarni, assez frappé de l'espèce de coup de sang qu'il a eu en revenant du bal et disant : « Je n'aime pas les choses que je ne comprends pas! »

Nous causons des femmes qu'il a vues danser : s'il en a fait des croquis?

« Non, non, mais je les ai emportées dans ma tête.

— Alors, dans six mois, elles vous seraient présentes?

— Parfaitement. Le tout est de résumer ça par une idée très simple : une chemise sans taille. Et puis tout le reste, ce sont des ajustements, au caprice et à la fantaisie de la femme. »

Il nous met sur les genoux un album de ses anciennes lithographies, qu'il a retrouvées, et nous voyons, avant d'arriver à sa facilité sans modèle, à son *imagination du vrai*, quelles profondes, sérieuses, patientes, scrupuleuses études de la nature ! C'est partout là dedans la mère de Feydeau, le père de Feydeau, d'Abrantès et jusqu'au dos d'Henry Berthoud dans le dos de cet homme.

S'arrête à une petite image de bal qu'il veut nous faire voir, toute maigre, mais où il trouve assez l'animation du bal et une opposition assez bien faite de blancs et de noirs, des habits et des robes. Mais il ne pouvait arriver aux noirs, ni aux gris veloutés; se moque du fini, du précieux de demoiselle, de la conscience des parquets, des accessoires.

Mercredi 8 février.

Lu le Figaro. Rien. Pas de duel cette semaine.

Jeudi 9 février.

Visite à Lia, que nous trouvons avec sa fille, sa charmante petite fille de sept ans, blonde et frisée comme une image de keepsake, et déjà des yeux de femme, des yeux qui ont déjà la pensée et la coquetterie.

La mère et la fille sont au milieu de jouets répandus sur les meubles, de malles pleines du trousseau d'une poupée et de caisses contenant l'encyclopédie de tous les jeux. Et rien n'est plus joli que de voir la petite fille à genoux, par terre et repliée, tournant avec un grand effort la manivelle d'un gros orgue, sur lequel jouent et trépignent et grimacent des automates grotesques, à têtes de singe, un escamoteur, un joueur de violon et un bassiste, s'enivrant de ce qu'ils jouent et ouvrant des gueules de crapaud, où l'extase montre de prodigieux râteliers. Au milieu des singes, sa petite tête blonde et son sourire qui passent font l'effet d'un Lavreince passant à travers un dessin de Decamps.

Saint-Victor arrive. Il est pâle, soucieux; il s'assied au coin du feu dans une pose rogue; il a une douleur au cœur, dont il paraît frappé. Il y a du froid dans la causerie. Une petite escarmouche à propos du goût de l'art de Séjour, un commencement de vengeance de la scie du talent de Séjour : « A Turin, la Tireuse de cartes n'a pas pu aller jusqu'au bout. Il n'y a plus qu'à Turin qu'on ait du goût... » Dans cette liaison, l'aigreur commence.

Charmant type d'enfant qui court dans les coulisses, en demandant au régisseur : « Combien ce soir ? Sommes-nous toujours dans les 5.000 ? »

« Tomber sur une femme comme une gaule sur un prunier... »

Un, deux, trois volumes... Courir, aller, écrire, penser... Moi qui étais né pour être lézard à la Villa Pamphili, sur un mur au soleil, que je connais ! (1)

Les mot ! les mots ! Une religion de charité brûle, une religion de fraternité guillotine... L'histoire ! les révolutions ! Une affiche qui est toujours le contraire de ce qui se passe sur la scène !

(1) La villa Doria-Pamphili, la plus vaste de Rome, dessinée par l'Algarde au XVIIe siècle, s'étend à l'ouest du Janicule. Les Goncourt l'avaient abondamment décrite dans leurs notes de voyage de 1855-1856 : cf. L'Italie d'hier, p. 202-204.

Dans cette attente d'attaques plus ou moins polies, dans cet air de colères que nous sentons auprès de nous, je me purge, pour que si, par hasard, la jaunisse devait me venir, on ne puisse pas dire que c'est un duel qui me l'a donnée.

Je conduis Charles Edmond à une répétition des Bouffes-Parisiens. Il est éreinté, assommé, le visage tiré comme un mort... Je lui dis qu'il devrait se reposer. Il me répond qu'il donne à manger à sept personnes et qu'il faut qu'il gagne 40.000 francs pour laisser 2.000 livres de rentes à Julie : « Si je venais à mourir, tout le monde la lâcherait, je le sais. » Et nous nous avouons qu'il vaut mieux que nous.

Avant de nous quitter, il nous raconte cette rouerie inconcevable de Crémieux : lors des bruits de son cocuage par About, About tremblant et ne sachant sur quel pied danser, au moment qu'About croyait qu'il venait lui proposer un duel, Crémieux lui intimait une collaboration.

Mardi 13 février.

Je trouve Scholl chez lui, au sortir d'une de ces siestes fauves qu'ont ces natures crispées et nerveuses. Il est triste. La Silhouette est morte la veille. Et Doche, ce n'est plus la femme qu'il suivait partout. Il est jaloux du présent, jaloux du passé, jaloux du tutoiement d'un Lafontaine.

Dans un de ces moments d'expansion, qui sont le revenez-y de son ancienne liaison, il se met à nous parler de ce qu'il a souffert, des tortures qu'elle lui a fait subir en Belgique, des dix-sept amants qu'elle a eus, du bal des artistes du Gymnase, où elle a refusé de l'emmener, où il a été obligé de demander une invitation à Montigny, de cette femme qu'il ne peut plus voir qu'à quatre heures et demie, qui le reçoit froidement dans sa loge et qui le rejette aux coulisses des autres spectacles, aux Variétés, où une petite, en Sylphide, vient s'asseoir sur ses genoux et, n'ayant pas de poche à son costume, lui dit : «Mouche-moi ». Il nous parle de cette liaison, à tout moment cassée et renouée, brisée et rattachée, toute pleine d'injures, de coups, de pardons. Doche arrivant chez lui, l'autre matin, — il avait passé la nuit à travailler avec Courcy, — elle entre et avec sa voix nette comme un ressort : « On a couché ici ? — Oui, Courcy. — Vous êtes pour homme à présent ? » — Et apercevant le portrait de son ancienne maîtresse : « Quel monstre !... Ah çà, voudriez-vous bien me renvoyer mes portraits ? Car s'il venait des femmes ici, vous comprenez... — Pardon, j'y tiens. Et puis, si je vous les renvoyais, il n'y aurait plus de meubles ici ! »

Il nous parle d'aller à Gand et de faire un roman, qui serait son histoire et qui serait un beau livre, s'il avait le courage et le talent d'écrire ses confessions.

Jeudi 16 février.

Hélas ! tout finit, tout s'attriste, tout vieillit. Nous avons à notre table le ménage Charles Edmond et Saint-Victor, aujourd'hui en froid à cause du duel About. Julie, ce boute-en-train, est malade et se croit poitrinaire et ce dîner est triste, comme une fête qui n'est pas gaie. Et peut-être cette maison de Charles Edmond, où nous fûmes si gaiement et si heureusement tant de fois, va-t-elle s'emplir d'ennui et de tristesse ? A peine, dans toute la soirée, une sortie furieuse de Saint-Victor contre tout ce qui est, y compris la nature, « cette salope qui prodigue avec insouciance les insectes et les astres, les morpions et les planètes. »

Samedi 18 février.

Nous portons à Janin la lettre que nous avions écrite aux DÉBATS et qu'il nous avait demandée. Sur la forme très mesurée de la réponse, le voilà revenu à l'aise avec nous. Son large rire d'argent s'épanouit et son esprit de conteur, son esprit bon vivant se met à nous parler de son feuilleton d'abord. Il est tout joyeux et tout fier d'avoir, dans sa verve, dépassé de cinq feuillets la copie de son feuilleton du lundi, tout un feuilleton sur Chicard, qu'il n'a jamais vu, dont il n'a jamais vu le bal : « Vit-il encore ? » nous demande-t-il. « Un feuilleton sur une pointe d'aiguille », nous dit-il. Il ne sait rien et ne veut rien savoir de l'homme : « C'est un carnaval, mon feuilleton. C'est un bruit, un tapage, l'orchestre de l'Opéra. » Et il semble en ce moment, arborer crânement et fièrement la vanité de faire son feuilleton sans idées et de se passer de toute pensée avec des mots.

Puis c'est une jolie histoire sur un autographe de Buffon, qu'il a payé cent francs, aux gronderies de sa ménagère de femme. Flourens vient lui en demander communication :

« Qu'est-ce que vous me donnerez? — Ma voix à l'Académie. — Ah? Non, vous me donnerez un araucaria pour mon jardin ». J'avais lu précisément le matin qu'un araucaria s'était vendu 45.000 francs! Et le marché est fait... Arrive Hachette, qui fait une publication de la correspondance de Buffon, même question : « Eh bien, oui, à condition que vous me tiriez un exemplaire *in-quarto*, de la grandeur de mon exemplaire de Buffon. — Ça me coûtera bien 100 francs, » dit Hachette : il accepte !

Et Janin de rire.

Gavarni, à qui nous allions demander à dîner, n'y est pas. Nous trouvons Aimée désolée. Manie de faire faire aux gens des travaux qui ne sont pas les leurs, de faire d'un maçon, d'un terrassier, un architecte; d'un vernisseur de meubles, un tapissier. Manie du terrassier : vient de reprendre deux ouvriers à cinq francs par jour pour le jardin, où il n'y a rien à faire. Une parcimonie sur toutes choses, excepté là-dessus, qui est sa grande ruine et la chose qui le force le plus au travail.

Nous dînons à la Halle, au *Pied de Mouton*. Par-dessus le crâne poli d'un monsieur et la figure de mauvais mouton d'une femme parlant haut, avec une voix qui a le diapason du théâtre, affichant très haut l'estime qu'a pour elle son chef de claque, mauvaise cabotine d'opéra-comique, qui pue le théâtre, ses poses, ses jalousies et son argot, — nous avons le régal et le joli spectacle de deux jolies figures d'enfants, que le papa et la maman ont menés dîner au restaurant.

Ils sont juchés sur leurs chaises, les pieds aux barreaux, le petit garçon tout bellement épanoui dans sa petite veste de collégien. Assis l'un contre l'autre, au bout de la table. La petite fille, avec sa bonne petite mine rose et blanche, sous son petit chapeau de velours noir, tout expansive de toutes sortes de gros sentiments d'enfant, de fierté de son frère qu'elle caresse de l'œil, de la joie du spectacle du restaurant et de la joie de manger une omelette soufflée. Tous deux avec la grande serviette qui leur monte jusqu'au menton. Rien de plus frais, rien de plus doux à l'œil et au cœur que ces belles joies de ces jeunes enfants, où notre souvenir se laisse aller à nous retrouver nous-mêmes et à retrouver ceux que notre joie faisait si heureux.

Dimanche 20 février.

Au coin de son feu, Flaubert nous raconte son premier amour. Il allait en Corse (1) . Il avait simplement perdu son pucelage avec la femme de chambre de sa mère. Il tombe dans un petit hôtel à Marseille, où des femmes, qui revenaient de Lima, étaient revenues avec un mobilier du XVI⁰ siècle, d'ébène incrusté de nacre, qui faisait l'émerveillement des passants. Trois femmes en peignoir de soie filant du dos au talon; et un négrillon, vêtu de nankin et de babouches. Pour ce jeune Normand, qui n'avait été que de Normandie en Champagne et de Champagne en Normandie, c'était d'un exotisme bien tentant (2). Puis un patio, plein de fleurs exotiques, où chantait, au milieu, un jet d'eau.

Un jour qu'il revenait d'un bain dans la Méditerranée, emportant la vie de cette fontaine de Jouvence, attiré par la femme dans la chambre, une femme de trente-cinq ans, magnifique. Il lui jette un de ces baisers où l'on jette son âme. La femme vient le soir dans sa chambre et commence par le sucer. Ce furent une fouterie de délices, puis des larmes, puis des lettres, puis plus rien.

Plusieurs fois, revint à Marseille. On ne sut jamais lui dire ce qu'étaient devenues ces femmes. La dernière fois qu'il y passa, pour aller à Tunis pour son roman de CARTHAGE, — car chaque fois, il allait revoir la maison, — il ne retrouvait plus cette maison. Il regarde, il cherche, il s'aperçoit que c'est devenu un bazar de jouets. Au premier, un perruquier : il y monte, se fait raser et reconnaît le papier de la chambre.

On m'apprend, pour l'histoire de la société actuelle, quelque chose d'assez curieux. Un étranger ou un parvenu veut-il étrenner ses salons et avoir le monde, du vrai monde parisien ? Il s'adresse

---

(1)   Cela se passait donc en septembre ou octobre 1840, durant ce voyage aux Pyrénées et en Corse, fait en compagnie du Dr Jules Cloquet, récompense du bachelier frais émoulu.

(2)   Add. 1887, depuis : *c'était d'un exotisme...*

à quatre ou cinq femmes connues, à qui il fait un cadeau — pour le monde de première qualité — ou à qui il envoie mille francs — pour le monde de seconde qualité. Cette dame fournit toute la la société (1); lui, n'est rien, ne paraît pas plus qu'un invité et voit défiler tout le monde de cette dame, que cette dame reçoit à la porte du salon de ce monsieur, dont elle a vérifié auparavant la convenance des appartements. C'est ainsi qu'en 1860, un marchand de chair humaine, n'importe qui ayant gagné un million à n'importe quoi, peut faire le pari d'avoir tout Paris chez lui et le gagner.

Preuve en faveur du rien que peuvent les assemblées, les compagnies, les sociétés, pour les travaux, découvertes, etc., toutes les grandes choses de la pensée ou de la volonté : l'Académie française! A peine un dictionnaire!

Et là même où il semble que l'association doive l'emporter en résultats sur l'effort et le courage individuels, dans les voyages : l'expédition destinée à remonter le Fleuve Blanc, à peine partie : dissoute (2). Explorateurs solitaires, tels que Caillé, Barth, Livingstone, sont les seuls qui aient réussi à faire en Afrique des découvertes.

J'entends Rose chanter dans la cuisine un nouveau refrain populaire qui succède dans sa bouche, comme dans la bouche d'un peuple, aux PETITS AGNEAUX, à DRIN, DRIN. Expliquer le courant qui porte ainsi sur toutes les lèvres, agitées machinalement, un refrain chanté presque involontairement, expliquer l'épidémie d'une chanson, ce serait expliquer le succès et le mot des révolutions.

Decamps, une miniature du SAINT-MARC du Tintoret, passé à travers nos deux Français : la physionomie du dessin de Watteau et la peinture grasse et cerclée et la grandeur des accessoires de Chardin.

---

(1) Add. éd. : *fournit.* Cf. RENÉE MAUPERIN, p. 171, : « C'est vrai? demanda Renée à sa sœur. — Quoi? — Qu'on fournit aussi le monde dans les bals. »

(2) Le 5 janv.1860, la mission Pascal interrompt à Foukhara l'exploration du haut Sénégal avant d'atteindre le Ba-Khoï ou Fleuve Blanc.

ANNÉE 1860

Samedi 25 *février*.

Visite de Flaubert. Comme preuve de la persistance provinciale de cette nature, de cette application acharnée, récit de plaisanteries formidables à Rouen, durant trois ans. Lambeaux récités d'une tragédie ébauchée avec Bouilhet, sur la découverte de la vaccine, dans les purs principes de Marmontel, — où tout, jusqu'à « grêlé comme une écumoire », était en métaphores de huit vers, — qui montre la persistance de bœuf de cet esprit, même dans les plaisanteries dignes d'un quart d'heure de blague (1).

A beaucoup écrit depuis sa sortie du collège et n'a jamais rien publié, sauf deux petits articles dans un journal de Rouen. Regrette de ne pouvoir publier un roman d'environ 150 pages, écrit tout au sortir du collège : visite d'un jeune homme, qui s'ennuie, à une putain, roman psychologique trop plein de personnel (2).

Au fond, cette nature franche, loyale, ouverte, furieusement épanouie, manque de ces atomes crochus qui mènent une connaissance à l'amitié. Nous nous trouvons au même point que le premier jour où nous l'avons vu, et quand nous lui parlons de venir dîner chez nous, il nous dit tous ses regrets, mais ne pouvoir travailler que le soir. Oh ! l'amusante erreur ! Ces hommes, — que le bourgeois voit toujours en fêtes, en orgies, vivant le double des autres hommes, — n'ayant point une soirée à donner à l'amitié et à la société ! Ouvriers solitaires et renfoncés, vivant loin de la vie, avec une pensée et une œuvre !

C'est un grand avènement de la Bourgeoisie que Molière, une grande déclaration de l'âme du Tiers État. C'est l'inauguration du bon sens et de la raison pratique, la fin de toute chevalerie et de toute poésie en toutes choses. La femme, l'amour, toutes les folies nobles et galantes y sont ramenées à la mesure étroite du

---

(1) La Découverte de la vaccine, « tragédie en 5 actes et en vers », datée de 1846 : on n'a que l'acte I et des scénarios des actes suivants. Cf. Œuvres de Jeunesse, lib. Conard, 1946, t. III, p. 339-366.

(2) Flaubert a publié dans le Colibri de Rouen, le 12 fév. 1837, un conte, Bibliomanie, et le 30 mars 1837, une « physiologie » intitulée : Une Leçon d'Histoire Naturelle : Genre COMMIS. Quant au « roman de 150 pages », c'est Novembre, *Fragments de style quelconque*. Cf. sur ces productions de jeunesse, Premières Œuvres, lib. Fasquelle, 1913-1914, t. I, p. 210 sqq. et t. II, p. 309-401.

711

ménage et de la dot. Tout ce qui est élan et de premier mouvement y est averti et corrigé. Corneille est le dernier héraut de la noblesse; Molière est le premier poète de la bourgeoisie.

26 février.

Chez Adolphe Dennery, les deux petites Dugué, filles de douze ans, jouant au lansquenet comme des vieilles piqueuses de cartes de Hombourg et *faisant Charlemagne* à un gain de dix francs.

27 février.

Il y a toute une existence d'homme dans cette simple phrase d'une affiche de vente après décès : *Un pistolet de salon, une lorgnette en écaille, une canne de jonc à pomme d'or, une épingle jumelle ornée de brillants.*

28 février.

Nous dînons chez Charles Edmond.

C'est une chose charmante, et que j'adore, que la gaîté de notre hôte, une gaîté d'enfant grisé. Comme on parle d'un cheval tué sous quelqu'un, disant : « Ça me rappelle une de mes maîtresses ! »... Et des calembours ! Tout ça coupé de : « Je pétille, je pétille... »

Gisette, qui arrive de Nice, revient avec cet esprit endiablé et enfiévré, qui lui semble naturel et qui vous force à une garde et à une riposte perpétuelle, — de l'esprit qui vous donne la migraine le lendemain, comme ce vin qu'on appelle Migraine (1). C'est un éreintement à vol d'oiseau de toutes les anciennes amies et de toutes les amies, à finir par Lia la Grêlée : « Un visage en guipure, Notre-Dame-de-la-Grêle, l'Ange de l'Écumoire. »

Pour Dennery, il a une formule d'esprit toute simple, par laquelle il s'est fait une très facile réputation d'esprit. C'est toujours *Ma vieille vache* et une perpétuité de mots désagréables : « Ah !

---

(1) Le cru de Migraine, qui donne un vin blanc excellent, jadis réputé vin du roi, se trouve dans un faubourg d'Auxerre. L'étymologie des Goncourt est fantaisiste : le terme de *Vineae Midranicae*, usité au VIIᵉ siècle, suggérerait plutôt un ancien sanctuaire de Mithra (cf. Charles Demay, RECHERCHES... SUR LES NOMS DES CLIMATS DU FINAGE D'AUXERRE, Auxerre, 1901, p. 175).

je me suis ennuyé à Nice... Je croyais être à une de tes pièces ! »

Tandis que je suis à côté de Gisette, en face est ce pauvre Halévy, un Chemin de la Croix brun, qu'elle appelle Ferrouillat, du nom du premier amant de la PÉNÉLOPE NORMANDE, et qu'elle abrutit d'épigrammes et d'insolences, lui disant de se taire, quand il parle, avec cette joie de tyrannie et cet appétit d'oppression, qu'ont les femmes pour les gens qui les aiment et qu'elles battent en public.

4 mars.

Parcouru les LÉGENDES DES SIÈCLES de Hugo. Ce qui me frappe d'abord, c'est l'analogie des tableaux d'Hugo avec les tableaux de Decamps. On pourrait suivre, presque pas à pas, l'épopée tronçonnée et cyclique du poète dans l'œuvre du peintre. Le porc du Sultan, n'est-ce pas le BOUCHER TURC ? Les paysages d'Évangile ne sont-ils pas les paysages si grandement lignés du SAMSON ? (1) Oui, de la poésie peinte, empâtée... Et n'est-ce pas faire la plume petite que de la faire rivaliser avec le pinceau ? Une merveille tombée de la Bible, Booz. Mais bien de l'effort, des caricatures de force, du titanesque factice, la recherche puérile des mots sonores qui grisent la rime. Je ne sais pourquoi, ces derniers vers d'Hugo m'ont fait songer à ces œufs faits de nacre, convoitise des filles de bordel aux étalages des parfumeurs, qui s'ouvrent et laissent voir un petit flacon entouré de feuilles d'or estampées, dans lequel est scellé un parfum de musc capable de faire avorter un dromadaire.

Nous en causons avec Flaubert, que nous allons voir. Ce qu'il a surtout remarqué dans Hugo, c'est l'absence de pensée, lui qui veut se poser en penseur. Et c'est pourquoi il aime ça : « Hugo, ce n'est pas un penseur, c'est un naturaliste ! Il est dans la nature à moitié corps. Il a de la sève des arbres dans le sang. »

Puis la conversation va à la comédie vengeresse, que notre temps appelle et que notre public ne supporterait pas : quelque chose comme une pièce intitulée LA BLAGUE. Et tous trois de

---

(1) Dans la première série de LA LÉGENDE DES SIÈCLES (1859), le « porc du Sultan » renvoie à SULTAN MOURAD et les « paysages d'Évangile » à PREMIÈRE REN-CONTRE DU CHRIST AVEC LE TOMBEAU ; si les Goncourt visent l'ensemble des poèmes bibliques du recueil, ils peuvent aussi songer au SACRE DE LA FEMME, à LA CONSCIENCE et à BOOZ ENDORMI.

convenir que c'est la plus sale des prostitutions, que cette prostitution actuelle de la famille, ce *Ma Mère* qui est un refrain des gens, des pauvres, des saltimbanques : dédicaces *A ma mère*, etc.

Nous nous avouons les uns aux autres, carrément, notre mépris haineux pour les œuvres à la Feuillet. « Un écouillé ! » crie Flaubert. Le *Musset des familles,* comme nous l'avons baptisé les premiers. Et parlant de la cour basse qu'il fait aux femmes dans ses œuvres, de la bonne réclame que ça lui a été, Flaubert nous dit : « Ça prouve qu'il n'aime pas la femme... Les gens qui l'aiment font des livres où ils disent ce qu'ils en ont souffert; et on n'aime que ce dont on souffre. — Oui, lui disons-nous, ça explique la maternité. »

On lui apporte trois gros volumes *in-quarto* imprimés à l'Imprimerie Impériale, sur les mines de l'Algérie, où il espère trouver un mot sur des mines dont il a besoin auprès de Tunis.

Comme nous lui parlons de MADAME BOVARY, nous dit qu'il y a un seul type esquissé de très loin d'après nature, le père Bovary : un certain Énault, ancien payeur aux armées de l'Empire, bravache débauché, sacripant, menaçant sa mère avec un sabre pour avoir de l'argent, un bonnet de police sur la tête, des bottes, pantalon de peau; et à Sotteville, pilier du Cirque Lalanne, qui venait prendre chez lui du vin chaud fait dans des cuvettes sur un poêle, et dont les écuyères accouchaient chez lui.

Il s'habille pour aller dîner chez Mme Sabatier, la *Présidente*, qui tient ses fameux dîners du dimanche, hantés par Gautier, Royer, Feydeau, Du Camp et lui. Et en route, il nous conte ce beau mot de la Lagier à un homme qui voulait recoucher avec elle : « Tu as bien connu mon ventre autrefois ? Il était à la Souvaroff. Maintenant, c'est un accordéon (1). »

On oppose toujours la simplicité des œuvres antiques à la complication et à la recherche des œuvres modernes. On cite les beautés d'Homère, ces tableaux naïfs, l'intérêt qui ne sort guère d'accidents héroïques et matériels, la blessure d'un homme, la

---

(1) Par opposition à la « botte molle », *la botte à la Souvaroff,* apparue sous le Directoire, était plissée uniquement au cou-de-pied ; et sa tige était rigide et découpée en cœur dans le haut, au lieu de se rabattre souplement comme dans les bottes anciennes.

mort d'un autre. Mais qui intéresserait aujourd'hui la vieille humanité avec ces contes épiques de son enfance ? Tout est devenu complexe dans l'homme. Les douleurs physiques ont été multipliées par les sentiments moraux. On meurt aujourd'hui d'anémie, comme on mourait jadis d'un coup de lance. L'observation et le microscope ont été trouvés. Les caractères sont devenus des habits d'Arlequin. Reste à savoir si l'immortalité, c'est-à-dire la compréhension générale, sera aussi grande pour les œuvres de notre temps, si propres à un temps, comme Balzac, que pour des œuvres qui n'ont eu qu'à peindre les idées primitives, les sensations mêmes, le roman grossier d'un monde brut et d'un âge où l'âme humaine semble à l'état de nature.

L'art de plaire semble bien simple. Il consiste simplement en deux choses : ne point parler de soi aux autres et leur parler toujours d'eux-mêmes.

Si l'on me demandait le secret pour réussir dans le monde moderne, je dirais : « Soyez mal élevé. Le tact est ce qui nuit le plus dans le monde. Il humilie les hommes et gêne les femmes. »

Le libéralisme, un parti qui sera toujours bien fort. C'est grand comme la bêtise et l'hypocrisie humaines.

J'ai reçu une lettre de Mme Sand, chaude comme une poignée de main d'ami... Au reste, notre livre a un succès d'estime, il ne se vend pas. Aux premiers jours, nous avions cru à un grand succès de vente. Et nous restons depuis quinze jours à 500, ignorant si nous arriverons à une deuxième édition.

Après tout, nous sommes fiers, entre nous, de notre livre qui restera, quoi qu'on fasse et malgré le silence que veut faire le journalisme. Nous dirions avec l'accent de Maury, si l'on nous demandait : « Vous vous estimez donc beaucoup ? — Très peu quand je me considère, beaucoup quand je me compare. » (1)

(1) Maury ayant exigé qu'en le recevant à l'Académie, en 1806, on l'appelât *Monseigneur* et *Éminence*, Regnault de Saint-Jean-d'Angely lui demanda « ce qu'il pensait donc valoir ». Maury lui répondit par le mot que citent les Goncourt.

Il est bon d'être deux pour se soutenir devant de pareilles indifférences et de pareils dénis de succès, il est bon d'être deux pour se promettre de vaincre la fortune, quand on la voit violer par tant d'impuissants.

Peut-être, un jour, ces lignes que nous écrivons froidement, sans désespoir, apprendront-elles le courage à des travailleurs d'un autre siècle. Qu'ils sachent donc qu'après dix ans de travail, quinze volumes, tant de veilles, une si longue conscience, des succès, une œuvre historique qui a eu sa place en Europe, après ce roman, où les attaques mêmes reconnaissent une force magistrale, il n'y a pas une revue, pas un journal, petit ou grand, qui est venu à nous, et nous nous demandons si le prochain roman que nous publierons, nous ne serons pas obligés de le publier à nos frais. Et cela quand les plus petits fureteurs d'érudition et les plus minces écrivailleurs de nouvelles sont édités, payés, réimprimés ! Mais si on n'avait encore à se défendre dans ce siècle que contre les imbéciles, les gens sans talent, qui ne font ombrage à personne ! Il faut encore lutter, désarmés, contre la *blague*, contre ces succès des Houssaye et des Feydeau, volés à coups de réclame, contre ces succès qu'on fait par traités, — traités où l'auteur s'engage à faire six mille francs d'annonces avant de toucher à ses bénéfices.

Dimanche 11 mars.

Où sommes-nous ? Dans le salon de Dennery. Ce que femme veut... Quelle intrigue, quelle volonté entêtée d'un caprice a forcé Dennery à nous inviter de façon que nous ne pouvions refuser !

C'est un salon qu'avouerait un millionnaire de la rue du Sentier. Des meubles en palissandre, des portières, des rideaux de lampas cramoisi ; partout, de ces horribles meubles de Boule confectionnés à la grosse, faubourg Saint-Antoine. Une garniture de cheminée de ce style rocaille chicorée, qui a l'air du rococo à la barigoule, avec des Amours enflés qui jouent du violon. Au mur, quelques tableaux, un Don Juan entre deux femmes, qui semble peint par Pigal, et de ces tableaux à noms sonores écrits au bas du cadre, qu'on achète aux Commissaires-Priseurs dans les salles du bas.

L'appartement est précisément au-dessus du foyer de la Porte-Saint-Martin, et l'on n'a qu'à descendre deux étages pour rendre ses devoirs aux actrices. Gisette, tournant le dos à ceux qui entrent, dans la pose d'un tableau de Willems, ôte ses papillottes et se coiffe, en longues anglaises, qui tombent de petits frisons coquins sur le front, demandant pardon d'être en retard, de ne pas donner une poignée de main qu'elle vous doit et qu'elle remet à tout à l'heure, répétant, à ce qu'elle dit, sa coiffure de bacchante pour le jeudi de la Mi-Carême.

Il y a des femmes auprès du feu, d'une laideur de bonnes bourgeoises, dont l'œil semble un point d'interrogation pour les nouveaux venus et a une fixité qu'on ne rencontre pas dans le monde. C'est Mᵐᵉ Grangé, Mᵐᵉ Dugué, qui a l'air d'un savant de province, Mᵐᵉ Artus, qui a l'air d'une vieille cabotine éreintée, et une petite fille Dugué de dix-sept ans, qui trotte dans tout cela comme un oiseau, faisant la sourde aux mots vifs et ayant l'air de croire que cela est le monde. En attendant la soupe, il y a une dissertation sur le décolletage, s'il va à la graisse ou à la maigreur, et Mᵐᵉ Dugué fait l'éloge de la maigreur. Elle cite l'exemple des animaux dans les bois, qui ont une si belle maigreur ; et sur le mot de l'un de nous : « Une femme entrelardée », elle se signe presque et dit : « Oh ! le vilain mot ! »

Il entre toujours des convives. Dennery finit, sur un coin de bureau, d'écrire leur nom pour les places du dîner et donne la main aux dames (1). Nous voilà dans une très belle et très grande salle à manger, d'où l'on aperçoit une autre petite salle à manger, la salle à manger de secours pour les convives en retard. Car il y a des jours où Dennery a jusqu'à vingt-sept amis... à l'heure du dîner. Il y a là Grangé, qui semble sculpté dans un marron d'Inde, avec un énorme nez, un rubis tarabiscoté ; Dugué, un grand brun fort insignifiant ; Paulin Ménier, qui a une tête de bossu et des poches sous les yeux ; le chef d'orchestre de l'Ambigu, Artus, qui a une tête de claqueur, et Crémieux et Chilly, qui porte sur son visage rasé et tiré le masque mou d'un pédéraste sur une tête d'usurier. Et encore le frère de Dennery, un vieux béquillard, qu'on trouve retournant la salade quand on entre, un homme à qui on suppose une jambe comme un os, sorte d'idiot qui semble l'ange des drames de Dennery.

Non, jamais la Postérité ne saura quelles cervelles de plumassiers du Marais c'est que tous ces gens-là ! Des boutiquiers

---

(1) Add. éd. : *donne...*

en goguette sont plus intelligents que ça ; et c'est le goût littéraire des titis au *paradis*. Arrangeurs, retapeurs de vieilles situations, carcassiers à la journée et à la tâche, crayonneurs de caractères usés sur les planches jusqu'à la corde, ils n'ont jamais eu le temps de lire un livre. Ce sont des ouvriers qui ont fait leurs humanités dans les romans à quatre sous ; et quand le nom d'une gloire littéraire leur sort par mégarde de la bouche, on sent qu'ils s'inclinent par respect humain devant le dieu de leurs voisins. Non, comme valeur spirituelle, intelligentielle, le moindre homme du monde, frotté de conversation, est supérieur à ces hommes, qui représentent le théâtre du XIXe siècle pour le Boulevard et l'imagination pour ma domestique, quand elle va au spectacle.

Artus cause de la difficulté de l'éducation du sansonnet. Crémieux fait des cocottes à la petite Dugué et soutient qu'il est bon garçon : « Garçon, surtout! » crie en riant Gisette. Chilly adresse quelques paroles bien senties à Edmond sur les malheurs de la reine Marie-Antoinette. Les femmes s'occupent fortement d'un tour de passe-passe, qu'on fait avec deux bouchons. Grangé fait des imitations. Paulin Ménier, convaincu qu'il est « en société », garde la tenue digne et le silence gentilhomme d'une personne reçue dans le beau monde. Dennery se multiplie, découpe, apporte des assiettes, crie aux dames, en parlant de leur voisin : « Faites manger votre homme. »

Au reste, Gisette a bien fait les choses. Le dîner est fort convenable et chose assez rare, le vin ordinaire est bon ; et une bouteille de bordeaux est posée sur la table, de quatre en quatre personnes. Gisette propose à la table de donner son dernier dîner costumé, les hommes en femmes et les femmes en hommes. Au café, Paulin Ménier me confie que c'est lui qui dessine tous ses costumes et Dennery se plaint de l'immensité de Balzac, qui lui barre tous ses horizons et l'empêche de trouver des caractères neufs.

On revient au salon. Les hommes disparaissent peu à peu. Gisette fait mille coquetteries avec sa petite chienne, qui saute sur tous les genoux. Vient à nous, nous parle avec ces yeux étranges qui semblent rire, quand sa parole est sérieuse, avec son délicieux profil, son nez si fin, cette bouche si bien découpée, ce menton grec et cette coiffure qui donne à sa physionomie une grâce mutine et affolée.

Toutes les femmes sont des énigmes, mais celle-ci est la plus indéchiffrable de toutes. Elle ressemble à son regard, qui n'est jamais en place et où passent en une minute tous les regards de la femme, de l'éclair au sourire et de la caresse à l'ironie. Tout est incompréhensible chez cette femme, qui peut-être ne se comprend pas elle-même. L'observation ne peut y prendre pied et y glisse, comme sur un terrain mouvant de caprice. Son âme, son humeur, le battement de son cœur semble quelque chose d'ailé et de volage comme le pouls de la folie. On croirait une Violante, une de ces courtisanes du XVIe siècle, êtres instinctifs et irréglés comme des faunesses, qui portent, comme un masque d'enchantement, le sourire plein de nuit de la Joconde. Tout est brouillé, tout est mêlé dans cette créature ardente, confuse et voilée. Il y a comme le bruit d'une larme dans une de ses blagues ; il y a au bout d'une de ses paroles attendries un strident *R r r*, qui semble un ronron d'ironie.

Et l'on ne sait jamais si c'est une femme qui a envie de coucher avec vous ou de se moquer de vous. Au fond, ce doit être une femme toquée, un peu folle, un peu hystérique, qui n'a pas le gouvernement du premier mouvement, pour qui la coucherie est une chose sans importance et dont l'esprit, très délicat et très raffiné, aime parfois les grosses paroles. Peut-être la tête plus hystérique que le corps. N'ayant que ce but dans la vie, jouir de l'amour des gens, des plus jeunes, des plus insignifiants, mais toujours de ceux qui font un petit bruit.

Elle va prendre Ménier par la main, le fait asseoir à côté d'elle et cause, peut-être parce que je suis là. Elle revient et me dit : « Savez-vous comment j'ai appelé Halévy ? Le *Commandeur des Croyants !* » Et elle rit. On lui apporte une lettre : « Qu'est-ce que c'est que ça ? dit Dennery — C'est de Céline. Porte-la à Mme Grangé », et s'approchant de Mme Grangé, bas : « Jette-la au feu, ma chère, il croira que c'est un homme qui m'écrit ».

Puis elle veut qu'on danse et la voilà, toujours répétant son costume de bacchante, essayant le balancement de la *Chaloupe orageuse.*

Flaubert me contait l'autre jour ce fragment des Mémoires de Hoppe, conservés chez un notaire et qui doivent être publiés cinquante ans après sa mort, fragment que lui avait raconté ce notaire.

719

M. Hoppe voit dans le monde une femme, dont il fait sa maîtresse, mais dont il veut jouir à son heure et à son aise. Se renseigne, apprend qu'elle est la femme d'un colonel joueur et ayant des dettes. Envoie une maquerelle au colonel, qui lui raconte la chose, lui dit que M. Hoppe aime sa femme, qu'il paiera ses dettes, qu'il lui donnera 50.000 francs par an. Le colonel fout la maquerelle à la porte ; huit jours après, lui écrit, accepte.

Hoppe veut être invité par le colonel, qui le présente à sa femme comme un ami. Hoppe baise, en donnant ses jours au colonel. Inquiétude de la femme, qui ne sait rien du marché et craint la jalousie de son mari. Enfin, une nuit, Hoppe couché, l'embête de ses craintes. Hoppe, après avoir tenté vainement de la rassurer, finit, par lui apprendre tout. Incrédulité de la femme. Hoppe sonne dit à la femme de chambre de dire au colonel de descendre, dit au colonel : « N'est-ce pas, colonel ? dites à Madame que c'est convenu, que je vous ai donné tant. » Et comme à cette vue de l'adultère chaud, le colonel hésite, Hoppe, avançant la main sur la table de nuit et tendant un portefeuille au colonel : « Tenez, voilà 500.000 francs. Pour ôter tout doute à Madame, vous allez me sucer la pine devant elle. » Et le colonel s'exécuta.

Jamais cervelle d'empereur romain n'imagina de faire une pareille épreuve de la bassesse humaine, ni de la fouiller jusqu'à une si grande profondeur d'ordure. Cela donne une grande idée de ce banquier, qui semble avoir fait de l'argent l'essayeur cynique des extrêmes de la lâcheté humaine. Quelque jour, il faudra que nous fassions un empereur d'imagination avec, pour âme, cette curiosité de la platitude et du degré possible de l'homme, exigeant l'infamie de chacun de ses sénateurs et l'adoration de ses excréments de son Conseil d'État.

15 mars.

Nous allons voir la collection de dessins du conservateur des Dessins du Louvre, M. Reiset. Il y a, dans un coffre en chêne, des centaines de mille francs. Une feuille volante collée sur un papier bleu, un Paul Potter, payé cinq mille francs ; et d'autres dans les mêmes prix. Ce sont une suite de dessins les plus authentifiés par la marque. Car la marque semble être, bien avant le goût, le guide de ces connaisseurs de bon goût.

Il a de toutes les écoles et il dit avec une insolence cachée sous la politesse la plus exquise : « Moi, j'aime tout ce qui est beau », se décernant un brevet de discernement du beau et infligeant aux exclusifs, comme nous autres, le blâme de gens de mauvaise foi et de mauvais goût.

Et il arrive, — dans cette chambre, où trône, à la place d'honneur et en guise de glace, l'APHRODITE de M. Ingres, ce mauvais modèle mal emmanché, aux pieds léchés par des amours estropiés, — il arrive à nous montrer orgueilleusement une des perles de sa collection française, un dessin de Chardin; mais si misérable, si maigre, si petit, si peu digne de ce maître si gras et si grand, même dans le détail, que nous hochons la tête et que nous murmurons le nom d'Hubert, qui a un dessin du même faire et du même sujet dans le catalogue Lempereur. Il s'étonne : personne ne l'a contesté... Et nous de prendre en assez grand mépris ces collectionneurs qui méprisent les autres et qui n'ont, pour le contrôle de leur collection, ni cette intuition de l'œil, qui empêche de prendre la patience appliquée d'un petit maître pour la griffe d'un maître, ni cette érudition, qui leur apprendrait que ce dessin est le pendant d'un autre dessin appartenant à Mme de Conantre et qu'ils figurent tous deux dans le catalogue de Lempereur.

Au reste, je me défie fort du goût ou, si l'on veut, de la bonne foi des éclectiques en art. Les gens qui sentent un Poussin et un Watteau et qui confondent dans leur admiration un Rubens et un Ingres, ces gens-là n'ont point un sens de l'art personnel. Ils ne jugent pas avec leur tempérament, leur sentiment. Ils obéissent à la grande loi de l'admiration générale; ils ont des opinions artistiques, comme les lecteurs du SIÈCLE ont des opinions politiques.

Vendredi 16 mars.

Décidément, il faut renoncer à donner de la soupe et un poulet truffé à des gens qui tiennent une plume. Ils sont insociables, même la bouche pleine. A peine est-on assis que voilà Flaubert et Saint-Victor qui se chamaillent à propos de Dupanloup. Puis, sur ce mot assez juste de Saint-Victor : « Si vous voulez un domestique, prenez un démagogue », voilà Charles Edmond qui prend la mouche et est prêt à prendre l'injure pour lui. Et du froid tout le restant du dîner...

Quel dommage que ce Saint-Victor ne puisse faire un ami! Que de sympathies d'idées, de principes, de sentiments entre nous ! Car il faut le reconnaître, il faut, dans une liaison, deux choses : la mutualité de l'estime et une certaine rencontre sur le terrain non pas précisément des idées politiques, si l'on veut, mais des idées philosophiques. Et nous le reconnaissons aujourd'hui, il y a des barrières entre nous et Flaubert. Il y a un fond de provincial et de poseur chez lui. On sent vaguement qu'il a fait tous ces grands voyages un peu pour étonner les Rouennais. Il a l'esprit gros et empâté comme son corps. Les choses fines n'ont pas l'air de le toucher. Il est surtout sensible à la grosse caisse des phrases. Il y a très peu d'idées dans sa conversation et elles sont présentées avec bruit et solennellement. Il a l'esprit, comme la voix, déclamateur. Les histoires, les figures qu'il esquisse ont une odeur de fossiles de sous-préfecture. Il porte des gilets blancs d'il y a dix ans, avec lesquels Macaire faisait la cour à Éloa. Il lui est resté, contre l'Académie et le pape, de ces grosses colères et de ces indignations dont on pourrait dire, comme de Maistre pour l'incrédulité : « C'est canaille ! » (1)

Hier, il a été voir un tas de médailles à la Bibliothèque ; aujourd'hui, il est allé voir le cabinet de minéralogie au Jardin des Plantes. Il a lu les trois volumes de Fournel sur les mines d'Algérie, toutes études dont il n'y aura peut-être pas un mot dans son roman : « Mais je suis un homme qui a besoin de déboucher cinquante bouteilles de vin pour boire un verre d'eau rougie».

Il est pataud, excessif et sans légèreté en toutes choses, dans la plaisanterie, dans la charge, dans l'imitation des imitations de Monnier, qu'il travaille rudement en ce moment. Le charme manque à ses gaîtés de bœuf.

Samedi 17 *mars.*

La plus agréable chose du monde : un bon acteur dans une mauvaise pièce. Vu Paulin Ménier dans le COURRIER DE

(1) C'est la formule qu'on prête, avec des variantes, à Talleyrand mourant, qui aurait dit, selon les témoins: «L'impiété est la plus grande des indiscrétions» ou encore : « Il est vrai qu'il n'y a pas de sentiments moins aristocratiques que l'incrédulité » (Cf. pour ces variantes, Amédée Pichot, SOUVENIRS INTIMES DE M. DE TALLEYRAND, p. 237).

ANNÉE 1860

Lyon (1). Le plus grand comédien de ce temps-ci, le plus admirable créateur d'un type ; un jeu d'observation, comme les romans d'observation. Le jeu moderne, où tout est fait d'étude, saisi sur le vrai. Une voix ramassée au coin des bornes, un costume, des gestes, une mimique de la face, une physionomie des épaules, trouvés dans le *minzingue* d'après des modèles vus. Un masque de crime fait de la face du gorille et de la grenouille. — Ainsi dans ce siècle, la vérité trouvée et éclatant partout, dans le roman qui devient le roman de mœurs, dans la pièce, qui devient le drame et jusque dans l'aquarelle qui ose, pour la première fois, les vivacités de ton de la nature.

Paulin Ménier, le seul acteur qui donne aujourd'hui à une salle le frisson, le petit froid dans la nuque, que donnait Frédérick Lemaître (2).

Derrière mon dos, un jeune homme et un homme vieux, à barbe et à chapeau d'artistes, causent : « Les bonnes pièces sont celles qui réussissent à la banlieue », dit l'homme vieux — courtier d'acteurs, d'actrices, placeur et proxénète de pièces, aboucheur de manuscrits avec commission sur le succès — au plus jeune, un aspirant auteur dramatique. Et des histoires sur un dîner avec Dumas, Nerval, chez un ancien piqueur du général Junot, devenu marchand de billets, usurier ; sur le manuscrit du Fils de la Nuit (3). Puis théorie pour être joué, — le jeune homme disant qu'il faut porter sa pièce à un grand acteur, en lui lâchant tous ses droits, l'autre : « Non, voilà comme ça se passe. Vous n'êtes pas encore joué, vous allez trouver un directeur, il prend la moitié de vos droits, il vous donne un monsieur qui en prend un tiers ; il vous laisse un tiers et vous n'êtes pas nommé ! »

En rentrant, toutes les rues de notre quartier prises par la queue des voitures d'un bal, qu'on donne chez Rothschild... Une terrible objection contre la divinité de Jésus-Christ, cette fortune des Juifs !

Gavarni tombe à dîner chez nous.

(1) Le Courrier de Lyon, drame en 5 actes de Moreau, Siraudin et Delacour, avait été créé avec un grand succès à la Gaieté le 15 mars 1850.
(2) Add. 1887, depuis : *Paulin Ménier, le seul acteur...*
(3) Le Fils de la Nuit, drame en 5 actes de Victor Séjour, créé à la Porte-Saint-Martin le 11 juillet 1856.

723

Il veut faire de la peinture ; mais ce qui l'ennuie, c'est qu'il ne trouve que des tableaux à idées, des tableaux impossibles à faire. Par exemple, voici un tableau qu'il rêvait l'autre jour. Un fond très lumineux, très brillanté, où on verrait Jésus-Christ quittant la terre après y avoir semé tout ce qu'il y a semé de bon ; puis sur le premier plan, une croix ; au bas, un bon fauteuil, un monsieur assis dedans, avec un geste de prédicant, de pasteur ; et sur la croix, ces mots : « Le singe sauvé se fait Sauveur. » « Savez-vous de quoi me fait l'effet une femme qui n'a pas de religion ? D'une sorte d'hermaphrodite. »

26 mars.

Lu dix lignes du dernier volume de M. Thiers sur Napoléon à Fontainebleau (1). Quoi ! Ce foudroiement de Titan, cet enterrement du Charles-Quint vivant, le voilà raconté par un Prudhomme qui a fait ses classes et qui, en se battant les flancs, trouve à la fin une comparaison de huit lignes sur le chêne majestueux et sublime qui se dépouille en automne !

Il est des jours où je me demande si ces monstrueux succès, les Thiers et les Scribe, cela n'est pas fait avec la conviction intime d'un chacun, de moyenne intelligence, qui les lit ou les écoute, que s'il se mettait à faire une pièce ou à écrire l'histoire, il ferait la pièce de M. Scribe, il écrirait l'histoire comme M. Thiers. Ne pas humilier le public, voilà le grand secret de ces médiocrités fortunées et comblées. C'est l'histoire de ces deux portières, qui étaient assises à côté de Flaubert dans un théâtre du Boulevard et qui prédisaient, scène par scène, ce qui allait arriver à chaque acte : elles trouvaient beaucoup de talent à M. Dennery, qui les avait devinées.

Carle Vernet éclate avec la Révolution. L'avènement de la Bourgeoisie est l'avènement de la caricature. Ce plaisir bas de la dérision plastique, cette récréation de la laideur, cet art qui est à l'art ce que la gaudriole est à l'amour, est un plaisir de famille bourgeoise ; elle y prend tant de joie qu'elle a ri même de Daumier.

Il y a eu, ces temps-ci, dans cette société, une grande affectation de paternité. L'enfant n'est plus, avec la femme, relégué

(1) Thiers, Histoire du Consulat et de l'Empire, t. XVII (1859), livre LIII, p. 829.

dans le gynécée des autres siècles. On le montre tout bambin. On est fier de la nourrice qu'on affiche. C'est comme un spectacle qu'on donne de soi et une ostentation de production. Bref, on est père de famille comme on était, il y a près d'un siècle, *citoyen*, — avec beaucoup de parade.

Une jolie chose qu'on me contait hier à propos de l'étiquette des cours d'Allemagne. Comme il est défendu de se moucher et d'éternuer devant les souverains de là-bas, M\ᵐᵉ Lefebvre, quand elle s'enrhumait, très embarrassée. Une vieille *camerera mayor*, une aïeule dans la famille de laquelle ce grand secret se léguait au lit de mort, de génération en génération, lui révéla le secret de ne pas éternuer, en se pinçant le cartilage extérieur du nez.

Le parade est complète. Le coiffeur de l'Impératrice la coiffe avec l'épée au côté et en culottes courtes.

30 mars.

Un grand éreintement, mais visiblement poli, nous tombe sur le dos, du haut du P\ᴀʏꜱ et de la plume de M. Barbey d'Aurevilly (1).

C'est un singulier homme que ce critique-là ! Catholique et monarchiste, il sert le gouvernement et Mirès, le propriétaire du P\ᴀʏꜱ (2). Critique moraliste, il a publié U\ɴᴇ ᴠɪᴇɪʟʟᴇ ᴍᴀîᴛʀᴇꜱꜱᴇ, etc. Critique littéraire, il reproche aux autres leurs métaphores et leurs vivacités de style, dans quel style et avec quelles métaphores ! Le critique est complet, comme l'on voit.

Il n'y a qu'une recette pour bien porter les attaques, — celle-ci ne nous a pas touchés un instant, — c'est de s'attendre à trouver un duel au bout d'un article. Quand on n'y trouve qu'une bien

---

(1) L'article de Barbey d'Aurevilly sur L\ᴇꜱ H\ᴏᴍᴍᴇꜱ ᴅᴇ ʟᴇᴛᴛʀᴇꜱ parut dans L\ᴇ P\ᴀʏꜱ, le 28 mars 1860 (rééd. dans L\ᴇꜱ R\ᴏᴍᴀɴᴄɪᴇʀꜱ, 1865, p. 189-201). Il critiquait le titre trop général, un roman *versé* comme une voiture, des personnages trop grêles (des « gringalets pervers ») et une « langue caparaçonnée et empanachée ».

(2) L\ᴇ P\ᴀʏꜱ, l'ancien journal d'Alletz, fondé en 1849, passé en 1850 à Lamartine, qui le confia à La Guéronnière, disparut la même année pour reparaître le 2 décembre 1852 avec le sous-titre : *Journal de l'Empire*. Acheté par Mirès et accouplé au C\ᴏɴꜱᴛɪᴛᴜᴛɪᴏɴɴᴇʟ, il était un des principaux organes officieux du gouvernement, avec, comme chef de file, Granier de Cassagnac.

grosse injustice, bien carrée et un parti pris d'une entière mauvaise foi, cela ne vous est de rien et ne vous apprend même rien.

En mettant cet article à côté des autres, nous réfléchissions très tranquillement au drôle de métier que nous faisons : observer pendant quatre ans, combiner, inventer, arranger, écrire, chercher le vrai, chercher le mieux, l'idée, la forme, travailler de tout notre cœur et de tout notre zèle pendant un an, — et arriver avec tout cela à perdre environ 500 francs, à lire qu'un Béchard a plus de talent que nous... Le plus beau de l'affaire, c'est qu'on continue !

Je rêvais cette nuit qu'un portrait de femme, dans ma chambre, avait la colique et que cela me la donnait.

Dimanche 1ᵉʳ *avril.*

Causant avec Flaubert de la mode des amoureux, du changement de ce avec quoi on séduit les femmes, du renouvellement, à chaque dizaine d'années, de l'allure du séducteur, nous trouvons que le ténébreux de 1830 n'est plus de mise. Qui l'a remplacé ? Le farceur, le faiseur d'imitations. Je crois que cela vient de l'influence du théâtre sur les femmes. On était alors à l'Antony — Frédérick Lemaître. Aujourd'hui, on est à la Grassot. C'est l'acteur dominant, culminant, qui donne le *la* à la séduction et au ton de l'amoureux.

Nous trouvons Flaubert fatigué, perdu, presque hébété de travail. Rien que le travail dans cette vie, oublieuse des conseils de Lucien : six heures suffisent aux travaux, celles qui viennent après tracent aux hommes les lettres suivantes : « *Vivez !* » (1)

Il est vrai qu'il n'y a que les Scribe qui se mettent trois heures à leur pupitre par jour et ont fait leur journée avant déjeuner. Il faut la fièvre pour écrire, et la fièvre ne s'allume qu'à la longue et à la suite de beaucoup d'heures de travail matériel.

Le dessin de Watteau, c'est la silhouette, la ligne, le dessin du dehors de la chose, en ce qu'il a de caractéristique, d'animé, de mouvementé, de voluptueux, de spirituel. Le dessin de Prud'hon au contraire, est une accusation de lumière. C'est un dessin de soleil, modelé avec des rayons. La ligne extérieure y tremble,

---

(1) Lucien, ŒUVRES COMPL., trad. Talbot (1857), vol. II, p. 549 : *Épigrammes*, 17.

dans le gynécée des autres siècles. On le montre tout bambin. On est fier de la nourrice qu'on affiche. C'est comme un spectacle qu'on donne de soi et une ostentation de production. Bref, on est père de famille comme on était, il y a près d'un siècle, *citoyen*, — avec beaucoup de parade.

Une jolie chose qu'on me contait hier à propos de l'étiquette des cours d'Allemagne. Comme il est défendu de se moucher et d'éternuer devant les souverains de là-bas, Mme Lefebvre, quand elle s'enrhumait, très embarrassée. Une vieille *camerera mayor*, une aïeule dans la famille de laquelle ce grand secret se léguait au lit de mort, de génération en génération, lui révéla le secret de ne pas éternuer, en se pinçant le cartilage extérieur du nez.

Le parade est complète. Le coiffeur de l'Impératrice la coiffe avec l'épée au côté et en culottes courtes.

30 mars.

Un grand éreintement, mais visiblement poli, nous tombe sur le dos, du haut du PAYS et de la plume de M. Barbey d'Aurevilly (1).

C'est un singulier homme que ce critique-là ! Catholique et monarchiste, il sert le gouvernement et Mirès, le propriétaire du PAYS (2). Critique moraliste, il a publié UNE VIEILLE MAÎTRESSE, etc. Critique littéraire, il reproche aux autres leurs métaphores et leurs vivacités de style, dans quel style et avec quelles métaphores ! Le critique est complet, comme l'on voit.

Il n'y a qu'une recette pour bien porter les attaques, — celle-ci ne nous a pas touchés un instant, — c'est de s'attendre à trouver un duel au bout d'un article. Quand on n'y trouve qu'une bien

---

(1) L'article de Barbey d'Aurevilly sur LES HOMMES DE LETTRES parut dans LE PAYS, le 28 mars 1860 (réd. dans LES ROMANCIERS, 1865, p. 189-201). Il critiquait le titre trop général, un roman *versé* comme une voiture, des personnages trop grêles (des « gringalets pervers ») et une « langue caparaçonnée et empanachée ».

(2) LE PAYS, l'ancien journal d'Alletz, fondé en 1849, passé en 1850 à Lamartine, qui le confia à La Guéronnière, disparut la même année pour reparaître le 2 décembre 1852 avec le sous-titre : *Journal de l'Empire*. Acheté par Mirès et accouplé au CONSTITUTIONNEL, il était un des principaux organes officieux du gouvernement, avec, comme chef de file, Granier de Cassagnac.

grosse injustice, bien carrée et un parti pris d'une entière mauvaise foi, cela ne vous est de rien et ne vous apprend même rien.

En mettant cet article à côté des autres, nous réfléchissions très tranquillement au drôle de métier que nous faisons : observer pendant quatre ans, combiner, inventer, arranger, écrire, chercher le vrai, chercher le mieux, l'idée, la forme, travailler de tout notre cœur et de tout notre zèle pendant un an, — et arriver avec tout cela à perdre environ 500 francs, à lire qu'un Béchard a plus de talent que nous... Le plus beau de l'affaire, c'est qu'on continue !

Je rêvais cette nuit qu'un portrait de femme, dans ma chambre, avait la colique et que cela me la donnait.

Dimanche 1er *avril.*

Causant avec Flaubert de la mode des amoureux, du changement de ce avec quoi on séduit les femmes, du renouvellement, à chaque dizaine d'années, de l'allure du séducteur, nous trouvons que le ténébreux de 1830 n'est plus de mise. Qui l'a remplacé ? Le farceur, le faiseur d'imitations. Je crois que cela vient de l'influence du théâtre sur les femmes. On était alors à l'Antony — Frédérick Lemaître. Aujourd'hui, on est à la Grassot. C'est l'acteur dominant, culminant, qui donne le *la* à la séduction et au ton de l'amoureux.

Nous trouvons Flaubert fatigué, perdu, presque hébété de travail. Rien que le travail dans cette vie, oublieuse des conseils de Lucien : six heures suffisent aux travaux, celles qui viennent après tracent aux hommes les lettres suivantes : « *Vivez !* » (1)

Il est vrai qu'il n'y a que les Scribe qui se mettent trois heures à leur pupitre par jour et ont fait leur journée avant déjeuner. Il faut la fièvre pour écrire, et la fièvre ne s'allume qu'à la longue et à la suite de beaucoup d'heures de travail matériel.

Le dessin de Watteau, c'est la silhouette, la ligne, le dessin du dehors de la chose, en ce qu'il a de caractéristique, d'animé, de mouvementé, de voluptueux, de spirituel. Le dessin de Prud'hon au contraire, est une accusation de lumière. C'est un dessin de soleil, modelé avec des rayons. La ligne extérieure y tremble,

(1) Lucien, ŒUVRES COMPL., trad. Talbot (1857), vol. II, p. 549 : *Épigrammes*, 17.

comme une chose au jour. D'où les dessins de Prud'hon n'ont jamais l'esprit. Ils ont tout le reste.

Certains mots d'une méchanceté sublime sont donnés à des femmes sans intelligence, comme le venin est donné aux vipères (1).

Vu ces jours-ci des collections de vieux vieillards, dans des intérieurs pauvres. Les belles ou jolies choses font peine à voir aux murs de la misère. Elles font penser involontairement à toutes les privations imposées. Et puis encore, elles semblent toutes dépaysées, comme de jolies courtisanes dans des soupentes de portiers.

Samedi 7 avril.

A la salle du Vauxhall, rue de la Douane, un assaut donné par Vigneron, qui promet le *Désespoir des bras tendus.*

Là, tous les types de la force agile ou brute, depuis le gros marchand de vin et les gros apoplectiques des Halles, à la chemise sans cravate et à la courte veste ouverte, jusqu'aux types de petits voyous à tête de chat ou de petits maquereaux, un bouquet de violettes à la boutonnière, face d'Italiasses, qui ont l'air de putains brunes, ramenant leur avant-bras pour faire palper à leurs voisins, sur le drap de la manche, le *sac de pommes de terre* de leurs biceps (2). Et les maîtres d'armes de régiment, une redingote passée sur leur veste à tirer, le front court et évasé, les yeux enfoncés, un petit bout de nez relevé et le visage en as de pique.

Deux types de femmes : la vieille putain usée, qui a l'air d'une femme tenant une table d'hôte ; et la petite fille du peuple, toute jeunette, au bonnet noir avec des rubans rouges, avec un *talma* court, à laquelle le gros amant, qui vient de tirer le sabre, redemande son mouchoir, qui contient sa bourse, les sous noués dans un coin.

8 avril.

Mon excellent parent Léonidas m'envoie ce matin, « comme pouvant m'être agréable », la nouvelle qu'un père et un fils, du nom de Jacobé, propriétaires près de Vitry-le-François,

---

(1) Var. 1887 : ...*à des femmes sans intelligence* : *la vipère a la tête plate.*

(2) Add. 1887 depuis : *ramenant leur avant-bras...*

viennent d'être autorisés par un décret impérial à ajouter à leur nom celui de Goncourt, nom du village où est né le nommé Jacobé fils (1).

Ainsi, voilà ce gouvernement, — qui a fait une loi pour garantir la noblesse à ceux qui l'ont et la défendre à ceux qui ne l'ont pas (2), — qui nous vole notre nom pour le donner à deux individus, dont, sans doute, il a besoin pour des intérêts quelconques, d'élections peut-être et de corruption.

Ainsi, cette propriété acquise et transmise, le nom de seigneurie acheté avant la Révolution par notre grand-père, porté par lui dans une assemblée historique, légué à notre père qui l'honora encore sur presque tous les champs de bataille de l'Empire, venu à nous qui en avons fait un titre et une signature littéraire par dix années de travail, par douze volumes publiés, par des succès consacrés, par des traductions étrangères, par une notoriété constante et consacrée par tous les journaux de France et de l'étranger, — cette propriété, sacrée et sainte entre toutes, la plus respectacle des choses patrimoniales, nous est volée ! Notre nom, que nous voulions enterrer avec nous, comme un drapeau, plus bon à rien !

L'homme qui, passé un certain âge, après une certaine expérience de la vie, croit à la justice des hommes, à la justice des choses : un fier coquin, à moins qu'il ne soit un imbécile plus grand encore !

9 avril.

Je rencontre Morère qui, à ma vue, se hâte de boutonner, avec un bouton blanc sur les coutures, sa redingote sur une chemise dont il rougit. Il me raconte qu'il va quitter l'ILLUSTRATION, vendue au Gouvernement. C'est son pain auquel il renonce : « Mais que voulez-vous ? nous dit-il, je n'ai pas d'opinions, mais j'ai des antipathies... » Combien y en a-t-il comme celui-là ?

10 avril.

Flaubert, qui part à Croisset marier sa nièce, vient nous faire

(1) Texte Ms. : *ou le nom de Jacobé fils.*

(2) Le Second Empire rétablit, le 18 mai 1858, les pénalités contre le port irrégulier des titres de noblesse et, le 18 janvier 1859, le Conseil du Sceau de France, qui examinait les demandes en collation, confirmation et reconnaissance de titres.

ses adieux (1). Il nous parle longuement d'une création qui a fort occupé sa première jeunesse. Avec quelques intimes et surtout un, son intime, Le Poittevin, camarade de collège, métaphysicien très fort, nature un peu sèche, mais d'une élévation d'idées extraordinaire, ils avaient inventé un personnage imaginaire, dans la peau, les manches et la voix duquel ils passaient tour à tour les bras et leur esprit de blague.

Ce personnage, assez difficile à faire comprendre et qui avait ce nom collectif et générique, le *Garçon*, était un type tout comme Pantagruel. Il représentait la blague du matérialisme et du romantisme, la caricature de la philosophie d'Holbach. Flaubert et ses amis lui avaient attribué une personnalité complète et tous les caractères d'un homme et d'un caractère réel, compliqué de toutes sortes de bêtises provinciales. Ce fut une plaisanterie lourde, obstinée, patiente, continue, héroïque, éternelle, comme une plaisanterie de petite ville ou d'Allemand.

Le *Garçon* avait des gestes propres, qui étaient des gestes d'automate, un rire saccadé et strident, qui n'était pas du tout un rire, une force corporelle énorme.

Rien ne donne mieux l'idée de cette création étrange et qui les possédait véritablement, qui les affolait, que la charge consacrée, chaque fois qu'on passait devant une cathédrale de Rouen. L'un disait aussitôt : « C'est beau, cette architecture gothique, ça élève l'âme. » Aussitôt, celui qui faisait le *Garçon* pressait son rire et ses gestes : « Oui, c'est beau... et la Saint-Barthélemy aussi ! Et l'Édit de Nantes et les Dragonnades, c'est beau aussi ! »

L'éloquence du *Garçon* éclatait surtout dans une parodie des causes célèbres, qu'on jouait dans le grand billard du père Flaubert, à l'Hôtel-Dieu de Rouen. On y prononçait les plus cocasses défenses d'accusés, des oraisons funèbres de personnes vivantes, des torrents de plaidoiries grasses, qui duraient trois heures.

Le *Garçon* avait toute une histoire à laquelle chacun apportait sa page. Il faisait des poésies et il finissait par tenir un *Hôtel des Farces*, où il y avait la Fête de la Merde, lors de la vidange, et où l'on entendait résonner dans les couloirs les commandes

---

(1) La sœur de Flaubert, Caroline Hamard, étant morte en 1846, peu après la naissance de sa fille, Désirée-Caroline, celle-ci avait été élevée par Mme Flaubert mère et par Gustave Flaubert. Elle allait épouser Ernest Commanville.

suivantes : « Trois seaux de merde au 14 ! Douze godemichets au 8 ! » La création, par là, aboutissait à de Sade. C'est étonnant, ce de Sade, on le trouve à tous les bouts de Flaubert comme un horizon. Il affirme qu'alors, il ne l'avait pas lu.

Homais me semble la figure, réduite pour les besoins du roman, du *Garçon*.

Le bon père Barrière nous dit : « Je suis content de vous voir. J'avais quelque chose à vous dire. J'ai parlé à M. de Sacy du livre que vous allez publier. Il m'a tout de suite interrompu : « Comment ! Barrière, est-ce que vous allez parler de cela ? Qu'on « s'occupe du règne de Louis XV, encore passe... Mais un livre « sur ses maîtresses, c'est impossible ! Ce serait manquer à notre « public ! — Mais c'était pour les gronder... » répondit Barrière, qui nous dit : « J'ai vu qu'il était monté ; je n'ai pas voulu le heurter de front... »

La tartuferie janséniste est encore la plus belle des tartuferies que l'homme ait pu trouver. Je pensais, — tandis que le bon M. Barrière nous disait cela, tout peiné, — que M. de Sacy a jadis refusé de se marier, à cause de trois enfants naturels qu'il avait et qu'il a gardés, je pense.

Jeudi 12 avril.

Nous partons ce matin pour le plus ennuyeux voyage d'affaires du monde, un remballement de fermes, qui est au fond de nos ennuis et de nos préoccupations depuis un an.

En relisant ou plutôt en lisant nos baux en chemin de fer, nous nous apercevons qu'il y a le fermage de pré qu'on ne nous paye pas depuis sept ans : le fermage est de neuf !

C'est une triste chose que de faire un mauvais dîner en voyage et de manger du veau pour son dîner. Il me semble qu'un pays où l'on mange tant de veau que cela est un pays perdu. Il n'a pas d'avenir et je me résous à vendre mes fermes à la première occasion.

13 avril.

Il faut attendre la voiture jusqu'à trois heures. Nous attendons sur un petit banc de bois, d'où l'on voit la place, la grande place de Chaumont et l'hôtel de ville, du front duquel l'heure tombe avec un bruit de glas. Ce sont des grosses servantes,

qui traversent la place, crevantes de sang et de santé, apoplectiques, les joues presque bleues de sang, avec une gorge qui semble donner en avant deux coups de poing au casaquin. Puis il passe lentement un, deux, trois, quatre, cinq individus. On compterait les passants sur ses doigts... Puis un chien qui fait, comme un homme, le tour de la place ; puis un autre... Puis voilà une femme en chapeau. Il y a, au milieu de la place, une petite voiture-boutique de mercerie, où personne n'achète. A deux heures, la marchande ferme et s'en va, bien contente... Il y a quelque chose de plus mort que la mort, c'est le mouvement d'une place d'une ville de province.

Le soir, nous sommes à Breuvannes, chez ce vieil ami de notre famille, M. Collardez.

14 avril.

Il est là, toujours le même, toujours enterré vivant, toujours dans ses livres, avec sa mémoire, son intelligence si peu rouillée dans la solitude, son ironie restée debout, aux côtés de cette femme, sa femme, une véritable paysanne, qui a les ongles noirs du service de la maison.

Toute sa vie, tout ce que l'homme porte en lui d'illusions en avant, d'espérances, est sur la tête d'un petit bonhomme, un petit collégien rougeaud, à l'accent traînard, qui est son fils. La gâterie des parents a quelque chose du profondément bête et de l'adoration bestiale de la nourrice. Les tyrannies de ce gamin n'ont pas de nom. Il trouve ici pardon et caresses pour tout. Sachant cela, il a en lui, contre son père, toutes les insolences du futur petit coq de village. Je n'ai jamais vu l'autorité paternelle aussi moquée, aussi souffletée. Je souffre de ces choses et l'impression en allait presque chez moi jusqu'à l'indignation.

Ce matin, il a fait une scène abominable à son père, à propos d'une paire de souliers neuve, qu'il appelle des souliers de charrue. Il promettait de les couper avec son canif au collège, il criait qu'il ne les mettrait jamais ; et le pauvre bonhomme de père, essayant vainement de le calmer : « Jamais ? Mais sais-tu bien, mon fils, que M. Martignac en est mort, de ce mot-là ? » (1)

(1) Allusion probable à la péroraison du discours prononcé par Martignac devant la Chambre le 7 avril 1829, au terme de la discussion sur le projet d'organisation départementale et communale : « Ainsi donc, nous ne pourrions jamais conseiller

731

Enfin, nous remballions avec nos fermiers, qui nous jouent la comédie ordinaire, le Bas bleu, presque aussi bien que Levassor (1). Et Collardez sue à retrouver, pour la rédaction de l'acte, les termes congrus du parfait notaire.

15 avril.

Philosophant avec ce grand et charmant esprit dans cette allée verte, toute droite, de son jardin, allant jusqu'au bout, puis revenant, nous causons des compensations des prospérités enviées de ce monde et de ces vers rongeurs imaginaires, que les plus positifs portent en eux ; par exemple, de ce millionnaire, le père Labille, qui avouait avoir tout eu, fortune, santé, bonheur de ménage, et qui, un jour d'expansion, avoua à Collardez qu'il y avait une chose qui avait empoisonné toute sa vie : il n'avait pas pu parvenir à être juge suppléant à Bar-sur-Aube.

Et puis la causerie va de-ci de-là. Nous nous disons que la province est morte. La Révolution a appelé à Paris toutes les capacités. Tout va à Paris, les cerveaux comme les fruits. Cela va être une ville colossale et absorbante ; quelque chose comme une cité-polype, une Rome au temps d'Aurélien.

Nous revenons à la province et il nous esquisse ces natures de franches lippées de l'ancienne vie provinciale, ces figures pantagruéliques d'hommes toujours prêts à boire, celle d'un de nos aïeux (2), du père Diez, toujours de son banc raccrochant

---

au roi d'adopter un projet qui serait autre que celui que nous avons proposé. » Le *Jamais* de Martignac n'était pas une clause de style; car le lendemain, la droite et la gauche s'étant coalisées pour modifier le texte de la loi, le ministre courut chez le roi et revint presque aussitôt annoncer à la Chambre stupéfaite que le projet était retiré. (Cf. Ernest Daudet, Le Ministère de M. de Martignac, 1875, p. 272 sqq.). De son côté, Charles X, s'adressant à son trop libéral ministre, avait conclu ce jour-là : « Il est temps de nous arrêter », et il avait d'ores et déjà décidé la chute de Martignac, qu'il congédia le 6 août, une fois le budget voté... On sait que Martignac, malade et retiré des affaires survécut peu à sa disgrâce et à la Révolution de Juillet, puisqu'il mourut en 1832.

(1) Cf. Un bas-bleu, vaudeville en un acte de Ferdinand Langlé et F. Devilleneuve, créé aux Variétés le 24 janvier 1842, scène 5 : Athénaïs Chamuset, l'héroïne, ayant hérité des terres d'une tante, son nouveau fermier, Champioux, vient lui énumérer les maux invraisemblables qui ont fondu sur lui, sa femme et ses 14 enfants. Il fait ainsi outrageusement réduire ses fermages.

(2) Add. éd. : *d'hommes... et celle...*

les buveurs pour boire. Et ces dignes épouses, qui se faisaient des bleus au visage, en buvant à la cave un coup du vin qu'elles remontaient trébuchantes ! Et ces apoplexies triomphantes de bons propriétaires dans leur jardin, après un bon coup d'eau-de-vie, sous un soleil de juin ! Natures perdues, qui n'ont guère laissé d'héritiers que ce notaire, qui fit explosion à table. *Crepuit medius*, sans figure (1) : il éclata en pleine table, après un souper prolongé jusqu'à huit heures du matin, à deux lieues d'ici, à Daillecourt.

Puis le voici tournant cette page grasse des souvenirs passés et nous montrant ce qu'il coudoie et ce qu'il voit tout autour de lui, les vices du village, l'Inceste, la Sodomie, l'Usure, les Haines implacables, les Vengeances anonymes, les Jalousies sourdes et ces mains de médecin, qui en temps de choléra, dans l'ombre, une nuit, empoisonnent dans la pièce d'eau les poissons de son beau-père, pour lui donner des coliques et le préparer à l'épidémie.

Au dîner, les assiettes ont par-dessous une marque de cire rouge. C'est pour les reconnaître : on les prête au curé, quand l'évêque vient.

Après dîner, nous faisons lentement le tour du village, le long d'un petit ruisseau. Il y a, près du pont, une quinzaine de jeunes gens, qui jouent aux quilles. Il fait beau et le soleil joue dans tous les petits jardinets, désertés et muets, qui descendent à l'eau.

Nous sommes obligés de dîner chez notre fermier Flammarion. Une pauvre maigre femme, qui n'a que les os sur la peau, — épuisée et pitoyable comme les femmes de la campagne, épuisées à quarante ans par une vie de bêtes de somme, — qui nous sert en geignant et en toussotant ; deux grands nigauds d'enfants et leur honnête homme de père, avec son chapeau enfoncé sur les yeux.

Par là-dessus, un vieil oncle de quatre-vingt-quatre ans, aux joues de framboise, au nez rubicond et couvert d'un petit duvet blanc, aux yeux pleureurs et baveux, gai comme un pinson, avec les gestes d'un Polichinelle, qu'une chiquenaude vous jetterait sur l'épaule.

---

(1) ACTES DES APÔTRES, I, 18, à propos de Judas : « Il s'est pendu et a crevé par le milieu du ventre et toutes ses entrailes se sont répandues. »

Puis, brochant sur le tout, un ami qui a fait la cuisine, qui exhorte Flammarion à faire les honneurs et qui trottine autour de la table avec des empressements de danseuse et des sourires de vieille femme ; portant en lui cette allure suspecte de l'homme qui n'a pas de sexe ou qui en a deux.

C'est la première fois qu'on prend du café chez Flammarion.

17 avril.

C'est le tour de notre fermier Foissey. Celui-ci est un vieillard solide et trapu, avec le masque dur de l'usure ; peu de paroles ; des profondeurs, qu'on pressent, de pensées noires et de méchantes idées, de rapacités sans pitié ; le visage muet et que n'éclaire que l'ironie momentanée d'un petit œil, qui s'allume dans un éclair de gouaillerie.

Quand il ouvre la bouche, c'est pour se lamenter en ces termes : « Nous travaillons comme des *satyres*. » Je ne sais d'où l'expression lui est venue.

Au fond de toutes les plaintes des fermiers, il y a ce fait vrai : il n'y a plus de bras pour l'agriculture. L'éducation détruit la race des laboureurs, et par conséquent l'agriculture.

En revenant de chez Foissey, nous marchons sur des champs qu'on nous dit être à nous. Il est impossible de plus ressembler aux champs des autres.

18 avril.

Nous allons rendre visite à une vieille bonne, mariée ici à un coutelier et qui a deux enfants. Cette excellente mère n'a trouvé façon de prouver son cœur à ses enfants qu'en en faisant des monstres : elle a deux fils Durham (1). Je n'ai jamais vu faces porcines pareilles. La maternité au village ressemble à l'élève des bestiaux.

Ce sont tous trois d'excellents ouvriers, fournissant la plus fine coutellerie de la rue Richelieu. Ils feraient peut-être fortune à Paris ; mais ici, la race n'a pas d'initiative. Elle n'est pas

(1) Le *Durham* désignant une race anglaise de bovins, l'indication s'accorde mal avec les « faces porcines », dont parlent ensuite les Goncourt. Ils n'ont point de chance avec les animaux : cf. t. I, p. 751, le « cheval qui rumine ».

734

remuante ni ingénieuse à arriver. Ils manquent de la démangeaison et de l'imagination de parvenir. Et puis, ils semblent rivés à leur sol, à leurs habitudes, à leur routine. Les gens les plus remuants, les plus actifs que j'ai vus étaient des Bordelais. Est-ce que les hommes d'un pays seraient comme leur vin, auraient la même facilité d'émigration, les mêmes facultés de transport? Le vin d'ici ne voyage pas.

Croirait-on que ces fils raccommodent des couteaux de trente sous, que Mme Nathaniel Rothschild envoie de Paris ici à raccommoder?

Les garçons et les filles de ce pays-ci ont vraiment le rire et l'allure et la démarche d'Alcide Tousez à ses entrées en scène.

Il y a un artiste ici, c'est l'horloger. Il fait des jardins qu'on met sous globe. Celui que j'ai observé avait une rivière en verre, avec des bateaux en papier peint découpé, des arbres en branches de corail, un terrain en toutes sortes de pierres, un kiosque qui a pour base des grenats collés et pour toit un oursin.

Le service est dur, presque cruel en province. La servante n'est point traitée en femme ni en être humain. Elle ne sait jamais ce que c'est que la desserte d'une table. On la nourrit de fromage et de potée et on exige d'elle, même malade, un labeur d'animal. Je crois que si le luxe amollit l'âme, il amollit bien aussi le cœur.

Jeudi 19 *avril.*

Nous mettons dix-sept heures à revenir retrouver notre chez nous, nos bons fauteuils, nos dessins. Rencontré en chemin de fer M. Godillot, le chargé d'illuminations, d'enthousiasme, de lampions, de clefs de villes offertes, de *Korolls* et de danseuses bretonnes des voyages impériaux (1). Il est naturellement décoré.

(1) Allusion au voyage de Napoléon III et d'Eugénie à Cherbourg, où ils rencontrèrent la reine Victoria, et en Bretagne, du 3 au 21 août 1858. A Lorient le 13, à Vannes le 15, on offre à l'Empereur les clefs de la ville; « illumination en verres de couleur » à Lorient le 13, etc. Un peu partout, des danses bretonnes, que les Goncourt désignent du terme breton qui signifie « danse », *koroll*. Quant au rôle de Godillot,

735

20 avril.

L'homme éclairé, vraiment sage, ne doit pas même être athée. Il ne doit pas même avoir la conviction de cette religion négative.

23 avril.

Un ennui vague, qui n'a pas d'objet et qui se promène partout. La vie est plate. Il ne m'arrive rien, que des catalogues d'autographes, et puis des contrariétés bêtes, des bobos ressassés, des migraines. C'est tout... Je n'hérite pas d'un monsieur que je ne connais pas... Je ne suis pas même nommé ministre. Cette jolie maison que j'ai vue à louer, en passant rue de La Rochefoucauld, on ne me l'apportera pas ce soir sur un plat d'argent.

Et quand je repasse toute mon existence, ça a toujours été comme ça, rien qui sorte du train-train raisonnable des choses. Je n'ai eu qu'une aventure : je regardais un joujou avec ma nourrice, un monsieur qui passait me l'a acheté !

Il n'y a pas pour deux liards d'imprévu ici-bas. Il ne vous arrive rien sans qu'on le demande. Il faut arracher la croix à un ministre, pour qu'elle tombe à votre boutonnière. On est obligé de solliciter pour être officier dans la Garde nationale. Il n'y a que des hasards de rengaine, usés comme des intrigues de comédie.

Jamais, jamais je ne trouverai chez mon portier, une lettre, qui me donne rendez-vous dans une voiture à quatre chevaux, à minuit, au rond-point des Champs-Élysées : on me bandera les yeux, je trouverai une duchesse... Non, jamais ! Ce sont les romanciers qui ont inventé tout ça ! Mais moi qui ai lu des romans, j'ai le droit d'appeler la Providence une marâtre, pour me refuser ça.

Les imbéciles ne s'aperçoivent pas de tout ça. Une révolution, tous les dix-huit ans, ça leur suffit pour se distraire. Ils ne se sentent pas s'ennuyer. Peut-être même qu'ils ne s'ennuient pas... L'ennui est peut-être un privilège, c'est la peine de l'idée. Il y a des gens qui ne trouvent l'existence grise que quand ils ont des tiraillements dans le corps : leurs ennuis viennent de l'estomac.

il est célébré par LE PAYS, le 22 août : « Il est vrai que l'universel Alexis Godillot avait expédié à Rennes comme à Saint-Malo, comme à Lorient, comme à Vannes, comme à Brest ses armées d'ouvriers et son immense matériel. »

Tâchons de travailler. Le moins ennuyeux des plaisirs, c'est peut-être encore le travail.

Paris, 22 avril 1860.

« Monseigneur,

« Nous apprenons seulement aujourd'hui que par un décret impérial rendu le 7 janvier 1860 et promulgué le 1er février 1860, « M. Jacobé Ambroise, propriétaire et maire, né le 17 brumaire « an VII, à Vitry-le-François (Marne), demeurant à Matignicourt, « arrondissement de Vitry-le-François, et M. Jacobé Louis, « propriétaire, né le 18 juillet 1830 à Goncourt, demeurant à « Matignicourt, sont autorisés à ajouter à leur nom patronymique « celui de de Goncourt et à s'appeler à l'avenir Jacobé de Gon- « court. (B 767, n° 7302) »

« Nous nous empressons de réclamer auprès de Votre Excel- lence contre l'attribution, à des personnes inconnues de nous et étrangères à notre famille, d'un nom qui est le nôtre, d'un nom que notre grand-père a acquis, d'un nom que notre père nous a transmis, d'un nom sous lequel nous nous sommes fait connaître. Il nous suffira de peu de mots, Monseigneur, pour établir nos droits à porter, à garder et à défendre le nom de Goncourt.

« Notre grand-père ayant acquis la terre et seigneurie, haute, moyenne et basse justice, après avoir reconnu et avoué tenir en fief, foi et hommage de Louis XVI, roi de France et de Navarre, duc de Lorraine et de Bar, la dite terre et seigneurie de Goncourt, fut seigneur de Goncourt et s'appela Huot de Goncourt. Son nom figure au MONITEUR comme député de Bassigny-en-Barrois à l'Assemblée Nationale de 1789.

« Le fils de Jean-Antoine Huot de Goncourt, Marc-Pierre Huot de Goncourt, ne faillit pas à l'héritage d'un nom honoré par trente ans de fonctions législatives, judiciaires et adminis- tratives. Entré au service à l'âge de seize ans, en 1803, il était à l'âge de vingt-six ans chef d'escadrons et officier de la Légion d'honneur. Ce fut notre père.

« Ce nom de Goncourt, que nous revendiquons auprès de vous, Monseigneur, ce nom, porté sur l'acte de naissance de notre père aussi bien que sur nos deux actes de naissance, nous appartient donc au même titre que notre patrimoine. Il nous appartient encore personnellement, si on peut dire, à titre de propriété littéraire. Il est le nom dont nous avons signé quelques livres, dont quelques-uns, l'HISTOIRE DE LA SOCIÉTÉ FRANÇAISE PENDANT LA RÉVOLUTION, l'HISTOIRE DE LA SOCIÉTÉ FRANÇAISE PENDANT LE DIRECTOIRE, l'HISTOIRE DE MARIE-ANTOINETTE, ont eu l'honneur de plusieurs éditions et de traductions à l'étranger.

« Confiants dans la justice de Votre Excellence, confiants dans la loi récente qui a voulu sauvegarder, comme le plus cher patrimoine de la famille, l'héritage et la propriété exclusive d'un nom honorable et légitimement possédé, nous avons la ferme assurance, Monseigneur, que vous prendrez en considération des droits, dont nous tenons tous les titres à votre disposition, et que vous donnerez votre appui à une revendication, que nous devons poursuivre comme un devoir.

« Nous avons l'honneur d'être très respectueusement, de Votre Excellence, les très humbles et très obéissants serviteurs

Edmond de Goncourt
Jules de Goncourt
Rue de Saint-Georges n° 43 »

26 avril.

Gavarni : les cheveux et la barbe grisonnants, couleur de poussière, où le blanc paraît peu. Le front large et plein, les os qui bornent la tempe proéminents. Les sourcils fournis et brisés à angle droit. Contraction du regard par la contention de l'attention ; pli dur fait par là à la racine du nez, un pli séparant la joue pleine du dessous de l'œil, une raie sur la face. Sous les yeux, au-dessus des pommettes, des reflets de métal, blancs comme du fer rougi à blanc. Le nez fort, gros et charnu et cassé au bout, les lèvres fortes et charnues, les paupières et le dessous de l'œil plissés, l'arcade de l'œil assez renfoncée. L'œil gros, saillant, le blanc un peu jaune, la prunelle grise.

Une armature de figure grossière, robuste, *peuple*. Une figure et un air durs au repos, mais le sourire de l'œil câlin, charmant, remplissant de douceur la physionomie, ainsi que le sourire de la bouche. Ressemble beaucoup, en moins élégant, moins gentil-homme, aux portraits de Rubens et, énormément, à un portrait, que j'ai vu, d'Ary Scheffer.

Il illustre en ce moment Robinson Crusoé pour Morizot en aquarelles. En a abattu trois hier ; papier teinté d'une légère couche de terre de Sienne.

Ni un homme ni une société ne peuvent se passer de religion ou, si l'on veut, de superstition.

Point de pire condition que d'être le fils d'un philanthrope, d'un républicain. Voyez le fils de Mirabeau, l'*Ami des hommes* ; voyez les enfants de Rousseau ; — et enfin, le fils naturel de Béranger, qu'il déporta aux colonies !

Le caractère de cette famille, les d'Orléans, c'est le scepticisme. Le scepticisme spirituel, artiste, débauché du Régent ou le scepticisme de blague moderne, d'homme d'affaires, de Macaire, de Louis-Philippe. Une vertu qui, après tout, leur a donné ce très beau caractère assez méprisé, la tolérance. L'humanité ne respecte que les gens qui lui font peur.

Rien ne ressemble à l'amour comme la critique picturale : elle a presque autant d'imagination à propos d'une toile que l'amour à propos d'une femme.

Dans les romans du XVIIIe siècle, l'amour : un libertinage d'esprit et comme une débauche de curiosité, mais jamais de passion. Je ne vois même pas de tempérament. A noter ce caractère de méchanceté qui est dans tout le siècle, la méchanceté dans la nuit, charmante dans Crébillon, infernale dans Laclos. Tous les hommes-types du temps, Louis XV, Choiseul : méchants.

J'ai lu un article stupide d'un élève de Michelet, d'un Vacquerie de cette gloire (1). Les grands talents ont derrière eux des imitateurs qui les caricaturent, comme ces ombres grimaçantes, sur un mur, à la chandelle.

(1) Allusion au rôle de disciple enthousiaste qu'Auguste Vacquerie — le frère de Charles, mari de Léopoldine Hugo — a joué auprès de Hugo, notamment dans les colonnes de l'Événement, le journal du poète, entre 1848 et 1851.

L'autre nuit, on a manqué d'assassiner une femme sur mon carré. Cette femme sort d'un bordel. C'est une chose curieuse, qu'il n'y ait que ces femmes qui inspirent assez d'amour pour qu'on les tue.

L'esprit ne dort pas dans le sommeil, mais il semble appartenir tout aux sens et tomber, la nuit, sous l'esclavage des sensations physiques qui le régissent.

7 mai.

Nous allons voir Gisette. Sur les divans du salon, des châles de dentelle de Chantilly. Arrive en robe de chambre blanche, à dents de velours noir. Se couche à peu près dans une ganache :

« Et Halévy, qu'en faites-vous ?

— Halévy ? Mais il a été malade, il a manqué mourir... »

Et elle se tord de rire :

« Ah ! vous savez, je lui ai fait couper la barbe ! Il ressemble à une pipe cassée... Et puis, on lui voit sa dent qui lui manque par-devant : ça a l'air d'une chatière. Figurez-vous que j'avais trouvé le moyen de le mettre à la porte ! Il ne me donne aucune émotion... Savez-vous ce que je lui avais dit ? Que Dennery était jaloux... » Et elle rit comme une folle. « Mais ça a raté. Je n'avais pas prévenu Dennery : il l'invite à dîner !... Dans ce moment-ci, il n'est plus à la porte : je le garde encore un mois, pour faire enrager Chose, qui doit revenir dans quinze jours. »

Puis histoires sur Crémieux, à une première, pendant que sa femme accouchait : il devait partir, le soir, pour la villa de Sari avec les actrices des Délassements.

Puis les plaisanteries sur Lia : « Mais comment n'a-t-on pas mis dessus des paillassons ? On en met pour les moindres melons ! » (1)

Et puis des histoires sur un jeune homme qui est parti en Italie : « Paris était trop humide, il ne pouvait pas absorber assez de mercure ! »

Et tout cela dit avec des allures, des airs, des gestes de femme du monde !

---

(1) Allusion à la figure « grêlée » de Lia Félix.

9 mai.

Lescure nous apporte ses MAITRESSES DU RÉGENT. Rien ne sert comme un élève pour voir les défauts de sa manière. Ce livre nous ouvre les yeux, comme un miroir où nous verrions le mauvais de nos livres passés : l'abus de l'esprit, la recherche et l'importance du document, ce qu'on pourrait appeler la *pirouette* : la chose la plus déplacée et la plus fatigante en histoire.

Lu, sur le quai des Orfèvres, cette enseigne : *Fabrique d'articles de religion*. C'est bien beau !

Jeudi 10 *mai.*

Chez Gavarni, la comtesse (1), une femme avec laquelle j'ai couché et qui me revoit avec tant d'aisance, mais tant d'aisance, que j'ai besoin de me rappeler qu'elle m'a sucé la pine pour en être bien sûr !

En ouvrant un carton, je tombe, à côté de CRIS DE PARIS de Bouchardon, d'académies de Cochin et de quelques photographies, sur un paquet de dessins d'après nature, des plus étudiés. Une planche de violons, par exemple, qui ont l'air de plans et coupes géométriques.

Une planche de chapeaux dans tous les sens et dans toutes les lignes de courbes, qui pourraient être gravés dans un manuel de chapellerie ; l'un, enfoncé d'après nature sur une tête, qui est celle d'Émile de Girardin. Des études de bas de pantalons flochant sur des bottes et des études de semelles de bottes ; deux mains en train de se ganter, avec ce bout raide des gants neufs, que sais-je ?...

Ce paquet que j'ai ouvert est pour moi une révélation de ce talent, qui me paraissait sans explication, sans génération et comme sans base. C'est de tas de croquis pareils, patients et menus et poussés au plus serré du vrai, c'est de là qu'est sortie cette mémoire magnifique, qui lui peint maintenant dans la tête son dessin mieux que la nature, qui l'ennuie à regarder : « J'en ai des bottes comme ça, dit Gavarni. Je fais des arbres maintenant et je ne regarde

(1) Cf. t. I, p. 176.

même pas ceux qui sont dans mon jardin ». Il s'est assimilé ses modèles.

Gavarni, dans son atelier de la rue Fontaine-Saint-Georges, avait de ses études sous verre toute une frise qui faisait le tour de son atelier. Dans le nombre, quelques études plus complètes d'un jeune garçon, d'un homme couché et dormant sur un divan, le père de Feydeau, que je trouve utilisées tout entières, mais idéalisées dans deux de ses planches des MASQUES ET VISAGES.

C'est toute cette vérité apprise avec tant de soin, conquise avec tant d'effort, qui le fait si réel et incapable, à ce qu'il dit, de dessins fantastiques : « C'est mon défaut. Il y a dans tout ce que je fais, un *plomb de réalité*, qui me tient dans les choses de la vie ».

Et nous allons dîner dans ce Café du Mail qu'il aime, je ne sais pourquoi : une vraie toquade. Le bruit des voitures qui empêche de s'entendre ; un public, bête et sans couleur, de commis de maisons de commission ; une cuisine ignoble. Mais Gavarni se figure avoir découvert un comique du Palais-Royal dans le maître du café...

Et la conversation va sur l'amour. Je ne sais si c'est la comtesse, mais il est aujourd'hui gai, guilleret, gaillard comme je ne l'ai pas encore vu. Il nous parle de ses amours réalisées et de ses amours ébauchées, des cent cinquante femmes environ, dont il a baisé la moitié et courtisé de très près l'autre, depuis les plus quintessenciées jusqu'aux gourgandines. Nous parle d'une femme, — qu'il n'a pas baisée, à cause de ses relations avec sa famille et ses frères, — prise de passion pour lui. Quand elle avait été sage, l'emmenait dîner chez Bancelin, dans ces chambres où il y avait un lit et des pantoufles ; et la pauvre femme, à la vue de toutes ces choses qui n'étaient pas faites pour elle, se mettait à pleurer, à pleurer...

Il raconte qu'un jour où il s'était décidé à l'emmener, le soir, au bois de Boulogne, la promenant dans les allées les plus obscures, tout à coup, tire un papier qu'elle veut qu'il lise. Il ne le veut pas. Quelques jours après, le lit. C'était la rédaction d'une situation analogue à la sienne et qui se terminait par un grand cri de désespoir.

Pour nous, esquisse des coins de drame, où il semble qu'il ait poussé dans le plus dramatique du monde bourgeois, dans les mystères malsains et passionnés, dont quelques-unes de ses lithographies sont un écho. Jeune fille en robe rouge, trouvée à une soirée chez Mme Waldor; la mère jalouse, des batteries avec la fille ; des lettres cousues dans la chemise de la fille et l'inspection de la chemise de la fille par la mère, quand elle croyait que la fille avait vu Gavarni. Puis la retrouve après toutes ces scènes furibondes, chaudes, sanglotantes, larmoyantes, la salue et dans une contredanse, elle lui dit : « Quel front ! »

Nous lui demandons s'il a jamais compris une femme : « Une femme, qu'est-ce que vous voulez? c'est un oiseau. C'est impénétrable, non pas parce que c'est profond, mais parce que c'est creux ». Nous lui demandons encore s'il a jamais été pris, *toqué*, amoureux, s'il a eu quelque grand chagrin : « Non, je n'ai jamais aimé que mon père et ma mère et mon enfant ».

12 *mai.*

Aujourd'hui, un petit journal nous fait l'honneur de la caricature. Rien ne ressemble plus que les caricatures qui ressemblent — voyez Thiers par Daumier — et moins que les caricatures qui ne ressemblent pas. Celle-ci est de ces dernières.

Le journal est bridé, muselé par des lois draconiennes ; il est sous la surveillance de la police ; c'est une publicité de tolérance : ses rédacteurs en chef sont des rédacteurs en carte... Et chose étrange, jamais le journaliste, petit ou grand, Jouvin ou Paradol, n'a eu pareillement le pas sur l'écrivain du livre ; jamais sa personnalité n'a fait plus de bruit, n'a tenu tant de place ; jamais il n'a été un personnage adulé, salué, caressé par le public comme maintenant.

13 *mai.*

Dîner chez Charles Edmond avec Dennery, Gisette et le *patito* Halévy, que Gisette réduit en public à un pur rôle de domesticité et à qui elle fait porter des hannetons dans des boîtes.

On parle d'un certain Czinski, Polonais, dont était la pièce dernièrement coulée à la Porte-Saint-Martin, le ROI DES ÎLES, pour laquelle, dit-on, il a prêté 60.000 francs à Fournier. Ménage étrange : un jour sans le sou, le lendemain de l'argent, la femme jouant à la Bourse. Un intérieur de chaises à trois pieds, où on donne des festins splendides dans de la faïence égueulée, festins venus de chez Potel et Chabot. Avait été porter sa pièce à Hostein et avait offert 20.000 francs pour la mise en scène. Le Dennery se révèle en nous contant l'histoire. Consulté sur la pièce par Hostein, il lui dit : « Eh bien ! prenez la pièce et les 20.000 francs, vous ferez faire des costumes, des décors. Je vous ferai, pendant ce temps-là, une pièce sur le même temps ; et aussitôt après son four, vous me jouerez ».

14 mai.

Le grand succès du jour : Rigolboche, à cause de la photographie où elle montre ses jambes dans toutes ses positions. Cela tourne à la littérature et à l'illustration de mauvais lieu. Voici jusqu'où une tyrannie abaisse un public.

16 mai.

Heureux ceux-là, hommes de génie ou imbéciles, absorbés dans une idée ou dans leur sottise, qui se délient de leur temps, de la solidarité des événements politiques, du contre-coup des choses et des nouvelles ! Ne pas lire le journal est d'un grand créateur, — d'un grand créateur ou d'un idiot... C'est un beau don. Il y a dans notre nature un antagonisme, volontaire et déplorable, qui nous fait souffrir des victoires des idées du siècle. Cela est bête, mais nous sommes personnellement affectés par ces ruines de trônes, de vieux principes, par cette Europe où il n'y a plus d'Europe, plus d'équilibre, plus de droit des gens... Les causes victorieuses nous dégoûtent et les prospérités des opinions bêtes nous font lever le cœur.

Jeudi 17 mai.

A dîner avec Gavarni. Sur ses portraits : nous dit qu'il veut les pousser un peu vers l'idéal, vers la physionomie d'ensemble d'une tête. La photographie n'en donne qu'un côté et d'ailleurs, il est temps pour la peinture de prendre un petit élan vers les beautés qui ne tombent pas absolument dans la chambre noire.

Nous parle de Thiémet, frère de sa mère, ventriloque, CAPUCINS, — l'Henri Monnier de son temps, qu'il revoit dans son enfance, vêtu de peaux, veste courte et culotte à mille poches, tout goutteux, allant d'un coin de la chambre à l'autre en s'aidant

des mains (1). Thiémet fut sans inspiration sur le génie de Gavarni :
commença par costumes de Bordeaux, puis costumes des Pyrénées,
puis travestissements que Blaisot vendait à La Mésangère. Un
jeune homme, parent de Thiémet, Théodore, fit quelque temps
ménage avec Gavarni, veillant à la dépense, tenant les comptes,
vrai bureaucrate, à qui Gavarni faisait copier éternellement,
d'après nature, des serviettes sur des chaises; aujourd'hui, sous-
directeur d'une manufacture de glaces.

A propos des Feydeau, que nous avons vus chez lui dans la
journée, nous ouvre un jour sur ce côté de bourgeoisie malsaine
et gangrenée, à compromis honteux, à vilenies basses et sourdes,
dont on retrouve la divulgation dans beaucoup de ses lithographies.
Car il a vu du monde le plus vilain et le plus propre à rendre sceptique. Il nous parle du père, bellâtre, magnifique garde national,
courailleur, homme à bonnes fortunes, permettant parfaitement le
ménage à trois, — et filou par là-dessous, qui se payait grassement
de sa complaisance en étant l'homme d'affaires de Gavarni.

Nous lui demandons, à propos de ceci, si les ennuis d'argent
l'ont beaucoup tourmenté : « Non, non... » Il cherche, tourne
autour de sa réponse :

« Tenez, c'était comme un fardeau sur le dos qu'il m'aurait
fallu monter au quatrième étage.

— C'était un ennui tout physique, alors ?

— Oui, tout physique ».

Ce désordre qu'est l'anarchie des ambitions est dans une
société, du moment que tous peuvent prétendre à tout.

Je romps avec Maria et j'enrichis M. Mothes (2). Elle m'écrit
une lettre, un chef-d'œuvre, bien supérieur, comme naturel et

(1) Y a-t-il confusion, dans la mention des CAPUCINS, entre les activités de
l'acteur et du graveur, que fut à la fois Thiémet? On le croirait, à lire dans GAV.,
p. 4 : Thiémet, « l'imitateur, le farceur, l'amuseur des *balladères* du Directoire, qu'il
égayait de sa CHASSE AU MOULIN et de son ARRACHEUR DE DENTS », puis : « en nous
montrant sa comique série gravée des MOINES GOURMANDS, le grand triomphe de
son oncle... » Ces MOINES GOURMANDS sont-ils les CAPUCINS mentionnés ici ?

(2) MM. Mothes, Lamouroux et Cie, 29, rue Saint-Anne, fabriquaient des
« capsules au baume de *copahu* ». Et le baume qui découle du copaïer officinal était
alors le remède le plus usité contre la blennorragie.

vérité, à la fameuse lettre de Bernerette (1). La voici : « Quand je pense que je n'ai eu qu'un fils et qu'il s'est moisi sur une armoire ! »

Mai.

De l'ennui en moi et autour de moi. Le ciel me semble gris, les choses me paraissent décolorées et le peu qui m'arrive est insipide. Même les hommes, les gens que je vois, ont pour moi ce caractère de *gris*, de décoloration, d'insipidité. Mes amis me font l'effet d'un livre ennuyeux que j'ai déjà lu. Je sais d'avance ce qu'ils vont me dire et comment ils me le diront. Je n'ai, pour ainsi dire, plus d'appétit à leur causerie. On ne m'apprend que des nouvelles de petite ville de province. Je voudrais voir d'autres hommes, ennuyeux d'une autre façon ; me déplacer, changer de murs de chambre, de papier de tenture. Il me semble qu'ailleurs j'aurais plus de goût à vivre. J'ai envie d'acheter dans la forêt de Fontainebleau une maison de paysan, où j'irais me mettre au vert la tête et le corps. Peut-être qu'on parvient à s'intéresser à des arbres, à un plant de légumes, aux variations d'un baromètre...

Notre chemin littéraire est assez bizarre. Nous avons passé par l'histoire pour arriver au roman. Cela n'est guère l'usage. Et pourtant, nous avons agi très logiquement. Sur quoi écrit-on l'histoire ? Sur les documents. Et les documents du roman, qu'est-ce, sinon la vie ?

25 mai.

Il y a en nous un instinct irraisonné qui nous pousse à l'encontre des despotismes d'hommes, de choses, d'opinions. C'est un don fatal que l'on reçoit en naissant et auquel on ne peut se soustraire. Il y a des esprits qui naissent domestiques et faits pour la servitude de l'homme qui règne, de l'idée qui triomphe, du succès en un mot, ce terrible dominateur des conciences. Et

---

(1) Dans FRÉDÉRIC ET BERNERETTE de Musset (1840; éd. Allem, p. 472) : c'est le billet que Bernerette, une fille entretenue, envoie à Frédéric pour répondre à ses avances, en lui proposant de l'aborder dans la rue, pour l'examiner et décider si elle est jolie : « Si vous ne me trouvez pas jolie, vous me le direz et je ne m'en fâcherai pas».

c'est le plus grand nombre et les plus heureux qui naissent ainsi. L'on naît avec un sentiment insurrectionnel contre tout ce qui triomphe ; l'on naît avec des entrailles émues et fraternelles pour tout ce qui est vaincu, tout ce qui est écrasé sous la conspiration des idées et des sentiments du moment. L'on naît avec le sentiment qui vous pousse, dès l'âge de sept à huit ans, à vous donner des coups de poing avec le tyran de votre classe, de la même façon que l'on souffre, à l'heure qui est, de cette épidémie bête et insolente de libéralisme bourgeois, menée par le journal LE SIÈCLE comme un chœur de triomphe de Garibaldi (1).

Je croirais volontiers que les maris sanguins sont de plus facile conduite à leurs femmes que les autres.

Il y a une grande ironie en ce monde et comme une vengeance narquoise des choses. Nous qui avons arrangé notre vie pour être libres et qui paraissons les gens les plus affranchis de la terre, nous auprès desquels la femme ne joue qu'un rôle animal, nous qui ne sommes ni mariés ni amoureux, nous subissons presque le joug du mariage par notre bonne et sommes les esclaves de sa maladie de nerfs.

Les femmes ont des mots affreux. On parlait d'une femme qui vient d'accoucher et l'on remarquait qu'elle avait le teint plus blanc, une femme dit : « Les enfants, ça purge... »

Deux femmes, — sage-femme et grande dame, — rivales après la condamnation au Tribunal ; la sage-femme maîtresse de la vie de la grande dame. Dramatique de la Révolution.

Il y a un homme, dans l'histoire, mystérieux, impénétrable, louche à force d'être une bête d'honnête homme. Jamais un historien n'a pu attribuer à un personnage historique une telle candeur de sottise. C'est le père de la Garde nationale, et comme l'institution vient bien de cet homme, La Fayette !

(1) Profitant d'une révolte en Sicile, Garibaldi et ses Mille avaient débarqué à Marsala le 12 mai et après avoir battu les troupes de François II à Calatafimi, il était venu assiéger Palerme, qu'il prendra le 27 mai.

Il y a, sur le chevalet de Gavarni, une sépia représentant une grotte des Pyrénées, du temps où il réservait les moindres blancs et les marges. Et à côté de la sépia, un très curieux dessin représentant la chambre de Gavarni à Tarbes. La chambre avec son pied de lit, où appuie la canne à siège du peintre, le feutre moucheté sur la couverture, les espadrilles sous le lit, le papier imitant un treillage, avec un portrait d'homme, le parquet avec ses jointures et ses dessins, la porte entr'ouverte, sur laquelle est accroché un carnier de chasseur, et les lames des jalousies en perspective dans le corridor ouvert et qui monte devant l'œil. Peut-être le dessin le plus curieux et le plus caractéristique comme point de départ du dessin de Gavarni, un dessin fait au tire-ligne, où il semble avoir quelque chose de la conscience et de la patience d'un dessin de Van Eyck. Jamais artiste n'ayant été ainsi d'un pôle à l'autre de l'art.

Feydeau est là. C'est encore, comme vanité littéraire, une des plus monstrueuses que j'aie vues. Elle va de l'insolence à l'enfantillage, avec une naïveté et des échappades vraiment confondantes. Et je crois, ma parole d'honneur, que c'est le *moi* des lettres qui sait encore le moins vivre. De quelque chose ou de quelque homme au monde qu'il parle, c'est toujours de cette chose ou de cet homme dans ses rapports avec FANNY qu'il vous entretient. Tout homme qui a osé toucher à FANNY est un monstre, un pédéraste, — c'est le moins, — un homme sans conviction, sans foyer, sans bottes, sans sexe... C'est, en vérité, à dégoûter des rancunes littéraires, si l'on en avait.

Avec cela, il est d'une bêtise solennelle : « Ce que je veux, dit-il en parlant de Janin, c'est la conscience ! » Et voilà trois ans que cet observateur connaît des critiques ! Sans idée, sans grâce, il essaie de se sauver par des colères et des violences maladives et mal faites, mal imitées de Flaubert, et quatre ou cinq théories qu'il débite d'abondance. Il m'a dit, par exemple, que dans l'art, — j'ai, par malheur, oublié de lui demander ce qu'il entendait par là, — l'esprit était non seulement inutile, mais funeste, comparable tout au plus à un hanneton stupide dans une chambre fermée et tranquille. Il a ses raisons pour mésestimer l'esprit ! Remarque curieuse : en cherchant bien, je ne trouve qu'une pléthore de vanité comparable à la sienne, c'est Mario, — un autre homme de Bourse...

Gavarni revient du mariage de Mlle Aubert. Le frère Feydeau est arrivé, avec son œil caressant, sa voix muante et ses habitudes de corps, qui ont quelque chose des coucheries des chiens de chasse. On part pour la grille d'Auteuil. On dîne. L'on cause de tout et la dernière histoire du dîner est la recette que Gavarni donne pour attraper les lapins : « Vous faites cacher des paysans avec des bâtons ; vous semez le chemin de petits pois cuits, mais très durs. Les lapins aiment beaucoup ça ; mais comme c'est très dur, en les mangeant, dans la contraction, ils ferment les yeux. Alors, les paysans sortent et les assomment... Voilà ! »

Un dimanche de mai.

Je dîne à Bellevue chez Julie, avec Hector Crémieux, qui raconte cette histoire d'une actrice des boulevards, couchant avec Paulin Ménier et, dans le moment de la jouissance, s'écriant : « Ah ! que c'est donc bon d'avoir son cabotin ! »

Il paraît que Gisette aurait dit que la plus grande preuve d'amour qu'une femme puisse donner à un homme, c'est de manger sa merde ; et il paraît qu'elle aurait ajouté d'un ton romain : « Et je l'ai fait ».

Crémieux explique le dérèglement imaginatif et pratique de Gisette par la situation d'une femme de ménage, liardeuse, comptant avec les domestiques, lancée hors de son orbite et, dans cette vie nouvelle pour elle, n'ayant plus la règle des choses qui se font ; capable de tout, parce qu'elle croit que cela est usuel, et allant plus loin que toutes les autres par l'ignorance et la curiosité du vice.

Fin mai.

Je vais remercier Saint-Victor de son article sur les MAITRESSES. Il tient assez à notre opinion pour me demander pardon d'avoir si mal fait son article, devinant que nous l'avions trouvé faible. Il était horriblement souffrant, me dit-il, de la coqueluche, qui lui fait encore rendre tous ses repas.

Je le trouve souffreteux, mélancolique, se plaignant du peu de jours où l'on retrouve dans la vie la santé de l'enfant, « quand les anges semblent marcher devant vous... » Il m'apparaît sous un jour plus sympathique que jamais, ainsi se plaignant et tendre comme je ne l'ai jamais vu. C'est comme un homme de bois désanglé et plein de grâce dans les jolis témoignages de l'amitié.

Je croirais volontiers que Saint-Victor est un ami qui se calomnie lui-même ; peut-être, au fond, dévoué et capable de délicatesse, qu'on ne soupçonnerait guère sur son air et ses dehors.

« ...Voilà ce que c'est : vingt-deux ans, pas jolie, des talents d'agrément, intelligente, se mettant bien... Le père ? Trente millions, trois enfants, une fortune solide. Il a d'abord l'hôtel de la place Vendôme, où sont les bureaux de l'Isthme de Suez, un château dans la Brie, à X..., dix millions dans les Chemins de fer romains... Un homme assez entier, d'origine belge... La mère n'est rien dans la maison. Il n'y a pas de famille ; et même le père vous en voudrait, si vous voyiez les parents. On les réunit une fois par an à un dîner de famille, et c'est tout... Un frère militaire, sous-lieutenant, qui fait des farces... Le père donnera deux millions de dot. Il tient à avoir sa fille avec lui... Voyez... »

C'est ainsi qu'Alphonse me raconte un mariage qui vient de lui être proposé. Il l'a manqué ! Et pourquoi ? Pour avoir été au parterre à l'Opéra, au lieu d'aller à l'orchestre, — une économie de quatre francs, — et être arrivé au foyer avec son paletot sous le bras, — une économie de dix sous...

La belle comédie à faire, LE MARIAGE, avec le mariage Henrys, Lechanteur, Chardin, etc.

Bar-sur-Seine, 1ᵉʳ *juin*.

En chemin de fer, je lis d'Ourliac LES GARNACHES. C'est un livre qui fait détester et mépriser l'homme, dont la personnalité de Paillasse misérable et méchant perce à tout moment. L'homme qui passe dans ce livre écœure et fait mal aux nerfs en même temps.

J'ai une joie animale à descendre dans le jardin, à sentir de petits cailloux criant sous mes pieds et les parfums entêtants du seringa dans l'air.

2 juin.

En province, la pluie est une distraction.

750

ANNÉE 1860

Madame Garcia, rue Saint-Georges : homme ruiné pour elle, devenu à sa charge, poursuivi, traqué par les créanciers, couchant toutes les nuits chez elle. Garcia en ayant très peur. Pour s'en débarrasser, part pour Bordeaux, fait un paquet de ses effets et les met en bas chez la portière, à qui elle dit de lui redemander sa clef. Fait mettre une serrure de sûreté à l'appartement et y fait venir deux de ses amants, pour s'il se portait à des violences. La bonne, par pitié, glisse dans le malheureux petit paquet une pièce-cent-sous. Quand il vient la voir, la portière, avec le ton que les portières ont pour les maquereaux renvoyés : « Monsieur, Monsieur, il y a un paquet pour vous. — Ah ? — Madame est partie, il faut que vous rendiez la clef. — Mais je la rendrai demain matin. Puisqu'elle n'y est pas, je puis y coucher. — Non, Monsieur, c'est tout de suite. » Le malheureux devient blanc, rend la clef, prend le paquet et s'en va... Jusqu'à sa pipe culottée, qu'on lui rend dans son paquet...

Sous le hangar de la vinée, à côté du cheval qui rumine, la chaise contre la grande porte, où un paysan a écrit à la craie : *Vive Napoléon !*, je me demande si l'imprimerie n'a pas diminué les vérités dans le monde, si Gutenberg n'a pas donné des ailes à la Blague. Il y a des jours où la presse me semble ressembler à un soleil : elle aveugle !

Un curieux monument de l'éducation sous Napoléon. Le père de Léonidas lui avait dit : « Il faut que tu saches le latin. On peut s'expliquer partout en sachant le latin. Il faut que tu saches le violon, parce que si tu es prisonnier de guerre dans un village, tu pourras faire danser les paysans et ça te rapportera quelques sous ; et si tu es dans une ville, on pensera de toi, si tu sais le violon, que tu es un jeune homme distingué, appartenant à une bonne famille et qui a reçu une bonne éducation. Ça t'ouvrira les sociétés et te fera de bonnes connaissances. Et puis, il faut que tu dormes sur l'affût d'un canon comme sur ton lit ; et pour t'y habituer, tu vas coucher pendant huit jours, tout habillé, sur une couverture attachée sur le parquet avec quatre clous. »

Les comiques sans le savoir dépassent en grotesque tous les autres et la comédie de la vie a des bouffonneries supérieures à

751

toutes les autres. Voici une lettre de douze pages, que je viens de lire, d'un de nos cousins, qui se plaint d'avoir été trompé par sa femme et dont voici deux phrases, qui suffisent à faire deviner le reste : « Mon second fils a le nez et les dents du fondé de pouvoir du receveur particulier de Vesoul. » Et ceci : « J'ai adressé au Tribunal un mémoire de 50 pages de 48 centimètres de hauteur sur 25 centimètres de largeur... » (1)

Le roman ni le théâtre n'ont encore usé de l'enfant ; et cependant, dans quelque chose de philosophique, par exemple, quelle chose distinguée, cette curiosité d'enfant demandant à son père comme les plantes viennent et, son père le lui expliquant longuement, répondant : « Et la première plante, Papa, qu'est-ce qui l'a faite ? »

Une chose bien caractéristique de notre nature, c'est de ne rien voir dans la nature qui ne soit un rappel et un souvenir de l'art. Voilà un cheval dans une écurie : aussitôt, une étude de Géricault vient dans notre cervelle. Un tonnelier frappant sur un tonneau, c'est un dessin à l'encre de Chine de Boissieu, que nous revoyons.

7 juin.

Nous retrouvons avec plaisir une intelligence, M. Collardez. Et voilà que nous recommençons à causer. C'est ce mot qu'il nous cite d'une Anglaise : « Que les passions sont d'institution divine et que les vertus et les vices sont d'institution humaine, de création sociale. » Ou cette histoire d'un M. Bayard, de Nancy, qui allait voir guillotiner pour se donner une érection.

Que parle-t-on de la difficulté de croire avec sa raison aux dogmes religieux ? Croyez donc avec l'expérience à tous les dogmes sociaux, au dogme de la Justice ! Croyez qu'il y a des juges pour juger selon leur conscience et non selon leur carrière !... N'est-ce pas un beau mystère, qu'un homme, revêtu d'une robe, dépouille immédiatement toutes les passions et toutes les bassesses de l'homme ?

(1) Il s'agit du cousin de Vesoul, Alexandre Curt.

ANNÉE 1860

Commencer par être carbonaro pour finir par être procureur général, — cela s'est vu au XIXᵉ siècle...

J'aime Paris, parce que c'est la ville où le millionnaire Henrys, se promenant en fiacre avec Labille, se frottant le front, laisse tout à coup s'échapper : « C'est étonnant... — Quoi donc? — Comme je ne fais pas d'effet ici ! »

Augusta disait à M. Collardez : « On dit que vous gâtez votre enfant... — Madame, j'en ai perdu un. » N'est-ce pas un mot d'esprit du cœur?

En nous promenant, M. Collardez dit : « L'autorité est l'ennemie. Nous sommes en possession de quelques oligarques : le prêtre et le soldat. » (1)

C'est un homme qui frappe l'idée comme une médaille.

Il paraît qu'ici, le fond d'un dîner de curés, c'est un brochet et un dindon : c'est sacramentel.

Tout est ordre dans la nature, dans la matière, dans l'orbe des mondes ; tout est désordre dans l'homme, tout est déréglé dans ce roi de la création.

Ce baiseur et ce gaudrioleur enragé, Labille, demande aux œuvres littéraires un sentiment de moralité. L'autre soir, il a lâché ce beau mot à un homme qui lui rappelait ses fredaines : « J'ai pu être libertin, je n'ai jamais été immoral. »

Fifrelin et Patafiole, pour un conte humoristique, et Mᵐᵉ Patriarche.

Une lorette, une actrice fera toujours moins pour avoir un homme, qu'elle veut avoir, qu'une femme du monde, parce qu'elle a des distractions.

C'est une bien jeune illusion d'un homme qui n'a guère lu

(1) Add. éd. : *M. Collardez dit :*

l'histoire, que de croire que l'humanité arrive par la République à une forme définitive de gouvernement et par cette forme définitive et supérieure aux autres, à une somme plus grande de bien-être et de moralité. Une génération serait donc élue pour avoir, elle seule, le Paradis sur terre? Il y a compensation dans tout progrès social. Le quelque bien matériel qui a pu être acquis par les générations présentes est compensé par mille maladies morales, qui me font comparer le progrès à la guérison des dartres, qu'on ne guérit qu'en donnant aux malades des affections de poitrine ou de vessie.

La seule marque, qui ne trompe point, de l'intelligence de l'homme, c'est la personnalité de ses idées, c'est-à-dire l'antagonisme des idées reçues.

Plus nous allons et plus rien ne nous lie aux autres, que l'intelligence. La moralité même, sur laquelle autrefois nous étions si sévères, aussi sévères pour autrui que nous le sommes et le serons toujours pour nous, ne passe qu'après.

Portrait de mon cousin Léonidas.

Il a les cheveux droits, raides, hérissés de l'entêtement. L'hypocrisie de ses yeux bleus est doublée de l'hypocrisie d'une paire de lunettes vertes. Il a, aux joues, du sang ; aux ailes du nez, des filets 'de sang, qui se violacent et bleuissent dans la colère. Ses lèvres sont minces, sa bouche est large comme un mufle.

Dans cette tête et dans tout l'homme râblé, ventru à la Silène, porté sur des jambes où l'on devine les varices, — les poignets noueux, les ongles rongés et débordés par la chair, — il y a de la bête et de toutes sortes de bêtes, du sanglier, du gorille et du chat.

Et dans le dedans comme dans le dehors de l'homme, toutes sortes de types horribles et bas se mêlent. Il y a en lui de l'ogre, du moine de Rabelais, du notaire au bagne pour faux, du satyre et du Tartufe. Il est tout fumant d'appétits farnésiens et tout rongé de passions sournoises.

Cet homme — chose rare — est laid et mauvais d'un bout à l'autre. Chez lui, nul bon côté de ses mauvais côtés. Il est tout à la fois violent et rancunier. La spontanéité de ses colères apoplectiques, l'irritabilité furieuse et de premier mouvement ne l'empêchent pas d'être un comédien. L'égoïsme ne se cache sous aucune superficie de sociabilité. Enfin, la mauvaise tête ne donne rien au cœur.

Il n'aime au monde rien que lui. Pour faire semblant d'aimer sa femme, il donne des comédies ridicules de jalousie. Pour prouver qu'il aime sa fille, il la pelote sur ses genoux, devant le monde ; et pour attester qu'il adore son fils, il a exigé de lui cet en-tête de ses lettres : « Mon père, mon meilleur ami ».

Il est féroce et il est taquin. Il prend sa femme pour une pelote à épingles, où il enfonce tous les jours les mots durs et les rabâchages qui blessent. Quand sa femme l'a eu soigné et sauvé, les jambes enflées de le veiller huit nuits, il lui a dit : « Tu t'es conservé un bon homme d'affaires. » Et jamais de trêve à cette humeur, dont les éclats et le bougonnement bruyant emplissent la maison, même pour le parent qui passe à son foyer, même devant l'hôte qui s'assied à sa table.

Puis des seconds mouvements, auxquels il passe en composant grossièrement ses traits, des humilités de Tartufe, des *mea-culpa*, des attendrissements cherchés, des excuses demandées, un intérêt mendié par des maladies, dont il se plaint et qu'il n'a pas ; et pour le grand jeu, quand il a été trop loin, essayant de désarmer par la promesse de sa mort et des léchades de porc à sa femme.

Il a eu pour père un père qui l'attachait à son lit et le battait avec un *paisceau* de vigne. Sa mère, rêche, froide, glacée, ne lui a versé aucune tendresse : c'est un enfant qu'une mère n'a pas couvé. Il a eu pour initiateur et pour père spirituel un ex-prêtre, marié sous la Terreur avec une religieuse, une espèce de portier des Chartreux, qui a fait cet homme (1). Il a été renforcé dans tout cela, dans les religions de la Révolution et dans ses haines et dans les envies bourgeoises, par son père, condamné à la prison pour avoir coupé une procession.

A dix-neuf ans, il conspirait, il était en prison, « le séminaire des patriotes », comme il l'appelait. Il jeta des pois fulminants

---

(1) Les Goncourt visent l'ex-oratorien Cerceau. Cf. t. I, p. 549. Le « portier des Chartreux » est le héros d'un célèbre roman licencieux de J. Ch. Gervaise de Latouche, LE PORTIER DES CHARTREUX OU MÉMOIRES DE SATURNIN, Londres, 1788.

aux missions des Petits Pères (1). Il enfonça son chapeau sur la tête, quand la duchesse d'Angoulême passait en voiture. Il fut franc-maçon, carbonaro, de la société *Aide-toi, le ciel t'aidera* (2). Il eut dans sa chambre d'étudiant des fusils de munition, des cartouches. Il jeta des pommes cuites au carliste Portès et jura haine aux tyrans. Il jeta des commissaires de police les quatre fers en l'air et leur vit les clous de leurs souliers ; il fut arrêté à l'anniversaire de Lallemand. Il mangea de la Conciergerie et de la Force. Il frisa une condamnation à mort dans la conspiration de La Rochelle (3).

Chez d'autres, ce fut illusion. Chez lui, ce fut envie : il me l'a avoué un soir, dans l'entraînement et l'expansion du petit verre. Il enviait les châteaux, il enviait les nobles... Et aujourd'hui, ô ironie, voilà ce républicain jusqu'à la bourse exclusivement, ce carbonaro, rebroussant chemin dans des idées qui n'étaient pas des croyances, devant le socialisme ; le voilà rappelant presque Henri V, pour se raffermir dans sa propriété, convenant presque de la nécessité et de la légitimité de tout ce qu'il a attaqué, pour conserver la terre à son possesseur. Et ce qu'il y a de bien plaisant, c'est le combat et la bataille, qui se livrent à chaque instant entre ses anciens instincts et sa peur : « Ah ! si j'avais bien su, je me serais mis avec eux, j'aurais eu une bonne place... Je sais bien que ça m'aurait empêché de m'occuper de mes terres... » Et l'ancien homme revenant, c'est une tirade contre les Jésuites ; puis un silence, un temps d'arrêt dans sa cigarette et des distinctions bouffonnes entre les bons et les mauvais prêtres, qu'il s'arrache, on le voit ; et tout à coup, un éloge de l'évêque de Troyes : « On ne l'aime pas ici, voyez-vous ? Savez-vous pourquoi ? Oh ! si c'était un Jésuite, un cafard, s'il allait à la messe... »

(1) Le 27 février 1822, des prêtres qui prêchaient une mission dans l'église des Petits-Pères, à Paris, sont hués par la foule. Deux députés de la gauche sont arrêtés alors, ce qui provoque à la Chambre, le 1er mars, une altercation entre La Bourdonnaye et Manuel.

(2) La société *Aide-toi, le Ciel t'aidera*, qui subsista jusqu'en 1835, avait été fondée sous la Restauration par des modérés du Centre gauche, tels que Guizot. Elle regroupa tous les opposants, lorsque le 5 nov. 1827, Charles X eut dissout la Chambre : grâce à la propagande qu'elle mena, les élections mirent le gouvernement en échec et amenèrent le ministère Martignac. Elle fut encore à l'origine de l'Adresse des 221, d'où sortit la Révolution de Juillet.

(3) Il s'agit du complot dont la répression coûta la vie aux quatre sergents de La Rochelle, Bories, Goubin, Pomier et Raoulx, en 1822.

Des tirades contre les propriétaires nobles du département et l'aveu qu'il s'arrache, qu'il faut une aristocratie. Et de grandes colères permanentes contre les prolétaires, qu'il voit s'avancer sur les idées qu'il a semées sur son sol, contre le salaire, les trois francs par jour, le droit au travail, l'impôt progressif qui menace. C'est un délicieux canevas de comédie, où l'on sent, à chaque instant, l'humiliation secrète de l'homme.

Et ironie sur ironie, ce sont les prêtres qui ont marié sa fille, dont la bouche n'est pleine que du faubourg Saint-Germain, qu'elle voit, et de la visite que lui a faite l'archevêque, après une quête pour les prêtres infirmes. Il a un gendre qui fait maigre chez lui le vendredi et dont l'exemple le force à faire maigre. Et c'est dans un collège d'aristocratie et de religion qu'est élevé son fils, ce fils à qui, un jour ou l'autre, il fera prendre la particule de de Breuze, cet homme qui ne l'a jamais pardonnée aux autres et qui se vante, selon l'heure, ou d'être le fils d'une marchande de la Halle ou d'avoir une noblesse de 1300.

Je n'ai jamais vu despote pareil à ce républicain repenti. Il est despote sur tout, sur les idées religieuses, — qu'il a puisées dans Lucrèce, dans Courier et dans l'Abrégé des cultes de Dupuis, — aussi bien que despote sur une chose qu'on mange à table. Il commande et ordonne le matérialisme et le goût de l'huile de navette. Son goût est le goût et doit être votre goût. Ainsi du pain de ménage qu'il aime, « le premier pain du monde, — répète-t-il d'après un article de la Science pour tous, — et il faut n'avoir pas le sens commun pour manger du pain de boulanger ! » Il en est ainsi de l'huile d'olive, qu'il faudra trouver inférieure à l'huile de navette : « Ce sont des idées ! Si on changeait l'étiquette... », — du veau qui est la meilleure des viandes, — des ragoûts, bien supérieurs aux viandes rôties, parce qu'il y a de la sauce et qu'il l'aime, — des voitures non suspendues, qu'il faut préférer aux autres, — de la chandelle, supérieure à la bougie, — de l'eau-de-vie de pommes de terre, supérieure à l'eau-de-vie de Cognac... Car cet homme hait le luxe et le confortable, d'instinct et comme un ennemi personnel. Il a des rancunes de paysan contre ce qui est beau. Il n'est à l'aise que dans un milieu bas et dans des entours crapuleux. Il se plaît dans la blouse, sur la terre battue comme plancher, sur la chaise de paille comme siège, avec le fromage aux échalotes et les œufs durs. Il a des scènes à ébranler la maison contre les réchauds et il lui est désagréable qu'on le change d'assiette à table. Les dîners à quarante sous sont les meilleurs du monde ; et si vous contestez, il vous assommera de cris et de citations de Brillat-Savarin, qu'il ira vous chercher.

Car pour lui, ce qui est imprimé a une autorité. Il croit au livre qu'il a dans sa bibliothèque et au journal qu'il lit. C'est un côté du provincial : l'absence de critique, la foi à l'imprimé.

De tout temps et encore maintenant que le voilà vieux, grison, flageolant sur ses jambes marbrées, il a eu l'appétit de la servante, de la laveuse aux mains rouges, aux gros pieds, à la gorge dure, au teint *rouvant*, du *graillon*, comme l'appelle sa femme, de la femelle préférée dans laquelle son animalité se pousse et jouit toute brute. Et sa Dulcinée est dans la maison. Il la suit de l'œil en mangeant, tournant un regard inquiet au-dessus de son mufle plein, abandonnant à tout moment sa place, pour voir si dans la cuisine, elle n'est pas assise trop près du domestique ; absorbé, muet, plus violet dans ses silences de bœuf, plein de nuages et de jalousies sourdes, quand le service rapproche cette fille de quelqu'un. Cette passion est la grande dominante de sa vie. C'est, pour cette fille, comme un caprice tombé en enfance, où il y a tout à la fois la passion du vieillard, qui se cramponne à son dernier amour, et celle du lycéen de quinze ans, qui se roule dans son premier.

Jeudi 21 juin.

Nous partons pour ses bois de la Bécassière, le mari en blouse dans son tape-cul, avec M. Collardez, qui, à chaque cahot, a l'air d'un sac de blé secoué ; nous, dans un char à bancs derrière, avec le reste du monde.

Il y a eu, au moment du départ, quelques cris de colère du mari, dont je n'ai pas saisi le sens. On ne se dit rien. La femme est concentrée. On arrive, on descend de voiture. Dans une allée du bois :

« Il y a du nouveau ! » me dit Augusta. « Je lui ai dit que je savais tout, qu'elle n'était qu'une fille, que je savais bien qu'elle avait les doigts crochus, que j'étais maîtresse chez moi, que je la chasserais avec ignominie : elle est devenue rouge comme une cerise et n'a pas bronché. Cela s'est passé au moment où le domestique a dit à Joséphine d'apporter le manteau de Monsieur, phrase sur laquelle il s'est précipité avec colère sur Prudent, en lui disant que Joséphine n'était pas sa domestique. Cela m'est parti, que veux-tu?

— Le sait-il?

— Je ne sais. Il est rentré dans la maison pour fermer la porte, mais je ne sais pas s'il l'a vue. Que va-t-il se passer ce soir? Il est si violent. Il est capable de se porter à tout... » Silence... « Ah! vraiment, j'ai tout à craindre... Je pense à Mme de Praslin. Mon mari? Oh! il en est incapable. Mais elle... Cette nuit, je n'oserai pas dormir... Enfin, si je viens à mourir de mort violente, tu sauras qui est-ce qui m'a tuée! »

Et elle me quitte, voyant son mari venir à nous, comme l'homme des bois, avec une grosse gaule à la main. Sa fille m'accoste et me prie de ne pas l'engager, elle et son mari, parce que leur position est très délicate : « Et puis, Papa et Maman ont toujours été si drôles, vous savez... » Les successions ôtent terriblement de cœur aux enfants qui n'en ont pas.

On déjeune en plein soleil. Ça le fait souffrir, mais il en est content, parce que les autres en souffrent. Chacun se tient tapi et coi en lui-même, tandis que M. Collardez, comme un hanneton, passe dans tout cela et sourit à tout ce drame.

Enfin, on va voir la plantation, et c'est merveilleux de voir comme la propriété redonne des jambes à cet impotent, qui ferait dix lieues sur sa terre à lui. Il reprend force comme Antée, et l'on va par la plaine de quarante arpents à la queue leu leu, sans paroles, par petits groupes, regardant les chênes de deux semaines et se baissant sur une feuille, qui sera un arbre dans cent ans, la femme et le mari séparés.

A un *Vous* de la femme, le mari, comprenant qu'il y a quelque chose de grave, se rapproche et les voilà tous deux qui marchent en avant, sur la plaine immense, âpre et nue, se détachant sur le ciel en silhouettes passionnées, la femme en pose raide de sermon et de morale, l'homme faisant des dénégations du bras gauche et parfois élevant un bras colère dans le vide du ciel.

On arrive au bout de la plantation. On s'asseoit. Il est assis sur un tertre, les pieds dans le fossé, battant avec colère de sa gaule ce qui reste de boue jaune au fond, semblable à un Frédérick Lemaître en un cinquième acte, tandis que sa femme, le dos tourné, semble regarder au loin. Il sent bientôt qu'il ne peut plus se maîtriser et sous le prétexte de la fatigue, il nous quitte. Sa femme, comme un taon acharné après un cheval, le suit.

Quand nous revenons à la baraque, ils sont enfermés. Dans la cuisine du garde, sèchent les bas de la femme et la chemise du mari. On entend la voix pleurarde du mari et les larmes de crocodile dont il a le secret. Puis au bout de quelque temps, la femme ressort toute ragaillardie. L'un et l'autre s'excusent de la porte fermée, sous le prétexte des bas et de la chemise. Mais la femme est tout émoustillée et il y a quelque chose de débordant et de savourant en elle, qui nous fait demander si l'habile homme n'a pas essayé de la désarmer avec du plaisir. On remonte en voiture. Elle se penche à mon oreille et me dit : « Il la renvoie ».

Et c'est cinq heures d'une route de traverse abominable, qu'il choisit de préférence, comme une vengeance contre toute la société.

Vendredi 22 juin.

Joséphine nous sert à déjeuner. Rachel est de la Saint-Jean à côté de ce masque de Guanhumara jeune, toute verte, avec des sourires de serpent. Elle a une manière de donner les assiettes et de faire sonner ses talons dans ses pantoufles, d'un peuple qui pousse une mine sous une servitude.

A une promenade que nous faisons, Augusta me dit : « Il ne veut plus la renvoyer. Il me dit qu'il se tuera,... qu'il a une passion pour elle, qu'il ne peut voir un homme s'en approcher sans avoir envie de le tuer... » Qu'elle lui permette de s'en détacher peu à peu... Et sa femme, tombée à ce rôle singulier de confidente de sa passion, apprend de lui qu'il lui a juré de ne point approcher d'autre femme qu'elle.

Un autre jour.

Il consent aujourd'hui à la renvoyer ; mais il la renverra dans un mois et lui fera 2.000 livres de rentes, de manière qu'elle ait dans son village une petite maison, où elle puisse le recevoir des dix et quinze jours.

Chagrins dévorés de la femme qui ne mange plus, ne parle plus, renfonce ses larmes devant la servante, qui en jouit à table et qui éclate de rire dans la cuisine. Scènes tête à tête dans le cabinet... La femme disant : « Ça ne fait rien, il faut qu'elle fasse mes bottines et vide mon pot ! » et se vengeant devant nous par des allusions perpétuelles et des mots de mépris sur le commerce des hommes avec les *torchons*. Puis des désespoirs, des affaissements de volonté : « J'ai envie de me jeter à l'eau ; on dit que c'est la mort la plus douce », tirade qu'elle coupe en finissant : « Il faut que j'aille m'occuper de mon dîner de demain ».

L'autre tantôt furieux, tantôt se bridant, tantôt jouant la comédie du suicide devant elle, en appuyant son vieux poignard rouillé de carbonaro sur le cœur ; puis devant son gendre et Mlle Maire, pour donner le change, chantant mille gaudrioles et la BABET de Béranger, où par ironie de tous les testaments qu'il fait pour cette femme, il chante : « *Je fais mon testament* ».

26 juin.

Hier matin, Augusta monte dans le cabinet de son mari, s'y glisse, chargeant sa fille de la garder, de faire le guet. Léonidas est sorti et est allé chez le banquier. Elle fouille toutes les valeurs, tous les titres. Elle redescend : il y a 4.000 francs de partis. Deux heures après, elle vient nous dire : « Je l'ai encore surprise avec lui. Je l'ai chassée, elle est dans les rues. Elle couche encore ici ce soir, mais demain, demain !... » Et voilà la fin ! L'argent, toujours l'argent ! C'est une question d'argent qui a dénoué le drame.

C'est une chose assez plaisante et assez désespérante tout à la fois, que le grand moyen d'arrangement entre les hommes soit encore la guerre.

Dans un accès de générosité, hier, Léonidas a dit à sa fille, qui regardait une girouette :

« Ma petite Eugénie, je veux te faire un cadeau. Quand tu es dans un pays où il n'y a pas de girouette, tu ne sais pas où est le vent?

— Ma foi non !

— Tu ne sais pas où est le nord... Eh bien, je te ferai voir un de ces soirs l'étoile polaire... Eh bien, tu prendras trois petits piquets, tu les planteras en ligne, bien en ligne, avec cette étoile. En te couchant par terre, tu les aligneras bien juste. Et puis avec un méridien, tu verras comme ça parfaitement où est le nord. Seulement il y a, à ce qu'il paraît, une déclinaison... Mais c'est si peu de chose,... ça ne te fait rien. »

Il a eu un de ses amis, un officier de l'Empire, du nom de Dumoulin, — il serait assez plaisant que ce fut le père de l'homme qui nous a fait poursuivre (1), — lequel se promenait aux Petits Pères, en 1821, pendant les émeutes aux Missions, avec une fille du Palais-Royal, en fumant une pipe d'écume de 1500 francs, que lui avait donnée l'Empereur.

Il me semble voir dans cet homme fumant dans cette grosse pipe impériale, avec cette putain, dans cette église, l'opposition du temps.

Joli et nouveau comique à introduire dans un roman : un sourd-muet qui, avec son gloussement, vous ferait mille questions saugrenues, semblables à celle-ci : « Savez-vous si la demoiselle du comptoir du Restaurant Richard, au Palais-Royal, lorsque j'y ai dîné avec mon père, en 1822, se souvient encore de moi ? »

Ma petite cousine est le type de la fausse distinction, de la distinction de condition sociale, de celle qui ne vient ni de l'esprit ni du cœur ni du tact. Elle est la femme de ce qui est reconnu bon genre, de ce que dans le faux bon monde, on appelle le *chic*. Elle porte des chapeaux de Laure, elle compte faire élever son fils par un ecclésiastique, — et tout le reste de ce qu'elle voit faire, à côté d'elle, aux personnes qu'elle regarde comme supérieures à elle. Horreur des choses réputées inconvenantes, comme le cabaret, une seconde loge, l'omnibus, etc.

Mais jamais en elle cette distinction des gens, qui émane d'eux et n'est pas un reflet, qui est une personnalité d'une race aristocrate, que la femme même soit bourgeoise.

En homme, son idéal serait un homme qui se ferait tous les jours la barbe, ne mettrait que des chapeaux à la campagne et jamais une casquette, un parfait patron d'un journal de modes. Et cela explique parfaitement le succès de l'homme bien mis auprès des femmes, qui sont toutes un peu ma cousine.

(1) Latour-Dumoulin, le directeur général de la presse, qui déclencha en 1853 le procès du PARIS. Cf. t. I, p. 90. Sur les *émeutes aux Missions*, cf. t. I, p. 756 .

Cette petite poupée **est** bien le type de ce temps-ci. L'idéal de la jeune fille n'a jamais été puisé dans le roman. Un mariage qui lui donnât voiture et un homme habillé par Alfred, voilà tout son rêve. Rien d'autre n'a battu dans ses veilles.

Léonidas me conte qu'à une maison de jeu, au 36 de la rue Dauphine, il a vu un homme, après avoir perdu une grosse somme, chiffonner, sous la contraction nerveuse, son chapeau de feutre comme un linge, se moucher dedans et le mettre dans sa poche.

Oui, l'art pour l'art, l'art qui ne prouve rien, la musique des idées, l'harmonie de la phrase, c'est notre foi, notre conscience, c'est à cela que nous portons témoignage... Mais par les deux courants qui battent, sur toutes choses, les convictions de l'homme de bonne foi avec lui-même, il nous arrive des jours où cela nous semble une petite vocation de se vouer à si peu de chose. N'y a-t-il pas un rapetissement à s'isoler du mouvement de son temps, à se délier de l'humanité ambiante, pour polir une phrase, éviter, comme m'écrit Flaubert, les assonances ? Peut-être, être un pur esprit qui ne lit plus le journal, cela est-il une misérable folie...

26 juin.

Il n'y a point de théâtre ici. Ne sachant que faire, à quoi m'intéresser, sans idées à ruminer, je m'en vais au tribunal voir juger, un jour de police correctionnelle.

Une salle blanchie à la chaux, où passe le tuyau d'un poêle, des fenêtres à jalousies. Un Christ sur un mur, qui regarde un Napoléon de plâtre. Il y a, sur le banc, une petite servante de treize ans, une malheureuse enfant, qui gagnait quatre francs par mois chez une femme au visage de proie et que sa maîtresse accuse de vols de liqueurs et de sirops.

La Justice est là. Le Président, — ce Prudhomme érotique que nous avons entendu faire le galantin et le beau diseur avec la marchande de modes d'ici, en diligence, — avec ses lunettes d'or et son carcan de cravate blanche. De chaque côté, deux juges à face plate, à grands favoris noirs. Ici, un jeune substitut replet, qui se renverse, le coude sur son code, avec une désinvolture de blasé à une loge d'Opéra. Là, en face, le greffier qui a l'air d'un diable de Daumier. Puis au bas du tribunal, la face plate et les yeux bordés de jambon de l'huissier, avec son petit manteau noir qui pend à son habit comme une aile cassée de chauve-souris.

La petite fille a tout cela contre elle, et le Christ et l'Empereur. Vraiment, à voir la misérable petite fille, pelotonnée sur son banc et le mouchoir aux yeux, qui a commencé la vie par la mendicité et qui n'a eu nul appui, nul enseignement pour résister aux petits vices de son âge, il vous prend une mélancolie profonde, un appétit involontaire de rébellion, puis un immense doute, puis un vaste dégoût de l'humanité, puis un accès de rire, quand ce Prudhomme de Président, s'adressant au père de l'enfant, un idiot mendiant, lui reproche de ne pas avoir développé « le sens moral » dans son enfant ! A ce mot, le père semble vaguement chercher de l'œil une araignée au plafond. La petite fille en a pour quatre ans de maison de correction, où le frottement la pourrira... Et d'une !

On passe à une affaire d'outrage aux mœurs. Il y a deux petites filles de treize à quatorze ans, avec des yeux de charbon ardent, qui se dandinent et se frottent avec une lasciveté animale contre les bancs. Elles déposent de *sottises* qu'on leur a faites, avec une aisance, une propriété de termes véritablement monstrueuses. Le prévenu est un gros homme, qui veut toujours interrompre, impatient, des épaules de bœuf, qui veut toujours donner *l'opinion de ses idées* et dont l'émotion se traduit par un croissant de transpiration sous les aisselles, sur sa blouse ; se levant à tout moment, agitant derrière son dos ses deux grosses mains de Goliath. Les témoins déposent, des dépositions gluantes, baveuses, impossibles à préciser par le Président, un embrouillamini, qui semble arrangé par Monnier pour un procès de Jean Hiroux !

Le tout se passe en famille. Il y a une interruption d'audience où tout le monde se rapproche. L'huissier offre une prise au prévenu ; les témoins, le brigadier de gendarmerie, le public, le greffier entrent dans le prétoire et se mêlent au groupe. L'avocat discute un plan des lieux avec le brigadier ; le prévenu retouche au plan.

Les témoins s'embrouillent encore, chacun y met du sien ; et nous ne savons ce qu'il arrive, parce qu'il est six heures et que l'avocat, un avocat chafouin, commence une plaidoirie assez intelligente, où il jette au commencement un tableau effrayant

de la démoralisation dans les villages par les obscénités que colpor-
tent les colporteurs, les petites filles s'associant parfois à deux ou
trois pour les acheter, en sorte que comme à celles-ci, le de Sade
leur sort de la bouche comme de source.

Nous songeons à la jolie chose ironique qu'il y aurait à faire
avec un tribunal comme celui-ci et un Président pareil, avec ses
petites prosopopées et sa morale prudhommesque.

La Révolution a tué la noblesse. Elle l'a tuée moins en 1789,
moins même en 1793, par le dépouillement et la guillotine, qu'elle
ne l'a tuée par le déclassement et l'inaction. Sans but, sans carrière
ouverte, que de grandes familles ont absorbé leurs facultés (1)
et se sont éteintes dans la crapule, par cette même pente qui a fait
des officiers en demi-solde, des Bridau sous la Restauration !

Ainsi, ici, les Mesgrigny, dont le déclin commença, il est
vrai, avant la Révolution, par l'ambition d'être grands maîtres de
l'ordre de Malte, qui les força à *tenir galère* pendant trois ans,
c'est-à-dire à tenir table ouverte à tous voyageurs, avec une dépense
première de 300.000 francs d'argenterie.

Le dernier rejeton de cette famille, maintenant — par les
orgies, par le vin de cabaret — sans voix, sans pensées, n'a plus
que des gestes et des fébrilités de main pour reconnaître les gens
qu'il a connus. Cet homme, après avoir usé du plus vieux et du
plus cher, n'a plus trouvé de goût qu'au petit vin et à l'eau-de-vie
de marc du cabaret de la Galand !

A son contact, — au contact de ce mari qui devant trente
personnes, les hôtes de son château, disait : « Eugénie, allons
nous coucher » et derrière, faisant du bras un geste obscène :
« Quel saucisson de Lyon je vais lui fourrer ! » — sa femme, une
Boissancourt, tombée d'abord aux bras de ses hommes d'affaires,
est tombée plus bas, aux domestiques, aux valets de ferme, avec
lesquels elle fait tablée dans sa cuisine, sur un reste d'opulence,
un peu de vaisselle plate échappée, tandis que le mari, au cabaret
de son village, dit à ceux qui viennent le trouver : « Tu déjeunes
avec moi ? Il est midi, je n'ai pas encore déjeuné. J'ai tiré ce matin
six coups à la Galand... » Elle est là. « Ma foi, j'ai redormi jusqu'à
maintenant. »

(1) Texte incertain, on croit lire : *la faculté* ou *la façade*.

On m'a conté aussi cette scène si colorée avec son frère de lait, qui lui faisait ses litanies :

« Je suis bien malheureux, monsieur de Mesgrigny... Vous, vous serez toujours riche, toujours dans des châteaux. Moi, je n'avais que 10.000 francs, je les ai perdus.

— Bois, cochon !

— Je n'ai plus rien.

— Bois, cochon ! ou je te fous la bouteille sur la figure. »

Et ainsi de suite... Et encore cette scène avec son curé :

« Qu'est-ce que tu viens foutre, curé ?

— Mais, monsieur de Mesgrigny...

— Veux-tu foutre le camp ou je te fais enculer par mes chiens ! »

Un songe, qui vous donne la possession d'une femme indifférente, vous laisse pendant quelques heures au réveil le sentiment de reconnaissance et comme une ombre d'amour pour elle.

Qu'était-ce, les abbayes ? C'étaient les cercles, les centres sociaux de célibataires, dans les temps de brutalité et de barbarie.

« Malheur aux productions de l'art dont toute la beauté n'est que pour les artistes ! » Voilà une des plus grandes sottises qu'on puisse dire : elle est de d'Alembert (1).

10 juillet.

Nous revoici à Paris, dans notre centre et dans notre intérieur. Pourquoi y a-t-il, au moins pour nous, quelque chose de triste dans le retour ? C'est peut-être la déception de trouver tout comme on l'a laissé, de reprendre sa vie au même point. Point de surprise.

Dans notre vie, qui est toute d'attente, d'espérances, d'impatiences, on pense toujours, après avoir laissé amasser l'imprévu

---

(1) Nous n'avons pu localiser la citation. A. Cassagne la mentionne, sans autre référence que celle du Journal (cf. La Théorie de l'art pour l'art..., 1906, p. 213) Au reste, c'est un des thèmes de d'Alembert, dont Condorcet dit : « Dans les différents travaux de l'esprit, il proscrivait avec sévérité tout ce qui ne tendait pas à la découverte de vérités positives, tout ce qui n'était pas d'une utilité immédiate. » (D'Alembert..., in Œuvres de d'Alembert, 1853, p. 39).

pendant une absence, trouver au débotté le je ne sais quoi, cacheté, que l'on n'attend pas, que l'on rêve. Mais rien... Au dehors même, rien de nouveau, qui amuse l'œil. Les étalages sont des rabâchages : les mêmes gravures, les mêmes objets sur le quai. Jusqu'aux dépêches télégraphiques des journaux qui se répètent. Il me semble que la satiété qui est en moi est aussi autour de moi. Garibaldi est déjà une vieille blague pour Paris (1). J'essaye de prendre le vent des idées : il n'y a point de vent. L'atmosphère morale me paraît faite de coton et d'huile.

12 juillet.

Les maux de foie recommencent, me jettent aux bains, au lit, aux purgations. Dans leurs trêves, nous allons çà et là, prenant langue. Nos MAITRESSES marchent bien, à ce qu'il paraît, c'est un succès. Cela nous laisse froids, comme si cela arrivait au livre d'un autre.

Et puis nous tombons dans les grandes nouvelles des maniaques. A la Bibliothèque, on nous dit : « On a vendu un catalogue du XVIIIe siècle à telle vente, tel prix... » Nous tombons sur Ménétrier dans la rue : « Grande trouvaille ! J'ai fait venir d'Allemagne de vieilles pièces anglaises traduites par Tieck, attribuées à Shakespeare : elles n'en sont pas ! » Et puis c'est Burty qui accourt à nous : « Connaissez-vous Babault ? Un certain Babault dont, à ce qu'on dit, Paignon-Dijonval avait quelque chose ? J'en ai découvert un dessin... Mantz a retrouvé son nom à grand'peine... »

Tous ces gens paraissent convaincus que cela m'importe et que cela seul m'importe : ils me font l'effet de gens qui regardent des fourmis au microscope. Eh! que m'importent Babault et ce bouquin ? Je voudrais qu'ils me parlassent... De quoi? Je ne sais, pas même de moi...

Je vais à une grande exposition de tableaux et dessins du XVIIIe siècle, une tribune de l'art que j'aime (2). A peine si je

(1) Cf. t. I, p. 775, n. 3.

(2) Les Goncourt avaient prêté des dessins de leur collection et allaient consacrer, dans LE TEMPS, ILLUSTRATEUR UNIVERSEL, entre le 29 juillet et le 4 octobre, quatre articles à la seconde *Exposition de tableaux et dessins de l'Ecole française, principalement du XVIIIe siècle*, tirés de collections d'amateurs et exposés au profit de la Caisse de secours des artistes. L'exposition avait été organisée boulevard des Italiens, salle Martinet, et c'est Philippe Burty qui en avait établi le catalogue.

reconnais les tableaux que j'ai déjà vus et que j'ai aimés. Les maîtres qui me charmaient, je cherche leur charme. Peut-être que tout cela, la séduction d'une œuvre d'art, est en nous-mêmes et comme dans l'humeur du moment de notre œil. Les paroles qu'on me dit me paraissent grises. Il me semble que j'ai vu au soleil d'autres rayons plus vifs, plus gais. Je suis dans un de ces jours où l'on voudrait être ailleurs, quelque part, bien loin d'où l'on est. Si un peuple était pris de cette prostration et de ce vide de la tête, il ferait une révolution, le soir même, pour s'intéresser à ce qu'il casserait ou guillotinerait.

Je tombe sur un FIGARO, où Guizot écrit à Jouvin. Décidément, nous sommes mûrs pour la popularité de Rigolboche (1).

15 juillet.

Théodore Barrière, à qui nous avons envoyé notre pièce, LA GUERRE DES LETTRES, et notre livre, LES HOMMES DE LETTRES, vient nous voir. C'est un brun, avec une toute petite tête, qui a l'air d'un calicot rageur. Nous dit que rien ne lui est plus dur que de travailler, que s'il avait six mille livres de rente, il ne ferait plus rien, qu'il a des désespoirs au milieu de ses pièces, qu'il croit qu'il ne va plus rien trouver... Nous parle de trois ou quatre pièces qu'il a sur le feu, absolument comme un entrepreneur parlerait de maisons en construction.

Pour notre pièce, nous dit qu'il n'a pas lu le livre à ce point de vue-là, mais qu'il va chercher s'il y a une pièce dans le livre. Nous prévient que s'il la fait, il ne la signera pas... Décidément, ce livre est un acte héroïque, dont tout le monde se sauve.

Le soir, dîner à Montmorency, chez Lia Félix, dans une des villas possédées par le père Félix, le marquis de Carabas de l'endroit. Un singulier pays, un pays de Buvat millionnaires :

(1) Jouvin ayant écrit, dans le FIGARO du 5 juillet, un article élogieux sur le troisième volume des MÉMOIRES de Guizot, celui-ci le remercie, le 8, en termes presque émus : « ...Vous êtes maintenant du petit nombre des hommes de qui j'ai à cœur d'être tout à fait connu. » De sorte que dans le FIGARO du 12, la prose de l'austère ministre de Louis-Philippe voisinait avec les calembredaines de Villemessant, symptôme de cette faillite du sérieux, qui faisait, dans le même temps, le succès de Rigolboche (cf. plus loin p. 775, n. 3).

des parcs grands comme des mouchoirs, des jardins qui ont l'air de sortir d'une boîte de joujoux, des maisons qui ont toujours le nez à la fenêtre sur la route et où l'on peut cracher de la route dans la soupe ; en un mot, des Folies-Prudhomme d'agents de change en exercice ou de quincailliers retirés.

Vague bruit d'une déconfiture de Solar et à ce propos, ce fameux mot de lui, achetant chez Bourguignon une parure fausse de 1500 francs à sa maîtresse, Pierson, du Vaudeville, et lui disant : « Tu peux porter ça... On sait que tu es ma maîtresse, tout le monde croira que c'est du vrai »... Joli trait de la Pierson mère et fille, dans les premiers jours de leur voiture, reconduisant la petite Dinah... à une station d'omnibus, pour ne pas l'user !

Peut-être que rien n'existe absolument. La nature, les eaux, les arbres, un paysage, tout cela est vu par l'homme et n'existe pour lui que selon son humeur, sa disposition. Il y a des jours de soleil, qui semblent gris à l'âme, et des ciels gris, que l'on se rappelle comme les plus gais du monde. La beauté de la femme, cela dépend de l'amour. Le vin, sa bonté dépend du moment, du lieu où vous le buvez, s'il vous est servi au premier ou au dernier service, après des fraises ou du fromage.

Le suffrage universel, qui est le droit divin du nombre, est une énorme diminution des droits de l'intelligence. C'est, sans qu'on s'en doute, le retour à l'état primitif des sociétés qui, depuis qu'elles marchent, ont toujours marché vers l'influence toujours plus grande de l'intelligence. Le cens, qui semblait le contraire absolu de l'intelligence dans le système de Louis-Philippe, lui était bien moins contraire, les classes riches étant d'ordinaire les classes éclairées ou du moins éduquées.

Nous causons de l'avenir et de la carte future des influences des nations. A quel peuple appartient l'avenir ? Sans doute à la France, à Paris, qui sera la Rome du XXe siècle, parce que nous sommes marqués du caractère des grands peuples : nous sommes un peuple guerrier, littéraire, artiste.

Toute la différence de la littérature de 1830, la littérature des Balzac, des Hugo, etc., à la littérature de 1860, la littérature des

Achard, des Feuillet et des About, c'est que celle-là montait le public à elle et que celle-ci descend au public.

Par ce qui me revient de droite et de gauche sur la génération d'enfants qui s'élèvent, d'enfants des classes pauvres, je suis effrayé de l'apport de désorganisation et des éléments de dissolution, qu'ils apporteront à la société. L'enfant de ma maîtresse vient de quitter la maison de commerce où elle l'avait mis, en lui disant qu'il ne voulait plus de cet état-là, que c'était un état où « on ne parlait jamais de vous » (1). Voilà les appétits nouveaux, furieux, avec lesquels il faudra que l'avenir compte. La lecture, développée en ce siècle plus que jamais chez l'enfant, lui a ainsi surexcité le sens imaginatif en le détournant de la vie pratique, en lui montrant des horizons trompeurs, en le poussant à de fausses

(1) Texte Ms. : *où elle l'avait mise*. Mais la phrase se poursuit au masculin; d'ailleurs, la profession commerciale, la soif de notoriété font songer à un garçon plutôt qu'à une fille. Or, si le JOURNAL parle bien d'une fille de Maria le 26 nov. 1861, s'il est longuement question d'elle dans un cahier de préparation de LA FILLE ÉLISA, nulle trace d'un fils actuellement vivant de Maria. Celle-ci, bien au contraire, écrivait à Jules en mai 1860: « Je n'ai eu qu'un fils et il s'est moisi sur une armoire » (t. I, p. 746), — ce qui laisse supposer une fausse-couche et un fœtus mâle, conservé dans du formol. D'autre part, on notait un pluriel curieux, le 24 janv. 1860 : « Nous croyons être les seuls qui ... ayant un livre paru, n'en avons pas même dit le titre à nos maîtresses. » (t. I, p. 690) Cela contredit la « collaboration » entre les deux frères, acceptée par Maria le 23 juin 1858 (t. I, p. 488). Y a-t-il maintenant deux femmes dans la vie d'Edmond et de Jules?

Première hypothèse : la rupture entre Jules et Maria, mentionnée dans la note de mai 1860, à propos de la lettre de Maria, a amené Jules à prendre une autre maîtresse, qui aurait un fils. Mais Maria reparaît dans la vie de Jules dès octobre 1860 : il décrit alors, comme il l'avait fait en 1858, son torse flamand et ses jambes de statue de la Renaissance (t. I, p. 819; cf. t. I, p. 477). Par la suite, dans de multiples passages, Jules continue à en parler comme de sa maîtresse; c'est elle qu'il appellera dans son agonie, le 19 juin 1870; en revanche, elle sort de la vie d'Edmond après la mort de Jules. Donc, l'hypothèse d'une « remplaçante » de Maria ne tient guère.

Seconde hypothèse : Jules a repris très vite ses relations avec Maria; mais Edmond s'était lassé de la « collaboration » et avait une liaison personnelle : c'est lui qui parlerait ici de sa maîtresse. Peu importe que le passage soit de la main de Jules : d'autres exemples montrent qu'à l'occasion, il rédige lui-même et à la première personne des passages où il s'agit d'Edmond (cf. la note sur Mme Marcille du 23 avr. 1868). Ce qui nous fait hésiter, c'est que ni avant ni après la mort de Jules, on ne voit revenir cette hypothétique maîtresse d'Edmond; nous n'osons non plus trop faire fond sur le pluriel du 24 janv. 1860 : la tournure générale que Jules donne à sa pensée a pu entraîner un pluriel purement grammatical. L'existence d'une maîtresse personnelle d'Edmond n'est donc ni confirmée ni exclue.

vocations, en lui préparant des déceptions, qui l'armeront contre ce qui sera.

Le journaliste ne peut avoir, dans un article, la conscience qu'un écrivain a eue dans un livre. Il y a, dans l'esprit de tout homme tenant une plume, une pente à mépriser le public qui vous lira demain et à respecter le public qui vous lira dans un an.

On se figure que toutes les choses sérieuses de ce monde se font sérieusement. C'est une grande crédulité. Je vais dans ce moment au TEMPS ; je vois lancer une affaire où il y a 200.000 francs d'engagés, et les bras me tombent de voir l'incurie, l'inintelligence, les distractions, la légèreté avec laquelle tout cela se brasse (1). Voilà des gens qui veulent faire une concurrence et ils arrivent sans une idée, sans un plan, sans une résolution. Ils ne savent pas ce qu'ils veulent, ils ne se doutent pas de ce qui se passe. Ils veulent faire de l'actualité et ils ne s'aperçoivent pas de l'éclipse, qui fait noir dans les bureaux en plein midi...

Gavarni est sublime au milieu de cela. Il laisse tout faire et il regarde tout avec une indifférence majestueuse. Il semble là absolument pour regarder les bois.

Le rédacteur, c'est Busoni, dont le grand talent, nous dit Gavarni, est de connaître tout le monde. C'est un petit vieux tout frêle, tout grêle, qui ressemble à un donneur d'eau bénite oublié depuis 1789 à la porte d'une église de province.

Nous sommes vraiment étonnés de tous les merveilleux dessinateurs ignorés et complètement dissimulés par la gravure, qu'il y a en ce moment à Paris ; des espèces d'hommes à tournure d'ouvrier, dont je n'ai jamais entendu le nom, apportant des dessins, des croquis, qui ont presque l'élégance des Eisen et des

(1) Ce TEMPS, ILLUSTRATEUR UNIVERSEL n'a rien de commun avec le journal d'Hébrard. C'est un périodique illustré d'actualités, fondé par Alphonse Dulong, avec Philippe Busoni comme rédacteur en chef et Gavarni pour la partie artistique, et qui tente de concurrencer L'ILLUSTRATION. Il vécut seulement du 1er juin au 11 novembre 1860. Les Goncourt y parlent de l'Exposition du boulevard des Italiens (29 juillet-4 octobre), de Decamps (2 septembre) et y commentent L'IVRESSE DE SILÈNE de Daumier (8 juillet).

Gravelot, — et l'autre jour, un nommé ou plutôt un innommé Metz a apporté un dessin d'un esprit, d'une furie, d'une science de dessin, d'un mouvement ou d'un heurt de lignes stupéfiants. Tout cela sort on ne sait d'où, vient tout droit de son génie, d'une vocation vraie ; nul ne sort d'école, d'académie, de tout ce qui déforme un talent comme un corset.

Les maçons qui travaillent au château de mon oncle gagnent 5 francs 75 centimes par jour. Mais ces gens-là sont le peuple : le gouvernement fera toujours pour eux, les déclamateurs bâtiront toujours des utopies sur leurs misères. Ils ne penseront jamais à la classe des petits employés et des petits rentiers, à ces malheureux qui ont une position à soutenir, un fils à envoyer à un collège, une robe décente à donner à leur femme, un dîner convenable à rendre, besoin d'un habit de gala et de gants pour aller dans le monde. Jamais, sur ceux-là, on ne s'apitoiera, jamais on ne s'en occupera. Et cependant, peut-être, ne sommes-nous pas loin, avec la hausse des salaires et des objets de première et de seconde nécessité, d'un temps où entre des banquiers crevant d'argent et des ouvriers pleins d'argent de poche, il y aura une classe moyenne, une bourgeoisie crevant de détresse et de misère.

Décidément, la femme est un animal religieux et bourgeois.

On m'a conté, ces jours-ci, la façon dont le gouvernement achète les savants. Cela n'est pas long. Je m'étais laissé dire que pour corrompre les hommes, il fallait des tâtonnements, des ménagements, un abouchement par des tiers, enfin un peu de temps et quelques façons.

L'Empereur mande M. Renan, lui dit qu'il suit ses travaux avec intérêt, lui demande s'il ne désirerait pas voir les peuples et les lieux dont il parle dans ses livres, la Syrie, la Palestine. Renan répond que si, mais qu'il n'a pas d'argent pour faire un pareil voyage : « Combien voulez-vous ? » lui demande l'Empereur. L'autre répond, comme les ouvreuses de théâtre :

« Je ne sais pas, ce sera ce que vous voudrez.

— Mais je veux que ce soit vous qui fixiez la somme. Vous devez savoir à peu près...

— Eh ! il me semble que 25.000 francs... » (1)

Et d'un !... L'autre, c'est un M. Léon Renier, républicain foncé, que l'Empereur envoie faire un voyage en Italie, sous prétexte de lui faire étudier la vie de César, qu'il prétend calomnié... Et de deux !

Il y a des choses étranges, un grain de folie dans la tête de cet homme. A ce Renier, il parle d'une chose qu'il ne comprend pas dans la vie de César : le transport de ses troupes en Angleterre par des trirèmes. Puis il va à la Bibliothèque en bourgeois, se fait montrer une médaille de César : au revers, il y a une trirème. Demande des explications sur la trirème, fait venir le spécialiste nautique Jal, se fait réexpliquer la trirème, dit qu'il ne comprend pas bien et commande une trirème à Jal pour voir... Voilà comment se traduit chez ce maniaque l'idée d'une descente en Angleterre.

Dimanche 29 juillet.

Dîner chez Lia avec Saint-Victor, Dinah et Mme Mercier, danseuse de l'Opéra et maîtresse de M. Daru, ami de l'amant de Dinah, M. Delahante. Il pleut. On profite d'une embellie pour faire le tour de ce mouchoir appelé le potager, égrapper des grains de cassis, regarder les canards qui s'effraient. Puis l'idée d'une grande distraction surgit : Dinah, prenant un panier, fait la cueillette des limaçons pour les canards, et tout le monde lui apporte ses trouvailles, — jeux d'enfant et de famille.

Arrive Claudin fulgurant de métaphores, parlant de « brouettées d'anges » qu'une femme a dans la gorge : il donnerait le tétanos à Boileau !

Comme je verse à boire à ma voisine, la Mercier, et ne lui verse qu'un demi-verre de vin et que je suis étonné qu'elle laisse son verre et ne dise pas : « Assez », Lia me dit : « Ah ! il faut que je vous prévienne des habitudes de Madame : elle ne boit que du vin. » Et moi de verser ! Elle a déjà fumé un londrès avant dîner.

(1) Cf. Jean Pommier, RENAN, 1923, p. 119 sq., sur la « conversion » de Renan à l'Empire libéral, que suppose cette mission de Syrie, proposée en mai 1860. D'octobre 1860 à octobre 1861, Renan fouillera la Byblos phénicienne, parcourra la Judée, commencera la VIE DE JÉSUS, manquera mourir des fièvres et perdra sa sœur Henriette à Amschit.

C'est une femme blanche, éblouissante, belle comme un rayon et une pêche. Une robe noire décolletée en carré, une résille de soie rouge sur ses cheveux d'or, une coquetterie de chatte qui fait le ronron, une provocation de la paresseuse, la souplesse latente d'une femme rompue à la danse, la distinction d'une femme de bordel très bien élevée et le genre d'une panthère au repos. Elle m'a mordu le coude sur ma redingote, un moment, on ne sait pourquoi : une lasciveté d'animal, sans parole.

Comme esprit, elle nous apporte l'écho de l'esprit des soupers et du monde des jeunes gens *bien* du moment, le CHANT DU RÉVEIL de nos Incroyables : BADINGUETTE, une chanson contre l'Impératrice, assez vivement tournée et qui semble faite pour être chantée à des fils de Pritchardistes et de Ventrus par une fille un peu débraillée et qui lance le refrain avec la fumée de sa cigarette (1).

Cette fille dodue, au parler doux, a de l'amazone dans le sang. Elle conduit elle-même sa voiture, elle boit le *sacré chien* sans grimace, elle fume, elle ferait, en un mot, une excellente mère de famille de grooms.

Pour le THÉÂTRE, faire une tirade d'un monsieur à une femme, lui représentant tout ce qu'il y a d'insensé dans un engagement à cause d'un coup tiré et la folie de faire de cela autre chose qu'un caprice, — par exemple, reconnaître un enfant fait après deux bouteilles de Champagne! (2)

Il pleut des petits livres, des *Rigolbochades*, tolérées, autorisées, encouragées par le gouvernement, qui se garde bien de les poursuivre. Il réserve la police correctionnelle pour les gens comme Flaubert et comme nous. Je viens d'en lire un, intitulé CES DAMES, où le mot *miché* est imprimé en toutes lettres, ce qui peut donner

(1) Les *Pritchardistes* étaient les députés favorables à Louis-Philippe et à Guizot, partisans de la paix à tout prix, qui votèrent en 1845 une indemnité au missionnaire et commerçant anglais Pritchard : celui-ci, consul d'Angleterre à Tahiti, ayant excité la reine Pomaré IV à résister à l'instauration du protectorat français, vit son magasin détruit et fut lui-même expulsé par les marins français. Les *Ventrus*, c'étaient, toujours sous Louis-Philippe, les députés du Centre, ainsi surnommés parce qu'ils accaparaient les places et dînaient chez les ministres.

(2) LE THÉÂTRE, autre titre, parallèle à celui des ACTRICES (cf. t. I, p. 665), pour le projet de roman qui aboutira à LA FAUSTIN.

l'idée du reste ! (1) La littérature pornographique va bien à un Bas-Empire, elle le sert. Je me suis rappelé un couplet intercalé dans le Juif Errant par M. Mocquard, que j'ai entendu l'autre soir à l'Ambigu : le sens en était qu'il ne fallait plus faire de politique, mais s'amuser, gaudrioler et jouir (2). On dompte les peuples comme les lions, par la masturbation. Je ne sais vraiment, en ce moment, qui occupe le plus Paris, de Rigolboche, de Garibaldi ou de Léotard (3).

Jeudi 9 août.

Nous revenons de Croissy pour la première de l'Africain, de notre ami Charles Edmond (4). Nous sommes dans la

(1) Ces Dames ! *Physionomies parisiennes, ornées de portraits photographiques par Petit et Trinquard*, pet. in-32, Noblet, août 1860. Une des rééditions précise le nom des bénéficiaires de cette obligeante réclame : *Portraits de Malakoff, de Zouzou, de Risette...*

(2) Il s'agit d'une des innombrables reprises du drame qu'Eugène Sue avait tiré de son roman et qui avait été créé à l'Ambigu le 23 juin 1849.

(3) Le rapprochement de Rigolboche et de Garibaldi dans la renommée populaire n'est pas une fantaisie des Goncourt, comme en témoigne le titre d'une brochure anonyme publiée chez Dentu en 1860, Rigolboche et Garibaldi. — Rigolboche, qui s'appelait Marguerite Bédel, venue de Lorraine chercher fortune à Paris, était déjà connue comme danseuse de bals publics sous le surnom de *Marguerite la Huguenote*, lorsqu'en 1858 ou 1859, au Prado, s'étant écriée, paraît-il, devant une bataille de femmes, qu'on voulait arrêter : « Laissez donc, c'est plus *rigolboche* », elle en reçut son surnom définitif. Sa vogue commence surtout dans l'été 1859 : elle figure alors dans un spectacle des Délassements-Comiques; puis elle paraît comme danseuse attitrée à la salle Markowski et au Casino Cadet. En 1860, elle entre dans la gloire avec ses Mémoires apocryphes, rédigés en fait par Ernest Blum et Louis Huart et qui provoquent le vaudeville de Grangé et Lambert-Thiboust, Les Mémoires de Mimi Bamboche, joué au Palais-Royal le 20 juillet 1860. Sa renommée pâlit dès la fin de l'hiver 1860; en mars 1866, elle était assez oubliée pour qu'on annonçât, à tort, sa mort et son inhumation dans la fosse commune, alors qu'elle vivra encore en 1890 : ce sera, à cette époque, une'digne vieille dame tenant un hôtel meublé sur la Côte d'Azur. — Quant à Garibaldi, débarqué avec les Mille en Sicile, à Marsala, le 12 mars 1860, il est maître de l'île dès juillet, entre à Naples le 7 septembre et avec l'aide d'une armée piémontaise, il bouscule les troupes du roi de Naples François II au Garigliano; après le plébiscite du 21 octobre, qui sanctionne la réunion des Deux-Siciles au royaume d'Italie sous Victor-Emmanuel II, il accueille celui-ci à Naples le 7 novembre, puis, mécontent, se retire à Caprera. — Enfin Léotard, « l'homme volant » : ses exploits au trapèze font courir Paris en 1860 au Cirque de l'Impératrice.

(4) L'Africain, comédie en 4 actes de Charles Edmond, est créé le 9 août au Théâtre-Français.

baignoire de Gisette, plus blanche que sa robe de mousseline, qui applaudit, à faire craquer ses gants, l'avenir du pot-au-feu du ménage.

C'est un grand succès, dont nous sommes très heureux ; mais un de ces succès comme la Fiammina, un de ces succès dans lesquels le public ne salue pas un talent, mais une pièce qui l'amuse. Les grands succès au théâtre, dans ce moment, ont cela de très singulier, qu'ils n'attestent point une personnalité. Laya, Uchard et Charles Edmond ont réussi avec des œuvres qu'on pourrait dire impersonnelles et que chacun des trois pourrait avoir signées. Cela a l'air fait par tout le monde, et les mauvaises langues disent aussi que c'est un peu fait comme cela. Rien de propre à l'auteur, comme dans toute œuvre littéraire, pièce ou livre.

Il y a des gens comme notre cousin (1), dont toutes les idées sont bêtes, arriérées, des idées de vieillard, de bourgeois absurde, maniaque, des rengaines, des préjugés, des naïvetés, — lesquelles gens, lorsqu'ils racontent quelque chose qu'ils ont vu, font preuve d'observation, ont le tact des nuances, rendent le moment et la couleur de la silhouette ou de la scène qu'ils vous dessinent : ils pensent faux et ils voient vrai.

Il nous racontait, l'autre soir, sa visite avec Édouard chez un grand marchand de modes de femmes, un nommé Antony, rue Saint-Honoré, presque en face les *Montagnes Russes*. C'est un brun, fort bel et joli homme, habillé sévèrement ; un salon sévère, un salon de Chine. Il appelle Mlle Judith, une de ses demoiselles et, sur ses épaules, démontre la grâce d'un mantelet en disant : « Ce petit chef-d'œuvre-là, Monsieur, c'est quatre cent francs. » Et quand il a affaire à une femme, armé d'une petite règle d'ébène, avec des gestes de retraite et de fuite, de tentation de saint Antoine, il effleure à peine le mantelet de la femme aux endroits à retoucher, tandis qu'une demoiselle dessine à la craie les retouches. Et ce sont des mots qui ne sont qu'à lui : « Taille svelte, aristocratie dans la taille, vous m'appartenez ! » Ou encore, quand une femme ne veut mettre que trois cents francs à un mantelet : « Trois cents francs ! Mais, Madame, vous détruisez votre taille ! »

(1) Alphonse de Courmont.

Au bureau du journal LE TEMPS (1).

Les trois hommes de fondation, c'est un nommé Dulong, un peintre manqué, élève d'Horace Vernet et fils du Dulong tué en duel par Bugeaud (2), un homme aux cheveux blancs en tignasse à l'escalade, à la figure plus jeune que ses cheveux, l'œil vif, une physionomie de chat ; puis le factotum du journal, Morère, avec sa tête de vieil Espagnol, bonne et loyale; et enfin Busoni, un petit vieillard échappé d'un bocal d'esprit de vin et qui ressemble à Bouffé dans un rôle de vieillard.

Dulong, la pipe en bois aux dents, assis autour de la table, reste plongé dans une sorte d'immobilité morne, tandis que Morère, toujours allant, virant, tournant, — avec toujours l'air de faire quelque chose, — semble faire le manège autour de lui. Il ne manque à Dulong qu'une chambrière. Quant à Busoni, sa manie est de vous entraîner dans les coins pour critiquer un bois, un dessin de jambes ou élever une discussion sur une question d'art, — critiques et discussions stupides, qu'il termine invariablement par : « Moi, au reste, je n'y connais rien ».

Daumier présente à Gavarni Pigal, un de ces vieux grognards de la caricature, sans aucun talent, comme Traviès (3). Figure de rustaud de province, non pas mélancolique, mais rageur de l'oubli qu'on fait de lui.

Quant à Daumier, que nous voyons pour la première fois, ce sont de longs cheveux blancs rejetés derrière l'oreille, un peu à la Béranger, une figure pleine et blanche, deux petits yeux très noirs, un petit nez en pomme de terre, un gros homme, une voix pointue et rien de bon ni d'ouvert dans la physionomie.

Penser qu'il y a de ces métiers-là à Paris : un homme apporte au bureau des rébus, — dont le métier est d'être fournisseur de rébus des manufactures d'assiettes en faïence !

(1) Cf. t. I, p. 767, n. 2.

(2) Comme le général Bugeaud, le 25 janvier 1834, prônait à la Chambre le devoir militaire d'obéissance passive, le député de l'Eure, François-Charles Dulong, lui rappela le rôle de geôlier de la duchesse de Berry, qu'il avait accepté de jouer à Blaye en 1832. L'incident semblait s'apaiser, quand une note ministérielle le présenta d'une manière si injurieuse pour Dulong que celui-ci ne put que se battre : Bugeaud le tua d'une balle au front, le 29 janvier 1834.

(3) Add. éd. : *présente...*

JOURNAL

Une bête assez singulière que mon individu : attendre un plaisir est ce qu'il y a pour moi de plus agréable. C'est peut-être le seul plaisir que j'aurai eu dans ma vie.

Dîner à Bellevue (1), pour la célébration de la croix de Saint-Victor. Le héros de la fête est radieux. Il a cette belle joie intérieure, inconsciente et à effusion, qui le fait se jeter dans les bras de tous les gens et lui fait chanter des ponts-neufs.

Flaubert arrive de Rouen au milieu du dîner. Crémieux se lève au dessert et fait un long discours en Prudhomme, qui se termine par : « Messieurs, espérons que cette croix est le premier rognon de la brochette ! »

Au fond de cette fête, une certaine tristesse se dégageant de la tristesse des maîtres de la maison. Pauvres gens et que je les plains, et le vilain métier que le nôtre ! Deux ans de tribulations, d'émotions, d'incertitudes, — et après une première superbe et semblant annoncer cent représentations, après un *chorus* laudatif de toute la critique et tous les rêves qu'on avait le droit de faire, maigre recette de deux mille et quelques cents francs... C'est le pot au lait de Perrette, qui se casse dans le ménage !

En revenant, c'est un salmis de conversations. On parle d'une actrice du Cirque, qui vient de dire : « Merde » au nez du public, — de la femme de chambre de Mme de Tourbey, qui a envoyé une circulaire à tous les gens qui dînaient chez elle, pour leur apprendre qu'elle est en chambre et qu'elle leur dira pourquoi elle a quitté Madame, — des révélations faites en prison à des moutons par Joannon, que quand il avait sur lui le sang chaud de la veuve Gayet, il avait tiré un coup comme jamais il n'en avait tiré, et par Chrétien, que la petite Gayet s'étant rétrécie, il avait fallu casser une chaise, pour lui introduire les bâtons, — enfin de la lettre de rupture écrite par la Lagier à de Courcy, ainsi terminée : « Vous n'êtes qu'un poseur greffé sur la peau d'un mauvais drôle ! » Un pudding de causeries à donner la fièvre cérébrale au bourgeois qui était dans le wagon.

(1) **Chez Charles Edmond.**

Nous trouvons en chemin de fer Saint-Victor, qui nous conte son entrevue de remerciements avec Rouland, Rouland affectant de grands désirs de protection des lettres, se lamentant de n'avoir que 15.000 francs pour les missions et disant que dans son discours à la Sorbonne, il a cherché à tirer un coup de canon de détresse : « Mais que voulez-vous ? quand on est comme l'Empereur, quand on roule la paix et la guerre... » (1)

Nous retrouvons chez Lia la Mercier, une sorte de petit modèle de Pasiphaé, une femme comme dormante ; des regards cochons, qui s'éveillent là dedans, ou quelque jeu, comme une chiquenaude, tout à coup, sans raison et comme sans but. C'est une femme qui a toujours l'air de digérer un désir. Singulière femme, — aussi singulière qu'une femme. Résolue, sans superstition, conduisant elle-même et n'osant sortir seule, entrer dans un magasin et faisant prendre ses billets par sa femme de chambre au chemin de fer.

Quant à Dinah, ôtez le visage, tout le reste — depuis les mains jusqu'aux pieds, le petit col, la toilette, la taille, la façon de prendre un pain, des ciseaux, de parler, de se taire, de rire, de se moquer est le portrait vivant et frappant de Blanche. Et ce serait pour moi un grand étonnement, si elle ne lui ressemblait pas presque autant au moral. Les ressemblances de visages sont de peu, je crois, dans les ressemblances de caractères ; mais je crois très fort aux analogies morales, quand les ressemblances physiques sont des ressemblances d'air, de gestes, de maintien, de toutes les formes que l'intérieur projette à l'extérieur d'une femme.

Elle se plaint de migraines, de névralgies, qui sont si violentes qu'elle ne voit plus que la moitié des choses : « Cela doit bien diminuer l'amour ! » Et tous de rire... Et le dîner fut fort gai.

(1) Le Concours général des lycées et collèges de 1860 s'était déjà signalé par le scandale du jeune Jacques Richard, commettant de très beaux vers contre la mémoire du roi Jérôme (voir la note du 25 août 1862). Et voici qu'à la distribution des prix, le 9 août, le ministre de l'Instruction publique et des Cultes, Rouland, prononce un discours insolite, réclamant des traitements décents pour le personnel enseignant et des crédits pour les facultés et les bibliothèques.

Après le dîner, Saint-Victor, comme pour se venger de la prose et du succès de Séjour, s'amuse à faire réciter à Lia des tirades de Séjour en lui pinçant le nez.

22 août.

Dans le chemin d'Auteuil, nous reconnaissons, d'après son portrait photographié, Édouard Delessert. Il nous parle de ses photographies et d'un omnibus, qu'il a fait construire pour promener un appareil en province, qui l'a fait prendre à Vitré pour un arracheur de dents, — un succès qu'il ambitionnait depuis longtemps. Il nous cite ce joli mot d'un paysan breton, qu'il voulait photographier : « Mais ça ne vous fera pas de mal! — Ça ne fera pas de *bé* non plus! »

Nous allons avec Gavarni visiter la manufacture de Sèvres. Jamais escamotage, sortilège, miracle pareil à celui de cet ouvrier prenant une boule de kaolin devant nous et, sur l'assiette du tour, la faisant monter, grandir, descendre, disparaître en mille formes tour à tour naissantes et mourantes, en mille métamorphoses d'apparence d'une seconde, vase, tasse, cornet, saladier ; et les moulures naissant sous l'attouchement de ses doigts, puis brisées, renaissantes et brisées encore, rien qu'avec ses deux mains. C'est peut-être encore plus merveilleux, quand après avoir rempli de kaolin liquide à une fontaine le moule de plâtre d'une tasse et avoir rejeté tout le liquide, il vous tend le moule, où la tasse *coquille d'œuf* n'a qu'à sécher pour être faite.

Un Musée... ô honte ! Rien du Sèvres dont Mme de Pompadour fut la marraine, pas une pièce bleu de roi! Pas un bel échantillon XVIIIe siècle. Rien des manufactures antérieures, du Saint-Cloud ou du Vincennes. Pour les ouvrages modernes de Sèvres, autre honte ! C'est l'idéal de la porcelaine du bourgeois, quelque chose de capable de calomnier à tout jamais le goût de la France, la stupide école des assiettes à paysages et des porcelaines à tableaux. Rien de jeté, rien de peint du bout du pinceau, comme ces bouquets dénoués jetés sur le Saxe et le Chine. Plus un or en saillie. Un art perdu. Tout à bouleverser, tout à recréer dans cette manufacture tombée !

L'homme charmant, qui nous montre tout cela, est M. Salvetat, camarade de pension de l'un de nous ; et nous l'aurions remercié avec beaucoup plus d'effusion, s'il n'avait tenu à nous introduire dans son intérieur, un intérieur où la femme fait des confitures et où il y a des enfants et des fac-similés de Desjardins, d'après Le Poittevin, encadrés comme des tableaux aux murs. Il y a dans l'intérieur bourgeois quelque chose qui me glace.

23 août.

Un monsieur jaune et triste, qui a l'air d'une poésie de Millevoye retour de l'Inde : c'est M. Lacaussade, poète de l'Ile-de-France, décoré d'hier, présentement directeur de la REVUE DU GOUVERNEMENT.

Il m'a écrit l'autre jour de passer pour les coupures d'un article reçu à la dite revue. Il feuillette, me dit que la personne qui a marqué les coupures n'a pas assez abattu de lettres de Prud' hon, — c'est un article sur Prud'hon — que « cela peut être fort intéressant, mais que pour la Revue... » Je lui propose de les supprimer toutes. Alors, il se met tout à coup à dire que « les lettres ont un certain intérêt, d'un homme... » Il va rédiger les coupures lui-même; et je le salue bien!

Une des choses sur l'étonnement de laquelle je ne parviens pas à me blaser, c'est l'inintelligence totale de tout homme qui dirige une chose, pour la diriger... Je m'étonne encore de ceci : c'est de l'idée tout-à-fait extraordinaire, que tout directeur de n'importe quoi se fait de son public, et du patron tout-à-fait imaginatif, qu'il prête à ses goûts.

24 août.

Dimanche, chez Charles Edmond, Aubryet a invité tous les dîneurs à dîner aujourd'hui chez lui. Nous sommes donc Flaubert, Saint-Victor, Charles Edmond, Halévy, Claudin et de plus, Gautier.

Un appartement, rue Taitbout, au cinquième. Une chambre toute tendue de perse et un salon où il y a, capitonné dans une soie gorge-de-pigeon, un plafond de Faustin Besson. Cela a l'air meublé par Arsène Houssaye avec la collaboration du goût d'une fille. La table est meublée de ce bric-à-brac de la verrerie et de la porcelaine, que Houssaye a mis à la mode. Enfin, partout, le bourgeois qui se révolte contre lui-même et cherche le rococo.

On s'assied à la table et la causerie prend feu. Cela commence par Ponsard ; et aussitôt, une voix imitant Prudhomme :

« Monsieur Joseph Ponsard, élève de Saint-Omer et de Shakespeare, badine avec Titania! (1)

— Tu n'a jamais vu Ponsard? Figure-toi un gendarme qui fait ses farces.

— Tu as été bien, dit Saint-Victor à Gautier, tu l'as bien abîmé.

— Oh! moi, toujours! Et puis, c'est l'homme avec qui on a tapé sur Hugo... Oui, dit Gautier, c'est la mâchoire d'âne avec laquelle on a assommé Hugo. »

Puis on se met à parler de la possibilité de faire une belle féerie littéraire.

« Eh bien, dit Flaubert, il y en a un que je déteste encore plus que Ponsard, c'est Feuillet, le *gars* Feuillet. Ce jeune homme est escouillé! » crie-t-il comme un tonnerre.

« C'est que celui-ci est un mâle! dit Gautier de Flaubert.

— Octave Feuillet ou le théâtre de Louis Esnault !

— J'ai lu trois fois son JEUNE HOMME PAUVRE... On n'a pas idée de cela : il a une place de dix mille francs! Et savez-vous à quoi on reconnaît que son jeune homme est distingué? C'est qu'il sait monter à cheval!

— Oui, et puis, tu sais, il y a, dans toutes ses pièces, des jeunes gens qui ont des albums et qui prennent des sites!

— Savez-vous, il y a vingt ans, avec quoi un jeune homme était riche, vous autres? Lisez Paul de Kock : « Charles était « riche, il avait six mille livres de rentes, mangeait tous les soirs « un perdreau truffé, entretenait un rat de l'Opéra » (2)... Et c'était vrai! »

(1) Cf. t. I, p. 466, n. 1. le passage de LA FAMILLE IMPROVISÉE de Monnier, qui est parodié ici. La Titania du SONGE D'UNE NUIT D'ÉTÉ est évoquée à propos de CE QUI PLAIT AUX FEMMES, pièce en 3 actes de François Ponsard, créée au Gymnase le 30 juillet 1860. Alors que les deux autres actes peignent les misères sociales et la corruption des hautes classes, le second acte est constitué par le spectacle que le marquis d'Artas est censé offrir à la Comtesse : c'est une féerie shakespearienne, où paraissent la Reine des Fées, un Lutin, etc.

(2) Add. 1887, depuis : *mangeait tous les soirs...*

Là-dessus part une imitation par Claudin de Gil-Perez dans Mimi Bamboche (1). Au fond, ce comique-là, c'est la récréation du bagne, c'est Poulmann en goguette. Et songez-vous à ce que ça doit faire sur des cervelles de gandins, des têtes qui ont une raie sur le crâne ? Ils posent à ça en sortant de là !

« J'ai lu une ordure ! » C'est la voix de Flaubert qui s'élève. « Avez-vous lu ça ?

— Quoi ?

— La vie de l'Impératrice par Castille.

— Un homme qui a fait l'éloge de Robespierre... Parbleu, c'est bien pour ça !

— Une canaille, celui-là ! » C'est Gautier, cela. « Mais pourquoi est-il canaille ?

— Tiens ! ça lui rapporte bien douze mille francs par an.

— Il m'a apporté un roman dont je n'ai pas voulu. Il m'a écrit pour me faire entendre que je garderais l'argent : il paraît que c'était une affaire de chantage, il tenait seulement à l'insertion. » dit Charles Edmond, qui ajoute : « Au reste, c'est un monsieur assez complet, froid, ne se mettant jamais en colère, parlant très bien et tirant l'épée encore mieux. Je l'ai vu en Quarante-Huit, rue de Charonne, avec un tas de gens armés. Je vous assure que nous avons eu bien du mal à le casser. Il avait une grande influence, plus que Blanqui peut-être.

— Pelletan ? dit Gautier, je vais vous dire un mot qu'il m'a dit. Je lui dis un jour : « Mais pourquoi ne parles-tu — car je le tutoyais — jamais de littérature, toujours de politique ? » Il me répond, avec cette belle tête qu'il avait, car il ressemble maintenant à Méphistophélès : « Il faut toujours parler à la haine, on est toujours sûr d'être entendu. » Eh bien, je lui ai dit : « Toi, si jamais j'ai le pouvoir deux heures, je te ferai guillotiner ! »

— Mais vous n'avez pas eu le temps ! »

Là-dessus, on passe du champagne, qui a vingt-deux ans, et on se met à parler des mortes célèbres de la Révolution : une sorte d'exhumation des cimetières de la Madeleine !

Une discussion sur l'art antique sort, on ne sait comment, de l'échafaud de la Du Barry, et on entend une violente fureur

---

(1) Les Mémoires de Mimi Bamboche, vaudeville de Grangé et Lambert-Thiboust créé au Palais-Royal le 20 juillet 1860 et inspiré par les Mémoires de Rigolboche.

de Saint-Victor, à ce mot dont Gautier le pique : « Phidias est un décadent ». Et il y a une forte bataille sur Flaxman, que les uns déclarent inepte, que les autres déclarent *calligraphe* et qu'un autre déclare « respectable comme fécondateur », comme initiateur des premières pensées, à l'instar d'un *Robinson Suisse* de l'art antique (1).

Au sortir de table : « Savez-vous, dit Saint-Victor, que c'est aujourd'hui l'anniversaire de la Saint-Barthélemy ? » Là-dessus, nous disons : « Voltaire aurait eu la fièvre. — Certainement ! » crie Flaubert. Et voilà Flaubert et Saint-Victor le déclarant un apôtre sincère, et nous, à nous regimber de toute la force de nos convictions. Ce sont des cris, des éclats : « Comment il a pu vous entrer dans la tête... — Un martyr ! L'exil ! — Oui, mais la popularité ! — Mais il n'en avait pas ! C'est Beaumarchais qui l'a fait connaître (2). — Allons donc ! — Une âme tendre, un homme tout nerfs, un violon !... L'affaire Calas ! — Eh ! mon Dieu, l'affaire Peytel pour Balzac ! — Pour moi, c'est un saint ! crie Flaubert. — Mais vous n'avez jamais regardé la bouche de cet homme-là ? — Le plus honnête homme ! — Flatteur des maîtresses du roi ! (3) — C'était par politique... — Quant à moi, dit Gautier, je ne puis pas le sentir, je le trouve *prêtreux* : c'est un calotin, c'est le Prudhomme du déisme... Oui, pour moi, voilà ce que c'est : le Prudhomme du déisme. »

La discussion s'éteint, remonte vers Horace, où quelques-uns veulent retrouver du Béranger, dont Saint-Victor admire la pureté de langue, bien inférieure, selon Gautier, à l'admirable langue de Catulle. Flaubert mugit du Montesquieu : « Vous aimez cela comme la rococoterie ». Puis c'est Dante et Shakespeare dont on parle, puis de La Bruyère.

(1) Le Robinson suisse de Rodolphe Wyss (1812) est plus une œuvre pédagogique qu'un roman d'aventures : le naufragé de Wyss a autour de lui ses enfants, auxquels il donne de sages leçons, leur apprenant à retrouver, à l'aide des débris abondants du vaisseau, la civilisation qu'ils ont perdue. De même, le sculpteur anglais Jean Flaxman, à la fin du XVIIIᵉ siècle, a contribué à tirer l'art antique du naufrage de l'oubli, par ses sculptures et surtout par ses illustrations d'Homère (1793), d'Eschyle (1794), etc., dont les dessins, gravés par Filori, furent largement répandus en Allemagne et en France.

(2) Allusion à l'édition de Kehl des ŒUVRES COMPLÈTES de Voltaire, assurée à grands frais par Beaumarchais et dont les 70 volumes in-8° parurent de 1784 à 1789.

(3) Add. éd. : *du roi.*

Et l'on ne sait comment, nous voici à l'immortalité :

« C'est inadmissible, dit Gautier qui s'approche de nous. Vous figurez-vous mon âme gardant, après, la conscience de mon *moi*, se rappelant que j'ai écrit au MONITEUR, quai Voltaire, n° 13, et que j'ai eu pour patrons Turgan et Dalloz? Non!

— Et, reprend Saint-Victor, l'âme de M. Prudhomme, en lunettes d'or, on ne se l'imagine pas arrivant devant Dieu, auquel elle dirait : « Architecte des mondes... »

— Nous admettons parfaitement l'inconscience avant la vie, répond Gautier, ce n'est pas plus difficile de la concevoir après. Tenez, la fable des Anciens, la coupe du Léthé, voilà ce qui doit être. Moi, je n'ai peur que de ce passage, du moment où mon *moi* entrera dans la nuit, où je perdrai la conscience d'avoir été.

— Mais enfin, pourquoi sommes-nous ici-bas? demande Claudin. Je ne peux pas comprendre...

— Tiens, Claudin, il y a des infusoires dans le foin, pour qui un rayon de soleil est une aurore boréale.

— Non, voyez-vous, vous ne ferez pas croire... Il y a un grand horloger...

— Ah! si nous tombons dans l'horlogerie... Claudin, sais-tu qu'il y a un infini matériel?

— Je le sais, je le sais...

— Mais c'est une découverte toute récente!

— C'est le mot de Heine, dit Saint-Victor. Nous demandons ce que sont les étoiles, ce que c'est que Dieu, ce que c'est que la vie : « on nous ferme la bouche avec une poignée de terre glaise, mais est-ce là une réponse? » (1)

— Tiens, Claudin, continue placidement et imperturbablement Gautier, en admettant qu'il y ait des êtres dans le soleil, un homme de 5 pieds dans la terre aurait 750 lieues de haut dans le soleil; c'est-à-dire que les semelles de tes bottes, pour peu que tu portes des talons, auraient deux lieues, la hauteur de la mer dans la plus grande profondeur ; en sorte, écoute bien, Claudin, que tu aurais 75 lieues de pine sans bander, à l'état naturel!

— Tout cela est très gentil, mais enfin, le catholicisme... Moi, je suis catholique!

---

(1) Cf. Heine, POÈMES ET LÉGENDES, nouv. éd. 1856, LE LIVRE DE LAZARE (1854), VIII, 1, *Laisse là les paraboles sacrées...*

— Claudin, crie Saint-Victor, *Catholicisme et Markowski*, voilà ta devise.

— Voyez-vous, dit Gautier en s'approchant de nous, l'immortalité de l'âme, le libre arbitre, tout cela, c'est très drôle de s'occuper de cela jusqu'à vingt-deux ans; mais après, c'est fini. On doit s'occuper à tirer son coup sans attraper trop de vérole, bien *arranger son arrangement,* avoir des dessins à peu près passables... et puis surtout, bien écrire. Voilà l'important, des phrases bien faites ; et puis quelques métaphores, oui, quelques métaphores, ça pare l'existence.

— Markowski, qu'est-ce que c'est que ça? dit Flaubert.

— Mon cher, dit Saint-Victor, Markowski était un bottier. Il s'est mis à apprendre le violon tout seul, et puis à danser aussi tout seul; et puis il s'est mis à donner des bals avec des filles, dont il donne l'adresse. Le bon Dieu a béni ses efforts, Adèle Courtois lui a fait donner des raclées et il est propriétaire de la maison où il habite.»

En descendant, comme je demande à Gautier, si ça ne l'ennuie pas de ne plus habiter Paris : « Oh ! ça m'est parfaitement égal ! Ce n'est plus le Paris que j'ai connu. C'est Philadelphie, Saint-Pétersbourg, tout ce qu'on veut. » (1)

La femme de théâtre tenant moins à la tenue de l'homme : elle a vu des puissances crasseuses et des majestés mal tenues.

Nous avons la naïveté d'envoyer notre HISTOIRE DE MARIE-ANTOINETTE au concours de l'Académie. J'avoue naïvement que c'était non pour l'honneur, mais pour l'argent. L'Académie, qui ressemble assez à ces institutions de province, où l'on donne des prix de dédommagement aux élèves qui n'en ont pas d'autres, a couronné beaucoup de livres, que le public a eu le tort de ne pas lire, et beaucoup de gens, dont j'ai été fort heureux d'apprendre le nom.

Lundi 27 août.

Saint-Victor nous mène prendre nos passeports, auprès de M. Lachaussée, véritable employé de la police du XVIIIe

(1) Turgan a décidé Gautier à quitter la rue Grange-Batelière pour Neuilly. 32, rue de Longchamp.

siècle, qui semble oublié là depuis M. de Sartines, un homme connaissant tous les hommes de lettres par leurs livres et tous les forçats par leur nom. Il nous reconnaît avec ce mot : « Ah ! les deux frères ! » et il fait compliment à Saint-Victor de son article sur l'HORACE de Janin, Horace dont il a 17 éditions !...

Sortant de là, en chemin, Saint-Victor monte à la PRESSE, descend avec une lettre : « Oh ! c'est trop fort ! » Lettre anonyme, signée *Remember*, dictée par Lamartine et rappelant au poète Saint-Victor de parler du poète Lamartine.

En chemin, il nous raconte que sa famille est d'origine anglaise. Un de ses aïeux, venu en exil avec Jacques II en France, où il occupait une espèce de poste de secrétaire à la petite cour de Saint-Germain. Achat d'une terre de Saint-Victor. Puis au XVIIIe siècle, passage de sa famille à Saint-Domingue, où son père est né. Son père venu en France à huit ans. Et en effet, il y a un peu de sang hispano-créole dans l'homme, dans le type physique et moral.

Sur sa présentation, nous devons, pour la première fois de notre vie, un privilège à notre titre d'hommes de lettres : une *passe* d'aller et retour à Strasbourg.

28 août.

Nous allons faire nos adieux à Charles Edmond, qui vient de perdre six mille francs de revenu, en perdant sa position à la PRESSE, dont l'a jeté à bas une conspiration Gaiffe et Nefftzer.

Il paraît que le soir de son dîner, Aubryet s'est, devant lui, au Café Riche, à minuit, livré à des lamentations sur le peu d'attention et le peu d'étonnement devant ses frais. Cela est d'un beau bourgeois.

Louis me parle de son beau-frère, qui ne veut que deux plats à son dîner. L'économie sur le manger est l'économie que les gens riches faisaient le moins au XVIIIe siècle et font le plus au XIXe.

29 août.

Je vais voir au Cabinet des Médailles un employé qui, ayant été le précepteur d'un petit Fould, — toujours les précepteurs,

787

— est arrivé à une place là ; et de là, — on ne sait pourquoi, peut-être comme les ministres dont parle Balzac, tirés à la courte paille, — à la critique des livres dans le Moniteur.

Je lui parle des Maitresses de Louis XV, qu'il a reçues, et il est assez aimable pour se rappeler qu'il en a lu quelque chose : « Ah ! oui, oui, j'ai été très occupé... Il faudra que je me remette à ma critique ; il y a très longtemps que je n'ai fait des articles, ... oui, bien six semaines ».

Quels échantillons, ce Lavoix et ce Lacaussade, des hommes que le gouvernement charge d'un ministère littéraire ! Et dans leur indifférence distraite ou leur incompréhension stupide, comme on voit que les lettres lui importent peu !

30 août.

Flaubert, à qui nous avons demandé de nous aboucher pour notre roman de Sœur Philomène avec les hôpitaux, nous mène chez le docteur Follin, un grand chirurgien de ses amis. Un homme gras, replet, l'œil intelligent, qui comprend de suite ce que nous voulons et qu'il nous faut entrer *in medias res*, en suivant la clinique et en dînant avec les internes, avec la salle de garde.

Nous avons comme un petit frisson du monde qu'il va nous ouvrir ; nous y sentons un dramatique sans phrases, qui doit faire froid dans le dos, et notre livre grossit dans le rêve de notre tête, jusqu'à nous effrayer.

En causant, il nous trace la silhouette de ce médecin de la rue Sainte-Marguerite-Saint-Antoine, donnant ses consultations chez le marchand de vin, qui marque chaques deux sous reçus par consultation avec une marque à la craie sur le mur, qui est le crédit ouvert d'un petit verre, effacé après la consultation. Et Flaubert jette le nom du frère de Cloquet, d'Hippolyte Cloquet, un puits de science qui était un puits de vin, vainement rabiboché, rhabillé, morigéné par son père et, à la fin, médecin d'une chaîne de forçats, se saoulant avec eux !

Le soir, chez Gavarni. Nous dit qu'il avait, étant petit, une manie de dire un *Ave* et un *Pater* dans chaque rue où il passait ; et désolé et se faisant de grands reproches, quand les rues trop courtes finissaient avant ses prières.

Nous dit qu'il n'a fait qu'une caricature politique, contre Charles X, et que lisant tout haut la pièce d'Hugo à la Jeune France, chez les Feydeau, à ce vers : « N'enfonçons pas sur les cheveux blancs la couronne d'épines », la voix lui manqua, le remords se fit jour en lui (1). Il se sentit comme souffleté, il pensa à son vieux père et il lui poussa soudain dans le cœur l'horreur, qu'il eut toute sa vie, pour la caricature politique.

Il y a un imbécile, un caricaturiste manqué et inconnu, du nom de Lorentz, un homme dont Gavarni fait, on ne sait pourquoi, un grand cas. Celui-ci est un imbécile à idées, tranchant, coupant la parole à tous, ayant en un mot toutes les immodesties et toutes les suffisances insupportables, qu'ignore d'ordinaire l'homme qui a fait la preuve de sa valeur.

Une grosse gaîté lourde de commis-voyageur; et par là-dessus, des théories, des principes, des utopies qui ne sont pas même à lui, un ramas des idées des autres, prises au tas par un homme sans éducation, qui veut faire l'homme du monde, et par un homme sans études, qui veut faire des citations.

En politique, c'est la démocratie avec un autocrate; puis la supériorité du Français sur toutes les autres nations et la vieille rengaine de la perfide Albion. En littérature, ce n'est pas Béranger, mais c'est Molière, — là est la nuance du caractère, — et Molière arrivant au bout des phrases à toutes sauces...

Et le voilà débagoulant ceci ou cela : « Le plasticien est tout. Voyez Michel-Ange ou Raphaël : ils sont architectes, poètes, etc. Parce que le plasticien rend sa forme d'une façon concrète, il aurait pu la rendre de toute autre façon. » En sorte que selon lui, le plasticien est un être universel... Et n'a-t-il pas voulu, lui, prouver le génie encyclopédique de tout homme qui dessine, — bien ou mal, — en taillant et cousant ses habits ?

Voit-il des becs de gaz? « Voilà, dit-il, le vrai progrès ! » Puis c'est la photographie : « Admirable ! Que c'est intéressant ! Voilà la vraie fraternité... Oui, ça réunira tous les peuples. Quand les Mahométans verront tous les autres se faire photographier,

---

(1) Citation approximative de l'ode A LA JEUNE FRANCE, qui est devenue, sous le titre de DICTÉ APRÈS JUILLET 1830, la pièce I des CHANTS DU CRÉPUSCULE :

Je n'enfoncerai pas la couronne d'épines
Que la main du malheur met sur des cheveux blancs.

Il s'agit de Charles X, qui venait de partir pour l'exil.

789

ils enverront promener leur religion pour faire comme tout le monde... On ne voit pas ça, mais vous verrez ! » Il est fier de son siècle. Il explique tout, même la pluie, par la Providence : « Les forêts manquaient d'eau, on ne pense pas à ça ! » Type du réactionnaire-progressiste : les nuages deviendront des arrosoirs, il le prédit aux fermiers !

Puis vient la moralisation des masses, — car il s'occupe beaucoup de la moralisation des masses, — devinez par quoi ? Par le café d'abord ! « Ce n'est plus le cabaret : on ne se saoule pas au café... Et puis, voyez le grand café parisien : il y a tous les mondes de Paris, des *circuleurs*, des putains, des ouvriers, des employés, des femmes du monde. Eh bien, tous ces gens-là apprennent à se connaître ! Voilà la véritable fraternisation! » Et toujours plus il se saoule de la tendresse et de phrases qui coulent sur les masses.

Puis vient un grand morceau sur la *lampe-modérateur* qui, répandue dans les campagnes, va éveiller le génie mécanique du paysan, le disposer aux innovations, le faire accessible au progrès et lui faire adopter la charrue à 35 francs, que vient d'inventer un paysan breton, — sans compter la lumière des veillées du soir et la moralisation par les lectures à la *lampe-modérateur* (1).

Ne pas oublier, dans la Jeune Bourgeoisie, types d'artistes, où l'on mettrait le plus comique des idées bourgeoises dévoyées, comme dans Pouthier, dans Aubryet et dans ce Lorentz.

3 septembre.

Nous partons pour l'Allemagne avec Saint-Victor. Nous racolons en chemin de fer Hector Crémieux et Claudin et en route, à Épernay, Aubryet, qui nous lit en chemin de fer un vaudeville refusé au Palais-Royal, La Plaisanterie du Jour. Continue à imiter Gil-Pérez et à dire comme Lassouche : « Oh là là ! » Crémieux récite les couplets qu'il a ajustés au Pied de Mouton (2).

(1) La *lampe à modérateur*, inventée par Franchot en 1837, constitue un progrès par rapport à la lampe Carcel, fragile et compliquée, en ce qu'elle assure très simplement la montée de l'huile grâce à un piston poussé par un ressort à boudin.

(2) C'est une féerie-revue-ballet en 21 tableaux que les frères Cogniard, aidés d'Hector Crémieux, avaient tirée d'une féerie de Martainville et Ribié, jouée avec grand succès en 1807. La nouvelle version du Pied de Mouton sera créée à la Porte-Saint-Martin, le 8 septembre 1860.

Et Claudin, mangeant un abricot, dit : « On croirait mordre dans la tunique de Mlle Duchesnois ».

Nous allons le soir au bordel de Strasbourg : des femmes à soldats, la grosse cavalerie de la prostitution. Garibaldi a ici de fortes sympathies : « A Garibaldi le pompon ! » est l'opinion du troupeau, exprimée par une de ces dames.

4 septembre.

Passé le Rhin à Kehl. Il pleut. Le fleuve énorme, jaune, houleux. Il m'a fait l'effet d'un grand fleuve d'Amérique se jetant dans un tableau de Backhuysen.

J'ai vu Heidelberg. Il m'a semblé voir l'œuvre de Hugo, quand la postérité aura passé dessus, quand les mots auront vieilli, quand cette langue sera croulée, quand le temps, comme un lierre, aura monté aux hémistiches. Oui, cela demeurera grand et charmant, comme ce burg bâti par une fantaisie, allemand et italien. Ruines et œuvres regarderont d'un côté l'Allemagne et de l'autre l'Italie, un mélange d'Albert Dürer et de Michel-Ange, de Cranach et de Palladio. Vieux et cassés, les vers sonores et fiers de Hugo auront l'affaissement farouche de ces rois Sarmates, frappés de boulets en pleine poitrine, debout dans la chute, balafrés et ensanglantés de rouille. Dans sa poésie se dresseront aussi, enlacées, accouplées, Vénus et la Charité, mélange des Déesses et des Vertus, cette vie en famille du Catholicisme et du Paganisme : *Soli Deo gloria — Perstat invicta Venus.*

Tout Hugo est signifié dans cette ruine, jusqu'à ses côtés homériques, dans la cuisine à rôtir un bœuf, dans la tonne aux côtes de baleine. Son rire même est ce fou, ce nain, qui veille et rit au bas de la cuve (1). Cette ruine et ce poète, qui sont la Renaissance elle-même...

---

(1) Presque toutes les allusions précédentes aux divers monuments de Heidelberg trouvent leur commentaire dans LE RHIN de Hugo, lettre XXVIII. — Les *rois Sarmates* sont en fait « neuf palatins, deux rois et cinq empereurs », qui ont illustré la maison palatine et dont les statues, œuvre de Goetz de Coire, figurent sur la façade baroque du Palais de Frédéric (1601-1610) : « Les seize chevaliers couronnés, qui ont des têtes de lion pour genouillères,... ont été traités par les bombes en gens de guerre. Presque tous ont été blessés. » Le *mélange des Déesses et des Vertus* caractérise le fronton du Palais d'Othon-Henri. Les *deux devises affrontées — Soli Deo glori*

En chemin de fer, avec nous, des femmes allemandes, qui ont l'air de femmes de chambre anglaises, de vilains hommes, qui se gargarisent avec des consonnes ; et par la portière, des maisons à toits de tuile et aux façades de brique d'un rouge criard et tout au fond, des silhouettes de paysans dans des redingotes blanches.

Mercredi 5 septembre.

Mon cocher m'a montré à Francfort, dans le quartier juif, la maison où est né Rothschild, la crèche du Million.

C'est à Francfort que commence cette architecture rocaille, si disparue chez nous, dans notre pays de démolition, si épanouie, si répandue, si triomphante par toute cette Allemagne que l'on croirait presque toutes ces villes bâties sous Louis XV.

Le soir, nous voilà à Cassel, dans la grande salle à manger de l'*Hôtel de l'Empereur romain*, à souper. Nous demandons au garçon, je ne sais pourquoi, s'il y a quelqu'un qui règne à Cassel : il y a des rois invraisemblables, et des points sur le globe où on ne voit guère la place d'un royaume et de quatre courtisans. Le garçon nous apprend qu'il y a un souverain à Cassel et que même, ils possèdent un tyran qui les opprime, qu'il empêche de bâtir et qu'il « fait un grand tort à son pays et aux hôtels par son mariage... — Comment ? — Oui, Messieurs, il a acheté une princesse d'un rang subalterne et les autres souverains ne veulent pas la voir. Les grands personnages ne font plus que passer à Cassel sans aller lui rendre leurs hommages : il n'y a plus que des couchers au lieu de séjours. » Bref, Cassel gémit sous un Ezzelino, c'est le royaume d'Yvetot sous Denys le Tyran !

« Mais enfin, dis-je au garçon, vous êtes un pays constitutionnel, vous avez des Chambres, vous devez avoir une opposition ?

— Oui, Monsieur, nous avons une opposition.

---

et *Perstat* ou, selon Hugo, *Praestat invicta Venus*, « Gloire au seul Dieu » et « Place à Vénus invaincue » — sont celles de la maison du Chevalier de Saint-Georges, restée miraculeusement intacte depuis 1595. La *cuisine à rôtir un bœuf* doit être la cuisine à haute cheminée du Palais de Louis. Enfin le *Gros Tonneau* est bien connu : c'est, dans la cave du Château, la « futaille monstre » de l'électeur Charles-Théodore (1751), qui a succédé à celle de l'électeur Jean-Casimir (1595), et le *nain qui veille et rit au bas de la cuve* représente le fou Perkeo, qui faisait rire vers 1710 le palatin Charles-Philippe.

— Eh bien, qu'en faites-vous ?

— Rien, Monsieur. Il n'y a personne chez nous pour se mettre à la tête de l'opposition. »

Cela ferait un joli commencement d'une nouvelle ou pièce humoristique, et un emploi providentiel pour un jeune homme ne faisant rien, — tout à coup illuminé : « C'est le ciel qui m'envoie... » et prenant l'occasion aux cheveux, — d'être chef de l'opposition à Cassel.

Jeudi 6 septembre.

Musée de Cassel.

Des Rembrandt admirables et à peu près ignorés : portraits, paysages et surtout une merveilleuse BÉNÉDICTION biblique, un rêve de lumière qui semble sorti par la porte d'écaille (1). Par places, des légèretés et des transparences d'aquarelle, l'effet général d'une peinture à la colle, des tons chantant sur une harmonie générale de velours fauve, qui rappelle les fourrures de ses portraits ; une touche qui voltige, comme un rayon erre. Une juiverie plus élégante que ses juiveries ordinaires : une jeune mère au regard de caresse, qui semble une Juive du roman d'IVANHOE (2). Et ces trois lumières dégradées, l'ombre du vieillard, la douce lumière du ménage, le rayonnement des enfants, semblent l'admirable image des trois formes, des trois âges et des trois images de la famille : soir, midi, aube. Le passé bénissant de son ombre, devant le présent lumineux, l'avenir éblouissant des enfants. Et là dedans, ainsi que dans les autres Rembrandt, comme si le reflet du soleil, de l'or, des pierres précieuses ne satisfaisait pas son œil amoureux de tout ce qui brille, ce qui est l'écrin enchâssé de la lumière, il semble emprunter pour ses fonds au hareng-saur, au fromage qui se moisit, etc., les fleurs de la pourriture et les phosphorescences de la corruption.

(1) Les Goncourt songent à la tradition virgilienne (ÉNÉIDE, VI, 893 sqq.), selon laquelle les songes sortent des Enfers par deux portes, l'une de corne pour les songes vrais, l'autre d'ivoire pour les rêves illusoires. La « porte d'écaille » des Goncourt est une variante de la porte de corne, une variante à laquelle s'attache moins l'idée de vérité, comme chez Virgile, que la sensation de couleur propre au « rêve de lumière » créé par Rembrandt. — Le titre exact de la toile de Rembrandt est : JACOB, EN PRÉSENCE DE JOSEPH ET D'ASNATH, BÉNIT MANASSÉ ET ÉPHRAÏM.

(2) Allusion à Rébecca, une des héroïnes du roman de Walter Scott.

Le soir, à Berlin. Une ville où l'on entre comme dans les villes sans passé : sans émotion, sans battement de cœur. Chambre d'une propreté rigide, puritaine, piétiste, qui fait désirer une tache, une punaise à laquelle on donnerait son sang : « Une chambre, dit Saint-Victor, en me regardant avec effroi, où Malthus aurait dû écrire son traité ».

Berlin a l'air d'une caserne bâtie en Amérique. Des rues au cordeau ; des casques de pierre sur les hôtels, des incitations à l'héroïsme par les statues des ponts. Au milieu de cette campagne plate et maigre, ça a encore l'air d'une école militaire, au milieu d'un Champ de Mars, sous le tricorne de Frédéric.

Connaissez-vous les portraits de femmes de Lawrence, gravés en manière noire ? Décolletées ; sur la tête, un chapeau de paille en couvercle, d'où pend une dentelle noire, dont les pois leur dansent en ombre de grains de beauté sur la figure ; images aériennes et sensuelles... Les femmes de Berlin semblent ces femmes, — animées, et elle sont un petit air *revenant* du XVIIIᵉ siècle, qui séduit comme une apparition d'une mode morte.

Elles ont, avec cela, quelque chose d'un charme singulier : un sourire des yeux et des lèvres, qu'elles jettent doucement et spirituellement comme une charité et une bienvenue à l'étranger qui passe ; un sourire qui vous jette dans la tête un roman d'une seconde et qu'un autre sourire fait oublier comme le parfum d'une fleur fait oublier, dans un bouquet, le parfum d'une autre ; sourire mutin et doux, chanson qui passe et s'envole, vous jetant à l'âme un demi-mot, rayons de soleil que l'on cueille d'un regard et qui vous égaye ; seuls sourires d'inconnues, que l'on ne reverra jamais et qui vous laissent en vous comme l'ébauche d'un rêve, l'émotion d'une aventure.

Elles ont les cheveux blonds et les yeux bleus à la Germaine, mais tout ce qu'il y a de mouton et de Marguerite dans ce type est relevé par un esprit et une grâce de Parisienne.

La seule ville où des gens comme nous deux, si forts contre la femme, si bronzés, si rétractiles, se sentent troublés comme en une ville d'Armide et se laissent aller à considérer l'amour comme une chose pouvant arriver et le mariage comme un suicide auquel on peut être amené.

Musée de Berlin.

LA FÊTE DE BACCHUS de Breughel : le panthéisme d'une histoire naturelle, fête des fleurs, des fruits et des oiseaux. — Les mers grises et ardoisées d'Adam Willarts. — Leclerc des Gobelins, qui cherche la coloration chaude des femmes nues de Cornélis van Harlem ; fonds bleus de Watteau. Les chauds paysages, dormants dans l'ombre brune, quoique rembranesques, de Momper : des villes tabac sur des cieux bleu sale.

HÉLÈNE FOURMENT de Rubens, en robe rouge sur jupe de satin blanc : type de Rubens. Rubens est l'homme dont descend toute notre école moderne : tous en viennent. Il y a là un enfant tenant une perruche, dont la peinture de Greuze est sortie.

Tête de femme de Bol : toutes les transparences bistrées des ombres et du dessous des yeux admirablement rendues ; les joues du ton d'une vieille pomme et des lumières de blanc presque pur. — Emmanuel de Witte, SYNAGOGUE D'AMSTERDAM : peinture noire et cernée, pleine d'effet, à la Stevens. — Jean Lievens, qui fait penser aux embrouillaminis d'arbres traversés de soleil de Théodore Rousseau. — Breughel, une TOUR DE BABEL, qui a la grandeur d'un Martin, un cauchemar de Piranèse.

Peinture de Teniers, qui semble une aquarelle relevée de piqûres de gouache et de plume ; l'ŒUF-POULET de Teniers, crêté en tête, percé en queue. — Fonds de Karel Dujardin, détaillés de plans et de lumières, comme les fonds de Decamps et surtout de Roqueplan. — Jean-Joris van Viet, élève furieux de Rembrandt : ENLÈVEMENT DE PROSERPINE, fait penser à Fragonard. — Tytt, un Chardin peint par Watteau : c'est le Watteau des animaux. — Bosch, imagination fantastique : des têtes qui marchent, des emmanchements de grenouilles sur des queues de poissons, des pieds faits avec des pots, des collerettes en feuilles, un diable terminé en lame de couteau, une tête faite d'une main qui lève un poignard, des machines de supplice compliquées comme des locomotives.

Lippi, paysages sombres de rochers, coupés raides par tranches vertes, sur lesquels montent, droits comme des cierges, des pins : paysage mystérieux, hivernal. La Vierge, les mains jointes, en prière devant l'Enfant-Dieu, couché nu sur un tapis de fleurs, le doigt sur la bouche. — Pollaiolo, ANNONCIATION, ange aux ailes de paon, brassard de pierreries. — Un des plus jolis Murillo qui soient, ANTOINE DE PADOUE EMBRASSANT L'ENFANT JÉSUS.

Watteau, deux faux, copies miniaturées du temps : nᵒ 470, Comédiens Italiens aux Flambeaux, nᵒ 468, l'Amour a la Comédie Française, plus faux que l'autre ; nᵒ 474, non gravé, archi-faux. — Nᵒ 473, Lancret : archi-faux. — Charles Lebrun, Eberhard Jabach et sa Famille, entouré de ses collections. — Nᵒ 469, de Troy, signé *Detroy* 1743, Femme prenant du café : peinture vénitienne agatisée, bleu intense et profond et léger tout à la fois du ciel. Du Watteau, et du Watteau très chaud, moins la petite touche carrée. Ce tableau me fait donner à de Troy la Glycie de M. Guyck.

Les corps du Corrège : de la chair dans un bain.

Berlin, rempli de caves où l'on passe la nuit. Villes nocturnes, villes d'imagination et de rêve : Venise, Berlin.

Berlin, vendredi 7 septembre.

Ce soir, nous allons à Kroll, dans le Thiergarten (1). Nous montons dans la salle du théâtre, une salle carrée, riche, vert et or, salle de palais royal, digne d'un parterre de rois. La salle est pleine. Sur le théâtre, — c'est sans doute un opéra qu'on joue, — une femme dans une tour, — un rossignol dans une cage, — chante.

Un homme, petit, à lunettes, les yeux effroyablement cernés, la mise de nos cabotins de province, barbiche au menton, vient à Saint-Victor et lui donne la main. Des lubricités de vieillard et de maquereau, des cynismes de médecin dans le regard. Il a l'air d'un satyre traduit en allemand. Puis de l'autre côté, un jeune homme du Boulevard lui prend l'autre main, un Français glacé d'élégance, ayant l'insupportable vernis d'art de l'homme du monde, qui lit la Revue des Deux Mondes et croit à Kaulbach en Allemagne.

Nous descendons dans le jardin. Quelques femmes se promènent dans l'allée entre les tables aux lueurs des ifs de gaz

(1) Le célèbre établissement de Kroll — dans le Thiergarten, près de la place d'Exercices — avait été reconstruit par Titz, après un incendie, en 1852 et dans ses diverses salles, qui pouvaient maintenant abriter 5.000 personnes, on dînait, on venait écouter des concerts, des opéras : les représentations théâtrales avaient lieu soit dans la salle du Roi, soit dans le jardin.

tournant. Des familles s'attablent. Les tirs sont muets. Des jeunes officiers traînent mélancoliquement leur sabre, qui bat derrière eux comme un talon de squelette. Les coquillages qui bordent les parterres bâillent. Notre Français accroche un autre Français funèbre : il a l'air de la dernière pensée de Don Quichotte. C'est M. de Viel-Castel, de notre ambassade.

Nous sommes assis à côté du satyre à lunettes. Il prend de plus en plus des teintes étranges, son sourire est baveux. Il a des amabilités de garçon de place et de don Giuseppe : « Qui est-ce ? — Je ne sais pas, me dit Saint-Victor, je crois que je l'ai rencontré quelque part. Médecin homéopathe hongrois, faisait à Paris des avortements ». Le docteur parle et parle, et des femmes de Berlin et de ses opéras — il fait des librettos — et de la Hongrie : il a assez fait pour elle, il abdique sa patrie,... il a ouï dire que « l'ignorance était fille de la servitude ». Et le voilà qui tire de sa poche un manuscrit allemand, il va le lire : nous crions grâce. Il nous a fait venir l'eau à la bouche : nous demandons des femmes. Il craint de se compromettre : il est trop connu ; il n'y en a pas ce soir... « Faut-il que je vous fasse la conjuration de Faust ? » crie Saint-Victor (1). — Un homme où l'on perçoit tout un passé ténébreux ; où en fouillant, on trouve des spéculums et des manuscrits. Il y a sur sa face le reflet de l'amphithéâtre, la blafarderie des quinquets, le bleu sous l'œil des orgies et des veilles et, par dessus, quelque chose de louche et de liant comme la police.

De Kroll, la voiture nous emporte à travers des rues de palais, sur le petit pavé bruyant, je ne sais où, à une porte éclairée, où il y a une affiche. Au fond d'une cour, nous entrons dans une grande salle rayonnante de gaz. Une dizaine de femmes, par groupes et seules, auprès des tables, sont sur des divans, renversées dans les poses bestiales, lasses et stupidement pâmées de la prostitution. Au milieu, un petit pianiste de quinze ans, de la force d'une nuit de musique, automatique et blond, sans regard, joue éternellement sur un piano. De temps en temps, la voix de soprano d'une femme, vautrée sur un divan, se lève avec la musique et bruit avec elle.

---

(1) Allusion, dans le Faust de Goethe, à la scène du barbet fantastique. Cf. trad. Nerval, rééd. 1928, p. 63 sq.

La porte du fond parfois s'ouvre et deux femmes entrent, marchent avec des pas de revenant et s'asseyent. Elles ont des tailles plates, mécaniques de poupées et l'on cherche, comme Olympia, où on les remonte. Une follette apparaît, mutine, avec un type d'Holbein, une vraie vierge folle, jouant avec des fruits sur une assiette, grignotant et riant comme on rit en rêve.

Puis nous voici dans un petit café enfumé. Les cigares et les pipes y font des nuages visibles et qui se tordent comme une idée bête qu'on poursuit. Trois jeunes filles de seize ans en costume tyrolien, l'aigrette au chapeau, les bretelles à la gorge, chantent sur une estrade et de leur bouche rouge sortant de leur teint blanc comme une réverbération de neige, font sonner l'écho prolongé de leurs montagnes et les trilles qui sautent de pic en pic.

Alors, vers notre table, le crâne et le front balayés et baignés de grandes mèches de cheveux blancs, quelque chose d'à peine vivant, d'oublié par la mort et la guerre, s'approche, branlant comme une ruine. Le pauvre petit vieillard, ensuairé dans sa longue redingote tachée du ruban d'une croix, avance vers nous. Sa tête, où deux yeux sortent fixes, saillants, morts et terribles comme ceux d'un soldat à qui on enfonce une baïonnette dans le ventre. De grosses moustaches blanches lui masquent la bouche et lui remontent jusqu'au bout du nez, quand il parle. Son menton à barbiche, tout écourté et ravalé par l'édentement, a un mouvement perpétuel de mâchonnement maniaque. Il semble mâcher des restes d'idées, de souvenirs, de mots. Il a peine à porter la petite boîte de pharmacie, où il cherche l'eau de Cologne et la pommade qu'il veut nous vendre. A tout moment, il la pose devant nous, en s'appuyant dessus, prêt à tomber et ses grands yeux s'ouvrant de plus en plus. Ce vieux soldat de Blücher, de cette voix qui semble sortir d'un trou, de cette voix fruste, — un murmure, comme un cri de dessous la neige, — nous murmure : « Entré à Paris ! ».

Je me suis couché pour me reposer de cette soirée de rêve. On respire ici l'air qui a fait la folie d'Hoffmann.

Samedi 8 septembre.

C'est un type curieux et fin que ce Français. C'est un auditeur au Conseil d'État. Il a juste ce qu'il faut d'intelligence pour être un sot. Il est teinté de tout. Il est poursuivi par cette idée et ce mot : « On ferait un tableau de cela ». C'est le Prud'homme des Salons. Au bout d'une demi-heure, toutes ses superficies sont percées. Il est déverni. Une conversation distinguée de contredanse, rien au delà.

Comme revenant de Kroll, nous battions les rues avec lui, nous rencontrons deux femmes avec leurs chapeaux de paille bruns. Nous baragouinons. Elles rient. Et nous les attablons dans un jardin de café, leur laissant prendre ce qu'elles veulent. Elles demandent et on leur apporte trois verres de bière, puis deux côtelettes de veau. Elles avaient faim. De petits enfants, de petits anges, nous apportent de petits bouquets, demandant l'aumône avec des voix douloureuses et des yeux de Mignon.

L'une de ces femmes, toute jeune et blonde, a le type délicieux et tendre d'un visage de Memling. Elles ont leurs mères, disent-elles et nous emmènent dans un *Gasthaus*. En route, nous leur donnons le bras et nous allons au bout de Berlin, comme des marins qui font une descente, riant tout haut, imprimant à nos compagnes le mouvement du cancan et les embrassant sous les reverbères. Nous voici au *Gasthaus*, un *Gasthaus* ténébreux, noir comme la caverne de Gil Blas, ferraillé de fermetures comme un burg (1).

Nous déshabillons les femmes... Oh ! la charmante Suzanne au bain ou bien Ève après le péché, qu'elle aurait faite ! Se voilant et boudant avec sa petite bouche, essayant de faire à son corps un voile de ses mouvements et de ses effarouchements pudiques ! C'est une des comédies les plus angéliques que j'aie vu jouer à un corps de femme. Comme le public l'effrayait, j'ai sonné, avec une sonnette enfilée de perles, un garçon pour une autre chambre. Une mine de Jocrisse a passé par la porte, a vu deux femmes nues. Il a fait la tête ahurie et épanouie d'un Pierrot regardant un bain de femmes par une fente.

Nous avons fait un mariage de la main gauche. Chez cette femme à la petite gorge de Cranach, les yeux dans le plaisir, au

---

(1) Allusion à un épisode célèbre du roman de Lesage : Gil Blas, tandis qu'il se rend à l'Université de Salamanque, tombe au pouvoir d'une bande de brigands, qui le retiennent dans la caverne qui leur sert de quartier général et le forcent pendant six mois à partager leur vie (Gil Blas, livre I, ch. III-XIII : voir au ch. IV la description de la caverne).

799

lieu de se voiler et de mourir, vous regardent fixement comme des yeux de rêve. C'est une clarté, une lucidité étrange et sans mouvement, quelque chose de somnambulique et d'extatique, quelque chose de l'agonie d'une bienheureuse, qui regarde je ne sais quoi par-dessus la vie. Ce regard singulier et adorable n'est pas une lueur ni une caresse : il est une paix et une sérénité. Il a un ravissement mort et comme une pâmoison mystique. J'ai possédé dans ce regard toutes les Vierges des primitifs allemands.

Postdam, le Château-Royal.

Salle des meubles d'argent. — LA MARIÉE DE VILLAGE de Watteau : archi-faux. — Une espèce de Pierrot debout, cinq personnages Watteau : faux. — Deux grands panneaux, en hauteur, de de Troy, m'ont paru des copies. — Deux Lancret, en hauteur, assez grands, dont l'un, un BAL DANS UNE ROTONDE, très beau; SALLE DE CONCERT, très beau : une répétition a passé en vente, ces années-ci. — Pater, une FÊTE A PRIAPE, le COLIN-MAILLARD, très fins, charmants.

Chambre verte. — Deux Lancret, charmants : l'ESCARPOLETTE, dont nous avons un dessin de femme chantant, et la DANSE ; cadres en forme de coquille. Tous ces appartements : rocaille pourrie.

Dans la bibliothèque, j'aperçois Chaulieu et Vauban : n'est-ce pas tout Frédéric ? Papier bleu lamé d'argent, ganses d'argent, meubles bleus, bois argenté.

Chambre à souper. — Plafond blanc à treilles d'or, coquilles d'où partent des rinceaux de fleurs, murs velours rouge, ganses d'or, glaces encadrement de bronze doré, rinceaux de fleurs balafrant la glace ; cheminée marbre vert ornée de bronzes ; table d'acajou, montant par le milieu. Deux mauvaises croûtes genre Vanloo, et un Le Sueur qui semble copié par Natoire. — Pesne, LA BARBERINI, composition volée de LA CAMARGO de Lancret.

Salle de bronze. — Pendule de Mme de Pompadour, *François Beckert, à Paris* : Amours avec flèches, tirant ; en haut, deux candélabres, une IRIS : bronzes très ordinaires. — Plafonds trop maigres : les arabesques grêles de Thomas de Bry. — Murs : panneaux de glaces entourés de bronze, bras dans les glaces : un des plus riches échantillons de l'art meublier du XVIIIe siècle, un spécimen superbe !

Nouveau-Palais.

Salle des Coquilles : salle des Pas Perdus d'une Calypso Pompadour. Un beau Pierre, JUGEMENT DE PARIS. Meubles rocaille, bronzes argentés et dorés.

Bibliothèque. — Poêle délicieux, modèle Boule, surmonté d'une chimère, guirlande de fleurs, faïence blanche. — Bureau d'écaille et d'argent. — Plafonds : mélanges de rocailles argentées et de guirlandes de fleurs coloriées.

Salle de musique. — Parois : des glaces, treilles d'or, ornementation verte et or ; instruments de musique dans les ornements. — LE BAIN de Pater, très beau ; LA DANSE de Pater, très beau, hors ligne.

Galerie de marbre. Panneaux de marbre, avec grandes girandoles, glaces ; les côtés : treillage d'or, marbre rougeâtre encadré de marbre blanc.

On voit, dans tous ces appartements furieux de rocaille, le pasticheur de tout qu'était Frédéric : de César, d'Auguste, de Louis XIV et de Pompadour, de Rome et de Brimborion (1).

A Sans-Souci, qu'on ne peut visiter, nous voyons, à quelques pas du moulin légendaire, du moulin de Janot entièrement refait, le roi de Prusse gâteux, en enfance, descendre de voiture, soutenu sous les bras, traînant le pas : imaginez le roi Lear dans un conte en vers d'Andrieux (2).

Dresde, 10 septembre.

De Berlin à Dresde, nous songeons combien les idées reçues sont fausses. Berlin, — cette ville de jansénisme protestant, de

(1) Le château de Brimborion, élevé entre Sèvres et Bellevue, en 1750, par Louis XV, qui le délaissa quand la Pompadour lui eut cédé en 1757 le château de Bellevue.

(2) Le conte en vers d'Andrieux, c'est le MEUNIER SANS-SOUCI : on y trouve le mot fameux du meunier, refusant à Frédéric le Grand de lui vendre son moulin et répondant aux menaces du roi :

Je suis le maître. — Vous ? De prendre mon moulin ?
Oui, si nous n'avions pas des juges à Berlin.

Le roi de Prusse, qu'aperçoivent les Goncourt, est Frédéric-Guillaume IV, qu'un accès d'aliénation mentale avait obligé à abandonner le gouvernement en octobre 1857, puis la régence, le 7 oct. 1858, à son frère puîné, le prince de Prusse qui, après la mort de Frédéric-Guillaume IV, deviendra le roi Guillaume Ier (2 janv. 1861).

jansénisme double, de piétisme, — nous reste dans le souvenir doucement, délicieusement, avec son Thiergarten, ses hôtels sur la marge du bois, avec leurs porches tout mangés et tout mystérieux de verdure exotique, et les jeunes filles dans les jardinets cousant et jetant des regards aux passants. Comme les verres de lunettes de Cornelius, tous ces yeux qui nous ont regardés nous regardent encore (1). L'Allemagne de WERTHER et de FAUST, la Marguerite et la Mignon, cette douce femme, dont le remords est la poétique et touchante vertu, nous revient au fond de l'âme et nous chatouille. Toutes sortes de pensées amoureuses et gaiement tendres chantent en nous comme une musique qui s'éloigne.

Nous voilà à Dresde, ce garde-meuble des diamants de la Couronne de la peinture.

Ce soir, nous causons toute la soirée avec Saint-Victor, assis sur sa malle. A propos de Grandville et de ses caricatures à idées : « Il me fait l'effet d'un homme qui s'embarquerait pour la lune... sur un âne de Montmorency!... Doré? C'est Michel-Ange dans la peau de Victor Adam ! »

Puis il nous parle avec enthousiasme, avec une cupidité amoureuse, de cette fameuse *Voûte verte* que nous allons voir, de ces pierres précieuses, de ces diamants, où « il semble, nous dit-il, que la lumière soit heureuse, que le rayon jouisse » (2). Il nous dit que s'il était riche, il aimerait en avoir, les tirer de leur écrin, les faire chatoyer au soleil, comme un avare tire de l'or au jour.

Puis de là, des diamants, la conversation monte au pape, que l'ex-élève des Jésuites lâche comme une cause perdue, puis du pape à Dieu et finit par cette parole d'un roi de Perse : « Pourquoi y a-t-il quelque chose? »

Un éblouissant causeur, coloriste d'esprit, servi par des lectures énormes et une mémoire prodigieuse. Au fond et derrière cela, un admirable assimilateur, qui prête aux lectures qu'il a pompées, aux idées déjà formulées et publiées, une couleur qui les

---

(1) Allusion à L'HOMME AU SABLE d'Hoffmann, avec un lapsus, qui substitue *Cornelius* à Coppelius, l'Homme au sable qui terrorisait l'enfance de Nathanael. Il reparaît sous le nom de Coppola, un étrange marchand ambulant : les lunettes qu'il vend semblent vous regarder comme des yeux. Les maléfices de Coppola-Coppelius finissent par provoquer la mort de Nathanael.

(2) La *Voûte verte*, dans l'aile Nord du Château-Royal : huit salles renfermant de précieux objets d'art et des gemmes.

transfigure, des formules concrètes et frappantes, qui les font siennes. Les plus grandes qualités du journaliste et du vulgarisateur. Mais dans cet esprit, dont les lueurs et les vivacités de forme étonnent et séduisent, très peu de caractère, d'individualité d'impressions, d'idées personnelles ; très peu d'opinions ou de pensées tirées de ses entrailles, de son cœur, de son tempérament, de son contact avec les hommes et les choses.

Ajoutez à ce manque de caractère dans l'esprit, le manque de caractère dans l'homme, qui le double. En toute admiration, il y a en lui une certaine lâcheté devant les admirations de tradition, les vénérations reçues, les préjugés sacramentels : « Il ne faut pas chicaner un Raphaël! » Moitié lâcheté, moitié manque de critique personnelle et de courage de conscience propre, cela mène ce romantique à un éclectisme entièrement classique, à la reconnaissance de toutes choses consacrées, — sauf quelques regimbades à huis-clos, les portes fermées, et qu'il n'osera jamais émettre, parce que la vocation de cet esprit est de ne point se compromettre.

La plus grande misère de ce grand esprit est ce manque de champ de la vue : l'observation lui manque absolument. Il ne voit ni homme ni femme ni mœurs, il ne voit absolument que des tableaux. Le monde est réduit pour lui à la limite d'un musée.

A l'angle d'une rue, voici des cartons. Ce ne sont que copies allemandes de Watteau, de Chardin, de Lancret, de Pater, de n'importe qui, — qui a tenu un crayon en France au XVIIIe siècle. Quelle possession de l'Europe par nos arts ! Il faut vraiment venir en Allemagne pour avoir l'idée juste, exacte de l'influence de ce siècle de Louis XV en Europe. Et ce soir, c'est dans une niche à coquille de Meissonier, qu'est le souffleur à l'Opéra. Opéra-comique des REVENANTS de Nilson.

Chez Saint-Victor, rien de la flânerie des natures artistes. Toujours des notes, — des notes qui représentent des feuilletons futurs. Toujours voir des tableaux, toujours leur chercher des idées ; et dans l'heure perdue entre les fermetures des Musées, lire, se bourrer, chasser aux images dans un livre quelconque.

Musée.

Le Corrège : dans l'art contemporain de Raphaël, le jésuitisme introduit dans l'Évangile. Il y a, dans ces Vierges aux yeux noyés

JOURNAL

des fatigues de l'amour et dont la chevelure est encore dénouée, dans ces saints rosés, à la barbe parfumée, à l'air de chanoines galants et qui parlent à la Vierge avec des gestes de mains de danseurs, dans ces petits anges-gitons tournant le derrière avec toutes sortes de poses et d'invitations contournées, dans ce saint Jean-Baptiste à la belle cuisse, qui semble un hermaphrodite, une corruption d'Escobar et de sainte Thérèse, une effémination, une sensualité, quelque chose comme le tableau de l'autel sur lequel baisait la belle Cadière (1).

Giorgione : un homme et une femme éreintés, à bout d'amour et de forces ; la femme pâmée, la bouche entr'ouverte, avec le trait sec d'une bouche de momie ; même sujet que le Carquois épuisé de Baudoin : toute la distance de l'amour vénitien du XVIe siècle et de l'amour français du XVIIIe.

Georges Plazer, grande analogie avec Pater, encore plus claquant, petites touches encore plus aiguillées sur du zinc. — Rubens, le Jugement de Paris, une miniature qui semble un Van der Werff touché par le dieu de la peinture ; Bethsabée au bain, l'un des plus chatoyants tableaux. — Nogari : Rembrandt tombé dans la porcelaine.

Deux très curieux Watteau, en ce qu'ils sont la main donnée par Watteau à Pater, beaucoup moins noyés dans la tonalité vénitienne que tous ceux que nous connaissions. Watteau a abordé les robes claires, les tons un peu froids, les blancs un peu zingués de Pater ; mais toutefois, c'est la main de Watteau.

Le 661 d'une qualité très supérieure au 662, surtout dans le paysage qui se termine par un petit fond, qui s'appelle l'Ile enchantée. Au pied d'une statue de Vénus, un groupe de personnages assis et devisant, parmi lesquels se trouve un groupe, répétition de la Chute heureuse de M. Lacaze. Toujours cette touche de méandre de lumières, cassée dans les étoffes ; ces traits un peu noirs, qui jouent le trait de plume, contournant

(1) Allusion à un épisode des amours du Jésuite Jean-Baptiste Girard et de sa pénitente, Catherine Cadière, une Toulonnaise de dix-huit ans : au cours du procès porté devant le Parlement d'Aix en octobre 1731, on découvrit que le P. Girard, n'osant se rendre tous les jours chez la jeune fille, la faisait venir dans l'église des Jésuites, déserte à l'heure du déjeuner. Le P. Girard fut acquitté de justesse, l'affaire fit scandale, et Michelet lui redonnera une éclatante publicité en 1862, dans La Sorcière (liv. II, ch. 10-12), et en 1866 dans son Louis XV (nouv. éd. 1897, pp. 102-108).

les mains et les figures ; ces coups de cinabre, qui font les oreilles
et la transparence des doigts. Un admirable rideau d'arbres de
second plan, que dorent l'automne et le soleil couchant, baignant
dans l'huile grasse et qui semble un pastel, — obtenu en donnant
à toutes les accentuations l'aspect d'un estompage (1). Des personnages de second plan, habillés de couleurs bleuâtres et violettes,
qui semblent des vapeurs et que Pater fera plus crues, plus *éventail*.
La statue sur son piédestal, enveloppée dans une couleur doucement violette, avec des empâtements de chrome à toutes les parties
de lumière, bras, gorge, cuisses.

Le nº 662, gens sur une terrasse. On y voit une naïade de
dos, une femme en robe jaune, la tête touchée dans la gamme la
plus claire du blanc et du rose. Toujours l'harmonie des tons
bleus, jaunes, violets, les violets si aimés des Vénitiens. Toujours
ces mains spirituelles, contournées de vermillon, aux demi-teintes
bleues, où sur la pleine pâte, le courant de la chair serpente ; ces
mains vivantes, ces anatomies spirituelles, où la tache de vermillon
et de bleu, posée comme au hasard du pinceau, mais posée juste,
les fait vivre et remuer avec la transparence d'une chair vénitienne.

Dans Lancret, qui a une grande DANSE, endommagée dans
le bombardement (2), jamais la lumière posée avec la petite touche
carrée de Teniers, toujours fondue dans la pâte, — de là le manque
de relief, — et s'il l'ose dans les étoffes, elle est toujours baveuse.

La MADONE DE SAINT-SIXTE : l'idéal du beau convenu, du
beau négatif, du beau académique. L'étonnement est pour moi,
que Dieu ait fait des gens assez bien doués, — en admettant
qu'ils soient de bonne foi et qu'ils aient assez de goût pour avoir
des yeux à eux, — assez bien doués pour admirer cela et aussi un
Rembrandt, un Rubens, de la peinture enfin.

Parmi les dessins, un LION d'Oudry exposé, à la pierre d'Italie,
avec un peu de sanguine dans la gueule et les yeux, un dessin
croquant, qui ressemble aux mines de plomb de Fragonard.

Les deux petits palais devant le Musée, reliés par cette jolie
galerie, au milieu de laquelle s'élève cette jolie tiare rocaille de
pierre, semblent deux jolis petits cabinets XVIIIᵉ siècle, tout

---

(1) Add. éd. : *obtenu...*

(2) Le Zwinger, qui renfermait la plupart des collections artistiques, avait été
incendié et menacé de destruction pendant l'insurrection de mai 1849 à Dresde.

ornés, tout fleuris de fleurs de pierre. Je ne sais pourquoi, leur toit de cuivre verdi et émeraudé fait penser à des dames vénitiennes : seul souvenir que devait avoir de sa patrie Canaletto, quand il est venu ici.

Vu la fameuse *Voûte Verte*, les pierreries, — qui me semblent une monnaie de Dieu, cachée en terre dans un moment de crise, — les rivières, les colliers, les vaisselles d'or, les perles baroques, les mauvais ivoires, toute cette curiosité moscovite et barbare, où il n'y a rien de l'art et qu'on admire comme le peuple admire les devantures des bijoutiers.

Vu aussi le fameux Palais du Japon, le musée des porcelaines, que tous les voyageurs admirent sur parole ; où à côté d'un grand nombre de porcelaines chinoises bleues du XVIIe et du XVIIIe siècles, il y a à peine trois ou quatre échantillons de céladon, pas de porcelaine rose, pas de porcelaines jaunes impériales. — Et ce musée de porcelaines nationales, où sauf les curiosités des premiers essais, pas un vase comme en possède un de mes oncles et où Franckenthal, Mayence, Vienne, Berlin n'ont aucune représentation — ou une dérisoire — et où un grand nombre de groupes me semblent modernes.

Des vases blancs à médailles d'Auguste le Fort, très chantournés et très bellement chargés ; charmantes figures qui ont la longueur et la *parmégianerie* de figures de Hutin : sans doute de lui, il est mort à Dresde. Figures du monument d'Auguste III, délicieuses, sans doute encore de lui.

Figurines du comte de Bruhl en berger, avec un panier de fleurs, et de la comtesse, avec panier de fleurs et couronne de fleurs, 1740 : un premier ministre en berger, pur XVIIIe siècle ! Première porcelaine blanche marquée *A.R.*, *Augustus rex*.

Dans le palais de Dresde, peinture de Bendemann, le seul peintre allemand digne d'un peu de gloire. — LOUIS XIV RECEVANT AUGUSTE LE FORT, par Sylvestre : le double à Versailles.

13 septembre.

Excursion à Basten, dans la Suisse saxonne. Un roc de deux cents pieds de haut, une aire de burgraves, debout au-dessus du fleuve qui le contourne. Plus rien de l'ancien burg, de la main de l'homme, sauf un roc qu'on appelle le *Canapé*, d'où ils guettaient le passage du fleuve ; une herse cyclopéenne, bâtie de deux rochers, qui étrangle le chemin ; et dans la plaine unie, quatre ou cinq rochers, qui semblent en sentinelle de tous les soubassements des burgs évanouis et qui semblent revivre à mesure que la nuit descend.

14 septembre.

Nous passons, la nuit, par les plaines de Leipzig. Chose étrange : touristes et amateurs de Watteau, nous repassons en chemin de fer par toute cette Allemagne, où notre père soldat a passé et repassé à travers les balles et l'ennemi, sur un cheval de bataille. Nous suivons cette trace où avec lui, la France a semé ses os, comme le Petit Poucet son pain, pour retrouver son chemin.

Dans toute l'Allemagne, — ce peuple à ciel froid, septentrional, — amour et recherche des choses des pays chauds. Des jardins sont pleins de fleurs, des boutiques sont pleines de fruits des pays chauds. Sentiment de l'exotique, qui se retrouve dans les singes d'Albert Dürer et dans les lions de Rembrandt. Je vois, ce soir, au café, des gens bottés jusqu'au ventre acheter un ananas : Mignon aspirant au pays des oranges ! (1)

L'homme allemand est d'une laideur effacée. Il est gris, il est terne, il semble aveugle. Sa peau n'a pas de transparence, son teint n'a pas de coloration. Il ressemble a un homme taillé dans du pain bis.

Nos livres partout ici. C'est comme des enfants qu'on retrouve.

Nüremberg, 16 septembre.

Nüremberg, ça a l'air d'un dessin à la plume d'Hugo. Il y a dans les rues des casse-noisettes qui marchent sans bruit ; et dans les lanternes des maisons, des femmes qui méditent, regardent distraitement et laissent tomber sur le passant un sourire effeuillé.

Nous causons, le soir, de la vie antédiluvienne qu'on doit vivre ici. Le repère de la vie : rien que le mariage ! Et leur vie

(1) Allusion à la célèbre romance, *Connais-tu le pays où fleurit l'oranger ?*, que Gœthe fait chanter à Mignon dans WILHELM MEISTER.

ne doit pas avoir plus de conscience d'elle-même, que la conscience du sable dans le sablier. Et de la vie des Nurembergeois, nous passons à notre vie et nous geignons sur le bagne, où est enfermée notre jeunesse par la misère où elle se débat, misère qui désenchante les illusions, rogne ses élans, empoisonne et rétrillonne ses félicités. Et comme bien vite cette jeunesse d'âme s'en va! Et quand il y a un peu d'argent dans la bourse, elle est envolée... Et comme dans l'amour, il n'y a plus ces deux personnes fondues, mais maintenant, entre soi et la femme, un troisième personnage qui ricane entre les deux !

Au cimetière, entre ces tombes, monolithes de pierre chargés d'armoiries de bronze, il y a, sur la tombe d'une Américaine, ce beau cri de guerre de la foi : *Resurgam*. Et puis sur une tombe à côté, tombe d'un potier d'étain ou d'un apothicaire, les armes d'un matassin : deux seringues modelées en bronze, qui montrent combien ce peuple est inaccessible à l'ironie et que le ridicule n'existe pas en Allemagne.

Saint-Victor, après une journée entière de consultation avec lui-même et avec nous, achète un éléphant en bois doré, portant une pendule, et quelques porcelaines. Et il met, à les faire emballer, les transes, les émotions, les craintes qu'il mettrait à rapporter un objet de cent mille francs.

Il nous conte, à ce propos, le plus beau trait de dévouement qui soit : Charles Blanc, rapportant à sa maîtresse, de Copenhague à Paris, un service de porcelaine sur ses genoux.

Le voilà qui se met à avoir une assez grande confiance en nous pour l'achat des objets d'art. Nous causons, en plaisantant, de ce commerce et du gain que des gens intelligents pourraient faire. Il prend feu, sa tête se monte. Il aura trente mille francs de Solar, le voilà en boutique! Et il se met presque en colère contre nous, qui ne voulons pas réaliser ce rêve, qui le transporte et l'emplit! Grattez le critique, il y a un Rémonencq.

Munich, 18 *septembre au soir.*

Munich, une brasserie dans un Parthénon de carton-pâte. Partout ici, encore, la rocaille, protestant contre l'archaïsme et les petits modèles de tous les grands monuments, la plus fine et la plus délicate rocaille.

Au Musée avec Saint-Victor. Devant je ne sais plus quelle tête mal peinte et bête : « Quelle conviction ! quelle peinture sincère ! » Devant une mauvaise Vierge, qui trépasse et ferme les yeux : « Quel sentiment ! C'est le dernier mot de l'art mystique ! » Devant le Chevalier Baumgartner d'Albert Dürer, qui est pris dans une pose de repos : « Quelle fatigue ! C'est la fatigue de la chevalerie : la féodalité se meurt ». C'est encore lui qui disait devant la Madone de Saint-Sixte : « Quel regard de terreur de la Vierge ! Elle porte l'enfant olympien, comme s'il lui pesait autant que si elle portait le monde... » Je me méfie toujours des gens qui prêtent tant d'idées aux tableaux : je crains qu'ils ne les voient pas.

La Nativité de Rembrandt, véritable lumière d'une lampe allumée dans le tableau. — La fameuse Madeleine du Corrège de Dresde n'est pas au-dessus de la Madeleine de Van der Werff d'ici.

N° 404, attribué à Lemoyne par le catalogue, à Watteau par Viardot. Halte et déjeuner de chasse rappelant la tonalité chaude et des habits rouges de Lancret : un Vanloo ou plutôt un Coypel ? Grandes ressemblances avec les illustrations de Don Quichotte. — Rubens, la Chute des réprouvés, une avalanche, un écroulement de corps qui s'enlacent, se débattent, roulent et se précipitent ; toute la gamme de la chair étalée et irruante, depuis les chairs transpercées de bleu jusqu'aux chairs chauffées de bitume, depuis les chairs reflétées de la gloire de Dieu jusqu'aux chairs rougeoyantes des feux de l'enfer. Jamais un pinceau n'a plus furieusement roulé et déroulé des monceaux de chair, noué et dénoué des grappes de corps, berné de la graisse et des tripes. Le grotesque se perd dans l'épique. Des diables enfourchent des femmes à califourchon. Il y a des hommes comme des outres et des silènes, des femmes pansues et mafflues qui flottent dans la graisse comme dans un sac, des diables qui mangent à même des éléphantiasis. Et au milieu de cela, des gorges aux tons les plus fins, des dessous de bras où la lumière s'endort dans des tons bleuâtres, des corps rayés par la lumière comme des bronzes. C'est le soleil tombé en enfer, c'est la palette éblouissante de la chair, c'est la plus grande débauche de génie qui soit.

C'est évidemment l'ennui, le vide de la vie, qui fait le collectionneur. Voilà ce qui explique les grandes collections d'Allemagne, les collections de Dresde par les électeurs de Saxe, les collections de Munich par le roi Louis.

Nous attrapons par-ci, par-là, un journal français. Le dévouement de Garibaldi, au fond, quoi ? Qu'est-ce que se dévouer pour une cause qui a toutes les sympathies, sûre de vaincre, d'emporter l'admiration des badauds et des femmes jusqu'à la fille ? Qu'est-ce auprès de ces dévoués qui se savent maudits d'avance, qui se donnent à une cause vaincue d'avance, à une gloire anti-nationale, auprès de ce Lescure qui disait : « Il n'y a point de gloire à attendre » ?

Cornélius et Kaulbach, les deux plus monstrueuses blagues qu'on ait jamais faites en fait d'art. Kaulbach, spécialement, a reculé les bornes de la bêtise humaine. Ses fresques sont bêtes comme une métaphore de la Révolution... C'est l'*hydre du Fédéralisme* et les *grenouilles du Marais* exécutées par un rapin chassé de l'atelier de M. Biard.

L'ancienne Résidence, le plus riche et le plus curieux échantillon du flamboyant de la rocaille, de celle qui quitte Meissonier pour aller à Cuvillier.

Première salle. — Portes, panneaux de poêle, lambris bois doré ; panneaux de brocart rouge. Poêle à sirènes et à amours, dragons et casques, faïence et or. Corniches dorées : aux angles, des arabesques sortant de pots de fleurs. Au-dessus des portes, bustes d'empereurs et d'impératrices romains. Lustre de bronze doré, très riche. Sur les consoles or et marbre vert, des vases rocaille, d'où se tordent neuf flambeaux en cuivre doré. Rinceaux autour des glaces, blanc et or.

Salle de réception. — Brocart rouge velouté. Poêle très joli : faïence et médaillons dorés. Mascarons : lions et dromadaires surmontés d'un Amour. Encadrement des glaces, lis et treillis. Aux angles du plafond, QUATRE PARTIES DU MONDE, surmontées d'Amours. Portes : rinceaux et rosaces dorés sur blanc. Toute la partie contre les fenêtres, en boiserie. Bustes d'empereurs romains au-dessus des portes. Second poêle avec pendule, un Apollon en bronze ; dans la niche, buste couronné d'un empereur en bronze ; sur le couronnement, trophées d'armes orientales et de bonnets turcs.

Salle d'audiences. — Même tenture. Encadrements de lis et de roses très fouillés des panneaux. Portes : des dessins de branches de laurier et de palmes montantes. Dans le plafond, où courent des rampes tarabiscotées, des Amours jouent, lancent de l'eau par des conques ou pressent des poissons dont l'eau jaillit. Aux quatre rosaces des coins, un vaisseau d'or, une ruche d'abeilles un palmier, un chameau, derrière lequel s'élèvent des fumées d'encens ; et de grandes figures mythologiques d'hommes et de femmes entre ces quatre coins, en pleine ronde bosse. Cheminée en marbre, coquilles et têtes de lions en bronze doré ; deux petits poêles blancs à ornements dorés devant la cheminée. Cadre de la glace : Vénus sur sa conque en haut, coquilles, palmes et têtes dans le genre de la Renaissance. Petites glaces longues entre les fenêtres.

Chambre suivante. — Lustre couronné d'une colombe. Portes : colombes qui se becquètent sur des tiges de palmier. Dessus de portes : les QUATRE PARTIES DU MONDE peintes. Plafond : Vénus en char traîné par un lion ; des drapeaux, des étendards, des cartouches d'or aux quatre angles. Des figures volantes, des Justices, des déesses, des Renommées, des reines en or au-dessus des deux glaces. Consoles très riches ; le pied : Hercule au berceau étranglant des serpents ; sur la console, deux vases en céladon. Candélabres : de grands Amours soutenant des tiges de fleurs.

Chambre à coucher. — Glace : tout autour, de triomphants rinceaux avec une tête de Méduse au sommet, avec étendards et drapeaux. Balustrade : sur dessus, dix pyramides de cristal, dont les revers sont armoriés et où des lions de bronze doré lèvent une épée et soutiennent en haut une couronne. Lit avec dais et couvre-pied brodé d'or, croûté d'or, — 16 millions de francs d'or, — comme un plat d'or repoussé, à peine laissant voir le velours rouge. Le plafond répétant la balustrade, montrant la NUIT sur la voussure blanche, une lune et des étoiles d'or ; et en avant, des Amours et un génie soutenant un écusson. Cheminée en marbre, une pendule et des girandoles en bronze doré soutenues par des chimères d'ancien bleu de Chine. Commodes en laque ; autre pendule : un Amour sort d'un vase de marbre, l'émail signé Lepautre. Petit bonheur du jour tout contourné et tout couvert de bronze.

Cabinet des Miroirs, reflétant les porcelaines dans les glaces. — Meubles velours et or. Les glaces reparaissant sous les petits treillis d'or. Des bras d'or, fleuris de porcelaine de Saxe, de roses panachées et de feuilles. Des chimères ailées versant l'eau dans les plafonds. Les petites étagères avançant les pots sur les glaces. Commode de laque ; petit bureau sans profondeur; au fond, sopha Louis XVI, le sopha de Crébillon dans sa niche de glace ; jardinières en bronze doré avec petites plaques de porcelaine de Saxe.

Cabinet de miniatures. — Fond rouge, tous les cadres des miniatures faisant partie des lambris. Inimitable finesse des sculptures, des têtes de lions, des têtes d'anges, d'oiseaux, des têtes de bœufs ailés, des trophées marins : jusqu'aux mailles des filets, à jour ! Des trophées terrestres, cornes de fruits, dessins de fleurettes, paysages qui ont l'air de découpures ; des dauphins qui jettent de l'eau. Cabinet en laque. Des bras en porcelaine de Saxe. Sur le plafond blanc, un tas d'insectes et oiseaux peints, volants. Tabourets avec tapisserie à fleurons, à fruits. Une glace descendant jusqu'en bas.

Dans une cour du château, sous des arcades à jour, une espèce d'autel, de petit temple Renaissance, tout en coquillages incrustés dans la glaise, sur le devant duquel les armoiries du maître de la maison sont soutenues par deux nègres tout coquillagés. La vasque sans eau. Un Mercure volant, doré, posé au-dessus. Un ensemble de peinture criarde de sauvages, de tatouage. Tout se dégrade, tout devient terreux, écaillé comme l'écorce d'un platane. Les gaînes de femmes, supportant des corbeilles de fruits et des coquillages, ont l'air de momies, auxquelles on a mis du fard, et des tapisseries au gros point mangées aux vers. Il ne leur est resté que le noir de leurs yeux et le rouge de leurs lèvres ; terreuses comme de vieilles figures de cire de perruquier de province. Les petits fils de fer, qui soutenaient dans les vases les bouquets de fleurs, sont à nu et se rouillent .Des sirènes, qui soutiennent des vasques de côté, écartant dessous leur double queue en nageoire, toutes piquées de petits coquillages creux, nacrés de bleu au fond, semblent montrer un fourmillement de travail de vers, la tarière du ver. Il semble qu'on entende y bourdonner comme une ruche la pourriture. Le bout de sein verdi ne donne plus d'eau ; une lèpre affreuse, où le travail de la décomposition vous est présent ; une de ces idoles du Mexique, auxquelles on fait des sacrifices humains, terreuse, verte et mousseuse. Un petit temple à console, tout surchargé de cordons, de coquillages, de corbeilles de fleurs et d'oiseaux, coquillages aux angles, tatoué d'ocre brutal des sacrifices humains, bleu, rouge, vert, fond de boue séchée.

Glyptothèque. — Le FAUNE BARBERINI, la plus admirable traduction, par le marbre et l'art statuaire, d'une humanité contemporaine des Dieux. Cette belle tête renversée par le sommeil sur l'oreiller du bras, avec l'ombre calme de ses yeux clos, le sourire de cette bouche entr'ouverte, d'où semble s'exhaler un souffle, la mollesse et la tendresse de ces joues détendues par le repos, ce marbre qui vit et dort : la statue qui, avec le buste de la PSYCHÉ de Naples, nous a le plus touchés, de tout l'art antique (1). Et véritablement, ces deux marbres en sont les deux pôles, la PSYCHÉ représentant la beauté idéale, le corps d'une âme, et ce FAUNE endormi, la beauté d'une humanité au sortir des mains du Créateur. Tel je me figure le sommeil d'Adam, dans la nuit où une compagne lui fut donnée. Savez-vous que cette perfection-là, absolue et in-niable et inimitable, de la sculpture antique est un terrible argument contre le progrès ?

Nymphenbourg, 21 septembre.

Toujours, comme dans toute l'Allemagne, une imitation de Versailles. Que Louis XIV a dû coûter d'argent à tous ces petits princes !

Pavillon de chasse dans le parc, qui semble la miniature d'un Choisy, conservé sous un ciel du temps, dans le bois de la Belle au bois dormant (2). C'est d'abord une chambre aux boiseries

(1) Le SATYRE ENDORMI, dit *Faune Barberini*, exposé dans la Salle Bachique de la Glyptothèque, est une œuvre pergaméenne qui inaugure un nouveau type de Faune. — La PSYCHÉ du Musée Bourbon de Naples est un torse en marbre, trouvé à la fin du XVIIIᵉ siècle dans l'amphithéâtre de Capoue et représentant une femme à demi nue, de style praxitélien.

(2) Le château de Choisy-le-Roi, près de Paris, construit par Mansart en 1682 pour Mˡˡᵉ de Montpensier, embelli par Louis XV et presque entièrement détruit sous la Révolution.

d'argent sur fond jaune, des portes pleines d'attributs de chasse, des panneaux avec des Amours laissant pendre les filets de la pêche, et d'autres, avec des raisins, figurant les vendanges. Au plafond, un lustre cristal et argent ; et aux murs, des meubles argentés. A côté est la chambre des chiens, avec leurs niches sous les armoires à fusils : fond blanc avec des arabesques, des animaux et des attributs de chasse en bleu sur la boiserie blanche. Puis une autre chambre, argent sur bleu. Puis s'ouvre devant vous une salle de bal de jeune fée, un salon rond qui semble une robe de bal, argent et bleu, tout couvert de glaces, au bas desquelles de merveilleuses consoles montrent des chimères et des têtes de Méduse. Des guirlandes et des carquois tombent de deux en deux glaces. Dans les ornements volent et s'enlèvent en pleine ronde bosse, en relief entier, des Amours et des femmes. Au-dessus des glaces, des Amours avec des instruments de musique et des Amours sur des barques, avec des symphonies figurant sans doute les sérénades données sur la grande pièce d'eau. Au plafond comme d'une corne d'abondance, des vases répandent des fruits, des corbeilles de gibier se renversent, des bouquets de fleurs se dénouent. Tout cela d'un goût merveilleux, d'une pureté toute française, avec un agrément tout particulier et tout féminin, venant de la tendresse de ton de l'argent et du bleu répétée dans toutes les glaces.

Il ne manque même pas au petit pavillon sa cuisine qui, toute en revêtement de plaques de faïence de la Chine à dessins bleus, représente la vie de Jésus-Christ. Et dans une armoire est même gardée la vaisselle de cuisine, qui servait aux repas, en faïence brune avec des larmes de blanc.

Et çà et là dans le parc, des joujoux de princes, des folies du temps. Nous avons été chercher une brave Allemande, qui étendait son linge, pour avoir la clef d'un petit pavillon chinois, un nid de la Chine dans ce parc allemand. Voyez-vous cette bonne paysanne avec sa fille, aérant cette petite maison, où il y a encore un parfum d'ANGOLA et de CONTES IROQUOIS ? (1) Et dans ce beau parc, des jets d'eau qui sont des gerbes et comme des arbres

(1) Pour ANGOLA, cf. t. I, p. 560, n. 1. — Les CONTES IROQUOIS ou plus exactement les LETTRES IROQUOISES sont une œuvre de Maubert de Gouvest, publiée en 1752.

d'eau, faisant des bruits de cascatelles. Et c'est, avant de nous en aller, jetant un dernier regard par l'arche de la porte du château, toute la pluie d'eau du grand jet en feu par le coucher du soleil, comme une opale qui flamberait.

Vienne, samedi soir 22 septembre.

Je lis, en chemin de fer, un petit livre publié en Allemagne, une sorte de manifeste du comte de Chambord, avec sa correspondance (1). Manifeste pâteux : conciliation générale... Pas assez légitimiste ! Et puis des *langues* à Bugeaud... Il est des haines que j'aime à voir garder, même à un principe. Tout cela nous lève un peu le cœur. Nous n'irons pas.

Dimanche 23 septembre.

Schœnbrunn.

Le vilain château ! Le beau parc, la grande colonnade d'où l'on embrasse Vienne, les animaux, les serres, tout cela vu au pas de course.

Tombés dans un jardin public, où les tables ont des nappes et des verres de bière et où un orchestre joue la POLKA DU ROSSIGNOL.

Puis sous l'arcade du Palais, de grands cris, une prise d'armes, un tilbury qui nous frise, une femme qui nous rase, on bat aux champs : c'est l'Impératrice conduisant elle-même (2).

Puis dans un café, sur la route de Schœnbrunn, chez Schwinder, où un chef de musique en uniforme fait exécuter à des uniformes

(1) Il s'agit des lettres du comte de Chambord, publiées pour la première fois en 1859 à Bruxelles (et non point en Allemagne) sous le titre de : ÉTUDE POLITIQUE. M. LE COMTE DE CHAMBORD. CORRESPONDANCE (1841-1859), et précédées d'une longue introduction de Léopold de Gaillard. Celui-ci cite avec complaisance des passages de lettres montrant que le prétendant voulait « fonder d'accord avec la France un gouvernement en complète harmonie avec notre temps » et appelant « à la conciliation de toutes les opinions sincères sur le terrain des principes monarchiques et des libertés nationales » (p. XIX sqq.). Pour les avances faites naguère à Bugeaud (l'ex-geôlier de la duchesse de Berry était mort depuis, en 1849), cf. la lettre à M*** du 12 octobre 1848 (p. 86).

(2) L'impératrice Élisabeth, princesse de Bavière, mariée en 1854 à l'empereur François-Joseph.

815

blancs l'hymne de l'unité allemande, au milieu de trépignements et de dix-huit rappels.

Puis dans une salle de danse immense et haute, où tourbillonnent les uniformes et les prostituées en costume de gala, autour des tables emplies de soupeurs, des petits officiers ressemblant à nos petits danseurs de bal, à nos petits Brididi, et des filles qui ressemblent toutes à nos mauvaises putains, qui, ont le type méchant (1).

Une succession de tableaux, de courses, de changements à vue, quelque chose de heurté et de sans suite, qui ressemble à ces courses aux flambeaux de Pétrone (2).

24 septembre.

Une ville de bruit et de mouvement, où les voitures volent, où les pavés sonnent, où il y a du monde à poignée et des galons d'uniforme en tas. Des femmes qui ne sont plus les Allemandes de Berlin, mais des femmes au sang mêlé, des femmes sensuelles, tenant de la *Torpille* (3) ; des femmes brunes, des métisses de Russes, de Hongroises, de Croates et de Bohêmes, au front bas, à l'œil coquin et sans cœur, qui, depuis la fille de boutique jusqu'à l'Impératrice, sont des images de volupté. Une ville de plaisir, où les boutiques ferment à sept heures, pour laisser le boutiquier aller au spectacle; une ville lascive, où la prostitution est partout sans être nulle part.

25 septembre.

Musée du Belvédère. — Rembrandt jeune : un coin de front, de la tempe, du bout du nez seul éclairé, un reflet dans le

---

(1) Brididi, ancien employé de commerce, était alors un danseur célèbre de Mabille et du Château des Fleurs. Sa gloire passe vite : il est oublié déjà en 1867.

(2) Dans le SATIRICON, le héros Encolpe, son mignon Giton, son rival Ascylte se déplacent, se cherchent ou se croisent en une série souvent incohérente de courses nocturnes. Cf. par ex. l'épisode du marché aux objets volés (XII), l'arrivée, puis la noce aux flambeaux chez Quartilla (XVI et XXVI), le départ pour le festin de Trimalcion (LXXIX), etc.

(3) Esther Gobseck, la plus célèbre des prostituées de la COMÉDIE HUMAINE, héroïne notamment de SPLENDEURS ET MISÈRES DES COURTISANES, où elle se rachète en aimant Lucien de Rubempré.

menton, jeune, à demi souriant, lisant. Rembrandt rare, dans une gamme poétique bien supérieure à tous ces portraits plats, dessinés et non modelés de Raphaël. — Une magnifique esquisse de la FAMILLE DE PHILIPPE II, par Vélasquez.

Je dîne à l'Hôtel de Francfort en face d'une jeune fille, à côté de son frère en uniforme, une jeune fille à la peau éblouissante. Quel régal des yeux, quelle perpétuelle provocation charmante s'en est allée de la société avec le décolletage du XVIIIe siècle, gardé ici ! Le décolletage dans la vie usuelle donne la mesure précise du degré de sensualisme d'une société.

Une jolie chose, le soir, que le visage de femmes éclairées par l'affiche lumineuse du bal de Schwinder, sur laquelle elles se penchent.

Musée du Belvédère. — Congiaroli, Italien décadent : peinture de Boucher et de Natoire, plus blaireautée.

Musée de Lichtenstein.
Quatre Chardin, dans une tonalité plus chaude, plus bitumeuse que ceux que je connais en France (1). — LA RATISSEUSE, exquise, bonnet blanc, fichu blanc et bleu, casaquin brun, tablier blanc. Tablier et bonnet : rugosités de blanc dans un bain d'huile. Jupe rouge. Esquisse très grasse et très beurrée, signée *Chardin*, 1738. Couleurs posées, moins fatiguées que dans ses tableaux finis. — LA POURVOYEUSE, *Chardin*, 1735 : le jaune, le rouge, le rose, le bleuâtre, le violacé tendre posés l'un à côté de l'autre dans la figure : tapisserie au gros point. — LA GOUVER-NANTE, placée trop haut. Enfant, habit violet ; fauteuil rouge, fond roux et chaud. Femme, harmonie blanche : bonnet, fichu, tablier ; robe verdâtre : très chaud de tons. — Un sujet non gravé dans le temps, LES ALIMENTS DE LA CONVALESCENCE : une femme debout, près d'une table à nappe blanche, où il y a un broc de faïence, une assiette, dans laquelle un coquetier et un œuf (2). Elle a un bonnet enfoncé dans une espèce de fanchon,

(1) Add. 1887, depuis *Quatre Chardin...*
(2) Add. 1887 : *Un sujet* et *dans le temps*, LES ALIMENTS DE LA CONVALESCENCE...

tablier à bavolet rose passé, un casaquin blanc jusqu'au cou, avec fleurettes, jupe à raies roses et grises, des souliers gris vert. Elle tient une serviette sur le bras gauche et casse un œuf de la main droite ; la queue d'une poêle, posée sur la table, repose sur la serviette de son bras gauche. Fond sombre, la femme dans des tons doucement roses, violets et blancs.

Quatre tableaux flamands donnés à Lancret (Louis en a deux). Casanova, l'ORAGE, un CHARIOT FOUDROYÉ, bien plus furibond qu'un Fragonard.

Dîner avec Rœderer, de l'ambassade, qui nous expose ses grandes vues sur le métier d'ambassadeur. Le fond, selon lui, consiste à donner à dîner et à faire causer les gens au dessert. La reconnaissance de l'estomac... Heureusement que nous ne sommes pas des diplomates ! Puis il nous confie encore le grand secret de son état. C'est, quand on a une dépêche pressée à copier, — et c'est là tout ce qu'ils ont à faire, — de ne pas faire semblant d'être pressé et de rester dans le monde jusqu'à onze heures. Voilà !... Il nous expose ceci très sentencieusement, avec une fort belle gravité. Ce qu'il nous a dit de plus curieux, c'est que le chiffre est un tel casse-tête que dans le bureau du Chiffre, au ministère, un employé devient fou tous les dix ans en moyenne.

Paris, dimanche 30 septembre.

Paris nous paraît gris, les femmes nous semblent laides, les roues des voitures nous semblent avoir des chaussons de lisière. Rien de la patrie ne nous sourit, pas même notre intérieur. Notre lanterne chinoise est cassée. Voilà tout ce qui est arrivé pendant notre absence.

3 octobre.

Vu Charles Edmond. Ce n'est plus un homme, c'est un auteur tombé, un aplatissement, une démolition. Il a la voix du Christ à la troisième heure du Vendredi-Saint : on ne le joue plus ! Il est navré et navrant. Véritablement, les auteurs dramatiques ont une vanité supérieure même à celle de l'homme de lettres... Il ressemble à ce fou de Corinthe, convaincu qu'il n'y avait que lui dans le monde et que le soleil était uniquement fait pour l'éclairer (1).

C'est à ce point que ce garçon, pourtant mieux élevé que d'autres et qui nous aime véritablement, a oublié, mais absolument, de nous faire un mot de question, un seul sur notre voyage.

Il ne gagnera que 3.000 francs avec sa pièce ! Et nous, qu'aurions-nous donc à nous dire ? Nous avons eu comme lui entre les mains, aux premiers jours, la promesse d'un grand succès. Et il nous reste, au bout du compte, quoi ? Une perte de 700 francs.

L'ironie des choses a voulu que jusqu'ici, nous nous trouvions entre des amis, dont nous n'estimions pas le caractère, et d'autres, dont nous n'estimions pas le talent.

Nous trouvons le titre du grand livre philosophique très simple d'allure et d'intrigue, livre sceptique sur toutes les conditions de la vie d'un individu, de la naissance au cimetière: HISTOIRE D'UN HOMME. Nous écrirons cela, car nous sommes faits pour l'écrire.

Je me suppose, à la fin d'un souper, disant : « Mes amis, j'ai une maîtresse unique, qui a quarante ans, qui les avoue et qui ne les porte pas, qui a été jolie, qui est grasse, qui a le haut d'un torse d'une mère de famille peinte par Rubens, le bas sculpté par Jean Goujon, la peau satineuse et blanche; une maîtresse à qui je donne à boire et à manger tous les huit jours, jamais plus, qui arrive à six heures et demi et s'en va à dix heures précises; une maîtresse qui a un métier, qui l'occupe et dont elle vit; que je reçois sans me faire la barbe, que je ne reconduis jamais; qui jamais, dans l'intervalle, ne conçoit pas même l'idée de me déranger en venant m'embrasser, qui de plus ne m'écrit jamais; une maîtresse qui, pour un peu, ne saurait pas lire et ignore absolument jusqu'aux titres des livres que je fais; une maîtresse avec laquelle nous avons supprimé tout ce qu'on met de *machine* autour de la chose, poésie, tirades, filandres

(1) Ce *fou de Corinthe* m'intrigue, car l'expression est bizarre s'il s'agit de Diogène, qui pourtant a bien en commun avec ce *fou* de chercher partout en vain, la lanterne à la main, un autre homme que lui et de s'approprier le soleil, quand il dit à Alexandre, venu le voir à Corinthe : « Ote-toi de mon soleil ! »

épistolaires, jusqu'à cet « échange de deux fantaisies », ne laissant que le contact de deux épidermes (1)... Trouvez-en une pareille à la mienne, mes amis, c'est la maîtresse que je vous souhaite ! »

Renoncé à notre procès pour notre nom. Absence de confiance dans la restitution que le gouvernement, qui nous a volés, nous ferait sur notre demande. Demander justice en n'ayant que son droit pour soi !

11 octobre.

Encore cette critique, que Gavarni ne fait pas des gens vertueux, qu'il fait des yeux cernés, des figures fatiguées et pâlies... Parbleu ! Gavarni fait des Parisiens, des hommes de la capitale, des éreintés. Il ne peut pas peindre au XIXe siècle les naïfs et les saints et les patauds tranquilles et bourgeois des primitifs allemands. C'est comme si on demandait à sa femme le type d'une Vierge de Schongauer.

Dîner chez Gavarni, qui nous parle de son admiration pour le ROMAN COMIQUE de Scarron : Ragotin, une admirable satire de la vanité bourgeoise. Et ce qu'il trouve de plus admirable, c'est que dans ce roman, les personnages ne parlent pas, ils ne font pas de phrases, ils font des gestes. C'est pour lui la meilleure des pantomimes que ce roman.

12 octobre.

Une lettre de Gisette nous prend au collet et nous amène à la première représentation de l'ESCAMOTEUR (2). Depuis bien des années, il n'y a qu'une seule et unique pièce au Boulevard, une fille et un fils perdus, retrouvés, faisant rendre à la paternité ou à la maternité toutes ses notes, depuis les cuivres jusqu'aux ophicléides pleurards. Vraiment, oui, il n'y a plus que des pleurs sur un mioche ; et l'on dirait que l'humanité a été prise tout à coup d'un *rinforzando* de

---

(1) Allusion à Chamfort et à son mot célèbre : « L'amour, tel qu'il existe dans la société, n'est que l'échange de deux fantaisies et le contact de deux épidermes. » (MAXIMES ET PENSÉES, chap. 5, éd. Houssaye, 1852, p. 319).

(2) L'ESCAMOTEUR, drame en 5 actes de Dennery et Jules Brésil, joué à la Gaieté ce 12 octobre 1860.

tendresse pour le fruit de ses entrailles et qu'il n'y a plus que des pères et mères, absolument, dans le monde parisien. Dans d'autres années, l'amour, la passion tenaient une assez belle place dramatique. Maintenant, c'est à peine s'il y a dans un coin de la pièce un petit amour élégiaque, qui se meurt en sourdine de la poitrine. Et l'on a presque le droit de se demander si la tyrannie actuelle ne nous a pas poussés à toutes les hypocrisies et si les auteurs dramatiques ne cherchent pas à *le mettre* au public, à le convertir à cette vieille blague de *Ma mère*, si bien exploitée par deux ou trois hommes de lettres.

Paulin Ménier est toujours Ménier, le grand acteur de l'heure présente. Au troisième acte, il est presque pris d'attaques de nerfs, parce que rappelé tout seul, on veut lui imposer le retour sur la scène avec toute la troupe.

Toute la soirée, ce sont des mots ou plutôt des *gammes*, ainsi que les appelle Gisette, sur Lia, qui va faire un petit Crémieux panaché à Saint-Victor. Et dans une visite que je vais faire à Saint-Victor et à Lia dans leur loge, Lia s'exclame sur notre présence dans l'avant-scène de Gisette, avec une femme qui a une maladie de peau.

Le couloir du théâtre, l'aimable endroit et la curieuse étude de tous ces regards qui cherchent un regard ami, évitent un ennemi, de tout ce monde qui fait semblant de ne pas se voir dans trois pieds carrés; de ces gens qui, frappés sur le bras, se retournent, ne sachant si c'est un soufflet ou une poignée de main; de ce coudoiement, de ce frôlement, de ce méli-mélo, de toutes ces rivalités, ces hostilités, ces haines rassemblées là et obligées de vivre un moment ensemble, comme je me figure que vivaient dans les corridors du cirque, avant de se manger, les bestiaires et les myrmidons.

Après la représentation, les compliments de rigueur à l'auteur, les embrassades des femmes qui s'embrassent, nerveuses à s'étrangler comme des cataleptiques; et le plus singulier tohu-bohu social, la plus remarquable promiscuité des femmes honnêtes, des catins, des cabots, des collégiens fils d'auteurs, tout cela les uns dans les autres et échauffés par une chaleur de Sénégal...

Dans l'ombre d'un corridor, j'ai entrevu le directeur de la Gaîté (1). Cette vue est bonne: l'homme est la réalisation du

---

(1) C'est Gustave Dardoize, dit Harmant.

vendeur de contremarques, gras et fleuri; et il n'y a qu'à voir un homme comme cela, pour n'avoir pas la plus petite illusion, si l'on avait une pièce en portefeuille. Cet homme ne s'appartient pas; il appartient à Dennery, qui seul a le privilège de lui donner des pièces, qui seul doit lire les pièces qu'on apporte au théâtre et les refuse et s'approprie les situations qui lui conviennent, bien certain, si une réclamation arrive, de tuer la réclamation anonyme sous tout le ridicule que peuvent amonceler les petits journaux, qui ont tous les dimanches leur couvert mis chez lui.

Toutes les pièces que je vois ne valent rien; et toutes, laissées telles qu'elles sont, sans qu'on y dérange une scène, pourraient devenir des chefs-d'œuvre, à la condition seulement qu'un homme de talent les écrivît et traçât les caractères. Pour moi, tout le théâtre est là et n'est que là : la construction des caractères, des individualités, et le style. Quant à la marche, intrigue, dénouement : néant !

Chez le concierge du théâtre, il y avait de grands yeux d'enfant, tout grands ouverts. Il était deux heures du matin. Que deviennent et que font ces enfants?

Mercredi 17 octobre.

Vu chez Lia entrer aujourd'hui Mme Raphaël Félix : il ne faut jamais revoir les femmes dont on a eu envie...

Dîner chez nous avec Saint-Victor. Singulière chose, qu'aussitôt que Dieu met au monde un saltimbanque, il mette au monde un gogo ! Qu'il fasse le même jour l'homme d'une blague et le public d'une blague ! Un Champfleury d'une main, un Poulet-Malassis de l'autre (1).

Causerie sur la fortune, encore refaite une fois, de Fournier, le Garcia du succès, mangé par derrière par Raphaël Félix, qui a

(1) L'éditeur de Baudelaire, Poulet-Malassis, avait publié en 1859 Les Amis de la Nature de Champfleury, avec un dessin de Courbet en frontispice et une Caractéristique des œuvres de l'auteur, admirative préface de son disciple Duranty. Poulet-Malassis entreprend en outre une réédition illustrée de ses romans dans la double série des Œuvres nouvelles..., puis des Œuvres illustrées de Champfleury. Dans la première série, l'année 1860 voit déjà paraître Monsieur de Boisdhyver (1re éd. 1856), illustré par Armand Gautier, et La Succession Le Camus (1re éd. 1857). La publication se poursuivra en 1861. — Poulet-Malassis sera emprisonné pour dettes en 1862, pour faillite en 1863 et il s'exilera en Belgique le 15 avril 1864.

mangé quelque chose comme trois millions. Tous ces directeurs de théâtre, manœuvrés et sucés dans la coulisse soit par des hommes d'argent, comme Félix, soit par des hommes de théâtre comme Dennery, ceux-là vidant la caisse, ceux-ci dévalisant les cartons du théâtre, en sorte qu'ils en sont les vrais directeurs, inconnus du public. — Un rude monsieur, que ce M. Félix ! Un jour, ayant demandé à ses sœurs Lia et Dinah tout leur argent, ayant *fait* à la Bourse 150.000 francs, et leur renvoyant l'argent prêté, avec un billet de 500 francs chacune, en leur faisant payer la dépêche télégraphique !

De l'amour-propre des comédiens : dans l'engagement de Lafontaine, une clause expresse, qu'on hausserait la rampe, quand il entrerait sur la scène.

Puis ce mot sublime du directeur de la Gaîté, Harmant, celui que nous avons entrevu ces jours-ci. Il a une loupe sur le nez ; Lambert-Thiboust lui conseillait de la faire enlever, que ça s'extirpait très bien, qu'on brûlait ça au nitrate. Harmant lui dit : « Je vous dirai que j'y tiens, parce qu'elle me vient de ma mère ! » *La loupe de ma mère* : c'est plus beau que du Dennery !

Puis c'est Doche, un miracle de la conversation parisienne. Puis c'est pour nous une révélation très curieuse sur les gens qui font du théâtre. Voilà Crémieux gagnant 250 francs par soirée avec le Pied de mouton, où les Cogniard ont tout fait et où il n'a fait qu'un couplet, et Orphée aux Enfers, qui n'est plus du tout de lui, mais qui est l'improvisation de deux cabotins tous les soirs, et le petit opéra-comique, Ma tante dort, dont la prose est d'About et la poésie de Michel Delaporte, — en sorte que véritablement, on se demande qui fait les pièces ! (1) Type charmant, pour le Théâtre, d'un homme remplissant les théâtres sans faire aucune pièce, en promettant un feuilleton de Saint-Victor, en allant beaucoup au café, en tutoyant tous les vaudevillistes et en dînant chez les directeurs.

---

(1) Pour Le Pied de Mouton, cf. t. I, p. 790, n. 2. — Quant à Orphée aux Enfers, la célèbre opérette d'Offenbach avait été créée le 21 octobre 1858 aux Bouffes-Parisiens, sur un livret d'Hector Crémieux, avec la collaboration anonyme de Ludovic Halévy. Une reprise triomphale, amorcée en avril 1860 par une représentation au bénéfice d'Offenbach, au Théâtre-Italien, en présence de Napoléon III, eut lieu aux Bouffes-Parisiens, le 1er septembre 1860, avec les deux grands comiques Désiré et Bache dans les rôles de Jupiter et de John Styx. — Enfin Ma tante dort, opéra-comique en un acte, avait été créé au Théâtre-Lyrique le 21 janvier 1860.

Saint-Victor nous raconte ce trait caractéristique de lui-même. Un Anglais, toutes les fois qu'il venait à Paris, demandait à Lecuyr, l'ex-commis des Bourdilliat, « si l'on devait réimprimer en volume les SALONS de M. de Saint-Victor. » Saint-Victor, à la fin, lui fait dire par Lecuyr : « Non, Monsieur, mais si Monsieur est amateur de tableaux, M. de Saint-Victor a un très beau tableau de Tintoret à vendre chez M. Moreau. » Et Saint-Victor croit son Tintoret à peu près vendu !

Type nouveau : le *Méchant* de Grassot, méchant du XIXe siècle, répétant aux gens, crûment, tout le mal qu'il en entend dire et des uns aux autres, d'une loge à l'autre (1).

Tous les sentiments généreux, chevaleresques, idéaux, en dehors du bon sens et de l'intérêt, disparaissant de ce monde par la spéculation et la monomanie d'enrichissement, il ne restera plus pour levier aux volontés que des sentiments matériels de bon sens et de positivisme. Cela est impossible. C'est une rupture d'équilibre entre le physique et le moral d'une société, qui doit la mener à une culbute.

On n'a pas remarqué que la théorie du succès dans la vie sociale correspond précisément au principe du fait accompli dans la politique.

Jeudi 18 *octobre.*

Rue de La-Tour-d'Auvergne, un rez-de-chaussée humide dans une maison appartenant aux hospices, espèce de tanière de journaliste, un trou à hommes de lettres ou à filles de passe, où a passé Alphonse Karr et où il y a une odeur malsaine de copie et de vinaigre de Bully. Je trouve Scholl, toujours le même : il n'y a que Doche de moins dans sa vie et une princesse valaque de plus. Toujours entouré de portraits de femmes : à côté des portraits de Doche, une dizaine de petites photographies de la princesse dans tous les costumes.

---

(1) Le *Méchant de Grassot :* allusion, formant jeu de mots, à la célèbre comédie de Gresset, LE MÉCHANT (1747). Dans les milieux de théâtre que fréquentent les Goncourt, le Méchant, — qui pourrait être par exemple Dennery (cf. t. I, p. 712) — s'inspire maintenant de l'acteur comique Grassot pour se composer un rôle de bouffon cynique, qui lui permet de jeter à la face de ses amis les « rosseries » recueillies dans les couloirs ou les coulisses.

Il nous raconte ses scènes avec Clarence, qu'il a roulé et qui lui a livré les lettres de Doche, qui lui écrivait, la veille du jour où il devait se battre avec Lurine : « Je ne pourrai pas aller te voir demain. » Ils ne se battent pas. Liasse de lettres que Scholl, prenant ses précautions contre une visite domiciliaire émanant du Ministre d'État, a mises en sûreté chez Tony Revillon (1). Puis c'est la rupture, et les bruits de maquereau que Doche fait courir sur lui... Et toute son indignation et son dégoût, quand regardant cette tête de cabot saoul, ravagé, il s'est demandé pourquoi elle se l'est payé. C'était sans doute pour faire un tour à Mme Pierson, avec qui vivait Clarence.

Toujours cette existence fiévreuse, avec au fond, à Bordeaux, des scènes de famille, un beau-père jeté à la porte avec des coups de pied au cul. Une vie de fièvre, mais assez serrée au fond, enragé de ne pas voir des résultats matériels, menant toutes ces aventures à un but, faufilé de relation en relation, tirant au moins de ses amours de la publicité et son imagination, ses intrigues de romans. Chaque femme lui représente un volume. Chaque passion est pour lui le moyen d'un succès, d'un scandale. Il va faire sur Doche Les Amours de théâtre et il me lit le commencement de ses amours avec la princesse.

Puis il revient à Doche, avec mille détails qu'il oubliera dans son roman, nous la montrant, le soir, arrangeant ses cheveux en raquette pour ménager ses raies. Cette liaison, qui débute par des cataplasmes... Puis à Bordeaux, mal reçue par le public, disant à Scholl : « Eh bien! on me reçoit bien dans ta ville! » Lui, alors, courant les clubs, les cafés, racolant des *romains* jusque dans les bateaux des capitaines de marine et commandant les bouquets et l'ovation, — et le soir, dans sa loge, accueilli par ces mots : « Eh bien, je te demande bien pardon de t'avoir dérangé... Tu vois, c'est inutile ! »

Insister dans le Théâtre sur la vanité de l'auteur dramatique, qui est double, en sensibilité et en monstruosité d'étendue, de celle de l'homme de lettres : voir les duels Augier et Barrière avec

(1) C'est, à cette date, Achille Fould qui est Ministre d'État et de la Maison de l'Empereur : à ce dernier titre, il a la haute main sur tout ce qui concerne le théâtre.

Monselet (1), — laquelle vanité n'est encore rien auprès de la vanité du comédien, le *summum* de l'échelle.

Ce soir, nous sommes à la Comerie, chez les Lefebvre.

Vendredi 19 *octobre.*

Causerie avec Édouard sur l'Allemagne. Nature douce, agréable, complètement allemanisée, dont le charme et l'esprit particulier peuvent se résumer dans ses naïvetés à lui, non sans grâces, disant des cochers de coupé, qui pourraient conduire sa femme enceinte sans précaution : « Ce sont des gens si égoïstes... » Esprit non sans vue, sans une certaine hauteur, frotté à la pensée germaine, frotté aussi et aiguisé par le contact de tant de gens et de tout le menu fretin diplomatique, qui lui a passé par la main, et par les grosses questions, qui surhaussent même les plus petits de la diplomatie (2).

Amené en ce moment, par ce qu'il entend d'Allemagne, à voir, au-dessus de la Conférence de Varsovie (3), la préparation d'une grande lutte entre la race germaine et la race latine, entre le germanisme et le césarisme, dont il a l'écho dans toutes ses lettres d'Allemagne, où sans cesse la lutte, attendue fermement, sereinement, est figurée par le rappel perpétuel d'Arminius. Nous citait à ce propos, dans un tout récent voyage en Souabe, la

(1) Monselet s'était battu en duel avec Émile Augier en 1853 : duel sans résultat, qu'avait provoqué un article de Monselet, paru dans l'Artiste, sur la Philiberte d'Augier. En 1859, un compte rendu de La Maison du Pont Notre-Dame, de Théodore Barrière avait amené une algarade à la Gaieté entre l'auteur et Monselet, qui fut blessé à la main dans le duel qui s'ensuivit.

(2) Add. éd. : *fretin.*

(3) Les plébiscites d'Italie centrale, d'une part, qui unissaient au Piémont Parme, Modène, les Légations et la Toscane, l'expédition de Garibaldi (cf. t. I, p. 775, n. 3.) et le rattachement des Deux-Siciles au royaume piémontais, d'autre part, avaient suscité des agitations en Vénétie, possession de l'Autriche : l'Empereur y concentra ses forces. Puis le tzar Alexandre II, l'empereur d'Autriche François-Joseph et le prince Guillaume, régent de Prusse, décidèrent de se consulter à Varsovie en octobre 1860, pour arrêter, au besoin par les armes, les progrès de l'unité italienne. Mais le gouvernement français intervint en sous-main; l'Autriche ne reçut pas de ses partenaires les assurances nécessaires pour affronter une guerre immédiate et la conférence se sépara brusquement, le tzar ayant été rappelé à Saint-Pétersbourg par la maladie et la mort de l'Impératrice douairière.

passion que mettaient des **gens** distingués du pays à lui montrer un camp de César, comme un camp d'une guerre d'hier.

En bas de ces grosses questions, nous pensions quel joli cadre pour une nouvelle ou une pièce, que ces petites cours allemandes, autrement faites que chez Musset, véritablement observées et seulement grossies par la fantaisie. Il nous contait qu'ayant envoyé à une dame, tenant à la cour, de très belles poires, la dame les avait envoyées au grand-duc de Hesse comme une rareté ; et le soir, au thé, le duc, s'approchant d'elle et mettant sa main devant sa bouche, lui avait dit tout bas : « Vos poires étaient excellentes, je les ai mangées tout seul dans ma chambre... »

Puis c'est son singulier ministre, Damrémont, qu'il nous explique, ce courtisan démocrate, plat, vaniteux, susceptible, toute l'étoffe d'un parvenu de France, s'indignant, comme un Français, de toutes les coutumes allemandes, des serviettes à thé données aux Altesses, tandis qu'il n'en a pas, lui, ministre de France, le disant au nez des Allemands, les blessant en toutes leurs habitudes, les écrasant une fois par an, — ces gens habitués à recevoir avec une salade de pommes de terre — par un dîner à tout casser et des bouquets de violettes venus de Paris.

Est attrapé par une femme, curieuse et glorieuse de baiser avec l'ambassadeur, femme d'un major. A force d'efforts, parvient à la faire inviter au bal de la cour, quoiqu'elle fût de la seconde catégorie de la société. Puis pendant une absence de Damrémont, la grande-maîtresse venant trouver cette femme et l'invitant à s'abstenir de paraître à la cour. Colère de Damrémont, menaçant la Hesse de ses vengeances et disant qu'elle avait manqué son avenir en manquant à sa maîtresse à lui, qui en aurait fait une nation de premier ordre, en lui donnant tel et tel État européen dans un remaniement diplomatique.

Et ce butor, le jour où le grand-duc lui remet une grand'croix, content jusqu'aux larmes, éclatant, éperdu de reconnaissance, ne trouvant pas d'autres paroles que : « Je ne sais comment remercier Votre Altesse. Tout ce que je sais, c'est que vous avez mon pucelage ! »

Puis, quand il est marié, les soirées en tête-à-tête entre sa femme et lui ; et un jour, tout à coup, comme si un voile se déchirait, la femme découvrant l'homme qui est dans ce mari ; et depuis ce temps, une froideur de glace, jointe à une sorte d'indulgence, de commisération.

Là dedans, un chevalier rabelaisien (1), nourri de citations d'Horace, causant à tout moment des embarras diplomatiques par sa pine montrée et sa montre volée dans les bordels.

Samedi 20 octobre.

Comme on parlait ici du mariage de Blanche, la femme d'Édouard parle, comme d'une raison des retards, de la « jalousie de son père » : il n'y a que les femmes pour trouver de ces mots de vipère. Une réflexion que ceci me fait faire et qui m'explique bien des ennemis à nous, c'est que le monde ne pardonne pas aux gens qui s'aiment, aux affections vraies, aux dévouements absolus : ce sont des mariages de cœur, qui le blessent personnellement.

Nous allons voir les écuries de Chantilly. C'est la rocaille dans sa majesté. Cela est grand comme une ruine romaine. C'est le plus grand effort peut-être du XVIIIe siècle vers le *colossal*.

Paris, 23 octobre.

A l'Exposition du boulevard des Italiens, devant cette école, cette peinture pourrie, ces tableaux d'éventail, ces dentelles et ces bergerades, il me vient l'idée que c'est pourtant de ce temps qu'est sortie cette ventrée d'âmes de bronze et de corps de fer, les hommes de la Convention et de l'Empire (2).

Rose, hier, s'est fâchée avec sa vieille amie, la crémière (3). Ce qui l'a surtout émue, c'est le chien qui l'a suivie et ne voulait pas la laisser partir. Cette femme, besogneuse d'attachement comme toute femme, et surtout femme du peuple, a aimé la religion, puis les hommes et maintenant les chiens. Elle est passée de Dieu à l'homme pour arriver au chien. Les affections se raisonnent avec l'âge.

Les animaux sont l'image de leurs maîtres : les vieilles femmes déteignent sur les chiens.

(1) N'est-ce pas un lapsus pour : *chancelier* ?
(2) Sur cette exposition, cf. t. I, p. 767, n. 2.
(3) La veuve Colmant, dont le fils, Alexandre, est l'amant de Rose.

Rien ne lie deux personnes comme de dire du mal d'une troisième : c'est peut-être le plus grand lien de la société.

Ce sentiment nouveau, jusqu'ici inconnu et symptomatique
des sociétés modernes, des sociétés sorties du monde de 1789,
c'est le sentiment que l'état social ne durera pas plus de dix ans. Les
sociétés, depuis la Révolution, sont malades; et même convalescentes, elles sentent qu'elles vont retomber. L'idée du viager des
principes et des gouvernements à temps est entrée dans toutes
les cervelles. Au XVIIIᵉ siècle, il n'y avait que le Roi qui disait :
« Cela durera autant que moi ». Le privilège de dire cela et de le
penser a été étendu à tous.

Croissy, jeudi 25 octobre.

Nous voyons chez mon oncle un de ses collègues, le
bourgeois toqué. Trois cent soixante mille francs dans cinq
arpents à Montmorency; un intérieur doré comme un café;
désolé par un rival, ancien chemisier, plantant des jalons dans
son jardin pour le vallonnement et de loin, sur la croupe de
sa montagne factice, lui faisant promener la main dans le
vide (1). Le joli type que le faiseur de mouvements de terrain
des environs de Paris ! — En collection, spécialiste de Polem-
bourg et de Valin; et en fait de livres (2), des livres sur la
stratégie et la médecine, sciences dont il ne s'occupe pas le
moins du monde.

C'est une chose triste à penser, que peut-être, il n'y a de
véritablement aimés en ce monde que les maquereaux (3). Car ils
reçoivent la plus grande preuve d'affection de la créature sociale :
de l'argent !

(1) Add. éd. : *un intérieur* et *promener*. — Sur cette dernière notation, assez
obscure, cf. RENÉE MAUPERIN, p. 241 : l'amateur de « mouvements de terrain »,
Dardouillet, fait admirer de même à Denoisel les « terres remuées » de son
domaine et « une ligne de piquets commencée » et « il passait avec bonheur la
main dans le vide sur le projet de sa colline comme une croupe idéale qu'il eût
caressée. »

(2) Add. éd. : *de livres.*

(3) Add. éd. : *aimés.*

Si j'étais bien riche, j'aurais une chambre tournant au soleil sur un pivot, une chambre-tournesol, qui suivrait la lumière et le rayon tout le jour, du levant au couchant.

Je vois à vendre des moulins de Bar-sur-Seine et je songe à ce que l'introduction de chaque nouvelle machine économique coûte de ruines, de faillites, de banqueroutes.

31 octobre.

J'ai vu deux enfants de quelques jours aujourd'hui. Ce sont vraiment des ébauches de créatures, que la mère devrait un peu plus longtemps nourrir dans son ventre. La guenille n'est pas assez formée, quand elle vient. C'est une pâte humaine, encore trop écrasée par la matrice et qui respire par tout le corps. Cela frémit et tressaute comme un petit cochon de lait. Comme venant et nous en allant, nous touchons à la bête ! Il semble que l'âme ne préexiste pas et que c'est une acquisition des années.

C'est chez Lia que j'ai vu le dernier, une petite fille, la fille de ce pauvre Saint-Victor. Il y a là, quand j'arrive, Luther, la mère, l'accouchée dans son lit et, sur les genoux d'une vieille femme à cheveux blancs, l'enfant, sur le ventre, devant le feu, comme un paquet qu'on emmaillote; et Saint-Victor sur le divan en face, à contre-jour... Des mères, des belles-sœurs dans ces accouchements hors la société, cela me dégoûte et me répugne comme une prostitution de l'image de la famille. Une actrice donnant le jour à une petite fille, qui doit retourner un jour au théâtre, cela doit accoucher incognito, sans représentation des choses de la famille, sans l'entour de la cour et des affections familiales : c'est je ne sais quoi, quelque chose comme blasphémer la maternité.

La mère Félix, elle, ne pense guère à tout cela. Avec son air fin et matois, son œil fureteur et qui vous fouille, elle est là comme une grand'mère faite à la chose, causant de choses et d'autres et des bons achats de terrains à Montmorency de son mari, et de la façon dont elle est accouchée de Rachel en Suisse et de ce joli mot de la sage-femme suisse, lui demandant s'il faut faire comme à l'ordinaire, parce qu'elle n'a jamais accouché de Juive !

Quant à Saint-Victor, il a reconnu l'enfant, bien entendu. Je n'ai jamais vu père plus accablé et plus troublé de sa paternité... On ne sait s'il est plus navré qu'heureux, plus ému que fier. Aux paroles qui, tout autour de lui, disent, comme pour affirmer que l'enfant est bien de lui : « Voyez donc comme il ressemble à M. de Saint-Victor », il vous fait mettre au jour pour mieux voir l'enfant, qui ouvre et referme ses globes d'yeux de petit chat. Il répond, il se souvient à peine, il a des phrases qui s'arrêtent. Au fond, il semble horriblement recueilli et tout gêné. « Eh bien, lui dis-je en sortant dans le salon, comment cela va-t-il, moralement ? — Ah ! mon cher, qu'est-ce que vous voulez... » Et je sens dans ma main ses doigts tout embarrassés et comme honteux, qui tremblotent d'émotion et d'embarras entre les miens.

Je crains bien que l'imagination ne soit une mémoire inconsciente. La création pure est une illusion de l'esprit et l'invention ne procède que de choses arrivées. Elle est uniquement dans ce qu'on vous raconte, dans les correspondances qui vous tombent sous la main, enfin dans les procès imprimés, dans toute la vie vivante du vrai.

Dans l'histoire du monde, c'est encore l'absurde qui a le plus de martyrs.

Le comique théâtral à l'heure actuelle, c'est la blague d'atelier dans son cynisme féroce, le rire impitoyable de toutes les infirmités, de toutes les illusions, de toutes les institutions humaines : rire de la maladie de poitrine, du sentiment maternel, paternel, filial, de la nuit de noces. Véritable diabolique du scepticisme de Paris, c'est l'éclat de rire de Méphisto tombé dans la bouche de Cabrion.

Le phallus, ce rien dans la vie du sage, cette simple machine à pisser et à jouir, est-il assez entouré, dans les deux mondes sociaux, de blagues sentimentales et de choses sérieuses ! Dans le vrai, de famille, de paternité et de prêtres, de maires à écharpe, de questions de dot, de congrès de notaires, etc... Dans l'autre, de poésie, de romanesque, de dévouements d'hommes, de désespoirs de femmes,

831

de suppressions d'enfants, de mois de nourrice, de dépenses de
cœur et d'argent... Ah que c'est bête !

1er *novembre.*

C'est un grand dîner chez Gavarni. On y tombe, sans s'être
donné rendez-vous, des quatre coins du monde : une actrice de la
Comédie-Française, un faiseur d'imitations, un lieutenant-colonel
des zouaves de la Garde, — Mlle Jouanin, Henri Monnier,
Roux, — le fils de Gavarni et nous deux. Mlle Aimée est aux
champs. Il y a un canard et un petit pâté de trente sous; et l'armoire à la vaisselle a sa serrure inouvrable. Enfin tout s'arrange
et l'on dîne.

Mlle Jouanin a le profil d'une Aztèque et, de temps en temps,
prend des poses de vierge gothique, qui contrastent avec des
façons délibérées de cabotine.

Monnier est toujours l'inoubliable Prudhomme, improvisant
jusqu'à des scènes d'observation muettes, d'une délicatesse de
détails infinie, telles qu'un égoïste à table et le discuteur à table;
ou bien encore la femme de la campagne au Salon du Louvre, se
signant devant tous les tableaux de sainteté.

Roux, un petit officier de fortune, parlant naturellement le
roulement de tambour et le *taratata* du pioupiou, nous conte
l'emploi à toutes les sauces en Afrique des *zéphyrs*, le maçon s'improvisant cuisinier, etc., avec succès. Il nous explique cela en nous
disant que tous ces hommes, au pénitencier, vont à l'état qui leur
va et se le font apprendre par le camarade de la branche pour
laquelle ils ont une aptitude.

Le petit Pierre Gavarni — « vraiment trop beau, dit son père,
pour un homme » — est là moitié riant, moitié se débattant contre
le sommeil, avec son joli front blanc, ses beaux sourcils qui se
rejoignent presque, ses grands yeux noirs, sa jolie figure de belle
brune. Une chose qui fait la beauté de ces jolies figures féminines
d'homme, ce sont les cheveux blonds, plantés comme les siens et
où la raie se trouve naturellement au milieu de la tête, — indiquant
peut-être un caractère femme, putain : voir Gaiffe.

Dans le chemin qui conduit au chemin de fer, Monnier me
dit que Flaubert est épileptique. L'est-il? Ne l'est-il pas? La
chute qu'il a faite cet hiver semblerait donner raison à Monnier.

Peut-être y a-t-il aussi là l'explication de son grand chagrin d'amour, une femme peut-être l'ayant quitté ou ne l'ayant pas voulu sur cette découverte (1).

3 novembre.

Comme Pouthier ne fait que me parler du plaisir qu'il prend à visiter les cimetières, je lui dis : « Mais enfin, mon cher, ça n'est pas éminemment gai ! Ça ne te fait donc pas penser à la mort, toi ? — A la mort des autres, mais pas à la mienne ! » Ceci n'est pas seulement une calinotade, c'est un caractère.

Dimanche 4 novembre.

Ne sachant que faire, avant dîner, du petit Gavarni, nous le faisons dessiner et graver lui-même un cheval. Voilà peut-être un graveur à l'eau-forte que nous valons à la Postérité !

8 novembre.

« Savez-vous comment on a pris Sébastopol ? (2) Vous croyez que c'est Pélissier, n'est-ce pas ? » nous dit Édouard et il continue : « Ah ! que la vraie histoire est curieuse ! Pélissier ? Pas du tout : on a pris Sébastopol par le Ministère des Affaires étrangères. »

Il y avait à Saint-Pétersbourg, pendant la guerre, un attaché militaire de Prusse, M. de Munster, très Russe, qui envoyait au roi de Prusse tous les détails secrets de la guerre, tous les conseils de guerre tenus chez les Impératrices. Le roi de Prusse ne communiquait les communications de M. de Munster à personne, pas même à son chef de cabinet, M. de Manteuffel. Il ne les communiquait qu'à son mentor intime, M. de Gerlach, espèce de mystique germain, carré, conservateur, féodal à la de Maistre, outré des parvenus, du « droit national » et de la visite de la reine Victoria à Paris.

(1) L'affection nerveuse épileptiforme, qui devait reparaître à plusieurs reprises dans la vie de Flaubert, l'avait saisi pour la première fois à l'automne 1843, tandis qu'il se promenait en voiture près de Pont-Audemer avec son frère Achille. *Le grand chagrin d'amour* concerne la grande passion de Flaubert pour Mme Élisa Schlésinger.

(2) Sébastopol avait été pris le 9 septembre 1855 après un siège de 11 mois.

M. de Manteuffel eut connaissance de ces communications; il les fit voler, le temps de les copier, pendant le trajet qu'elles faisaient du palais chez M. Gerlach. Ce fut par ce tour de M. de Manteuffel, que nous les eûmes. Le gouvernement français achetait le voleur qui interceptait la correspondance au profit du ministre.

Il y avait là dedans toutes les confidences de Sébastopol. Par exemple : « Si tel jour, on avait attaqué Sébastopol à tel endroit, il était pris. Il n'y a qu'un point à attaquer et tout est perdu. Mais tant que les Français ne l'auront pas trouvé, *nix*. »

L'Empereur, au reçu de la communication, envoie l'ordre à Pélissier d'attaquer, de tenter l'assaut par tel endroit, qu'il lui indique; mais il ne peut lui révéler sur quoi il fonde sa certitude. Pélissier, se rappelant l'assaut manqué du 18 juillet, ne veut pas donner. Dépêche sur dépêche. Ennuyé, coupe le télégraphe et n'attaque pas. L'Empereur, furieux, veut partir. On rajuste le télégraphe. Les indications de Munster font gagner la Tchernaïa, puis attaquer Malakoff et dans le point juste où il le fallait attaquer. Et ces papiers n'ont coûté que 60.000 francs, un morceau de pain. Allez, maintenant, voir la prise de Malakoff au Panorama : voilà celle du peuple, voilà celle de l'histoire Thiers ! (1)

Dimanche 18 *novembre.*

Les poètes et les penseurs, des malades : Watteau, Voltaire, Heine... La pensée a l'air d'être une chose qui empêche de se

---

(1) Add. 1887, en note : « *NOTE COMMUNIQUÉE : On a su depuis par une* « *publication de M. Seiffert, le directeur de la Cour des comptes à Potsdam, que M. de Manteuffel,* « *le ministre des Affaires étrangères, pour se prémunir contre les agissements du parti russe, très* « *puissant alors à la cour de Berlin, avait de compte à demi avec M. de Hinkeldey, le président de* « *la police, organisé son service secret, qui, depuis plus d'un an, lui livrait la copie des lettres* « *particulières que M. de Gerlach et M. de Niebuhr échangeaient derrière son dos, avec l'attaché* « *militaire de Prusse à Saint-Pétersbourg. C'est par l'agent du ministre prussien que M. de* « *Moustier fut informé, au moment où l'on allait lever le siège de Sébastopol, de l'état désespéré de* « *la place. M. de Manteuffel rendait ainsi, par des voies mystérieuses, un signalé service aux* « *puissances occidentales, en même temps qu'à son pays, car si le dernier mot de la guerre était* « *resté à la Russie, la Prusse serait retombée sous la pesante tutelle de la cour de Saint-* « *Pétersbourg. Il est également permis de croire qu'en cette affaire, M. de Manteuffel obéissait* « *un peu à son ressentiment contre le parti russe, qui ne lui pardonnait pas d'avoir empêché* « *le roi de Prusse de prendre fait et cause pour son beau-frère, l'empereur Nicolas.* »
Donc, le fait avancé par mon frère et moi, dans notre JOURNAL, est parfaitement vrai, sauf quelques petites erreurs de détail, provenant du récit, tel qu'il nous a été fait à cette époque

porter bien, qui déséquilibre l'homme, une maladie. Le corps ne semble pas fait pour recevoir l'âme.

Je vais le soir à l'Eldorado, un grand café-concert au boulevard de Strasbourg, une salle à colonnes d'un grand luxe de décor et de peintures, quelque chose d'assez semblable au Kroll de Berlin.

Notre Paris, le Paris où nous sommes nés, le Paris des mœurs de 1830 à 1848, s'en va. Et il ne s'en va pas par le matériel, il s'en va par le moral. La vie sociale y fait une grande évolution, qui commence. Je vois des femmes, des enfants, des ménages, des familles dans ce café. L'intérieur s'en va. La vie retourne à devenir publique. Le cercle pour en haut, le café pour en bas, voilà où aboutissent la société et le peuple. Tout cela me fait l'effet d'être, dans cette patrie de mes goûts, comme un voyageur. Je suis étranger à ce qui vient, à ce qui est, comme à ces boulevards nouveaux, qui ne sentent plus le monde de Balzac, qui sentent Londres, quelque Babylone de l'avenir. Il est bête de venir ainsi dans un temps en construction : l'âme y a des malaises, comme un homme qui essuierait des plâtres.

Les plus grands génies royalistes, Balzac, Chateaubriand, étaient au fond des sceptiques, ne croyant à rien.

Près du marché aux volailles, une femme entre chez un marchand de vin, un homme du peuple crie : « Une femme à l'ambulance ! »

Il faut se garder de se lier étroitement avec ses amis, si l'on veut les conserver.

Pour les ACTRICES, position d'un mari Félix en face d'un Bonvalet.

Penser que la base des sociétés est une folie consacrée : la religion.

Le catholicisme a apporté une nouvelle idée qui était d'urgence dans le monde, la charité, qui a été traduite en fait par la suppression de l'esclavage. Évidemment, la religion de l'avenir sera la charité élargie, agrandie de toute la largeur de la blague de la fraternité, qui se traduira en fait par l'adoucissement du prolétariat.

Gavarni nous dit, en dînant au *Pied de mouton* : « Quelle jolie chose à faire ! La femme qui adore un imbécile », — et il l'anatomise : « Les jambes en compas, le buste court », etc.

Je rêvais, cette nuit, que j'allais me faire payer avec mon frère d'un article sur Prud'hon à la Revue Européenne. Il y avait des quantités de bureaux et des légions d'employés penchés sur des pupitres, la plume sur l'oreille, qui contresignaient d'un air narquois le bulletin qu'on m'avait donné.

Et au bout de tout cela, je touchais 16 francs, ce qui m'indignait autant que si j'eusse été éveillé. Sortant du bureau du quai Voltaire, je trouvai des pentes d'une montagne escarpée, où il y avait des masses de monde qui marchaient devant moi; et cela sentait le soufre, et j'eus parfaitement la perception de l'odorat, sens que je ne croyais pas agir dans le sommeil. Et de temps en temps, il y avait des parties de terrain qui s'enfonçaient et des gens qui disparaissaient, que je voyais morts et emmêlés, comme dans une fosse de champ de bataille qui n'est pas couverte.

Et je me trouvais tout à coup et sans transition à Venise, de très bon matin, à l'aube du jour, installé sur un balcon de palais avec Flaubert et mon frère, et pêchant à la ligne; et Flaubert furieux et voulant à toute force une côtelette et s'indignant d'une ville qui se levait si tard; et moi très peu pensant à ma pêche, mais songeant que ce serait une curieuse chose, que de faire une description de Venise au moment où elle s'éveille, et ouvrant les yeux tout grands et abandonnant mon projet par le ressouvenir, dans mon esprit, de toutes les descriptions que Gautier en avait faites, et un peu empêché par le peu de couleurs que je m'étonnais de trouver à cette ville, que j'avais déjà vue et qui ne m'apparaissait guère plus que ces images gravées dans les glaces du XVIe siècle (1).

(1) Notons que depuis *Et au bout de tout cela*, l'écriture d'Edmond s'est substituée à celle de Jules au cours de cette transcription d'un rêve, dont on ne saurait dire auquel des deux frères il appartient.

Si nous revoyons jamais les horreurs de 93, nous ne les re-verrons point aussi convaincues et aussi bêtes. Les Marat seront mâtinés de Morny. Un pareil enthousiasme de bêtise ne se reproduit pas.

Les républiques modernes n'ont pas d'art : la Suisse, les États-Unis.

21 novembre.

Le républicanisme de mon ami Charles Edmond est plus âpre, plus aigu, plus agressif ces temps-ci. Depuis que son AFRI-CAIN n'a pas réussi, il en veut personnellement à tous les rois.

Nous dînons chez lui avec Amaury-Duval qui, après dîner, nous fait monter dans son atelier pour nous montrer ses travaux commencés. Ce sont des portraits de jeunes filles de Saint-Jean- de-Luz, une ANNONCIATION à l'huile, une ÈVE à l'huile, un projet de décoration d'une église par là.

Je crois qu'il est impossible d'être peintre avec moins de dis-positions que ce peintre du monde, qui a fait fortune par les salons. Rien dans ces tableaux, qui ne soit des juxtapositions de modèles copiés, copiés patiemment, mais sans le moindre sentiment, — tout cela, d'une distinction bête, terre à terre, plate, terne, grise, bourgeoise. L'ANNONCIATION est l'éternelle Annonciation, sans le moindre caractère, sans la moindre personnalité du peintre. C'est de cette peinture où il ne faut aucun don pour exceller, mais de l'application, de la patience, de la propreté, l'idéal d'un talent de demoiselle. Dans le projet pour l'église, il n'y a qu'un groupe d'une harmonie de pose qui discorde avec le reste : c'est copié mot à mot des CHANTEURS de Luca della Robbia à Florence. Enfin, ces carac-téristiques filles basques ont l'air de veules décalques de Muses de M. Ingres… « C'est de la peinture élevée, religieuse, chaste », me dit ce pauvre Charles, qui se figure très sincèrement que le gouvernement vole Amaury, en lui payant 5.000 francs ce tableau, qui se vendrait bien 45 francs aux Commissaire-Priseurs de 1900.

Tous ces temps-ci, travaillé à notre roman de SŒUR PHILO-MÈNE. Quel malheur de n'être plus assez solides pour travailler la nuit ! Quand vous avez travaillé toute la journée, quand votre pensée s'est échauffée tout le jour sur le papier, sans le contact et le rafraîchissement de l'air extérieur et des distractions, votre tête que vous sentez dans la journée pleine de la crasse d'une cervelle, le soir, vous semble pleine d'un gaz léger, impalpable, spirituel et qui ne veut pas s'éteindre.

24 novembre.

Pouthier, ce soir, au coin de notre feu, nous ouvre encore sa vie à la page de ses misères heureuses. Nous reparle de ce logis de maçons, rue de l'Hôtel-de-Ville, où on mettait des sergents de ville, le lundi, pour empêcher de se battre dans les escaliers et où la mère François lui avait obtenu la moitié de la chambre d'un sergent de ville, chambre où il restait isolé. Trois carreaux; aux murs, papier tombant de vétusté; mur du lit blanchi à la chaux, pour voir les punaises. Un mur à dix pieds devant la fenêtre à guillotine.

Là dedans, il fut pourtant heureux. Le sergent de ville ramassait des femmes en contravention et les menait coucher avec lui, au lieu de les faire punir de Saint-Lazare. C'étaient des créatures de toutes sortes, de tous quartiers, depuis la pierreuse de quarante ans jusqu'à la femme en velours, des femmes dont les unes si éreintées qu'elles dormaient, d'un somme, vingt-quatre heures; et d'autres, qui allaient chercher chez le marchand de vin de quoi souper pour les deux hommes. Et au milieu de cela, des misères ! Et la femme obligée de redescendre, pour aller chercher deux chandelles chez le *min'zingue*. Et Pouthier payant les femmes, que lui repassait l'autre, en lui rédigeant ses rapports, — si remarqués à la Préfecture que le sergent de ville manqua de passer brigadier.

Il y a toutes sortes de coins singuliers et charmants. Ces nuits d'été, où les punaises empêchaient de dormir et où on descendait en chemise et en pantalon gris, avec la carafe et le pot à l'eau, qu'on rapportait pleins d'eau. On se déshabillait à l'abreuvoir et on passait une partie de la nuit dans l'eau, se baignant avec les douaniers, dont l'un, en costume, empêchait les sergents de ville de dresser procès-verbal. Une fois, on leur vola carafe et pot à l'eau.

29 novembre.

Avant le dîner du jeudi, nous voilà fouillant et repassant en revue trois cartons de Gavarni, remplis d'études, de ces études où il faisait poser une botte et un pli de pantalon, comme d'autres font poser un torse, une gorge.

« Oui », dit-il devant une étude d'une femme qui verse une bouteille dans un verre, « oui, c'est Mme Hercule », — Mme Hercule, le modèle de femme, célèbre par ses histoires extravagantes. Et alors, ainsi de tout : nos éclats de rire le font lever du divan où il est couché, très fatigué. Nous regardons un dessin représentant une classe de dessin de demoiselles, dessinant sérieusement un portemanteau, sur lequel il y avait un chapeau et un pantalon orné d'une grande feuille de vigne : « J'ai été poursuivi un temps par une toquade fantastique... C'est singulier... Ah ! tenez, » dit-il devant un petit croquis portant : *Ile Saint-Denis, juin* 1836, « voilà un beau dessin à faire ! Voyez-vous ce noyé qu'on met dans la bière, la tête en bas, ces deux hommes qui se lavent les mains, ce devant de pêcheurs avec les filets étendus ? C'était très beau... J'étais là et j'ai crayonné ça pour en faire quelque chose. » Décidément, l'intuition ne vient que d'une masse d'observations, écrites ou dessinées, immense.

L'on dîne, et Gavarni, comme réveillé par cette réfection, se met à parler de sa jeunesse, de cette vie nocturne qu'il aimait, de ces nuits où il se trouvait avec Aimée et toute une bande de jeunes et honnêtes femmes, au Bois de Boulogne, dans le faubourg du Roule, à la campagne ; de ces parties qu'amusaient seuls le rire fou d'Aimée et les cocasseries de Chandellier. C'est étonnant, c'est merveilleux, comme cette génération de 1830 et cette société de Gavarni, qui n'était pas une exception, s'amusaient de peu ! Quel joli reste de l'enfance ou, du moins, de la prime jeunesse restait à tous ces hommes, qui ont eu l'air d'avoir très peu besoin du fouet et du charme irritant de l'orgie et qui semblent avoir passé leur vie dans une *partie* avec des bourgeoises mariées, qui auraient de secrètes faiblesses.

Il nous parle d'une journée passée chez Mme Waldor, qui les avait invités, Aimée, Gavarni et Chandellier, à visiter sa maison de campagne à Saint-Ouen. La maison de campagne était deux chambres, louées dans une maison de blanchisseur et qui n'avaient pour perspective que les murs de la cour et le linge qui y séchait. On y déjeunait, on y dînait et, ma foi, on y trouvait tant de charme que l'on passait la nuit à causer, les deux hommes assis sur des chaises, les deux femmes couchées sur le lit. Les rafraîchissements étaient faits avec un punch qu'on allongeait avec de l'eau, que Chandellier dut aller chercher à la Seine avec toutes sortes de singeries.

Chandellier, c'était le grand *dérideur* de Gavarni, qui nous raconte que Mme Hercule, se plaignant un jour d'un échange qu'elle avait fait d'un gril et d'une guitare contre une fausse queue, disait — et cela était vrai — que la queue n'était pas de la couleur de ses cheveux : au milieu de mille lazzis Chandellier prenait la queue des deux mains et, l'enjambant, faisait deux ou trois fois le tour de la chambre, comme un enfant monté sur un cheval de bois.

Gavarni nous parle encore de l'âpre plaisir qu'il avait de voyager tout seul et sans guide dans les Pyrénées, précédé d'un chien blanc, qui glissant tout joyeux, devant, sur les pentes neigeuses, la queue toujours frétillante, mordait de temps en temps la neige. Il partait avec deux cents francs et allait tant qu'il avait de l'argent, revenant tout couvert de vermine et, avant qu'il eût pris l'habitude des espadrilles, avec ses chaussures si trouées que pour rentrer sur le pavé de sa ville, il était obligé de se faire presque des semelles avec des jeux de cartes.

Flaubert tombe chez nous. Il est ici pour la pièce de son ami Bouilhet à l'Odéon (1). Toujours dans sa CARTHAGE, enfoncé là-bas dans une vie de cloporte et dans un travail de bœuf. N'est allé autre part que, deux jours, à Étretat. Il en est maintenant, de son roman, à la baisade, une baisade carthaginoise et, dit-il, « il faut que je monte joliment le bourrichon à mon public : il faut que je fasse baiser un homme, qui croira enfiler la lune, avec une femme qui croira être baisée par le soleil. » (2)

Puis il nous conte ce mot d'un voyou, demandant un sou à une lorette *chic*, qui montait en coupé : « Je n'ai pas de monnaie », dit la lorette et elle dit à son cocher : « Au Bois ! — Au Bois ? Au bois de lit, punaise ! » lui cria le voyou.

Puis il nous parle de l'immense impression faite sur lui au collège par FAUST, par la première page, par le bruit des cloches

---

(1) L'ONCLE MILLION.

(2) Dans le ch. XI de SALAMMBÔ, ce sera la scène d'amour, sous la tente de Mâtho, entre celui-ci, qui prend Salammbô pour Tanit, et Salammbô, venue pour récupérer le *zaïmph* et qui voit en Mâtho une incarnation de Moloch (éd. Dumesnil, p. 42-44).

qui est l'ouverture du livre : tellement emporté par l'impression qu'au lieu de revenir chez lui, se trouva à une lieue de Rouen, auprès d'un tir au pistolet, sous une pluie battante (1).

Je sais qu'il y a, toute distance gardée, bien des rapports entre nous et Chateaubriand. Il était, au fond, sceptique comme nous et partisan de la religion. Il était monarchique et libéral. Il était essentiellement aristocrate. Nous avons tous ces caractères, avec leurs apparences de contradiction, mais comme lui, sans doute, en toute bonne foi. Car l'homme n'est pas fait d'une pièce. Il est fait de sentiments et d'idées souvent contraires, mais qu'il lui suffit de penser vraiment pour être un honnête homme.

Peut-être l'observation, cette grande qualité de l'homme de lettres moderne, vient-elle de ce que l'homme de lettres vit très peu et voit très peu. Il est, dans ce siècle, comme hors du monde, en sorte que lorsqu'il y entre, lorsqu'il en aperçoit un coin, ce coin le frappe comme un pays étranger frappe un voyageur. Quel petit nombre de romans *observés*, au contraire, au XVIIIe siècle ! Les gens de lettres de ce temps vivaient dans la vie qui les entourait, naturellement, comme dans une atmosphère. Ils vivaient sans voir, dans les drames, les comédies, les romans du monde, que l'habitude les empêchait de remarquer et qu'ils n'ont pas écrits.

L'observation, la nature : il n'y a que cela en tout art. Tout grand et vrai talent vient de là, Hoffmann comme Watteau.

La morale des HOMMES DE LETTRES, la voulez-vous en deux mots ? Le livre est un honnête homme, le journal est une fille.

Nous nous décidons à faire notre procès pour la restitution de notre nom. Singulière loi sur la noblesse ! Figurez-vous un voleur, autorisé à garder ce qu'il a volé en en faisant une déclaration au gouvernement !

(1) Ce *bruit des cloches* n'est pas tout à fait l'*ouverture* du FAUST de Gœthe : Faust est à nouveau seul, — et désespéré, — après le dialogue avec Wagner et il est sur le point de s'empoisonner, quand éclatent le chœur des Anges et les carillons de Pâques (trad. Nerval, rééd. 1928, p. 49).

Nous entrons à la vente Solar, à son hôtel; et au milieu du feu des enchères, nous levons les yeux sur cette salle, d'un goût moins délicat que l'ornementation d'un bastringue et où les lustres et tous les bronzes rappellent ces flambeaux en zinc à vingt-cinq sous la paire, qu'on vend sur les boulevards. Là dedans, une bibliothèque qui ne prouve ni une passion ni un goût ni une intelligence : c'est tout bonnement le droit brutal de la richesse; pis que cela, un grand coup de filet pour la spéculation.

Parler pour parler, c'est la femme. Les hommes chantent, quand ils sont entre eux. La femme chante, quand elle est seule, pour parler.

1er *décembre*.

Pouthier nous parle des époux Bonnin, d'anciens marchands enrichis de la rue de Cléry. Un jour, sa mère trouve M. Bonnin tout joyeux dans son appartement : « Ah ! madame Pouthier, je viens de passer une journée délicieuse. Quand on fait son devoir, voyez-vous... J'ai frotté tout l'appartement ! » Et ils ont trois domestiques... La femme, elle, étant sujette à s'endormir perpétuellement et surtout le soir, quand elle reçoit, demandait à Mme Pouthier ce qu'il fallait faire pour se tenir éveillée. Mme Pouthier lui conseille de se livrer à quelque travail de femme : « Oh ! la tapisserie, j'en fais toute la journée. Est-ce que je ne pourrais pas repasser ? » Et elle voulait absolument repasser dans ses soirées !

De l'emploi des grands mots dans la langue bourgeoise, par exemple *cœur*, — *mon cœur de mère, ton cœur de fils*, — appliqué à un baiser donné le soir ou à un ravaudage de chaussettes. Une langue toujours sur les échasses; à propos de rien, la solennité des mots et la solennité dramatique.

Puis c'est l'histoire d'une demoiselle de quarante ans, — qu'il baise, — donnée par le médecin comme demoiselle de compagnie à Mme de Pommieux, pour remplacer la demoiselle ordinaire.

Reçue par l'intendant, lui demande ce qu'il y a à faire : lui dit qu'il faut lire les journaux après dîner. Salut à la marquise, qui l'envoie se reposer dans sa chambre. Descend pour le dîner. Il y avait là deux messieurs. On ne lui donne pas le bras, les messieurs passent devant elle.

Pendant le dîner, pas un mot de la marquise, quelques mots seulement du marquis. Après : « Mademoiselle, voulez-vous me lire les journaux ? » Et comme la demoiselle en cherche des yeux et n'en voit pas : « Ils sont dans ma chambre. — Ah...» fait seulement la demoiselle, sans bouger, et Madame est obligée de sonner pour envoyer un domestique.

Lecture des journaux, poitrine faible qui se fatigue... Lecture de tout, des adjudications et des ventes, entremêlée de réflexions sur la valeur de tel pré, de Madame à Monsieur. La voix se fatigue : « Vous êtes fatiguée, Mademoiselle ? dit le marquis. — Non, Monsieur le marquis, du tout ». Et elle continue héroïquement. Lisant dans les journaux des arrivages à la maison Kœchlin, elle fait : « Ah ! — Est-ce que vous les connaissez ? — Oui, Madame.— Les Kœchlin de Darnétal ? (1) — Mais oui, Madame. — Ceux dont le fils a épousé Mlle Dollfus ? — Ce sont des cousins. — Alors, Mademoiselle, vous appartenez à une bonne famille, dans le négoce ? — Et dans les armes, Madame : mon père était général. »

Pour les toilettes, Madame, la regardant avec son lorgnon : « Mais, Mademoiselle, il faudrait que je change de toilette ! »

Le soir, le domestique, lui allumant le feu, lui témoigne de l'intérêt (2) : « Le château est si froid... Elle avait l'air bien vexée pendant le dîner !... C'est l'habitude, même pour la demoiselle de compagnie ordinaire ! »

Ces jours-ci, un vaudevilliste s'est fait confiseur. C'est Siraudin, qui a basé son succès sur toutes sortes de réclames à la sensualité des vieux bourgeois, faisant répandre le bruit que les actrices du Palais-Royal servaient à son comptoir, imaginant pour le Jour de l'An, pour les cadeaux aux petites dames, des bonbons à photographie et des sacs dans un mètre de dentelle. Et derrière cette

---

(1) Texte Ms. : *les Kœchlin de Darntal.* Les Goncourt, trompés par l'origine des grands filateurs alsaciens, ont songé à quelque village des environs de Mulhouse; mais il n'en existe pas de ce nom. En revanche, toute une branche des Kœchlin — par ex., Abraham K., Jean-Georges K., etc. — est, dès avant 1850, établie à Rouen; plus précisément encore, dans les Tableaux généalogiques de la famille Kœchlin (Mulhouse, 1914, tab. 117), on voit le fils d'Abraham, Armand-Adolphe Kœchlin (1833-1862), établi « fabricant d'indiennes à Darnétal », qui est un centre de filature et de tissage à 4 km. de Rouen.

(2) Add. éd. : *lui témoigne de l'*...

spéculation sur les filles et les hommes à filles, savez-vous qui l'on trouve comme commanditaire? Un M. de Montguyon, du Jockey-Club, et peut-être d'autres (1)... On a parlé d'argent de M. de Morny. Cette année, aux courses, les cavaliers de la *fashion* s'entretenaient de l'affaire comme d'une affaire de famille.

La plus grande force peut-être de la religion catholique, c'est que c'est la religion des tristesses de la vie, des malheurs, des chagrins, des maladies, de tout ce qui afflige le cœur, la tête, le corps. Elle s'adresse aux gens qui pleurent, aux gens qui souffrent. Elle promet des consolations à ceux qui en ont besoin; elle montre l'espérance à ceux qui désespèrent. Les religions antiques étaient les religions des joies de l'homme, des fêtes de la vie. Elle avaient bien moins de prise, la vie étant plus douloureuse qu'heureuse et le monde, d'ailleurs, vieillissant. C'est la différence d'une couronne de roses à un mouchoir de poche : la religion catholique sert, quand on pleure.

Quand dans un livre ou dans une pièce, un caractère aura eu pour point de départ l'imagination pure, vous pouvez être sûr d'une création fausse.

Chacun, ici-bas, est en puissance de femme. J'ai beau regarder autour de moi, nul n'y échappe. Le mari a sa femme, le garçon a la maîtresse; et le garçon qui n'a pas la maîtresse a la servante-maîtresse.

5 décembre.

Répétition de la pièce de Bouilhet à l'Odéon. Rampe allumée. Pendant les entr'actes, la toile à demi baissée. Le chef des accessoires,

(1) Texte Ms. : *Un M. de Mondion...* Sans doute, La Chesnaye des Bois mentionne-t-il la famille normande des Mondion de Favancourt; d'autre part, Mme de La Rochejacquelein, dont les Goncourt viennent de lire les MÉMOIRES (cf. t. I, p. 659, n. 1), parle des exploits vendéens du jeune chevalier de Mondyon (*loc. cit.*, t. I, p. 128). Mais nulle part chez les Goncourt, ce nom ne revient. En revanche, Fernand de Montguyon, qui est signalé par Yriarte (CERCLES, p. 60) comme un des premiers membres du Jockey-Club et qui sera, chez Daudet, le modèle du Montpavon du NABAB, Montguyon reparaît à plusieurs reprises dans le JOURNAL et en particulier, le 27 octobre 1861, on lit que Claudin est « intermédiaire dans les affaires de Montguyon et de Siraudin, chargé d'affaires d'une partie du Jockey-Club ».

toujours vu de dos, un papier dans ses mains croisées; et dans les fonds, des ouvriers avec des casquettes vernies et des blouses blanches. Des cris : « Côté jardin ! » pour les tapis de gazon. Des plaisanteries de musiciens : « Étienne, prévenez M. de La Rounat ! » Nous faisons connaissance avec Philoxène Boyer. Ç'a a l'air d'un fœtus de savant allemand, qui a des cheveux blancs; une parole facile, très frottée de littérature étrangère, comme un polyglottisme de pensée, non sans charme.

C'est une pièce de Bouilhet, — mon grand ami de trois jours,— qui fait de l'Hugo comme les ébénistes font du Boule.

Au dîner de ce soir, on ne dit qu'un mot : « Les théâtres à femmes : les théâtres à cuisses. » A chaque première représentation, Dennery donne cinq cents francs à Gisette ; à chaque reprise, deux cents.

7 décembre.

Je reçois le roman de Scholl, LES MAUVAIS INSTINCTS, un livre fait au courant de la pensée et de la plume, fait avec le journal de Mᵐᵉ Salvador et même avec des lettres abîmées de moi. La lecture me convainc que tout est possible avec de la dissipation, — excepté un bon roman.

Tout tableau qui procure une impression morale, on peut dire en thèse générale que c'est un mauvais tableau.

10 décembre.

Déjeuner chez Scholl. Un livre, qui vient de paraître sous le nom de BOUIS-BOUIS, CABOULOTS (1), devrait baptiser cet appartement humide et malsain, rempli d'objets donnés par des femmes et d'objets mis en communauté par une femme qui vit avec lui.

Il y a sur une toilette, étalée comme dans un bordel, toute la toilette en porcelaine rose de cette femme, mêlée à sa toilette de garçon. L'appartement est rempli de boîtes de couteaux, de boîtes

(1) BOUIS-BOUIS, BASTRINGUES ET CABOULOTS (1860), par *Ego,* pseudonyme de Lescudier, qui signait Alfred d'Aunay dans le FIGARO. Les détails scandaleux qui y figuraient valurent à la brochure d'être saisie, le 2 janvier 1861, et à l'auteur d'être condamné à un mois de prison et 16 francs d'amende.

de petites cuillers de vermeil, qui forment, avec une photographie de Léotard, l'apport de Rosita. Il y a même deux cents bouteilles d'un petit bordeaux, que Scholl me dit tenir de son père et que je crois plutôt le fond de la cave de cette femme, qui a vendu ses meubles pour venir habiter et se faire la servante de cet homme à aventures.

Il glisse entre vos jambes une chatte, noire comme une panthère de Java, avec des yeux qui ont l'air du fond d'une bouteille d'eau-de-vie de Dantzig et que Rosita appelle *Rigolboche* (1). On déjeune avec un déjeuner de choses cuites et mal cuites sur le gril, dans une pièce à côté; Rosita, avec un bol de lait froid.

Scholl blague. Il est arrivé, par le travail et l'exercice de tous les jours, à être vraiment très remarquable, très finement méchant; et il dit avec beaucoup de verve et de comique la fable de L'ANUS ET LA CHOPE, une blague pour embêter les bourgeois dans les cafés. Puis son effet produit, il s'ennuie, il ne peut rester à table, il va dans une pièce à côté prendre l'air,

Là-bas, sous les prés verts.

Il passe dans une autre pièce attiser un feu de charbon de terre, dont l'incendie et la chaleur ardente lui causent un plaisir irritant. Enfin, il arrive avec un flacon de toilette et une pelle à feu rougie à blanc et jetant l'essence qui prend feu, il en jette sur les tapis, les tables et les meubles, tout heureux et se gaudissant dans cette fumée de benjoin, à entêter une maison entière.

De là, nous allons chez Claye, voir 150 des 400 dessins faits par Gavarni pour Hetzel. Un grand nombre de dessins à la plume que nous connaissions déjà. Un plus grand nombre tenus dans des tons sales et barboteux, cherchés à plaisir, et cependant transparents et produisant quelquefois des effets sourds admirables; mais en général, trop tenus dans les tons jaunes et noirs, qui sont la signature de la peinture à l'huile et à l'eau de 1830 et qui semblent les faire contemporains des premières aquarelles de Decamps. Il en est dans le nombre, — et presque tous ceux-là aux contours arrêtés par la sanguine, — d'une merveilleuse harmonie, avec des fonds doux comme le pastel, parmi lesquels un cuisinier pissant

(1) Add. éd. : *d'eau-de-vie...*

contre un mur est un des plus merveilleux dessins qu'il ait jamais faits.

En sortant de l'ONCLE MILLION, je vois Flaubert et Bouilhet entourés de gens en casquette, à qui ils donnent des poignées de main; et Bouilhet nous quitte en nous disant qu'il va au café à côté. A ce qu'il paraît, les pièces à l'Odéon, pour qu'elles aillent, il faut les entretenir de petits verres et de poignées de main...

Flaubert nous contait que pendant qu'il faisait l'empoisonnement de Mme Bovary, il avait souffert comme s'il avait une plaque de cuivre dans l'estomac, souffrance qui l'avait fait vomir deux fois; et citant comme une de ses impressions les plus agréables, celle où travaillant à la fin de son roman, il avait été obligé de se lever et d'aller chercher un mouchoir, qu'il avait trempé !... Et tout cela pour amuser des bourgeois !

Toute supériorité, toute distinction surtout, est expiée dans la société. Tout caractère, toute personnalité entière et ferme, rencontre l'obstacle de tous côtés, l'inimitié partout. Les natures domestiques, ternes et plates, voilà qui est porté par les sympathies de tous. Le monde ne pardonne qu'aux gens qu'il méprise. Il se venge des autres.

Au fond et dans le vrai, MADAME BOVARY — un chef-d'œuvre dans son genre, le dernier mot du vrai dans le roman — représente un côté très matériel de l'art de la pensée. Les accessoires y vivent autant et presque au même plan que les gens. Le milieu des choses y a tant de relief autour des sentiments et des passions, qu'il les étouffe presque. C'est une œuvre qui peint aux yeux, bien plus qu'elle ne parle à l'âme. La partie la plus noble et la plus forte de l'œuvre tient beaucoup plus de la peinture que de la littérature. C'est le stéréoscope poussé à sa dernière illusion.

Le vrai, c'est le fond de tout art, c'est sa base et sa conscience. Mais pourquoi l'âme de l'esprit n'en est-elle pas complètement satisfaite ? Faudrait-il un alliage de faux pour qu'une œuvre circule comme chef-d'œuvre dans la postérité ? Qui fait que PAUL ET VIR-GINIE — ce roman romanesque, où je ne sens point le vrai, mais à tout moment l'imaginé des personnages, le rêvé des caractères —

847

restera immortellement un chef-d'œuvre, tandis que MADAME BOVARY, un livre plus fort de toute la force de la maturité à la jeunesse, de l'observation à l'imagination, de l'étude sur le vif et sur nature à la composition poétique, MADAME BOVARY, je le sens, restera un prodigieux effort et ne sera jamais un livre pareil, une sorte de Bible de l'imagination humaine ? Parce qu'il lui manque ce grain de faux, qui est peut-être l'idéal d'une œuvre ?

Et puis qu'est-ce qu'il y a de vrai ? Le vrai est-il ? Quoi de plus vrai qu'un conte fantastique d'Hoffmann ? Hélas, le beau, le bon, le recherchable en littérature n'auraient -ils point d'absolu ?

A mesure qu'on écrit, l'inquiétude devient plus grande. On glisse dans ses principes, on tâtonne davantage. Un jour, on se dit : « Il n'y a que l'observation. » Et puis, le lendemain, l'observation vous paraît insuffisante. Il faut y mêler un je sais quoi, qui doit être dans l'œuvre comme le bouquet dans le vin. Et plus on a de conscience, plus on a de doute et d'anxiété.

Voilà qu'on pille la Chine ! Nous, violer, voler Pékin, le berceau, le plus vieux berceau de l'art, de la civilisation ! (1) C'est un procédé de Huns, nous n'avons plus rien à reprocher aux Barbares. Cela est horrible, il me semble voir quelqu'un voler sa mère. Et puis cela va donner de beaux appétits à notre armée : des prétoriens compliqués de razzias, il ne manquait plus que cela.

Je crois que jamais il ne s'est trouvé deux hommes comme nous, pour être personnellement blessés de ce qui se passe, — abdication de l'Europe, siège de Gaëte, pillage de la Chine (2), —

(1) Le mouvement xénophobe des Taï-Pings ayant amené des violences contre des commerçants anglais et le meurtre du P. Chapdelaine, la France et l'Angleterre envoyèrent en Chine une expédition, dont les opérations devaient aboutir au traité de Pékin en octobre 1860. Le général Cousin-Montauban, le 21 septembre, s'ouvrit au pont de Palikao la route de Pékin, où il entra le 12 octobre : il avait laissé piller, puis ordonné d'incendier le Palais d'Été, pour répondre à un massacre de prisonniers. Ses exploits lui valurent le titre de comte de Palikao ; mais lorsqu'en février 1862, Napoléon III demandera pour lui une dotation de 50.000 francs, à titre de récompense nationale, le Corps Législatif refusera ; et cette proposition, coïncidant avec la suspension du cours de Renan, entraînera de violentes manifestations au Quartier Latin.

(2) Après l'offensive de Garibaldi sur Naples et sa victoire au Garigliano (cf. t. I, p. 775, n. 3), le roi des Deux-Siciles, François II, venait se réfugier dans la place forte de Gaëte, où il fut assiégé par les Piémontais : il capitulera le 13 févr. 1861, et ce sera la fin du royaume des Deux-Siciles. *L'abdication de l'Europe* semble faire allusion à l'échec de la conférence de Varsovie (cf. t. I, p. 826, n. 3).

comme d'une paire de soufflets, de quelque chose qui nous humilierait et nous atteindrait physiquement.

La seule consolation des gens qui souffrent du mal de l'idéal, c'est de se dire que les gens amoureux souffrent autant qu'eux.

16 décembre.

Champfleury vient voir notre collection. C'est un garçon malingre, qui a la figure cabossée comme un vieux chapeau, la vue basse, de grands cheveux et de gros souliers. On voit dans sa tête, dans ses yeux sans éclat, dans sa parole qui zézaie, dans sa pensée terne, que ce n'est point une intelligence, mais seulement une volonté, — un de ces hommes qui font leur sillon comme le bœuf. Une physionomie malheureuse dans tout son ensemble. C'est un garçon qui est notre ennemi, parce qu'il est une sorte de dieu parmi ses amis, et que nous estimons sans le lui dire, parce qu'il travaille et qu'il ne commerce pas. D'ailleurs, il y a toujours quelque chose que nous craignons, quand nous nous trouvons avec un ennemi littéraire : c'est d'être très naturellement trop aimables avec lui.

Nous dit qu'on devrait bien faire une enquête sur les classes littéraires, comme sur les classes ouvrières, et qu'il mettrait en compte le peu qu'il a gagné depuis quinze ans. Il est simple avec nous, point poseur; nous avoue avoir eu 70 francs de son LA TOUR. Nous causons de tout cela, du peu d'intérêt que l'art a pour le public, des dessins au fusain de Bonvin. Et comme il nous quitte : « Je n'ose pas vous prier de venir chez moi. Je n'ai rien à vous montrer. Je n'ai que des assiettes à emblèmes révolutionnaires. C'est ma collection. — Combien en avez-vous ? — Six cents ! » C'est bien le mot sur lequel devait finir notre entretien avec Champfleury !

J'ai été entouré, dans ma famille, de gens riches, très riches. Cela a été bon pour moi, parce que cela m'a absolument dégoûté de la richesse. Presque tous étaient avares, c'est-à-dire qu'ils se faisaient plus pauvres que je ne l'étais. Et ceux qui n'avaient qu'un ordre très serré, comme mon petit cousin Alphonse... Savez-vous ce qui lui arrive aujourd'hui? Avec 12.000 francs d'argent de poche,

60.000 livres de rente, quand il aura réalisé son père, il entre à la Cour des Comptes pour sept mille et quelques cents francs par an; il déteste se lever le matin et il faut qu'il soit à huit heures là-bas. Il faut qu'il déjeune en quatre temps. S'il fumait, il n'aurait pas le temps de fumer. Il faut qu'il aligne des chiffres, l'hiver jusqu'à la nuit; et l'été, il ira à cette campagne, qui est toute sa vie, — lui qui n'a qu'une passion : la chasse, — il ira, comme les collégiens, passer le dimanche ! C'est une ironie qui m'amuse.

Pour un roman, position très jolie d'un tuteur comme de Pleignes, qui éloigne le mariage de sa pupille et répond évasivement aux propositions, parce qu'il a 12.000 francs pour les frais de la jeune personne, 12.000 francs qui mettent de l'aisance dans son ménage à lui, avec quoi il a un domestique, une livrée, une voiture à la campagne, du thé, des petits gâteaux, des verres d'eau sucrée, des soirées...

Une chose très curieuse dans les objets d'art, c'est que ce n'est jamais vous qui faites le prix. Le prix n'est pas absolu, même à vos yeux. Il n'est pas votre prix à vous. Il est presque toujours le prix qu'y met un autre.

Mardi 18 *décembre.*

Nous nous décidons à aller porter, ce matin, la lettre que nous a donnée, sur la recommandation de Flaubert, M. le docteur Follin pour M. Edmond Simon, interne du service de M. Velpeau, à l'Hôpital de la Charité. Car il nous faut faire, pour notre roman de SOEUR PHILOMÈNE, des études à l'hôpital sur le vrai, sur le vif...

Nous avons mal dormi. Nous nous sommes levés à sept heures Il fait un froid humide; et sans nous en rien dire l'un à l'autre, nous avons une certaine appréhension, une certaine peur dans les nerfs. Quand nous entrons dans la salle des femmes, devant cette table sur laquelle sont posés un paquet de charpie, des pelotes de bandes, une pyramide d'éponges, il se fait quelque chose en nous, qui nous met le cœur mal à l'aise.

La visite commence. Nous nous raidissons, nous suivons M. Velpeau avec ses internes; mais nous nous sentons les jambes comme si nous étions ivres, avec un sentiment de l'existence de la rotule dans nos jambes et comme de froid dans la moelle de nos tibias... Quand on voit cela, et ces pancartes, où il y a au chevet du lit ces seuls mots disant : *Opérée le...*, il vous vient l'idée de trouver la Providence abominable et d'appeler bourreau ce Dieu, qui est la cause de l'existence des chirurgiens.

Ce soir, il nous reste de tout cela une lointaine vision, quelque chose qu'il nous semble avoir rêvé, plutôt que vu. Et chose étrange, tant l'horreur qui est là-dessous est voilée sous les draps blancs, la propreté, l'ordre, le silence, — il nous reste de ce souvenir quelque chose de presque voluptueux, de mystérieusement irritant. Il nous reste de ces femmes pâles, entrevues sur ces oreillers, presque bleuâtres et transfigurées par la souffrance et l'immobilité, une image qui nous chatouille l'âme et qui nous attire comme quelque chose de voilé, qui fait peur. Chose plus étrange, nous qui avons horreur de la douleur des autres comme de la nôtre, nous à qui le de Sade et les excitations au sang sont nauséabondes, nous nous sentons plus qu'à l'ordinaire en veine d'amour et plus privés qu'à l'ordinaire de notre maîtresse, qui nous écrit qu'elle ne peut venir. J'ai lu quelque part que les personnes qui soignaient les malades étaient plus portées à l'amour que les autres. Quel abîme, tout cela !

C'est une chose, je crois, toute particulière à la bourgeoisie que la lâcheté dans les relations sociales. J'entends par lâcheté le talent de ménagement et d'accommodement bas, qui empêche les gens qui se détestent de se fâcher. Il y a dans les familles bourgeoises, souvent, un train de refroidissement et de replâtrages intéressés, presque aussi ignoble et sans cœur que dans les collages de femme à homme. On se déteste, mais on se craint et chacun met les pouces, parce qu'on pense à mille circonstances où il serait fâcheux d'être brouillés. Les plus hauts ménagent les plus petits, parce que celui-ci peut servir de parrain dans une circonstance, celui-là peut dire du mal de vous pour un mariage. Je crois que ces abaissements hypocrites n'étaient pas jadis dans la noblesse. Il y avait des haines, droites et tirées du fourreau. Les parents se désunissaient plus brutalement, mais plus loyalement. Il y avait un reste de chevalerie dans les querelles, dans les jalousies, même de famille.

Plus j'avance dans la vie, plus je vois que tous les services, agréments, plaisirs sociaux, se payent aux gens et se payent en argent. Un feuilleton d'ami vous oblige à un dîner, qui vous coûte tant. Les bons rapports, les soirées agréables que vous avez pu passer chez telle personne, se payent par le carottage d'un rôle de parrain. Si vous dînez quelque part, la maîtresse de la maison vous demande pour ses quêtes ou vous place des billets de loterie de charité. En sorte que le monde est ainsi organisé, qu'un dîner en ville coûte au bas mot dix francs à un homme bien élevé, et tout en proportion. Il n'y a point de relations gratuites.

Une bouteille, voilà une distraction bien supérieure à la femme. La bouteille vide, c'est fini. Elle ne vous demande ni visite ni souvenir, la bouteille. Elle ne vous demande ni reconnaissance ni amour ni même de politesse. Elle ne vous fait pas d'enfant, la bouteille.

Si dans notre vie, il n'y a ni chance ni hasard heureux pour nous, nous avons cette grande chose, cette chose unique peut-être depuis que le monde existe : cette société physique et morale de toutes nos heures, cette communion de nous-mêmes en nous deux, à laquelle nous sommes habitués comme à la santé. Un bonheur rare et précieux : du moins, c'est à croire par le prix auquel la vie nous le fait payer, comme s'il était l'envie de tous.

Il est assez singulier que ce soit les trois hommes de ce temps les plus purs de tout métier, les trois plumes les plus vouées à l'art, qui aient été traduits sous ce régime sur les bancs de la police correctionnelle : Flaubert, Baudelaire et nous.

Tout l'art du gouvernement consiste à croire à une majorité énorme d'imbéciles.

Immense précipitation de la vie moderne : tout va plus vite et dure moins, depuis le système de lampe jusqu'aux fortunes !

Dimanche 23 *décembre.*

Nous passons une partie de la nuit à l'hôpital... Nous arrivons au lit d'un phtisique, qui vient de s'éteindre. Je regarde et je vois un homme de quarante à cinquante ans, les deux mains étendues hors du lit, un tricot brun, mal boutonné sur la poitrine, le corps soulevé par les oreillers, la tête un peu de côté et renversée en arrière. On lui voyait le dessous du cou, une barbe forte et noire, le nez pincé, les yeux creux. Autour de sa figure, sur l'oreiller, ses cheveux étalés étaient des cheveux de mort : ils avaient je ne sais quoi de plaqué et de filasseux. La bouche était grande ouverte, comme celle d'un homme dont l'âme s'est exhalée en cherchant à respirer, en manquant d'air. Il était peut-être chaud, et déjà tout mort. La mort l'avait enveloppé de son immobilité. Il ressemblait à de la cire... Je l'ai regardé sans émotion; et même, il y avait tant de paix dans ce cadavre que la mort ne m'a pas semblé si horrible... Ce mort a réveillé une image dans ma tête : le supplicié par le garrot de Goya.

Puis, du plus loin que j'apercevais dans l'ombre, au delà d'un grand cintre vitré, j'ai vu venir une petite lueur, qui a grandi, marché et est devenue lumière. Il y avait quelque chose de blanc, qui marchait avec cette lumière et que cette lumière éclairait. Cela a ouvert la porte du cintre. C'étaient deux femmes en blanc, dont l'une portait une lumière. C'était la sœur faisant sa ronde, accompagnée d'une bonne de la communauté, qui accompagne les sœurs dans la ronde. La sœur, une novice sans doute, — car elle n'avait pas le voile noir, — était toute en blanc, d'un blanc molletonneux et safrané, le bandeau sur le front. La bonne : un bonnet blanc, un col blanc, un foulard noir, une camisole et un jupon.

Elles ont été à un lit. La bonne s'est mise au pied du lit en avançant sa chandelle, la sœur à la tête; et de l'autre côté, un infirmier. J'ai entendu une voix si doucement faible que j'ai cru que c'était la voix d'un malade. C'était la sœur qui parlait au malade, avec une voix de caresse, une voix comme on en prend avec les enfants, lorsqu'on veut leur faire faire quelque chose, avec une câlinerie impérieuse et qui n'écoute pas leurs raisons : « Vous souffrez du siège ? » Le malade a grommelé quelque chose d'une voix édentée et râlante. Elle a soulevé la couverture, a jeté au garçon une alèse pour voiler le bas-ventre du malade, a relevé les draps, qui ont fait un paquet au pied du lit, et prenant le malade, elle l'a retourné sur le dos. J'ai vu ce dos, un dos talé, déformé par le lit, où la chair n'a plus de forme, un peu comme un dos d'enfant serré par les langes. Puis elle l'a retourné pour enlever le drap du dessous. Les jambes raides du malade ont tourné, maigres et tout en os, comme des jambes de Christ. Et toujours lui parlant, sans cesser de le caresser de la voix et sans s'arrêter à ses résistances, elle lui a dit qu'on allait lui mettre du cataplasme, qu'on allait lui donner à boire (1). Et cela a fini par le bassin.

En vérité, cela vous arrache l'admiration du cœur. Cela est simple et d'une grandeur qui épouvante. Elle nous regardait, elle ne nous voyait pas. Point de type ailleurs de pareille charité. C'est l'excuse d'une religion qu'une pareille institution. Amener une femme, — une faiblesse, un appareil nerveux, — à cela, et un cœur, à être tout entier aux autres qui souffrent ! Allons, il sera encore assez difficile de bâtir une foi quelconque, qui arrive à ce résultat-là ! Et puis j'ai pensé, devant cette femme, avec dégoût, comme on penserait à un goujat en goguette, à cette bête et impure chanson de Béranger sur la sœur de charité et la putain d'Opéra, arrivant ensemble au Paradis par la charité (2). Il y a toujours eu, dans les ennemis du catholicisme, un certain sens respectueux de la femme qui leur a manqué et qui les marque à l'âme comme des gens de mauvaise compagnie; le chef de la famille, par exemple, Voltaire, qui, voulant faire un poème ordurier, s'en va choisir Jeanne d'Arc, une sainte de la patrie.

25 décembre.

Une femme de chambre allemande d'une dame que nous connaissons lui disait tout à l'heure, à six heures moins le quart, en s'interrompant de lui lacer ses bottines et en regardant à la pendule : « Ah ! Madame, il est six heures moins le quart... — Eh bien, Anna ? — Tous les arbres de Noël, ils sont allumés à Darmstadt, à cette heure-ci... »

Je crois que tout le monde ignore ce que j'ai appris aujourd'hui : la singulière aristocratie de la constitution des sœurs de Saint-Vincent-de-Paul. On n'y admet ni une femme qui a une tache autour d'elle dans sa famille, ni non plus aucune femme ayant une infirmité physique, même non apparente.

---

(1) Add. éd. : *elle ui a dit...*

(2) Cette chanson, LES DEUX SŒURS DE CHARITÉ, valut à Béranger, en novembre 1815, d'être condamné à 3 mois de prison et à 500 francs d'amende.

Il y a un caractère d'enfant, propre à la bourgeoisie : des enfants qui, dans l'enfance, ont l'air de fœtus et qui, dans le développement de la croissance, prennent un air d'abcès ; enfants prodiges qui enflent et dont toute l'intelligence sombre dans la graisse.

Le fanatisme littéraire est le contraire du fanatisme religieux. Dans celui-ci, on se dévoue pour un dieu qu'on ne voit pas. Dans l'autre, il faut, pour exciter le fanatisme, approcher ses fidèles, être vu au café et boire de la bière avec eux.

J'ai été dimanche prendre des notes à la messe. Je crois qu'on a dit que la messe était l'opéra des servantes : non, c'est l'opéra de la femme !

Une main humaine, souvent une main de femme, une aumônière tendue : c'est la quête dans l'église catholique. Une espèce de filet à papillons au bout d'un bâton de bois qu'on allonge : c'est la quête dans la chapelle protestante. C'est un peu là les deux religions.

Les gens qui ont beaucoup roulé dans la vie et dans des positions subalternes sont effacés et comme usés d'aspect et de manières ; et même sur les choses qui arrivent, sur ce qu'ils voient, sur ce qu'ils entendent, ils ont l'air d'avoir les sens de l'âme usés et leur jugement n'a plus ni vivacité ni indignation ni colère. Ils sont affectés des choses comme de loin (Mlle Pouchard).

On a démenti l'autre jour qu'un homme était mort de faim à Paris. Si, un homme est mort de faim sur le carreau. Il avait deux manches à balai croisés sous la tête comme oreiller ; et ses enfants couchés, qui avaient froid, appuyaient la tête sur leur père encore chaud.

Il semble que dans la création du monde et des choses, Dieu n'ait pas été libre ni tout puissant ; on dirait qu'il a été lié par un cahier des charges. Tout ce qu'il fait, il le fait par réaction : il a été obligé de faire l'hiver pour faire l'été.

Rien n'est curieux, au Musée d'Artillerie, comme l'aspect sous lequel se présentent à vous la guerre ancienne et la guerre moderne. La guerre ancienne vous apparaît personnelle, brutale, herculéenne, un homme dans une forteresse, à cheval. La guerre moderne vous semble une machination, une mécanique, une machine infernale. On voit un vieux savant, qui est dans son cabinet et qui invente quelque chose comme le fulmi-coton.

26 décembre.

Nous allons à la Charité. Nous partons dans la neige, par un jour d'hiver qui se lève, avec, au bas du ciel, comme une réverbération rousse d'incendie. La pierre, sous les tons froids de la gelée, a les tons, chauffés par dessous, de la rouille.

Nous assistons à la visite et nous voyons mettre dans la *boîte à chocolat* un paquet noué aux deux bouts, qui est une morte.

Simon nous mène à la clinique de Piorry, qui, apercevant deux étrangers avec un interne, fait subir très haut un grand interrogatoire à un élève :

« Monsieur, le malade qui est là, de quoi souffre-t-il ?

— D'une douleur de l'os frontal ou, plutôt, temporal.

— Mais d'où vient cette douleur ?... Vous l'avez ausculté ? Auscultez-le encore !... Mais vous sautez de trois centimètres... Monsieur, si je venais à mourir, » dit-il en auscultant le malade, qui ouvre des yeux de carpe, « je le dis sans modestie, il n'y aurait plus personne... Vous voyez la rate ? Elle a un centimètre de plus sur tous les côtés, et c'est de là que par une irradiation inconnue, les nerfs... »

Et voyant qu'il ne peut pas assez bien nous voir : « Asseyez-vous ! » Et il fait apporter des bancs. Parle de son instrument pour mesurer la rate. Il s'interrompt :

« Et le malade qui était dans ce lit-là ? dit-il. On ne m'a pas prévenu ! C'est incroyable ! Un cas si extraordinaire, si malheureux... On ne m'a pas prévenu pour la nécropsie ! C'est incroyable, monsieur Benoît !

— Mais, Monsieur... »

Et il passe au lit suivant, répétant : « Si extraordinaire !... Le pauvre homme que nous avons eu la douleur de perdre... »

Malade, — qui n'est pas malade et qui veut passer huit jours à l'hôpital, — sachant la toquade de Piorry et s'accusant de sa maladie.

Nous étions assez aguerris. Nous sommes descendus à la consultation en bas, avec un interne, dans le cabinet du chirurgien, où il y a des bancs et une petite barrière pour faire passer les gens.

Il est venu lentement un petit pauvre vieillard, le collet de son paletot gras et lustré, monté jusqu'aux yeux; un pauvre chapeau lui tremblant aux mains; de longs, rares cheveux blancs; la figure osseuse et décharnée; les yeux tout caves et n'ayant plus qu'une lueur... Il tremblait lui-même comme un vieil arbre mort qu'un vent d'hiver fouette. Il a tendu son poignet noueux, où il y avait une grosse excroissance.

« Vous toussez ? lui a dit l'interne.

— Oui, Monsieur, beaucoup », lui a-t-il dit d'une voix douce, éteinte, dolente et humble. « Mais c'est mon poignet qui me fait bien mal.

— C'est que nous ne pouvons pas vous recevoir. Il faut aller au Parvis Notre-Dame »

Le vieillard ne disait rien et le regardait.

« Et demandez la médecine, pas la chirurgie... La médecine ! » lui répéta l'interne, le voyant si immobile.

« Mais c'est là que j'ai mal, répéta encore doucement le vieillard.

— On vous guérira là, voyez-vous, en vous guérissant votre toux.

— Au Parvis Notre-Dame ! » lui a répété, d'une voix où la brutalité s'attendrissait, le concierge, un gros bonhomme à moustaches grises d'ancien soldat.

La neige tombait à gros flocons. On la voyait tomber par la fenêtre. Le pauvre vieillard s'éloigna sans un mot, avec son chapeau toujours à la main. « Pauvre diable, quel temps !... C'est loin ! dit le concierge. Il n'en a peut-être pas pour cinq jours. »

L'interne nous dit : « Si je l'avais reçu, Velpeau l'aurait renvoyé le lendemain. C'est ce que nous appelons, en terme d'hôpital, un *patraque*... Oui, il y a comme cela des moments de durs... Mais si nous recevions tous les phtisiques, — Paris est une ville qui use tant ! — nous n'aurions plus de place pour les autres. »

Cela m'a remué plus encore que je n'avais été remué là.

La sœur allant à la lingerie et pouvant entrer (1).

Là-dessus, nous allons voir l'ancienne salle de garde, décorée par les peintres amis des internes, Français, Baron, qui a eu la jolie idée d'y mettre les Amours malades, frappant à l'hôpital, avec des suspensoirs, et rebandant leurs arcs en en sortant; Doré, qui a mis une espèce de Jugement dernier des médecins présents et passés par-devant Hippocrate, avec le trépan, les seringues, la guillotine. Sur la table, des déclarations de décès en blanc, avec la signature préventive de Velpeau.

Puis nous passons déjeuner dans la vraie salle de garde, cintrée, avec des nervures, plus basse que le sol, ancienne chambre ardente des curés morts.

Il n'y a pas de serviettes pour nous : on tire de l'armoire deux taies d'oreiller pour nous en servir. Les internes, en entrant, ôtent leur tablier et le pendent au champignon de cuivre. L'interne de service, seul, garda son tablier tout le temps; et deux internes ont l'un, un cœur rouge, l'autre, un bleu, à piquer les épingles.

Nous sommes dix en nous comptant. A la droite d'Edmond, garçon ressemblant à Royer, moqueur comme lui; et quand il rit, une grosse veine dans le front, comme une corde. Autre garçon frisé, rasé, grande tête de cheval, presque anglaise, trop grosse pour le corps, ressemblant à Caraby. Puis un garçon maigre et blond, ressemblant à Jouffroy, gardant sa calotte pour ne pas avoir froid à la tête. Puis un brun à barbe noire. Puis Labéda, une face rouge, un peu louche, taillée à la serpe, avec un teint plaqué comme celui que fait le froid, — le plastron des plaisanteries. Puis un gros garçon qui a l'air, avec ses petites moustaches, d'un poussah chinois; œil fin, calotte tout sur le haut de la tête. Puis Simon, tête d'oiseau, maigre. Puis le docteur, une face de jeune Sangrado, teint blême, barbe noire, cheveux noirs, yeux noirs, lunettes. Puis un vrai Servin, un gros bon enfant brun.

« Velpeau n'est pas venu ce matin ?

— Non.

— Il faut qu'il soit bien pincé... »

(1) Entendez : l'héroïne du roman que préparent les Goncourt; elle pourrait, en se rendant à la lingerie, entrer dans la salle de consultation et être le témoin bouleversé de la scène que le JOURNAL vient d'enregistrer. C'est ce qui se passe dans SŒUR PHILOMÈNE, p. 118.

— Il a peut-être une fluxion de poitrine ?

— C'est vrai, il toussait depuis quelque temps.

— Mais j'ai vu sa voiture hier, aux Champs-Élysées.

— Où donc est Un Tel ?

— Aujourd'hui, il est à Clamart pour une dissection. »

De Clamart, qui n'est pas le Clamart près de Paris (1), la conversation saute à l'examen de tous les environs de Paris : Meudon, Viroflay, Bougival, idylle, arbre de Robinson : « Y en a-t-il, qui ont été là simplement pour tirer le coup ! » Puis au bal de Sceaux : internes, calicots, demandes aux mères d'inviter leur fille. « Le bal de Sceaux de Balzac... dit l'un (2).

— Mabille était comme ça, il y a vingt-cinq ans. Mon frère l'a vu dans ce temps-là.

— Un Tel est nommé économe de troisième ordre.

— Ah !

— Mais il descend ?

— C'est donc de seconde classe, ici ?

— Oui.

— Vous savez qu'on réduit les internes, à Bicêtre ?

— Tiens, pourquoi ?

— Mais personne ne peut vivre avec M. Un Tel !

— Moi, je l'ai eu... Quand on était de garde, il vous faisait toujours appeler le lendemain pour des bêtises. Avec lui, on n'avait jamais la médaille de la fin d'année.

— Ah ! tu sais, j'ai un cœur très bien préparé... Si tu le veux...

— Oui, j'en ai besoin.

— Qui est donc ce docteur Fabrice, qui écrit dans la GAZETTE MÉDICALE ?

— Mais c'est toujours le propriétaire, Amédée de Latour !

— Qu'est-ce qui a des GAZETTES chez lui ?

— Moi, je crois que j'en ai.

— Tu les rapporteras, hein ? »

(1) L'amphithéâtre de dissection, construit vers 1850, est situé 17 rue du Fer-à-Moulin, près du boulevard Saint-Marcel, sur l'emplacement de l'ancien hôtel de Clamart et du cimetière de l'Hôtel-Dieu, qui reçut après 1789 les corps des suppliciés.

(2) LE BAL DE SCEAUX, dont l'action se situe en 1819, est une des premières SCÈNES DE LA VIE PRIVÉE, publiées par Balzac en 1830.

Survient le docteur, gros. Tout le monde lui serre la main :
« Tu déjeunes ? » On lui fait une place : « Nos compliments —
Ça ne me rend pas bien gai, va ! — Tiens ? — Oui, quitter Paris…
— Où vas-tu ? — Exercer à Mulhouse. Ah ! la province… » Et il
a l'air lugubre.

On parle des sœurs, d'une sœur de Sainte-Eugénie, si gracieuse, avec son grand nez, si distinguée, à laquelle M. Carvalho,
ayant son enfant malade, apportait tous les jours un bouquet. La
Mère a fini par le lui défendre : « Oh ! les artistes, c'est connu, ça
ne vous paye jamais, ça vous paye en billets ! » (1).

On se met à rappeler l'orgie qu'on a fait le samedi, pour le
dîner du Bout de l'An :

« Allons, Labéda, tu étais un peu trop *réussi* !
— Moi ?
— Tu as dû avoir mal aux cheveux le lendemain ! »

Étymologie de *mal aux cheveux* : les cheveux tristes, les cheveux des morts, qui se cassent et se vendent beaucoup moins cher.

« Te rappelles-tu, quand tu as dit à ce garçon de café, qui
éteignait le gaz : « Et pourquoi vous instituez-vous nouveau
Josué ?

— Mais au contraire, Josué…, dit l'un.

— Eh bien, Josué, dit Labéda, Josué arrêtait le soleil et le
garçon…

— Arrêtait les frais ! » dit le docteur.

On entend la sonnerie de la chapelle pour un mort. Et devant
la fenêtre, le bout d'un corbillard de pauvre qui stationne. Correspondance pour l'éternité…

« Ah ça ! mais qu'est-ce qu'ont fait Un Tel et Un Tel ?

— Oh ! eux, ils étaient bien ! Ils ont été tout le temps dans
un coin, et Chose ne faisait qu'ôter ses lunettes et les essuyer.

— Ah, par exemple ! on a vu que tu commençais à l'être,
quand tu as voulu trinquer avec le bec de gaz…

— Et toi, je t'ai vu, quand tu t'es mis à jouer aux cartes : tu
tenais des dix francs…

— Mais tu sais bien, Labéda, cette sous-maîtresse de la
Botte de Paille, à qui tu as fait ce discours…

— Quel discours ?

(1) Entendez : en billets de faveur.

— Tu ne lui as pas parlé de Rabelais ?

— Ah ! oui, j'ai eu un discours capiteux...

— Tu l'as sur la conscience, celle-là !

— Comment ?

— Tu l'as tuée... Elle a été apportée dans le service de Pier-rard dans la nuit : une attaque d'apoplexie ! Elle est morte le len-demain, à midi. Ton discours lui aura porté à la tête ! »

Puis sortie de Labéda, qu'on appelle. Rentre : « Qu'est-ce que c'est que ce numéro 49 ? — Est-ce que je sais ? Je me rappelle bien les malades par lits, mais par numéros !... » Il ressort. Entre un homme avec un cache-nez noir, candidat au cinquième examen, venant demander des renseignements à l'interne sur les malades, sur les-quels on l'interrogera, — service que tous se rendent.

« Ah ça ! Il faut aller chez Velpeau. S'il est un peu crevard, nous lui mettrons des cartes... » — Le docteur demandant l'encre et une plume et, sur un coin de table, écrivant les dédicaces de sa thèse sur la rage à ses camarades d'internat, dont il demande l'or-thographe des noms.

Nous retournons à l'hôpital à quatre heures, pour entendre la prière ; et à cette voix grêle, virginale, aiguë et tout à la fois chantante de la novice à genoux, disant à Dieu les remerciements de toutes ces souffrances et de toutes ces agonies, qui se soulèvent sur leurs lits ou rampent jusqu'à l'autel, les larmes, par deux fois, nous montent aux yeux et nous sentons que nous sommes à bout de forces dans cette étude sur le vif et que pour le moment, c'est assez, assez !

Nous nous sauvons de là et nous nous apercevons que notre système nerveux, auquel nous échappions par la contention de toutes nos facultés d'observation physique et morale, secoué et ému de tous les côtés à notre insu, a reçu le coup de tout ce que nous avons vu. Nous marchons par la rue, abîmés dans un hébéte-ment et une fatigue, qui est celle d'une nuit de bal masqué ou d'une nuit au jeu ; une absorption sans idées, toute en images. Une tris-tesse flotte en nous, comme un air d'hôpital que nous aurions en nous. Le soir, nous avons les nerfs si malades, qu'un bruit, une fourchette qui tombe, nous donne un tressaillement par tout le corps et une impatience presque colère. Nous nous complaisons, au coin de notre feu, dans le mutisme, nous acoquinant là, avec une peur de mouvement, comme l'ont des vieux fatigués.

C'est affreux, cette odeur d'hôpital qui vous poursuit. Je ne sais si c'est réel ou une imagination des sens; mais sans cesse, il faut se laver les mains. Et les odeurs qu'on s'y met, échauffées et s'éteignant, ont cette vague fadeur de cérat.

Il faut nous arracher de là, demain, au plus tôt, par quelque distraction violente, qui nous relance dans notre ancien monde d'idées et de pensées préoccupantes. Ah ! lorsqu'on est pris ainsi, lorsqu'on sent tout ce dramatique vous palpiter dans la tête et les matériaux de votre œuvre vous donner ce singulier sentiment de peur, que le petit succès du jour présent vous est inférieur ! Et comme ce n'est pas à cela que vous visez, mais bien à réaliser ce que vous sentez, ce que vous avez vu avec l'âme et les yeux !

Je tombe, en feuilletant un livre, sur ce mot sublime, à noter dans notre pièce de la Révolution. Le peuple criant : « A la guillotine ! à la guillotine ! — On y va, *canaille* ! » dit une marquise (1).

La femme excelle à ne pas paraître stupide.

Peut-être n'y a-t-il de véritable liberté que dans l'état sauvage. A mesure que de l'isolement, la civilisation marche à la centralisation, — marche fatale et croissante de vitesse, — l'individualité est plus absorbée. L'État, surtout depuis 89, est d'un absorbant prodigieux ! L'avenir, ne sera-ce pas l'État absorbant tout, assurant tout, tenant à ferme la propriété de chacun? On n'aura plus le despotisme dans un homme, dans une volonté; mais il y aura, étendu sur tout, le réseau d'une réglementation omnipotente, la tyrannie de la bureaucratie, en un mot le gouvernement absolu de l'État, administrant tout au nom de tous.

Toutes les carrières qui ont pour but autre chose que de soutirer de l'argent au public ou d'en demander au Budget sont

---

(1) La *pièce de la Révolution* est MADEMOISELLE DE LA ROCHEDRAGON, qui échouera devant le comité de lecture du Théâtre-Français, le 7 mars 1868, et sera créée seulement le 19 mars 1889 au Théâtre-Libre sous le titre de LA PATRIE EN DANGER. — Le mot cité ici sera, dans la pièce, le mot de la fin (acte V, sc. 9), prêté à la chanoinesse de Valjuzon.

d'horribles carrières. La poursuite de l'argent fait l'homme rond, le bourgeois carré, qui meurt de pléthore, avec des petits enfants qui lui grimpent aux jambes, des idées épanouies au cœur. On meurt des autres poursuites, de la poursuite des choses qui ont des ailes : voyez Gros, voyez Nourrit et tant d'autres (1).

Ce qui me dégoûte dans ce que je vois et qui sera de l'histoire un jour, c'est que les événements ne sont pas imprévus, les hommes sont raisonnables. Il n'y a point quelque grand toqué, quelque visionnaire, un Barberousse, un saint Louis, qui brouille tout et dérange les destins avec quelque grand coup d'épée. Il n'y a pas, dans les rois, un homme à qui ce qui se passe fasse mal aux nerfs et qui, coûte que coûte, se lance dans une résolution enragée. Non, tout est soumis à un bon sens bourgeois. Les rois, avec la Révolution, m'ont l'air de Prudhommes volés par un filou et qui ne font pas de bruit, parce qu'il faudrait donner ou recevoir une claque. Les trônes fouillent leur poche pour savoir s'ils peuvent faire la guerre. L'empereur d'Autriche a peur de la banqueroute; et ils sont tous à se tâter (2). Pas un caractère! Pas un fou! — ce qui est la même chose!... Pas même un bilieux!

Ceci était réservé au XIXe siècle, de voir un secrétaire d'empereur, — sa main, sa plume, — mettre sa politique en drame de boulevard, avec l'aide de Dennery et la grâce de Séjour. Encore ces jours-ci, un de ces manifestes sur les planches, tombés de là-haut sur la scène du Cirque. L'homme était présent: le salon du public était devenu le foyer de sa loge; et au nez de César, un histrion a jeté en plein public le panégyrique et les fumées d'encens. Cela est une scène qui manqua au Bas-Empire et qui eût répugné à Louis XIV, — un cabotin lui jetant du bas des quinquets, devant sa cour et son peuple, les platitudes agenouillées et les louanges en pleine face (3).

(1) Le baron Gros, après avoir été l'un des grands peintres officiels de l'Empire, se voyant tenu à l'écart sous la Monarchie de Juillet, sombra dans la neurasthénie et se suicida en se jetant dans la Seine, le 25 juin 1835. Le ténor Adolphe Nourrit ayant craint, à la suite d'une défaillance passagère, que sa voix ne fût compromise, se précipita, une nuit, de la fenêtre de son appartement sur le trottoir (7 août 1839).

(2) Cf. t. I, p. 826, la note sur la Conférence de Varsovie.

(3) Le 28 décembre 1860, au Théâtre Impérial du Cirque, en présence de Napoléon III, avait lieu la première des MASSACRES DE SYRIE, drame en 5 actes de

863

Il y a un critique littéraire, nommé Pelletan, qui n'a jamais nommé un roman qui ne fût pas écrit par un homme de son parti. C'est là ce qui fait ce parti républicain si fort : c'est la première coterie de France.

Robespierre, Proudhon, Manin, Cavour, républicains à lunettes.

Je crois que vraiment, à aucun temps de l'humanité, dans les plus grandes décadences de l'âme humaine, l'exemple de la vie n'a été aussi démoralisant. C'est une véritable apothéose des canailles. L'insolence, la facilité des fortunes de ces gens se dressent de tous les côtés sur le chemin de l'honnête homme, comme pour lui dire : « Tu es une foutue bête ! »

Tous les amateurs, tous les critiques d'art sont tristes, un peu endormis, comme des gens hébétés par une espèce de masturbation morale.

31 décembre.

Nous allons avec Gavarni et son fils Pierre à la revue des Variétés (1). La pièce n'est qu'un prétexte pour mettre en scène, à chaque acte, un salon de bordel. Rien que des pudeurs d'actrices déshabillées à coups de ciseaux, des jupons courts et des corsets de rien. La censure leur a permis de réaliser en tableaux vivants toutes les petites obscénités des photographies. Jusqu'à la photographie des blanchisseuses, où l'on peut voir, de celles qui repassent en se baissant, la gorge comme si on la tenait. Le directeur de cette exhibition est décoré. Entre lui et l'homme qui tient le *Gros* 9, pour nous, il n'y a aucune différence.

Victor Séjour et de N*** : « Le nom du collaborateur anonyme de Victor Séjour, M. Mocquard, le secrétaire de l'Empereur, n'est un mystère pour personne. » (LE PAYS, 29 décembre). Déjà, la même collaboration avait produit LA TIREUSE DE CARTES, qui servait la politique romaine de l'Empereur. (Cf. t. I, p. 688, n. 1.) La pièce actuelle porte sur les récents massacres des chrétiens Maronites par les Druses (mai-juillet 1860), qui amenèrent l'expédition française de Syrie (août 1860-juin 1861).

(1) Les Variétés présentent, depuis le 23 décembre, OH ! LA LA ! QU' C'EST BÊTE, TOUT ÇA !, revue en 3 actes et 22 tableaux de Théodore Coignard et Clairville. Les Goncourt visent en particulier le tableau intitulé *Ne bougeons plus !*, qui met en scène un atelier de photographie, « où l'on exhibe ces dames en déshabillé, qui frise le tableau vivant » (REV. ET GAZ. DES THÉATRES, 27 décembre 1860).

ANNÉE *1861*

UN jour triste pour nous comme le Jour des Morts. Ce matin, Rose pleure et elle a la bonne foi de convenir qu'elle ne sait pas pourquoi. — Nous passons chez Julie. Elle est en larmes; mais n'ayant pas la bonne foi de Rose, elle nous dit entre ses sanglots qu'elle ne fait que penser à ce pauvre intendant Dubut, tué en Chine : « On lui a arraché le nez... hi ! hi ! hi! Et les oreilles... hi ! hi ! hi ! » J'avais envie de lui demander si elle le connaissait. Mais il est toujours poli de laisser croire qu'on croit au prétexte qu'une femme donne à ses larmes.

En repassant dans notre tête notre œuvre d'imagination, nous qui l'avons faite sans pose et le plus sincèrement du monde, elle nous apparaît lugubre et désespérante. Est-ce que la vie ne sourirait qu'aux coquins ?

3 janvier.

Chennevières nous apporte sa réimpression des CONTES NORMANDS. En le refeuilletant, nous nous disons combien il est triste que cet homme, au lieu de faire de l'art et des inconnus, d'être

865

le Plutarque de Finsonius, n'ait pas fait, avec son talent, revivre des archaïsmes du dixième siècle, un beau roman normand, longuement étudié, développé.

Et en coupant ces feuilles, nous apercevons ce qui manque à Flaubert, le défaut que nous cherchions depuis longtemps : son roman manque de cœur, de même que ses descriptions manquent d'âme. Le cœur dans le talent, un don bien rare, qui ne compte guère en ce temps que Hugo en haut, Murger en bas; et quand je parle du cœur dans le talent, je ne parle pas du cœur dans la vie, qui est parfois à l'opposé.

J'ai vu arrêter aujourd'hui un pauvre diable par des sergents de ville. Le peuple français a pris parti contre le pauvre diable. Il n'y a plus de Parisiens, plus de peuple français.

Autrefois, les honnêtes gens qui étaient nobles et pauvres avaient au moins la consolation d'être nobles, à côté de gens plus riches qu'eux, qui ne l'étaient pas. Aujourd'hui, un homme riche n'a qu'à demander la permission d'être noble pour l'obtenir même aux dépens du noble.

Rose, qui a été voir sa nièce, en revient toute bouleversée. L'éducation religieuse a je ne sais quoi stupéfié ou séché en cette enfant, comme un bois. Avec ça, on lui a seriné le prosélytisme; elle veut faire promettre à sa tante d'aller à confesse et de communier : « Sans religion, lui dit-elle, point d'honnête homme ! » Elle dit cela à la femme qui a mis argent et cœur à l'élever. — En y réfléchissant, ce mot de prêtre est très beau : « Sans religion, point d'honnête homme ». Il n'admet pas qu'on puisse être honnête sans une prime de Paradis.

4 janvier.

Nous tombons dans le petit appartement de Scholl. Nous poussons une porte et nous nous trouvons contre le pied du lit, où une femme, dont les épaulettes de chemise ouverte dansent sur les épaules, est couchée : « Vous êtes malade? — Non, il fait froid... Je reste quelquefois trois jours au lit. Nous y sommes restés une fois huit jours avec mon amant... On avait mis le lit au milieu de la chambre et nous dînions couchés. »

Et elle se remue, se rengorge avec des piaillements, des petits cris d'animal dans le lit, mettant en l'air son derrière et avançant sa gorge dans la corbeille de sa chemise, le poil des aisselles au vent, chatouillée — et sautant comme un insecte — par les grains de mie de pain de son déjeuner; et de temps en temps, partant d'un éclat de rire sans aucun motif et se tapotant les fesses.

Il y a une montagne d'effets sur son lit; sur la table de nuit, un cigare qu'elle repose et une bouteille de vin, à laquelle elle boit de temps en temps; dans la chambre, sur les meubles, un tas d'effets, jupons, habits, pantalons. C'est un monsieur et un vieillard, — son père, à ce qu'elle dit, — qui lui a donné le cigare qu'elle fume. Elle se fait apporter ses bagues, elle pousse des cris, parce que Mme Moreau va déranger ses bracelets : « Ne criez pas si fort ! » lui dit l'autre sans se troubler. Elle essaie ses bagues, elle ne peut plus les retirer, elle fait l'enfant, elle geint, elle pleure, elle a un rhumatisme, elle a une maladie de cœur. Mme Moreau va lui chercher une chemise dans le petit hangar, au fond du petit jardin, à côté des lieux. Elle me prie, comme elle suinte d'humidité, de la chauffer.

Une petite fille se glisse, entre la porte, dans le costume et la robe noire des pensionnaires de Conflans, les cheveux ras (1). C'est sa fille, qui cherche, à travers tous les pantalons de l'amant de sa mère et les monceaux d'effets qu'elle peut à peine soulever, son manteau.

5 janvier.

Aujourd'hui, Scholl entrant chez moi : « Vous n'avez pas idée ! Elle est insupportable, cette petite bête-là. Je vais la laisser là dans mes meubles et je veux retourner prendre ma chambre à l'hôtel de la rue Le Peletier... C'est que vous ne savez pas ce que c'est qu'une femme qui chante toujours : *Sous la brise d'Espagne,... pagne,... pagne !* Et partout, à Mons, à Gand, à Paris : *Sous la brise d'Espagne,... pagne... pagne... pagne !* J'ai pris un joli parti : je ne la baise plus, je vais au bordel. Ça lui semble un peu drôle, elle se frotte à moi, elle me fait *Muu,... muu...* et je fais semblant de dormir. »

(1) Conflans-l'Archevêque, près de Charenton (Seine), où les religieuses du Sacré-Cœur eurent leur noviciat et leur école jusqu'en 1905.

Et puis il finit en nous disant le véritable âge de son ancienne maîtresse, Doche : quarante-trois ans.

Mlle Pouchard, qui dîne chez nous, nous dit qu'elle a vu à l'Enfant-Jésus tous les petits enfants malades avec deux ou trois jouets et des bonbons sur leur lit, que leur avait envoyés la duchesse d'Orléans. C'est une des plus jolies idées de princesse que je connaisse.

Augusta, qui dîne aussi avec son fils, nous montre dans sa gâterie de fétichisme, dans son idolâtrie de peuple, la maternité nouvelle du XIXe siècle, doublée des matérielles tendresses provinciales. C'est un peu dégoûtant et presque bestial; et cela touche au comique, lorsqu'elle dit à son fils, râblé comme un petit paysan : « Mange des poireaux, de la soupe : cela fortifie la poitrine. » Elle le bourre, comme au village, on bourre les convalescents. Aux vacances, il y a deux cailles pour lui au dîner, auxquelles ne touchent ni le père ni la mère. Et par là-dessus, elle ne veut pas admettre qu'il ait la vue basse.

L'argent de province, si resserré, ne lui coûte rien à donner pour les dépenses de vanité de l'enfant, pour l'escrime, l'équitation, les plombages de 20 francs, les chapeaux de soie à 22 francs, etc.

L'enfant ainsi, dans la famille, devient une idole, dont le culte n'est plus une vertu, mais une espèce de latrie devant sa production. On se prend presque à regretter les sévérités de l'ancienne éducation qui, si elles reculaient l'enfant du cœur des parents, tenaient du moins leur autorité et leur dignité à distance.

Mardi 8 *janvier.*

Plus que personne, par la tendance de nos œuvres, la signification de nos romans, la voie nouvelle de notre histoire, la chaîne de notre famille, nos instincts, nos goûts, nos manies devenues des modes qui se répandent, nos besoins physiques et moraux, plus que personne, nous sommes de ce temps-ci; et contraste singulier, plus que personne aussi, il nous semble que nous sommes d'un autre temps, que nous tenons par des liens secrets à la tradition d'autres mœurs, aux principes d'une autre société.

Nous sortons ce soir du cours professé par Philoxène Boyer sur Shakespeare, assez étonnés de la facilité de sa parole, de l'abondance de ses images, de rapprochements ingénieux, de choses délicatement dites, de tout le bruit de mots et d'images sortant de cet homme. Une sorte de pythonisse sur son trépied, les gestes furieux, les poings sans cesse se tordant au-dessus de la tête, les yeux presque convulsés et dont on ne voit que le blanc, avec des grands cheveux blanchissants, qui lui tombent de chaque côté derrière les oreilles.

Au fond, c'est un feuilleton parlé et déclamé, le pot-pourri de toutes les façons d'éloquence, de l'orateur de chaire et du comédien.

Malheureusement, à tout moment, il roule dans cette affreuse philosophie de l'histoire, une mauvaise invention de l'histoire moderne, qui ne fait que jeter au travers des faits les mots nuageux et ronflants d'*humanité*, de *solidarité humaine*, d'*âme de l'humanité*, de *principes humains*, etc. Ce qui amène Philoxène Boyer, un moment, à vous parler de la mort de Coriolan, « qui est mort muré dans sa formule ». Textuel ! Rien de plus ennuyeux et qui me porte plus sur les nerfs, que ces grands mots sonores, dont on grise l'oreille, — *civilisation*, etc., — avec lesquels cette critique enthousiaste et lyrique prête aux hommes du passé et l'avenir et le présent, le devoir et la conscience d'avoir rebâti la société, recréé le monde.

Rien de plus absurde que d'entendre transformer en apôtres de l'humanité des hommes de génie comme Shakespeare, qui sont et demeurent, tout bêtement, des hommes de génie et dont je crois voir l'ombre, si elle a des oreilles, ouvrir des yeux comme des portes cochères à tous les apostolats que leur prête le scoliaste enragé.

Voici une histoire, qui sera de l'histoire. Après la retraite de Solar, M. de Pontalba, entrant en défiance, voulut régler avec M. Mirès et lui redemande les 12 millions de francs qu'il avait placés chez lui. M. Mirès lui répondit qu'il ne lui devait rien, que c'était lui qui lui devait 800.000 francs. M. de Pontalba gagna un employé, un caissier ou sous-caissier de Mirès; et la preuve en mains d'une escroquerie, qui allait jusqu'à compter seulement 240 francs des actions vendues 400, déposa une plainte en escroquerie au Parquet et alla remettre lui-même au Garde des Sceaux

la preuve convaincante de l'escroquerie. M. Delangle partit avec
le dossier pour les Tuileries et eut une conférence avec l'Empereur.
    A la première nouvelle de ce, M. de Polignac va trouver
l'Empereur, lui dit que c'est la jalousie de la croix qu'il a donnée
à son beau-père; qu'il est poursuivi comme le banquier tout dévoué
a l'Empereur, que l'Empereur n'en trouvera pas de si dévoués;
que M. Mirès représente énormément d'intérêts, — et de grands !
— et que toutes les entreprises commencées seraient mises en
péril par sa ruine. L'Empereur sembla ne pas accueillir favorablement M. de Polignac et lui dit que la justice aurait son cours.
    Mais Mirès avait été assez habile pour, depuis longtemps,
compromettre dans toutes ses affaires, par des remises d'actions,
les plus gros de la cour, les plus grandes influences et entre tous,
le prince Napoléon, Morny, la princesse Mathilde. Le prince
Napoléon, Morny, le comte Siméon accourent aux Tuileries,
représentant à l'Empereur que ce serait un coup au crédit public,
que ce serait une faute politique, et tous se rejetant de l'un à l'autre
qu'ils ont tripoté avec lui, le prince Napoléon disant : « Il a beaucoup d'argent à Morny... » L'Empereur consent à arrêter la poursuite et l'affaire s'arrange, Mirès rendant à M. de Pontalba une
hypothèque de 12 millions de francs qu'il avait prise dans l'intervalle sur ses biens et 300.000 francs en argent; le contrat de
transaction, des plus durs et des plus flétrissants pour Mirès et
signé par lui.
    Mais ce n'est pas fini. Voilà Mirès ébranlé dans son crédit et
tout prêt à crouler.Pour le sauver, plus rien que ce fameux emprunt
turc, où il doit donner à la Turquie 180 millions pour 400 millions,
que s'engage à payer la Turquie. Malgré toutes les floueries, —
noms des banquiers de Constantinople cités comme souscripteurs,
ce qui fait l'étonnement de tous à Constantinople, à l'arrivée du
paquebot, — et tous les mensonges de Robert Macaire, l'affaire
ne prend pas. Et c'est une jubilation, chez les autres banquiers,
de voir crouler un confrère, — surtout celui-là, dont ils sont un
peu honteux, qui vole en dehors des lois du vol de la banque, —
Rothschild, les Pereire et autres se frottant les mains, lorsque
Morny, qui reçoit, à ce qu'il paraît, 5 millions comme pot-de-vin,
si l'emprunt réussit, vient dire à Pereire que s'il ne soutient pas
Mirès et que s'il ne fait pas réussir son emprunt, lui, Pereire, qui
a besoin de toute sa protection pour ses spéculations de bâtisses

et de terrains, qu'il inaugure en ce moment, il lui retirera sa protection, la protection du gouvernement et la protection d'Haussmann... Et l'on dit qu'à une des dernières Bourses, Mirès vient d'être sauvé par quinze mille actions du chemin de fer de Saragosse à Pampelune, que Pereire, le couteau sur la gorge, a été obligé de lui abandonner (1).

La maternité bourgeoise a quelque chose d'une idolâtrie, dont la bassesse me répugne. La mère adore son enfant comme un autre sang que le sien. Après tout, cela vient de bien loin. L'usurpation de l'enfant date du catholicisme. L'enfant est Dieu dans la famille depuis Jésus-Christ. La Vierge est la première mère bourgeoise.

La plaie, la grande plaie moderne, c'est l'instruction. Toute mère du peuple veut donner et, à force de se saigner aux quatre veines, donne à son enfant l'éducation qu'elle n'a pas eue. De cette folie générale, de cette manie, partout répandue dans le bas de la société, de jeter ses enfants par-dessus soi, de les porter au-dessus de son niveau, comme on porte les enfants au feu d'artifice, naît l'irrespect fatal des enfants pour les parents. Les fautes d'orthographe déconsidèrent, auprès de l'enfant qui a été au collège, le père et la mère... Et il arrive nécessairement que le fils ou la fille arrive à rougir de ses parents.

Puis toutes les carrières s'encombrent et se bouchent par cette vulgarisation des aptitudes, des capacités. Un jour viendra où il n'y aura plus que des têtes, des plumes. Nous marchons à

(1) Solar était associé à la plupart des affaires de Mirès et notamment à la Caisse générale des Chemins de fer. L'entreprise, s'étant trouvée en difficulté, Solar avait dû vendre sa bibliothèque aux enchères, les 29 et 30 novembre (cf. t. I, p. 842). Mais il n'en retira que 500.000 francs. Il chercha refuge à l'étranger. Au début de 1861, Gaiffe, qui était son confident, est arrêté et maintenu quelque temps à Mazas. Quant à Mirès, il sera arrêté le 17 février 1861, pour irrégularité dans la gestion de la Caisse des Chemins de fer, et mis au secret à Mazas. Procès confus, où joue la haute position des personnalités compromises ; où le rapport du Garde des sceaux, Delangle, dément celui de l'expert en écritures, Monginot, le 4 mars ; où, le 11 juillet 1861, le Tribunal correctionnel de la Seine condamne Mirès et Solar à 5 ans de prison, arrêt confirmé par la Cour d'appel de Paris le 24 août, mais cassé par la Cour de cassation, le 27 décembre, et démenti par la décision finale de la Cour de Douai, qui, le 21 avril 1862, acquitte entièrement les deux financiers.

n'avoir plus de bras, les ouvriers ne faisant plus souche d'ouvriers, les laboureurs ne faisant plus souche de laboureurs, dans ce mouvement d'ascension de chacun vers la classe au-dessus de celle où il est né.

Pourquoi cette proscription et cette poursuite, plus furieuse que partout ailleurs, du livre libre en France ? En France, les filles se perdent beaucoup plus par le romanesque que par l'obscénité des livres.

Les statistiques s'entendent pour dire que la moyenne de la vie augmente au fur et à mesure de la civilisation. Mais comme tout démontre que l'état sauvage est l'état de santé de l'homme et que ce qu'il y a de plus contraire à cet état de santé, c'est la civilisation, je me demande si les statistiques ne sont pas faites par des gens que la théorie du progrès mène à l'Institut.

Je me demande quelle est l'exploitation à laquelle ce siècle-ci n'aura pas pensé. Quand on pense que le fameux Charles-Albert est peut-être un mythe et que, dans ce moment, c'est un simple nom, sous lequel est une compagnie d'actionnaires, qui paient quatre médecins meurt-de-faim pour être chacun à leur tour Charles-Albert pendant deux heures. !

                                                          10 *janvier.*

Nous sommes à la première représentation des EFFRONTÉS d'Emile Augier; et tandis que sur la scène, Got se démène dans son rôle de Schaunard, dans une caricature grossière du journaliste (1), Gaiffe, qui est dans la loge derrière moi, nous murmure : « On ne pourra jamais rien faire avec les journalistes : c'est vous, c'est moi, c'est tout le monde. Il n'y a pas de drame, il n'y a pas de type autour de nous... C'est très simple, il n'y a rien de compliqué. Il n'y a pas de coquin... Quand on a un peu vécu, on voit

---

(1) Got, dans les EFFRONTÉS, puis dans LE FILS DE GIBOYER (1863), incarne Giboyer, devenu un redoutable condottiere du journalisme après une jeunesse bohème qui l'apparente — de loin ! — à Schaunard, un des héros des SCÈNES DE LA VIE DE BOHÈME de Murger.

qu'il n'y a rien de mystérieux, qu'il n'y a pas de grosses machines dans l'existence. La vie est une chose légère, simple et gaie... » Et pensant à ce type qui parle derrière moi, si distingué, si fin, si plein de nuances, si joliment masqué, si habile à jeter ce paradoxe devant sa vie et sur son visage. Puis voyant sur le théâtre cette silhouette, faite de rengaines et de grossissements bêtes, sans originalité et qui ne vit pas, je songe, encore une fois, combien le théâtre est un moyen de peinture grossier, sans possibilité d'observation vraie et fine, d'intime histoire d'une société.

J'ai remarqué que les malheureux avaient l'égoïsme d'un malade d'hôpital.

L'homme a l'humanité, la femme n'a que le dévouement. C'est la différence d'une passion à un caractère.

14 janvier.

Saint-Victor nous traîne voir Lia dans la reprise d'ANDRÉ GÉRARD (1). Nous causons de la bonasserie olympienne et complètement indifférente des feuilletons de Gautier. Il nous dit qu'il y a de la terreur au fond de cette bonté de Gautier. Il n'a fait dans sa vie qu'un éreintement, l'éreintement d'une pièce, l'ÉCOLE DU MONDE de M. Walewski. Pas de chance ! Comme les gens qui ne sont méchants qu'une fois dans leur vie ! Et il est perpétuellement tourmenté de la crainte d'éreinter quelqu'un qui puisse, par l'avenir, devenir un autre Walewski.

Après la pièce, nous allons voir Lia dans sa loge, qui est la loge de la Duverger. Aspect fantomatique; corridors sales, aspect de Mont-de-Piété et d'hôpital, aspect de misère : on donnerait deux sous aux ouvreuses. Au haut de la glace, devant laquelle elle s'habille, entre la glace et le bois, passée par une corne, une carte portant le nom, CLAUDIUS, au milieu de quatre amours joufflus et soufflants, dont on voit le souffle gravé, — comme dans les vieilles cartes, les vents cardinaux, — et sur les raies de leurs souffles, aux quatre coins, ces quatre mots :

---

(1) ANDRÉ GÉRARD, drame en 5 actes de Victor Séjour, avait été créé avec Frédérick Lemaître à l'Odéon le 30 avril 1857.

737

746

Bonheur, Santé, Succès, Fortune. C'est la carte de visite d'un tireur de cartes.

Un des caractères les plus particuliers de nos romans, ce sera d'être les romans les plus historiques de ce temps-ci, ceux qui fourniront le plus de faits et de vérités vraies à l'histoire morale de ce siècle.

Peut-être les coquettes sont-elles plus longues à se donner que les autres, elles se laissent prendre. Il n'y a qu'une femme décidée à céder qui y mette le temps, — et des formes.

Lorsque l'Empereur monta sur le trône, il abandonna tous ses biens à l'État. Cela consistait en une ferme en Sologne, pour l'achat de laquelle il avait emprunté quelque chose comme cinq à six cent mille francs au Crédit Foncier, dont il fait payer l'intérêt à l'État.

Je vois Marcille : un homme dont toute la vie est de savoir s'il aura pour 2.000 francs une miniature de Prud'hon, MADEMOI-SELLE MAYER, avec une levrette en camaïeu au-dessus. Vraiment, se consacrer à une mémoire de cette façon-là, c'est être quelque chose comme le laquais d'une immortalité.

Ma maîtresse dit d'un monsieur, qu'il a « les pieds longs comme la Villette. »

Un type de comédie, ce serait un homme à la hauteur de son temps et carrément dégagé des préjugés d'honneur; ne payant rien, avec la loi pour lui; ayant fait une savante étude des prescriptions, sachant qu'au bout d'un an, on peut, si l'on veut, ne pas payer son médecin, etc.

C'est un type que cette femme. Elle n'aime rien que la blague, le mensonge, la gasconnade. La vérité ne la touche pas, elle la méprise. On ne ferait rien d'elle avec la vérité. Il faut qu'on lui mente pour qu'elle croie... Cette femme, c'est le peuple.

Je crois que quand notre roman sera paru, nous pourrions étonner bien des gens en leur disant que toute notre science de l'hôpital, tout ce que nous en disons, tout ce que nous en avons appris ne représente absolument que dix heures passées à la Charité.

C'est une jolie histoire que celle de je ne sais plus qui. Se trouvant dans un couvent des sœurs françaises à Alexandrie, il entend dans le couvent jouer du piano d'une façon merveilleuse. Il s'étonne, demande :

« C'est une de nos sœurs, lui dit la supérieure, dont je vais vous dire l'histoire. J'avais besoin ici d'une cuisinière. J'en ai demandé une à Paris, à la maison-mère. On m'envoie une sœur, elle arrive. Je la reconnais : « Comment ! c'est vous, Madame la Comtesse ? — Oui, j'ai voulu l'emploi le plus humble. » Et il a fallu que je lui ordonne, que je lui dise qu'elle rendrait à la communauté beaucoup plus de services, pour la décider à ne pas faire la cuisine et à donner dans la ville des leçons de piano, sur lequel elle a un talent magnifique. »

M. Armand Lefebvre, le conseiller d'État, avec lequel nous dînons chez notre oncle, racontant que sur une opposition du Conseil d'État, à propos du percement d'un nouveau boulevard, l'Empereur a passé outre, et ajoutant : « Qu'est-ce que vous vouliez faire ? » mon oncle s'écrie : « On... on donne sa démission. » Ici, des éclats de rire de tout le monde : mon oncle a, toute sa vie, été inamovible. C'est un beau mot de comédie !

Les maisons tristes, où il n'y a ni gaîté ni mouvement, sont insupportables aux domestiques.

La statistique est la première des sciences inexactes.

Parfois, je pense qu'il y aura un jour où les peuples auront un Dieu, un Dieu qui aura été humainement et sur lequel il y aura des témoignages de petits journaux. Lequel Dieu ou Christ aura, dans les églises, son image non plus élastique et au gré de l'imagination des peintres, non plus flottante sur le voile de Véronique, mais un portrait en photographie. Oui, je me figure un Dieu en photographie et qui aura des lunettes ! Ce jour-là, la civilisation sera à son comble.

Saint-Victor, qui vient nous voir, nous dit la nouvelle : Murger est mourant, d'une maladie où l'on pourrit tout vivant, gangrène sénile compliquée de charbon, quelque chose d'horrible où l'on tombe en morceaux. En voulant lui couper les moustaches, l'autre jour, la lèvre est venue avec les poils. Ricord dit qu'en lui coupant les deux jambes, on le prolongerait peut-être huit jours.

La mort me semble parfois une ironie féroce, une plaisanterie de dieu impitoyable. La dernière fois que j'ai vu Murger, il y a de cela un mois, au Café Riche, il avait une mine superbe. Il était gai, heureux. Il venait d'avoir un acte joué avec succès au Palais-Royal (1). Tous les feuilletons avaient plus parlé de lui pour cette bluette que pour tous ses romans ; et il nous disait que c'était trop bête de s'échigner à faire des livres, dont on ne vous savait aucun gré et qui ne vous rapportaient rien, qu'il allait faire du théâtre et gagner de l'argent sans peine. Voilà la fin de cet avenir.

Une mort, en y réfléchissant, qui a l'air d'une mort de l'Écriture. Cela me semble la mort de la Bohème, cette mort par la décomposition, — où tout se mêle, de la vie de Murger et du monde qu'il a peint : débauche du travail nocturne, périodes de misère et périodes de bombance, véroles mal soignées, le chaud et le froid de l'existence sans foyer, qui soupe et qui ne dîne pas, petits verres d'absinthe qui consolent du Mont-de-Piété ; tout ce qui use, tout ce qui brûle, tout ce qui tue ; vie en révolte avec l'hygiène du corps et de l'âme, qui fait qu'à quarante-deux ans, un homme s'en va de la vie en lambeaux, n'ayant plus assez de vitalité pour souffrir et ne se plaignant que d'une chose, de l'odeur de viande pourrie qui est dans sa chambre : c'est la sienne.

Charles Edmond et Julie dînent ce soir chez nous. Charles Edmond vient de rencontrer Dumas, qui après lui avoir raconté tout ce qu'il a vu là-bas, en Italie, à une demande des nouvelles de son fils, répond : « Oh ! Alexandre, il a ce que je n'ai pas, j'ai ce qu'il n'a pas. Qu'on m'enferme dans ma chambre avec cinq femmes, du papier, des plumes, de l'encre et une pièce à faire. Au bout

(1) Le Palais-Royal avait représenté, le 28 novembre 1860, LE SERMENT D'HORACE, un acte en prose de Murger.

d'une heure, les cinq actes seront écrits et les cinq femmes seront baisées. »

Après dîner, après les truffes, commence une grande scène de Julie à Charles, scène de jalousie, qui masque une proposition de mariage, le couteau sur la gorge. L'éternelle rengaine des femmes qui se sont sacrifiées, qui ont sacrifié les plus belles années de leur vie et qui disent proposer le mariage à l'homme simplement pour l'éprouver, pour voir s'il est capable d'un sacrifice pour elles. Mais les sacrifices de l'homme, jamais ils n'existent pour elles ! Et c'est encore l'éternelle histoire, au fond, des femmes à qui les amies montent la tête et qui, se sentant vieillir, ont des velléités de jeter une dernière fois leur bonnet par-dessus les moulins et de jouir de leur reste.

Triste chose, que toutes les maisons où l'on va finissent toujours par s'attrister et qu'il n'y ait que notre intérieur au monde, où l'intérêt, à la fin, n'éclate pas, déchirant la paix, qui était tout à l'heure et qui semblait devoir toujours y être. — Et de plus en plus, nous réfléchissons à cet esprit d'injustice, de mauvaise foi prodigieuse et de taquinerie hargneuse, sans pitié, lâche et se repliant en même temps, qui est non seulement dans celle-là, mais dans toute femme.

30 janvier.

Les sympathies sont venues de tous côtés au lit de mort de Murger. Michel Lévy, son éditeur, qui a gagné 25.000 francs avec la VIE DE BOHÈME, payée 500 francs, lui a envoyé généreusement 100 francs. M. Walewski lui a envoyé, aussitôt la nouvelle, 500 francs avec une lettre très aimable, qui peut-être même était autographe; et c'est le Ministre qui se chargera des frais de l'enterrement. Les ministres sont toujours très généreux pour faire enterrer les gens de lettres; il est dommage que les gens de lettres ne puissent pas toucher leurs frais d'enterrement avant leur mort.

Ce soir, nous nous disons que nous avons été tristes, pris d'ennui et de découragement toute la journée. Pourquoi? Ce n'est pas cette mort : c'est la mort d'un camarade qui n'était pas notre ami, qui, d'ailleurs, était parfaitement égoïste. Et puis, il était de notre métier, il n'était pas de notre monde.

Ce n'est pas de l'ennui d'argent, que nous avons eu ces jours-ci et qui a fini précisément hier par la réception de l'argent que nous croyions en péril. — Ce n'est pas une maladie du corps : ni l'un ni l'autre ne sommes, par hasard, malades aujourd'hui. — Ce n'est pas un ennui littéraire : nous n'avons éprouvé hier ni aujourd'hui, aucun refus, aucun échec; il nous est même arrivé hier une réclame sur notre dernier livre.

Rien, il n'y a rien qui puisse nous monter les nerfs et nous avoir levés dans la maussaderie. Hélas ! la tristesse serait-elle une chose sans raison, un courant? Ou bien n'y aurait-il pas plutôt, sous cette mauvaise disposition de l'humeur, toujours une cause secrète qui vous échappe? Serait-ce le ressentiment et l'affadissement d'une vie plus plate depuis quelque temps encore que de coutume? Une vie où l'imprévu n'arrive pas, où les lettres manquent chez le portier, où l'on n'est secoué par rien, où les gens qu'on voit vous font l'effet de redites. Serait-ce l'arrêt dans notre travail, le repos paresseux au milieu de notre roman, qui nous donne ce vide et ce marasme? Serait-ce tout simplement ce qu'on ne s'avoue pas, deux lignes de noms de romanciers que j'ai lus, cités ce matin dans un journal, — où le nôtre n'est pas?

J'aime mieux croire que c'est tout cela ou quelque chose de tout cela. Car en dehors du mal physique, des contrariétés d'argent, des blessures d'amour-propre, des tristesses à propos des autres, si l'ennui se faisait tout seul en vous, ce serait une chose trop désespérante.

Jeudi 31 *janvier.*

Nous sommes dans la cour de l'Hospice Dubois, piétinant dans la boue, dans l'air humide, glacé, brumeux. La chapelle est trop petite; nous sommes plus de quinze cents dehors, toute la littérature, les Écoles, ramassées depuis trois jours par des rappels de tous les soirs dans les cafés du Quartier Latin; et puis Dinochau, le marchand de vin, et Markowski, le maquereau.

En regardant cette foule, je songe que c'est une singulière chose que la justice distributive des enterrements; que la justice de cette postérité contemporaine, qui suit la gloire ou la valeur toutes chaudes. Derrière le convoi de Henri Heine, il y avait six personnes; derrière Musset, quarante... Le cercueil d'un homme de lettres a sa fortune, comme ses livres.

Au reste, sous le masque, tout ce monde rend largement à Murger l'indifférence que Murger ne cachait pas pour les autres. Gautier, qui nous dit « se nourrir avec soin », nous entretient de la découverte, qu'il est parvenu à faire, de l'origine de ce goût d'huile, qui l'a si longtemps intrigué dans les biftecks : c'est que les bestiaux sont engraissés maintenant avec des résidus, des tourteaux de colza. A côté, on cause bibliographie érotique, catalographie de livres obscènes. Saint-Victor demande une communication du DIABLE AU CORPS d'Andréa de Nerciat. Aubryet fait un mot charmant sur le physique épouvantablement papelard de Louis Ulbach : il dit qu'il « a l'air d'un évêque au bagne. »

Dimanche 3 février.

Les feuilletons sont venus, les articles, les oraisons funèbres. Les plumes ont pleuré leurs larmes. Les regrets ont chanté sur tous les tons. On s'est mis à faire un Murger légendaire, une sorte de héros de la Pauvreté, un honneur des lettres. On l'a poétisé sur toutes les coutures. On s'est mis à dessiner, dans l'ombre de sa vie et de son foyer, une autre Lisette (1). On a parlé non seulement de son talent, mais de ses vertus, de son cœur, de son chien...

Allons, à bas la blague, les sensibleries et les réclames ! Murger, sans le sou, a vécu comme il a pu. Il a vécu d'emprunts aux journaux. Il a carotté ici et là des avances... L'homme n'avait pas plus de délicatesse que l'homme de lettres. Amusant et drôle, il s'est laissé aller à mordre au parasitisme, aux dîners, aux soupers, aux parties de bordel, aux petits verres qu'il ne payait pas et qu'il ne pouvait rendre. Ni bon ni mauvais camarade. Je l'ai toujours trouvé très indulgent, — surtout pour les gens qui n'avaient pas de talent : il en parlait volontiers plus que des autres. D'un égoïsme parfait. Voilà, au vrai, ce qu'a été Murger. Il peut avoir honoré la Bohème, il n'a honoré rien de plus.

Et, pour sa Lisette, — Philémon et Baucis, comme dit, en parlant du couple, le lyrique Arsène Houssaye, — c'était une

---

(1) Allusion à la légendaire inspiratrice de Béranger. Mais les Goncourt confondent abusivement la grisette volage créée par Béranger et la compagne réelle du chansonnier, Mlle Judith Frère.

879

horrible petite fille grinchue, ayant une engelure sur le nez, une petite gaupe du Quartier Latin, qui a trompé Murger comme on ne trompe pas un homme, même un mari. Je sais que Buloz lui faisait l'honneur de lui parler; mais je sais aussi, par moi-même, qu'à Marlotte, elle était de la société de celles qui démarquaient les bas des femmes qu'on y amenait avec un peu de linge.

Tout est venu au-devant de lui, le succès et la croix. Tout lui a été ouvert au premier jour, théâtres, revues, etc. Il n'a pas eu d'ennemis. Il est mort à son heure, quand il était fini, lorsqu'il était forcé d'avouer qu'il n'avait plus rien dans le ventre. Il est mort à l'âge où les femmes meurent, ne pouvant plus faire d'enfants. C'est un martyr à bon marché. Ce fut un homme de talent, un esprit à deux cordes, qui eut le rire et les larmes. Il fut le Millevoye de la Grande Chaumière. Mais il manquera toujours à ses livres un parfum, je ne sais quoi de pareil à la race : ce sont les livres d'un homme sans lettres. Il ne savait que le parisien, il ne savait pas assez le latin (1).

4 février.

Edmond parrain de la fille de Saint-Victor, baptême rue des Marais. L'enfant, tout étonnée du prêtre et de la cérémonie, fait une tête de singe, — la tête du singe que voulait baptiser le cardinal de Polignac (2).

Quelle chose neuve à étudier que l'enfant, cette ébauche de la vie ! Tenir un journal de ce qui s'éveille en lui, de ses naissances successives. Analyser cette âme embryonnique, dans cet être aux mains qui pincent comme des pattes de homard, à la tête aux petits mouvements de bois saccadés de marionnettes de Guignol. Et cette bouche, qui s'ouvre avec le geste de la parole; et ce premier sourire, qui est la première émission et le premier témoignage moral...

(1) Rayé depuis *Il ne savait que le parisien...*

(2) Les Goncourt ont trouvé cette anecdote, qu'ignorent les biographies du cardinal de Polignac, chez Diderot, qui fait dire à Bordeu, à propos de l'orang-outang du Jardin du Roi : « Le cardinal de Polignac lui disait un jour : *Parle et je te baptise !* » Cf. Suite de l'Entretien entre d'Alembert et Diderot (écrite en 1769 et publiée en 1830), in Œuvres, éd. Assézat t. II, p. 190.

Le soir, chez Lia, un dîner fastueux. Il y a là Victor Séjour que je n'avais jamais vu : il a la tête d'un Turc de ses pièces, un mulâtre commun; Delahante, un joli reste de joli garçon distingué, qui a descendu toute l'échelle des Rachel et en est à entretenir Dinah; le braillard Marchal de Calvi, Claudin, la mère Félix et Dinah.

La mère Félix nous raconte, entre les truffes, que Fould voulant opposer Ristori à Rachel et lui parlant de la faire débuter aux Français, — après que Rachel lui avait dit qu'elle pourrait être tout au plus une doublure de Mme Dorval, — Rachel lui avait dit : « Eh bien, faites-le ! Je prendrai les rôles de confidente dans les pièces où elle jouera et *je la mangerai* ! »

Aux cigares, voilà la discussion qui éclate, et Marchal de Calvi qui veut supprimer l'âme pour la remplacer par une personnalité persistante, non responsable envers Dieu, responsable seulement envers la société... Des mots ! des mots ! Et à la place du mot *âme*, un mot encore plus vague, plus fait de brouillard et de pathos ! Et il finit par ce joli mot, qui lui échappe naïvement : « L'âme est un grand embarras dans les questions scientifiques... Enfin, Messieurs, c'est une non-valeur. » Et ce parleur intarissable finit la soirée en récitant des tirades, en disant : « C'est ça qui vous emplit le bec ! » Tandis que la petite Dinah chante, sous le sourire de sa mère, le LOUP GAROU et MA SŒUR ANNE, JE NE VOIS RIEN VENIR, deux des plus jolies romances cochonnes qu'une mère peut permettre à sa fille, quand elle est actrice. Quand elle a fini, elle nous fait tâter ses mains, froides comme un marbre, pour nous montrer l'émotion qu'elle a à chanter, émotion qu'elle a quand elle joue.

Rien n'est moins poétique que la nature et que les choses naturelles : c'est l'homme qui leur a trouvé une poésie. La naissance, la vie, la mort, ces trois accidents de l'être, symbolisés par l'homme, sont des opérations chimiques et cyniques. L-homme pisse l'enfant et la femme le chie. La mort est une décomposition. Le mouvement animal du monde est un *circulus* du fumier. C'est l'homme qui a mis sur toutes choses le voile et l'image poétique, qui rendent supportables la vue et la pensée de la matière. Il l'a spiritualisée à son image.

Vendre les trois choses les plus chères du monde, — l'argent, la femme, l'homme, — être usurier, bordelier, négrier ou

entrepreneur de remplacements, sont les seuls négoces qui déshonorent l'homme. Pourquoi?

Février.

On ne fait pas les livres qu'on veut. Le hasard vous donne
l'idée première; puis à votre insu, votre caractère, votre tempérament, vos humeurs, ce qu'il y a en vous de plus indépendant d-
vous-même, couvent cette idée, l'enfantent, la réalisent. Uns
fatalité, une force inconnue, une volonté supérieure à la vôtre,
vous commandent l'œuvre, vous mènent la main. Vous sentez
que vous deviez nécessairement écrire ce que vous avez écrit. Et
quelquefois, comme pour ce roman de Sœur Philomène, le livre
qui vous sort des mains ne vous semble pas sorti de vous-même;
il vous étonne comme quelque chose qui était en vous et dont
vous n'aviez pas conscience.

Idée d'une comédie : Le Premier mouvement.

La distinction des choses autour d'un homme est le signe
de la distinction de cet homme.

Dimanche Gras, 10 *février.*

J'entends dans la rue un cornet à bouquin. C'était une musique
pour moi, il y a bientôt quatorze ans, une musique qui me parlait
de bal masqué, qui me mettait dans les jambes des démangeaisons
de danse furibonde, de nuits de gymnastique. Aujourd'hui, il me
semble un bruit mort, étrange, qui ne me parle plus de rien. Je
suis vieux, comme une Parisienne qui ne pense plus à aller au bal
de l'Opéra, quand sonnent onze heures et demie !

Mercredi 27 *février.*

Nous allons, pour notre roman, dîner à la salle de garde de
l'Hôpital Saint-Antoine. De toutes les classes de jeunes gens
que j'ai encore vues, les internes sont la classe la plus intelligente, la moins enfermée et cloîtrée dans sa sphère et dans son
métier, classe au fait de tout, liseuse, mêlée au mouvement des
idées littéraires, artistiques, et naturellement, par le fait de

l'intelligence chez des gens généralement pauvres et sortis de bas, classe républicaine, anti-autoritaire et la moins douée de la bosse de la vénération. Pourquoi les médecins n'ont-ils jamais joué de grands rôles dans les assemblées des gouvernements parlementaires de la France ? Parleurs pourtant et habitués à parler, presque autant que les avocats, aussi habitués qu'eux à la pratique de l'homme.

2 mars.

Mon coiffeur a, sur la question romaine, les opinions de M. de La Guéronnière, et il me le dit. Mon premier mouvement a été de trouver impertinent qu'un coiffeur ait des opinions ; mais j'ai réfléchi qu'après tout, sous le suffrage universel, il avait autant de droit à en avoir que moi et plus de chances même pour les faire valoir, ayant un garçon qu'il fait voter comme lui. L'homme qui me rase et à qui je donne cinq sous m'est alors apparu comme une majorité.

Le peuple n'aime ni le vrai ni le simple. Il aime le roman et le charlatan.

Je n'ai jamais vu un imbécile être cynique. Il ne peut qu'être obscène.

Maudoux, mon brocheur, me dit que depuis cinq ou six mois, il ne broche plus de livres. Toute la librairie est écrasée par les brochures impérialistes et autres. Le livre est tué par le livre-journal.

Il faut vraiment que nous ayons une qualité d'observation poussée à un point assez remarquable : le public — je parle de celui qui sait lire — ne croira guère que nous avons peint l'hôpital, comme nous l'avons peint, avec dix heures seulement d'études d'après nature (1).

A un dîner chez Dennery, Gisette nous raconte qu'à dix-sept ans, jolie et charmante comme elle devait l'être, son mari

(1) Rayé depuis *Il faut vraiment...* Cf. t. I, p. 874.

la promenait de longues heures place de la Bourse, amoureux et jaloux qu'il était de cette négresse, fille publique qui y faisait le trottoir...

Au dessert, quand les femmes sont sorties, tendance générale des hommes à parler de l'immortalité de l'âme.

L'histoire ne les oubliera pas, ces deux grands mots de ce temps-ci. Villemessant écrivant : « Sire, je suis la littérature de votre règne » et Mirès écrivant : « Sire, je suis le crédit de votre règne ».

Ce qui prouve que la vanité est encore un plus grand mobile humain que l'intérêt, c'est qu'il y a des gens qui se croient pape, empereur ; il n'y en a pas qui se croient Rothschild.

Mercredi 6 mars.

Nous entrons à l'Opéra par ce couloir infect du passage de l'Opéra, où est l'entrée des artistes. « La loge n° 3 ? — Tout droit et à gauche. » Nous montons un escalier. Nous poussons une porte. Nous trouvons un autre escalier ; il nous descend contre nous une bande de lansquenets mi-partis rouges et jaunes, une avalanche qui semble descendre d'une gravure d'Aldegrever et se précipite pour le triomphe de MAXIMILIEN (1). Nous errons dans le labyrinthe des corridors, des couloirs, des escaliers, des portes battantes, comme dans un rêve. « La loge n° 3 ? — Suivez cet homme qui court. » Nous courons derrière un figurant, qui saute les marches quatre à quatre. Nous passons devant des loges d'actrices entr'ouvertes, sur le pas desquelles des femmes, qui ne sont que rubans, gazes et épaules, causent avec des habits noirs, penchés dans une pose de marchandage, — et nous voilà sur le côté de la scène.

Nous montons un escalier en escargot. Nous frappons à une porte. On ouvre et nous entrons dans une loge toute noire, où sont

---

(1) LE MAITRE-CHANTEUR, opéra de Limnander, sur un livret d'Henri Trianon, créé à l'Opéra le 17 octobre 1853, y avait été repris une première fois, le 5 mars 1856, sous le titre moins connu, mais plus « parlant », de MAXIMILIEN, le soi-disant maître-chanteur n'étant autre que l'empereur Maximilien, qui oblige à la fin de la pièce le fils du landgraf de Hesse à épouser la fille d'armurier, qu'il avait d'abord voulu séduire.

deux femmes : Gisette, toutes épaules et la moitié de la gorge dehors, en costume de combat, et Julie. Une grande loge avec un grand salon; dans le fond, un large divan, des rideaux qu'on peut tirer et un flambeau d'accessoires, peint en or et eâ rouge.

De cette loge, qui est sur le théâtre, on voit les chanteurs, les chanteuses avec leurs traits de bouchon et leur rouge. On entend, quand on danse, le bruit des danseurs qui retombent, le coup de leur talon contre leur cheville; quand on chante, le souffleur qui souffle tout haut. La scène est grise, les personnages gris. La rampe ne leur met que pour la salle son voile de jour, cette trame de lumière, au travers de laquelle ils passent avant d'arriver aux yeux des spectateurs.

Et la toile baissée, l'on voit se faire tout le ménage de la scène, les allées et venues de cette armée de coryphées, de machinistes, de figurants, de figurantes. Les décors se lèvent lentement du plancher. Un danseur en bretelles suisses fait des battements; une danseuse met l'œil au trou de la toile, qui lui fait sur la joue une lentille de lumière.

Dans les fonds, entre les décors, des ombres d'hommes, de femmes s'entassent et remuent confusément. Une lanterne jette un reflet dans l'ombre pleine de choses, sur le casque d'un pompier, sur un visage, sur un bout de jupe de couleur vive. Ces fonds d'ombre, où les lignes remuent, à peine visibles, éclaboussées de lumière de loin en loin et comme pochées dans un songe de Goya, ont un mystère, une couleur, une vie fantastique.

Tout ce grand mouvement de choses qui se déplacent comme d'elles-mêmes, d'hommes allant et venant sans bruit, a quelque chose d'automatique : on pense à des rouages qui mettent ce peuple et ce monde en branle. Dans cette demi-obscurité et ce mélange de costumes, on croirait voir un carnaval dans les Limbes. Des domestiques de l'Opéra, chamarrés comme des Suisses d'église, assis sur des bancs rustiques, ont l'air de domestiques-revenants de l'Opéra du temps de la Guimard.

Juste en face de nous est la loge entièrement grillée, où l'Empereur vient s'amuser. Il se fait monter d'en-bas quelque femme des coulisses. Au-dessous est la loge de Véron. Et Véron y est, farouche et ignoble, avec un air de sanglier. A côté de lui est Jules Lecomte et, dans cette compagnie, Sainte-Beuve, — Sainte-Beuve que Véron a régalé de voir les épaules des danseuses, sans doute pour la première fois. Car, avec un air de mercier de petite ville mené chez la Farcy, émoustillé, émerillonné, avec l'ignoble sourire des vieillards qui se chafriolent à de la chair fraîche et bien montée, il promène son lorgnon sur les dos des figurantes qu'il a sous le nez.

Dennery entre et nous dit : « Véron vient de me présenter à Sainte-Beuve, il m'a dit beaucoup de bien de mes pièces. Il est de l'Académie, n'est-ce pas ? — Oui. — Qu'est-ce qu'il a fait ? Je n'ai jamais rien lu... »

Nous reconnaissons irrévocablement, — on donnait GUILLAUME TELL, — que non seulement la musique nous ennuie, mais qu'elle nous agace. Elle est un bruit qui nous affecte désagréablement, un bruit qui nous paraît inharmonieux.

Pendant un baisser de rideau, je vois la jolie Hamackers, en fils de Guillaume Tell, aller à la loge de Véron, s'y faire pelotailler, puis de là, venir à Auber, puis de là à Félicien David et descendre, descendre, de notoriété en connaissance, jusqu'aux metteurs en scène, toujours un peu pelotaillée de-ci et de-là (1).

7 mars.

Dîner chez Gavarni, souffrant, ayant eu la fièvre tous ces jours-ci, abattu, triste, vieilli, enfoncé dans les mathématiques et ne faisant plus de dessins. Toujours cet esprit si prompt à enfermer l'idée dans la formule, comme dans une matière sans bavure. Comme nous parlions de l'esprit bourgeois de société, d'association, de ce redoublement de cercles, nous dit : « Oui, faire partie de la collection, être le douzième de douze, le douzième de douze étant plus qu'une unité ! »

Après dîner, pour notre mi-carême, nous fait descendre de la fameuse chambre de fer à peu près quatre-vingts costumes pour des pièces, tous les costumes, accessoires, ustensiles, — jusqu'aux vases et aux chars de la GUERRE DES SERVANTES (2). Puis des costumes bouffes pour des opéras-comiques, très bouffes, presque

(1) Texte Ms. : *la jolie Anachès en fille de Guillaume Tell.* Double lapsus : il s'agit, en fait, du fils du héros, et quand l'opéra de Rossini, créé le 3 août 1829, est repris le 24 décembre 1860, ce rôle est tenu par Mlle Hamackers.

(2) Cf. t. I, p. 153, n. 1.

hoffmannesques, mais que l'étriquage du costumier a tout-à-
fait déflorés comme extravagance de plis. Des costumes pour
Déjazet, le costume d'INDIANA ET CHARLEMAGNE, avec l'indication de boutons sur le *charivari* du pantalon, de la ceinture jusqu'à l'*honneur* (1).

Et ces costumes font qu'il nous dit : « Mais je vais vous
montrer mes costumes. » Et nous voilà, avec Mlle Aimée, descendant des malles, des cartons remplis de costumes, à costumer toute
une société. D'abord le costume imaginé par Gavarni, le plus
claquant des costumes, qui écrase tout et devant lequel son œil
s'allume, comme devant la robe de folie de sa jeunesse. Une
chemise rouge, une petite veste blanche, deux rangs de boutons
d'argent, pantalon de velours noir, bas de soie rouges, chapeau
de paille à branche de saule, pipe d'argent : « Voyez-vous, quand
on entrait avec cela, gantés frais, vernissés, une vingtaine, ça
tuait tout. Il n'y a pas de costume pour avoir des masses comme
celui-là. » Puis c'est un costume andalou; puis c'est un costume
égyptien; puis un costume de sauvage, pour faire un Chicard, avec
des sonneries de métal tout plein les manches; et le paillasse de
Tronquoy; puis des chapeaux, des guêtres, des plumes, qui sortent
de tous les cartons comme d'un chapeau de Fortunatus.

Samedi 16 mars.

Scholl nous entraîne ce soir au Café de La Rochefou-
cauld, qui a hérité des habitués du petit *boui-boui* de la rue Lepele-
tier. Un vilain salon de café, où des gens, contre le mur, jouent à
la bouillotte et où Noriac, tout bouffi de son succès du GRAIN DE
SABLE, oublie avec une aisance superbe et majestueuse qu'il a été
à Clairvaux. Ils sont là une basse Bohème, à côté d'un autre grand
salon à billard, où il y a des peintres en vareuse avec leurs maîtresses en cheveux.

Et de là, il nous emmène finir la soirée au Café Riche. On voit
une tête à la fenêtre. C'est Flaubert, qui fait sa rentrée à Paris et n'a
plus que quatre chapitres de sa CARTHAGE à faire. A peine les
poignées de main finies : « Qu'est-ce qui a lu TÉLÉMAQUE ? Mais

(1) Le vaudeville de Bayard et Dumanoir, INDIANA ET CHARLEMAGNE, grand
succès de Déjazet, avait été créé au Palais-Royal le 26 février 1840.

c'est idiot ! Et c'est écrit... Ah, le misérable ! Le Cygne de Cambrai, il me met en fureur ! On n'est pas bête comme ça ! Et il faut voir comme il traduit l'ILIADE et l'ODYSSÉE ! Et des répétitions de mots ! C'est-à-dire que ce coquin-là en est arrivé à me donner une horreur pour les cygnes : l'autre jour, il y en avait sur l'eau, j'ai détourné la tête. S'il n'y avait pas eu de cygnes, on ne l'aurait pas appelé le Cygne de Cambrai et il n'aurait jamais existé ! »

Voilà le livre le plus étrange à nos yeux mêmes, que nous ayons fait, le livre qui nous est le moins personnel. Un livre lugubre, navrant encore plus qu'horrible, et qui nous a attristés tout le temps que nous y avons travaillé. Aujourd'hui, c'est comme un mort que nous avons sur notre table et que nous sommes pressés de porter dehors... Qu'est-ce que c'est que ce livre ? En vérité, je ne le sais pas et j'attends avec une certaine curiosité le sentiment des autres.

Au fond, notre œuvre, LES HOMMES DE LETTRES et SŒUR PHILOMÈNE, — ces deux livres faits en toute sincérité, sans aucune pose, sans aucune recherche de ce qui n'est pas en nous, en toute bonne foi de nos impressions, sans jamais aucune recherche d'étonner ou de scandaliser le public, — quand ma pensée y revient, je songe quelle œuvre amère et désolée comme nulle autre nous faisons involontairement et quels trésors de tristesse il y a au fond de nous.

Dans toute société d'hommes, une marque, un signe de l'homme impose sa reconnaissance et son autorité à tous. Cette chose qui s'impose par des caractères indéfinissables et qui est comme une émanation, cette chose qui fait le respect autour de soi et une disposition des gens qui vous entourent à s'incliner devant vous et sous vos idées, c'est le caractère.

On n'a pas pensé à un lieu de scène et de rassemblement des personnages tout à fait de notre temps, pour un roman ou une pièce. Cet *atrium* du drame moderne : le cabinet de l'agent de change.

Dimanche 17 mars.

Flaubert nous dit : « L'histoire, l'aventure d'un roman, ça m'est bien égal. J'ai l'idée, quand je fais un roman, de rendre une couleur, un ton. Par exemple, dans mon roman de CARTHAGE, je veux faire quelque chose de pourpre. Maintenant, le reste, les personnages, l'intrigue, c'est un détail. Dans MADAME BOVARY, je n'ai eu que l'idée de rendre un ton gris, cette couleur de moisissure d'existences de cloportes. L'histoire à mettre là-dedans me faisait si peu, que quelques jours avant de m'y mettre, j'avais conçu MADAME BOVARY tout autrement : ça devait être, dans le même milieu et la même tonalité, une vieille fille dévote et ne baisant pas. Et puis j'ai compris que ce serait un personnage impossible. »

Et il nous lit, avec sa voix retentissante qui a le rauquement d'une voix de féroce, mêlée au ronron dramatique d'une voix d'acteur, le premier chapitre de SALAMMBÔ. Un transport étonnant de l'imagination dans une patrie de fantaisie, une invention par vraisemblance, une déduction de toutes les couleurs locales des civilisations antiques et orientales, très ingénieuse et qui arrive par sa profusion de tons et de parfums à être quelque chose d'entêtant. Mais plus de détails que d'effets d'ensemble; et deux choses manquant : la couleur des tableaux de Martin et, dans le style, la phrase de bronze d'Hugo.

Nous rentrons et nous trouvons notre manuscrit de PHILO-MÈNE, que nous retourne Lévy, avec une lettre de regrets, s'excusant sur le lugubre et l'horreur du sujet. Et nous pensons que si notre œuvre était l'œuvre de tout le monde, une œuvre moutonnière et plate, le roman que chacun fait et que le public a déjà lu, notre volume aurait été accepté d'emblée. Tous les déboires de notre vie littéraire, c'est une longue expiation de ne vouloir faire et ne faire que de l'art.

Décidément, hommes et choses, éditeurs et public, autour du monde et du temps où nous vivons, tout conspire à nous faire la carrière littéraire plus dure, plus semée d'échecs, de défaites et d'amertumes qu'à tout autre; et au bout de dix ans de succès, de lutte et de travail, d'attaques et de louanges dans toute la presse, nous serons peut-être réduits à faire les frais de ce volume, où nous avons tout mis de nous-mêmes. Les chances ne sont pas décidément en ce temps au travail honnête, au travail de la conscience fidèle à l'idéal, — en ce temps qui paye 2.800 francs un couplet de Crémieux dans le retapage du PIED DE MOUTON.

C'est étonnant, le matin, lorsqu'on a à passer du sommeil dans une certitude douloureuse, dans une réalité hostile, comme machinalement, la pensée, qui commence à s'éveiller, retourne au sommeil, où elle se réfugie et semble se pelotonner sous les draps.

21 *mars.*

Pour la première fois, chez Janin, dans son chalet de Passy. Nous causons avec Mme Janin, qui fait l'aimable avec nous. Fille d'avoué, couperosée et pointue, bourgeoise marquée au coin de l'amabilité bourgeoise, qui tourne la bouche pour se gracieuser et laisse voir l'effort, le travail et la sécheresse de la grâce.

L'éditeur de Janin, Morizot, le Morizot des paroissiens et des livres d'étrennes, qui vient d'avoir l'honneur d'héberger chez lui cinq jours l'évêque de Nancy et qui en est tout fier, cet affreux bourgeois qui semble avoir pris la bêtise de sa face et sa massivité pleine de contentement dans une lithographie de Gavarni, est là; presque trônant chez Janin, à l'aise et parlant, s'épanouissant, ayant des opinions, faisant presque des mots, tant il est là comme au milieu d'une cour, tant le maître et la maîtresse de la maison cajolent, caressent, flattent le poil à cette majesté et à cette puissance, l'Éditeur. C'en est presque écœurant.

Sur Dubois, ce toqué qui a gagné cinq cent mille francs au whist, nous raconte cette belle histoire. Ils jouaient au whist; un des *partners* tombe, frappé d'apoplexie : « Je parie qu'il n'avait pas d'atout, dit l'un. On va voir... » On regarde son jeu. Il n'en avait pas. On le met sur un canapé et le jeu continue avec un mort, un vrai mort.

Nous feuilletons les cartons de Gavarni. Des projets de dessins, qu'il dit faits dans son enfance : VOYAGE AUTOUR D'UNE GRISETTE, série de dessins avec des légendes. Puis des croquades fantastiques. L'une, intitulée L'AUTRE MONDE, ronde étrange de personnages, que Gavarni me dit représenter toutes les joies satisfaites. Mais cela me paraît d'une philosophie de conception bien par delà l'imagination d'un enfant.

« *Je suis dégoûté de la merde depuis que j'ai trouvé un cheveu dedans,* ce mot superbe, nous dit-il, et qui n'a pu être dit que par un homme ! Car l'homme, contrairement à la femme, garde toujours une certaine délicatesse dans la dépravation. Ce qui me dégoûte de la femme, c'est qu'elle fait les choses les plus sales par complaisance, pour être aimable, quoique ce soit sale, au lieu que l'homme les fait, parce que c'est sale.

« Un temps, j'avais, tous les matins, des manies d'écrire. J'écrivais tout ce qui me passait par la tête, le plus souvent à Forgues... J'ai souvent des ironies qu'on ne comprend pas. Je lui écrivis un jour qu'il serait assez intéressant de faire la coupe de tous les étages d'une maison, le facteur frappant à la porte, etc. Je lui disais, en suivant cet ordre d'idées, que je voudrais voir la coupe verticale d'une femme prude, offensée par un mot leste. Et Forgues, qui a pourtant de l'esprit, de me répondre sérieusement que ce serait dégoûtant. »

Puis nous dit qu'il y aurait toute une littérature nouvelle, des livres qu'on n'a pas encore faits, à faire, non point obscènes par parti-pris et d'un bout à l'autre, comme les de Sade et autres ; mais des livres pour les hommes, des livres libres, qui seraient ce qu'est au livre ordinaire la conversation des hommes, avec ses mots non gazés, ses idées nues, etc.

Aujourd'hui, tout heureux d'une lettre de Montferrier, qui lui dit n'avoir pas connaissance d'une intégrale qu'il croit avoir trouvée.

Il n'y a pas plus de justice dans l'état civilisé que dans l'état sauvage. Où les biceps faisaient la loi, les protections font le droit.

Les femmes demandent à être étonnées. Le beau et le distingué, c'est de les étonner par la simplicité.

Type de roman ou de comédie : un monsieur qui aurait, pour toutes choses de la vie, une règle de conduite invariable, écrite. Par exemple : « Ne jamais hésiter entre un plaisir et un devoir de convenance : toujours sacrifier le devoir... Ne jamais rendre un service sans se le faire demander deux ou trois fois... » etc.

Pouthier dîne chez nous et, le soir, cause politique. Il en est aux Jésuites de 1828 ; il croit que la papauté veut asservir la France, à l'heure qu'il est... Il est enfin avec le gouvernement qui, selon lui, est plus libéral que tous ceux qui ont existé en France...

Nous sommes restés épouvantés devant la masse de bêtises, de préjugés, de passions dans cet homme, qui n'en a pas, versés jour à jour en lui par la lecture du Siècle. L'histoire, les faits, les choses palpables et sous la main, les vérités flagrantes, tout disparaît sous les leçons, les rengaines, les excitations, les phrases, les mensonges et les redondances de cette feuille d'épiciers libéraux. Et les contes de nourrice les plus grossiers entrent tout chauds dans ces têtes molles et dans ces esprits sans critique, qui sont la majorité, — c'est trop peu dire : presque l'unanimité du monde. Il y a vraiment des jours où la presse vous apparaît comme une immense machine d'éclosion de la sottise humaine.

Scholl nous apprend la façon de se faire avancer de l'argent chez la banquière du théâtre, Mme Porcher. On obtient d'un directeur qu'il vous écrive une lettre, où il vous reçoit une pièce, — qui n'est pas faite et qui n'est pas reçue. Vous lui écrivez une contre-lettre et vous allez toucher sa lettre.

Nous conte ses jalousies avec Doche, — lui ayant promis, dans je ne sais quelle pièce, de ne pas embrasser un cabotin, d'embrasser sa main à la place de son front, — lorsqu'il la vit embrasser ce front au lieu d'embrasser sa main.

Je vois, dans un atelier, une carte d'acteur, de Lesueur, qui est un curieux travail et un curieux symptôme de cabotin. Cette carte est un décrassoir, — on le jurerait en ivoire, — avec des cheveux, des tannes engagés dans les dents, toutes les saletés de la tête : il n'y manque même pas au milieu, à côté de la petite signature *Lesueur*, le sang d'un pou écrasé. Tout cela imité merveilleusement avec de la plume, du crayon, une goutte d'aquarelle, une teinte sale d'ivoire jauni; et les dents cassées du peigne, tout brèche-dents, découpées dans le carton... Un chef-d'œuvre d'ignoble !

Lundi 25 mars.

Vu jouer, ce soir, la première représentation de Béatrix, où Mme Ristori joue en français (1). Un enthousiasme à tout casser pour ce patois, cette comédie et cette tragédie, qui semble jouée

(1) Béatrix, comédie en 5 actes en prose d'Ernest Legouvé, à l'Odéon.

pour un public de la Canebière. Jamais le goût du public pour le faux et le commun n'a été poussé si loin. Les deux sœurs de Rachel, à côté desquelles je suis, m'assurent que jamais leur sœur n'a eu une pareille ovation.

Le cynisme des affaires de théâtre est bien représenté en ces temps-ci par Crémieux qui, fâché depuis six mois avec Saint-Victor, se raccommode avec lui, précisément la semaine où passe une de ses pièces aux Bouffes. Saint-Victor s'excuse presque de s'être laissé aller au rapatriage, en nous disant : « Il est amusant ! C'est le premier des bas bouffons. » Et dès ce soir même, au foyer, Crémieux travaille à amuser ce maître du feuilleton et tâche de le faire rire jusqu'à pleurer.

Devant l'eau-forte d'Henriquel-Dupont représentant le Prince Impérial : un artiste fait le portrait de toutes les dynasties. On n'a jamais songé à demander au pinceau, au crayon, au burin la fidélité ou seulement la pudeur qu'on demande à une plume. Il n'est attaché ni à un régime ni à une idée. C'est un ouvrier qui travaille sur commande. On ne lui en veut pas plus de toucher l'argent d'un gouvernement après avoir touché l'argent d'un autre, qu'à un domestique de ministère de ne pas donner sa démission avec le ministre.

La bassesse, la lâcheté, voilà, j'y reviens toujours, la grande tare de la bourgeoisie. Il y avait des brouilles dans les familles autrefois; il y a maintenant des transactions. Un parent, qui a des secrets de la famille qu'il hait, arrive avec un bouquet de violettes qu'il donne, et on l'invite à dîner pour son bouquet de violettes et pour son silence. D'autres, qu'on trouve insupportables, sont supportés et gavés de thé tous les soirs; et de chaque côté, la bassesse est partagée.

28 mars.

Dans le salon de Lia. Lia en robe de chambre, la raie de côté pour ménager ses cheveux, joue au bézi avec Dinah, qui n'a pas pris le temps de déposer son chapeau. La partie finit. Dinah met son châle en disant : « Que c'est ennuyeux ! Il faut que je retourne chez moi. Quatre heures un quart ! Je n'ai que le temps de dîner, je joue dans la première pièce. »

Je vois toujours chez Lia de jolies bonnes. Je me demande pour qui c'est, car une femme n'a pas de jolies bonnes par hasard. Et en cherchant, je me demande si c'est pour son père, — ce qui serait un très joli moyen pour une fille de se mettre bien dans les petits papiers de la succession de son père.

Samedi 30 mars.

Nous sortons de la première représentation des FUNÉRAILLES DE L'HONNEUR par Vacquerie. Une *calderonade* très plate et très fade. Cela n'est en rien au-dessus de Séjour. Cependant, on a un peu sifflé, quoique rien d'osé, de hardiment littéraire ne motivât cet honneur; mais tout simplement par tradition, par préjugé du public, — pour chuter une pièce faite par un homme de lettres et s'annonçant comme littéraire.

Je passe voir Gisette dans sa loge. A contre-jour, avec une de ces beautés qui sont le dernier beau jour de quarante ans, elle me dit, avec son œil diabolique et doux : « Tenez, Jules, j'ai mes nerfs, ce soir. Qui me veut m'aura ce soir... N'importe qui, Julie... »

Depuis quelques jours, nous sommes dans un état insipide qu'on pourrait appeler la sensation du gris. Les choses, les hommes nous paraissent ternes, atones.

Les premières représentations sont le monde des femmes qui ne vont pas dans le monde.

Dimanche 31 mars.

Déjeuner chez Flaubert avec l'étrange ménage Sari et Lagier. Sari, un brun, crépu, de la race des Dumas père; intelligent, verveux, l'œil vif, la parole facile et colorée, et très fort à la riposte de la blague.

Il parle de son théâtre des Délassements. Les figurants à vingt sous par soirée, les choristes à trente sous. Il parle de cette maladie incurable du théâtre, qui fait que, quand on en a goûté, on y revient toujours : c'est comme la prostitution et la mendicité. Des ouvriers, presque toujours très intelligents dans leur état et lâchant des gains de dix francs par jour pour gagner de quoi manger dans la rue

Basse, dans des cabarets borgnes, une soupe à l'oignon de quatre sous, affolés par cette vie remuante, vivante, du théâtre, les cancans, la camaraderie, les coups avec les figurantes ; l'amour-propre de bien enlever une chaise, de bien apporter une lettre ; l'intérêt au succès, aux chutes ; le bravo, l'électrisant bravo du public ! Figurantes : souvent des ouvrières honnêtes, en tartan, pour compléter une journée de cinquante sous.

Joli mot de Lagier, sur une femme qui pue de la bouche : « On lui donne de la viande... »

Causerie, à propos de parfums, sur le goût de la vanille de Frédérick Lemaître, qui en a des gousses cousues dans son collet ; Frédérick ayant manqué d'être empoisonné par son habitude d'embrasser les cheveux des actrices avec lesquelles il joue, embrassant ainsi Mlle Defodon, qui se mettait de la poudre d'or dans les cheveux, et respirant ce cuivre en poudre.

A propos d'odeurs, grande dissertation sur l'odeur du théâtre, odeur dont le fond d'enivrement est le gaz mêlé à l'odeur de bois des portants, à l'odeur de poussière des coulisses, à l'odeur de la peinture à la colle. Puis on cause de cet air qui se lève du théâtre quand on lève la toile, de toute cette atmosphère entêtante, sortant de toutes les choses d'un monde factice, qui fait hennir, derrière la toile, l'actrice à pleins nasaux, quand elle rentre en scène.

Lagier parle des maquereaux qu'on lève au saladier de vin chaud, au bal de la Reine Blanche.

Quand Lagier s'est coiffée, pour dire : « Je suis prête », elle dit : « Je suis d'attaque. »

Ce n'est que depuis ce siècle-ci que les artistes cherchent la ligne, l'effet de tableau. Ainsi Ménier cherchant des tournures de dos à la Gavarni ; ainsi, hier, Rouvière cherchant des poses tordues, des épilepsies de mains des lithographies du FAUST de Delacroix.

Ces premières représentations, tout ce mouvement, ces gens accrochés au passage, le coudoiement des uns et des autres, l'entrée par la causerie dans toutes sortes de milieux et d'existences bizarres, de mondes déclassés, cette succession de tableaux et de personnages, cette vie dans ce tourbillon des hommes, des femmes, du monde de théâtre dans la loge de Lia et dans la loge de Gisette, dans le bruit de Lagier, tout cela qui passe devant nous en se pressant, dégoûte de prendre la vie au sérieux. Tout vous apparaît comme un jeu de scène. Les hommes et les choses vous semblent

895

défiler et ne plus agir ni être. Vous êtes prêt à prendre ce qui vous arrive, à prendre la vie pour une espèce de polichinellerie, à laquelle il serait niais de s'intéresser trop, avec des pantins qui vont et viennent, sans personnalité, et des accidents qui n'arrivent que pour meubler la scène. L'esprit, le cœur se lassent d'être affectés et ne perçoivent plus que comme l'œil lassé d'objets passant trop vite.

Il y a dans les HOMMES DE LETTRES deux genres de personnalités qu'il faut bien distinguer : des portraits et des personnages créés et amplifiés d'après un prototype.

Mollandeux,	prototype :	Monselet
Nachette,	—	Scholl
Couturat,	—	Nadar
Montbaillard,	—	H. de Villemessant
Florissac,	—	A. Gaiffe
Pommageot,	—	Champfleury
Bressoré,	—	Royer
Franchemont		
Laligant,	—	Guys
Farjasse,	—	Turcas
Grémerel,	—	Aubryet
Puissigneux,	—	le comte de Villedeuil
Malgras,	—	Venet
Bourniche,	—	Claudin
Giroust,	—	H. Valentin.
Masson, ...	portrait :	Th. Gautier
Boisroger, ...	—	Th. de Banville
Charvin		
Rémonville, ...	—	P. de Saint-Victor
Grancey,	mélange de Penguilly et de C. Nanteuil	
la Crécy, ...	portrait :	Anna Deslions
Ninette, ...	—	Juliette la Marseillaise
Marthe, ...	—	Madeleine Brohan (1).

(1) Le nom de *Franchemont* est rayé. Pourtant, le personnage figure bien dans LES HOMMES DE LETTRES : c'est un des écrivains honorables qui jouent les anges gardiens de Demailly ; il critique avec perspicacité le roman que ce dernier publie

^{1er} *avril.*

Ce soir, à la répétition générale d'une pièce aux Délassements, pièce pleine de femmes. Ça a l'air d'une distribution de prix dans une maison de tolérance. Ce genre de théâtre, ce n'est absolument qu'un chatouillement de tous les appétits bas du public. Et ce qu'ils ont trouvé de mieux, c'est d'habiller ces femmes en militaires ! C'est greffer le priapisme sur le chauvinisme. Une femme qui a un beau cul et des jambes pas trop cagneuses et qui sauve le drapeau français, c'est le sublime : c'est la Gloire au salon ! (1)

Il y a un dégoût naturel chez l'homme pour la réalité. Il cherche à s'en évader tant qu'il peut par une de ces trois excitations idéales : l'ivresse, l'amour, le travail.

3 avril.

Nous avons à dîner notre petit cousin Labille. Il nous apprend qu'à son collège, au collège Rollin, un élève serait déshonoré à ses yeux et aux yeux de ses camarades, s'il sortait au dehors avec la tunique d'uniforme du collège. Le gamin a une chaîne de montre, des habits très chers, un chapeau de soie de 22 francs. Et tout le petit homme est dans cette toilette. Rien de l'enfant, ni l'abandon ni la gaîté ni les pensées de jeu; mais déjà des idées de relations, le flair des convenances sociales, l'arrangement de la vie dans tel monde réputé pour *bon*, l'appétit de tel cercle, d'une voiture ainsi attelée.

Le gandin en herbe : voilà l'enfant moderne. Une génération s'élève à l'heure qu'il est, qui ne sera que cela : une génération de gandins. Ces enfants, qui seront des hommes demain, sont déjà plus vieux que leurs pères. Ils n'auront pas d'autre passion que le bien-être, point d'autre règle que la convenance. Ils seront les Parisiens de la décadence, les Parisiens du Jockey-Club. Leur

---

et il est visiblement inspiré par Barbey d'Aurevilly. Cf. CRÉATION ROMANESQUE, p. 123 sq. — Est rayé aussi le nom de *Charvin*, qui est simplement silhouetté dans le roman par le malicieux Boisroger (CHARLES DEMAILLY, p. 129), mais si vivement qu'on reconnaît aussitôt Arsène Houssaye caricaturé par Banville (cf. t. I, p. 311).

(1) Il s'agit des PHOTOGRAPHIES COMIQUES, pièce en 3 actes et 19 tableaux, d'A. Flan et Ernest Blum, qui sera présentée au public des Délassements-Comiques à partir du 7 avril 1861.

897

cervelle tournera entre la danseuse de l'Opéra, le cheval de course et la distinction des crus. A vingt ans, ils auront arrangé leur vie jusqu'à leur vieillesse. Ils se seront défendu toute folie.

Quelle histoire fera cette portée d'hommes-là ? Où ira ce monde de Bas-Empire ? Et que fera-t-on de cette chose qui battait en France, le cœur, ce qui jette l'esprit aux aventures, les peuples à l'enthousiasme, les nations aux grandes choses, ce qui met de l'honneur dans l'honneur de tous et dans la conscience publique ?

Jeudi 4 avril.

Gavarni nous parle du bon goût de l'ail sur le pain dans les Pyrénées, dans ses courses, goût qu'il se rappelle encore. Nous dit qu'il n'aime que sa cuisine à lui et que le lit des autres. Point de lit où il dorme si bien que dans un lit qui n'est pas le sien, l'idée de la veille, de la garde de la maison l'abandonnant en plein sommeil dans ce cas-là, au milieu du décor.

Nous dit, en souriant des yeux : « Vous êtes la joie de ma maison. Elle éclate de rire quand vous y êtes. »

Il y a, après le travail, un besoin de dépense, de grosse et niaise plaisanterie, une bêtise heureuse qui demande à s'épanouir généralement dans la répétition d'une même idée, quelque chose qui s'adresse à la maîtresse, à un enfant, à un domestique. Je vois ça non seulement chez moi, mais chez les intelligences d'ordre fort différent, comme chez Charles Edmond et chez Gavarni.

Il n'y a que deux sortes de peintres : les peintres primitifs et les peintres de décadence. Les autres ne sont rien.

Dimanche 7 avril.

Nous allons passer l'après-midi du dimanche chez Flaubert. Il y a dans son cabinet de travail, — gaîment éclairé par le grand jour du boulevard du Temple et qui a pour pendule un Brahma en bois doré, sa table grande et ronde avec son manuscrit contre la fenêtre, un grand plat de métal, à arabesques persanes, et, au-dessus du grand divan de cuir du fond, le moulage de la

Psyché de Naples (1), — il y a, çà et là, un vieillard à fez rouge, à air de patriarche, Lambert, le bras droit du Père Enfantin, ancien directeur de l'École Polytechnique d'Égypte; le sculpteur Préault, avec sa voix aigrelette et sa mine futée, ses gros yeux de grenouille; un ou deux anonymes et un personnage curieux, le baron de Krafft, né d'un père chambellan de l'empereur Nicolas et d'une mère prussienne; né dans la religion grecque, élevé par le général des Jésuites et présentement mahométan, *hadji*, — car il a été à la Mecque, — portant, cachée sous une calotte et sous la coiffure européenne, la mèche des croyants passée dans un peigne; membre de la société des Hissaoua, où il a le grade de *chameau*, c'est-à-dire qu'il mange dans sa convulsion des figues de Barbarie pleines d'épines; venant de prendre son siège à la Chambre des Seigneurs de Prusse, dont il est membre de naissance, et retournant à Tripoli, où il vit et où il a une maison montée à l'européenne. Homme qui n'a pas une langue qui lui soit personnelle et dont la pensée s'exprime indifféremment dans tous les idiomes. Singulier jeune homme, de bonnes façons, de tenue exquise, qui vous trouble et vous fait même un peu peur, comme un personnage non classé, un être d'ombre, qui n'est pas bien clair au soleil, un homme louche comme un personnage romanesque d'un roman d'Eugène Sue.

Tout ce monde parti, nous restons un peu à causer avec Flaubert. Nous parle de sa manie de jouer et de déclamer avec fureur son roman à mesure qu'il écrit, s'égosillant tant qu'il épuise de pleines cruches d'eau, s'enivrant de son bruit jusqu'à faire vibrer un plat de métal pareil à celui qu'il a ici, si bien qu'un jour, à Croisset, il se sentit quelque chose de chaud lui monter de l'estomac et qu'il eut peur d'être pris de crachements de sang.

Le soir, nous allons dîner avec Saint-Victor au passage de l'Opéra. Après dîner, sur le boulevard, faisant mille et mille tours, nous avons, lui et nous, une de ces communions de causerie, qui sont les plus douces heures des hommes de pensée.

Je ne sais comment la conversation est venue sur le progrès. C'était, je crois, à propos de Gaiffe et du système cellulaire (2). Le progrès, le voilà ! Il a remplacé la torture physique par la torture morale, le brisement du corps par le brisement du cerveau.

---

(1) Cf. t. I, p. 813, n. 1.

(2) Cf. t. I, p. 871, n. 1 et la note du 28 oct. 1862 sur le système pénitentiaire.

« Le progrès ! c'est vraiment hideux ! Une chose qui a tout fait monter... Où est le temps des romans, où on disait du héros : « Albert était riche, il entretenait des danseuses : il avait six mille « livres de rentes ! »... Et Paris, qu'est-ce qu'ils en ont fait ? Des boulevards, de grandes artères. Je me figure qu'il y a encore dix ans, il y avait des coins dans des rues ignorées, où on pouvait vivre caché et heureux.

« Quel siècle ! Un siècle à échanger contre le premier venu ! Et en toutes choses, les falsifications, les sophistications, le mensonge... Savez-vous que maintenant les fines gueules du Jockey, les vrais gourmets, ont chez eux un pilon pour piler leur poivre eux-mêmes ? Les épiciers le vendent avec de la cendre. »

Puis parlant du cercle étroit où roulent toutes ces cervelles du Jockey, « les vins, les danseuses d'Opéra et les chevaux ». Parlant du monde où il n'y a pas de race, où les plus grands noms de femmes ont des types de cuisinières, de revendeuses à la toilette, il nous remet en mémoire ces mots d'un Isaïe : « J'ai vu les maîtres à pied et les esclaves à cheval. » (1)

Et nous pensons avec lui à ce passage de La Bruyère où il dit : « Ce que j'envie aux riches, ce n'est pas leur opulence, leurs jouis-sances; c'est d'avoir dans leur service des gens qui leur sont si supérieurs. » (2)

La bêtise bourgeoise s'occupe et cause exclusivement de choses d'intérêt personnel; jamais une question d'intérêt géné-ral. Rencontrez des bourgeois en chemin de fer : leur thème unique de conversation sera le dîner qu'ils auront fait, l'omnibus qu'ils vont prendre, etc. Et ils ont pour cela un luxe de mots et de formules d'une prodigieuse imagination.

Mardi 9 avril.

Visite de Flaubert. — Il y a vraiment chez Flaubert une obsession de de Sade. Il se creuse la cervelle pour trouver un sens à ce fou. Il en fait l'incarnation de l'*Antiphysis* et va jusqu'à dire,

(1) Le passage est tiré non d'Isaïe, mais de l'Ecclésiaste, X, 7.
(2) Citation approximative des CARACTÈRES, IX, 3.

dans ses plus beaux paradoxes, qu'il est le dernier mot du catholicisme, la haine du corps. Il faut que chaque homme ait sa toquade... A examiner si de Sade n'est pas, comme Marat, un produit de 93 ? Est-il bien vrai que ses livres aient été écrits avant le sang de la Terreur ?

Il nous raconte cette horrible tentation dont une femme est sortie victorieuse. Une femme honnête, mariée, mère de famille, qui pendant vingt ans, atteinte d'hystérie à son foyer, auprès de son mari et de ses enfants, voyait des phallus partout, dans les flambeaux, dans les pieds des meubles, dans tout ce qui l'entourait, et enivrée, suffoquant, accablée de ces images, se disait en regardant la pendule : « Dans un quart d'heure, dans dix minutes, je vais descendre dans la rue pour me prostituer. »

Scholl veut se marier. Il me dit : « Vous comprenez, il me faut un salon, j'ai besoin de cela. Cela me soutiendra. » Le XIXᵉ siècle apprend vite aux gens les moyens de se passer de droits pour arriver.

Un livre qui n'est ni d'un artiste ni d'un penseur n'est rien.

Notre force est de nous maintenir, — contrairement au mouvement qui pousse, dans l'art et dans la littérature, à la nature, qui lance le roman aux décors de paysage, — de nous maintenir dans la pure description de l'homme, en ne lui donnant d'autre entour que le milieu qu'il faut, cette nature faite de ses mains, de ses goûts et de ses vices qu'on appelle une ville.

11 *avril.*

Nous sommes bien heureux de vendre à la Librairie Nouvelle notre roman de Sœur Philomène quatre sous l'exemplaire, — ce qu'on paye partout la ligne de copie. Mais nous sommes consolés de ce triste succès, — après lequel, encore, il nous a fallu courir, — en trouvant, en rentrant, une lettre d'un éditeur russe, nous demandant à traduire toute notre œuvre historique.

13 avril.

Je marche dans la rue en parcourant la PRESSE. On m'appelle une fois, deux fois. Je lève la tête. C'est Gaiffe, pâle, fiévreux, le visage fatigué, la physionomie pleine d'une joie nerveuse. Il est sorti de Mazas ce matin, à midi (1). J'ai oublié qu'il avait été mon ennemi et je lui ai serré la main de bon cœur.

16 avril.

Je vais chercher l'acte de naissance de Boucher, près de l'Hôtel-de-Ville, dans les archives de l'état civil de Paris.

Un respect vous saisit, quand on entre dans ces chambres pleines de registres en vélin blanc, au milieu desquels vous passez comme dans un couloir. Et les mots que portent leurs dos ont quelque chose d'ancien, de solennel : *Naissances, Décès, Mariages, Abjurations.* L'œil accroche au passage quelque nom de vieille paroisse, qui fait rêver : *Saint-Séverin, Saint-Jean-en-grève.*

Là est tout le vieux Paris depuis 1520, la trace de tant de bourgeois, qui n'ont laissé que cette ombre d'eux-mêmes sur un morceau de papier. Tout cela entassé, pressé, génération contre génération. C'est la mémoire de tant de morts, la biographie qu'étiquettent ces trois mots : *né,... marié,... mort...* Ce rien est aujourd'hui anonyme comme la poussière.

Il rôde et furète là-dedans, — ouvrant les registres, flairant une naissance, une mort, trouvant le nom et l'homme, découvrant les hommes au juger, à la divination, comme on trouve les sources, — il rôde, comme le génie du lieu, un vieux bonhomme, qui a le teint couleur de la poussière des vieux livres, grand, fort et cassé, — il ressemble à une figure du Temps dans un vieux tableau, — suivi de son chat, un chat blanc, blanc comme tous les animaux qui habitent la Mort, comme les souris blanches des cimetières. Et tout cela vous impressionne comme les catacombes de l'état civil.

Véritablement, presque jusqu'à nous, l'histoire n'a jamais été aux sources. En voici une petite preuve : la date de naissance, la date de mort de la femme de Boucher, tout cela est faux et contraire aux actes civils.

(1) Cf. t. I, p. 871, n. 1.

La vie ne serait pas tenable, si les individus ressemblaient à un gouvernement, si l'homme usait avec l'homme de l'injustice et des voleries de l'État.

L'État, depuis que j'existe, voici ce qu'il m'a fait. Je suis myope, mais je suis bon pour payer deux mille francs : il me les vole pour un remplaçant. J'écris, mais j'ai une indépendance : il me fait asseoir en police correctionnelle. Je suis propriétaire : il me prend, pendant deux ans, la moitié de mes revenus, sous un prétexte. J'ai un nom : il est en train de me le voler.

La Justice, qu'est-ce ? En temps de révolution, le Tribunal révolutionnaire. En temps ordinaire, la sixième Chambre du Tribunal correctionnel.

21 avril.

Chez Flaubert, vu Feydeau, accablé : la pièce sur la Bourse est refusée, comme inopportune, partout (1). Thierry lui a dit, à ce qu'il raconte : « Savez-vous pourquoi ils vous ont refusé ? Vous avez trop de talent. — Je mettrai cela dans ma préface ! » dit Feydeau. J'ai rarement vu à ce point un homme parler de lui comme d'un grand homme (2). Il y a des orgueils de lion, Feydeau a une vanité de cheval.

Feydeau parti, Flaubert nous consulte sur un chapitre de la CARTHAGE. C'est la description d'un champ de bataille, de l'horreur énumérée. On voit ses deux lectures, de Sade et Chateaubriand. Un effort pareil à celui des MARTYRS. Œuvre rare d'ingéniosité, sublime de patience. Mais livre faux.

Puis nous causons de la difficulté d'écrire une phrase et de donner du rythme à sa phrase. Le rythme est un de nos goûts et de nos soins ; mais chez Flaubert, c'est une idolâtrie. Un livre, pour lui, est jugé par la lecture à haute voix : « Il n'a pas le rythme ! » S'il n'est pas coupé selon le jeu des poumons humains, il ne vaut rien. Et de sa voix vibrante, à l'emphase sonore qui

---

(1) Feydeau, qui avait été quinze ans boursier, venait d'écrire, entre décembre 1860 et mars 1861, LE COUP DE BOURSE : le scandale Mirès donnait à la pièce une si brûlante actualité qu'elle fut *reçue à correction* au Théâtre-Français, ce qui équivaut à un refus. Il en sera à nouveau question dans le JOURNAL entre le 3 et le 21 janvier 1868, à propos de sa publication dans le FIGARO.

(2) Add. éd. : *à ce point...*

balance des échos de bronze, il déclame en le chantant un morceau des MARTYRS : « Est-ce rythmé cela ? C'est comme un duo de flûte et de violon... Et soyez sûr que tous les textes historiques restent parce qu'ils sont rythmés. Même dans la farce, voyez Molière dans MONSIEUR DE POURCEAUGNAC; et dans le MALADE IMAGINAIRE, monsieur Purgon. » Et il récite, de sa voix de taureau, toute la scène.

Michelet, hier. Causé avec lui, à propos de nos MAITRESSES, du siècle de Louis XV et de la Régence : « La Régence, mais c'est un temps moral auprès de la moralité de la cour de Louis XIV et de ses débauches contre-nature ! » La Régence retournant à la nature, « comme les chiens dans la rue... »

Puis, causant de son livre, qui reparaît en ce moment, LE PRÊTRE, LA FEMME : « Il faut convenir que nous autres romantiques, nous avons été de bien grands misérables. Nous avons poétisé, idéalisé le curé de campagne. Nous aurions dû toujours le peindre sous le côté ridicule, le peindre crasseux... Voyez les grands philosophes du XVIIIe siècle, Voltaire : il a fait toujours le prêtre crasseux. » (1)

22 avril.

M. Delaborde nous communique l'avis du Ministre sur notre pourvoi en Conseil d'État, avis qui va presque jusqu'à affirmer que nous n'avons pas le droit de porter le nom de notre père et de notre grand-père. Nous avions deviné, avant cela, que la loi présente sur la noblesse n'avait qu'un but : l'ôter à ceux qui l'ont, pour la donner à ceux qui ne l'ont pas (2).

Réponse du Ministre :

« Monsieur le Président,

« J'ai l'honneur de vous faire connaître mon avis sur le recours formé devant la section du contentieux du Conseil d'État par les sieurs Huot de Goncourt, propriétaires à Paris, contre le décret

(1) Michelet donne en 1861 la 7e édition, avec une nouvelle préface, de DU PRÊTRE, DE LA FEMME, DE LA FAMILLE, dont la 1re édition remontait à 1845 : c'est, successivement, un historique de la direction des femmes au XVIIe siècle, de Mme de Chantal à Mme Guyon, une étude psychologique de la direction féminine en général et un traité sur l'éducation familiale des filles.

(2) Pour cette récente loi sur la noblesse, cf. t. I, p. 728, n. 2.

impérial du 7 janvier 1860, qui a autorisé les sieurs Jacobé, demeurant à Matignicourt, arrondissement de Vitry-le-François, à ajouter
a leur nom patronymique celui de Goncourt.

« On peut d'abord se demander si ce recours est recevable
et si les requérants ont eux-mêmes le droit de porter le nom qu'ils
contestent aux sieurs Jacobé. Ils sont, il est vrai, désignés dans
leurs actes de naissance sous le double nom de Huot de Goncourt;
mais leur père, dans son acte de naissance, est simplement dénommé Marc-Pierre Huot; et l'acte de foi et hommage, rendu
au roi par leur aïeul, acquéreur de la seigneurie de Goncourt, ne
donne encore à celui-ci que le seul nom de Huot.

« D'un autre côté, si la jurisprudence admet que la propriété
d'un fief conférait anciennement le droit de porter le nom de ce
fief, elle exige en outre que cet usage soit consacré par une possession immémoriale (Cassation, 15 décembre 1845), — qui n'existe
pas dans l'espèce, puisqu'il s'est à peine écoulé quatre ou cinq ans
entre l'acquisition du fief par Huot et la période révolutionnaire.

« En supposant d'ailleurs que les opposants aient la propriété
incontestable du nom de Goncourt, leur demande me semble
encore mal fondée. En effet, les sieurs Huot et Jacobé appartiennent à deux familles étrangères l'une à l'autre; et si l'auteur des
premiers a acheté une seigneurie de Goncourt située dans le
bailliage de la Marche, il existait une autre seigneurie de Goncourt
dans le bailliage de Châlons, dont les anciens détenteurs portaient
aussi le nom et qui a été acquise en 1790 par l'auteur des sieurs
Jacobé, qui en sont encore propriétaires.

« Les sieurs Huot et Jacobé me semblent placés, relativement
au nom de Goncourt, dans une situation identique. Il existait
avant 1789 deux familles de Goncourt, comme il y avait deux
terres de ce nom; et dès lors, les auteurs du pourvoi me paraissent
sans droit et même sans intérêt pour contester le décret rendu
en faveur de l'autre famille. »

Voici la lettre écrite à notre avocat, en réponse au mémoire
du ministre :

« Monsieur,
« M. Lefebvre a vu les membres de la section du Contentieux,
nous a recommandés à leur justice et a laissé à M. Boudet une

note attestant la connaissance personnelle de notre famille et la notoriété de notre nom. Nous vous renvoyons l'avis du ministre avec les quelques observations que cet avis nous a suggérées.

« Le ministre commence par discuter et presque par nier le droit que nous avons à porter le nom de Huot de Goncourt. Son argumentation, pour nous contester ce droit, repose sur trois points.

« 1ᵉ *Notre père, dans son acte de naissance, est simplement dénommé Marc-Pierre Huot.* Monsieur le Ministre oublie la désignation qui suit immédiatement : *fils de Jean-Antoine Huot de Goncourt,* et n'en tient pas compte. Mais en suivant ce principe, si l'on n'a droit qu'à la simple dénomination de l'acte de naissance, si le nom du père nommé dans cet acte n'est pas le nom légal du fils, mon acte de naissance, ne me dénommant que : *Jules-Alfred, fils de Marc-Pierre (Huot) de Goncourt,* je n'ai droit qu'à ce nom, *Jules-Alfred.* Le raisonnement du Ministre, vous le voyez, n'est pas discutable. Permettez-moi de vous faire observer ceci : c'est que j'ai tout lieu de croire qu'avant 1789, les actes de naissance étaient rédigés comme celui de mon père, c'est-à-dire qu'on ne dénommait l'enfant que sous le nom patronymique, le nom seigneurial n'étant donné qu'au père. C'est une vérification qu'il vous serait peut-être facile de faire.

« 2ᵉ *Notre grand-père,* dit le Ministre, *n'est désigné que sous le nom de Huot dans son acte de foi et d'hommage rendu au roi.* Je répondrai simplement au Ministre qu'il est sans exemple qu'on ait pris le nom dans l'acte où on demande l'investiture.

« 3ᵉ Le Ministre dit enfin que *si la jurisprudence admet que la propriété d'un fief conférait anciennement le droit de porter le nom de ce fief, elle exige en outre que cet usage soit consacré par un usage immémorial.* C'est une théorie qui a le malheur d'être démentie par les faits. L'acquisition de Goncourt donnait si bien, avant 1789, le droit à mon grand-père d'ajouter à son nom celui de Goncourt, que sa nomination de membre à l'Assemblée Constituante lui donne le nom d'Huot de Goncourt.

« Quant à l'achat d'une autre seigneurie de Goncourt par MM. Jacobé, je ferai une seule remarque. L'achat est de 1790; il n'est pas l'achat d'une seigneurie, il est tout simplement l'achat d'un bien national, ce qui n'a jamais donné le droit de rien ajouter à son nom.

« Le Ministre termine en disant que MM. Jacobé et nous, nous sommes, relativement au nom de Goncourt, dans une situation identique. Il nous semble au contraire à nous, que nous sommes, relativement à ce nom, dans une situation absolument différente. Notre grand-mère achète, avec tous ses droits féodaux, la seigneurie de Goncourt; prête, pour cette seigneurie, foi et hommage à Louis XVI; ajoute à son nom celui de la terre dont il est seigneur, prend le nom d'Huot de Goncourt dans tous les actes; le reçoit du Roi et des ministres; le porte à l'Assemblée Nationale, l'inscrit au MONITEUR et le transmet à son fils. Le grand-père de M. Jacobé achète un bien national à Goncourt; le paye à la République, qui n'a jamais, que je sache, anobli personne; s'appelle Jacobé et laisse à son fils le nom de Jacobé. Depuis l'achat de la seigneurie de Goncourt, — actes de naissance, de mariage, de décès, — nous présentons la suite des actes de l'état civil indiquant que l'héritage du nom de Huot de Goncourt s'est transmis jusqu'à nous en ligne directe et sans interruption. MM. Jacobé ne produisent d'autre acte de l'état-civil qu'un acte de M. Jacobé fils, né en 1830. Enfin, ce qui prouve dans quelle situation différente nous sommes, quoi que veuille dire le Ministre, relativement à ce nom, c'est que MM. Jacobé se sentent si peu le droit de le posséder qu'ils demandent au gouvernement de continuer à le porter, tandis que nous nous adressons au Conseil d'État, non pour demander la régularisation d'une situation qui n'a besoin ni de tolérance ni de grâces, mais ce que nous croyons être notre possession et notre droit.

« Un dernier mot. Dans sa pétition, M. Jacobé, sollicitant les bonnes grâces, se recommande de la notoriété de sa famille, des 5.000 francs qu'il paie, d'un fils tué à Sébastopol. Nous aussi, Monsieur, en recourant à la justice du Conseil d'État, nous pouvons parler de la notoriété de notre famille. Petits-fils d'un magistrat, dont vous avez entre les mains les titres de la carrière politique et administrative, fils d'un soldat, mort à quarante-six ans des fatigues de la guerre, des suites de cette campagne de Russie, dont il fit une partie avec l'épaule droite cassée, connus nous-mêmes par des livres que l'Allemagne et la Russie traduisent en ce moment, nous croyons porter un nom dont on peut s'honorer et qu'on doit défendre. »

Première représentation de la reprise de la Tour de Nesles à la Porte-Saint-Martin (1). Une salle magnifique. Le prince Napoléon en grande loge, faisant bon visage au mot qui court : *un tournedos à la Plon-Plon* et contre la colère de ses amis, de Charles Edmond, qui m'affirme être brouillé avec lui et l'avoir traité de lâche (2).

Et tout le beau monde des premières, l'éternel public au grand complet... Dans la loge d'avant-scène du rez-de-chaussée, la Jeanne de Tourbey trônant, posée de côté, en robe blanche, avec ses beaux yeux de trottoir; coquetant dans l'ombre derrière et n'étant que sourires, le *patito* Uchard et le *patito* Aubryet. A côté d'elle, la Garcia, avec un chapeau extravagant et des cheveux d'une envergure prodigieuse. Puis la barbe blonde d'Houssaye; et dans les jambes de la maîtresse de son père, le fils d'Houssaye. Aux premières, Mme Offenbach, tête sympathique, spirituelle, gagnée par la graisse; des boucles d'oreilles d'or énormes et sortant du chapeau. A côté, Mme Hector Crémieux, avec sa tête d'esclave orientale, son attitude fixe, ses yeux de serpent; et papillonnant derrière, Cavé et Halévy. Luther, aujourd'hui Mme Félix, celle qui était si jeune fille dans la Cécile de Musset, vient dire adieu à Lia (3). Encore blonde et les yeux si joliment bleus ! Mais les joues enflées, boursouflées : « Elle est perdue, dit Lia. Elle s'en va dans le Midi, aux îles d'Hyères. »

En face, Gisette rayonne dans une apothéose de dentelle blanche, comme toujours, avec Mme Grangé à sa droite. Je vois, dans la loge à côté de la sienne, une dame, qui a l'air d'une fruitière

(1) La Tour de Nesles, drame célèbre de Dumas père et Gaillardet (1832), mettant en scène les légendaires aventures de Buridan et de Marguerite de Bourgogne.

(2) Le prince Napoléon — *Plon-Plon* pour les intimes — s'était déjà vu accuser de lâcheté, quand, pour des raisons de santé ou de politique, il avait abandonné en Crimée le corps d'armée qu'il avait commandé en 1854 à l'Alma et à Inkermann. Tout récemment, ayant attaqué violemment les Orléans et les Bourbons dans son discours sénatorial du 1er mars 1861 et s'étant attiré une réplique injurieuse du duc d'Aumale dans sa Lettre sur l'Histoire de France, le prince Napoléon venait de perdre la face en n'allant point à Londres demander raison au duc d'Aumale. Entre autres épigrammes qui fondent sur lui, voir le quatrain scatologique cité par Viel-Castel, Mémoires, à la date du 27 avril 1861.

(3) Luther débuta dans ce rôle de Cécile, l'héroïne de Il ne faut jurer de rien, créé le 22 juin 1848 au Théâtre-Français, en pleine insurrection parisienne.

en robe de gala, et une petite jeune fille au chapeau éventé, la mine **futée** et le nez friand d'une souillon de Closerie des Lilas. La dame cause avec Gisette, publiquement : « Qui est-ce ? — C'est Mme Peyrat et sa fille » me dit Saint-Victor. Je dis naïvement à Julie : « Elle connaît donc Gisette ? — Parbleu, me dit Julie. Sa fille lui écrit des lettres, des lettres de tribaderie... — Bah ? — Ah ! En voilà une qui a été élevée ! Figurez-vous qu'elle dit carrément à Gisette : « Est-ce que vous croyez à quelque chose, vous ? »

Et pendant ce temps, je vois entrer dans la loge Gaiffe, faisant le beau et la roue, en évadé de Mazas, souriant de près à la mère, à la fille. Voilà où le journalisme mène une famille de bourgeois : entre Gisette et Gaiffe. Ne me parlez point de pureté autour de tout homme qui tient une plume de journaliste. La communion de relations, de collaboration, de poignées de main avec toutes sortes de gens, la promiscuité des liaisons, le voisinage des loges aux premières, tout cela fait, autour du journaliste, une atmosphère de facilité, de corruption. Il n'y a point de pourriture comme ce métier-là.

J'étais avec Julie dans la loge de Gisette. La maîtresse d'un marchand de chevaux — Gisette monte à cheval à présent — passe la tête. Gisette lui demande de porter une lettre à Jeanne dans sa loge. La femme revient en disant que Jeanne a dit que ce monsieur était un insolent et un imbécile. Il paraît que Gisette fait les commissions d'hommes...

Je reviens. Saint-Victor me dit que Peyrat veut le lancer dans la politique. Je vois le jeu de Peyrat : lâcher le Saint-Victor contre Montalembert, lui faire marcher sur la mémoire de son père, lancer contre Rome l'élève des Jésuites. C'est un ancien clerc de séminaire que ce Peyrat. Il n'y a rien comme les défroqués pour vouloir compromettre les autres en abjurations et en volte-face.

Nous revenons, tout le long du boulevard, avec Julie nerveuse, irritée, taquinant Charles Edmond, se plaignant, cherchant querelle, sur cette pente où la femme va parler des sacrifices qu'elle a faits. Depuis qu'elle connaît Gisette, il est effrayant de voir comme avec son tempérament de caprice, son dérèglement d'idées, de paroles, le décousu de toutes ses pensées, ses variations, ses fébrilités, sa mobilité à tout vent, ses crises de rires, de larmes, de passion, de cynisme, son travail et son jeu nerveux sur les nerfs et la tête, cette femme, Gisette, a déréglé Julie, lui a ôté les contre-poids de son caractère, lui a mis de sa folie dans les veines, lui a détraqué la santé morale et perturbé l'humeur. C'est la plus dérangeuse de têtes qu'il y ait.

Dimanche 28 avril.

Chez Flaubert.

Lorsqu'il alla, avant d'aller chez Lévy, proposer MADAME BOVARY à éditer à Jacottet et à la Librairie Nouvelle, Jacottet lui dit : « C'est très bien, votre livre, *c'est ciselé*. Mais vous ne pouvez pas aspirer au succès d'Amédée Achard. Je ne puis m'engager à vous faire paraître cette année. »

« *C'est ciselé !* rugit Flaubert. Je trouve ça d'une insolence de la part d'un éditeur ! Un éditeur vous exploite, mais il n'a pas le droit de vous apprécier. J'ai toujours su gré à Lévy de ne m'avoir jamais dit un mot de mon livre. »

Nous dînons au passage de l'Opéra avec Saint-Victor. Claudin nous conte des charges de Vachette, le fils de l'ancien restaura-teur. Charges d'un humour, d'une excentricité remarquables. C'est l'Henri Monnier de la fantaisie. Il a inventé un type, un certain Michu de la Villette, qui est une très grandiose caricature.

A côté, Aubryet causant de ses infirmités, de son estomac, de sa vessie et coupant ses lamentations de bobècheries aux garçons. C'est la gastrite de Paillasse que ce garçon-là !

La conversation, après le café, va, avec Saint-Victor, à la Révolution. Le père de Saint-Victor lui a souvent conté que, quand il était forcé de passer dans les Tuileries pendant la Terreur, il entendait quatre fois, cinq fois le coup de couteau de la guillotine qui tombait. Il l'entendait presque au grand bassin. Le résumé de notre causerie est que nous nous entendons pour reconnaître que le sang est toujours du sang... et que les phrases ne lavent pas les mains des bourreaux.

29 avril.

J'appellerais un sage un homme qui ne serait affecté dans la vie que par la souffrance physique.

Gavarni, à qui nous avons écrit hier que nous étions un peu souffrants tous les deux, s'essouffle à monter nos quatre étages, pour venir savoir comment nous allons. Celui-là est le seul qui nous aime avec le cœur. Il nous montre les deux premiers dessins de son GULLIVER; et comme nous nous extasions, avec une admiration qui nous jaillit des paroles et des yeux, sur la clarté de ses dessins, leur couleur rare, délicieuse, fondue et solide, sur leur blondeur délicieuse, sur la fonte et la légèreté de la gouache, il nous dit naïvement : « Vraiment, vous trouvez?... Ça me réchauffe, ce que vous dites là. »

Le signe le plus caractéristique du collectionneur, c'est qu'il ne porte jamais de bijoux. Aucun de ceux que je connais, — à commencer par nous, — ne porte ni chaîne de montre ni boutons de manchettes ni aucuns capitaux dormants sur lui.

Lundi 6 mai.

A quatre heures, nous sommes chez Flaubert, qui nous a invités à une grande lecture de SALAMMBÔ, avec un peintre que nous trouvons là, Gleyre, un monsieur en bois, l'air d'un mauvais ouvrier, l'intelligence d'un peintre gris, l'esprit terne et ennuyeux.

De quatre heures à six heures, Flaubert lit avec sa voix mugissante et sonore, qui vous berce dans un bruit pareil à un ronronnement de bronze. A sept heures, on dîne et Flaubert, qui a été fort lié avec Pradier, nous conte sur lui ce joli trait. Ayant envoyé à sa fille, une enfant, un bâton de sucre de pomme comme une colonne, — pour lequel il avait été obligé de faire faire un moule spécial chez un confiseur de Rouen, un sucre de pomme de cent francs, — il apprit par les enfants désolés que le sucre de pomme étant arrivé avec une fracture dans la caisse, Pradier, l'ayant recollé artistement, alla le porter à M. de Salvandy.

Puis après le dîner, une pipe fumée, la lecture recommence et nous allons, de lectures en résumés de ce qu'il ne lit pas, jusqu'à la fin du dernier chapitre fini, la baisade de Salammbô et de Mathô (1). Il est deux heures du matin, quand nous en sommes là.

(1) Cf. t. I, p. 840, n. 2.

911

Je vais écrire ici ce que je pense, au fond de moi, de l'œuvre d'un homme que j'aime, — et ils sont rares, ceux-là, — d'un homme dont j'ai admiré la première œuvre.

Salammbô est au-dessous de ce que j'attendais de Flaubert. Sa personnalité, si bien dissimulée, absente dans l'œuvre si impersonnelle de Madame Bovary, fait jour ici, renflée, mélodramatique, déclamatoire, roulant dans l'emphase, la grosse couleur, presque l'enluminure. Flaubert voit l'Orient, et l'Orient antique, sous l'aspect des étagères algériennes (1). Il y a des effets enfantins, d'autres ridicules. La lutte avec Chateaubriand est le grand défaut, qui ôte l'originalité du livre. Les Martyrs y percent à tout moment.

Puis il y a une grande fatigue dans ces éternelles descriptions, dans ces signalements, bouton à bouton, des personnages, dans ce dessin miniaturé de chaque costume. La grandeur des groupes disparaît par là. Les effets deviennent menus et concentrés sur un point; les robes marchent sur les visages, les paysages sur les sentiments.

L'effort, sans doute, est immense, la patience infinie, le talent rare, pour avoir essayé de reconstruire dans tout son détail une civilisation disparue. Mais pour cette œuvre, impossible selon moi, Flaubert n'a point trouvé d'illuminations, de ces révélations par analogie, qui font retrouver un morceau de l'âme d'une nation qui n'est plus.

Il croit avoir fait une restitution morale : c'est la « couleur morale » qu'il est très fier d'avoir rendue. Mais cette couleur morale est la partie la plus faible de son livre. Les sentiments de ses personnages ne sont pas des sens de la conscience, perdus avec une civilisation : ils sont les sentiments banaux et généraux de l'humanité, et non de l'humanité carthaginoise; et son Mathô n'est au fond qu'un ténor d'opéra dans un poème barbare (2).

On ne peut nier que par la volonté, la précision de la couleur locale, empruntée à toutes les couleurs locales de l'Orient, il n'arrive par moments à un transport des yeux et de la pensée dans le monde de son roman; mais il donne bien plus l'étourdissement que la vision. Les tableaux, dont tous les plans sont au même plan, se

(1) Add. 1887 depuis *Flaubert voit l'Orient...*
(2) Add. 1887 depuis : *et son Mathô...*

mêlent et s'embrouillent. Tout éclate, aussi bien à l'horizon que tout près de vous. Et de la monotonie des procédés, aussi bien que de l'éclat permanent des teintes, vient une lassitude où l'attention roule et se perd.

Ce qui m'a le plus étonné, c'est de ne point trouver, dans cette nouvelle œuvre de Flaubert, du style, un livre bien écrit, des phrases pétries avec l'idée. Chaque phrase, presque, porte une comparaison au bout d'un *comme*, comme un flambeau porte une bougie (1). La métaphore ne s'incarne pas dans le corps de ce qu'il écrit. Sa langue exprime la pensée, mais elle n'en est pas possédée et pleine. Beaucoup de comparaisons fines, délicates, charmantes, mais qui ne sont pas fondues dans la trame du récit, qui ne font pas corps avec lui, qui y sont accrochées. Point de belle sonorité de pensée, exprimée et sonnante dans la sonorité des mots, quoiqu'il la recherche tant. Point de cadence accommodée à la douceur de ce qu'il veut dire; point de ces raretés du tour qui charment, tournures élégantes de la phrase, délicieuses comme la tournure élégante d'une femme.

Enfin pour moi, dans les modernes, il n'y a eu jusqu'ici qu'un homme qui ait fait la trouvaille d'une langue pour parler des temps antiques : c'est Maurice de Guérin dans le CENTAURE (2).

Jeudi 9 mai.

Dîner chez Charles Edmond. Il y a Halévy, le vaudevilliste, About, Marchal, le peintre, de Najac, le vaudevilliste. La grande nouvelle de ce monde, c'est que Juliette Beau, Juliette la Marseillaise, joue ce soir à la salle de la Tour-d'Auvergne. About, d'avance, la proclame supérieure à Mlle Mars. C'est une Rigolboche à lancer, et qu'on voudrait lancer jusqu'au Théâtre-Français.

C'est un esprit qui m'est complètement antipathique que celui d'About. D'abord, il n'a pas d'esprit : il n'a que le bruit et l'audace

---

(1) Depuis *Ce qui m'a le plus étonné...*, var. 1887 : *Puis une trop belle syntaxe, une syntaxe à l'usage des vieux universitaires flegmatiques, une syntaxe d'oraison funèbre, sans une de ces audaces de tour, de ces sveltes élégances, de ces virevoltes nerveuses, dans lesquelles vibre la modernité du style contemporain... et encore des comparaisons non fondues dans la phrase et toujours attachées par un comme, et qui me font l'effet de ces camélias faussement fleuris et dont chaque bouton est accroché aux branches par une épingle.*

(2) Add. 1887 depuis *Enfin pour moi...*

d'un homme habitué à ce qu'on lui en trouve. Jamais un trait, une de ces images vives, qui jettent la pensée dans un éclair. Quelque chose comme l'esprit d'un enfant mal élevé, à qui ses parents laissent tout dire. Et dans le fond, un bourgeois, des idées bourgeoises, un idéal bourgeois, des appétits bourgeois, des amours-propres bourgeois, faisant sonner ses relations, faisant reluire ses bonnes fortunes, ayant des paradoxes de commis-voyageur. About est fait pour éblouir une table d'hôte d'un Hôtel du Commerce.

Conversation insipide et basse entre cette tablée de gens de théâtre. Des colères inouïes contre une piqûre de critique, comme s'il y avait un Dieu insulté dans un vaudevilliste méconnu. Des dissertations sur la valeur du style de Meilhac ou sur la moralité de M. Jaime fils, sur des atomes, sur des riens. Une enquête sur les droits que Fournier prend aux auteurs de son théâtre, sur ceux que les Coignard prélèvent sur les pièces, sur les recettes d'un drame, sur les roueries de Crémieux, qui n'a touché dans telle pièce qu'aux droits de la pièce, sur toutes sortes de misérables détails de boutique, dont la table ne sort que pour proclamer, par la bouche d'About, que le style n'existe pas, que le talent, c'est le bon sens et que M. Scribe est un grand homme !

About nous apprend que les trois hommes de lettres reçus cette semaine par M. de Morny ont été Albéric Second, Jean Rousseau, du FIGARO, et Jules Lecomte, qui avait un *crachat* ! Ceci est un symptôme du temps. About ajoute, comme explication, que la réunion de ces trois personnages lui a semblé indiquer que M. de Morny voulait vendre ses tableaux : à ce compte, il faisait boire les crieurs. Ce serait une excuse.

Nous avons déserté la table et nous avons été causer au salon avec Julie. Elle était dans l'ombre, en robe de piqué blanc, allongée, couchée sur des fauteuils, montrant ses cous-de-pied, où filait un rayon de chair sur un bas de soie; serpentine et s'enroulant autour de vous, dégageant cette électricité qu'elle a et dont elle vous entoure par l'attouchement souple de son corps. Singulière créature dont le plaisir, — elle le dit, — est d'allumer les gens et de se faire manquer de respect. Bizarre comme une femme... Ses sens, disait-elle à Edmond, ont été usés par son premier amant, le prince de Syracuse. Elle n'a plus de plaisir qu'à la tendresse, à embrasser. « Convenez, Julie, qu'il y a bien des moments où vous ne savez pas ce que vous voulez ! — C'est vrai... Il y a des jours où j'ai envie de mourir. Il y a quinze jours dans le mois, où tout me plaît, où je pardonne tout, où tout m'amuse, et quinze autres, où c'est tout le contraire. » Et lascive, elle approche sa poitrine contre nous et se frotte comme une chèvre.

On dit — c'est une plaisanterie, mais elle est jolie et sent son temps — qu'il y a dans les comptes de Mirès : « A M. X..., ministre, 40.000 francs, pour m'avoir donné le bras au foyer de l'Opéra. »

Ai-je mis la jolie histoire que Julie me racontait, l'autre jour ? Le prince, par libertinage, aimait à l'habiller en garçon. Elle avait gardé ses habits d'homme ; et l'autre jour, comme son neveu faisait sa première communion, elle les lui envoya. Un singulier habit pour recevoir le bon Dieu ! Ça le changera bien !

Je remarque que les gens à famille, à nom ancien, les gens du passé, parlent sans cesse de leurs parents : « Mon cousin, mon grand-père, mon parent », etc. Les gens du présent, les bourgeois, parlent sans cesse des gens un peu connus qu'ils peuvent connaître. On se faisait jadis des réclames avec ceux de son sang ; on s'en fait maintenant avec ceux de sa société ou de sa connaissance.

Dimanche 12 mai.

Chez Flaubert, récit de Feydeau : comment il n'a pas perdu son pucelage.

Avait seize ans. Amoureux, mais amoureux vague, de l'amour qu'on ne sait, qui vole en l'air et ne s'est pas posé. Allait avec sa mère au concert Musard, alors sur l'emplacement où sont maintenant les *Villes de France*, y rencontra une jeune fille avec sa mère : un ange, des cheveux d'ange, des yeux d'ange, un visage d'ange ; se mettait le plus souvent à côté d'elle et lui *faisait l'œil*, l'œil d'un enfant de seize ans ; revenait au concert tous les mardis. Et il y avait tant de charme, et si pudique, dans cette jeune fille que sa mère, le voyant si épris, lui disait : « Quel dommage que tu n'aies pas de fortune ! Vous feriez un joli couple. » Un jour, alla seul au concert Musard, suivit la jeune fille à la sortie, comme on suit à seize ans, à trente pas et tremblant, la gorge sèche, jusqu'à la rue Poissonnière, où un regard des deux femmes, se retournant, le fit fuir.

Il travaillait alors dans les bureaux de Laffitte; et dans son bureau était un employé, un gaillard pléthorique, avec du poil sur les mains, des mains énormes, une encolure de bureaucrate sanguin, tout rond et bon garçon. Il était sans cesse, comme puceau, en butte à ses plaisanteries salées. Le gros commis lui proposait sans cesse une partie de bordel, que le petit Feydeau repoussait avec timidité et horreur. J'oubliais que ce commis, tourmenté d'ardeurs, en faisant des additions au juger, longues comme le monde, sortait souvent de sa culotte un membre énorme, en donnait trois ou quatre coups sous le pupitre, qui faisaient sauter au diable encrier, plumes, papier, et reconquérait ainsi son calme.

Un jour, il dit à Feydeau : « Si tu n'étais pas aussi bête, j'ai une occasion : pour dix francs, tu serais sucé par une jolie femme. » Sucé, cela paraissait au petit Feydeau non seulement monstrueux, mais impossible. Il repoussa d'abord l'idée; puis jugeant que c'était une farce que lui faisait le commis pour l'éprouver et qu'on ne suçait pas, prit son courage à deux mains et dit : « Eh bien, oui ! » Ils allèrent rue Poissonnière, montèrent au premier. Le petit croyait toujours que c'était une farce. Une femme de chambre, comme toutes les femmes de chambre, les introduisit dans un petit salon. Le gros commis dit : « Eh bien, je vais commencer », souleva une portière de tapisserie et disparut. Le petit Feydeau, seul, prêta l'oreille, entendit causer musique, puis un grand silence, puis des soupirs de faune. La tapisserie se releva, le gros commis rentra, tout pâli par l'opération et soufflant : « Elle est en train de se rincer la bouche. » Le petit Feydeau souleva à son tour la portière de tapisserie : en face, la femme rentrait par une porte. Le petit Feydeau tomba à plat, évanoui, et ne reprit connaissance que dans un fiacre, où le gros commis l'avait porté. Cette femme, c'était l'ange ! D'horreur, de dégoût, Feydeau resta trois ans sans pouvoir maîtriser à la vue, à l'approche d'une femme, un mouvement de répugnance.

Flaubert nous dit de CARTHAGE : « J'aurai fini au mois de janvier. J'ai encore 70 pages à faire, à 10 pages par mois ».

A dîner chez Grosse-Tête, avec Saint-Victor. Il paraît qu'il y a, au Salon, un tableau d'un nommé Lambron représentant des croque-morts grandeur nature. Gautier est très séduit par cela, surtout depuis qu'il a vu Lambron, un homme superbe, à ce qu'il paraît, et qu'il sait que le croque-mort représenté par ce Lambron est son amante ou son amant.

Comme Claudin parle des chances que Saint-Victor aurait d'obtenir une place d'un ministre : « Laisse-moi tranquille : ces gens-là, mais ils ne me connaissent pas, ils me regardent comme un ciron ! Tu crois que ça remue, mon feuilleton ? Je ne fais pas le millième du bruit d'About. Je ne remue pas de question de Mont-de-Piété, de personnalités, je fais de l'art pur. Qu'est-ce que tu veux que ça remue ? »

Et comme nous convenons de tout cela, tristement, avec lui et des grandes chances qu'ont en ce temps et qu'ont toujours eues les intrigants, Claudin nous révèle la façon, l'audace d'intrigue de Feydeau, — comment lutter contre de pareilles gens ? — que sa femme étant Polonaise, un peu Poniatowski par sa mère, sollicite la faveur de la présenter comme compatriote à Mme Walewska et, aussitôt après une audience, la pousse par toutes les congratulations, les adulations à sa beauté, à son esprit, la pousse à une intimité, à des relations suivies de femme avec la ministresse du ministère qui tient les lettres et les feuilletons du Moniteur dans sa main.

La conversation revient au Deux Décembre. Saint-Victor nous dit que quelques jours avant le coup, se promenant avec Gautier sur les boulevards et humant l'air des événements menaçants, lui dit : « Ça sent l'aisselle de gladiateur ! »

L'autre jour, dînant avec Véron, Véron lui racontait sa première entrevue avec Louis-Napoléon, à l'Hôtel du Rhin (1). Le futur empereur avait un petit gilet jaune, un gilet de postillon badois, et une telle tournure que Véron, le prenant pour un domestique, le pria de l'introduire auprès du prince.

Burty me révèle ce navrant détail sur l'agonie du génie de Decamps. A la fin, Decamps n'avait plus la force de rien composer. Ce n'était plus qu'une palette. Il allait chez les marchands de tableaux et achetait des tableaux de Beaume et de Frère, qu'il ne leur cachait pas qu'il allait repeindre. Ainsi à sa vente, à cette vente folle de 300.000 francs, il y avait des Beaume, des Frère à

(1) Cf. t. I, p. 627, n. 1.

peine retouchés et recouverts de glacis par lui. C'est une des plus tristes fins d'un grand peintre.

15 mai.

L'autre semaine, nous avons rencontré chez un marchand un comte Jacques de la Béraudière, que nous connaissions de nom pour nous avoir enlevé chez Blaisot un portrait de Mme Favart, magnifique dessin de Vanloo.

Il nous invite à venir voir ce qu'il a, et nous voici dans un grand et vieil et superbe hôtel de la rue de Poitiers. Quand il nous a montré, avec la grâce et l'amabilité si aisée, si familière des gens bien nés, ce qu'il a chez lui, il nous mène voir ce qu'a sa mère.

Et sur le seuil de l'antichambre d'un appartement d'une hauteur superbe, nous trouvons une vieille à cheveux blancs, dans un fourreau *merde d'oie*, à liseré de velours noir, — penchée comme les fées de comédie sur une canne à manche de cuir, — qui, tout de suite, nous accueille au nom de la mémoire de la Reine, avec des paroles de bonne femme, une sorte de jacasserie affectueuse; nous serrant les mains, voulant tout de suite savoir nos petits noms, nous appelant presque au premier mot *mes enfants*, nous faisant asseoir dans les fauteuils qu'elle nous a préparés, tout en roulant, appuyée sur sa canne, des grands Lagrenée au beau tableau de Boucher qu'elle nous montre, dans de grands salons blancs, immenses de hauteur, inondés de lumière et où les meubles semblent perdus, pièces respectables et solennelles par le vide, véritables asiles d'aïeule. Et de nous demander où nous logeons, pour envoyer savoir de nos nouvelles; et nous priant de ne pas oublier la vieille femme, de venir la voir (1).

Puis, comme son fils et elle sont obligés d'aller un moment causer avec un notaire, sa belle-fille descend aussitôt, envoyée sans doute par son mari pour nous tenir compagnie, — une attention de politesse que jamais on n'aura dans une maison bourgeoise.

L'affaire finie, dans sa chambre royale, toute sculptée et où elle n'a qu'un petit lit en fer, voilà la bonne femme tirant des tiroirs miniatures de Hall, tabatières, boîtes à rouge de sa

---

(1) Add. éd. : *nous priant…*

grand'-mère, avec le rouge encore, étuis, argenterie, tout un musée de souvenirs, s'interrompant pour dire à une bonne qui vient : « Qu'est-ce, ma mie ? » ou « Que voulez-vous, ma chère amie ? » — d'un ton qui semble la note d'un temps qui n'est plus, le timbre d'une société disparue... Ou bien de ce ton garçonnier et charmant, que n'ont plus les vieilles femmes d'aujourd'hui : « Vous êtes bousculant aujourd'hui, monsieur de la Béraudière. »

Plus je vais, plus je me plais avec cette société qui s'en va, des gens bien nés. Seuls, ils sont accueillants, polis, vous recevant sur le pied d'égalité, vous reconnaissant pour gens de leur monde sans compter avec votre fortune ; simples et ne faisant pas vanité des misères, ayant des égards et des manières, sachant vivre en un mot. Et plus je hais le monde des bourgeois, dont les plus polis ne peuvent dissimuler qu'ils vous reçoivent en vous pesant selon votre argent.

Gavarni est d'origine bourguignonne. Son grand-père était tonnelier et vigneron de Bourgogne.

19 mai.

Grand dîner chez nous : Dennery, Gisette, Julie, Charles Edmond, Flaubert, Bouilhet, Gavarni. Dîner gai et terne. Après dîner, les deux femmes demandent des livres obscènes, pour regarder les images dans le salon.

Au haut du faubourg Saint-Antoine, passé une cour, jardinet d'une pension de petites filles ; une porte poussée et un immense atelier, austère et nu par sa grandeur, un atelier de labeur et de sévérité. Murs énormes, vides, peints en rouge, contre lesquels les deux statues du tombeau des Médicis et la tête du Moïse (1). Et là dedans, dans un coin, une statue énorme de la Douleur. Une

(1) Aucune hésitation au sujet du Moïse, que Michel-Ange a sculpté pour le tombeau de Jules II et qui est à Rome, à Saint-Pierre-aux-Liens. Mais parmi les figures qu'il destinait aux tombeaux des Médicis et qui subsistent à la Nouvelle Sacristie de San Lorenzo à Florence, les *deux statues du tombeau des Médicis* peuvent désigner soit les effigies de Julien et de Laurent II, soit plutôt le Jour et la Nuit, les deux allégories couchées, qui accompagnent la statue de Julien et qui sont plus célèbres que l'Aurore et le Crépuscule du tombeau de Laurent.

table encombrée de livres sur le rationalisme, la philosophie transcendante.

Au milieu de cela, Christophe, avec sa tête pâle, sa tête de Nubien. Dans la glace, le modèle, nous tournant le dos, se rhabille. Sur une tablette tournante est une petite statue, tout emmaillotée, comme une blessée, de linges mouillés, laissant passer çà et là un bout de membre de glaise. Christophe nous la démaillote, va chercher son bras dans un tiroir, lui passe son glaive de bois à la main, nous tourne son torse, agréablement patiné par l'ébauchoir dans le sens du courant de la peau. C'est une FATALITÉ volante, sur une roue écrasant des êtres, qui tient des figures volantes de Jean de Bologne et de Benvenuto : c'est de l'école florentine.

Puis dans un coin, nous montre cette figure achevée de la COMÉDIE HUMAINE, qui se renverse, — le visage plein de larmes, le flanc mordu par un serpent derrière une draperie, — dont le masque, joliment agencé, montre une figure qui rit (1).

Homme triste, singulier, distingué que ce sculpteur, qui semble un enthousiaste un peu mélancolique et sans doute souffrant du foie, dans lequel les idées philosophiques, humanitaires et républicaines semblent couver et chauffer sous le froid de son air. Parlant du peu de choses qu'il a fait jusqu'ici, il nous dit qu'il lui a fallu apprendre à penser en sculpture, comme on pense en littérature ou en peinture.

Charles Narrey nous emmène aux archives de l'Opéra, croyant nous montrer des richesses, des costumes XVIIIe siècle. L'Opéra n'est plus guère ce que nous montre la planche du XVIIIe siècle, LE CHEMIN DE LA FORTUNE.

Une sale antichambre. Sur une porte blanche devenue grise : *Cabinet de Monsieur le Directeur, Cabinet de Monsieur le Secrétaire général.* Aux murs couverts d'un papier jauni, une carte du Théâtre d'Italie; sur les étagères d'un pupitre à la Tronchin, six abat-jour; une mauvaise banquette de velours, où le dos des

(1) Baudelaire avait déjà célébré cette statue dans la pièce dédiée à Christophe, parue dans la REVUE CONTEMPORAINE (30 nov. 1859) et qui prendra place dans les éditions postérieures des FLEURS DU MAL : LE MASQUE, *Statue allégorique dans le goût de la Renaissance.*

solliciteurs a fait de la graisse par derrière. Voilà maintenant où l'on attend...

Et le personnel s'est autant dégradé. Les façons, les visages de tous les hommes qu'on coudoie ne sont plus de cette Académie, qui ennoblissait presque. Cela pue la cuistrerie des bureaux, le cabotinage de l'*ut* et de l'entrechat.

Toutes leurs archives de costumes, quelques mauvais cartons qui ne remontent guère plus haut que la Révolution. Puis ce sont aussitôt d'affreux dessins montrant toute la bêtise, toute la pédanterie, toute la gaucherie, tout l'ennui qui se glissent dans l'art et dans toutes les branches de l'art avec la Révolution. A peine s'il y a dans les bardes dessinés par Berthélemy, 1813, comme un souffle prud'honien. Puis de là jusqu'à Duponchel, en 1828, quels costumes d'Hippolyte Lecomte, comparés à ces légères esquisses, improvisées par Boquet ! Dans tout ce que j'ai vu, quatre ou cinq cartons, les Boulanger pour LA ESMERALDA et quelques croquis de Lami pour les attifements militaires ont seuls un certain esprit, une certaine couleur, quelque chose de jeté et qui n'est pas un sec devis d'habilleuse... CASTOR ET POLLUX, 1787, révolution du costume ! (1)

Il y a deux femmes dans la femme : la femme d'abord, — et la femme des règles. La première est un animal doux, bienveillant, dévoué par nature; la seconde, un animal fou, méchant, trouvant un âpre plaisir aux souffrances de ce qui lui est associé dans la vie. Et c'est ce dernier animal qui, toute la vie, prend une

---

(1) Dans ce paragraphe, une hésitation possible sur *les bardes dessinés par Berthélemy*, 1813. Le texte Ms. laisse lire *Barthélemy* ou *Berthélemy*. Mais parmi les artistes ainsi nommés, seul Jean-Simon Berthélemy a travaillé pour l'Opéra, et spécialement pour les costumes : en 1792, il fut « chargé par l'administration de l'Opéra de rechercher et de dessiner les costumes historiques des différents personnages du drame, chaque fois qu'on montait un ouvrage nouveau ». (Duchange, BERTHÉLEMY, Laon, 1853). Voir à la Bibliothèque de l'Opéra (cote D 216-I) les costumes de Berthélemy pour LES BARDES de Lesueur, opéra créé le 20 juil. 1804, et pour CASTOR ET POLLUX de Rameau, créé le 24 oct. 1737, mais dont les costumes dessinés par Berthélemy sont bien datés 1787 : date d'une reprise obscure ? Ils font révolution par leur allure antique. Reste, pour LES BARDES, la date de 1813, invisible dans l'état actuel des dessins, tamponnés « 1854 » : Berthélemy étant mort en 1811, 1813 était peut-être la date du legs de ces dessins, mentionné par Duchange. — LA ESMÉRALDA de Louise Bertin (la fille du Bertin des DÉBATS) sur un livret tiré par V. Hugo lui-même de NOTRE-DAME-DE-PARIS.

semaine sur chaque mois de la femme et qui, à quarante ans, pendant cinq, six ou sept ans, remplacera presque absolument l'autre.

Nous allons au Salon avec Gavarni. Il ne s'intéresse guère qu'aux arbres verts des pelouses... Chose singulière, ses préférences vont aux peintures faites et très réalisées, à une tête de l'Impératrice de Winterhalter, à un portrait de femme de Mme Browne. Il admire par exemple, par-dessus tout, les dessins de Schuler.

Au fond, je crois qu'il sort avec une excitation sourde, un coup de fouet pour peindre à l'huile, — ce désir qu'il a eu, secrètement, toute sa vie et auquel, peut-être, il n'a manqué pour se faire jour qu'une boîte et des couleurs et un panneau sous la main, au moment de son envie, de son caprice.

Au Salon, cette année, on a payé un Walter 25.000 francs. Les moindres tableaux se vendent 5.000 francs : c'est le plus bas prix. Nous sommes dans l'idolâtrie des arts plastiques, des arts matériels. La rétribution va à ce qui chatouille les sens. C'est une matérialisation du goût, qui se remarquera dans toutes les décadences modernes, qui en est l'annonce fatale. Les arts ouvriers prendront de plus en plus le pas, comme salaire et comme renommée, sur les arts idéaux, sur les arts de la pensée.

A déjeuner, Gavarni nous disait ce matin ce joli mot. Comme je disais : « Il ne faut pas insister auprès des femmes. — Si, il faut insister auprès des femmes, parce qu'elles sont dévorées du désir de vous accorder ce que vous ne leur demandez pas. »

J'ai rencontré l'autre jour Baschet, qui fait toutes sortes de rôles auprès du baron Simon de Rothschild, d'Autriche. Il lui range ses bibliothèques dans ses châteaux et lui donne des adresses de filles à Paris.

Il paraît que c'est un homme charmant, mais qui n'a pas le goût des arts. Il s'en excuse en disant qu'il n'a pas la vue faite pour regarder les tableaux; et il est allé avec Baschet chez l'ingénieur

Chevalier lui offrir 36.000 francs, s'il lui trouvait un lorgnon qui pût lui donner cette vue-là, la vue d'un homme de goût.

Il n'y a rien de pareil, pour rendre un homme malheureux, au dévouement ou à l'affection d'une femme.

La crédulité est un signe d'extraction : elle est peuple par essence. Le scepticisme, l'esprit critique est l'aristocratie de l'intelligence.

Les préjugés sont, malgré tout ce qu'on en a dit, l'expérience des nations; ils sont les axiomes de leur bon sens. Voyez le préjugé contre les acteurs et contre les Juifs : je n'ai jamais connu un Juif qui ne fût pas juif.

A-t-on remarqué que jamais un vieux Juif n'est beau? Il n'y a pas de beaux vieillards dans cette race. Le travail des passions sordides, l'ambition de l'argent finissent toujours par leur monter à la face et la leur dégrader.

Christophe est venu, un de ces jours, chez nous. La conversation est tombée sur Théophile Gautier, sur ce type monstrueux d'égoïsme, d'après son dire, sur cet homme auprès duquel un ami intime et de tous les jours disparaîtrait sans que le lendemain, il demandât de ses nouvelles; sur cet homme enfermé en une telle paresse de cœur et de corps qu'il ne vous salue que d'un mouvement de ses paupières lasses !

Et lui, qui l'a connu intimement, nous le montre à fond, sans un dévouement, sans une affection, disant qu'il ne parle jamais de ses amis, parce qu'ils ne lui feront pas de mal, et qu'il parle des autres, parce qu'il les craint; faisant montre d'un cynisme, — qui peut être en lui... Présentant son père à un étranger en lui disant : « Ce vieillard infect, que vous voyez, est mon père. Il vous enculera, si vous le désirez, malgré son grand âge. » Se plaignant de ce qu'un bourgeois ignoble aura la fleur de ses filles, qu'il trouverait très convenable de lui être réservée; les élevant dans des mots de bordel.

L'expiation de tout cela, de cet égoïsme et de ce cynisme, c'est une couardise à plat ventre devant les petits jeunes gens du Ministère d'État et qui le fait trembler qu'on ne l'envoie à Cayenne; c'est une lâcheté dont on ne peut mesurer la bassesse possible. C'est le travail qu'il fait en ce moment, au bas du MONITEUR, avec le dégoût d'un bœuf à la fin d'une journée; c'est la misère à la porte; et sa femme, l'autre jour, allant au MONITEUR demander l'avance d'un article du lendemain, en montrant à Turgan, ancien interne, ses hémorroïdes pour l'attendrir.

Voilà About descendu à publier les COQUINS D'AGENTS DE CHANGE : il est, en ce moment, juste entre Voltaire et Aurélien Scholl.

26 mai.

A dîner chez Grosse-Tête, le vaudevilliste Martin nous conte que causant aujourd'hui avec une *biche*, elle lui a dit que le métier était ruiné par le chemin de fer : « Tu comprends, voilà une pauvre fille qui s'embête en province, qui est malheureuse. Elle économise de quoi prendre le chemin de fer. Elle arrive à Paris. Elle entre, comme bonne, chez un vieux monsieur. Ce vieux monsieur la baise. Il lui donne vingt francs, elle s'achète une robe de soie. Elle va se promener sur le Boulevard avec sa robe de soie. Elle fait un homme de vingt francs. Et en rentrant, elle se dit que c'est bien bête de gagner vingt francs par mois, quand elle peut gagner vingt francs tous les soirs. Elle met de côté, pour louer une chambre huit jours dans un hôtel. Elle loue, elle va trouver une marchande à la toilette, qui la nippe à crédit. Elle va à Mabille... Et encore une de lancée dans la circulation! »

30 mai.

L'immense difficulté, pour faire un dessin où il y ait du soleil ! Voilà Gavarni d'abord lavant le papier blanc, d'un ton chaud, jaune rosé; puis avec de l'encre de Chine, réchauffée de laque, traçant ses bonshommes, les lignant et les ombrant; puis passant ce qu'il appelle des eaux, des eaux d'aquarelles légères et comme nuageuses; puis revenant encore à la plume, souvent avec l'encre rouge, réindiquant ses contours et ses ombres; lavant encore, puis piquant les brillants de gouache; et dans tout ce lavis, ne prenant que des tons chauds. Et tous ces tons, chauffés l'un par l'autre, n'arrivent qu'à la valeur de ton des ciels, des étoffes, des chairs éclairées. Dans ce tripotis de tons, où jamais une chose n'est peinte de sa couleur même, mais par l'opposition harmonique de tons divers, grande ressemblance avec la méthode de peindre de Chardin, qui dans un tablier bleu, met tous les tons, jusqu'à du vert et du rose.

Un mot sublime de Lagier. Mlle Defodon, de je ne sais plus quel théâtre, était à se chauffer le derrière à un foyer d'acteurs, en relevant sa robe. Lagier lui dit : « Si c'est pour moi, pas trop cuit ! » C'est du Sophie Arnould de bordel.

Je viens de lire un livre légitimiste, SOUVENIRS D'UNE DAME DE MADAME LA DAUPHINE : histoire d'un parti bête! (1) Ce n'est pas Marie-Antoinette qui est la femme de ce parti-là : la duchesse d'Angoulême, voilà leur sainte orthodoxe. Et puis, c'est écrit dans le style de la Chapelle Expiatoire !

A faire, comme préface de notre ÉTAT AU XVIIIe SIÈCLE un grand manifeste contre le libéralisme, le testament des aristocraties. Avouer nos idées et tout ce que nous pensons *intus et in cute*, proclamer notre conscience historique brutalement, insolemment, sans peur (2). Nier radicalement tous les fameux bienfaits de 89.

Montrer l'énormité de l'enflure, de la blague, du dénaturement de la presse, des journaux, des livres libéraux, à propos des idées, des principes, des faits mêmes de la Révolution. Tout cela a été jugé, même par les plus intelligents, avec des préjugés, des rengaines, des conventions, la stupidité populaire du Pitt et Cobourg, depuis la prise de la Bastille, où pas un homme du monde, pas un lecteur de la REVUE DES DEUX MONDES ne sait combien il y a eu de prisonniers délivrés : deux! Et ainsi de suite, à

---

(1) Les SOUVENIRS DE QUARANTE ANS, 1789-1830, *récits d'une dame de Madame la Dauphine* (c'est-à-dire : de la duchesse d'Angoulême) venaient de paraître sans nom d'auteur en février 1861. Ils sont l'œuvre de la comtesse A. de Béarn, née Pauline de Tourzel; mais Alfred Nettement passe pour avoir contribué à leur rédaction.

(2) Cf. Perse, SATIRES, III, 30 : ... *intus et incute*, « au dedans et sous la peau ».

plus forte raison, des idées ! La dîme, par exemple, cette fameuse dîme ? Voyez Young : cent et quelques millions. Et qu'est-ce qui pense aux quatre cents millions de la guerre ?

L'hérédité détruite ? Mais elle est partout ! Nous avons le fils de M. Guizot, au lieu du fils de M. de Montmorency, voilà ! L'hérédité dans les Académies, dans les places, à la Cour des Comptes... L'égalité de l'impôt, avec tous ces millions de rentes qui ne paient pas l'impôt ?

Et penser que ce sont des hommes de lettres qui éreintent ce temps-là... Quelle position alors, auprès de celles qu'ils ont aujourd'hui ! Comptez les princes montant chez Marmontel, les maisons de duchesses où il était reçu, et comment ! Y a-t-il, à l'heure qu'il est, un homme de lettres allant dans le monde ? A peine s'il est reçu aux bals d'un agent de change !

Tout cela, comme toutes les révolutions, révolution d'envie ! La bourgeoisie a mangé la noblesse. Mais patience, écrivains qui frappez sur ce vieux régime ! Il y a en-dessous des gens qui n'ont pas de bottes. Générations qui maudissez les privilèges du passé, l'heure viendra pour vos privilèges. Et l'on ne vous verra pas, bourgeoisie, laisser dans l'histoire, comme l'aristocratie française, la trace d'un grand souvenir et d'une belle mort. On ne vous guillotinera pas, vous ne méritez pas Sanson; mais on vous rognera vos fortunes. On vous frappera au cœur par des impôts sur le revenu. Et le privilège de l'argent sera mangé comme le privilège de la noblesse. Et une autre presse viendra, qui parlera des grands principes de 1889 et détestera l'Ancien Régime de la bourgeoisie.

Un seul homme a touché à l'histoire de l'ancienne société avec quelque impartialité, M. de Tocqueville. Mais il était trop près des passions d'alors, engagé dans le libéralisme d'alors, prévenu même dans sa bonne foi. Nous, libres de toutes choses, n'étant point journalistes, point engagés dans un parti, indépendants même de l'avenir et d'ambitions de places. Grand'père : *savonnette à vilain* ; notre père, voilà d'où nous descendons. Tout le monde ne peut pas avoir un père ressaveteur de culottes (1).

(1) L'allusion au *ressaveteur de culottes* concerne le père de Louis Ulbach (cf. t. I, p. 578).

Faire cela très vif, très personnel, très actuel, et risquer la poursuite même. Idée générale : point de progrès, des évolutions seulement dans l'humanité.

J'avais toujours entendu parler avec vénération et admiration des travaux des Bénédictins. Il semblait que ces gens-là eussent poussé le travail, la patience et la conscience jusqu'aux dernières limites. J'ai eu ces jours-ci le catalogue des portraits du Père Lelong(1). On n'a pas idée d'un catalogue aussi peu renseigné, aussi sommaire, aussi incomplet, aussi mal fait. Le moindre travail de catalographie de notre temps est à mille pieds au-dessus pour la science et la recherche. L'histoire, décidément et dans ses moindres branches, ne commence qu'au XIXe siècle. Cela m'a fait voir les Bénédictins comme d'aimables épicuriens de travail, faisant des recherches comme on fait la sieste, entre de bons repas et de paresseuses promenades. Leurs travaux, ce sont les veillées de l'abbaye de Thélème.

Point de travaux qui demandent moins de temps que les travaux d'érudition à l'historien; point de travaux qui en demandent plus à l'érudit.

Dimanche 2 juin.

Chez Grosse-Tête, avec Saint-Victor.

Vachette, le Vachette fils du restaurant, dont Claudin nous avait donné un avant-goût par l'écho de ses charges, vient à notre table au dessert et nous raconte l'histoire de Michu chez Mme de Montmorency, le *Guilloté par persuasion*, le *Bon Gaétan*. Charges à la Monnier, mais d'une fantaisie plus grande, d'une

---

(1) Cette LISTE GÉNÉRALE ET ALPHABÉTIQUE DES PORTRAITS GRAVÉS DES FRANÇOIS ET FRANÇOISES ILLUSTRES JUSQU'EN L'ANNÉE 1775 a été extraite en 1809 du t. IV de la célèbre BIBLIOTHÈQUE HISTORIQUE DE LA FRANCE, une des premières bibliographies d'ensemble de l'histoire de France, composée par le P. Jacques Lelong, Oratorien (et non point Bénédictin). Les insuffisances signalées sont peut-être d'ailleurs le fait des continuateurs; car les Goncourt doivent chercher des portraits du XVIIIe siècle; or le P. Lelong meurt en 1709 et son ouvrage paraît en 1719 : Edmond et Jules ont donc utilisé les compléments ajoutés par Fenet de Fontette et Barbaud de La Bruyère pour la réédition de 1778. Ces lacunes avaient d'ailleurs été signalées et réparées par Soliman Lieutaud dans sa LISTE DES PORTRAITS OMIS PAR LE P. LELONG (1844).

927

invention, d'un *trouvé* plus imagé, plus étonnant. Ce sont des cauchemars d'observation.

Ce genre d'imitation, qui entre dans la peau d'une bêtise ou d'une crapulerie, cette vérité prise sur le cru, ces idiotismes du peuple, cette lanterne magique des cancans populaires, — c'est peut-être le sens le plus propre, le plus personnel à notre siècle. Il y a, dans ce temps, une fureur impitoyable de vérité, qui éclate avec ses caractères les plus frappants dans ces drôleries à froid, dans ce déshabillé sans pudeur de la basse humanité du XIXe siècle. C'est une dissection de génie, faite avec un cynisme qui ne laisse rien d'une société sans y toucher et qui ferait frémir, si elle n'emportait le rire.

Il a en poche une histoire de Marie-Antoinette et de la fuite à Varennes, où tout manque, parce que Lauzun, qui baise Marie-Antoinette, enfle et ne peut plus déconner... Cela est effroyable comme un blasphème de voyou. Qu'est le blasphème de Voltaire contre la Pucelle auprès de cela? Oh! Quel siècle effrayant nous sommes, pour l'ironie sans entrailles! Il aura produit de monstrueux chefs-d'œuvre d'irrespect.

Il a surtout une charge sur le Deux Décembre, de deux militaires qui, sur le boulevard, par pari d'un demi-setier de vin, histoire de rire, descendent une petite fille de cinq ans, à côté de sa mère. Il y a un *La mère était d'une colère!*, dit en riant par le soldat, qui est d'une épouvante... Et puis la mère qu'on descend pour un autre demi-setier : « Et l'homme? — L'homme? C'était fini de rire : nous l'avons arrêté, il était coupable! » Cela est sublime. L'horreur dans la charge n'a jamais été plus loin. Tout le volume d'Hugo ne va pas à la cheville de cela (1). C'est la photographie de l'assassinat par la ligne.

Vachette raconte cela posément, sans effort ni tension, avec une simplicité de moyens qui fait l'effet très grand. Un gros homme court, les joues pleines de sang, qui ne peut dormir que trois ou quatre heures, à cause d'une maladie de cœur, la face pleine de mauvaises passions. J'ai remarqué que les gens qui fouillent, vident ainsi l'humanité jusqu'au sac, ont l'air mauvais et ne sont pas bons.

(1) Cela vise non L'HISTOIRE D'UN CRIME (1877), mais NAPOLÉON LE PETIT (1852) ou plus probablement, LES CHATIMENTS (1853) : on songe évidemment à SOUVENIR DE LA NUIT DU 4 (*in* CH., II 3).

Existence de misère et d'aventure qui a roulé partout. A été directeur de théâtre à La Haye et y a fait faillite. Maintenant, 25.000 livres de rente par la mort de sa mère. Logeant dans un hôtel et amassant — car il est grand bibelotier — toutes sortes d'antiquailles, d'émaux pour meubler un appartement, où la salle à manger aura pour devise : *Vachette oblige*. Très travailleur de ses charges, aux écoutes des mots qui ont de la couleur, épiant l'argot du bourgeois et du peuple, créant d'après le vrai le détail sublime de vérité, effrayant d'imprévu tout à la fois et de vraisemblance.

La femme de quarante ans cherche furieusement et désespérément dans l'amour la reconnaissance qu'elle n'est pas encore vieille. Un amant lui semble une protestation contre son acte de naissance.

4 juin.

Je trouve, sur la table de Charles Edmond, la formule d'invitation à dîner du prince Napoléon, ce *fils légitime de la Révolution*, comme l'appelle About : « Par ordre de Leurs Altesses Impériales, le prince Napoléon et la princesse Clotilde-Napoléon, le chambellan de service invite... » etc.

Julie, nous parlant du vieux duel Monselet et Barrière : leur avait donné l'idée de se battre dans son jardin (1). La femme a soif du sang, non pour le sang lui-même, mais pour l'émotion.

Au fond, la femme, je le vois partout, n'est occupée que de l'homme et de l'humanité de l'homme. La femme : deux paires d'ailes autour d'un phallus.

Gisette et Dennery, liaison fondée sur ce qu'ils savent *où est le cadavre*, c'est-à-dire que Dennery fait coucher Gisette avec tous les gens en place dont il a besoin pour une croix, un privilège, une faveur, n'importe quoi.

7 juin.

Darimon, le député, me conte chez Charles Edmond ce joli mot de Gaiffe, dans le bureau de la Presse, lors de l'arrestation

(1) Cf. t. I, p. 826, n. 1.

de Mirès : « Mais c'est ignoble, ça n'a pas de nom! Mirès, mais c'est M. Montyon! Qu'est-ce qu'on peut lui dire? Mais c'est absolument comme un homme qui est enrhumé du cerveau et qui sort de chez lui en oubliant son mouchoir. Sur le boulevard, il voit marcher devant lui un monsieur dont le mouchoir sort de sa poche. Il le prend délicatement, il se mouche et au moment où il va le remettre dans la poche de ce monsieur, un sergent de ville lui prend le bras et l'arrête, pour avoir voulu *faire* le mouchoir. Ça n'a pas de nom ! On ne pourra plus être enrhumé du cerveau ! »

8 juin.

Alphonse me parle d'un projet de mariage pour lui et me communique la petite note singulière, usuelle, paraît-il, dans cette sorte d'affaires :

« 300.000 francs, le jour du mariage,

« 50.000 francs de rentes pour l'avenir,

« 600.000 francs à la mort d'oncles et de tantes, qui ne sont pas mariés et ne se marieront pas.

« Un appartement évalué 5.000 francs, dans l'hôtel des parents aux Champs-Élysées, si cela convient aux jeunes gens. »

Quand une fois la queue d'un succès est faite, — restaurant ou homme de lettres, — on ne sait pas jusqu'à quel point on peut abuser du public.

Voici une histoire curieuse et de bonne source.

Le roi de Piémont est un véritable bouc, se jetant à la chasse sur la première venue, un vrai priape (1). Il avait noué pourtant une liaison avec une femme de la Cour, dont il était fort amoureux, — femme opposée à la politique Cavour, tenant à Rome et appuyée par Rattazzi, alors dans toutes les confidences du Roi, qui ne pouvait souffrir M. de Cavour.

L'intrigue, admirablement menée, non ébruitée, allait aboutir à l'épousage de la femme par le roi, quand un jeune homme tombe chez M. de Cavour et lui dit qu'il vient faire auprès de lui la démarche d'un lâche, mais que c'est par patriotisme et pour empêcher

(1)   Victor-Emmanuel II, *il re galantuomo.*

une politique qui minerait l'avenir de l'Italie. Et il livre à M. de Cavour les lettres de cette femme, dont il était l'amant. Cavour saute sur ces lettres, court chez le roi. Fureur du roi : dit qu'il fera fusiller le jeune homme; quant à la femme, il dit qu'il l'épousera toujours (1). Mais Cavour, ce premier feu passé, l'emporte, court chez Rattazzi, lui dit que c'est une canaille, lui ferme la bouche en lui montrant les lettres... Et on sait le reste.

Un mot charmant que Vachette nous a raconté, l'autre jour, et qui me revient. Le petit Bayard, dessinateur, neveu de Bayard-Scribe, était saisi (2). Comme il arrive chez lui, l'huissier opérait. Vachette s'informe de la somme et paye. L'huissier s'en va :
« Ah çà ! dit-il à Bayard, est-ce que vous avez beaucoup de dettes comme ça, sur le pavé de Paris ?
— Pour vingt mille francs.
— Vingt mille francs ! Mais vous n'en sortirez jamais...
— Oh! Il n'y a là-dessus que quinze ou seize mille francs de sérieux; le reste est dû à des amis comme vous! »

J'ai acheté l'autre jour à la *Porte Chinoise* des dessins japonais, imprimés sur du papier qui ressemble à une étoffe, qui a le moelleux et l'élastique d'une laine. Je n'ai jamais rien vu de si prodigieux, de si fantaisiste, de si admirable et poétique comme art. Ce sont des tons fins comme des tons de plumage, éclatants comme des émaux; des poses, des toilettes, des visages, des femmes qui ont l'air de venir d'un rêve; des naïvetés d'école primitive, ravissantes et d'un caractère qui dépasse Albert Dürer; une magie enivrant les yeux comme un parfum d'Orient. Un art prodigieux, naturel, multiple comme une flore, fascinant comme un miroir magique.

Des éducations et institutions d'enfants de ce siècle, des exemples de père et de mère dans lesquels ils ont été nourris, est sorti ce fait monstrueux, qu'Albéric Second me racontait l'autre jour. Lorsqu'Albéric fit la COMÉDIE PARISIENNE, Mme Sand s'y

---

(1) Add. éd. : *quant à la femme, il dit...*

(2) *Bayard-Scribe*, c'est Jean-François Alfred Bayard (1796-1853), un des collaborateurs assidus de Scribe, dont il avait épousé la nièce en 1827.

abonna (1). Fiorentino étant venu le soir, Albéric lui dit cela :
« Ah, cette vieille putain de Mme Sand! Elle aura donc fait quelque
chose de bien, avant de crever ! » dit Fiorentino avec son nasille-
ment napolitain. Il y avait là six ou sept personnes. Chacun n'osa
souffler et on devint pâle : un des gens qui étaient là était Maurice
Sand, que Fiorentino ne connaissait pas. C'était une illusion : le
fils ne bougea pas.

Houssaye nous vole effrontément dans ses *Nouvelles à la main*
nos Maitresses de Louis XV. Mais ce n'est même pas un plagiaire,
c'est un spéculateur : il a si peu d'amour-propre qu'il nous cite.

12 juin.

Dîner à Montmorency, chez Lia Félix. Saint-Victor n'est
plus un homme, c'est un père. Oh! l'étrange spectacle, de voir le
critique de la Presse, dans la grande rue, entre ces villas de bourgeois, traîner la petite voiture de sa mioche! Et il s'extasie à la voir,
prenant à part les gens pour leur demander s'ils trouvent qu'elle
lui ressemble. A la voir sourire, sa figure s'illumine d'un sourire
à la fois bête et divin : l'extase de Prudhomme, une joie bestiale
de propriétaire, le transfigure. Il la prend sur lui, il rit à son regard.
Quand à un chant d'oiseau, l'enfant, comme prise d'un instinct
d'imitation, essaye et prélude à la parole par un gazouillis, il fait :
« Chut! elle allait dire *Papa*... » Couchée, il jouit, penché, de voir
cette enfant, bancale comme les enfants de Cranach, se prendre le
pied avec un geste tordu et agiter les jambes.

Nous avons passé le jour à ce passe-temps bourgeois. On nous
eût pris pour des boutiquiers en goguette d'un baptême. Stupide
et sublime, — c'est l'histoire de tous les grands sentiments humains.

A dîner, la mère Félix, cette patriarchesse, dont le flanc de
Juive a porté quatorze enfants : « La plus charmante maquerelle! »
me dit Charles avec son sourire de Slave. « Elle m'apportait le
café au lit, quand je couchais avec Sarah. »

(1) Texte Ms.: *lorsqu'Albéric fit la COMÉDIE HUMAINE.* Lapsus balzacien,
— ou anticipation : on sait que Huysmans essaiera vainement de lancer une revue
sous ce titre, en 1880. C'est la Comédie Parisienne qu'Albéric Second publia, entre
le 7 décembre 1856 et le 7 mai 1857, avec le ferme propos de renseigner sans diffamer :
« L'auteur... appellera un chat un chat, mais il n'appellera pas Rollet un fripon.»

Heureusement, dans cette société, Julie est là. Elle débouche la gaîté, l'entrain et verse sa mousse sur la table, élégante en ses gestes vifs, des gestes d'Hébé et de titi; allumant tout le monde avec le sourire de ses grands yeux endiablés; se laissant aller si vivement à ses impressions, jetant les paroles qui lui viennent, pétillante d'esprit, de diable au corps, d'impromptu.

Le soir, en revenant, on parle de quelques petites gens de théâtre, de l'importance monstrueuse des Bouffes-Parisiens dans la littérature des filles et dans la mode (1); de ces grosses réclames que se fait Crémieux tout haut dans les endroits publics, — un si grand Juif, un si fort faiseur, qu'il s'élève une discussion pour savoir s'il croit sincèrement tout le bien qu'il dit tout haut de lui ou si c'est pour se donner une valeur sur la place. Puis de là, on tombe un peu plus bas, à Halévy, cet homme qui cherche partout le drôle, feuillette Homère, Virgile, Dante ou Gœthe et ne s'arrête qu'à ce qui peut être dit par Désirée, des Bouffes.

Saint-Victor appelant Ozy « un boursier qui a des tétons ».

En chemin de fer, un monsieur, qui est à côté de nous, — on parle de l'affluence de l'or, — nous raconte que son père, qui était autrefois banquier, exigeait de son garçon de caisse, tout en lui abandonnant le change, qu'il lui déclarât les pièces d'or qu'il avait reçues dans ses versements, ayant acquis par de nombreuses expériences la certitude que ces pièces d'or, alors tirées d'un bas de laine, d'une cachette, étaient le pronostic d'affaires bientôt embarrassées (2).

Ce qui m'amuse, en ce moment, c'est l'indépendance des journaux libéraux, — tous, en ce moment, dans la main du gouvernement.

Je ne sais les coulisses que d'un seul, la Presse. Et voici sa situation au vrai. Le rédacteur en chef, Solar, en fuite, en une sorte de rupture de ban; le sous-rédacteur, l'homme du *Premier Paris*, Gaiffe, sortant de Mazas, encore tout blême du système cellulaire et réclamant l'indépendance des peuples, après avoir, dit-on, acheté sa liberté en chargeant les gens qui lui ont mis le billet de

(1) Cf. t. I, p. 313, n. 1.
(2) Add. éd. : *la certitude...*

banque à la main. Et voilà la tête du journal sous la main de la justice, de la police, mettant le journal dans la situation de ses rédacteurs, dans une situation de tolérance et de gens à qui on peut tout faire faire. Puis en bas du journal, c'est Arsène Houssaye, fourré dans toutes les antichambres du pouvoir et chantant, de huit jours en huit jours, les réceptions de la princesse Mathilde et de Nieuwerkerke (1). Puis c'est l'honnête homme Peyrat, soutenant Gaiffe et l'ayant réintégré sous un masque à son *Premier Paris*, après son arrestation, de peur que quelqu'un d'influent n'entre au journal et ne lui rogne son influence.

« Venez donc voir essayer la robe de noces de ma fille. » C'est ainsi que Mme Jouffroy coupe la parole au père Scholl, chaque fois qu'il veut entamer la question sérieuse d'argent. Une jolie scène de comédie. O ironie, s'il voyait cela de là-haut, le doctrinaire, le philosophe, l'homme typique de la REVUE DES DEUX MONDES et du COMMENT LES DOGMES FINISSENT, s'il voyait comment sa fille finit, — mariée à un polisson du FIGARO.

Edmond n'a jamais pu retenir un air, sauf un seul : *Rendez-moi ma patrie...* Et cet air lui revient quand il est triste et il le chante à peu près juste, — un singulier effet du tempérament sur l'oreille.

Il y a des vieillesses de certains vieillards, qui ressemblent à l'enfance de l'immortalité.

19 juin.

Dîner, tous ces jours-ci, chez Grosse-Tête au passage de l'Opéra, avec le monde des lettres et quelques-uns du vaudeville. Pas de monde d'où l'on sorte, comme de celui-ci, avec quelque chose en soi de *non satisfait*, qui vous fait triste. On ne sent pas là un frottement d'hommes. On coudoie un feuilleton ou un paradoxe. Ni une parole ni une poignée de main où l'on trouve une chaleur, une communication de sympathie. On en sort vide, froid, désappointé. Eux, pourtant, vivent dans cette sécheresse comme dans leur élément natal. Il y a une certaine manière de demander aux

(1) Après la déconfiture de Solar (cf. t. I, p. 871, n. 1), c'est Arsène Houssaye qui prend en 1861 la direction de la PRESSE.

gens comment ils se portent, question tellement uniquement faite des lèvres qu'elle est plus affreuse que l'indifférence absolue.

On aperçoit, passant modestement, le profil de Ponson du Terrail, avec, à l'horizon, sur le boulevard, son dog-cart et son cocher, la seule voiture d'homme de lettres roulant sur le pavé de Paris. Le pauvre garçon, au reste, la gagne assez et par le travail et par l'humilité de la modestie. C'est lui qui dit aux directeurs de journaux où il a un immense roman en train : « Prévenez-moi trois feuilletons d'avance, si ça ennuie le public; et en un feuilleton, je finirai. » On vend des pruneaux avec plus de fierté.

20 juin.

Comme on étouffe à Paris et que j'ai encore, par instants, ce que Mme de Staël appelait « le préjugé de la campagne », nous allons chercher un peu d'air chez Gavarni.

Il a une joie d'enfant et de père en même temps, à nous loger dans ces deux chambres arrangées pour nous. Et tout le temps, il a avec nous cette grâce des plaisanteries enfantines, qui sont si jolies dans son caractère.

Nous passons le soir à causer de cela qui seulement l'intéresse, de ces belles découvertes qui le transportent, ces grands abîmes que la science creuse, de l'aluminium trouvé dans l'argile, des expériences sur la création spontanée.

Le lendemain, Schuler, ce Schuler qui a fait LES SCHLITTEURS et dont Gavarni raffole comme dessinateur, vient le remercier de lui avoir fait acheter par la loterie du Salon ses deux dessins de cette année. Je n'ai jamais vu d'artiste moins jaloux que Gavarni, plus bienveillant à ceux dont le nom commence, plus enthousiaste des jeunes talents qui lui plaisent. Ce Schuler, encore un exemple de la distance et souvent du contraire qu'il y a, dans les arts, entre l'homme et son talent. C'est un Alsacien un peu sourd, l'air d'un douanier du pont de Kehl, dans lequel se combinent la difficulté de l'audition et la lenteur de la compréhension.

Le malheur de tout homme d'idée, c'est-à-dire d'ambition, c'est de ne jamais vivre le présent. Il ne le jouit pas, il ne le goûte pas, il le franchit sans cesse et il le saute. Il vit sans cesse en avant, aspirant l'avenir. L'homme d'idée est toujours homme de projets ; sa vie, une vie de rêve.

Mettre dans LES ARTISTES (1), le caractère d'Aubryet, pur bourgeois, en comédie permanente contre ses goûts ; enthousiaste pour Decamps et, au fond, épris de Schopin ; réagissant contre lui sans cesse ; passant le plus lâchement du monde sous toutes les fourches caudines de l'admiration générale et se faisant un goût en prenant le contre-pied absolu du sien.

Il y a du prêtre chez Michelet, de l'homme qui parle dans le confessionnal à l'oreille d'une femme. Il a pour les femmes l'aimant de Fénelon et de Robespierre. Et cela m'est confirmé par ce que j'apprends de son rôle et de ses succès de directeur de femmes. Il a été le directeur spirituel absolu de la princesse Marie (2), à laquelle il a dicté sa JEANNE D'ARC.

Maria me conte qu'une de ses amies mourante, on lui apporte un sac de cerises, pour se rafraîchir un peu la bouche ; ses yeux tombent machinalement sur le sac, qui contenait des prières, redemande le sac, le met sous son oreiller et, le lendemain, fait appeler un prêtre.

Schuler contait l'autre jour chez Gavarni qu'un montreur de bêtes avait eu la tête broyée en mettant sa tête dans la gueule d'un lion ; non que la pauvre bête ait eu une mauvaise intention, mais c'est qu'elle avait éternué !

Bar-sur-Seine, 24 juin.

Je m'éveille ce matin à Bar-sur-Seine, dans une chambre pleine de portraits d'aïeux et d'aïeules qui me regardent, tous dans le costume de leur profession ou dans l'habillement de leur pensée, avec des accessoires aussi naïfs d'indications que le phylactère du Moyen Age ; le médecin avec un Bœrhaave à la main, le curé avec un paroissien, l'homme de banque avec une lettre de change.

(1) Première mention du roman qui deviendra MANETTE SALOMON.
2) La princesse Marie d'Orléans.

Il y a aussi un garde-française au pastel tout pâli ; une petite fille qui a un serin jaune perché sur le bras; une vieille femme noire, austère, la mère inconsolable du garde-française, tué en duel à vingt ans.

On sent de suite dans ces portraits, tous en costume de leur profession, l'ordre de la société passée, comme on tenait à son ordre, comme on était fier de son costume professionnel. Aujourd'hui, un avoué se fait peindre en habit de chasse et un notaire en homme du monde.

C'était une bonne chose que cette habitude ancienne de transmission des portraits de famille. C'était un enchaînement de la famille. Les morts n'étaient enterrés que jusqu'à la ceinture. Le type physique léguait le type moral. Il y avait comme des patrons de votre conscience dans ces mauvaises toiles autour de vous; l'exemple des autres vous entourait. Et dans cette pièce remplie de portraits de famille, le germe d'une mauvaise action était mal à l'aise.

« L'argent, l'argent! Sans lui, tout est stérile. » C'est une déclamation perpétuelle de mon cousin, criant à la dégradation des consciences, à toutes les hontes de ce siècle d'argent... Et ce ne sont, depuis le soleil levé jusqu'au soleil couché, que montées et descentes, sur le petit escalier de bois, de pas d'hommes de loi, d'hommes d'affaires, d'hommes d'argent, de notaires, d'avoués, de marchands de biens, venant lui proposer des tripotages d'argent, des prêts hypothécaires, des acquisitions de terres à bas prix; ce n'est qu'argent, sortant du bas de laine d'un paysan et montant cet escalier.

Ma petite cousine se plaint beaucoup d'une femme entretenue, qu'elle a le scandale d'avoir pour voisine à la campagne. Et le dernier mot de son indignation est : « Elle fait beaucoup de bien, beaucoup de charité... Vous concevez comme c'est désagréable ! Et puis, elle fait tout augmenter... »

Il n'y a au bagne ni un comédien ni un homme de lettres, parce que ce ne sont pas des hommes d'action. L'homme de lettres vit sa pensée; le comédien vit la pensée d'un autre.

Digérer et dormir, depuis le déjeuner jusqu'au dîner, cela semble le but de la petite femme qui est là. Il est étrange combien de ces petites Parisiennes, — toutes étoffées de gaze, toutes volantes, toutes envolées, toutes éthérées, des poupées idéales, des rêves de coquetterie et d'élégance, des anges dans de la gaze, — ne sont que des moules à merde, rien que cela, et pas même des moules à enfants, usées qu'elles sont par le monde.

En étudiant à fond cette petite machine, qui éclate de temps en temps en éclats de rire d'oiseau, je me demande si ce n'est pas à Paris où il y a le moins de cocus. Cette femme n'a pas de quoi se perdre. Elle n'est perdable ni par l'esprit ni par le cœur ni par le tempérament. Il n'y a pas avec elle de surprise possible de n'importe quoi, de la tête ou du cul. Elle est imprenable, par la nullité, le zoophytisme de son être.

Aujourd'hui, j'ai vu par les fenêtres de la salle à manger un joli tableau de genre. Un gros homme, traînant sur un haquet un cochon flambé, au groin balayant la terre; et derrière, accrochées par une main derrière le haquet, cinq ou six petites filles sortant de l'école, avec leur panier de goûter dans l'autre main; l'homme rouge, le cochon noir, les petites filles roses.

Eugénie est la femme de toutes les fausses distinctions : le cigare au lieu de la pipe, le chapeau au lieu de la casquette.

« Manger à la toucher du doigt », c'est une expression du pays qui rend assez bien notre vie ici.

A Paris, un salon ouvert, des dîners, des glaces, excusent tout. Qu'une femme élève chez elle sa fille naturelle, comme Mme de Mongenet, qu'elle ait été ramassée ivre dans les rues de Nancy, comme Mme de R***, elle aura, avec un cuisinier, la meilleure société chez elle : « Ah ! si elle ne recevait pas si bien, disait naïvement Eugénie de la dernière, je n'y mettrais pas les pieds ! » (1)

Peut-être n'y a-t-il point de plus grande dépendance au monde, que celle d'un homme qui digère votre dîner.

---

(1) Passage peu lisible dans le Ms. : *dans les rues de Nancy, comme Mme de Restant* ou *Restaut* ou *Rutant* ou *Rutaut.*

Tout ce qu'on dira sur le suffrage universel vaut-il ce seul fait : le royaume de Naples, qui s'est annexé unanimement à la Savoie et qui est en pleine guerre civile ? (1)

C'est un beau mot de jeune personne à marier, que le mot de Fœdora pesant des partis en concurrence : « Cent sous de plus, et je l'épouse ! » (2)

Paris, 11 juillet.

Je dîne chez les Charles Edmond, après avoir fait des dépôts de Sœur Philomène toute la journée. Charles Edmond vient de passer quelques jours avec Hugo à Bruxelles. Le jour où il est arrivé, Hugo avait mis le mot *fin* au bout de ses Misérables : « Dante a fait un enfer avec de la poésie; moi j'ai essayé de faire un enfer avec de la réalité. »

Il supporte, à ce qu'il paraît, parfaitement l'exil, n'admettant pas que la Patrie soit seulement de la terre : « La France, qu'est-ce que c'est? Une idée. Paris? Quoi? je n'en ai pas besoin. C'est la rue de Rivoli, et j'ai toujours détesté la rue de Rivoli. »

Dennery, qui dîne avec Gisette, essaye à dîner un parallèle entre la liberté anglaise et la liberté française, où il met celle-ci bien au-dessus, tirade qu'il avait mise dans sa Prise de Pékin et qu'il est très mécontent que la censure lui ait ôtée.

Darimon vient, et comme il demande à Charles des nouvelles de Proudhon : « Ah! il m'a fait boire, dit Charles, une bouteille de bien bon vin de Bordeaux. — Je crois bien, dit Darimon, c'est celui que je lui ai envoyé de la part de Madame *** » Il ne la

---

(1) A la suite de la révolte sicilienne d'avril 1860 contre François II, Garibaldi et ses « Mille » s'étaient emparés de la Sicile et de Naples. Les troupes piémontaises, malgré l'opposition des troupes pontificales à Castelfidardo (18 septembre), avaient pénétré de leur côté, dans le royaume des Deux Siciles, que le plébiscite du 21 octobre 1860 annexa au Piémont. Depuis, la situation y restait confuse entre les partisans républicains de Garibaldi, retiré à Caprera, et les partisans de la monarchie piémontaise, tandis qu'un Parlement italien, réuni à Turin, proclamait le 18 février 1861 l'existence d'un Royaume d'Italie.

(2) **Foedora** (ou Fédora) Henrys, qui devait épouser Léon Rattier, de Jean-d'Heurs.

nomme pas... Ce qui prouve que le métier de philosophe et de martyr démagogue a encore ses petites douceurs (1).

Bar-sur-Seine, 12 juillet.

Augusta dit ce soir, au lansquenet, ce mot digne de Calinot : « J'ai beau perdre, je ne peux pas me rattraper ! »

Ici, il y a un sous-préfet, qu'on trouve coulant sa lessive, en remplacement de sa bonne fatiguée, qui est sa maîtresse, et un receveur particulier, qu'on trouve fondant son beurre.

Nous sommes tellement jumeaux en tout et par tous les bouts, que nous avons jusqu'aux mêmes envies de femme grosse : il nous est venu, ce soir, l'idée en même temps à tous deux de pisser sur un certain chou du jardin.

Grand effet social de 89, la centralisation à Paris : Paris est devenu, comme on dit en argot de chemin de fer, tête de ligne de toutes les fortunes faites en province. Il n'y a pas un fils d'enrichi qui restera en province dans vingt ans.

Une lettre de Saint-Victor nous dit, ce matin, que notre livre s'envole. Sur l'eau, dans la barque, hébétés, stupides, nous restons perdus de pensées et d'espérances qui fermentent, la tête, les vœux, la pensée tout entière à Paris, avec des chiffres impossibles de vente qui vous cognent les parois du cerveau.

Vous ne pouvez dire deux mots avec un paysan, sans qu'il lui vienne à la bouche une lamentation sur les mauvaises récoltes. Cela est machinal et si conservé, que l'autre jour, mon cousin demandant à l'un : « Quel est le chemin le plus court pour aller

(1) L'ouvrage violemment anticlérical de Proudhon, De la Justice dans la Révolution et dans l'Église (avril 1858), lui avait valu, le 2 juin 1858, 3 ans de prison et 4.000 francs d'amende. Il s'enfuit en Belgique, refusa en 1860 l'amnistie et ne rentrera en France qu'en 1862, lorsqu'un de ses articles à l'Office de Publicité aura fait croire aux Belges qu'il était un agent annexionniste déguisé et aura provoqué une manière d'émeute autour de son domicile bruxellois.

à X...? » l'autre riposta couramment : « Ah! Monsieur, nous faisons de si mauvaises récoltes ! »

Personnage d'ancien militaire : Claude, des yeux de renard qui a la fièvre.

Dans le cabinet de Léonidas, en vue, on montre contre la glace, côte à côte, une seringue à injections et un poignard de carbonaro. Cela me fait rêver. Je vois là, dans ce fer rouillé et ce plomb terni, la fin de l'amour et des illusions politiques, l'éclopement de la vessie, l'éreintement de la foi républicaine, la mort de deux jeunesses, le refroidissement de deux chaleurs humaines, du fanatisme et du priapisme, *hic finis*.

Jolie histoire, et qui touche. Le général Vautrin, d'abord mitron chez son père, boulanger à Troyes, portait tous les matins le pain à l'hôtel Mesgrigny. Sous l'Empire, devenu général d'un pays où les Mesgrigny étaient émigrés, leur apporta 3.000 francs et par-dessus, un pain, disant : « Quand j'étais mitron chez mon père, je vous apportais le pain tous les matins. Eh bien! je vous l'apporte encore. »

Je ne sais guère où va l'éducation moderne. De la dureté ancienne exagérée, on passe à une exagération de douceur affai-blissante et dont le relâchement pourrait s'en aller jusqu'à l'âme. Au collège Rollin, collège de la mollesse et d'enfants riches, sur ces bancs où nous avons tous usé nos pantalons sur le bois dur et lustré, mon petit cousin et ses camarades ont des ronds, comme les ronds des vieux employés, des chefs de bureau à hémorroïdes.

On parle de l'immoralité de Paris, mais l'immoralité de la Province ! Et je ne parle pas de l'immoralité secrète, hypocrite, mais de l'immoralité patente, de l'immoralité qui tombe sous la justice, qui ressort de la Cour d'Assises ou de la Police correction-nelle.

Ici, le maire, M. Bourlonne, était poursuivi par le procureur impérial pour assassinat, assommade d'un paysan, dans le **cabinet** de son gendre, notaire auquel le paysan venait redemander de l'argent. La croix de la Légion d'honneur tombe au milieu de la poursuite, arrête tout. — Le banquier, c'est un Gombaud, poursuivi l'autre année pour usure et acquitté : « Cela a tourné à mon honneur », dit-il. Le frère du médecin Fontaine vient d'être poursuivi pour assassinat sur un garde. Partout, de tous côtés, ce sont des crimes, des vols, des billets de banque soustraits, des infamies relevant du code. Il y a une odeur de Clairvaux autour de soi.

Vraiment, par moments, il me semble que la famille n'a été créée que pour servir d'aliment à la médisance, pour la fouetter. Je ne sais plus quel grand seigneur dit, dans la correspondance de Voltaire, qu'il n'aime à dire du mal que des gens qu'il connaît, — de ses parents et de ses amis.

Je vais voir le château de Vaux, appartenant à M. de Maupas (1). Clarté, précision, élégance, c'est la langue française elle-même que cette architecture civile du XVIIIe siècle. J'ai vu la bibliothèque de ce grand ministre du règne de Napoléon III, le Fouché de son 18 Brumaire : mettez cinquante volumes ramassés sur les quais...

Excepté Bossuet, rien de si mal écrit qu'un beau discours.

Je suis très bizarre. Les sentiments, chez moi, prennent force à la longue. L'habitude les exalte, le temps leur ferait faire explosion. Je crois que si j'aime jamais, cela commencera caprice et finira passion. Il y a ici une très belle fille, belle comme une Transtévérine : c'est la cuisinière. Au bout d'un mois, j'ai commencé à avoir envie d'elle. Je suis sûr que dans un autre mois, j'en aurais eu la rage.

Il y a beaucoup de choses ainsi chez moi. Les seconds mouvements, chez moi, sont les plus forts. Ma colère, par exemple, n'est pas du moment, elle est de la minute après; mais au lieu de décroître, elle grandit et gagne en force.

(1) Le château de Vaux est situé sur la commune de Fouchères, dans le canton de Bar-sur-Seine (Aube).

Je pense à la nouvelle sceptique d'un homme faisant un enfant à une femme mariée, pensant l'adopter plus tard pour avoir toutes les joies de la paternité : à vingt et un ans, l'enfant a hérité de tous les crétinismes de l'homme qui était le mari de sa mère et non son père.

J'entre chez un notaire. Quelle différence d'idées, de cervelle doit-il y avoir entre un clerc en blouse, assis en face de cette côte verte et ce ciel bleu, et le clerc de Paris, dans une étude d'arrière-cour, sans jour, où il faut allumer, l'hiver, à trois heures ?...

Ne discutez jamais un préjugé. Acceptez-les purement et simplement, sans bénéfice d'inventaire. Ils sont l'expérience des nations. Les préjugés contre le Juif, contre le *cabot*, quoi de plus juste ! Tous les Juifs que j'ai connus étaient juifs, tous les cabots, cabots. Tous justifient le préjugé. La tradition de l'opinion ne se trompe pas.

J'ai bien ri, aujourd'hui, au fond de moi. L'année dernière, j'avais été étonné de la facilité avec laquelle Léonidas avait prêté cinq à six cents francs à un de ses petits cousins, qui avait fait des dettes, vivant en concubinage avec une femme. Je ne m'expliquais pas cette facilité et je m'attendais à le savoir, car il y a toujours une raison. Ma cousine me dit aujourd'hui :

« Qu'est-ce que tu penses ? Si je faisais prendre un nom à mon fils, pour un mariage, pour le monde qu'il verra ? Si on lui faisait prendre le nom de sa grand-mère, le nom de de Breuze ?

— Mais il est déjà porté par votre cousin. Il faudrait son consentement.

— Oui, mais tu sais que le petit de Breuze a emprunté, sans que son père le sût, de l'argent à mon mari. Nous savons ses histoires avec cette femme, avec laquelle il vit. Il est en train de demander la main de la fille d'un des notaires d'ici. C'est un beau mariage; il est près de se faire. Il doit savoir que si nous parlions... Oh ! reprend-elle vivement, en me voyant la regarder, nous ne sommes pas capables... Jamais de la vie je ne voudrais lui mettre le marché à la main... Mais enfin, dans cette position-là, en ajoutant peut-être quatre ou cinq mille francs à ce qu'il nous doit, peut-être pourrait-il décider son père ? »

943

Voilà à quelles délicates roueries mènent la vanité et l'orgueil maternels. Et puis, de l'autre côté, je pense qu'un titre va être demandé, soi-disant pour son fils, par cet homme qui a passé toute sa vie à déblatérer contre la noblesse, à conspirer contre elle, à la maudire, à cracher sur elle, par le carbonaro, le républicain. Tout cela, toutes ses opinions, c'était l'envie toute pure, toute crue. Pièce à pièce, il s'est renié et démasqué, par le mariage de sa fille, l'éducation de son fils, puis ce nom, cette particule qu'il va humblement quêter... L'envie, grand ressort du monde depuis 1789 !

Mlle Maire s'étant endormie, l'esprit frappé de prédictions de la fin du monde, s'éveille la nuit, tremblante, éperdue, au bruit des trompettes du Jugement dernier : c'étaient les trompettes d'un régiment de cavalerie, qui partait.

La vérité de la vie, c'est la vie bestiale : les choses sont ainsi arrangées que tout homme qui essaye d'en sortir paye cela par de continuels tourments, une série non interrompue de coups d'épingles et de coups de poignards.

Paris, 29 juillet.

Retour anxieux à Paris, vers notre vie, vers notre livre, vers les nouvelles du succès ou de l'insuccès. Quelle vie que cette vie des lettres ! Je la maudis par moments et je la hais. Quelles heures où les émotions se précipitent en vous ! Ces montagnes d'espérances, qui s'élèvent et s'écroulent en vous, cette succession perpétuelle d'illusions et de chutes ! Ces heures de platitude, où l'on attend sans espérer; ces minutes d'angoisse, comme ce soir, où la gorge serrée, le cœur palpitant, on interroge la fortune de son livre aux étalages et où je ne sais quoi d'affreux et de poignant vous mord devant un libraire, à la vitrine duquel vous ne voyez pas votre livre, votre enfant. Puis ces rêves fous, contre lesquels vous ne pouvez vous défendre : que votre livre est absent, parce qu'il est épuisé. Tout le travail haletant de votre pensée, de toute votre âme déchirée entre la confiance et la désespérance, — tout cela vous bat, vous roule, vous retourne, comme des vagues un naufragé !

944

J'ai parfois l'idée, si j'étais riche, de me faire peindre un paysage, l'été, avec un courant d'air.

30 juillet.

J'ai bu, j'ai eu ma maîtresse. Je suis dans l'état où les monstruosités accomplies semblent des jeux d'enfant. Il me reste l'appétence, survivant à l'amour, au coït, dans l'ivresse, appétence de tout le mufle de l'homme, de la bouche et des narines renflées. L'immense rien qu'est la débauche faite et les cendres de dégoût qu'elle laisse à l'âme ! Le malheur est que l'âme survive au corps, c'est-à-dire que l'impression juge la sensation et que l'on raisonne et que l'on épilogue sur la jouissance.

Et je pense pêle-mêle ceci.

Le fait, il n'y a que cela ; l'idolâtrie du fait, cela mène à tout, au bonheur d'abord et à la fortune.

Touchez tel ou tel ressort de la femme, vous en ferez jaillir le plaisir ou la franchise, vous lui ferez avouer qu'elle jouit ou qu'elle vous aime à volonté. Cela est affreux. Il faut retourner la phrase de Bonald : l'homme est une intelligence *trahie* par des organes (1).

Il y a des moments où je me demande, devant l'insuccès, si nous sommes des fruits secs, des impuissants orgueilleux. Une chose me rassure sur notre valeur : l'ennui qui nous poursuit. C'est l'étiage de la valeur des hommes modernes. Chateaubriand en est mort, bien avant de mourir ; Byron en était mort-né. L'essence des talents bourgeois est d'être gais. Voltaire a passé sa vie à s'intéresser à quelque chose, à lui-même.

Il y a des moments de découragement, où la gloire vous paraît aussi petite que d'être maire d'un chef-lieu de canton.

La débauche est peut-être un acte de désespoir devant l'infini.

Tout homme qui ne rapporte point tout à lui, c'est-à-dire qui veut être quelque chose aux autres hommes, leur bien faire ou seulement les occuper, est malheureux, désolé et maudit.

C'est une terrible prévention contre le talent d'un homme qu'un nom propre, un habit propre, une fortune propre.

---

(1) Cf. Bonald, DU DIVORCE..., *Discours préliminaire* (1801) : « L'homme considéré par une vraie philosophie, est une intelligence servie par des organes. »

Saint-Victor, avec lequel nous dînons chez Grosse-Tête, nous roule aux Champs-Élysées. — On n'appelle plus Lecomte que le *petit Montyon*. Il paraît que c'est Sainte-Beuve qui lui a fait avoir le prix. Jamais une antithèse pareille, d'un tel prix à un tel homme ! Il y a comme des paris d'immoralité en ce temps. La fortune semble jouer au scandale.

Saint-Victor me conte, du vieux priape Auber, ce mot. Il était à l'Opéra dans sa stalle, à côté de Véron, depuis une demi-heure silencieux, absorbé, réfléchissant. Tout d'un coup, sortant du silence, avec sa voix cassée : « Ah çà ! Véron ! Comment les femmes peuvent-elles faire pour se retirer les boules chinoises lorsqu'elles les ont introduites ? »

Puis nous parle de l'aplatissement, de l'éléphantiasis morale de Gautier : « Il en est à l'incarnation indienne, le Nirvana : son âme est dans son corps, comme une vache dans un pré sacré, avec son fanon énorme et pendant. » Et puis il nous dit : « N'est-ce pas que l'angle d'une caserne semble plus géométrique qu'un autre ? »

Pour un conte fantastique, un garçon épicier, jetant des pains de sucre, attrapant la tête d'un homme, dont le pain de sucre prend la place et qui va prendre la place du pain de sucre.

Pourquoi l'autre vie ne serait-elle pas à la mort ce qu'est le rêve au sommeil ?

Qu'est-ce que c'est que la charité ? Une lutte de l'homme contre la Providence, un combat contre Dieu.

Gavarni, dans son beau temps, faisait partie d'une société qui se réunissait dans un caveau, sous le passage de l'Opéra, appelée *Idalie*. Il fallait faire ses preuves pour y entrer, quelque chose de très cocasse ou de très fort. Lui, y avait ses entrées par une valse à deux temps, étourdissante; Tronquoy, en dansant la Polichinelle, mais une Polichinelle complète, parfaite, avec un habit prodigieux et rigoureux, les boules de cire aux joues et les poils dessus, et les paillettes sur les sabots.

Un appétit, en ce temps, de choses extraordinaires, d'émotions, de déploiement de force : un monsieur, par exemple, portant une voiture jusqu'à l'Arc de Triomphe ; une grande ambition, de passer pour maquereau d'une femme. C'était le genre, la mode, quelque chose qui souriait aux appétits de la jeunesse comme un idéal, — un idéal en bas, au lieu d'être en haut. Mais quelque chose, au fond, de plus poétique, de plus romanesque, de plus tourmenté que la platitude de nos gandins d'aujourd'hui.

Remarque pour les aquarelles de Gavarni à présent : des petites hachures roses sur les plaques de gouache, indiquant les lumières sur les figures.

Chez le peuple anglais, admirable entente de toutes les satisfactions du corps, mais du corps brut. Ainsi, dans un mobilier tout le corps sera heureux : le cul, les coudes, etc., bien à leur place, à leur aise. Mais c'est tout. Rien pour le chatouillement, la satisfaction de l'œil, ce sens idéal du corps.

Croissy, 9 août.

Une crâne ville, ce Paris, qui à huit lieues, ici où je suis, de ce côté du parc, projette une réverbération d'incendie et fume à l'horizon.

Je vais dans une maison de voisins, où pour m'amuser, la maîtresse de maison m'apporte le *carré parfait*, une dizaine de morceaux de papier coupés, qu'il faut réunir en carré : un casse-tête de ménage.

Un monsieur, qui a été volé ici, ne peut faire arrêter son voleur, contre lequel il y a un mandat d'amener. On a répondu à peu près à ses demandes qu'un galérien était une charge. L'État ne se soucie pas de ces pensionnaires.

M. de Charnacé, dont le frère a présidé une chambre de police correctionnelle, nous raconte qu'à une certaine époque, les juges d'instruction vont visiter les prisons et recevoir les plaintes des prisonniers. Un juge d'instruction va à Mazas. On lui amène un monsieur : « Depuis quand êtes-vous ici ? — Depuis six semaines, et je ne sais pas pourquoi j'y suis. — Comment ! Vous ne savez pas ? Mais vous avez été interrogé, sinon dans les vingt-quatre heures, comme le veut le Code, du moins dans les trois jours... — Moi ? pas du tout. »

Et comme ce monsieur paraît bien, le juge demande au directeur de la prison l'interrogatoire : « Il n'y en a pas. — Comment ? — Non, on ne l'a pas interrogé. — Mais le dossier, communiquez-le moi. — Non, ça m'est impossible. J'ai des ordres. — Mais je vais adresser une plainte au ministre ! — Comme vous voudrez! Cela ne me regarde pas. C'est une arrestation *administrative*. »

Voilà le nouveau mot. Et beaucoup de gens parlent avec horreur des lettres de cachet et bénissent la Révolution de 1789 pour ce bienfait !

Oh ! Quelle mine de romanesque vrai, quelles fouilles d'où sort le passé en drames, en tableaux, en portraits divers et prodigieux, le récit des gens ! Qu'un homme plongeant et fouillant dans mille relations, attrapant ici et là l'histoire des familles dans les confidences, ferait un curieux musée de souvenirs, amenant un échantillon de tous les mondes. Que d'histoires il y a là, enfouies, secrètes, enfoncées à des profondeurs inconnues, pour celui qui, simplement, écrirait ce qu'il entend, avec le ton de la parole, l'accent de la causerie, le détail, cette couleur que trouve sans chercher, quand il conte et se souvient, un homme ordinaire et qui n'est pas peintre ; lambeaux de mémoires, prodigieux éclairs sur un temps, scènes inouïes et qui déshabillent un temps et une humanité.

C'était quelque chose d'aussi bizarre et d'aussi intéressant que cela, que ce qui revenait ce matin aux lèvres de mon oncle, en déjeunant, et qu'il faisait repasser devant nous : l'ombre de cet homme qui mit dans la famille le drame d'Hamlet, à la mode du Directoire.

Quelle figure, l'amant de sa mère, ce Cenci ! (1) Il semble le Tréfoncier du DIABLE AU CORPS, trempé à l'italienne (2). Du

(1) Nous laissons subsister cette orthographe, peut-être trop stendhalienne, du Ms. Le seul document qui mentionne ce personnage dans les archives Goncourt, l'acte de la succession Guérin (6 août 1836), le désigne sous le nom de Louis Sensi. Mais ce n'est pas non plus un très sûr garant orthographique. La grand'mère des Goncourt avait légué à Sensi, par testament du 28 mars 1827, une rente viagère de 3.000 francs, à la survivance de laquelle était appelé Alphonse Guérin, frère de Mme de Goncourt, par l'acte de 1836 : Sensi ou Cenci est donc mort entre 1827 et 1836.

(2) LE DIABLE AU CORPS, roman licencieux d'Andréa de Nerciat (1803).

Tartufe, du Judas, du monsignore, du Gargantua et du Priape
tout cela se mêle en lui.

Par une maîtresse de cardinal qu'il baise, il se fait nommer
archiprêtre de Notre-Dame-de-Lorette. Bonaparte arrive : il lui
livre le trésor de Lorette. Mme Bonaparte a besoin d'un interprète
de Milan à Venise : il l'accompagne et la satisfait avec sa grosse
pine. Puis il tombe à Paris, défroqué, réfugié, avec les quarante
sous par jour que donne le gouvernement d'alors aux réfugiés ;
et il entre dans ce carnaval de satyres et de bacchantes, le monde
du Directoire, avec son charme d'étranger, sa grâce d'Italiasse,
son patois gazouillant, ses façons chattes et ruffianesques et une
jolie voix, — c'est le temps de Garat.

Il arrive à notre grand'mère, à cette Mme de Courmont,
vantée parmi les beautés de ce temps facile par Milon dans son
poème des Modes. Il la séduit, il la possède, il la fascine avec son
odeur de prêtre défroqué qui irrite la femme ; il l'allume avec son
physique, sa forte tête, son grand nez, le nez de son tempérament,
ses larges épaules, sa vaste poitrine, toute cette grosse caisse qui
est son torse, où l'estomac, la poitrine, les entrailles respirent et
jouent à l'aise. Tout est là chez cet homme, le reste est maigre et
comme abandonné : jambes grêles d'abbé famélique, pieds maigres.
Mais la face est pleine, rosée, une peau de grosse orange, où le suc
des viandes semble perler.

Il s'installe chez elle et il y mange : manger est sa vie. Il fait
du petit hôtel comme une cuisine. Cuisine dans la loge du portier,
qu'on renvoie ; cuisine, l'été, au frais dans la cour ; cuisine au premier pour les confitures, cuisine à tous les étages : six cuisines !
Car tout se fait à la maison, sous ses yeux, hors la viande et le pain.
Gaétan, un cuisinier napolitain, allume ses fourneaux sous ses
ordres ; ils vivent en complicité de fritures, de ragoûts : il est le
confident de son estomac. Dix-huit mille francs, en ce temps,
passent là, à cuisiner, dans ce libertinage de bonne chère, pour lui ;
car il fait la solitude dans la maison, on ne reçoit pas. Chère de
prélat, dîners de Gamache où il demeure sobre de vin, se réservant
pour la mastication. La cuisine est son imagination, son rêve.
Après le dîner, il dit à la grand'mère : « Cocotte, — il l'appelait
Cocotte, — nous avons fait aujourd'hui un bon dîner... Qu'est-ce
que nous mangerons demain ? » Lui-même souvent à la Halle,
il va acheter un esturgeon. Il y a de la patrie pour lui dans

la cuisine : il y vit et le matin, il se fait poudrer, quoique très propre, entre les casseroles. Quand mon oncle veut l'adoucir, il mange beaucoup pour se faire bien venir de lui; s'il mange peu, c'est épigramme contre un homme qui mange tant.

Des terreurs le traversent et lui passent, comme un homme en rupture de Rome. Il a des peurs de prêtre, des soupçons d'Italien, des cauchemars de mort, d'enfer, d'empoisonnement. Apoplectique, sanguin, quand il lui arrive d'être malade, il fait appeler mon oncle : « Tu vas rester avec moi. Comment va Madame ? ...C'est bien, qu'elle ne vienne pas ! Je n'aime pas les femmes autour de moi, quand je suis souffrant. Tu ne laisseras entrer personne. » Et mon oncle, aussitôt, voit venir l'hallucination dans ses yeux, dans son ton; et bientôt : « Tiens, vois-tu? Il est là, il se cache, il a du poison. Il vient pour moi ! C'est sûr, il a du poison... » Et puis l'accès devenait plus fort, et il lui disait : « Il est derrière la porte, ne le laisse pas entrer ! » Une saignée le délivrait.

Sa puissance était terrible, formidable, ombrageuse. Il y avait en lui des tyrans des petites républiques de son pays. Il avait pris toute la mère, il l'avait isolée de ses connaissances, de sa famille. Il fallait se nommer pour entrer, et la porte était refusée à tous. De la mère, il obtenait tout : il en obtint sa fille même, qu'elle lui livra et qui mourut folle. Un fils, — c'était mon oncle Jules, — dans cette maison de honte et de crime, se jetait souvent à genoux, demandant à Dieu s'il ne fallait pas tuer cet homme. Un autre, — c'était mon oncle Armand, — revenant de campagne, le cœur et la main militaires, le jetait sur un fauteuil d'un revers de main, qui lui pochait les yeux, et le prenait au collet, le traînant, pour le jeter par les escaliers dans la rue. Mais la mère, scène affreuse, criait grâce pour son amant. Et les fils étaient obligés de quitter la maison : c'était à eux d'en sortir. Et lui, restait le maître, ordonnant tout, baisant toutes les bonnes de la maison, insatiable de maîtresses et tenant toujours par le ventre cette mère, habituée à ses épaules et à son calibre.

Au milieu de cette tyrannie, il était tourmenté de couardise, il soupçonnait, il tremblait. Quand il allait avec la grand'mère passer deux heures à Pomponne, par hasard, s'il se promenait, il mettait un fils à sa droite, un autre à sa gauche, pour être préservé si l'on tirait sur lui ! Il avait peur comme s'il marchait dans le

XVIe siècle. A l'escalier, à Paris, il fit mettre une porte, une sorte de herse, des piquants de fer.

Malgré tout, un jour, il faillit être tué. L'oncle Armand montant avec un de ses amis, Braque, le perron du Palais-Royal, eut un mouvement de colère : « C'est cet homme ! » dit-il à Braque, en montrant Cenci, qu'il avait croisé et qui filait. L'autre prend la canne d'Armand et d'un coup, fend le chapeau et un peu du crâne de Cenci, qui criait : « On *mé toue !* Au secours ! » L'affaire n'eut pas de suite. Au retour des Bourbons, les deux fils le firent renvoyer de France. A Milan, il eut peur d'être pincé par l'Inquisition. Il passa en Belgique, puis il revint et se rétablit chez la grand'mère; mais il fit en sorte que les fils ne l'y rencontraient pas.

Le côté curieux de cet homme, c'est le désintéressement. Il ne fit pas un sou de sa position; et il le disait aux fils. Les jouissances présentes, c'était tout. Il ne tira ni argent ni sûreté d'avenir de cette femme. C'était un viveur au jour le jour, sans aucune conscience morale, capable de crime, mais il n'avait pas d'appétit d'argent. C'était un dilettante en quelque sorte; point de positivisme, ni d'idée d'affaire; une âme d'Italien. L'avenir était pour lui, comme pour le lazzarone, à portée d'estomac.

Il avait de l'Italien, — de l'abbé Galiani et du dom Giuseppe, — le scepticisme tout naturel, le mépris des hommes sans effort, les façons de corruption insinuantes. Il vivait avec l'humanité comme avec une bande de voleurs qui demanderaient des égards. Par Joséphine, il avait eu une audience de Cambacérès, qui lui avait demandé pour s'en débarrasser : « Il faudra remettre une pétition, entendez-vous ? — *Z'entends* si bien que je l'ai apportée toute faite, et la voilà ! »

On lui accorda, pour services secrets rendus, — sans doute, il trempa dans des secrets de Talleyrand, — deux mille francs. Pour les garder, il commença par envoyer pour trois cents francs de chocolat par an à M. Bresson, maître de sa pension, qui ne prenait pas de chocolat : « Il faut toujours commencer par faire accepter quelque *çoze !* » Puis peu à peu, avec ses façons enfantines, son gazouillement à l'étourdi, lui laissa sur sa table la moitié de sa pension : « Vois-tu, disait-il, il faut donner la moitié; sans cela, je n'aurais rien... Eh bien, j'arrive, je lui dis : « Je viens de toucher. « Je ne sais pas ce que c'est... Je vois que vous ne mangez pas de « chocolat; moi je ne sais pas vos habitudes, comment ça se passe...

« Je ne pourrai jamais compter... Ça se retrouvera dans un autre « compte... » Et comme ça, je lui laisse, sans en avoir l'air... Ce coquin-là, il se dépêche de mettre une feuille de papier sur l'argent...»

Et je revois, à tous ces souvenirs évoqués, ces deux fantômes de corruption, qui avaient l'air de revenants et d'invalides du XVIIIᵉ siècle : le Cenci poudré et la grand'mère en douillette puce, faisant tous les jours leur promenade de deux heures, exacts comme une apparition, automatiques et muets, dans ce passage de l'Opéra, dont ils effaraient les boutiquiers.

Désintéressement : apportant au ménage l'argent de sa passion (1). Et quand la grand'mère lui donnait de l'argent pour un paiement, le lui rapportant en lui disant : « Reprenez ce qui reste, moi, je ne sais pas compter. »

Mardi 3 septembre.

Nous partons avec Saint-Victor, pour faire un petit tour sur les bords du Rhin et en Hollande.

Pourquoi nous, France si rayonnante, si envahissante par l'influence, si initiatrice et d'une si grande déteinte sur tout le monde, pourquoi subissons-nous sur toutes nos frontières la langue et les mœurs de nos voisins ? Pourquoi la frontière allemande est-elle allemande ? la frontière italienne, italienne ? la frontière espagnole, espagnole ?

En Allemagne, une chambre d'auberge à deux lits évoque tout de suite, à l'œil et à la pensée, l'idée de l'abri d'un mari et d'une femme, l'idée d'un ménage. Tout, jusqu'aux rideaux d'un blanc virginal, parle d'un amour honnête, consacré, autorisé. En France, c'est toujours un amour illégitime que ça représente. On voit aux murs, sur les meubles, l'ombre et la trace d'un enlèvement ou d'un monsieur avec sa maîtresse. D'où vient ce caractère ? Je ne sais.

Nous avons des passes, par Saint-Victor, pour jusqu'à la frontière, comme journalistes que nous ne sommes pas. La

---

(1) On croirait à un lapsus et qu'il s'agit de la pension mentionnée plus haut; mais on peut aussi bien entendre : l'argent nécessaire à satisfaire sa passion dominante, cette gourmandise effrénée.

raison de ces passes accordées si généreusement aux journaux, la sait-on? C'est pour acheter et payer le silence des journaux sur tous les accidents de chemin de fer.

Mayence.

En voyant le chœur de la cathédrale de Mayence, d'un rococo si tourmenté, si joliment furieux que les stalles semblent une houle de bois, puis ces églises de Saint-Ignace et de Saint-Augustin, aux balustres des orgues peints d'Amours comme un théâtre de Pompadour, la pensée se perd sur ce catholicisme, si rude en ses commencements, si ennemi des sens, tombé dans cette pâmoison et cet éréthisme qu'est l'art jésuite !

Ce ne sont qu'évêques dégingandés, au pas saltateur de Dupré, grands prêtres de bacchanales, anges qui tiennent le saint ciboire avec le geste d'un arc qu'un Amour détend; saints qui se renversent sur le crucifix avec des mouvements de violonistes hystériques; effets de lumière derrière les autels, qui semblent une gloire derrière une conque de Vénus; toute une religion descendue du Corrège et que Noverre semble avoir réglée comme le plus délicieux opéra de Dieu, — si bien que l'on s'attend à voir, au son des flûtes, des bassons, de la musique la plus chatouillante, la plus énervante, la plus ambrée, si on peut dire, à voir un joli homme d'évêque, avec le geste sautillant d'un marquis, tirer l'hostie d'une boîte d'or et l'offrir comme une pastille ou comme une prise de tabac d'Espagne.

La bouche allemande ne fait pas l'arc. Elle est une ligne droite et plate. Elle n'a pas l'esprit de la bouche française, mais elle est plus sensuelle. Et le sourire, dans ce pays, est plus dans les yeux que dans la bouche.

Cologne, 6 septembre.

Je suis dans un hôtel à bahuts d'ébène, à vieux portraits dans les corridors, qui semble l'hôtel d'une héroïne de George Sand.

Il y a ici, au bout de l'hôtel, un petit jardin sur une petite terrasse. Des pots en terre, rangés, portent des plantes à grandes feuilles. Des barils verts, cerclés de fer, portent des lauriers, des orangers. Au milieu est un rond de gazon, avec des barils de lauriers, isolés du sol sur des croix de bois. Un grenadier fait le centre, et de grandes plantes à petites fleurs violettes l'entourent. Sur un socle de grès rouge, un pot chinois se renfle, montrant sur sa panse un paysage bleu fantastique, poché au pinceau. Au fond est un banc rond, avec deux petits génies de l'Abondance, taillés comme des petits Hercules allemands, tête petite, sans front, sans derrière de cou, bras énormes et d'une pièce, fessier tombant droit, pieds engorgés, jambes *idem*, — miniatures d'éléphantiasis, qui ressemblent aux divinités sauvages de l'Amérique du Nord. Ils portent et laissent couler des corbeilles de fruits. Puis sur un socle, dans l'ombre d'une niche de fleurs, une princesse rocaille dresse son buste dans la pierre, avec sa perruque rocaille et la volute d'une écharpe triomphale. Là dedans, passe et repasse sur trois pattes un de ces petits chiens du pays, qui ont l'air de singes cynocéphales et vous regardent avec un œil humain.

Il m'a semblé être dans le jardin de l'hôtesse du *Bœuf rouge* d'Henri Heine (1).

Aix-la-Chapelle, 7 septembre.

J'ai vu, dans le trésor d'Aix-la-Chapelle, la ceinture de Jésus-Christ, lorsqu'on le flagella. Cela ressemble précisément à ces vieux suspensoirs roulés que l'on voit au Temple.

Comme nous causons ce soir avec Saint-Victor de l'incrédulité aux miracles, Saint-Victor nous dit qu'il croit la religion finie, parce que la science la ruine. Mais que peuvent toutes les preuves scientifiques contre la foi? Il y a une expérience bien simple à faire. Qu'on analyse chimiquement une hostie, l'analyse ne donnera point Dieu, — ce qui n'empêche pas les gens qui veulent croire et qui croient, d'être convaincus qu'ils mangent Jésus-Christ.

Amsterdam, 8 septembre.

Un pays où tout est d'accord, d'ensemble, fatal et logique. Des hommes, des femmes qui sont laids non comme l'homme,

(1) A la fin des REISEBILDER (nouv. trad. 1865, p. 328), Henri Heine conte, les facétieuses amours de son prête-nom, Schnabelewopski, avec l'hôtesse de la *Vache-Rouge*, à Leyde. Le jardin de l'auberge hollandaise, plein d'ifs taillés en animaux et de cages à serins en cuivre poli, est du plus pur rococo.

mais comme le poisson, qui ont des yeux de poisson, des têtes de
poisson, un teint de poisson séché, qui tiennent du phoque et de
la grenouille; de ces ébauches de figures qui se débattent dans les
fonds d'Ostade. Une terre sortie de l'eau, véritablement bâtie, une
patrie à l'ancre; un ciel aqueux, des coups de soleil qui ont l'air
de passer par une carafe remplie d'eau saumâtre; des maisons qui
ont l'air de vaisseaux, des toits qui ont l'air de poupes de vieilles
galères; des escaliers qui sont des échelles; des wagons qui sont
des cabines; des salles de danse qui figurent des entreponts. Un
sang blanc et froid, des caractères qui ont la patience de l'eau, des
existences qui ont la platitude d'un canal; une viande aqueuse.

On dirait que la Hollande est le paradis retrouvé par les castors
de l'arche de Noé. Une patrie à l'ancre, des castors dans un fromage, — voilà la Hollande.

Amsterdam.

Hier, en chemin de fer, je regardais dormir en face de moi,
un jeune homme. J'étudiais la valeur d'un coup de soleil sur sa
figure, avec la densité de l'ombre portée par la visière de sa casquette.

En arrivant devant le Rembrandt qu'on est convenu d'appeler
la RONDE DE NUIT, j'ai retrouvé le même effet (1). Je me suis
étonné des longues discussions et de la question encore pendante,
si on a devant soi, dans cette immense toile, le jour du jour ou une
lumière de nuit. J'ai été stupéfait de tout ce qu'on a écrit de l'étran-
geté et de l'invraisemblance de la lumière du tableau. Je n'ai vu
qu'un plein, un chaud, un vivant rayon de soleil dans une toile,
un éclairage parfaitement logique, parfaitement rationnel et parfaitement clair. Seulement, comme presque toujours dans Rembrandt, ce n'est pas avec du jour, un jour égal, qu'il a éclairé sa
toile, mais avec un coup de soleil qui tombe de haut et éclate en
écharpe sur les personnages.

Jamais la figure humaine, vivant et respirant et palpitant dans
la lumière, n'est venue sous des pinceaux comme ceux-là. C'est
sa coloration animée, c'est le reflet et le rayon qu'elle jette autour
d'elle; c'est la lumière que la physionomie et la peau renvoient;
c'est le plus divin trompe-l'œil de l'homme sous le soleil. Et cela

(1) Add. 1887 : *j'ai retrouvé le même effet.*

est fait on ne sait comment. Le procédé est brouillé, indéchiffrable, mystérieux, magique et fantasque. La chair est peinte, les têtes sont modelées, dessinées, sorties de la toile avec une sorte de tatouage de couleurs, une mosaïque fondue, une sorte de fourmillement de touches, qui semblent le grain et comme la palpitation de la peau au soleil ; un prodigieux piétinement de coups de pinceau, qui fait trembler le rayon sur ce canevas de touches au gros point.

C'est le soleil, c'est la vie, c'est la réalité ; et cependant, il y a dans cette toile un souffle de fantaisie, un sourire de poésie merveilleuse. Il y a cette tête d'homme, contre la muraille, à droite, coiffé d'un chapeau noir. Des gens, cependant, n'ont jamais trouvé de noblesse à Rembrandt ! Puis au second plan, dans ces quatre têtes, il y a cette figure indéfinissable, au sourire errant sur les lèvres, cette figure coiffée d'un grand chapeau gris, mélange d'un gentilhomme et d'un pitre de Shakespeare, héros étrange d'une comédie, de CE QUE VOUS VOUDREZ, et cette espèce de bouffon gnomatique, qui semble glisser à son oreille les paroles des confidents comiques de Shakespeare... Shakespeare ! Ce nom me revient et je le répète, car je ne sais quel mariage fait mon esprit entre cette toile et l'œuvre de Shakespeare. Et n'est-ce point encore cette petite fille coiffée d'or, toute de lumière, enfant de soleil qui jette ses reflets à toute la toile, cette petite fille qui semble habillée d'émeraude et d'améthyste, à la hanche de laquelle pend un poulet, cette petite Juive, cette fleur de Bohême, n'en trouverez-vous pas encore le nom et le type dans Shakespeare, dans quelque petite Perdita ?

Un monsieur était devant le tableau, qui le copiait minutieusement, à l'encre de Chine : j'ai pensé à un homme qui graverait le soleil à la manière noire.

Et encore les SYNDICS, cette peinture sobre, austère, où la vie est si concentrée, qui laisse votre admiration hésitante entre elle et la RONDE DE NUIT. Peut-être, comme pratique, comme maniement de je ne sais quelle pâte de la vie, l'œuvre la plus prodigieuse de Rembrandt.

Décidément, les deux plus grands peintres sont pour nous Rembrandt et Tintoret, — dans le MARTYRE DE SAINT MARC (1),

(1) Var. 1887 : Edmond néglige la fin du paragraphe et ajoute cette tardive réserve : *Je dois dire que je ne connais pas les Vélasquez de Madrid, que je ne connais pas les fameuses OUVRIÈRES EN TAPISSERIE.* Il s'agit du tableau de Vélasquez

— peintres auxquels les peintres littérateurs, comme Raphaël, ne sont pas dignes de dénouer les cordons des souliers. En sculpture, deux œuvres nous paraissent de l'ordre divin du Beau, et supérieures à toutes les statues vantées par les cours et les manuels d'esthétique : la Psyché de Naples et le Faune de Munich (1).

Amsterdam, 11 septembre.

Pour un conte fantastique, l'allée des perroquets du Jardin zoologique. Ça pourrait être, ces animaux de toutes couleurs, à voix mécaniques, des âmes de journalistes qui rabâcheraient.

Les rues et les canaux prennent le soir, au crépuscule, les tons faux et chauds, les bleus et les violets des aquarelles anglaises. C'est un mélange de Ziem et de Jongkind.

Ceci est un pays stagnant, dormant. Vous sortez d'un musée et vous retrouvez la maison ou le quai tel que vous venez de le voir dans un tableau de Pierre de Hooghe; ou bien une figure marquée d'un fond de Teniers ou d'Ostade.

Au Musée Van der Hoop.

Hobbema, la plus sèche, la plus métallique, la plus bête des peintures.

Steen, mélange de la touche fine, nette de Metzu et de la touche sale et mêlée d'Ostade, pour ses têtes d'homme des fonds. La Femme et le Médecin, admirables de style, de dessin, d'arrangement, de pose, de souffrance souriante. On voit à fond Jean Steen, ce peintre inégal souvent dans un seul tableau.

C'est dans ses toiles qu'on apprend qu'ici n'a jamais existé la courtisane, qu'il y a simplement des femelles, faites pour l'amour du *musico* et le débarquement du marin. La volupté, sur cette terre grasse et humide, n'a jamais été que la vacherie de cette femme

au Prado : Fabrique de tapisseries de Sainte-Isabelle de Madrid, plus connu sous le titre de Las Hilanderas. — Puis il insère ici une note prise, dit-il, dans une synagogue d'Amsterdam et qui provient en fait de la synagogue de la rue Lamartine à Paris (cf. plus loin, 9 avril 1865).

(1) Cf. t. I, p. 813, n. 1.

qu'on voit dans une de ses belles toiles, étendue tout de son long, à la renverse, sur un banc de bois, la tête basse, la face apoplectique, les yeux fermés, le nez aspirant, la bouche ouverte, les seins au vent; un bras et une jambe tombés à terre; l'autre main molle d'ivresse, laissant tomber sa pipe encore allumée entre ses jambes, sur sa jupe d'un violet fauve, qui est l'harmonie du tableau.

Galerie Six.

Rembrandt, le BOURGMESTRE : touches coulantes, habit gris, manteau rouge, gants trop Vélasquez.

LA LAITIÈRE de Van der Meer (1). Maître étonnant, plus grand que les Terburg, les Metzu, les meilleurs du petit tableau. L'idéal de Chardin, un *beurre* merveilleux, une puissance à laquelle il n'a jamais atteint. Même touche au gros point fondu dans la masse. Empâtement rugueux sur les accessoires. Fond blanchâtre neutre, admirablement dégradé dans la demi-teinte (2). Picotement de touches; presque le même système de petits empâtements juxtaposés, une égrenure beurrée; picotement des bleus dans les chairs, des rouges. — Panier d'osier au fond; table tapis vert; linge bleu; fromage; cruche de grès bleu rocailleux; vase d'où elle verse, rouge; versant dans un autre vase, rouge brun. — Autre analogie avec Chardin : a fait, lui aussi, une ouvrière en dentelle, chez M. Blokhuyzen, à Rotterdam. — Le gris perle des fonds, comme Chardin. Intensité du vase rouge.

Une RUE DE DELFT : le seul maître qui ait fait de la maison briquée du pays un daguerréotype animé par l'esprit. Ici, Van der Meer commence à se révéler le maître de Decamps, — un maître, un père qu'il n'a pas connu sans doute.

Sans doute, au XIXe siècle, la religion est une convention, mais une convention comme la justice, sans laquelle la société ne peut vivre. Quel est l'homme intelligent qui croit à la justice? Quel est celui qui ne la respecte pas extérieurement?

(1) Dans le Ms., un croquis d'après LA LAITIÈRE donne la silhouette et l'indication des tons.

(2) Var. 1887 : *Même gris de perle dans les fonds...*

Nous allons à Broek. C'est ici le pays de l'eau, du Water-land. La carriole semble voyager dans le tableau du DÉLUGE de Girodet. «Mais c'est la femme hydropique que la Hollande!» dit Saint-Victor. Au ciel, toujours, et toujours éternellement roulés, les nuages blancs, gris froids, les nuages globuleux de Ruysdaël, qui font une bande de lumière au premier plan et font les maigres bouquets d'arbres, à l'horizon, tout noirs.

Broek. — Petites ruelles dallées en briques sur champ; ponts blancs sur les canaux, qui courent de toutes parts; petites maisons en bois, peintes en blanc, en vert, en gris; des haies de houx, des petits jardins remplis d'oreilles d'ours; des étables reluisantes, où la queue des vaches est attachée en l'air; des arbres peints en blanc jusqu'à dix pieds, par propreté. Un pays qui donne envie de pleurer, comme la chambre cirée d'une vieille fille.

Il y a ici des jardins qui semblent les Folies-Prudhomme, remplis de cygnes mécaniques, de chasseurs en bois, de curés en plâtre lisant un bréviaire, qui s'effeuille dans un temple grec, de vieilles femmes qu'on remonte dans le dos et qui filent pour un florin, de flottilles sur des flaques d'eau, d'îles en corbeilles, où des lapins sont déportés, d'un tas de choses automatiques, qui semblent la vie à ces gens si peu vivants.

J'ai vu encore un autre jardin. Celui-là ressemblait assez à un petit jardin d'invalide industrieux. Il y avait au milieu une statue de Hollandais fumant, comme il y en a dans les débits de pipes: le capitaine des coraux, au-dessus d'un parterre de coraux bleus et blancs à dessins. Il y avait du buis taillé en toutes sortes de figures et jusqu'en bateau à vapeur; beaucoup d'œillets d'Inde, du trèfle à cinq feuilles, des fleurs dans des pots du Japon; un ménage de poupées, avec leur petit ménage, dans une boîte sous verre, sur un pied: c'était mortuaire, comme ces boîtes où l'on met au cimetière les reliques des enfants morts. Un petit canal dormait au bout de cela, tout couvert de mousse verte.

Il me semble qu'ici, les morts, dans la tombe, doivent être plus morts qu'ailleurs.

Comme nous retournant en pensées, en regrets vers le Midi, vers l'Italie, nous causons des deux côtés de Naples, nous disons que Baïes, c'est Tacite, et Sorrente, le Tasse.

959

Je suis réveillé, la nuit, par la grosse joie de la kermesse. C'est singulier, les chansons à boire, ici, ressemblent à des psaumes luthériens.

Les enfants jouent à laver, au lieu de jouer à jouer, ici.

Il n'y a point de goût d'art en ce pays. La Hollande semble avoir eu un Rembrandt par mégarde. J'ai vu chez M. Six un grand tableau à horloge !

Le rouge et le jaune des Terburg, des Metzu, des Pierre de Hooghe rappelés ici à tout moment dans les rues par les orphelins et les orphelines mi-partis noir et rouge, noir et jaune.

C'est chez les peuples de commerce que j'ai vu le plus de misère dans les rues.

La Haye, vendredi 13 septembre.

Musée. — LA LEÇON D'ANATOMIE, le seul Rembrandt compréhensible pour le bourgeois, pourrait parfaitement être d'un élève de Rembrandt.

Encore ici un tableau de cet étonnant Van der Meer, un grand prospect de quai esquissé. C'est tout à fait la cernée de Decamps, que celle de la maison, de l'arbre, de la porte! (1). Une palette sourde, sombre, puissante. Peinture par plaques, touchées comme une aquarelle sur des papiers huilés. Un des plus grands maîtres de la Hollande.

Une petite SUZANNE de Rembrandt, un peu difforme de dessin, mais merveilleuse de couleurs. Dans la superbe fonte du fond recuit, — arbres roux, feuilles de vigne grillées, — Watteau a trouvé la gamme et l'inspiration de ses paysages, mais plus clairs, plus légers et d'un mystère moins fauve.

Lingelbach : ressemblance étonnante de tonalité, d'esprit, de touche, même d'habits rouges, avec Debucourt.

Troost, l'affreux Hogarth d'ici, avec ses dessins au pastel.

En France et partout, on secoue tous les préjugés religieux et politiques : on tue un Roi, on siffle un Christ. Mais les préjugés

(1) Add. éd. : *C'est* et *que celle...*

littéraires et artistiques, qui les secoue ? Qui, sauf nous, arrive sans admiration préconçue devant un tableau signé d'un grand nom, valant un grand prix ? Qui oserait trouver bête et en bois ce stupide TAUREAU de Paul Potter, un taureau estimé 800.000 francs ?

Nous avons accroché ici M. La Caze, un *parleur* de tableaux, un Diderot manqué, intarissable, furieux d'admiration, ayant des cris, des crises devant toute toile ancienne, devant un Mieris comme devant un Jordaens. C'est lui qui dit de son Rembrandt, qu'il fait dans la nuit : *Hou ! hou !*, et il grogne comme le lion. Des SYNDICS, il s'écrie : « C'est plus vivant que la vie ! C'est de la vie comme si on en avait mis dans une bouteille d'eau de Seltz et qu'on la charge, jusqu'à ce qu'elle casse ! » Sans logique, battant toutes les phrases, toutes les idées ; demandant comme première qualité l'idée à la peinture et admirant un Ostade ; niant de la base au sommet toute l'école moderne, et Rousseau devant Ruysdaël, tout simplement parce que les modernes ne sont pas encore des anciens. Au fond, un goût assez peu éclairé, comme tous les goûts exaltés, quoique le hasard et l'argent lui aient mis aux mains une belle collection. Original, assez sympathique, quand il n'est pas très nerveux, connu pour son horreur de porter des gilets et qui s'est fait, un temps, médecin pour soigner sa mère malade, — et l'honnêteté sur la figure.

Au Palais du Bois, à La Haye, dans ce bois vert de troncs et de feuilles et qu'on dit planté et poussé sur pilotis, dans un salon, un lustre de porcelaine de Saxe, d'une rare beauté; et à côté, des tentures du Japon, grands panneaux de soie, où volent des oiseaux de pierres précieuses, où montent des plantes aquatiques, sortant avec leurs plumes et leurs feuilles en relief de soie : une merveille sans prix.

L'IMITATION DE JÉSUS-CHRIST, un *gnan-gnan* de moinillon, des lapalissades mystiques, un enfantelet de livre qui ne dit rien.

« La confession dans le ménage me semble l'œil du pot de chambre, qui dit : *Petit polisson, je te vois !* » (Saint-Victor).

Leyde, samedi 14 *septembre.*

Au Musée, le dieu indien Ganêça, à trompe d'éléphant, à la fois redoutable et rabelaisien.

Je songe, en voyant des momies démaillotées, deux momies d'enfants, qui sont là, sous verre, contre la fenêtre, à la nostalgie de ces pauvres enveloppes d'âmes, morts expatriés, exilés de la tombe, qui par les carreaux regardent un canal de Hollande, des feuilles mortes sur une eau morte, un ciel gris, un soleil jaune, des briques noires, des arbres noirs (1). Il me semble qu'il y a quelque chose de contre-nature, d'impie, à coucher des momies contre un tableau de Pierre de Hooghe.

Au Musée Siebold, des croquades à l'encre d'artistes japonais, qui ont l'esprit et la tache pittoresque d'un bistre de Fragonard.

La Haye.

Voici l'intérieur d'un intérieur hollandais : Paulez. Une antichambre dallée de marbre blanc, avec des banquettes, des encastrements de portes et de fenêtres en bois d'érable, vernissés extraordinairement. Un escalier en bois, peint en marbre blanc veiné de bleu; une rampe soutenue par des balustres plats, bronzés; un tapis à bandes rouges sur l'escalier, des stores à fleurs aux fenêtres. Tout ce qu'il y a de bois blanc, lavé avec une eau où il y a du blanc.

Sur la cheminée de la chambre, une pendule dorée représentant une première communiante, qui tient dans sa main la chaîne d'un encensoir, reposant avec son livre de messe sur un guéridon; porte-allumettes de porcelaine blanche, aux formes déchiquetées; cheminée en marbre noir, doublé en carreaux blancs. Papier quadrillé et moiré gris tendre aux murs. Chaises et canapé en acajou, recouverts en crin noir, avec une garniture de clous dorés, le canapé se roulant en volute aux deux bouts, comme une conque. Un grand fauteuil en Utrecht rouge. Tapis multicolore, avec un autre tapis sous la table, recouverte d'un tapis à dessin bleu et orange, représentant des harpes et des rosaces. Lit en noyer, perse verte, avec la couronne du lit faite avec des glands en laine rouge.

(1) Add. 1887 : *deux momies d'enfants* et depuis *des feuilles mortes...*

Idée, pour un roman fantastique, d'un homme qui croit rêver, comme moi, cette nuit. Alors ne craignant rien, affrontant tout, baisant les femmes, se jetant d'un quatrième, perçant avec sa tête les murs des prisons.

La Hollande a été surfaite. Ç'a toujours été une belle histoire pour les économistes, les républicains, les libéraux, les gens qui éprouvent le besoin de parler commerce ou liberté de conscience. Un thème qui a commencé à Diderot et qui a fini par les Esquiros, les Du Camp (1). Ce pays ressemble à un article de fond pour la REVUE DES DEUX MONDES. S'il était tout monarchique et tout catholique, je suis persuadé que personne ne le trouverait plus intéressant.

Rotterdam.

Ici, et partout dans la Hollande, les garçons de café ont l'air de vieux enfants de chœur de village, grandis dans leurs habits de première communion, trop courts.

Il y a une chose que les Hollandais devraient bien laver, c'est leur eau.

Anvers.

A l'église Saint-Jacques, il y a l'admirable et délicat Rubens, puis une statue en marbre de petit moine, un vrai moine de Le Sueur, humblement signé par le sculpteur sous la semelle (2).

Nous allons voir le peintre Leys, qui a admirablement réalisé une salle à manger gothique, en boiseries surmontées de peintures de lui, courantes tout autour, libres et habilement ébauchées. En entrant dans son atelier, où il travaille à un tableau

---

(1) Allusion au VOYAGE DE HOLLANDE de Diderot, écrit en 1774, publié en 1819, où Diderot loue notamment la Hollande pour son régime de libre concurrence économique; à LA NÉERLANDE ET LA VIE HOLLANDAISE (1859) d'Alphonse Esquiros; à EN HOLLANDE, LETTRES A UN AMI (1859) de Maxime Du Camp.

(2) L'*admirable Rubens*, c'est LA VIERGE AVEC L'ENFANT, ST. JÉROME, ST. GEORGES ET LA MADELEINE, très belle toile des dernières années de Rubens. — Le *petit moine* est un SAINT BRUNON (1712) reproduisant les traits du jeune Jean-Antoine van Woensel, mort en 1707 au noviciat des Chartreux d'Anvers. C'est l'œuvre du sculpteur flamand Jean-Claude De Cock.

963

d'une Institution de la Toison d'or, je crois voir un homme de bois vêtu de rouge : c'est un modèle qui pose comme un marbre et qui se trouve avoir sous son costume une tête du XVᵉ siècle. Et Leys nous dit naïvement que tout son art, tout le caractère de ses tableaux, c'est de copier simplement la tête de ses modèles, la race étant restée ce qu'elle était autrefois. Nature flamande, bon garçon, froid, lourd, asthmatique.

Je n'ai jamais vu un si beau lion qu'ici. Il était couché, dans sa pose royale de sphinx, la tête comme debout dans sa crinière, une patte tombant hors des barreaux. Un passant s'approcha, qui se mit à lui taquiner la patte avec un parapluie. Cela m'a fait penser à une royauté qu'insulte une révolution. Lui, se contenta de soulever un peu la lèvre, puis il ferma les yeux.

Bruxelles.

De quoi est faite la tristesse d'une chambre d'hôtel ? D'abord du sentiment qu'on a de la banalité de cette chambre, de son impropriété à vous-même, rien n'y étant à votre mesure, à votre goût, à vos habitudes : c'est comme l'habit d'un autre, — de son ordre froid et non animé, rien ne flânant ni ne traînant ni ne mettant aux meubles la trace de votre vie, un livre, quelque chose d'oublié. Cette tristesse vient encore de la nudité relative de cette chambre, où il n'y a que le strict nécessaire, les éléments du mobilier, point d'inutilité; de la nudité très remarquable des murs, où il n'y a pas un tableau, pas un portrait, pas un souvenir, pas une trace de passé ! Elle vient du caractère des meubles, qu'on sent être des meubles d'une fournée, à la grosse, de leur revêtement généralement sombre et insalissable. Et puis encore, vient du vide de la cheminée, où il n'y a pas de garniture et où l'heure ne sonne pas au-dessus du feu.

Conçoit-on l'agonie de Grassot? Une agonie de Polichinelle, appelant son confesseur *Ma vieille branche* et avalant le viatique avec un *Gnouf !* Il y a des gens grotesques qui, en mourant, profanent l'idée de la mort.

Nous sommeillions ce matin, dans notre lit, à l'Hôtel des Flandres, à côté de l'église Saint-Jacques, et la musique d'un office du matin, l'orgue avec son bourdonnement qui chatouille, traversant le mur qui nous séparait, rentraient tantôt dans notre vie, tantôt dans notre demi-éveil. Il nous passait dans l'oreille comme un rayon posé sur des yeux fermés. C'était une mélodie lointaine et proche tout à la fois, qui s'élevait, montait, mourait à l'horizon de nos sensations et de nos pensées, nous berçant dans la mélodie d'un songe et d'une musique flottante, aérienne, vague comme la lumière d'une apparition qui s'en va, vous laissant au cœur le bruit d'ailes qui s'envolent et d'une nuée qui s'enfuit.

19 septembre.

Nous voici dans le chemin de fer, revenant avec Saint-Victor, toujours charmant, spirituel, pétillant, éclatant en images improvisées, en métaphores colorées qui peignent vivement, merveilleusement à l'idée la couleur des hommes et des choses par l'antithèse ou le rapprochement; images charmantes, imprévues toujours, toujours jaillissant d'un esprit nourri d'une immense et générale lecture, d'une mémoire de feuilletoniste encyclopédique, non point enfermé dans la connaissance d'un temps et d'une branche de science, mais répandu, éparpillé sur tous les livres de moelle, sur toutes les curiosités de l'histoire, sur les traités de théogonie et de psychologie; une causerie qui est un butin charmant de partout, avec des notes saisissantes tirées de tous les contraires.

Esprit peintre, mais peu critique, avec une conscience peu mâle et peu personnelle. Au fond, un peu badaud de bibliothèque, ayant fait la plupart de ses idées, faisant la plupart de ses opinions avec des livres. Très original dans sa façon de s'exprimer, bien plutôt que dans sa façon de penser, ne voyant les choses, n'y étant sensible que lorsqu'il y a été mené ou lorsqu'il a été averti de ces choses, par un livre, bon ou mauvais. Croyant, en un mot, à l'imprimé; et par là, assez soumis dans le fond à l'opinion générale. Allant, naturellement et sans complaisance, dans un musée à ce qui est consacré par l'admiration commune et le suffrage universel du beau, le prix marchand qui le fascine, s'il est énorme. Incapable de découvrir un chef-d'œuvre inédit, anonyme, méconnu.

Brusque, tranché, énergique, d'une sincérité violente en paroles, faible d'âme, de caractère, de conscience. Inconstant comme un enfant ou comme une femme; la volonté vive, mais courte et sans haleine; traversé de variations de désirs et d'humeurs, de caprices, de malaises et de nuages, qui semblent tout physiques. Gai d'ordinaire, souvent se repliant et s'absorbant en lui-même, avec des enfoncements, qui lui viennent d'un séjour de solitude d'un an à Rome, vers ses treize ans, époque où toute sa vivacité expansive d'enfant est rentrée en lui comme une gourme. Un garçon qui paraît avoir toujours vécu seul, tant son corps est égoïste et n'a pas souci des autres ; prenant tout le trottoir avec ses bras, s'il marche avec vous ; vous entrant en chemin de fer, sans y penser, ses coudes dans les côtes. Au fond, dévoué, aimant ses amis, serviable et révélant par ses tendresses pour sa fille un cœur que, peut-être, il ne se connaissait pas lui-même.

Homme de goût, mais d'un goût réglé, un peu moutonnier, plein de respect humain, — une sorte de Girondin en fait d'art. Et d'ailleurs, plutôt chez lui le goût appris que ce goût natif qui s'étend à tout, qui vous fait voir l'art dans une forme de meuble, dans un dessin du Japon. En voyage, n'ouvrant les yeux qu'à ce qui est étiqueté, comme architecture, peinture et sculpture. Aveugle à ce qui est, à côté de cette vie morte, la vie vivante ; aveugle à la rue, aux gens qui passent, à tout ce qui ne fournit pas une note à son instrument ; sans flâner, sans voir, allant jusqu'au tableau vanté, les yeux fermés, comme un somnambule.

Des colères et des désespoirs d'enfant, qui lui font monter tout à coup des larmes jusqu'aux yeux. La tête la plus facile à démonter, un être qui semble tout de pensée, de lecture, d'abstraction, de notes, de travail ; sans caprice, sans appétit passager d'une bouteille de vin, incapable d'excès, effrayé par les livres de médecine qui défendent les moules et le coup après dîner. Superstitieux jusqu'à retourner le pain, quand il est sur le dos, signe de malheur ! Dépensant de grandes colères pour rien, aimant à crier avant de payer ; ne pouvant retenir un mouvement, une vivacité ; franc jusque par sa physionomie, où toutes ses impressions passent. Plein de grâce dans la plaisanterie, amusant dans la charge, répétant, le matin, seul dans sa chambre, la pratique de Prudhomme ou le *gnouf*, *gnouf* de Grassot. Simple autant que nous, sans tyrannie, presque sans volonté.

C'est pour nous, si habitués à nous-mêmes, si gâtés par notre ménage, le seul compagnon de voyage presque absolument sympathique et supportable en tiers entre nous pendant un mois. Et l'éloge n'est pas mince !

Revu les Charles Edmond. Charles Edmond est triste, découragé. Après avoir travaillé trois mois à un ÉVIRADNUS, entièrement inventé d'après les LÉGENDES DES SIÈCLES, le traité prêt à signer avec Hostein, Charles Hugo, son collaborateur, lui a écrit que son père prendrait un tiers des droits, lui, un tiers, et Charles, l'autre tiers : jamais on n'avait parlé du tiers du père. Cela a cassé les bras de Charles, qui a tout envoyé promener. Hugo est rapace : on me l'avait déjà dit, je le vois.

Décidément, c'est le plus triste métier que ce bel art des lettres. Mon éditeur, la Librairie Nouvelle, est en faillite. Mes HOMMES DE LETTRES m'ont coûté à peu près un billet de 500 francs. SŒUR PHILOMÈNE ne nous rapportera rien. C'est un progrès...

Au fond, le seul bonheur pour nous : le travail et quelques étincelles d'orgie.

Que nous fait César traversant le Rubicon ? Ce sont des reliques, que la vieille histoire! Mais l'adultère de Mme de Sully, voilà ce qui est de mon humanité, de mon temps, voilà qui me touche. Ce sont là les mémoires, les souvenirs qui font tressaillir. Il faut, pour s'intéresser au passé, qu'il vous revienne dans le cœur et jusque dans les sens. Le passé qui ne revient que dans l'esprit est un passé mort.

Chandellier, ce Chandellier qui passe sa vie à connaître des gens connus, revient de Bade, naïvement soulevé et dégoûté par tout ce qu'il a vu des hommes de lettres, en tournées de jeux, en mendicités à Bénazet, emprunts, filouteries, chantages sur les directeurs de toutes les eaux, forcés à l'annonce, carottés par la réclame, tellement que sur tous les tapis verts, c'est une terreur de tout ce qui est journaliste! La presse française descend de Paris sur le Rhin comme d'un burg.

C'est Méry, c'est Villemessant, c'est toute la bande des vaudevillistes, menaçante, quémandante, annonçant le quadruple de ce qu'elle perd et se faisant rembourser. C'est le FIGARO et tous les faiseurs de *Courriers de Paris* gagés, comblés, la poche bourrée, la plume garnie de toutes ces belles phrases, qui remplissent les journaux de courriers de Bade.

Il a vu Feydeau, ayant au bras sa femme, la laisser recevoir en plein jour, en plein Bade, des billets de banque d'un Meyer, banquier de Vienne, prétendus gagnés par lui pour elle; et Feydeau, sa femme n'ayant pas de porte-monnaie, les empocher; puis toujours essayer de frotter sa femme à M. de Morny, qui était là-bas. Tout cela, c'est d'un assez beau cynisme.

Allons, plus je vais, plus je vois que les HOMMES DE LETTRES ne sont qu'une berquinade. C'est une autopsie à l'eau de rose.

La solitude rend les femmes hystériques ou monomanes. Elle peut faire de la maternité, par l'idée fixe et sans distraction, une véritable manie, une sorte de maternité furieuse, comme chez ma cousine dont la pensée, la vie, le rêve est ce fils, et toujours ce fils. Enfermée dans son intérieur, dans son avarice, dans tout ce qui est laid, misérable autour d'elle, elle vit sur sa tête. Il est pour elle tout ce qu'elle n'a pas vécu, sa vie de vanité; il sera sa vie de luxe. Toutes ses vanités se reportent sur lui. Il y a beaucoup, là-dedans, de Trompe-la-Mort revivant dans la vanité et la fortune de Rubempré (1). Quand la maternité arrive à ce dépouillement de la mère entrant dans le fils, elle dégoûte, comme une corruption de vanité.

Ajoutez que chez ma cousine, cela prend je ne sais quelles formes bestiales : elle le bourre de nourriture, elle le pourlèche, elle l'entoure de tendresses animales, elle le regarde avec des yeux de bête.

Il y a quelque chose de bien heureux chez nous : la poussière.

Oui, pour arriver, il faut être médiocre et domestique, avoir une personnalité aussi avachie dans le talent que dans le caractère; se mettre sur le devant des voitures, décrocher le chapeau des patères, etc. Et tout cela, le faire jamais par politesse, tou-

(1) Vautrin, dit *Trompe-la-Mort*, rencontre Lucien de Rubempré désespéré, à la fin des ILLUSIONS PERDUES, et mettant à sa disposition, dans SPLENDEURS ET MISÈRES DES COURTISANES, les ressources immenses dont il dispose comme banquier du bagne, il organise son ascension sociale, qui serait consacrée par son mariage avec Clotilde de Grandlieu, si Balzac ne le faisait arrêter et mourir en prison.

jours par servilité. Rien ne mène plus loin, sous les gouvernements de servitude, que l'antichambre.

Il y a bien des stupidités dans Michelet. Quoi de plus stupide que de voir un caractère presque divin, une marque sacrée de la femme dans les règles, qui la rendent folle — elle en convient elle-même — huit jours par mois et font le malheur de l'homme (1).

Le plus grand caractère des hommes de lettres présents, si l'on peut appeler cela un caractère, c'est la lâcheté, — la lâcheté devant le succès, devant le gouvernement, devant un coup d'épée.

Dimanche 6 octobre.

A Trianon, avec Saint-Victor et Charles Edmond. Je vois sur une pancarte que pour visiter le château, il faut s'adresser au *gouverneur militaire de Trianon.* Un gouverneur militaire à Trianon !

Nous allons dans ces allées du parc, où la terre semble avoir donné aux arbres des formes pittoresques. Ils jaillissent, ils se tordent, ils se renversent, comme s'ils étaient sortis de ce terrain propice dessinés par un grand artiste. Au hameau, contre la ferme d'Hubert Robert, un zouave monte la garde. Il m'a semblé voir un dessin de Vernet dans un paysage de Florian.

Il y a ici, dans ces allées, sous ces bois, près de cette eau qui coule si doucement, une tristesse. On sent le *Sunt lacrymae rerum* (2). Il semble qu'on marche dans la boîte de joujoux d'un enfant qui est mort. Ce jardin, ce palais là-bas, où le soleil met une dernière lueur, c'est le cénotaphe de tout ce que Marie-Antoinette a eu de bonheur et d'illusions.

J'ai vu le PIED DE MOUTON (3). Je me demande pourquoi un directeur prend quelqu'un pour faire de ces choses-là. Il me semble qu'il n'y a besoin de personne pour faire entrer, sans l'amener par rien, un régiment de femmes en hommes, qui manœuvrent

---

(1) Cf. Michelet, LA FEMME (1860), 1er p., ch. 6 et surtout 2e p., ch. 14, p. 296.

(2) Virgile, ÉNÉIDE, I, 462. Les Goncourt font dire à cette formule, par un contresens traditionnel, ou bien que les objets inanimés ont parfois l'air de pleurer avec nous ou bien qu'on peut pleurer sur eux comme sur des personnes. En fait, Enée, trouvant à Carthage des tableaux représentant les épisodes de la guerre de Troie, prend son compatriote Achate à témoin que partout, on pleure leurs malheurs.

(3) Cf. t. I, p. 790, n. 2.

et se tirent des coups de fusil pendant tout un acte, sans une parole. Le directeur le moins lettré pourrait arranger cela en famille, après dîner, avec son machiniste et son costumier. Après avoir vu cela, je me demande ce que le public ne pourrait pas souffrir. Il n'y a pas de raison, pour qu'on ne lui serve pas, à propos de bottes, n'importe quoi : un assaut de savate, par exemple, au milieu d'un palais des MILLE ET UNE NUITS.

Un joli mot qu'on prête à Judith, saluant Saint-Victor au bras de Lia, si grêlée. Saint-Victor ne lui rend pas son salut : « Est-ce que Madame vous défend de saluer les femmes vaccinées ? »

Il est si vrai que la femme a le génie du faux et qu'elle peut tout saisir, sauf le vrai, qu'elle n'a pas donné à l'humanité un historien.

Un homme comme Louvel, comme Becker, est l'extrémité et le courage des idées d'un temps. Le régicide est le paroxysme de l'opinion publique. Point de fait qui exprime plus vivement l'âme d'une nation et d'un temps : c'est la passion d'une masse d'hommes concentrée au bout d'un bras. C'est un assassin impersonnel.

Ma maîtresse, en dînant, me parle d'une femme qu'on a enterrée chez elle. Elle insiste sur la beauté de l'enterrement, les franges du corbillard, etc. Elle a surtout remarqué la beauté du cercueil, la beauté de sa confection, un « cercueil sans nœud ». Le peuple a de l'amour-propre dans la mort.

Balzac est peut-être moins un grand anatomiste physiologique qu'un grand peintre d'intérieurs. Il me semble parfois qu'il a plus observé les mobiliers que les caractères.

Pour une comédie, c'est un joli type qu'un monsieur dont on me parle, toujours voyageant au diable, quittant à plus de soixante ans sa fille et sa femme malades, pour aller passer deux ans en Chine, et à leurs observations : « Ah ! il n'y a pas de plus grand bonheur que de revenir en France embrasser sa femme et sa fille. »

Louis me dit : « Moi, je ne suis pas ambitieux. C'est pour mes parents. » Et ainsi de tout... Tartuferie charmante ! S'il

970

cherche à faire un mariage riche, c'est pour ses parents. S'il intrigue à droite et à gauche, s'il se faufile et se pousse aux élections : pour ses parents, toujours pour ses parents, le bon fils !

8 octobre.

Entrer dans une maison, et en entrant dans cette maison, entrer dans son rêve, s'y promener, s'y asseoir, le toucher, le voir ! Être dans cet atelier, qui est comme on l'a admiré dans sa tête, près de ce jardin, juste à la mesure de ce qu'on voulait, — se trouver enfin dans *sa* maison, et la quitter pour n'y jamais revenir sans doute, — cela m'est arrivé aujourd'hui, en allant remercier Mme Constant d'un article dans le TEMPS, 67, rue du Rocher (1). Cette maison m'est restée dans les yeux, dans la tête. Je n'ai jamais rien désiré de ma vie aussi passionnément qu'elle.

Il me semble, je le présume du moins, que l'amour doit être cela. Entrer quelque part, voir une femme et se dire : « La voilà, c'est celle-là ! Je n'en retrouverai pas une autre : il n'y en a pas deux. Mon rêve vivant, trouvé, le voilà ! » Et puis, il doit arriver pour la femme, souvent, ce qui m'arrive pour la maison : elle est louée.

Maintenant, dans le monde des lettres, on entend dire d'un homme qu'il est maquereau, comme on dirait qu'il est chauve. Cela se dit aussi facilement et ne paraît déshonorer guère plus.

En revenant de Croissy.

Rentrer, le soir, de la chasse, éreinté, se coucher après avoir bu, se coucher dans une fatigue, un abrutissement bercé d'ivresse : c'est peut-être la plus belle joie que Dieu ait permise à l'homme.

10 octobre.

A dîner, chez nous, avec Saint-Victor et les Charles Edmond, on cause sur ce grand petit théâtre, le FIGARO des

---

(1) Article élogieux sur SŒUR PHILOMÈNE, paru sous le pseudonyme de *Claude Vignon* dans le TEMPS du 15 septembre 1861.

théâtres, les Bouffes : tout ce qu'il tient de place, tout ce qu'il occupe de curiosité, tous les mondes auxquels il touche, Jockey-Club, les *biches*, etc. (1). Mauvais lieu *bon genre* de la jupe écourtée, de la musique grivoise et de la cascade de Désiré, bonbonnière de refrains et de bidets, à la porte duquel on voit les photographies des actrices dans leurs costumes décolletés, théâtre de cabinets particuliers et de petites loges, cirque de gandins où se font les popularités des Hector Crémieux, — Hector Crémieux qui monte et monte, gagne de l'argent avec les pièces qu'il ne fait pas, faiseur doublé d'un pitre juif, bobèche qui maquignonne des couplets de facture.

Ils sont là tout un petit monde qui se tient, allant d'Halévy à ce Crémieux, de Crémieux à Villemessant, de Villemessant à Offenbach, chevalier de la Légion d'honneur, — tripotant, vendant un peu de tout, vendant un peu leurs femmes, les mêlant aux acteurs et aux actrices ; aboutissant en bas à Commerson, en haut à Morny, le mécène d'Offenbach, le musicien-amateur, homme-type de l'Empire, frotté et pourri de toutes les corruptions parisiennes, qui représente toutes les décadences sans grandeur, collectionneur qui brocante des tableaux, ministre dilettante, un des auteurs du Deux Décembre et de MONSIEUR CHOUFLEURY (2), faisant des affaires de commissaire-priseur et de la musique à jouer chez la Farcy, viveur sans goût, cervelle de Paris, si bien séduit par l'esprit de Crémieux qu'il l'emporte, comme son fou, à la campagne.

Ce monde, ces types, toute cette jeunesse qui se lève, toute cette jeune génération, — qu'on dirait mise au monde au sortir d'un vaudeville, entre deux coups de Bourse et qui, de suite, s'est élevée d'elle-même à calculer uniquement ce que rapporte un couplet, — tout ce qu'il y a d'immoralité dans tout ce qui monte, s'agite, prend le bruit, le public, tout ce que nous remuons de boue en parlant des uns et des autres, nous fait tristes et du dégoût plein le cœur.

On s'égaye un instant sur le naïf Paignon, rédacteur de la PRESSE. Gaiffe et Saint-Victor lui avaient fait croire qu'un très

(1) Cf. t. I, p. 313, n. 1.

(2) MONSIEUR CHOUFLEURY RESTERA CHEZ LUI LE ..., opérette-bouffe en un acte, musique d'Offenbach (3 mai (1861), une des œuvrettes que Morny produisait sous le pseudonyme de Saint-Rémy et faisait représenter à l'hôtel de la Présidence.

riche Persan allait acheter la PRESSE, mais qu'il voulait y mettre les armes de la Perse, un lion mangeant le soleil; mais ce ne serait rien : qu'il voulait dater chaque soir la PRESSE de l'an de l'Hégire ! Quelle difficulté pour les abonnés !

Au fond, les deux grands abâtardissements et les deux grandes sources d'immoralité de la littérature : le théâtre et le journal.

Restif de la Bretonne est un homme qui a passé toute sa vie à raconter sa vie; et c'est le plus ennuyeux des écrivains ! Calculez le degré de crétinisme qu'il faut à un homme pour cela !

Ma maîtresse me dit : « Napoléon, quand il tirait le 9 de cœur, il entreprenait tout. Quand il s'est embarqué pour partir, Joséphine avait tiré le 9 de pique. Aussi, tu vois... » Et comme je ris : « Mais c'est vrai ! »

17 octobre.

Vu Janin, dans son chalet. Il me donne sa FIN D'UN MONDE. Et à propos de ce livre, qui n'est ni un livre d'imagination ni un livre d'érudition, mais seulement une dysenterie de mots et de noms, l'ENCYCLOPÉDIE de Mme Gibou et de Mme Pochet (1), nous dit que la grande qualité, — et c'est la seule qu'il ait, — le ton vif, courant, tient à ce qu'il a dicté à sa femme. Et cela est vrai : son livre est parlé, mais il fallait parler comme Diderot!

Le soir, première représentation à l'Ambigu, d'une pièce où il y a une noyée, que l'on voit, dans l'eau, descendre, remonter, se débattre : c'est le *truc* de l'asphyxie ! L'avenir est aux machinistes! (2)

Je cause avec Cavé, dans le fond de la loge de la Gisette. J'ai donné ma place à Gavarni, curieux, chose inouïe, de voir une

(1) Mme Gibou et Mme Pochet, deux commères des SCÈNES POPULAIRES de Monnier. — Quant à la FIN D'UN MONDE (1861), c'est une suite donnée par Janin aux aventures du héros de Diderot, c'est le Neveu de Rameau sous la Révolution.

(2) LE LAC DE GLENASTON, drame en 5 parties et un prologue, de Dennery, « imité de l'anglais de M. Dion Boucicault » et créé à l'Ambigu-Comique, le 17 oct. 1861. — Un scélérat, qui a assassiné un mineur californien, vient en Europe parfaire son crime en noyant la fille de sa victime : la noyée est repêchée en temps utile. La pièce réussit grâce à ce tableau du lac.

973

première. Cavé me dit que Walewski, son ministre, vit dans un tout petit monde d'aristocratie cosmopolite européenne et qu'il fait tout pour l'approbation de ces gens-là : par exemple, règlement pour exclure les putains de certaines loges, etc. Il ne voit qu'eux et ne pense qu'à eux. C'est son conseil et son public.

Je reviens avec About, qui essaye de m'étourdir avec le récit des coups qu'il tire : sept coups à une femme ! Et la liste de toutes les femmes qu'il a baisées, qu'il baise, qu'il a refusé de baiser. Un vrai Lovelace de l'École Normale ! C'est le Faublas des pions. Pourtant, en saluant sur les boulevards Gil-Pérez, il m'avoue que ce comique le cocufie et que cela lui est dur.

On parle des articles sur Juliette Beau et About me dit que Claudin lui a avoué que pour son article du MONITEUR, il avait eu la main forcée, que ce n'était pas lui qui l'avait fait, que c'étaient, au Ministère, de Saulx et Marchand, servant contre Juliette les jalousies de leurs maîtresses, de la Devoyod... Voilà ce dont s'occupent et où descendent ces grands fonctionnaires! (1)

Je lis aujourd'hui, en passant faubourg Montmartre, sur la devanture d'un cordonnier : *A l'extinction du paupérisme*. Cela m'a paru assez sublime, comme enseigne. Mettre sur une boutique quelque chose comme le titre d'un article de Baudrillart, comme une question de l'Académie des Sciences morales et politiques, c'était réservé au XIXᵉ siècle.

Plus j'étudie le XVIIIᵉ siècle, plus je vois que son principe et son but étaient l'amusement, le plaisir, — comme le principe et le but de notre siècle est l'enrichissement, l'argent.

Samedi 26 octobre.

C'est aujourd'hui le premier anniversaire de la naissance de la fille de Saint-Victor. Grand dîner chez Lia. Tout est fleuri de bouquets, de pots de fleurs et de joujoux. Un, surtout, attire

(1) Version légèrement différente de celle de Claudin, SOUVENIRS, p. 219 : Juliette Beau étant alors la maîtresse de l'attaché de l'ambassade de Russie, Paskewitch, Morny pria Claudin de la louer pour le rôle qu'elle jouait au Vaudeville dans L'ATTACHÉ D'AMBASSADE de Meilhac. Mais par haine de Morny, le ministre d'État Walewski fit ôter tous les éloges de l'article du MONITEUR.

mon attention : trois singes automates dont deux jouent du violon et un autre escamote. Lia me dit : « Voyez-vous le beau joujou que M. Delahante a donné à Claire ? » Je dis :

« Oui, mais...
— Mais quoi ?
— Comme il ressemble à celui qu'avait Jeanne, l'autre année !
— Oh, par exemple ! pas du tout. Il n'y avait pas ça... »

Je me sens pris par le coude. C'est Charles Edmond, qui m'entraîne dans la pièce à côté et me dit : « Parbleu ! C'est le même. Voilà l'histoire. Lia l'avait gardé. Dinah a fait semblant de l'acheter 300 francs chez un marchand de joujoux. Delahante a payé les 300 francs, et les deux sœurs ont partagé les 300 francs du joujou, payés jadis par Victor Séjour. » Elle est bonne ! Les Juives ont décidément le génie juif !

Dimanche 27 octobre.

Quelles oppositions d'existence dans ce Paris ! Quels extrêmes ! Des existences de vif-argent et des existences d'escargot ! Il y a des originaux qui y vivent plus claquemurés, plus momifiés qu'à Nuremberg.

Saint-Victor m'esquisse cette Mlle Bourgeois, une vieille fille de cinquante ans, sœur du fameux connaisseur, le colonel Bourgeois, grande connaisseuse elle-même en tableaux, qui vivant à Paris, n'a pas passé le seuil de sa porte, n'a pas vu son palier depuis quarante ans. Seulement, tous les ans, le colonel la menait deux mois à Bade, où elle courait comme une chèvre échappée. Elle ne sort pas, restant à regarder ses tableaux. Et point de raison, point d'infirmité, rien. Mystère, que cette femme reste ainsi cloîtrée avec 50.000 livres de rentes. Cela me rappelle mon ancien épicier, Perrier, de la rue de la Ferme, qui n'a été avec sa femme au spectacle que le jour où il s'est retiré, après trente ans d'épicerie.

Il y a des existences d'huîtres à Paris ! Cela confond. Et si près de ces existences qui ont le feu dans le corps ! La vie d'un Claudin, par exemple, mêlé à tout, courant le matin au Moniteur, se jetant dans une voiture, faisant mille courses, montant et descendant chez celui-ci, chez celle-là, portant les lettres de Dalloz à Plumkett, menant Morny chez la de Tourbey, intermédiaire

975

dans les affaires de Montguyon et de Siraudin, chargé d'affaires d'une partie du Jockey-Club, dînant dans l'endroit où l'on cause le plus; le soir, faisant trois, quatre théâtres, courant les foyers, les corridors; allant à quelque soirée chez une putain, une actrice; finissant sa nuit chez Markowski; à trois heures, accrochant toujours sur le boulevard quelque nocturne, comme Nestor Roqueplan, avec qui il cause une heure; mêlé à tout, touchant à tout, présent partout, passant partout et absent de tout. Chose étonnante : sans passion, sans entraînement, comme la salamandre au milieu du feu, avec un sang-froid de commissionnaire qui porte de l'argent, de facteur qui porte une lettre, de garçon qui dessert un cabinet, *flanelle* au bordel, *flanelle* chez Markowski, *flanelle* dans les coulisses de l'Opéra. Si bien qu'un jour, Royer offrit dix louis à une femme pour le *faire* : la femme ne le fit pas!

Lundi 28 octobre.

Sainte-Beuve, qui nous a écrit pour nous voir, vient à deux heures. C'est un homme petit, assez rond, un peu lourd, presque rustique d'encolure, simple et campagnard de mise, un peu à la Béranger, sans décorations.

Un grand front dégarni, remontant jusqu'au crâne chauve et blanc. De gros yeux, le nez long, curieux, friand, la bouche large, au vilain dessin rudimentaire, le sourire épanoui et montrant des dents blanches; les pommettes des joues saillantes comme des loupes; un peu batracien; le teint de tout ce bas de figure, rose et bien nourri (1). L'air général est d'un homme de province intelligent, sortant d'une bibliothèque, d'un cloître de livres, sous lequel il y aurait un cellier de généreux bourgogne, gaillard et frais, le front blanc, la joue allumée de sang.

Il cause avec bavardage, facilement, à petites touches, comme une femme peindrait, qui aurait une petite palette de jolies images bien arrangées. Sa parole fait penser à une esquisse de Metzu, qui tâtonnerait, pas éclairée d'une grande touche. Il a de l'esprit dans la nuance et de la couleur dans la finesse.

---

(1) Add. 1887 : *au vilain dessin rudimentaire ;* et dans la phrase suivante : *sous lequel il y aurait un cellier de généreux bourgogne.*

Comme nous lui parlons de son portrait de Louis-Philippe, nous dit qu'il sait de bonne source que le général Dumas envoya, au mois d'août 1848, une lettre de Louis-Philippe à M. de Montalivet, où Louis-Philippe écrivait à l'Assemblée pour garder ses biens, comme le « plus ancien général de l'armée, datant de la Révolution ». Montalivet jeta la lettre au feu. « Je publierai cela », ajoute-t-il. « Je ne l'ai vu qu'une fois. C'est lorsqu'on m'a présenté comme académicien à lui. J'étais avec Hugo et Villemain. Il prit avec effusion les mains d'Hugo et le remercia très chaudement d'avoir rappelé dans son discours le jugement de Napoléon sur lui (1). Puis à propos de l'Académie, qualifiée la plus ancienne, il dit que ce n'était pas elle, mais celle *della Crusca* : ce n'était pas à un roi à savoir cela ! (2) Et il cita la date. Mme de Genlis lui avait rangé tout cela dans la mémoire... Pour le mot *caboche*, je ne l'ai pas inventé, comme l'insinue M. Cuvillier-Fleury ; c'est Cousin qui me dit un jour, en me montrant le pavillon des Tuileries, aujourd'hui démoli : « La bonne tête ou plutôt la bonne *caboche* qui est là ! » (3)

Nous parle de Sœur Philomène : qu'il n'y a de valeur que dans les œuvres qui viennent du vrai, de l'étude de la nature, qu'il a peu de goût pour la fantaisie pure, qu'il prend peu de plaisir aux jolis contes d'Hamilton ; qu'au reste, cet idéal dont on parle tant,

(1) Dans sa réponse au discours de réception de Sainte-Beuve, le 27 février 1845. Cf. V. Hugo, Actes et Paroles. Avant l'exil : « Le prince dont Napoléon a dit : *Le duc d'Orléans est toujours resté national.* » (éd. I. N., 1937, p. 67).

(2) L'*Accademia della Crusca*, fondée à Florence en 1582, pour épurer la langue et la littérature italiennes, publia notamment en 1612 un excellent dictionnaire de la langue italienne.

(3) Dans tout ce paragraphe, il est question du portrait de Louis-Philippe tracé par Sainte-Beuve dans le Constitutionnel du 21 octobre 1861, au cours de son second article sur le t. IV des Mémoires de Guizot (cf. Nouv. Lundis, t. I, p. 98-101), portrait où il marquait à la fois la solidité et les limites de cette intelligence royale, ajoutant : « Cette bonne tête ou plutôt cette bonne *caboche* » disait de lui un de ses anciens ministres, qui se reprenait comme si le premier mot était un peu trop noble pour le sujet. C'est bien là l'idée que je me fais de ce prince... Quelque chose de plus et de vraiment royal, je ne saurais l'admettre : M. Cuvillier-Fleury lui-même, cet homme compétent qui a si longtemps monté dans les carrosses, me le soutiendrait en face qu'il ne me persuaderait pas. » Cuvillier-Fleury répliqua d'abord par quelques mots (22 oct. 1861), puis, le 27, par tout un article des Débats, sur Le Roi Louis-Philippe et M. Sainte-Beuve (cf. Historiens, Poètes et Romanciers, 1867, t. I, p. 102-117).

il n'est pas bien sûr que les Anciens l'aient eu, que leurs œuvres étaient des œuvres de réalité; que peut-être seulement, ils travaillaient d'après une réalité plus belle que la nôtre...

Nous parle des femmes, des vieilles femmes auprès desquelles il a pu retrouver l'accent du XVIIIᵉ siècle, comme Mᵐᵉ de Boigne. Nous dit qu'en vivant ainsi dans un siècle passé, nous vivons une double existence : nous avons vécu, à l'heure qu'il est, cent soixante ans !

Comme nous lui montrons un dessin de l'ILE D'AMOUR, à Belleville, en 93, nous dit : « Cela me rappelle la connaissance de Salvandy et de Béranger. » Un Anglais, installé en France après la Restauration, donnait beaucoup à dîner; demeurait à Belleville. Un jour, invité, Salvandy y sonne et se trouve à côté d'une personne qui y sonnait aussi. Ils n'avaient pas lu l'adresse donnée dans leur lettre d'invitation. L'Anglais était, depuis quatre mois, déménagé à Passy. Ils prennent le parti de dîner là et, sans se connaître, dînent ensemble. Salvandy étonné de cet homme, un peu peuple, mais laissant échapper de la finesse. Puis pendant le dîner : « Je vais vous chanter une petite chanson, pour me tenir en train. » C'était Béranger, alors peu connu : « C'était un bon endroit pour le rencontrer ! »

Et comme nous nions un peu de la gloire de Béranger : « Oui, on a été très loin... Tenez, il y a un monsieur qui m'envoie des Batignolles, presque tous les quinze jours, une pièce de vers à Béranger. On voit que c'est chez lui une idée qui est là... » Et il se frappe le front. « Ce sont des veines comme cela, en France, et des déveines... On a été trop dur... Le commun, sans doute, c'est le grand chemin de Béranger; mais il a des bas-côtés bien jolis, bien délicats. Sous l'enveloppe grossière, il y avait bien de la finesse. Lamartine a dit qu'il avait de grosses mains. Ce n'est pas vrai : il avait la main fine. »

Et il semble, de cela, touché personnellement.

Puis, comme on parle de mots lestes et d'esprit, nous dit ce mot de Mᵐᵉ d'Osmont, lorsque la duchesse de Berry fut arrêtée en Vendée et qu'elle l'éreintait : « Mais pourquoi êtes-vous si dure? — Elle nous a toutes faites cocues ! »

Parle de Flaubert : « On ne doit pas être si longtemps... Alors, on arrive trop tard pour son temps... Pour des œuvres comme Virgile, cela se comprend. Et puis, ce qu'il fait, ce sera toujours les Martyrs de Chateaubriand. Après Madame Bovary, il devait des œuvres vivantes... Et alors, son nom serait resté à la bataille, à la grande bataille du roman, au lieu que j'ai été forcé de porter la lutte sur un moins bon terrain, sur Fanny » (1)

Parlant de l'ennui de sauter de sujet en sujet, de siècle en siècle : « On n'a pas le temps d'aimer. Il ne faut pas s'attacher... Cela casse la tête : c'est comme les chevaux dont on casse la bouche, en les faisant tourner à droite et à gauche. » Et il fait le geste du mors.

Puis viennent les gains énormes du théâtre : « Tenez, me voilà engagé pour trois ans, à moins d'un accident. Eh bien, au bout de trois ans, j'aurai gagné à peu près ce que rapporte une pièce de théâtre qui ne réussit pas... La comédie en vers me semble finie : ou vous faites des vers qui ne sont pas de comédie, ou vous faites de la prose... Tout ira au roman. Oui, c'est si vaste, c'est un genre qui se prête à tout. Il y a bien du talent dans le roman, maintenant. »

Et il nous quitte en nous donnant une main de prêtre, grasse, douce et froide, et en nous disant : « Venez me voir les premiers jours de la semaine. Après cela, j'ai la tête dans un sac. »

29 octobre.

Non, jamais je ne trouverai dans Paris une femme réunissant ces deux qualités : de ne pas me demander de me faire la barbe et de ne jamais me questionner d'un seul mot sur un livre que je fais. Elle ne m'admire même pas.

Dimanche 3 novembre.

Dîner chez Peters avec Saint-Victor et Claudin. Après dîner, Claudin m'emmène aux Délassements-Comiques. J'ai travaillé

---

(1) Fanny de Feydeau (1858), que Sainte-Beuve salua en effet comme un chef-d'œuvre de vérité et de poésie dans son article de 14 juin 1858. Après les réactions suscitées par cet article, Catherine d'Overmeire lui fournit, le 20 février 1860, l'occasion de revenir sur les mérites de Feydeau et permit à Sainte-Beuve d'affirmer ses principes de critique, moins soucieux de Morale et de Beauté que d'authentique nouveauté. Cf. Lundis, 3e éd. 1857-62, t. XIV, p. 163-178 et t. XV, p. 345-356. — A Salammbô, qui est ici visée, il consacrera le 8, le 15, le 22 déc. 1862, trois articles vétilleux, auxquels Flaubert répondra par une longue lettre publiée par Sainte-Beuve. Cf. Nouv. Lundis, t. IV, p. 31 sqq. et p. 435-448.

toute cette semaine. J'ai besoin, je ne sais pourquoi, de respirer l'air d'un *boui-boui*. On a de temps en temps besoin d'encanaillement.

Dans un corridor, je rencontre le directeur, Sari. Il me dit que Lagier est allée voir Flaubert à Rouen, qu'elle craint que la solitude et le travail lui fassent partir la tête. Il lui a parlé de derviches tourneurs, d'un bordel d'oiseaux dans son lit, de choses incompréhensibles. Sur ce travail, prodigieux et congestionnant, de Flaubert, je ne sais plus qui me contait, l'autre jour, — cela venait de l'institutrice de ses nièces, Mlle Bosquet, — qu'il avait donné l'ordre à son domestique de ne lui parler que le dimanche, pour lui dire : « Monsieur, c'est dimanche. »

On joue une chose quelconque. Toutes les fois que l'intrigue languit un peu, on lève la toile du fond : ça représente Valentino et il y a des femmes qui dansent le cancan. Tout l'intérêt de l'exhibition est de voir où la gorge des femmes est attachée et de calculer jusqu'où elle peut descendre.

« Tiens, dit Claudin, voilà Anna. — Ah ! la Deslions ? — Oui. — Où ça ? — En face, avec la Guimond. » Dans l'entr'acte, je vais avec lui dans la loge de la Deslions. Il y a bien longtemps que je ne l'ai vue, depuis Asseline.

La Guimond, la fameuse Guimond, le *lion* de Girardin, de Guizot, etc., est une affreuse femme, un type de mauvais peuple, une portière enveloppée d'un châle rouge, une tête de la Halle, ayant tenu le *Gros* 9.

La Deslions est toujours belle. Elle me parle d'eaux, où elle a été cet été, près de Wiesbaden : « Ah ! dit la Guimond, Chose y a été cette année. Elle y est allée avec des rougeurs, elle en est revenue avec des dartres ! »

Me parle de son ancien logement, du désir qu'elle aurait d'avoir un atelier, de ses projets de voyage, d'aller à Rome au mois de mars... La Deslions à Rome, c'est Rigolboche au Vatican ! Après cela, elle ressemble à Imperia... De l'appartement de Mme Nathaniel de Rothschild, qu'elle occupait aux eaux, cet été. De la fête qu'elle compte donner à la littérature : « Pas au mois de décembre, au mois de janvier, pour ne pas avoir l'air de demander des bonbons ! » Elle tourne du reste à l'amour des lettres : Aubryet lui envoie ses feuilletons, à ce qu'elle me dit. Je ne savais pas qu'elle sût lire dans l'imprimé ! Bonne fille, après tout, et qui l'est restée. Vraie fille, bien bête et qui veut être prise au sérieux : c'est la fille même (1).

7 *novembre.*

En sortant de chez Poulet-Malassis, qui m'apprend que les romans de Noriac ne sont pas de lui, mais d'un M. Egersi, — un nom comme ça, — qui a fait les derniers romans de Dumas, je rencontre près du FIGARO, sur les boulevards, Monselet râpé, un teint d'hôpital et d'homme mal nourri, des boutons bleuâtres sur sa grosse face. Il a l'air d'un abbé pourri. Pauvre garçon ! Je ne puis pas voir un de ces malheureux — là, sans les trouver bien parfaits de ne pas nous manger tout vifs. Il m'avoue que SŒUR PHILOMÈNE l'a bien étonné de nous. Puis revenant aux HOMMES DE LETTRES, qui lui sont, à ce qu'il paraît, entrés dans le vif, il me dit d'un ton profond : « Il y avait des choses dures... »

Le soir, les Charles Edmond me prennent de force pour dîner. Charles Edmond me raconte qu'il est au moment de perdre sa correspondance égyptienne, par suite de l'embêtement du vice-roi par les Français, qu'il ne peut plus voir en face et avec lesquels il veut rompre tout rapport, tant il est assommé de la lutte engagée entre le consul Sabathier et Benedetti à cause de ceci. Benedetti a épousé une petite esclave, qu'il a prise à six ans, fille naturelle d'un monsieur qui a laissé trois millions. Sabathier a épousé la fille légitime de ce même monsieur. De là, l'Égypte, le gouvernement du vice-roi, tout sens dessus dessous, et à la fin, les Français en rapport envoyés promener !

Puis de là, avec les Charles, qui nous entraînent à l'Odéon. Gisette, de sa loge, nous fait signe d'aller la voir. Elle nous présente avec grand flafla à la maîtresse de Fiorentino, la fameuse Nelly, une femme raffalée, éreintée, prostituée spectrale, mauvaise voix de mauvais lieu. On parle de Dinah, qui est en face : « Figurez-vous, dit Nelly, l'autre jour, elle a mené Delahante dans la loge de Saint-Victor, et dans une loge de seconde ! Elle attend que Lia soit morte, pour prendre Saint-Victor, comme elle

(1) L'*ancien logement* de la Deslions : 43 rue Saint-Georges, adresse des Goncourt. — La pièce jouée : EN ZIGZAG, de Blum et Flan, créée le 1er novembre.

l'a déjà fait... Il y a sur elle un mot, un mot qui tue une femme...
— Oui, dit Gisette, mais elle en vit ! — On dit que c'est une
mouche de cimetière... Ce mot est affreux ! » ajoute Nelly, après
l'avoir dit.

A l'autre entr'acte, je vais voir Lia, qui nous reçoit d'un air
rêche. Saint-Victor même assez froid. Ce garçon me ferait admirer
la fermeté de Louis XV vis-à-vis de ses maîtresses ! Un homme
qui a une maîtresse n'a pas d'amis.

On a joué pendant ce temps-là une pièce d'un M. Belot,
une comédie qui vous ferait trouver de la gaîté à Andrieux et
de l'esprit à Picard. Au-dessous de tout ! Je n'ai jamais, je
crois, vu rien de pareil. Pièce désolante, après tout, car si un
directeur reçoit cela, si un public le subit, il n'y a aucune chance
d'arriver au théâtre ! C'est comme si on voulait faire jouer une
pièce en français sur un théâtre de foire béotienne (1).

La plus vive satire de ce temps-ci au théâtre, Les Effrontés,
a été faite par un poète impérialiste, au nom de la vieille
société (2). C'est assez curieux.

Il me vient l'idée de faire une pièce avec une institutrice,
une femme et son mari. Le mari trompant sa femme avec l'institutrice; et de là, tout le dramatique que j'ai vu dans le ménage
Labille. Des mots de la femme comme : « Je vais me jeter à l'eau ! »
Une petite fille de six ans, leçons devant la mère : effet dramatique.
Confidences de la femme à l'institutrice sur la froideur de son mari,
jusqu'au coup de foudre qui lui révèle que c'est sa rivale. Du
milieu de tout cela, protégeant et sauvant la femme, un ami comme
je pourrais l'être de Blanche dans cette situation, ami qui sera
l'esprit de la pièce.

La politique serait-elle simplement, purement, le mensonge
effronté et cynique? Rattazzi a dit, ces jours-ci, à Peyrat, qui l'a
dit à Saint-Victor, lequel me le dit, que lorsque les troupes piémontaises ont envahi les États romains, lors de Castelfidardo, Cavour

---

(1) Il s'agit de La Vengeance du Mari, d'Adolphe Belot, créée à l'Odéon
le 24 oct. 1860.

(2) Voir t. I, p. 872, sur Les Effrontés d'Émile Augier.

avait dans sa poche la permission écrite de les envahir, de la main de l'Empereur ! (1)

Le théâtre est le livre de la femme, ce qui prouve la sensualité de ses émotions, la matérialité de son être.

Le journalisme approche l'homme de lettres de l'argent; il le fait toucher au banquier par les actions données. C'est la diminution, quand ce n'est pas la sentine des caractères. Si Renan eût travaillé dans son cabinet à faire des livres, au lieu d'être rédacteur des DÉBATS, le pouvoir ne l'eût pas acheté en une demi-heure, il y aurait peut-être mis une heure et demie...

Au XIXᵉ siècle, il n'y a plus de romanesque dans l'amour, plus de romanesque dans rien, que dans la fortune d'un homme politique. C'est le seul hasard, le seul caprice en dehors de l'ordre commun et bourgeois des choses. L'imprévu a diminué.

Il y a des hommes si petits, si criquets, si secs, qu'il n'y a pas en eux l'étoffe d'un mari; il n'y a que le bois d'un cocu.

Le grand secret du journalisme, c'est de vous faire lire, comme la scène vous fait entendre. Il vous fait avaler au public.

12 novembre.

Gavarni a rangé, ces temps-ci, tous ses autographes dans des chemises bleues. Il nous permet de fouiller. Vu correspondance avec Girardin, où Gavarni le menace, à propos de je ne sais quelle histoire de billets, du procureur du Roi. Avec Fargueil, qui lui écrit sur un ton de drame : « Si vos serments étaient religieux... » Avec Balzac, qui lui demande pour VAUTRIN un costume de

---

(1) Voir t. I, p. 939, n. 1, sur l'intervention des troupes piémontaises dans le royaume de Naples, soulevé par Garibaldi. On connaît le mot de Napoléon III aux émissaires de Cavour, Farini et Cialdini, lui demandant de laisser les Piémontais traverser les États du Pape pour gagner Naples : *Fate, ma fate presto !* Et l'on sait que les troupes pontificales, ayant tenté de s'opposer à ce passage, furent vaincues à Castelfidardo (18 septembre 1860).

général mexicain : « Et exact ! C'est pour Frédérick ! » (1) Une lettre Prudhomme 1825, qui « demande à M. Chevassier (*sic*) de lui apporter ses dessins, qu'il gravait lui-même. » Adresse de Gavarni, alors : rue du Faubourg-du-Roule, en face l'église Saint-Philippe-du-Roule (1827). La Mésangère avait déjà fait graver 75 costumes des Pyrénées et lui en redemande d'autres, puis des costumes de bal masqué, « que les dames du monde puissent porter; et pas de femme vue de dos ! » Des correspondances énormes avec des femmes, avec une Zaza. Préliminaires d'amour avec une femme mariée et morte, ton exclusivement littéraire, journal de ses impressions. Goût de la copie des lettres d'amour : ce fut la grande littérature !

Il a l'idée étrange de vouloir faire réentoiler en pâte de papier toutes ses lithographies, pour les faire d'égale grandeur.

Le crâne qu'il a, en presse-papier, sur son bureau est le crâne du chien qu'il avait dans les Pyrénées et qui est mort après avoir mordu un crapaud.

Il est Bourguignon d'origine, d'un village près de Joigny.

Fatigué de travail, enrhumé : quinze jours dans sa chambre, à paperasser, sans vouloir se soigner, sans toucher un dessin, la chambre pas ouverte.

Peut-être les bons gouvernements doivent-ils être organisés comme la police, faits avec des canailles. Louis XVI, Charles X et Louis-Philippe sont tombés par les honnêtes gens.

On n'a pas assez remarqué combien les fils de père cocu ressemblent à leur père. Leur mère semble, en les faisant, avoir tant pensé à l'homme qu'elle trompait et dont l'image lui faisait peur, qu'elle les a conçus dans cette préoccupation : ils ressemblent à leur père, comme l'enfant d'un cauchemar d'une petite fille ressemblerait à Croquemitaine.

Un grand malheur de notre vie laborieuse, c'est que le travail ne nous absorbe pas; qu'il produit bien chez nous une

(1) Le drame de Balzac, où Frédérick Lemaître interprétait Vautrin, fut joué à la Porte-Saint-Martin le 14 mars 1840 et interdit le 16, Frédérick s'étant grimé et coiffé de manière à ressembler indiscrètement à Louis-Philippe !

espèce d'hébètement, mais qu'il ne nous enferme pas en lui, dans une sorte de renfoncement que ne percent ni les ambitions de la vanité ni toutes les blessures de la vie.

La vie la plus plate, où il n'arrive rien que des catalogues. Des jours désespérés, où pour sortir d'un état qui est comme un affadissement de l'être, on souhaiterait je ne sais quoi, — pourvu que ce je ne sais quoi fût violent.

Une des causes de la faiblesse des œuvres du XVIIIe siècle, c'est que leurs auteurs allaient trop dans le monde; ils y prenaient leur niveau au lieu de le prendre en eux-mêmes. C'est la faiblesse du journalisme moderne.

Ces jours-ci, j'ai été remercier Barrière d'un article. Et comme je lui parlais de la difficulté d'écrire, il m'a dit, bonnement : « Rien n'est plus facile que de bien écrire ! »

Toutes les grandes œuvres idéales de l'art ont été faites dans des temps qui n'avaient pas les notions de l'idéal ou par des hommes qui n'avaient pas cette notion.

La pensée de la femme moud dans le vide, comme la pensée du roulier marchant à côté de son cheval.

L'avenir de l'art moderne, ne serait-ce point du Gavarni brouillé avec du Rembrandt, la réalité de l'homme et de l'habit transfigurée par la magie des ombres et des lumières, par ce soleil, poésie des couleurs qui tombe de la main du peintre ?

A propos de Gavarni, né 1804 ou 1805 : qu'il avait vu Bobèche et Galimafré vers 1815, sur les boulevards, près de la Galiote. Bobèche était un simple bêta. Galimafré était un homme à petite moustache noire, machiniste d'un théâtre voisin, qui, souvent, venait avec son marteau de machiniste à la ceinture; jouant des parades, avec prétentions au dramatique, apparitions de brigands, sortant de deux petites loges, de chaque côté des tréteaux.

La France a un tel besoin de gloire militaire que Louis-Philippe lui-même a voulu lui donner Versailles de la gloire en effigie.

J'appelle profession infâme tout métier de justice. J'ai vu de mes yeux, sous l'Empire, condamner en police correctionnelle un homme « pour excitation à la haine et au mépris de la République ! » Je pense que si trois Terreurs se succédaient coup sur coup en un mois, Terreur rouge, blanche et tricolore, la même justice siégerait, jugerait, condamnerait; et s'il y avait des affaires qui traînaient, elle condamnerait sous la Terreur blanche au nom de la Terreur rouge, et sous la Terreur tricolore, au nom de la Terreur blanche !

L'esprit français n'est pas artiste : Candide et Béranger représentent ses deux génies propres.

Il est permis en France de scandaliser en histoire : on peut écrire que Dubois est un saint homme. Mais en art et littérature, les opinions consacrées sont sacrées. Il vaudrait mieux, au XIXᵉ siècle, pour un homme, marcher sur un crucifix que sur une page de Voltaire.

J'ai, des lectures que j'ai faites, une mémoire imparfaite, pareille à celle des paysages où j'ai passé et que je reconnais, sans savoir quoi me les fait reconnaître.

Dieu, à ce que je crois, fait des tempéraments et ne fait pas des éclectismes. Il vous donne l'admiration d'Henri Heine ou de Racine, de Voltaire ou de Saint-Simon. Mais l'admiration de l'un et de l'autre est de main d'homme : elle est un mensonge ou une lâcheté.

Voltaire s'est dédoublé au XIXᵉ siècle en deux hommes, en Béranger comme poète, en Thiers comme historien.

Ce n'est pas la tyrannie, c'est la passion qui abat l'arbre pour avoir le fruit; et il n'y a de liaison durable qu'avec les femmes qu'on n'aime point.

Visite à Gisette qui a pris l'appartement de Dennery sur les boulevards, au-dessus du foyer de la Porte-Saint-Martin, et y a installé son musée de monstres chinois. Je ne sais où elle a envoyé coucher Dennery.

Je la mets, pour la faire rire et qu'elle m'amuse, sur l'homme qui lui fait la cour, le feuilletoniste du Pays, Saint-Valry. Après me l'avoir éreinté de long en large, à grands coups d'éclats de rire : « Une idée ! Je vais vous lire ses lettres. » Et elle m'en apporte un paquet : « Huit pages, Monsieur ! *Une heure du matin*, il la fait encore à une heure du matin ! Tenez, celle-là... Attendez, *gnia, gnia, gnia...* Ah oui ! Je ne l'avais pas reçu : il paraît que je lui avais donné un rendez-vous, je lui ai fait dire : « Je suis sortie. » Et elle prend un ton tragique, un geste de George.

« *...De mon abnégation* : il *s'abnègue*; voilà, il *s'abnègue* !... *Contorsion...*, il se *contorse* ! Il se *contorse* et il *s'abnègue* ! Il marche sur son cœur... Mais Dennery n'en fait plus comme ça ! *Gnia, gnia, gnia...* Il est resté cinq jours... mais quand il m'a vue décolletée... Je le mets à la porte par les épaules, il rentre par les miennes !... *Gnia, gnia, gnia...* Qu'est-ce qu'il y a là ? *Je suis comme les vieilles... bêtes !* Hein ? Non, *lunes !* Ah, ah, ah ! Qu'est-ce que vous voulez, il est nerveux. C'est un homme qui vous dit : *Il faut que vous m'apparteniez à cinq heures !* Il désirerait que je lui appartinsse, *tinsse !* »

Un temps, le XVIII⁰ siècle, où le Garde des sceaux imitait Janot : voyez-vous M. Delangle imitant Grassot ? (1)

Il y a un jeune Gortchakoff à Paris, qui réalise toutes les fantaisies qui lui passent par la tête. Voici la dernière, au Café

---

(1) Janot, c'est le niais de comédie mis à la mode par Dorvigny aux Variétés, d'abord par une parade de 1779, Les Battus paient l'amende, et incarné par le farceur Volange. Le Garde des sceaux visé ici est Maupeou, qui misa sur la Du Barry et se la conciliait «par toutes ces courtisaneries de bouffon, qui traînent dans la farce d'une mascarade la simarre du chancelier » (E. et J. de Goncourt, La Du Barry, p. 61). Le fait semble contredit par la chronologie : Maupeou abandonne le parti de la Du Barry vers 1773 et la pièce de Dorvigny est de 1779. Mais les Goncourt voient peut-être en Janot le type plus général du niais, et d'autre part, le personnage populaire a pu préexister à la parade de 1779.

Anglais. Un domestique du Café Anglais va chercher l'autre soir chez la Farcy une femme remarquablement blanche, qu'il demande avec sa robe noire, toute en noir. La femme prête : « J'ai une voiture en bas, dit le domestique. — Est-ce qu'il y a une autre femme ? — Oui. » La femme descend, trouve dans la voiture une négresse habillée tout en blanc...

Je commence à lire les PENSÉES de Joubert. Malheureusement, en ouvrant le volume, je suis tombé sur une lithographie, une lithographie *incunable*, le représentant avec une tête d'Andrieux idéologue. Et dans la préface, je lis que ce vieillard, ainsi représenté, recevait en spencer de soie. Représentez-vous l'homme-squelette avec des ailes d'Amour ! Tout cela m'ennuie. Puis dans cette préface, il pleut des larmes de famille. Ce sont des regrets et des éloges, en style lapidaire de tombe du Père-Lachaise. Ce sont des versets d'idées qui n'ont pas la netteté française. Cela n'est pas clair ni franc, cela sent la petite école genevoise, Mme Necker, Tracy, Jouffroy. Le mauvais Sainte-Beuve vient de là. Beaucoup de pensées ne sont que de la monnaie courante mise en filigrane. Joubert tourne des idées comme on tourne du buis.

24 *novembre.*

La Bohème vient de perdre encore un homme de lettres : il s'appelait Guichardet et n'avait rien écrit. Il pouvait à peine parler, il crachait seulement des morceaux de mots, tant il était toujours ivre. Il vivait de verres de champagne et d'eau-de-vie, ramassés aux tables des cafés, et de pièces de deux ou trois francs, que ses amis, de temps en temps, lui laissaient tomber dans la main. Car il avait des amis ! C'était un chiffonnier qui avait connu Musset...

Il a eu une mort que lui seul pouvait avoir. Ces jours-ci, il se réveille avec le *delirium*. Il croit avoir trop bu la nuit, avoir couru une bordée avec des amis. Ses amis, le voyant dans cette belle illusion, la respectent; ils l'empoignent et lui disent : « Oui, nous avons fait une bordée un peu forte. Il faut nous retaper. C'est de la fatigue. Viens avec nous manger une soupe à l'oignon à la Halle. » Et ils l'emmènent dans un fiacre à l'Hôpital Necker. Il est allé à la mort comme on va chez Baratte.

Comme il entrait dans la salle, presque porté par ses amis, la lèvre pendante, l'œil vitreux, un malade se soulève, une voix cassée par l'eau-de-vie s'élève : « Tiens, c'est Guichardet ! » C'était un cocher de fiacre, avec lequel Guichardet avait l'habitude de boire à un débit appelé *La Consolation,* rue Montmartre.

Le Ministère d'État a envoyé immédiatement trois cents francs pour son enterrement : c'est tout ce qu'il y aura de décent dans la vie de cet homme-là, son corbillard.

J'ai continué à lire du Joubert. C'est un diamant filé. J'aime mieux le diamant taillé, La Bruyère.

L'histoire est un roman qui a été; le roman est de l'histoire, qui aurait pu être.

Mardi 26 novembre.

J'ai ma maîtresse assise, en chemise, sur mes genoux. Je la vois de dos, la nuque dans l'ombre. Quelques cheveux échappés, au-dessous de son oreille, frisent comme des petits paraphes noirs, comme de petites arborisations agatisées, se détachant sur le globe lumineux de la lampe posée sur la cheminée et sa figure tout éclairée dans la glace (1). Il y a de la volupté à avoir ainsi un corps sur soi, dont on ne voit rien que ces quelques cheveux qui se détachent sur une joue, dans un rayon, et la lumineuse réflexion de son visage, perdant un peu de sa réalité matérielle dans son éclairement glaceux (2).

Et pendant ce temps, elle parle enterrement, — un de ses sujets favoris. Elle parle du magnifique enterrement d'une charbonnière de sa rue : « Il y avait des franges... » Et elle lâche, d'un air d'envie, ce beau mot : « Un enterrement *à chier partout* ! » Puis elle reprend : « Ah ! d'abord, moi, si on ne faisait pas les choses bien pour mon enterrement, j'en aurais un chagrin mortel ! » L'épithète est belle.

Sa fille, voilà la poitrinaire qu'il faut mettre dans un roman : non la pleureuse à la Millevoye ou à la Murger, mais la petite toussante et baladeuse, la poitrine étroite et le pied enragé à danser,

(1) Add. 1887 : *comme de petites arborisations agatisées, se détachant...*
(2) Add. 1887, depuis *et la lumineuse réflexion...*

la maigre petite rouleuse qui jouit de son reste, fantasque comme une maladie et rendant ses souffrances à qui l'aime (1).

J'ai envoyé Rose ce matin, chercher de l'argent chez mon oncle. Il l'a reçue dans la chambre où on range les fruits, assis sur un potiron. J'aurais cru voir, si je l'avais vu, la bourgeoisie sur son trône : c'est ainsi que Daumier peindrait le Prudhomme laboureur.

Mercredi 27 *novembre.*

Nous allons remercier à la Bibliothèque Lavoix, d'un article au MONITEUR (2). Il a l'air enchanté d'être dérangé, monte chercher des cigares et nous voilà à fumer et à causer dans une grande pièce, pleine de livres dans l'alcôve du fond. Et tout de suite, sans façon, avec une familiarité de camarade, nous dit qu'il est bien *embêté* d'avoir à faire un article sur le SHAKESPEARE de Guizot, qu'il ne sait qu'en dire, qu'il faut, au MONITEUR, faire cinq colonnes pour être considéré : « J'ai bien envie de faire mon article sur l'histoire du goût français et anglais pour Shakespeare, dans les temps qui l'ont suivi. Hein ? Me le conseillez-vous ? »

Et de là, la causerie passe aux gens qui voient une loi dans les choses, dans l'histoire, dans l'homme, dans l'art : « Il n'y a pas de loi, nous dit-il, et c'est bien heureux; car s'il y avait une loi, ce serait bien ennuyeux. Pensez donc ! Plus de hasard... Et puis, tout serait bientôt accompli dans le monde... C'est une chose d'invention : il y a un besoin de loi pour les articles de la REVUE DES DEUX MONDES. Savez-vous ce que ça me fait l'effet, tous ces gens-là ? Il y en a un qui arrive : il dit la messe sur l'économie politique, *ron, ron, ron...* Et puis, un autre sur les beaux-arts, un autre sur la philosophie... Mais on aime ça en France; et puis, c'est sérieux... C'est le succès, et vous savez, le succès, ç'a a toujours réussi dans ce pays-ci ! »

Et cet homme dont la pensée s'élève, dont le visage grossier, inexpressif, la lèvre bête et presque pendante, s'effacent à

(1)   La fille de Maria prêtera effectivement son adolescence à l'héroïne de LA FILLE ÉLISA.

(2)   Quelques lignes aimables de Lavoix dans sa *Revue littéraire*, sur le PRUD'HON des Goncourt (MONITEUR du 18 nov. 1861).

contre-jour, dans l'ombre de la nuit qui vient; cet homme que j'avais jugé, en le lisant, un imbécile et qui n'est rien, effectivement, la plume à la main, que le plus ordinaire des écriveurs; cet homme, par ce qu'il dit, par la pensée qui se met à jaillir et qu'il répand, par le ton harmonieux d'une âme fine, d'un esprit délicat et tendre, par la voix même qui s'assouplit et prend des cordes vibrantes où chante une passion qui s'exalte, mais toujours douce, — cet homme grandit, en se révélant à nous un autre homme.

« Moi, nous dit-il, je suis un ruminant, — comme nous lui disons ne pas aimer la campagne, — voilà pourquoi j'aime la campagne. Il ne me faut pas des horizons trop grands. Mais tenez, j'ai acheté en Bretagne une maison. Il y a des landes qui ne sont, à l'automne, que bruyères roses. Oh ! comment, vous n'aimez pas la campagne ? C'est bien beau. Il y a eu un temps, — j'avais vingt ans, — dans la Charente-Inférieure, je revenais tous les soirs à dix heures, il y avait des clairs de lune sur la route, si beaux, si beaux que cela m'arrachait des larmes. Oui, je ne suis touché que des choses douces. Cela seul me va au cœur... Michel-Ange ? Je comprends parfaitement que c'est beau, mais c'est par une opération d'esprit, ce n'est pas par le sentiment... Et la couleur que j'aime le mieux est le bleu. Le rouge, c'est beau aussi, mais ça m'embête, ça me tire l'œil, ça me travaille les nerfs, ça m'embête... La campagne, ce sont des jouissances, comme la musique. J'aime les jouissances qui m'enveloppent et dont je suis pénétré en restant bien tranquille. Je passe huit heures en restant dans la campagne, assis. Je suis sûr que vous ne devez pas aimer la musique ?

— Vous avez deviné juste.

— Oui, ça tient au tempérament. Je ne suis pas actif. Il y avait peut-être une activité en moi. Mais quand je suis venu à Paris, arrivant de province, j'ai été un soir m'asseoir aux Italiens et j'ai trouvé là des jouissances si douces, si entières, tant de joies, que je n'ai jamais de ma vie pensé à chercher de plus grande jouissance. Et depuis ce soir-là, je suis resté endormi par la musique comme par une chanson de nourrice. Ah ! voyez-vous, faire quelque chose, voilà le malheur. Souvent, je me dis : « Mais, imbécile, pourquoi fais-tu quelque chose ? A quoi ça sert-il ? Qu'est-ce que ça fait ? » Mais non, pensez qu'il n'y a personne à qui cela vienne à l'idée, de ne rien faire ! C'est pourtant si simple ! Mais

991

il y a je ne sais quoi dans ce siècle-ci, un principe d'agitation, une contagion d'activité. On ne sait plus, on ne peut plus faire de sa vie cet emploi si simple : ne rien faire, avoir des amis voilés, les faire jouir de soi, jouir d'eux, disparaître en leur laissant un souvenir. »

Il était nuit, nous étions dans l'ombre et j'ai entendu, dans la voix de cet homme, l'accent d'une tendresse et d'une sagesse qui n'est plus, la philosophie d'un bénédictin intelligent et paresseux, le cœur d'un Rousseau aimant, le rêve de bonheur d'un savant du XVIIIᵉ siècle.

Jeudi 28 novembre.

Saint-Victor, à propos de Mᵐᵉ Swetchine et de l'article de Sainte-Beuve, nous dit : « C'était gênant comme tout, figurez-vous ! Quand on lui était présenté, à Mᵐᵉ Swetchine, elle vous demandait des nouvelles de votre âme, comme on vous demande si vous allez bien. Elle s'informait si vous étiez en état de grâce, absolument comme si elle se fût informée si vous étiez enrhumé. » (1)

Nous dit aussi les impressions de Gautier sur son voyage à Compiègne : « Tout le monde a l'air très gêné : c'est le fond de l'air. Ils n'ont pas l'habitude. Ils ne savent pas bien encore si c'est arrivé. Le *Bourgeois* lui-même ne sait pas trop comment il doit se tenir. On voit qu'il n'est pas sûr d'être dans son rôle. Il n'y a de gens à l'aise et bien en situation, que des vieux domestiques, des vieux restes de valetailles dynastiques, qui viennent de Charles X et de Louis-Philippe. Il n'y a qu'eux qui ont l'air de savoir ce que c'est qu'une cour. »

Dimanche 1ᵉʳ décembre.

Dîner chez Dennery ou plutôt chez Gisette. Un méli-mélo de mondes, et des plus vilains. A côté de Grisar, le plus abruti des musiciens, et de Narrey, l'ami de Royer, attaché libre à l'Opéra, l'un invité, parce qu'il fait la musique d'un opéra-comique de Dennery, l'autre parce qu'il procure des places à l'Opéra, — car

(1) Les articles de Sainte-Beuve du 25 novembre et du 2 décembre 1861 portaient sur MADAME SWETCHINE, SA VIE ET SES ŒUVRES, du comte de Falloux, cf. NOUV. LUNDIS, 1864, t. I, p. 209 sqq.

tout homme ici est invité pour un but, pour un service, — il y a le médecin de Hombourg, où Gisette va faire un traitement tous les ans, muet comme une tombe qui ne ferait que boire et avaler; le teneur de jeux de Monaco, un homme mis avec le luxe douteux des gens qui portent des bagues, une figure d'oiseau de proie, les yeux cernés dessous d'un bleu sinistre; puis un maître de café de Cabourg, provincial invité là pour je ne sais quelles affaires ténébreuses, quelles spéculations en sourdine de montage d'hôtel à Cabourg... Puis Paulin Ménier, sérieux comme un avoué, faisant le gracieux et l'homme du monde, avec sa tête de bossu, ses traits marqués et comme grimés de rides, sous lesquelles percent toutes les basses passions et toutes les crapuleries du cabotinage.

Gisette, allumée par du vin du Rhin apporté par l'homme de Monaco, grisée de boire et de manger du jambon et du hareng fumé, demande un chien, veut un chien; parle à l'oreille des gens, d'une voix de Polichinelle, de soupers toute la semaine jusqu'à cinq heures avec des gens qui descendent des croisades : « Il vient des preux. » Et sous la blague, on la sent touchée, comme un peuple, par un titre. Parle de Saint-Victor, l'adore un instant, tombe en extase devant la MARTYRE de Delaroche, qu'elle a dans sa chambre, s'enthousiasme. Puis, son œil tournant, et sa pensée, elle veut aller, elle ira au bal de l'Opéra en bébé, avec des bottines bleues : « Et on verra !... Sans garde du corps... Inutile, Monsieur... On ne m'a jamais fait que ce que j'ai voulu à l'Opéra, na ! »

Toujours cette femme du monde dévoyée, dérayée; ayant des gestes, des airs, des grâces, des élégances comme d'une première patrie; traversée de cynismes, de mots qui ouvrent des profondeurs, déshabillent les gens, salissent son sourire, font une tache de sperme sur une robe de soie, analysent « la bonne affaire qu'est un homme », le classent en le comparant à Fechter, dont elle vante la distinction d'attaches.

Je cause avec Narrey sur toutes les petites danseuses d'Opéra. Narrey me dit que les romans sont stupides, avec leurs rengaines, de dire d'un homme ruiné par les femmes : « Les *rats* dévorèrent sa fortune. » Rien de plus faux. Il n'y en a qu'une douzaine de véritablement entretenues, et encore beaucoup moins bien que les grandes femmes entretenues. Elles mènent, beaucoup, la vie de famille. Beaucoup vivent avec leur mère ou ont un attachement d'ouvrier. Pourtant, toutes, on les aurait dans le cercle d'une année, un jour, avec cinq louis, un jour de besoin. L'Opéra ne leur donne que six cents francs par an. Une des raisons qui les empêchent d'être bien entretenues, c'est que dans la rue, sans la gaze et les costumes, elles font peu d'effet : il faut qu'on soit prévenu pour les trouver jolies ; elles ont généralement des beautés de rampe. Et pourtant, il y en a une dizaine de délicieuses, des minois à ravir, des corps parfaits ; une surtout, qu'on appelle « l'enfant de Vénus et de Polichinelle », parce qu'elle ressemble en même temps à cette mère et à ce père.

L'on cause, l'on rit, l'on s'attouche, tout cela avec une folie de gestes et d'allées et venues, qui commence une causerie dans le salon et la finit, assis par terre, dans le cabinet de toilette.

Dennery, sans chapeau, rentre triste, sombre. Il a presque l'air jaloux. Il remonte du théâtre où l'on n'a fait que 4.500 au lieu de 6.500 : « Le placement a été mal fait ; c'est le contrôle. Un dimanche, on ne devrait pas faire moins : tout dépend du placement. C'est l'homme de Sari qui s'y entend le mieux. — Ah ! ce vieux ? — Oui, qui a l'air un peu gendarme... Il fait des recettes de 2.700 aux Délassements. Il n'y a pas d'homme comme lui pour entasser ! »

Là-dessus, descendant un étage, — car cette singulière maison ressemble un peu à cette chambre d'Hoffmann qui ouvre sur un théâtre, — un tour de clef donné par Gisette, nous entrons dans la loge où s'habille Lagier (1). Deux hommes assis au fond, à figures suspectes, à décorations rougeâtres, plus suspectes encore. Devant la glace, où sont deux lampes, Lagier, debout, en caleçon, les bras nus, l'avant-bras gras comme une Juive d'Alger, jette de la poudre de riz sur cette graisse, qui lui pète partout. L'habilleuse, à la mine effacée des têtes belges, au teint bis, grande et maigre, la bouche pendante et gouailleuse, lui met sur la tête une perruque Louis XV et l'emballe dans un costume de cavalier Louis XV : on croirait voir l'Étisie habillant l'Éléphantiasis.

---

(1) La *chambre qui ouvre sur un théâtre*, c'est celle de l'hôtel où descend le narrateur et où il est éveillé en sursaut par la musique de Mozart, au début du DON JUAN d'Hoffmann.

2 décembre.

J'entre aujourd'hui à la Librairie Nouvelle, où j'entrevois, comme se cachant dans le fond, le Bourdilliat. Je lui demande où j'en suis de SŒUR PHILOMÈNE. Un commis fait semblant de chercher dans des livres et Bourdilliat me répond : « Huit cents » … Vraiment, la loi devrait donner une espèce de défense à l'homme de lettres contre ce voleur de confiance qu'on appelle un éditeur.

3 décembre.

Nous allons, ce matin, savoir la réponse que Véron va faire à une proposition, que nous lui avons faite directement par lettre, d'insérer notre volume de LA FEMME AU XVIIIᵉ SIÈCLE au CONSTITUTIONNEL.

Nous montons le tapis de l'escalier de la maison, qui fait le coin de la rue de Castiglione et de la rue de Rivoli. Au premier, au-dessus du pâtissier Guerre, nous trouvons la porte du directeur du CONSTITUTIONNEL, une porte rouge, une porte chinoise. Une domestique nous ouvre; une vieille femme en bonnet de paysanne, — la servante tant blaguée du docteur, — nous dit, très affablement : « Entrez, entrez, Messieurs. » (1)

Nous passons dans un petit salon, où il y a une grande volière qui se dessine sur la fenêtre et, aux murs, un grand dessin de Charlet et des gravures anglaises. C'est tendu de rouge. La porte s'ouvre et nous entrons dans la chambre à coucher du docteur. Un gai et beau jour, venant de deux fenêtres donnant sur les Tuileries et d'une fenêtre en retour sur la rue Castiglione. Une tenture rouge, des rideaux rouges, un plafond rouge, un grand bureau à cylindre avec des cuivres, un lit énorme, avec un couvre-pieds à ramages jaunes somptueux et, en avant du lit, dessus une petite table, un œuf à la coque, un rince-bouche et un compotier de confitures. *Ipse*, le gros homme aux petits

(1) Sur Sophie, la légendaire femme de charge du Dr Véron, dévouée, « hardie et finaude », mêlée à la politique qui se faisait chez le directeur du CONSTITUTIONNEL, cf. les textes de Viel-Castel et de d'Arçay cités par Josserand dans l'introduction des extraits des MÉMOIRES D'UN BOURGEOIS DE PARIS, 1945, p. 24 et 54. C'était une Normande, à « l'attitude un peu raide », en « bonnet à tuyaux ». Fanny Elssler l'avait donnée à Véron, qui la garda à son service jusqu'à sa mort en 1867, pendant près de 35 ans.

yeux chinois, entouré de tout ce rouge chinois : le mandarin de la Jujube.

Il nous a reçus avec une politesse parfaitement convenable, des compliments qui avaient le ton juste, une sorte d'affabilité grave et parfaitement en situation. J'ai eu beau me dire tout le temps : « Tu es devant le Véron-Farnèse, le Saint-Sébastien du Charivari, le Véron de Daumier et de Banville : *Véron, plein d'indolence, se balance...* » (1), j'ai eu beau me bander les yeux avec la cravate que les caricatures lui donnent (2), — cela tient peut-être qu'il était en robe de chambre et qu'il avait le cou nu, — je déclare que pendant le quart d'heure où nous lui avons parlé, il n'a pas été, une minute, ridicule et que je suis sorti de chez lui, — notre affaire manquée par le défaut de place à donner à trente articles de variété, — parfaitement content de lui, non humilié, l'échec adouci par la façon parfaitement aimable dont il nous a offert, en insistant fort et en ayant l'air de tenir à ce que nous le croyions, le dédommagement qu'il pouvait nous offrir : de nous prendre un feuilleton, d'annoncer notre livre avec un article... Il y a peut-être des ridicules qui ressemblent aux bâtons flottants (3). Et puis, cette vieille qui a l'air de sortir d'un tableau flamand me raccommode beaucoup avec lui.

« Voulez-vous, nous dit Gavarni, le secret de toute association ? Ce sont des unités sans valeur à la recherche d'un zéro pour avoir la force d'une dizaine. »

On est encore assez poli en France, sauf les ministres, qui ne sont plus polis depuis 1789. C'est qu'avant 1789, le ministre

(1) Voir Banville, ODES FUNAMBULESQUES, *V... le baigneur*, pastiche de la pièce de Hugo, SARA LA BAIGNEUSE, dans les ORIENTALES. Le texte exact est :

> *V..., tout plein d'indolence*
> *Se balance,*
> *Aussi ventru qu'un tonneau,*
> *Au-dessus d'un bain de siège,*
> *O Barège,*
> *Plein jusqu'au bord de ton eau !*

(2) On prétendait que Véron cherchait à dissimuler des « humeurs froides » sous ses imposantes cravates à triple tour, leit-motiv des charges de Daumier.

(3) Allusion à la fable de La Fontaine (IV, 10) : LE CHAMEAU ET LES BATONS FLOTTANTS.

dépendait de la société. Mais depuis, le pouvoir est devenu si absolu, sous ses formes constitutionnelles, il est devenu tellement supérieur à la société, qu'il ne s'en soucie plus.

Il y a deux cas où la malhonnêteté dégoûte : c'est lorsqu'on est riche — ou même pauvre, mais inintelligent.

Il y a une espèce d'abrutissement que j'ai observé autour de moi, tout particulier. C'est un hébétement, un véritable idiotisme produit chez les imbéciles par le travail de l'intrigue; et chez certaines femmes bêtes, par l'effort de l'amabilité.

13 décembre.

Ce soir, il y avait seulement, dans le journal, deux affaires de frères condamnés pour attentat aux mœurs... Que veut-on? Oter l'éducation au clergé, la remettre tout entière aux mains des instituteurs? Tout indique ce plan. Il est stupide. Il n'y a pas à craindre qu'aux mains du clergé, le peuple, maintenant, devienne trop pieux. Mais donner l'éducation aux instituteurs, c'est ouvrir une prodigieuse, une effrayante école de socialisme. On verra la suite de ces plans au jour le jour, d'hommes d'État, qui calculent en viager,... à peine.

Une idée de pièce. Un acte. Une loge. Carnaval d'Italie, peut-être le titre : CARNAVAL DE VENISE. Idée : contre-partie de IL NE FAUT JURER DE RIEN, jeune fille qu'on veut marier avec un jeune homme qu'elle a aperçu dans le monde et qui va revenir d'Italie : voulant le connaître, part pour la ville d'Italie où il est, avec un oncle qu'elle emporte, vieille culotte de peau.

Jeune homme, bombardé dans la loge; elle, se faisant passer pour femme mariée. Le jeune homme : « Je vous fais la cour, parce que je suis sûr de ne pas vous épouser. »

Peut-être scène à faire : faisant passer l'oncle pour son mari, puis l'oncle se démasquant à demi pendant qu'elle ne le voit pas et se faisant reconnaître au jeune homme, qui prend sa revanche du tour qu'elle a voulu lui jouer.

Scène d'esprit, où faisant semblant d'être Italienne, elle lui demande ce que c'est que Paris.

Entremêler cela d'un laquais grotesque du jeune homme, paraissant au rebord de la loge : « Monsieur, je m'ennuie : c'est tout des femmes honnêtes ! Elles ont toutes un homme ou deux... Monsieur, je viens de recevoir une claque. — D'une femme ? — Oui, d'une femme ; mais je crois que c'était un homme. »

User du vieil éreintement de la jeune personne, fait à elle-même par le jeune homme.

30 décembre.

Gisette tombe chez nous, à trois heures, pour nous prévenir qu'elle nous emmène ce soir à l'Opéra. Nous dit qu'elle est fort embêtée par Dennery, attaqué de l'idée d'une maladie de la moelle épinière, ayant besoin de soleil et voulant l'emmener en Italie. Mais comme ça l'embête, s'est fait écrire des lettres par un petit Italien, — un comte et un gandin qu'elle a laissé là-bas, — lettres dont elle a laissé prendre l'une par Dennery, ce qui fait qu'il ne l'embête plus.

En dînant, nous réfléchissons à la tristesse de cette terre d'Italie, de Sorrente même, de ses endroits les plus gais, du vieux temple même, où nous avons vu danser de si jolies petites filles, aux yeux de flamme. C'est que toute cette terre a l'air *rediviva*. Hommes et choses ont l'air d'avoir déjà vécu et de revivre. Les lignes du paysage, les regards, les visages, tout revient. Le rayon même a l'air d'un rayon du passé. Tout est fantomatique et couleur de rêve.

Nous voici dans cette grande salle d'Opéra, au plafond tout usé par la buée des bals, les gants blancs sur l'appui des loges de première ; dans cette salle où tant de choses s'agitent, qu'on ne voit pas ; où se font les présentations de mariage ; où les maquereaux du grand monde viennent *faire* les princesses déclassées, les épouses séparées, les vieilles femmes à laquais poudrés, seules dans leurs loges, avec des regards de louves, où... — où Gisette nous raconte, moitié plaisantant, moitié sérieuse, la passion qu'elle a inspirée à Peyrat, dont sa fille dit qu'elle le rend idiot ! « Papa est idiot ! » Habitué à traînailler à la PRESSE, presse sa besogne, l'autre jour, et accourt savoir des nouvelles d'un rhume qu'elle avait ! Voulait hier la mener à l'Aquarium. Fasciné, dompté, lui apportant les loges de la PRESSE, à ses pieds en un mot.

Et comme elle nous parle encore et que dansent toutes ces files de danseuses roses, jaunes et blanches et bleues, dans cette lumière électrique, élyséenne, paradisiaque, — la tarentelle d'une boîte de dragées dans un rayon de luxe, — la porte s'ouvre et apparaît la figure plate, ingrate et mauvaise du Peyrat, — une véritable tête d'Auvergnat, un *ferrouillat* de Saint-Flour, — qui dînait ce soir en ville, qui ne devait pas venir et qui est venu. Et comme le vieux soupirant, se tenant au fond de la loge et ne sachant comment se tenir, n'osant prendre place à côté des manteaux de Gisette, qui encombrent une chaise, sans contenance encore, comme un homme qui n'est pas du monde, et entamant, pour maintien, avec Dennery une conversation pâteuse, dont les bribes d'accent, l'ignoble accent de l'*Auverpin*, m'arrivent par bouffées à l'oreille et où de temps en temps, je perçois de vieilles métaphores rouillées de cet homme de la PRESSE, telles que César choisissant Pompée pour adversaire, des espèces d'exhumation du SELECTAE E PROFANIS, Gisette, lui jetant ses terribles coups d'œil, veut le faire asseoir, dit que ça la fatigue (1).

Mais mon dos l'ennuie et il en reste loin. J'ai le sournois plaisir de voir cet homme d'Encyclopédie et de libéralisme, ce plat écrivain du PROGRÈS, ce grand homme de la PRESSE, dans la loge qu'il a donnée, humilié, petit garçon, gêné comme un domestique et mâchonnant l'embêtement et la jalousie de voir à côté de la femme qu'il rêve un homme jeune et qui doit un peu à son âge la grande place qu'il occupe (2). Une petite victoire sur le républicanisme...

Sur ce, entre doucement, comme dans les pantomimes, ce joli arlequin de Gaiffe, qui voit Peyrat de dos, causant avec Dennery, à qui Gisette raconte un mot de ses captations et qui, ramassant quelque chose de la sortie de bal de Gisette, dit : « Ce démagogue est fol, il foule aux pieds les manteaux de Madame et la pudeur ! » Et comme par Peyrat, elle va être en rapport avec Havin, son propriétaire, qui doit lui rendre visite, Gaiffe dit : « Le parti

(1) Dans cette phrase, la proposition commençant par *Et comme le vieux soupirant* reste en suspens, sans verbe à mode personnel.

(2) Nous avons dû rétablir cette phrase, que la rature du mot *jeune* et une omission rendaient incohérente : *...la jalousie de voir un homme [jeune] et qui doit un peu à son — de la grande place à côté de la femme qu'il rêve.*

républicain est fini ! Il n'y a plus que moi ! » Puis le voilà qui se
met à tirer doucement des poches de Peyrat son mouchoir : « Oh !
c'est le mouchoir de son parti : il est sale. » Puis ses gants, puis un
porte-monnaie et pose tout ça par terre. Peyrat les écrase en se
retournant. Et Gisette : « Est-il charmant, ce Gaiffe ! Toujours
gamin ! »

Peyrat, retourné, commence, avec le charme d'un enfant
d'Auvergne, une scène qui voudrait être ironique sur les maladies
de femmes qui n'existent pas : Gisette lui avait écrit ce matin
qu'elle était malade. Mais Gisette se retourne, lui montre un
petit bouton qu'elle a sur la lèvre. — « Montrez-lui donc votre
bouton », lui avais-je dit. — Et voilà Peyrat en conversation
sérieuse sur le bouton, lui défendant de le toucher, lui indiquant
le traitement, etc... Gaiffe, là-dessus, reprend, pour nous deux,
la scie qu'il lui a faite hier, de vouloir aller à l'Aquarium, — ce
qui aurait contrarié le rendez-vous avec Gisette. Et les tirades du
pauvre Peyrat, lui disant que le dimanche, on ne voit pas bien,
etc. ! Puis on frappe au carreau (1). Peyrat va lire une lettre dans
le corridor. Revient, dit : « C'est ma femme qui est souffrante. »
C'était Gisette...

Faire d'un homme politique, dans un roman, l'amant ridicule,
le *toutou* d'une actrice, le jouet absolu de son caprice, l'amant à
quatre pattes.

Et la pièce continue, les danseuses dansent toujours. Gisette
de temps en temps, faisant mordre cet homme, comme on voit
mordre un goujon, avec des mots de coquetterie, comme : « Ah !
vous savez, je ne vous ai pas appelé *vieux bougon*. D'abord *vieux*,
à mon âge, vous concevez, ce n'est pas à moi... »

Et puis, cela finit par des confidences que Gisette et Gaiffe
me font à deux voix de leurs amours, de la boutique louée pour
leurs rendez-vous ; de cette nuit où, n'ayant pas de parapluie à eux
deux et forcée de rentrer chez elle, elle rentra avec une couverture
du lit de Gaiffe ; puis ce jour, au Vieux Caporal, où elle entendit
parler d'une altercation entre Hiroux et lui (2). Gaiffe rentra, il
mangeait des oranges, il lui glissa à l'oreille : « Je me bats

(1) Corr. éd., le Ms. portant : *bureau*.
(2) Le Vieux Caporal, drame de Dumanoir et d'Ennery, créé à la Porte-
Saint-Martin, le 2 mai 1853.

demain... » Il fallait ne rien paraître devant Dennery et d'autres imbéciles.

Puis Gaiffe, qui lorgne une jeune femme dans une loge en face, dit : « Ah ! il faut que je la rencontre en descendant. Adieu ! » Et Gisette : « Ah ! elle est aimable : elle vous donne le temps, elle met ses gants. »

Je me suis promené un instant dans le foyer avec Saint-Victor; et comme en passant contre Lecomte, je le saluais : « Qui saluez-vous donc ? — Lecomte. — Mais on ne le salue plus. C'est fini. » (1)

---

(1) Voir à l'*Index* les raisons du discrédit qui s'attache à Jules Lecomte.

ANNÉE 1862

L'E Jour de l'An, pour nous, c'est le Jour des Morts.
Le cœur a froid et compte les absents.

Nous montons chez notre vieille cousine Cornélie, au cinquième, dans sa pauvre petite chambre. Elle est obligée de nous
renvoyer, tant il vient la voir de dames, de collégiens, de famille.
Elle n'a pas assez de sièges, ni assez de place pour nous asseoir.
C'est un des beaux côtés de la noblesse, qu'on n'y fuit pas la pauvreté. On se serre contre elle. Dans les familles bourgeoises, il
n'y a plus de parents au-dessous d'une certaine position de fortune,
au-dessus du quatrième étage d'une maison.

La mesure de l'intelligence chez les individus est le doute,
l'esprit critique; de l'inintelligence, la crédulité : voir ma maîtresse
et le conseiller d'État Lefebvre.

Le journalisme est un talent que tout homme de talent
a; le journaliste est un homme qui n'a que le talent du
journalisme.

1er janvier.

Passé la journée avec un collégien, que j'ai promené. Les enfants sont plats et fades. Rien d'inattendu, de personnel, aucune pensée originale. Ils n'ont pas encore eu le temps d'avoir des idées à eux ou aux autres.

L'affaire Gisette et Peyrat prend des proportions bouffonnes. Les intérêts s'arment, se débattent, se mettent en jeu. Saint-Victor et Gaiffe, effrayés de l'influence qu'elle peut prendre dans la PRESSE, ont été faire à Peyrat un sermon, une leçon de moralité sur l'inconvenance de son amour, des relations de sa fille avec elle. Grande indignation de Saint-Victor : « Comment ! S'amuser à rôtir à la chandelle ce vieux gésier de journaliste ! » Peyrat, depuis un mois, est lugubre, traversé d'idées de suicide, paresseux à la plume, à l'attaque, enfin amoureux comme un lycéen, rôdant autour de la maison de Gisette, comme un marchand de peaux de lapins auprès des jardins d'Armide. Enfin, Saint-Victor est effrayé pour l'avenir de cette grande intelligence ! Et le fait est que le grand écrivain de la PRESSE est menacé, si cela continue, d'un ramollissement d'alinéa !

Petites choses, petites causes, petits hommes, et bien de la bouffonnerie brochant sur le tout. C'est une histoire à la Balzac, mais plus chargée de grotesque : Coralie domptant un Armand Carrel de Saint-Flour ! (1)

« Oh ! je ne lui ai rien caché, dit orgueilleusement Saint-Victor. Nous lui avons dit qu'elle était sale sur elle, et tout... » Je ne sais, mais il y a bien du choquant et du bas, de deux hommes qui ont baisé cette femme et qui vont la déshabiller pour en dégoûter leur *bourgeois.* Et puis, Gaiffe représentant la morale et les convenances de famille ! Il est de belles ironies !

Claudin nous confie tout le dessous du MONITEUR, les bévues, les intrigues, les petitesses, les compétitions de ministères, les tremblements des subordonnés; la grande victoire de Fould, se faisant communiquer une épreuve du MONITEUR, de même que

(1) Cf. Balzac, ILLUSIONS PERDUES, *Un grand homme de province à Paris* : Lucien de Rubempré arrivant d'Angoulême à Paris débutant dans le journalisme et séduit par l'amour de la petite actrice Coralie.

le Ministère d'État. Les conseils solennels au Ministère d'État sur ce titre d'un roman de Maquet, LE FILS DU PRÉSIDENT, allusion peut-être au président de la République, qu'on supprime. Le zèle et les ombrages de servilité sur la correspondance de Prusse, où Mac-Mahon est appelé *le vainqueur de Magenta* : « Il n'y en a qu'un : l'Empereur ! » L'enthousiasme du Ministère pour Sardou, son feuilleton du MÉDAILLON, pour lequel Walewski lui envoie une gratification de 1.000 francs et que le MONITEUR paye 500, total : 1.500. Puis les marches, les contre-marches, les mines, les allées, les venues, tous les souterrains remués, tous les grands personnages mis en branle, les chances perdues, regagnées, reperdues, Fould, Walewski, tout un mouvement pressant Thierry, si facile à plier, agissant sur Sardou pour retirer, donner, rendre, reprendre, dans sa pièce des Français, le grand rôle à Mlle Figeac, maîtresse de celui-ci, ayant à lutter contre la maîtresse de celui-là, — une guerre de ministre à ministre et de chefs de bureaux à chefs de bureaux dans un bidet ! (1)

Tout cela est délicieux dans la bouche de Claudin. Il conte cela naïvement, ingénument. Ses courses de l'un à l'autre, ses commissions de ministère en ministère, son barbotage dans tous ces écheveaux de fil sale, il les laisse couler dans le récit, sans révolte, sans dégoût. Il vomit de la petite histoire, comme il laisserait tomber la chose la plus naturelle et la plus banale. Il a comme une servilité virginale. Là dedans, dans ces coulisses de ministère et de journal officiel, il est à l'aise comme un poisson dans la vase.

La figure d'un pauvre me rend triste pour une journée.

De quoi est fait le talent ou le génie politique ? De grandes fautes sur un grand théâtre. C'est être un grand homme d'État que de perdre une grande monarchie. On mesure l'homme à ce qu'il entraîne avec lui.

La Restauration a été bien moins un principe politique qu'un principe religieux. C'est une cagoterie. La sacristie a mangé

(1) Le *feuilleton du MÉDAILLON* est une nouvelle de Sardou qui avait paru au MONITEUR du 3 au 5 décembre 1861. Sa *pièce des Français* est LA PAPILLONNE, qui tombera au Théâtre-Français le 11 avril 1862.

le principe. Ce n'est plus le Roi, c'est l'Église et le clergé que représente aujourd'hui Henri V et que lui font représenter les journaux. Faute énorme : son plus grand ennemi est là. Peut-être cette cagoterie de la Restauration, de la légitimité de notre temps est-elle venue de ce que l'émigration est rentrée vieille dans la patrie. La génération qui rentrait avait soixante ans, l'âge où le Diable se fait ermite. De cet âge de la pénitence, le parti a gardé la marque.

Dépenser l'argent, c'était la vie du XVIIIe siècle. L'amasser, c'est la vie moderne.

Poursuivi par la Garde nationale, — une chose qui me revient dans mes rêves sous la figure de M. Prudhomme aux Thermopyles, — je fais, je bâtis dans mon lit un livre : histoire d'un homme, où je montrerai toutes les tribulations, vols, emmerdements, par où le fait passer une société civilisée, qui ne veut permettre à personne de ne rien être, ni électeur ni juré ni rien au monde.

29 janvier.

La plus curieuse infatuation littéraire que j'ai vue est celle de Mario, bouffi, turgide d'orgueil des pièces qu'il n'a pas écrites. Se croire le talent qu'on vole est peut-être le dernier terme de la vanité littéraire : on n'ira pas au delà.

Ces jours-ci, La Guéronnière venait recommander quelqu'un à Peyrat, aux bureaux de la Presse. Un homme entre, s'incline profondément, par un reste de bassesse accoutumée dans l'échine, devant La Guéronnière, qui lui fait un salut de protection. L'homme demande à parler seul à Peyrat, puis sort. C'était un affidé du ministère de l'Intérieur, anciennement sous les ordres de La Guéronnière, qui venait défendre à Peyrat de citer l'article publié dans le Pays par La Guéronnière sur le régime impérial constitutionnel. A la nouvelle, La Guéronnière pâlit en disant : « Il paraît que c'est un grand succès. » Le détail est assez curieux sur la façon de gouvernement de la presse par le Gouvernement : silence par ordre !

Ce qu'on appelle à Paris le gamin est le type de l'esprit français, de cet esprit qui a sa note la plus pleine dans Beaumarchais, la plus grêle dans Chamfort. La véritable veine française est là, c'est le rire de Stellion (1). La France n'est arrivée à l'élévation que par les littératures étrangères, leur apport, leur migration dans Chateaubriand, Hugo.

Saint-Victor n'a aucune observation, aucune perception et intuition des choses et des gens. Son expérience n'est que l'expérience des livres. Aussi, hommes et choses, ne les juge-t-il que par l'image. L'image est pour lui la glace où il voit tout reflété.

Une scène qui se passe devant moi, à la Bibliothèque, juge pour moi M. Thiers, son histoire et sa gloire. Un homme arrive :
« Je voudrais un roman.
— On ne donne pas de romans.
— Eh bien alors, donnez-moi M. Thiers.
— Quoi ?
— Eh bien, l'HISTOIRE DE FRANCE.
— Il n'a pas fait d'HISTOIRE DE FRANCE.
— Alors, l'HISTOIRE D'ANGLETERRE.
— Non plus. »
L'homme s'en est allé.

Au XVIIIe siècle, les grands seigneurs représentent la folie, le désordre, la dépense, les caprices de l'élégance du vice, la noblesse et la finesse de la débauche. Au XIXe siècle, le gentilhomme est bourgeois. Que représente-t-il ? La famille, l'épargne, la bourgeoisie. Il n'a plus de vices de caste, — partant, plus de vertus de corps.

Un homme qui a dans le visage quelques traits de Don Quichotte, en a toujours quelques beaux traits dans l'âme.

Cela aurait fait une œuvre parfaite, exquise, si dans Crébillon fils, on eût pu arrêter cette scolastique filandreuse de

(1) L'enfant changé en lézard par Cérès pour s'être moqué d'elle, quand elle recherchait sa fille Proserpine enlevée par Pluton.

1007

l'impudeur par quelques gouttes de Beaumarchais, comme on jette un seau d'eau au cul d'une jument.

Le niveau des livres, au XVIIIe siècle, est très bas, parce que le niveau de la société est très haut. Au XIXe, c'est tout le contraire.

About, au fond, qu'est-ce ? Le fils de Louis Reybaud.

Après le vin, nous faisons d'ordinaire, nous bâtissons en causant quelque pamphlet, des préfaces furieuses d'insolence et d'ironie, que nous n'écrirons jamais. Il y a, au fond de nous, s'échappant en dehors par l'excitation, un fond d'humeur, de mépris, de chaudes colères, refoulées par la politesse et une excellente éducation.

J'ai remarqué, parmi mes amis, que tous les gens sans le sou ont l'habitude de tenir avec les deux mains leur paletot sur le ventre. Ils se croisent ainsi machinalement l'étoffe sur eux, se réchauffent et voilent en même temps leur absence de linge. Ainsi Morère, Pouthier. C'est le geste de la misère bohémienne. Le corps même prend à la longue des habitudes de pauvre.

Janvier.

Au Café Riche, je rencontre Scholl qui, mystérieusement et tout bouffi d'orgueil, m'apprend la nouvelle du jour : il est l'amant d'une ravissante actrice, Léonide Leblanc. Et aussitôt, il me montre un médaillon contenant de ses poils, car il a toujours preuves en main. C'est un Richelieu fort en garde contre les Saint-Thomas !

L'histoire du médaillon donne la note de ce monde-là. Comme Scholl lui demandait de ses poils : « Tiens, coupes-en autant que tu voudras, mais je veux te donner le médaillon pour les mettre. » Et Scholl lui voit ôter d'un médaillon quelque chose de noir : « Qu'est-ce que c'est ? — Ça ? C'est des cheveux de mon père. Je les mettrai dans un plus grand. »

Scholl me conte qu'il a donné un dîner à quatre ou cinq personnes chez Grosse-Tête et que le restaurateur a été très gentil,

qu'il n'a pas voulu lui faire de prix, qu'il l'a fort bien traité :
« Après ça, je lui ai fait assez de réclame dans le FIGARO ! » On
descend vite à ces tours de bâton du petit journalisme, à cette
réclame, un des chemins doux qui mènent au chantage.

J'ai vu, tous ces temps, chez Charles Edmond un des cinq
orateurs de l'opposition, l'élu du quartier Mouffetard, Darimon.
C'est une de ces nullités qui ne poussent pas à l'ostracisme. Physiquement, il ressemble à un bandagiste de province.

De quoi Doré a-t-il fait son talent et son succès ? De la
veine du SIRE DE FRAMBOISY (1). Des feux d'artifice de panaches
et des académies d'échaudés. Point d'originalité, point de personnalité chez ce faiseur adroit, habile, chez ce pondeur d'illustrations.
Ses paysages mêmes, — ce qu'il a fait de mieux, — descendent en
ligne droite des paysages d'Hugo, de ces paysages où Hugo
amassait, à coups de plumes, tous les pignons, flèches, crêtes des
burgs et des Notre-Dame, architectures infinies, fantômes de
dentelles noires dressées sur la lune.

Un jour de janvier.

En revenant d'un théâtre quelconque, nous descendons
les boulevards avec Gaiffe, faisant maintenant le *Premier Paris* du
journal libéral LA PRESSE. Et comme nous lui parlons de la facilité
du métier d'écrivain politique, qu'il fait si facilement, qu'il a su
du premier coup : « Les principes de 89 ! Il n'y a qu'à mettre ça,

(1) L'indication est à prendre sans doute au sens figuré, car aucune gravure
de Doré, d'après le catalogue de Leblanc, L'ŒUVRE DE G. D., ne porte ce titre. Le
Moyen Age ou la Renaissance évoqués dans les illustrations de Gustave Doré ont,
aux yeux des Goncourt, le panache factice, le faux air archaïque, qu'on trouve dans
LE SIRE DE FRANC-BOISY (ou Framboisy), cette chanson qui semble tirée de quelque
nouvelle gaillarde du XVe ou du XVIe siècle et qui, en fait, écrite par Bourget et
Laurent de Rillé, fut créée aux Folies-Nouvelles, le 3 février 1855, par un grimacier
génial, Joseph Kelm. La chanson, très populaire encore de nos jours, eut une vogue
immédiate, grâce en partie à l'application qu'on en faisait au couple de Napoléon III
et d'Eugénie. — On sait que les échaudés, dont il va être question, sont une pâtisserie
aux formes fantasques, obtenues en plongeant brusquement la pâte dans l'eau bouil-
lante : les anatomies de Doré ont parfois en effet quelque chose de ces contours
baroques.

de temps en temps, tout bonnement. Par exemple, — je vous donne ma parole d'honneur, ça n'est pas une pose, — j'ignore absolument ce que c'est. Je l'ai demandé l'autre jour à Peyrat. Il m'a dit que je voulais me moquer de lui. Mais je n'ai rien pu en tirer. Il ne m'a pas répondu, dans tout ça. Je mets souvent, comme ça, la conversation là-dessus, quand il y a du monde à la PRESSE. Je dis : « Les principes de 89... » Mais je ne peux pas arriver à leur faire dire ce que c'est. Après ça, je crois qu'on est convenu de dire ça comme ça, sans savoir ! Tenez, l'autre jour, il me passe par la tête de dire que Guéroult a abandonné les principes de 89. Oui, je me dis : « Tiens ! il me semble que cela ferait bien. » On a des jours comme ça... Voilà Guéroult qui pousse des cris, qui crie : « Qu'on le prouve ! » Ma foi ! j'étais bien embarrassé de le lui prouver. Comment vouliez-vous ?... Ça fit un bruit !... Dans les passages, des gens qui sentaient un peu l'ail, un peu le vin, un peu l'eau-de-vie, me donnaient des poignées de main rageuses en me disant : « Très bien, vous voilà posé maintenant, vous avez dit son fait à Guéroult ! » Ma foi, ne sachant comment répondre, j'ai répondu... par le mépris ! » Et là-dessus, Gaiffe éclate de rire.

Les Anciens ne séparaient pas dans l'expression la vigueur de l'amertume.

C'est une effroyable chose, au point de vue moral, que la mort de Dumolard, la mort la plus tranquillement brute qu'on ait encore vue. Il est désespérant de songer que la conscience est un privilège, auquel tous ne sont pas admis, qu'il y a des inconscients de nature, comme il y a des aveugles-nés. Et pourquoi mettre la peau d'un homme sur une ébauche de bête ? (1)

La gaîté qu'on apporte dans la bourgeoisie par l'esprit, les saillies, la gaîté, même goûtée par elle, n'a pas de prix pour elle.

(1) La place de cette note est bizarre, entre le 29 janvier et le 4 février 1862. L'assassin a près d'un mois à vivre encore. Martin Dumolard, un paysan de Pagneux, dans l'Ain, tuait depuis sept ans toutes les servantes sans emploi qui passaient à sa portée, quand une tentative manquée sur la personne de Marie Pichon amena son arrestation, le 26 mai 1861. Le procès, commencé le 26 janvier 1862, aboutit seulement le 1er février à la condamnation à mort de Dumolard. Le terrible sang-froid du condamné en instance de guillotine justifie d'ailleurs l'étonnement des Goncourt. La

Le plaisir que donne un bouffon, un homme d'esprit ou un homme d'intelligence, ne vaut pas pour le bourgeois le dîner qu'il lui donne.

La dépense d'activité, de force fiévreuse, passionnelle, d'efforts, d'intrigues, de pensées est en raison inverse de la force physique. Les hommes de notre temps en seront un grand exemple.

Janvier.

Comme Gautier faisait son feuilleton, il avait été déjà obligé de faire l'éloge de Mlle Marquet, maîtresse de M. Marchand, du Ministère d'État, dans le rôle de Célimène, à propos de quoi il disait : « Toutes ces vieilles salopes-là, elles veulent jouer Célimène. Célimène, c'est le hangar des vieilles putains ! » On lui apporte du Ministère d'État, un communiqué d'un feuilleton de province sur les succès de Doche ; il s'écrie en se révoltant à demi : « Mais au moins, qu'on me fournisse la transition ! »

Ce que j'appellerai les étonneurs de bourgeois et les *épaffeurs*, même de talent, — Taine, — manquent d'une conscience intérieure de la tête. Aussi ne sont-ils jamais des artistes. D'ailleurs, pour Taine, il faudrait faire abstraction de sa tribune, le lire hors des Débats.

L'art n'est pas un, ou plutôt, il n'y a pas un seul art. L'art japonais est un art aussi grand que l'art grec. L'art grec, tout franchement, qu'est-il ? Le réalisme du beau. Pas de fantaisie, pas de rêve. C'est l'absolu de la ligne. Pas ce grain d'opium, si doux, si caressant à l'âme, dans les figurations de la nature ou de l'homme.

Le plus beau mot du scepticisme, le plus net, le plus concret sur les changements de dynasties, de régimes, de constitutions,

---

nuit du verdict, il dort paisiblement, et le 2 février, il dit à Me Lardières, son défenseur : « Tâchez donc de me faire ôter les fers... Ça me gêne bien les pieds et je finirai par en tomber malade. » Quand il apprendra le rejet de son pourvoi en cassation, le 28 février, il mangera avec appétit le boudin du dernier repas, qu'il partagea avec sa femme, et en montant sur l'échafaud, son dernier mot est pour demander à un gendarme « de rappeler à sa femme que la Berthet leur devait 27 francs ».

a été dit par un imbécile, par mon oncle, le maître des Comptes, lorsqu'aux Cent-Jours, il était sous-chef au Ministère des Finances. On apporte dans son bureau les Actes additionnels avec deux colonnes, l'une de refus, l'autre d'acceptation :

« Qu'est-ce que c'est que ça ? lui demandent ses employés.

— Ça ? mes enfants, c'est un état d'appointements. » (1)

Il signe et passe la plume.

La propriété littéraire, la moins légale des propriétés, parce qu'elle est la plus légitime.

Ce temps-ci n'est pas encore l'invasion des barbares, c'est l'invasion des saltimbanques.

Le visa du colportage est, en fait, la moitié d'une censure. Refusé, c'est pour un roman une vente de mille en moins, la suppression, pour un succès ordinaire, de la moitié de la vente.

Gavarni doit son prénom de Guillaume à son parrain, Thiémet, le peintre, qui le mena au baptême à dix ans, en imitant les cris d'un petit enfant. Gavarni fut baptisé en disant : « Je veux pas de *crachiats* ! » Se rappelle Thiémet vieux, tout goutteux, se traînant pour marcher dans son appartement du quai de la Ferraille, avec un habit de peau tout garni de poches.

Tout le talent de Monselet, — je viens de lire un volume qu'il m'a envoyé, — consiste à animer et à faire parler les choses à peu près comme les anime et les fait parler une revue des Délassements-Comiques. Son imagination ne se hausse qu'à représenter le champagne, par exemple, sous la forme d'une femme qui a un casque d'argent et qui chante :

> Moi, je suis le Champagne
> Vin de Cocagne, etc.

---

(1) Il s'agissait, pour Jules Lebas de Courmont, de souscrire à l'Acte additionnel aux Constitutions de l'Empire, qui, à partir d'un projet de B. Constant, transformait l'Empire en régime constitutionnel et qui fut promulgué le 22 avril 1815.

Je ne sais plus ce que me raconte ma maîtresse, je ne sais où ça se passe, j'attrape au milieu de son récit : « Je me serais trouvée mal, si j'avais osé ! »

L'homme peut échapper à la langue qu'il parle. La dépravation, le cynisme des expressions déprave toujours la femme.

Qu'est-ce que le droit ? Le contraire du fait.

L'œuvre de Dennery, c'est l'idéal du *titi*, le rêve d'émotion et de romanesque du *voyou*.

Je ne sais pourquoi, je n'aimerais guère être l'amant d'une actrice qui est toujours la victime dans les pièces qu'elle joue, une jeune première persécutée, comme Lia Félix. Il me semblerait respirer, en couchant avec elle, comme l'odeur du bouquet d'Ophélia.

Il faut que Dieu ait prisé bien haut notre fraternité, pour nous la faire payer aussi cher par tous les ennuis de la vie, la délicatesse de nerfs, de goût, d'esprit et de cœur, qui fait malheureux.

Toute cette canaillerie des hommes qu'on marchande et qu'on achète, Renan et autres, vient de la diffusion de l'éducation. Des gens sans fortune, sans traditions de famille, qui ont du talent et de l'esprit, c'est là ce qui alimente le marché des corruptions.

L'autre jour, un garçon du Ministère des Affaires étrangères me contait ce joli trait de mœurs espagnoles, rapporté de Madrid par un attaché d'ambassade. Il y a une image de saint Antoine, un *San Antonio*, dans tous les bordels. Quand il vient des pratiques, toutes sortes de remerciements, de génuflexions et de prières au saint. Quand le contraire, d'abord on lui casse un doigt, puis le bras ; puis on le descend dans le puits de la maison, on l'y fouette ; et la déveine continuant, on le jette dans les lieux et on en achète un autre.
Ce jeune attaché, voulant baiser une femme très difficile, entretenue par un entrepreneur de chemins de fer, s'adresse à une

maquerelle. Celle-ci lui dit : « Bien difficile ! » Puis consent à grand'peine, à une condition, c'est qu'il lui aura le *San Antonio* de la Pilar, qui fait beaucoup d'argent. Celui-ci va chez la Pilar, consomme deux ou trois femmes et en sortant, emporte le *San Antonio* sous son grand manteau. La maquerelle cède, la femme qu'il voulait cède aussi, rien ne pouvant résister à un homme qui a pris le *San Antonio* de la Pilar. Mais il manque d'être assassiné par la vengeance de la Pilar.

Le pouvoir de la société en France, le plus indépendant et le plus frondeur des pouvoirs, a été remplacé par le pouvoir de l'opinion publique, le plus trompable et le plus servile.

4 février.

A l'assaut de Vigneron, demande de la musique. Pas de musique, pas d'entrain : « Messieurs, vous n'êtes pas généreux. »

Le charme des artistes primitifs est d'être impersonnel, contrairement aux artistes des époques formées et mûres, Rubens, Rembrandt.

Pour les ARTISTES, fin du père Roland, collant des étiquettes, peignant des poissons au Jardin des Plantes, chez M. Valenciennes (1).

6 février.

J'ai vu aujourd'hui dans le faubourg Saint-Jacques une petite fille : des yeux ! des yeux qui ont passé comme une lumière et comme une chaleur sur les miens ! Un miracle, une beauté, une aube ! Imaginez quelque chose d'angéliquement irritant, d'effrontément ingénu. Celle-ci, et puis une autre, que j'ai vue à Baïes, du même âge, dansant une tarentelle dans un débris de temple antique, ce sont deux de ces figures qui semblent s'enfoncer en vous. La femme n'a pas ce charme vainqueur de la petite fille, lorsqu'elle est pareillement adorable. Age d'ange de la femme, que cet âge

(1) Rayé depuis *Pour les* ARTISTES. — C'est bien ainsi que s'achèvera MANETTE SALOMON, sur la retraite au Jardin des Plantes d'Anatole, le peintre bohème.

de demi-enfance, où le sourire est une fleur, le sang, une rose, l'œil, une étoile du matin !

La peinture est un art inférieur. Son but est de rendre le matériel. Et qu'est-elle comme imitation de ce qui est ? Mettez-là à côté de ce qu'elle rend, à côté de la réalité, de la vie : qu'est-ce qu'un rayon sur une toile, à côté d'un vrai rayon de soleil ? La supériorité de la littérature, au contraire, est d'avoir pour domaine et pour carrière de rendre l'immatériel.

Le temps qui aura pesé sur nous avec ses entraves, ses hontes, ses dégoûts, aura eu cela de bon : il aura conservé notre talent dans le vinaigre.

Havin et les républicains ont en ce moment tout ce qui réussit en France : la persécution, la fortune et le ridicule.

Édouard me dit qu'il a été voir les INTIMES pour savoir s'il pouvait y mener sa femme (1). Je trouve ces pudeurs-là très belles de la part d'un mari, c'est-à-dire d'un homme qui déflore sa femme à peu près toutes les nuits. Il paraît que la vue d'une pièce peut être plus immorale que la vue d'un phallus...

Pour une parade, un homme buvant : « Je cherchais de l'aplomb et je perdais l'équilibre. »

Pour une comédie, idée du malheur d'un jeune homme qui a 25.000 livres de rentes et que tout le monde veut épouser : toutes les maisons se ferment à lui, parce qu'il n'épouse pas.

12 février.

En sortant de chez Gisette, nous reconduisons chez elle Mlle Peyrat, censée reconduite par Gisette et qui s'assied

---

(1) Nos INTIMES, comédie de Victorien Sardou, jouée au Vaudeville le 16 novembre 1861 : Caussade a eu tort d'inviter ses intimes à Ville-d'Avray, car ils en profitent pour médire de sa fortune, pour essayer de l'entraîner dans un duel et de séduire sa femme.

carrément, dans le fiacre où nous sommes cinq, sur les genoux de Charles Edmond. Et me voilà visage contre visage avec cette jeune fille, jambes contre jambes, à peu près comme avec une fille ramenée de la Closerie des Lilas chez un rôtisseur du Quartier Latin. Moi seul, je suis un peu gêné, étonné et me tâtant pour savoir si cela est. Il y a des convenances dont le manque semble plus extraordinaire et choque peut-être plus chez la femme qu'un manque de vertu. Les femmes relèvent encore plus de la société que de la morale.

En arrivant ainsi en contrebande devant la maison paternelle, elle pousse un cri, comme devant un entreteneur : « Ah ! Papa ! » Et elle se rejette au fond de la voiture et attend quelques minutes ainsi : « Il lit souvent la PRESSE dans l'escalier, au premier bec de gaz. »

Singulier monde ! Singulière jeune personne ! Un vrai garçon, une robe et une coiffure de fille, une voix affreuse, une physionomie vive, l'œil intelligent, le nez retroussé. Un fond de lectures grignotées en courant dans une bibliothèque philosophique du XVIIIe siècle. Je me figure ainsi Mlle Phlipon, — mais une Phlipon moins mâle et à étoffe de fille, — une Phlipon, je suppose, en soirée dans le salon d'un Audinot ou de Nicolet.

Il y a, dans ces temps-ci, un amour malsain pour ce qui est malsain. En peinture, on va à ce qui est mal peint, mal dessiné, à ce qui n'est pas réalisé, à Delacroix. Si l'on a un maître parfaitement sain et bien proportionné comme Gavarni, on va à un pléthorique, à un apoplectique comme Daumier, qu'on proclame bien supérieur.

Il y a des délicats en art, des raffinés, des prétentieux, des pointus qui n'aiment que le raté ou le lâché en art. A mesure que Michelet se décompose, qu'il n'écrit plus, qu'il ramasse dans le fumier de l'histoire une certaine bouillie de faits, comme des restes de cadavres, à la cuiller et qu'il la plaque sans syntaxe, sans verbe, on s'extasie de plus en plus. Baudelaire soulève des admirations.

15 février.

J'avais bu hier à dîner du porto. Voici ce que j'ai rêvé cette nuit.

Nous arrivions tous deux en Angleterre, avec Gavarni. A l'entrée d'un jardin public, où se pressait beaucoup de monde, j'ai perdu Gavarni. Et je suis entré dans une maison où je me suis senti transporté, comme par des changements à vue, de pièce en pièce, où des spectacles, où des sensations extraordinaires m'étaient données. De ces spectacles et de ces sensations, je ne me rappelle que ceci. Le reste était disparu de moi au réveil, quoique j'aie gardé une vague conscience que cela ait duré longtemps et que bien d'autres scènes se soient déroulées dans mon rêve.

J'étais dans une chambre et un monsieur, qui avait un chapeau sur la tête, donnait de furieux coups de tête dans les murs, et au lieu de s'y briser la tête, y entrait, en sortait, y entrait encore.

Puis dans une grande salle, j'étais couché sur une espèce de lit, dont la couverture était faite de deux figures, pareilles à ces gros masques de grotesque des baraques de saltimbanques. Et ce drap à images en relief se levait et se baissait sur moi. Et bientôt, il ne fut plus fait de ces visages de carton, mais de la figure d'un homme et d'une femme nue et d'un immense semis de fleurs, à propos desquelles je faisais la remarque que j'avais la sensation de la couleur de ces fleurs, mais non la perception : la couleur, dans le rêve, est comme un reflet dans les idées et non une réflexion dans l'œil. Et cela aussi, fleurs et couple, s'agitaient sur moi, absolument comme les flots de la mer au théâtre. Et sur tout mon corps, je sentais un chatouillement délicieux, comme si des milliers de langues m'eussent dardé de petits coups.

Après cela, dans une autre salle, étroite, haute comme une tour, j'étais attaché par les pieds, la tête en bas, nu, sous une espèce de cloche de verre; et il me tombait sur le corps une masse de petites étincelles lumineuses, d'une lumière verdâtre, qui m'enveloppaient la peau et qui, à mesure qu'elles tombaient, me procuraient le sentiment de fraîcheur d'un souffle sur une tempe baignée d'eau de Cologne.

Puis j'étais précipité, lancé de très haut et j'éprouvais la sensation de la montagne russe.

Par tous ces changements et ces impressions, j'avais une volupté non pas douloureuse, mais d'une anxiété délicieuse. Il me semblait passer comme par des épreuves franc-maçonniques, dont je n'avais point peur, mais dont la surprise avait un imprévu ravissant. C'étaient des jouissances comme une jouissance d'un péril d'où l'on serait sûr de sortir, et qui vous passerait dans le corps comme un frisson de plaisir. Il y avait là dedans comme une torture paradisiaque, un énervement idéal. L'opium doit être cela, donner cela; et s'il donne cela, j'aurais maintenant peur d'en prendre, terreur de pareilles douceurs qui doivent ne laisser à la vie, à la réalité qu'un goût de cendres, un dégoût de platitude.

Même jour.

J'étais au quai Voltaire, chez France, le libraire. Un homme entra, marchanda un livre, le marchanda longtemps, sortit, rentra, marchanda encore, acheta. C'était un gros homme à mine carrée, avec des dandinements de maquignon. Il donna son adresse pour envoyer le livre, M. Claye, à Maintenon, près Rambouillet :

« Ah ! dit France en écrivant, j'y étais en 1830, avec Charles X.

— Et moi aussi, dit le gros homme, j'y étais aussi... J'ai eu sa dernière signature, vingt minutes avant que la députation du Gouvernement provisoire arrivât. J'étais là avec mon cabriolet. Ah ! il avait bien besoin d'argent ! Il vendait son argenterie et il ne la vendait pas cher : j'en ai eu 25.000 francs pour 23.000. ...Si j'étais arrivé plus tôt ! Il en a vendu pour 200.000 francs... C'est que j'avais 15.000 bouches à nourrir, sa garde... J'étais fournisseur.

— Ah, dit France, vous nous nourrissiez bien mal ! Je me rappelle une pauvre vache que nous avons tuée dans la campagne...

— Qu'est-ce que vous voulez! Dans ces moments-là... »

Le hasard les avait mis face à face, le vieux soldat de la garde de Charles X et le fournisseur, qui avait grappillé sur une infortune royale et acheté à faux poids la vaisselle d'un roi aux abois; le soldat, libraire; le fournisseur, gros bourgeois épanoui, sonnant d'aise et de prospérité. J'ai voulu voir ce qu'il achetait : c'était une Histoire des crimes de la Papauté.

16 février.

Flaubert me raconte qu'il a travaillé une fois à Salammbô trente-huit heures de suite et qu'il était tellement épuisé qu'à table, il n'avait plus la force de soulever la carafe pour se verser à boire.

Les idolâtries populaires : sait-on combien Marat mort a eu d'autels et de tombeaux ? Quarante-quatre mille !

Le grand signe de la fille tombée à la prostitution, c'est l'impersonnalité. Elles ne sont plus une personnalité, mais une unité d'un troupeau. Le *moi* disparaît d'elles, c'est-à-dire la conscience et la propriété de soi, à ce point que dans les bordels, les filles prennent indistinctement avec les doigts dans l'assiette de l'une et de l'autre : elles n'ont plus qu'une âme à la gamelle.

17 février.

Claudin, du Moniteur, nous raconte qu'on a été tellement pressé pour la promulgation de la loi sur la conversion des rentes, que la promulgation dans le Moniteur n'a pas été faite selon le mode légal. La promulgation n'est pas en forme (1).

Plus je vais, plus je suis convaincu de ceci. Dans l'ancienne société, la seule proscription, la seule sévérité était contre tout ce qui était bas. Aujourd'hui, on ne pardonne absolument que cela : la bassesse.

18 février.

Entendu, aux Bouffes-Parisiens, Croquefer, une chose inconcevable d'insanité, la pièce la plus gâteuse que j'aie encore vue, toute faite presque entièrement de *balançoires* d'acteurs n'ayant absolument aucun rapport avec ce qu'ils jouent (2). Jamais je n'ai mieux eu la mesure de la cervelle des *gandins* qui remplissaient la salle.

Le soir, au Café Riche, je trouve Monselet. La causerie tombe sur Murger; et tout en défendant l'homme contre moi, Monselet

(1) Cf. t. I, p. 297, n. 2, sur la vaine alerte des rentiers en 1857. Fould, ayant remplacé Forcade-Laroquette aux Finances le 12 novembre 1861, décida le 8 février 1862 une nouvelle conversion de la rente : la précédente conversion du 5 % en 4,5 %, faite par Boudeau et garantie dix ans, remontait à 1852. L'actuelle conversion du 4,5 % était d'ailleurs facultative. Mais elle servit de prétexte à la spéculation et de brusques oscillations de 3 francs sur le fonds à convertir furent enregistrées.

(2) Croquefer *ou le Dernier des Paladins*, opérette bouffe en un acte, de Jaime et Tréfeu, musique d'Offenbach, créée aux Bouffes-Parisiens le 12 février 1857.

avoue que très souvent, lui et les autres amis de Murger l'ont obligé de cinq francs, de vingt francs, sans qu'il leur soit jamais venu à l'idée de demander le même service à Murger.

Au fond, ce garçon a été fort gâté, vivant et mort. Il a eu son couvert mis un peu partout, son petit verre sur toutes les tables de cafés et de brasseries, son entrée presque immédiate à la Revue des Deux Mondes. Tout lui a été ouvert, les mains, les bourses, les avances de tous les journaux. Il est mort sans souffrance et sans conscience. Il a eu un enterrement de premier ministre, des oraisons funèbres comme un grand homme, une statue de la Jeunesse sur sa tombe, une apothéose dans le Figaro... Monselet est à peu près convenu que c'était une gloire et un martyre à bon marché.

En sortant avec lui, je lui parle du peu de salons ou plutôt, de l'absence totale de salons ouverts aux lettres, tandis qu'au XVIIIe siècle... A ce, Monselet me répond : « Mais enfin, qu'est-ce que font les de Broglie, après dîner ? »

19 février.

Notre procès au Conseil d'État a été jugé, notre pourvoi rejeté attendu qu'il n'y avait pas de préjudice pour nous à ce qu'une autre personne prît notre nom et en usât. C'est encore heureux que par le fait du vol de notre nom, la justice de notre pays ne nous ait pas retiré le droit de le porter.

Au fond, le jugement du Conseil d'État se réfute lui-même : en reconnaissant notre droit, par ses termes mêmes, il l'annihile en lui accordant le partage. Je possède, je suppose, un jardin, une personne en usurpe l'usage, je la poursuis : le tribunal dit qu'il n'y a pas de préjudice pour moi à ce que cette personne soit confirmée dans cette jouissance.

Mais il faut bien donner quelque chose au dévouement à l'Empereur...

Cervelle ! pensée ! arme effroyable, voilée à tous ! Recoin, refuge, vengeance de l'homme qui a les profondeurs, les ténèbres et les sécurités de sa conscience ! Replis secrets de nous-mêmes, où chauffe sans bruit et dans l'ombre quelque chose qui portera plus haut que les bombes d'Orsini et qui de la statue de la gloire, retombera sur son enfant pourri. Être ce rien, qu'on peut briser d'un coup de tribunal ou de police, d'une baïonnette de zouave, d'une chiquenaude d'arbitraire : deux hommes, et porter derrière la peau, sous le front, l'histoire de Napoléon et la tenir comme un poignard, dont on caresserait le manche dans sa poche (1).

Les femmes n'ont jamais fait quelque chose de remarquable qu'en couchant avec beaucoup d'hommes, en suçant leur moelle morale : Mme Sand, Mme de Staël. Je crois qu'on ne trouverait pas une femme vertueuse qui vaille deux sous par l'intelligence. Jamais une vierge n'a produit quelque chose.

Je suis convaincu que depuis le commencement du monde, il n'a pas existé deux hommes vivant comme nous, uniquement plongés, abîmés, engloutis dans les choses d'intelligence et d'art. Là où il n'y a pas d'intelligence ou d'art, il nous manque quelque chose comme la respiration. Des livres, des dessins, des gravures bornent notre vie, nos yeux mêmes de tous côtés. Feuilleter, regarder, nous passons notre vie à cela. Là est notre centre, *Hic sunt tabernacula mea* (2). Rien ne nous en tire, rien ne nous en arrache. Nous n'avons aucune des passions qui sortent l'homme d'une bibliothèque ou d'un musée, de la contemplation, de la réflexion, de la jouissance d'une idée ou d'une ligne. L'ambition politique, nous ne la connaissons pas; la femme, nous l'avons réduite dans notre existence à sa plus simple expression : à la possession hebdomadaire.

20 février.

Entre chez nous une femme en deuil, voilée, que nous amène Flaubert. C'est Lagier, qui nous parle pendant deux heures de sa mère qu'elle vient de perdre et de son cul qui est toujours à elle, et à bien d'autres. Sa mère ou son cul, son cul ou sa mère, sa mère et son cul : voilà successivement son thème d'attendrissements et de salauderies. Une profanation inouïe... Les Anciens

---

(1) Ce projet vengeur n'exclut pas la prudence : le texte Ms. porte seulement *les b. d'O.* et *l'histoire de N.* — Cf. t. I, p. 1089, n. 1, sur ce projet des Goncourt.

(2) Citation approximative et référence fausse. Cf. Ézéchiel, XXXVII, 27 : *Et erit tabernaculum meum in eis*, « Et mon pavillon sera parmi eux. »

mettaient leurs larmes dans une bouteille de verre, Lagier semble pleurer sa mère dans une capote.

Puis un récit des amours de Gisette, avec un déshabillé complet, dans une langue de Béroalde de Verville, du Rabelais mimé, tout chaud, tout gras, trempé dans de l'argot de coulisses et de bordel et des expressions comme : « Des tétons ! des tétons, vous savez, à se moucher dedans ! »

Crémieux est mourant. Le grand auteur des Bouffes-Parisiens, en plein délire, agonise en faisant des imitations d'acteurs. Mourir en imitant Désiré, c'est effroyable ! Il passera dans une cascade. Ne dirait-on pas la Mort se blaguant elle-même dans le cerveau d'un vaudevilliste ?

Vendredi 21 *février.*

Nous dînons avec Flaubert chez les Charles Edmond. La conversation tombe sur ses amours avec Mme Colet. L'histoire de l'album, dans son fameux roman, Lui, est absolument fausse : Flaubert a le reçu des huit cents francs (1).

Point d'amertume, point de ressentiment, du reste, chez lui, pour cette femme qui semble l'avoir enivré avec son amour furieux et dramatisé d'émotions, de sensations, de secousses. Il y a une grossièreté de nature dans Flaubert qui se plaît à ces femmes terribles de sens et d'emportement d'âme, qui éreintent l'amour à force de transports, de colères, d'ivresses brutales ou spirituelles.

Une fois, elle est venue le relancer jusque chez lui, devant sa mère qu'elle a retenue, qu'elle a fait rester à l'explication, sa mère qui a toujours gardé, comme une blessure faite à son sexe, le souvenir de la dureté de son fils pour sa maîtresse : « C'est le seul point noir entre ma mère et moi », dit Flaubert.

(1) Sur les origines du roman de Louise Colet, sur ses amours avec Flaubert et avec Musset, cf. t. I, p. 684, n. 1. Sur l'épisode de l'album, cf. Lui, 1860, p. 342 sq. Albert de Lincel (Musset), feuilletant les lettres de Léonce (Flaubert) à la marquise de Rostan (Louise Colet), prouve à celle-ci que Léonce n'est qu'un avare indifférent, à propos notamment de cet album d'autographes, envoyé par la marquise à un libraire londonien dans un moment de gêne : Léonce, au cours d'un voyage à Londres, lui a annoncé négligemment que l'album n'était pas vendu, au lieu de faire le geste qui s'imposait et de racheter l'album sans le dire.

Lui, l'a aimée aussi avec fureur. Un jour, il a failli la tuer :
« J'ai entendu craquer sous moi les bancs de la Cour d'assises. »

Un de ses grands-pères a épousé, nous dit-il, une femme au
Canada. Il y a effectivement du sang de Peau-Rouge dans sa personne, son caractère, son goût même, une violence, une santé, une
grossièreté...

Sur le boulevard, en revenant, Flaubert et nous, nous tombons
sur un couple de gens épanouis, comme des gens après boire. C'est
Monselet, qui nous présente son ami, le chansonnier Gustave
Mathieu, une tête de Don Quichotte, sculptée dans un nœud
de bois au bout d'une canne. Nous allons nous asseoir, boire et
causer à la taverne de Peters. Là, Mathieu récite son ROI GAUDIRU,
le mimant, le jouant, le déclamant, le chantant avec la voix nerveuse et mordante de Rouvière, détachant chaque ton de ses
vers, faisant fuir le lointain du cor sous bois, en mettant sa main
devant sa bouche. Les vers, où passent des paysages à la Doré, ont
un certain souffle hugolien, au moins au débit.

Monselet me parle de son article dans le FIGARO sur Chicard :
qu'il a vite ouvert nos HOMMES DE LETTRES pour se donner le ton,
qu'il a cherché à s'entraîner d'après nous, qu'il ne fait que suivre
notre voie; et avec une expansion un peu activée et fluente par
l'ivresse, nous lâche toute l'estime qu'il a pour notre talent et
nous confie qu'ayant des enfants naturels, il nous a chargés par
son testament de vendre sa bibliothèque et de leur en remettre
l'argent. Je suis assez touché et fier de cette marque d'estime. Nous
sommes une relation de Monselet, dans laquelle il a plus de confiance
qu'en ses amis. Il y a un respect de nous, tout autour de nous et
même parmi la Bohème.

De confidence en confidence, Monselet me conte sa peine,
son ennui d'être gros, lui qui a toujours rêvé la sveltesse, d'avoir
la tournure d'un notaire des Batignolles ou d'Épinal (1). Puis il
m'étale sa grosse main boudinée, la main du portier des Chartreux dessinée par Boucher : « Moi qui soigne ma forme, —
on ne peut pas me refuser dans ce que je fais une certaine recherche,
une distinction, — eh bien! voyez cette main! » Et il fait passer sa
main. « C'est la main d'un cochon, la main de Dumolard. » Et la
tendant à Flaubert : « Est-ce que vous voudriez avoir cette main-là

---

(1) Add. éd. : *tournure.* Pour le *portier des Chartreux* cf. t. I, p. 755, n. 1.

1023

dans votre famille ? » Et il s'arrose de plus en plus avec un grog au gin.

Sur le boulevard, Flaubert me parle du projet d'ouvrage qui doit suivre SALAMMBÔ. Il veut faire une féerie et avant de la faire, il lira toutes les féeries faites jusqu'à lui (1). Le singulier procédé d'imagination...

Notre charbonnière vend son fonds. Rose me dit qu'elle est désolée, — désolée de l'idée qu'elle n'aura plus d'argent dans sa poche, l'argent de la vente allant et venant sous le tablier. Il paraît que c'est la grande désolation des marchands qui se retirent, de ne plus entendre battre cette monnaie, le gain sonnant et brinqueballant, qu'on palpe et qu'on écoute.

Dans son enfance, Gavarni ne comprenait pas qu'il pût y avoir une combinaison d'autre air que *Marlborough* et *Trempe ton pain dans la soupe.*

Rien de plus difficile qu'une idée de comédie. Peut-être à faire, dans ce temps-ci, LE GENTILHOMME BOURGEOIS.

Claudin m'a affirmé sur l'honneur ceci. Il était à souper à la Maison d'Or avec Roger de Beauvoir. On veut avoir des filles pour *faire les puces* : on sonne le chasseur du restaurant, on l'envoie en demander chez la Farcy. Les filles n'arrivent pas. Roger regarde dans l'escalier et voit le chasseur fort occupé à lire. Il l'appelle et lui demande ce qu'il lit :

« Je lis ce que Monseigneur m'a dit de lire, dit cet homme, un Allemand benêt et blond.

— Quel Monseigneur ? — Mais Monseigneur de Nancy, d'où je viens. Il m'a dit : « Tu vas à Paris. C'est un pays de perdition : lis Tertullien. » Et je lis Tertullien. »

Il lisait Tertullien dans l'escalier de la Maison d'Or, entre deux courses chez la Farcy. Jamais l'imagination n'approchera des invraisemblances et des antithèses du vrai.

(1) C'est LE CHATEAU DES CŒURS, auquel collaboreront Bouilhet et d'Osmoy, qui sera achevé en décembre 1863 et que Flaubert, sa vie durant, proposera en vain à des directeurs de théâtre.

Claudin ajoute que Roger s'amusant à faire parler ce chasseur, le chasseur dit qu'il reconnaissait la vraie peinture de toutes les femmes qu'il amenait et voyait passer dans saint Jean Chrysostome.

1er *mars.*

Nous allons dîner chez Julie. Charles Edmond arrive à six heures et demie : « Il y a eu un discours du Prince, qui a duré trois heures,... d'une modération ! Et la voix aussi ferme, aussi posée au bout de trois heures... Ah ! que c'est embêtant ! En sortant, il m'a dit : « Je vous attends, pour voir ce soir la sté-nographie de mon discours. » Il faut que j'y aille dîner. » (1) Il met une cravate blanche et il part.

Nous arrivons au Cirque. C'est la première représentation de ROTHOMAGO (2). Salle brillante. Cela devient de mode d'aller aux premières. Les grandes biches rayonnent à la galerie. Les corridors sont pleins de ces jolis hommes, avec ces décorations étrangères, qui remplissent les corridors de l'Opéra les jours de bal. Un jeune homme un peu lancé, un quart d'agent de change, un remisier qui court la gueuse et fait du chic ne peut se dispenser de paraître à une première. Il faut être vu là, comme à un bal de souscription aux Provençaux : cela pose.

Dans les loges, il y a une assez jolie corbeille de prostitution. Chose admirable qu'un théâtre, comme cercle de débauche ! De la scène à la salle, des coulisses à la scène, de la salle à la scène et de la salle à la salle, jambes de danseuses, sourires d'actrices, regards de lorgneuses, tout cela se croise, dessine de tous côtés aux yeux le Plaisir, l'Orgie, l'Intrigue. Impossible de ramasser en moins de place plus d'irritations d'appétits, d'invites au coït. C'est comme une Bourse de la nuit de la femme.

---

(1)   Du 20 février au 3 mars 1862, le Sénat discute l'adresse à l'Empereur. Le prince Napoléon, qui avait déjà le 1er mars 1861 prononcé un discours passionné sur la Question Romaine, intervient le 22 février et le 1er mars pour démontrer que la puissance temporelle est inutile au Souverain Pontife. Cf. t. I, p. 1041, n. 1.

(2)   ROTHOMAGO, qui était le nom du ludion qu'utilisaient certains diseurs de bonne aventure, avait déjà servi à baptiser une revue des frères Cogniard au Palais-Royal (1er janvier 1839). C'est maintenant une « féerie à grand spectacle, en 25 tableaux, 5 actes, dont un prologue », de d'Ennery, Clairville et Albert Mounier, créée le 1er mars 1862 au Théâtre Impérial du Cirque.

J'entre dans la loge de Saint-Victor. Nous causons des signes, des menaces du temps, de cet ambigu et de cette duplicité de mesures, de la lettre de l'Empereur à Renan, pour s'excuser de la suspension de son cours : une politique en partie trouble ! (1) Puis se penchant à mon oreille, il me dit : « Faites attention ! Bacciochi est dans la loge à côté. »

Je vais m'installer à une loge de là, dans la loge de Gisette. A côté sont ses amies, les maîtresses de marchands de chevaux des Champs-Élysées, nommés Tony, dont l'une est une ancienne fameuse écuyère de l'Hippodrome, Rosalie. Ces femmes ont des têtes épouvantables, mélangées de camée antique et d'animal, sculpturalement, implacablement brutes, — des types de femmes de gladiateurs, de maîtresses de belluaires.

Gisette est préoccupée, sans verve, comme à toutes les représentations de Dennery. Il y a les inquiétudes du succès, des recettes futures, — ça se jouera-t-il cent ou deux fois ? — la caisse enfin.

Elle n'a pas dîné et répète à tout moment qu'elle a faim.

La machine rejoue. Des décors éblouissants montent, descendent devant le *titi* enthousiasmé. C'est le Paradis moderne pour le peuple, que ces pièces à grand spectacle du Boulevard. Ce que la cathédrale gothique avec ses pompes et ses richesses était à l'imagination du Moyen Age, le *truc* l'est au rêve du titi. Au ciel du Faubourg Antoine, le corps de ballet remplace les Anges et les Dominations.

On entre à côté, dans la loge des marchandes de chevaux; une femme pâle, brune, des yeux de velours et de diamant noir, qui dit en entrant : « Il a prononcé un discours magnifique... et d'une modération! » C'est Jeanne de Tourbey, la maîtresse actuelle du Prince.

Gisette me dit : « J'ai un service à vous demander. Descendez aux baignoires, dans la loge de la petite Peyrat, et dites-lui qu'elle ne monte pas dans ma loge, à cause de cette société ! » Et elle montre ses amies et la Tourbey.

---

(1) Le 22 février 1862, des réactions tumultueuses accueillirent au Collège de France la leçon inaugurale de Renan, où il avait notamment parlé du Christ comme d'un « homme incomparable ». Son cours est suspendu le 26 février et ne sera rétabli que sous la Troisième République.

A un entr'acte, je sors. Gautier m'accroche le bras sur le boulevard, s'appuie dessus et nous fumons en causant : « Voilà comme j'aime le spectacle,... dehors ! J'ai trois femmes dans ma loge, — sa femme et ses deux filles, — qui me raconteront ce qu'on aura joué. » Puis, inquiet des choses qui se passent, de ce qu'il y a dans l'air, de ce qui flotte d'inquiétude et de malaise :

« C'est assommant, ce temps-ci, on n'est pas plus tôt arrangé avec ce qui est... Car enfin, on ne peut s'abstraire de son temps. Il y a un pouvoir, il y a une morale, imposés par les bourgeois de son époque, auxquels il faut se soumettre. Il faut être bien avec son commissaire de police. Qu'est-ce que je demande ? C'est qu'on me laisse tranquille dans mon coin.

— Oui, vous voulez une carte de sûreté du Gouvernement !

— C'est cela... Eh bien, j'étais très bien avec les d'Orléans. Quarante-Huit arrive, la République me met pendant des années sous le hangar... Je me *rarrange* avec ceux-ci, me voilà au MONITEUR... Et puis, voilà ces affaires, cet homme qui va à droite et à gauche, on ne sait pas ce qu'il veut... Et puis, ce temps-ci, on ne peut rien dire. Qu'est-ce que vous voulez ? ils ne veulent plus du sexe dans le roman. J'avais un côté sculptural et plastique. J'ai été obligé de le renfoncer. Maintenant, je suis réduit à décrire consciencieusement un mur ; et encore, je ne peux pas décrire ce qui peut être dessiné dessus, un phallus par exemple. »

Et de là, il remonte à la liberté du XVIIIᵉ siècle où l'on pouvait écrire JACQUES LE FATALISTE, — du XVIIIᵉ siècle « dont tout homme un peu fort de ce temps-ci descend ». Nous repassons les abaissements des succès, tombés à Noriac, des haines mêmes, tombées à About.

Puis de là à la société, à la femme : « La femme s'en va, dit-il, il n'y a plus de fond. Elle n'est plus qu'une petite gymnastique vénérienne et un petit fonds de sentimentalité Sandeau, avec du Dennery, la *Croix de ma mère*, et c'est tout (1). Plus de salon, plus de centre ! » Et sur cette idée que je développe : « Enfin, voilà une chose bien curieuse ! J'étais, l'autre jour, au bal chez Walewski. Je

---

(1) La *croix de ma mère* est une allusion plaisante aux situations de mélodrame, où une relique familiale amène une reconnaissance. L'origine semble en être, chez Voltaire, la tragédie de ZAIRE (acte II, sc. 3), où cet objet chrétien, égaré dans une cour musulmane, permet à Lusignan de reconnaître Zaïre pour sa fille.

ne suis pas le premier venu, n'est-ce pas, dans ce temps-ci ? Eh bien, je connaissais à peu près deux cents hommes; mais je ne connaissais pas trois femmes. Et je n'étais pas le seul ! »

Je rentre. On ouvre la porte de la loge à côté. Un grand pli cacheté est tendu à Jeanne de Tourbey, qui se hâte de le cacher en le montrant, de façon à faire murmurer autour d'elle : « C'est du Prince ! » Un quart d'heure après, un autre pli et le même jeu. Peut-être bien sont-ce les épreuves du discours du Prince. Bouffon ! Cette maîtresse de prince, à *tu*, à *toi* avec des écuyères, dans une loge de filles, se faisant expédier des plis en public, faisant luire un municipal chargé de dépêches à sa porte ! Cette ancienne fille d'un bordel de Reims, tenant toujours au directeur de théâtre Fournier par ces liens de gens qui se sont prostitués ensemble, procurée au Prince par Girardin ! Allons ! Ce sont de bien basses et bien petites amours de prince. Et je jouis à les toucher de si près dans leur misère et leur ridicule.

Peyrat, dans un entr'acte, vient humblement présenter ses hommages à Gisette. C'est toujours l'Auvergnat amoureux, avec lequel Gisette joue, comme une duchesse avec la déclaration d'un chaudronnier : autre spectacle comique ! Il n'y a rien de beau pour moi comme un homme politique, c'est-à-dire soi-disant sérieux, jouant de l'accordéon aux pieds d'une vieille putain, — et surtout quand l'homme est un libre-penseur !

Claudin me dit que la Mercier de l'Opéra lui a demandé où j'étais. Et je vois la lorgnette de l'avant-scène me chercher, se tourner vers moi et me trouver. J'ai gardé pour cette femme entrevue je ne sais quel désir vague et qui parfois me revient, comme un pastel pâle et effacé. Elle m'a laissé une petite note douce et tendre, tout en buvant du rhum et en fumant des cigares. Il y a de ces femmes qui vous laissent, on ne sait pourquoi, comme une petite fleur dans les pensées.

Et je la regarde. Peut-être est-ce ce qu'il y a de meilleur, de plus suave dans l'amour, que ces regards qui cherchent et se trouvent, s'isolent et se joignent au milieu de tant de monde, seuls au monde un moment. Et le manège est surtout charmant, quand la femme, comme celle-ci avec Daru, son amant, est obligée de vous regarder sans en avoir l'air, vous jette un sourire sous sa lorgnette, met son manteau et ses fourrures lentement, sur le bord de la loge, et vous jette ce dernier regard gai et doux, qui dit : « Adieu ! » et qui dit aussi : « Au revoir ! » Des regards, l'œil appuyé sur l'œil, cette flamme qui va de l'un à l'autre ; une communion de pensées dans ce sens physique et pourtant idéal ; tout cet appétit non des sens, mais de la pensée, qui va vers ce petit point qui, à force de regarder, n'est plus l'œil de la femme, mais une image lumineuse et brouillée, un commencement de rêve, — oui, c'est un délicieux chatouillement sur lequel on aime à rester. Rien ne me serait plus désagréable après cela, que de trouver la femme dans mon lit. J'aime désirer. Le bonheur de l'homme est toujours à l'horizon.

Lundi 3 mars.

Il neigeote. Nous prenons un fiacre et nous allons porter nos livraisons de l'ART FRANÇAIS à Gautier, rue de Longchamp, 32, à Neuilly (1).

C'est dans une rue pleine de bâtisses misérables et rustiques, de cours emplies de poules, de fruiteries qui ont, à la porte, des petits balais de plumes de poules noires ; une rue à la façon de ces rues de banlieue que peint Hervier, de son pinceau sale.

Nous poussons la porte d'une maison de plâtre et nous sommes chez le Sultan de l'épithète. Un salon à meubles de damas rouge ; bois dorés, lourdes formes vénitiennes. Des vieux tableaux de l'école d'André del Sarto, avec de belles parties de chairs jaunes. Au-dessus de la cheminée, une glace sans tain, historiée d'arabesques de couleur et de caractères persans, genre Café Turc. Une somptuosité pauvre et de raccroc, comme un intérieur de vieille actrice retirée, qui n'aurait touché que des tableaux à la faillite d'un directeur en Italie, ou d'un patricien de Venise dans la débine.

Nous lui demandons si nous le dérangeons : « Pas du tout, je ne travaille jamais chez moi ; je ne travaille qu'au MONITEUR, à l'imprimerie. On m'imprime à mesure. L'odeur d'encre d'imprimerie, il n'y a que cela qui me fasse marcher. Et puis, il y a cette loi de l'urgence. C'est fatal, il faut que je fasse ma copie... Je ne puis travailler que là... Je ne pourrais maintenant faire un roman

(1) L'ART DU XVIIIe SIÈCLE des Goncourt a paru en fascicules de 1859 à 1875 : en 1862, ils avaient déjà publié LES SAINT-AUBIN (1859), WATTEAU (1860), PRUD'HON (1861) et BOUCHER (1862).

que comme ça, en imprimant à mesure, dix lignes par dix lignes...
Sur l'épreuve, on se juge. Ce qu'on a fait devient impersonnel,
tandis que la copie, c'est vous, votre main, ça vous tient par des
filaments, ce n'est pas dégagé de vous (1)... Je me suis toujours
fait faire des endroits pour travailler. Eh bien, je n'ai jamais pu y
rien faire ! Il me faut du mouvement autour de moi. Je ne travaille
bien que dans le sabbat, au lieu que quand je me mets quelque
part pour travailler, la solitude m'attriste... On travaille encore
très bien dans une chambre de domestique à tabatière, avec une
table de bois blanc et un pot dans un coin, pour ne pas descendre
pisser, et du papier bleu, du gros papier à sept sous. »

De là, il passe à la REINE DE SABA (2). Nous lui avouons
notre complète infirmité, surdité musicale, n'aimant, n'entendant que la musique militaire : « Eh bien, ça me fait grand
plaisir, ce que vous me dites là ! Je suis comme vous, je préfère
le silence à la musique, je suis seulement parvenu, comme j'ai
vécu une partie de ma vie avec une cantatrice, à discerner
la bonne de la mauvaise musique (3). Mais ça m'est absolument égal...

« Et ce qu'il y a de curieux, c'est que tous les écrivains de ce
temps-ci sont comme ça : Balzac l'exécrait, Hugo ne peut pas la
souffrir, Lamartine lui-même, qui est un piano à vendre ou à louer,
l'a en horreur. Je n'en connais pas un ! Il n'y a que quelques
peintres qui ont ce goût-là...

« En musique, ils en sont maintenant à un gluckisme assommant. Ce sont des choses larges, lentes, ça retourne au plain-
chant... Ce Gounod est un pur âne ! (4). Il y a, au second acte,
deux chœurs de Juives et de Sabéennes qui caquettent auprès

(1) Add. 1887 depuis *Sur l'épreuve...*

(2) Opéra de Gounod sur un livret de Carré et Barbier, inspiré de G. de
Nerval (Opéra, 28 février 1862).

(3) Dans cette phrase, allusion à Ernesta Grisi.

(4) Add. 1887 en note : *Mon frère et moi avons cherché à représenter nos contemporains en leur humanité, avons cherché surtout à rendre leurs conversations dans leur vérité
pittoresque. Or la qualité caractéristique, je dirai, la beauté de la conversation de Gautier était
l'énormité du paradoxe. C'est dire que dans cette négation absolue de la musique, prendre cette
grosse blague injurieuse pour le vrai jugement de l'illustre écrivain sur le talent de M. Gounod,
ce serait faire preuve de peu d'intelligence ou d'une grande hostilité contre le sténographe de
cette boutade antimusicale.*

d'une piscine, avant de se laver le derrière : eh bien, c'est gentil, ce chœur, mais voilà tout ! Toute la salle a respiré, on a fait un *Ah !* de soulagement, tant le reste est embêtant ! »

Le nom de Verdi revient sur le tapis et nous lui demandons naïvement qu'est-ce que c'est : « Eh bien, Verdi, c'est un Dennery, un Guilbert de Pixérécourt, vous savez. Il a eu l'idée en musique, quand les paroles étaient tristes, de faire *trou trou trou*, au lieu de faire *tra tra tra*. Dans un enterrement, par exemple, il ne mettra pas un air de mirliton. Rossini n'y manquerait pas : dans SÉMIRA-MIDE, il fait entrer l'ombre de Ninus sur un air de valse ravissant... Voilà tout son génie en musique, à Verdi ! »

Revenant à la bêtise de la féerie du Cirque : « Fournier, lui, est un homme d'esprit. Il n'en fait pas faire de nouvelles. Il reprend tous les deux ou trois mois le PIED DE MOUTON (1). Il fait repeindre un décor bleu en rouge ou un rouge en bleu, il remet un truc, des danseuses anglaises... Tenez, pour tout, au théâtre, ça devrait être comme ça. Il ne devrait y avoir qu'un vaudeville; on y ferait quelques changements de temps en temps. C'est un art si abject que le théâtre, si grossier ! »

Se plaint de ce temps : « C'est peut-être parce que je commence à être vieux, mais enfin, dans ce temps-ci, il n'y a pas d'air. Il ne s'agit pas seulement d'avoir des ailes, il faut de l'air... Je ne me sens plus contemporain... Oui, en 1830, c'était superbe, mais j'étais trop jeune de trois ou quatre ans. Je n'ai pas été entraîné dans le plein courant : je n'étais pas mûr... J'aurais produit autre chose... »

La causerie va sur Flaubert, ses étranges procédés de cons-cience, de patience, de sept ans de travail : « Figurez-vous que l'autre jour, il m'a dit : « C'est fini; je n'ai plus qu'une dizaine de phrases à écrire, mais j'ai toutes mes chutes de phrases ! » Ainsi, il a déjà la musique des fins de phrases qu'il n'a pas encore faites, il a ses *chutes*... Que c'est drôle, hein ?... Moi, je crois que surtout, il faut dans la phrase un rythme oculaire. Par exemple, une phrase qui est très longue en commençant, ne doit pas finir petitement, brus-quement, à moins d'un effet. Un livre n'est pas fait pour être lu à haute voix... Et puis, très souvent, son rythme, à Flaubert, n'est que pour lui seul, il nous échappe. Il se gueule ça à lui-même.

(1) Cf. t. I, p. 790, n. 2.

Vous savez, il a des *gueuloirs,* de ses phrases qui lui semblent très harmoniques ; mais il faudrait lire comme lui, pour avoir l'effet de ses *gueuloirs...* Enfin, nous avons des pages, tous les deux, vous dans votre VENISE (1)... Eh bien, c'est aussi rythmé que tout ce qu'il a fait, et sans nous être donné tant de mal !...

« Il a un remords qui empoisonne sa vie, ça le mènera au tombeau ; c'est d'avoir mis dans MADAME BOVARY deux génitifs l'un sur l'autre, *une couronne de fleurs d'oranger* (2). Ça le désole ; mais il a beau faire, impossible de faire autrement... Voulez-vous voir ce qu'il y a dans la maison ? »

Et dans la salle à manger, où sa femme et ses filles déjeunent ; dans la chambre de ses filles, où la toilette est tout ouverte ; dans l'escalier tournant autour d'un tuyau de poêle, qui chauffe ; puis en haut, dans un petit atelier, d'où l'on voit le jardin, maigre et pelé comme en hiver, taillé en carrés de légumes, il nous montre les dons des artistes à sa critique, — pauvres dons qui montrent toute l'avarice et la lésinerie de ce monde des artistes pour un homme qui, à tant de noms de l'art moderne, a bâti tant de piédestaux en feuilletons, tant de gloires en phrases, en recommandations au public, en descriptions si nettes et si colorées. Beaucoup de dessins de Ferogio ; une très juste et très charmante esquisse d'Hébert, des PIFFERARI ; un blond Baudry ; une NUIT de Rousseau, un rayon de lune par la porte de corne (3), le songe d'une nuit de Fontainebleau, exquis et rare ; beaucoup de Chassériau ; une MACBETH de Delacroix ; des fleurs de Saint-Jean et deux petits tableaux de femmes nues, — des tableaux qui vont de Devosge à Devéria, — tableaux du maître chez lequel il a appris la peinture au faubourg Saint-Antoine (4). Ce n'est pas du reste celui-là qui fut son vrai maître, ce fut Diderot !

(1) Les Goncourt comptaient intégrer dans une mise en scène fantaisiste leurs notes de voyage de 1855-1856. De cette ITALIE LA NUIT, l'ARTISTE publia seulement en 1857 le fragment de VENISE, réédité dans PAGES RETROUVÉES (1886). Cf. t. I, p. 230, n. 1.

(2) Cf. MADAME BOVARY, ch. V (éd. 1939, p. 51) : *un bouquet de fleurs d'oranger.* C'est le bouquet de noces de la veuve Dubuc.

(3) Pour la réminiscence virgilienne de la *porte de corne,* cf. t. I, p. 793, n. 1.

(4) Louis-Édouard Rioult. Il habitait près du temple protestant de la rue Saint-Antoine, à proximité du collège Charlemagne, où Gautier était encore élève, quand il entra en 1829 dans l'atelier de Rioult.

Chez Flaubert, Feydeau nous ouvre le Saint des saints de l'argent, le fond de cette caserne de millions : la maison de Rothschild, le cabinet de Rothschild, précédé de cette antichambre où tous attendent pêle-mêle, personnages, agents de change, courtiers, avec les garçons de bureau, une égalité devant Rothschild, absolue comme l'égalité devant la mort ! Rothschild y entre le chapeau sur la tête. Jamais un salut, tous s'inclinent. Parfois, l'homme leur fait la politesse d'une plaisanterie, toujours la même : « *Messié* de la Bourse, s'il y a des variations dans les cours, je *fous* autorise à prendre l'omnibus pour m'en prévenir. *Ponchour !* »

Puis c'est le bureau. Une pièce basse, très longue, une sorte d'entrepont où est le bureau de Rothschild, le bureau de ses fils, où pendent, devant, douze sonnettes, — douze sonnettes qui vont on ne sait où, qui correspondent à tous les Potoses de la terre, qui sonnent dans toutes les banques ! (1) Un bureau où passent tant d'intérêts, tant de prières, les objets d'art apportés par les brocanteurs, les demandes d'aumônes, les ordres d'achat, — « Achetez trente mille », — tout le tripotage du Crédit !

Rothschild, dans sa vie, n'a reconduit que deux hommes : Michel, l'assassin, — qui sous Louis-Philippe, dans une liquidation forcée, lui a apporté un monceau de rentes, — et ces jours-ci, le nonce du Pape...

Lundi 10 *mars.*

Scholl m'amène ce soir cette petite merveille de nature et de prostitution, Léonide Leblanc. Elle emplit ma chambre de sa robe de soie, ma glace des rayons de ses diamants. Des grâces d'oiseau, des sourires d'oiseau, des baisers d'oiseau et pas plus de cervelle qu'un oiseau. C'est bon à mettre en cage dans un harem ! « Il faudrait, lui dis-je, faire faire votre portrait par Vidal. — Vidal, où est-ce, ça ? » Elle croyait que c'était un photographe. Ces femmes-là sont de jolis petits animaux, qui s'élèvent parfois à l'intelligence du singe.

(1) Potose ou mieux Potosi, ville et montagne jadis péruviennes, aujourd'hui boliviennes, fameuses par leurs mines d'argent.

Les caricatures révolutionnaires sont généralement au pointillé. Ainsi, les discours révolutionnaires sentent l'huile.

Comme je causais avec un libraire de l'exportation des livres en Amérique, il m'a signifié cette exportation avec les titres de deux genres demandés en Amérique : Berzelius et Rigolboche... Berzelius et Rigolboche ! L'apport de l'ancien monde à la cervelle du nouveau !

11 *mars.*

Nous allons visiter les catacombes avec Flaubert. Des os si bien rangés que ceux-là rappellent les caves de Bercy. Il y a un ordre administratif qui ôte tout effet à cette bibliothèque de crânes. Puis l'ennui de tous ces Parisiens loustics, un véritable train de plaisir dans un ossuaire, qui s'amusent à jeter des lazzi dans la bouche du Néant, cela crispe.

Il faudrait, pour l'effet, des montagnes, des piles mêlées d'ossements et non des rayons. Cela devrait monter tout le long de voûtes immenses et se perdre en haut dans la nuit, comme toutes ces têtes se perdent dans l'anonyme et dans la poudre qui n'est plus qu'un tout.

Et puis il y a des vers inscrits sur des plaques. La rime profane la mort... En regardant tous ces restes, tout ce peuple d'os, je me demandais. « Pourquoi ce mensonge d'immortalité, le squelette ? »

L'autre jour, j'ai entendu dans l'escalier une fille qui demeure sur mon palier crier à sa bonne : « Quatre sous d'absinthe et deux sous de beurre ! » Deux mots qui résument la vie matérielle de la courtisane pauvre : de quoi faire une sauce et de l'ivresse,... le boire et le manger de ces créatures qui vivent à crédit, sur un caprice d'estomac et une illusion d'avenir.

Tous les côtés forts du jeune homme, aujourd'hui tournés vers l'intrigue, la fortune, la carrière, étaient tournés au XVIIIe siècle vers ou contre la femme. Toute vanité, toute ambition, toute intelligence, toute fermeté et résolution d'action et de plan étaient alors dans l'amour.

J'ai vu aujourd'hui, chez un marchand de bric-à-brac une tête de mort couronnée de lauriers. N'est-ce pas la Gloire ?

La charbonnière de notre rue est fort scandalisée. Elle a envoyé, ces jours-ci, pour la première fois à confesse sa petite fille de huit ans. Le prêtre lui a recommandé deux choses : de ne pas chanter le MIRLITON, la chanson des rues du moment, et de ne pas regarder les statues de femmes nues qu'elle pourrait avoir sous les yeux chez ses parents. La singulière façon de faire entrer l'âme d'une petite fille dans la notion de Dieu ! Et la belle illusion de ce confesseur, qui prend la tanière d'un attelage de porteurs d'eau pour une succursale du Musée secret de Naples ! (1)

Le plus grand critique du XVIIIe siècle, c'est Trublet, Trublet qui a trouvé cette définition sublime du génie de Voltaire : « la perfection de la médiocrité », Trublet qui a mis La Bruyère au-dessus de Molière (2).

J'ai été voir la fameuse SOURCE de M. Ingres. C'est une restitution d'un corps de jeune fille antique, restitution peinée, lissée, naïvement bête. Le corps de la femme n'est pas immuable. Il change selon les civilisations, les époques, les mœurs. Le corps du temps de Phidias n'est plus un corps de notre temps. Autres mœurs, autre siècle, autre ligne. L'allongement, les grâces élancées de Goujon et du Parmesan, ce n'est que la femme de leur temps, saisie dans l'élégance du type. De même, Boucher ne fait que rendre la caillette du XVIIIe siècle, pleine de potelures. Le peintre qui ne peint pas la femme de son temps ne restera pas.

12 mars.

Comme je parle de Rothschild à Charles Edmond, me dit qu'il ne connaît de lui qu'une affaire, fort à son honneur. Son

---

(1) Le *Musée secret* ou *Cabinet réservé* du Musée Royal Bourbon renfermait alors 180 pièces érotiques provenant des fouilles d'Herculanum.

(2) D'après Jacquart (L'ABBÉ TRUBLET, 1926, p. 409), Trublet dit seulement que Voltaire « est tout et dans un très haut degré, mais il a des supérieurs en tout » (ESSAIS, éd. 1762, IV, 251). Cf. MÉMOIRES SUR FONTENELLE, 1759, p. 52, pour Molière et La Bruyère.

ami Herzen étant fils naturel d'une Mlle Hague, qui lui avait laissé 800.000 francs, déposés à la Banque de Saint-Petersbourg, lorsque Herzen s'enfuit de Russie, le gouvernement voulut confisquer l'argent. Rothschild, que Charles alla trouver, se fit aussitôt donner une traite antidatée sur ces 800.000 francs ; et comme devant un aussi gros bonnet, on n'osa point retenir l'argent, l'argent venu, il le remit à Herzen, en ne prenant qu'un droit d'un quart pour cent; se chargea même du placement, de le faire valoir, et acheta à Herzen l'Hôtel du Havre, place du Havre, qui rapporte maintenant à Herzen 80.000 francs par an.

12 mars.

Nous sommes à l'Opéra, dans la loge du directeur, sur le théâtre. A côté de nous, Peyrat et Mlle Peyrat, une jeune fille élevée par le XVIIIe siècle, s'étant fait un idéal de Mme Du Barry, causant de tout, parlant de tout, ayant à peu près tout lu, mais en linotte; ayant pour charme et pour intelligence, — assez petite au reste, — de jeter en bavardant un mot sur Michelet, sur la Révolution, sur beaucoup de choses, auxquelles ne touche pas d'ordinaire la pensée des femmes.

Et tout en causant, j'ai les yeux sur une coulisse qui me fait face. Contre le montant de bois, accrochée contre le quinquet qui l'éclaire, la Mercier, toute blonde, chargée de fanfreluches dorées, de colliers qui brillent, rayonne dans une lumière chaude comme une haleine, qui lui caresse la peau et mêle aux lueurs de sa peau le miroitement des bijoux faux. Le front, la joue, l'épaule baisés et mordus par cette flamme, ce jour ardent du quinquet, elle se modèle en lumière, absolument comme la petite fille au poulet de la Ronde de Rembrandt : même pénétration du rayonnement, même éclair étendu de la femme à sa robe, même pâte de jour d'où sort le dessin des traits, un sourire de soleil (1).

Puis derrière la figure lumineuse de la danseuse qui se dresse comme le désir, un fond merveilleux de ténèbres et de lueurs, de nuit et de réveillons. Des formes qui se perdent dans des ombres et dans les lointains fumeux et poussiéreux; des têtes de femmes en chapeaux cabossés, le bas du visage dans une mentonnière

(1) Cf. t. I, p. 955, la description de la Ronde de Nuit.

faite d'un mouchoir ; une paillette d'or sur un casque qui fait deviner un pompier ; et là-bas, là-haut, sur des traverses, comme des passagers passant les jambes par le bastingage, des têtes et des blouses d'ouvriers, serrés, attentifs, dans des poses de singes.

A propos de cette lumière, de cette espèce de gloire frappant la Mercier et la faisant nager dans un rayon, je me demande — cela me rappelle tellement les effets de Rembrandt ! — si Rembrandt usait pour peindre de la bête d'habitude des peintres de faire poser son modèle dans un atelier au nord, comme tous nos peintres. Dans un atelier au nord, on n'a, pour ainsi dire, que le cadavre du jour et non son corps, sa vie radieuse. Il me vient l'idée, la conviction que l'atelier de Rembrandt était au midi et que par un système quelconque, des rideaux par exemple, il dirigeait le jour sur son modèle, il l'amassait sur ce qu'il voulait, il le dardait à sa volonté ; il peignait, en un mot, le soleil dans sa vérité, dans son intensité, d'après nature. Cela est, pour moi, flagrant d'après sa RONDE DE NUIT, qui est une ronde de jour.

La toile tombe, les rochers retombent dans le troisième dessous, les nuages remontent au cintre, le bleu du ciel remonte lentement au ciel, les praticables démontés s'en vont par les côtés, pièce à pièce. Les poutres, l'armature nue du théâtre peu à peu se met à jour. L'on croirait voir s'en aller peu à peu les illusions de la vie. Comme ce ciel, comme ce lointain, remontent lentement au ciel l'horizon de la jeunesse, les espoirs, tout le bleu de l'âme. Comme ces roches, s'abaissent et sombrent, une à une, les passions vigoureuses, fortes, généreuses. Et ces ouvriers qui, sur la scène, vont et viennent sans bruit, mais empressés, emportant par morceaux tous ces beaux mensonges, firmaments, paysages, accessoires, roulant les toiles et les tapis, ne figurent-ils pas les années, dont chacune emporte dans ses bras quelque beau décor de notre âme, quelque cime où elle montait, quelque nuage où elle se mirait, quelque coupe qui était de bois, mais qui nous semblait d'or ?

Et comme perdus là dedans, les idées à la dérive, nous regardions toujours, — le théâtre était tout nu, tout vide, — une voix d'en bas cria : « Prévenez ces messieurs de l'avant-scène. » Il paraît que la REINE DE SABA était finie. Je me suis toujours demandé pourquoi un opéra finissait...

Un médecin m'a raconté ce matin un prodigieux détail des amours de l'Empereur. La femme, apportée aux Tuileries, dans une voiture, déshabillée dans une première salle, passant nue dans celle où l'Empereur l'attend, également nu, reçoit de Bacciochi, qui l'amène, cette recommandation et cette permission : « Vous pouvez embrasser Sa Majesté partout, excepté sur le visage. » Je crois que comme déification, on n'était pas encore arrivé à faire du visage d'un homme un Saint des saints, qu'un baiser profanerait ! (1)

Qu'est-ce qui arrive dans la vie ? Rien. Quel roman, quel imprévu dans le XIXᵉ siècle ? Aucun. Ce qu'il arrive ? Un embêtement de la Garde nationale, un tambour qui s'obstine à déposer chez votre portier des papiers tendant à vous déguiser en soldat-citoyen, — un soldat aussi vieux que le soldat-laboureur, — ou vous assignant devant une cour martiale, présidée par votre épicier. Car il n'est pas juste de dire que nous sommes arrivés à l'égalité par la Garde Nationale comme par mille autres choses, par le suffrage universel par exemple. Si je suis l'égal de mon domestique, qui est mon co-votant, je suis l'inférieur de l'homme qui me vend à faux-poids, lequel est toujours adjoint quelque part et capitaine dans quelque chose.

Nous avons dépensé ce soir 20 francs au restaurant. Je ne sais guère pourquoi; simplement parce que nous avions envie de les dépenser là. Le marchand, — restaurant ou autre, — ne vous fait jamais payer ce qu'il vous vend, mais le désir qu'on a de la chose qu'il vend. Ceci est la base et peut-être l'excuse du commerce.

De ce bon dîner, en tête-à-tête, nous sortons tristes. Le XVIIIᵉ siècle l'avait parfaitement compris : point de joie pour l'homme raffiné, intelligent que la Société.

Type pour LA JEUNE BOURGEOISIE, M. Dailly, l'homme du Devoir, faisant tout par principe, une bonne action sans élan, une générosité par convenance, orgueil de soi-même. L'ordre en tout :

(1) Précautions sous un Empire : les Goncourt n'écrivent que les initiales des mots *Empereur, Tuileries* et *Sa Majesté...*

lecture depuis sept ans à ses enfants, ponctuellement, de telle heure à telle heure. Ne reçoit que le jeudi, parce que c'est un jour férié. Mène ses enfants au spectacle le Mardi gras, parce que c'est un jour consacré à la joie... Un homme qui semble fils d'une pendule, d'un almanach, d'un registre en partie double. S'estimant lui-même, estimant ses raisonnements, ses arguments à mesure qu'il gagne de l'argent. Rapportant tout à lui, même l'obligeance qu'il a pour les autres... Un homme à rendre fou furieux, par la cohabitation, une nature artiste et libre.

15 mars.

Comme je dînais au *Bœuf à la mode*, le garçon qui me sert apporte à deux dîneurs, qui les lui ont demandés, deux chiens grands comme la moitié de la main, modelés en cire. C'est lui qui a fait cela. C'est plein de mouvement, bien posé; l'arrêt est supérieurement saisi. Évidemment, il y a là l'étoffe d'un sculpteur, perdu à monter et descendre un escalier de restaurant... Mais non! Si cet homme est né pour être sculpteur, il le sera. L'homme fait ce qu'il doit faire. La vraie vocation, le vrai talent, le don a la force de la vapeur : il y a toujours un moment où il éclate.

C'est de l'insolence à un sot d'être misanthrope.

L'éprouvette du raffinement du goût d'un homme, de sa plus exquise éducation, — ou corruption, si l'on veut, — la marque extrême de sa finesse et de sa sensibilité, ce n'est ni le tableau ni le bronze ni peut-être même le dessin. C'est ce produit où l'industrie s'élève à l'art le plus chatouillant pour l'œil de l'amateur et, en même temps, le plus indéchiffrable pour l'œil du profane : c'est le laque, dont les degrés de beauté, les splendeurs, la qualité sont si peu écrites et demandent à être si subtilement devinées; le laque qui, avec le même caractère d'apparence et une gamme à peu près du même ton, donne tant de notes et va, dans de petites merveilles, à ce *crescendo* qui ravit par l'harmonie des ors usés, le relief plus fin que la plus fine orfèvrerie, la perfection absolue dans le petit et l'exquis. Il n'y a qu'une objection contre ceci : c'est M. Thiers. Mais il ne fait qu'en acheter. Quelqu'un lui traduit son laque et le comprend pour lui.

1039

JOURNAL

Dimanche 16 mars.

À l'avenue des Champs-Élysées, près de l'Arc de Triomphe, nous allons voir l'appartement, les meubles mis en vente d'Anna Deslions, la célèbre maîtresse de ces deux célébrités, le prince Napoléon et Lambert-Thiboust, la fille que nous avons eue si longtemps en face de nous et qui, du quatrième de notre maison, s'est élevée à ce luxe, à cette fortune, à l'éblouissement du scandale !

Après tout, ces filles ne me sont point déplaisantes. Elles tranchent sur la monotonie, la correction, l'ordre de la société, sur la sagesse et la règle. Elles mettent un peu de folie dans le monde. Elles soufflettent le billet de banque sur les deux joues. Elles sont le caprice lâché, nu, libre et vainqueur, à travers un monde de notaires et des joies d'avoués.

Tout, chez elle, est du gros luxe d'impure, un paradis rêvé et réalisé par un tapissier, rien de plus. Un salon blanc et or, une chambre à coucher de satin rouge, des boudoirs de satin jaune ; de l'or relevant tout cela et jeté à poignées. Des glaces dorées horriblement lourdes ; une assez belle garniture de toilette, des cuvettes et des pots à eau énormes en cristal de Bohême jaune gravé. Un effort de richesse dans la chambre à coucher : des causeuses brodées en chenille sur satin blanc.

Comme objets d'art, des tableaux... ô ironie ! Au milieu de la soie, à un mur, un Bonvin représentant un homme attablé dans un cabaret. Il semble que ce soit un portrait de famille, une trace de l'origine, le père de la fille, passant la tête au milieu de sa fortune ! Puis sur un autre mur, des travailleuses aux champs, glaneuses ou faneuses, par Breton, pliant sous le labeur, la sueur au front, mettant au milieu de cet or, dans cet intérieur de putain, l'image du travail, de la campagnarde hâlée, arrachant son pain à la terre avare.

Dans la bibliothèque, — car elle avait une bibliothèque ! — j'ai vu à côté des bréviaires du métier, — FAUBLAS, MANON LESCAUT, les MÉMOIRES DE MOGADOR, etc., — les QUESTIONS DE MON TEMPS par Émile de Girardin. Imaginez l'offrande de la TRIANGULATION DES POUVOIRS à la Vénus Pandemos ! (1)

---

(1) La Vénus ou plutôt l'Aphrodite *Pandemos*, c'est, chez Platon, la patronne de l'amour charnel et populaire, s'opposant à la Vénus céleste, à l'Aphrodite *Ourania*. Cf. BANQUET, 180 sqq. Le titre de la TRIANGULATION DES POUVOIRS doit faire

Pour les bijoux remplissant une vitrine, c'était l'écrin d'une Faustine, trois cent mille francs d'éclairs, qu'elle faisait jouer sur sa peau d'ambre. En les regardant, penché dessus, je revoyais, dans leur lumière, comme une lueur du passé, la Deslions, demandant, lorsque nous donnions à dîner, à notre bonne de faire en notre absence le tour de notre table servie, pour se régaler les yeux d'un peu de luxe...

Elle ne vend au reste ni robes ni cachemires : elle garde ses outils.

Le soir, nous allons avec Saint-Victor chez Charles Edmond. Et comme Saint-Victor lui demande qui a fourni au prince Napoléon les documents de son discours contre la papauté, Charles Edmond lui répond comme à une question naïve : « Eh ! l'Empereur ! » (1)

Dimanche 23 mars.

Nous sommes à attendre Flaubert dans l'entrée du Café de la Porte-Saint-Martin, rendez-vous des gens de théâtre, au-dessous du billard appelé, je ne sais pourquoi, le *Saluto*. Flaubert arrive, superbe, en gilet blanc, et avec l'air de sortir d'un grand étonnement : « Je viens de chez la Tourbey et devinez avec qui je l'ai trouvée en tête-à-tête ? Avec Jules Lecomte ! »

Puis de là, nous ouvre un aperçu, très vraisemblable, sur l'espionnage du Prince par cette femme, aidée dans ce métier par Lecomte, et nous conte que, l'autre dimanche, chez cette Mme Cornu, — la femme du peintre, l'amie de l'Empereur, la femme savante par excellence, collant les plus forts en archéologie,

---

allusion à la théorie platonicienne des trois pouvoirs, en corrélation avec les trois classes de la société et avec les trois principes de l'âme : cf. RÉPUBLIQUE, III, 414 c-415 d et IV, 436 a-439 b (voir éd. Robin, *Introduction*, p. XXXVI). — LES AMOURS DU CHEVALIER DE FAUBLAS, roman de Jouvet de Couvray (1787-1790).

(1) Cf. t. I, p. 1025, n. 1, sur cette discussion de l'adresse ; le 22 février, défendant la presse libérale et la politique romaine du Gouvernement contre l'ultramontain La Rochejacquelein et faisant du Premier Empire le couronnement de la Révolution, le prince Napoléon en vint à dire que Napoléon Ier avait été ramené aux Tuileries en 1815 aux cris de : « A bas les nobles ! A bas les émigrés ! A bas les prêtres ! » C'est tout au moins ce qu'on entendit. La version officielle, faisant dire au Prince : *A bas les traîtres !* convainquit peu de gens ; l'incident déclencha une polémique de presse et le ministre Billault dut se désolidariser de ces « théories aventureuses ».

type de Mme Dacier modeste, — Mme Cornu lui a demandé des renseignements sur Jeanne et a fini par lui dire : « Elle fait un vilain métier. Je sais qu'elle a reçu 100.000 francs de la police. » Et elle a dit ce « Je sais » comme une personne parfaitement bien informée.

Les plis cachetés, apportés l'autre jour dans la loge de Tourbey, étaient positivement les épreuves du discours du Prince (1). A peine si j'avais osé le deviner...

Comme Lagier joue la Tour de Nesle, nous entrons dans les coulisses par ces corridors, tout empuantis, noircis, fumeux d'huile qui brûle. Ça sent le lumignon, la poussière, le chaud et le gras, la colle de pâte, un tas d'odeurs qui enivrent Flaubert. Lagier est en scène. D'une porte, nous voyons défiler les danseuses, dont l'une, imitant la voix d'un *canard*, crie sous son costume de gitane : *L'Ordre et la marche du Bœuf gras, les endroits ousqu'il passe...*

Puis nous descendons sur la scène, contre les portants tout couverts de vieilles affiches, sous les ciels découpés, avec des quinquets par derrière, derrière le dos des bons bourgeois et bourgeoises Moyen Age, montés sur un banc pour meubler les côtés de la scène.

Lagier rentre, en costume splendide de Marguerite de Bourgogne, traînant sa graisse et sa majesté, portant sa gorge et sa jupe. Elle se met à se déshabiller. « Faut-il serrer cela ? » dit sa bonne, une petite Anglaise qu'elle appelle Ketty, qui trotte comme une souris et qui ne marche pas sur moi, assis à terre, tant le canapé, les chaises sont encombrés de débris de costumes, de morceaux de royauté et de l'envergure de Lagier, qui répand ses tripes et son cul. « Je m'en fous », dit Lagier.

La voilà en chemise, puis en simple corset. Elle passe ses aisselles — un bonnet à poil — à la société, puis s'assied sur moi, me passe des *langues* : « Je te trouve froid... » Allume une cigarette, s'assied en officier sur une chaise, montre son genou, enflé par un rhumatisme et s'écrie : « Ah ! je ne sais pas ce que je donnerais pour aimer quelqu'un ! Je voudrais me passer la main dans les cheveux et me dire : *J'aime* ! Mais je ne puis pas me dire cela et me regarder dans une glace, sans que ma conscience ne m'éclate de rire au nez ! »

(1) Cf. t. I, p. 1025 et p. 1028.

Elle se frotte, en disant cela, contre l'un, contre l'autre : « J'ai eu, aujourd'hui, une envie de tirer mon coup, j'en ai pleuré ! Je me suis branlée trois fois en me servant de ma main droite pour mener ma main gauche. » Et elle va de l'un à l'autre, se rejetant sur Edmond qu'elle appelle « un grand *resucé* », sur Flaubert, sur moi à qui elle dit : « Toi, tu baises dans des coins une femme du monde lymphatique. » Et elle finit par nous dire à tous trois, après ses avances de Pasiphaé : « Ah, tenez ! vous êtes des *modernes*, tous les trois !... Je t'assure, pourtant, je serais une affaire, cette nuit ! Ce serait le meilleur coup que tu aurais tiré... »

Imaginez Suzanne entre les trois vieillards ; ou plutôt, la cabotine cynique, une sorte de vache hystérique, les sens de la tête et du cul montés par le rôle de Marguerite de Bourgogne, voulant se payer un peu de chair fraîche, de la Tour de Nesle en imitation, demandant des hommes, allumée par la prose de Dumas, les tirades, les quinquets, l'incarnation crapuleuse du personnage qu'elle vient de jouer ! Quelque chose d'effroyable, de répugnant et de glacial ! Elle avait l'air d'une ogresse faisant le trottoir...

Histoire d'un ivrogne qui va dégueulant par tout son chemin, et à chaque fois qu'il dégueule, il répète : « Je te vendrai, je te vendrai ! » Ça intrigue un monsieur qui le suit et lui dit :
« A qui en avez-vous ?
— Je te vendrai, dit toujours l'ivrogne.
— Mais qui ça ?
— Eh bien mon cul ! Puisque je chie par la bouche, je n'en ai pas besoin. »

La plus grande force morale est dans l'écrivain. Elle consiste à mettre sa pensée au-dessus de tous les ennuis, au-dessus de la vie, pour la faire travailler libre et dégagée. Il faut s'abstraire des chagrins, des préoccupations, de tout, pour s'élever à cet état où se fait la conception, la création. Car ce n'est pas une opération mécanique et de simple application physique, comme de faire des additions. Il ne s'agit pas de combiner, mais d'inventer, de créer.

Flaubert, exemple frappant de l'infériorité de l'homme comparé à son livre. Charles Edmond, le contraire.

Le luxe est notre nécessaire. Jamais d'argent pour l'utile : on trouve toujours 300 francs pour un dessin, jamais 20 francs pour des draps.

24 mars.

Mulot : « Mon Dieu ! mon père ne m'a pas forcé. Seulement il m'a dit : « Vois si ça te va ; je ne veux pas te forcer, ça te regarde. Seulement, je dois te dire que je me suis fait faire un habit neuf ; et tu comprends, ce serait ennuyeux... »

Mulot s'est marié à cause de cette dépense paternelle... Haut grotesque !

Jeudi 27 mars.

C'est la Mi-Carême. Nous dînons chez Gisette. Il y a Gautier, sa femme et ses filles, Peyrat, sa femme et sa fille, Gaiffe et toujours un des individus interlopes qui semblent d'habitude faire le quatorzième de cette société, un monsieur Couturier, ex-journaliste, brocanteur de tableaux et affermeur, par là-dessus, des chaises au Prado.

Les filles de Gautier ont un charme singulier, une espèce de langueur orientale, une paresse et une cadence des gestes et des mouvements, qu'elles tiennent du père, mais élégantifiées par la grâce de la femme ; des regards lents et profonds, ombrés de l'ombre de longues paupières ; un charme qui n'est pas français, mais mêlé à toutes sortes de choses françaises, de gamineries un peu garçonnières, de paroles masculines, de petites mines, de moues, de haussements d'épaules, de mépris, d'ironies montrées avec les gestes parlants de l'enfance, qui les sortent et en font des êtres tout différents des jeunes filles du monde. De jolis petits êtres très personnels, dont se dégagent les antipathies et les sympathies, comme à la première heure ; jeunes filles qui doivent être mal jugées, qui apportent dans le monde la liberté et la crânerie d'allure d'une femme qui, dans un bal masqué, a le visage caché par un loup ; jeunes filles au fond desquelles on perçoit une certaine candeur, une certaine naïveté, une expansion aimante et généreuse qu'on ne trouve pas chez les autres.

L'une d'elles, tout en manquant tout bas, très fort, de respect à sa mère, qui cherche à l'empêcher de boire du champagne, me conte sa première passion de couvent, son premier amour pour

ANNÉE *1862*

un lézard, un lézard qui la regardait avec son œil doux et *ami de l'homme* un lézard qui était toujours en elle et sur elle, qui passait à tout moment la tête par l'ouverture de son corsage pour la regarder et disparaître. Pauvre petit lézard, qu'une compagne jalouse écrasa méchamment et qui, ses boyaux derrière lui, se traîna pour mourir près d'elle. Elle dit ingénument, alors, qu'elle lui creusa une petite tombe, sur laquelle elle mit une petite croix, et qu'elle ne voulut plus aller à la messe, plus prier, sa religion étant morte, tant l'enfant, chez elle, trouvait cette mort injuste.

Au dessert, les femmes sorties, les hommes le cigare à la bouche, un bruit de piano dans le salon à côté, la parole va à la sortie de Peyrat de la PRESSE, à ce guet-apens monté contre lui par Girardin, pour rentrer dans le journal, en faire le journal du Prince en même temps que la trompette de ses affaires de terrains du Bois de Boulogne, — pour lesquelles, dit-on, il est attaqué, à l'heure qu'il est, en escroquerie (1).

Peyrat est là, tortillé sur lui-même, la figure grimaçante, tourmentant d'une main sa jambe gauche, repliée sur sa jambe droite, tantôt les bras croisés, tantôt la tête basse, les mains plongées au fond de ses poches.

On l'engage à transiger, à accepter les 18.000 francs qu'on lui offre par an, ou plutôt à en demander 12.000, à sortir du journal, à en fonder un autre. On lui parle de la situation impossible qui lui sera faite, quand même il gagnerait son procès, s'il veut se maintenir de force contre les actionnaires. A toutes les paroles, il ne fait que se tortiller avec un sourire amer :

« Et vous, monsieur de Goncourt, quel est votre avis ?

— Moi, je résisterais. Et si je gagnais, je leur dirais : « Vous « êtes des coquins. Je m'en vais, non parce que vous n'avez « plus voulu de moi, mais bien parce que je ne veux plus rester « avec vous ».

— Oh ! stupide, absurde, enfantin ! s'exclame Gautier. La chose la plus dure qu'il puisse arriver à un honnête homme, c'est de faire la joie des coquins; et il n'y en a pas une plus grande pour

(1) Peyrat était directeur politique de la PRESSE, depuis que Polydore Millaud avait vendu le journal à Solar en 1859. Ébranlé déjà par la déconfiture de Solar et la cession de la PRESSE à Arsène Houssaye (1860), Peyrat est ici menacé par la rentrée de Girardin, qui reprend, de 1862 à 1866, la direction de la feuille qu'il avait créée.

eux que de leur abandonner de l'argent qu'ils vous doivent. Ils vous traitent de jobard. Il faut transiger.

— Cela fait, dit Couturier, l'homme pratique, huit ans à 18.000 francs, 146.000 francs. Moi, je leur demanderais une somme sèche. Hein, une somme sèche, 100.000 francs...

— C'est cela, dit Dennery. Mon cher Peyrat, va-t-en à la campagne demain et envoie-moi une feuille sur laquelle il y aura : *Bon pour pouvoir*, et je te rapporte 90.000 francs.

— Cent mille, dit Gautier.

— Quatre-vingt dix mille », reprend Dennery, et sur l'étonnement de tout le monde : « Que vous êtes enfants ! Les sommes rondes, c'est la mort des affaires. Il ne faut jamais, au grand jamais, demander des sommes rondes. Peyrat n'obtiendra rien, s'il demande cent mille. »

Peyrat n'écoute pas. Il se parle à lui-même, en renversant sur la table, dont on a enlevé la nappe, les dernières gouttes d'un verre de bière qu'il étend avec son doigt sur les rallonges :

« Oh, la misère ! Si je n'avais pas ma fille, si j'étais seul... Qu'est-ce que me fait la misère ? Je n'ai jamais eu dans ma poche plus de vingt-cinq centimes; je n'ai pas besoin d'argent, moi... Tenez, l'autre jour, un de mes anciens amis me rencontre au théâtre et dit : « Tiens, Peyrat au spectacle et avec des gants ! » Oui, c'est vrai, je n'avais jamais porté de gants. La misère...

— La misère, reprend Gautier, nous avons tous passé par là. Je suis entré dans la littérature avec 60 francs, que m'a donnés ma mère, et je crois qu'il n'y en a pas plus à la maison, n'est-ce pas ? dit-il à Grisi qui entre. Puis, il y a une misère atroce. C'est quand vous avez une notoriété, un nom, et que les éditeurs sont censés vous donner cent mille francs d'un volume, qu'ils vous achètent cinq cents, et que les bourgeois s'étonnent de vous voir dans des troisièmes de chemin de fer ou sur l'impériale des omnibus...

— Qu'est-ce que c'est que ça auprès de la misère où j'ai passé ? dit Peyrat. Mais savez-vous que j'ai été obligé de retirer mon enfant de pension, parce que je n'avais pas d'argent ? Et savez-vous que mon enfant, chez moi, est restée quatre mois sans sortir, sa santé se perdant, pourquoi ? Parce que je n'ai pas eu, pendant ces quatre mois, de l'argent pour lui acheter des chaussures... » Puis, tout à coup, sortant de cet ordre d'idées : « Non, ce que vous me conseillez là, c'est impossible, impossible, impossible... »

Et devant cette belle lutte de l'honnête, du mépris de l'argent, au milieu des révoltes et des tressaillements des entrailles du père de famille, dans cette victoire de l'honneur, l'homme de Saint-Flour, le chaudronnier, l'homme inélégant, l'homme à la vilaine tête, aux vieilles métaphores, se transfigurait. Cette antipathie profonde, qu'au premier jour, j'avais sentie s'élever en moi contre lui, se fondait et je me sentais pris d'une profonde sympathie pour cet homme pâle et grimaçant, dans lequel battait si haut le cœur de l'honnête homme, le cœur du père.

29 mars.

Flaubert est assis sur son grand divan, les jambes croisées à la turque. Il parle de ses rêves, de ses projets de romans. Il nous confie le grand désir qu'il a eu, désir auquel il n'a pas renoncé, de faire un livre sur l'Orient moderne, l'Orient en habit noir (1). Il s'anime à toutes les antithèses que son talent y trouverait : scènes se passant à Paris, scènes se passant à Constantinople, sur le Nil, scènes d'hypocrisie européenne, scènes sauvages du huis-clos de là-bas, — semblables à ces bateaux qui ont sur le pont, à l'avant, un Turc habillé par Dusautoy et à l'arrière, sous le pont, le harem de ce Turc. Il nous parle de têtes coupées pour un soupçon, une humeur.

Il s'éjouit à la peinture des canailles européennes, juives, moscovites, grecques; il s'étend sur les curieuses oppositions que présenterait çà et là l'Oriental se civilisant, tandis que l'Européen retourne à l'état sauvage, tel que ce chimiste français, qui, sur les confins du désert de Lybie, n'a plus rien gardé des habitudes et des mœurs de son pays.

De ce livre ébauché, il passe à un autre qu'il dit caresser depuis longtemps, un immense roman, un grand tableau de la vie, relié par une action qui serait l'anéantissement des uns par les autres, d'une société qui, basée sur l'association des Treize, verrait l'avant-dernier de ses survivants, un homme politique, envoyé à la

---

(1) Ce roman sur l'Orient moderne se fût peut-être intitulé HAREL-BEY. Voir le scénario publié par Mᵐᵉ M. J. Durry, FLAUBERT ET SES PROJETS INÉDITS, 1950, p. 104-108. D'après Du Camp, l'idée en remonterait au voyage en Orient de 1849-1851, et Flaubert, le 10 nov. 1877, écrivant à Mᵐᵉ des Genettes, parlera encore de ce projet sans résultat.

guillotine par le dernier, qui serait un magistrat, et cela pour une bonne action (1).

Il voudrait aussi faire deux ou trois petits romans, non incidentés, tout simples, qui seraient le mari, la femme, l'amant (2).

Le soir, après dîner, nous poussons jusque chez Gautier, à Neuilly, que nous trouvons encore à table, à neuf heures, fêtant le prince Radziwill, qui dîne, et un petit vin de Pouilly, qu'il proclame très agréable. Il est très gai, très enfant. C'est une des grandes grâces de l'intelligence.

L'on se lève de table, l'on passe dans le salon. L'on demande à Flaubert de danser l'*Idiot des salons*. Il demande l'habit de Gautier, il relève son faux-col; je ne sais pas ce qu'il fait de ses cheveux, de sa figure, de sa physionomie, mais le voilà tout à coup transformé en une formidable caricature de l'hébétement. Gautier, plein d'émulation, ôte sa redingote et tout suant et tout perlant, son gros derrière écrasant ses jarrets, nous danse le *Pas du créancier*. Et la soirée se termine par des chants bohêmes, des mélodies terribles dont le prince Radziwill jette admirablement les notes stridentes et rugissantes.

La vie est l'arme et le bouclier de la vie. Un homme d'étude, de cabinet, un homme qui n'a vécu qu'avec ses livres, arrive aux hommes et à la vie désarmé comme un enfant contre les femmes, les gueuses, les gens d'affaires.

L'imprévu heureux est, dans la vie, à l'imprévu de l'embêtement comme un à mille.

---

(1) Cf. Mme M. J. Durry, *loc. cit.*, p. 115: le fragment du Carnet 19 (1862-1863), f° 26, intitulé Le Serment des Amis correspond à cette histoire d'une ligue d'ambitions, pures ou intéressées, analogue à celle de l'Histoire des Treize chez Balzac, mais où tous les anciens conjurés finissent par s'entre-déchirer. Le roman avortera; du moins, l'effet final sera-t-il transposé dans l'Éducation sentimentale, 3e p., ch. 5 : Dussardier criant *Vive la République !* et tué, le soir du 2 Décembre, par son ancien camarade Sénécal, devenu sergent de ville.

(2) Comment ne pas penser à l'Éducation sentimentale, où d'abord Flaubert faisait faillir Mme Arnoux et dont l'un des premiers plans, en 1862-1863 (cf. Mme M.J. Durry, *loc. cit.*, p. 137 sqq.) commence par : *Le mari, la femme, l'amant, tous s'aimant, tous lâches*? Dans ce même Carnet 19, on songe encore à deux projets sans lendemain, Le Roman de Mme Dumesnil, où l'amant reste virtuel, et Un Ménage moderne, où un jeune homme est *floué* et acculé au suicide par une « respectable » épouse de la Chaussée d'Antin (*ibid.*, p. 135 et 99).

L'enfant n'est pas méchant à l'homme, il est méchant aux animaux. L'homme, en vieillissant, devient misanthrope et charitable à la nature.

30 mars.

Au quatrième, au n° 2, rue Racine. Nous sonnons. Un monsieur, petit et fait comme tout le monde, nous ouvre, dit en souriant : « Messieurs de Goncourt ? », nous ouvre une porte et nous sommes dans une très grande pièce, un grand atelier.

Contre la fenêtre du fond, par où vient un jour gris et froid de cinq heures, à contre-jour, est une sorte d'ombre grise sur cette lumière pâle, une femme qui ne se lève pas, reste immobile à notre salut de corps et de paroles. Cette ombre assise, l'air endormi, est Mme Sand (1). L'homme qui nous a ouvert est son amant, le graveur Manceau.

Ainsi, elle a un aspect spectral, automatique. Elle parle d'une voix mécanique et monotone, qui ne monte ni ne descend, d'un timbre égal. Dans sa pose, il y a une gravité et une dignité de pachyderme, quelque chose de ruminant et de pacifique. Elle rappelle ces femmes froides et calmes dans les portraits de Mierevelt, — et encore, la figure d'une supérieure d'une maison de repenties. Des gestes lents, somnambuliques ; de temps en temps, le frottement d'une allumette de cire, la petite flamme et sa cigarette qui s'allume, toujours avec le même mouvement méthodique. Pas une lueur dans le son de la voix ni dans la couleur de la parole.

Elle a été fort aimable, fort élogieuse pour nous. Mais tout cela avec une sorte de bonhomie morne, une platitude d'expression, une simplicité d'idées qui fait froid, comme la nudité d'un mur. C'est la banalité dans son paroxysme.

Manceau anime un peu le dialogue. On parle de son théâtre de Nohant, où l'on joue pour elle seule et sa bonne jusqu'à quatre

(1) Au lendemain des Hommes de Lettres, l'idéaliste George Sand avait écrit aux Goncourt, mal connus et vilipendés, pour leur dire son estime à l'occasion de cette noire satire des mœurs littéraires. Après Sœur Philomène, elle avait eu ce mot étonnant : « C'est triste comme tout ce qui est bien fait et profondément fouillé », et ce souhait de « quelque chose d'un peu fou », qui passât « dans cette grande science du réel ». Cf. Corr., vol. XXVI, f° 217 (28 fév. 1860) et f° 221 (26 janv. 1863).

heures du matin. Ça a l'air d'être la folie des marionnettes. Grandes représentations pendant les trois mois d'été, qu'elle appelle ses vacances, où viennent ses amis et les enfants de ses amis.

Nous causons de sa prodigieuse faculté de travail. Nous dit que son travail n'est pas méritoire, qu'il y a des gens qui ont le travail méritoire, qu'elle l'a toujours eu facile. Travaille toutes les nuits, d'une heure à quatre, et se lève à onze heures. Puis travaille encore dans la journée pendant deux heures :

« Et — dit Manceau, qui la démontre un peu comme un cicerone explique un phénomène — c'est égal qu'on la dérange. Vous avez un robinet : on entre, vous l'arrêtez...

— Oui, ça m'est égal d'être dérangée par des personnes sympathiques, des paysans qui viennent me parler... »

La note humanitaire ici se dessine.

En partant, elle se lève, nous donne la main et nous reconduit. Alors, nous voyons un peu sa figure délicate, douce, fine, calme, les couleurs éteintes, mais les traits encore délicieusement dessinés dans un teint pâli et pacifié, couleur d'ambre. Il y a une sérénité et une finesse dans ces traits, que ne rend pas du tout son dernier portrait, qui l'a épaissie, surtout dans la ligne trop forte du nez.

L'autre jour, Rothschild était en train d'acheter un Véronèse à un Juif. De 100.000, on était à peu près descendu à 16.000 francs, et Rothschild, voyant son coreligionnaire hésiter : « Il y aura deux louis pour le porteur », et apercevant une enfant du Juif dans un coin : « ...et une robe en soie pour la petite ! »

Les Juifs ne produisent rien, pas un épi de blé. Toujours commissionnaires, intermédiaires, entremetteurs. En Alsace, pas une vache n'est vendue, sans qu'entre la vache et le paysan, ne se lève du pavé un Juif, qui tire de l'argent du marché.

C'est un type du temps et du journalisme présent, que l'homme dont nous parlait Claudin ce soir, un nommé Brainne, que j'ai vu cabot en province, il y a bien longtemps. Il a une correspondance, qu'il copie sur du papier à copies, pour 43 journaux de province et de l'étranger, lesquels lui donnent 40 francs en argent par mois et 40 francs d'annonces, croyant le flouer, mais il les revend plus cher aux négociants qu'il entortille. Fait des livres sur les eaux, avec du chantage sur les entrepreneurs, hôtels, cafés, restaurants, casinos : Bénazet ne paie-t-il pas à la PRESSE une redevance de 80.000 francs par an ?

Brainne a acheté les annonces du JOURNAL DE FRANCFORT. Au couronnement du roi de Prusse, apporte un musicien et une cantate (1). Suit l'Empereur partout, fait les correspondances sur Compiègne, Plombières, etc. et se fait payer par Mocquard. Lit des vers chez Mᵐᵉ Ancelot, touche à des vaudevilles. Rédacteur de l'OPINION NATIONALE (2). Fait tous les grands hommes de France, les grands hommes de l'Orléanais, les grands hommes de la Picardie : « Nous venons encore de perdre le capitaine Un Tel, ce noble cœur... » Type du courtier d'annonces, sur les confins de la littérature.

Dimanche 6 avril.

Il y a à Paris un pitre d'un comique fantastique, du nom de Bache. C'est un ancien notaire de province, marié à une femme affreuse. A jeté, un beau jour, les dossiers aux orties, est venu à Paris et s'est fait comique. De cette existence antérieure, il lui est resté une marque : il combine en lui la dignité grotesque du tabellion, la physionomie du plumitif aux saillies de Bobèche.

L'autre jour, à Notre-Dame, pris par le bedeau pour un savant étranger, le bedeau lui propose de voir les caveaux. Bache, alors, tournant gravement la tête : « Je vais dans les églises pour me recueillir et je vous prie de ne pas m'emmerder. »

Dans cet intérieur de bohème et de farceur, des filles croissent, dont l'une a quatorze ans. Ce père Rameau lui retrousse les jupes, en disant : « Avec quoi nourrirons-nous Papa, quand

(1) Guillaume Iᵉʳ, déjà régent depuis le 7 octobre 1858, succède sur le trône de Prusse à son frère, Frédéric-Guillaume IV, mort fou, le 2 janvier 1861 et il se fait couronner le 18 octobre 1861 en grande pompe, — occasion pour lui de se poser en monarque de droit divin.

(2) L'OPINION NATIONALE, quotidien fondé le 30 sept. 1859 par Guéroult, ancien saint-simonien, dévoué au principe des nationalités et appuyé par le prince Napoléon. C'était « moins un journal d'opposition qu'un journal d'avant-garde », comme le précise Guéroult (cf. Avenel, p. 501). La revue des journaux, pleine de verve, y était faite par l'ancien instituteur Charles Sauvestre. Sarcey, Caraguel, Jean Macé, Castagnary et Levallois y collaborent. Le journal meurt en 1879.

il sera vieux ? Avec Victor ! » Et il lui donne une claque sur le cul (1).

A déjeuner chez Flaubert, Lagier raconte ses amours avec Kœnigswarter, banquier et député au Corps législatif, commencées dans le trajet de Paris à Ville-d'Avray, en chemin de fer. Elle allait à Versailles coucher avec un tas d'officiers. Son plaisir était de grignoter et de manger à peu près les paniers de fruits que le mari apportait à sa femme, en sorte qu'il était obligé de les jeter avant d'arriver.

Comme elle part jouer ces jours-ci à Lille, a demandé tout de suite si c'était une ville de garnison. Elle adore les officiers. D'abord comme femme, à cause de l'uniforme; puis, comme fille, parce que seuls, les officiers la prennent au sérieux. Encore, pour elle, un charme d'un officier : un officier a toujours dans une armoire des biscuits, du chocolat Menier, une robe de chambre à pattes dans le dos et des pantoufles en tapisserie. Puis des attentions : l'un lui avait toujours le cosmétique de Lubin dont elle avait l'habitude. Puis des récréations : « Descendons voir Cocotte. » C'est le cheval : « Allons, ma belle... Tiens, donne-lui franchement un morceau de sucre... François, il faudra arranger cette bête-là, ôter de la paille. »

« Et puis, ils se donnent de vrais coups d'épée pour vous !... Je suis pour Phœbus ! »

A Flaubert : « Toi, tu es le panier à ordures de mon cœur, je te confie tout... Mange-t-on ? J'ai un appétit à désillusionner un jeune homme de dix-huit ans... Passons le torchon de l'oubli ! Tu sais, un amour, quand on est jeune, ...qu'on met des fleurs séchées dans un livre, des signets avec des feuilles cueillies dans les vallées... »

Claudin nous parle d'une maquerelle de seize ans, qui a commencé le métier pour procurer une femme à un ami de son amant, qui soupirait.

(1) Les Goncourt songent au passage du Neveu de Rameau, où le cynique héros de Diderot, après avoir expliqué l'éducation réaliste qu'il donne et la fortune mal acquise qu'il souhaite à son fils, s'écrie avec regret : *Ah ! si c'était aussi bien une fille !* (éd. Fabre, 1950, p. 93).

ANNÉE 1862

Son endroit de rendez-vous pour les femmes qui ne peuvent venir chez elle : un marchand de fleurs et d'oiseaux, rue Basse-du-Rempart, décor charmant. L'argent d'avance : comme les notaires et les avoués, consignation des frais !

Comme Claudin voulait la baiser, elle lui dit ce mot superbe : « Un courtier ne vend pas de sucre ! »

Lundi 7 avril.

J'ai vu aujourd'hui un type, un fou, un monstre, un de ces hommes qui confinent à l'abîme, qui avouent dans leur excès les mauvais instincts de l'humanité. Par lui, comme par un voile déchiré, j'ai entrevu un fond abominable de l'homme, un côté effrayant d'une aristocratie d'argent blasée, l'aristocratie anglaise : la férocité dans l'amour, le libertinage qui ne jouit qu'à la souffrance.

Saint-Victor m'avait parlé, avec un grand étonnement, d'un jeune Anglais que Gaiffe lui avait présenté au bal de l'Opéra et qui lui avait dit qu'on ne trouvait guère à s'amuser à Paris, que Londres était bien supérieur; qu'à Londres, il y avait une maison très bien, la maison de Mrs Jenkins, où étaient des jeunes filles de treize ans, auxquelles d'abord on faisait faire la classe ; puis, on les fouettait, les petites pas très fort, mais les grandes jusqu'au sang :

« On peut leur enfoncer des épingles,... oh ! pas très grandes, ...grandes comme ça », et il montre la moitié du doigt. « On voit le sang... Il y a des matelas, si elles crient...

— Mistress Jenkins n'a jamais été inquiétée ?

— C'est une maison très bien ! Nous y allions avec des *horseguards* et mon ami Milnes, et nous y passions des heures très agréables, oh ! très agréables...»

Saint-Victor, mené par Gaiffe, l'avait vu, et l'Anglais, tout en lui montrant ses livres érotiques, s'était épanché : « Moi, j'ai les goûts cruels », lui avait-il dit, doucement et posément. « Je m'arrête aux hommes et aux animaux... J'aime ce qui est voluptueux, même un peu lubrique. Nous avions loué, avec un garde, une fenêtre pour voir une femme qui devait être pendue; et nous avions avec nous des femmes pour leur *faire des choses* au moment où la femme serait pendue. Nous avions demandé au bourreau de lui relever un peu sa jupe en la pendant. Mais c'est désagréable :

la Reine, au dernier moment, a fait grâce. Alors, nous avions payé une grosse somme... Mais nous avons dit à l'homme qui nous avait loué, que nous prenions ses fenêtres pour la prochaine fois. »

Tendant à Saint-Victor un Meibomius quelconque, il lui avait dit : « Voilà un livre sur ma passion. »

Et Gaiffe m'avait raconté, dans un corridor de théâtre, à une première représentation, sur sa passion de flagellation : « Au Mardi Gras, il y avait un lunch chez lui, du monde pour voir passer le Bœuf gras. Il me dit : « Tenez, allez voir cette petite « fille et tâchez de lui faire des choses... Je vous présenterai dans « la maison; cet homme qui est là est une canaille, c'est le père, « un chanteur, M. Tagliafico. Je le reçois parce que je veux « que vous fassiez des choses à sa fille, et vous me le direz... « — Mais pourquoi ? — Si vous me le dites, je menacerai la fille « de le dire au père; et alors, peut-être, elle voudra se laisser « fouetter. » Il a une échelle chez lui, pour attacher les femmes, mais il a peur de la police. Il dit : « La police, oh ! c'est bien ennuyeux. »

Cet Anglais, affolé par de Sade, qu'il a lu à quatorze ans, fils d'un des plus riches banquiers de Londres, ayant cent ou deux cent mille livres de rentes à mettre à ses goûts, ce prodigieux et convaincu disciple de Justine, je l'ai vu hier : Saint-Victor m'y a mené (1).

Il loge dans la maison de lord Hertford, au coin de la rue Laffitte et du Boulevard. Au troisième, une jeune femme nous a ouvert. Nous sommes entrés dans un salon froid, simple, à papier de velours vert, à meubles de velours vert; un piano.

Au bout de cinq minutes, il est arrivé. C'est un jeune homme d'une trentaine d'années, tout chauve, le crâne rond, les tempes renflées comme une orange, un peu la tête de cet état-major de jeunes prêtres tonsurés, macérés et extatiques, qui entourent les évêques dans les vieux tableaux; la peau fine et laissant voir le réseau des veines; les yeux bleu clair, doux et froids; de petites moustaches blondes; le teint comme les yeux, clair et froid. Un joli homme svelte, un peu embarrassé de ses bras qu'il semble porter, le corps et les mouvements à la fois mécaniques et fiévreux.

(1) JUSTINE OU LES MALHEURS DE LA VERTU (1791), une des œuvres les plus célèbres du marquis de Sade.

D'excellentes façons, une exquise politesse, une douceur de manières aristocratique. Gaiffe m'a dit qu'il avait un commencement de maladie de la moelle épinière. Evidemment, il y a en lui une de ces lésions intérieures qui mettent une impersonnalité dans une personne et lui donnent une animation automatique.

Il nous fait passer par sa salle à manger, meublée en gothique anglais, sur les vitraux peints de laquelle il vous fait lire : *Odi profanum vulgus* (1). C'est la porte du sanctuaire. Vient un salon rouge, puis une chambre à coucher rouge, à plafonds peints en ciel et en nuages, donnant sur le boulevard, plongeant sur l'Opéra-Comique. Et pour entrer en matière : « Lord Hertford appelle cet endroit-ci — le Boulevard entre la Maison d'Or, l'Opéra, la Librairie Nouvelle, le Café Anglais et Tortoni — le *clitoris de Paris*. »

Il a ouvert un meuble à hauteur d'appui. Les livres et les plaquettes apparaissent, rangés sur deux planches. Et il nous apporte sur une table, toujours et toujours, les saletés rarissimes, toute la littérature badine ou horrible déchargée par le XVIIIᵉ siècle, tout l'Andréa de Nerciat, tout le de Sade, les bréviaires de la flagellation, de la sodomie, les goguettes de l'Arétin, les Pères du Phallus, presque tous reliés en reliures jansénistes, — des filles habillées en religieuses, — comme cette reliure d'une JUSTINE de de Sade, qui lui vient de M. de la Bédoyère et que La Bédoyère avait fait relier avec des croix sur le dos et ce titre : ACTES DE SAINTE JUSTINE. Il les entasse, il en apporte sans cesse, les ouvrant, nous faisant voir le compartiment intérieur, les grecques faites en phallus, les ornements qui sont des cons poilus; étalant les ornements, des fesses de femmes et des fouets, des têtes de mort et des instruments de torture pour de Sade, dont il a donné les dessins des fers à Bauzonnet.

Car tout cela est de Bauzonnet. Et la belle histoire qu'il conte ! « ...Bauzonnet ne voulait pas, d'abord. Alors, je lui ai prêté de mes livres. Maintenant, il rend sa femme très malheureuse. Il court toutes les petites filles... Mais alors, j'ai eu mes fers. Il me fallait mes fers... » Corrompre un vieux relieur pour lui arracher des fers obscènes ! Au reste, Bauzonnet se fait payer sa corruption. Henkey lui donne ce qu'il lui demande : une petite reliure lui coûte 350 francs.

(1) Horace, ODES, III, 1, 4 : « Je hais le vulgaire profane et je l'écarte ».

1055

J'ai vu là le fameux livre de La Popelinière, si longtemps désiré par lui et que Pichon ne lui a cédé que lors du procès de Lacour : il s'en débarrassa bien vite alors (1). C'est un gros maroquin rouge, avec des coqs pour armoiries ; une grosse et riche impression sur papier de Hollande et des miniatures, dont une ou deux rappellent un peu Carmontelle, dont les autres ne nomment personne. Il n'y a dans ce livre même, comme dans tous les autres du même genre, que de la cochonnerie et point d'art. Chose incroyable, pas une saleté, même dans ce XVIIIᵉ siècle si voluptueux, n'a été relevée par l'art. Comment un véritable artiste du temps n'a-t-il pas, en un jour de bandaison, jeté au papier quelque gouache verveuse, quelque polissonnerie chaude et spirituelle ? Cela me passe ! Mais plus je vais, — et ici, j'ai sous les yeux les plus beaux échantillons de l'obscénité, — moins je trouve dans toutes ces scènes un coup de crayon ou de pinceau qui mérite d'arrêter les yeux des amateurs. Cela m'a fait bonne bouche, après cela, de feuilleter un album du Carrache. Quelle grandeur dans l'obscénité ! Ce sont des amours cosmogoniques, des jouissances de Pasiphaé.

Nous montrant cela, Henkey parle et parle sans cesse, mais par arrêts, d'une voix un peu chantante, mais égale, qui va toujours, coupe les mots, les reprend, d'une voix jaillissante et toujours repartante, qui à la longue vous lasse, vous entre dans le crâne, dans les nerfs des tempes, comme une goutte d'eau qui tomberait et à tout moment redoublerait.

Il ne vous regarde pas, il regarde ses ongles, et comme nous regardons un de Sade : « J'attends une peau,... une peau de jeune fille qu'un de mes amis doit m'avoir. On la tanne... Si vous voulez voir ma peau... Il m'a proposé de la voir enlever devant moi... Six mois pour la tanner... Mais il faut deux femmes,... c'est entre les cuisses,... et alors, vous comprenez, il en faut deux... Mais c'est désagréable,... il faudrait enlever la peau sur une jeune fille vivante... J'ai mon ami, le docteur Barth, vous savez... Il

---

(1) Il s'agit de l'œuvre de La Popelinière, TABLEAUX DES MŒURS DU TEMPS DANS LES DIFFÉRENTS AGES DE LA VIE (Venise s. d.), et plus précisément de l'exemplaire avec miniatures saisi par l'ordre du roi lors de l'inventaire de la succession de La Popelinière. Reparu en 1820 dans le catalogue de la collection Galitzin il passe en 1844 à la vente J. C., faite par Techener. Le livre comporte 17 dialogues analysés par Monselet dans l'ARTISTE du 16 sept. 1855.

voyage dans l'Afrique, et dans les massacres,... il m'a promis de
me prendre une peau, comme ça, pendant la vie... Et alors, ce
serait très bien... »

Puis il ouvre une grande boîte. C'est un marbre qu'il dit être
de Pradier, une scène de tribaderie, très mauvaise, veule et mal
dessinée, où il n'y a guère de Pradier qu'une main de femme,
gracieusement et mollement infléchie par la jouissance.

Je suis sorti de chez cet homme comme d'un cauchemar, brisé,
l'estomac en bas, comme après avoir bu, la tête vide.

8 avril.

J'ai la migraine. Je me couche dans la journée. Voici ce
que je rêve. Henkey m'avait mené chez lord Hertford, qui ressemblait tout à fait à un roi grotesque de féerie, que j'ai vu aux Délassements-Comiques. Me disait qu'il avait acheté 6 francs un superbe
dessin de Boucher. Je lui parlais de mes dessins. Je lui demandais
des renseignements sur les toiles de Boucher signalées par Thoré,
commençant en idylle et finissant en priapée (1). Il allait à des livres,
à des documents, et me les lisait et je n'y entendais et n'y comprenais
rien. Je lui parlais de ses collections de pendules et de chenets
dorés d'or moulu : que c'était son architecte, que j'avais rencontré
chez Gavarni, qui m'en avait parlé... Il me disait, en colère :
« J'ai balayé tous mes architectes. » Il me disait, là-dessus, qu'il
possédait une pipe magnifique et je lui opposais la mienne en Saxe :
« Je vous la ferai voir » disais-je à Henkey en lui touchant le bras.
Là-dessus, je remerciais bien lord Hertford qui, me prenant les
mains, me dit : « Mais non, vous n'avez pas à me remercier.
J'aime beaucoup le monde. Vous allez rester avec moi. »

Alors, je regardai; car il me sembla que j'étais seul où j'étais.
C'était une pièce comme les décors de prisons au théâtre, lignés
par l'imitation de pierres de taille, mais c'étaient des briques
moitié rouges, moitié blanches. Là-dessus, en ordre admirable,
des paires de bottes et de souliers à l'infini.

(1) Cf. E. et J. de Goncourt, L'ART DU XVIIIᵉ SIÈCLE, t. I, p. 244 : « Boucher
a laissé un certain nombre de tableaux érotiques. Thoré parle quelque part d'une
série de peintures exécutées pour éveiller les jeunes sens du roi Louis XV... Je ne
sais ce qu'elles sont devenues. » Aucune mention de Thoré chez Thieme-Becker.
Cf. ici, au 28 janv. 1890, la référence aux PIÈCES INÉDITES... de Soulavie.

Cela devint immense, haut et resta étroit. Cela tenait du corridor et des catacombes; et je frôlais toutes sortes de gens, vêtus bizarrement, costumés, déguisés. C'était un peuple pareil à celui qui passe et vous frôle dans les coulisses de théâtre, des figurants en costume qui se précipitent pour une scène. A côté d'un petit courrier Louis XV, Hertford s'arrêta et lui parla à l'oreille. Je lui fis compliment du réussi du costume. Puis je vis venir un bataillon de la Garde nationale, officier en tête; et je dis, plus de dix fois, à Hertford : « Ah ! vous êtes un homme bien élevé. Vous recevez la Garde nationale... »

Alors, je me trouvai dans un immense cirque, qui ressemblait à une pelouse et une salle de concert. Il y avait des bouffées de musique et, derrière, une voix de femme chantait, dans une masse de spectateurs. C'était très plein et très vague. Cette voix était une voix très mordante; et je savais que c'était la voix de la duchesse de Berry, la fille du Régent. Elle chantait :

Où est donc mon nègre ?

J'étais sur une espèce de banc. Entre moi et lord Hertford, il y avait une petite femme, si petite qu'elle était comme une statuette, vêtue de blanc. Je la branlais et elle me regardait avec des yeux qui roulaient tout dans le coin et me regardaient comme des yeux de lézard. A la fin, elle me dit : « Ne relevez pas ma jupe. » Mais moi, emporté, me moquant de tout, je me précipitai. J'entrais furieusement, tandis que lord Hertford marquait une mesure en me claquant doucement le derrière nu.

Mardi 8 avril.

En dînant chez Charles, il me raconte qu'Hugo a toujours un calepin dans sa poche et que, dès qu'en causant avec vous, il dit la moindre pensée, il profère la plus petite idée, — autre chose que « J'ai bien dormi » ou « Donnez-moi à boire », — il s'écarte un peu, tire son calepin et écrit ce qu'il vient de dire. Tout lui sert : il fait copie et munitions de tout. Rien ne se perd; tout fait livre. C'est à ce point que ses fils, voulant se servir de ce qu'ils entendent de lui, sont bien attrapés : quand un livre de leur père paraît, ils voient toutes leurs notes publiées.

La folie, l'amour, la dévotion, voilà les trois formes du ramollissement cérébral.

Le sceptique doit être reconnaissant aux Napoléon des progrès qu'ils ont fait faire à la bassesse humaine.

11 *avril*.

Le corps humain semble avoir ses modes comme ce qui l'habille; et le triomphe de la Renaissance, c'est le corps long et élégiaque du Moyen Age prenant de la rondeur, c'est la vierge grêle de Memling transformée en Vénus, une Vénus longue et élancée, la Vénus de Goujon qui n'est ni la Vénus ample de Rubens, ni la Vénus douillette et potelée de Boucher, la Vénus du XVIIe siècle, la Vénus du XVIIIe (1).

12 *avril*.

Il m'a toujours paru niais de crier contre la société. Ce n'est pas la société qui est coupable de l'homme, c'est Dieu (2). J'ai refusé ce matin de l'argent à un mendiant. Je déjeunais; j'ai eu sa figure devant moi toute la journée. Le pas d'un mendiant qui s'en va laisse quelque chose après lui (3). Je me sentais mécontent de moi. Cet homme de lettres pauvre avait le droit de me demander l'aumône; je la lui devais... Et puis je me suis dit : « Mais le coupable de ceci, c'est Dieu ! C'est Dieu qui m'a mis en tête ce goût des collections. C'est Dieu qui me fait mettre deux

---

(1) Var. 1887 : *Le corps humain n'a pas l'immutabilité qu'il semble avoir. Les sociétés, les civilisations retravaillent la statue de sa nudité. La femme qu'a peinte l'anthropographe Cranach, la femme du Parmesan et de Goujon, la femme de Boucher et de Coustou sont trois âges et trois natures de la femme.*

La première, ébauchée, lignée dans le carré d'un contour embryonnaire, mal équarrie dans la maigreur gothique, est la femme du Moyen Age. La seconde, dégagée, allongée, fluette dans sa grâce élancée, avec des tournants et des rondissements d'arabesques, des extrémités arborescentes à la Daphné, est la femme de la Renaissance. La dernière, petite, grassouillette, caillette, toute cardée de fossettes, est la femme du XVIIIe siècle.

(2) Rayé depuis *Il m'a toujours paru niais...*

(3) Var. 1887 : *Le pas d'un mendiant, auquel on n'a pas donné et qui s'en va, vous laisse son bruit mourant dans le cœur.* (Reporté à janvier 1862, après *La figure d'un pauvre me rend triste pour une journée*. Voir t. I, p. 1005).

cents francs sur un dessin, quand un homme, peut-être, à quelques pas de moi, crève de faim. »

Rencontré Scholl au Café Riche. Sa maîtresse, la jolie Leblanc, lui a emprunté trois louis pour donner de l'avoine à ses chevaux, qui n'avaient pas mangé depuis trois jours.

En causant, je ne sais plus ce qu'il me raconte sur elle et il laisse échapper : « Ça fera de la copie. » Voilà un garçon qui a trouvé décidément sa voie : il fera, comme Monsieur Nicolas, un agenda des coups qu'il tire (1). La Doche : un roman ; la Leblanc : un roman. Écrire, ça ne lui coûte que la peine de bander ou à peu près. C'est une invention et une spécialité bien trouvée : l'imagination se réduit à laver ses serviettes en public. Faire une femme, c'est faire un livre. On écrit, au jour la nuit, les mémoires de son bidet. On ôte leur histoire du dos des femmes qu'on baise, comme on leur ôterait leur châle, et on la *lave*... Ceci est l'école de morale du Petit Journal. On finit par là, par un métier plus bas que celui de vendre ses lettres d'amour (2).

Il me conte encore qu'il s'est constitué une espèce de tribunal d'honneur avec Villemessant, dans une sale affaire de chantage entre un petit misérable du nom de Koning et la Duverger, qui est arrivée avec un dossier contre le petit misérable, haut comme un dossier de police, rangé comme un dossier d'avoué (3). Il y a dans ce Villemessant une royauté de Roi des Ribauds, prélevant la dîme sur toute cette fange des filles : oui, c'est le Roi des Ribauds de la Bohème et des putains (4).

13 *avril*.

Pour les Actrices. — Feydeau me conte ce détail des réceptions de danseuses par Guillaume, le matin, au lit, une peau de mouton

---

(1) Monsieur Nicolas ou le Cœur humain dévoilé (1794-1797) est la plus remarquable des œuvres autobiographiques où Restif de la Bretonne a conté ses amours innombrables.

(2) Rayé depuis *par un métier*...

(3) Add. éd. : *misérable* dans *contre le petit misérable*.

(4) Le *Roi des Ribauds* était primitivement le chef des bandes pillardes qui suivaient l'armée du roi ; puis, jusqu'à Charles VII, un huissier ayant juridiction sur les prostituées qui accompagnaient la cour royale.

sur la poitrine et, contre sa ruelle, une serviette contre laquelle il crachait, toute verte d'*huîtres* (1).

14 avril.

Bizarre chose que d'aller en prison, Je roule dans mon coupé et il me prend des envies folles. Je passe sur des ponts, je voudrais passer une heure à cracher dans la Seine. Devant des cafés, je voudrais entrer boire quelque chose, lire le TINTAMARRE jusqu'à minuit. Je regarde envieusement les passants. Il me semble que je vais à une sorte de fatalité bête et ridicule, que je roule vers un enfer dont Daumier serait le concierge. Je vais, en effet, à une parodie de prison, qui a un nom de vaudeville. Je vais à la prison de la Garde nationale, à l'*Hôtel des Haricots*. Je suis un *bizet* récalcitrant et impénitent.

Je vois à la porte un drapeau tricolore, qui est noir la nuit; une bâtisse blanche... C'est là.

En finissant mon cigare, je pense à cette institution bouffonne, à son passé, à son présent, à son histoire. C'est le Champ-de-Mars des bourgeois, l'épicier jouant au sabre, au tambour, au commandement, à la discipline, au conseil de guerre; quelque chose qui fait mon supérieur, comme capitaine, du fournisseur qui me vole. Et puis en dehors du comique, politiquement et socialement, la belle chose ! Cette armée de l'ordre sort de la révolte des Gardes françaises. Ça démolit la Bastille, mais ça laisse faire Octobre et Septembre. Ça arrive pendant toute la Révolution, ainsi que La Fayette, comme l'arc-en-ciel après l'orage. Ça fait la haie au 21 janvier, ça fait la haie au 6 octobre. En 1830, ça jette à bas le gouvernement; en 1848, ça mange du veau froid, ça crie : « Vive la Réforme ! » et ça jette à bas son Roi (2). Son histoire,

---

(1) Cf. t. I, p. 542 : les Goncourt entendent parler à Bar-sur-Seine de cet « éreinté et maniaque protecteur du corps de ballet », retiré alors dans l'Aube. LA FAUSTIN donnera une idée plus avantageuse du personnage, transformé en amateur de théâtre classique sous le nom du marquis de Fontebise : mêmes détails réalistes sur la tenue du vieux dilettante alité, mais il donne à la Faustin, ainsi reçue, des conseils grondeurs et avisés sur son interprétation de PHÈDRE (ch. XX, p. 250 sqq).

(2) *Octobre*, c'est le 6 octobre 1789 (et non le 10, comme le porte le Ms.), le retour forcé à Paris de la famille royale, ramenée de Versailles par la foule parisienne. *Septembre*, c'est, du 2 au 5 septembre 1792, le massacre des suspects détenus dans les prisons parisiennes. Le 21 *janvier* 1793, Louis XVI est exécuté. Le *veau froid* de 1848 symbolise la campagne des banquets, qui préluda à la Révolution de Février.

en voulez-vous l'épigraphe ? C'est le mot immortel de Prudhom
me : « Je me servirai de ce sabre pour défendre nos institutions et,
au besoin, pour les combattre ! » (1) Le Coup d'État la juge : il la
prie de rester chez elle et elle s'abstient héroïquement... La
Garde nationale ? L'Inquisition de Prudhomme !

Une portière prend une lampe et me mène dans une grande
pièce où il n'y a personne, mais un registre ouvert, imprimé, avec
des blancs, marquant : *Le dénommé ci-dessus a commencé à subir sa
peine le...* Ici, on est *le dénommé...* Un vieillard vient, qui me fait
signer des choses. Je m'assure que ce n'est pas mon contrat de
mariage et je signe. « Menez Monsieur au 7. » Un employé comme
à l'hôpital, qui a un liseré rouge à sa casquette, me mène dans une
espèce de corridor à la façon des couvents, où il y a des cellules.
Et j'entre au 7.

Une cellule : une table, une chaise, un lit, une fenêtre. Je vais
d'abord à la fenêtre, instinct de prisonnier, de l'oiseau qui, d'abord,
se cogne à sa cage. Des barreaux, de vrais barreaux ; un grand mur
noir, un réverbère, un bâtiment blanc du chemin de fer d'Orléans. Et
dans cette rue, beaucoup de voitures qui passent. Et en buvant la
bière qu'on m'a montée, il me passe, sur ce roulement, toutes sortes
d'idées extravagantes. Il me semble qu'il y a dans ces voitures en
liberté des couples d'amoureux, des hommes qui embrassent des
femmes au travers de voiles à gros pois, qui mettent une trame entre
leur baiser et la chair. Il me semble voir la station où ils vont descendre, tout près, pour aller à une petite maison, qui les attend dans
les champs, avec une seule lumière qui veille comme une étoile.
L'amour, le printemps, la jeunesse me semblent faire le bruit, qui
s'éloigne, de ces roues. J'entends aussi des ouvriers qui chantent
avec une gaîté ivre. Tout ce qui passe me fait l'effet du pas d'une
noce, dont je serais séparé par un mur de cimetière. Tout ce qui
bruit dehors a comme une odeur de joie.

Je crois que j'ai fait, en arrivant, les choses instinctives du
prisonnier. Je me suis promené, comme les animaux du Jardin des

(1) Cf. H. Monnier, GRANDEUR ET DÉCADENCE DE MONSIEUR JOSEPH PRUD-
HOMME (1852), acte II, sc. 13. Citation « ramassée », le texte étant : « Messieurs ! ce sabre
est le plus beau jour de ma vie [en parlant de son sabre d'officier de la garde nationale,
qu'on vient d'offrir à Prudhomme]... Si vous me rappelez à la tête de votre phalange,
Messieurs, je jure de soutenir, de défendre nos institutions et au besoin de les combattre. »

Plantes, de ma fenêtre à ma porte. Et puis j'ai dit deux ou trois
mots tout haut. On m'a monté de la lumière et j'ai regardé les
murs, qui sont très ornés. Sans doute en faveur de mon titre
d'homme de lettres, on m'a donné la chambre des artistes. Voici
ce qu'il y a.

Contre la fenêtre, une croix, entourée d'une plante grim-
pante : *Je meurs où je nais.* Un élégiaque ! Au-dessous : *36 heures.* —
La VISION DE BALTHAZAR, dessin bête, représentant un homme
se détournant avec horreur des insignes du garde national apparaissant dans une apothéose. — Puis une espèce de pastillade
idiote : une ignoble putain montrant le poing, avec un phylactère :
Nom de Dieu ! — Une femme nue, au crayon noir, pudique et
frissonnante, sur un fauteuil : assez bête.

Ici, le mur retourne. En haut, une allégorie : un homme à
travers les barreaux d'une fenêtre de prison, un ange tenant deux
clefs à la main et lui montrant, au-dessus de la mer, un aigle nimbé,
tenant dans sa serre une couronne impériale. — Au-dessous, un
BRETON, signé Luminais, humant l'odeur d'une pomme de
terre : *En Bretagne, nous aimons bien mieux les pommes de terre que les
haricots. Et vous ?* 21 *mars* 55, *Luminais.* — Un TURC, très bien
crayonné par Gustave Janet, 1860. — Au-dessous, une DANAÉ
assez idiote : *Anatole Lionnet,* 24 *heures,* 7 *mai* 1859. — Une rose
stupide, souvenir : *A mon ancien élève Monceau,* 23 *mai* 1858. —
Un avis imprimé, qu'on vous doit des draps blancs ; et rien
aux sous-ordres, « soit pour le service des repas, soit pour le
service de propreté ». Tarif des objets de consommation. — Un
très joli TAMBOUR apportant un billet de garde, de Bertall,
non signé. — Des ZOUAVES de Gaildran. — Une tête d'homme
qui bâille, superbe, digne de Daumier. — Un acrostiche sur
E.d.m.o.n.d., tout ce qu'il y a de plus en vers ! — Puis :

Césara ! Césara !
Hélas ! tu n'es pas là !

une valse en musique.

Ici une poutre, sur laquelle une cariatide, dessinée sculpturalement. — Un plan courbe, décrit par la lune dans les espaces
célestes ; au-dessous : *Qu'est-ce que ça me fait à moi ?* — Au-dessus,
une fille esquissée par une espèce de calligraphe, la tête noire, la
robe à la sanguine.

Passé la poutre, le Fil de la Vierge, romance, paroles et musique de Frédéric Vivet. — Une Vache et un paysage, aux huiles. — Au-dessus, une tête de femme, cernée jusqu'au nombril. — Un odieux mouchard, assez macabrement dessiné, signé *A.M.*, statuaire : *Mon introducteur en ces lieux. Il avait un lorgnon !* — Un essai de paysage, des troncs d'arbres : pas mal. — Un homme sur un lit de misère, Jésus-Christ lui apparaît : effet de style, signé *Lazerges V.B., statuaire.* — Une femme nue, se baignant, pas mal du tout, d'un joli argentin, *tremula luna*. — Un paysage au-dessous, très trifouillé, balafré comme au fusain : grand caractère. — *Le Portrait de mon charcutier en sapeur.* — Puis la gaudriole française : un Garde, à la sanguine, dans sa guérite et au-dessous : *Heureusement que ma femme est avec son cousin !* — Un dessin grandeur nature, un homme, les mains au genou, désespéré : caractère !

De chaque côté de la porte, une couronne de lauriers, très bien : *A mes confrères.* — Sur le bois de la porte, une montre, à l'huile, avec : 72 *heures* et des vers qui la supplient de sonner l'instant de la liberté. — Sur la porte, au-dessus du n° 7, une Justice, genre Pouthier. — Puis la femme de l'homme, femme du peuple, un madras sur la tête, belle de désolation comme un Millet; c'est signé *G.S.* — Pendant du paysage, avec un cerf, plein de caractère. — Une tête grandeur nature d'Ojibewa (1). — En haut, grande allégorie, représentant Louis-Napoléon affrontant le sphinx du suffrage universel, de même que l'autre, signée *Fauron*, 1857. — Un essai de décoration d'appartement Renaissance. — Une vue assez ressemblante : *Souvenir de la route du désert de la Grande Chartreuse (Isère) du côté de Sapey.* — Du tabac, des pipes, un verre, à l'huile, pas mal. — Un diable riant, par Stop, assis sur la clef des champs.

Contre le lit, un ange penché, qui montre quelque chose d'effacé : c'est peut-être la véritable image de l'Espérance ! — A la tête du lit, un Christ en croix, un peu lourd d'attaches, mais pas mal, signé *Lazerges*, 20 *avril* 1854. — Une vue, parfaitement touchée, les blancs retrouvés dans le mur, avec : *Dernière heure d'un condamné*, 1857.

(1) Add. éd. : *grandeur* et *d'*.

Nous sommes ce soir dans la loge de Saint-Victor à la première représentation de ces VOLONTAIRES, l'ancienne Invasion, une pièce qui inquiète l'Europe, qui occupe Paris depuis quinze jours, une pièce où l'on se promet une émeute, une pièce pour laquelle on a fait des mots d'avance : les titis doivent crier *bis* quand Napoléon abdiquera (1)... Rien de tout cela n'est arrivé. L'ennui a désarmé l'émeute. La pièce de Séjour aurait endormi une révolution ! La pièce dépasse de quelque chose la bêtise du théâtre : c'est le modèle le plus accompli du chauvinisme en enfance... Et le Napoléon ! Canova avait fait un lion en beurre : c'est un Napoléon en guimauve (2). Cela n'a plus même, comme au Cirque dans le temps, le souffle de la conviction, d'un passé qui faisait flotter, dans le règne de Louis-Philippe et des *Ventrus*, les plis du drapeau d'Austerlitz et le vent de la gloire (3). Ce n'est rien qu'une œuvre de police, jouée devant des sergents de ville : dans l'apothéose, il n'y a plus la Gloire, mais les ciseaux de la censure. Légende morte que celle-là, finie au théâtre même. Le Second Empire a tué le Premier. Il y a l'ombre de Badinguet sur la médaille de César.

Dans la loge à côté, où est le roi des gandins, élégant, blond, presque roux, anglaisé et distingué, Gramont-Caderousse, avec une fille, Marguerite Bellanger, j'ai coude à coude, près de moi Anna Deslions toujours belle, le teint ambré, pacifique et superbe, à la façon d'une Io. Elle est en grand deuil de sa mère. Il y a eu,

(1) Le titre complet est : LES VOLONTAIRES DE 1814, drame en 5 actes et 14 tableaux par Victor Séjour, créé à la Porte-Saint-Martin; la BIBLIOG. de LA FRANCE et le CATALOGUE DE LA BIBLIOTHÈQUE NATIONALE datent — à tort ? — la première du 12 avril 1862.

(2) A treize ans, le petit Antonio Canova, orphelin, est emmené chez le sénateur vénitien Faliero par son grand-père, chargé d'un ouvrage de maçonnerie. Il vient en aide au maître d'hôtel en sculptant dans une motte de beurre un lion de Saint-Marc, pour servir de surtout improvisé dans un grand dîner. Faliero discerne le talent de l'enfant et le confie au sculpteur Torretto. Telle est l'encourageante légende (cf. par ex. Frédéric Kœnig, LE LION DE BEURRE DE CANOVA, Tours, Mame, *Bibliothèque de la jeunesse chrétienne*, 1866). Mais Quatremère de Quincy, qui connut intimement Canova, note le rôle du sénateur Faliero sans dire mot du «lion de beurre» (CANOVA ET SES OUVRAGES, 1834, in-4°, pp. 2-3).

(3) Sur les pièces militaires du Cirque Olympique, cf. t. I, p. 147, n. 1. — Sur les *Ventrus*, cf. t. I, p. 774, n. 1.

cette année, une épidémie sur les mères des putains : Gisette, Lagier, Anna. Car ces femmes ont, comme les autres, des mères qui meurent. Il y a vraiment des douleurs qui semblent prostituées.

Nous causons. Elle est très aimable, me dit qu'elle regrette bien que nous ne l'ayons pas connue, quand elle était notre voisine, que nous aurions vu chez elle, nous qui écrivons, des choses bien curieuses pour nous. Puis, c'est sa vente. Je trouve son cabinet de toilette trop simple, pauvre. Me dit qu'il lui faudrait un hôtel, qu'elle voudrait une piscine en marbre, qu'elle recevrait là-dedans. Puis me dit qu'elle l'avait toujours bien dit, que la voilà à son rêve, une mansarde; qu'elle va demeurer à Neuilly et qu'elle passera son temps à faire de la tapisserie sous les saules : « Vous savez, moi, c'est vrai, je n'ai jamais été au-devant de tout ça. Ça m'est venu tout seul. Je n'ai pas cherché à être riche. Quand ça m'est venu, j'en ai profité. »

Et c'est vrai : il y a le véritable et profond caractère de la fille chez cette femme, la passivité. Elle roule, inconsciemment, insouciamment, dans la fatalité de sa vie. Elle s'est laissé accoster par la fortune comme par un passant : quelque chose qui arrive, qu'on accepte, qui s'en va et qu'on oublie.

25 avril.

« De toutes les institutions, le mariage étant la plus bouffonne... » Cette parole de Beaumarchais m'est revenue ce matin (1). Nous allons aller chez un conseiller d'État, personnage grave et important, secrétaire général de la Liste civile, affirmer sur l'honneur que notre cousin Alphonse, le futur de sa pupille, a été mené par nous au bordel et qu'il y a baisé. Et de ceci dépend un monde d'intérêts, la juxtaposition de plus de deux millions l'un contre l'autre, la jonction de deux fortunes grosses, la communion de deux existences, etc. Rien n'est drôle comme quand cette grande bégueule, la société, est obligée d'en référer à la nature. Au fond, la belle ironie ! Voilà un garçon calomnié, peut-être immariable parce qu'il a été sage. Le monde ne le juge pas assez mauvais sujet pour faire un bon mari, et le monde a peut-être raison...

(1) Mot de Bazile à Suzanne, dans LE MARIAGE DE FIGARO (acte I, sc. 9).

Qu'on voie les duellistes de Tallemant des Réaux et les duels du père de Mirabeau ! Comme le sang s'est refroidi ! Comme l'individu est diminué ! Il n'y a plus de grandes choses et d'héroïsme que collectifs. La personnalité va en s'effaçant dans le monde des faits, depuis Homère.

Un fils qui a l'âge de son père, c'est le malheur et le vice de mon cousin Alphonse.

Il est des régimes sous lesquels l'honorabilité est comme une note d'infamie.

Avril.

Une grande déception pour nous, les MISÉRABLES d'Hugo. J'écarte la morale du livre : il n'y a point de morale en art; le point de vue humanitaire de l'œuvre m'est absolument égal. D'ailleurs, à y bien réfléchir, je trouve assez amusant de gagner deux cent mille francs, — qui est le vrai chiffre de vente, — à s'apitoyer sur les misères du peuple !

Passons et venons à l'œuvre. Elle grandit Balzac, elle grandit Eugène Sue, elle rapetisse Hugo. Titre injustifié : point la misère, pas d'hôpital, prostituée effleurée. Rien de vivant : les personnages sont en bronze, en albâtre, en tout, sauf en chair et en os. Le manque d'observation éclate et blesse partout. Situations et caractères, Hugo a bâti tout son livre avec du vraisemblable et non avec du vrai, avec ce vrai qui achève toutes choses et tout homme dans un roman par l'imprévu qui les complète. Là est le défaut et la misère profonde de l'œuvre.

Pour le style, il est enflé, tendu, court d'haleine, impropre à ce qu'il dit. C'est du Michelet de Sinaï. — Point d'ordre : des demi-volumes de hors-d'œuvre. Point de romancier : Hugo et toujours Hugo ! De la fanfare et point de musique. Rien de délicat. Une préméditation du grossier et de l'enluminé. Une flatterie, une caresse de toutes les grosses opinions, un saint évêque, un Polyeucte bonapartiste et républicain; des soins lâches du succès qui vont jusqu'à ménager l'honneur de MM. les aubergistes (1).

(1) Allusion d'une part à Mgr Myriel, d'autre part à Marius, élevé dans la foi monarchiste par son grand-père et sacrifiant tout aux idées libérales auxquelles il se convertit. La dernière indication se rapporte au portrait des Thénardier, 2e p.,

Voilà ce livre ouvert par nous comme un livre de révélation et fermé comme un livre de spéculation. En deux mots, un roman de cabinet de lecture écrit par un homme de génie.

La France est un peuple intelligent et grossier. Il n'est ni délicat ni artiste. Notre caractère, nos goûts sont parfaitement personnifiés par nos souverains. Nos rois nous résument et nous signifient plus que toute autre nation. Henri IV est un roi par la grâce du *Dieu des bonnes gens* de Béranger, un Vert-Galant. François Iᵉʳ sort de Rabelais pour aller aux contes de la reine de Navarre : c'est le roi des paillards (1). Louis XV est splénétique, cochon et blagueur. Napoléon, c'est notre maîtresse, c'est la Gloire. Louis XVIII, un voltairien qui cite Horace. Louis-Philippe, c'est Robert Macaire avec un parapluie. Louis XIV, c'est le Prudhomme héroïque de la royauté.

Toutes les modes, toutes les formes, tous les signes de races de la France ont eu leurs types dans ces médailles : ce sont des monnaies frappées au coin du caractère national.

Singulières natures, qui vont au laid, au défectueux, au difforme, au raté ! Ils affectionnent l'avortement, la puérilité, les défaillances, le monstrueux dans le bête, le misérable dans le cherché. C'est l'histoire de Baudelaire, le saint Vincent de Paul des croûtes trouvées, une mouche à merde en fait d'art (2).

Dans notre monde littéraire actuel, on donne la main aux uns, parce qu'ils ne sont plus au bagne, et aux autres, parce qu'ils n'y sont pas encore.

---

liv. III, ch. 2 : «...Où le sort attache l'aubergiste, il faut qu'il broute. On comprend que le mot *aubergiste* est employé ici dans un sens restreint et qui ne s'étend pas à la classe entière. » (éd. I.N., 1909, t. II, p. 84).

(1) A propos de Henri IV, allusion à l'une des plus célèbres chansons de Béranger, LE DIEU DES BONNES GENS (cf. CHANSONS, Bruxelles, 1854, p. 256), où il exprime sa foi tout épicurienne en un Dieu révélé par le seul plaisir.

(2) On songe évidemment, à cause de la date, à L'EAU-FORTE EST A LA MODE, ébauche de PEINTRES ET AQUAFORTISTES, publiée dans la REVUE ANECDOTIQUE du 2 avril 1862. Mais rien, dans ce palmarès de graveurs contemporains, ne peut faire sursauter les Goncourt, amateurs, comme Baudelaire, de Jongkind, de Bonvin, de Méryon... On est réduit à supposer la lecture tardive de l'un des SALONS (1845, 1846, 1855, 1859) ou de QUELQUES CARICATURISTES..., études rééditées le 26 sept. 1858 dans L'ARTISTE, dont les Goncourt feuillettent souvent la collection.

Si la postérité s'étonne de quelque chose, peut-être s'étonnera-t-elle de trouver le même nom dans la défense de Mirès et dans la défense de Louis XVI... Louis XVI et Mirès : Dieu semble mesurer les grands procès à la mesure de leur temps (1).

Dans cent ans, M. Thiers passera pour un amateur. Il n'y a pas plus de quatre ans que je lui ai entendu, de mes oreilles à moi, demander à Rochoux ce que c'était qu'une gravure *avant les armes*. Aujourd'hui, j'apprends qu'il pousse le goût de l'art jusqu'à faire gratter la patine de tous les bronzes antiques de sa collection.

J'ai appris aujourd'hui la chose la plus extraordinaire : les collégiens de Rollin ont chacun un bidet dans leur chambre ! Un bidet au collège ! Il faudra peindre dans la JEUNE BOURGEOISIE ce développement des goûts de luxe chez l'enfance par l'éducation parisienne de ces collèges *chic*, où l'on fait des poules de 140 francs au Derby; où comme l'autre jour, on veut aller aux courses à quatre chevaux; où l'on connaît les équipages au Bois de Boulogne; où l'on médite son entrée au cercle; où toutes les bouffées de l'existence somptueuse de Paris et du Château arrivent et entêtent ces imaginations de quinze ans.

Pour les ACTRICES, ne point oublier la ressource des directeurs, d'être sauvés, — comme Fournier, — par l'argent de l'entreteneur d'une actrice, de la Duverger par exemple.

Idem : amant, tous les matins, un verre de sang à l'Abattoir; se frappant, après, la poitrine : « C'est un mur ! » (2)

(1) L'affaire de la Caisse des chemins de fer (cf. t. I, p. 871, n. 1) avait fait condamner Mirès par le Tribunal Correctionnel de Paris à 5 ans de prison et à 3.000 francs d'amende le 11 juillet 1861. Mais la Cour de Cassation ayant cassé le jugement, le procès avait recommencé le 31 mars 1862 devant la Cour de Douai, devant laquelle Mirès est défendu par Aurélien de Sèze, neveu de l'avocat de Louis XVI et l'objet d'une des premières passions de George Sand. Mirès est réhabilité par l'arrêt du 21 avril.

(2) Voir t. I, p. 253, l'origine de l'indication. Destinée en principe aux ACTRICES, — qui deviendront LA FAUSTIN, — elle s'éclaire en fait par un passage de GERMINIE LACERTEUX, où Adèle, la bonne d'une lorette, dit en parlant de son amant

L'artiste, l'homme de lettres, le savant devraient ne jamais se mêler de politique : c'est de l'orage qu'ils devraient laisser passer au-dessous d'eux (1).

« Ça m'a-t-il fait bien mal ? » disait un éthérisé après l'opération : c'est un mot de Calino !

3 mai.

Les saisons sont si mal arrangées et tout ce qui est du ressort de la Providence si défectueux, que si Dieu était un roi constitutionnel, il ne pourrait jamais constituer un ministère.

Dimanche 4 mai.

Ces dimanches passés au boulevard du Temple, chez Flaubert, sauvent de l'ennui du dimanche. Ce sont des causeries qui sautent de sommet en sommet, remontent aux origines du paganisme, aux sources des dieux, fouillent les religions, vont des idées aux hommes, des légendes orientales au lyrisme d'Hugo, de Bouddha à Gœthe. On feuillette du souvenir les chefs-d'œuvre, on se perd dans les horizons du passé, on parle, on pense tout haut, on rêve aux choses ensevelies, on retrouve et on tire de sa mémoire des citations, des fragments, des morceaux de poètes pareils à des membres de dieux !

Puis de là, on s'enfonce dans tous les mystères des sens, dans l'inconnu et l'abîme des goûts bizarres, des tempéraments monstrueux. Les fantaisies, les caprices, les folies de l'amour charnel sont creusés, analysés, étudiés, spécifiés. On philosophe sur de Sade, on théorise sur Tardieu. L'amour est déshabillé, retourné : on dirait les passions passées au spéculum. On jette enfin, dans ces entretiens, — véritables cours d'amour du XIXe siècle, — les matériaux d'un livre qu'on n'écrira jamais et qui serait pourtant un beau livre : l'HISTOIRE NATURELLE DE L'AMOUR.

Labourieux : *Quand il vient de boire un verre de sang, après avoir tué ses bêtes, il est comme fou... Si tu le voyais se taper sur la poitrine des coups à tuer un bœuf et vous dire:* « *Ça, c'est un mur !* » (p. 92).

(1) Rayé depuis *L'artiste.*

Nous passons, avant dîner, à l'exposition du boulevard des Italiens, voir le dernier tableau de M. Ingres, JÉSUS AU MILIEU DES DOCTEURS (1). Voilà peut-être l'homme qui a le plus trompé Dieu, depuis que le monde existe : il était né pour être peintre comme Newton était né pour être chansonnier ! Il a tout ce que la volonté peut donner de talent et tout ce que la patience peut donner de génie, — c'est-à-dire point de génie et un talent de sixième ordre (2).

Ce tableau m'a confirmé dans toutes mes opinions et je jure que cet homme n'est rien que l'exemple inouï d'une mode. Il n'y a pas un morceau de peint dans cette grande toile. Le dessin ridiculiserait le dernier des élèves de Rome. Pour la composition, pas une expression, pas une attitude, pas un bonhomme qui ne soit volé. S'il est vrai, comme il est dit dans la croyance musulmane, que les personnages figurés ressuscitent, ceux-ci ne ressusciteront que comme ombres, derrière l'armée de corps de Raphaël. Quelle belle collection ironique je ferais, si j'avais deux millions de rentes ! Je payerais, je ne sais combien, la tête de face d'un bonhomme, sur le rang à droite, pour avoir un échantillon complet du talent de cet homme et de la façon dont il *lave* une tête et l'anime par l'expression.

Il y a encore, à cette exposition, un portrait de femme de l'Empire, au crayon, décolletée, les tétons à peu près noués au nombril, — un dessin fabuleux d'imbécillité et de comique.

J'ai vu là des dessins bien bêtes encore, bien niais, mais frappants et saisissants : des SCÈNES DE 1814, par Delécluze, l'élève de David, l'inepte critique d'art des DÉBATS. Imaginez quelque chose de dramatique comme les Journées de Juin, dessinées au tire-lignes et lavées timidement par un élève d'architecture. C'est froid, glacial et cependant parlant. Dans un défilé de blessés sur le Boulevard, il y a un cavalier en manteau blanc, le visage entièrement enveloppé dans son mouchoir; le cheval marche d'instinct, un peu de sang perce le mouchoir, goutte sur le manteau : ce

---

(1) Il s'agit d'une exposition de toiles modernes organisée bd. des Italiens à la Salle Martinet et groupant des œuvres de Delacroix, Ingres, Flandrin, Fantin-Latour, Carolus Duran, etc.

(2) *Ce que la patience peut donner de génie* : allusion au mot de Buffon. Cf. t. I, p. 640, n. 1. Autre allusion. t I, p. 1079.

blessé voilé, cette blessure masquée, ce spectre sans traits, sans yeux, saignant sous le linge, en selle et droit : cela reste. Il semble voir le Devoir à cheval.

La sculpture mexicaine est embryonnaire. Leurs statues sont des fœtus. C'est une gestation d'art. Les arts d'Amérique semblent l'arrière-faix des arts d'Europe.

4 mai.

Un père de notre temps qui grondait son fils sur sa paresse, sur son éloignement à faire quelque chose, eut ce beau cri : « Mais moi, Monsieur, j'ai payé ma dette à ma patrie : j'ai fait ma fortune ! »

Il n'y a guère que deux ou trois peaux d'hommes de lettres dans lesquelles j'aurais plaisir à être logé : la peau d'Henri Heine, par exemple. La peau de Balzac, encore ; mais pour cette peau, il me semblerait loger dans une grosse gloire, dans une enveloppe un peu grossière et les souliers de Dupin aux pieds.

On pourrait appeler les dimanches de Flaubert les Cours d'amour du coït.

L'idée de l'appauvrissement du sang, idée familière aux classes élevées, présente une image très blessante aux classes inférieures : dites à une femme du peuple qu'elle est lymphatique, et cela lui fera tout à fait l'effet d'une injure.

Des gens qui ont pratiqué les misérables disent que la misère se reconnaît aux souliers, aux souliers seuls.

Mardi 6 mai.

Après dîner, au café, Maria nous conte la seule chose qui intéresse, d'une maîtresse comme elle, et de toute femme après tout : sa vie.

Elle vint à Paris demoiselle de boutique chez Véro-Dodat qui l'avait demandée à son père, lui disant : « Vous avez là une petite demoiselle qui a l'air intelligent. Qu'est-ce que vous en ferez ? Une femme de chambre ? Il faut la mettre dans le commerce.» Grand succès dans la charcuterie. Ses patrons lui reconnaissaient une grande « amabilité à couper » : avec elle, point de déchet, point de morceau perdu, talent et zèle ! A quatre heures, se levant et arrangeant la devanture aussi bien que les patrons eux-mêmes. Éloge de Véro à un de ses confrères, Neveu, de la rue Beaubourg, qui résolut de la lui enlever. La petite avait 400 francs qu'on payait, mois par mois, à son père, qui ne lui donnait que de quoi s'habiller, — mais très coquettement, — et pour les jolis bonnets à ruches qu'on portait alors. Neveu donna cent francs de plus et l'eut.

Rue Beaubourg, vue d'un jeune homme : alors charmante, treize ans, blonde et forte. Serrement de main, quand elle lui rend sa monnaie. Puis on le voit tous les jours. S'insinue dans la maison. Venait avec deux chiens, auxquels, sans doute, il faisait manger la charcuterie qu'il achetait. Entre auprès de M. et de Mme Neveu, se dit architecte et voisin. Avait loué en face un petit appartement, et la portière, bien payée, en faisait de grands éloges. Dînait chez le charcutier.

Au bout d'un an, propose une partie de spectacle; mais les billets sont pour le jeudi, jour d'occupation de la patronne à la boutique, la Halle étant le mercredi. Demande à emmener la demoiselle; et comme on lui en offre une autre avec, dit qu'il n'a que deux billets. Comme on avait confiance en lui, point de difficulté. Ils vont aux Français, en loge : Maria se rappelle encore les glaces où elle se regardait. Chaque fois que le rideau tombait, voulait s'en aller, croyant que c'était fini. A la fin, croyait que cela allait recommencer.

Ils sortent et se promènent, croit-elle, dans le jardin du Palais-Royal. Il avait retardé sa montre, ils montaient une rue, peut-être la rue des Moulins, — tout cela est brouillé comme un rêve, — lui montre la vraie heure : deux heures ! Épouvantée, désolée, veut qu'il la ramène et pleure : « M'aimez-vous ? — Mais oui, je vous aime bien; mais je veux rentrer ! — Vous êtes ma maîtresse ! » Et il lui prend le bras. « Votre maîtresse ? Vous seriez plutôt mon maître, vous êtes plus âgé que moi... » Cela donne la note de l'innocence bête... Une voiture était là, sans doute apostée. Ils vont au *Plat d'Etain*. Il la couche sur un canapé vert : « Je m'en souviendrai toute ma vie. Je criais, il m'embrassait, il m'appelait *sa petite femme*. Le lendemain, je voulais qu'il allât avant moi dire que j'allais rentrer, pour être moins grondée. Il me dit que c'était impossible... Si je voulais venir avec lui... Que si je voulais être demoiselle de magasin, il avait des magasins dans son pays. Il me fit apporter des robes. Et nous partîmes. J'avais treize ans et demi. »

Dans son château, il fut six mois sans la toucher. Alors viennent les histoires du duc d'Orléans, qui lui offre une maison, rue des Martyrs, — « Je la vois encore, quand je passe là... » — un coupé, une femme de chambre... Elle, si naïve, — aimant maintenant le comte de Saint-Maurice, — qu'un jour, le duc ayant déchargé sur sa robe de chambre, elle s'écria : « Oh ! le sale, il a pissé au long de moi ! » Une petite sauvage...

C'est là que se placent dans ses souvenirs, au bout de quelques mois, un voyage et un séjour dans un village entouré de montagnes. Tout cela nuageux, très vague... C'est la Suisse, pour elle. Ils allaient dans la campagne devant eux, une demi-lieue, et puis ils revenaient. Il y avait une montagne et de la neige, où elle est montée un jour sur un mulet.

Ruine du comte, qui se brûle la cervelle. S'en va comme une péteuse, à Paris, enceinte, chez une sage-femme qui lui prend ses diamants pour lui faire son éducation de sage-femme, la vole et la vend elle-même. Études de la clinique. Description de sa chambre; sa carafe et ses deux verres en symétrie, son vieux secrétaire en noyer : « Je crois qu'il m'a porté malheur à la fin. J'ai fini par le vendre. »

Puis ses amours avec un associé de commissionnaire au Mont-de-Piété, qui lui loue un appartement, lui promet des meubles; et le jour de son emménagement, rien ! Ajoutez qu'elle est enceinte. Dans la nuit, travaillée d'un désespoir qui se tourne en mal de dents, va chez lui, franchit la portière en lui disant qu'elle vient de la part de sa sœur, qui accouche et est très malade. Va à l'homme, lui dit à brûle-pourpoint : « Êtes-vous honnête homme ou canaille ? » Lui demande ce qu'il lui a promis, lui offre des billets, ouvre la fenêtre et lui dit : « Je me flanque par la fenêtre, comme Dieu est mon maître ! » L'autre s'exécuta.

Sa misère à la clinique : deux bonnets, deux jupons, deux cols, deux paires de manches. Mais toujours propre, faisant sa lessive tous les matins : croyance des autres, qu'elle était très riche en linge. Sa chambre cirée « comme un petit palais ».

Sur les boulevards, j'accroche Scholl, qui m'emmène fumer une pipe dans son petit appartement de la rue Laffitte. Un appartement où rayonne le portrait de la Leblanc, avec autographe d'éternelle amitié ; un appartement d'homme à femmes et de fille, avec beaucoup de parfumerie çà et là. Rien que des livres modernes dans la bibliothèque, et des bougies roses dans les bras des glaces.

Il ôte, en entrant, sa redingote, son gilet ; il a chaud, il est nerveux, il ouvre la fenêtre. Il parle de se battre avec Vaudin, qui l'insulte dans un volume sous presse. Il parle, va, vient, rôdant, tournant comme un petite bête féroce en cage.

Quelle vie ! Tout ce qu'il y a de malsain et d'excitant, la petite presse, les échos du scandale à glaner chaque semaine ; un roman, où il jette les lambeaux de sa vie et de ses amours, à bâcler ; les besoins d'argent ; la vie de restaurant et de café, les coups au bordel, les nuits chez Léonide ; de petites ambitions, mais enragées et fiévreuses ; le théâtre que l'on sape par les relations, les dédicaces à Barrière, les poignées de main au Café des Variétés, — et par là-dessus, le spiritisme brochant sur le tout. Car il est médium ! Il évoque Murger, à ce qu'il me conte, l'esprit de Murger, qui fait des mots d'outre-tombe !

C'est décidément un type que cet homme, mon ancien camarade, mon ancien ami, un type grand comme le bas des lettres et comme le malaise des maigres talents et des appétits mauvais, des âmes malades.

8 mai.

Nous allons voir Janin avec Flaubert et Saint-Victor. Tout est faux chez ce faux bonhomme, jusqu'au rire qui est un rire théâtral.

9 mai.

Pouthier est en train de peindre un Christ pour un curé. C'est à la fois un Christ de lorette et un Christ humanitaire, — vraiment la chose la plus attristante ! Plus attristante que la misère est l'absence de talent dans les arts.

Le soir, dans un café d'étudiants du Quartier Latin, il me semble retrouver la province, avec ses grosses voix, ses gros rires; et il me semblait qu'on nous devinait Parisiens.

A l'atelier, je lis cette chanson sur un cahier de croquis :

> S'i' portent d'la flanelle
> Qui leur pomp' la sueur
> S'i' n'suent pas des aisselles,
> C'est qu'c'est leurs pieds qui pleurent.

Contre un mur, il y a une tête de mort, à laquelle des ailes d'oiseau fichées au mur font des rayons. Puis des études. La portière est un châssis et un rideau de calicot rouge, rouge tunique de tragédie.

Pouthier, pour s'économiser les frais de modèle, est en train de modeler sur un établi de sculpteur une maquette de son Christ, qu'il drape avec son mouchoir mouillé : il lui fait des plis grecs !

Un intérieur d'ouvrier ou plutôt de *choumaque* amateur d'images ou de portier collectionnant des images, des lithographies à un clou. Ça sent le peuple. Nanteuil revient, abruti, sortant de loge, comme s'il sortait d'un whist de quarante-huit heures, parlant à peine, l'œil à peu près fixe, ne sachant que dire; par contenance, les mains dans les poches et se dandinant devant nous, comme un ouvrier qui marche sur des tapis. Côté ouvrier de celui-là et des autres, Servin...

J'ai vu là une étude de femme, belle comme ce que j'ai vu de plus beau en fait de chair, — toile encore anonyme, signée de ce nom qui n'en est pas un, Legrain, qui en sera peut-être un demain.

Mai.

L'autre jour, Gisette disait un mot entre Laclos et de Sade : « Ce n'est pas ce que les hommes me font qui m'amuse, c'est ce que je leur fais. »

En buvant du bock au Grand-Balcon, à dix sous le verre, je songe que le manque de rapport entre les revenus et les dépenses doit amener la fortune transitoire, le viager, qui sera le socialisme futur.

13 mai.

En sortant du musée Campana : l'admiration des Anciens vient beaucoup de ce que l'on entre dans leurs reliques comme dans une exposition de sauvages. Pour un peu d'art qu'on y trouve, on s'étonne et on s'agenouille (1).

Cet art nous est, à nous, antipathique. Il n'est personnel ni par les hommes ni par les œuvres. Le beau y est impersonnel, l'artiste aussi. Il y a des époques, il n'y a point d'artistes. Le sublime, le parfait, l'absolu du beau, l'antiquité l'a rencontré et atteint dans sa sculpture ; mais même là, l'art antique avait supprimé la figure humaine, la physionomie, l'expression. C'est un art décapité.

L'histoire même de l'antiquité m'est antipathique. Il faut être un esprit creux et peu critique pour en être tenté : se tenir satisfait d'hypothèses et de vraisemblances, c'est embrasser la nuée du Passé.

Après tout, même devant la petite vitrine de l'Acropole, il y a flagrante et prodigieuse injustice à s'extasier devant un débris, un membre de mouvement gracieux d'une terre cuite grecque, et à mépriser Clodion.

J'ai remarqué qu'il faut plus que du goût, il faut un caractère pour aimer vraiment et apprécier l'art. Il faut, pour l'indépendance de l'admiration, l'indépendance des idées.

20 mai.

On ferait une encyclopédie des bêtises et des contre-vérités répandues par l'imprimé. Quoi qu'on écrive maintenant, Greuze passera toujours pour un homme vertueux et Watteau pour un libertin. Greuze ? Il n'y a qu'à lire les Bordels de Thalie (2).

(1) Cf. la note du 13 déc. 1862.

(2) Cf. L'Art du XVIIIᵉ siècle, t. II, p. 52, où les Goncourt parlent de la secrète sensualité de Greuze : « Involontairement devant ses tableaux, le souvenir revient de ces Pantins du boulevard, qui portent en épigraphe en face d'une image ordurière : *Ce tableau fait pour Greuze* (sic) *annonce ses autels.* » (Cette fin de l'étude sur Greuze paraîtra dans la Gazette des Beaux-Arts du 1ᵉʳ déc. 1862). La Maison d'un Artiste (t. II, p. 40) donne le titre complet de ce libelle : Les Pantins des boulevards ou Bordels de Thalie, *Confessions paillardes des tribades et catins des tréteaux du boulevard recueillies par le compère Mathieu. A Paris, de l'impr. de Nicodème dans la Lune*, 1791. Il concerne les actrices de l'Ambigu-Comique, des Délassements-Comiques, etc. Il ne figure ni chez Barbier ni chez Quérard.

Pour Watteau, il y avait en lui de la chasteté aussi bien que de la mélancolie de Virgile.

Je ne sais quelle putain Claudin a rencontrée l'autre soir à Mabille : son amant lui donne 10.000 francs pour obtenir qu'elle se purge. J'ai un certain plaisir à voir ainsi jeter l'argent dans le pot de chambre d'une fille. Les humiliations de l'argent me réjouissent.

Après un violent exercice physique, il y a dans l'homme un hébétement : il y a dans la sueur une déperdition de l'intelligence.

Pour la nouvelle de *gougnottage*, femme allant baiser le gland de sonnette d'une autre femme.

J'appellerai Mirabeau un homme qui s'est repenti pour de l'argent (1). Les écrivains qui l'estiment me font toujours l'effet de se défendre.

Le soir, chez Flaubert, fin de la lecture de SALAMMBÔ. Dans cette œuvre, ce qui domine toutes les critiques de détail, c'est la matérialisation du pathétique, le retour en arrière, le retour à tout ce qui fait l'œuvre d'Homère inférieure aux œuvres de notre temps, la souffrance physique prenant toute la place de la souffrance morale, le roman du corps et non le roman de l'âme.

21 mai.

A dîner, Saint-Victor dit que Lamartine appelait ainsi ses embarras d'affaires, ses dettes, le papier timbré : « C'est mon café! »

On parle d'Houssaye, cet abominable usurier de la copie des autres, cet exploiteur à si bon compte de Philoxène Boyer. Bouilhet, qui nous le raconte, se trouvait au premier jour de l'an chez lui, à l'ouverture d'un paquet, qui contenait deux paires de chaussettes

(1) Allusion au rapprochement qui s'opère entre Mirabeau et Louis XVI par l'intermédiaire de La Marck et au cours de l'entretien secret du 3 juillet 1790 : moyennant le paiement de ses dettes et une pension mensuelle de 6.000 livres, Mirabeau assurait son concours au souverain.

et trois chemises de couleur de confection à quatre francs, et Philoxène s'écria avec une vive reconnaissance : « C'est le bon Arsène qui m'envoie cela ! »

Flaubert, au fond, une grosse nature qu'attirent les choses plutôt grosses que délicates, qui n'est touché que par des qualités de grandeur, de grosseur, d'exagération, dont la perception de l'art est celle d'un sauvage. Il aime en un mot le peinturlurage, la verroterie, c'est une espèce d'Homère d'Otaïti. Notez chez lui un déploiement furieux de gestes, de fièvres de voix, de témoignages violents de toutes sortes, — et là-dessous, cependant, toujours l'arrêt prudent et bourgeois. Et le poussez-vous, vous le trouverez toujours resté au seuil de l'excès.

Autre mélange : sous la prédication de l'indifférence et du mépris du succès, vous rencontrerez des menées, du secret, des souterrains, une habile conduite de la vie pour arriver au succès, toutefois sans qu'il y ait rien que de parfaitement loyal.

C'est un homme qui, par l'emportement qu'il donne à ses opinions, semble les avoir faites; et cependant, elles viennent de ses lectures plus que de lui-même. A tout moment, on y touche, sous l'indépendance de quelques-unes, la peur de l'opinion publique, une peur de provincial pour toutes les autres. En un mot, c'est un homme très inférieur à ses livres et qui serait la meilleure preuve à l'appui du mot de Buffon : « Le génie, c'est la patience. »

J'écrivais cela quand Bouilhet entre, et il me parle de la susceptibilité infinie de Flaubert. Il me raconte que dans le temps, Maxime du Camp s'étant permis quelques critiques contre son Saint Antoine qu'il lui lisait, Flaubert en avait été trois mois malade, en avait eu une jaunisse, ce qui avait fort refroidi la mère de Flaubert à l'égard de son ami.

Quand la révolte des esprits contre le passé, — contre la religion, la papauté, les monarchies, toutes les formes gouvernementales de l'ancien temps, — qui nous régit, sera apaisée par la destruction de tout cela, le *criterium* de l'esprit humain sans ouvrage se tournera, il faut l'espérer, contre ses gloires absurdes. Il est impossible que le jugement des grands esprits de notre temps sur les esprits des autres siècles, — jugement qui ne se déclare, il est vrai, que dans l'intimité, — ne se fasse pas jour et n'apporte aussi sa révolution. Alors quelle sera la gloire de Molière, comparée à celle de Balzac? MADAME BOVARY ne sera-t-elle pas trouvée un livre supérieur à MANON LESCAUT, et tous nos lyriques ne disparaîtront-ils pas devant Hugo? Qui gardera sa place dans le passé? Rabelais, La Bruyère, Saint-Simon, Diderot...

22 mai.

Maria me raconte qu'à la Bourbe, portant les lettres d'amour d'une camarade, fut surprise par une sœur, mangea la lettre; mais il y avait des cheveux dedans : horrible mal de cœur !

Pour une toilette de putain, j'ai vu une jolie chose aujourd'hui : des bouquets de violettes sur des pantoufles.

Mai, un jeudi.

La fille d'une portière d'Adèle Courtois, assez jolie, était pressée de fort près par un jeune homme. La mère, ayant besoin de conseil, vient trouver Adèle, qui se constitua en conseil de famille avec Anna Deslions. On fit comparaître la petite et Adèle Courtois termina la consultation par ce beau mot philosophique, qui résume les fortunes de prostitution : « Va, ma fille, donne ton pucelage, tu vendras tes chaudes-pisses. »

22 mai.

Si je viens à périr est le terme dont les cochers de fiacre se servent pour désigner leur arrêt à une station où ils ne sont pas pris. Hommes qui ont ce qu'on pourrait appeler l'esprit d'aventure et dont toute la vie va d'elle-même à l'inattendu, à l'imprévu; qui ne savent où ils coucheront, qui ne savent ce que leur réserve le lendemain et qui sont heureux de ce doute, qui n'est pas une inquiétude pour eux. Curieux type dans ce genre que Louis le graveur, étudiant, le soir, dans les cafés, en devinant l'homme qu'il reconduira et qui lui donnera à coucher.

C'est vraiment merveilleux, l'insanité de Gavarni pour la conduite de sa vie, de son bonheur! Le voilà âgé, un peu souffreteux, devenu paresseux, dégoûté du dessin, n'ayant de force que pour les mathématiques, en un mot tout prêt à prendre sa retraite de la carrière qu'il a si magnifiquement remplie; par là-dessus, sans argent. Le bonheur veut qu'il soit exproprié de sa maison, qu'il puisse toucher là 600.000 francs, payer ce qu'il doit et avec le reste, se faire une douce vieillesse, à la fois paresseuse et bercée de mathématiques. Eh bien, non ! Il va céder seulement une portion de sa propriété; et avec l'argent que lui laisseront ses créanciers, il va bâtir sur le terrain qui lui restera (1). Il va continuer à se trouver sans le sou, avec un loyer de 20.000 francs. Puis, ne voit-il pas au bas de son jardin, dans le pré qui va à la Seine, une pépinière, — une pépinière colossale et des projets de fortune absurdes? Mais demander aux hommes de génie la raison d'un bourgeois, cela est trop.

Gavarni est resté ouvrier par ses goûts; il n'a aucunement besoin de toutes les délicatesses des gens mieux nés. Il aime les dîners à quarante sous; le vin bleu d'un marchand de vin ne lui est pas désagréable. Il est insensible à toutes les nuances délicates que donne le cher dans le manger, l'habillement, le logement. Il a même une certaine pente à l'économie, sans que cela soit de l'avarice; au contraire, il est très charitable, très généreux, très donnant, toujours prêt à prêter, à lâcher l'argent à tous les gens qui lui demandent, et se laissant très bien arracher 20 francs des 40 francs que la maison possède.

C'est étonnant comme la vie est hostile à tout ce qui ne suit pas la voie ordinaire, à tous ceux qui y échappent ou y résistent; à tous ceux qui ne sont pas fonctionnaires, bureaucrates, mariés, pères de famille; à tous ceux qui ne vivent pas dans le cadre de la vie de tous. A chaque instant, à chaque moment de cette vie, ils sont punis par mille grandes et petites choses, qui sont comme les peines afflictives d'une grande loi de conservation de la société.

24 mai.

En lisant le compte rendu de la justice criminelle, pour l'année dernière, je vois que les crimes contre l'ordre public ont

(1) Add. éd. : le mot *créanciers.*

diminué de moitié. Les crimes contre les mœurs, au contraire, toujours ascendants, forment plus de la moitié du nombre total des crimes contre les personnes. Ils n'en faisaient que le cinquième, de 1826 à 1830. Voilà ce que fait le refoulement des passions politiques. Ce qui ne monte plus à la tête descend aux sens. La liberté est l'exutoire du phallus.

25 mai.

Je vois au Bois de Boulogne une voiture qui est un éblouissement d'argent et d'azur, une voiture insolente. Je demande à qui elle appartient; on me répond : « A Mme Mirès. »

L'argent parle aujourd'hui comme Louis XIV aurait pu parler au Grand Dauphin. Salomon Rothschild ayant dépensé un petit million à la Bourse en cachette de son père, reçut du père aux millions cette lettre : « M. Salomon Rothschild ira coucher à Ferrières, où il recevra les instructions qui le concernent. » Le lendemain, il recevait l'ordre de partir pour Francfort. Deux années se passaient dans les chiffres; il croyait sa peine expirée; il écrivit à son père qui lui répondit : « Les affaires de M. Salomon ne sont pas terminées. » Et un nouvel ordre l'envoyait passer un couple d'années dans une maison de banque d'Amérique.

31 mai.

Au Louvre. — Rien n'est répugnant comme une vieille femme copiant un sujet égrillard ou même amoureux. Il semble voir une Sybille ânonner de l'Anacréon ou du Grécourt.

Les portraits de Van Dyck et de son temps ont toujours, derrière, un ciel d'orage : c'est la vie du temps... Il y a des traînées d'éclairs sur un ciel noir à leur horizon. Des balafres d'orage rayent le fond sur lequel se détache un homme en noir, calme.

En voyant ma vieille bonne violer son mal pour travailler, rester debout contre la fièvre, la faiblesse, les souffrances, ne pas manger de viande depuis six mois, toujours aller, triompher de tout avec les ressources inconcevables du courage nerveux, je m'étonne que les femmes meurent. Il me semble qu'il faut qu'elles renoncent à vivre pour cela.

3 juin.

Je traversais, le soir, le faubourg Saint-Denis ; il y avait, sur le seuil d'une boutique de charcuterie le profil d'une jeune et jolie fille ; et rien n'était plus rembranesque que cette silhouette de jeune fille, toute dans l'ombre, la plus gracieuse tache qui puisse être faite sur un fond tout de feu et de lumière.

Lundi 3 juin.

Je rencontre About. Il a manqué d'être mangé par un cochon de lait : le doigt de Dieu eût pris là une singulière forme ! Un cochon de lait d'espèce particulière, d'Alsace, dont il a déjà envoyé un échantillon au Jardin des Plantes... Il tourne en ce moment à l'acclimateur. C'est le pamphlétaire-laboureur ! Depuis son four de GAETANA, il vend sa charrue comme on *vend son piano* (1). Il me parle avec émotion, avec lyrisme de ce qu'il a vu près de Saverne, il y a deux jours : sept lieues de terre bien cultivées. Il me prenait sans doute pour un électeur. Au fond, triste comme un Cincinnatus de l'Odéon.

Vu un buste en terre cuite de Mme Viardot. Je rapproche ces trois types, la comtesse, Mme Blackwell, Mme Viardot. Même figure large, le nez grand, les yeux bridés, les pommettes saillantes. Figure à étudier : toutes trois hystériques ; toutes trois, belles voix et chanteuses. Correspondance déjà remarquée par les médecins entre les organes génitaux et les organes vocaux, entre le larynx et les sens. — Type pour l'ACTRICE.

5 juin.

Pendant que j'attends à la Bibliothèque le livre demandé et qui ne vient pas, j'entends l'employé Chéron jeter dans l'oreille

---

(1) Le 2 janvier 1862 à l'Odéon, GAETANA fut sifflée dès le début, comme l'indique une note spirituelle d'About mise à la seconde phrase de la sc. 1 : « Ici, le public impartial commence à siffler. » Après la représentation, les étudiants vinrent huer About sous ses fenêtres, passage Saulnier. Les libéraux lui reprochaient son passage de l'OPINION NATIONALE au CONSTITUTIONNEL, les conservateurs catholiques, sa QUESTION ROMAINE et tous, son amitié pour Sarcey, qu'on tenait entre autres pour responsable de la révocation de Laprade (v. note du 31 décembre 1862).

d'un ami, avec un geste énorme : « Oh ! l'averse d'hier ! Mon potiron est grossi de cela... »

En sortant du Musée Campana (1). — Décidément, j'ai horreur des Grecs et des Romains. C'est l'art qu'on nous a seriné. Cela représente surtout le Beau du collège. Peuples académiques, arts académiques, temps académiques, qui servent à faire la gloire et les traitements de vieux professeurs. De tout ce beau, sort l'ennui d'un pensum, — et je me mets à feuilleter un album japonais, je me plonge dans ces rêves colorés... Au fond, l'art grec est trop une déification photographique du corps humain et c'est trop la perception d'une civilisation toute matérielle.

Je songe à la leçon morale de ceci : point de plus grande œuvre que faite par une canaille, servie par des canailles, avec des moyens canailles, sans qu'il y ait un grain de génie dans toute cette canaillerie.

Les bourgeois ont un joli euphémisme pour leur avarice : ils appellent être avares « amasser une dot à leurs enfants. »

Je ne crois pas que la conscience soit un sentiment primordial; c'est un acquis de l'éducation qu'on a reçue ou qu'on s'est faite. L'homme sauvage n'a pas de conscience. Peut-être notre seule conscience, la seule défense des mauvaises actions, qui s'élève en nous, est l'absence d'instincts carnassiers, et encore !

8 juin.

Baschet, après m'avoir montré dans son petit appartement de la rue d'Aumale tout son bric-à-brac vénitien et, dans une corbeille de noces vénitiennes, son masque et ses dominos de gala décrochés dans un Longhi, me conte que par son testament, il frustre de ses cendres sa ville natale, Blois : il sera enterré à Venise... N'est-il pas de certains amants qui déshonorent une femme ? Baschet, pour moi, pèse plus durement que l'Autriche sur Venise. Ce nom fait sur cette grande relique comme une

(1) Cf. note du 13 déc. 1862.

ombre ridicule. Oui, des Hongrois sur la place Saint-Marc, cela me semble moins triste que le corps de Baschet au Lido, entre la marque de deux pas du cheval de Byron (1).

Dimanche 8 juin.

Nous allons à la campagne avec Saint-Victor, comme des commis de magasin. Et nous nous disons, en allant chercher un chemin de fer quelconque, qu'au fond, l'humanité, — et c'est là son honneur, — est un grand Don Quichotte. Il y a bien, à côté d'elle, Sancho, qui est la Raison, le Bon Sens. Mais elle le laisse presque toujours en arrière. Les plus grands efforts, les plus grands sacrifices de l'humanité ont été faits pour des questions idéales. Un grand exemple de cela, c'est le tombeau du Christ, — rien qu'une idée, — pour lequel s'est remué le monde, encore hier (2).

Nous avons marché le long de la Seine, à Bougival. Dans l'herbe haute de l'île, des gens lisaient tout haut un article du FIGARO. Sur l'eau, les canotiers en vareuse rouge chantaient des romances de Nadaud. Saint-Victor a rencontré une connaissance au détour d'un saule : c'était un quart d'agent de change. Nous avons enfin trouvé un coin, où il n'y avait ni paysagiste assis qui peignait, ni côte de melon oubliée...

La nature, pour moi, est ennemie; la campagne me semble mortuaire. Cette terre verte me semble un grand cimetière qui attend. Cette herbe paît l'homme. Les arbres poussent de tout ce qui est cadavre, de tout ce qui meurt. Ce soleil qui luit, si clair, impassible et pacifique, me pourrira. Cette eau qui passe, si douce et belle, peut-être lavera mes os. Arbres, ciel, eau, tout cela me

(1) En 1817, au début de son séjour à Venise, Byron « avait obtenu du commandant autrichien d'un fort qu'il lui cédât quatre chevaux et chaque jour, il galopait, au Lido, sur l'étroite bande de terre où les vagues de l'Adriatique déferlaient aux pieds de son cheval » (Maurois, BYRON, 1952, p. 258; cf. aussi p. 266 le témoignage de Hobhouse).

(2) Moines latins et moines grecs se disputaient la garde des Lieux-Saints; d'où la mission de La Valette à Constantinople pour soutenir les uns (1851) et celle de Menchikov en faveur des autres (1853). La Russie réclamant la protection du culte grec dans tout l'Empire ottoman, le refus turc entraîna la guerre, où la France et l'Angleterre se joignirent au Sultan (mars 1854). La querelle des Lieux-Saints fut donc l'origine occasionnelle de la guerre de Crimée.

fait l'effet d'une concession pour dix ans, dont le jardinier renouvellerait un peu les fleurs au printemps et où il aurait mis un petit bassin avec des poissons rouges...

Non, tout cela ne vit pas. Rien ne vit pour moi que cela qui passe et m'effleure l'âme, une robe de femme, le profil de celle-là qui, à table chez Pouvent, ressemblait à la CHARITÉ d'André del Sarto, avec la pâleur et la bouche d'une goule des MILLE ET UNE NUITS (1). Ou bien encore, l'esprit est éveillé et amusé en moi par cette causerie du fils Bocher sur Mirès... Visage de femme et parole d'homme : là seulement est mon plaisir et mon intérêt.

11 juin.

Rien de grotesque comme mon cousin Alphonse s'avançant dans le mariage. C'était l'Avarice s'avançant avec gémissement dans les cycles de l'Enfer du Dante. D'abord, la dépense de l'Opéra et des gants; puis les glaces, le soir, chez Tortoni. Puis la cour, les voitures, les bouquets qu'il ne pouvait pas tous rapporter de la campagne et qu'on le force à donner tous les jours; des fleurs pour les jardinières de sa fiancée, que la femme de chambre ne trouvait pas assez copieuses; la bague de cinq cents francs. Puis la grosse question de l'abouchement des notaires, la discussion du régime dotal, défendu article à article.

Singulière chose, en passant, que ce régime dotal ! C'est une de ces prodigieuses chinoiseries, comme on en rencontre tant dans la société ! Entre les époux, la conjonction est complète. On les met dans le même lit; ils échangent leur sang, mêlent leurs santés et tout, sauf l'argent. Ils n'ont qu'une table de nuit, ils ont deux fortunes. Ils entrent dans la communauté en laissant leurs bourses à la porte.

Quelles étamines ! L'exigence de la jeune personne de faire stipuler dans le contrat 4.000 francs par an pour ses toilettes. Peu à peu, la mondaine apparaissant, la perspective des dépenses futures se déroulant devant le futur épouvanté, faisant déjà des prédictions sinistres sur l'avenir de son mariage. Les tâtonnements pour la corbeille. L'adresse donnée par Mme Marchand de son

---

(1) *Pouvent* ou *Ponvent*,... le texte est incertain et aucun nom de restaurateur qui rappelle celui-là ne figure dans le Bottin d'alors.

joaillier. La scène de défense, où il se tient sur la défensive, comme s'il était dans une diligence en Espagne, le trousseau de 20.000 francs : « Savez-vous ce que c'est que vingt mille francs ? » disait-il solennellement à la jeune fille. « C'est vingt mille francs ! » Et enfin, refus de la jeune personne. Et Alphonse apprend qu'elle avait déjà retenu toute sa maison, valet de chambre, cocher, cuisinier, et qu'elle disait : « Mon mari se couchera de bonne heure. J'irai seule dans le monde. »

Il respire comme sorti d'un gouffre. Il ne sent dans l'affront que la délivrance. C'est un homme sauvé de la ruine. Il ne s'attriste qu'en pensant à ses frais perdus, bague, etc., jusqu'aux bonbons du spectacle ! Car il n'oublie rien, il a fait son compte : c'est 1.223 francs que cela lui a coûté ! Lui rendra-t-on sa bague ? Voilà sa grande préoccupation.

Mercredi 11 juin.

Nous dînons — car il faut toujours y dîner — dans cette maison où est notre grand plaisir et notre grande plaisance, chez les Charles Edmond, aujourd'hui rue de l'Odéon.

Gisette Dennery arrive avec la petite Peyrat, Gisette déjà excitée comme une femme qui s'entraîne, et disant les gros mots : « Tiens, c'est cette bête de Jules ! Idiot ! » Et elle se met de la poudre de riz... Charles ne s'appelle plus que *la vache* dans ce petit comité, et Dennery, *le veau*.

La petite Peyrat au milieu de tout cela, dans ce monde, au milieu de ces mots, chez l'ennemi de son père, a une tenue bizarre, sans gêne, naturelle, une certaine impudeur native, comme une candeur d'effronterie. A tout moment, après une plaisanterie de garçon, une allusion vive, Gisette lui dit : « Marie, rougis ou va-t'en ! — J'aime mieux rougir », dit la jeune fille, et elle ne rougit pas, et elle fait la moue d'une petite fille qui n'est pas traitée en grande fille. Singulière fille, incompréhensible, profonde, je crois, tout simplement parce qu'elle est creuse, éprise de Robespierre, — le plus singulier idéal de femme, — sur la foi de Buchez; passant des journées chez les Saint-Priest, auxquels elle tient par je ne sais quel lien de clientèle, et disant qu'elle pleure en rentrant, tant il lui a fallu digérer de bêtises et de nullités sous les formes distinguées de ce monde aristocratique : une espèce de petite

1087

Mme Roland, dans sa visite à cette grande dame, patronne de sa mère, rentrant au logis, pleine de mépris (1).

Le soir, Gisette, après onze verres de porto, est grise. Elle s'est grisée, comme on se grise quand on le veut, avec résolution, avec rage, pour noyer quelque chose, dans un de ces accès d'étourdissement de la femme qui se voit vieillir, ses joues rougir, qui se déballe de sa robe quand elle se déshabille, qui prend des hommes et ne les choisit plus. Il y a là un moment terrible dans la vie de ces femmes gâtées. L'âge leur fait froid dans le dos.

Elle vide son verre contre les murs. Elle prend les gens dans les coins; et les pelotant, elle leur conte des bribes de romans. Elle s'excite avec les drames qu'elle leur conte, elle joue une comédie à laquelle elle se prend. Le geste caressant et comme visqueux; la main poisseuse, pâteuse et verbeuse; avec des singeries d'enfant, des imitations de voix de petite fille fouettée, disgracieuses, effrayantes comme l'idiotisme dans cette grosse masse de corps. Son œil danse de plus en plus, elle n'est plus guère maîtresse de son corps; elle se roule avec des ondulations de bête, elle a des mouvements lascifs, fauves et gauches.

Dennery veut l'emmener : elle l'appelle « vieux cocu » et reste. Lui, pourtant humilié, blême et froid, son chapeau sur la tête, mangeant ses hontes, reste, comme plongé sur le cours de la Bourse d'un journal, dont il ne voit pas les lettres. Par ce que je vois là, jugez tous les tourments journaliers d'un homme comme Dennery, condamné à tout dévorer et pâtir de cette femme. Ses amants, ce n'est rien; mais ses caprices, l'étalage qu'elle fait de sa domination, de son mépris de lui, les bassesses où elle le ravale, les lâchetés qu'elle exige de lui, tout ce qu'elle lui crache d'amertume dans le nez, devant tous. Ces femmes avalent l'avilissement de tels hommes comme un sorbet.

Les jeux de Gisette deviennent, pendant ce temps, de plus en plus lourds et maladroits : il y a de la truie et du singe dans ses coquetteries. Elle bredouille du gosier et donne presque un soufflet à Charles. On l'entraîne dans la chambre de Julie et je l'entends

---

(1) La future Mme Roland, vers 1767, va voir, avec sa grand'mère Phlipon, une Mme de Boismorel, dont Mme Phlipon avait élevé le fils, Roberge de Boismorel, payeur des rentes de l'Hôtel de Ville, et dont la hautaine réception humilie l'enfant. Cf. MÉMOIRES de Mme Roland, éd. Perroud, 1905, t. II, p. 73-76.

pleurer les sanglots de femme dans l'ivresse. « Bonsoir, Messieurs », dit Dennery de sa voix plate et tombante. Elle embrasse tout le monde en pleurant. Et ils partent avec la petite Peyrat, toute honteuse et vexée, parce que, tout à l'heure, Dennery, ne sachant sur qui passer ses nerfs et se revenger, lui a fait une scène de ce qu'elle parlait de l'incarcération de Sade avant Thermidor et lui a fait honte de prononcer ce nom.

En rentrant, de mes lieux dont la lucarne donne sur l'appartement de la Lagier, je l'entends faire une scène de jalousie à Sari, avec une voix et des mots de *pierreuse* derrière une pile de bois. Un mot, dans la querelle, lui échappe sur sa rivale, un de ces mots qui ouvrent des profondeurs sur ces unions d'affaires : « C'est une femme qui ne peut te servir à rien. »

Il faudra mettre quelque part dans NAPOLÉON un grand morceau sur cette idée : alors, on vit s'élever dans le monde, un dieu plus féroce que Baal, plus que Moloch, un dieu d'un airain plus sourd que tous les dieux antiques, — la Gloire (1).

Juin.

Le tourment de l'homme de pensée est d'aspirer au beau sans avoir jamais une conscience fixe et certaine de l'absolu de l'art. On entrevoit le but, mais on ne sait par quel effort y atteindre. A mesure qu'on écrit, plus d'hésitation, plus de doute vous vient sur le procédé.

Juin.

Que de lieux où les choses et les âmes ne laissent pas de traces ! Endroits banaux, sortes d'hôtels-garnis du drame.

Ainsi ce logement où j'ai passé la nuit, ce lit où j'ai couché et où tant de femmes se sont tordu les bras contre le bois, ont mordu les draps, ont crié et râlé, la bouche étouffée contre l'oreiller. Qui le dirait ? Les dunkerques sont de la bêtise la plus honnête,

(1) Dès 1859, les Goncourt songent à écrire une HISTOIRE IMPOPULAIRE DE NAPOLÉON (cf. t. I, p. 634). Le projet se restreindra à un livre sur « le cerveau de Napoléon », auquel ils travailleront encore en décembre 1867, mais qui ne verra jamais le jour. Ici, le texte Ms. porte, par prudence, l'initiale seule du nom de l'Empereur.

les pendules d'un estampage bourgeois. La commode et les étagères sont chargées de ces choses qui semblent, dans les intérieurs de petits employés, des cadeaux de Jour de l'An ou de fête. Il y a surtout un flacon dans une coquille de nacre, traîné comme un chariot par des papillons d'or ! Et tout cela, — cette tasse à fleur, ce porte-monnaie, cet étui d'éventail, — représente la reconnaissance d'une couche, d'une malheureuse accouchée secrètement, souvent d'un avortement.

Les gravures, qui ont vu sortir du corps de tant de femmes la vie ou la mort, le fœtus ou l'enfant, ont un air de gravures d'Hôtel du Commerce. C'est deux scènes du Dernier des Abencérages, sur acier, par Johannot; une gravure anglaise à l'aquatinte, le Réveil; les Gardes françaises de Giraud en coloriage, encadrées dans une marge noire à ornements courants d'or; et à la place d'honneur, Le Tasse et la princesse Éléonore, du XVIe siècle du fils Fragonard ! (1)

Ceci est le cabinet noir de la maison, la chambre de travail d'une sage-femme. Là, des mères ont laissé leurs enfants; là, d'autres les ont troqués; plus de larmes, plus de sang, plus de désespoirs, plus de hontes ont coulé là qu'une mémoire de romancier n'en saurait contenir... Et le parquet reluit, la moquette est propre, l'acajou brille, le soleil joue dans les rideaux blancs, avec un rayon virginal. Il faut regarder, à côté de la cave à liqueurs, sur la commode, une espèce de gobelet d'escamoteur en fer blanc, haut comme la main, un spéculum, pour savoir où l'on est et avoir peur de l'ombre de toutes les choses qui ont eu lieu dans ces quelques pieds carrés, de ces accouchements à la façon de Paris, où une fille vient accoucher entre deux contredanses et retourne au bal.

13 juin.

Gautier revient de Londres avec l'idée que, décidément, sa copie ne lui est pas payée trop cher en France ! Il a vu la fortune d'un homme de lettres anglais, de Thackeray, qui a un hôtel et un parc à Londres. Il a dîné chez lui et il a été servi par des domestiques

---

(1) L'expression *du XVIe siècle du fils Fragonard* n'est pas à prendre au figuré. Alexandre-Évariste Fragonard, fils d'Honoré, a réellement peint — non sans anachronisme, si on en croit les Goncourt — cet épisode célèbre de la Renaissance : Le

à bas de soie. Thackeray lui a dit qu'en faisant des lectures de ses livres, il gagnait, par chaque lecture, trois ou quatre mille francs; mais que Dickens qui était meilleur déclamateur que lui, gagnait beaucoup plus. — Est-ce qu'il n'y aurait que les aristocraties pour rétribuer les lettres?

Nous partons demain pour Bar-sur-Seine. Nous avons d'avance l'idée que nous allons être heureux comme quelque chose d'enterré qui se rouille.

14 juin.

Mon habit dîne ce soir chez la princesse Mathilde, sur le dos de Gavarni, auquel Sainte-Beuve a demandé son jour de la part de la Princesse et qui n'a pas d'habit.

15 juin.

Non, il n'est point de type plus complet que ma petite cousine. Elle est, en tout et sur tout, la poupée de la mode. Elle n'a d'âme, d'esprit, de parole, de pensée que la mode. Et c'est l'étude la plus curieuse que celle de cette personne absolument impersonnelle, animée seulement des opinions bien portées et qui semble ne respirer que le bon air de Paris.

Pour les enfants, elle prend son parti de n'en pas avoir : elle connaît des gens bien qui n'en ont pas. Puis, c'est un dérangement du monde et un rognement sur les toilettes. Et puis, il faut bien prendre garde à en avoir trop, parce qu'ils font les parts d'une fortune trop petite. L'idée d'avoir des enfants n'évoque en elle que l'idée de les bien habiller : elle aimerait leur toilette. Elle se passe de ce bonheur-là comme d'un bonheur de pauvres.

Que si à ce propos, on lui dit que c'est pourtant le but du mariage, elle vous répond, de source, qu'on se marie pour avoir sa liberté : « Madame de F*** me disait : « J'étais entre mon père, « qui lisait le journal tous les soirs, et ma mère, qui faisait de la tapis- « serie... Ma foi, j'ai pensé à me marier. » Toutes ces femmes-là, —

TASSE LISANT SA « JÉRUSALEM DÉLIVRÉE » AU DUC DE FERRARE ET A SA SŒUR (salon de 1831). Cette sœur d'Alphonse II, duc de Ferrare, c'est Éléonore d'Este : une légende veut que le Tasse l'ait aimée, que ce soit là l'origine de son emprisonnement à l'hôpital Saint-Anne de Ferrare et qu'elle soit venue l'y consoler.

et c'est l'universalité, — prennent un mari comme on prend des vacances. Le mariage est leur majorité, leur émancipation. Elles épousent, absolument comme il y a cent ans, une voiture, les bals, le monde, un château... Mais au moins, il y a cent ans, il y avait, chez la jeune fille devenue femme, une aspiration à autre chose, une fois mariée. Elles avaient les élans et les illusions de l'adultère. Elles trompaient leur mari. Celles-ci sont fidèles non à leur mari, mais à leur voiture. Elles aiment leur position. Rien ne leur manque. A voir et à dire crûment les choses, c'est la dernière des prostitutions que celle-là, le mariage ainsi fait. La pitié vient devant les prostitutions de la misère; le dégoût prend devant les prostitutions de la fortune.

On ne devinerait guère sur quel lit est mort Béranger. Il est mort sur le lit où l'Impératrice est accouchée, sur le lit où est né le Prince Impérial, sur le lit où les Napoléon se sont reproduits, — lit de travail articulé que l'Impératrice envoya à l'agonie du chansonnier. Les couches de l'Empire et le chauvinisme de la chanson, cela devait se toucher par là.

Le seul progrès de l'humanité par les révolutions, — religieuses, sociales, politiques, — c'est la dématérialisation de l'individu. L'humanité ne s'élève que comme l'arbre; elle commence par être racine, tout enveloppée de terre et de matière; elle finit par être quelque chose comme la branche, balancée, montant dans l'air, cherchant l'air, buvant le nuage.

17 juin.

Je continue l'étude physiologique de la petite cousine. C'est faire le tour d'un zéro en verre étamé, qui réfléchit le *bon genre* dans son étroitesse, sa sécheresse et sa profondeur de sottise et toute sa superficie de préjugés. C'est le cerveau du monde dans une cervelle de perroquet.

Aujourd'hui, elle disait que dans sa position, ce qui fait épouser un homme aussi riche que soi, c'est la crainte d'être épousée pour sa fortune. L'excuse est sublime. Aussi belle que le mot de ces parents qui amassent, disent-ils, pour leurs enfants. — Au fond, l'amour, la recherche absolue de l'argent est si laide, elle jouit, malgré tout, d'un déshonneur si reconnu, que les âmes les plus prostituées à l'argent rougissent de s'avouer et se cachent derrière des sophismes. Les vices les plus abominables, selon moi, sont ceux qui, comme celui-là, exigent l'hypocrisie.

Mais surtout, c'est la religion du monde qui se voit à jour dans cette petite. La religion, cette grande machine de la femme, c'est pour elle quelque chose comme une bonne façon de robe. Elle ne manquerait pas la messe : c'est une élégance. Elle a un confesseur, comme elle a Mme Carpentier pour modiste. Sa foi, c'est une belle paroisse où se font de beaux mariages, où le suisse reluit, où sonnent des beaux noms, où se voient des chaises aux armes, où l'on voisine, le dimanche, entre femmes *bien*.

Le nom du prêtre, la façon des sacrements, c'est tout pour elle. Elle disait que, si elle n'avait pas eu tel prêtre, — tel prêtre qui a marié plusieurs femmes de son monde, — elle ne se serait pas crue mariée. Elle se réjouirait d'avoir un enfant pour avoir, pour le baptiser, l'abbé en renom, l'abbé Carron, et lui envoyer, comme cela se fait, deux cents francs dans une boîte de dragées.

A la messe, sa préoccupation est de n'être pas à côté d'une vieille femme qui sent le pauvre ou d'une autre femme comme elle, dont les jupons la gêneraient : elle recherche le voisinage des jeunes gens, non pour eux, mais pour sa crinoline. C'est sa robe qui prie. Elle va aux prédicateurs en vogue comme, le soir, à la grande soirée de la nuit. Elle se confesse non dans l'église, comme le commun, mais dans une pièce que les confesseurs connus ont pour leurs clientes aristocratiques. Sa façon de charité est la quête, — grande question de vanité : elle espère faire plus que Mme Une Telle et elle attend la visite de l'archevêque. Dieu, pour tout résumer d'un mot, lui semble *chic*.

Et de tout ainsi. Elle voudrait bien aller voir le comte de Bordeaux : elle connaît un monsieur qui y a été. Et l'an prochain, elle se fera inviter à une soirée intime des Tuileries, où l'Impératrice lui parlera comme elle a parlé à une dame qu'elle connaît. C'est très *chic* ! Poupée ! poupée ! Une Antonia de la rue Saint-Dominique (1).

(1) Les Goncourt pensent en fait à Olympia, l'automate, la femme-poupée de L'Homme au sable d'Hoffmann, et non à Antonia, la fille du conseiller Krespel, la jeune et tragique chanteuse du Violon de Crémone.

On ferait, dans une fantaisie, quelque chose de joli de ce que me contait Labille. Il est apostrophé par un marchand d'allumettes, un charlatan : « Ah ça ! vous, là-bas, qu'est-ce que vous faites ? — Je suis vos leçons. — V'là combien de fois que vous m'écoutez ? — Trois fois. — Trois fois ? Vous devez en savoir autant que moi. » Et il l'affuble de sa perruque et de son chapeau. Et voilà Labille vendant des allumettes. Il fit recette.

C'est un joli et profond mot de mère à ma petite cousine : « Comme vous êtes bien mise ! Vous n'avez pas d'enfants ? »

28 juin.

Je passe une heure assis au chevet de l'église, sur un petit mur à hauteur d'appui, au bout d'une allée de tilleuls. Le chant des vêpres, les voix monotones, le ronflement de l'orgue m'arrivent par bouffées et de loin, enveloppés comme des musiques dans un nuage ; à travers les pierres et les vitraux, où du bleu brille par-ci par-là dans l'armature de plomb, la grande et sourde voix de l'église filtre comme une psalmodie d'éternité.

Près de moi, dans les tilleuls, les oiseaux poussent leurs mille petits cris. A côté d'une charrue et d'une charrette aux roues blanches de boue séchée, sur le fumier, sur les souches d'arbre écorcées et lisses, des poussins s'ébattent, des canards dorment en boule. La rivière susurre là-bas ; un poulain y court en gambadant, avec des sauts de chevreuil. Par instants, le pas d'une petite fille en gros souliers, l'envolée de sa jupe blanche et courte font partir un vol de pigeons, qui vont se nicher dans les ornements gothiques et les pierres creusées de l'église. Sous mes pieds, des poules s'épouillent sous l'aile. Sur ma tête, des oiseaux qui passent jettent comme des cris de petits anges.

29 juin.

C'est la Fête-Dieu : on tend toutes les rues de draps. Comme une femme disait à un vieux paysan d'en face qu'un drap qu'il tendait serait très bien pour l'enterrer : « Ah, ben oui ! Ça serait du trop beau pour moi. Un sac, c'est tout ce qu'il faut ! » L'avarice du paysan va jusqu'à l'économie du linceul. Il craint que sa mort ne lui coûte trop cher. Il achèterait, s'il le pouvait, les vers du tombeau. Il veut pourrir pour rien.

2 juillet.

Il y a des jours où le ciel me semble vieux et les astres usés. Le firmament montre sa trame. Il y a des morceaux d'azur où j'aperçois comme des repeints, et des nuages où je vois des espèces de rapiéçages. Le soleil est passé. Je ne sais quel ton pisseux les siècles ont donné à ces frises de l'univers : un émail éraillé par le pas des siècles, par les clous des souliers du Temps. Dieu me fait l'effet de ces directeurs de théâtre, menacés de faillite, auxquels les fournisseurs ne veulent pas faire de nouveaux *ciels* et qui réservent au public leurs vieux décors et leurs fonds de magasin.

Qu'il devait être autre, le dais nuptial de nos premiers pères, d'Adam et Ève ! Toute cette voûte flambait neuf ! Les étoiles étaient toutes jeunes. L'azur ressemblait à des yeux bleus de quinze ans. Il y avait une prodigalité d'étoiles, un infini de planètes, des ellipses et des paraboles de feu.

L'autre jour, en pleine rue, assise dans la poussière, entre une pierre et une ornière, une mère démaillotait son enfant. Un coup de jour lui frappa les pieds. Ses talons rayonnaient. Le soleil semblait lui jeter sous les pieds les feuilles de rose des corbeilles de la Fête-Dieu et le chatouiller comme avec des fleurs de lumière. Ce petit être, entrant ainsi dans le jour, semblait entrer dans la vie. Ses pieds remuaient et barbotaient dans le rayon, comme s'ils fussent sortis des limbes. Parfois, je me mets à penser que les rayons du soleil ne sont que des âmes de peintres. Celui-là était l'âme de Murillo.

Bar-sur-Seine, 4 juillet.

Une femme meurt sur la place. Une fenêtre éclairée et comme vivante au milieu des ténèbres, des cierges allumés, du blanc de rideaux et sur les feux des cierges, des ombres qui passent, une ombre qui se penche : c'est l'Extrême-Onction qu'on donne à la mourante, — un mystère qui passerait sur une flamme.

La nuit est noire et pleine d'étoiles. L'heure semble homicide et sereine. Il y a, répandu et comme tombant de cette fenêtre, ce quelque chose de solennel, d'horrible et de sacré, que la Mort amène avec elle dans une maison. Dans l'air, dans la nuit, dans l'haleine de l'ombre, il y a comme un souffle qui s'exhale, comme une aile qui s'essaye. Quelque chose qui a été quelqu'un va s'envoler.

Je marchais, je regardais. Je songeais à la terrible égalité faite par Dieu; l'égalité de tous devant l'amour, c'est-à-dire devant la vie, et devant la mort. Puis je pensais à toutes ces cérémonies dont la religion entoure la naissance, le mariage, la mort, et je les trouvais bonnes. Sans doute, tout cela est inutile pour nous, écrivains, philosophes, intelligences; mais la stupidité de tout libre-penseur est de toujours estimer la religion pour son usage. L'Extrême-Onction, pour le plus grand nombre, pour les femmes surtout, pour les misérables qui crèveraient sans elle comme des chiens, c'est de la consolation et c'est une lueur. C'est le Paradis montré à l'agonie derrière la mort; c'est l'illumination des choses futures qu'on fait luire dans la ruelle d'un lit de mort, ainsi que transparaît derrière un décor de premier plan, à travers la toile usée, une lueur du magnifique décor final, un scintillement de bougies, l'apothéose qui attend.

Juillet.

Il y a au fond de moi, enfouie, toute prête, mais n'ayant pas encore eu d'issue, une ambition : l'ambition de prendre une femme qui en mérite la peine, de lui être impénétrable en paraissant m'abandonner à elle, de la *rouer*, comme disait le XVIIIe siècle. Non que j'aime le mal et la souffrance, mais cela me paraît une supériorité flatteuse, de garder son masque dans l'amour, de ne paraître à la femme qu'un enfant et d'être son maître. Une grande actrice par exemple, comme Rachel, j'aurais voulu l'avoir et lui rester énigmatique, m'emparer d'elle, l'étudier, la percer et ne jamais me montrer.

Ce que je trouve le plus beau et le plus fort dans l'amour, c'est que la femme ne vous possède jamais. Entrer dans un rôle, quand on entre dans une liaison, et dire : « J'irai de là à là; je ferai sur ma maîtresse telle et telle expérience; je l'étonnerai de telle ou telle façon; je me l'attacherai invinciblement par telle ou telle attache basse et charnelle... » Cacher une espèce de Valmont au fond d'un Chérubin... J'ai l'idée que l'occasion de m'amuser à cela et de m'intéresser à ce jeu me viendra un jour.

ANNÉE 1862

NOTES SUR LE MONDE

Un M. de Beaussier ayant épousé une demoiselle Galichon, fille d'un marchand de vin ayant encore sa petite cabane au Port-au-Vin (1), voici comme il s'y prend pour amener le monde du faubourg Saint-Germain chez les parents de sa femme. La première année, envoi des invitations : *M. le vicomte et Mme la vicomtesse de Beaussier prient...* La seconde : *M. le vicomte et Mme la vicomtesse de Beaussier, M. et Mme Galichon...* La troisième : *M. et Mme Galichon, M. le vicomte et Mme la vicomtesse de Beaussier...*

Point d'invitation, dans le monde, qui ne soit demandée : « Etes-vous en position de me faire inviter chez Mme Une Telle ? » — Gens lâchés aussitôt qu'ils ne reçoivent plus. — Des femmes faisant à peu près métier d'inviter, racolant pour les Américaines de passage qui donnent un bal. — Une dame du Faubourg, — passé véreux, — lance quatre cents invitations. Il n'y vient qu'une cinquantaine de personnes. Alors, veut que les personnes lui soient présentées, pour les examiner et être sûre qu'elles viendront. Si elle les trouve bien, les invite. Nombre de femmes se soumettant à cette humiliation.

Titres faux ou masquant les gens. Plus de tri ni de contrôle de noblesse. Les fils de comtes s'appellent comtes. Le fils d'un Coffinhac est baron de Noirmont. Une salade et une place publique !

Les Chazelles, grand train, grand château. Un M. de Gourgues fait la cour à une des demoiselles, la croyant riche. Quand on arrive au notaire, déclare que les Chazelles n'ont pas le sou : tout était grevé. Trop avancé pour reculer, épouse et apporte 80.000 livres de rentes. — Un frère, un Chazelles, séparé de sa femme riche, ivrogne et sans le sou, prend du service chez le pape, puis en Afrique, meurt en Afrique à l'hôpital, avec un sou dans sa poche. — Une autre demoiselle épouse M. de Ratisbonne, — Juif qui se convertit pour l'épouser, — et vit à Paris, prétextant la faiblesse de sa poitrine pour ne pas suivre son

---

(1) Texte peu lisible : *...marchand de vin ayant encore... nercant et ayant sa petite cabane au Port-au-Vin.*

mari dans ses recettes particulières. — Le père et la mère Chazelles, bons vivants. Le père, entrepreneur du Bois de Boulogne; charrettes avec sur la plaque : *Vicomte de Chazelles*; entreprise de vaches laitières du Pré Catelan, où le beau monde de Paris va prendre des tartines de pain noir beurrées, du laitage, de la crème.

12 juillet.

Hier, ma petite cousine rencontre dans la rue, sur une borne un petit garçon de dix ans. Il a passé l'autre nuit dehors, il n'a rien mangé de la journée. Il est de Méré. Son père s'est remarié; sa belle-mère le bat. Martineau l'employait à faire du charbon; Martineau est malade et l'a chassé. On l'assied dans la cuisine, devant une assiette et du bœuf. Il dévore un michon de pain. On est forcé de le faire boire pour qu'il n'étouffe pas. Il mange sournoisement, comme la bête, regardant de côté. On lui fait lever les yeux, sur lesquels une mauvaise casquette est rabattue. Il est borgne d'un œil, l'autre a une taie blanche. On lui dit d'aller à la ferme des Rats; que la première année, il gardera les oies pour rien, pour sa nourriture, et que l'autre année, on le payera. On l'envoie coucher à l'auberge, en lui disant de revenir déjeuner le lendemain.

Ce soir, comme il pleut, je m'en vais fumer sous la halle. Je vois un petit garçon qui s'amuse à jeter en l'air une sale et énorme casquette, une loque, une épave de ruisseau. En nous voyant, il se tapit contre un pilier des halles et se gare de nous en se pelotonnant. Je lui dis : « Mais c'est toi qui es venu souper hier, dans la maison, là ? » Il ne répond pas et continue à faire semblant, tête basse et visière sur les yeux, d'être absorbé dans quelque chose. Enfin, il me fait : *Non !* d'un ton si vrai que je passe. Je reviens : « Regarde-moi ! » Je reconnais ses yeux : « Pourquoi n'es-tu pas venu déjeuner ? — J'y ai pas pensé... » Il est craintif, replié, déjà dans la posture de l'individu qui a à craindre et à cacher, déjà enveloppé de dénégation, comme si tout autour de lui, il flairait déjà une odeur de juge d'instruction.

La femme Martineau arrive : « C'est un menteur, on ne le bat pas chez lui. Ses parents le croient chez nous; voilà deux jours qu'il est à courir. C'est joli ! Quand tu seras en prison... Allons, va-t'en à Méré. Je croyais que c'était le commissaire de police qui venait te prendre. » L'enfant reste tapi, il a pris une attitude de pierre. « Allons ! Il faut t'en aller. » Deux enfants de bourgeois de la ville, fleuris, déjà gras, deux petits sots en bouton et en santé, regardent avec de grands yeux bêtes le petit misérable, sa casquette, dont un morceau de la visière est emporté, — sa blouse, où un grand morceau au bras pend en triangle — sa cravate, une corde dont les fleurettes semblent des punaises écrasées, — son pantalon trop long, roulé en plis comme des tripes autour de ses jambes, mouillé jusqu'au ventre. Il s'est décidé et levé. Arc-bouté du dos à la pierre, dans une pose humiliée et de sourde révolte, plié comme sous une fatalité, sans regarder les regards des enfants, ni rien, avec des lenteurs de serpent et des gestes engourdis de résignation, de paresse et de misère, le petit vagabond met ses galoches et en tire le quartier derrière le talon de ses chaussons de lisière, — des galoches immenses, comme ces souliers abandonnés au coin d'un chemin de ferme, et où cependant son pied a peine à entrer, tant il est mouillé, tant il a trempé tout le jour dans les mares des rues et les flaques des ornières.

« Veux-tu du pain ? lui dis-je encore. As-tu mangé ?

— Non.

— Ma mère », dit un des petits joueurs qui le regardent avec la stupeur, mêlée avec je ne sais quel respect effrayé, de la société qui regarde un forçat, « ma mère lui a donné du pain et du bœuf. »

Peu à peu, le petit malheureux a tiré à lui, avec des mouvements furtifs, la grande casquette avec laquelle il jouait, puis un pantalon de cette couleur qu'ont les choses abandonnées, où la boue a sali le soleil et le soleil brûlé la boue. Il a roulé tout cela, sans un mot, en un paquet sous sa blouse, qui est toute bossuée d'un côté. Et le voilà en marche, voûté comme sous la peur des coups, filant vite et pourtant d'un pas inégal et boiteux, d'une jambe qui sent déjà le boulet, rasant les murs, s'effaçant au coin des rues, allant du côté de la nuit avec l'agilité inquiète du voleur qui ne se retourne pas et dont le dos fuit. Silhouette sinistre, qui semblait grandir à mesure qu'elle s'effaçait et montrer, comme dans de la graine de forçat, un avenir de correctionnelle et de cour d'assises...

Une femme de Méré est venue, comme il était parti : sa belle-mère, à ce qu'il paraît, le bat.

Je suis resté troublé et navré. Mystère sombre que ces mauvais enfants, ces crimes en herbe, ces mômes patibulaires, où l'on ne sait quelle part faire à l'individu même, à ses instincts, à ses ressentiments, au contre-coup des coups reçus, à la plaie des duretés de famille; créatures maudites dont l'aspect jette l'âme dans des rêveries d'abîmes, en qui le mal semble un dessein et une préméditation de Dieu.

13 juillet.

La torture, le supplice, la peine de la vie littéraire est l'enfantement. Concevoir, créer, il y a dans ces deux mots pour l'homme de lettres, un monde de douleurs, d'efforts, d'angoisses. De ce rien, de cet embryon rudimentaire qui est la première idée d'un livre, faire sortir le *punctum saliens*, la vie de l'œuf, tirer un à un de sa tête les membres d'une phrase, les lignes des caractères, l'intrigue, le nœud, tout ce petit monde animé de vous-même et jailli de vos entrailles, qui est un roman, — quel travail ! (1)

C'est le supplice d'une feuille de papier blanc qu'on aurait dans la tête et où la pensée, encore non formée, griffonne avec effort… Et les désespoirs infinis, les lassitudes mornes, les hontes de soi-même d'être là impuissant, devant cette chose qu'on veut violer. On tourne, on retourne sa cervelle : elle sonne creux. Des rougeurs d'eunuque vous passent dans l'orgueil ! On se tâte, on passe la main sur quelque chose de mort, qui est votre imagination. On se dit qu'on ne peut plus rien faire, qu'on ne fera plus rien. On se sent *vidé*.

L'idée est là pourtant, attirante et insaisissable, pareille à une belle et méchante fée dans un nuage. On reprend sa volonté à deux mains. On cherche l'insomnie pour avoir les bonnes fortunes, les rencontres, l'excitation de la fièvre des nuits. On tend à les rompre, sur ce point unique, tout ce qu'on a de cordes dans le cerveau. Quelque chose vous apparaît un moment, puis s'enfuit, et vous retombez plus bas que d'un assaut manqué… Oh ! tâtonner ainsi, dans la nuit de l'imagination, le corps de quelque chose à

---

(1) Le *Punctum saliens* est ainsi défini dans le DICTIONNAIRE DES TERMES DE MÉDECINE, CHIRURGIE, etc., de Begin, Boisseau, Jourdan, 1823, *s.v.* : « Nom donné aux premiers rudiments du cœur, dont les battements s'aperçoivent au milieu des organes muqueux et demi-transparents qui l'entourent. »

créer, l'âme d'un livre, et ne rien trouver. Ronger ces heures à tourner autour, descendre en soi et n'en rien rapporter ! Être entre le livre qu'on a fait, qui est pondu, dont le cordon est coupé et qui ne nous est plus rien, et le livre auquel il faut donner le sang et la chair; être en gestation d'une ombre... Ce sont les jours horribles de l'homme de pensée et d'imagination : la tête avorte.

Tous ces jours-ci, nous étions dans cet état anxieux. Enfin ce soir, quelque chose où nous pouvions poser le pied, les premiers matériaux, le vague dessin de notre roman, LA JEUNE BOURGEOISIE, nous est apparu ! C'est en nous promenant derrière la maison, dans la ruelle, au bout de la rue, étranglée entre des murs de jardin percés de portes. Le soleil tombait, un souffle passait comme un murmure dans la cime des hauts peupliers. Le coucher de soleil glaçait de je ne sais quelle vapeur de chaleur les verdures au loin. À notre gauche, le massif noir des marronniers de la vieille halle se détachait en noir sur le ciel jaune. Les dernières feuilles marquaient et se digitaient, comme les dessins de l'agate herborisée, sur l'or pâlissant du soir. Dans la masse des arbres, de petits jours, passant, semblaient piquer des étoiles.

C'était l'effet étrange de ce SOIR du paysagiste Laberge, qui est au Louvre, découpant la nuit des arbres et collant leurs feuilles noires sur un ciel d'une lumière infinie et d'une sérénité mourante... Les livres ont des berceaux...

Ce qui me répugne, ce qui me fait venir le cœur sur les lèvres en ce temps, c'est le mensonge et le manque de logique. Dans l'Ancien Régime, tout se tient : il y a un gouvernement légendaire, un droit divin, des nobles de sang noble, tout cela était d'ensemble. Mais aujourd'hui, on a un gouvernement démocratique, avec un Empereur légendaire en haut; au-dessus des principes de 89, le culte, l'idolâtrie pour un homme; l'Égalité baisant les bottes de César ! Stupide et odieux !

Les plus fins trousseaux de femmes, les chemises de noces des filles apportant 600.000 francs de dot, sont travaillés à Clairvaux. Voilà le dessus et le dessous de toutes les belles choses du monde ! Il y a des jours où les dentelles me semblent faites avec des larmes de femmes.

Saint-Victor développe toujours sur une chose, sur un livre, sur un homme, l'opinion ambiante, supérieurement, finement, avec un coloris et une concrétion parfois surprenants. Il ramasse une opinion et la lance dans le soleil, mais il ne la crée jamais.

Peut-être que les plus grands poètes sont inédits. Écrire une chose est peut-être le contraire de la rêver.

A la longue, on devient triste, — comme si on enfonçait dans de la matière, — à côté d'hommes et de femmes qui ne paraissent penser que par leurs sens.

Notre siècle aura eu ce grand caractère original, qu'il aura été le seul à montrer la préoccupation de l'immortalité dans le crime. Lacenaire par exemple ! Une telle furie d'arriver à un rien de célébrité, qu'on a essayé de parvenir par l'échafaud...

Le seul grand sentiment humain, la paternité : propriété d'un être animé.

Les trois âges de la dévotion féminine, — le désir, la vanité, la peur : quinze, trente, quarante ans.

Tout homme qui imprime est, par cela seul, un aristocrate : il s'adresse aux gens qui savent lire.

Il y a ici une petite servante si pauvre que dans son pays, on l'appelait *Mi-Croûte*.

Mélancolique comme le bruit d'un carambolage sur un tapis de billard de province...

Les imprévus de la province sont plus imprévus que tout. Nul roman n'a encore su y atteindre ! Il y a ici la femme d'un commandant de gendarmerie qui met en vers les sermons du vicaire.

Il est bien curieux d'observer que dans l'ancienne société, toute loi était contre la femme, — et jamais la femme n'a plus régné en tout et partout. Cette observation est la clé de la vérité sur l'histoire du XVIIIe siècle, le plus grand exemple du néant des lois et de la domination des mœurs.

Opinions de femmes, échappées dans une conversation : « Un homme est un imbécile de se marier... Toute la vie des femmes est sacrifiée... Avec un mari, il faut faire comme Maman avec sa cuisinière : ne jamais être contente ! »

Le XIXe siècle, qu'est-ce ? La vérité dans toutes les sciences, le mensonge dans tous les faits : suffrage universel, Question italienne, etc.

L'Académie, la seule institution qui survit au passé, cherchant le suicide, se retirant de tout ce qui est vie et jeunesse, couronnant les anonymes, les livres qu'on ne lit pas, les poètes inconnus, — l'apothéose des fruits secs; couronnant une étude de femme sur le roman : toujours des Louise Colet ! Ça devient la succursale des Jeux floraux ! (1)

Songe-t-on au sort d'être curé d'une de ces paroisses où l'on fait six liards à la quête de la grand'messe, le dimanche ?

L'enfant passe jusqu'à vingt ans au collège, où tout est donné au travail, au mérite, à l'aptitude. Puis à vingt ans, quand il entre dans le monde, tout change : c'est le contraire.

Histoire d'un suicide par le charbon : les larmes restées blanches sur le papier jauni.

Décidément, il y a toujours une lorette dans la femme, — et jusqu'à ce goût de bézi des femmes du monde !

---

(1) Dans sa séance solennelle du 3 juillet 1862, l'Académie couronne Mme du Parquet sur le sujet suivant, mis en concours pour le prix d'éloquence : ÉTUDE SUR LE ROMAN EN FRANCE DEPUIS « L'ASTRÉE » JUSQU'A « RENÉ ». Quant à Louise Colet, grâce à ses dons et à Victor Cousin, elle avait obtenu quatre fois le prix de poésie de l'Académie : en 1839 avec LE MUSÉE DE VERSAILLES, en 1843 avec LE MONUMENT DE MOLIÈRE, en 1852 avec LA COLONIE DE METTRAY, — ô Jean Genet ! — en 1855 avec L'ACROPOLE D'ATHÈNES.

1103

Un adultère a été, l'autre jour, découvert dans le monde : un homme aperçu, qui coupait les ongles d'une femme, à genoux.

On appelle *boyaux rouges,* en Bourgogne, cette espèce d'ivrogne dont le corps ouvert a du tartre noir dans les entrailles, comme un vieux tonneau.

20 juillet.

La nuit, le matin surtout, je suis réveillé par la toux de Rose, qui couche au-dessus de nous, une toux pressée et comme étranglée. Cela s'arrête un instant, puis reprend. Cela me répond au creux de l'estomac, me fait passer un peu au-dessous, dans les entrailles, comme un sentiment de chaleur, me tient comme sous le coup d'une émotion. Et puis il y a l'attente nerveuse et anxieuse, entre l'arrêt des quintes, de la toux qui va venir. Le silence même, que l'on interroge et où va tomber ce bruit forcé, impatiente et irrite, en sorte qu'il n'y a pas de repos : quand même l'oreille n'a pas la perception du bruit éteint, le cœur, je ne sais quelle oreille intérieure, a comme le pressentiment et la vibration douloureuse du son qui va venir.

22 juillet.

La maladie fait peu à peu, dans notre pauvre Rose, son affreux travail. C'est comme une mort lente et successive des choses presque immatérielles, qui émanaient de son corps. Elle n'a plus les mêmes gestes, elle n'a plus les mêmes regards. Sa physionomie est toute changée; elle m'apparaît comme se dépouillant et, pour ainsi dire, se déshabillant de tout ce qui entoure une créature humaine, de quelque chose qui est ce à quoi on reconnaît sa personnalité. L'être se dépouille comme un arbre. La maladie l'ébranche; et ce n'est plus la même silhouette devant les yeux qui l'ont aimé, pour les gens sur lesquels il projetait son ombre et sa douceur. Les personnes qui vous sont chères s'éteignent à vos yeux avant de mourir. L'inconnu les prend, quelque chose de nouveau, d'étranger, d'ossifié dans leur tournure.

A Chaumont, sur un coin de vieux mur, nous restons, le soir, à regarder un paysage éteint et pourtant lucide, où flotte comme un souvenir du jour, où la lumière disparue semble avoir laissé son âme. Un enfant, à côté de nous, regarde le ciel mort.

Astronomie, science décourageante : l'infini ou le néant, c'est toujours l'abîme.

La révolution contre les castes ou les classes, stupide ! Les révolutions devraient se faire contre certains vices : par exemple, à mes yeux, une révolution contre l'avarice serait légitime. L'avarice implique toujours l'inhumanité. C'est la passion anti-sociale par essence.

Voulez-vous la Blague moderne dans son berceau et dans son ampleur ? Prenez la prise de la Bastille, disséquez historiquement ce fait miraculeux, analysez ce Sinaï de l'ère moderne. Qu'est-ce ? Une forteresse prise par surprise et déloyauté à 14 soldats invalides. Et qu'en a-t-on fait sortir, de ces fameuses oubliettes ? Deux ou trois prisonniers, dont l'un était idiot. Voilà le fait débarrassé de soleils et de phrases.

Une religion sans surnaturel ! Cela m'a fait songer à une annonce que j'ai lue, ces années-ci, dans les grands journaux : *Vin sans raisin*.

A mesure que je vais dans la vie, je suis pris d'une immense commisération pour l'homme et d'une immense haine contre Dieu.

Bouddha, un grand seigneur, un prince, fonde la religion du dégoût de la vie. Ce n'est que d'en haut que l'œil de l'âme et du cœur embrasse les misères humaines. Ainsi les aristocrates de race, Byron, Chateaubriand, etc. Les gens de peu ou de rien, les bohèmes, au contraire, voient tout en rose. L'illusion est peuple.

Michelet a rencontré, ces jours-ci, un de ses amis : « Ah ! je suis bien vieilli! Il y a eu, cette année, deux choses qui m'ont fait bien du mal! D'abord, la mort de mon fils; et puis, le roman d'Hugo! Comment! Il fait un évêque estimable et un couvent intéressant! Il faut être comme Voltaire : un ennemi de vos idées, de vos principes, il faut le peindre toujours comme un gueux, comme un coquin, comme un pédéraste! » (1)

Telle est la manière de conscience de cet historien et de cette histoire.

Chez Bignon, un jambon de vingt-cinq francs fait cent parts à deux francs. Ceci est le commerce parisien.

La de Tourbey a fait mettre au-dessus d'une tente, dans le jardin de la propriété que lui a louée le prince Napoléon à Bellevue, un drapeau tricolore. Une maîtresse nationale, cela manquait à l'histoire !

Le journalisme, un antre ! J'apprends ce soir par Saint-Victor que les revues scientifiques des journaux sont payées comme réclame, de la première à la dernière ligne. C'est le métier le plus lucratif, dont les plus forts sont Figuier, l'abbé Moigno, etc.

Paris, 31 juillet.

J'attends, ce matin, le docteur Simon, qui va me dire si Rose vivra ou mourra. J'attends ce terrible coup de sonnette, pareil à celui du jury qui rentre en séance.

Tout est fini : plus d'espoir, une question de temps... Le mal a marché terriblement ! Un poumon est perdu, l'autre se perd.

Et il faut revenir à la malade, lui verser de la sérénité avec son sourire, lui montrer la convalescence dans tout son air. L'impatience nous prend de fuir l'appartement et cette pauvre femme.

---

(1) Charles Michelet, un fils né du premier mariage de Michelet avec Pauline Rousseau, meurt a trente-trois ans en mai 1862. — Pour Les Misérables, allusion à Mgr Myriel et à l'épisode du Petit Picpus (2e p., liv. 6, 7, 8).

Nous sortons, nous allons au hasard dans Paris. Fatigués, nous nous attablons à une table de café, nous prenons machinalement un numéro de l'ILLUSTRATION, et sous nos yeux tombe le mot du dernier rébus : *Contre la mort il n'y a pas d'appel !*

2 août.

Nous posons des ventouses sur ce malheureux corps, qui nous apparaît horriblement tel que la maladie l'a fait, avec ce cou qui ne sont que des cordes, ce dos où la colonne dorsale semble une ligne de noix perçant un sac. Tous les os pointent, les emmanchements sont comme des nœuds, la peau se colle comme un papier sur l'armature du squelette.

Supplice nerveux ! Le cœur nous frémit, les mains nous tremblent à jeter le papier enflammé dans le verre, sur ce corps lamentable, sur cette peau amincie et si près des os... Et pour nous déchirer davantage, la pauvre femme a de ces mots de malades, qui font froid à ceux qui les écoutent : « Comme j'irai bien après cela !... Comme je vais jouir de la vie ! »

Nous vaguons, nous errons, tous ces temps-ci, sous le coup d'une stupeur et d'une hébétude, pris d'un dégoût de tout, du gris dans les yeux et dans la tête, affectés d'une décoloration de toutes choses autour de nous, ne percevant du mouvement des rues que l'allée des jambes des passants et le tournoiement des roues. Et dans nos sensations morales, il y a comme le sentiment douloureux du froid sur le physique. Tout a pour nous une apparence lugubre. Les jardins publics où nous allons nous semblent des jardins de maison de santé. Les enfants mêmes qui jouent nous semblent automatiques.

Lundi 11 août.

Enfin, la péritonite s'est mêlée à l'affreuse maladie de poitrine. Elle souffre du ventre affreusement, ne peut se remuer et ne peut se tenir couchée, à cause de son poumon, sur le dos, ni sur le côté gauche. La mort, ce n'est donc pas assez ? Il faut encore la souffrance, la torture, comme un jeu suprême et implacable, comme un finale de toutes les douleurs des organes humains. Il y a des moments où de Sade semble expliquer Dieu.

JOURNAL

Et cela, la pauvre malheureuse, dans une de ces chambres de domestiques, où le soleil donne sur une tabatière, où il n'y a pas d'air, où la fièvre a à peine la place de se retourner, où le médecin est obligé de poser son chapeau sur le lit. Nous avons lutté jusqu'au bout. A la fin, il a fallu se décider à la laisser partir, obéir au médecin. Elle n'a pas voulu aller à la maison Dubois, où nous voulions la mettre. Elle y a été voir, il y a de cela vingt-cinq ans, quand elle est entrée chez nous, la nourrice d'Edmond qui y est morte. Cette maison pour elle, c'est cette mort. J'attends Simon qui doit lui apporter son billet d'entrée pour Lariboisière. Elle a passé presque une bonne nuit, elle est toute prête, même gaie. Nous lui avons de notre mieux tout voilé. Elle aspire à partir, elle est pressée. Il lui semble qu'elle va aller guérir là-bas. A deux heures, Simon arrive : « Voilà, c'est fait !... »

Elle ne veut pas de brancard pour partir : « Je croirais être morte », nous a-t-elle dit. On l'habille. Aussitôt hors du lit, tout ce qu'il y avait encore de vie sur son visage disparaît. C'est comme de la terre qu'on lui met sous le teint.

Elle descend dans l'appartement. Assise dans la salle à manger, elle met ses bas — je vois un bas de jambe, les jambes de la phtisie — d'une main, d'une pauvre main tremblante et dont les doigts se cognent. La femme de ménage a fait son paquet, d'un peu de linge, d'un couvert d'étain, d'un verre et d'une tasse. Elle regarde un peu la salle à manger, avec ces yeux de malade qui semblent chercher à se souvenir. Il me semble qu'en se fermant, la porte a un bruit d'adieu.

Elle arrive au bas de l'escalier : on l'assied. Le gros portier rit, en lui promettant la santé dans six semaines. Elle remue la tête, en disant un *Oui, oui* étouffé.

Le fiacre roule. Elle se tient de la main à la portière. Je la soutiens contre l'oreiller. Elle regarde passer les maisons; elle ne parle plus...

Arrivée à la porte de l'hôpital, elle veut descendre sans qu'on la porte. Elle descend : « Pouvez-vous aller jusque là ? » dit le concierge, en lui montrant la salle de réception, qui est à une vingtaine de pas. Elle fait signe que oui et marche. Je ne sais quelles dernières forces elle rassemblait pour marcher encore.

Enfin nous voilà dans la grande salle, haute, froide, rigide, nette, avec ses bancs et son brancard tout prêt au milieu. Je l'assieds dans un fauteuil de paille, près d'un guichet vitré. Un jeune homme ouvre le guichet, me demande le nom, l'âge, etc., couvre d'écritures, pendant un quart d'heure, une dizaine de paperasses, qui ont en tête une image religieuse. Je me retourne, cela fini; je l'embrasse; un garçon la prend sous un bras, la femme de ménage sous l'autre... Et puis, je n'ai plus rien vu...

Je me suis sauvé. J'ai couru au fiacre. Une crispation nerveuse de la bouche me faisait, depuis une heure, mâcher mes larmes. J'éclatai en sanglots, qui se pressaient et s'étouffaient. Mon chagrin crevait. Sur le siège, le dos du cocher était tout étonné d'entendre pleurer.

13 août.

Je m'aperçois que la littérature, l'observation, au lieu d'émousser en nous la sensibilité, l'a étendue, raffinée, développée, mise à nu. Cette espèce de travail incessant qu'on fait sur soi, sur ses sensations, sur les mouvements de son cœur, cette autopsie perpétuelle et journalière de son être arrive à découvrir les fibres les plus délicates, à les faire jouer de la façon la plus fine. Mille ressources, mille secrets se découvrent en vous pour souffrir. On devient à force de s'étudier, au lieu de s'endurcir, une sorte d'écorché moral et sensitif, tressaillant à la moindre chose, sans défense, sans enveloppe, tout tressaillant et tout saignant. L'analyse a creusé le cœur.

Rien de pareil à l'éducation religieuse pour marquer un homme. Saint-Victor nous parle, ce soir, du grand chagrin de sa vie, qui est de n'avoir pas de religion. Un Dieu lui manque. L'homme sorti de l'éducation religieuse ne peut se passer de cela. Pieux ou défroqué, il n'y a pas de milieu pour lui; mais jamais indifférent. Renan, Peyrat, beaucoup d'autres, sortent du séminaire. Le blasphème est une foi à rebours. Ils haïssent le catholicisme avec passion, comme on en veut à une maîtresse perdue.

14 août.

Je vais à Lariboisière. Je vois Rose, tranquille, espérante, parlant de sa sortie prochaine, — trois semaines au plus, — si libre de pensées de mort, qu'elle nous raconte une terrible scène d'amour, qui a eu lieu hier entre une femme couchée à côté d'elle et un frère des Écoles Chrétiennes, qui est encore aujourd'hui là. C'est la mort encore occupée des cancans de la vie.

A côté d'elle, il y a une pauvre jeune femme qu'est venu voir un ouvrier, qui dit : « Va, aussitôt que je pourrai marcher, je me promènerai tant dans le jardin qu'ils seront bien forcés de me renvoyer ! » Et elle ajoute : « L'enfant demande-t-il quelquefois après moi ? — Quelquefois, comme ça... », répond l'ouvrier.

Je ne sais si Dieu a voulu que notre talent marinât dans le chagrin et dans l'ennui.

15 août.

Ce soir, je me réjouis d'aller au feu d'artifice, de me fondre dans la foule, d'y perdre mon chagrin, ma personnalité (1). Il me semble qu'un grand chagrin vous perd, parmi tant de monde. Je me réjouis d'être coudoyé par du peuple, comme on est roulé par des flots.

16 août.

Ce matin, à dix heures, on sonne. J'entends un colloque entre la femme de ménage et le portier. La porte s'ouvre, le portier entre avec une lettre : « Messieurs, je vous apporte une triste nouvelle. » Je prends la lettre; elle porte le timbre de Lariboisière. Rose est morte ce matin à sept heures.

Pauvre fille ! c'est donc fini. Je savais bien qu'elle était condamnée; mais l'avoir vue jeudi si vivante encore, presque heureuse, gaie... Et nous voilà, tous les deux dans le salon, avec cette pensée que fait la mort des personnes : « Nous ne la reverrons plus ! » — une pensée machinale et qui se répète sans cesse au-dedans de vous.

Quelle perte, quel vide pour nous ! Une habitude, une affection, un dévouement de vingt-cinq ans, une fille qui savait toute notre vie, qui ouvrait nos lettres en notre absence, à laquelle nous racontions tout. J'avais joué au cerceau avec elle, elle m'achetait des chaussons aux pommes sur les ponts. Elle attendait Edmond jusqu'au matin, quand il allait, du temps de ma mère,

(1) Ce feu d'artifice du 15 août, c'est celui de la Saint-Napoléon, fête nationale sous l'Empire.

au bal de l'Opéra. Elle était la femme, la garde-malade admirable dont ma mère avait mis en mourant les mains dans les nôtres. Elle avait les clefs de tout, elle menait, elle faisait tout autour de nous. Nous lui faisions, depuis si longtemps, les mêmes plaisanteries éternelles sur sa laideur et la disgrâce de son physique. Depuis vingt-cinq ans, elle nous embrassait tous les soirs.

Chagrins, joies, elle partageait tout avec nous. Elle était un de ces dévouements dont on espère qu'on aura les yeux fermés. Notre corps, dans nos maladies et nos malaises, était habitué à ses soins. Elle savait toutes nos habitudes, elle avait connu toutes nos maîtresses. Elle était un morceau de notre vie, un meuble de notre appartement, une épave de notre jeunesse, je ne sais quoi de tendre et de dévoué, de grognon et de *veilleur*, à la façon d'un chien de garde, qui était à côté de nous, autour de nous, comme ne devant finir qu'avec nous.

Et jamais, jamais, nous ne la reverrons. Ce qui remue dans la cuisine, ce n'est plus elle; ce qui va ouvrir la porte, ce ne sera plus elle; ce qui nous dira bonjour, le matin, en entrant dans notre chambre, ce ne sera plus elle ! Grand déchirement de notre vie ! Grand changement, qui nous semble, je ne sais pourquoi, une de ces coupures solennelles de l'existence où, comme dit Byron, les Destins changent de chevaux (1).

Au bout de toute cette remontée en arrière, une tranquillité vient à notre chagrin. Le souvenir l'apaise; puis nous avons comme le sentiment d'une délivrance, pour elle et pour nous.

Hasard ou ironie des choses ! Ce soir, précisément douze heures après le dernier soupir de la pauvre fille, il nous faut aller dîner chez la princesse Mathilde. Je ne sais pourquoi, elle a eu la curiosité de nous voir, le désir de nous avoir à dîner. Nous courons à l'hôpital; puis nous organisons nos affaires, notre toilette, la tête à peu près perdue.

Au chemin de fer, nous trouvons Gavarni et Chennevières; à Enghien, un petit omnibus de la Princesse, qui nous amène à Saint-Gratien. « Son Altesse n'est pas encore descendue », dit un domestique.

---

(1) Add. 1887 dans les 3 § précédents : de *sur sa laideur* à *son physique*, depuis *de grognon* jusqu'à *chien de garde* et de *ce qui nous dira* à *ce ne sera plus elle*. — Cf. Byron, DON JUAN, I, st. 103, sur ces dates qui « sont une espèce de relais où les destins changent de chevaux, en faisant que l'histoire change de ton. »

La maison n'a rien d'un palais. L'intérieur n'a rien de princier. Tout son luxe est le confortable. De grandes pièces, remplies de meubles confortables, toutes tendues entièrement de perse genre ancien avec, aux murs, des fleurs dans de petites hottes. Pas un objet d'art. Le salon a une avancée en verre, d'où la vue s'étend sur une très belle pelouse et un parc qui ne semble pas finir.

La Princesse descend. On nous présente. C'est une grosse femme, un reste de belle femme, un peu couperosée, la physionomie fuyante et des yeux assez petits, dont on ne voit pas le regard; l'air d'une lorette sur le retour et un ton de bonne enfance, qui ne cache pas tout à fait un fond de sécheresse.

Nous dînons. Il y a là, *naturellement*, Nieuwerkerke, un joli beau vieux garçon, grand, fort, l'œil doux, la voix plus douce, à l'aise comme le maître de la maison, libre comme un esprit d'artiste; aimable, avec des prévenances de gentilhomme et si charmant pour nous qu'il nous devient tout de suite sympathique. Puis Giraud, le Giraud de la PERMISSION DE DIX HEURES, un vieux grognard d'art à moustaches grises, avec l'esprit ordinaire de l'atelier, une certaine blague grondeuse et l'assurance d'un familier de la maison. Vient le frère de Giraud, peintre d'intérieur, une vraie tête de veau, qui semble vivre et parler à l'ombre de son frère aîné. Puis une vieille lectrice, Mme Defly, qui a l'air d'une dame d'honneur d'une vieille cour batave, la personnification de l'Étiquette dans une féerie.

Pendant le dîner, fort ordinaire comme cuisine, la causerie saute et va, avec un ton d'entière liberté, de certains mots qui sentent un certain monde, des expressions d'atelier, de l'argot de demi-monde, des anecdotes qui frisent la polissonnerie gazée d'une nouvelle à la main. C'est absolument la conversation chez une lorette qui se tient, avant dîner.

On parle tables tournantes, et la Princesse parle de tout l'argent qu'elle a donné aux somnambules, de celle qu'elle est allée trouver dans son quartier, à l'Hospice Beaujon. Le nom de l'acteur Mézeray est accompagné de cette oraison funèbre : « Mort pour avoir trop aimé », et l'on rit. On discute le degré de jalousie de mari d'Émile de Girardin, jalousie fort contestée par la Princesse. On parle d'About, auquel la Princesse regrette d'avoir écrit, dans un premier mouvement, trop aimablement (1). On parle théâtre, et la Princesse confond Bocage avec Frédérick Lemaître ; puis, comme on parle de Bocage, elle nous apprend qu'elle a fait sortir de Saint-Lazare une maîtresse de Bocage.

Après dîner, on passe des cigares sur le plateau du café et tout le monde se met à fumer en plein salon, autour et presque sous le nez de la Princesse. Entre une femme, c'est la maîtresse d'école du pays, venant soumettre à la Princesse, qui doit présider la distribution des prix, un cas difficile : la plus forte de la pension est une petite d'Enghien, qui n'est à Saint-Gratien que depuis trois mois, et tout Saint-Gratien sera furieux, si le prix est donné à l'indigène d'Enghien. La majorité est pour la justice, la Princesse se décide à mécontenter Saint-Gratien.

Entre un curé, le curé d'ici, un Jean des Entommeures, une face rouge, un Sancho Pança ignoble, gras, allumé. Il tire une petite croix d'honneur de sa poche et demande à la Princesse, qui vient de le faire décorer, de la lui mettre. La Princesse se récrie : « Est-ce que je sais comment ça se met, ces bibelots-là ! » Au milieu des rires, Nieuwerkerke blague le curé, pétant de joie : « Vous allez perdre votre virginité d'homme non décoré, monsieur le Curé. Ah ça ! où allez-vous mettre ça, quand vous ferez *préchi-précha* ? » Et puis on rit des épaules de chanoine du curé, qui rit aussi, avec une bouche d'ogre, et finit par allumer un grand cigare. Là-dessus, la Princesse demande des idées de livres à donner en prix aux petites filles. Le curé dit : « Berquin ! » Giraud crie : « Marco Saint-Hilaire ! Ça enflamme les jeunes gens ! » Et Nieuwerkerke en riant, me dit assez haut : « Le PORTIER DES CHARTREUX !... » (2).

Arrive du monde, Viollet-le-Duc, l'amiral La-Roncière-le-Noury, des Russes, des princesses Cantacuzène.! La Princesse va s'asseoir dans son second salon, à côté d'une potée de petits

---

(1) La Princesse a écrit à About sans doute par un retour de sympathie consécutif au *tolle* de GAETANA (cf. t. I, p. 1083, n. 1). Mais About était à l'Index rue de Courcelles. Introduit chez la Princesse par Nieuwerkerke, il en avait été proprement chassé pour manque de tact. Comme Nieuwerkerke, un jour, essayait d'interrompre une de ses histoires scabreuses, About avait lancé au surintendant des Beaux-Arts : « Allons, allons, vilain jaloux ! » et Mathilde avait sonné, pour qu'on apportât le chapeau de M. About (cf. Kühn, MATH., p. 211).

(2) Voir t. I, p. 755, n. 1.

chiens carlins, qu'elle adore et qui la suivent partout. La Princesse a deux chiens carlins affreux, yeux saillants, dans un panier au salon, ne les quittant pas, même en voyage, les ayant toujours sous les bras : « Ça a l'air, dit Nieuwerkerke, des deux robinets d'un marchand de coco. »

Giraud nous raconte comment Musset venait dîner chez la Princesse, si saoul qu'il arrivait en trébuchant et qu'à table, il s'asseyait de côté. Je dis, avec un grand succès, la belle chanson philosophique de Grassot sur la Garde nationale :

> Vive à jamais la Garde nationale,
> Arc-en-ciel de nos libertés !
> Si elle ne fait pas de bien,
> Elle ne fait pas de mal :
> Voilà pourquoi qu'elle a mon amitié.

La Princesse fulmine contre cette canaille d'Haussmann, qui lui a pris, pour un boulevard, 1.200 mètres de son parc, à son hôtel de la rue de Courcelles (1)... Puis, une révérence et nous prenons congé d'une Altesse Impériale.

17 août.

Ce matin, il faut faire toutes les tristes démarches. Il faut retourner à l'hôpital, revoir cette salle d'admission où sur le fauteuil, contre le guichet, il me semble encore voir sa pauvre forme : il n'y a pas huit jours que je l'y ai assise... « Voulez-vous reconnaître le corps ? » nous dit le garçon.

Nous allons au bout de l'hôpital, à de grandes portes jaunâtres, où il y a écrit en noir : *Amphithéâtre*. A une porte, le garçon frappe. Elle s'entr'ouvre au bout de quelque temps et il en sort une sorte de garçon boucher, le brûle-gueule à la bouche, une

(1) Le 24 nov. 1852, Mathilde, installée depuis son arrivée à Paris en 1846 au 10, rue de Courcelles, pend la crémaillère au n° 24, dans l'ancien hôtel de la reine Marie-Christine d'Espagne, que lui avait offert le Prince-Président : c'est là qu'elle tiendra salon pendant dix-huit ans. L'expropriation dont parle Mathilde s'était produite en 1856. Comme elle voyait sa maison entourée de palissades pendant les travaux et qu'elle se plaignait qu'on s'apprêtât à la « murer comme une vestale », Haussmann eut ce beau mot : « On ne fera pas cette injure à Votre Altesse. » (Kühn, MATH., p. 217). L'achèvement du boulevard Haussmann a fait disparaître l'hôtel et le parc, qui occupaient les actuels n°ˢ 151-159 du boulevard et les numéros correspondants de la rue de la Baume.

tête où le belluaire se mêle au fossoyeur. J'ai cru voir l'esclave qui recevait au Cirque les corps des gladiateurs. Et lui aussi reçoit les morts de ce grand Cirque, la Société...

On nous fait attendre avant d'ouvrir une autre porte; et pendant des minutes d'attente, tout notre courage s'en est allé goutte à goutte, comme le sang d'un blessé qui veut rester debout. L'inconnu de ce que nous allions voir, la terreur des images nous passant dans le cœur, la recherche peut-être d'un pauvre corps défiguré au milieu d'autres corps, ce tâtonnement de l'imagination d'un visage sans doute défiguré, tout cela nous a fait lâches comme des enfants. Nous étions à bout de forces, à bout d'efforts, à bout de tension nerveuse. Quand la porte s'est ouverte, nous avons dit : « Nous enverrons quelqu'un », et nous nous sommes sauvés.

Nous avons été à la mairie. Roulés dans la voiture qui nous cahotait et nous secouait la tête comme une chose vide, je ne sais quelle horreur nous est venue de cette mort d'hôpital, qui semble une formalité administrative, un accident réglementaire. Il nous semble que, dans ce phalanstère d'agonie, tout soit si bien réglé qu'on y doive mourir de telle heure à telle heure. Oui, là, il me semble que la Mort ouvre comme un bureau.

Pendant que nous étions à faire inscrire le décès à la mairie, — que de papier, mon Dieu, griffonné, paraphé pour une mort de pauvre ! que de passeports pour une âme ! — de la pièce à côté, qui donne dans celle-ci, un homme s'est élancé, joyeux, empressé, exultant, sur l'almanach accroché au mur, pour savoir le saint du jour et en donner le nom à son enfant. En passant, il a frôlé d'une basque de redingote le papier où l'on inscrivait la morte.

Puis, revenus chez nous, il a fallu voir tous les papiers de la pauvre fille, ses hardes, remuer de la mort, les pauvres linges, l'amassement de choses, de morceaux, de loques, de chiffons que les femmes font dans la maladie. L'horrible a été de rentrer dans cette chambre; il y a encore, dans le creux du lit, les mies de pain de dessous le corps. J'ai jeté la couverture sur le traversin, comme un drap sur l'ombre d'un mort. Et puis, il a fallu songer au linceul.

Lundi 18 août.

Cette mort, nous l'avons bue par tous les pores, de toutes les façons. Nous vivons avec elle depuis des mois. Elle nous est entrée dans la moelle des os par tout ce qui pénètre et remue, les soins filiaux, intimes, à ce pauvre corps malade, l'entrée à l'hôpital, la visite, les tristes démarches, tant de liens, tant d'attaches, tant de secousses. Aujourd'hui, c'est la fin de la fin, l'enterrement. Nous sommes comme si nous avions reçu un grand coup de bâton sur la tête.

La chapelle est à côté de l'amphithéâtre : Dieu, à l'hôpital, est le voisin du cadavre. Pendant la messe, nous assistons à une filouterie du clergé. Nous avons payé vingt-cinq ou trente francs pour un service spécial; et à côté du corps de Rose, on en range deux ou trois qui bénéficient du service. Il y a je ne sais quelle répugnante promiscuité de salut dans cette adjonction, quelque chose comme la fosse commune de la prière. L'eau bénite me semble jetée à la volée.

Derrière moi, à la chapelle, pleure la pauvre petite nièce, celle qu'elle a élevée un moment chez nous et qui est maintenant une jeune fille de dix-neuf ans, élevée chez les sœurs de Saint-Laurent, pauvre petite fleur étiolée à l'ombre, rachitique, nouée de misère, la tête trop grosse pour le corps, presque toute tordue, pâlotte, l'air d'une Mayeux, triste reste de toute cette famille poitrinaire, attendue, elle aussi, par la mort et comme déjà touchée par elle, — avec, dans les yeux, une lueur déjà d'outre-vie! (1)

Puis de la chapelle au cimetière, tout au bout du cimetière Montmartre, élargi comme une ville, une marche éternelle dans la boue, derrière ce cercueil, et cruelle comme si elle ne devait jamais finir... Enfin les psalmodies des prêtres, les bras des fossoyeurs laissant glisser au bout de cordes le cercueil, comme une pièce de vin qu'on descend; de la terre, qui d'abord sonne creux, puis s'étouffe.

Toute la journée, je n'ai su ce que je faisais. Je disais des mots pour des autres.

18 août.

Le soir, sur les boulevards, j'accroche Scholl. Il arrive de Bade et d'Ems, une tournée qu'il a faite en société avec Noriac et Albéric Second. A eux trois, ils étaient une représentation du

(1) Cf. t. I, p. 391, n. 1.

petit journalisme parisien. Et il me conte comment ils ont été reçus à Ems par le directeur, Briguiboule. Une voiture pour les recevoir; déjeuner, dîner, souper offerts par Briguiboule; vin du Rhin à discrétion; toutes leurs pertes payées, le soir; et quand ils sont partis, ils ont trouvé à leur hôtel un pli cacheté, qui était un billet de cinq cents francs, que leur donnait Briguiboule. Scholl me raconte tout cela naïvement, sans rougeur, avec même une certaine satisfaction d'amour-propre de cette honteuse sportule de la maison de jeu au journal, de la roulette à la grosse caisse, du trente-et-un à la réclame.

Il ajoute qu'il doit, de plus, toucher mille francs, pour faire passer la scène d'un de ses romans à Ems; et il est tout content d'être acheté ainsi. Car l'homme des jeux ne paye pas la mention de ces eaux dans un roman : il paye l'homme même, le journaliste, sa complaisance à toute annonce, sa docilité à toute réclame.

Jusqu'à présent, je n'avais pas cru que cela se passât aussi misérablement et cyniquement de part et d'autre. Cette façon des hommes de lettres de mon temps, de jouer ainsi sur le velours de l'aumône, avait pour moi quelque chose de si contraire à toute dignité qu'elle me semblait au moins exagérée : elle règne, elle sévit tout le long du Rhin ! Elle est si bien passée en usage, presque en proverbe dans toutes les villes d'eaux, que Scholl est furieux contre Bénazet, qui n'a pas fait les choses aussi largement que Briguiboule. Il a carotté sur la carotte que la bande des joueurs voulait lui jouer.

Puis Scholl, dans son appartement, récrimine contre la Leblanc. Ce garçon-là a toujours le ridicule d'être un amant de cœur cocu. Il est trompé comme s'il payait. Girardin a voulu la procurer au prince Napoléon : « Car, nous dit-il, j'en ai bien appris là-bas ! Ces deux journalistes-là, Girardin et Roqueplan, saviez-vous le métier qu'ils font? Ils sont les maquereaux du Prince, tout bonnement : voilà leur état ! Et la Guimond leur sert de maison de passe. »

19 août.

Peut-être ne pourrait-on régénérer l'espèce humaine, qu'en guillotinant toute personne qui n'aurait pas inspiré à une autre un dévouement assez grand pour mourir à sa place.

La musique sert peut-être en ce qu'elle fait estimer le silence à son prix.

20 août.

Il me faut retourner encore à l'hôpital. Car entre la visite que j'avais faite à Rose, le jeudi, et sa mort si brusque, un jour après, il y avait pour moi un inconnu que je repoussais de la pensée, mais qui revenait toujours en moi, — l'inconnu de cette agonie dont je ne savais rien, de cette mort tout à coup éclatée. Je voulais savoir et je craignais d'apprendre. Il ne me paraissait pas qu'elle était morte, elle me semblait disparue. Mon imagination allait à ces dernières heures, les cherchait à tâtons, les reconstruisait dans la nuit; cela m'apparaissait dans une horreur voilée.

Enfin, ce matin, j'ai pris mon courage à deux mains. J'ai revu l'hôpital, le concierge toujours fleuri, obèse, puant la vie comme on pue le vin; les corridors, où du soleil tombait dans des rires et des pâleurs de convalescentes; puis tout au bout de l'hôpital, j'ai sonné à une porte voilée de rideaux. On a ouvert et je me suis trouvé dans un parloir, où entre deux fenêtres, une Vierge de plâtre était posée sur une sorte d'autel; aux murs de la pièce froide et nue, il y avait, je ne sais pourquoi, deux vues du Vésuve enca-drées : les pauvres gouaches semblaient frissonnantes et toutes dépaysées. Par une porte ouverte derrière moi, il me venait des caquetages de sœurs et d'enfants, des joies, des éclats de rire, toutes sortes de notes fraîches et d'accents ailés, un bruit de volière où chante du soleil. Une ou deux sœurs en blanc, à coiffe noire, ont passé devant moi; puis une s'est arrêtée devant ma chaise.

Elle était petite, mal venue, avec une figure laide et bonne. Elle avait un pauvre nez mal fait, une pauvre figure à la grâce de Dieu. C'était la mère de la salle Sainte-Joséphine et elle m'a dit comment Rose était morte, le ventre dégonflé, ne souffrant presque plus, se trouvant mieux, presque bien, toute remplie de soulage-ment, d'espérance, le matin, son lit refait, tout à coup, sans se voir mourir, d'un vomissement de sang, qui l'a enlevée en quelques secondes... Je suis sorti de là, soulagé d'un poids immense, délivré de l'horrible idée de penser qu'elle avait eu l'avant-goût de la mort, l'horreur et la terreur de ses approches, presque heureux de cette fin qui cueille l'âme d'un seul coup !

ANNÉE 1862

Jeudi 21 août.

J'apprends hier, sur cette pauvre Rose, morte et presque encore chaude, les choses qui m'ont le plus étonné depuis que j'existe; des choses qui, hier, m'ont coupé l'appétit comme un couteau coupe un fruit. Étonnement prodigieux, stupéfiant, dont j'ai encore le coup en moi et dont je suis resté tout stupéfié. Tout à coup, en quelques minutes, j'ai été mis face à face avec une existence inconnue, terrible, horrible de la pauvre fille (1).

Ces billets qu'elle a faits, ces dettes qu'elle a laissées chez tous les fournisseurs, il y a à tout cela le dessous le plus imprévu et le plus effroyable.

Elle avait des hommes, qu'elle payait. Le fils de la crémière, qui l'a grugée, auquel elle a meublé une chambre; un autre, auquel elle portait notre vin, des poulets. Toute une vie d'orgies terribles, de découchages ! Des fureurs des sens qui faisaient dire à ses amants : « Nous y resterons, elle ou moi ! » Une passion, des passions à la fois de toute la tête, de tout le cœur, de tous les sens, où se mêlaient toutes les maladies de la malheureuse fille : l'affection pulmonaire, qui rend furieuse de jouissance, l'hystérie, la folie.

Elle a eu deux enfants avec ce fils de la crémière. L'un a vécu six mois. Quand elle nous a dit qu'elle allait à l'hôpital, il y a quelques années, c'était pour accoucher (2). Et pour tous ces hommes, une ardeur si malade, si extravagante et qui la ravissait si fort, qu'elle — si honnête, si insensible à l'argent — nous volait, oui, nous prenait des pièces de vingt francs sur des rouleaux de cent francs, tout cela pour payer des parties à ses amants et les entretenir.

(1) Var. 1887, — Edmond y corrige l'expression balbutiante et il précise les circonstances de la révélation : *Au milieu du dîner, rendu tout triste par la causerie qui va et revient sur la morte, Maria, qui est venue dîner ce soir, après deux ou trois coups nerveux du bout de ses doigts sur le crêpage de ses blonds cheveux bouffants, s'écrie : « Mes amis, tant que la pauvre fille a vécu, j'ai gardé le secret professionnel de mon métier... Mais maintenant qu'elle est en terre, il faut que vous sachiez la vérité. » Et nous apprenons sur la malheureuse des choses qui nous coupent l'appétit, en nous mettant dans la bouche l'amertume acide d'un fruit coupé avec un couteau d'acier. Et toute une existence inconnue, odieuse, répugnante, lamentable, nous est révélée.*

(2) Var. 1887 : *Quand elle nous a dit qu'elle allait dans son pays...* Voir t. I, p. 436, cette absence de Rose, que les Goncourt ont donc laissée partir sans s'enquérir de la maladie ni de l'hôpital : on comprend qu'Edmond édulcore le texte un peu trop révélateur du manuscrit.

1119

Puis après ces coups involontaires et arrachés violemment à sa droite nature, elle s'enfonçait en de telles tristesses, en de tels remords, en de tels reproches à elle-même, que dans cet enfer où elle roulait de faute en faute, inassouvie, elle s'était mise à boire pour se fuir et s'échapper, écarter l'avenir, se sauver du présent, se noyer et sombrer quelques heures dans ces sommeils, ces torpeurs qui la vautraient toute une journée sur un lit, sur lequel elle tombait en le faisant !

Et tant de déchirements, tant d'horreurs au fond d'elle ! La malheureuse ! Que de prédispositions et de motifs et de raisons elle trouvait en elle pour se dévorer et saigner en dedans. D'abord le repoussement par moments d'idées religieuses avec, les terreurs d'un enfer de feu et de soufre (1). Puis la jalousie, cette jalousie qui, à propos de tout et de tous, la dévorait; le mépris que les hommes, au bout de quelque temps, laissaient percer pour son physique si affreux; la jalousie des nouvelles maîtresses, le spectacle des *queues* du fils de la crémière... Tout cela la précipita tellement à la boisson qu'elle fit un jour une fausse couche en tombant dans l'appartement ivre morte ! C'est affreux, ce déchirement de voile; c'est comme l'autopsie de quelque chose d'horrible dans une morte tout à coup ouverte.

Par ce qu'on me dit, j'entrevois tout ce qui a dû être, ce qu'elle a souffert depuis dix ans; ces amours où elle se jetait comme une folle; les craintes de nous, d'un éclair, d'une lettre anonyme; cette éternelle trépidation pour l'argent, la terreur d'une dénonciation de fournisseur; les ivresses qui lui rongeaient le corps, qui l'ont usée plus qu'une femme de quatre-vingt-dix ans; la honte où elle descendait — elle toute pétrie d'orgueil — de prendre un amant à côté d'une bonne voleuse et misérable qu'elle méprisait, entre les tracas d'argent, le mépris des hommes, les querelles de jalousie, les désespoirs les plus furieux, les pensées de suicide qui l'assaillaient, qui me la faisaient, un jour, retirer d'une fenêtre, où elle était complètement penchée en dehors, et enfin toutes ces larmes, que nous croyions sans cause; cela mêlé avec une affection d'entrailles très profonde pour nous et avec des dévouements absolus, jusqu'à la mort, qui ne demandaient qu'à éclater.

(1) Add. 1887 depuis : *La malheureuse !*

Avec cela, une force de volonté, de caractère, une puissance de mystère, à laquelle rien ne peut être comparé ; un secret, tous ses secrets renfoncés, cachés, sans une échappade à nos yeux, à notre oreille, à nos sens d'observateurs, même dans les attaques de nerfs, que je lui ai vues au retour de chez la crémière ; un mystère continué jusqu'à la mort et qu'elle devait croire enterré avec elle, tant elle l'avait bien enfoui en elle !

Et de quoi est morte la malheureuse ? D'avoir été, il y a huit mois, en hiver, n'y pouvant plus tenir, guetter à Montmartre ce fils de la crémière, qui l'avait volée et chassée, toute une nuit passée contre la fenêtre d'un rez-de-chaussée, pour savoir avec qui il la trompait ; une nuit dont elle a rapporté tous ses effets trempés, avec une pleurésie mortelle (1).

Pauvre fille ! nous lui pardonnons. Et même, entrevoyant par des coins d'abîme tout ce qu'elle a dû souffrir des maquereaux du peuple, nous la plaignons. Une grande commisération nous vient pour elle ; mais aussi, une grande amertume, à cette révélation accablante, nous a envahis. Notre pensée est remontée à notre mère, si pure et pour laquelle nous étions tout ; puis de là, redescendant à ce cœur de Rose, que nous croyions tout à nous, nous avons eu comme une grande déception à voir qu'il y avait tout un grand côté que nous n'emplissions pas. La défiance nous est entrée dans l'esprit, pour toute la vie, du sexe entier de la femme. Une épouvante nous a pris de ce double fond de son âme, de ces ressources prodigieuses, de ce génie consommé du mensonge.

21 août.

Nous causons de Rose, de cette malheureuse organisation de pulmonaire et d'hystérique, qui ne pouvait placer son bonheur, son amour, son amitié, son dévouement dans les conditions raisonnables de la vie, qui ne pouvait fatalement vivre que dans l'excès, presque la folie furieuse des sentiments humains.

(1) Dans les 3 paragraphes précédents, add. 1887 de *qui me la faisaient* à *et enfin...*, puis *à nos sens d'observateurs* et *passée contre la fenêtre d'un rez-de-chaussée.*

Gavarni nous montre de la main le grand pré au bout de son jardin. Et ses rêves, ses plans, ses imaginations s'épanchent. Il veut faire là un marché aux arbres, nous parle de jardins, de galerie, d'arrangements, qui montrent en lui un singulier goût de décorateur, d'arrangeur de ville, peut-être un homme qui a manqué à tous les grands remaniements de ce régime-ci.

Et sur notre étonnement de tout ce côté d'invention inconnu de lui : « Ceci n'est rien. Vous savez, ce dont vous m'avez vu occupé, le Palais-Royal, voilà ma grande affaire. » Et il nous expose son plan : « Oui, ça m'est venu dans les temps où je tirais le diable par la queue, et j'ai songé à gagner de l'argent. J'apportais le plan, j'obtenais le privilège et je le *lavais* chez un Pereire quelconque. » Voici ce plan, tel qu'il nous l'expose : toutes les rues autour du Palais-Royal remplacées par une galerie vitrée qui serait un énorme bazar, le jardin changé en un marché aux fleurs qui serait en contre-bas, avec des allées autour d'où on plongerait sur les fleurs et les acheteuses, jardin traversé par une rivière anglaise et par un pont au milieu du jardin. Projet énorme, rapportant beaucoup d'argent à la Ville et dans lequel étaient compris deux privilèges de théâtre.

Et comme nous lui disons : « Mais pourquoi avez-vous laissé dormir cela ? », nous parle de l'ennui des démarches, de mettre un habit, de faire des courses, et il finit par ce mot : « Mes enfants, je remuerais le monde, si j'avais des jambes. »

Il y a quelques jours, il a passé une journée avec la princesse Mathilde et Nieuwerkerke, qui l'ont reconduit sur le lac en bateau. Dans cette promenade, la Princesse, avisant une petite fille sur un pont, lui a dit tout carrément : « Tiens, je t'ai vue ce matin en robe rose, te voilà en robe bleue : tu fais donc le trottoir ? »

Qu'est-ce que la vie ? L'usufruit d'une agrégation de molécules.

En regardant un palmier chez Peters : tout ce qui vient d'Orient, les plantes surtout, a l'air de sortir de la main artistique de l'homme, tandis qu'en Europe, toute la nature semble manufacturée.

Claudin arrive chez Peters dîner à côté de nous; Gautier, qui revient d'inaugurer les chemins de fer algériens, furieux contre les chemins de fer, qui abîment les paysages, le progrès, les *utilitaires*, la civilisation qui regarde les Arabes comme des sauvages, les ingénieurs, les élèves de l'École Polytechnique, tout ce qui met dans un pays une saine édilité : « Toi, dit-il en se tournant vers Claudin, tu es heureux, tu aimes tout cela, tu es un civilisé. Nous, nous trois, avec deux ou trois autres, sommes des malades... Nous ne sommes pas des décadents, nous sommes des primitifs... Non, encore non, mais des particuliers bizarres, indéfinis, exaltés (1) ... Il y a des moments où je voudrais tuer tout ce qui est, les sergents de ville, M. Prudhomme et M. Pioupiou, toute cette cochonnerie-là... Non, je te parle sans ironie, je t'envie, tu es dans le vrai. Tout cela tient à ce que tu n'as pas comme nous le sens de l'exotisme... As-tu le sens de l'exotisme ? Non, voilà tout... Nous ne sommes pas Français, nous autres, nous tenons à d'autres races. Nous sommes pleins de nostalgie... Et puis, quand à la nostalgie d'un pays, on joint la nostalgie d'un temps, comme vous du XVIIIe siècle par exemple, comme moi de Venise, n'est-ce pas, avec embranchement sur Chypre, oh! alors, c'est complet... Venez donc un soir chez moi. Nous causerons de tout cela longtemps. Nous serons tour à tour, chacun de nous trois, Job sur son fumier et ses amis. »

Et puis à propos de Psyché, dont il a donné l'idée de la reprise en causant chez la Jeanne de Tourbey avec le prince Napoléon, reprise qu'il voulait tourner vers la résurrection du côté inconnu de Molière, maître de ballet, arrangeur de divertissements, juge Molière comme nous le jugeons : « Le Misanthrope, une comédie des Jésuites pour la rentrée des classes... Ah! le cochon, quelle langue! Est-ce mal écrit!... Mais comment voulez-vous qu'on imprime ça? Je ne veux pas m'ôter mon pain. Je reçois encore aujourd'hui des lettres d'injures, parce que j'ai osé faire un parallèle entre Timon d'Athènes et le Misanthrope! » (2)

De Molière, la conversation saute à tout ce XVIIe siècle, si ennuyeux, si antipathique, d'une si mauvaise langue, entre la langue grasse du XVIe et la langue claire du XVIIIe siècle.

(1) Add. 1887, depuis *Non, encore non...*

(2) La Psyché de Corneille, Molière et Quinault, créée en 1671, reprise au Théâtre-Français le 19 août 1862. — Timon d'Athènes, le drame de Shakespeare,

Puis Gautier monte au soleil du temps, à Louis XIV, et le voilà à le lapider comme à coups d'étrons, avec un flux qui fait couler de sa bouche, comme de source, un flot de touches à la Rabelais, un portrait où Duchesne se mêle à Michelet et à Jordaens (1) : « Un porc grêlé comme une écumoire ! Et petit : il n'avait pas cinq pieds, le Grand Roi... Toujours à manger et à chier... C'est plein de merde, ce temps-là ! Voyez la lettre de la Palatine sur la merde (2)... Un idiot avec cela, et bête !... Parce qu'il donnait des pensions de quinze cents livres pour qu'on le chantât... Une fistule dans le cul et une autre dans le nez, qui correspondait au palais et lui faisait juter par le nez des carottes et toutes les juliennes de son temps... Et c'est vrai, tout ce que je te dis là ! » fait-il en se retournant vers Claudin, ahuri comme un enfant qui verrait chier sur son catéchisme.

24 août.

Une actrice du nom de Paurelle a dit hier au foyer du Vaudeville, avec un geste de désespoir : « Nous sommes le 23... Quatre cents francs à payer le 30, et mes règles ! »

25 août.

Encore une blague de 89 ! On parle encore, on parlera peut-être toujours de la suppression des lettres de cachet. Burty m'apprend qu'à Tours, il y a un bâtiment destiné aux jeunes gens de famille, enfermés sur la demande de leurs pères pour quelque grosse peccadille ; et parmi ceux-là, un élève du collège Louis-le-Grand, qui avait fait au Concours des vers contre le prince

(1) Allusion au PÈRE DUCHESNE, le journal où Hébert se déchaînait avec une verve populacière contre les ennemis de la Révolution.

(2) Cette lettre intégralement scatologique ne figure pas dans la CORRESPONDANCE COMPLÈTE de la duchesse d'Orléans, née Princesse Palatine (2 vol. in-18, 1857). Elle avait été adressée, sans doute par gageure, à l'électrice de Hanovre, le 9 octobre 1694 et elle fut publiée, avec la réponse non moins rabelaisienne de l'Électrice, en 1789, à Strasbourg, par M. de Praun, conseiller intime de la cour de Brunswick. Rééditée avec le titre de LETTRE DE Mme LA DUCHESSE D'ORLÉANS... A FEU Mme L'ÉLECTRICE D'HANNOVRE (*sic*), s.l.n.d., elle figure sous cette forme à la B.N., Z. Payen 838 (2) et (3).

Jérôme! (1) Tout le progrès est que ces jeunes gens sont enfermés cellulairement...

26 août.

Un immense avantage de l'art sur la littérature, c'est qu'en art, on a, au moins à un certain degré, la perception, la conscience de bien faire, au lieu qu'en littérature, on ne le sait jamais. Jamais on ne sait si vous penchez trop du côté de l'observation ou du côté de l'imagination, si votre style est trop ou pas assez coloré. Il n'y a pas, comme pour l'art, l'œil pour peser. Il n'y a que votre intelligence, — c'est-à-dire quelque chose de variable et de flottant à tout courant, — pour vous juger vous-même.

27 août.

Gavarni nous raconte que la maison Delamarre, la propriétaire, aujourd'hui, de la PATRIE, a fondé sa fortune en recherchant et en acceptant les traites non payées à l'échéance, mais pourtant bonnes. Elle a fait sa fortune avec des comptes de retour... Laurent-Jan lui parlait à l'instant de propriétaires attirant chez eux les insolvables, pour saisir leur mobilier et en bénéficier.

A propos de la caricature de la MONARCHIE publiée dans la CARICATURE, il nous raconte qu'ayant fait un dessin à la plume qui signifiait pour lui la Peine de mort, Philipon, enthousiasmé du dessin, l'emporta un jour de chez lui et le faisant copier et rafistoler, lui donna un titre dans lequel Gavarni ne fut pour rien (2).

Tout ivrogne est un poète qui, au lieu de salir du papier, salit les ruisseaux. Un maçon qui se saoule souffre de l'idéal. Le

(1) Le roi Jérôme étant mort le 28 juin 1860, Rouland, ministre de l'Instruction publique donne, cette année-là, l'éloge du disparu comme sujet de la composition de vers latins au Concours général des lycées et collèges. Le jeune Jacques Richard, « élève du lycée Bonaparte et fils d'exilé », composa sur le champ quinze strophes vengeresses en vers français. Il dut renoncer à l'École Normale ; il faisait son droit, quand il mourut de tuberculose à vingt ans, le 6 nov. 1861.

(2) Voir t. I, p. 103, la description de cette fantastique tripière symbolisant la Peine de mort, et dans le GAVARNI des Goncourt (p. 87) : *Ce dessin fut pris par Philipon, — le directeur de LA CARICATURE, — chez Gavarni. Il le fit rafistoler, remplaça les deux figures de l'Accusation et de la Défense par un procureur du roi et par un prêtre et mit dessous : « Mademoiselle Monarchie (Félicité Désirée) ».*

vin bleu est une aspiration au bleu. — Les blonds, les lymphatiques, plus susceptibles de boire que les autres : il semble que c'est du sang qu'ils boivent.

30 août.

Chez Gisette, toujours plus folle, avec cette singulière suivante de ses amours, la petite Peyrat, qu'on trouve toujours installée chez elle et à côté d'elle, à côté de son frère en collégien.

Gisette laissant déborder les choses les plus extravagantes, de gros demi-mots sur tous ses amants, ceux d'hier et ceux de demain, et sur Mocquard, qu'elle nous peint, encore toute dégoûtée, lui récitant baveusement des fragments de sa traduction de Tacite, avec des lèvres toutes bleues, qu'il lui appuyait sans cesse sur les mains.

Je ne conçois l'amour que pour des femmes vertueuses, — fille ou femme mariée honnête. Du moment que la chute d'une femme n'est que la chute d'un corps, il n'y a pas assez pour faire l'amour.

Une malheureuse organisation que la nôtre. Depuis le collège, nous nous trouvons toujours passionnés pour les causes battues ; et aujourd'hui, la défaite de Garibaldi nous fait tout gris en dedans (1). Pourtant, comme dit le père Chilly, ce n'est pas notre homme. Mais nous sommes ainsi faits qu'il y a, au fond de nous, toujours sympathie pour les hommes qui n'ont pas eu la vulgarité, la canaillerie du succès.

31 août.

J'ai vu aujourd'hui cette chose sur laquelle nul œil de bourgeois ne s'est jamais arrêté et dont l'horreur est une horreur de ouï-dire : j'ai vu la fosse commune.

Ce sont, sous le bleu du ciel, la falaise jaune, la silhouette grise d'un moulin de Montmartre qui tourne, deux grands champs.

(1) Garibaldi débarque à Catane le 18 août 1862 pour marcher sur Rome ; mais la pénurie de volontaires, l'accueil réticent de la population et l'échec d'un appel aux Hongrois du général Klapka le forcent à quitter Catane sous la pression des troupes piémontaises, à gagner la Calabre, où il est blessé et fait prisonnier par le colonel Pallavicini à Aspromonte, à la fin d'août.

L'un, qui ne sert point encore, mais qui attend la mort des mois prochains, fait une grande tache jaune au milieu de la verdure des tombes qui l'entourent. C'est un champ de glaise retourné, où des fragments de vieux cercueils, décolorés comme la terre qui les entoure, jonchent le sol çà et là, où les pierres semblent de vieux os. Ce champ de terre jaune est tout plein d'horreur.

L'autre — l'autre que la mort a presque empli tout entier — monte par trois sillons couverts de croix jusqu'au mur de clôture, les croix se touchant par le pied. Cela ressemble au taillis de la mort; ou plutôt, toutes ces croix noires ou blanches, pressées les unes contre les autres, vous font penser à une ascension de spectres se marchant sur les talons. Ces trois sillons de croix recouvrent les trois tranchées, où Paris, avare de sous-sol, dépose ses morts, cercueil contre cercueil. La dernière tranchée n'est point remplie jusqu'à son extrémité; une planche, qui ne ferme point la porte à l'odeur de la pourriture, vous sépare seule du dernier mort; et dans le restant de la tranchée, des ouvriers creusent, rejetant la terre dont l'entassement fait incliner et pencher à terre toutes les croix de la tranchée voisine.

Dans cette abominable confusion, dans cet horrible mépris du corps du pauvre, j'ai vu, parmi toutes ces croix, qui gardent le souvenir d'une personne aimée à sa famille, à ses amis, — quoi? une semaine, un mois? — j'ai vu, sur un de ces morts communs, une branche de sapin arrachée au cimetière, avec une enveloppe de lettre attachée par un bout de ficelle (1).

31 août.

Nous avions reçu, ces jours-ci, un petit morceau de papier imprimé, portant ceci : « Monsieur, vous êtes prié d'assister à la petite fête de famille, qui sera donnée à Neuilly, rue de Long-champ, 32, le 31 août 1862, pour l'anniversaire de la naissance de M. Théophile Gautier. »

Presque aussitôt arrivés dans le salon de la rue de Longchamp, où nous trouvons vingt-cinq ou trente invités, on nous fait monter

---

(1) Cette fosse commune du Cimetière Montmartre, où Rose Malingre était enterrée, inspirera en février 1863 une aquarelle de Jules de Goncourt, reproduite à l'eau-forte par Chauvel dans l'édition Lemerre, puis dans l'« édition définitive » de GERMINIE LACERTEUX.

par l'escalier étroit dans la chambre des filles de Gautier, transformée en salle de spectacle. Il y a une toile, une rampe et toutes les chaises et fauteuils de la maison. La cheminée, où l'on s'assied, forme la galerie. A côté de la porte, au-dessus de laquelle s'étend et se détire, dans une pose anacréontique, une femme nue, est collée contre le mur l'affiche : *Théâtre de Neuilly, Pierrot Posthume*, et les noms des acteurs.

La toile se lève sur la scène, une scène où le peintre d'histoire Puvis de Chavannes a peint des décors assez cocasses, une scène où il y a juste la place d'un soufflet et d'un coup de pied. Et la farce commence, une farce qui semble écrite au pied levé dans un cabaret de Bergame, une nuit de carnaval, avec de jolis vers qui montent et s'enroulent comme des fleurs autour d'une batte.

Là-dedans passent et repassent toute la famille, les deux filles de Gautier. Judith, avec un costume d'Esmeralda de la Comédie italienne, lutine et mutine, avec des grâces serpentines sous sa basquine, une lasciveté virginale (1). La plus jeune, Estelle, svelte dans son habit d'Arlequin, avec des coquetteries molles et, sous son mufle noir, des moues d'enfant et des bouderies d'almée. Le fils Gautier en Pierrot, froid, glacial, funèbre et trop mort dans son rôle posthume. Puis Gautier lui-même qui fait le Docteur, un Pantalon superbe, grimé et peinturluré à faire peur à toutes les maladies énumérées par Diafoirus (2), l'échine pliée, le geste en bois, la voix transposée, travaillée, tirée on ne sait d'où, des lobes du cerveau, de l'épigastre, du *calcaneum* du talon, une voix enrouée, extravagante, qui semble du Rabelais gloussé.

Après quoi, on a envahi le jardinet, on a mis le feu à un feu d'artifice, on a allumé des lanternes japonaises. Dans les tonnelles du jardin, à tout moment, des feux de Bengale partaient, qui piquaient les treillages et les feuilles de couleurs de féerie, qui donnaient aux filles de Gautier, les traversant, je ne sais quel air de femmes d'Orient mêlé à l'apothéose finale d'une fantaisie de Shakespeare. On se reconnaissait à tâtons au milieu des pétards. Doré faisait une charge superbe de Courbet — un saltimbanque

---

(1) Add. 1887 : *de la Comédie italienne...*

(2) Cf. Molière, Le Malade Imaginaire, acte III, sc. 6. C'est d'ailleurs Purgon et non Diafoirus qui menace Argan de le laisser tomber dans la bradypepsie, « de la bradypepsie dans la dyspepsie », etc.

peint par un autre — et chantait sa chanson, air, musique et paroles
de Courbet :

> L'Institut,
> C'est des trous du cul.

Le feu d'artifice encore chaud, il partait encore des fusées,
qui ressemblaient à des mots en retard d'un homme d'esprit ivre.

On est rentré danser au salon. Il y avait, en hommes, des
anonymes; en femmes, toutes sortes de monde. Ici, c'était,
m'a-t-on dit, une modiste; là, toute en dentelles, Mlle Favart avec
sa mine de mouton qui rêve. Puis venait, surveillée et chaperonnée
par sa mère, une future étoile de l'Opéra, une danseuse non encore
visible à l'œil nu du Jockey-Club, Mlle Renou, une Diane de
Poitiers dans sa première fleur, une élégante, fine et ravissante
merveille de nature, pour laquelle Dieu semble avoir consulté
Goujon et Cellini. Puis la maîtresse de Mosselmann, la *Présidente*,
comme on l'appelle ici d'un nom familier, Mme Sabatier, la femme
qui a servi de modèle à la Bacchante de Clésinger : une vraie
bacchante avec une grâce lâche, un nonchaloir abandonné dans les
mouvements, une volupté enlaçante; mais la graisse l'envahit, ses
rondes épaules se plaquent de sang : l'âge refait à la Jordaens cette
déesse de Rubens (1).

Tout cela, pêle-mêle, s'est mis à danser, à valser, à tourner.
Et au milieu des robes, des ceintures flottantes, du tourbillon,
Doré circulait, se contournait, se démanchait, impassible et macabre, singeant, avec une ironie implacable et une agilité de savatier,
des poses de caractère, des élasticités de danseur d'Opéra, des pas
de danses espagnoles. Et de temps en temps quelque mot bien
cynique de Saint-Victor à la Sabatier effleurait des oreilles de jeunes
filles, qui ne rougissaient pas.

4 septembre, Bar-sur-Seine.

C'est ici où une fille archi-millionnaire, la fille d'un Trumet,
n'a eu, à sa première communion, à son bonnet que de la dentelle
à un sou le mètre. Quand ce même Trumet a mis ses fils au
collège de Troyes, il a défendu, par économie de cirage, qu'on

(1) Cf. t. I, p. 115, n. 3.

cirât leurs souliers, comme brûlant le cuir : il a remis une couenne de lard pour les frotter.

C'est prodigieux comme Millet a saisi le galbe de la paysanne, de la femme de labeur et de fatigue, penchée sur la terre et ramassant la glèbe ! Il a trouvé un dessin rond, qui rend ce corps-paquet, où il n'y a plus rien des lignes de chair provocantes de la femme ; ce corps que la misère et le travail ont aplati comme avec un rouleau; corps qui semble, en marche, du travail et de la fatigue qui marchent : plus de hanches, plus de gorge, un ouvrier dans un fourreau, dont la couleur ne semble que la déteinte de deux éléments où elle vit, — brun comme la terre, bleu comme le ciel.

12 septembre.

Au marché, une voiture en forme de boîte et de maison avec, devant, une espèce de balcon en bois. Une femme, là-dessus, ôte une espèce de robe de chambre. Elle a la face tannée, — un de ces teints qui n'appartiennent qu'au saltimbanque, — un canezou rouge à brandebourgs blancs, avec un tas de boutons d'argent, un casque à plumes de couleur, mitaines noires, bracelets d'argent, boucles d'oreilles.

Elle montre avec une baguette une image de femme ouverte. Elle a deux tableaux derrière elle : les bords sont des serpents enroulés sur des fleurs qu'ils sucent. L'intérieur se divise en compartiments représentant des hôpitaux gothiques à arceaux, — lits, malades, sœurs de charité, — enfant blessé par un serpent; cheval mordu par un serpent, qui se sauve; une molaire, un râtelier; un malade, avec le ver solitaire au bas de son lit, blanc et grand comme un boa. Démontre tout cela sans rien dire, avec sa baguette; démontre un squelette d'enfant avec des gestes médico-cabalistiques, tandis que, sur les côtés de la voiture, un homme bat de la caisse et des cymbales.

A un coup de sonnette, arrêt. Attaque contre les charlatans : « Savez-vous ce qu'ils guérissent ? C'est vos bourses et non vos maladies. Le cultivateur peut se traiter lui-même pour 366 maladies avec des plantes. » Ici tambour... Elle en montre des paquets, qui « viennent directement le long des chemins... Les maladies, telles qu'elles sont sur mon livre... Tenez, braves gens, avez-vous les fièvres ? Vous allez me dire : « Une médecine coûte deux ou trois francs ! » Se purger avec du sureau, gratté comme une carotte qu'on met dans la soupe : la première écorce, mettez-la tremper vingt-quatre heures dans deux verres de vin blanc, et vous ferez plus attention aux boutons de votre pantalon qu'à votre travail !... Pour ceux qui crachent de vieux crachats, le pas d'âne, qui vient directement dans vos jardins, dans vos vignes... La camomille est aussi salutaire à votre corps... En voilà une autre, la chicorée, autrement dit la chicorée sauvage ! En voilà une autre que les femmes ramassent... Ah, par exemple ! celle-ci, vous en mangez les fruits : c'est le fraisier, car tenez... En voilà une autre, ça fleurit bleu, c'est la bourrache : la sueur qui est rentrée, deux infusions de bourrache... »

L'ombre de la visière du casque, percée, fait comme des pois de lumière sur le visage ombré. C'est le découpage d'une dentelle d'ombre.

Ce soir, Léonidas revient de la chambre de sa femme et de son fils : « Ah ! ah ! ils vont se donner une indigestion : ils sont agenouillés à *manger leur paillasse* ! » — Expression assez pittoresque pour « faire ses prières ».

Il y a ici un médecin du nom de Galiot, lequel renifle toujours. Cela lui vient de l'habitude de conduire sa carriole, l'hiver. Ne pouvant se moucher en tenant ses guides et son fouet, il a pris l'habitude de renifler.

Une vieille demoiselle d'ici, — qui a été religieuse, — après une longue déploration de toutes les tristesses et les misères de la vie, finit par nous dire comme complément de réclamation contre Dieu : « Et puis, nous sommes tous faits en viande. Pourquoi ne sommes-nous pas un minéral ou un végétal ? »

N'y a-t-il pas une certaine délicatesse d'âme de femme dans cette répulsion de notre chair ?

Elle nous contait, l'autre jour, une singulière distraction de religieuses, qu'il faudrait, pour bien conter, la plume de Rabelais ou de Béroalde : les religieuses pètent dans des carafes. Elles mettent du vent en bouteilles, — pets-de-nonne ! — et jouissent des irisations du gaz captif.

Ici, l'autre jour, un enfant trouve un porte-monnaie, le donne à son père. Celui-ci ne le rend pas. Ils passent en police correctionnelle. Le père est condamné à deux mois de prison. L'enfant, qui a douze ans, sera retenu jusqu'à dix-huit ans dans une maison de correction. Voilà des cruautés de justice, du zèle de procureur impérial, vraies misères pour un porte-monnaie trouvé, non volé ! Deux mois de prison à un pauvre chiffonnier, qui a sept enfants ! Et un enfant que j'ai vu, qui est comme les autres, qui a encore un sourire d'enfant, envoyé dans cette école mutuelle du bagne, dans ce pourrissoir d'âmes !

La mort, voilà ce qui, Dieu merci ! empoisonne le reste de vie de ce méchant et mauvais homme. Il descend à la cuisine, il gronde, il grogne, il tempête : c'est l'idée de la mort qui le poursuit et l'exaspère. Il est furieux contre la cuisinière, parce qu'il a trop uriné cette nuit. Colères, fureurs, méchancetés, querelles à sa femme, mauvais mots aux uns, aux autres, tout vient de là, de ce qu'il lui semble que sa vie se raccourcit. La mort, chose horrible en effet, surtout pour lui. Car pour lui, ce n'est pas seulement mourir, c'est être exproprié : plus de fermes, plus de bonnes affaires, plus de bois, plus d'argent, plus de terre, une fois dessous, que six pieds !

Il fait le furieux contre sa femme, lorsqu'elle envoie chercher le médecin; et il accepte parfaitement ses visites, tout en jurant, en criant que ce sont des ignorantins. Il fait des professions de foi superbes, il crie qu'il attend la mort, qu'il l'appelle, il fait son *In manus* panthéistique (1); et il se tâte le pouls et il lit le docteur Jozan, qui lui fait passer des frissons dans le dos (2). A tout moment, il y revient, la défiant philosophiquement. A tout bobo, une colique, il dit : « Je suis foutu, c'est fini. » Et il entonne du Béranger, comme un homme qui chante dans une cave pour étourdir sa peur.

(1) Dernières paroles du Christ dans Luc, XXIII, 46 : *Pater, in manus tuas commendo spiritum meum*, « Père, je remets mon esprit entre tes mains. »

(2) Il s'agit du Traité pratique des maladies des voies urinaires et des organes générateurs de l'homme et de la femme du docteur Émile Jozan de Saint-André, ouvrage paru en 1850 et qui comptait déjà 29 éditions en 1902.

Le soir, il recule le moment de se coucher. Le sommeil l'effraye : il lui semble que c'est tâter la mort. Par moments, dans ses instants d'épanchement, il avoue que c'est la mort qui le rend quinteux; il laisse échapper : « Je me vois au cimetière, entre mon père et ma mère ». Puis échappant à cette idée comme à un spectre, en fouillant dans un carton de baux et titres de propriété, le propriétaire ressuscite dans l'homme terrifié et sous le coup de deux ou trois maladies mortelles, avec ce mot sublime : « Ah ! mon bois de Der, je le couperai tous les vingt-cinq ans. »

On me contait l'histoire d'un jardinier de vingt-cinq ans de ces pays-ci, qui a épousé une cuisinière de soixante ans, pour une rente de quatorze boisseaux de blé, environ quarante francs. Le mariage d'argent, du petit au grand, est, au contraire de ce qu'on croit, spécial aux campagnes. L'inclination est une fleur des villes.

Ce qu'il y a de plus sot au monde, c'est un système de scepticisme, le panthéisme, par exemple. Lorsque l'incrédulité devient une foi, elle est plus bête qu'une religion.

Bar-sur-Seine, 22 septembre.

Celui-là ferait un livre curieux, donnerait de curieux documents à l'histoire humaine et française, qui récolterait et assemblerait simplement les traits des curieuses physionomies provinciales, qui passent sans laisser de traces. Oui, un Tallemant des Réaux qui, ici et là, noterait tout ce qu'il entendrait des physionomies singulières de la province, ferait un livre tout *nouveau* et *précieux*. Que de figures singulières, que de silhouettes, quels témoins d'excentricités, de cieilles mœurs, dans tous ces originaux de province, qui se crayonnent, s'accusent dans les récits, les souvenirs, les légendes de famille, avec des lignes grotesques ou bizarres, puissantes et tranchées, avec une turgescence de comique, un caractère de manière d'être, une crudité, une verdeur, un oubli de toute règle, un éloignement de toute convention, comme une odeur du cru que donne seule la province.

J'en attrape deux au passage, dans les récits d'après-dîner.

D'abord, c'est le médecin ordinaire de la maison de notre grand-père à Sommérécourt. Une espèce de docteur Tant-mieux, à mine rabelaisienne; la culotte, les bas, les boucles; un bon vivant, buvant dru, auquel le grand-père était obligé, quand il venait, de rationner son vin; au reste, on le disait, en plein vin et tout ivre, très lucide et la raison aussi nette et plus vive que jamais. Il s'appelait Procureur.

C'était une célébrité médicale du pays, — il logeait à Vrécourt, — des villages, des villes même : une de ces lumières de la science de guérir, inofficielles et populaires à la façon des *rebouteux*, sans études, sans lectures, mais qui semblent nés dans les secrets de nature, qui soignent par instinct, qui sauvent par illumination, qui ont le miracle en main. Par toutes les Vosges, en cas désespéré, on l'appelait, et de fort loin. Il cassait les condamnations des médecins. Il sauva notre père d'une maladie de poitrine fort grave.

Un vrai paysan avec cela, et à peu près traité comme tel. D'ordinaire, le grand-père le faisait dîner avec les domestiques. Aux grandes occasions, il faisait mettre son couvert à sa table. C'était un grand honneur pour Procureur. Ayant sauvé Mme de Bellune d'une maladie et de plusieurs médecins, ce fut un éblouissement pour lui, quand il y fut invité à dîner. Il saluait tous les domestiques, et mis à table à côté de Mme de Bellune, chaque fois qu'un convive lui adressait la parole, il saluait. Car il avait, comme à son ordinaire, gardé son chapeau sur la tête.

Un jour, le grand-père lui ayant demandé son compte, depuis sept ans, pour l'avoir soigné, lui et la maison, il présenta un compte de 72 francs : « Comment, coquin, soixante-douze francs ? » Le pauvre Procureur ne savait où se mettre : « Mais, Monsieur, je vous assure, j'ai fait très justement le compte. — Comment ? Mais c'est impossible ! Soixante-douze francs pour sept ans ! » Le grand-père ne pouvait croire à la modicité de la somme.

Ayant une fille mariée et son gendre étant venu se plaindre à lui qu'elle buvait, — bon sang ne peut mentir, — il la fouetta — la fille avait une vingt-cinquaine d'années — et dit à son gendre : « Là, la voilà corrigée ! »

Autre fantoche. Celui-ci vit encore. Il est de la première noblesse de Nancy, marquis de Landrian, des Landriani de Milan, qui sont venus s'établir en France au XVe siècle. Il a mangé quatre ou cinq cent mille francs en essais d'agriculture. C'est un Juif Errant toujours par rues, par chemins, avec une voiture de saltimbanque et d'Altothas, une voiture où il y a deux matelas, un pour lui, un pour son domestique : il y couche sur les routes. Son costume est toujours une blouse bleue, avec une poche par derrière, dans laquelle il met tous ses papiers d'affaires, ce qui lui est très commode, à ce qu'il dit, quand il a un procès au tribunal. On l'a arrêté comme vagabond à Troyes, à Nancy même. Il se réclamait du préfet, du général. Voyant sa mise, on riait d'abord de lui. A Neufchâteau, il a dormi sur les marches, contre les portes du Tribunal.

Il a de l'esprit, il en pétille. De l'éloquence même. Il s'est amusé à plaider à Nancy : il y avait en lui l'étoffe d'un grand avocat. C'est un prodigieux bavard : sans moucher, sans tousser, il parle six, huit, douze heures, et toujours d'une façon amusante, saisissante, étourdissante. Il touche par moments à la folie, dont le premier accès fit marcher George III soixante-douze heures sans un arrêt ni un silence : une activité telle, une exubérance d'idées, un débordement de paroles tels qu'après six mois de ce déploiement et de ce bouillonnement de cerveau, il reste parfois six mois couché (1).

Il a la manie de faire des glacières chez les gens de sa connaissance : il ne demande que la nourriture. — Invite-t-il des gens à déjeuner chez lui ? Il rentre à six heures : il a cherché jusque-là dans les rues le chien d'un ami, qui est perdu. — Il rencontre ma cousine je ne sais où. Il lui voit une bosse au front, toute rouge : « Attendez, » et il avance vers elle quelque chose : « je vais vous faire une ventouse. » — Il y a de la piété qui le traverse; il récite la messe dans sa voiture et son domestique lui répond : *Kyrie eleison.* Ayant une réclamation à faire au préfet, il va le trouver en blouse : « Monsieur, je suis meunier, mais je ne suis pas le meunier Sans-Souci... » (2)

Un jour, à Bar, ma cousine le rencontre en agitation : « Qu'est-ce que vous avez donc, monsieur de Landrian ? — Je suis déshonoré, ma fille se marie ! — Eh bien ? — Une Landrian ! — Qui épouse-t-elle ? — M. Salière, Seillière,... un homme d'argent ! Moi, marquis de Landrian, donner ma fille à un Salière... Deux, trois millions, je ne sais pas... Ça ne peut être que de l'argent

(1) Georges III d'Angleterre sombra en 1810 dans une démence qui dura jusqu'à sa mort en 1820.

(2) Cf. t. I, p. 801, n. 2.

volé ! Je n'estime pas du tout mon gendre, ...je suis un homme déshonoré ! » Une autre fois, il allait pour être parrain d'un enfant de cette même fille, épousée pour sa beauté par le riche banquier Seillière : « Je vais chez ce Seillière, mais ses domestiques, ça me gêne... Je ne veux pas loger chez cet homme-là ! — Eh bien ! où logerez-vous ? — Je coucherai chez le portier. » (1)

Le succès de MANON LESCAUT, c'est que c'est une vignette de Giraud dans l'imagination nationale (2).

Il y a un génie qui manque aux médecins, l'observation. Il y a ici une pauvre petite bonne qui a, à l'aile du nez, la même grosse veine que Rose : elle est poitrinaire, phtisique et, sans doute, hystérique comme elle.

Il y a ici des soldats de passage. J'ai vu un *pioupiou* porter un enfant au bout de la rue. C'était charmant. Il y a de la bonne et de la mère dans le soldat français.

Croissy, 28 septembre.

Ici, l'ennui s'étend jusqu'à la cuisine. Il y a des sauces stagnantes. Il y a une platitude dans le coulis. Il y a dans un poulet rôti quelque chose du récit de Théramène.

J'ai fini les MISÉRABLES. Cela ressemble assez à un dimanche en Écosse. Du soleil, de l'herbe, des joies ; puis tout à coup, un monsieur, qui déploie une chaire à prêcher, et un prêche sur les atomes cosmiques, le socialisme, le progrès, la théologie, — des nuages et des orages !

Une note manque à son portrait de Louis-Philippe, un mot qui dirait tout : *Henri IV et Robert Macaire* (3).

(1) Add. éd. : *d'un enfant*. Le marquis de Landrian ne peut être en effet parrain de sa propre fille.

(2) Nous n'avons pu retrouver le titre et la date des tableaux de Giraud, d'après lesquels ont été gravées par Léon Noël les 2 planches in-fol. de MANON LESCAUT.

(3) Rayé depuis : *Une note manque...* — Cf. LES MISÉRABLES, 4ᵉ p., liv. I, ch. 3 : portrait en sentences antithétiques de Louis-Philippe et analyse de ses contradictions intimes (éd. I.N., t. 4, pp. 13-18).

Il y a ici un chat qui, dans les décombres, attrape des souris dans l'herbe, de petits mulots. Il les griffe un peu, puis les laisse courir. La bête attrapée se sauve; il la rattrape, après l'avoir laissée aller; il lui laisse de l'avance, la souris se croit sauvée; en deux bonds, il est dessus; puis la lâche encore, se détourne, fait semblant de ne plus la voir, de l'avoir oubliée. La souris fait dix pas, elle est reprise. Il joue avec elle, il se renverse sur le dos, il la pelote, la roule, jongle avec elle, la lance en l'air; elle retombe un peu cassée, étourdie. Il attend qu'elle reprenne force et espoir, et le jeu horrible recommence. Quand la souris va trop vite, le coup de patte est un peu plus fort, et cela jusqu'à la mort. C'est une agonie à laquelle le chat lâche les lisières, à mesure qu'elle est plus marquée, jusqu'à la fin, une fin qui finit par une croquade.

Cette souris pourtant, c'est l'homme; ce chat, c'est la vie. Ainsi, aussitôt que nous nous voyons libres, sauvés, nos maîtres, de l'espace devant nous, le pied sur de l'avenir, la vie nous rattrape avec un ennui, une maladie. Par moments aussi, elle fait semblant de ne pas nous voir, de nous avoir oubliés, elle nous laisse respirer; et puis toujours et toujours, elle retombe sur nous, du côté le plus imprévu, nous roulant plus fort, brisant en riant efforts, ambitions, espoirs, jusqu'à ce que la mort nous donne le coup de grâce et que ça finisse par quelque chose de nous, qui craque dans les ténèbres. Fatalité taquinante et suppliciante de la vie.

Une Mme de Tinagérand, qu'Alphonse a vue à Aix, avait, à je ne sais quelle époque impossible, dans sa serre de Courbevoie, 80 fraises qui lui revenaient à 50 centimes pièce. Son jardinier les a vendues à Chevet 50 sous pièce. Chevet les a revendues 400 francs : cela est beau pour Paris !

Croissy, 30 septembre.

Nous sommes ici avec notre vieil ami d'enfance, Édouard Lefebvre, rédacteur au Ministère des Affaires étrangères, aujourd'hui M. de Béhaine pour les besoins de sa carrière diplomatique. Il s'échappe avec nous familièrement, intimement sur les choses et les hommes de son état.

D'abord, c'est la biographie de M. de la Valette, un homme en ce moment à la tête de la plus grande ambassade du monde.

Il tient en main le pic, il conduit la mine qui fera sauter la pierre de saint Pierre. L'Empereur lui a mis aux mains les clefs de la Révolution. Il a Rome : c'est lui qui donnera congé à la Papauté, lui qui, sans doute, va balayer du Vatican le Pape, un vice-Dieu.

Voici pourtant ce que c'est que cet homme. Un M. de la Valette qui n'avait rien, pas même son nom, vivant d'intrigues, de choses secrètes et d'être l'amant de Mlle Duchesnois, un de ces hommes de ténèbres et de grâces sortis du Directoire, mourut au commencement du siècle. On l'enterra. Quand on l'eut enterré, on retrouva, en regardant bien dans la chambre mortuaire, quelque chose qui était là, oublié : un enfant. Pas une pièce de cent sous à lui donner, pas un morceau de pain, rien, pas même un parent. Mlle Duchesnois prit l'enfant et l'éleva. Il grandit sur un pan de sa tunique, dans les coulisses, en Joas du Théâtre-Français. Il avait du sang de son père dans les veines. Il se glissa, se faufila et plut. Jeune homme, il s'installa chez Fanny Elssler, entre le lit et le mur, dans la ruelle, comme Don Juan. Il vécut longtemps de cette femme, qui vivait des autres. Il déjeunait d'un de ses ronds de jambe et dînait d'un de ses entrechats. Un beau jour, il faillit épouser Mlle Menneval. Tout était prêt, la corbeille achetée. On était à la soirée du contrat. Il demande à entretenir un instant Mlle Menneval. On allume une bougie, il passe avec sa fiancée dans la pièce à côté et il lui déclare, avec des formes, qu'il ne se sent pas appelé à faire son bonheur. Fanny Elssler, pendant ce temps-là, de désespoir s'empoisonnait. Mais c'était une fausse sortie : elle ressuscita. Habillé, nourri, lancé par la danseuse à la mode, il rencontre Mme Welles, la femme du riche banquier, et l'épouse.

Un jour, M. Guizot a besoin, pour le JOURNAL DES DÉBATS, de 300.000 francs. Temps naïfs, âge d'or du pouvoir, où les ministres n'osaient pas prendre dans le trésor pour payer un journal à eux ! C'était l'enfance de la corruption. M. de la Valette, qui avait pris le nom de son père en y ajoutant le titre de marquis, apporte à M. Guizot les 300.000 francs et demande en retour le consulat d'Alexandrie. Louis-Philippe, chez lequel M. Guizot court avec la proposition, ne daigne pas même répondre. Cependant au bout de quelque temps, l'urgence des 300.000 francs fait accepter la proposition de M. de la Valette. Il est nommé; et de là, s'élance avec l'échine souple, une dévotion entière à toute demande des

ministres, une facilité à tout accepter et à tout faire : point de
conscience ni d'humeur ni d'honneur; et surtout une grande
science et une grande suite à se faire des créatures, à servir
intrépidement et constamment les gens qui le servent, à se
faire une clientèle chaude et dévouée, — grand secret et grande
force !

Pour donner une idée de la moralité de l'homme et de son
esprit d'expédients, un trait. En Perse, où on l'envoie en mission
sous M. M***, il est ennuyé de voir tous les cadeaux, châles, etc.,
arriver à son chef, en retour des présents qu'il apportait de la
part du Roi (1). Lui demande une mission de reconnaissance quelconque, envoie dire à un gros bonnet persan qu'il a un riche
cadeau à lui remettre, et quand le gros bonnet lui a remis de
superbes présents, tire de sa poche un porte-crayon d'argent
de quarante sous et lui dit gravement : « Voici une chose bien
précieuse que je vous apporte : c'est un porte-crayon dont s'est
servi l'empereur Napoléon à la bataille d'Austerlitz. » *Ecco il
Pulcinello !* Tel est le Bilboquet qui a dans sa poche l'ultimatum
du XIXᵉ siècle, de la philosophie, de Renan et de Napoléon à
la Papauté.

Puis on parle de la Cour, et je l'entrevois à travers les confidences et les demi-mots échappés. Une Cour qui n'est plus de
grosse bourgeoisie comme sous Louis-Philippe, non plus la Cour
du cinq pour cent; mais une Cour de hasard et d'aventure, à beaux
noms tout neufs, à titres frais-volés, une cour de parade et de cohue,
traversée, déchirée de sabres et de prétoriens dorés, qui arrachent
les dentelles en passant, avec, dans la Salle des Maréchaux, un
peuple de femmes d'officiers, rangées sur des gradins qui montent
jusqu'en haut, haletantes, affamées de voir l'Impératrice, le quadrille impérial, dont l'INDÉPENDANCE BELGE leur parle depuis
quatre ans, effarées devant l'apparition du couple impérial et se
disputant sa vue, comme des *titis* au cintre.

Une Cour sans hiérarchie, mêlée, où il suffit d'entrer pour
avoir place, — et souvent une grande. Des parvenus, des millions
sans passé; des gens dont, un jour, on a jeté le nom en l'air devant
l'Impératrice et qui sont tombés dans son intimité on ne sait d'où.
Par exemple, les Errazu, les filles d'un Basque qui a fait fortune

(1) Add. éd. : *retour des* et *de la part*...

en Amérique et y a épousé une sorte de négresse. On avait besoin, pour un bal chez M. Walewski, d'un quadrille costumé; on cherchait, — cela coûte fort cher, — on dit : « les Errazu »... Point d'autre renseignement, on les invite en masse et les voilà installés partout, jusque dans le salon épuré de Walewski.

Point d'ordre, rien qui démasque, qui désigne, qui place. La femme d'un conseiller d'État est éclipsée par la femme d'un auditeur; une petite Mme Taigny, femme d'un petit auditeur, fils d'un pâtissier, fait les beaux jours des Tuileries.

Une Cour où les tabourets, les sièges hauts et de séparation de la Cour d'autrefois semblent remplacés par les banquettes banales des bals publics; il suffit de monter là-dessus pour être vu; une Cour où rien n'est respecté et n'est estimé, que les quatre choses qu'une Cour doit mépriser : les diamants, la jeunesse, la beauté, une robe.

Au milieu de cela, l'Impératrice, tête vide, folle de toilette, « la femme la mieux entretenue de France », comme disait Roqueplan; un milieu entre Marie-Antoinette et Rigolboche; montrant en toute sa personne, de ses goûts à sa personne, la baisse de niveau de la valeur de la femme du XVIIIe au XIXe siècle, d'une Pompadour à une Montijo; pleine de tout ce qu'il y a de creux dans une Parisienne; ayant dansé sur les billards en Espagne. Aujourd'hui pieuse, presque légitimiste; coureuse d'eaux qui a fait une fin éblouissante; nulle, bonne et sotte, un peu semblable à cette princesse Clotilde, dont la princesse Stéphanie de Bade disait à Édouard : « C'est un ange et c'est une huître ». Tout occupée dans sa cour à pêcher des dots de jeunes personnes, des Mlle Levavasseur par exemple, pour des chambellans passés, des Toulongeon dans la dèche, des Conegliano endettés.

Ici et là, à côté d'elle, de bizarres et sinistres figures de femmes, comme une Mme Duboitier, vieille femme auprès de laquelle, en passant, la diplomatie étrangère baisse les yeux et pâlit presque, — une femme que M. Lefebvre a connue maîtresse de piano, courant le cachet, devenue l'amie intime de la comtesse Danner une de ses parentes, femme morganatique du roi Frédéric VII; de cigale qu'elle était, devenue mouche diplomatique, trottant comme un spectre à tous les petits et grands bals des Tuileries, avec l'ordre de Marie-Thérèse sur la poitrine, et ayant déjà cassé le cou à deux ou trois ambassadeurs de Danemark.

Pour un roman diplomatique : le bureau le plus chic s'appelait, à l'hôtel des Capucines, le *Sabot*; maintenant le *Napoléon*, bureau mixte, venant d'un vaisseau mixte appelé le *Napoléon*.

Paris, 4 octobre.

Une seule chose, vraiment, intéresse dans la vie, quand on a un peu vécu : c'est de voir comment la Providence, cette Providence tortionnaire, vous rattache de jour en jour à la vie par des riens; aujourd'hui, par exemple, après nos tristesses vagues et immenses d'hier, par le nettoyage de nos lustres, de nos bibelots, la retrouvaille de notre Falconet (1); ce soir, par un dîner, un peu de bon vin, du Bordeaux à peu près vrai, — petites ficelles par lesquelles Dieu vous raccroche au goût de l'existence.

8 octobre.

Hier, nous dînons chez Julie avec Dennery et Gisette, — Gisette qui tourne à la boisson, par désespoir de se couperoser, de vieillir, de ne plus choisir dans les hommes. Dans ses gestes, dans son ton autrefois si charmant, dans sa grâce si élégante, se glissent la crapulerie de la boisson, la canaille du vin. Elle a, pour les bouteilles qu'elle serre contre elle, des chatteries de chiffonnière. Cette femme-là sombrera à genoux dans un verre. Elle est menacée de finir comme Racine fils, par la pochardise et la dévotion.

On parle magasins de modes et Julie, qui est descendue d'une belle voiture et de la liaison du prince de Syracuse pour gagner honnêtement sa vie, — un beau mouvement de grisette de ce temps-là ! — dans les modes, place de la Bourse, Julie se met à nous conter cette vie-là, les déjeuners à cinq sous; l'absinthe dont elle n'avait jamais bu et qui la grisa si bien; l'éternelle quatrième catégorie de viande pour les dîners; le pain qu'on leur achetait rassis et qu'on faisait rafraîchir à la cave; les amendes sempiternelles de dix sous, quand on passait neuf heures; les vendredis où l'on se couchait à six heures, les terribles samedis où huit heures

(1) C'est une BAIGNEUSE à demi accroupie, qui figurera sur la cheminée de la salle à manger d'Auteuil et qui est décrite dans LA MAISON D'UN ARTISTE, t. I, p. 21.

du matin vous **trouvaient** à l'ouvrage; ces héroïsmes de travail et de misère, qui faisaient nier à la première du magasin qu'elle était enceinte et la faisaient accoucher au milieu de son ouvrage; et les visites qu'on lui envoyait faire chez les rivales, pour piper la forme d'un chapeau nouveau.

C'était le temps où, de son côté, Charles gagnait trente francs par mois à donner des leçons dans une pension des Batignolles, et lorgnait d'un œil d'envie le poulet qui, parfois, tournait à la broche de Julie.

Julie toujours nerveuse, surexcitée, encore fouettée par Gisette, le cœur battant et remuant, l'esprit inquiet, tourmenté du besoin de quelque chose qui lui manque et qu'elle ne sait pas, toujours à côtoyer le défendu, se lançant à la demi-aventure, demandant sans cesse un plaisir, un divertissement, une émotion qui satisfasse en elle ce désir d'agitation, de mouvement, d'imprévu, d'inconnu, qui enfièvre les sens que les femmes ont dans la tête, Julie est la femme qui côtoie le défendu. C'est la femme qui vous livre le blanc de son pied traversant le bas de soie, le rose de son bras traversant le tulle de sa robe blanche, qui vous jette dans les bras les rondeurs de sa taille, vous fait compter les battements de son cœur sous son sein écrasé contre votre poitrine, apporte sur vos genoux la chaleur de ses cuisses, effleure de ses baisers un peu de vos lèvres, — tout cela, Dieu merci! pour nous, qui aimons Charles, tout cela pour se faire plaisir à elle-même, se créer une petite émotion illicite des sens qui lui suffit, pour ainsi dire effleurer et respirer l'adultère. Un jeu très coquet et très coquin, qui lui a valu de nous le baptême d'*allumeuse de réverbères*.

Il y a dans Flaubert de la conviction et de la blague mêlées. Il a des idées qu'il a, des idées qu'il force et des idées qu'il joue.

16 octobre.

La petite Peyrat va trouver Gisette : « J'ai un grand service à te demander... — Tu es enceinte ? — Non, ce n'est pas ça. Tu es en deuil dans ce moment, je viens te demander si tu ne voudrais pas me vendre tes vieilles robes. » Gisette lui en a vendu pour trois cents francs.

19 octobre.

Un mot qui dit tout sur les Juifs, qui éclaire leur fortune, leurs ascensions dans un monde et un siècle d'argent, qui montre que l'argent est sémitique. Mirès disait à Saint-Victor que dans l'école de Juifs où il fut élevé à Bordeaux, on ne donnait pas de prix de calcul, parce que tous le méritaient.

La révélation fait tout pâlir, même le mot profond de Rothschild : « A la Bourse, il y a un moment où pour gagner, il faut savoir parler hébreu. »

20 octobre.

Busquet, qui a fort connu Saint-Victor lors de ses débuts littéraires dans la SEMAINE, nous conte qu'alors, l'ambition de Saint-Victor se bornait à avoir une sous-lieutenance dans l'armée autrichienne en garnison à Milan (1).

Quelque chose de douteux chez Flaubert s'est dévoilé, depuis qu'il s'est fait le compère de Lévy dans le prix de 30.000 francs de SALAMMBÔ (2). Les dessous de cette nature, si franche en apparence, que je pressentais, me sont apparus et j'ai pris défiance de cet ami, — qui disait que le véritable homme de lettres devait travailler toute sa vie à des livres pour lesquels il ne devait pas même chercher la publicité, — quand je l'ai vu mettre un si adroit saltimbanquage dans la vente des siens.

Dimanche 26 octobre.

Détails curieux donnés par Claudin sur Véron. Il a pris pour maîtresse la petite Bélia, de l'Opéra-Comique, aussitôt

(1) LA SEMAINE, « encyclopédie de la presse périodique, avec gravures et illustrations » paraît du 26 oct. 1845 à septembre 1852. Elle avait été fondée par Bohain et rédigée successivement par Timothée Dehay, Auguste Husson, Paul Coq, F. Morel et Victor de Nouiron. Aimé Leroy, un ami de son père, y introduit Paul de Saint-Victor, qui y débute le 23 nov. 1845 par LE CARNAVAL ROMAIN, y parle du musée de Cluny, du musée d'Artillerie, de la MYTHOLOGIE DES EAUX EN ALLEMAGNE. Il y rédige une courte chronique dramatique, y fait le compte rendu du Salon de 1848, avant d'être attaché au cabinet de Lamartine.

(2) Cf. la lettre du 22 août 1862 à Alfred Baudry, où Flaubert avoue qu'il a vendu SALAMMBÔ 10.000 francs à Lévy : « Mais *motus*, parce que ledit Lévy se propose de faire avec SALAMMBÔ un boucan infernal et de répandre dans les feuilles qu'il me

après le scandale de son acquittement pour avortement, d'abord à cause du bruit de l'affaire, puis parce que l'avortement lui a fait dans la matrice un dérangement curieux. C'est un cas qui amuse le médecin dans l'homme impuissant.

Dans les entr'actes de l'Opéra-Comique, Véron, sortant de sa loge, va chez Mialhe, le pharmacien à côté. Il se lamente sur sa constipation dans l'arrière-boutique, sollicite un de ces lavements dont la recette est perdue depuis Molière, collabore à sa composition, le rédige avec Mialhe, puis en commande un pour Belia et le lui rapporte au théâtre : c'est le père de ses entrailles !

A l'Opéra, de sa loge sur le théâtre, au-dessus de la loge intime et secrète de l'Empereur, il dit aux danseuses, adossées contre elle et qu'il peut toucher du doigt à l'épaule nue, de si grosses cochonneries, que pour les faire rester, il s'est décidé à donner vingt francs à chacune, moyennant quoi il peut être obscène avec elles, de paroles, tant qu'il veut.

Lui et son vieux camarade Duponchel ont dîné une fois avec deux filles. Véron a eu l'idée de faire embrasser Duponchel sur une loupe, qu'il a au visage, et l'a taxé pour cela à deux louis pour la fille. Duponchel, comme riposte, a voulu que l'autre fille embrassât Véron sur ses humeurs froides, en lui disant : « Tu donneras cinq louis, ça vaut bien ça. » (1) La fille l'a embrassé et a eu les cinq louis. Voilà Trimalcion au XIXe siècle : de Suétone, ça tombe à Daumier. Un mélange de de Sade et de Diafoirus ! La pourriture bourgeoise est la pire de toutes : il y a du fumier dans ses vices.

C'est Chapuys-Montlaville, le sénateur, qui, l'Empereur ayant pris un bain dans l'hôtel de la préfecture, lors de son voyage dans le Midi, fit tirer l'eau de ce bain et la mit en bouteilles. Il la décanta comme de l'eau du Jourdain! (2) Ceci s'est passé en plein

---

l'a achetée 30.000 francs, ce qui lui donne les gants d'un homme généreux » (cf. SA-LAMMBÔ, éd. Dumesnil, 1944, p. XCVIII sq; et p. CII, la lettre de Baudelaire qui subodore la *blague*). Le traité sera signé le 11 septembre 1862.

(1) Sur les écrouelles de Véron, légendaires et sans doute apocryphes, cf. t. I, p. 996, n. 2.

(2) L'épisode se situe quand Chapuys-Montlaville est préfet de la Haute-Garonne, lors du voyage de Louis-Napoléon dans le Midi (14 sept. - 16 oct. 1852), qui prépare et précède de peu la proclamation de l'Empire (21-22 nov. 1852). Après

XIXᵉ siècle, — ce qui ne nous empêche pas de rire d'un peuple qui adore l'ordure d'un grand lama. Il y a deux infinis en ce monde : en haut, Dieu; en bas, la bassesse humaine.

Clermont, mardi 28 octobre.

Les Lefebvre me mènent à Clermont voir la prison des femmes (1). Nous montons à une promenade entourant sur trois côtés les anciennes fortifications, une promenade qui ressemble à un belvédère et au bas de laquelle sort d'un brouillard d'automne et se déroule la campagne, à perte de vue. Nous passons le cimetière qui descend la pente et roule jusqu'au bas de la côte, avec la grâce d'un jardin anglais et une petite chapelle blanche, qui rit dans les arbres, verts comme un kiosque. Nous tournons, nous arrivons à un rond de danse entouré d'ormes taillés, un de ces ronds de danse XVIIIᵉ siècle, où un roman de Florian nouerait le couple d'Annette et Lubin (2). Aujourd'hui, à la fête, on y danse encore contre ce grand mur. Ce grand mur, à côté du rond de danse, c'est le mur de la prison des femmes. Il y a des ironies cruelles, poignantes, dans les choses et les lieux. Ici, l'antithèse est affreuse.

Nous avons été chercher le sous-préfet pour voir la prison. C'est un de ces sous-préfets qui ont l'air d'être arrivés à une sous-préfecture en conduisant le cotillon. Il a, sur sa cheminée, le DANSEUR NAPOLITAIN de Duret; autour de la glace de sa cheminée, les photographies qui peuvent lui faire honneur et étaler ses relations. Il a un piano; au-dessus du piano, un trophée de chasse surmonté d'un chapeau tyrolien, puis deux ou trois gravures

Marseille, avant Bordeaux, où il dira : « L'Empire, c'est la paix ! » le Prince-Président visite Toulouse, où le préfet l'accueille ainsi : « Soyez le bienvenu dans ce pays où Charlemagne et saint Louis ont régné. » Ce Chapuys-Montlaville s'était déjà rendu tristement célèbre en taxant Balzac d'immoralité, du haut de la tribune de la Chambre, le 13 juin 1843, à l'occasion de la publication de la MUSE DU DÉPARTEMENT dans LE MESSAGER... Il proposera de graver sur marbre les résultats du plébiscite impérial du 21 nov. 1852 et il sera, dès 1853, un excellent sénateur d'Empire.

(1) De cette visite à la prison de Clermont d'Oise naîtra LA FILLE ÉLISA.

(2) ANNETTE ET LUBIN, opéra-comique de La Borde (Comédie-Italienne, 1762) sur un livret attribué à Mᵐᵉ Favart : les noms des deux personnages sont vite devenus populaires, comme d'un couple d'amoureux rustiques dans la note de Florian.

anglaises coloriées au mur. Sur le piano, dernier trait, il y a de la musique de Nadaud.

L'homme est gentil, joli, le physique, l'air et la voix d'un sous-préfet qui chante aux soirées du procureur impérial. Il est content de lui, content des autres. Il parle de tout avec un sourire. Cet homme à la tête de cette petite ville, au confluent de si grandes misères, dans cette sous-préfecture de Clermont, où se sont donné rendez-vous une maison de correction de femmes, une maison de fous, une maison de détention de jeunes détenus, dans ce gouvernement gros de larmes, est comme la salle de danse contre la prison : il verdoie, il rit, il a la bouche en cœur. Il donne le bras aux dames pour montrer les enfers de son arrondissement, comme s'il les menait au buffet d'un souper. Il fait, d'une façon tout aimable et toute joviale, les honneurs de tant d'horreurs. Il mène tout cela gaiement, rondement. Il signe, entre deux couplets de PANDORE (1), le transfert d'une détenue dans la maison des folles. Il est gai comme son cimetière. La terre met de l'herbe sur les tombes : il met de la partie de plaisir et de la partie de campagne dans la visite de ce que je vais essayer de peindre.

J'ai encore froid de ce que j'ai vu. De temps en temps, quand on va au fond de la société et, pour ainsi dire, sous son théâtre, on y trouve de ces seconds dessous, machinés par la justice sociale, plus horribles que des abîmes, inconnus, ignorés, sans voix, pleins d'êtres et de supplices muets, — enterrements de vivants qui ne font pas un pli au tapis sur lequel les heureux vivent et dansent.

À la porte, nous avons pris l'inspecteur, un gros homme portant sa tête dans son faux-col comme un ciboire, un de ces hommes du Midi qu'il est impossible de classer, une sorte d'impresario de prison; l'air bonhomme, traitant tout à la douce et faisant reluire aux yeux des visiteurs la paternité de l'administration, la bonne tenue des salles, les éclairs des casseroles, la qualité des pommes de terre.

Nous avons avec lui franchi une grille, une espèce de pièce, moitié loge de portier, moitié corps de garde, avec des règlements manuscrits graisseux, où se sont dressés, à notre vue, des soldats graisseux et cassés, tenant de l'invalide, de l'infirmier et du

---

(1) La célèbre chanson de Gustave Nadaud, qui a créé ce type légendaire du gendarme.

garde-chiourme, qu'on aurait dits moisis et oubliés au service de l'Espagne, dans quelque île de Barataria (1).

Et nous sommes arrivés au parloir. Imaginez une pièce divisée en trois. Contre un mur, un compartiment où est la détenue; un autre compartiment vitré, où il y a une chaise pour la sœur et un dévidoir; de l'autre côté, le compartiment des visiteurs, — de façon qu'entre la détenue et sa visite, il y a la sœur, avec son oreille, ses yeux et son contrôle : une sorte de grille vivante.

Nous avons vu les réfectoires, où sont affichées au mur les rations de cantine, où les bancs sont divisés en boîtes où les détenues serrent leur mince vaisselle, leur couvert d'étain et leurs restes. Nous n'avions encore vu que, çà et là, des filles de salle balayant et cuisinant.

Une porte où il y avait des traverses énormes et luisantes de fer et où l'on nous a fait remarquer un petit trou, un trou d'épingle, à hauteur de l'œil pour épier la salle, — une porte s'est ouverte, et nous avons vu quelque chose de confus, d'uniforme et de lumineux. Cela était clair, transparent, d'un bleu blanc et froid. Du jour du dehors, du bleu du ciel, du blanc des rideaux, du jaune des murs tombant sur le bleu, le blanc et le gris, du costume de toutes ces créatures rangées et semblables, il résultait une certaine harmonie de tons rompus, dans une lueur répandue, diffuse et sans éclat, qui rappelait la tonalité d'un Chardin et le jour sobre et uni de ses intérieurs.

Sur le mur en face des femmes, au-dessous d'un crucifix, dans un grand cadre sur fond bleu se détachaient en blanc les mots : *Dieu me voit*, comme un grand œil ouvert sur toute la salle. A gauche, dans une espèce de chaire à marches garnies d'un tapis gris, une sœur était debout, une sœur de la Sagesse, vigie de toute la salle, dominant tout le travail, dans la pose, dans les plis de pierre, dans l'abandon de mains des Saintes Femmes de sépulcre taillées par le Moyen Age. En entrant, on ne salue qu'elle et on remet son chapeau. L'impression est étrange de ne reconnaître qu'une femme parmi toutes ces créatures et de ne saluer que l'habit du dévouement dans cette salle, où le sexe disparaît sous la livrée d'un crime, d'une faute ou d'une passion.

(1) Ile imaginaire, dont Sancho Pança obtient le gouvernement dans DON QUICHOTTE et où il fait l'expérience d'une éphémère et décevante royauté.

On marche dans l'espace laissé au milieu entre les bancs. C'est une bande de toile posée à plat sur le sapin lavé. Il y a des bancs qui font de la tapisserie, d'autres qui font des chemises, d'autres de la lingerie, d'autres, au fond, dont le métier fait rage d'une façon assourdissante, qui font de la couture à la mécanique.

Le costume de toutes est un madras blanc et bleu rayé, qui cache les cheveux, un fichu de même, une robe de grosse toile grise, un tablier blanc. Sous la robe, des manches de lainage noir; sur le bras, leur numéro, marqué en rouge; aux pieds, de gros sabots. Les contre-maîtresses qui distribuent l'ouvrage : madras et fichus violets; filles de service, *idem* rouges. — Derrière la sœur, sur un tableau : *Tapisserie, Couture de la maison, Couture plate,* et sous chacune de ces trois colonnes, des noms.

Au dehors, par les fenêtres, l'air va, le ciel rit. Il y a des arbres, de la liberté, de l'espace.

Toutes, quand on passe, demeurent à leur tâche, quelques-unes penchées, toutes, la physionomie fermée. Il semble qu'il y ait un mur entre votre regard et elles. Leur visage est muet, concentré, replié : on sent qu'il fait le mort. Elles sont généralement bien portantes, le visage plein, le teint uni, mais un peu bis, — bien portantes d'une santé de cloître, quelques-unes d'une graisse bouffie. Elles ont de la nonne et de la convalescente d'hôpital. Les têtes sont carrées, des têtes de volonté, d'endurcissement, têtes de femmes du peuple, visages de mauvaises paysannes. Tout cela est déprimé, régularisé, comme aplati, comme passé au niveau de la vie commune. Je n'y ai vu ni une tête intéressante ni un joli visage. Tout cela est bas, dur et peuple. Les physionomies sont renfoncées comme les yeux. Une concentration, qu'on sent. Toutes sortes de choses amassées et qui couvent. On sent que sous l'ensevelissement des traits, il y a des passions de feu qui remuent et qui saignent. Et quand on passe, si l'on se retourne, on voit lentement se lever les yeux. On se sent dans le dos les regards de cent femmes, dardés avec une curiosité serpentine. Cela vous voit, cela s'attache à vous jusqu'à la porte. — Toutes ou presque toutes ont de jolies mains et très soignées.

L'horrible de ces salles, l'horrible dans ce spectacle et dans cette prison est la torture de ce système pénitentiaire, cette torture philanthropique et morale, qui a dépassé les excès de la torture physique, mais qui ne fait point crier, qui n'indigne point, qui ne touche point, parce qu'on ne la touche point du doigt, parce qu'il n'y a ni sang ni cris, parce qu'elle est une torture sèche et un supplice qui, au lieu d'estropier le corps, mutile l'âme et tue la raison : « Cela fait seulement des folles, beaucoup de folles tous les ans... » m'a dit le sous-préfet en souriant. Cette torture est le silence ! (1)

Ceci est monstrueux, ceci n'est pas le droit de la justice. Tuez qui a tué, laissez le crime au bourreau; mais arrachez plutôt la langue que d'arracher la parole. C'est ôter l'air, c'est ôter la lumière que de bâillonner par règlement une créature humaine. Imaginez douze cents créatures dont chacune, vivant à côté de l'autre, est murée dans le silence ! Il fallait le Progrès pour arriver là. Il y a dans la justice des férocités froides, qui vont plus loin que de Sade. Celle-ci, par exemple.

Le directeur qui avait succédé à l'inspecteur, un directeur bilieux, nerveux, une tête de casse-noisette, me montrait cependant, pendant que je roulais tout cela, comme la maison était bien tenue, comme cela marchait bien, me faisait déployer les belles tapisseries, — car elles en font des merveilleuses, — me montrait les dortoirs, le petit matelas sur des sangles, la grosse couverture grise, les draps couleur cassonade et sous le matelas, dans le lit même, le pot de chambre brun, le petit balai pour le nettoyer, le bonnet de nuit blanc. Des sœurs se promenant toute la nuit, outre celles dans des chambres de pion.

Il me parlait des garanties de défense des détenues, en m'ouvrant le prétoire où elles sont jugées au tribunal du samedi. Il me vantait la moralisation par le silence, en me disant comme elles se corrompraient, si elles se parlaient, et toutes leurs ruses pour se

---

(1) Que faire des prisonniers pour les amender? Les mettre en cellule et attendre les bienfaits de la solitude ou les faire travailler ensemble dans un silence absolu, qui devait empêcher les brebis galeuses de contaminer le troupeau? Entre les partisans du système cellulaire de Philadelphie et ceux qui prônaient le système du silence continu d'Auburn, la discussion durait depuis que Tocqueville en 1833 et Demetz en 1836 avaient ramené d'Amérique ces deux modes de traitement pénitentiaire. L'emprisonnement cellulaire triomphe progressivement dans les prisons départementales pour les peines égales ou inférieures à un an. Mais par raison d'économie, en 1853, Persigny y rétablit la simple séparation par quartiers et le régime cellulaire n'est maintenu que pour la Roquette, prison des jeunes détenus, et à Mazas, pour les prévenus. Le système d'Auburn était de rigueur dans les centrales, en particulier pour les femmes, pour qui il régnait depuis 1839.

correspondre, — jusqu'à une qui avait, avec ses ciseaux de travail, découpé dans un livre de prières le *Pater* et l'*Ave* par lettres et les avait cousues pour en faire à une compagne une lettre d'obscénité. Et là, autre abîme ! je sondais de la pensée les amours contrenature qui devaient germer, éclater là; leso jalusies, les passions qui, la nuit, les font relever et assommer une voi e de lit à coups de pots, leur seule arme ! Amours lesbiennes, compagnonnages de couvent compliqués de prison, fureurs des sens aux galères, idée unique à laquelle montent tout le sang et toute l'âme tout le jour.

Et puis tout à coup, un mot du directeur, un de ces mots qui font sur les choses le jour affreux d'un éclair, m'a rejeté dans la pensée de ce supplice horrible, le silence. Le silence arrive à donner à ces malheureuses des maladies de langue, de larynx : on est obligé de les faire chanter à la chapelle, pour qu'elles ne tombent pas malades; on les fait louer Dieu pour se dérouiller la langue.

De là, pour nous enfoncer encore plus à fond dans ces misères et ces tristesses, nous sommes allés dans une salle des agitées, où elles sont toutes occupées de cordonnerie. Ici, la vieillesse se mêle au reste, et l'enfance à la vieillesse. Il y a une demi-folie ajoutée à toutes leurs déchéances. Leur crime vacille dans leur tête. Leur conscience baisse. Il y a des sybilles, des mégères; des doigts à peu près paralysés, des pensées lentes, des terreurs enfantines; des âmes qui se remuent instinctivement, comme des corps sous un cauchemar; des turbulences d'idée fixe. Comme nous passions, une s'est levée et a donné un coup de poing sur le bras d'une compagne, qui voulait l'arrêter, et s'est mise à demander une audience et à lui faire des réclamations sur un ton de supplication, d'émotion, de résignation douloureuse, qui était d'une actrice sublime de désespoir et de prière. C'était une pauvre vieille sage-femme, condamnée pour avortement et qui, toujours, a répété qu'elle avait été condamnée pour une autre, avec l'éloquence d'une monomanie. Enfin elle s'est tue, sa voix déchirante a cessé. Le remuement qui s'était fait dans la salle, agitant tous ces esprits branlants, a fini.

Une autre porte s'est ouverte : une sœur nous a reçus au bas d'un escalier. Quelques fleurs étaient là : c'était l'infirmerie. Sur un lit, la tête renversée, il y avait une jeune femme, dans la pose de la FILLE DU TINTORET de Cogniet, immobile (1). Son œil seul remuait : malade mourante d'une maladie de la moelle épinière, sans mouvement depuis huit jours. Une autre détenue, une fille de service, était à son chevet, debout comme la Prison gardant la Mort... « La mortalité est ici de quatre pour cent », me dit l'inspecteur d'un air d'orgueil. Une vieille femme, au fond, était accoudée contre son lit, tournant le dos au ciel, enfoncée dans une pensée. Son masque, sa robe d'hôpital à plis antiques, lui donnaient je ne sais quelle apparence d'une statue d'Houdon : il y avait en elle du Voltaire en enfer. On lui a demandé ce qu'elle avait. Pour réponse, elle a pleuré...

« Est-ce qu'elles ne parlent pas non plus à l'infirmerie ? ai-je demandé au directeur.

— Oh ! ici, vous comprenez, nous sommes un peu plus élastiques. »

J'ai compris qu'on ne défendait pas un petit mot à leur dernier soupir et qu'on n'imposait pas absolument le silence à leur agonie. Elles peuvent sans doute prévenir qu'elles vont mourir...

Une autre était pâle comme du papier, le blanc de l'œil bleu, le dessous de l'œil brun : « Pauvre femme ! Phtisique au troisième degré... » a dit tout haut le directeur, en passant contre son lit.

On nous a ramenés dans la cour. Imaginez deux lignes de doubles briques posées sur champ, deux lignes carrées entre les pavés. Voilà la récréation, voilà la promenade. Elles marchent l'une derrière l'autre, précisément sur la ligne de briques : la prison continue ainsi pour elles jusque dans la promenade ! Les sœurs, debout sur des bancs, les inspectent. Il paraît que rien n'est plus lugubre à entendre de la promenade que le glissement régulier de ces sabots sur cette ligne.

En sortant, voici ce qu'on nous a raconté. On les enterre ainsi : la croix, un prêtre qui ne dit rien, — il y a du silence même sur leur cercueil, — la bière, deux ou trois ouvriers de la prison qui se sont trouvés là, en blouse. On jette le corps sans la bière; car la bière est à la prison, en sorte qu'elles font des sociétés entre elles, elles se cotisent pour avoir une bière à elles.

---

(1) Célèbre par ses dons de peintre et de musicienne, Marietta Robusti, la fille du Tintoret, mourut à trente ans : un des tableaux les plus populaires de Léon Cogniet, au musée de Bordeaux, représente LE TINTORET FAISANT LE PORTRAIT DE SA FILLE MORTE.

1151

Les infanticides sont seules accessibles au repentir. — Femme jetant à une sœur un carreau pour la couture, la sœur protégée par un cilice de fer. — Cachot : un pot pour tout siège.

A une visite d'un préfet, le préfet demande à une qui allait sortir et qui, ayant bien travaillé, avait de l'argent, — elles peuvent gagner 9 sous par jour :

« Eh bien ! Une Telle, vous allez sortir : qu'est-ce que vous allez faire ?

— Moi ? Je vais me flanquer un homme sur l'estomac ! »

A l'arrivée, les vêtements déposés rendus à la sortie. L'assassine de M. Debertier arrivée en vêtements de soie : tout cela tombant à la porte.

Asnières-sur-Oise, 29 *octobre.*

Aujourd'hui, on nous a menés à Champlâtreux (1). Cela reste d'une aristocratie passée, comme une pyramide d'une dynastie de pharaons. Cela est superbe, désolé, habité et inhabitable. Il n'y a plus de fortunes pour remplir cela. Le siècle est passé, qui pouvait mettre de la richesse et du plaisir dans un tel parc, sous des arbres si hauts, au-dessous de ces sculptures triomphantes aux trois frontons, comme des frises de Boucher changées en pierre.

Dans ce beau château Louis XV, le XIXe siècle passe çà et là avec ses piètreries et ses misères. Les yeux, en se détournant d'un portrait de Nattier, tombent sur un mauvais billard en noyer. Le salon, hélas, a été restauré pour une visite du roi Louis-Philippe à M. Molé : c'est le style du régime parlementaire, un triste style qui a la correction, l'ennui et la pauvre dignité de l'ancien maître de la maison, de M. Molé lui-même. Il y a, dans tout ce palais, une odeur du cabinet du 16 mars, passant sur les souvenirs, sur les pièces rocaille, sur l'ombre de la fille de Samuel Bernard (2).

(1) Le château de Champlâtreux, sur la route de Paris à Chantilly, à Épinay-Champlâtreux, à 3 km. de Luzarches, actuellement propriété du marquis de Noailles, est un bâtiment de style classique bâti pour les Molé par Chevotet en 1757.

(2) Allusion à la journée du 16 mars 1848 : cette manifestation des *bonnets à poil*, cette vaine offensive des compagnies bourgeoises de la Garde nationale avait été fomentée par les monarchistes pour épurer le Gouvernement provisoire et y faire entrer leurs hommes. — Mathieu-François Molé (1705-1793) épouse le 22 sept. 1733 Bonne-Félicité Bernard-Coubert, fille unique de Samuel Bernard. Il est le grand-père du ministre de Louis-Philippe.

J'ai vu, au mur, dans une grande pièce, une scène de la vie de Mathieu Molé, peinte par Vincent en 1779 et donnée par le roi aux Molé. Cela vaut bien un Delaroche... Il y a un goût d'ennui funèbre dans ces grandes demeures.

Nous sommes ici, chez les Lefebvre, dans leur petite propriété de la Comerie, au centre d'un pays, vieux cœur de la France, l'Ile-de-France, qui exhale encore comme un air du XVIIIᵉ siècle. Il y a de ces pays qui semblent le dernier soupir d'une époque.

Ici c'est Champlâtreux, là Chantilly. A côté, Luzarches, un nom de fête champêtre dans les romans de la fin du siècle, un nom qui sonne à l'oreille comme Nanterre ou Salency. A Viarmes, à côté d'ici, il y a encore un boudoir du prince de Conti, entier, conservé, vivant, où le duvet des bergères garde encore un souvenir des poses (1). En venant, on passe par l'Isle-Adam, devant la terrasse peinte par Ollivier à Versailles (2). Tout cela est plein des noms du temps : les Condé, les Conti, Molé, Samuel Bernard, jusqu'à Sophie Arnould, qui y eut son prieuré ! (3) La nature même est du temps. Ce sont de ces paysages, où Demarne pousse ses retours de troupeaux.

Édouard est charmant à entendre parler, avec une bonhomie allemande, de ces petites cours d'Allemagne, qui ressemblent à des royaumes de l'Étiquette dans un conte de fées; de ces petites cours où l'héritier présomptif coûte d'accouchement, pour venir au monde, trois cents francs.

(1) A Chantilly, la restauration du château des Condé par leur héritier, le duc d'Aumale, entreprise en 1840, avait été interrompue en 1852 par la confiscation des biens des Orléans. — Luzarches n'a plus que le vieux donjon abâtardi du puissant château féodal des comtes de Beaumont. — A Viarmes, à 37 km 5 de Paris, sur la route de Paris à Chantilly par Royaumont, la mairie occupe l'ancien château du XVIIIᵉ siècle construit pour le prince de Conti.

(2) Cette terrasse de l'Isle-Adam, dans une île de l'Oise, est le seul reste du château — détruit sous la Révolution — du prince Louis-François de Bourbon-Conti (1717-1776). Le tableau de Michel-Barthélemy Ollivier, au musée de Versailles, représente la FÊTE *donnée par le prince de Conti au prince héréditaire de Brunswick-Lunebourg à l'Isle-Adam* (1766).

(3) En arrivant à Luzarches, quand on vient de Champlâtreux, on laisse à gauche le château de Roquemont, ancien couvent des pères de Picpus, acheté comme bien national par Sophie Arnould pendant la Révolution.

JOURNAL

Nous parlons ce soir de la nouvelle guerre française, de ces soldats, les zouaves, qui ont changé les conditions de la guerre en la faisant retourner à la barbarie pure. Et pour nous donner une idée de l'horreur de l'Allemagne pour ce genre de troupes, nous raconte que Damrémont, envoyé en Hanovre, avait habillé son fils en zouave. Le roi de Hanovre, qui est aveugle, en se promenant, l'entendant, se le fait apporter, le prend dans ses bras, puis, tout à coup, à un mot de son aide de camp, le laisse brusquement retomber à terre : l'aide de camp lui avait dit en quoi il était habillé (1).

En pensant à Clermont, je réfléchis combien l'imagination donne peu, ou plutôt qu'elle ne donne rien, en comparaison du vrai : voir les MISÉRABLES d'Hugo.

En voyant Édouard, je le compare à Louis : c'est comparer les natures aristocrates aux natures démocrates, cela les juge.

La présence, l'agrément des femmes ne peuvent être remplacés dans la société que par des intelligences. La société où manquent ces deux choses, femmes et intelligences, est insupportable.

Devant les arbres du parc. — Tout est mélancolique dans Watteau, jusqu'aux verdures. Il a pour ses paysages la palette de l'automne, la dernière richesse des feuilles et des tons. C'est la campagne jetant sa lueur suprême, donnant sa dernière note, les feuilles dorées, les arbres dégarnis, des gaîtés de tons finissantes ; la saison où le vert prend tant de fantaisies en se décomposant, un ton dont le rayonnement touche à la pourriture, à la mort. C'est la maturité accomplie et passée, déjà le déclin.

Paris, 1er *novembre.*

En passant devant la fontaine Saint-Michel, devant ces monstres stupides qui sont en bas, je me rappelle le génie créateur

(1) George V, atteint très tôt de cécité, avait vu son état empirer malgré l'intervention du célèbre oculiste Dieffenbach (1840). Son père, à qui il succéda en 1851, avait dû établir à l'avance une commission de 12 secrétaires pour valider la signature du roi aveugle.

de monstres de la Chine et du Japon. Quelle imagination dans le monstrueux ! Quelle richesse, quelle turgescence, quelle poésie de l'horrible dans cette fantaisie animale ! Quels yeux de cauchemar, quelles formes de rêve ! Quels hippogriffes, quels Pégases de l'opium ! Quelle ménagerie diabolique faite d'accouplements insensés, amples, superbes !

Mais aussi, pourquoi demander des chimères à des membres de l'Institut ? Ils ne feront jamais que les monstres du récit de Théramène, le vrai monstre au goût de la France, classique et tragique.

En passant devant une vitrine d'eaux-fortes modernes, je me demandais pourquoi l'art moderne s'éloigne de la vie moderne, ne touche pas à ce qu'il a sous la main, à ce qui est dans la rue, à l'homme, à la femme du XIXe siècle. C'est que les artistes, en peinture et en sculpture, sont des voyous. Ils veulent être distingués, ils croient être *bon genre* en faisant Moyen Age, Renaissance ou Louis XV.

Au chemin de fer de Mulhouse, que je prends le soir pour aller à Croissy, je vois un jeune homme d'une trentaine d'années qui me regarde et me regarde encore. Il a une barbe noire, de jolis yeux, un nez mince et recourbé, — une jolie et une fine tête, où il y a de l'oiseau de proie. Je monte en wagon. Il monte après moi, me regarde encore et finit par me dire : « Pardon, Monsieur, nous avons été au collège ensemble ? — Oui, il me semble... Votre nom ? — Pereire. »

Et le voilà à me conter toute sa vie depuis quinze ans. Il a été à l'École Centrale ; il a été en Espagne pour les affaires de son père et de son oncle ; il va au château de sa famille, à Armainvilliers.

C'est le parvenu faisant le modeste, laissant comme à regret crever ses millions et attribuant au zèle des entrepreneurs son château de 90 pieds de long ; il laisse tomber : « C'est dans le genre du Louvre... » Renault, l'architecte, leur a fait payer cinq fois le devis. Le pavillon du concierge, qui devait coûter trente mille francs, en a coûté cent. Barilhier, qui a drainé tout le parc, n'a, lui, dépassé son devis que trois fois : « Mais mon père aime le grand, il aime le beau. »

Et comme je lui parle des objets d'art du château : « Oh mon Dieu ! Moi, je suis sceptique sur ces choses-là... Il y a deux ans, on nous parle d'une magnifique collection de tableaux à acheter en Espagne, 450.000 francs. Nous l'achetons. Nous envoyons l'emballeur des tableaux du Louvre. Ça nous coûte encore 50.000 francs de voyage. Ça arrive. C'était hideux, des croûtes; et toutes, des Jésus-Christ en croix, des tableaux d'Église. Nous les avons tous mis dans le manège du parc de Monceaux, et savez-vous ce que nous en faisons? Quand nous avons quelque part une mine, une manufacture, nous envoyons vite à l'église de l'endroit une de ces croûtes-là, pour que le curé permette aux ouvriers de travailler le dimanche. Moi, j'achète quelques modernes, parce qu'on est plus sûr. Et puis, ça montera. Par exemple, nous avons fait une bonne affaire en achetant la MARGUERITE de Scheffer. Depuis, il est mort; ça vaut de l'argent maintenant. Il faut qu'ils meurent, ces gens-là... »

C'était le fond du Juif apparaissant à nu. Je l'ai mis sur Rothschild, l'ennemi, le rival, l'homme qui les gêne et, au fond, les humilie. Entre eux, c'est une haine à mort, à ce point qu'à l'embarcadère de Gretz, pour éviter les rencontres qui ont eu lieu, le chef de gare vient regarder aux portières et s'assure, avant de faire monter Rothschild, d'un compartiment où ne sont pas les Pereire. Rothschild a été tellement furieux de la terminaison du château des Pereire en deux ans, qu'il a voulu coucher immédiatement à Ferrières le jour même (1).

Le petit Crésus, que je lance, continue à se développer. Je lui parle de l'encyclopédie que font ses parents et dont m'a parlé Busoni : « Oui, oui, mais je crois que cela ne se fera pas. Busoni est maintenant très dépassé... C'est une idée de mon père, pour faire une position à ses anciens amis, pour leur donner de l'argent. Voilà l'utilité que ça aura; ça leur sera très utile. » (2)

---

(1) Au sortir de la forêt d'Armainvilliers, avant Gretz, on aperçoit à droite le moderne château Pereire et à gauche la grille du château d'Armainvilliers. Celui-ci, construit sous Louis XIV par les Beringhen, avait appartenu au comte d'Eu, aux Penthièvre, aux La Rochefoucauld-Doudeauville, qui vers 1850 réparèrent les dégâts de la Révolution, et enfin aux Rothschild, qui agrandirent considérablement le domaine. Ces derniers possédaient en outre, au nord de la forêt d'Armainvilliers, le château de Ferrières (cf. t. I, p. 494).

(2) En 1862, les frères Pereire projetèrent une encyclopédie en 40 volumes· Un comité se constitua, dont le président était Michel Chevalier et l'animateur Charles Duveyrier et qui tint régulièrement séance en 1862 et 1863. En 1865, rebutés

Puis il éprouve le besoin de m'étaler ses relations dans la littérature, ses rapports avec les gens connus. Il me dit qu'il connaît Nadar et qu'il est même son ami, il est invité au banquet du FIGARO, et il me parle de ces deux distinctions avec un air de suprême contentement.

Je lui parle d'un voyage que nous comptons faire en Espagne, l'an prochain. Il m'offre des lettres de recommandation; puis il me demande si je compte faire quelque chose sur l'Espagne et comme je lui réponds que non, il me dit : « Vous avez tort, il y a quelque chose à dire. Il y a, — vous feriez ça très bien, — il y a à peindre la régénération de l'Espagne par les chemins de fer, les grandes entreprises industrielles... Vous seriez soutenu par toutes les grandes puissances financières. » Ceci était le dernier trait, le petit financier était complet : il profitait de la rencontre d'un camarade de collège pour commander des réclames aux affaires espagnoles de la maison Pereire. Nous arrivions à ce moment. Je l'ai salué avec tout le mépris intérieur qu'on peut avoir pour un petit faiseur, qui ne sait pas peser les gens aussi bien que l'argent, et pour une fortune si fraîche, qu'elle a besoin de s'affirmer et de se convaincre d'elle-même en se racontant aux passants. L'argent est une bien grande chose, qui laisse les hommes bien petits.

Vendredi 7 novembre.

Nous tombons dans le salon de Julie. C'est plein de femmes. Il y a là Rosalie, l'ancienne écuyère de l'Hippodrome, maîtresse d'un marchand de chevaux des Champs-Élysées, du nom de Tony; la maîtresse d'un autre Juif, raffineur d'or, et Gisette, — un vrai sérail de Juifs.

La petite Peyrat, dans un costume de petite rouleuse du Quartier Latin, est sur un canapé, avec sa mine de petite Mᵐᵉ Roland, à l'aise au milieu des mots vifs et des allusions nues. Les femmes, autour d'elle, vous murmurent à l'oreille qu'elle est entretenue par Mirès. Dennery s'approche d'elle et lui demande : « Tu es donc souffrante ? Es-tu enceinte ? » Cela ne la trouble pas. Elle essuie

par les lenteurs du travail, les Pereire abandonnèrent le projet. Sainte-Beuve avait commencé pour cette Encyclopédie un volume d'introduction, dont il n'est rien resté.

la plaisanterie sans sourciller, avec une sorte d'impudeur virginale et d'effronterie d'enfant.

Au dîner, les Dennery, mâle et femelle, parlent beaucoup du dîner qu'ils ont fait la veille chez Jules Lecomte, à sa villa de Passy, un dîner où étaient Sainte-Beuve, Véron, Jeanne de Tourbey, dîner *épatant*, dans une maison qui les a éblouis par son luxe de fille, Lecomte étant un des hommes les mieux entretenus de France, par une certaine Mme Joès, jouissant d'une colossale fortune. C'est d'elle qu'on raconte la méchante histoire, qu'elle frappait sur l'épaule de Lecomte pour faire reparaître les deux lettres qui marquaient autrefois les galériens, — pure calomnie, Lecomte n'est allé qu'à Clairvaux !... Gisette raconte que Jeanne était décolletée à être indécente.

Puis, entre Dennery et Gisette s'élève une grande discussion, Gisette s'étant monté la tête d'avance toute la journée sur Sainte-Beuve et n'ayant trouvé en lui qu'un vieux paillard : « Moi, je n'aime pas les vieux. C'est un vieux cochon, ton Sainte-Beuve ! » Dennery essaye de défendre Sainte-Beuve. Gisette le cloue en lui disant de se taire, avec un tel commandement et une telle voix des Halles, que je vois le rouge monter jusqu'aux cheveux blancs de Dennery. Là-dessus, Gisette sort pour aller se trouver mal : « Ah ! mon Dieu, dit naïvement Julie, j'ai oublié de lui dire où était la poudre de riz ! » C'est un joli mot, profond sans le savoir, sur les évanouissements de femmes, et qui ne pouvait être dit que par une femme...

Je vais voir Gisette, après dîner, dans la chambre de Julie. Lecomte, à ce qu'elle me dit, s'est roulé sur ses épaules nues et il est devenu pâle, pâle... Il l'adore !... La pauvre femme est toujours convaincue de son prestige. — Puis elle passe à des sottises horribles contre Dennery : « Ce vieux Juif ! Je sais bien pourquoi il me défend d'éreinter Sainte-Beuve, un vieux cochon, — il est venu une piqueuse de bottines le chercher à dix heures !... Dennery ? Je vais vous en dire le fond, moi : il veut être commandeur de la Légion d'honneur et sénateur, et il compte sur Sainte-Beuve. Quant à Lecomte, il a son plan : il voudrait coucher avec moi pour me donner au prince Napoléon. Mais merci ! je l'ai déjà refusé, ce prince-là ! »

Et penser que tout ce qu'elle me dit là est vrai ou à peu près vrai ! Véron, Sainte-Beuve, le Prince, Lecomte, tout cela se tient par des filles que l'un procure, que l'autre reçoit. Ce sont les vices, les bassesses, les maquerellages, les prostitutions du XVIIIᵉ siècle tombés aux Matifat et aux Vautrin ! En exploitant cela, on est Lecomte, on a des prix Montyon à l'Académie, on aura la croix !

Je crains vraiment la folie pour Gisette. Il y a en elle une telle fatuité exaspérée, comme une suprême fureur de plaire, de conquérir, d'être aimée, — fouettée par un sourd désespoir de vieillir, — tant de caprice, un si grand besoin d'enivrement, un tel dérèglement d'âme, d'esprit, de nerfs, une telle fièvre de dévergondage, une si vive hystérie de tête, que je ne serais pas étonné de la voir prochainement aliénée. A une femme d'ici, tout à l'heure, qu'elle voyait pour la première fois, elle a montré ses épaules et sa gorge, pour montrer ce qu'elle valait encore.

Samedi 8 *novembre.*

Nous dînons chez Gavarni. Il y a Chennevières, un médecin du nom de Veyne, médecin de la Bohème, de Vitu, de Champfleury, en outre ami de Sainte-Beuve, — et Sainte-Beuve.

Sainte-Beuve arrive avec sa tournure de petit mercier de province qui fait ses farces, tirant de sa poche une petite calotte de soie noire, une calotte à la fois d'Académie et de sacristie, qu'il met sur sa tête contre les courants d'air.

Je lui parle de son travail du CONSTITUTIONNEL : « Oui, je compte aller encore vingt-deux mois, avec deux mois de congé. C'est le temps de mon traité. Mon Dieu ! j'ai de certaines facilités à sauter d'un sujet à l'autre, quoique ce soit le plus fatigant de mon affaire... J'ai professé à Liège trois fois par semaine. J'ai fait quatre ans de cours à l'École Normale. J'ai fait vingt-deux leçons sur Bossuet... Et puis je donne tout ce que j'ai, le fond de toutes mes notes. Je vide mon sac, je suis à mes dernières cartouches et je tire tout... Franchement, au fond, je suis blasé, ou plutôt dégoûté, las ; toutes ces calomnies, toutes ces insultes pour un petit honneur, qui n'est rien du tout et qu'on estime beaucoup. » (1)

(1) Les journaux avaient fait courir le bruit que Sainte-Beuve avait été invité à Compiègne : en fait, il déclinera les avances du chambellan Bacciochi dans une lettre du 27 oct. 1863 et il ne se décidera à aller au château impérial qu'en décembre

Et ici, je le sens blessé à fond de l'accusation du FIGARO de ce matin, d'avoir fait renvoyer son ancien ami Barbey du PAYS (1).

Comme on lui en parle :

« Le FIGARO, me dit-il en s'approchant de moi, est un mur derrière lequel on vient faire le coup de fusil. C'est un journal qui a une porte sur un bordel et l'autre sur une sacristie...

— Vous en oubliez une troisième, lui dis-je, sur la rue de Jérusalem ! (2)

— Si j'avais dix mille livres de rentes, je sais bien ce que je ferais ou plutôt ce que je ne ferais pas. »

Il nous dit qu'il n'ira pas à Compiègne, où les journaux le font aller, que sa santé ne le lui permet pas, ses infirmités, sa vessie... Il ne pourrait rester là toute la soirée. Ce sont de trop grosses corvées à son âge.

Nous causons de l'histoire moderne, de son progrès sur l'ancienne histoire, qui ne voyait jamais le cadre, ni le milieu des événements : « Par exemple, M. Villemain ne sait absolument d'une époque que ce qu'il y a dans les livres : il le sait très bien, par exemple !... Le sentiment de l'art d'un temps, c'était un sens qui manquait jusqu'à notre époque. » La causerie vient sur le XVIIIe siècle : « A vous dire vrai, c'est le temps que j'aime le mieux. Il n'y a pas eu pour moi de plus belles années que les quinze premières années du règne de Louis XVI. Et quels hommes, même de second ordre, Rivarol, Chamfort ! Le mot de Rivarol :

1863 (cf. Billy, S.B., t. II, p. 201). — C'est au CONSTITUTIONNEL, que Sainte-Beuve avait publié ses LUNDIS du 1er oct. 1849 au 27 déc. 1852; il y rentre et y publie les articles qui composent les NOUVEAUX LUNDIS, du 16 septembre 1861 au 28 janvier 1867.

(1) Sur les rapports de Sainte-Beuve et de Barbey d'Aurevilly, cf. Billy, S.B., t. II, p. 247. Barbey s'étant plaint dans un article du PAYS (1er fév. 1861) qu'on se fût adressé à Sainte-Beuve et non à un ami de Maurice de Guérin pour préfacer ses RELIQUIAE, Sainte-Beuve crut bon d'ajouter deux notes assez dures à l'adresse de Barbey, l'une à un article sur Guérin, l'autre à un article sur Joseph de Maistre, dans le t. XV des LUNDIS (juin 1862). Quand Barbey fut chassé momentanément du PAYS, le 21 oct. 1862, on soupçonna Sainte-Beuve d'en être responsable, alors que d'après Troubat, c'était Polignac, gendre de Mirès, tout puissant au PAYS, et traducteur de FAUST, qui avait ainsi sanctionné un article de Barbey sur Gœthe.

(2) La Préfecture de police était limitée par le quai des Orfèvres et la rue de Jérusalem.

« L'impiété est une indiscrétion », cela est charmant !... Hum !
hum !... » (1)

Il a ainsi un petit ânonnement, qui le mène d'une pensée à
une autre et qui lie sa parole.

« Et puis tous les gens de ce temps-là avaient une philosophie
que nous devrions bien avoir. Il n'y avait pas d'immortalité de
l'âme, pas de choses comme cela : on vivait de son mieux, en
faisant du bien et en ne méprisant pas le matériel. Maintenant, on
prend trop de religion. Mon Dieu ! nous y avons tous poussé ;
mais on en prend trop : on force la dose !... Et puis dans ce
temps-là, on avait la société, la meilleure invention des hommes,
après tout. »

Il cause de Michelet avec une sorte d'animosité et de rancune :
« Maintenant, il a un style *vertical*, il ne met plus de verbes. Mais
c'est une église, il a des croyants... Ses premiers volumes de
l'HISTOIRE DE FRANCE, oh, mon Dieu ! ça ne vaut pas mieux que
le reste : ce sont simplement ses derniers qui font valoir ses
premiers. »

Sur About : « C'est un garçon qui a fait un volume de ce
qui mérite une page. Son roman sur le nez, vous savez, eh, mon
Dieu ! c'est une épigramme de Voltaire, vous vous rappelez.
Ça ne vaut qu'une épigramme. » (2)

Comme on conteste l'esprit de Lamartine : « Mais si, je vous
assure, Lamartine a de l'esprit. Il en a, en passant, en coulant, sans
s'arrêter dessus. Par exemple, on parlait de Broglie, on disait :
« C'est un bon esprit. — Oui, un bon esprit faux », dit Lamartine. »

A dîner, nous avons l'ennui d'écouter le fin causeur, le fin
connaisseur des lettres parler d'art, de Delacroix qu'il admire,
dont il dit : « Il a remué la peinture, M. Ingres la refige »,
— qu'il reconnaît comme peintre poétique, à peu près comme
les bourgeois acclament Poussin comme peintre philosophique.

---

(1) Cf. Chamfort, MAXIMES ET PENSÉES (éd. 1852, p. 61) : « L'incrédulité dans
les jeunes gens... est toujours indiscrète. » D'après A. Pichot (SOUVENIRS INTIMES DE
M. DE TALLEYRAND, p. 237), Talleyrand a dit : *L'Impiété est la plus grande des
indiscrétions.*

(2) Cf. About, LE NEZ D'UN NOTAIRE (1862), : Me L'Ambert, notaire très
parisien, a eu le nez coupé dans un duel et s'est fait greffer un fragment de peau pris
sur un porteur d'eau, mais son nez est affecté par les variations de santé du brave
Auvergnat. — Nous n'avons pu éclaircir l'allusion à Voltaire.

Comme il parle de l'expression de l'HAMLET et du fossoyeur, Gavarni, qui nie Delacroix carrément, lui dit :

« L'expression ? Mais vous pouvez mettre la tête de l'Hamlet sur celle du fossoyeur et *vice versa* : ce sera toujours la même chose !

— Enfin, dit Sainte-Beuve, l'ENTRÉE DE CONSTANTINOPLE et tout le reste, ce sont des écharpes, si vous voulez, mais de bien belles écharpes ! »

Après dîner, ouvre la porte du jardin et disparaît pour aller pisser. On parle jardin : « A Paris, j'en ai un tout petit, trois arbres, cela me suffit. » Puis nous voyant fumer : « Ne pas fumer est un grand vide dans la vie. On est obligé de remplacer le tabac par des distractions trop naturelles, qui ne vous accompagnent pas jusqu'au bout... » nous dit-il avec un sourire de regret et de mélancolie libertine.

Sur le style, à propos de Flaubert, soutient — un *pro domo sua !* — qu'il faut écrire « comme on parle, mais autant que possible, le mieux qu'on parle : sans cela, on arrive à Bossuet, on y tourne...» Et il dit cela comme si on y tombait !

En revenant sur la route de Versailles, par la belle nuit, avec son petit paletot gris déboutonné, — le vieillard affectionne ces couleurs claires, jeunes, bergeronnettes : il a des gilets chamois, — marchant vivement, — il a le pas nerveux et presque rageur, — nous parle de l'Académie, « qui n'est pas ce qu'on pense. » Il est en bons rapports avec elle, malgré les petits tours qu'il avoue lui avoir joués. Les passions politiques ont eu le temps de s'apaiser depuis douze ans. Elles ont encore des reprises de temps en temps, mais cela n'a pas de suite. Falloux lui a pris presque de force les mains, qu'il mettait dans ses poches : « Il n'y a que de Broglie : nous ne nous saluons pas (1)... Ça se passe en famille, voyez-vous : nous ne sommes que huit depuis six mois. Il y a des séances, quand Villemain n'est pas là, qui commencent à trois heures et demie et finissent à quatre heures moins le quart. S'il n'y avait pas un homme inventif comme Villemain, ça n'irait plus du tout. Il pose des questions, il rédige un procès-verbal coquet... C'est comme Patin

(1) Dans son *Lundi* du 20 janvier 1862, DES PROCHAINES ÉLECTIONS DE L'ACADÉMIE, Sainte-Beuve avait cruellement ironisé sur le peu de mérites d'Albert de Broglie, qui va entrer à l'Académie — le 20 février 1862 — parce que « lui aussi, il s'est donné la peine de naître » (cf. NOUV. LUNDIS, I, 387-410). D'où la brouille

pour le DICTIONNAIRE : il ne le fait pas bien, mais il le fait; et sans lui, on ne ferait plus rien. Ce n'est pas mauvaise volonté de l'Académie, c'est ignorance. L'autre jour, à propos du mot *chapeau de fleurs*, M. de Noailles a dit que c'était un mot inconnu, qu'il ne l'avait jamais lu. Il n'a pas lu Théocrite, voilà tout! (1) Et c'est ainsi à propos de tout... Pour les livres, pour les prix, ils viennent nous trouver, ils demandent ce que c'est, ils se renseignent. Ils ne savent pas un nom nouveau depuis dix ans... Et puis l'Académie a une grande peur, c'est de la Bohème. Quand ils n'ont pas vu un homme dans leur salon, ils n'en veulent pas : ce n'est pas un homme de leur monde, ils en ont peur. C'est ce qui fait qu'Autran, je crois, a encore des chances. C'est un candidat de bains de mer, on l'a rencontré aux eaux. Et puis, il est de Marseille, il a pour lui Thiers, Mignet, Lebrun, qui se poussent le coude pour voter pour lui, en s'appelant les *Trois Frères provençaux.* » (2)

Nous avons encore parlé de l'inutilité, à l'heure qu'il est, de faire des poèmes en douze chants, quand on a le roman, cette forme moderne qui se prête à tout. Et de là, nous essayons d'entrevoir quel pourra être l'avenir des lettres françaises. Mais ni lui ni nous n'y voyons rien qu'un immense épanouissement du roman d'observation.

La petite touche, c'est le charme et la petitesse de la conversation de Sainte-Beuve. Point de grandes lignes, point de grandes pensées, point de ces images qui peignent d'un coup l'idée. Cela est aiguisé, menu, pointu. C'est une pluie de petites phrases qui peignent, mais à la longue, et qui entrent, mais goutte à goutte. Cela est vif, ingénieux, spirituel, mais un peu mince et maigre : imaginez une eau-forte au pointillé. En deux mots, une conversation-femme et une conversation-chatte : elle a du ronron, de la grâce, de la gentillesse, de l'épigramme, de la patte de velours et de la griffe; ce n'est pas la conversation d'un mâle.

(1)   Théocrite, IDYLLES, III, 21 : ce sont les fleurs couronnant des amoureux.

(2)   Dans le scrutin nul du 20 janvier 1862 pour le fauteuil Scribe, Autran s'était désisté en faveur de Doucet. Il sera l'instrument de mainte manœuvre académique, en posant plusieurs fois sa candidature avant d'être élu contre Gautier en 1868. — Le surnom de Thiers, Mignet et Lebrun fait allusion au restaurant des *Frères provençaux.*

Après y avoir mûrement réfléchi, je reste intimement convaincu qu'il n'y a pas de beautés éternelles en littérature, — en d'autres termes, qu'il n'y a pas de chefs-d'œuvre absolus. Qu'un homme fasse aujourd'hui l'ILIADE, trouverait-il un lecteur ? Molière présentant le MISANTHROPE, Corneille les HORACES aux Français, ne seraient pas lus, et cela justement. Les professeurs et les Académiciens ont persuadé qu'il y avait des œuvres et des hommes échappant à l'action du temps, aux révolutions du goût, au renouvellement d'esprit, d'âme, d'intellect des temps et des peuples : c'est qu'il faut bien qu'ils gardent quelque chose et qu'ils sauvent un Capitole. Certaines conceptions de Balzac, pas mal de vers d'Hugo, des pages surtout de Henri Heine sont, à mon sens, en ce temps, le sublime ; et peut-être cela, un jour, dans des siècles, ne le sera-t-il plus. Tout changerait dans le monde, l'homme passerait par les plus prodigieuses modifications, changerait de religion, referait sa conscience, — et les idées, les phrases, les imaginations, qui ont charmé le monde à son enfance, une race de pasteurs polythéistes, nous charmeraient encore aussi puissamment, aussi intimement après le Christ, Louis XV, Robespierre et Rigolboche ? Il faut vivre de cette croyance-là pour l'avoir, du moins, pour la confesser ! Et puis les masses aiment à avoir une foi en littérature : cela dispense d'avoir un goût (1)...

Nous voici avec les meilleures relations littéraires du monde : nous n'aurions pas de talent, nous n'aurions ni marque, ni originalité, ni signature, nous ferions ce que tout le monde fait, — tout nous serait ouvert, journaux, revues. Il n'y a plus que cela, jusqu'à notre talent, qui nous retarde. Fortunes d'eunuques, ce sont les plus rapides.

De temps en temps, à Compiègne, on fait passer dans une fournée, à la queue, quelque écrivain, quelque artiste : il faut bien

---

(1) Rayé depuis *Et puis les masses...*

suivre la tradition ! De la grâce qu'on met à les recevoir, un échantillon. Il vient de celui-là même qui a eu la bonne fortune de l'amabilité de l'Empereur. L'Empereur se plaignait que sa vue baissât : « C'est singulier, je ne distingue plus le bleu du noir. Qui est-ce qui est là-bas ? — Sire, c'est M. Berlioz. » Il élève la voix :

« Monsieur Berlioz, votre habit est-il bleu ou noir ?

— Sire, se hâte de répondre Berlioz, je ne me permettrais pas de porter chez Votre Majesté un habit bleu : il est noir.

— Bien », dit l'Empereur.

Et ce fut tout ce que l'Empereur lui dit en quatre jours.

16 novembre.

Sous la couverture que le pompier lui avait jetée, la pauvre danseuse brûlée hier, Emma Livry, s'était mise à genoux et faisait sa prière.

Un homme qui ne regarde pas La Bruyère comme le premier écrivain de tous les temps, n'écrira jamais.

Académie, commandes, prix, récompenses, rien de plus idiot que l'éducation et l'encouragement des lettres et des arts : on ne cultive pas plus les hommes à talent que les truffes.

Il y a et on sent une conscience dans les œuvres de Chardin. Il pensait, il vivait ce qu'il peignait. De là, je ne sais quel charme solide et durable. Dans Doré, au contraire, tout est blague. Ses bonshommes, ses scènes terribles, ses musculatures furieuses, ses paysages, ses sapins, les noirs de ses fonds, son gothique et son moderne, tout est blague. La blague le tuera.

19 novembre.

Je me rencontre aux Estampes, au bureau de Duplessis, avec Deschamps, l'ancien bibliothécaire de Solar, aujourd'hui le bras droit et le secrétaire de Taschereau, à cette Bibliothèque Impériale, où il y a quarante kilomètres de livres, dix lieues de livres.

On vient à causer de la bibliothèque Labédoyère, dont il a le catalogue, offerte pour cent mille francs et dont Taschereau, on ne sait pourquoi, ne veut pas payer ce prix, — ce qui va faire sans doute passer à l'étranger cette mine de documents sur la Révolution, dont nos bibliothèques françaises sont si pauvres. Stupidité, qu'on trouve des millions pour un Musée Campana, et pas cent billets de mille francs pour notre histoire française !

Parle de cet exemplaire de l'AMI DU PEUPLE, provenant de la sœur de Marat, taché de sang de l'assassiné. C'est le prince Napoléon qui l'a soufflé à la Bibliothèque. C'est bien d'un pareil prince de raffoler d'une idole aussi bête, de ce crétin agité, Marat. Il a le MARAT de David, le JOURNAL de Marat. Le dernier autel de Marat devait être élevé en 1862 au Palais-Royal par ce faux Philippe-Égalité ! Il a cherché dans la Révolution, il a trouvé ce Croquemitaine. Et puis, cela pose, c'est une originalité, cela impose presque au public d'être un amateur de Marat. C'est la collection d'un homme fort, d'un vrai libéral sans préjugés. Pour moi, cela me rappelle la pose des artistes qui mettent une tête de mort dans leur atelier. C'est simplement, dans ce prince, une affectation à la Baudelaire. Et puis peut-être, aussi, le sang fascine-t-il les natures lâches.

Je monte chez Scholl. Il y a toujours sur la cheminée des photographies, une petite exhibition de ses amours. On sonne. Entre une femme, une de ses maîtresses d'il y a quinze jours, une certaine Prévost, qui joue aux Délassements : « Tiens, tu as la barbe, ça ne te va pas. Oh ! que tu es laid comme ça ! Je t'aime mieux autrement... Je te dérange ? Je reste cinq minutes. » Elle va, vient, jette des mots, s'assied, se lève, tourne, touche à tout : « C'est pour manger, ça ? » Et elle grignote un morceau de gâteau sur un coin d'assiette. Il y a en elle de la souris et de la guêpe. Elle trotte et elle pique : « J'ai perdu de l'argent à Ems. Il y a une dame qui a perdu vingt mille francs... Et tes travaux ? Ta pièce ? Est-ce que c'est vrai que Léonide a couché avec Deburau, à présent ? (1) Je ne peux pas croire... » Et elle furette sur la cheminée : « Ne cherche pas, lui dit Scholl, ça n'y est pas. On est en train de la faire », voulant parler de la photographie de l'actrice avec laquelle

(1) *Léonide*, entendez Léonide Leblanc. Cf. t. I, p. 1008 et *passim* sur sa liaison avec Scholl.

il couche, la Ferraris, des Variétés... « Ah ! Je t'ai entendu arranger hier, à la Librairie Nouvelle. J'étais avec Doche. Il y a un monsieur qui a dit : « Ils nous prennent nos maîtresses, et ils en vivent, ces messieurs ! » Enfin, on t'a un peu abîmé... Qu'est-ce que tu fais ? Je reste cinq minutes, je m'en vais... Figure-toi que là-bas, quand j'avais perdu, je me mettais à lire les journaux... Ah! c'est embêtant, les journaux! — Merci. — C'est un bouiboui, ces Délassements... Il fait un froid... Je m'en vais, décidément. »

Ces femmes-là tiennent de l'anguille et du cent d'épingles. Ça ne fait que griffer, bavarder, papoter sur une table. Ça ressemble à de petits animaux méchants et hurluberlus, secs, creux, remuants. Elles causent comme les singes pincent.

« Ah, oui! fit Scholl quand elle est partie. Les gandins me détestent : je leur prends toutes leurs maîtresses. » Et le fait est qu'en ce moment, il est fort connu dans les petits théâtres et en passe de toutes les bonnes fortunes qui compromettent non la femme, mais l'homme.

Superbe détail sur une bataille. Après Isly, les vautours étaient ivres, grisés des yeux des morts qu'ils avaient mangés, des yeux seuls : les morts n'étaient pas encore assez corrompus comme viande. Ils allaient, titubaient, tombaient comme des pochards.

Les rédacteurs des DÉBATS me rappellent assez bien les collégiens qui attachent aux mouches une queue en papier; ils ne peuvent faire un article historique sans y embrocher une allusion. C'est l'école de critique Prévost-Paradol, dont le triomphe est de rappeler, sans le nommer, Mirès à propos de Fouquet. L'histoire n'est pour eux qu'un arsenal d'épingles.

Montaigne? Otez de l'homme la langue de son temps, qu'est-ce? Un radoteur, toujours à citer, toujours marchant dans les lisières d'un SELECTAE E PROFANIS. Sa sagesse me rappelle par instants un petit livre d'un petit homme de ce temps-ci, l'ESPRIT DES AUTRES : Montaigne, c'est la philosophie des autres (1).

(1) L'ESPRIT DES AUTRES (1855), étude sur l'esprit et les mots historiques, par l'érudit Édouard Fournier. Le SELECTAE E PROFANIS SCRIPTORIBUS HISTORIAE (1726) de Jean Heuzet est resté pendant deux siècles en usage dans les premières classes de latin : ce « Choix d'histoires tirées des écrivains profanes » offrait le texte simplifié et arrangé des récits et anecdotes les plus célèbres de l'antiquité.

1167

Flaubert, que je rencontre chez Saint-Victor, me semble gêné avec moi. Il y a une glace, je le sens, subitement tombée entre lui et moi, sans doute à cause de l'article que Sainte-Beuve m'a annoncé dimanche, en me demandant les épreuves de la FEMME AU XVIIIᵉ SIÈCLE (1). Il y a du Normand, et du plus matois et du plus renforcé, je commence à le croire, au fond de ce garçon si ouvert d'apparence, exubérant de surface, la poignée de main si large, faisant avec tant d'éclat un si grand fi du succès, des articles, des réclames, — et que je vois, depuis l'histoire et le coup de grosse caisse de son faux traité avec Lévy, souterrainement accepter le bruit, les relations, travailler son succès comme pas un et se lancer, avec des allures modestes, à une concurrence face à face avec Hugo (2).

Samedi 22 *novembre.*

Gavarni a organisé avec Veyne, le médecin de la Bohême, et Chennevières, nous et Sainte-Beuve, un dîner, deux fois par mois, qui doit s'élargir comme convives. C'est aujourd'hui l'inauguration de cette réunion et le premier dîner chez Magny, où Sainte-Beuve a ses habitudes. Nous dînons parfaitement et finement, un dîner qui me semblait irréalisable dans un restaurant de Paris.

Sainte-Beuve arrive avec cette mine singulière et lustrée : il a trois boules dans le visage, le front et les deux pommettes très saillantes, qui reluisent comme le crâne d'un homme chauve.

Et la causerie va et vient... C'est une jolie anecdote sur Planche. Planche était à peu près à la mort. Buloz va à l'imprimerie, pour faire passer un article en retard de lui : le numéro était fait, impossible ! Un compositeur crie : « De qui est l'article ? — De Planche. — Ah ! Si c'est de lui, ça se peut. J'ai gardé de la composition de son dernier article. » Ce compositeur plein

(1) Cet article, où Sainte-Beuve parle bien plus de Mᵐᵉ de Luxembourg que des auteurs de LA FEMME AU XVIIIᵉ SIÈCLE, parut au CONSTITUTIONNEL le 1ᵉʳ décembre 1862 et figure au t. 4 des NOUVEAUX LUNDIS (1865), p. 1-30.

(2) LES MISÉRABLES et SALAMMBÔ paraissent la même année, en 1862. Pour le *faux traité avec Lévy,* cf. t. I, p. 1143, n. 2.

d'intelligence savait l'habitude de Planche de répéter ses formules, des phrases entières : « On ne saurait méconnaître... », etc. et il n'y avait plus qu'à peu près la moitié de l'article nouveau à composer.

Je ne sais si l'invitation pour Compiègne n'est pas venue ou si la sénatorerie espérée s'éloigne, mais Sainte-Beuve paraît soucieux, inquiet de l'avenir. Il voit en dessous, en bas, tout préparé pour un changement et nous fait sa profession de foi sur les gouvernements. Un gouvernement, selon lui, ne doit être regardé que comme un pilote placé au gouvernail pour ne pas laisser mouiller ce qu'il y a d'éternel, l'Art : « De temps en temps, mon Dieu ! il n'y a pas de mal à ce qu'on change, mais pas trop souvent non plus... » (1)

Une mémoire extraordinaire, une mémoire rare et de l'ancien temps, de ces généalogistes de salon qui récitaient toute une famille. Nous parle de toutes les femmes dont nous parlons, de Mme d'Houdetot, dont il nous compte toute la descendance, comme une continuation de La Chesnaye des Bois, — de Mme de Boufflers et de Mme de Luxembourg, qui l'occupe fort par notre article (2). J'ai su qu'hier, il avait envoyé son secrétaire à la Bibliothèque, aux Estampes, pour avoir un portrait d'elle, portrait qui n'existe pas. Quelle singulière conscience de critique, de faire chercher et regarder un portrait à un autre !

M. de Noailles, qu'il a interrogé sur Mme de Luxembourg, lui a dit que c'était chez elle que M. de Talleyrand avait commencé sa réputation spirituelle. Elle lui avait lancé une question d'un bout à l'autre du salon, et il lui avait répondu un mot qui avait fait fortune, un mot très simple, du reste : « M. de Noailles m'a dit en se frappant le front : « Je l'ai là, je me le rappellerai. » Il ne se le rappellera pas. Il y aurait bien un moyen : Mme de Boigne doit le savoir... C'est terrible, toutes ces choses qui se perdent d'un temps, les mots, les conversations ! Tenez, comme ça en apprend sur un temps, une conversation comme celle du général Lasalle ! Vous rappelez-vous ? Ce n'était pourtant pas un homme bien intelligent que ce Roederer, mais il s'imagine d'écrire à sa femme cette conversation sur le moment, sur le vif,

_____

(1) Rayé depuis _De temps en temps..._
(2) Cf. t. I, p. 1168, n. 1.

— et c'est un document précieux... Ah oui ! que de choses perdues ! » (1)

Et il s'est tu un instant : il pensait sans doute à ce qu'il sauverait, lui, de son temps, de l'accent fugitif et instantané des hommes et des choses, du bruit de la causerie, des indiscrétions, des anecdotes, des mœurs, des vices, des caractères. Sans doute, il caressait de la pensée ses causeries d'outre-tombe, ses critiques posthumes, ses mémoires qu'il doit laisser et qu'il laissera, m'a-t-on dit. Et moi, je pensais que j'allais écrire pour l'avenir, aussi, ce qu'il me disait là et ce qu'il croyait tomber dans le vide, dans le néant, dans l'oubli, dans une oreille et non dans ce livre.

Sa manière de travailler, qu'il m'explique à propos de notre article, est assez singulière. Comme il a les yeux fatigués, il se fait lire, le soir, ce dont il veut rendre compte par son secrétaire. Le matin, il jette, avec un secrétaire, de l'écriture là-dessus sur le papier, bâtit son article, marque ses places ; puis au dernier jour, arrange le tout.

Au sortir de là, changement complet de décoration. Nous allons en soirée chez Carjat, le photographe qui a fait de nous ces jours-ci, deux portraits superbes. Il y a, dans les salons et l'atelier, le monde des brasseries, toutes sortes de poètes inédits, de gloires anonymes, un tas de grands hommes que j'ignore et qui me le rendent, des rapins chevelus, des acteurs, des chanteurs, des popularités de feuilles de choux, ce qui se remue, s'encense et s'éclabousse en famille dans les petites gazettes.

Je vois passer cette face maligne d'avoué gras, à l'œil de singe, le nez pointu, la bouche large, les lèvres minces, Daumier, le crayon-Dieu de l'endroit. Ce profil de petit François Ier busqué, mélangé d'Italiasse, c'est Rouvière.

« Chut ! chut ! » On se masse dans l'atelier. Il y a un chanteur qui chante de l'Italien, un monsieur qui joue du violon, Rouvière,

(1) Le 2 mai 1809, Roederer, en mission en Espagne auprès du roi Joseph, dîne avec Lasalle, de passage à Burgos, et note au vol les propos du général : « Vous passez par Paris ? — Oui, c'est le plus court : j'arriverai à 5 heures du matin, je me commanderai une paire de bottes, je ferai un enfant à ma femme et je partirai », etc. Cette lettre à Mme Roederer est publiée par Sainte-Beuve en appendice aux 3 articles consacrés au t. 1 des ŒUVRES de Roederer (MONITEUR, 18 et 25 juillet, 1er août 1853 ; cf. LUNDIS, 3e éd. (1857-1862), t. VIII, pp. 325-393 et 534-542). On la retrouve dans les ŒUVRES de Roederer, 1853-1858, t. III, p. 556-560.

qui déclame HAMLET, Monselet, qui déclame le CRÉANCIER, les DJINNS, — ce cycle de la Dette, dans lequel tourne sa Muse, pour cause, hélas ! — et le MORPION ÉTRUSQUE, un véritable Hamon de petite maison, qui enthousiasme le public (1). Rouvière s'approche de lui, le félicite, lui dit que cette poésie, récitée par lui, a été pour lui une rosée ; que lui, a été peintre jusqu'à trente ans, que Monselet est fait pour le théâtre, qu'il devrait se faire acteur : « Mon Dieu, Monsieur, lui répond Monselet en se défendant mollement, je n'oserais pas vous donner le conseil de vous faire homme de lettres... » Et je vois le théâtre tenter Monselet.

On fume, on cause. Il y a des pipes, du tabac ; des lambeaux d'esthétique volent dans les coins. C'est une fête après tout assez gaie, assez cordiale, quelque chose comme une réunion dans une brasserie, que rappellent les rafraîchissements de la salle du fond : un quartaut de bière posé sur une table, dans une pièce du fond, où chacun vient, en tournant le robinet, remplir sa chope. Cette fête, cette bière me pénètrent d'un immense attendrissement et d'une grande pitié pour ce pauvre, charmant et généreux Carjat : j'ai toujours vu la Bohème porter malheur à la fortune des gens qui lui donnent à boire !

Dimanche 23 novembre.

Banville était venu, l'autre jour, chez moi me consulter sur un mauvais portrait du XVIIe siècle, tout effacé, sur lequel le temps semblait avoir marché depuis près de deux siècles avec des souliers de porteur d'eau.

Toujours pauvre et nostalgique comme un poète lyrique, malade et asthmatique, et toujours un causeur charmant. Impossible de mieux dessiner, en causant, une silhouette ; de mieux dessiner un caractère, peindre un ridicule.

En voici un, le médecin qui a succédé à Bellevue au docteur Fleury, un type d'un comique très fin pour le théâtre ou pour un

(1) Jean-Louis Hamon, peintre de genre, s'était spécialisé dans les idylles antiques, dans les jeux d'enfants grecs, du type de MA SŒUR N'Y EST PAS, qui fit sa gloire au Salon de 1853. On songe ici au PAPILLON ENCHAÎNÉ et à la CANTHARIDE ESCLAVE du Salon de 1857 : il suffit de transposer cette entomologie hellénistique du registre enfantin au registre érotique, ce que suggère ce terme de *petite maison*, qui désigne au XVIIIe siècle une demeure des faubourgs destinée à abriter les plaisirs amoureux des nobles et des riches.

roman. C'est un homme qui a si peu de mémoire, qu'il ne se rappelle jamais ses prémisses et qu'il conclut toujours contre. Exemple, dit à Banville : « Oh, mon Dieu ! avec les artistes, les hommes de lettres,... je sais, ils ne peuvent pas payer régulièrement... Il faut entrer dans leur situation... Par exemple, vous, vous viendriez ici, il faudrait que vous déposiez quinze jours d'avance... » Sur Prémaray : « Il va très bien, il n'y a que quand il boit. Oh ! alors, la moindre chose... Tenez, hier, il a dîné chez moi avec le consul de... Il a un peu bu. — Eh bien ? — Eh bien, rien du tout, ça ne lui a rien fait ! » — Trouve Prémaray dans sa chambre, jouant aux cartes avec un employé de la maison : « Eh bien ! Ça ne va pas bien ? ça ne va pas bien ? — Mais si, dit Prémaray. — Oui, mouvements involontaires... Vous voulez aller à droite, vous allez à gauche... — Mais non ! — Qu'est-ce que vous voulez ? Nous avons la strychnine, et puis après ça, l'arsenic, et puis après ? Après, pstt ! »

Chez Flaubert, la Lagier qui devient monstrueuse. Elle a l'air de passer en fraude sous sa robe trois potirons à la barrière : ses deux tétons et son ventre. Nous expose ses théories transcendentales sur la jouissance. Une femme, selon elle, ne peut jouir qu'avec les gens au-dessous d'elle, parce qu'avec un homme propre, il y a toujours un reste de pudeur, une préoccupation de sa pose, un souci de la jouissance du *partner*. Tout cela gêne, occupe, préoccupe et dérange, au lieu qu'avec un misérable, un homme de rien, on lui fait faire l'amour comme on lui fait fendre son bois. C'est un outil, un *godemichet* à deux pattes. C'est ce qui explique l'amour de ses pareilles pour les cabotins, pour les hommes qu'on renvoie comme on vide un bidet, en disant : « Allons, fous-moi le camp ! »

Sur la tribaderie, elle s'explique peu. Elle nous dit seulement qu'elle aime les femmes pour avoir des jouissances sur la planche dans divers quartiers de Paris; et comme on la pousse, elle dit que le plaisir des femmes avec les femmes tient à ce qu'elles sont à l'aise ensemble, qu'il y a dans la tribaderie une liberté à peu près semblable à celles que prennent les hommes entre eux, de péter par exemple.

L'immense orgueil voilé de Flaubert se perçoit dans SALAMMBÔ : c'est le format, ce sont les affiches d'Hugo, ce sont les caractères mêmes du titre des CONTEMPLATIONS.

Un peu de froid continue avec nous : nous sommes coupables à ses yeux d'un détournement de Sainte-Beuve ! De tous côtés, je perçois des souterrains en lui. Sourdement, il se pousse à tout, noue ses relations, fait un réseau de bonnes connaissances, tout en faisant le dégoûté, le paresseux, le solitaire. L'autre jour, il m'avait montré une lettre de la de Tourbey, l'invitant à dîner en lui disant : « *On* désire vous voir. » Il m'avait dit qu'il n'irait pas, qu'il ne se souciait pas de voir cet *on*, qui est le Prince (1). Il y est allé, je l'ai su par Sainte-Beuve, hier.

Saint-Victor, avec lequel je dîne ce soir, y dînait hier avec le prince Napoléon, chez la de Tourbey. Cette fille croit devoir tourner à la Pompadour. Elle invite des plumes. On lui a persuadé qu'elle savait lire; elle le croit et elle parle littérature. Elle s'est plainte furieusement, comme une personne délicate, blessée et offensée dans la pureté de son goût, du feuilleton de Feydeau (2). Elle y a noté ce mot, *ils se débinaient* : « Mais c'est de l'argot, Monseigneur ! » a-t-elle dit. Il paraît que la fortune apprend tout à ces femmes, même à rougir de leur langue maternelle...

Le Prince la laisse parler et juger. Il a le scandale bête, ce prince-là. Quand on est prince et qu'on descend à ramasser la maîtresse d'un directeur en faillite, qu'on partage au reste avec M. de Valmy, il faut au moins ne point la prendre au sérieux (3). On musèle ces petits animaux-là sur toutes ces questions-là...

Saint-Victor, qui est naïf et qui croit aux princes, — qu'ils médisent ou calomnient, — ne revient point d'une grande stupéfaction. Le Prince à dîner, avec un geste de pantomime, de Pierrot lorsqu'il parle d'argent, lui a fait signe que Peyrat recevait de l'argent de Persigny, de La Guéronnière et d'Imhaus. La dénonciation est assez lâche et indigne d'un prince; mais si elle est vraie, ah, mon Dieu ! qui croire en ce temps-ci ? « Il n'y a plus de bon Dieu ! » comme dit le peuple. Sous un Empire, d'ailleurs, quoi d'impossible ? On fait l'opposition avec des comparses, comme

(1) Le prince Napoléon, dont Jeanne de Tourbey est la maîtresse.

(2) Il s'agit du Mari de la danseuse, premier tome d'une trilogie réaliste de Feydeau, dont les deux autres volumes sont Monsieur de Saint-Bertrand et Un début a l'Opéra. Ce premier volume paraît en feuilleton dans l'Opinion Nationale (fin 1862-début 1863) et en librairie en juillet 1863.

(3) *La maîtresse d'un directeur en faillite*, allusion à Marc-Fournier, directeur de la Porte-Saint-Martin et « inventeur » de Jeanne de Tourbey.

l'ennemi au Cirque... « Nous, dit naïvement Saint-Victor, qui l'appelions à la Presse, comme Robespierre, l'Incorruptible ! »

Il est bon que la postérité ait ces chiffres, afin de se rendre compte de l'ironie et de la dérision du salaire dans le métier littéraire : du mois d'octobre 1861 au mois d'octobre 1862, Dennery a touché 122.000 francs de droits d'auteur.

27 novembre.

En ce siècle-ci, surtout en ces années-ci, il ne suffit pas d'être l'écrivain d'un livre, il faut être le domestique de ce livre, le laquais de son succès, faire les courses de son volume (1). Je porte donc mes livres ici et là, à quelques-uns qui le liront, à quelques-uns qui le couperont à moitié, à d'autres qui en parleront sans le lire, à d'autres qui en feront de quoi dîner, chez un bouquiniste.

On ferait je ne sais quelle curieuse physiologie des gens de lettres avec la physionomie de leur portier, de leur escalier, de leur sonnette, de leur appartement. J'ai remarqué une logique énorme, une corrélation intime, presque chez tous, entre l'habitant et la coquille, l'homme et le milieu. Cela généralement loge haut, au cinquième : Paris a le cerveau comme l'homme, en haut. Ce qui court est en bas, boutiques, entresols; ce qui digère au premier : la maison est un individu.

Trois intérieurs m'ont frappé, à trois crans de l'échelle.

On monte, rue Jacob, au fond d'une cour, cinq étages. On suit un corridor, où donnent des portes de chambres de domestiques, une sorte de labyrinthe dans des communs. On trouve une clef sur une porte. On frappe, on se décide à tourner la clef. On est dans une sorte de belle chambre de cocher, pleine de livres en désordre sur le carreau. Il y a une paire de bottines d'homme non faites. Une voix, de l'autre pièce, crie comme du fond d'un rêve : « Qui est là ? » On entre, on voit une chambre de grisette, d'ouvrière couturière, une table de nuit où il y a beaucoup de livres; et dans le lit, un petit homme à barbe, maigre, misérable, la face de Murger collée sur le masque de Géricault. Vous l'avez éveillé. Il est deux heures... Vous regardez : il n'y a pas assez de

(1) La Femme au XVIIIᵉ siècle est annoncée le 27 déc. 1862.

livres pour être chez un savant; il y en a trop pour être chez un romancier. Les livres sont neufs : vous êtes chez un critique en chambre. C'est Montégut, qui de la REVUE DES DEUX MONDES vient de passer au MONITEUR. Jour gris, chambre grise, paroles grises, un homme effacé, de la misère sans éclat, une pauvreté de garçon laborieux, rien que des outils de travail, une cheminée qui a froid, de la résignation sur les murs : voilà l'intérieur.

Rue d'Argenteuil, presque en face de ce magasin sombre qui vend du blanc, le *Gagne-Petit*, dans cette rue où l'imagination loge volontiers sous la tuile la misère d'un Restif de la Bretonne, un escalier noir, des paliers qui ont dû avoir des plombs, cinq étages raides; une de ces pauvres bonnes à tout faire, tout embarrassées d'une visite et qui manquent d'écraser une petite fille qui se sauve entre leurs jambes; un salon où il y a des pauvres meubles d'une élégance maigre, des canapés à tons faux, râpés; dans la cheminée, un feu mouillé et désolé; aux murs, beaucoup de petites choses quelconques qui sont dans des cadres. Sur une table, un grand volume de luxe pour le Jour de l'An, envoyé par un éditeur. Dans un coin, un piano, c'est-à-dire une femme. La famille apparaît par ce coin; on songe en frissonnant aux dots des filles. Les rideaux sont maigres aux fenêtres. On sent que c'est la pièce solennelle. Il y a eu des sacrifices pour son ornement. Des commerçants en chambre, des relieurs par exemple, en ont un semblable pour recevoir leurs clients, — à la porte duquel la marmaille passe, émerveillée, la tête, pour le voir, quand vient quelqu'un. Là dedans, un petit homme maigre, très maigre, très pâle, des yeux de fouine, des cheveux rares, mais longs, un teint de papier : c'est Édouard Fournier, le critique à tout faire de la PATRIE.

En face la Muette, sur les terrains de l'ancien Ranelagh, j'ai reconnu la maison sans la connaître. Ça ressemble à ces constructions que les enfants bâtissent dans les jeux d'architecture. C'est la fantaisie du bourgeois à la campagne, le vieux fonds des mauvais romans qu'il a lus, mis en bâtisse. Il y a une tour, des créneaux et un kiosque chinois. On entre : c'est une bonbonnière de lorette, un rêve de la rue de Bréda. Il y a des fleurs partout, des plats de Chine dans les plafonds, des serres, des dorures, des tableaux de Watteau peints par Ballue, des tentures de lampas, des armoires pleines de dunkerques, du carton-pierre, des stores peints, des tapis comme de la mousse, des reliures surdorées, des faux Boucher; des portes où il y a de tout : des lithographies, des photographies et des dessins à deux sous; un salon de jeux avec des billards polonais et des toupies hollandaises; une salle de bains; des montées, des descentes, des machinations de dégagement qui ressemblent à une intrigue de vaudeville; des objets d'art d'un goût infect, à ravir une fille; une petite maison arrangée, par exemple, par Schlesinger pour un Matifat; où tout sent la poudre de riz, où tout est moelleux, fleuri, engageant, fardé, pareil à la toilette folle d'une fille entretenue, plein de caprices comme elle et de bêtise; une maison triomphante où il y a jardin, écurie et remise, et qui vous montre un homme lugubre et gêné, sinistre et humblement aimable : c'est la maison de Jules Lecomte.

28 novembre.

Gisette me conte ceci : « Il y a eu deux mois, j'ai eu un rêve bien étrange. J'étais dans les jardins magnifiques, des jardins comme il y en a dans les rêves. J'ai vu s'approcher de moi une ombre toute blanche, que j'ai parfaitement reconnue : c'était Rose Chéri. Je me suis sauvée. En un instant, elle était encore près de moi. Elle m'a dit : « Nous avons été amies sur la terre. Pourquoi te sauves-tu ? On est très heureuse ici; tu y viendras bientôt. » Derrière elle, j'ai vu deux ou trois personnes, qui ne m'ont pas parlé, — entre autres Hector Crémieux. Le matin, je me suis réveillée, plutôt heureuse qu'attristée. J'ai pensé que si ce songe était vrai, c'était que Dieu avait permis à Rose Chéri de me prévenir pour que j'eusse le temps de me préparer... A déjeuner, je le raconte à Dennery. Je le vois devenir tout triste. Je me fais des reproches de l'avoir ainsi attristé, je me dis qu'il est frappé pour moi; enfin, tous les reproches qu'on peut se faire. Il ne dit pas un mot tout le déjeuner, il reste le nez dans son assiette. Enfin au bout d'une demi-heure, il me dit d'un ton très préoccupé : « Tu ne m'as pas vu dans ce jardin ? » C'était pour lui qu'il avait peur ! »

Comme je suis chez elle, on apporte une grande lettre, de forme presque ministérielle, avec une grande carte dedans. C'est une invitation à dîner chez Véron, où elle doit dîner avec Persigny et Boittelle : Véron et Lecomte tiennent les petites maisons du gouvernement !

ANNÉE 1862

Carjat me conte qu'il n'a jamais vu de misère pareille à celle de Nadar, un temps. Il a vécu avec une femme pendant deux mois, sans sortir, couché, n'ayant pas de vêtements à se mettre. La femme avait un pantalon et des bottes de cuir jaune, avec lesquels elle allait au bal de l'Opéra. Ils avaient une passion d'huîtres et les coquilles d'huîtres s'entassaient dans la chambre et, à la fin, y faisaient un plancher.

Je vais, le soir, en soirée chez Édouard Fournier. J'entends Nadaud, ce Béranger des gandins. Puis une jeune femme se met au piano et je ne l'entends pas : je la regarde jouer. Rien de plus charmant et de plus honnêtement, pudiquement lascif que ce jeu continuel du corps, à tout moment penché sur les notes. Ce sont des balancements du torse, des avances vers la musique, des reculs, des mouvements qui portent la taille à droite ou à gauche, comme une sorte de danse de la taille, où tout est ébauché dans l'ondulement. La tête, doucement, semble battre la mesure ; et selon qu'elle va et vient, le peigne d'écaille, qui mord les cheveux noirs, est ombre ou lumière alternativement. L'œil, toujours sur les touches, semble les caresser, les reprendre, leur parler. Les boucles d'oreille, deux boucles de corail, font danser à chaque mouvement leur ombre sur le cou. Tantôt le front, les joues, le menton s'éclairent ; tantôt le profil seul se détache en lumière, sous la lueur des deux bougies à droite et à gauche. Et les mains, qui vont toujours, ont toutes sortes de petits gestes différents comme la mesure : tantôt caressant et comme flattant la note ; tantôt brusques, vives, tapant la note ; tantôt tendres, pour ainsi dire, et tantôt passionnées. A de certains moments, les doigts remuent si vite, qu'on ne voit plus que quelque chose comme des fleurs secouées et qui se mêleraient.

Rien ne m'attriste comme ces fêtes de famille au cinquième. Ou le monde honnête avec le luxe, — ou les réceptions de la Bohème, remplaçant le luxe par la liberté. Il n'y a point de milieu. Les soirées comme celle-ci, où l'on sent des privations dans les rafraîchissements et un effort dans les plateaux de sirop, que passe une pauvre bonne ahurie, me causent un attendrissement désagréable. Cela me touche et me dégoûte.

Et puis je trouve ici de la misère jusque dans les petites filles de la maison, des enfants à type de Bohémiennes, qui ont des mouvements, des déhanchements de joie, des attitudes extasiées de petites saltimbanques, qui commencent à se dessiner. Je les vois avec une jupe à paillettes, faisant une quête. Pourquoi y a-t-il des enfants qui ont l'air pauvre, qui ont sur le front, sur les joues, dans les yeux, le reflet de l'intérieur malaisé? On a l'air de les avoir emmaillotés dans une quittance du Mont-de-Piété.

1er *décembre.*

Nous allons remercier Sainte-Beuve de l'article, qu'il a fait ce matin dans le CONSTITUTIONNEL sur notre FEMME AU XVIIIe SIÈCLE. Il demeure rue Montparnasse.

La porte, une petite porte, nous est ouverte par la gouvernante, une femme d'une quarantaine d'années, à tenue d'institutrice de bonne maison. On nous introduit dans un salon au rez-de-chaussée, à papier grenat, aux meubles de velours rouge, à formes Louis XV de tapissier, — salon froid, nu, bourgeois et banal, rappelant assez le salon d'une maison de prostitution d'une ville de province. Le jour y vient, gris et pauvre, d'un jardinet tout de suite fermé par un grand mur, à travers le grillage d'une vigne tordue, sans feuilles, aux sarments maigres et noirs.

Nous montons de là, par de petits dégagements, juste au-dessus du salon à sa chambre. En entrant, un lit sans rideaux avec un édredon; en face, deux fenêtres sans rideaux; à gauche, deux bibliothèques d'acajou pleines de livres à reliure de la Restauration, avec sur le dos des fers dans le goût du gothique de Clotilde de Surville. Une table chargée de livres au milieu de la pièce; et dans les coins, contre les bibliothèques, toutes sortes d'amas de livres et de brochures, un empilement, un fouillis, un désordre de déménagement, l'aspect d'une chambre habitée en garni par un travailleur.

Il est exaspéré contre SALAMMBÔ, soulevé, écumant à petites phrases :

« D'abord, c'est illisible... Et puis, c'est de la tragédie. C'est du dernier classique. La bataille, la peste, la famine, ce sont des morceaux à mettre dans des cours de littérature,... c'est du Marmontel, du Florian ! J'aime mieux Numa Pompilius. » Pendant près d'une heure, quoi que nous disions en faveur du livre, — il faut défendre les camarades contre les critiques, — il s'exhale, il vomit sa lecture (1).

En partant : « Tiens, vous avez là un carton de gravures ? — Oui, des Le Nain : j'ai promis de faire quelque chose à Champfleury (2)... Mais, mon Dieu ! comme ça m'est difficile à moi, de trouver des idées devant des gravures ! Vous, Messieurs, vous savez trouver des choses devant cela... »

De mine comme de parole, Sainte-Beuve me rappelle beaucoup M. Hippolyte Passy : même mine futée, même œil, même forme de crâne et surtout, même timbre de voix, un peu zézayante. J'ai remarqué ce zézaiement chez les grands bavards. Tous deux le sont, et de la même façon : avec abondance, effusion, connaissance de toutes choses, encyclopédie de connaissances glanées partout, science un peu à fleur de peau, mais universelle.

Dans la journée, Louis Passy me racontait que Sacy était revenu de Compiègne ébloui, fasciné, presque fou. Ces coups de soleil sont terribles pour les vieillards. Il répète comme un enfant : « Si vous saviez ! De l'or ! de l'argent ! des belles femmes ! »

Ce soir, j'assiste à la première représentation d'Augier, LE FILS DE GIBOYER. Le prince Napoléon est dans la loge impériale; sa sœur, la princesse Mathilde, lui fait face; sa maîtresse, Jeanne de Tourbey, est un peu plus loin : la représentation est on ne peut plus officielle ! Il était réservé à notre temps de voir des Aristophanes de cour : c'est le cas de M. Augier. On ne peut lui refuser une grande hardiesse contre les ennemis du gouvernement et un grand courage contre les vaincus (3).

---

(1) Add. 1887 depuis *quoi que nous disions* jusqu'à *contre les critiques*. — Sainte-Beuve exprimera son irritation dans les trois articles célèbres sur SALAMMBÔ, parus dans le CONSTITUTIONNEL des 8, 15, 22 déc. 1862 et auxquels Flaubert répond par la longue lettre de décembre publiée par Sainte-Beuve (cf. NOUVEAUX LUNDIS, t. IV p. 31 sqq. et pp. 435-448).

(2) Sainte-Beuve prépare l'article consacré aux NOUVELLES RECHERCHES SUR LA VIE ET L'ŒUVRE DES FRÈRES LENAIN (1862) et aux CHANSONS POPULAIRES DES PROVINCES DE FRANCE (1860) de Champfleury. Cet article paraît dans LE CONSTITUTIONNEL du 5 janv. 1863 et dans les Nouv. LUNDIS, 1865, t. IV, pp. 116-139.

(3) LE FILS DE GIBOYER, suite des EFFRONTÉS, met Giboyer, le pamphlétaire stipendié, hier républicain, au service de la droite, représentée par un marquis cynique, une baronne intrigante et suspecte et un stupide parvenu. C'était ridiculiser à bon marché des adversaires de l'Empire, contre lesquels Napoléon III venait de prendre l'offensive, légitimistes et catholiques ultramontains, dévoués au pouvoir temporel

Oui, ce sera un des progrès de l'Empire : il aura donné à tout, jusqu'à l'esprit français, une bassesse, un goût de police, je ne sais quelle laide et lâche tournure d'agent provocateur. Le pamphlet, en ce temps-ci, sera une des formes de la cantate. Juvénal a son mot d'ordre et Molière vise le Sénat.

2 décembre.

Je vais aux Débats demander à M. de Sacy de laisser passer quelques lignes d'annonce sur notre livre.

Dans un coin de rue à demi barrée, dans un angle de Saint-Germain-l'Auxerrois, au fond de ce boyau à demi cul-de-sac, cette maison noire, c'est là. Au haut d'un escalier de bois, gras et sombre, une antichambre sans chaises. Après l'antichambre, humide et grise, une chambre sans rideaux, aux lignes brisées par des placards irréguliers; une table noire d'huissier de province, où sont des journaux; un fauteuil en paille, deux chaises de paille; sur la cheminée, deux mauvais chandeliers de cuivre; au mur, une carte d'Europe.

C'est l'endroit funèbre et sinistre où M. de Sacy m'a reçu. On recule de je ne sais combien d'années en entrant là. Cela ressemble à un cabinet de travail à la fois de Saint-Cyran et de Rodin. Il y a une misère, une crasse de cuistre et d'Inquisition. A l'heure où j'ai vu cela, à une tombée de jour d'hiver, il semble qu'il y revienne vaguement des phrases du grand Arnaud et des passages de Royer-Collard.

3 décembre.

Je lis dans le Figaro une attaque contre Flaubert finissant ainsi : « C'est le genre *épileptique* ! » C'est un bruit répandu que Flaubert est épileptique : de là, le poison, une infamie ! (1) Les lettres, oh, c'est là qu'on est habile dans l'art des supplices ! L'envie, là-dessus, dépasse la Chine. L'article, signé Dargès, est, a dit Lévy, de Lescure. Un tel mot juge un homme.

du pape : Veuillot, — visé derrière Déodat, sinon derrière Giboyer, — avait vu supprimer son journal, l'Univers, en janvier 1860, tandis que le comité central des Conférences de Saint-Vincent-de-Paul devait se dissoudre en janvier 1862.

(1)   Voir t. I, p. 833, n. 1.

La grand'mère des petites Michel coud les jupons de leur poupée, — pour les empêcher d'avoir de mauvaises idées !

Charles de Tascher racontait à Edmond que dans les premiers temps, l'Empereur ne permettait pas à l'Impératrice — crainte de manque de convenance — de recevoir les ambassadeurs jeunes et non mariés, en dépit du droit des ambassadeurs à une audience de l'Impératrice.

6 décembre.

Je vais voir Chesneau, le critique d'art de l'OPINION NATIONALE. Je le trouve, dans la maison d'un restaurant de Sèvres, dans une chambre d'ouvrier où il y a des livres. Couché avec sa barbe rouge, il a l'air d'un Christ en couches. A côté de lui, une petite femme boulotte, qui est peut-être sa maîtresse, à moins qu'elle ne soit sa femme. Des squelettes d'arbres par la fenêtre, des cris d'enfants par la chambre à côté. Quelle idylle ! Et écrire de l'esthétique d'art par là-dessus ! Pendant que j'étais là, est venu un vieux monsieur en cache-nez gris, l'air gelé, — un indianiste, à ce que m'a dit Chesneau : il semblait revenir du Gange par la Bérézina.

Flaubert était venu me voir dans la journée, hier. Je lui avais dit à peu près ce que m'avait dit Sainte-Beuve. Il n'avait pu se tenir. Il avait laissé échapper une colère d'humiliation. Le mot *tragédie* et l'épithète *classique* l'avaient blessé au sang ; et s'ouvrant à fond sous le coup, il m'avait dit à deux minutes de là : « Ah ça ! c'est une canaille, notre ami Sainte-Beuve ! C'est un plat valet auprès du prince Napoléon... Et puis il est ignoble : c'est un cochon ! »

Au reste, l'orgueil se montrait à jour. Il nageait dans sa vanité. Il y avait SALAMMBÔ, et c'était tout. Autour, tout avait disparu. Le Normand, par moments, éclatait. Il parlait d'envoyer des huissiers à un journal qui avait tronqué une citation de lui. Et il parlait à cœur ouvert et librement d'Hugo, comme d'un concurrent qu'il n'avait plus à ménager. Il secouait toute politesse envers ce dieu passé, fini, éteint, mort sous lui.

C'est ce soir le dîner de notre société, baptisée la société Gavarni, chez Magny. Comme j'entre, je vois Flaubert qui accapare Sainte-Beuve et qui, avec de grands gestes, essaie de le convaincre de l'excellence de son œuvre...

On dîne. Il y a une grande causerie sur l'éducation. Sainte-Beuve, avec une jeunesse et une violence d'idées révolutionnaires, presque utopiques, veut la réformer du tout au tout : « Il ne faut que trois ans pour apprendre le latin. On apprendra les sciences physiques, les langues vivantes... Un programme de Conventionnel intelligent, conforme au progrès de l'humanité... »

A ce mot *Progrès*, des protestations s'élèvent. On le nie. Sainte-Beuve demande à s'expliquer : « Le progrès, mon Dieu, je vais vous dire comme je le vois : comme une succession de terrasses. Il y a un moment où l'humanité va se noyer; un sauveur arrive, la porte sur une terrasse. Là, on s'étend, on se met à se reposer. Et puis l'eau monte, elle envahit la terrasse. Un sauveur enlève encore l'humanité jusqu'à une autre. Et ainsi de suite, un sauvetage de terrasses en terrasses. »

A la fin du dîner, dans un aparté intime, Sainte-Beuve laisse à demi échapper la cause de tristesses profondes et cachées, le secret d'un désespoir enterré, mais toujours vivant : il voudrait être beau; avoir, comme il dit, le physique; avoir cette séduction, cette victoire de premier coup sur la femme, — sa tentation, son occupation suprême, l'objet vers lequel il est sans cesse ramené, qui est son centre, son envie, sa curiosité, sa tentation, qui fait le rêve et l'humiliation du vieillard. Il y a un satyre mélancolique et déçu au fond de ce petit vieux, qui se sent laid, déplaisant, vieux enfin : « Ah ! dit-il, moi, je suis pour les idées bien bourgeoises, bien communes : il vaut mieux être jeune que vieux, riche que pauvre. Ce n'est pas que je voudrais recommencer ma vie : je ne voudrais pas la recommencer trois jours... »

Histoire racontée par Veyne du domestique de Ricord (1).

Le premier mot de Flaubert, en sortant, est : « Il est très radouci, le père Sainte-Beuve. Il me fera trois articles. Il me fera des excuses dans le dernier ». Et presque immédiatement, il ajoute : « C'est un homme charmant. »

(1) Rayé depuis *Histoire racontée...*

L'orgueil, de plus en plus, est gonflé chez lui jusqu'à crever. Il a beaucoup corrigé, nous dit-il, la FANNY de Feydeau; et depuis, Feydeau ayant eu de moins en moins recours à lui, il n'est pas étonnant qu'il ait tant baissé !

Plein de paradoxes, ses paradoxes sentent, comme sa vanité, la province. Ils sont grossiers, lourds, pénibles, forcés, sans grâce. Il a le cynisme sale. Sur l'amour, dont il cause souvent, il a toutes sortes de thèses alambiquées, raffinées, des thèses de parade et de pose. Au fond de l'homme, il y a beaucoup du rhéteur et du sophiste. Il est à la fois grossier et précieux dans l'obscénité. Sur l'excitation que lui donnent les femmes, il établira mille subdivisions, disant de celle-ci qu'elle lui donne seulement envie de lui embrasser les sourcils; de celle-là, lui baiser la main; d'une autre, lui lisser ses bandeaux; mettant du compliqué et du recherché, de la mise en scène et de l'arrangement d'homme fort dans ces choses si simples, — par exemple en nous contant sa baisade avec Colet, ébauchée dans une reconduite en fiacre, se peignant comme jouant avec elle un rôle de dégoûté de la vie, de ténébreux, de nostalgique de suicide, qui l'amusait tant à jouer et le déridait tant au fond qu'il mettait le nez à la portière, de temps en temps, pour rire à son aise (1).

Il nous proteste, en passant, que le moderne l'ennuie, l'assomme, lui fait horreur; qu'il ne sent point de contact avec ces gens qui passent, point d'envie d'entrer dans leur peau pour faire un roman; qu'une Peau-Rouge est cent fois plus près de lui, le touche de plus près que tous ces gens-là, que nous voyons sur le boulevard.

7 décembre.

Du haut d'un quatrième, c'est étonnant comme des hommes, une masse d'hommes, ne semblent plus des individus, des êtres humains, des semblables, du prochain; mais une espèce de troupeau, une fourmilière, une bête énorme qui grouille et remue. Dans la rue, vous vous sentez coudoyer l'âme par un passant. De là-haut, votre pensée lui marche sur la tête comme sur quelque chose d'anonyme, d'inconnu, d'étranger, qui est en bas, là-dessous. Cela, c'est l'optique du trône : l'Empereur, la Cour, les soldats,

(1) Cf. t. I, p. 684, n. 1.

1183

les laquais, les voitures passaient, pendant que je pensais à cela à la fenêtre de Flaubert, au boulevard du Temple.

Un monsieur est entré, s'est mis à causer et ne s'est pas arrêté. Il avait l'air d'un joli officier de cavalerie et la parole d'un savant du monde. C'était effectivement M. Maury, membre de l'Institut, le collaborateur de l'Empereur pour CÉSAR, un homme fait pour ce rôle, tout à fait né pour être une sorte d'amusant DICTIONNAIRE DE LA CONVERSATION qu'un Napoléon est heureux d'avoir sous la main et de feuilleter pour s'instruire (1).

Comme c'est un spécialiste de magie, je lui ai demandé son opinion sur Cagliostro. Il m'a expliqué son prestige par celui de M. Home. Il y a eu vendredi huit jours, il était à Compiègne dans la voiture de l'Empereur. L'Empereur lui a dit : « Voici ce que j'ai vu. J'ai vu ordonner à M. Home de faire avancer une table vers moi, et elle a marché. Il y avait un clairon sous une autre table. J'ai demandé à M. Home de le faire sonner : je l'ai entendu parfaitement sonner... Et jamais de la vie je n'ai eu d'hallucination ! Je me suis jeté sur le clairon : il n'y avait rien !... Voyez-vous, il y a quelque chose d'extraordinaire là-dedans... Il faudrait avoir là-dessus une expérience décisive. Par exemple, on croit connaître tous les livres anciens qui existent. Eh bien, il faudrait demander à M. Home s'il existe un de ces livres quelque part, qu'on ne connaît pas. »

L'Empereur a encore raconté à Maury qu'un Prussien a fait la réponse d'une dépêche chiffrée, non décachetée par M. de la Tour d'Auvergne. Ceci est assez curieux pour la philosophie d'un Empereur patron de Renan !

Une religion ne pouvant se fonder sans surnaturel, le surnaturel actuel n'étant que là, dans le spiritisme et les médiums, Maury se demande si la religion future ne pourrait pas sortir de ceci, qui a déjà ses adeptes, son église, tant d'apôtres et d'illuminés, comme Didier, l'éditeur académique.

Je ne sais si Maury craint de contredire trop brusquement l'Empereur, même absent; mais il est peu net dans la négation du surnaturel et du pouvoir de Home, — que du reste il n'a jamais

---

(1) Les 3 volumes de l'HISTOIRE DE JULES CÉSAR par l'empereur Napoléon III paraîtront en 1865-1866. — Pour le DICTIONNAIRE DE LA CONVERSATION, cf. t. I, p. 399, n. 1.

vu opérer. Son explication serait un don de procurer l'hallucination qu'aurait Home, ce qui n'expliquerait rien, faire effectivement
un miracle ou le faire voir revenant absolument au même. Que
de difficulté à l'homme de se détacher absolument du surnaturel !
Il semble qu'en ces choses, la raison soit contre nature.

Pendant qu'on parle de tables tournantes, Saint-Victor a des
gestes d'impatience, de dégoût, de fureur d'un Gil-Pérez possédé :
« Revenir dans des pieds de table, s'écrie-t-il en se tordant, ça
dégoûterait de l'immortalité de l'âme ! » Il est vrai que la religion
nouvelle serait assez comique : ce serait la révélation des ébénistes.
La nouvelle crèche serait rue de Cléry ! (1).

Deux exemples, à l'appui de la spontanéité et de la sincérité
de la critique à propos de la pièce d'Augier, — le dessous des
feuilletons.

Saint-Victor, à dîner, me dit qu'il avait fait un feuilleton
d'éreintement complet contre Augier, lorsque est venue une lettre
du Prince, lui demandant d'être *paternel* pour GIBOYER, laquelle
lettre lui a fait incontinent refaire à peu près son feuilleton, éteindre
ses méchancetés, tout adoucir et emmieller.

L'histoire de Gautier est le contraire de l'histoire de Saint-
Victor. M. Walewski convient avec Gautier qu'il éreintera la
pièce. Le feuilleton arrive, morceau par morceau, au ministre, si
élogieux pour Augier, qu'on soupçonne Gautier — qui l'écrit,
à ce qu'il dit, chez son fils — d'être enfermé avec Augier. Que
faire ? Le ministre le corrige dans son sens, Gautier l'endosse et
tout est sauvé !

Mercredi 10 décembre.

SALAMMBÔ, tout ce que donne le travail, rien de plus ! Le
chef-d'œuvre de l'application, voilà absolument tout.

Comme nous dînons ce soir chez Lia, il y a là un certain
Couturier, que Saint-Victor a fait inviter, sans doute à cause d'un
intérêt de brocantage de tableaux. C'est un maquignon d'objets
d'art, généralement établi à Madrid, un Bourguignon tanné, sur
la face plombée duquel semblent avoir passé tous les métiers.

(1) Voir t. I, p. 151, sur cette rue du 2ᵉ arrondissement (entre la rue
Montmartre et la Porte Saint-Denis), occupée alors par des herboristes et des *tourneurs
de bâtons de chaises.*

Il y a je ne sais quoi du marchand d'hommes dans ce marchand de croûtes : il a l'air d'un négrier d'objets d'art.

Cet homme douteux, aux sources inconnues, à la peau d'Arabe, à l'œil de Juif, conte ceci.

Lorsqu'il habitait Tolède, il allait payer tous les mois ses douze piastres de loyer à une vieille dame. Cette vieille dame, une vieille Grandesse, avait avec elle une fille de trente-deux à trente-trois ans, ancienne commanderesse de Saint-Jacques et du cloître dissous par la révolution espagnole, mais dont elle continuait à porter le costume, plein de grandeur historique : le capuchon, la grande robe blanche avec une traîne de deux mètres de long et la grande croix rouge, haute comme elle. Il y avait aussi dans la maison le dernier héritier mâle de la maison, un petit-fils de la vieille dame, un enfant d'une dizaine d'années.

Comme Couturier était en train de payer la vieille dame, — la commanderesse lisait dans un coin le bréviaire, avec une ligne de statue, — l'enfant, tout d'un coup, s'écrie avec la voix aiguë des désirs d'enfants violents : « Je voudrais voir le cul de ma tante ! » La grand'mère croit avoir mal entendu, la commanderesse ne bouge pas. Couturier commence à être gêné. L'enfant répète plus aigrement : « Je voudrais voir le cul de ma tante ! — Oh, mon Dieu ! Qu'est-ce que c'est ? » s'écrie encore la grand'mère en joignant les mains, ne pouvant y croire. Couturier est oublié.

Tout à coup, l'enfant tombe comme une balle, par terre, haletant. Il crie : « Le cul, le cul de ma tante », comme s'il expirait. Il le crie, il l'exhale, il le râle, trépigne et reste étendu. Couturier s'effraye, dit à la vieille : « Mais il faudrait faire quelque chose... Il y a du danger... » La vieille mère crie alors d'une voix terrible, solennelle et tragique à sa fille : « Madame, le dernier marquis se meurt ! »

La fille se lève, prend l'enfant, l'enlève, va à une porte, dit : « Dieu me le pardonnera. » Couturier reste anéanti. L'enfant, au bout de quelque temps, rentre honteux, déçu, pleurnichant : *E negro !* — « Il est noir ! »

Rien ne me peint l'Espagne comme cette scène. Je trouve cela plus grand que le CID. Le comique y touche à l'épique. Il y a dans cette virginité ascétique, qui se viole elle-même pour le salut du dernier héritier du nom, un héroïsme féodal qui arrête le rire, une grandeur superbe, qui relève une page de Pigault-Lebrun avec je ne sais quoi de la Bible et des légendes de la vieille Espagne.

Je tombe sur un numéro de l'Artiste, où faisant, très aimablement pour nous, un parallèle comme historiens du XVIIIe siècle entre nous et Houssaye, Banville exprime l'idée que tout ce que nous avons retrouvé de ce temps par le travail, Houssaye l'a trouvé par l'intuition (1).

Banville m'avait prévenu, il y a huit jours, de ce thème qu'il avait trouvé avec une malice de singe pour faire glisser entre les mains d'Houssaye une réclame sur nous. C'est, je trouve, une malice bien exquise; c'est un bien fin ouvrier que Banville en toutes ces chinoiseries d'ironie.

Samedi 13 décembre.

Nous avons reçu, avec une très aimable lettre de compliments sur LA FEMME AU XVIIIe SIÈCLE, une invitation à dîner pour ce soir, chez la princesse Mathilde.

Nous montons dans les appartements du premier, dans un salon de forme ronde, aux panneaux tendus de rouge, ornés d'un tas de petits cadres et couronnés de glaces gravées.

Il y a là Gavarni et Chennevières. Nieuwerkerke arrive par une porte intime, puis la Princesse, puis sa lectrice, Mme Defly. Nous voilà à table. Nous ne sommes que nous sept. Sauf la vaisselle plate où l'on mange, marquée aux armoiries d'Altesse Impériale, sauf la gravité et l'impassibilité des laquais, vrais laquais de maison princière, qu'un Vaucanson semble remonter tous les matins, on ne se croirait guère où l'on est, tant l'on est à l'aise, tant il y a de liberté d'esprit, de paroles, de légéretés même.

Cela n'a point de comparaison avec les grands ou les libres salons du passé: c'est proprement XIXe siècle. La Princesse est le type d'une femme toute moderne, la femme artiste, quelque chose de très différent de ce qu'on appelait la *virtuose* au XVIIIe

---

(1) Cf. L'Artiste du 1er déc. 1862, compte rendu de LA FEMME AU XVIIIe SIÈCLE. Heureusement, après la flatterie à l'adresse de l'intuition *poétique* d'Arsène Houssaye, directeur de l'Artiste, et «spécialiste» du XVIIIe siècle, Banville reconnaissait aux laborieux Goncourt «ce don d'incarner, de faire vivre, de résumer par une image vive, qui est le don même du poète». La boucle était bouclée...

siècle. Il y a, de l'une à l'autre, la distance qu'il y a entre l'enchantement de la grâce et de l'esprit et la commodité de la bonne enfance, le charme de toutes les bonnes volontés d'être aimable, simple, vous mettant à l'aise avec les mots courants de l'atelier et le naturel du tout ce qui passe par la tête.

Je juge, cette fois, beaucoup plus favorablement la Princesse que la première. Elle se sent entre hommes. Elle se livre, s'abandonne et y gagne. Elle nous fait de grandes plaintes sur le niveau si singulièrement descendu de la femme, depuis le temps que nous avons peint, sur son ennui de ne point pouvoir trouver une femme s'intéressant aux choses d'art, aux nouvelles des lettres, ayant des curiosités sinon viriles, du moins élevées ou rares : j'arrange un peu ici ce qu'elle a eu l'intention de dire. Elle était prête à recevoir toutes les femmes intelligentes de ce temps-ci :

« Mlle Rachel, mon Dieu, je l'aurais parfaitement reçue ! Mais les femmes qu'on reçoit, qu'on voit, il n'y en a pas une avec qui on puisse causer. Tenez, qu'il entre une femme ici, je serais obligée immédiatement de changer de conversation; vous allez voir... Mme Sand, je l'inviterai quand on voudra.

— Elle est assommante », dit Nieuwerkerke.

Il y a beaucoup de bon vouloir, — et en toutes sortes de choses, — beaucoup de désir d'être intelligente ; pas un scrupule, au contraire, un certain plaisir à choquer les choses reçues, dans cette princesse, qui fait ce qu'elle peut pour avoir auprès d'elle des artistes et des écrivains, un peu de confiance, sans trop les comprendre, en les estimant sur parole. Mais ce temps-ci n'a pas le droit d'être trop exigeant...

La Société des Aquafortistes lui a demandé une gravure et elle est fort flattée d'avoir reçu une plaque et des pointes. Elle le dit naïvement.

Elle nous montre son atelier, un atelier de princesse qui croit peindre personnellement ce qu'elle signe. Il y a là toutes sortes de bibelots. C'est encombré de ces choses qui ne sont des objets d'art que pour les femmes, un faux pastel de Boucher, de faux pastels de Chardin.

Nieuwerkerke nous montre cela très sérieusement. Il y croit, c'est son excuse. Il m'a semblé qu'il avait à peu près le goût que les tapissiers donnent à une fille qui devient riche. Il a, malgré toute son amabilité, un nuage sur le visage. Il avoue que toutes ces affaires, ces attaques pour le Musée Campana, la campagne de Mᵐᵉ Cornu, racolant Delacroix, en lui promettant sa place à lui de directeur des musées, l'ont aigri : « Je suis devenu méchant », dit-il à Gavarni (1).

Vers les dix heures, il vient du monde. Je cause avec un monsieur qui me dit qu'il a acheté, il y a deux jours, aux Commissaires-Priseurs un portrait de Charlotte Corday, « charmant », de Vigée, qu'il a des tableaux, qu'il aime beaucoup le XVIIIᵉ siècle, qu'il a un dessin d'Oudry, qu'il a des tableaux de Lépicié, — tout cela avec un air fort satisfait de lui, une suffisance d'imbécile, des notions de badaud, une de ces belles profondeurs de sottise et une de ces plates étendues de superficialité qu'on perce en quatre mots.

Je croyais que ce n'était qu'un sot : « Qui est-ce ? » ai-je demandé à l'oreille de Chennevières. « C'est M. Boittelle, le préfet de police. » Cela m'a fait trembler pour la vie de l'Empereur. Penser que cette peau-là, une peau qui tient une dynastie, pas mal de la société, le paiement des rentes et le reste, la peau d'un bon

---

(1) Salomon Reinach a écrit, dans la Revue Archéologique (4ᵉ s., t. 4, juil. - déc. 1904 et t. 5, janv. - juin 1905) l'Esquisse d'une histoire de la collection Campana. Le marquis Campana, directeur du Mont-de-Piété de Rome, avait amassé une immense collection d'objets d'art intéressant l'Antiquité, le Moyen Age et la Renaissance. Il s'y ruina, emprunta indûment à son propre établissement, fut arrêté (1859), et le Vatican vendit ses collections. Après les Anglais et les Russes, Napoléon se porta acheteur et fit installer la collection Campana au Palais de l'Industrie, où elle constitua, avec des trouvailles ou moulages des fouilles d'Orient, un Musée Napoléon III, ouvert le 1ᵉʳ mai 1862. Sous le prétexte de favoriser la culture populaire et de fournir des modèles aux arts appliqués, les ennemis de Nieuwerkerke voulaient constituer face au Louvre, où il régnait comme surintendant des Beaux-Arts, un musée indépendant et rival. Ce sont les amis de Mᵐᵉ Cornu qui mènent l'affaire; son mari avait été chargé de l'achat et nommé administrateur provisoire de la collection. C'est un familier du salon Cornu, Ernest Desjardins, qui avait publié en toute hâte la notice-catalogue du nouveau musée et qui polémique aigrement avec Vitet, favorable à la thèse Nieuwerkerke. Enfin, les deux grands peintres amis des Cornu, Ingres, dans une lettre à l'Académie des Beaux-Arts (8 sept. 1862), et son rival Delacroix, dans une lettre à Beulé (Débats, 9 nov. 1862), se trouvent d'accord pour protester contre la « dispersion » du Musée Campana. Car entre temps, le 11 juillet 1862, Napoléon III avait donné raison à Nieuwerkerke et fait entrer cette collection au Louvre, sous réserve d'un tri destiné à envoyer en province les pièces médiocres ou en double : cette opération, présidée par Nieuwerkerke, fut l'occasion de nouvelles polémiques. Le « Musée Napoléon III » sera inauguré au Louvre le 15 août 1863. Ses éléments seront plus tard répartis dans les divers départements du Louvre, et quelques pièces, malheureusement, exilées en province.

Dieu d'État, est entre les mains d'un pareil imbécile, qui par là-dessus, est affligé d'une toquade, s'en va aux Commissaires-Priseurs flairer des tableaux au lieu de flairer des Orsini, rêve sur un catalogue de Laneuville au lieu d'éventer des bombes...

« Et celui-là, qui tient un écheveau de laine à la Princesse ? » C'était un vilain homme à vilaine tête, l'air d'un forçat évadé dans des maquis, des oreilles comme des anses de pot. Il aidait à dévider : on aurait dit un singe galant de Watteau.

« C'est Benedetti.

— Ah !... Et celui qui est sur le canapé, près de la porte ? » Celui-ci avait le front déprimé, un petit nez en pomme de terre, de grosses moustaches de tambour de la Garde nationale, un menton avalé, quelque chose du Kalmouk et du bas officier, l'air d'un pilier de café militaire de province et d'un ruffian d'écurie.

« C'est Fleury.

— Diable !... Et ce vieux à côté, avec un *crachat*, si laid, qui ressemble à un vieil homme d'affaires, à un avoué arrondi, à masque ignoble et louche ?

— Ah ! là, c'est La Valette. »

Près de la cheminée, sur un canapé, trois dames s'étaient assises. L'une était petite, un air de poupée, maniérée, assez jolie, tournant la bouche, une tête d'oiseau. L'autre, qui semblait de la maison, — elle avait dit en entrant, en donnant un échantillon à la Princesse : « Cela coûte trois francs le mètre », — jeune encore, décolletée fortement, était maigre, brune, ardente, une femme d'apparence nerveuse et chaude. La troisième était un monstre, un monceau de chair informe, avec de petits yeux et une énorme tache noire entre le nez et la bouche : elle ressemblait à l'éléphantiasis ayant le charbon. La poupée était Mme Émile de Girardin ; la femme brune, la générale Espinasse ; le monstre, Mme Benoist-Champy.

Nous étions habillés. Nous avons été faire un tour à l'Opéra. En entrant, nous avons accroché Champfleury. Il avait l'air, avec son habit noir, du croque-mort du Carnaval. Il y a deux ans, à ce qu'il nous conte, il a été, au sortir du bal, au bordel, déguisé en Polichinelle : apparition macabre pour les putains réveillées !

L'esprit est toujours gaulois ! Les gandins disent aux femmes pour les intriguer : « Sens mon cul ! » et les femmes répondent : « Ohé ! bougre de maquereau ! » J'ai remarqué, dans les gens en costume, un caractère pédérastique : il y a beaucoup de couples où je ne distinguais pas de la femme l'homme poudré, maquillé, efféminé, faisant *beau cul*.

Dimanche 14 décembre.

J'ai remarqué que les lendemains de bal de l'Opéra, le jour se lève comme les gens : terne. Il fait, ce matin, un temps singulier, un temps de sommeil et de tristesse. Le jour n'est pas gris, il est jaune de neige, d'un jaune blafard et lugubre.

Édouard, qui vient déjeuner chez nous, nous conte deux anecdotes sur Rachel, relatives à un jeune homme de la diplomatie qui, depuis, a vécu avec Juliette Beau.

Rachel avait fait à ce Murr des avances très marquées. Mais il devait, trois jours après, partir pour Madère où il menait son frère malade de la poitrine et qui y est mort. Par délicatesse, craignant de trop s'y attacher, il ne la baise pas. Cependant de là, lui écrit. Enfin, au bout de deux ans, revient, se présente chez Rachel, qui donnait un grand dîner. Par discrétion, fait prévenir Sarah qu'il est là (1). On le mène dans une chambre, en haut de l'hôtel, toute simple, — du papier perse, — et petite; mais au fond, un bon lit. Rachel, au bout de quelques instants, lâche tout, le dîner, les invités, saute en haut et ils y vécurent huit jours. Murr s'apercevant que le prince Napoléon était venu, tout est rompu; Rachel ne reçoit pas le Prince de trois jours, puis comme il revient au bout de trois jours, Murr rompt.

C'est pour lui qu'un jour, Rachel dit au petit Walewski : « Alexandre, va-t-en, ta mère va jouir. »

Le soir, nous dînons chez Gisette. C'est toujours cette société étrange, où il y a des mères de famille, des enfants, des jeunes filles devant lesquelles on se permet tout, on s'embrasse, on se liche, on se pelotaille, on s'envoie dès la soupe et on se renvoie les mots libres, les allusions gaillardes, des mots d'argot, l'esprit du cabotinage, les épigrammes salées et les nudités badines du petit journalisme. Il y a de quoi déflorer un fœtus.

Après dîner, on va, on vient, on se promène de chambre en chambre, du salon à la chambre à coucher, au cabinet de toilette,

---

(1) Sarah Félix, sœur de Rachel.

à l'antichambre. Les mères jouent du piano, les filles se mettent dans les coins. Il y a de l'ombre ici, des lampes là. On rit, on jase, on fait des mots, des farces, des tours de force. Mme Grangé, la femme du plus laid des vaudevillistes, monte sur les canapés et tombe de là, dramatiquement, à la façon des cinquièmes actes, comme un paquet d'où sortirait un cri : c'est son talent. Elle tombe encore mieux qu'une pièce de son mari !

Puis on danse. « Je ne peux pas danser le cancan devant ma fille », dit Agathe avec son air placide et brute de courtisane mérovingienne. « Ça la forme », dit sentencieusement Gisette. Une petite fille de onze ans joue une contredanse en la dansant de tout le corps sur le tabouret, la figure retournée vers la danse, tout inondée de joie et de rire. Les couples s'arrangent, comme des chevaux réunis. La fièvre, comme un hennissement, se dégage des femelles assemblées. Julie monte sur une chaise et crie le Miserere du Trovatore (1). Mme Grangé met un chapeau d'homme et danse comme Brididi. Les jupes se retroussent, les bras se détendent, les jambes partent. Dennery est parti : enfoncé le maire de Cabourg !

La conversation s'est désorganisée, débandée dans la société moderne, dans les salons actuels; elle s'est perdue en apartés, comme un fleuve en ruisseaux. Pourquoi ? Parce que l'égalité a disparu des salons. Un gros personnage ne s'abaisse pas à causer avec un petit, un ministre avec un monsieur qui n'est pas décoré, un illustre avec un anonyme. Chacun, autrefois, une fois admis dans un salon, se livrait familièrement à un voisin. Aujourd'hui, chacun semble se trier dans une cohue.

Le regret est l'homme. Rien ne signifie le caractère et surtout l'esprit d'un homme d'intelligence comme ses regrets, ses nostalgies du passé, ses regards en arrière, vers un paradis de son tempérament dans l'histoire.

Flaubert regrette une grosse barbarie, un âge de force, de déploiement de nudité, une ère primitive et sadique, l'âge sanguin du monde; des batailles, des grands coups; des temps héroïques, sauvages, tatoués de couleurs crues, chargés de verroteries.

(1) Cf. t. I, p. 606, n. 2.

Saint-Victor a toujours l'air d'avoir été chassé de la Grèce : il regrette ces villes où il y avait plus de statues que de citoyens. Le XIXe siècle lui semble une province, loin, très loin d'Athènes. Phidias lui manque, et le ciel ionien et les *théories*.

Nous, la Révolution nous a passé sur le corps. Il nous semble, quand nous nous tâtons à fond, être des émigrés du XVIIIe siècle. Nous sommes des contemporains déclassés de cette société raffinée, exquise, de délicatesse suprême, d'esprit enragé, de corruption adorable, la plus intelligente, la plus policée, la plus fleurie de belles façons, d'art, de volupté, de fantaisie, de caprice, la plus humaine, c'est-à-dire la plus éloignée de la nature, que le monde ait jamais eue.

Les acteurs ne s'habillent jamais pour la pièce ou pour le public. Ils s'habillent pour leurs camarades (1).

Jeudi 18 *décembre.*

J'ouvre la porte du salon de Janin, dans son chalet. Sans doute, il nous a entendus sonner : il lit notre FEMME AU XVIIIe SIÈCLE, et trop profondément pour ne s'être pas mis à la lire en nous voyant monter son escalier. Il nous a dit qu'il nous consacrerait tout son feuilleton de l'INDÉPENDANCE. Pourquoi ? Ce n'est pas pour nous. Contre qui ? Car un feuilleton de Janin vient toujours d'une mauvaise pensée.

Je lui parle des dessins d'Hugo, qu'on vient de publier. Il me dit : « J'en ai un superbe, et en tête des LÉGENDES DES SIÈCLES. » Il m'en montre un, véritablement assez beau, assez macabre : toujours un château gothique avec des éclairs de jour dans une nuit.

Comme je lui parle de la belle collection qu'il a de livres modernes en grand papier, en condition extraordinaire, et qu'il est seul à avoir : « Personne n'a pensé que nous serions un jour des anciens... »

Puis il nous conte que l'autre jour, dictant — il n'écrit plus, il dicte — et voyant son secrétaire s'arrêter, il lui dit : « Eh bien ? » Le secrétaire, lui montrant la pendule : « Nous avons commencé à onze heures, il est cinq heures »... « J'avais dicté pendant six

(1) Rayé depuis *Les acteurs...*

heures, j'avais fait deux feuilletons au lieu d'un, sans m'en apercevoir. Ma foi ! j'ai été fier, comme si j'avais tiré deux coups ! »
Il en est là : c'est la vanité de la *foire* !

Comme nous descendons son escalier de bois, nous l'entendons chanter à pleins poumons, tout seul, pour nous faire croire qu'il est jeune, qu'il est gai, — pareil à ces vieillards qui se fardent pour cacher qu'ils sont usés et finis !

Le soir, chez Gavarni, Gavarni nous parle d'Humann, qui a été son tailleur aux jours de son élégance. Humann n'allait pas chez les gens. On venait chez lui. On apportait un pantalon entièrement fait. Humann tournait, s'agenouillait, marquait de tous côtés des pinces avec du blanc et renvoyait le pantalon à un autre atelier. Humann sculptait des chiens, un Christ en poirier, une grande figure de femme.

Au reste, la sculpture n'était pas alors trop incompatible avec l'art du tailleur. C'était le temps de la toilette collante et appliquée aux formes. Le chic était une assez grosse cravate noire, un collet de redingote assez haut, la redingote droite, juste boutonnée jusqu'en bas, serrée aux poignets, un bout de petit jabot passant au haut de la redingote. Le pantalon ? Quelquefois pour attacher les sous-pieds, on était obligé de monter sur une chaise ! Gavarni avait un tailleur de régiment, spécial pour faire coller les redingotes. Ses gants devaient mouler la main.

Est-ce qu'en nous-mêmes, d'une année à une autre, se ferait le travail qui se fait d'un temps à la postérité, le travail de sévérité, de révision, de justice définitive, de classement absolu ? Je relis vingt lignes de MADAME BOVARY et je ne sais si je suis amené à cela par la lecture de SALAMMBÔ, mais le procédé matériel de la description infinitésimale de toutes choses, d'un reflet comme d'un petit pain dans une serviette, me saute aux yeux avec son ridicule, son effort, ses faux effets, sa misère. Je croyais bien que FANNY ne descendait pas de là de si près...

19 décembre.

Il faudrait bien savoir le dessous des critiques sur SALAMMBÔ. Cela serait amusant, curieux et instructif. Taxile Delord, qui l'a éreinté, nous disait, il y a deux jours : « Que voulez-vous ?

ils ne seront intéressants ni l'un ni l'autre, ni Lévy ni Flaubert :
Lévy est millionnaire, Flaubert a vingt mille livres de rentes ! »
La bienveillance de Cuvillier a étonné tout le monde : « Cuvillier,
Cuvillier ! disait Sacy à Janin en levant les bras au ciel, Cuvillier
qui est aussi classique que moi ! » Mais Cuvillier est édité par
Michel Lévy : voilà tout le mystère ! Et ainsi de tous les articles.

20 décembre.

Dîner du samedi chez Magny. Sainte-Beuve a connu à
Boulogne un vieux bibliothécaire, nommé Isnardi, lequel avait
été professeur de rhétorique aux Oratoriens d'Arras et avait eu
pour élève Robespierre. Devenu avocat à peu près sans pratiques, Robespierre fit un poème : L'ART DE CRACHER ET DE SE
MOUCHER. Sa sœur, craignant, s'il le publiait, qu'il ne perdît le peu
de clients qu'il avait, alla apprendre la chose à Isnardi, qui après
lecture, dit gravement à Robespierre : « C'est très bien, très bien;
mais il faudrait le retoucher. » La Révolution prit Robespierre au
milieu de ses retouches et le poème ne fut pas publié. On en ferait
presque un conte : LE DIABLE DANS UN CRACHOIR !

« Ici, à Paris, dit Sainte-Beuve mélancoliquement, nous
sommes dans la chaudière. Il y a toutes sortes de grosses choses
qu'il faut laisser aller comme elles peuvent. Il n'y a de bon que les
apartés ! » Tirer son épingle du jeu, se faire un petit coin de
société où il y ait toutes les tolérances d'opinions et de convictions,
il revient souvent à cette philosophie épicurienne d'un homme
vieux, lassé, inclinant au repos.

Nous nions l'historien dans Thiers contre Sainte-Beuve, qui
le défend, mais mollement et comme un homme qui veut être
battu. Nous citons la fameuse phrase du bouquet final : « Il ne
faut pas qu'un pays aliène sa liberté entre les mains d'un homme,
n'importe quel homme, n'importe quelles circonstances », — comme un
portier qui dit : « N'importe à quelle heure Monsieur rentrera, il
trouvera son bougeoir. » (1)

(1) La citation est perfide et inexacte. Thiers écrit, à la dernière page de son
HISTOIRE DU CONSULAT ET DE L'EMPIRE (t. XX, 1862, p. 796) : « Ainsi, dans cette
grande vie, [celle de Napoléon]... que les citoyens viennent à leur tour apprendre
une chose, c'est qu'il ne faut jamais livrer la patrie à un homme, n'importe l'homme,
n'importent les circonstances! »

Nous avons une prise furieuse contre Saint-Victor à propos de l'art de la Chine, contre laquelle il a une haine personnelle, je ne sais pourquoi.

Tout le monde, ce soir, au reste, est un peu aigre. Les contradictions ont des angles et blessent. Il faut que l'homme de lettres soit mieux élevé qu'un autre homme, pour n'avoir pas l'affirmation brutale, cassante, habitué qu'il est à parler seul, sans contradicteur dans le livre ou dans le feuilleton; et c'est déjà beaucoup que de demander à l'homme de lettres une moyenne de politesse : c'est trop, le plus souvent.

Les souverains ne rendent officiellement visite qu'à l'argent, aux millions. Jamais un souverain ne visite un grand homme. Quelquefois, quand il meurt, il envoie savoir de ses nouvelles; quelquefois encore, il envoie une de ses voitures le représenter à son enterrement. Mais l'argent, il va le voir en personne naturelle, comme le seul pouvoir de niveau avec le sien. Et cela depuis trois siècles : c'est Louis XIV et Fouquet, Louis XV et Bouret, Napoléon III et Rothschild (1).

Quand on n'aime pas les enfants et qu'on n'a pas de fortune, il faut acheter des singes.

21 décembre.

Henkey, l'Anglais sadique, contait dans sa loge, au bal de l'Opéra, à Saint-Victor, comme un beau trait, qu'un amant d'Emma Vali, prêt à crever, lui fit promettre, comme désir suprême, de venir pisser sur sa tombe.

A Ferrières, l'Empereur tira un faisan qui criait : « Vive l'Empereur ! » C'était un perroquet dont Lami avait peint les

(1) James de Rothschild reçoit Napoléon III le 16 déc. 1862 à Ferrières et lui demande d'y planter un arbre commémoratif. — Le fermier général Bouret a reçu plusieurs fois Louis XV dans son château de Croix-Fontaine en forêt de Sénart (cf. t. I, p. 163, n. 1) et il fit même construire pour le roi un luxueux pavillon de chasse près de Nandy. — Enfin, le 17 août 1661, à Vaux-le-Vicomte, Fouquet, surintendant des Finances, donne à Louis XIV une fête célèbre par la relation qu'en donne La Fontaine (lettre à Maucroix, 22 août 1661) et par la représentation des FÂCHEUX de Molière; mais le 5 sept. 1661, le trop fastueux surintendant est arrêté et il finira ses jours en prison.

plumes. C'est peut-être pour cela que Lami a été nommé officier de la Légion d'honneur... Ce n'est pas payé !

Cela m'effraye souvent de réfléchir combien Dieu ou ce qui a créé l'homme s'est manifesté matériellement dans l'homme. Les manifestations divines me semblent toutes matérielles dans l'homme. La pensée, la réflexion, la rêverie, l'amour, la vertu, l'âme en un mot me paraît par instants une acquisition humaine et quelque chose qui contrarie Dieu ou du moins la Nature.

24 décembre.

Mon ami Louis Passy m'apporte, ce matin, une petite brochure d'économie politique et de polémique statistique, en vue d'empêcher, pour les intérêts de sa future candidature aux élections législatives, le changement des circonscriptions électorales. Dans cette brochure où il s'efforce de constater la diminution de la population du département, il exhorte, il adjure ses compatriotes de faire des enfants, de procréer, de renoncer à *moucher la chandelle.* Il a son pucelage. Là est le comique (1).

Samedi 27 décembre.

L'originalité n'est pas d'aller chercher de l'originalité à Carthage, mais à côté de soi. Il y a là dedans du provincial, comme aller en Orient pour étonner les Rouennais. Flaubert, je le définirais d'un mot : un homme de génie... de province.

Le monde est une grande conspiration de sots. L'intelligence ôte des chances. Banville, un mauvais poète, mais le plus intelligent des hommes et de la vie que j'aie vu, à quoi est-il arrivé ? A une misérable pension, à une aumône d'Impératrice.

Une chose, ce soir, me touche, m'attendrit presque : Poulet-Malassis m'écrit, du fond de sa banqueroute et de sa cellule

(1) Il s'agit de la brochure intitulée DU MOUVEMENT DE LA POPULATION DANS L'EURE, 1862, extraite du JOURNAL DES ÉCONOMISTES, où elle avait paru en octobre-décembre. Le préfet Janvier de la Motte, voulant faire élire contre Louis

aux Madelonnettes, pour me demander de quel ébéniste Louis XVI pourraient être deux encoignures achetées par un de ses amis. Penser au rococo dans l'enfer de la faillite !

Depuis que je vais chez la princesse Mathilde, j'ai du talent, pour tous ceux qui n'y vont pas.

Le soir, au Café Véron, Claudin arrive en tenue de bal : « Et l'archevêque ? — Il est très malade. — Je parie que tu as déjà fait son article ? — Parbleu ! dit Claudin, j'en ai même fait deux. Un pour demain, s'il est mort ; et un, s'il ne l'est pas... Parce que, je vais vous dire, l'archevêque dans le MONITEUR, ça se met en *filet*. On mettra demain un de mes deux articles en *filet*... Une heure ! Sapristi, je me sauve au bal de l'Opéra ! » (1) *Sic transit...*

28 décembre.

J'ai toujours rêvé ceci et ceci ne m'arrivera jamais. Je voudrais, la nuit, entrer par une petite porte que je vois, à serrure rouillée, collée, cachée dans un mur, dans un parc que je ne connaîtrais pas, petit, étroit, mystérieux. Peu ou point de lune, un petit pavillon. Dedans, une femme que je n'aurais jamais vue et qui ressemblerait à un portrait que j'aurais vu. Un souper froid, point d'embarras, une causerie où l'on ne parlerait d'aucune des choses du moment ni de l'année présente ; un sourire de Belle au bois dormant ; point de domestique. Une heure de plaisir comme on en a dans les rêves ; puis un de ces derniers baisers où l'on se fond, et s'en aller sans rien savoir, comme d'un bonheur où l'on a été mené les yeux bandés, et ne pas même chercher la femme, la maison, la porte, parce qu'il ne faut pas violer un rêve... Mais jamais, jamais cela ne m'arrivera. Et cela me rend triste.

Passy le duc d'Albuféra aux élections de 1863, coupe en deux l'arrondissement des Andelys en créant dans l'Eure une quatrième circonscription, dont Louis Passy démontre, dans son opuscule, qu'elle était inutile, la population de l'Eure ayant diminué de 6004 habitants. Malgré l'écho donné à ses réclamations par Prévost-Paradol dans LE COURRIER DU DIMANCHE et par J.J. Weiss dans les DÉBATS, Passy fut battu par Albuféra en 1863.

(1) Mgr Morlot meurt le 29 déc. 1862 et est remplacé à l'archevêché de Paris par Mgr Darboy, le 12 janv. 1863.

Il ne faut pas demander tant à un souverain né souverain, qu'à un souverain devenu souverain. Celui-là est plutôt une abstraction qu'un homme : c'est un fait, sans frottement, sans contact avec l'humanité. Ainsi Louis XV. Mais il faut exiger tout et presque tout de ceux qui de l'humanité commune, du commerce d'égalité avec l'homme, sont montés à la domination, comme l'empereur actuel. Et cependant, il n'y a pas grande différence de compassion, de sympathie aux misères, de charité, d'humanité entre les uns et les autres.

Dans le désir furieux du coït, une chaleur vous part de la poitrine et semble vous monter à la tête comme une bouffée de sperme. Et tout à coup, vous vous sentez devenu un animal. Il y a une brute dans votre être. C'est la transfusion de la brute dans l'homme.

Il y a deux hommes dans Gavarni. Un homme curieux des plus grandes questions, pour qui, comme pour Gœthe, la Révolution de 1830 serait un petit événement auprès d'une opinion de Cuvier à l'Académie (1); très hautement intelligent, explicateur et définisseur admirable des systèmes de science ou de philosophie les plus hardis sur l'homme, sur la femme, sur les caractères; ayant les aperçus les plus profonds et les plus fins, concret et saisissant. Celui-là, c'est l'homme de la solitude et de l'intimité, l'homme qui se voile et se cache le plus souvent. Puis vous avez un autre Gavarni, assez étroit d'esprit, nourri des petits goûts de la Restauration, aimant la fable, la chanson, dégustant un article de petit journal, se rappelant des parodies d'opéra de Désaugiers; un homme enfin qui est à l'autre ce que ses premiers dessins sont à son VIRELOQUE.

Nous conte qu'il était à la prison de la Garde nationale. Horace Vernet vint l'inspecter en grand uniforme, avec toutes ses croix. Ils ne s'étaient jamais vus : « Ah ! c'est vous qui êtes monsieur Vernet ? Eh bien, je ne suis pas fâché de vous dire

(1) Cf. ENTRETIENS de Gœthe et d'Eckermann, trad. Charles (1862), à la date du 2 août 1830 : alors que Eckermann croit Gœthe bouleversé par l'annonce de la Révolution de Juillet, l'émotion de Gœthe vient d'un article rendant compte de la grande discussion entre Cuvier et Geoffroy Saint-Hilaire à la séance académique du 19 juillet sur la différenciation des espèces animales.

1199

ce que j'ai sur le cœur ! » Vernet, alors fort turlupiné, croit qu'il va être blagué, prend un air *crin* et d'homme prêt à ne pas supporter la plaisanterie. Alors, Gavarni se met à lui dire très longuement toute l'admiration qu'il avait pour lui, et se nomme. Vernet en fut si touché que les larmes lui en vinrent aux yeux.

En ce moment, pas de travail, par ennui plutôt que par impuissance. Il reste, en ce moment, tout entier à de grands rêves d'argent, pour le rêve et non pour l'argent.

Il est assez singulier qu'il faille toujours une circonstance, une influence pour obtenir dans les lettres et les arts ce à quoi on a droit.

Flaubert n'a aucun sentiment artistique. Il n'a jamais acheté un objet d'art de vingt-cinq sous. Il n'a pas chez lui une statuette, un tableau, un bibelot quelconque. Il parle pourtant d'art avec fureur; mais ce n'est que parce que, littérairement, l'art est une note distinguée, *bon genre*, qui couronne un homme qui a un style *artiste*, et puis c'est anti-bourgeois (1). Il a pris l'antiquité à l'aveuglette et de confiance, parce que là est le beau reconnu. Mais trouver le beau non désigné, non officiel d'une toile, d'un dessin, d'une statue, saisir son angle aigu, pénétrant, sympathique, il en est absolument incapable. Il aime l'art comme les sauvages aiment un tableau : en le prenant à l'envers.

31 décembre.

Pour le dernier jour de l'année, nous dînons chez la princesse Mathilde. Il y a à peu près quinze jours que nous y avons dîné. Nous y sommes invités sans nos introducteurs, Gavarni et Chennevières.

Nous voilà dans le salon rond. Il n'y a personne qu'un bouquet énorme, large comme le guéridon qu'il couvre entièrement, tout dessiné en lignes de camélias blancs et roses, bordés de fleurettes bleues, avec le chiffre de la Princesse, *M*, écrit au milieu en fleurs rouges.

(1) Add. éd. : *ce n'est...*

Entre un monsieur dont la tête tient de la vieille femme et
du vieux régisseur de théâtre de province, le sourire gracieusé, le
regard éraillé : c'est le comte de Laborde, le directeur des Archives.
Puis Sainte-Beuve; puis un grand garçon brun, à mine fade et
triste, une figure de lame de rasoir anglais : le frère d'Alfred de
Musset, Paul de Musset. Puis un vieux monsieur blanc à grand
nez, à grands traits, qui ressemble à Bailly et au Cassandre d'une
pantomime : c'est M. de Giron, l'architecte du Luxembourg. Tout
le monde arrivé, la Princesse fait son entrée.

La causerie s'engage sur le précepteur que va avoir le Prince
Impérial. La Princesse a vu le petit bonhomme le matin et elle a
appris par Mme de Brancion qu'il allait passer aux mains des
hommes : « Et ce précepteur s'appelle? — Ce précepteur ne
s'appelle pas, il se nomme Monnier. — Qui ça, Monnier? —
Connais pas... Pas... Pas... » Il y a de l'écho (1)... Sainte-Beuve est
appelé : « Monnier? » Il cherche dans ses registres d'École Normale, dans sa nomenclature de mémoire de professeur : « Monnier,
a fait une étude estimable sur d'Aguesseau, ... professeur de troisième au collège Rollin, ... habite le Quartier Latin, ... aime
beaucoup sa mère : un bon jeune homme... »

« Mais c'est arrangé depuis quelque temps, dit la Princesse.
Car j'ai demandé au petit s'il l'avait vu et s'il se plairait avec lui :
il m'a répondu qu'oui, qu'il l'avait vu dans le cabinet de son
père et qu'il avait l'air doux comme une fille.

— Mais qu'est-ce qui l'a poussé là?

— Il est arrivé par l'obscurité !

— C'est Egger, on l'a consulté.

— Princesse, on ne consulte pas Egger !

— Comment, on ne consulte pas Egger?

— Mais vous savez l'histoire d'Egger? Il se met devant un
vase au Musée Campana, à prendre des notes, un jour que l'Empereur y va. L'Empereur demande : « Qu'est-ce que c'est que ce
monsieur? — Un monsieur de l'Institut... » Egger approche,
défile son chapelet sur le vase : il s'était fait sa leçon. Et voilà sa
faveur...

— Eh bien, nous avons perdu notre archevêque (2)...

(1) Cf. MARIAGE DE FIGARO, acte V, sc. 7.
(2) Voir t. I, p. 1198, n. 1.

JOURNAL

— Un bien brave homme, dit la Princesse. Dans son entrevue
avec l'Empereur, il lui a remis toutes les lettres que lui a écrites
le Pape. Il paraît qu'on l'a tourmenté affreusement de ce côté-là,
pour donner sa démission d'aumônier de l'Empereur et de membre
du Conseil privé. Il paraît que dans sa maladie, il a dit : « J'aime
autant m'en aller, tourmenté comme je le suis. »

On remue les noms des candidats :

« Ah ! mon Dieu ! dit la Princesse, je voudrais bien de
Mgr Donnet, de Bordeaux. Je vais vous dire une chose... Ah !
s'il savait que je vous l'ai dite, il ne me donnerait plus sa bénédiction ! Je lui disais : « Mais, dans votre Sénat, vous faites de l'opposition au gouvernement, vous parlez pour le pape ! » Alors,
il me dit : « Mais, Princesse, pourquoi aussi nous consulter ? Nous
ne pouvons faire autrement. Qu'on prenne tout au pape, et puis
qu'on nous consulte après ! »

— C'est comme avec les femmes ! me dit Sainte-Beuve. Des
excuses, mais après ! »

La Princesse — et naturellement la table — est dans l'admiration de la réponse d'Augier à Laprade (1). Sainte-Beuve, qui
affirme toujours n'avoir rien lu, parle de Laprade, qui l'a traité de
punaise, avec le ressentiment de l'égratignure; et comme on parle
de l'avenir d'Augier au théâtre : « Il faut qu'Augier continue, il
tient l'ennemi à la gorge ! »

Il est plein de feu encore, rageur comme les petits vieillards,
le sang chaud, la tête jeune, croyant impossible que Laprade
s'asseye encore à l'Académie à côté d'Augier, — c'est sa place,
ironie ! — sans qu'il y ait un échange de soufflets. Chaud et passionné de souvenirs, de regrets, nous disant : « Tous les excès
me sont défendus, et qu'est-ce que l'usage sans l'excès ? » Furieux

(1) Pour venger les légitimistes ridiculisés dans LE FILS DE GIBOYER, Victor
de Laprade compose contre Augier le poème satirique de LA CHASSE AUX VAINCUS
(déc. 1862) où Augier était traité de *chenille* et de *Pégase de cour*. Augier réplique par
une lettre à Laprade, dans l'OPINION NATIONALE du 31 déc. 1862, en s'en prenant
assez bassement au fonctionnaire mal pensant et destitué : « On vous verrait encore
émarger à ce gros budget,... si le gouvernement, que vous attaquiez d'une main en
recevant son argent de l'autre, n'avait arrêté votre petit commerce. » Quant à Sainte-
Beuve, après avoir compté Laprade parmi ses amis lyonnais, il fit sur sa poésie un
article sévère (sept. 1861), d'où les attaques contre la servilité politique de Sainte-
Beuve... et de bien d'autres, dans LES MUSES D'ÉTAT (nov. 1861), qui entraînèrent la
révocation de Laprade, professeur de la Faculté des Lettres de Lyon (14 déc. 1861),

contre l'Académie, dont il est un des cinq ou six membres assidus; furieux, et non sans droit, contre la grande coterie politique qui y règne, en sorte que l'autre jour, M. Berryer, qui ne vient presque jamais aux séances, a annoncé le futur choix des Quarante, au moins de la majorité, simplement en disant à dîner, chez lui, que la prochaine fois, le candidat serait l'abbé Gratry (1).

La conversation tourne, se retourne et va à M. de Custine. On équivoque. L'allusion joue. La pédérastie flotte sous la plaisanterie : « Cependant, il a eu un enfant », essaye de répondre la Princesse. Cependant, c'est une justice à lui rendre, elle est presque embarrassée (2).

En sortant de table, l'embarras s'en va. Elle a promis une histoire, elle la tient. C'est un prêtre marieur, qui fournit à une famille un vérolé mal guéri, — un vrai conte de la reine de Navarre. Cela amène Paul de Musset a conter une histoire de vérole attrapée par le Poniatowski actuel à Venise, avec une femme du monde nommée la Griti.

Sainte-Beuve, en aparté, nous dit qu'il a mené un de ses amis, non inintelligent, l'autre dimanche, à TARTUFFE, qu'il a été obligé de lui expliquer bien des choses, que cela a vieilli; qu'à Rodin, au JUIF ERRANT, de l'Ambigu, tout est compréhensible, portant coup. Toute la force et la virtualité critique de Sainte-Beuve est là, j'y reviens : n'estimer que la vie dans le talent, malgré tous les goûts raffinés du lettré, en dépit du maniérisme de son tempérament d'écrivain.

L'Empereur a fait demander par la Princesse à Giraud un album de caricatures sur la REINE DE SABA. Texte et dessins, Giraud a fait tout un volume très amusant et auquel l'Empereur tient tant que l'autre jour, il a dit à son fils qui crayonne sur tout : « Ah ! par exemple, non, je ne veux pas que tu écrives là-dessus ! »

(1) Le grand motif de rancune académique de Sainte-Beuve, en 1862, c'est la victoire monarchiste du jeune duc Albert de Broglie, contre qui il avait publiquement pris position (cf. t. I, p. 1162, n. 1) et qui avait été élu le 20 fév. 1862 au fauteuil Lacordaire. Quant à l'abbé Gratry, il sera élu seulement le 2 mai 1867 contre le libre-penseur Vacherot au fauteuil Barante.

(2) Mathilde avait reçu quelquefois dans son salon, dès avant 1851, le fils de la spirituelle Delphine de Sabran; et surtout, c'est Custine qui lui avait vendu Saint-Gratien en 1853 : il était même resté quelque temps son voisin, ayant d'abord gardé pour lui une partie du parc et le pavillon de Catinat.

« Ah ! dit la Princesse, devinez quel drôle de cadeau on m'a fait ! » Elle sonne. On apporte une harpe Louis XVI : « C'est M. Boittelle. — Ah ! dit quelqu'un, il a fait une circulaire pour défendre les chanteurs des rues, il aura saisi cette harpe. »

De temps en temps grognent dans leur panier, trouvant des plis à la plume sur laquelle ils sont couchés en rond, les petits chiens de la Princesse, chiens hydrocéphales, à œil de crapaud écrasé, à petites pattes maigres et sèches, comme ridées : j'ai remarqué qu'il n'y a rien de plus mal élevé chez les princes que les chiens. Je feuillette l'album de la Princesse : il y a une pauvre caricature de Giraud, trois bouts de dessins au crayon, une misère ! Je cause avec elle curiosités : elle va souvent de chez elle à pied chez Vidalenc ; il a, dans ce moment-ci, un canapé dont elle a une envie ! Puis de son exposition, pour laquelle elle se presse : elle a des modèles superbes, une famille de Napolitains !

Viennent les gens du soir, ceux que j'ai déjà vus, les Benedetti, les La Valette arrivant, saluant, souriant, disparaissant dans un salon où il n'y a personne, reparaissant, resouriant et toujours ainsi. Je ne leur ai pas entendu encore dire une parole. Puis un monsieur qui ressemble au petit mari brun d'une danseuse italienne, personnage souriant et muet également, un de ces hommes qui portent sur une épaule l'unité italienne, M. Vimercati. Un homme se met à causer avec la Princesse, qui ressemble — hélas ! ce sera une comparaison perdue pour la postérité et pourtant elle est bien juste ! — qui ressemble à Napoléon joué par La Cressonnière : c'est Émile de Girardin.

Pendant ce temps, des femmes se rangent dans un coin, en rond, comme des écosseuses de pois, autour d'une causerie très basse et très peu animée. Du divan où nous sommes assis, nous en voyons trois, qui ont l'air de trois Parques. Il y a une Parque romaine, effrayante, qui tient de la matrone et de la sorcière, de la Cornélie et de l'Agrippine. Une autre à côté, la peau collée aux os, les yeux au fond des creux comme du feu dans un tombeau, un fourreau de robe sur les membres, a l'air d'une momie. La troisième, blonde et vieille, une tête décharnée, les yeux clairs d'une vieille Anglaise, a l'air d'une Euménide revenant d'Epsom. La première est Mme Vimercati ; la seconde est Mme Benedetti, ramenée d'Égypte par son mari ; la troisième, Mme de la Valette, l'ex-veuve du banquier Welles.

Dans le bas, à l'arrière-fond du salon, papillonne un petit ménage, le Taigny et sa femme, « les délices de l'Impératrice ». Un moment, j'entends le mari parler à la Princesse du Conseil d'État. La femme a l'air d'une jolie petite demoiselle de boutique, dans une robe de velours noir. Elle sent encore, mais assez gentiment, la rue des Bourdonnais, d'où elle sort.

Je regarde tout ce monde. Rien dans aucun de ces hommes, qui les indique, qui les révèle, qui les fasse reconnaître; point un signe, point une marque, point un trait. Toutes les têtes que je vois sont des têtes d'avoués, — fines, retorses, renardées, — ou des têtes d'imbéciles. Des physionomies de province : c'est l'aspect général.

Je sors en trouvant tout cela très plat, — et les choses même imprévues qui arrivent, très bourgeoises. Il n'arrive jamais qu'une princesse comme cela vous fasse quelque chose de plus extraordinaire que de vous donner à dîner : elle ne vous fera pas attendre dans une pièce, où il y aura le DIABLE AU CORPS sur la table (1). Non, point d'imprévu : elles n'ont pas ce sens-là. Elles n'ont pas le caprice d'une chose impossible; de faire un tour le soir, incognito, à pied, pour aller voir sur le boulevard les boutiques du Jour de l'An, ou de vous prendre votre nuit en un tour de main. Le beau feu d'aventure, la fantaisie même de libertinage, qui brûlait dans le cœur de la femme au XVIIIᵉ siècle, est bien fini. Aujourd'hui, une princesse donne à dîner, reçoit le soir, fait le tour de son amant et n'en sort pas. Même quand elles sont putains, elles sont rangées. Vous croyez bêtement à un roman, c'est un salon. Il n'y a plus de princesses...

(1) Voir t. I, p. 948, n. 2.

ANNÉE 1863

1er janvier.

NOUS somme tristes et encore plus humiliés de dîner aujourd'hui au restaurant. Il y a des jours dans l'année où il est convenable d'avoir une famille,... à six heures et demie précises.

Ne sachant où aller le soir, nous tombons, au dessert d'un grand dîner chez Dennery, lequel nous raconte, avec une effronterie de Robert Macaire bonhomme, la chose suivante : « On m'a envoyé l'autre jour un jeune homme qui avait une idée de pièce superbe. Naturellement, je lui ai dit : « Écoutez, je dois vous pré- « venir. Toutes les idées de pièces qu'on me présente, je les trouve « détestables. Et puis trois, quatre mois après, l'idée qu'on m'a « proposée me revient. Elle me semble bonne ; j'oublie complète- « ment l'individu qui me l'a apportée, je la crois de moi, absolument. « Je vous préviens. »

2 janvier.

On pourrait dire que l'injure au XIXe siècle fait partie de la religion des imbéciles. J'ouvre Quérard pour savoir le nombre d'estampes du beau Molière de Prault : je ne trouve pas le nombre d'estampes, mais je trouve des invectives contre le talent de Boucher.

3 janvier.

Chez Magny. — Nos livres, notre genre de travail ont fait, je le sais, une grande impression sur Sainte-Beuve. La préoccupation de l'art, dans laquelle nous vivons, le trouble, l'inquiète, le tente. Assez intelligent pour comprendre tout ce que ce nouvel élément, inconnu jusqu'ici à l'histoire, a apporté de couleurs et de richesses au romancier et à l'historien, il veut se mettre au courant. Il tâtonne, il interroge, il essaye de nous faire causer; il demande indulgence pour son article de lundi sur les Le Nain. Il ne sait pas et il voudrait bien savoir...

On a parlé ce soir misère du peuple, promiscuité des faubourgs. Sainte-Beuve s'est écrié, avec un accent d'humanité de 1788, qu'il ne comprenait pas qu'on ne fût pas sur le trône un saint Vincent de Paul ou un Joseph II : Assainir tout cela, ce serait déjà quelque chose, ce serait le commencement... » De là, on est venu aux petites filles du peuple, qu'il a fort étudiées, nous dit-il, et qui ont à la puberté deux ou trois ans de folie, de fureur de danse et de vie de garçon, jetant leur gourme et leurs bonnets par-dessus les moulins, sortant de là rassises, rangées, ouvrières, femmes d'intérieur et de ménage, — remarque très juste.

Il y avait au dîner d'aujourd'hui Nieuwerkerke. C'est toujours un Goliath réussi, élégant et poli, l'œil plein de douceur. Comme nous sortons, il nous rattrape et nous mène fumer un cigare dans ses appartements du Louvre. Il nous montre d'abord sa galerie, une galerie énorme, majestueuse, soutenue de quatre colonnes de marbre rouge, ornée de ces vases de marbre, de ces porphyres à grande tournure Louis XIV, qui sentent leur vieux Louvre; — galerie d'un souverain amateur, qu'il nous éclaire avec une lampe dont le globe paraît le rendre très fier : il est d'émail au lieu d'être de verre dépoli.

Dans une vitrine placée dans l'embrasure d'une fenêtre, il nous montre sa collection particulière : des cires du XVIe, du XVIIe et du XVIIIe siècle, petits médaillons qui ont la vie effrayante et comme la peau morte des figures de cire, profils momifiés, petites silhouettes cadavériques, au milieu desquelles il nous montre une imitation, de sa main, qui représente la princesse Mathilde.

Puis de là, ouvrant l'un après l'autre, quatre cartons grand in-folio, sur lesquels est écrit, en or : Soirées du Louvre, il nous montre les caricatures de tous les gens qui viennent chez lui, employés du Louvre, ministres, généraux, artistes, écrivains, aquarellés le soir chez lui, à la lampe, d'après nature par Giraud, avec un modelage extraordinaire, — des fantaisies très remarquables d'ironie, des coups de gouache les plus hardis et les plus heureux, des grossissements de ressemblance qui font vivre la physionomie. Les têtes sont très grosses, les corps très petits ; et dans tous, c'est la touche d'un Eugène Lami décoratoire : l'esprit mêlé à l'effet.

Nous passons par un corridor, où gèlent au mur, à côté de beaux cadres de fleurs en jade chinoise, les horribles gravures de Marc-Antoine, et nous entrons dans sa chambre. Une chambre dont l'alcôve est un large hémicycle à tenture, à rideaux de soie cramoisie, enchâssant dans des fonds de sang sombres, sourds et riches, le lit à colonnes d'ébène ; des bras d'or reluisent aux deux côtés. Toute la chambre est Renaissance. Un cabinet à mosaïque de Florence ouvre ses vantaux en face de la cheminée. Des bronzes florentins noirs ont, sur les meubles, des lueurs de peau de nègre. Les yeux remontent involontairement au XVIe siècle. Les choses prennent une tournure de mystère, de drames. Il y a je ne sais quoi d'inquiétant dans le rouge des rideaux, dans le noir de l'ébène. On cherche sur la table le drageoir d'un mignon. Le souvenir du corps du duc de Guise, dans le tableau de Delaroche, s'allonge sur le tapis, près d'une porte (1). Nieuwerkerke lui-même, nous montrant des empreintes de petites obscénités antiques, puis tirant de son tiroir à cigares la mâchoire inférieure d'Anne d'Autriche, avec tous les certificats, prend je ne sais quel air de gitonisme à la Henri III. Je vois un Caylus, un Maugiron, avec un chapelet de têtes de mort, les jours de pénitence. Ce que c'est que les reflets des meubles, le soir, à minuit sur les gens !

Il nous a montré près de son lit deux mines de plomb d'Ingres : son portrait à lui et Philémon et Baucis. J'ai toujours peur de la destruction, quand je vois de pareilles choses du plus misérable de tous nos peintres : penser que s'il ne restait rien

(1) Dans ce célèbre Assassinat du duc de Guise (1835), qui est à Chantilly, le cadavre gît au premier plan, tandis que Henri III, au fond, s'éloigne avec les assassins, ses familiers.

de lui, M. Ingres resterait peut-être! Mais bien d'autres choses, — et ceci je l'espère, — heureusement resteront : deux malheureux dessins de demoiselle, bien peinés, bien secs, bien estropiés et bien bêtes, — pis que bêtes : niais! Nieuwerkerke lui-même, qui n'y connaît absolument, mais absolument rien, les trouve moins beaux depuis qu'il est brouillé avec M. Ingres à propos de la terrible affaire Campana.

4 janvier.

Il paraît que la position du grand et très aimable personnage d'hier, M. de Nieuwerkerke est minée, ébranlée, menacée, Mme Cornu, cette Maintenon républicaine de Napoléon III, pousse furieusement contre lui Delacroix; et l'Institut fait avancer M. de Laborde, qui passerait de la direction des Estampes au Louvre, un saut que celui-ci est très capable de faire. M. de Laborde a tout ce qu'il faut pour réussir. Il est sec, froid, médiocre et plat. Il n'a pu être peintre, il s'est fait critique. Critique, il est arrivé à une place superbe, au bout de deux articles bien nuls dans la REVUE DES DEUX MONDES, en affirmant à l'Empereur qu'il avait joué avec lui quand il était petit, — ce qui était arrivé, non à lui, mais à son frère. N'avoir droit à rien, c'est un si grand titre pour arriver à tout !

L'histoire serait amusante, si l'on avait tous les détails de cette lutte où la princesse Mathilde va jouer son va-tout contre Mme Cornu. Toujours les femmes !

Feuilleté les 80 planches de la GUERRE D'ESPAGNE de Goya. C'est le cauchemar de la guerre. Surtout, une planche terrible vous reste, comme une horreur rencontrée la nuit, par un clair de lune, au coin d'un bois : c'est un homme empalé dans une branche d'arbre, nu, saignant, les pieds contractés de souffrance, l'agonie de sa torture sur la face et dans le hérissement des cheveux, le bras coupé, cassé comme un bras de statue... Et puis des bouches qui crachent la vie, des mourants vomissant le sang sur des cadavres; l'Espagne mendiant, les pieds dans la voierie d'une ambulance !

Le génie de l'horreur, c'est le génie de l'Espagne. Il y a de la torture de l'Inquisition presque dans ces planches de son dernier grand peintre. Son eau-forte brûle l'ennemi pour la postérité, comme autrefois l'autodafé brûlait l'hérétique pour l'enfer.

ANNÉE 1863

Aubryet, qui joue et perd à la Bourse, nous peint les gens de Bourse comme les hommes les plus grossiers qui aient jamais existé. Et point même de largeur, point de ces services à leurs amis ! Jamais un conseil pour indiquer une bonne affaire, un bon placement. Ils regardent l'argent comme appartenant de droit aux seuls gens de Bourse. Tous égoïstes, rustauds, butors, comme celui-là qu'on a baptisé : « Une pièce de cent sous dans un faux col.» Quelques-uns font profession expresse et ouverte de détester les lettres et les hommes de lettres.

Claudin, qui est très naïf au milieu de la corruption qu'il traverse comme un hanneton, croit m'apprendre que les gens de théâtre n'ont des maîtresses que pour les autres, — ainsi Dennery, Fournier. On les lance dans les ministères, aux culottes des ministres, des puissances, des secrétaires et des valets influents, des vieillards et des jeunes gens. Elles lèvent pour leurs hommes le petit Baroche ou les alentours d'un Fould. Il a entendu Gisette et la de Tourbey dire : « Eh bien, quoi ? Ils nous donnent de l'argent ? Mais c'est à nous, cet argent-là : nous faisons pour eux la traite des blancs. — Est-ce que sans moi, disait l'une, il aurait eu son renouvellement de privilège pour dix ans ? — Et sans moi, disait l'autre, est-ce qu'il aurait jamais eu la collaboration de Mocquard ? »

L'isolement grandissait l'esprit de Gavarni; la société de la femme bête le rapetisse, le diminue, l'abêtit.

Je lis ces temps ci dans le FIGARO des articles de Lescure pour un volume intitulé LA VRAIE MARIE-ANTOINETTE. Cette vraie Marie-Antoinette est simplement la nôtre. Même point de vue, mêmes côtés du caractère mis en lumière. Ce sont nos idées, nos documents, nos citations mêmes, tout notre travail et toute notre œuvre.

A première vue, nous nous étions défiés de cet Auvergnat insinuant, qui s'est présenté à nous comme notre élève, très humblement, et qui maintenant *fait* nos livres, comme on *fait* un mouchoir. Pour arriver plus vite et avec moins de peine, il a pensé à un moyen très simple : il monte derrière les succès. Après les MÉMOIRES DE SANSON, il fait LES FEMMES DE L'ÉCHAFAUD; après notre MARIE-ANTOINETTE, la sienne. A ce métier-là, on est bien un peu crotté, on peut attraper quelques coups de fouet, mais on arrive, — comme les domestiques.

J'ai remarqué que les imbéciles, supportables à la campagne, sont insupportables à Paris. Ils ne sont plus en situation. Il faut la province aux parents : c'est leur cadre.

A l'enterrement de l'archevêque, un enfant disait sur les bras de sa mère : « N'est-ce pas, Maman, que c'est plus beau que le bœuf gras ? » (1)

J'ai retrouvé, dans l'article sur les Le Nain de Sainte-Beuve, sept fois l'épithète *crayeux*, jeté en l'air dans la causerie de samedi chez Magny. Ç'a été vraiment une charité que de lui donner ce mot-là.

Je trouve, en bouquinant sous l'arcade Colbert, un euco-loge de l'église de l'abbé Chatel. C'est de Laverdet, aujourd'hui marchand d'autographes. Laverdet marche toujours dans la rue le chapeau à la main. Mon dentiste, devenu fou de mysticisme, ne pouvait non plus supporter son chapeau. Est-ce que tous les mystiques auraient cette faiblesse du crâne, cette facilité à la congestion cérébrale ?

11 janvier.

Le Café Anglais vend par an pour 80.000 francs de cigares. Le cuisinier a un traitement de 25.000 francs. Son maître est dans ses terres. Il a chevaux, voiture, il est membre du Conseil général. Voilà la grandeur des folies de Paris.

Il y a, à l'heure présente, quatre fameux danseurs dans les bals publics, dont le plus renommé s'appelle Dodoche. C'est un marchand de papier. L'autre est un sculpteur. Le troisième, un marbrier tumulaire, et le quatrième, un attaché aux pompes funèbres. Ainsi se rattachent nos bacchanales à la Danse des Morts.

Ces danseurs sont en si grande vogue, surtout au bal masqué, que les femmes leur donnent, pour la publicité de danser avec eux, cinq francs par contre-danse.

---

(1) Voir t. I, p. 1198, n. 1 sur la mort de Mgr Morlot. — Sur l'article de Sainte-Beuve dont il va être question, cf. t. I, p. 1179, n. 2.

Il est vrai qu'elles rattrapent cela avec un usage tout récemment introduit au bal de l'Opéra : elles montent mendier dans les premières loges, chez Daru, dans les loges d'ambassade; elles attrapent des louis, des demi·louis, cela monte parfois pour la nuit à une recette de deux cents francs.

Au dernier bal, il y avait, à ce qu'il paraît, dansant avec ces hommes, une fille publique, chassée de Lyon pour son tapage et qui fait, en ce moment, beaucoup d'argent à Paris. Elle avait en dansant deux mouvements. Elle relevait ses jupes par derrière et montrait à nu un collant collé sur son cul; puis, elle se retroussait par devant et montrait son caleçon fendu.

On permet tout cela, on permet les cordaces effrénées. On encourage sur tous les petits théâtres une certaine drôlerie, qui touche à la philosophie de de Sade trempée dans de l'huile de quinquet; un comique sinistre, qui décroche les étoiles du ciel; des rires de crapaud sur ce mot : *Ma mère*; des récréations de bagne faisant des mots; un argot où les immondices d'âme du cabot se mêlent à je ne sais quelles blagues de maquereau et de ruffian. On masturbe les peuples comme les lions, pour les domestiquer.

Flaubert nous conte que quand il était enfant, il s'enfonçait tellement dans ses lectures, en se tortillant une mèche de cheveux avec les doigts et en se mordillant la langue, qu'à un moment il tombait à terre, net. Un jour, il se coupa le nez en tombant contre une vitre de bibliothèque.

Chez lui, un jeune étudiant en médecine, Pouchet, s'occupant fort de tatouage, nous en conte de toutes les couleurs. Entre autres, un forçat qui avait sur le front, comme imprimé : *Pas de chance*; et un autre, un calvaire à chaque cuisse, et une fille, *Liberté, Égalité, Fraternité* sur le ventre.

Vos traits ne vous ressemblent pas. Voyez les photographies d'un homme : pas une n'est pareille à l'autre.

J'ai une femme de ménage toquée, à peu près folle. Elle a été nourrie par une chèvre. A douze, treize ans, on lui a tué sa chèvre. Elle est restée trois ans sans manger de viande et elle en a gardé l'horreur. N'ai-je pas lu que le lait des chèvres donnait aux gens du caprice de la bête, un grain de folie animale ou, du moins, de bizarrerie? Ce serait curieux que la première nourriture imprimât un caractère et que l'âme, elle aussi, se nourrît de la nourriture du corps.

C'est une des choses les plus honteuses de Paris et qui prouve bien l'absence totale d'imagination et de fantaisie du libertinage moderne, même des plus fous et des plus riches, — qu'il n'y ait ni un harem de particulier ni un bordel public, où le monde soit représenté en six ou sept échantillons. Ni une maquerelle ni un Seymour n'ont pensé a avoir une Circassienne et une Japonaise, une négresse et une mulâtresse, des échantillons d'Afrique, d'Asie, d'Amérique et d'O'Tahiti. Toujours la même viande de boucherie!

L'autre nuit, au bal de l'Opéra, nous regardions danser : « Messieurs, voulez-vous me permettre de vous demander de vos nouvelles ? » C'était un jeune homme en habit, ganté de blanc et de frais, fleuri, reluisant, superbe. J'ai cru voir le maquereau du sépulcre. C'était l'homme, le Colmant, qui a vécu de Rose et dont Rose est morte. Nous sommes restés glacés, sans un mot. Il a compris que nous savions tout.

12 janvier.

A mesure que les sociétés avancent ou croient avancer, à mesure qu'il y a civilisation, progrès, le culte des morts, le respect de la mort diminue. Le mort n'est plus sacré, révéré comme un vivant entré dans l'inconnu, voué au redoutable je ne sais quoi du par delà la vie. Dans les sociétés modernes, le mort est simplement un zéro, une non-valeur.

Ah! quelle fortune, si l'on était un ambitieux politique, l'on ferait simplement en tambourinant cette idée : l'égalité absolue devant l'Église et la Mairie pour les trois grands actes de la vie, la naissance, le mariage, la mort, — l'Égalité et la Gratuité ! Chose monstrueuse qu'avec l'égalité devant la loi, inscrite du moins partout, officielle, si elle n'est pas pratique, l'inégalité la plus monstrueuse règne devant Dieu. Il ne devrait y avoir à l'église qu'un baptême, qu'un mariage, qu'un enterrement.

Singulier mélange en nous de goûts aristocrates et d'idées libérales !

ANNÉE 1863

Lamartine, qui a galvaudé son génie, sa fortune et sa misère...

J'estime plus que personne le talent de mon ami Saint-Victor. Pour son caractère, c'est un Grec du Bas-Empire, *Graeculus*.

17 janvier.

Dîner du samedi chez Magny.

Sainte-Beuve nous ouvre ses souvenirs sur Mme Récamier et nous esquisse une figure de second plan de son salon, le vieux Forbin-Janson. On le rencontrait dans l'escalier, porté par son domestique : une ruine, un reste, une ombre, un mort ! La porte ouverte, à la vue de la femme de chambre, crac ! comme un ressort, un sourire lui partait. Il entrait, saluait de temps en temps, toujours souriant, disait un mot assez joli, que Mme Récamier relevait, faisait valoir. Alors, le vieux bonhomme disait : « C'est du bon Forbin ! » Un mot lugubre...

Puis de là, passe à la silhouette d'Ampère, un homme toujours sous les cotillons, mais ne prenant pas le cul, un *Patito* académique, cavalier servant de Mme Récamier. Venant, le matin, trouver Sainte-Beuve, lorsque fuyant le monde, Sainte-Beuve s'était claquemuré à l'Hôtel du Commerce. Type de l'académicien cornac, directeur littéraire de bourgeoises, cicerone des Mme Cheuvreux, une sorte d'abbé Barthélemy, avec la distance qu'il y a de la duchesse de Choiseul à la *Petite Jeannette* (1).

Je voudrais bien un Léthé passant sur les amateurs, un oubli des noms, des renoms et des prix convenus, de tout ce qui n'est pas l'œuvre elle-même. Celui qui achète 100.000 francs un Ingres, en admettant qu'il soit sincère, celui-là n'achèterait pas trois francs un Rembrandt et *vice-versa*. Décidément, après la Sratonice, j'aimerais mieux pardonner aux journées de Septembre que de trouver du talent à M. Ingres.

---

(1) M. et Mme Cheuvreux, négociants enrichis, séjournaient à Rome avec leur fille malade, Mme Guillemin, quand Jean-Jacques Ampère s'attacha à cette famille. Il revint avec elle en Italie, avant et après la mort de Mme Guillemin (1859) et il mourra lui-même à Pau chez les Cheuvreux en 1864.

1215

Peut-être y a-t-il deux ou trois amateurs à Paris, pas plus. J'appelle amateur un homme qui distingue un Albert Dürer d'un Daumier, quand ni l'un ni l'autre ne sont signés.

Il y a des gens qui disent respectueusement d'un tableau qui se vend cher : « C'est un tableau de musée. »

Un fait peindra la vente Demidoff. M. de Galliéra, voyant Hertford pousser, poussa il ne savait quoi, — simplement contre Hertford. A 11.500, Hertford lâcha. On apporta à M. de Galliéra ce qu'il avait acheté : c'était une aquarelle de Brascassat ! Ces gens-là font courir des enchères au lieu de faire courir des chevaux, sur n'importe quoi, sur une porcelaine, une toile, un morceau de papier. Ils parient qu'ils sont plus riches les uns que les autres.

20 janvier.

Il n'y a pas de ligne droite dans la nature. C'est une invention humaine, peut-être la seule qui appartienne en propre à l'homme. L'architecture grecque, dont le principe est la ligne droite, est absolument antinaturelle.

Il y a, sous tous les Empires, un mouvement de mode vers l'antiquité, vers les sources classiques. Les tyrannies font de l'asservissement jusque dans les goûts.

21 janvier.

Un peu d'humeur, aujourd'hui, de ceci. A une vente de Vignères, nous découvrons qu'un dessin attribué à Watteau d'abord en est, puis que les deux personnages qu'il représente sont gravés dans la CONVERSATION et que l'un est M. de Julienne et l'autre, Watteau lui-même. Cela, nous sommes seuls à l'avoir découvert et à le savoir. Nous donnons 60 francs de commission, espérant l'avoir à 20 francs : tout le monde conteste le dessin, on le donne à Lancret, à Pater. Vignères en sait encore un peu moins que tous les amateurs. Arrive un imbécile qui le paye 80 francs par caprice, sans savoir pourquoi, et nous l'enlève.

Je découvre dans une autre vente, chez Rochoux, un pur et très joli Fragonard, une sanguine aussi authentiquement de lui que si je la lui avais vu dessiner. Il est catalogué : *École de Chardin*. Il ressemble à Chardin comme à une pomme. Je donne commission à 23 francs. Il est enlevé à 42 par un collectionneur du nom de Leblond, qui prend des gravures pour des dessins et ne saurait pas reconnaître un Queverdo d'un Boucher.

Cela porte sur les nerfs, d'être battu à coup d'argent par des imbéciles, des aveugles, d'être seul à savoir, à connaître à reconnaître, sans que cela vous donne une occasion, vous serve, vous donne le dessin qui appartient à votre collection, à votre goût, à votre science.

Nous avions reçu cette semaine une carte d'invitation pour passer ce soir la soirée chez la princesse Mathilde. Nous pensions, surtout à cause de l'anniversaire, trouver une soirée intime, la queue d'un de ses dîners du mercredi (1). Nous sommes fort surpris de trouver l'hôtel illuminé, les lumières d'une grande fête, filtrant entre les volets des fenêtres, et un hallebardier dans l'antichambre.

Nous voilà, après avoir donné la main à la Princesse, dans un salon à glaces peintes, où l'on voit sur le tain un Amour tendant son arc. Réfugiés derrière un piano, il y a devant nous des épaules, des chignons, de ces cheveux qui se tordent à la nuque et sous le peigne comme dans une main, des dos lisses, des diamants, un peigne treillagé d'or, une branche de fleurs blanches jetées sur le côté d'une tête. En face de nous, bouchant la porte d'entrée, un groupe d'hommes bardés de *crachats*, de cordons, devant lesquels est une monstrueuse figure, la plus plate, la plus basse et la plus épouvantable face batracienne, des yeux éraillés, des paupières en coquille, une bouche en tirelire et comme baveuse, une sorte de satyre de l'or : c'est Rothschild.

A gauche contre la cheminée, de plain-pied avec le salon, Bressant et Madeleine Brohan jouent un proverbe de Musset. Et à notre droite, sur une banquette de soie rouge au dossier de velours rouge, brodé d'or, il y a la princesse Clotilde avec son type de petite femme de chambre laide, l'Impératrice, l'Empereur *ipse*, Napoléon III, ... un empereur au posé, superbe à tirer. Le Bal de Gustave III toujours me revient dans ces cas-là et ma pensée s'y arrête assez complaisamment : j'entends le coup, je vois le brouhaha, le *Ah !* des femmes, l'effarement, des rages de police, des fugues de sénateurs, le tremblement des cordons sur les poitrines, les laquais narquois, les trahisons, qui monteraient en

(1) Il s'agit de l'anniversaire de l'exécution de Louis XVI.

une seconde au cerveau des gens, et la première envolée de ce grand bruit, un cri, puis un murmure, puis une clameur : « *Vixit Imperator...* » (1)

Flaubert est là, à côté de nous. Tous trois, nous faisons un groupe d'originaux. Nous sommes à peu près les trois seuls non décorés. Et puis je réfléchis encore, en nous voyant tous les trois, que tous les trois, le gouvernement de cet homme qui est là, la justice de ce même empereur, assis là et que nous touchons presque du coude, nous a traduits en police correctionnelle pour outrage aux mœurs ! Ironie que tout cela !

Notre ami est, ce soir, plus gonflé que jamais, à crever : l'Impératrice lui a parlé, lui a demandé le costume de Salammbô pour un bal. Il trouve que les proverbes de Musset, ces choses-là, ça ne mérite pas d'être écrit; et il me fait part du projet qu'il a de se faire faire un pantalon de cour, collant, comme les invités d'habitude en portent. Et il me dit ce beau mot, en m'avertissant de me détourner, pour ne pas tourner le dos au prince Napoléon : « Oh ! il ne vous en voudrait pas... »

Un moment, la Princesse fend le salon, vient à nous et nous remercie de nos eaux-fortes envoyées ce matin, et tout haut : « Je n'ai eu que le temps de les ouvrir : j'ai vu une nudité, mais très jolie ! »

On est cent cinquante à peu près : soirée intime... L'Empereur, à ce qu'il paraît, n'a pas voulu recevoir chez lui le 21 janvier... Des cordons et des cordons, des culottes courtes et des bas de soie, des faces ministérielles horribles, des faces de criminels, des mines échappées du bagne et encadrées, comme par farce, dans la grand' croix de la Légion d'honneur. Des mots comme : « Billault, tu as l'air triste, viens donc un peu ici » ou « Je m'en fous... Le cul par-dessus la tête... » C'est le prince Napoléon qui cause diplomatie et solution de la Question Romaine. Je n'ai entendu, de ses arguments, que cela.

Après nous, l'homme que nous avons été les plus étonnés de voir là, c'est ce petit vieillard qui ressemble moitié à Michel Perrin

---

(1) A la suite d'une conjuration de la noblesse, Gustave III, roi de Suède, fut assassiné au cours d'un bal masqué, le 29 fév. 1792. L'opéra d'Auber et Scribe fut créé à l'Opéra le 27 fév. 1833 : son 5e acte, qui mettait en scène le bal tragique, fut souvent représenté isolément en fin de spectacle.

et moitié à Andrieux, toujours souriant du côté de la banquette impériale, M. de Sacy, directeur du JOURNAL DES DÉBATS, un martyr qui menace de passer par tous les sacrifices, même par celui-ci de se laisser faire sénateur et sous-gouverneur du petit Prince Impérial, à ce qu'on dit. L'Impératrice : un merveilleux collier de diamants, un corsage blanc, une écharpe de dentelle, une jupe rouge à quilles noires et à petites pattes noires en bas, — un costume qui lui va et qui la peint, une toilette de Gitana et d'Espagnole, pas du tout impériale, mais d'une fanatisie un peu bohème, qui lui sied délicieusement; une toilette, pour tout dire, de femme entretenue qui a du goût. La femme est charmante, après tout. Elle a des yeux qui ne sont que sourire, et de la grâce et de jolis gestes et je ne sais quoi d'aimable dans la façon dont elle passe devant vous. Ni reine ni princesse, — une impératrice des eaux, une impératrice non de France, mais de Bade. Si l'on veut, Marie-Antoinette à Mabille. J'ai vu aussi passer devant moi, à le toucher, l'Empereur allant au buffet, lent, automatique, somnambule, l'œil d'un lézard qui paraît dormir et qui ne dort pas. Figure louche : il écoute de côté, il regarde de côté. Homme dormant, morne, sinistre. Il y a du conspirateur, du prisonnier et du faiseur de coups d'État dans sa marche, son regard, son air. Il a l'air d'une fausse pièce, frappée la nuit dans un bois, qui représenterait le Deux Décembre sous la figure d'un sergent de ville.

22 janvier.

Le commerce moderne en est arrivé à ceci. Bracquemond racontait à Gavarni, qu'il avait un ami, payé très cher dans un magasin du passage des Panoramas, pour imiter le sifflement de la soie neuve en déroulant des rubans reteints.

25 janvier.

Flaubert tient du médecin du vieux Demidoff le récit suivant de sa manière de baiser. Demidoff dans un fauteuil, deux laquais derrière lui, — l'un avec une pince à sucre de vermeil, pour lui remettre la langue dans la bouche (Duverger dit de lui : « Sa langue sort toujours, sa queue jamais. »). Les laquais graves et en livrée, une serviette à la main. Un médecin lui tâte le pouls.

Devant lui, la Duverger nue. Entre un gros chien de Terre-Neuve, qui essaye de le mettre à la Duverger : « Vite, vite ! » crie le médecin au moment où Demidoff commence à ériger. Et la Duverger se précipite et le suce.

Lire les auteurs anciens, quelques centaines de volumes, en tirer des notes sur des cartes, faire un volume sur la façon dont les Romains se chaussaient ou annoter une inscription, cela s'appelle l'érudition. On est savant avec cela et on a tout. On est de l'Institut, — un homme sérieux, professeur au Collège de France, entouré de la considération d'un bénédictin.

Mais prenez un siècle près du nôtre, un siècle immense; brassez une mer de documents, remuez dix mille brochures, cinq cents journaux, tirez de tout cela non une monographie, mais la reconstruction morale d'une société, retrouvez le XVIIIe siècle et la Révolution dans leurs caractères les plus intimes, vous ne serez rien qu'un aimable fureteur, un joli curieux, un gentil indiscret.

Le public français ne pardonne point encore à l'histoire de l'intéresser.

26 janvier.

Je passe trois jours sur une eau-forte d'après Gavarni. L'eau-forte me produit une absorption complète. Cela tire les yeux, prend la tête, remplit d'eau la poche à idées. On vit absolument du trait qu'on trace à l'aiguille. Un pêcheur à la ligne pêchait pendant les journées de Juillet : on pointillerait dans la mitraille au milieu des journées de Juin. C'est l'hébétement de l'attention atteignant à l'absolue séparation du monde ambiant.

L'admirable homme que ce Balzac et comme dans son MERCADET, il a bien dit que dans la politique, on arrivait à tout avec rien, sans faire preuve, comme dans les autres professions, d'aucun talent ! (1) Voici mon ami Louis Passy, qui est le lion du

(1) Ce n'est pas Mercadet, mais La Brive qui, dans LE FAISEUR de Balzac, déclare : « En politique, mon cher, l'on a tout et l'on est tout avec un seul mot : ... Les principes de mes amis !... » (Acte III, sc. 4).

moment, parce qu'il a envoyé des huissiers pour constater un refus de listes électorales ! (1)

Je lis sur un mur une affiche : ÉCRITS ET DISCOURS DE M. LE DUC DE BROGLIE... Ce sera la honte de ce siècle que toutes ces fortunes littéraires d'hommes politiques, dont l'expression monstrueuse sera la réputation d'historien de M. Thiers et la réputation d'écrivain de M. Guizot. Tout cela vient de Necker et de ses COMPTES RENDUS (2). C'est le Genevois qui a commencé cette *banque* d'écrire en faveur de son ministère et de se louer comme homme d'État. Richelieu, Choiseul n'étaient qu'action.

Et puis, toujours, je pense à ce dont est faite une réputation d'homme d'État. Voilà un grand homme d'État, M. Guizot, pour avoir perdu une monarchie. Mais le premier imbécile venu en aurait fait autant ! Un joueur qui perd n'est plus un joueur, c'est un sot. En sorte que pour être un homme d'État, il suffirait de faire une sottise plus grosse que les autres sur un théâtre plus grand que les autres. Otez d'une politique le succès, qu'est-ce qu'il reste ?

Flaubert me contait, un de ces soirs, que son grand-père paternel, vieux bon médecin, ayant pleuré dans une auberge en lisant dans un journal l'exécution de Louis XVI, arrêté et tout près d'être envoyé au Tribunal révolutionnaire de Paris, fut sauvé par son père, alors âgé de sept ans, auquel sa grand'mère apprit un discours pathétique, qu'il récita avec le plus grand succès à la Société populaire de Nogent-sur-Seine (3).

(1) Cf. t. I, p. 1197, n. 1.

(2) Necker, directeur général des finances depuis 1776, publie en 1781 son célèbre COMPTE RENDU, où il révèle au public les recettes et dépenses de l'État, — ce qui contribue à sa chute, le 19 mai 1781. — Le pluriel, ici, englobe les autres écrits apologétiques publiés ensuite par Necker sous des titres divers (brochures contre les attaques de Calonne en 1787, SUR L'ADMINISTRATION DE M. NECKER, *par lui-même*, en 1791).

(3) D'après R. Dumesnil (GUSTAVE FLAUBERT, 1932, p. 18), Nicolas Flaubert vétérinaire à Nogent-sur-Seine, avait déjà été transféré à Paris et condamné le 27 fév. 1794, à la déportation : la sentence ne fut pas exécutée, sa femme étant accourue avec des certificats de civisme recueillis à Nogent et à Troyes. L'enfant dont il s'agit, c'est Achille-Cléophas Flaubert, le futur chirurgien de Rouen.

Nous dînons ce soir chez la Princesse Mathilde. Il y a Nieuwerkerke, un savant du nom de Pasteur, Sainte-Beuve et Chesneau, le critique d'art de l'Opinion Nationale.

Une physionomie très insaisissable que celle de la Princesse. Toutes sortes d'expressions qui passent; des yeux indéfinissables, avec des regards tout à coup dardés sur vous et vous perçant. De l'esprit un peu comme ce regard, tout à coup une saillie, une échappade, un mot qui peint, sortant d'un bagout libre et personnel comme lorsque par exemple, d'un monsieur, elle dit : « Il a sur les yeux la buée d'un tableau. »

Très entière dans ses opinions, détestant hautement Prud'hon et PAUL ET VIRGINIE : « Ils sont trop bêtes, ces deux bêtas ! » dit-elle des deux amants de Bernardin contre Sainte-Beuve, qui les défend, même au point de vue de la passion. Et à l'autre extrémité, ne peut pas sentir non plus les contes comme CANDIDE, comme le HURON dont Mme Defly raffole et qu'elle ne peut lire à la Princesse qu'en riant d'un bout à l'autre, ce qui enrage la Princesse qui n'y comprend rien (1).

On revient à la société moderne que Sainte-Beuve défend et que nous attaquons, — aux salons littéraires qui manquent et que Sainte-Beuve dit exister quelque part, il ne sait trop où par exemple. Et voilà la Princesse, — avec sa bonne volonté de s'amuser, de trouver des causeurs, des gens à voir et qui ne soient pas «assommants », — à demander les causeurs de Paris ! Paul de Musset, qui est arrivé à neuf heures, laisse tomber assez bêtement le nom de Du Camp : il ne faut jamais parler du passé aux femmes.

« Ah, celui-là ! je l'ai pratiqué ! dit la Princesse, d'un ton qui coupe un souvenir en deux.

— Il est souffrant, reprend de Musset.

— Ce ne sera pas une grande perte ! » Un mot qu'elle a jeté de façon à laisser voir en elle une sécheresse et une implacabilité, nette et absolue, terrible.

On a cité Flourens. Elle l'a connu à Compiègne et en quelques traits, elle en a tracé une silhouette, la plus ridicule du monde,

(1) L'INGÉNU de Voltaire s'intitulait dans l'édition de Paris de 1767 : LE HURON OU L'INGÉNU.

l'ombre chinoise d'un courtisan en enfance : « Figurez-vous qu'il m'a dit positivement, en me donnant le bras pour nous promener, que c'était le plus beau jour de sa vie. Ma foi, je lui ai répondu que j'étais bien fâchée qu'il fût venu si tard ! » Et elle rit.

Puis elle demande à Sainte-Beuve les chances de son protégé Doucet pour l'Académie. A quoi Sainte-Beuve répond que lui et ses deux ou trois co-votants ne sont rien à l'Académie, que c'est Dufaure qui passera, parce qu'il représente, comme dit le parti Guizot, « le pur talent de la parole », c'est-à-dire qu'il est incapable de rien écrire; qu'ils ne sont que trois ou quatre, encore une fois... « Oui, je sais bien, vous êtes les malheureux à l'Académie; je vous appelle les *Pauvres honteux* ! » (1)

Je lui demande si le costume de Salammbô tient, pour l'Impératrice. Elle me répond, d'un ton très sec pour Flaubert : « C'est impossible ! »

Je me rappelle un mot joli et profond d'expérience qu'elle a dit sur la société, lorsqu'on disait que maintenant, c'était un chemin, un salon d'affaires : « Oui, il n'y a pas de société sans désintéressement. »

Non, ce n'est point parce que nous dînons ces temps-ci chez la princesse Mathilde, ce n'est point parce que cette femme spirituelle, mais au fond, bête et inintelligente comme une femme, sèche comme une Napoléon, a eu je ne sais pourquoi l'idée de nous voir et la curiosité de nous avoir, — ce n'est point pour cela, mais depuis quelque temps, il se glisse ceci dans nos pensées secrètes. C'est que les gouvernements ont raison d'être sceptiques, que l'opposition, après tout, n'a pas plus d'honorabilité que le servilisme gouvernemental, que l'humanité est à vendre et que l'honnêteté politique est celle qui n'a pas eu occasion de chute ou de prostitution.

L'homme intelligent doit considérer un peuple comme une immense majorité d'imbéciles. Tout son talent doit se tourner à les mettre dedans. Plus rien, ni progrès ni principes; mais des

---

(1) Après le scrutin nul du 20 janv. 1862, qui l'opposait à Autran et à Cuvillier-Fleury, Doucet avait été battu par Feuillet le 3 avril 1862. Lors des prochaines élections du 23 avril 1863, Dufaure sera effectivement élu; Doucet, lui, succédera à Vigny le 6 avril 1865.

phrases, des mots, des blagues, — voilà ce que peu à peu, nous discernons dans ce temps présent qui, un jour, sera de l'histoire, absolument comme le temps passé.

Les révolutions, un simple déménagement! Ce sont les corruptions, les passions, les ambitions, les bassesses d'une nation et d'un siècle, qui changent simplement d'appartement avec de la casse et des frais. De morale politique, point; et le succès pour toute morale. Voilà les faits, les choses, les hommes, la vie, la société.

Je cherche une opinion qui soit désintéressée, je n'en trouve pas. On se risque, on se dévoue pour des chances de places; on se compromet par calcul. Mon ami Louis Passy est attaché aux d'Orléans, parce qu'il sont son avenir. Ainsi de tous les hommes que je vois. Un sénateur a les opinions de ses appointements ; un orléaniste, les convictions de son ambition. A peine y-a-t-il trois fous, trois purs dans un parti.

Cela amène à la longue une désillusion énorme, une lassitude de toute croyance, une patience de tout pouvoir, une tolérance des canailles aimables, — que je vois dans toute la génération de mon âge, dans tous mes compagnons d'art, dans Flaubert comme chez moi. On voit qu'il ne faut mourir pour rien et qu'il faut vivre avec tout, rester honnête homme, parce que cela est dans votre sang, mais ne croire à rien qu'à l'art, ne respecter que cela et ne confesser que la littérature. Tout le reste est mensonge et attrape-nigaud.

Je reçois ce matin une lettre d'un pharmacien, adjoint au maire de je ne sais plus quelle petite ville du Midi, qui me demande mes livres pour une bibliothèque communale. Il mendie de l'instruction pour ses concitoyens.

Je trouve de l'insolence à cet homme et à cette démarche. De quel droit veut-il faire un bien moral à ses concitoyens? C'est se proclamer dévoué, charitable, bon, meilleur que moi qui vends mes livres. Ils pullulent, on marche dessus en ce temps-ci, sur ces gens qui se dévouent non plus au prochain, mais à l'éclairage des masses. Tout pour le peuple, c'est la devise de Guizot et de la GAZETTE DE FRANCE, des doctrinaires, des économistes, des libéraux, des Impérialistes. Il y a une rage de s'occuper des pauvres, de parler d'eux et de marcher sur leurs misères pour arriver.

ANNÉE 1863

Un homme qui s'intéresse aux autres qu'il ne connaît pas, — de quelque manière que ce soit, soit en voulant les réintégrer sur les listes électorales, soit en souscrivant pour eux, — en se nommant, est un coquin, un Tartuffe de fraternité. Tranchons le mot : l'homme meilleur que moi est une canaille. Et c'est se proclamer meilleur que de professer une opinion de progrès, d'être libéral ou républicain.

Oui, en nous creusant à fond, nous sommes l'Homme : ce qui va au delà de nous est affectation ou vue d'intérêt. Nous avons un dévouement absolu : nous deux, quelques affections, un ou deux amis. Rien ne nous a aigris. Nous n'avons pas amassé le fiel de la misère. Nous avons été malades d'avoir vu un hôpital. Notre vieille bonne morte nous a laissés tristes. Un pauvre vieux ouvrier, à teint de malade, qui vient poser des rideaux chez nous, nous a mis du noir dans le cœur pendant un jour. Et cependant, nous ne sommes touchés que des misères que nous voyons. Nous n'écrivons pas sur l'amélioration des classes pauvres. Nous ne recommençons pas la blague antique de Sénèque écrivant de la pauvreté sur une table de citronnier de je ne sais combien de mille sesterces. L'homme qui s'intéresse à la misère et aux misérables et qui garde cent mille livres de rentes, beaucoup de superflu, comme Pichat, est un farceur. A mesure qu'il y a de l'apôtre dans un homme, j'y vois du saltimbanque; à mesure qu'il y a du saint, j'y vois du Bilboquet; du Dieu : à mesure, j'y vois du Robert Macaire; du martyr : à mesure, j'y vois du Vidocq.

Le progrès ? Les ouvriers cotonniers de Rouen mangent en ce moment des feuilles de colza, les mères font inscrire leurs filles sur les registres de prostitution.

31 janvier.

Chez Magny. Sainte-Beuve est tout heureux d'une partie de famille d'hier. Véron l'a invité, lui, ses bonnes et sa gouvernante, à dîner et les a menés dans sa loge à l'Opéra : petites parties de vieux des romans de Paul de Kock.

La causerie va sur Planche. Présenté par Sainte-Beuve à Hugo à propos d'une traduction de la RONDE DU SABBAT, demandée par un graveur anglais (1), il le retrouve installé : ne

(1) Add. 1887, depuis *à propos d'une traduction.*

s'en allait plus. Planche alors n'écrivait pas, il causait ! « Quand votre ami se couche-t-il ? » finit par lui demander Hugo. Blond, figure assez jolie ; pas du tout de *nuque*, pas d'organe de passion. Pas le moindre talent, pour Sainte-Beuve, très étonné des séides qu'il a, surtout dans les femmes. Impuissant avec Mme Dorval, se roulait sur le parquet, en se plaignant de l'être, si désespérément que le portier l'entendait. Carottier ignoble, a vécu aux dépens d'un beau-frère de Flaubert pendant cinq ou six ans. — Et c'est là l'homme dont a fait un caractère honorable, le Pur de l'eau-de-vie, le Saint du petit verre !

Puis sur Michelet, Sainte-Beuve éclate : « Son talent ? Fait du grossissement des petites choses, le contre-pied absolu de ce qui est le bon sens, formé par les causeries de Quinet ; une originalité laborieuse... Je l'ai vu à quarante ans, laborieux : rien du tout, pas de feu, pas de ton ! Il faisait des précis pour les collèges... » Et sur les admirations de Flaubert, le voici, entrant en colère, en fureur, frappant la table du poing, malgré une inflammation des articulations qu'il a aujourd'hui, jurant, disant que tout cet *hystérisme* de ses livres vient de ce qu'il n'a connu qu'une seule femme : « C'est du désir de prêtre !... Cet homme qui n'a trouvé pour Louis XIV que *Avant la fistule* et *Après la fistule*... » (1)

Puis passant à l'histoire : « Ce que Marie-Antoinette a dû souffrir avec Louis XVI ! » Traits brutaux : un jour, jette un pavé sur un paysan qui dormait ; un autre jour, pète devant un gentilhomme, qui aspirait à être premier gentilhomme de la chambre et qui dit : « Je suis nommé ! » A M. de Cubières, donne un soufflet et comme on apporte, dans la journée, des chevaux de Constantinople, lui en donne un pour réparer : « Il me l'a donné d'une façon touchante », dit M. de Cubières, le soir.

« Tenez, Veyne, qu'est-ce que j'ai là ? Un abcès ? » Et il montre son poignet.

« Non, c'est une inflammation des articulations, ce n'est pas même la goutte.

— Je ne veux rien faire ; c'était seulement pour savoir.

— Vilaine machine que le corps humain ! » disons-nous. Lui, la défend, la trouve très bien faite .

(1) Cf. Michelet, HISTOIRE DE FRANCE, liv. VII, chap. 17, *in fine :* en donnant à Mme de Maintenon, à partir de 1685, un rôle essentiel de garde-malade, cette fistule aurait mis le roi aux mains des Jésuites, qui gouvernaient la favorite.

« Cependant, lui dis-je, vous aviez une mauvaise santé dans votre jeunesse ?

— Oh ! dans ma jeunesse... D'abord, j'avais une vie qui n'était pas la vie de tout le monde. Je me nourrissais mal... pas assez... Il y avait l'élément romanesque... J'avais des remords d'avoir trompé ma maîtresse... Vous savez, je me nourrissais mal : le remords n'est qu'une faiblesse physique... Plus tard, j'ai changé cela : une douce philosophie et une gaîté... »

Michelet a amené l'HISTOIRE DE CÉSAR de l'Empereur. Sainte-Beuve s'échappe avec colère : « C'est le plus grand des cuistres ! On l'a fait faire... Il faut espérer que nous n'en parlerons pas. »

Très sympathique à Rousseau : cette âme de valet parle à la sienne. Le défend de tout avec cette défense : « C'était un malade... » L'on sent parfaitement entre eux une parité de nature. Quelque chose en lui comme un ouvrier de lettres. Compare Rousseau à Raspail, — qui a rendu le plus grand hommage qu'il pouvait rendre, en dînant chez le père de Flaubert sans se croire empoisonné (1).

Flaubert et Saint-Victor soutiennent la thèse qu'il n'y a rien à faire avec le moderne. C'est arrêter le soleil. Nous le nions avec Sainte-Beuve. La plastique est transposée, voilà tout.

Il n'y a pas de descriptions dans Saint-Simon : les yeux n'étaient pas nés en histoire.

2 février.

Gisette m'apporte, pour les remettre à Saint-Victor, toutes ses lettres, qu'il lui a redemandées. Elle me force absolument à en écouter deux ou trois. C'est charmant, écrit comme son feuilleton : une passion d'un tour littéraire, délicieux. Gisette partie, nous cachetons les lettres sans en regarder une, malgré toute notre curiosité d'une pareille prose, autographe et si intime.

Il y a deux classes de livres d'histoire. Ceux qui sont populaires et vides et qu'on ne lit pas. Les autres, pleins, inconnus et que quelques personnes lisent.

(1) Comme Rousseau, Raspail se croyait persécuté, et en butte notamment à l'espionnage et aux attentats de la police et des Jésuites : il allait jusqu'à accuser ceux-ci, d'après Rochefort, d'avoir rendu stérile un poirier de son jardin d'Arcueil en l'arrosant de vitriol....

Un grand côté de ce gouvernement-ci, le seul peut-être sympathique, c'est que c'est un gouvernement de viveurs. Il a été fait de nuit, par des gens ayant l'habitude de souper. C'est sa seule humanité, l'humanité, le goût du plaisir de ses ministres et de ses préfets. Ils ont au moins des vices.

Adorer Louis XIV ou caresser les droits du peuple, pour moi, c'est tout un : c'est de la même âme de courtisan. Il y a autant de conventions dans notre état de société que dans un autre. Seulement sous un Empire, au lieu de conventions de cour, d'hiérarchie, d'étiquette, comme sous une monarchie, c'est une convention de patriotisme, d'égalité, d'hypocrisie libérale.

9 février.

Hier, nous étions dans le salon de la princesse Mathilde. Aujourd'hui, nous sommes dans un bal du peuple, à l'*Élysée des Arts*, au boulevard Bourdon. J'aime ces contrastes. C'est monter la société comme les étages d'une maison.

C'est grand, peu éclairé, sourd d'agitation, d'un mouvement morne. Les figures sont grises, pâlies de veilles ou de misère; des teints de pauvre et d'hôpital. Ce sont des jeunes femmes, habillées de laine brune, de couleurs sombres; point de linge blanc qui sorte de là, point de bonnets blancs, rien que des bonnets foncés; quelquefois, seulement un éclat rouge de ruban de bonnet ou de cou. Un aspect général de misérables marchandes, de femmes du Temple exposées en plein vent, un chat de fourrure autour du cou. Sur les visages, une pauvreté plus terne encore, la pauvreté du sang.

Les hommes sont tous en casquettes, en paletots, en chemises de couleur; les plus élégants ont un cache-nez dénoué, dont les deux bouts retombent par derrière avec un négligé canaille. Le type dominant de ce monde m'a paru le type juif alsacien. Des danseurs invitent des danseuses en leur prenant par derrière les rubans de leur bonnet. Un ensemble affreux : le vice sans luxe.

Un quadrille s'est formé contre l'orchestre, qu'on a de suite entouré, devant la seule jolie femme du bal, une Juive, une Hérodiade du type de celles qui vendent dans les rues du papier à lettres, à la brune. Un homme s'est mis à danser un prodigieux cancan. Il nous faisait apparaître, dans une gymnastique forcenée, des types, des caricatures, des silhouettes effroyables de mouvements crapuleux, des charges d'égoutiers à la Daumier, comme le fond des traits ignobles du peuple du XIXᵉ siècle : « C'est Dodoche », m'a dit avec fierté un petit bonhomme, qui lui faisait vis-à-vis… La femme, la Juive, levait toute droite sa jambe ; et l'on voyait au port d'arme, un instant, une pointe de bottine, un mollet rose. A la dernière figure, Dodoche flatté d'être regardé par les trois seuls hommes en chapeau du bal, l'a prise à bras-le-corps et l'a jetée dans l'orchestre.

Mercredi 11 février.

Dîner chez la Princesse, avec Sainte-Beuve, Flaubert, Nieuwerkerke, Reiset, du Louvre, M. et Mᵐᵉ Pichon, qui sait le persan et vous regarde avec un œil hystérique de quarante ans.

La Princesse, très nerveuse, très démolisseuse : « Quand je lis Vaulabelle, je suis furieuse toute la journée. — Vous l'avez lu aujourd'hui, Princesse », fait Nieuwerkerke.

Oui, il y a de l'Italienne, et beaucoup, dans cette femme, — de l'Italienne brouillée de Bonaparte.

Le soir, emportement contre Monnier (Henry) et théories furieuses du Beau dans l'art.

Sainte-Beuve, quand il nous échappe un mot vif ou méchant, nous regardant un peu comme des serpents ; il nous donne la main doucereusement, mais avec une sorte de réserve.

Retour avec Flaubert, expansion de minuit, une demi-heure, avant de monter dans le fiacre. Causerie sur son roman moderne, où il veut faire tout entrer, et le mouvement de 1830, — à propos des amours d'une Parisienne, — et la physionomie de 1840, et 1848, et l'Empire : « Je veux faire tenir l'Océan dans une carafe. » Au fond, singulier procédé pour faire un roman ; pris par l'archéologie, lit Véron et Louis Blanc ! (1)

Du haut du monde au bas du monde, peuple ou haute société, pas un homme ou une femme ne vous sait gré de lui avoir donné

(1) C'est-à-dire les Mémoires d'un Bourgeois de Paris du Dʳ Véron (1854 et suiv.), l'Histoire de dix ans (1841 et suiv.), peut-être les Pages d'histoire de la Révolution de Février (1850) et les Révélations historiques (1859) de Louis Blanc : Flaubert applique au proche passé qu'il va évoquer dans l'Éducation sentimentale (1869) les méthodes « archéologiques » utilisées pour l'Antiquité dans Salammbô.

une soirée de gaîté, trois ou quatre heures d'allégresse intérieure : homme et femme, plus reconnaissants d'une pièce de cent sous.

Le comité du Théâtre-Français : c'est absolument faire recevoir les peintures par les graveurs.

En lisant les préfaces de Molière, je remarque la familiarité, la presque camaraderie de l'auteur au roi. La flatterie même échappe à la bassesse par une sorte de forme mythologique du compliment. La dignité de l'écrivain a baissé depuis, au moins de ton. Maintenant, du pouvoir à l'auteur, il y a la distance du maître au domestique.

14 février.

Dîners charmants que nos dîners du samedi. La conversation y touche à tout. Chacun s'y livre. Nieuwerkerke, qui y vient aujourd'hui, apparaît comme un type de ce régime-ci, beau d'une beauté d'Hercule et de bon chien, qui fait plaisir à regarder, charmant de surface, incommensurablement creux de fond, un homme du XVIIIe siècle, moins l'esprit, le plus poli des égoïstes, rien qu'épicurien, très heureux d'avoir été fort aimé, d'avoir une belle place, d'être très mendié par les artistes, d'être chambellan, d'aller aux chasses de Rambouillet; pour le reste, uniquement occupé de la femme, ne voyant dans l'art que le coin galant; curieux seulement, au fond, de petites obscénités gentilles et dont l'idéal, s'il osait l'avouer, serait les portraits-cartes de Rigolboche.

Il y a un nouvel invité, amené par le docteur Veyne. C'est Nogent-Saint-Laurens, l'avocat. Il débute par dire trois phrases, et ce sont trois bêtises, trois de ces bêtises qui n'échappent pas à un homme, qui partent de son fond et le jaugent. Un masque large et plat. On sent l'imbécile, l'intrigant et l'homme bas, venu de bas.

Sainte-Beuve vient d'écrire trois médaillons de Royer-Collard, Pasquier, etc. (1) Grand respect pour les mots consacrés et le dernier

---

(1) Dans l'article paru le 10 fév. 1863 au CONSTITUTIONNEL et consacré aux t. 4 et 5 de l'HISTOIRE DE LA RESTAURATION de Louis de Viel-Castel, Sainte-Beuve détache et caractérise l'éloquence des trois grands orateurs libéraux, qui affrontèrent la réaction triomphante dans la *Chambre introuvable* de 1815-1816, Royer-Collard, de Serre et Pasquier (NOUV. LUNDIS, t. IV, p. 258).

mot inédit de Royer-Collard, entendu par Veyne, le veillant dans sa maladie. Comme son domestique était forcé de le faire uriner : « L'animal ne veut plus », fit-il en grommelant. Là-dessus, nous tous, Flaubert, Saint-Victor et nous, nous nous récrions sur tous les mots qu'on dit, tous ceux qui passent dans la conversation, qu'on ne compte pas ; sur l'injustice de cette réputation de gens bénéficiant de leur position politique, de leur parti, de leurs principes. Nous citons le mot superbe de Grassot à sa queue qui se dérobe : « Que t'es bête ! Viens donc, c'est pour pisser !.. » Et nous parvenons à couvrir les mots de ce grand poseur avec les mots de ce grand farceur (1).

Au fond, cette indépendance absolue en nous, — c'est-à-dire dans l'avenir, — de tout ce qui est officiel, consacré, académiquement reconnu, doit renverser bien des habitudes d'esprit, bien des religions et des petitesses superstitieuses de respect en Sainte-Beuve. Nous devons lui apparaître comme des hommes d'une autre race, d'un autre siècle, d'autres mœurs. Malgré son vrai amour des lettres, il a toujours sacrifié, souvent bassement, à la considération de situation, de place, de nom politique de l'écrivain, de l'historien, de l'orateur, du causeur même. Il n'a pas d'indépendance hardie comme les nôtres, et qui lui permette de juger l'homme dans sa valeur propre, un Pasquier dans son inanité, un Thiers dans son insuffisance, un Guizot dans sa profondeur de vide (2).

Nogent-Saint-Laurens est de la Commission de la propriété littéraire. Il est pour sa perpétuité. Beuve s'élève contre très vivement : « Vous êtes payé par la fumée, par le bruit. Mais vous devriez dire, un homme qui écrit devrait dire : « Prenez, prenez Vous êtes trop heureux qu'on vous prenne ! » (3) Flaubert s'écrie, allant à l'extrémité de l'opinion contraire : « Moi, si j'avais inventé les chemins de fer, j'aurais voulu que pas une personne ne montât en chemin de fer sans ma permission ! » Sainte-Beuve, poussé à

---

(1) Charles Edmond, quand ce passage paraîtra, donnera le mot de Grassot comme inventé par Roqueplan et mis par lui au compte d'Auber : « J'ai assisté à son éclosion. Plus tard, Aubryet, dans ses imitations de Grassot, l'a attribué au comique du Palais-Royal. » (CORR., vol. XII, f° 290, lettre du 7 nov. 1887).

(2) Add. 1887 : *et qui lui permette de juger...*

(3) Add. 1887 : *devrait dire...*

1231

bout, alors s'avoue : « Celle-là comme les autres ! La propriété littéraire, pas plus que l'autre... Il ne faut pas de propriété ! Il faut que tout se renouvelle, que chacun travaille à son tour. Plus de propriété, ce sera le progrès !... Est-ce que quelque chose appartient à quelqu'un ? Nous sommes des atomes !... L'humanité marche de bêtises en bêtises de moins en moins grosses. »

Dans ces quelques paroles lancées, jaillies du plus secret et du plus sincère de son âme, j'ai vu le révolutionnaire-célibataire enragé. Sainte-Beuve m'est apparu avec l'étoffe et presque avec la tête, en ce moment, d'un Conventionnel niveleur. J'ai vu le fonds d'esprit de destruction de cet homme qui, frotté au monde, à l'argent, au pouvoir, s'est mis a en concevoir une haine sourde, couvant dans le fiel, dans une jalousie recuite et qui s'étend à tout, à la jeunesse, à la conquête des femmes, à la beauté de son voisin de table, Nieuwerkerke, qui a baisé de vraies femmes du monde sans payer.

On parle femme, amour, cul : « Moi, dit Sainte-Beuve, mon idéal, c'est des yeux, des cheveux, des dents, des épaules et du cul. La crasse, ça m'est égal : j'aime la crasse. » Une grande discussion s'engage : si la femme n'arrive à jouir qu'à un certain âge. Sainte-Beuve émet la théorie fausse, que tout mâle doit faire jouir la femme et que l'homme ne doit s'en prendre qu'à lui. Puis on cause des femmes la nuit, du bonnet que les femmes honnêtes se mettent : « Je n'ai donc jamais couché avec une femme du monde, moi. Les miennes n'ont jamais mis de bonnet pour la nuit. Je n'ai jamais vu qu'un filet. Après ça, je n'ai jamais de ma vie, couché toute une nuit avec une femme, à cause de mon travail. » Il témoigne une énorme indignation contre l'épilage des femmes en Orient : « Ça doit ressembler à un menton de curé », crie Saint-Victor, le soutenant. Et l'incident se termine par une violente déclaration de haine de Saint-Beuve à cet Orient qui mutile tout !...

La conversation passe et remonte à la littérature. Le nom d'Hugo est jeté. Sainte-Beuve bondit, comme mordu, et s'emporte : « Un charlatan, un farceur ! C'est lui qui le premier a été un spéculateur en littérature ! » Et comme Flaubert dit que c'est l'homme dans la peau duquel il voudrait le mieux être : « Non, en littérature, répond-il justement, on ne voudrait pas ne pas être soi; on voudrait bien s'approprier certaines qualités d'un autre, mais en restant soi. »

Au reste, ne dénie pas à Hugo un grand don d'initiation :
« Il m'a appris à faire des vers... Un jour, au Louvre, devant des tableaux, il m'a appris sur la peinture tout ce que j'ai oublié depuis... Un tempérament prodigieux, cet Hugo ! Son coiffeur me disait que le poil de sa barbe était le triple d'un autre, que le bulbe avait trois poils, qu'il cassait tous les rasoirs. Il avait des dents de loup-cervier. Il cassait des noyaux de pêche... Et avec cela, des yeux !... Quand il faisait ses FEUILLES D'AUTOMNE, nous montions presque tous les soirs sur les tours Notre-Dame, pour voir les couchers de soleil, cela ne m'amusait pas beaucoup, — il voyait de là-haut, au balcon de l'Arsenal, la couleur de la robe de Mlle Nodier. »

Ce tempérament-là peut être la force pour l'homme de génie. Mais ils oublient tous, à côté de nous, qu'à côté de cette vigueur, il y a un défaut, qui est la grossièreté. La grossièreté de la santé des gens de génie passe dans leur génie. Pour les délicatesses, les mélancolies exquises de l'œuvre, les fantaisies rares et délicieuses sur la corde vibrante de l'âme et du cœur, il faut un coin maladif dans l'homme. Il faut être comme Henri Heine, le Christ de son œuvre, un peu un crucifié physique.

15 février.

Saint-Victor, tourmenté par Lia pour aller au bal d'artistes de la Porte-Saint-Martin, dit doucement: « La paix du lotus, voilà tout ce que je demande. — Hein! dit Lia, qu'est-ce qu'il dit? »

Pourquoi une maîtresse, quand on est un livre?

17 février.

Nous allons avec Flaubert au petit bal masqué « intime », donné par Marc-Fournier, le directeur de la Porte-Saint-Martin, à la Porte-Saint-Martin. Nous arrivons devant que les chandelles ne soient allumées, dans l'appartement de Fournier. Un salon, une salle à manger, un petit salon *à caractère*, d'un goût putain Renaissance, du Henri II de café, avec des croûtes sans nom, d'aucune école, sur les murs : l'appartement décoratif, l'éblouissement de carton-pierre d'un Robert Macaire du drame.

A côté, on a dressé les tables, on range le buffet. Des pâtissiers, comme il y en a dans les pantomimes, apportent des mannes et des paniers de bouteilles. Nous ouvrons une porte, nous sommes nez à nez avec le public, qui se promène pendant un entr'acte du Bossu (1). Des cabotins arrivent, sérieux, graves, empesés, dans de consciencieux costumes de caractère, tristes comme un enfant déguisé, qui est gêné dans son costume.

Puis c'est Fournier, tout de noir vêtu, en Charles IX mélangé de François Ier, la plume à la toque, souriant, promettant de se donner une bosse le matin, l'œil d'un homme qui marche dans un rêve. Derrière lui se tient debout une sorte de petite nabote, sa maîtresse, une danseuse de son théâtre, la petite Mariquita, en page, elle aussi tout de noir vêtue.

On arrive, et bientôt, le salon est plein. Cela ressemble à ces tableaux de l'Humanité, qu'on vend sur les quais, où l'on voit le monde dans tous ses costumes. Une femme arrive, masquée en bouquetière, et donne aux dames des bouquets de violettes. Chose toujours étrange et galante, ce masque : l'Inconnu! Il me semble que c'est la figure de Venise.

Enfin le foyer s'ouvre. On passe dans le corridor des loges fermées, tendu de rouge. On monte par l'escalier dans les coulisses du théâtre; on saute sur la scène planchéiée. Le rideau est retourné, la scène est fermée par trois décors paradisiaques. L'orchestre, sur l'estrade du fond, entièrement costumé, mené par son chef costumé en vieux gendarme, joue LE PIED QUI REMUE. Et l'on danse.

Il y a des Turcs de Carle Vernet et des bayadères de Schopin, des zouaves, des Circassiens, des Bretons, des mousquetaires, des femmes costumées en n'importe quoi et déshabillées en quelque chose; des mollets, des gorges, de la soie, du velours, des rubans, l'arc-en-ciel battu dans de la musique. Presque tout cela a un nom, presque toutes ces jambes ont brûlé les planches. Une vraie joie de famille là dedans, comme des ouvriers qui dansent. On s'amuse pour s'amuser. La décence de la gymnastique du cancan. Point d'obscénité, comme au bal de l'Opéra, point ou peu de pelotage : on se connaît à peu près, on sait où se trouver et se retrouver. On ne vient point faire d'affaires : on montre son

(1) LE BOSSU, drame de Paul Féval et d'Anicet Bourgeois, tiré du célèbre roman de Paul Féval et créé à la Porte-Saint-Martin le 8 septembre 1862, avec Mélingue dans le rôle de Lagardère.

costume et l'on sue. Giraud, le peintre, qui est là, nous dit que de tous les bals masqués officiels qu'il a vus cette année, celui-ci est celui qu'il a vu le moins décolleté en paroles et en épaules.

Passent des grotesques étranges, des pompiers de banlieue en maillot couleur de chair pour les jambes, avec d'horribles exostoses simulées sur les os des jambes. Chacun se signifie par son costume. Mélingue est en moine brun et Gil-Perez en collégien fort en thème. Un horrible pioupiou au nez vérolé apparaît : c'est Fournier dans sa seconde transformation. Tournant de François Ier au *chicard*, à mi-chemin entre Fontainebleau et la Courtille, Scholl passe avec sa nouvelle maîtresse, la Ferraris, des Variétés, une petite fille charmante, d'une beauté bête qui, dans son costume de paysanne, me fait l'effet de la CRUCHE CASSÉE de Greuze photographiée sur un cahier de papier à cigarettes.

Le vieux Méry vient faire le paillasse sur le théâtre et réciter je ne sais quoi de stupide sur le récit de Théramène (1). Puis un théâtre de marionnettes se dresse et toutes les femmes s'asseyent et se rangent en corbeille, autour de l'estrade où se joue la parodie du Bossu.

En se mettant de côté et en plongeant dessus, le spectacle est charmant. C'est un ensemble blanc et rose. Il y a des chapeaux blancs, des yeux qui brillent comme des diamants, des Saint-Esprit de paysanne sur les gorges, de la gaze bouffante de jupes, d'où sortent les jambes roses, les chevilles, les bottines vertes ou roses. Les cheveux poudrés sont légers comme des marabouts. Des femmes qui n'ont pas de place sont assises sur les genoux d'une autre. Un coin de figure passe à l'angle d'un tricorne. Les passequilles d'or d'une épaulette de danseuse espagnole brillent entre les rubans volant au dos d'une folie. C'est un pot-pourri extravagant de modes sous le feu clair et pétillant des lustres, et comme un bouquet de jolies femmes, — jamais je n'en ai vu pareille réunion, et presque pas de laides ! — noué par le Carnaval avec l'arc-en-ciel.

On redanse. Fournier réapparaît sur les marches de l'estrade, invitant au plaisir, les manches levées en l'air, les brandissant comme une épée dans son costume de Pierrot ; car il est, cette fois-ci, en Pierrot, mi-partie noir et blanc. Il descend, il trébuche, va à droite,

(1) Racine, PHÈDRE, acte V, sc. 6.

à gauche, roule, tombe dans les bras de Flaubert. Les femmes se garent. Il est ivre, — ivre de vin et de sa fête, du Bossu dont les recettes le sauvent, de ce songe, du bruit, de tout ce décor éblouissant de joie... Il était, ainsi, fantastique, idéal, shakespearien, de l'Hoffmann mêlé à du Balzac, Mercadet et Sardanapale, Pierrot des Funambules dans l'apothéose d'une faillite, Balthazar derrière lequel la faillite me semblait écrire : *Clichy* !

Une volupté du lieu, des femmes, de ces toiles peintes, de ces odeurs de coulisses, de toutes ces délicates et sveltes femelles, qui ont l'invitation de tous les caprices qu'elles ont excités et, dans les yeux, comme le reflet et la flamme de tous les yeux qu'elles ont altérés, ici faciles et gentilles, toutes souriantes, ayant mis de la gaieté avec leurs costumes, friandes et grasses, — les plus jolies bêtes du monde.

Je suis revenu ce matin. Il était huit heures. On dansait encore. Des marchandes commençaient à apparaître en papillotes sur la porte de leur magasin. Des boutiques n'étaient pas ouvertes. Les étalages étaient encore couverts de serge verte. Aux portes des restaurants, on jetait dans des tombereaux les écailles d'huîtres. En bas de la Maison d'Or, un chiffonnier ramassait les citrons jetés. On enterrait la nuit. Dans l'air, vaguement, flottait encore la sonorité des cors de chasse éteints du Mardi Gras. Il se levait, dans le froid, un jour magnifique d'hiver; et dans le bout des rues encore toutes bleues de vapeur, dans ce ciel pâlissant et déjà brillant, dans ces pans de murs rosés, dans ces fenêtres où le rose éclatait, dans cette lumière qui se levait et ce ciel tout balayé, comme le dessous d'une limpide aquarelle, de rose, de bleu, de blanc, il me semblait voir se fondre ma vision de la nuit, ces robes, ces bas, cette chair, ces femmes, les rubans du Carnaval !

Un monsieur, tout de blanc vêtu, s'approche de moi, me demande si je suis homme de lettres; puis me demande mon nom et me dit que c'est pour une dame. Je demande à Lia Félix qui c'est : elle me répond que c'est un acteur qui joue les utilités.

19 février.

Je cause sur le siège avec mon cocher de fiacre. C'est un Savoyard. En arrivant à Paris, servait de six heures du matin à six heures du soir les maçons : cinquante sous; dînait, se couchait à sept heures, se levait à minuit, lavait les voitures jusqu'à six heures : encore cinquante sous. Cela lui faisait cent sous. — Stage pour être reçu cocher; un camarade lui conseille de donner quinze francs à M. Tardieu, pour avoir tout de suite ses papiers : « Monsieur, on vous demande rue de l'Est », chez un coiffeur; c'était là où M. Tardieu touchait; maintenant, stage de trois mois. Couche à la *Ruotte,* au dépôt, près de la barrière de Courcelles. « Faire le tour à la compagnie. »

Histoire de Mélingue, racontée à Londres, un jour d'hiver. — Mélingue, couché sur un tapis, devant la cheminée, racontait à Gavarni sa jeunesse, parlant religieusement de son vieux père, un douanier de la mer, restant de bronze à ses triomphes pendant une semaine passée à Paris et au dernier moment, par la portière de la diligence, lui envoyant des baisers.

Dans sa cahute de douanier, Mélingue trouve à sa mort un tas de brouillons de lettres : il s'était appris à écrire pour lui écrire.

Samedi 21 *février.*

J'accroche Scholl, qui me dit qu'il s'est ruiné pour la Ferraris, qu'il va s'enfuir à Bordeaux pour rompre, que cela ne peut plus durer. Il vient d'aller demander un secours de deux mille francs au Ministère de l'Instruction publique. Il était en coupé, comme les grands mendiants et comme les pauvres qui ne sont pas honteux. J'ai réfléchi que les fonds de secours des Lettres allaient à de singulières infortunes.

Dîné chez Charles Edmond avec Got, un acteur qui ressemble tout bonnement à un monsieur quelconque, et Nefftzer, un gros bonhomme germain, le teint frais, rose, un œil d'enfant, un rire d'Allemand, — une grosse nature fine.

Flaubert a avec les femmes une certaine obscénité de propos, qui dégoûte les femmes, et aussi un peu les hommes.

22 février.

Chez Flaubert, la Lagier, c'est-à-dire une causerie grasse, de l'esthétique scatologique. On cause des actrices dérangées de ventre, merdeuses, foireuses, diarrhéeuses, les femmes qui *perdent leurs légumes*, selon son mot : George, Rachel et Plessy, les trois gloires de cette série.

Puis on remue les saletés de Frédérick, dans lequel il y a des saletés mêlées à des méchancetés de folie, — se rinçant la bouche avec du vin et le rejetant quand il ne peut plus le tenir; toujours avec une bouteille de bordeaux dans sa poche; l'acteur aux rots et aux pets; crachant sur tout, sur ses costumes de satin blanc... Il avait un domestique, un Leporello nommé Victor, toujours aussi saoul que son maître et qui un jour dit à Lagier, attendant Frédérick, ce beau mot de pochard : « Que cette pendule me serve de poison, si Monsieur ne revient pas ! »

Cette femme est frottée à tout ce qu'il y a à Paris de sale, de douteux, de suspect et de sinistre. Elle rayonne en dessous sur un fond de fange. Ainsi, elle est en relation avec un pédéraste du nom d'André, qui fait pour 1800 francs de passes dans sa saison de bals d'Opéra. Et elle nous raconte la façon dont pour se faire peloter, ces hommes se font de la gorge : ils prennent du mou, le font bouillir et le taillent en forme de tétons. L'autre soir, André était furieux : *un putain* de chat, ainsi qu'il s'exprime dans son dialecte franco-germanique, lui avait mangé un téton qu'il faisait refroidir dans le chéneau de sa mansarde.

Nous dînons dans le grand cabinet 18, à la Maison d'Or. Les murs sont ornés d'odieux à-peu-près de Watteau, à reflets de nacre comme les buvards écossais. C'est horrible à voir.

La conversation va, menée par Sari et Lagier, à l'esprit des bas comiques, aux drôleries des Christian, des Alexandre Michel, des Bache : la fleur de la pourriture, quelque chose de plus bas et de plus avili que l'argot. Il y a, entre l'argot et cette langue faite d'idiotismes convenus, de phrases qui n'ont plus de sens, de mots dévoyés, de locutions de passe, la distance du bagne au foyer de cabot. L'argot, au moins, pue l'ail; cela sent la capote. Le public, au reste, a encouragé ces farceurs. Il tolère, il paraît, maintenant aux Bouffes que les acteurs coupent tout à coup la pièce, pour se raconter leurs petites affaires, et reprochent à une actrice en scène de s'être fait photographier dans la matinée.

Je me convaincs, en entendant Sari exposer ses plans de futur directeur de Vaudeville, qu'il n'y a rien de plus bête qu'un directeur de théâtre, même lorsqu'il ne le paraît pas, comme Sari.

La littérature qu'il veut amener au Vaudeville, c'est simplement la Rigolbochade. La pièce à cuisses, des portraits-cartes sur la scène, voilà son idéal. Il ne manque à ces gens-là que le courage de leurs opinions : qu'ils tiennent une « maison », c'est bien plus simple !

On parle du succès au théâtre et on le résume : « une épizootie ». On parle du théâtre et Lagier le définit crûment d'un mot : « C'est l'absinthe du bordel. »

A propos de pédérastie, sur les mœurs russes, elle nous contait ceci. A Saint-Pétersbourg, elle était liée avec un jeune homme de grande famille, nommé Aliocha, qui lui dit : « Tâche donc de savoir ce qu'a mon frère. Il est malade sans vouloir me dire de quoi. » Lagier caresse et tirebouchonne le jeune homme, tout jeune et charmant, qui d'abord ne veut rien dire. Enfin, pressé, lui avoue qu'il aime un garde de ses amis haut de six pieds, un nommé de Groot, et de sa voix douce de Russe et de Chérubin, touché au cœur, lui dit : « J'en mourrai. » Un jour, pendant qu'il était malade, on lui annonça de Groot. Ce fut une mourante à laquelle on annonce l'homme qu'elle aime. Il fit une langue à de Groot; mais en Russie, entre amis, cela ne tire pas à conséquence, à ce qu'affirme Lagier. De Groot n'ayant nullement eu la charité de se prêter à ses goûts, Aliocha mourut peu après de langueur. C'est *l'Homme aux camélias*, ce jeune homme !

Le poète, avant nos temps modernes, était un paresseux, un *lazzarone* méditatif et bercé. C'est devenu un travailleur, toujours en travail, toujours prenant ses notes, comme Hugo. Le génie a maintenant un calepin !

Vendredi 27 février.

Suzanne Lagier nous donne à dîner à Flaubert, Saint-Victor, Cavé, Sari, Gautier et nous, dans son nouvel appartement de la rue Saint-Georges. C'est dans une maison de femmes entretenues, où à chaque palier, les portes sont l'une à côté de l'autre. Cela ressemble à un *colombarium* de prostitution.

L'appartement de Lagier : le mobilier est de ce goût qu'on pourrait appeler la Renaissance de fille, l'Henri II de bordel, le château de Blois dans un bidet.

Toujours chez cette fille qui tourne à l'éléphant et à la belle écaillère, de la verve et cette langue drue qui sonne comme du Rabelais de maquereau, disant du cou de Nestor Roqueplan : « Ton cou est d'une douceur ! C'est du satin à dix-huit francs. Mon cul n'est qu'à quatorze. »

Arrive un petit monsieur maigre, roussâtre, un pauvre habit noir sous un paletot gris de cocher : c'est Blum, un des auteurs du *boui-boui* de Sari. Il tient du bottier en chambre et de l'employé des pompes funèbres mis à pied. La censure vient de lui refuser une pièce, et Sari nous conte tous ses malheurs avec la censure, qui raye dans ses pièces *biche*, pour mettre *courtisane*.

Puis vient la légende de Walewski et son histoire fameuse avec Dennery, à propos du MARCHAND DE COCO arrêté. Dennery va trouver Walewski, lui dit :

« Monsieur le Ministre, j'ai fait une pièce intitulée LE MAR-CHAND DE COCO…

— Coco ! dit Walewski.

— Oui, le marchand de coco des mœurs populaires…

— Coco ! et Walewski chante le mot.

— Voici ce que c'est. Le coco, vous savez…

— Coco ! Et Walewski fixe son tapis obstinément.

— Le coco se fait avec de la réglisse…

— Coco ! Coco ! » dit Walewski d'un ton toujours plus profond, plus ahuri.

Dennery, pris de trac, gagne la porte et revient regarder, avec Doucet, Walewski. Il répétait toujours : « Coco, coco, coco… »

Il y a, sur la cheminée, de vraies bougies de femme et de boudoir, des bougies diaphanes, d'une transparence presque rosée, des bougies anglaises : cela est fait pour brûler devant des nudités et du libertinage.

Nous sommes servis à dîner par une petite bonne, une vraie Philippine de ce monde-là. Elle a un bonnet envolé au bout des cheveux, elle est fardée. Elle n'a pas d'âge. De près, elle a la figure plissée comme un vieux singe ou comme un petit groom.

On conte ce beau mot de cocu, de Belleyme apprenant que sa femme vit avec Tardieu : « Enfin ! je vais donc pouvoir renvoyer Joseph ! » C'était un domestique soutenu dans la maison par sa femme.

C'est le dîner chez Magny. Charles Edmond nous amène Tourguéneff, ce Russe d'un si délicat talent, l'auteur des MÉMOIRES D'UN SEIGNEUR RUSSE, d'ANTÉOR, de L'HAMLET RUSSE.

C'est un colosse charmant, un doux géant, les cheveux blancs ; il a l'air d'un vieux et doux génie d'une forêt ou d'une montagne ; il a l'air d'un druide et du bon vieux moine dans ROMÉO ET JULIETTE (1). Il est beau, mais de je ne sais quelle beauté vénérable, grandement beau comme Nieuwerkerke. Mais les yeux de Nieuwerkerke sont bleus de canapé : il y a du ciel dans les yeux de Tourguéneff. A la bienveillance du regard se joint la caresse et le petit chantonnement de l'accent russe, quelque chose de la cantilène de l'enfant et du nègre.

Modeste, touché de l'ovation que la table lui fait, il nous parle de la littérature russe, en pleine voie d'études réalistes, depuis le théâtre jusqu'au roman. Le public en Russie, grand liseur de revues. Tourguéneff et dix autres avec lui, que nous ne connaissons pas, payés, il rougit de nous le dire, 600 francs la feuille. Mais le livre, peu payé, à peine 4.000 francs.

Le nom de Henri Heine est jeté, nous le ramassons et affirmons notre enthousiasme pour lui. Sainte-Beuve, qui l'a beaucoup connu, dit que l'homme était un misérable, un coquin, puis, devant l'admiration générale, se tait, bat en retraite, se réfugiant derrière ses deux mains, dont il se couvre les yeux et se voile le visage, tout le temps de l'éloge de Heine.

Baudry nous dit ce joli mot de Henri Heine à son lit de mort. Sa femme priait à ses côtés Dieu de lui pardonner : « N'aie pas peur, ma chère, il me pardonnera ; c'est son métier. »

Nous allons, en sortant de là, à la première représentation de MARENGO (2). Des uniformes, du canon, des danseuses, du tambour et des mollets. Ces spectacles-là, c'est la gloire au salon ! C'est, pour l'imagination populaire, un bordel de soldats. C'est le *Gros* 8 à l'École Militaire, dans un feu de Bengale.

(1) C'est Frère Laurent, le Franciscain qui marie secrètement Roméo et Juliette et protège leurs amours.

(2) MARENGO, « drame national » en 5 actes et 11 tableaux de Dennery, créé au Châtelet le 28 février.

Dans la grande loge de face s'épanouissaient la Duverger et Demidoff, avec sa tête de moujik, ses sourcils froncés, ses joues qui pendent. Je pensais à leurs amours, aux domestiques, au chien ! Il y a, en ce moment-ci, à Paris, une invasion de barbons dans la galanterie. Je ne sais quelles mœurs sauvages et abjectes apportent les millions de l'Oural, du Brésil, de la Moldavie, le priapisme ou les maladies de la moelle épinière de singes d'Amérique ou de cosaques de Sibérie. Paris devient une sorte de Palais-Royal où l'Argent demande crûment, comme Blücher, une fille (1). Le plaisir ne sera plus français à Paris dans quelques années.

1er mars.

C'est le dernier dimanche de Flaubert, qui repart s'enterrer dans le travail à Croisset.

Un monsieur arrive, mince, un peu raide, maigre, avec un peu de barbe ; ni petit ni grand, un pète-sec ; l'œil bleuâtre sous ses lunettes ; une figure décharnée, un peu effacée, qui s'anime en parlant ; un regard qui prend de la grâce en vous écoutant, une parole douce, coulante, un peu tombante de la bouche, qui montre les dents : c'est Taine.

Comme causeur, c'est une sorte de jolie petite incarnation de la critique moderne, très savante, aimable et un peu pédante. Un fonds de professeur, — on ne se défroque pas de cela, — mais sauvé par une grande simplicité, l'agrément du monde, une attention bien élevée et se donnant joliment aux autres.

Il se moque avec nous doucement de cette REVUE DES DEUX MONDES, où un Suisse corrige tout le monde et est grossier avec tous ses écrivains (2). Il nous conte cette jolie histoire d'un article de M. de Witt, le gendre de M. Guizot, où il eût fallu une bataille pour faire passer le premier mot de l'article : « La mode est aux mémoires ». Buloz ne voulait absolument pas qu'un article de

---

(1) Cela se rapporte vraisemblablement à la seconde entrée de Blücher à Paris, le 7 juillet 1815, après Waterloo. Tandis que ses soldats pillaient les faubourgs, lui-même partageait ses nuits entre le tripot du n° 113 au Palais-Royal et les soupers fins chez Véry.

(2) Cf. t. I, p. 482, n. 1, sur la nationalité de Buloz.

la REVUE DES DEUX MONDES commençât par ce mot *mode*.
Lui même est encore obligé de disputer pour ne pas être rogné
ou remanié : on lui indique des endroits, « où il faudrait des
généralités... » Singulières et honteuses choses, que ces fourches
caudines du style, subies au XIXᵉ siècle par les plus grands, les
plus fameux, les plus considérables, Rémusat comme Cousin !
La dignité de l'homme de lettres, quoi qu'on dise, a diminué :
les démocraties l'abaissent.

Comme nous parlions de ce que nous avait dit la veille Tourguéneff, qu'il n'y avait qu'un homme populaire en Russie, Dickens,
que depuis 1830, notre littérature n'y entrait plus comme influence,
que tout allait aux romans anglais et américains, Taine nous dit
que pour lui, il est certain que l'avenir développera encore ce
mouvement, que l'influence littéraire et scientifique de la France
ira toujours en diminuant, comme elle a diminué depuis le
XVIIIᵉ siècle (1) ; qu'en France, il y a pour toutes les sciences, par
exemple, dix hommes remarquables, un beau front d'armée, mais
rien derrière, pas de troupes ; que c'est toujours l'histoire de Paris
et de la province... « Hachette a refusé de faire les frais d'une traduction de L'HISTOIRE ROMAINE de Mommsen et il a eu raison.
On publie en ce moment une merveilleuse édition, en Allemagne,
des œuvres de Sébastien Bach : sur quinze cents souscriptions, il
y en a dix en France. »

Il nous conte sur Montégut, qu'il a beaucoup connu, sur ce
littérateur-lige de la REVUE DES DEUX MONDES, entièrement sucé
par elle, les plus singulières choses. Des hallucinations d'hypo-
condrie : par exemple, il croyait qu'une femme, venue chez lui,
était un homme envoyé par le gouvernement pour déshonorer
un écrivain libéral. Il faisait goûter à ses amis l'eau qu'il buvait,
de peur d'être empoisonné. Qui l'eût cru, d'un écrivain écrivant
si sagement des articles appelés de ce beau titre, d'un creux si
raisonnable : *De l'homme éclairé ?* — Comme on le compare à Saint-
René Taillandier :

« C'est de l'ennui aussi, Montégut, mais ça tombe de plus
haut.

---

(1) Add. 1887, en note : *Jamais pronostication ne fut plus erronée, car en aucun
temps, le livre français, le roman, n'eut en Europe une vente pareille à celle qu'il obtint quelques
années après. Du reste, les philosophes, ainsi qu'on le verra dans la suite de ce journal, me
semblent posséder la spécialité des prophéties qui ne se réalisent pas.*

— Barbey d'Aurevilly disait cela déjà de je ne sais plus qui »,
nous dit Saint-Victor.

Le soir, en dînant, on cause des dons au clergé, de la main à
la main, et qui échappent à la justice. M. Tresse, notaire, a dit à
Claudin qu'en 1852, Bineau, étant ministre des Finances, lui avait
dit que les dix-neuf vingtièmes du 3% au porteur étaient entre les
mains du clergé. Les Petites Sœurs des Pauvres, qui ont commencé avec sept francs, ont maintenant 80 millions de biens :
« Quel pot-au-feu que l'Enfer ! » dit Saint-Victor. Ce serait une
curieuse addition à faire que celle de l'argent que le Paradis a
coûté au monde, depuis qu'il y a un paradis.

7 mars.

Scholl tombe chez nous, toujours avec ce coup de sonnette
qui annonce un événement. Il arrive de Bordeaux. Il s'est
sauvé, pour rompre avec la Ferraris, qui lui coûtait un argent
fou, qui voulait lui faire souscrire 10.000 francs de billets à son
tapissier.

Et naturellement, il se plaint d'elle comme de toutes les
femmes qui l'ont eu et de tous les amis qu'il a eus. Une femme
charmante en tête à tête, à ce qu'il nous dit, mais insupportable
aussitôt qu'il y avait quelqu'un là. Dans les derniers temps par
la-dessus, elle se grisait et aussitôt était malade : « Ce qui me
faisait un rôle très ridicule, vous savez, le monsieur qui amène
la femme qui vomit ! »

Il vient d'acheter à Bordeaux six mille francs de vin, payables
au mois de novembre, qu'il va vendre au rabais pour vivre. Car
il ne sait comment s'en tirer : « Mais combien avez-vous dépensé
cette année-ci ? — Je ne sais pas. J'ai reçu 20.000 francs : 9.000 du
FIGARO, 2.500 de Bénazet, 2.000 de Briguiboule, 2.000 de L'EUROPE,
2.000 de Porcher et mon père m'en a envoyé 6.000. »

Dimanche 8 mars.

Claudin arrive échigné à notre dîner du dimanche. Il a passé
la nuit dans un souper d'actrices, où il a été fort étonné de trouver
l'ancien bras droit de Persigny, Imhaus, marié, père de famille.
Il a présenté à Schneider Kœnigswarter, un député, lequel en

récompense lui a promis de lui indiquer des bonnes affaires. Ainsi va le monde...

On cause de l'assommade de Villemessant par Didier, « qui a décommandé le bal dont il m'avait nommé d'office commissaire, avec un peu de la fine fleur des gens tarés de Paris. Je n'y aurais, du reste, naturellement pas mis les pieds. » On relève chronologiquement les claques et horions essuyés par Villemessant et l'on arrive à l'histoire du chanteur Bataille. Mme Jouvin, fille de Villemessant, s'étant amourachée de lui, Villemessant ne trouve rien de mieux que de le faire éreinter dans le FIGARO. Mais le chanteur, ayant trouvé mauvaise cette façon de Villemessant de veiller à l'honneur de Jouvin, alla trouver Villemessant, lui dit qu'il abandonnait son talent à la critique du FIGARO, mais qu'il savait pourquoi on l'attaquait, qu'il savait que sa fille l'aimait, qu'il ne l'avait jamais vue et — fin finale — rossa Villemessant.

Sur Boissieu : Saint-Victor l'appelle *Rembrandt canut* (1).

Rien ne manque aux femmes, qu'une clef dans le nombril, une clef de poêle qu'on tournerait et qui les empêcherait de faire des enfants, quand on ne désirerait pas en avoir avec elles.

Le remords d'un crime doit être affreux chez un portier. Sa conscience doit se réveiller à chaque coup de cordon, la nuit. Il y aurait là-dessus quelque chose de terrible ou de grotesque à faire, une ballade à la Poe.

Peut-être n'y a-t-il qu'une chose de réellement existante, quelque chose qui est véritablement dans la vie, la souffrance physique. Tout le reste est imagination, illusion, chimère, à peu près de sensation.

Évidemment, les critiques n'ont été créés que le septième jour. S'ils avaient été créés le premier, qu'auraient-ils eu à faire ? (2)

(1) Le graveur lyonnais Jean-Jacques de Boissieu (1738-1810) a pris aux *canuts* et aux autres artisans de sa ville natale le sujet de maintes scènes populaires (LES PETITS TONNELIERS, LES PETITES LAVEUSES, etc.), où les coups de jour et le faire de l'artiste le rattachent de loin à Rembrandt.

(2) Rayé depuis *S'ils avaient été créés...*

L'Égalité, c'est un mot écrit au fronton du Code civil, dans toutes nos lois, dans tous les programmes sociaux. Et quelle plus terrible inégalité et plus inique, que cette inégalité devant l'argent, l'inégalité devant le service militaire ? Ayez deux mille francs, vous envoyez quelqu'un se faire tuer à votre place ; ne les ayez pas, vous êtes chair à canon.

Le coloriage des Gavarni était fait par un nommé Henry, qui coloriait chaque maquette pour quarante sous. Quand il les apportait et soumettait à Gavarni, Gavarni lui disait : « Je ne ferais pas aussi bien. » Avant lui, Meilhac, le père de celui qui fait aujourd'hui des pièces.

L'homme est lâche dans la pose horizontale, dans le sommeil, dans le rêve, dans l'éveil, dans les pensées du matin, dans les idées du lit.

Presque toutes les femmes croient que les opales portent malheur. Maria ayant confié cette superstition à une de ses bonnes amies, l'amie lui apporte à garder, le lendemain, un paquet cacheté. Se méfiant, l'ouvre : c'était des opales. C'est un tour qui se joue très communément entre femmes, de se les repasser... « C'est positif, dit Julie. Je l'ai mise à mon doigt et j'ai toujours perdu, tout le temps que je l'ai eue. »

L'argent n'a pour moi d'autre agrément de sensation que le ruissellement entre les doigts. Donner de l'argent et emporter une chose est pour moi la plus grande joie, dans son premier et vif instant.

Qu'on lise les lettres de Marie Leczinska à la duchesse de Luynes et de Marie-Antoinette à Mme de Lamballe, à Mme de Polignac, on sera étonné du ton familièrement amical de ces lettres, de leur caresse intime, d'égale à égale, cœur à cœur. Une souveraine de France, depuis 1789, n'a plus de ces épanchements, de ces familiarités. Une impératrice n'oserait y descendre. Les parvenus sont forcés à plus de représentation que les autres. S'abandonner serait pour eux se compromettre.

Peut-être que toutes nos victoires sont dans ce mot, que nous disait un officier : « Un officier autrichien met une paire de gants glacés pour se battre. Nous, pour aller au feu, nous crachons dans nos mains et nous relevons nos manches. » Ce sont les deux guerres, la guerre du passé et la guerre du présent, la guerre du XVIIIe siècle et celle du XIXe, Lérida contre Austerlitz.

Samedi 14 mars.

Dîner chez Magny.

Aujourd'hui dîne Taine, avec son joli et aimable regard sous ses lunettes, son attention pour ainsi dire affectueuse, des grâces un peu malingres, mais distinguées, une parole facile, abondante, imagée, pleine de notions historiques et scientifiques, quelque chose d'un professeur jeune, intelligent, spirituel même, avec une grande peur d'être pédant (1).

On cause de l'absence de mouvement intellectuel de la province, comparativement à toutes les associations actives des comtés anglais et des villes de second et de troisième ordre allemandes; de Paris qui absorbe tout, attire tout et fait tout; de l'avenir de la France, qui doit finir par une congestion cérébrale : « Paris me fait l'effet d'Alexandrie dans les derniers temps, dit Taine. Au bas d'Alexandrie pendillait bien la vallée du Nil, mais c'était une vallée morte ! »

J'entends, à propos de l'Angleterre, Sainte-Beuve confier à Taine son dégoût d'être Français :

« Mais, quand on est Parisien, on n'est pas Français, on est Parisien !

— Oh, si ! On est toujours Français, c'est-à-dire qu'on ne tient, on n'est rien, on n'est compté pour rien... Un pays où il y a des sergents de ville partout... Je voudrais être Anglais, un Anglais, au moins, est quelqu'un... Du reste, j'ai un peu de ce sang. Je suis de Boulogne, vous savez, ma grand-mère était Anglaise. » (2)

La causerie va sur About, que Taine défend comme ancien camarade de l'École Normale : « C'est singulier ! C'est un garçon,

(1) Depuis *des grâces un peu malingres*, var. 1887 : *sa distinction légèrement malinger ; enfin ce semblant d'air d'homme du monde, qu'attrapent les jeunes professeurs ayant fait l'éducation d'enfants d'une grande famille.*

(2) La mère de Sainte-Beuve, Augustine Coillot, était née de Jean-Pierre Coillot et de Marguerite Canne, fille de Thomas Canne, anglais.

1247

dit Sainte-Beuve, qui s'est mis à dos les trois grandes capitales, Athènes, Rome et Paris : vous avez vu à GAETANA ? (1) C'est au moins maladroit...

— Vous n'en avez jamais parlé, je crois, lui dit-on.

— Non... Il est très connu d'abord. Et puis, il est vivant, trop vivant ! J'ai l'air d'être brave comme ça, en apparence, mais au fond, je suis très peureux. »

Puis voilà que s'entame une grande discussion sur la religion, sur Dieu, la discussion qui ne manque jamais, entre gens intelligents, de se faire jour au café et de monter sur la table avec les gaz de la digestion. Je vois que Taine est très porté, par tempérament, au protestantisme. Il m'explique ses avantages, pour des gens intelligents, dans l'élasticité du dogme imposé, dans l'interprétation que chacun, selon la nature de son esprit, peut faire de sa foi. Et puis, pour lui, c'est, comme règle de vie, la conscience mise à la place de l'honneur. Là-dessus, Saint-Victor et nous, nous repoussons le protestantisme, la femme protestante que nous déclarons seulement bonne pour la colonisation. « Voyez-vous, finit par nous dire Taine, au fond, c'est une affaire de sentiment. Toutes les natures musicales sont portées au protestantisme et les natures plastiques au catholicisme. »

18 mars, 1 heure du matin.

Nous sortons de dîner de chez la princesse Mathilde. J'ai encore mon habit au dos et j'écris sur le chaud de la soirée. Il y avait à dîner Sainte-Beuve, Nieuwerkerke, Barbet de Jouy, le nouveau conservateur du Musée des Souverains, Paul de Musset et sa femme, une sorte de quakeresse sortie d'un tableau de Wilkie, une vieille jeune femme, une sorte de vieille fée qu'on s'attend à voir tout à coup rajeunir, une Anglaise qui a, dans l'esprit, de la couperose de son teint (2).

(1) Allusion à la peinture ironique et désenchantée des mœurs grecques, tracée par About, l'ancien élève de l'École d'Athènes, dans LA GRÈCE CONTEMPORAINE (sans parler du ROI DES MONTAGNES). Quant au Vatican, on y était très hostile à About, à cause de LA QUESTION ROMAINE (cf. t. I, p. 593, n. 1). Enfin voir t. I, p. 1083, n. 1 à propos des raisons qui ont dressé contre About, à la première de GAETANA, le Paris des étudiants.

(2) Le Musée des Souverains, créé en 1852 « pour la conservation des objets ayant appartenu aux Souverains qui ont régné sur la France », avait eu depuis lors

On cause de Renan et de Sacy qui l'autre jour, ont fort scandalisé la Princesse en s'élevant contre l'utilité des musées, et la causerie va sur Sacy, sur lequel nous disons à peu près tout ce que nous pensons et aussi vivement que nous le pensons, animés par la pensée de voir le Sénat tout près de cet homme sans talent, à côté de Sainte-Beuve, qui le mérite de tant de façons et par toutes les compromissions du talent (1). Barbet de Jouy, une espèce d'idiot qui tord épileptiquement ses mains, comme argument pour Sacy, se signe. Sainte-Beuve défend Sacy, par bon goût et par charité, et la Princesse abonde assez dans notre sens, en étant heureuse de trouver un peu de passion jeune. Sainte-Beuve finit par nous dire : « Tenez, c'est la même discussion qui a eu lieu en 1841. M. de Rémusat, qui venait d'être nommé ministre de l'Intérieur et qui, par conséquent, savait où passaient les fonds secrets, avait sur Sacy la même opinion que vous. »

On parle, après dîner, au café, dans la fumée des cigares, de l'idée de recommencer la vie. Presque tous refusent de la recommencer dans les mêmes conditions, d'avoir encore une fois vingt ans pour en faire ce qu'ils en ont fait, et la Princesse laisse échapper :

« Moi, si on me les rendait, je ferais un tas d'infamies que je ne me suis pas permises.

— Moi, dit Sainte-Beuve, je ne voudrais pas recommencer. Il y a dans la vie de l'homme tant de choses douteuses, incertaines, où la résolution est difficile, que quand on ne sort pas de tout cela tout à fait démoli, il faut s'y tenir. »

Entre un homme à mine de porc sur la bosse d'Ésope : « Ah voilà un sénateur! dit Benedetti. Nous allons savoir ce qui s'est passé au Sénat. » Et l'homme, entré, se met à parler finement, méchamment, avec cet esprit de vieillard, qui n'a pas l'air de toucher et qui entre, peignant la physionomie de la séance : Bonjean, sa myopie, son œil qui pleure, son mouchoir qu'il cherche, le fil de sa lecture qu'il retrouve; puis le Prince enfin, sa parole, sa véhémence, ses citations lues, sa facilité dont il abuse, cette voix

pour conservateur Horace de Viel-Castel; mais celui-ci venait, le 12 mars 1863, d'être révoqué par Nieuwerkerke, sous le prétexte d'un article trop désinvolte de LA FRANCE, et en fait, selon Chennevières, pour indélicatesse.

(1) C'est seulement en 1865 que Sacy sera nommé sénateur, la même année que Sainte-Beuve.

de tribun, de buccin étonnant le Sénat (1). L'homme qui parle ainsi me rappelle étonnamment l'esprit et la parole, le dire du marquis des Effrontés et l'acteur même, Samson (2). C'est Chaix d'Est-Ange.

Tout à coup, l'on entend, du canapé se lever la voix de la Princesse : « Mais enfin ! Il ne devrait pas oublier que la Russie, nous lui devons aussi quelque chose. Notre mère, au moins la mienne, est morte avec une pension de 150.000 francs de l'empereur Nicolas ! Et puis, enfin, ce monsieur-là, » — c'est comme cela qu'elle a appelé son frère toute la soirée — « qu'est-ce que c'est que ce courage-là, à parler quand il n'y a aucun péril ? Mais qu'est-ce qu'il a fait ? Savez-vous ce qu'il a fait ? Moi, je n'aime pas l'Autriche, j'ai été élevée dans l'horreur de l'Autriche, je mangerais des Autrichiens. Eh bien ! quand l'Empereur l'a envoyé auprès de l'empereur d'Autriche, il a laissé aux Autrichiens Vérone et Mantoue. C'est lui qui les leur a laissées ! Je le sais bien, moi : Napoléon III et Victor-Emmanuel me l'ont dit... Victor-Emmanuel, il a été deux ans sans le voir, après cela... Nous deux, voyez-vous ? » dit-elle, s'animant de plus en plus, « c'est l'honnêteté et la canaillerie ! Il n'est fait que pour mordre la main qui lui a fait du bien. Louis-Philippe lui a fait une pension ! Moi, j'ai toujours aimé les princes d'Orléans; ils ont toujours été charmants pour moi. Je n'ai jamais voulu revoir M. Thiers après qu'il m'a dit que la lâcheté était une des forces d'un roi constitutionnel, après qu'il a appelé devant moi Louis-Philippe Robert Macaire... Moi, je ne suis pas de son sang ! Je me crois une bâtarde, quand je le vois. »

Le sang et la colère lui ont monté au visage. Tous se taisent, comme une cour devant une violence de reine. Elle est vraiment

---

(1) Soulevés à nouveau depuis le 22 janvier 1863, les Polonais appelaient à l'aide contre la Russie les puissances occidentales. Du 17 au 19 mars, le Sénat discute sur la Pologne : Bonjean, le prince Poniatowski, Walewski protestent contre l'*attentisme* gouvernemental et surtout, le 18, le prince Napoléon adjure le Sénat et le gouvernement « d'agir, d'agir sans retard, en prenant résolument en main les intérêts des faibles et des opprimés », ce qui signifiait peut-être la guerre immédiate contre la Russie. Mais Billault va réussir à faire voter un ordre du jour de confiance par 109 voix contre 17.

(2) Les Effrontés d'Augier, créés le 10 janv. 1861 : le marquis d'Auberive y incarne un légitimiste cynique et spirituel, digne adversaire du pamphlétaire Giboyer; il sait à l'occasion être chevaleresque et sauver l'honneur de sa femme infidèle. Il sera l'un des principaux personnages également du Fils de Giboyer en 1862.

belle avec ses mains crispées, tout ce qu'elle a de passion dans son visage plein d'ombre et dans sa voix qui vibre. Sainte-Beuve dit : « Mais, Princesse, il y a l'homme privé et l'homme public...

— L'homme public ! » fait-elle, ramassant le mot et scandant tout ce qu'elle dit avec une sorte de hoquet d'ironie et des haussements de corps superbes : « L'homme public ! Était-ce un homme public, lorsqu'il mendiait dans le cabinet de M. Guizot 150.000 francs de pension ? Était-ce un homme public, lorsqu'aux journées de Juin, il montait au haut des tours Notre-Dame pour échapper au bruit du canon ? Était-ce un homme public, lorsqu'au Deux-Décembre, il se sauvait d'auprès de son cousin, à Stains, chez Mᵐᵉ de Vatry ? Était-ce un homme public, lorsqu'en Crimée, il abandonnait l'armée et fuyait les coups de fusil ? »

Et sa voix sonne avec ce coup perpétuel de marteau, cette figure d'éloquence d'Isnard à propos de Lyon. Il y a de la Convention et de la Rachel dans sa voix. En sortant, en marchant avec nous par les rues, toujours parlant, Sainte-Beuve essaye de repousser l'assimilation que nous faisons entre cet homme, ainsi jugé par sa sœur, et Philippe-Égalité. Il nous dit que ce prince est né tribun, qu'à sept ans, il faisait des pièces de vers en l'honneur du Premier Consul, « ...s'il n'était pas devenu empereur et tyran ! »

Puis il vient, à propos de Sacy, à la question du Sénat, — et à ce régime-ci, à propos de lui, et ses amertumes s'échappent contre cet Empereur indifférent aux lettres et aux services qu'il a rendus sans salaire, sans prix convenu d'avance. Il montre toutes ses ulcérations de n'avoir jamais recueilli de la bouche impériale que deux mots ; d'avoir été invité à des concerts, de n'avoir jamais eu de rendez-vous pour causer seulement un quart d'heure et de n'avoir jamais trouvé dans le maître de la France qu'un « digne mari de cette bécasse », — c'est son mot — qui fait en même temps inviter chez la Princesse Sacy et Flaubert.

19 mars.

J'ai oublié hier une assez instructive anecdote sur l'austère Guizot. Lorsque la princesse de Lieven lui laissa par son testament une voiture, le fils fut plein d'embarras pour la faire accepter aux susceptibilités de l'ancien ministre. Après des pourparlers, au bout d'un mois, M. Guizot lui demande un rendez-vous. C'était pour lui demander de mettre la voiture en capital, c'est-à-dire de lui donner une somme de 70.000 francs, — ce qui fut fait.

20 mars.

Un vendredi chez Nieuwerkerke au Louvre.

On met les paletots dans la galerie des Miniatures et on fait de la musique dans le salon des Pastels. Cela est triste et ennuyeux comme une soirée d'hommes.

A minuit, les intimes montent en haut et l'on regarde faire à Giraud la charge de Doré, séance tenante, en faisant sécher l'aquarelle sur une lampe.

Peu à peu, là, autour de nous, on n'entend plus parler que costumes de régiments de cavalerie, permutations, amabilités faites par des commandants, qui font jouer leur musique sous les fenêtres de Mme Une Telle. Il y a des têtes de gros jeunes officiers en bourgeois, à cou de dindon, faisant les beaux et les jolis parleurs. Je me suis cru, un moment, dans un café militaire; je croyais qu'on allait demander l'Annuaire. Ainsi devait finir sous un Empire une soirée chez un directeur de musées, avec des dilettantes de corps de garde.

La première personne que j'avais rencontrée en entrant était Champfleury, un de ces bohémiens qui savent parfaitement se faufiler, un de ces écrivains-peuple auxquels on ne soupçonne pas de gants blancs et qui en mettent.

25 mars.

A dîner chez Gisette, comme chaque femme avoue son caractère :

« Moi, je suis mauvaise comme la gale, dit Gisette.

— Tu es priée, dit Dennery, de ne pas calomnier la gale ! »

Je la connais, celle-là ! Dennery, de temps en temps, laisse tomber quelque méchanceté fine, quelque aphorisme d'indifférence, quelque maxime d'attachement à lui-même, de parfait détachement des autres. C'est le La Rochefoucauld de l'égoïsme.

Nous allons à la première d'une reprise de Don Juan de Maraña, une vieille pièce de Dumas, encore plus vieillie que vieille.

Dans un corridor, avec nous, Saint-Victor rencontre Crémieux qui juge de haut la pièce. Alors, avec un de ces gros rires intérieurs, une de ces ironies crevantes et solides qu'il a, Saint-Victor lui dit : « Ah ! je comprends, toi tu es un créateur... tu es un *génésiaque*,... tu fais de petites genèses ! » Crémieux, comme font les blagueurs, resta tout interloqué, modestement honteux d'être obligé de convenir qu'il était un créateur, disant avec sa bouche et sa voix de côté : « Eh bien ! qu'est-ce que tu veux... moi je serai forcé de t'appeler un critique ! » Et Saint-Victor riait, comme un éléphant qui recevrait une noix d'un singe.

Un ballet est charmant, à la fin, un ballet d'âmes masquées, de femmes pareilles à des chauve-souris blanches, avec un loup noir sur le visage, le corps enveloppé de gazes qu'elles agitent comme des ailes. C'est d'une volupté étrange, mystérieuse, silencieuse, ce doux menuet de mortes sans figure, qui se mêlent, se nouent, se dénouent et dansent dans un rayon de lune. Quand on brûle de vieilles lettres d'amour, il s'élève dans la flamme des souvenirs noircis, qui ressemblent à cette ronde (1).

Je viens de voir, à l'un des derniers actes, Lagier en statue, les mains jointes sur un tombeau, avec des plis tumulaires, dans l'attitude des figures sépulcrales de l'art des Flandres. Dans l'escalier, en descendant, j'entends une femme qui, avec sa voix éraillée, engueule un voyou qui lui a marché sur sa robe : c'est elle ! Ceci est le théâtre.

28 mars.

Dîner chez Magny.

Le *nouveau*, le récipiendaire est Renan. Renan, une tête de veau qui a des rougeurs, des callosités d'une fesse de singe. C'est un homme replet, court, mal bâti, la tête dans les épaules, l'air un peu bossu ; la tête animale, tenant du porc et de l'éléphant, l'œil petit, le nez énorme et tombant, avec toute la face marbrée, fouettée et tachetée de rougeurs. De cet homme malsain, mal bâti, laid à voir, d'une laideur morale, sort une petite voix aigrelette et fausse.

On parle religion. Sainte-Beuve dit que le paganisme a d'abord été une jolie chose, puis est devenu une véritable pourriture, une

---

(1) Add. 1887, depuis *quand on brûle*.

vérole. Le christianisme a été le mercure de cette vérole ; mais on en a trop pris et maintenant, il faut guérir du remède.

Il me parle en aparté de ses ambitions d'enfance, de tout ce qu'éveillait en lui à Boulogne, sous l'Empire, le passage des soldats, et de son envie d'être militaire. Au fond, un regret dort en lui de cet état : « Il n'y a que cela, la gloire militaire ; il n'y a que cette gloire là. Les grands généraux et les grands géomètres, je n'estime que cela. » Il ne parle pas de l'uniforme, mais je crois que ce qu'il a rêvé, c'est d'être colonel de hussards, — pour les femmes ! Au fond, sa véritable ambition eût été d'être joli garçon ; j'ai peu vu de vocations plus manquées que celle-là !

Une grosse et grande discussion s'élève sur Voltaire. Tous les deux, seuls, détachant l'écrivain du polémiste, de son action et de son influence sociale et politique, nous contestons sa valeur littéraire, osons nous rallier à l'opinion de Trublet : « C'est la perfection de la médiocrité. » (1) Et nous le définissons de ce mot : « Un journaliste, rien de plus ! » Son histoire ? Mais c'est le mensonge et le convenu de la vieille histoire, tué par la science et la conscience du XIXe siècle. Thiers en descend et en relève. Sa science, ses hypothèses ? Un objet de risée pour les savants contemporains. Mais qu'est-ce qui reste ? Son théâtre ? CANDIDE ? C'est du La Fontaine prosé et du Rabelais écouillé. Et puis à côté, il y a le conte de l'avenir, le NEVEU DE RAMEAU (2).

Tout le monde nous tombe dessus et Sainte-Beuve, pour finir, s'écrie : « La France ne sera libre que quand Voltaire aura une statue sur la place Louis XV ! »

On passe à Rousseau, sympathique à Sainte-Beuve comme un esprit de sa famille, comme un homme de sa race. Taine, pour se mettre à la hauteur du ton du dîner et jeter sa robe d'universitaire aux orties, s'écrie : « Rousseau, un laquais qui se tire la queue ! »

Renan, devant cette violence d'idées et de mots, demeure un peu effarouché, ébouriffé, à peu près muet, curieux pourtant, intéressé, attentif, buvant le cynisme des paroles, comme une

---

(1) Cf. t. I, p. 1035, n. 2.

(2) Var. 1887 : *Que valent ces quatre-vingts volumes auprès d'un NEVEU DE RAMEAU, auprès de CECI N'EST PAS UN CONTE, — ce roman et cette nouvelle qui portent dans leurs flancs tous les romans et toutes les nouvelles du XIXe siècle ?*

femme honnête dans un souper de filles. Puis au dessert arrivent les grandes questions :

« C'est étonnant, dit quelqu'un, comme au dessert, on parle toujours de l'immortalité de l'âme, de Dieu...

— Oui, dit Sainte-Beuve, quand on ne sait plus ce qu'on dit ! »

29 mars.

Taine vient nous voir. Il nous demande à regarder des gravures. Nous lui faisons défiler deux cartons. Il les regarde et nous voyons qu'il ne les voit pas. Cependant, comme il faut paraître voir et que l'art commence à passer pour quelque chose d'où l'on peut tirer des idées, il fait sur ces choses des phrases et des filandres de cours d'homme d'esprit aveugle ! Rien de comique comme Chardin vu avec les lunettes de la Revue des Deux Mondes !

Un bien beau mot de Rothschild. Chez Walewski, l'autre jour, Calvet-Rogniat lui demandant pourquoi la rente avait baissé la veille : « Est-ce que je sais pourquoi il y a de la hausse ou de la baisse ? Si je le savais, j'aurais fait ma fortune ! »

C'est un Normand que Flaubert. Il m'a avoué qu'il disait à Sainte-Beuve qu'il ne baisait pas, pour ménager sa jalousie.

Il y a du martial dans l'architecture de Louis XIV — et presque de l'héroïque : les Invalides, le Val-de-Grâce, le dôme est un casque.

Paris, le bordel de l'étranger... Il n'y a plus une femme entretenue par un Français. Toutes sont à des Hanovriens, Brésiliens, Prussiens, Hollandais. C'est le 1815 du phallus.

Chez Gavarni, Meilhac, le père du faiseur de pièces actuel, enlumineur des lithographies de Gavarni avant Henry : deux francs par modèle.

A Lorentz, qui se plaint d'être saisi, Gavarni répond superbement : « Je n'ai connu que ça ! Il m'en tombait toutes les semaines. J'ai eu, en une semaine, jusqu'à sept significations de saisie. »

Aujourd'hui, notre maître d'armes nous parlait, le maître de bâton et de chausson des princes d'Orléans. Des princes, apprendre le bâton et le chausson ! Tout le règne de Louis-Philippe est là.

Peut-être une idée théâtrale : deux femmes, une putain et une femme du monde, sœurs, comme Gisette et sa sœur, se rencontrant dans l'amour du même homme.

Quand je vois une pharmacie homéopathique, il me semble que l'homéopathie est le protestantisme du médicament.

Je demandais à Edmond pourquoi une vieille marchande de curiosités l'aimait : « Parce qu'elle ressemble à ma nourrice ». Le mot est bien profond !

Quelle différence des temps, des goûts, des élégances, des sympathies souveraines, des entraînements du trône ! Autrefois, un favori de reine, c'était Lauzun. Aujourd'hui, un favori d'impératrice, c'est le petit père Sacy, un vieux donneur d'eau bénite à la porte du Journal des Débats.

3 avril.

Nous dînons chez Gavarni. Nous le trouvons physiquement maigri, fatigué, démoralisé, découragé, sans aucun goût maintenant pour son travail, ayant l'air d'avoir fini sa tâche, ennuyé des dessins que lui commande Morizot.

Sainte-Beuve, à ce dîner, parle du suicide comme d'une fin légitime, presque naturelle de la vie, une sortie soudaine et volontaire de la vie, à la façon des Anciens, au lieu d'assister à la mort de chacun de ses organes, de chacun de ses sens. Il regrette seulement qu'il lui manque le courage.

C'est un homme, ce vieillard, pour lequel l'argent n'est rien que la jouissance. La paye de l'article du lundi fait vivre, comme dans un ménage d'ouvriers, la maisonnée la semaine; et jamais une avance dans la maison !

Il y a, dans cette grande intelligence de Gavarni, toutes sortes de petits côtés, d'intérêts à de petites choses, à des riens, à des

jouets. Ainsi, souvent, beaucoup de sa pensée va à la prestidigitation. Il réfléchit et argutie sur Decamps.

9 avril.

On me conte une scène de comédie, le premier dîner de
Sacy aux Tuileries. Il appelle le garçon de la Bibliothèque Maza-
rine, qui le sert et qui sert son collègue Sandeau :
« Dites-moi, mon ami, quand M. Sandeau va dîner aux
Tuileries, comment se met-il ?

— Monsieur, il met son habit d'académicien et une cravate
blanche.

— Ah bon ! Eh bien, vous ferez pour moi absolument
comme pour M. Sandeau. Et comment va-t-il aux Tuileries ? A pied
ou en voiture ?

— En voiture, Monsieur.

— Ah ! et dans quelle voiture ?

— Mais, Monsieur, il prend un remise.

— Ah oui, un remise... Et il le fait venir, alors ?

— Oui, Monsieur.

— Où le prend-il ?

— Mais chez un loueur...

— Ah ! Eh bien, vous m'en prendrez un chez son loueur,
et au même prix que M. Sandeau... Tout comme M. Sandeau...
Allez, mon ami. »

Ce soir, chez les Antoine Passy, comme on parlait du tailleur
qui vient de se retirer avec trois millions : « Oui, s'écrie avec
feu l'ancien agent de change Vandernack, voilà, c'est très bien,
j'applaudis à ces fortunes-là... C'est la plus grande révolution
depuis le commencement du monde ! Je connais un homme qui
a fait une très grosse fortune en vendant 18 francs les chapeaux de
16 francs... Maintenant, la fortune n'est plus qu'aux travailleurs ! »
« Aux voleurs », me disais-je, en l'écoutant.

En allant tout au fond du génie d'Hugo, on trouve du
Godillot et du Ruggieri. Il y a de la réjouissance publique dans
sa poésie. Je me le figure quelquefois comme un énorme et superbe
mascaron, qui verse à du peuple du vin bleu.

1257

Un employé de la Compagnie d'affichage livrait les affiches de théâtre, au lieu de les afficher, à un brocanteur de la rue de la Parcheminerie, qui lui-même les revendait à un fabricant de couronnes funéraires. Celui-ci en faisait une sorte de pâte, sur laquelle on applique les fleurs d'immortelles... Ceci, c'est Paris.

Je trouve beau le serment d'une Bohémienne, que je lis dans la GAZETTE DES TRIBUNAUX. Elle s'est détournée du Christ et du tribunal et se plaçant en face d'une fenêtre : « Entre le ciel et la terre, je promets d'ouvrir mon cœur et de dire la vérité. »

Ponsard a voulu se suicider lors du mariage de Mme de Solms. Une vie de passion, une œuvre qui n'en a pas une goutte dans les veines. C'est Antony-Boileau.

Il est de certaines natures souples, qui apparaissent différentes selon les lieux où on les rencontre. Ces jours-ci, j'examinais Taine chez la princesse Mathilde. Dans son habit étriqué, les coudes au corps, la nuque abaissée, le chapeau aux mains comme contenance, plat de toute sa personne : le cuistre aimable dans le monde m'est apparu. Je ne pourrai guère maintenant le voir sans penser à la silhouette du fils de Diafoirus.

11 avril.

Dîner chez Magny.

Il y a, à cette cour-ci, une grande préoccupation de Marie-Antoinette. L'autre jour, on a fait demander aux Tuileries à la Bibliothèque toutes les pièces du Collier (1). L'autre jour encore, le petit prince, pendant une absence de ses parents, a demandé à un peintre, chez lequel on l'avait mené, si c'était vrai que Louis XVII fût mort au Temple.

Sainte-Beuve nous montre un sentiment très hostile à la personne de la Reine, une espèce de haine personnelle. Il a contre nous une sorte de colère, que nous ayons défendu sa pureté, et

(1) Le dossier du procès fait devant le Parlement de Paris au Cardinal de Rohan, convaincu, en 1785, d'avoir pris sans le payer un collier de diamants, chez des joailliers parisiens, au nom de la reine Marie-Antoinette et sur le vu d'un reçu signé soi-disant par la reine et qui était un faux.

nous pousse très vivement à nous en dédire. Puis il esquisse, d'après des souvenirs recueillis par lui dans des familles, le Louis XVI de l'histoire, envoyant à ses favoris, à son petit lever, des boulettes de la crasse de ses pieds...

Renan élève sa petite voix pointue pour dire qu'il ne faut pas être si sévère pour ces gens-là, les rois, qui n'avaient pas choisi leur place, et qu'il faut leur pardonner d'être aussi médiocres qu'on veut depuis le commencement d'une monarchie (1).

Puis, on parle de cette école de gens qui ont succédé aux lycanthropes de 1830, les *épaffeurs* cyniques, de Baudelaire et de son mot culminant, un jour qu'il arrivait en retard dans une société : « Pardon, je suis en retard, je viens de *gamahucher* ma mère. » (2)

Sainte-Beuve *causote* avec moi de Mme de Solms, de Mme de Tourbey, pour lesquelles il fait profession de grand attachement : « Moi, me dit-il, je ne lâche jamais les femmes. » Puis me parle de l'idée de faire défiler quelques femmes au dîner, comme Solange, la fille de Mme Sand. Il m'avoue l'idée de faire, un de ces jours, une MARIE-ANTOINETTE, avec l'intention d'être par elle désagréable à l'Impératrice.

Le droit d'aînesse a été remplacé par le fils unique du bourgeois, qui, après un enfant, mouche la chandelle.

En France, nous avons le chauvinisme d'une seule de nos gloires, la gloire militaire, et le mépris de nos autres gloires.

16 avril.

Mon oncle Alphonse nous réveille ce matin (3). Il arrive d'Afrique, où il vient de se transplanter à soixante-cinq ans, lui et toute sa famille.

---

(1) Phrase inintelligible dans le manuscrit : ... *leur pardonner d'être médiocres; qu'on veut depuis le commencement d'une monarchie.* L'intention de Renan semble être : seul le fondateur d'une dynastie est responsable de la situation qu'il s'est donnée et dont ses successeurs héritent passivement. Le texte de 1887 supprime la fin de la phrase après *d'être médiocres* et substitue : *n'ont pas choisi* à *n'avaient pas choisi*.

(2) Add. éd. : *un jour qu'il arrivait.* — Les Lycanthropes de 1830 : allusion à Pétrus Borel.

(3) Alphonse Guérin, oncle maternel des Goncourt.

Que de dispersions, que de hasards dans ces migrations de famille ! Comme les branches s'écartent du tronc ! Nous voilà avec des cousines sorties de la banlieue d'Orléans, courant à cheval les champs de Constantine, destinées au croisement de l'Europe et de l'Afrique.

Mon oncle a toujours son bon rire et sa belle face de moine. Curieux échantillon bourgeois, nourri d'Horace, philosophe comme on pouvait l'être dans un cloître au XVIIIᵉ siècle, disant de ses filles : « Je les ai très bien élevées, je leur ai donné de la religion, parce que pour les dames, il faut de la religion », — disant d'un de ses fils : « Je suis désolé qu'il n'ait pas pris la carrière ecclésiastique, je lui disais : « Tu n'auras pas d'ouvrage… » C'est vrai, rien à faire… »

Nous restons sur une impression triste de quitter ce vieux frère de notre mère, si bon à notre enfance, qui nous faisait monter à cheval, qui nous faisait dîner au restaurant et qui nous promenait le dimanche à la campagne. Sa figure est restée dans nos plus vieilles et nos plus jeunes joies. Et quand, un peu gris du coup de l'étrier, il nous embrasse, quelque chose nous dit qu'il nous embrasse pour la dernière fois.

16 avril.

Passé la soirée chez les Armand Lefebvre. Laure nous conte les entrevues qu'elle a eues avec la sœur de Prévost-Paradol, son ancienne amie de Saint-Denis, lorsqu'elle s'est faite carmélite (1). Elle nous parle de ce lit, une banquette avec une couverture, de cet oreiller : un mouchoir; de ce pot à l'eau contenant une pinte d'eau, destinée à la soif et à la toilette de toute la semaine.

Elle me parle encore de cette écuelle de bois, où les carmélites mangent leur soupe maigre, leur poisson, leurs œufs avec les doigts; de cette récréation où, comme il est défendu d'avoir ni amie ni préférence, une espèce de tour de valse les fait, deux à deux, tomber à terre chacune à côté de la première venue; de cette récréation, où il est commandé de parler et, en même temps, de ne rien dire et où, la Supérieure prenant la parole, aussitôt que toutes

(1) Son *ancienne amie de Saint-Denis* : il s'agit de la maison d'éducation installée depuis 1809 dans les anciens bâtiments de l'Abbaye et destinée aux filles de membres de la Légion d'honneur.

sont ainsi assises à terre, et disant : « Il fait beau », toutes para-
phrasent cette banale parole pendant la demi-heure.

Elle me conte ses entretiens avec cette amie agenouillée sur
ses talons, séparée d'elle par une grille et un rideau et paraissant
tous les jours s'enfoncer un peu plus dans le lointain et se reculer
de la vie. Un jour qu'elle la fit attendre longtemps au parloir, elle
lui dit : « C'est qu'aujourd'hui, c'est un jour de récréation; nous
ôtons les chenilles des groseilliers; et par une grâce spéciale, on
nous a permis de les ôter avec un petit morceau de bois. »

19 avril.

Au Louvre.

Est-ce bien sûr que tout ça soit des chefs-d'œuvre ? Que de
tableaux j'ai vus dans ma vie, anonymes, sans valeur vénale, aussi
intrinsèquement beaux que tout cela, signé ou baptisé de grands
noms ! Et puis, des chefs-d'œuvre ? Mon Dieu, nos tableaux
modernes passeront chefs-d'œuvre, eux aussi, à leur tour dans
trois cents ans.

Il y a deux choses qui font un chef-d'œuvre d'un tableau : la
consécration du temps et sa patine, le préjugé qui empêche de le
juger et le jaunissement qui empêche de le voir.

Je trouve avant dîner Lagier, — que Sainte-Beuve m'a chargé
d'inviter à dîner, — sans engagement de théâtre, avec le noir de la
fille qui ne fait pas d'affaires et le sentiment qu'elle se faisande pour
l'amour, débraillée, en peignoir blanc et me disant : « J'ai envie
d'aller à Turin,... je ferais peut-être le roi ! »

La mort, pour certains hommes, n'est pas seulement la mort,
elle est la fin du propriétaire.

Tous les poètes que j'ai vus sont si laids, que la poésie me
semble une réaction contre la laideur personnelle.

20 avril.

Rien de triste comme le parc de Saint-Cloud. Les endroits où
l'on s'est amusé sont tristes comme les hommes qui ont beaucoup
vécu. Lugubre ! lugubre !

Dans une maison de la grande rue de Sèvres, on traverse une grande cour, pleine de grands bois écorcés. Au-dessus d'un hangar, plein de bois dégrossis pour faire des moyeux de roues et qui donnent une odeur et un aspect de bûcheronnerie, est un tout petit appentis. On y monte par une échelle de meunier. On entre dans une toute petite pièce, où il y a des livres, un piano, une fenêtre aux persiennes à demi fermées par une ficelle.

Là est l'homme que je viens voir et remercier, Levallois, le critique de l'Opinion Nationale (1). Il est petit, maigre, une de ces figures où la misère a passé, marquées de bohème. Il a la barbe, les cheveux et le teint malheureux, une pauvre redingote, des pantoufles de tapisserie tristes : l'homme est grêle comme sa maison. Autour de lui, sur les rayons de bois blanc, rien que des livres modernes, dont la tristesse s'exhale comme des bibliothèques sans passé. Aux murs, Rousseau et Voltaire, en mauvais portraits modernes, et entre eux deux, sans doute comme trait d'union, une photographie-carte de Guéroult.

Nous causons de lui, de nous, de Sainte-Beuve, dont il a été quatre ans secrétaire, avec lequel il a fait deux volumes de Port-Royal et dont il nous révèle le manque de décision et la timidité de premier jugement pour toute œuvre, pour Madame Bovary par exemple, l'engouement qui est sa manière de travailler à un homme, à un livre, au reste court et coupé net après l'article. « Il y a toujours des grappes de femmes dans sa vie », nous dit-il, comme, en causant, on effleure l'homme dans le critique.

Il est enrhumé, névralgifié. Il cause d'une voix douce, creuse et qui s'éteint; point de rire, point un mot vif. Il est jeune et l'on ne sait pas trop son âge. Une veine bleue lui passe à la tempe. Son œil est par moments clair comme l'œil d'un *voyant*. Il y a en lui comme une religion en chambre au cinquième, comme le mysticisme d'un Colline. Il est singulier et me trouble à la longue comme un personnage bizarre, énigmatique, d'une autre humanité que moi.

Il veut me montrer sa chambre, le portrait de son père : « Il est mort à quarante ans », me répète-t-il deux fois et cela me

---

(1) Levallois avait consacré le 1er décembre 1861 un article très élogieux à Sœur Philomène dans l'Opinion Nationale et c'est lui qui s'entremet auprès de Guéroult pour faire prendre Renée Mauperin en feuilleton par son journal, où elle commencera à paraître à partir du 3 décembre 1863.

ANNÉE 1863

gêne d'entrer ainsi, la première fois, dans la famille et aussi avant
dans le si petit intérieur d'un homme. En revenant il me montre
un livre, qui a l'air d'être un bréviaire : OBERMANN, il le remet à
sa place. Il me semble qu'il a secoué de l'ennui dans la chambre.
Je lui trouve de plus en plus le regard, l'extérieur, la redingote
d'un croyant.

En descendant, il me montre un manège où tourne un cheval
pour dégrossir les bois : « Ah ! ça ne va pas, c'est dommage : je
regarde, cela m'amuse beaucoup... J'ai la jouissance de ce jardin »,
me dit-il, et il me montre un peu de terre pelée, qui monte, un vrai
pâturage de chèvre. Puis : « Je compte rester encore deux ans ici.
J'étudie beaucoup les fourmis ; nous avons de magnifiques fourmi-
lières par ici. Et il faut les suivre d'une année à une année...
Je vois des choses très curieuses... » Et il m'a reconduit jusqu'à
la *Gondole*, avec un cordon de caleçon passant hors de son pantalon.
Il m'a semblé en le quittant, quitter un illuminé et un pauvre.
J'en suis resté tout triste.

21 avril.

Tout compte fait, il y a autant de canailles mécontentes
que de canailles satisfaites. Une opposition ne vaut pas mieux
qu'un gouvernement.

23 avril.

En dînant au restaurant, je regarde à sept heures sur le
Boulevard. C'est une nuit qui n'est pas la nuit, un crépuscule encore lumineux, mais dont les rayons et l'éclat ont disparu,
un Achenbach froid, un mélange de Wickemberg et d'Eugène
Lami. L'asphalte et le blanc des maisons ont une blancheur de
neige. Un peu plus tard, toute cette pâleur de lumière tourne au
bleuâtre et devient un pur Achenbach, bleu et blanc, avec des
lueurs sibériennes. Un peu plus tard encore, le ciel est tout clair,
les maisons toutes bleues, les lumières jaunes ; et les lignes s'estom-
pent dans le bleu qui sort d'une veilleuse de porcelaine blanche.

Chez Pouthier, il y a une pente vers la caserne, l'hôpital,
le phalanstère, tous les rassemblements où l'on se débarrasse de
son initiative et de sa volonté personnelle : un des caractères d'une
nature faible.

1263

TOME I

80

M. de Montalembert nous a écrit de venir causer avec lui à propos de notre Femme au xviiie siècle.

Un salon, où il y a sur la table une traduction italienne de son livre sur le Père Lacordaire, des fables du comte Anatole de Ségur (1). Entre les deux fenêtres, au-dessus du piano, une copie du Mariage de la Vierge par Pérugin, avec une espèce d'appareil pour faire brûler devant, en haut, quelque chose, une lampe ou un cierge. Au-dessus de deux vues de Venise d'un détestable Canaletto, un Baptême de Jésus-Christ, assez beau, d'un maître quelconque de l'école primitive allemande. Des cartons de vitraux de sainte; le Miracle des roses de Sainte-Élisabeth, en horrible ronde-bosse, du Rudolphi argenté. En contre-jour d'une fenêtre, un tableau, l'aigle de Pologne brodé en argent au plumetis, entouré d'une couronne d'épines sur fond de peluche amarante, avec au-dessus : *Offert par les dames de la Grande Pologne à l'auteur d'*une nation en deuil, 1861. Une pendule et des feux Empire. Des meubles usés de velours grenat. Un salon de campagne, où on a accroché des objets pieux.

De là, nous passons dans son cabinet garni de livres. Une politesse onctueuse. En vous donnant une poignée de main, il l'approche de son cœur. Une voix un peu nasillarde, l'élocution aisée, la méchanceté enjouée, l'onction spirituelle.

Après de grands compliments, il nous demande pourquoi nous n'avons pas parlé des vertus de province, de la vie sociale provinciale, si grande surtout dans les villes de Parlement comme Dijon, aujourd'hui morte : « On ne se fait plus envoyer les livres de Paris, on ne lit plus. » Quand il vient quelqu'un à la campagne, chez lui, leur donne des livres, personne ne les lit.

Nous dit qu'il a lu un article de Sainte-Beuve sur nous et que souvent, à cette place même où nous sommes, Sainte-Beuve venait causer avec lui, en 1848 (2). Il lui disait : « Je viens vous étudier »... « Il me demandait comment je faisais pour parler, il se frottait les mains et prenait ses notes... Je lui ai connu bien des phases. Idolâtre d'Hugo chez Hugo et faisant les meilleurs vers qu'il ait faits à

(1) Le Père Lacordaire, par le comte de Montalembert (1862).

(2) Sur les articles du 1er et 2 décembre 1862 consacrés à La Femme au xviiie Siècle, cf. t. I, p. 1168, n. 1.

sa femme; puis saint-simonien; puis mystique, à croire qu'il allait devenir chrétien. Maintenant, il est très *mauvais*. Croiriez-vous que l'autre jour, à l'Académie, à propos du Dictionnaire, il a osé dire en se touchant le front : « Enfin, croyez-vous que ce que nous avons là est autre chose qu'une sécrétion du cerveau? » C'est du matérialisme comme on ne croyait pas qu'il y en eût encore, ce n'était que chez quelques médecins. Il y avait le rationalisme, le scepticisme; mais cela n'existait plus, le matérialisme, il y a quelques années... A propos du prix de 20.000 francs, lors de la discussion de Mme Sand, sur le mariage, il a dit : « Mais le mariage, c'est une institution condamnée, ça n'aura plus lieu ! »

Sur Littré, nous dit : « Mon Dieu, tout en reconnaissant parfaitement que l'évêque d'Orléans a fait son devoir et était dans son droit, je n'aurais pas été aussi éloigné que mes amis de voter pour M. Littré (1). C'est un homme austère, honorable, qui a fait de grands travaux. Et puis, il y a une chose dont je lui sais grand gré et que j'estime beaucoup en lui, c'est que toutes les fois qu'il a parlé du Moyen Age, il a rendu justice à l'élément germain, qui est, Dieu merci, dans notre race. En dehors du dogme et de la foi, le catholicisme est sans doute ce qu'il y a de meilleur; mais il faut pour l'équilibre, qu'au-dessous du catholicisme, l'élément germain se mêle en nous à l'élément latin. Sans cela, voyez l'affaissement des races purement latines, des races du Midi... Eh bien, Littré a vu cela. Thierry, Guizot, Guérard sont toujours contre les barbares. Littré, au contraire, est pour eux et son point de vue est très juste...

« Ah ! vous savez, nous avons dans l'Académie une nouvelle conversion au bonapartisme, c'est Cousin, oui, Cousin ! Il est venu me dire l'autre jour qu'il fallait nommer des bonapartistes inoffensifs : « Mais, lui ai-je dit, les reptiles sont toujours dangereux! » Il trouve qu'on doit se contenter de la liberté civile, mais ça m'est bien égal d'avoir la liberté de faire mon testament! Canning l'a très bien dit : « La liberté civile, c'est la liberté civique. » C'est la vie politique qu'il faudrait donner à la France. Mais on se retire dans la vie privée... Tenez, une des plus belles choses qu'ait écrites

---

(1) La brochure de Mgr Dupanloup, AVERTISSEMENT AUX PÈRES DE FAMILLE ET A LA JEUNESSE (avr. 1863), dénonçant le positivisme de Littré, venait de faire échouer son élection à l'Académie.

le Père Lacordaire, ce sont des conférences à Toulouse, sur la vie privée et la vie publique. » (1)

On lui apporte une carte. Nous nous levons et saluons. Dans l'antichambre, un bon jeune homme attend. Voilà ce parti : l'honneur d'une visite, c'est tout ce qu'il peut donner !

Le soir, chez la princesse Mathilde, Fromentin cause peinture. Il dit que depuis les Carrache, les procédés matériels sont complètement changés, qu'on n'a qu'à regarder un tableau d'avant eux et qu'on verra toutes les lumières en creux, tandis que dans la peinture moderne, toutes les lumières sont en relief. Il veut que ces empâtements colorés soient un malheur; et comme on le pousse, il dit ne comprendre la peinture qu'avec une grisaille recouverte de matières colorantes, de glacis, etc. C'est là, du reste, son procédé. Nous lui jetons Rembrandt et tant d'autres. Il déclare ceux-ci exceptionnels.

En revenant avec lui, il nous parle de l'ennui que lui cause la peinture, de l'effort qu'il a à faire, de l'indifférence qu'il appporte à la réussite d'un tableau et, en même temps, du goût qu'il a à écrire, du petit battement de cœur à son réveil, de la petite fièvre à laquelle il se reconnaît apte à écrire, se plaignant des longs intervalles, des années qui séparent un livre d'un autre, en sorte que quand il se remet à écrire, il ne sait plus s'il sait écrire. Il termine en nous disant qu'il écrit, parce qu'on ne peut pas traduire l'homme en peinture et qu'il a certaines choses en lui, comme de la tendresse ou de la sensibilité, qu'il lui est agréable de reproduire.

2 mai.

Depuis huit jours, trépidation de collégien de Sainte-Beuve, — qui nous a demandé de le faire dîner avec Lagier, — préoccupé du cabinet, de la carte : une partie de femmes qui est pour lui un rêve comme à vingt ans. Nous trouvons, hier, sa carte chez nous avec l'indication du cabinet qu'il a été retenir d'avance chez Véfour. Et le cabinet s'appelle, rencontre ironique, le CABINET DE LA RENAISSANCE.

(1) Montalembert songe à la sixième et dernière conférence de Toulouse de 1854 : DE L'INFLUENCE DE LA VIE SURNATURELLE SUR LA VIE PRIVÉE ET LA VIE PUBLIQUE.

ANNÉE *1863*

Je m'amuse, en attendant Lagier, à feuilleter ses connaissances dans un porte-cartes, qui est un soulier chinois. Elle paraît enfin avec un voile noir, une robe noire et une rose rouge piquée dans les cheveux, en tenue de combat, l'air d'une éléphantiasis qui va danser le boléro. Je l'amène. Sainte-Beuve a donné carrément son nom en bas.

Nous entrons. Il y a Gavarni avec Sainte-Beuve.

Sainte-Beuve, aussitôt, de se confondre en petits soins et toujours occupé de lui mettre des coussins sous les pieds. Il s'est, pour ce jour, complètement habillé de drap neuf. Lagier, perdant un peu l'équilibre devant cet académicien, tombe en plein du côté où elle penche et la voilà, avec sa rude langue, allant au fond de la chronique ordurière et décrivant *de visu* l'anus d'un pédéraste de ses amis. Cela, au lieu de dégoûter, me paraît assez ragoûter Sainte-Beuve, qui part, s'allume et se lance et commence à dire :

« En sortant de l'Académie, j'ai vu une fois un petit jeune homme... Eh bien ! certainement, j'aurais été en Grèce, j'aurais été à lui comme on va à une femme.

— Oh ! ça, dit Gavarni, pour moi, c'est de l'autre côté du mur... »

Sainte-Beuve répond assez vivement que la constitution physique ne donne pas de ces préjugés-là; qu'au fond, il est aussi naturel de sentir et même d'exprimer ces sentiments-là pour l'homme que pour la femme. Il cite de l'Anthologie, un des *paidika*, une déclaration d'amour à un petit giton et finit : « C'est charmant ! » Griserie de cerveau d'une jeunesse qui a été sevrée, libertinage de vieillard, qui s'irrite et s'excite, chaleurs et visions de tête de l'homme de cabinet assidu et hémorroïdal.

Quant à Lagier, c'est toujours cette belle langue, c'est le ruisseau à sa source. D'une de ses amies, avec laquelle elle tribade, elle dit : « Elle a son nez en pension dans mon cul ! » Parlant de ses six ans de fidélité et de sagesse avec Sari : « Sari, dit-elle, d'abord, c'est un homme ! comme disent les voyous : ça vaut de se le payer et de se faire crever avec !... J'avais des bottines qui reniflaient l'eau, je me lavais les mains avec du savon de Marseille, du savon bleu, vous savez, en attendant le savon au sucre de guimauve; et j'achetais de la pommade sur des cartes à jouer... »

Elle se met au piano, elle chante, elle danse, elle embrasse Sainte-Beuve au front, prend le bouquet, que Sainte-Beuve a fait

1267

galamment mettre sur la table, et s'en va au Concert Pleyel retrouver un petit garçon de seize ans, encore en pension.

3 mai.

Aux courses du Bois de Boulogne, le plus beau monde : il est laid ! Une race d'hommes inélégante, presque provinciale, épuisée sans la distinction d'une race épuisée. La femme, laide : laideur des femmes du monde, exceptions en petit nombre. Toilettes, peinture, désinvolture de la fille, mais sans le chic suprême et habituel de la prostitution.

En hommes, je vois Pereire, un singe rapporté de Batavie, racorni et un peu moisi; lord Hertford, l'homme aux dix-huit millions de rentes, avec son foulard de nuit en cravate, une dureté dans une figure froide de porcelaine; Haussmann, l'air d'un censeur de collège de Versailles; Gramont-Caderousse, avec sa lorgnette en bandoulière à l'anglaise et ses poses *rocaille*, enlaçant Mme de Persigny, l'air d'un groom anglais, gentleman ardent, fait de moitié d'un comique du Palais-Royal; Metternich, l'air d'un domestique de grande maison anglaise.

La femme ? Femmes sans douceur et sans rayon de maternité, sans enfants; pas de bassin, la sécheresse de la stérilité dans toute la personne... C'est la princesse de Metternich, avec un nez en trompette, des lèvres en rebord de pot de chambre, très pâle, l'air d'un vrai masque de Venise dans les tableaux de Longhi; une Mme de Pourtalès, blondasse qui, par hasard, n'est pas très laide; la princesse Poniatowska, blonde, grimaçante, l'air d'une chatte qui lappe du lait; la princesse de Sagan, une biche de ce grand monde, le nez cassé et busqué, l'air d'une grande chèvre; Mme de Solms, aujourd'hui Mme Rattazzi, avec une couronne de cheveux sur la tête, les yeux d'un bleu éraillé, le sourire d'une danseuse sourde, au bras de son mari, à tenue et à mine minables d'un avoué, auquel Pommereux, l'ancien entreteneur de sa femme, fait compliment de sa mise élégante, lui disant qu'on ne le reconnaîtrait pas à Turin; Mlle Haussmann, une forte fille aux yeux de bœuf, assez belle... C'est cela, le monde, le beau monde, le grand monde ! Tout cela est lorette ! Aucune distinction, aucun signe, aucun charme de femme comme il faut. Des toilettes et un genre qui montrent qu'il n'y a plus de société.

Au retour, rencontré en équipages fringants, roses aux oreilles des chevaux, toutes les biches, toute la *haute bicherie* de Paris, plus régnantes, plus triomphantes que jamais, remplissant cette promenade des familles riches, occupant aujourd'hui et remplissant ce Bois de Boulogne, comme autrefois leurs mères le Palais-Royal. Jamais plus de déploiement, de parade et de scandaleux exemples. On parle du XVIIIe siècle, mais il y avait alors dix grandes prostituées. Aujourd'hui, c'est un peuple, un monde qui mangera l'autre monde des femmes et qui le mange déjà.

5 mai.

Maurice de Guérin montre quelle stérilité le catholicisme donne à un esprit, quel manque d'assiette à un caractère, quelle inquiétude à une âme, pareille à ce que la médecine appelle anxiété.

Au fond de cette âme si dévouée de sa sœur, se perçoit comme une sécheresse de cloître. Le catholicisme habitue tellement la femme à la souffrance qu'elle l'y endurcit pour elle et pour les autres. Il ôte à la femme le *tendre*.

Maurice de Guérin me fait l'effet d'un homme qui a récité le *Credo* à l'oreille du Grand Pan, dans un bois, le soir.

Dans Eugénie, il y a comme un onanisme de piété. Elle semble se toucher les parties les plus délicates de la femme. Chose singulière ! Le catholicisme me paraît compromis par les intelligences et les cœurs raffinés, Mme Swetchine, Eugénie de Guérin. Il ne me semble pur et inattaquable que dans les pauvres d'esprit.

La religiosité de l'homme est en raison précise de son goût de la nature (1).

Aubryet nous contait l'autre jour qu'une petite fille lui avait proposé dans la rue sa sœur, autre enfant de quatorze ans. Elle devait, dans la voiture, avec son souffle, faire de la buée sur les glaces de manière que les agents de police ne voient rien.

11 mai.

C'est le jour du dîner de Magny. Nous sommes au grand complet; il y a deux nouveaux, Théophile Gautier et Nefftzer.

(1) Rayé depuis *La religiosité de l'homme.*

Veyne m'apprend qu'un article fait par un M. Clément, que je ne connais pas, composé, bon à tirer, est arrêté par Buloz comme trop bienveillant. On a demandé à M. Clément des remaniements de sévérité. Mais M. Clément s'est entêté, quitte à propos de nous la revue et ne fera pas le Salon, qu'il devait faire. Trait curieux du respect témoigné à la conscience des critiques dans cette revue et de sa sympathie pour nous ! (1)

La causerie touche Balzac et s'y arrête. Sainte-Beuve l'attaque : « Ce n'est pas vrai, Balzac n'est pas vrai... C'est un homme de génie, si vous voulez, mais c'est un monstre !

— Mais nous sommes tous des monstres, dit Gautier.

— Alors, qu'est-ce qui a peint ce temps-ci ? Où est notre société, dans quel livre, si Balzac ne l'a pas peinte ?

— C'est de l'imagination, de l'invention ! crie aigrement Sainte-Beuve. J'ai connu cette rue de Langlade, ce n'était pas du tout comme ça (2).

— Mais, alors, dans quels romans trouvez-vous la vérité ? Est-ce dans ceux de Mᵐᵉ Sand ?

— Mais mon Dieu, me répond Renan, qui est à côté de moi, je trouve beaucoup plus vraie Mᵐᵉ Sand que Balzac.

— Oh ! vraiment ?

— Oui, ce sont les passions générales.

— Mais les passions sont toujours générales !

— Et puis Balzac a un style ! jette Sainte-Beuve. Ça a l'air d'être tordu, c'est un style *cordé* !

— Dans trois cents ans, reprend Renan, on lira Mᵐᵉ Sand.

— Comme Mᵐᵉ de Genlis ! Elle ne restera pas plus que Mᵐᵉ de Genlis !

— C'est déjà bien vieux, Balzac, dit Saint-Victor. Et puis, c'est trop compliqué.

— Mais Hulot, crie Nefftzer, c'est humain, ça, c'est superbe !

— Le beau est simple, lance Saint-Victor. Il n'y a rien de plus beau que les sentiments d'Homère, c'est éternellement

---

(1) Passage omis en 1887 et incohérent dans le Ms. : *Trait curieux comme respect à la conscience des critiques dans cette revue et de sa sympathie pour nous.*

(2) Cf. SPLENDEURS ET MISÈRES DES COURTISANES, I. *Comment aiment les filles* : dans cette rue sordide, située entre le Palais-Royal et la rue de Rivoli, loge la Torpille ; c'est là qu'elle va tenter de se suicider, après l'épisode du bal de l'Opéra qui ouvre le roman.

jeune. Enfin, voyons, Andromaque, c'est plus intéressant que Mme Marneffe !

— Mais pas pour moi ! dit Edmond.

— Comment, pas pour vous ? Homère...

— Homère, dit Gautier, c'est pour tout le monde un poème de Bitaubé ! C'est Bitaubé qui l'a fait passer. Homère n'est pas ça, on n'a qu'à le lire dans le grec, c'est très sauvage, ce sont des gens qui se *peignent* !

— Enfin, dit Edmond, Homère ne peint que des souffrances physiques. De là à peindre la souffrance morale, il y a des mondes. Le moindre roman psychologique me touche plus qu'Homère.

— Oh ! pouvez-vous dire ! s'écrie Saint-Victor.

— Oui, ADOLPHE, ADOLPHE me touche plus qu'Homère.

— C'est à se jeter par les fenêtres, d'entendre des choses comme ça ! » crie Saint-Victor, les yeux lui sortant de la tête. On a marché sur son Dieu, on a craché sur son hostie. Il crie, il trépigne. Il est rouge comme si on venait de souffleter son père. « Les Grecs sont indiscutables... Il est insensé... Peut-on vraiment... C'est divin... »

Il y a un brouhaha. Chacun parle. Une voix jette en l'air : « Mais le chien d'Ulysse... — Homère, Homère... » fait Sainte-Beuve, avec une piété d'Oratorien. Je crie à Sainte-Beuve : « Et nous sommes l'avenir !

— Je le crois, fait tristement Sainte-Beuve.

— Est-ce drôle ! dis-je à Renan. On peut discuter le pape et nier Dieu, toucher à tout, contredire le Ciel, l'Église, le Saint-Sacrement, tout, mais Homère !... Est-ce singulier, des religions en littérature ! »

Enfin, cela s'apaise. On rejette plus doucement sur ce mythe appelé Homère les trois mille ans qui ont passé sur sa cendre. Saint-Victor tend la main à Edmond.

Mais voilà que Renan se met à dire qu'il travaille à ôter de son livre toute la langue du journal, qu'il essaye d'écrire la langue du XVIIe siècle, la vraie langue française que le XVIIe siècle a fixée : « Une langue ne se fixe pas : vous avez tort, Renan. Je vous montrerai dans vos livres quatre cents mots qui ne sont pas du XVIIe siècle !

— Je ne le crois pas. Je crois que la langue du XVIIe siècle peut suffire à tout rendre, tous les sentiments.

— Mais vous avez des idées nouvelles, il faut des mots nouveaux !

— C'est la langue qu'il faut écrire pour être lu en Europe.

— Pas le moins du monde, dit Gautier, les Russes ne comprennent que le français des pièces du Palais-Royal.

— Mais où la prenez-vous, cette langue ? Marquez vos limites !

— Saint-Simon n'écrivait pas la langue de son temps !

— Mᵐᵉ de Sévigné non plus ! »

Renan est assailli. Il essaye de résister, avec sa pauvre voix pointue, aigrelette, des arguments flottants, sans base, sans fonds de science. Sainte-Beuve animé, avec un pli de passion au front, le visage en boule, froncé, s'avance sur lui; il l'interpelle. Gautier couvre sa voix avec sa grande langue, roulant ses images, ses citations; des pensées d'une crudité superbe, le bon sens, la science dans un débordement d'éloquence grasse, cocasse, hardie, superbe. Il roule ce siècle, ces hommes, cette langue, la perruque de Louis XIV, le dôme des Invalides, Saint-Cyran, Pascal, *un pur cul* :

« Mais je crois bien, qu'ils avaient assez des mots qu'ils avaient en ce temps-là ! Ils ne savaient rien ! Un peu de latin, pas de grec. Pas un mot d'art. Ils appelaient Raphaël le « Mignard de son temps » (1). Pas un mot d'histoire, pas un mot d'archéologie, pas un mot de nature. Je vous défie de faire le feuilleton que je ferai mardi sur Baudry avec les mots du XVIIᵉ siècle... La langue de Molière ? Mais il n'y a rien de plus infect ! Je vous ferai du Molière quand vous voudrez. Ses vers, c'est plein d'enchifrènement... Mais qui ? Racine ? Il a deux beaux vers. Voici le premier : *La fille de Minos et de Pasiphaé.* Seulement, il n'a jamais pu trouver la rime : il a fait rimer *Pasiphaé* avec *liberté*, je ne sais pas quoi !... (2) Molière, un bas bouffon, un « penchant à la servilité » : c'est dans la liste des pensions ! Inférieur à Duvert et Lauzanne !

— C'est vrai, dit Soulié, le futur éditeur d'un Molière.

— Imprimez donc ça ! »

Sainte-Beuve se remue pour parler, agite sa calotte. Gautier continue à marcher sur sa petite voix et ses petites idées avec le pas

---

(1) Texte Ms. : *de notre temps,* ce qui paraît faire contresens, d'où la correction.

(2) La rime est : *envoyé (Cf.* PHÈDRE, acte I, sc. 1).

pacifique d'un éléphant, qui joue avec cette intelligence de bourgeois étroite, misérable, mesquine, de ce faux grand homme, de ce faux écrivain, de ce Court de Gébelin de la REVUE DES DEUX MONDES, Renan.

Puis voilà Gautier tournant, à propos d'un mot jeté par nous sur le FAUNE de Munich, tournant sur le beau pur de la sculpture grecque, qu'il reconnaît aux testicules des statues. Et le voilà à nous décrire la pine grecque et comme l'ingénuité du phallus, de ces couilles de jeunes gens studieux, dont parle Aristophane, qui remontent comme des olives.

En sortant de là, de cette table où l'on agite tout, où l'on manque de respect à tout, où la philosophie du scepticisme pur, du matérialisme brut, de l'épicurisme vert touche à tout, j'entends Saint-Victor et Gautier sortir bras dessus, bras dessous, en témoignant d'horribles peurs de se trouver treize à table. Ils se jurent de ne pas y dîner.

Il y a plus d'âmes que d'esprits ayant un caractère. J'appelle caractère la constance d'une conscience.

L'homme qui n'emporte pas de paletot pour dîner à la campagne est tout un caractère : c'est l'homme de l'heure présente.

Posséder et créer, les vives passions de l'homme. Et c'est toute la propriété.

17 *mai.*

Saint-Victor a dîné hier chez Girardin, qui l'a présenté à la princesse Mathilde. Elle dînait chez lui avec Morny, Boittelle, le préfet de police, Fleury, etc.

Quelle amusante parodie d'opposition en ce moment ! Sacy aux DÉBATS, Guéroult à l'OPINION NATIONALE, Havin au SIÈCLE et Girardin à la PRESSE.

Morny, qui a été le causeur du dîner, a soutenu que les femmes n'avaient pas de goût, qu'elles ne savaient point ce qui est bon, qu'elles n'étaient ni gourmandes ni libertines, qu'en fait de goût, elle n'avaient que du caprice. Puis il a émis cet axiome qu'un peu de libertinage adoucit les mœurs. Puis de là, à la grande indignation de la Princesse, il a commencé une apologie de la tribaderie, qui donne le goût à la femme, lui apporte son raffinement, l'accomplit. Tels sont les propos de table d'un Empire.

18 mai.

Notre ami Flaubert est pour un livre le plus grand théoricien qui soit. Il veut faire tenir dans le livre qu'il médite tout Tom Jones et Candide. Il continue à affecter le plus grand dégoût et le plus grand mépris de la réalité (1). Tout, chez lui, part d'un système, rien de l'inspiration. Je crains bien que les chefs-d'œuvre ne se préméditent point tant que ça.

19 mai.

Profond découragement, ennui, fatigue de notre livre presque fini, Mademoiselle Mauperin, comme des tâches longues près d'être achevées.

Maurice de Guérin, Saint-Victor, Théophile Gautier panthéistes : pas de caractère, l'effusion des forces individuelles, dans les forces générales, universelles.

22 mai.

Après dîner avec Flaubert et Bouilhet, — qui maintenant, à Mantes, apprend le chinois pour faire un poème chinois, — nous arrivons rue de Bondy, au boyau noir encombré de blouses, au milieu duquel s'ouvre la porte des coulisses de la Porte-Saint-Martin.

Un escalier en colimaçon, à rampe de bois graisseuse ; des odeurs et des lueurs de quinquets ; des portes, des paliers ; tout cela étroit, un labyrinthe de couloirs, de corridors, quelque chose comme ces endroits resserrés où l'on va toujours dans les rêves.

Puis les pieds posent sur des planches à coulisses ; l'épaule frôle un châssis de bois, garni de vieux journaux. Des apparitions

---

(1) Rayé depuis *il continue*. — Le projet qui fait évoquer à Flaubert Tom Jones et Candide semble être Kœnigmark (*sic*) : Flaubert, ayant lu un article de Blaze de Bury sur Kœnigsmark (Revue des Deux Mondes, 15 mai 1852), projette, sur cette romanesque aventure, une œuvre dont le Carnet 19, qui date de 1862, nous donne un scénario sommaire (cf. Mme M. J. Durry, Flaubert et ses projets inédits, 1950, p. 88).

de peuple vous coudoient, des hommes du peuple mêlés à des porteurs d'oripeaux; des étoffes brillantes, étincelantes, qui s'éteignent dans le gris ou le bleu des bourgerons de faubourgs.

Un va-et-vient sans paroles, automatique, de bribes de bal masqué qui passent; des petites filles en blouses de pension filant dans vos jambes, d'autres montant un escalier en remuant dans l'ombre des gazes d'anges. Par instants, par une découpure de décor, un coin de scène, une bouffée de couleurs, de musique, de voix. Et puis des flots pêle-mêle de figurants, machinistes, ouvriers, tout cela allant avec un mouvement d'immense manufacture, de prodigieuse usine, avec des figures hâves, des petites rachitiques, des mines de Mont-de-piété, des faces fardées, — le pêle-mêle d'un carnaval dans une fabrique en activité !

Dans tout cela, une odeur particulière, une chaleur où des sueurs de porte-faix se mêlent à des sueurs de danseuses; des vapeurs de gaz, d'huile, des senteurs de poussière, l'haleine d'un peuple mêlées à l'aigre des petits enfants; des émanations de couleurs, d'étoffes neuves, de chair, de lumière.

Nous débouchons dans le corridor des loges, obscuré. Nous montons dans du noir où l'on heurte des voix. Nous ouvrons une loge de seconde. La salle est à peu près pleine; le lustre est baissé, la rampe est haute; les acteurs sont en scène.

Il y a des femmes en costume, d'autres en robe de ville. Des acteurs qui jouent des princes sont en paletot. Sur des fauteuils de tragédie rouges, au coin de la scène, contre la rampe, Marc Fournier et Anicet Bourgeois sont assis. Un régisseur, avec une canne, range des bataillons de danseuses, des légions de figurants; il a l'air d'un caporal qui commanderait à une légende, aux visions d'un songe.

Dans la salle, ce même pêle-mêle, cette même confusion du théâtre et de la vie, du XIXe siècle et de la féerie qu'on joue, de la rue et des PILULES DU DIABLE se retrouve (1). A côté de nous, un gamin en magnifique costume grec veut *remoucher* un petit môme en blouse. Au milieu des gens de la maison et du théâtre en sales costumes, en manches de chemise, attablés aux premières

(1) LES PILULES DU DIABLE, féerie d'Anicet Bourgeois, Ferdinand Laloue et Laurent, créée au Cirque-Olympique en 1839 : Sottinez, l'apothicaire Seringuinos et son valet Magloire, poursuivant Isabelle et Babylas, parcourent un univers où toutes les lois physiques sont bouleversées au profit des deux amants.

loges, apparaît une danseuse blanche, rayonnante, nuageuse, avec un diadème de clinquant; une autre est assise dans une loge pleine d'allumeurs de quinquets, avec sa jupe relevée derrière elle en queue de paon et qui la nimbe.

Nous redescendons dans la loge d'avant-scène, où Mariquita, la maîtresse de Fournier, dans le costume où elle va danser, essaie ses pointes, le théâtre étant trop encombré. Sur le fond raisin de Corinthe, sourd et foncé, de la loge, elle se détache, le visage à demi éclairé par la lumière qui vient de la rampe et meurt sur sa gorge au bouquet de rubans rouges de son corsage. Tout le reste, la jupe ballonnante et les jambes, est dans un demi-jour de lune, d'un ton à la Goya, d'une clarté molle, légère, une vraie jupe de willis (1). Au-dessus de sa tête, un papillon, passant comme un atome dans une raie de jour, va et vole. Et rien de charmant comme ce corps ainsi éclairé, se mouvant, sa jambe tout à coup lancée, les élévations qu'elle essaie en se tenant d'une main à une chaise, cette dislocation harmonieuse de la danseuse essayant ses membres dans cette atmosphère mystérieuse et chaude d'une loge, tout en causant, en laissant tomber sur vous ses grands yeux noirs.

Sur la scène, on s'agite. On recommence les trucs manqués. Fournier, de sa canne, arrête l'orchestre. Le souffleur raye avec un crayon les passages supprimés des rôles. Une actrice demande un coussin pour tomber plus doucement sur la scène. Les rôles, tout à coup, s'arrêtent; le metteur en scène brusque un comparse en lui prenant le coude. On dit aux masses :

« Avez-vous compris?

— Des *fa*, des *fa*! » crie le chef d'orchestre à ses musiciens.

Ce qu'il y a de mouvement, d'activité, de tension, d'attention; toute cette armée d'hommes à placer, à remuer, à faire entrer, sortir; la combinaison des trucs à leur moment, des répliques, des attaques d'orchestre; tant d'accessoires prêts à leur minute précise; ce chaos, ce monde d'une féerie à organiser, régler, animer; l'énormité de ce travail, à faire péter la tête, tout ce que vous voyez, tout ce que vous présumez d'efforts, d'heures de labeur, de veilles de couturières, peintres, machinistes, acteurs, musiciens; cette

---

(1) Les *willis* sont, dans les légendes de Bohême, des êtres fantastiques, des jeunes filles mortes, condamnées à sortir toutes les nuits de leur tombe et à danser jusqu'au jour.

racolade d'une populace de féerie, d'une cour de conte de fées, — tout cela, à mesure que ces tableaux se déroulent sans finir, vous éblouit les yeux, la tête, la pensée.

Au milieu de cela, tout ce monde paraît sans fatigue, des premiers aux derniers, tous ces gens qui répètent à peu près comme cela depuis huit jours, qui ont répété aujourd'hui jusqu'à quatre heures, qui répèteront cette nuit à peu près jusqu'à la même heure, paraissent gais, sans lassitude, s'intéressent à ce qu'ils font, tant il y a de magie dans ce mensonge du théâtre !

L'acte de la danse est venu. Espinosa, le maître de ballet, bat le devant du théâtre en claquant la mesure dans ses mains. Les danseuses se trémoussent, les premières seules en costume, les autres en jupons et en corsets; d'autres encore avec leur canezou de drap; quelques-unes, des fanchons noires autour de la tête, qui leur donnent des airs agaçants de grisettes, — charmantes ainsi dans ce déshabillé de danse, qui leur donne l'air du LEVER DES OUVRIÈRES EN MODE de l'Opéra (1). Au cou, pour ne pas avoir froid, elles se mettent et se nouent leur mouchoir.

« Monsieur Fournier », dit une voix de vieillard, du balcon; Fournier se lève et fait taire l'orchestre, « ces dames seront-elles en costumes de caractère ou de fantaisie ?

— En costumes de caractère, dit Fournier.

— Bien », fait la voix.

Cette voix est la censure. C'est la voix du préposé à la Pudeur publique, chargé d'examiner si dans ce bordel qu'on appelle un théâtre de féerie, on ne fait point trop bander les personnes.

Il est deux heures passées. La répétition reprend de plus belle...

24 mai.

Lu des économistes. Le bien-être matériel, pour eux, implique le progrès moral, — doctrine de la dernière aristocratie : c'est proclamer les gens aisés meilleurs que les pauvres !

27 mai.

La Princesse dit qu'elle a reçu une lettre très plate de Lescure, lui envoyant ses livres : « Mais pourquoi m'écrit-il ? dit-elle. Je ne

(1) C'est une gouache de Lavreince (Bocher n° 36).

connais pas ce monsieur... » Arago lui embrassant la main : « Assez de *lichades* comme ça ! » C'est sa langue : elle dit *crevichonner* pour les gens qui, selon elle, ne méritent pas qu'on dise qu'ils sont morts, et *ratichon* pour un clérical.

Gavarni me dit, sur un divan :

« Je suis amoureux de la Princesse.

— Qu'est-ce qu'il vous dit ? fait-elle en passant.

— Princesse, qu'il est amoureux de vous.

— Eh bien, ça fait grand plaisir qu'on me dise ces choses-là. C'est peut-être inconvenant de le dire, mais tant pis ! »

On conte l'histoire suivante. Mme de Païva demande à un jeune homme 20.000 francs pour coucher avec lui. Il les apporte. Elle les range en rond et commence à en allumer un, en lui disant : « Je serai à vous tout le temps que ça durera. » Billets de banque photographiés par l'ami du jeune homme, Aguado; au dernier, lui dit : « J'en ai gardé un. Ils sont faux. »

28 mai.

Ennui des élections, des affiches, des blagues. L'hypocrisie a sa fête. Poursuivi par ce mot sur les murs : « Candidat libéral », c'est-à-dire : « Moi, je suis bon; moi, j'aime le peuple »... Quel intérêt un homme a-t-il à être meilleur que moi ? C'est avec cette pensée que je sors de toute discussion politique contre un libéral, un républicain et tout genre de philanthrope et d'utopiste.

Saint-Victor me dit de la nouvelle Mme de Girardin : « Cette femme-là, c'est le frais d'une cave : toutes les lumières s'éteignent. Elle a un sourire officiel, qui s'éteint comme un lampion. »

Tous les produits modernes sont mauvais, ne durent pas. La main seule donne la vie aux choses. Les machines font les choses mortes.

30 mai.

Je me promène sur les boulevards extérieurs, élargis par la suppression du chemin de ronde. L'aspect est tout changé. Les guinguettes s'en vont. Les maisons publiques n'ont plus leur vieux caractère de gros numéros : avec leurs verres dépolis et éclairés, elles ont l'air de *bars* américains. Des hommes en blouse font contraste, dans un immense café appelé le *Delta*, avec la salle dorée où ils sont, véritable galerie d'Apollon, jurant avec les parties de billard et les saouleries de la guenille.

J'entre au bal de l'Hermitage. Il n'y a plus une jolie fille. Tout cela maintenant est pris par l'argent, qui cueille tout et fait de toutes des lorettes.

Entre Lariboisière et l'Abattoir, ces deux *souffroirs*, je reste rêvant, à respirer un air chaud de viande. Des gémissements, de sourds mugissements viennent jusqu'à moi comme de lointaines musiques. Et dans mon dos, contre le banc de bois où je suis assis, j'entends trois petites filles blaguer la façon dont les sœurs leur font faire le signe de la croix. C'est bien le nouveau Paris.

Après avoir acheté et feuilleté des pamphlets de la Révolution. — La Révolution, les hémorroïdes de l'humanité : de la merde et du sang !

Saint-Victor, quand il voit Charles Edmond, voit sa place, son appartement haut de quatorze pieds, l'espace qu'y auraient ses tableaux. Il devient grincheux, contradicteur, batailleur d'idées. Je n'ai jamais vu d'homme plus transparent. On peut, chez lui, étudier l'homme à jour.

1er *juin.*

Toute la liste de l'opposition passe à Paris. Penser que si toute la France était aussi éclairée que Paris, nous serions un peuple ingouvernable ! Tout gouvernement qui diminue le nombre des illettrés va contre son principe (1).

L'anglomanie au XVIIIe siècle, c'était le frac, les mœurs, les courses. Aujourd'hui, c'est la thèse doctrinaire, les romans de Dickens, les leçons de littérature anglaise de Villemain et de Taine.

(1) Les diverses oppositions avaient formé entre elles en vue de ces élections ce qu'on a appelé l'*Union libérale*, qui recueillit 2 millions de voix et fit élire 32 députés sur 282. A Paris, les 9 députés étaient de l'opposition : 8 républicains, plus Thiers.

1279

JOURNAL

Le quartier Saint-Sulpice est le quartier de Paris où les épiciers vendent des cierges.

Vu le tableau du COURONNEMENT DE JOSÉPHINE par David. Non, le plus mauvais peintre de foire n'a jamais fait de la peinture plus grotesque et plus bête. La tribune dans le fond est un morceau qui dépasse toute idée. Ces têtes des hommes de cour sont monstrueuses.

C'est devant cela que Napoléon se découvrit en disant : « David, je vous salue ! » C'est la vengeance de ce règne que ce tableau. Oh ! qu'il ne périsse pas ! Qu'il reste, qu'il demeure pour montrer l'art officiel du Premier Empire, — toile de foire devant l'apothéose du grand saltimbanque !

Les croyants sont très reconnaissants à Dieu d'avoir donné aux organes génitaux de la femme vivante l'odeur qu'il ne donne à la crevette que huit jours après sa mort.

Le caractère de la littérature ancienne est d'être une littérature de presbyte, c'est-à-dire d'ensemble. Le caractère de la littérature moderne — et son progrès — est d'être une littérature de myope, c'est-à-dire de détails.

6 juin, 8 heures moins 20.

Après une ondée, l'asphalte brillant, lavé, tout plein de reflets blancs, de lueurs, d'ombres allongées comme dans l'eau; une douce lumière où tout paraît, mais rien ne brille. Le ciel est blanc clair. Le haut des maisons et des édifices étincelle de rose. Les toits d'ardoise, les troncs d'arbres des promenades, les trottoirs, tout cela dans une gamme violette.

Le mariage est la croix d'honneur des putains.

Dîner à Saint-Gratien chez la Princesse.
Arrive cet Ésope de Chaix d'Est-Ange, dont l'esprit est comme des mordillures de singe : « Oh ! vous, dit-il à Sainte-Beuve, on vous donnerait le bon Dieu sans confession... D'abord,

on ne pourrait vous le donner que comme ça. » Le soir, en fumant dans le parc, cet ancien procureur général, cet initié à tous les secrets de famille, nous dit qu'au fond, il n'y a absolument que l'hypocrisie dans la société et qu'il faut l'encourager, parce que, pour peu qu'on pénètre dans la vie intime des gens, on y trouve presque toujours non point seulement l'adultère, mais l'inceste, etc...

8 juin.

En sortant d'une discussion violente chez Magny et dont je me lève le cœur battant dans la poitrine, la langue et la gorge sèches, j'acquiers la conviction que toute discussion politique revient à ceci : « Je suis meilleur que vous », toute discussion littéraire à ceci : « J'ai plus de goût que vous », toute discussion artistique à ceci : « Je vois mieux que vous », toute discussion musicale à ceci : « J'ai plus d'oreille que vous ». C'est effrayant comme en toute controverse, nous sommes seuls et comme nous ne faisons pas de prosélyte ! Aussi Dieu nous a-t-il fait deux : c'est peut-être pour cela.

Chose curieuse, toutes ces intelligences se sont tournées ce soir contre nous, niant toutes les belles ou grandes ou bonnes choses du passé, et toutes se rattachant furieusement à 89, à 93, au régime actuel, au suffrage universel enfin, qui fait d'Havin l'homme le plus nommé de France et donne l'apothéose à Prudhomme !

A ce dîner, Sainte-Beuve racontait qu'au 24 février 1848, il avait un rendez-vous avec une blanchisseuse : « Eh bien oui ! Messieurs, avec une blanchisseuse ! » Il ne put repasser les ponts, arrêté par du peuple criant : « Vive la ligne ! » Et de chez la blanchisseuse, il vit passer une batterie d'artillerie : « J'aurais donné tous les doctrinaires pour une batterie d'artillerie, je les donnerais encore ! » Enfin, on lui trouva une chambre dans un petit hôtel, où on ne faisait que demander M. Autran. C'étaient tous ses amis de Marseille, qui venaient pour une pièce qu'il faisait jouer en ce moment à l'Odéon (1).

---

(1) On n'en était, en fait, le 24 février, lors de la Révolution de 48, qu'aux répétitions de LA FILLE D'ESCHYLE, de Joseph Autran, «étude antique» en 5 actes, en vers, qui sera créée à l'Odéon seulement le 9 mars 1848.

Il n'y a guère avec nous, dans les discussions politiques, que le silence de Gautier, fort indifférent à ces choses comme à des choses inférieures et se refusant absolument à se souvenir que Sainte-Beuve le rencontra, après 1830, à une procession commémorative pour les quatre sergents de la Rochelle (1).

13 juin.

J'ai appris aujourd'hui ce que coûtait une élection qui ne réussit pas. Cela a coûté à mon ami Louis Passy un franc par voix ; soit 8.000 voix : 8.000 francs. Pour réussir, cela coûte plus cher... Il y a des communes à aumôner, des pompiers à faire boire. A son concurrent heureux, M. d'Albuféra, cela a coûté 60.000 francs.

17 juin.

Les deux états les plus heureux de la vie, — le sommeil du matin, la pipe après le repas, — sont deux états d'inaction consciente.

Lu le Souvenir de Solférino du médecin suisse Dunant. Cela me transporte d'émotion. Il y a des tableaux sublimes touchant à fond la fibre. Cela est plus beau, mille fois plus beau qu'Homère, que la retraite des Dix-Mille et que tout. Quelques pages seules de Ségur, dans la retraite de Russie, en approchent. Ce que c'est que le vrai sur le vif, sur l'amputé, sur ces choses, décrites et peintes de chic depuis le commencement du monde ! (2)

Je vois qu'en ces dernières guerres-ci, l'Alexandre de Russie et le Napoléon de France ont été épouvantés de leurs champs de bataille. Symptôme nouveau ! Le Napoléon seul, le premier, pouvait assister paisible à ces choses au XIXe siècle, né et grandi soldat.

On sort de ce livre avec horreur, comme d'une ambulance, avec un maudissement de la guerre.

(1) Cf. t. I, p. 756, n. 3.
(2) Allusions à l'Anabase de Xénophon et à l'Histoire de Napoléon et de la Grande Armée pendant l'année 1812, par Philippe de Ségur.

ANNÉE *1863*

18 juin.

Ce gouvernement-ci, les Invalides de La Palférine.

19 juin.

Tantôt Dieu m'apparaît comme un terrible et sinistre bourreau et tourmenteur, un de Sade d'en-haut (1). Tantôt comme un farceur et un attrapeur qui, comme ceux qui vous coupent des crins dans votre lit, a empoisonné tous les Paradis du monde, les beaux climats, les pays chauds avec les fièvres, les maladies, les reptiles, les insectes, etc.

21 juin.

Gramont-Caderousse ayant fait vendre de la rente à la Bourse, la Bourse a baissé. Jamais un homme n'a encore été si connu pour être l'amant de la femme d'un ministre ! (2)

C'est un joli type de comédie que ce Charles Edmond, le plaintif, le pleurard, — et plus dolent à mesure qu'il est moins malheureux : « Mon Dieu, oui, dit-il d'un ton crucifié, j'ai une place de six mille francs ; et j'ai tout, je suis logé, éclairé, chauffé... J'ai un appartement de quatorze pieds. » Et il semble boire, en disant cela, un calice jusqu'à la lie !

Et si un enfant prend son chapeau et joue avec : « Va, dit-il d'une voix de Christ, marche dedans !... Il y a longtemps que je suis fait à tout, maintenant ! »

On me dit que c'est un des caractères nationaux du Polonais.

La Princesse est assez *rococotière*. Souvent, elle fait la partie d'aller en fiacre, avec Giraud, voir les marchands de curiosités. Elle est une habituée de Vidalenc et, comme elle dit, « une intime », entrant dans la petite pièce, où il y a un poêle et le grand fauteuil de la mère Vidalenc. Elle voulait lui acheter la dentelle de

---

(1) Texte Ms. : *mystificateur et tourmenteur*, lapsus qui anticipe sur la suite de la phrase.

(2) Gramont-Caderousse était l'amant de Mme de Persigny, femme du ministre de l'Intérieur, lequel va d'ailleurs démissionner le 23 juin, à la suite des élections.

son bonnet; mais la mère Vidalenc n'a jamais voulu et lui a dit qu'elle la lui laisserait par testament.

C'est ici qu'on voit la puissance de l'imprimé et l'effet du coup de plume : la moindre égratignure à l'administration du Musée du Louvre fait plaie (1).

Elle a voulu avoir ici Sainte-Beuve, lui a offert la maison à l'entrée dans le parc, pour lui et son monde. Il avait accepté, mais les femmes de sa maison se sont opposées ! Et puis, c'était pour Sainte-Beuve quitter le pavé parisien, les blanchisseuses, les petites filles.

22 juin.

Chez Magny.

GAUTIER. — Les bourgeois ? Il se passe des choses énormes chez les bourgeois. J'ai passé dans quelques intérieurs, c'est à se voiler la face. La tribaderie est à l'état normal, l'inceste en permanence et la bestialité...

TAINE. — Moi, je connais des bourgeois, je suis d'une famille bourgeoise... D'abord, qu'est-ce que vous entendez par bourgeois ?

GAUTIER. — Des gens qui ont de quinze à vingt mille livres de rente et qui sont oisifs.

TAINE. — Eh bien, je vous citerai quinze femmes de bourgeois que je connais, qui sont pures !

EDMOND. — Qu'en savez-vous ? Dieu lui-même l'ignore !

TAINE. — Tenez, à Angers, les femmes sont si surveillées qu'il n'y en a qu'une qui fasse parler d'elle.

SAINT-VICTOR. — Angers ? Mais c'est plein de pédérastes ! Les derniers procès...

JULES. — Ils ont effondré le pont ! (2)

SAINTE-BEUVE. — Mme Sand va faire quelque chose sur un fils de Rousseau, pendant la Révolution... Ce sera tout ce qu'il y a de généreux dans la Révolution... Elle est pleine de son

(1) Allusion à la liaison de la Princesse avec Nieuwerkerke, directeur général des Musées Nationaux et surintendant des Beaux-Arts.

(2) Nous n'avons trouvé dans la GAZETTE DES TRIBUNAUX aucune trace des procès de mœurs auxquels Saint-Victor fait allusion. La réplique de Jules de Goncourt est une plaisanterie de très mauvais goût sur l'accident qui, le 16 avril 1850, avait provoqué la mort de 219 soldats du 11e léger : ils défilaient au pas sur le pont suspendu qui franchit la Maine et les vibrations ainsi déclenchées firent rompre le pont.

sujet. Elle m'a écrit trois lettres, ces jours-ci... C'est une organisation admirable (1).

SOULIÉ. — Il y a eu un vaudeville de Théaulon sur les enfants de Rousseau...

RENAN. — Mme Sand, le plus grand artiste de ce temps-ci et le plus vrai !

LA TABLE. — Oh !...Ah !...Hi !...

SAINT-VICTOR. — Est-ce curieux, elle écrit sur du papier à lettre !

EDMOND. — Elle restera... comme Mme Cottin !

RENAN. — Par vrai, je n'entends pas le réalisme !

SAINTE-BEUVE. — Buvons... Je bois, moi ! Allons, Scherer...

TAINE. — Hugo ? Hugo n'est pas sincère.

SAINT-VICTOR. — Hugo !

SAINTE-BEUVE. — Comment, vous, Taine, vous mettez de Musset au-dessus d'Hugo ! Mais Hugo, il fait des livres !... Il leur a volé sous le nez, à ce gouvernement-ci, qui est pourtant bien puissant, le plus grand succès de ce temps-ci... Il a pénétré partout... Les femmes, le peuple, tout le monde l'a lu. Il s'épuise de huit heures à midi... Moi, quand j'ai lu ses ODES ET BALLADES, j'ai été lui porter tous mes vers... Les gens du GLOBE l'appelaient un barbare... Eh bien, tout ce que j'ai fait, c'est lui qui me l'a fait faire. En dix ans, les gens du GLOBE ne m'avaient rien appris (2).

SAINT-VICTOR. — Nous descendons tous de lui.

TAINE. — Permettez ! Hugo est dans ce temps-ci un immense événement, mais...

SAINTE-BEUVE. — Taine, ne parlez pas d'Hugo ! Ne parlez pas de Mme Hugo ! Vous ne la connaissez pas...

(1) De ce projet de roman, intitulé LES MÉMOIRES DE JEAN PAILLE, il ne reste qu'une ébauche datée de juin 1863. Le héros aurait été un petit-fils de Rousseau et l'œuvre, une protestation contre les forces réactionnaires en politique. Elle demanda conseil à Sainte-Beuve, qui lui envoya MONSIEUR JEAN des PENSÉES D'AOUT : elle songea à utiliser le personnage de Sainte-Beuve comme un ami du sien.

(2) *Les gens du GLOBE l'appelaient un Barbare.* C'est le mot du directeur du GLOBE, Dubois, confiant en 1827 au jeune critique du journal, Sainte-Beuve, les ODES ET BALLADES et disant : « C'est de ce jeune Barbare qui a du talent... » (cité par Sainte-Beuve, LUNDIS, t. XI, p. 531 sq.). Le GLOBE, fondé le 15 septembre 1824 par Pierre Leroux et le normalien Dubois, a rassemblé alors, autour d'un noyau de Doctrinaires, une équipe particulièrement brillante de jeunes libéraux, Jouffroy, Vitet, Duvergier de Hauranne, etc.

Nous ne sommes que deux ici, Gautier et moi... Mais c'est magnifique ! (1)

TAINE. — C'est que je crois que maintenant, vous appelez poésie de peindre un clocher, un ciel, de faire voir les choses. Ce n'est pas de la poésie, c'est de la peinture.

SAINT-VICTOR. — Je la connais !

GAUTIER. — Taine, vous me semblez donner dans l'idiotisme bourgeois à propos de la poésie, lui demander du sentimentalisme ! La poésie, ce n'est pas ça. C'est une goutte de lumière dans un diamant, des mots rayonnants, le rythme et la musique des mots. Ça ne prouve rien, ça ne raconte rien, une goutte de lumière ! Ainsi le commencement de RATBERT, il n'y a pas de poésie au monde comme cela, si haute ! C'est le plateau de l'Himalaya... Toute l'Italie blasonnée est là ! Et rien que des noms ! (2)

NEFFTZER. — C'est qu'il y a une idée, si c'est beau !

GAUTIER. — Toi, ne parle pas ! Tu t'es raccommodé avec le bon Dieu pour faire un journal, tu t'es remis avec le *vieux* !

La table rit.

TAINE. — Tenez, par exemple, la femme anglaise...

SAINTE-BEUVE. — Oh ! la femme française, il n'y a rien de plus charmant ! Une, deux, trois, quatre, cinq, six femmes, c'est délicieux ! Elles ont une grâce, elles sont si aimables !... Est-ce que notre amie est revenue ?... Et dire qu'au moment du terme, on en a une masse de ravissantes pour rien, de ces malheureuses-là ! Car le salaire des femmes... Voilà une chose à laquelle jamais les gens comme Thiers ne penseront pas. Il faut renouveler l'État par là. Ce sont des questions...

VEYNE. — C'est-à-dire que s'il y avait une Convention...

SAINT-VICTOR. — Il n'y a pas moyen, pour une femme, de vivre... La petite Chose, du Gymnase, avec quatre mille francs par an, me disait hier...

GAUTIER. — La prostitution est l'état ordinaire de la femme, je l'ai dit.

---

(1) La mention incidente de Mme Hugo s'explique par la publication, le 18 juin, de son œuvre, qui a sans doute amené la conversation sur Hugo : VICTOR HUGO RACONTÉ PAR UN TÉMOIN DE SA VIE.

(2) Dans la première série de la LÉGENDE DES SIÈCLES (septembre 1859) VII, L'ITALIE-RATBERT forme trilogie et évoque l'Italie médiévale.

JULES. — Mais on veut donc tuer tous les commerces de luxe !

QUELQU'UN. — Alors, nous revenons à Malthus !

CHARLES EDMOND. — C'est une infamie, Malthus !

TAINE. — Mais il me semble qu'on ne doit mettre au monde des enfants, que quand on est sûr de leur assurer... Des filles qui partent pour être institutrices en Russie, c'est affreux !

EUDORE SOULIÉ. — Comment ! C'est de la dernière immoralité ! Vous voulez limiter... Eh bien, si les enfants meurent, ils meurent; mais il faut en faire...

On entend une voix : « Mouchez la chandelle ! »

UNE AUTRE VOIX. — C'est de l'égoïsme !

EDMOND. — Comment, de l'égoïsme ? De ne pas décharger !

CHARLES EDMOND. — Oui !

GAUTIER. — Votre maîtresse est stérile ?

CHARLES EDMOND. — Oui !

Rires.

SAINT-VICTOR. — Mon Dieu, c'est la nature, c'est le grand Pan !

UNE VOIX. — Et la nature se venge, quand...

Ici, Sainte-Beuve se pend des cerises aux oreilles. Tableau !
On accroche la question de la propriété littéraire :

GAUTIER. — J'ai fait un si beau discours à la commission, que j'ai manqué de faire passer le principe de la rétroactivité.

SAINTE-BEUVE. — Comment ! Mais ça n'a pas le sens commun ! D'abord, au fond, moi, je suis contre toute propriété. Je vends tous les ans une petite propriété de volumes. Ça me sert à donner quelques petites choses aux femmes... Aux étrennes, elles sont si gentilles, qu'on ne peut pas...

Le nom de Racine tombe dans une assiette.

NEFFTZER à GAUTIER. — Toi, tu as fait ce matin, une infamie. Tu as vanté ce matin, dans ton feuilleton du MONITEUR, le talent de Maubant et de Racine.

GAUTIER. — C'est vrai, Maubant est plein de talent... J'ai demandé un décor... Mon ministre a l'idée idiote de croire aux chefs-d'œuvre. Alors, je rends compte d'ANDROMAQUE. Au reste, Racine, qui faisait des vers comme un porc, je n'ai pas dit un mot élogieux de cet être... On a lâché une nommée Agar dans ce genre de divertissement...

Ici, Gautier n'appelle plus Sainte-Beuve que *mon oncle* ou *l'oncle Beuve*.

SCHERER, *épouvanté, regardant la table du haut de son pince-nez.* — Messieurs, je vous trouve d'une intolérance... Vous procédez par voie d'exclusion... Enfin, à quoi donc tâcher? C'est à se réformer, à combattre ses opinions d'instinct. Le goût, ce n'est rien, il n'y a que du jugement. Il faut du jugement...

JULES. — Du goût, au contraire, et pas de jugement! Le goût, c'est le tempérament.

SAINT-VICTOR, *timidement.* — Moi, j'avouerai que j'ai un faible pour Racine...

EDMOND. — Eh! bien, voilà ce qui m'a toujours étonné. C'est qu'on aime en même temps la salade avec beaucoup de vinaigre et avec beaucoup d'huile, Racine et Hugo.

Brouhaha final.

UNE VOIX. — On ne s'entend pas!

GAVARNI. — On s'entend trop!

Exeunt.

Mercredi 24 juin.

Visite à Feydeau, au haut de la rue de Clichy. Un appartement de fille et d'artiste, un luxe de bibelots malsains, une *artisterie* de boursier, pour ainsi dire, avec je ne sais quoi qui sonne faux et qui semble louche, qui sent l'homme-putain. Sur un meuble de Boule, tout cramoisis, les livres de Feydeau, remontés en grand *in quarto*, comme pour se grandir par le format.

Feydeau en vareuse rouge, assis dans un fauteuil, les pieds allongés sur une chaise, dormant. Nous le secouons, il s'éveille. Il s'est mis, le jour même de la fin de son dernier roman, à en faire un autre. Une nature de bœuf; il se lève à quatre heures (1).

Sa femme rentre, son enfant avec sa nourrice. Sa femme, la petite tête qu'a peinte Ricard. Un accent de Pologne, qui ressemble à un accent de créole du Nord, une sorte de gazouillis dans le parler. Cet accueil familier et charmant de l'étrangère, qui vous fait entrer tout de suite, comme par la main, dans l'intimité de sa vie.

Et la voilà à nous parler gentiment, coquettement, de l'ennui d'être mariée à un homme qui se couche à huit heures; ses regrets de n'avoir pas dix ans de plus pour aller dans le monde, le

---

(1) Rayé depuis *Il s'est mis.*

soir; de ses soirées devant sa lampe dans la salle à manger, ne pouvant recevoir, son mari couchant sur un divan dans le salon.

Il y a une femme de chambre, blonde, flave, fade, une espèce d'Hérodiade moscovite, qui traverse tout cela avec l'impassibilité des filles qui servent dans le vice, des garçons de café qui desservent les cabinets, — quelque chose d'automatique, d'insensible et de cruel.

Une heure après, nous sommes dans le parc de Saint-Gratien. Au bout d'une allée, la Princesse, en robe de foulard jaune, les mains derrière le dos à la Napoléon, dans la pénombre que fait la lumière derrière quelqu'un, cause avec le préfet de police. Un petit chien la suit, sur quatre pattes comme des allumettes, avec deux yeux qui sortent, — chien de princesse, rogue et susceptible, aboyant à la familiarité des gens qui le regardent.

« Eh ! bien, en voilà du nouveau ! Ah ! je regrette bien Rouland... Je lui ai écrit... Qu'est-ce que c'est que M. Duruy, monsieur Giraud ? » demande-t-elle à l'ancien ministre de l'Instruction publique (1). Giraud entame l'éloge de Duruy et cite le trait d'un refus de place d'inspecteur général, refusée comme trop grande faveur par Duruy.

« Allons, c'est bon ! Nous nous sommes assez exaltés sur ses beaux traits. Maintenant, le revers de la médaille ! Comment sera-t-il à l'Académie ?... Ah ! voilà Sainte-Beuve ! Allons, Sainte-Beuve, des renseignements, bien vite ! Qu'est-ce que vous savez de M. Duruy ?

— Mais, dit Sainte-Beuve avec son sourire vague, il est très aimable... Il est bien physiquement, ce qui ne nuit pas.

— Allons, allons, nous en voulons plus, c'est pas ça ! »

Sainte-Beuve reprend :

« Eh bien, il a fait des précis que vous connaissez...

— Je crois bien, vous vous rappelez, on en a parlé à dîner... J'en ai fait acheter dix...

(1) Persigny s'était compromis par les pressions qu'il avait exercées sur les électeurs, sans pouvoir empêcher l'élection de 32 opposants. Sa démission, le 24 juin, entraîne un remaniement ministériel important. Il est remplacé par Boudet à l'Intérieur; Rouland, à l'Instruction publique, cède la place à Duruy, et surtout, au lieu de deux ministres sans portefeuille, c'est un Ministre d'État, titulaire, — Billault, — qui représentera l'Empereur devant les deux Assemblées.

— Ah bien! dit quelqu'un, ça vous mettra bien avec lui !

— Mais voyons, voyons, le mauvais côté, maintenant !

— Mais, Princesse, il n'y en a pas... Il a une femme...

— Qu'est-ce que ça nous fait, sa femme ?

— Ah, Princesse, pardon ! une femme qu'il connaissait, je crois, du temps de son premier mari (1)... Elle est restée belle, elle est agréable... Eh bien, je crois que ça lui a un peu servi... Et puis je crois qu'il a un peu aidé l'Empereur dans son CÉSAR.

— Oui, oui, dit la Princesse, je me rappelle qu'un jour l'Empereur m'a demandé si je connaissais quelqu'un pour remplacer Mocquard : « Il se fatigue bien vite, maintenant, Mocquard... J'ai bien M. Duruy... » Enfin, c'est un drôle de changement ! Moi, j'ai appris ça comme ça, hier en revenant de Versailles, où je m'étais bien amusée... La Valette est tombé chez moi, ce matin, tout enfariné. Il m'a fait une scène, parce que je ne me montais pas sur le changement de ministère... Ah ! les hommes politiques, j'en ai assez ! Ils m'embêtent tous ! Et puis je trouve qu'on change toujours les hommes et pas du tout les choses. Là-dessus, je me sauve. » Et montant le perron : « Ne regardez pas, je n'ai pas de pantalon ! »

On dîne, puis on cause en fumant. Sainte-Beuve se plaignant d'être vieux, on lui dit que jamais il n'a été plus jeune. «C'est vrai, dit la Princesse, il a rompu maintenant avec un tas de bêtises, d'idées tristes... J'aime bien mieux ce que vous faites maintenant... Mais, c'est vrai, ses articles, maintenant, c'est d'une liberté, ça va... *il patauge dans le vrai.* » Un peu rouge du compliment : « Mon Dieu, dit Sainte-Beuve, la critique, c'est de dire tout ce qui vous passe par la tête, ce n'est que ça. »

La porte du fond s'ouvre, Nieuwerkerke paraît, arrivant de Fontainebleau.

« Vous n'avez pas dîné ?

— Non. Pardon, Princesse, je suis fait comme un voleur !

— Allez vite dîner et revenez nous donner des nouvelles. »

On se range assis sur les marches de pierre du perron, fumant au-dessous des femmes. Boittelle nous dit :

« Mettez-vous ici, tenez, parce que pour fumer, il faut avoir le dos appuyé, c'est très important. Voilà, il s'agit d'être bien, c'est

(1) Add. éd. : *une femme.*

la vie. Du reste, on revient à ces idées-là, d'être bien, de bien boire, de bien manger, de boire et manger religieusement, parce que boire avec distraction...

— Oui, lui dis-je, on n'entend pas le bon vin !

— Oh ! maintenant, c'est évident, tous les gens intelligents reviennent à ça. »

Et je vois se dégager de la pose, du sourire sensuel, des paroles, de la philosophie de ce préfet de police, n'aimant en art que le gracieux et les tout petits polissons de la peinture, se dégager la philosophie d'une partie des hommes de ce gouvernement, l'épicuréisme que devait fatalement amener ce gouvernement-ci et qui est peut-être, après tout, sa seule grâce.

Nieuwerkerke a dîné :

« Eh bien, racontez-nous ce que vous avez vu ! Qu'est-ce qu'il y a là-bas ?

— Mais d'abord vos trois cousines (1). Et puis la princesse Colonna... Elle avait un torchon sur la tête !... Figurez-vous que ce matin, elle a été pour le déjeuner en retard d'une demi-heure. L'Empereur se promenait en se tordant la moustache : il n'est pas de bonne humeur, quand il a faim. Et quand l'Impératrice lui a dit : « La princesse Colonna, que vous connaissez », il lui a dit : « C'est bon, mais allez déjeuner ». Le succès la met en ribote !

— Oh ! fait la Princesse, ça ne m'étonne pas ! Et en voilà une qui se met... Elle a la rage de montrer un tas de vilaines choses... Et puis, ses cheveux, ce sont de fausses nattes. Elle en avait une l'autre jour qui s'était détachée, qui lui pendait dans le cou. Je me suis dit : « Eh bien, va, tu la montreras toute la soirée ! »

— On se décollette beaucoup par en bas, à Fontainebleau, Princesse ! »

Une voix :

« Vaillant, qu'est-ce qu'il dit ?

— Vaillant ne savait rien du tout. L'Opéra l'embarrasse beaucoup, cet homme qui laisse passer toujours ses bretelles... Il a peur de recevoir à tout moment le corps de ballet... Et puis, lui qui a de l'émotion... Vous savez qu'il prétend que pour

---

(1) Petites-filles de Lucien et filles de Charles-Lucien Bonaparte, prince de Canino ; et, plus précisément, les trois qu'on voit le plus souvent aux réceptions officielles : la marquise de Roccagiovine, la comtesse primoli, la princesse Gabrielli.

parler à l'Empereur, il a besoin d'avoir une culotte doublée en toile cirée !

— Ah, laissez donc ! Au reste, tout cela, ça m'est bien égal, quoiqu'il y ait de mes ennemis partis... J'ai trouvé Walewski d'une bêtise étonnante... Ça ne m'ennuie que pour cette pauvre Agar, à qui on a déjà fait un tas de misères... Mais tiens, je lui dirai de faire un peu l'œil au maréchal !

— Tiens, c'est une idée... Je me suis promené avec mon patron autour de l'étang, jusqu'à onze heures. Et puis l'Impératrice est venue le prendre dans sa calèche, avec ses poneys. Ils ont été dans les bois, je ne sais pas quoi faire... On en a jasé... Il faut aller dans les coins très loin, pour fumer, à Fontainebleau !

— Et l'Empereur, où fume-t-il ? dit Saint-Victor.

— L'Empereur ? Mais ce n'est pas un homme, lui répond gaiement Boittelle, c'est un dieu !... Dans ce que vous venez de dire, il me semble qu'on pourrait trouver quelque chose de séditieux. C'est anarchique ! Il y a un commencement d'instruction là dedans... » (1)

On rentre au salon :

« Oh ! votre V<small>IE DE</small> J<small>ÉSUS</small>, dit-elle à Sainte-Beuve, ça nous a embêtées, Mme de Fly et moi ! Je lui ai dit : « Ne m'en lisez plus ! » Ça m'empêchait de peindre... Allons, c'est assommant !

— Mais, Princesse...

— Laissez donc, vous êtes entiché de ce livre-là ! C'est charmant ce qu'en a dit Sacy, ce matin. Ah ! j'ai été voir Sacy à Eaubonne et comme j'allais parler du livre de Renan, il m'a dit tout bas : « Pas devant ma femme ! » Ah ça ! Qu'est-ce donc qu'une femme devant laquelle on ne peut pas parler ?... Enfin, ce Renan on ne sait pas ce qu'il veut.

— Mon Dieu, Princesse..., reprend Sainte-Beuve

— C'est très mauvais, ce livre-là !

— Un jour que je causais avec Renan, il m'a dit que quand on allait au bout des grandes questions, on arrivait à un doute inébranlable.

— Eh ! bien, il veut fonder le *doute inébranlable*, votre M. Renan, voilà ce qu'il veut ! Ça n'a pas le sens commun !

---

(1) *Un commencement d'instruction :* entendez « de quoi entamer une instruction judiciaire. »

ANNÉE 1863

« — De deux choses l'une, dit Girardin. Ou Renan manque de logique, ou il manque de sincérité.

« — Enfin pour moi, voulez-vous que je vous dise ce qu'il est ? Il est décidé dans le doute, voilà tout ! Ah non, je n'aime pas ce livre-là ! »

25 juin.

Le tabac, une providence dans un siècle d'activité, de fébrilité, de prodigieuse production. C'est le laudanum du système nerveux.

28 juin.

En sortant de Mabille, nous entendons dans une contre-allée des Champs-Élysées : « C'est un dangereux, serrez-le ! »

C'est un cocher que sept sergents de ville ont grand'peine à emporter au poste du Palais de l'Industrie. Il se débat, se raidit, donne de furieux coups de pied, mord et rue, tout ficelé qu'il est. Et d'une voix terrible de colère, de souffrance, de rage, d'agonie : « Bougre de cochon ! Bougre d'animal ! A la garde ! » Au poste, il dit à la sentinelle :

« Présentez armes ! Laissez tomber la chatière ! »

Je me suis aperçu que je vieillissais : j'étais moralement contre l'homme arrêté, pour les sergents de ville.

29 juin.

Le cabinet du préfet de police, cette grande pièce, ces murs où s'agitent tant de choses redoutables, frappés de tant de secrets hideux ou terribles, tout cela est rempli de Boucher, d'amoureuses peintures du XVIIIe siècle, de nudités friponnes, de polissonneries égayées, ne couvrant pas seulement les panneaux à horrible papier impérial à abeilles d'or, mais posant sur les fauteuils, les chaises, encombrant tout.

« Oui, nous dit Boittelle, quand on voit comme moi, toute la journée, de vilains meubles, c'est agréable d'avoir de temps en temps une jolie figure à regarder. »

Il nous montre tout cela très gracieusement, d'une façon très bonhomme, — même son *capharnaüm*, remplissant de ses cadres et de ses toiles une maison de jardinier, au coin de son petit jardin. Là, une cuvette d'eau, une éponge, des cigares; — et ce sont ses loisirs et ses meilleures heures, à faire revenir et revivre les colorations encrassées de toiles énigmatiquement anonymes (1).

Il veut qu'en sortant, nous emportions, comme souvenir de notre visite, un dessin de Lépicié, dont il est un grand collectionneur.

Paris, le véritable climat de l'activité de la cervelle humaine.

1er *juillet.*

Peut-être à peindre, dans les ACTRICES, une de ces liaisons forcées à la Dennery; de ces hommes qui peuvent avoir les plus jolies femmes de Paris et les faire marcher droit par un rôle, une influence, une carrière de femme à ouvrir, — et qui sont rivés à une vieille femme, qui passe sur eux le désespoir des quarante ans, leur inflige toutes les consignes humiliantes et les fait sortir, quand ses amants entrent.

Le consommateur fait ce qui le sert à son image.

Les boursiers, les putains donnent leur genre, leur insolence, aux garçons de café des boulevards. A la hauteur du boulevard Saint-Martin, il y a des infiltrations de cabotinage et de cascade chez ce garçon qui vous offre un melon *sympathique.*

Au Palais-Royal, fréquenté par les gros provinciaux et les viveurs posés de l'orléanisme, le garçon a le service humble, discret, silencieux, des hommes qu'on prend pour servir dans les ministères.

2 *juillet.*

Je me trouve, sur le haut d'un omnibus, à côté d'un égoutier, racontant au cocher les périls de sa profession, combien en meurent par an, noyés dans les égouts par les orages, dont on retrouve les corps portés par les eaux vers le Jardin des Plantes. Lui, une fois, est resté deux heures accroché par les bras. Que de gens meurent ainsi en dessous, dans la société !

(1) Add. 1887, depuis *à faire revenir.*

ANNÉE 1863

Dimanche 5 juillet.

Comme on parlait chez la Princesse de la beauté de Mme de Maintenon, elle laisse échapper son caractère dans ce mot : « D'abord moi, quand je n'aime pas quelqu'un, je le trouve laid ! »

Lundi 6 juillet.

Chez Magny.

Sainte-Beuve a donné sa démission de membre de la commission du Dictionnaire à l'Académie, c'est-à-dire 1.200 francs par an, pour écrire son article de ce matin sur Littré (1). Il a de la passion dans les haines !

Il demande ce soir, très vivement, moins de sergents de ville dans les rues pour les mœurs et s'élève trop fort, comme pour un *pro domo sua*, contre l'arbitraire qui régit les filles. Il demande qu'un honnête homme monte à la tribune du Corps législatif pour les défendre et les protéger; et M. Thiers et tous les autres n'auraient rien à dire.

Je rencontre pour la première fois, à l'Opéra, Vacquerie. L'homme est, comme son talent même, un mélange de Don Quichotte et de Seringuinos.

Scholl, dans le foyer, avec, à la boutonnière, une rosette d'officier d'ordre étranger, qui joue parfaitement et à s'y méprendre l'officier de la Légion d'honneur. C'est en ce moment le Gascon en pleine explosion. Le NAIN JAUNE lui rapportera deux cent mille francs. Il fonde, en Belgique, un journal politique pour le Sud. Il va être le représentant du journal l'EUROPE à Paris. Bref, il nous déclare ne plus pouvoir vivre à moins de cent ou de deux cents francs par jour (2).

---

(1) Sainte-Beuve entendait protester contre l'exclusive jetée par Mgr Dupanloup contre le positiviste Littré (cf. t. I, p. 1265, n. 1) et qui lui fermait les portes de l'Académie. C'est pourquoi il consacre au DICTIONNAIRE rival de celui de l'Académie, au DICTIONNAIRE dont le premier fascicule avait paru en février, les articles du 29 juin, du 6 et du 7 juillet du CONSTITUTIONNEL : M. ÉMILE LITTRÉ, articles réédités en brochure, puis dans les NOUVEAUX LUNDIS, t. V, p. 200-256.

(2) LE NAIN JAUNE, d'Aurélien Scholl, avait été fondé le 16 mai 1863 et vivra jusqu'en 1870. Le « petit journal » était devenu ouvertement politique, à partir de 1864, grâce à Théophile Silvestre, qui racheta le journal et obtint l'autorisation désirée. Ulysse Pic, Hippolyte Babou et Barbey d'Aurevilly y collaborèrent. — Quant à

1295

8 *juillet.*

Je vois chez Palizzi des aquarelles de lui, très lumineuses très violentes, très brillantes. Il me dit leur donner leur dernier éclat avec des couleurs chinoises, dont il a une boîte et qui donnent à tous ses tons comme un glacis de fraîcheur et de richesse, inconnu à nos couleurs d'Europe.

Le soir, chez la Princesse, à propos d'une défense de la pureté de DAPHNIS ET CHLOÉ par Giraud, l'ancien ministre de l'Instruction publique, qui vient de lui en apporter un exemplaire, la Princesse se tourne vers lui et ses lèvres dessinent, plutôt qu'elles ne disent : « Vous, vous êtes un vieux cochon. »

12 *juillet.*

En lisant le VOYAGE DANS L'INDE de Soltykoff, il me prend une telle envie de l'exotisme que je cours acheter un ananas !

13 *juillet.*

On sonne. Un commissionnaire apporte une lettre de Sainte-Beuve qui, souffrant, nous prie de venir chez lui, pour causer de son article sur Gavarni (1).

Après quelques mots de biographie, nous passons aux lithographies, à l'image. Et notre stupéfaction est grande de le voir lire les légendes à contre sens, en les estropiant, sans y rien comprendre, avec une ignorance de tous les parisianismes de Paris. Il nous demande ce que c'est que le *plan*, que nous lui expliquons par *ma tante*, qu'il ignore aussi bien que le *clou*.

L'EUROPE, il peut s'agir du quotidien fondé à Genève le 2 août 1859 par l'abbé Déléon, avec la collaboration de Monnier, ancien secrétaire général de Caussidière. Mme de Solms y écrivait. L'annexion de la Savoie par la France amena en 1860 le transfert du journal à Turin, où il devint un des organes inspirés par Cavour. Mais plus probablement, l'allusion concerne le périodique français, fondé à Francfort par Grégory Ganesco, entre son expulsion (1861) et son retour en France 1867).

(1) Sainte-Beuve prépare : GAVARNI, SES ŒUVRES NOUVELLES, articles du CONSTITUTIONNEL (12, 19, 26 oct. 1863) rééd. dans les NOUVEAUX LUNDIS, t. VI, pp. 138-212.

Dans le dessin même, il ne voit rien, ne perçoit rien, ne saisit pas la scène, ne distingue point celui qui parle, les dialogueurs de la légende. Il va jusqu'à prendre l'ombre d'un personnage pour un personnage et met un moment l'entêtement le plus comiquement colère à voir trois individus en scène.

Et sur tout, il faut des explications qu'il boit, qu'il note. Il s'accroche au moindre mot que nous lâchons, le crayonne sur une feuille de papier, où il bâtit son article au moyen de points de repère et le dessine comme un mille-pattes. Il s'informe des autres peintres de mœurs. Nous lui disons : « Abraham Bosse ! » Et lui :

« De quelle époque ?
— Freudeberg.
— Vous dites ?
— Freudeberg.
— Comment cela s'écrit-il ? »

Et ainsi de tout. Il attrape, il saisit, il avale à la hâte, happe au vol vos idées, vos mots, votre science, sans rien savoir ni rien digérer. Nous restons effrayés, gênés, devant cette profondeur d'inintelligence latente au fond de cet homme, ne sentant rien par lui-même, toujours se renseignant, — un suceur de conversations, un faiseur d'articles à vol de journal, sauvé en s'aidant des spécialistes, des amis, des familles.

On va nous chercher une voiture et nous attendons dans son salon, en face de son petit jardin désolé de trappiste. Sur la table il y a un exemplaire en plâtre stéariné du buste de la Princesse par Carpeaux, grasse et vivante sculpture à la Houdon.

Nous parle du monde autour de lui, de la population dont il a besoin dans sa maison, de l'animation dans les repas, qui le sort de cette solitude qu'il a trop goûtée autrefois et dont maintenant il a horreur. Il nous dit ses tristesses d'être seul, ses tristesses des dimanches soirs d'autrefois : « Je connaissais bien des dames du monde ; mais mes dimanches soirs, est-ce qu'elles s'en occupaient ? » (1)

(1) Dans cette visite à Sainte-Beuve, trois add. 1887 : de *que nous lui expliquons* jusqu'à *que le clou*, puis de *et met un moment* jusqu'à *trois individus en scène* et *au moyen de points de repère.*

Levallois est venu nous dire que Guéroult nous attendait, pour conclure pour la publication de MADEMOISELLE MAUPERIN dans l'OPINION.

Nous allons au bureau du journal, dans ce gros phalanstère de journaux de la rue du Coq. Un bureau blanc, où il y a des gens affairés, en manches de chemise, qui ouvrent les portes, et une caricature du CHARIVARI au mur : des Allemands célébrant l'anniversaire de Waterloo et un soldat français entr'ouvrant la porte, en leur disant de faire moins de bruit.

Nous concluons avec Guéroult. Il ressemble étonnamment, physiquement, à Robert Macaire.

Le soir, la Princesse nous raconte qu'elle a vu le duc d'Hamilton, la veille de sa mort : marchait, allait dans son appartement, la tête bandée, sans connaissance, comme un mort qui marcherait, et machinalement donnant des poignées de main. Cette vie sans âme, ce mouvement d'un corps sans pensée, une chose effrayante !

En revenant avec Gautier, comme on parle du genre de la femme du monde actuelle, de son ton : « Admettez-vous que l'Impératrice soit une femme du monde ? dit-il. Eh bien, savez-vous ce qu'elle m'a dit à Compiègne, en me faisant voir des peintures de Chaplin dans sa chambre à coucher ?... « Je me mets dans mes meubles ! »

L'œil de la femme, ce silence qui dit tout, quel mystère ! A faire, un jour, deux ou trois pages là-dessus.

Une Mlle Thureau, la fille d'un ancien marchand de bois très riche, qui a épousé le fils de Benoît-Champy, disait à toutes les propositions de mariage : « N'importe qui, pourvu qu'il me mène dans le monde tous les soirs. »

En chemin de fer, dans le coin de notre wagon, est un vieillard avec la rosette d'officier de la Légion d'honneur, une belle tête de vieux militaire. Il a un crêpe à son chapeau. Il est triste, de cette tristesse poignante, absorbée, qui suit l'enterrement d'une personne bien chère. On sent cela, il y a comme une électricité de ces grandes douleurs. Nous lui demandons si le tabac ne le gêne pas. D'abord, il n'entend pas; puis, nous entendant, il fait de la main un signe d'indifférence suprême, comme si tout lui était égal et rien ne lui était plus sensible. Nous le voyons mâcher ses larmes, avoir aux mains l'agitation et la nervosité du chagrin.

Aux Batignolles, il descend, se levant avec effort, avec secousse. J'ai eu l'ombre de ce deuil de vieillard, toute la journée, en moi. Et de cela, de cette vue, nous sommes restés tristes. Il nous a pris une révolte contre Dieu, qui a fait la mort et la douleur des vivants, contre Dieu, plus mauvais et qui fait encore plus de mal que l'homme. L'homme, qu'a-t-il fait de mal, de méchant, de cruel ? La guerre et la Justice, voilà tout. Passe encore pour la mort, mais la maladie, la souffrance, les chagrins, toutes les tortures de la vie ! Être tout-puissant et avoir fait cela ! Ces pensées invinciblement se sont enchaînées en nous.

Voilà ce que l'homme a trouvé sur la terre : le coït, des fruits et des animaux sauvages. Tout le reste est de son invention.

A dîner, chez Véfour, en face de moi, une petite femme nerveuse souple, fébrile, remuante, avec des poses de singes qui regardent au fond de leur cabane, — la femme rare, la femme non classée, la grâce de l'animal exotique; une demoiselle qui vient on ne sait d'où, de Pamplemousses quelconques. Elle semble échappée du Jardin des Plantes et de PAUL et VIRGINIE : l'idéal du singe, comme la femme de Watteau est quelquefois l'idéal de la truie.

Il y a une laideur d'abjection et de dégradation, de bassesse de race, qui est le stigmate des millionnaires : voyez Rothschild, Pereire...

Gautier me racontait, l'autre jour, que Soltykoff, exténué par l'opium, passa son agonie à toucher, à manier, à tenir des gantelets, des petites graines, des poudres de santal, toutes sortes de petites choses de là-bas. Il mourut en odeur d'Orient, comme d'autres meurent en odeur de sainteté.

Je m'en vais ce soir user mes gants de Saint-Gratien à la Closerie des Lilas.

On retrouve encore là, — là seulement, — le type physique de la femme de Gavarni, la petite souris de Paris. Il y a de la grosse joie, des maillots roses, qu'on montre entièrement en levant la jambe. Du brouhaha, des cris; des femmes qui demandent au passant des épingles pour se rajuster; du vrai rire, des étudiants qui, comme pourboire, donnent une poignée de main au garçon, et des musiques d'orchestre reprises en chœur par les danseurs.

Vendredi 17 juillet.

Chez Gautier, à Neuilly.

Il est huit heures et demie. Nous le trouvons à table. Il ne dîne qu'à huit heures. Autour de lui, son fils et ses deux filles, les bras un peu nus, croquetant, avec de jolis gestes, les écrevisses d'un grand plat posé au milieu de la table. Et grignotantes, agacées par les carapaces, elles les rejettent comme des chattes, se retournent vers vous, passent leur tête pour vous parler l'une au-dessus de l'autre, étageant leurs moues et leurs rires, vous contant le Chinois avec lequel elles ont dîné hier, allant chercher le soulier de Chinoise qu'il leur a donné, bégayant des mots chinois qu'il leur a dits. Cela leur va comme un parfum d'Orient, à ces jolies et mutines Orientales de Paris, qui ont dans les gestes je ne sais quelle mollesse tendre, dans la taille un balancement de harem, ces douceurs familières de jolis animaux, écartés par la main du rajah de Lahore dans la visite que lui fait le prince Soltykoff (1). Elles semblent un peu, par moments, les filles de la nostalgie d'Orient de leur père.

Au milieu de cela, d'elles, des recherches de cuisine cosmopolite qu'on apporte — des épinards où on a pilé des noyaux d'abricots, un *zabayon*, — Gautier, heureux, réjoui, mangeant, parlant, plaisantant, comiquement débonnaire, interpellant les bonnes avec une solennité plaisante, s'épanouit comme un Rabelais en famille.

On se lève de table, on passe au salon. Les filles vous attirent doucement, joliment dans des petits coins d'ombre et d'intimité, avec des attitudes de confidence. L'aînée épelle une grammaire chinoise,

(1) Cf. Alexis Soltykoff, Voyages dans l'Inde, 3ᵉ éd., 1858, p. 249 : ce sont de jeunes danseuses frôlant le *radja* comme « des chats domestiques », tandis qu'il fait visiter le palais à ses hôtes.

va chercher de sa sculpture, L'ANGÉLIQUE d'Ingres sculptée sur un navet, tout ratatiné et où l'on ne voit plus rien. Et de rire !

Pendant ce temps, la femme est rentrée avec une amie, ancienne actrice, et son mari, un officier par lequel elle s'est fait épouser. Et voilà qu'une grande conversation culinaire s'engage... L'actrice est forte, forte comme une de ces femmes galantes de Balzac, qui savent tout, et si bien cuisiner de bons petits plats pour un amant. La cuisson des écrevisses est surtout discutée. On fait comparaître la cuisinière et on redresse ses traditions. C'est comme une conférence à la Jordaens, où Gautier soutient qu'on peut bien manger partout, même en Espagne, avec un *puchero*, du jambon et des œufs.

Et puis de là, on est tombé au livre de Renan. Nous nous sommes communiqués avec Gautier notre mépris pour le talent littéraire du livre, notre antipathie pour la personne physique de l'auteur, notre horreur pour son faux goût et ce vague de la thèse soutenue, l'absence de franchise, l'entortillage de ce Dieu qui n'est pas Dieu et qui est plus que Dieu.

« Un livre sur Jésus-Christ, voilà comme il fallait le faire », dit Gautier.

Et il se met à esquisser Jésus fils d'une parfumeuse et d'un charpentier.

« Un mauvais sujet qui quitte ses parents, qui envoie *dinguer* sa mère, qui s'entoure d'un tas de canailles, de gens tarés, de croquemorts et de filles de mauvaise vie, qui conspire contre le gouvernement établi et qu'on a bien fait, très bien fait de crucifier ou plutôt de lapider. Un pur socialiste, un Sobrier de ce temps-là, qui détruisait tout, anéantissait tout, la famille, la propriété, furieux contre les riches, recommandant d'abandonner ses enfants ou plutôt de ne pas en faire, semant les théories de l'IMITATION DE JÉSUS-CHRIST, amenant dans le monde toutes ces horreurs, un fleuve de sang, les Inquisitions, les persécutions, les guerres de religion; faisant la nuit sur la civilisation, au sortir du jour qu'était le polythéisme; abîmant l'art, assommant la pensée, en sorte que tout ce qui le suit n'est que de la merde, jusqu'à ce que trois ou quatre manuscrits, rapportés de Constantinople par Lascaris, et trois ou quatre morceaux de statues, retrouvés en Italie, lors de la Renaissance, sont pour l'humanité comme le ciel qu'on retrouve...

« Au moins, c'était un livre. Ça pouvait être faux, mais le livre avait sa logique... Il y avait encore la thèse absolument contraire, qui prêtait autant... Mais je ne comprends pas un livre entre ça et ça ! ?

Chez Magny. A propos du livre de Mme Hugo (1) et des temps d'HERNANI, Gautier dit que ce n'était pas un gilet rouge qu'il portait, mais un pourpoint rose : rires... « Mais c'est très important! Le gilet rouge aurait indiqué une nuance politique, républicaine. Il n'y avait rien de ça. Nous étions simplement *moyen-âgeux*... Et tous, Hugo comme nous... Un républicain, on ne savait pas ce que c'était... Il n'y avait que Pétrus Borel de républicain... Nous étions tous contre les bourgeois et pour Marchangy... Nous étions le parti *machicoulis*, voilà tout... Ç'a été une scission, quand j'ai chanté l'antiquité dans la préface de la MAUPIN (2)... *Machicoulis* et rien que *machicoulis*... L'oncle Beuve, je le reconnais, a toujours été libéral... Mais Hugo, dans ce temps-là, il était pour Louis XVII. Mais je vous assure !

— Oh ! oh !

— Oui, pour Louis XVII ! Quand on viendra me dire qu'Hugo était libéral et pensait à toutes ces farces-là en 1828... Il ne s'est mis qu'après dans toutes ces saletés-là... C'est le 30 juillet 1830 qu'il a commencé à se retourner... Au fond, Hugo est purement Moyen Age... A Jersey, c'est plein de ses blasons. Il était le vicomte Hugo. J'ai deux cents lettres de Mme Hugo, signées *la vicomtesse Hugo*.

— Gautier, dit Sainte-Beuve, savez-vous comment nous avons passé la journée de la première d'HERNANI ? A deux heures, nous avons été avec Hugo, dont j'étais le fidèle Achate, au Théâtre-Français. Nous sommes montés tout en haut, dans une lanterne, et nous avons regardé passer la queue, toutes les troupes d'Hugo... Il y a eu un moment où il a eu peur, en voyant passer Lassailly, auquel il n'avait pas donné de billet. Je l'ai rassuré en lui disant : « J'en réponds ». Et puis, nous sommes allés dîner chez Véfour,

(1) VICTOR HUGO RACONTÉ PAR UN TÉMOIN DE SA VIE, publié en 1863. Cf. t. I, p. 1286, n. 1.

(2) Dans cette *Préface* capitale de MADEMOISELLE DE MAUPIN (1835), Gautier insiste surtout sur l'idée que l'œuvre peut être immorale et doit être inutile : ainsi s'amorçaient, dans un scandale prémédité, les dogmes de *l'art pour l'art*. Quant à l'antiquité, son apologie venait à la fin de la *Préface* : Gautier, niant le Progrès, opposait à notre triste civilisation le libre rayonnement de la vie antique.

en bas, je crois ; car en ce temps-là, la figure d'Hugo n'avait pas de
notoriété publique...

— Vous allez partir ? dit une voix à Renan.

— Oui, je pars pour Saint-Malo.

— Voyez-vous, me dit Saint-Beuve en me prenant en aparté,
je lui ai une dent. Il y avait un tas de jolies petites filles, qui n'auraient pas demandé mieux... Eh bien ! à force de sermons et
d'opium, il les faisait mourir pucelles sans avoir rien fait, parce
qu'il avait la direction de la maison, cette canaille de Dupanloup !
Je ne lui pardonnerai jamais, ce gredin-là (1).

— J'admire Jésus-Christ complètement, dit Renan.

— Mais enfin, dit Sainte-Beuve, il y a dans ces Évangiles un
tas de choses stupides : « Bienheureux les doux parce qu'ils auront
le monde. » Ça n'a pas de sens, ça n'est pas vrai !

— Et Çakia-Mouni ? dit Gautier. Si on buvait un peu à la
santé de Çakia-Mouni ?

— Et Confucius ? dit quelqu'un.

— Oh ! il est assommant !

— Mais qu'est-ce qu'il y a de plus bête que le Coran ?

— Ah ! me dit Sainte-Beuve, en se penchant vers moi. Il
faut avoir fait le tour de tout et ne croire à rien. Il n'y a rien de
vrai qu'une femme... La sagesse, mon Dieu, c'est la sagesse de
Sénac de Meilhan, qu'il a formulée dans l'ÉMIGRÉ.

— Évidemment, lui dis-je, un aimable scepticisme, c'est
encore le *summum* humain... Ne croire à rien, pas même à ses
doutes... Toute conviction est bête... comme un pape !

— Moi, dit pendant ce temps Gautier au docteur Veyne,
je n'ai jamais eu aucun désir violent de cette gymnastique intime.
Ce n'est pas que je sois moins bien constitué qu'un autre. Je
suis un homme, j'ai fait dix-sept enfants, et tous assez beaux :
on peut voir les échantillons... J'ai travaillé sur commande. On
m'a offert dix mille francs pour en faire un... Mais baiser une

---

(1) L'abbé Dupanloup, jeune vicaire à la Madeleine, créa à la chapelle Saint-
Hyacinthe en 1825 l'œuvre du *Catéchisme de persévérance*, où venaient, dit-il, « des
enfants qui arrivaient des plus misérables quartiers de Paris ou sortaient des demeures
les plus brillantes de l'opulence ». L'aristocratie étrangère notamment y envoya ses
filles. Mais l'abbé Benzelin, nouveau curé de la Madeleine, jugea cette œuvre trop
mondaine et la supprima en 1834.

fois par an, je vous assure que c'est suffisant. Ça me laisse toujours le plus grand sang-froid... Je pourrais faire des opérations mathématiques... Et puis, je trouve humiliant qu'une gaupe puisse croire que vous avez besoin de lui sauter dessus. Tenez quand j'ai baisé Ozy, elle avait dix-huit ans et je vous assure qu'elle en valait la peine! Eh bien, j'avais vu une pièce dans sa loge. Je trouve en rentrant, à deux heures du matin, un mot d'elle qui me priait de passer immédiatement chez elle. Je réveille les portiers, j'arrive. Elle me dit qu'elle voulait voir si je couchais chez moi, si je ne couchais pas avec une très jolie coryphée. Je lui dis qu'elle voit bien que non, mais qu'à l'heure qu'il est, il m'est assez difficile de m'en aller et de réveiller encore les portiers. Elle m'assigne un divan; puis au bout d'une demi-heure, craint que je n'aie froid et me fait place dans son lit, en me disant : « Mon Dieu, je ne vous connais que très peu... » Moi, ça me vexe qu'elle puisse croire que j'allais lui sauter dessus, que j'en avais tant envie. Je lui tourne le dos et je dors. Le lendemain matin à six heures, me frappe sur l'épaule en me disant : « Est-ce que vous ne trouvez pas que nous avons assez posé comme cela, tous les deux? » Je lui dit : « Ma foi, oui. » Il y a eu un temps où elle ne jouissait avec moi qu'au second coup, le coup du matin, à six trois quarts, parce qu'à sept heures venait le duc de Montpensier : ça l'excitait... J'ai souvent rencontré le Prince dans son escalier. Il me disait : « Comment va notre « amie? — Très bien. » Nous en avons bien ri en Espagne. »

En 1849, lorsque Sainte-Beuve a été faire des cours à Liège, à la suite d'écritures nombreuses, rapides et contentionnées, a eu ce que les médecins appellent la crampe d'écrivain, qui lui a un peu paralysé les muscles du bras droit, ce qui fait que depuis, il n'écrit plus que ses billets et dicte ses lettres un peu longues.

Comme on se lève pour s'en aller, Gautier va à Scherer, le personnage le plus muet de la société, et lui dit : « Ah ça, j'espère que la première fois, vous vous compromettrez; car nous nous compromettons tous, il n'est pas juste que vous restiez là à nous regarder ! »

24 juillet, Grez, près Fontainebleau.

Nous voici dans une auberge de paysans, en pension à 3 fr. 50 par jour, habitant des chambres blanchies à la chaux, couchant sur

des lits de plumes, buvant le vin du cru, mangeant beaucoup d'ome-
lettes. Mais il y a un verger, d'aimables figures de cabaretiers, une
rivière à deux pas, où dans l'eau claire, l'on voit les poissons,
un bateau, des lignes; une ruine à côté.

Nous avons pour compagnons un frère du peintre Palizzi et
un jeune gentillâtre de Saint-Omer, M. de Monnecour (1), commençant à faire de la peinture d'amateur.

25 juillet.

Il est étonnant combien le peintre souffre peu ou plutôt ne
souffre pas du manque de confortable. Le lit où il y a des puces,
le tabouret de paille, le verre de verre, la fourchette de fer, la
cuvette de faïence, tout ce qui fait souffrir le civilisé, le Parisien,
il semble que ce soit une jouissance pour lui et comme des habitudes d'une patrie retrouvée. On dirait vraiment que, tandis que
les littérateurs sont poussés tout naturellement à s'élever vers les
jouissances de l'aristocratie, les peintres, livrés à eux-mêmes,
redeviennent avec amour ce qu'ils sont, du peuple.

28 juillet.

Revu Marlotte, à côté d'ici, que nous n'avions pas vu
depuis dix ans, lorsque nous y allâmes avec Peyrelongue, le marchand de tableaux, sa maîtresse, Murger et sa Mimi, etc.

Nous retrouvons le village, mais maniéré, avec des espèces
de pauvres petites maisons bourgeoises, des efforts de bâtisses,
des tentatives de cafés, — un pissoir même ! Il y a maintenant
un château avec une grille à couronne, bâti par un jeune baron
pour étonner les artistes, château à demi fini et laissé, faute d'argent !

Tout cela est pose et mensonge. C'est toujours cette paysanne-
rie misérable, avec son vin qui fait mal et ses paillasses de punaises,
le pittoresque supportable seulement à vingt ans et à des paysagistes.

Au tournant d'une masure, à laquelle est accroché un mauvais
panneau de nature morte, enseigne du bouchon, et d'où sortent
des rires et des éclats de voix, un vieux paysan rougeaud, bour-
geonné, édenté, le rire allant d'une oreille à l'autre, une figure de
Père la Joie crapuleux, les pieds à cru dans des chaussons, vient

(1) Nom peu lisible.

serrer familièrement la main de notre compagnon Palizzi : c'est Antony, l'hébergeur des bas peintres.

La maison est salie de peinture, les appuis des fenêtres sont des palettes; sur le plâtre, il y a comme des mains de peintres de bâtiments qui se seraient essuyées. De la salle de billard, nous mettons le nez dans la salle à manger, toute peinturlurée de caricatures de corps de garde et de charges de Murger. Là, il y a trois ou quatre hommes, entre le canotier, le coiffeur et le rapin, l'aspect de mauvais ouvriers en vareuses, déjeunant à trois heures avec des femelles vagues de la maison, qui viennent là en cheveux et en pantoufles du Quartier Latin et s'en retournent de même.

On ne sait plus trop si ce sont des peintres, ni une école de paysage ici. Il paraît que chez cet Antony, c'est tout le jour et toute la nuit une noce de barrière et de Closerie des Lilas, des musiques de guitares, des assiettes qu'on se jette à la tête, et quelquefois un coup de couteau. La forêt est usée et par conséquent désertée. Je n'ai vu que deux parapluies d'artistes à la Mare aux Fées, dans ce paysage de granit, de verdure intense, de majesté robuste, de bruyères roses, au lieu de tout cet atelier qu'il y avait là, en plein air, avec les maîtresses qui cousaient et raccommodaient à l'ombre des chevalets de campagne.

En revenant, on nous montre la maison de Murger, à l'entrée, vers la forêt; puis l'ami de Murger, Lecharron, un marchand de vin qui nous dit d'un ton attendri : « Ah ! ce pauvre Murger ! Tenez, c'était là que je lui ai fait bien souvent une omelette ! Il passait tout son temps ici... » Et puis il ajoute avec un soupir : « J'ai perdu bien de l'argent avec lui ! Au lieu de lui faire un si beau tombeau,— j'ai été le voir quand j'étais à Paris, — on aurait dû payer ses dettes. Ça aurait fait plus d'honneur aux artistes ! »

Murger ! Antony ! Ce mort et cette auberge, tout cela me semble aller ensemble. Marlotte, maintenant, avec ses faux artistes et ses fausses Mimi en garibaldis rouges et bleus, me semble fait pour être sous l'invocation de saint Murger ! Sa mémoire insolvable flotte ici dans un goût d'absinthe.

Nous allons dîner à l'autre auberge, chez Saccault, cet homme qui pendant dix ans, avec Ganne, a mal logé et mal nourri toutes les gloires de notre paysage moderne. La maison, maintenant, est lugubre. La femme a une névralgie dans la tête et est tout emmaillotée, désespérée comme les paysannes sans forces. L'homme cuve son vin et une faillite. La fille élevée en demoiselle, après un tour de trois ans en Russie, est retombée sur le dos des parents et sert les voyageurs pour l'amour du bon Dieu. Nous dînons là, d'un mauvais lapin sauté, avec Nanteuil, déjà triste et que cette maison n'égaie pas.

29 juillet.

Ici, de jour en jour, croît en nous une allégresse bête, dans laquelle les organes et les fonctions ont comme de la joie. On se sent du soleil sous la peau; et dans le verger, sous les pommiers, couchés sur de la paille des boîtes de laveuses, il se fait en nous un hébétement doux et heureux, comme par un bruit d'eau qu'on entend en barque, dans des joncs, à côté de soi, roulant d'une écluse.

C'est un état délicieux de pensée figée, de regard perdu, de rêve sans horizon, de jours à la dérive, d'idées qui suivent des vols de papillons blancs dans les choux.

En bas, dans la cuisine, au manteau de la cheminée, est collée une grande affiche restant des élections : *Le seul candidat recommandé par le gouvernement est M. le baron de Beauverger.*

On peut la dire collée par autorité de police, car le commissaire la fait poser aux aubergistes en les menaçant de les faire fermer !

Il y avait ici, ces jours-ci, un acteur du Vaudeville, Munié, faisant naïvement du paysage d'après nature. Il logeait chez le maître d'école et avait pour atelier le grand salon de la mairie.

A peindre dans Fontainebleau, pour les ARTISTES, le Paradis d'un Pouthier. D'abord toutes les joies d'un arsouille : se mettre comme un cochon, avoir une blouse tachée, etc. Puis joies d'animaux, de poules, d'enfants, etc. Puis, surtout, le plaisir de la société des paysans, auxquels il se croit supérieur et qu'il honore d'une poignée de main; le plaisir de cette vie de campagne et de cabaret, compagnonnage de la chopine, à *tu*, à *toi* avec tous; la poignée de main au logeur, au cafetier, au casseur de pierres; la familiarité avec l'homme qu'on connaît depuis un quart d'heure; l'intimité *peuple* avec plus bas que soi, avec la blouse. En un mot, la réalisation de toutes ses aspirations vers la crapule et vers les mœurs de l'ouvrier. La fraternité du petit verre. L'aise de rentrer dans le peuple ; le bonheur de mettre une blouse, qui est comme de rentrer dans sa peau.

1er *août.*

La Mare aux Fées : des rochers gris, des terres de cendre, des bruyères roses. Les racines comme des serpents ; des morceaux de granit comme des dos d'hippopotames embourbés ; des chênes crispés et superbes. Quelque chose comme une forêt de druides sur un volcan éteint.

4 août.

Il ne manque guère ici qu'une maîtresse, un ami et un singe.

Bricoler des casse-têtes, expression de paysan pour « se donner du mal. »

Sept heures du soir. Le ciel est bleu pâle, d'un bleu presque vert, comme si une émeraude y était fondue. Là-dessus marchent doucement, d'une marche harmonieuse et lente, des masses de petits nuages, balayés, ouateux et déchirés, d'un violet tendre, comme des fumées dans un soleil qui se couche. Quelques-unes de leurs cimes sont roses comme des hauts de glaciers, d'un rose de lumière.

Devant moi, sur la rive en face, des lignes d'arbres, dont la verdure, jaune et chaude encore de soleil, trempe et baigne dans la chaleur et la poussière des tons du soir, dans ces glacis d'or qui enveloppent la verdure avant le crépuscule. Le gris des troncs d'arbres, des grands peupliers au feuillage immobile, prend des tons chauds et rosés. Au bas, une ligne de joncs fait comme une raie de cendre verte.

Dans l'eau ridée par une botte de paille, qu'un homme trempe au lavoir, à côté de moi, pour lier l'avoine, les joncs, les arbres, le ciel se reflètent solidement presque et plus denses qu'en haut, le bleu plus vert, le vert plus intense, le violet plus sombre, plus profond, plus sourd, jusqu'auprès de moi, où il devient noir et met déjà des ombres de nuit. Le vieux pont aux pierres grises, les piles sortant des roseaux foncés, des lignes de nénuphars, gardent du ciel comme une réverbération de rose et de violet. Et sous la dernière arche, près de moi, de l'arc de son ombre, se détache la moitié d'une vache rousse, lente à boire et, quand elle a bu, relevant son mufle blanchâtre, dégouttant d'eau et regardant.

Palizzi, le cadet de la famille, — ils sont quatre peintres, — est un échantillon curieux de la race napolitaine. C'est le Napolitain même. Pour les moindres choses de la vie, c'est la passion et le rabâchage de l'enfant. Cette passion est doublée d'une prudence infinie de ce qu'il appelle *la politique*, une peur affreuse de la police, du gendarme, du paysan, de l'aubergiste, de tout au monde, — une race qui semble sortir des terreurs d'une Inquisition. Dans la rue, il voit un ivrogne qui dort, sur un banc, il s'approche vivement de vous et vous dit mystérieusement : « Il ne faut pas dire que nous avons vu cet homme, on ne sait pas ce qui peut arriver ! » Et toujours pour cette *politique*, ce sont des poignées de main aux paysans, des amabilités, mille combinaisons, auxquelles la raideur des races du Nord répugne. — Et avec cela, pour l'Italie de Garibaldi, le patriotisme de Polichinelle !

5 août.

Le matin, dans le demi-sommeil, le frottement des voitures de foin contre les murs vous donne l'impression d'une femme qui, assise au pied de votre lit, passerait des bas de soie.

« Le vin et l'armée... » Palizzi, l'autre jour, résumait ainsi la France. La remarque devait être faite par un Italien !

8 août.

A Marlotte, chez Antony.

Phalanstère ignoble du harem licencié de Murger, qui laisse traîner sur les marches des caves des bouteilles d'eau blanche et des pharmacies d'injections.

En prenant du pain et du fromage dans la salle à manger, je regarde ce qui salit la chaux des murs, des peintures et des dessinaillures infectes de rapins, quelque chose d'horrible à l'œil comme le Macabre arsouille, l'air de dessins faits aux lieux avec une lichade. Au milieu de cela, une charge abominable et bête de Murger en blouse, un fusil sous le bras, avec au-dessus une couronne d'épines en nimbe, l'œil suintant, — un Christ de l'absinthe dans sa crapulerie !

Ici, on dit : « Tout le monde est *en paille* », pour « Tout le monde est couché. »

11 août.

Saint-Victor vient nous retrouver ici. Le soir, à dîner, nous causons de la petitesse de Rome, de ses monuments, si grands dans le souvenir, de ses arcs de triomphe qui passeraient sous celui de l'Étoile, de son Forum, grand à peine comme une place de nos préfectures, de son Colisée, dont l'arène n'a que cent cinquante pas, moins que l'Hippodrome. Au fond, point de grandeur en Grèce ni à Rome.

Des heures passées à fumer des pipes et à regarder sous les arches du pont, dans la partie lumineuse de leur ombre, le fourmillement, le filet remuant de lumière, que fait la réverbération de l'eau éclairée.

On dit que l'homme physique se renouvelle tous les sept ans. L'homme moral ne se renouvelle-t-il pas plus souvent ? Et combien d'hommes meurent dans un homme avant sa mort ?

J'entends, ce soir, des hommes au cabaret racontant Charles IX d'après la Reine Margot. Alexandre Dumas a été véritablement le professeur d'histoire des masses.

Ce que nous aimons en toutes choses, c'est l'excès : l'excès des opinions politiques, l'excès du bien-être ou du mal-être, du luxe ou de la rusticité, l'excès des exercices physiques. En tout, nous sommes les ennemis nés du juste milieu.

Musset ? Le jockey de lord Byron.

A la campagne, il me semble que tout travail m'est impossible. Je me sens arbre, eau, feuille; je ne me sens pas pensée.

Saint-Victor me racontait que le vrai favori de Morny est le parolier de ses opérettes, Halévy. Halévy est rédacteur à la Chambre et quand M. de Morny vient d'arrêter quelque orateur de l'opposition, quand il vient par exemple de dire à Jules Favre : « Monsieur Favre, je laisse toute liberté aux discussions, mais le Président de la Chambre ne peut pas permettre... » etc., il fait un signe à Halévy, qui monte à son bureau, et il lui dit : « Ah çà! Si à la troisième scène, le comique entrait par une armoire au lieu d'entrer par la porte... — Oui, Monsieur le Duc, ce serait drôle », dit Halévy... Et voilà l'homme : un dessous de Bouffes-Parisiens dans un homme d'État !

Je retourne à la Mare aux Fées. Eh bien ! tout bien considéré, je ne sens pas du tout le paysage. J'éprouve une jouissance cent fois plus grande à être dans ma chambre au milieu de mes dessins, à feuilleter un catalogue de Techener ou d'Aubry.

Un homme ayant cinquante ans et 50.000 livres de rentes, se disant : « Il y a dans la vie une chose ruineuse : la propriété. Presque tous les embêtements de la vie viennent de ce sentiment de l'homme, qui ne veut pas se considérer comme un viager, mais qui veut être propriétaire éternel des choses et des créatures. Eh bien, ce sentiment, le premier et le plus fort de l'homme, je le tuerai en moi et j'aurai tout sans la propriété de rien, maison à l'année, voiture au mois, femmes *idem*. Je serai usufruitier de toutes les jouissances de la vie. »

A développer dans un livre ou une pièce.

Roulé dans la foule à la fête de l'Empereur. Le peuple, il me semble, n'a l'air de jouir que de joies collectives; tout homme qui n'est pas *peuple* à besoin de joies à lui et toutes personnelles à son être.

Je remarque dans la foule une sorte de processionnement passif, pas de gaieté, pas de bruit, pas de tumulte. Le tabac, ce stupéfiant, la bière, cette boisson d'engourdissement et de rêve, assoupiraient-ils non l'esprit, mais le caractère national ?

1311

Je ne sais pourquoi, je pense ici à un beau programme d'un gouvernement de Bourbons, auquel nul n'a songé en 1815 et que nul ne réalisera jamais. Un gouvernement d'aristocratie pure, qui aurait volé aux libéraux et aux socialistes toutes leurs blagues de libéralisme; qui au lieu de mots, aurait touché vraiment aux vraies misères; aurait dans l'hôpital donné à la maladie l'hospitalité la plus magnifique; aurait créé un Ministère de la Souffrance publique; aurait aboli cette ignoble fosse commune, aurait donné à chacun la place et le temps de pourrir, avec un impôt somptuaire sur la richesse, sur les voitures; aurait, s'aidant de la mode des distinctions honorifiques, etc., allumé la charité et l'aurait répandue à pleines mains; aurait fait la justice gratuite, créé l'honneur d'avocats des pauvres, comme les grands médecins des hôpitaux; aurait fait à l'église l'égalité complète pour la naissance, le mariage, l'enterrement.

Lu, toutes ces journées-ci, de la Révolution, du Tribunal Révolutionnaire. Penser que Carrier a pu faire massacrer des milliers de personnes, qui avaient des pères, des frères, des fils, des maris, sans qu'aucun de ceux-là qui restaient l'ait tué! C'est triste pour la vigueur des affections humaines! Chose singulière! Dans le seul grand assassinat de bourreau du temps, un assassinat de main de femme, c'est la tête et non le cœur qui a mené la main.

Dimanche 16 août.

Je savais là-bas tous les ennuis et tout l'insuccès de l'expropriation de Gavarni (1). J'arrive, Mlle Aimée me dit : « Vous savez, il est très malade. Quand on lui a annoncé le résultat du jury, il a eu une tache à l'œil, comme un coup de sang. Depuis ce temps-là, il est malade. »

Nous entrons, nous trouvons Gavarni dans son grand salon-atelier, dans le demi-jour de persiennes fermées, assis,

(1) La Ville de Paris, depuis 1862, menaçait d'exproprier Gavarni de sa propriété du Point-du-Jour, située sur le tracé du Chemin de fer de Ceinture. Malgré une intervention de la princesse Mathilde, la décision du jury d'expropriation fut désastreuse : on prenait à Gavarni la partie du jardin où était sa maison, pour une somme qui lui permettait bien de payer ses dettes, mais non point de reconstruire sa maison sur le terrain restant; celui-ci était, d'autre part, difficile à vendre, étant situé en contre-bas du nouveau boulevard.

n'ayant pu dormir, pâle, affaissé sous l'accablement de l'oppression, ayant à peine la force de nous donner sa chaude poignée de main, un peu de l'étranglement d'une angine dans la voix, essayant de nous faire ses anciennes plaisanteries bonhommes, mais on en voit l'effort.

Il nous dit : « C'est toujours la même chose... C'est ce tuyau de soufflet qui ne va pas... J'ai eu froid dans mon lit... Il faudrait me mettre un séton au cou ou me faire un trou là-dessous, à la gorge... Mais Veyne ne veut pas, il me donne des choses à boire : ça ne fait rien. Tenez, cela n'est pas joli à boire, cela ! » Et il sourit à peu près. « Mon Dieu, tout le reste est bon, les poumons, la poitrine : il m'a ausculté. J'ai bien le cœur un peu trop petit,... mais c'est ce larynx ! »

Nous lui parlons d'une consultation, à laquelle il ne se refuse pas trop.

Nous sortons de là avec les plus tristes pressentiments, parce qu'à côté d'une maladie de poitrine ou de cœur dont Veyne ne veut pas voir la gravité, nous voyons aujourd'hui en lui une anémie, amenée par les longues souffrances et peut-être, encore, par tant d'années d'une alimentation insuffisante, où cette pure intelligence ne voulait pas manger, se refusait à manger, trouvait de *l'ennui à manger*, un épuisement, un anéantissement, une si grande fatigue de la vie; et puis tant de maigreur, qu'on sent dans sa main pleine de cordes, sous son paletot, sous les deux ou trois paires de chaussettes de ses pieds (1).

Cette expropriation, ses déceptions, ses tracas, sa congestion, ses chagrins, cette chute du rêve de la maison de Tamburini, au Bas-Meudon, presque achetée, tout cela, j'ai peur que cela ne l'achève et que les bourgeois du jury d'expropriation, des maçons en gros, des couvreurs, etc., ne se soient bien vengés, en le tuant, de cet immortel blagueur de la Bourgeoisie.

Lundi 17 août.

Chez Magny. Sortant de cette solitude de la pensée et de la parole de Grez, nous retombons avec plaisir dans ce parloir de Magny.

(1) Add. 1887, depuis *amenée par les longues souffrances* jusqu'à *de l'ennui à manger...*

C'est d'abord l'enterrement dont on sort, Eugène Delacroix, cette mort obscure, cachée, voilée, enfouie, comme la mort d'un chien dans son trou, sans que, depuis six mois, ses amis sussent rien, ni ne l'aient vu. On parle de cette séquestration faite par une vieille servante, une sorte de Mme Évrard, des legs absurdes de ce mourant (1). Et déjà, le mystère et la controverse sont sur l'histoire de cette mort toute chaude. Les uns soutiennent qu'il s'est éteint comme un enfant; les autres, qu'il est mort enragé tenant dans sa pensée de nouveaux moyens et de nouveaux procédés de réalisation de son génie, volé de tout ce qu'il se promettait de faire et de tout ce qu'il se sentait, dans l'agonie, au bout de la main.

Saint-Victor esquisse d'un mot cette figure de bilieux ravagée, que j'ai vu passer un jour dans la rue, avec un carton sous le bras : « Il avait l'air de l'apothicaire de Tippoo-Saëb. » (2) Puis on le juge et l'on dit : « Il descendait de Rubens... — Oui, par le marchand de vin ! »

Puis voilà Saint-Victor qui pâlit dans sa soupe :

« On est treize ! — Bah ! dit Gautier, il n'y a que les chrétiens qui comptent et il y a pas mal d'athées ici ! »

Le rationaliste Scherer n'y peut croire et reste tout ébahi et regarde, n'en pouvant revenir, du haut de son pince-nez et de la raison pure, le fils de Magny, un collégien, qu'on va chercher pour faire le quatorzième.

Devant le moutard, on se met à causer des copulations d'Hugo :

(1) Jenny Le Guillou, la gouvernante de Delacroix, a défendu jusqu'au bout contre les importuns le temps et le travail du peintre. Il venait de mourir le 13 août. — Simone Évrard a vécu avec Marat jusqu'à la mort de celui-ci et s'est ensuite retirée avec la sœur du tribun, Albertine Marat.

(2) Le fils d'Heyder-Ali, le souverain de Mysore, l'ennemi héroïque et malheureux des Anglais, Tippoo-Saëb, a naturellement inspiré beaucoup d'œuvres littéraires, surtout sous Napoléon Ier. Ni le TIPPOO-SAIB de Jean-Baptiste Dubois, mélodrame joué à la Porte-Saint-Martin en juillet 1804, ni celui de de Jouy, tragédie créée au Théâtre-Français le 27 janvier 1813, ne font mention d'un apothicaire de Tippoo-Saëb, non plus que la plus sérieuse HISTOIRE DE L'EMPIRE DE MYSORE (1801) de J. Michaud. Un vaudeville de Théaulon, LE CIMETIÈRE DU PARNASSE OU TIPPO-MALADE, (Vaudeville, 25 février 1813) ironise sur la pièce de de Jouy..., sans apothicaire. Une parodie du drame de Dubois, NE SERINGUEZ PAS TANT, a un titre prometteur; mais nous n'avons pu découvrir ni l'auteur ni le texte, et le titre risque d'être un simple calembour sur la capitale du Mysore, Seringapatnam.

« C'est un taureau, dit l'un.

— A moi, dit Gautier, Mme Hugo m'a dit qu'en amour, c'était une vierge.

— Tout ce que je peux vous dire, dit Sainte-Beuve, c'est que nous avons été au bordel ensemble, avec Mérimée, Musset, Antony Deschamps : Hugo, qui avait sa décoration et des brandebourgs, n'est pas monté. Les filles ont dit : « C'est un jeune officier qui a un échauffement. »

Mardi 18 *août.*

Nous déjeunons au Louvre, chez Nieuwerkerke, qui nous fait voir les nouvelles salles du Musée Napoléon III (1). Entre la poire et le fromage, Gautier conte qu'après la cantate à l'Impératrice, il a reçu une lettre signée *La Marianne* avec le triangle égalitaire, et lui annonçant qu'il est destiné à passer dans la première fournée des guillotinés (2).

Mercredi 19 *août.*

« Vous dînerez avec un de vos ennemis », nous avait dit la Princesse en nous invitant dimanche soir.

Nous trouvons chez elle, aujourd'hui, un M. Caro, professeur de philosophie, critique littéraire de la FRANCE, favori de l'Impératrice, le type de cette horrible race, l'universitaire joli-cœur, un cuistre badin, encore enlaidi par l'aspect d'un substitut bellâtre. Il paraît qu'il a commencé son chemin en se faisant couronner par l'Académie pour injures et outrages au roman moderne et réquisitoire contre l'immoralité de Balzac.

Il cause, il voltige, il papillonne, il parle dans le nez de la Princesse. Il est exubérant, il est fleuri, il fait des plaisanteries de professeur, il soutient des paradoxes d'École Normale. Il prend des poses rondes, il pue sa chaire et sa robe. Il est lourdement cynique, impudent sans grâce; il dit : « Il faut que je fasse mon chemin. » Il dit encore : « J'irai trouver M. Duruy et je lui

---

(1) Cf. t. I, p. 1189, n. 1, sur le Musée Napoléon III, créé à partir de la collection Campana.

(2) La *Marianne*, société secrète d'inspiration républicaine, qui aurait compté Ledru-Rollin et Mazzini parmi ses membres et qui rayonnait notamment dans l'Ouest de la France.

dirai : « Donnez-moi votre place passée ou votre place actuelle. »
Il y a, dans toute sa personne, je ne sais quelle basse et repoussante
odeur d'intrigant provincial.

La Princesse, qui le traite la main haute et comme un peu
honteuse de lui devant nous tous, s'échappe un moment de lui et
vient nous retrouver dans le fumoir de la véranda, pour nous
dire : « Il faut lui rendre la vie dure... Il est allé trouver Duruy
comme un de mes amis intimes, pour lui demander une place d'inspecteur... Je l'ai vu quatre fois, ce monsieur, je ne le connais pas ! »

On parle du tact et des malheurs de courtisan de Nisard.
Comme tact, on cite sa phrase à Champfleury : « Mais on m'avait
dit que vous aviez l'air d'un chiffonnier ! Je ne trouve pas ! »
Et comme succès auprès de l'Empereur, qui lui parle de César,
il dit d'une opinion qu'elle n'a pas le sens commun : c'était celle
de l'Empereur ! Et puis encore, le mot de l'Empereur, que lui a
rapporté le zèle de ces fameux articles de justification de la campagne de Russie, contre Thiers, dans le MONITEUR : « On voit bien
qu'il n'est pas militaire ! » Et l'exécution du Nisard finit par le
mot qu'il a dit lors du nouveau ministère et dont il a eu la bassesse
d'aller s'excuser et se laver auprès de Duruy : « C'est le ministère
Boichot ! » (1)

La causerie, le soir, va sur Mme Sand. On agite la question des
amours de Mme Sand, et chacun s'accorde à lui trouver le caractère
peu femme et un fond de froideur lui laissant le sang-froid d'écrire
sur ses amants, presque couchée avec eux. Mérimée, un jour, en
se levant de son lit, mettant la main sur un papier, elle le lui
arracha : c'était son portrait.

Ne se mit guère en homme que du temps de Sandeau, pour
aller au parterre du théâtre et à un petit restaurant tenu par un
bonhomme du nom de Pinson (2), qui disait naïvement : « C'est
drôle, quand elle est en homme, je l'appelle Madame ; et quand elle
est en femme, je l'appelle toujours Monsieur ! »

---

(1) Jean-Baptiste Boichot, sous-officier, élu à la Législative en 1849, avait
participé au coup de main de Ledru-Rollin le 13 juin 1849. Exilé depuis, il
s'était fixé à Bruxelles, y était devenu chef d'institution et avait écrit des ouvrages
d'instruction primaire, des manuels d'astronomie (1862) de géographie (1864), etc.,
qui suggèrent à Nisard un rapprochement avec le ministre Duruy, réputé libéral et
auteur d'une foule de précis d'histoire.

(2) Add. éd. : *Tenu par un bonhomme...*

Sainte-Beuve ne l'a vue qu'une fois en homme et voici comme. Appelé chez Buloz, alors non marié, dans un entresol. Un petit jeune homme, à son entrée, saute d'un divan à lui : « Bonjour, cher ami, Musset sait tout... Voulez-vous me mener à l'abbé de Lamennais ? » C'était Mme Sand, au milieu de sa rupture, avec Musset, à son retour de Venise. « Vous concevez, dit Sainte-Beuve, Lamennais était encore un prêtre en ce temps-là !... C'était en hiver. Et puis, il demeurait alors en Bretagne... » Il finit, au lieu de l'amener chez Lamennais, par l'amener chez Musset, qu'il avait préparé à un raccommodement. Et sous la porte, quand il lui fit signe s'il devait l'attendre, elle tira l'épée de sa canne à épée en lui disant : « Merci ! » Il salua et la laissa.

On voit dans tous ces récits de Sainte-Beuve, son rôle alors, un rôle d'écouteur au bidet, de confesseur de brouilles, de patri-coteur de racommodages, toujours frotté aux secrets des femmes ; peut-être, déjà, la curiosité et l'inquisition de l'homme qui prend, sous les lits, des notes pour ses mémoires.

Cabourg, 25 août.

Nous voici dans un singulier endroit, un bain de mer fait par des gens de théâtre, un bain de mer dont le maire est Dennery. Sur la plage, à côté des bains, sur une pancarte imprimée, le règle-ment de pudeur des baigneurs commence : « Le maire de Cabourg, chevalier de la Légion d'Honneur, commandeur de l'ordre de Charles III... » et finit par le nom de Dennery.

On demande : « A qui ce chalet ? — A Cogniard. — Et cet autre ? — A Clairville. — Et celui-là, qu'on va bâtir ? — A Matharel de Fiennes. » Tout semble bâti en billets d'auteurs, en droits d'auteurs, en critiques de théâtre, en refrains de vaudevilles. Les chalets ressemblent à des décorations, les escaliers à des prati-cables, la mer a l'air du fond de la MUETTE DE PORTICI et les vagues ont l'air agitées par des têtes de figurants dans le troisième dessous(1).

Il y a, au milieu des chalets, un château qui s'élève, un château de cirque, peint en chocolat avec quatre tourelles. C'est à Billion,

---

(1) On sait que l'opéra de Scribe et d'Auber (Opéra, 29 février 1828) met en scène la révolte conduite par le pêcheur napolitain Masaniello : la mer y sert de toile de fond.

l'ancien directeur du Cirque; et les quatre tourelles sont des lieux à l'anglaise. Cela ressemble à un château de la Foire, dans une féerie où Lebel s'écrierait avec sa voix de stentor : « Allons, bon ! voilà que j'ai la colique ! »

Et partout, dans toute cette ville projetée, où des écriteaux promettent des rues, çà et là, une maison recèle quelque vieux nom de théâtre. Là, Franconi, ici, la veuve d'Adam; là, Rosalie la sauteuse de l'Hippodrome. C'est comme les Invalides et la Sainte-Périne des coulisses. Aux bureaux de leurs caisses, les hôtels montrent des vieilles putains, dont les voix vous rappellent de vieilles voix de théâtre oubliées. Et le grand café de l'endroit est tenu par un ancien ami de directeur et d'acteurs, tout pourri de cabotinage, ébouriffant les bourgeois par les blagues et les charges du Café des Variétés.

Le soir de notre arrivée, au bord du bruit de la mer, Gisette éprouve le besoin de se confesser et nous déroule sa vie, ses amours, ses amants, au moins ceux qu'elle avoue : « Dennery, nous dit-elle, vous croyez qu'il m'aime ? Je suis un *rebondissoir* pour ses mots, et voilà tout ! » Et comme nous lui parlions de ses derniers choix d'hommes, indignes d'elle : « Qu'est-ce que vous voulez que je fasse, nous dit-elle, quand il pleut et que je m'ennuie ? »

Quelle jolie histoire me contait avant de partir, sur les boulevards, ce hanneton qui a passé à travers tant de choses, Claudin ! Le jeune prince Bibesco, il y a de cela quelques années, connaissant Claudin, s'adresse à lui, pour savoir de lui le moyen de faire valoir ses droits au trône de Valachie. Claudin dit que ça lui coûtera pas mal d'argent, mais que pour une affaire comme celle-là, il ne faut pas craindre de faire des annonces. Bibesco lui dit que c'est bien et qu'il a un homme pour faire les articles, avec lequel il va le mettre en rapport. Arrive alors dans la mansarde de Claudin un monsieur qui avait été répétiteur de Bibesco. C'était Duruy, le ministre actuel. Ils forgent à eux deux l'article. Claudin va trouver Delamarre et lui demande s'il est disposé à appuyer les droits de Bibesco et à insérer l'article. Delamarre ne fait aucune objection ni aucune condition. L'article paraît et le lendemain, Claudin reçoit du caissier une note de 1800 francs à payer pour l'insertion de l'article. Duruy, qui comptait que ça coûterait 80 francs, saute aux nues, décide Bibesco à renoncer aux journaux et à se confier aux brochures qu'il va faire. Il fabrique aussitôt une brochure avec Claudin, et Claudin est tout étonné de ne pas la voir paraître. Il interroge Duruy, qui lui dit qu'elle a une très grande publicité, qu'elle est chez l'homme qui peut le mieux la lancer et il lui donne l'adresse. Étonnement de Claudin : c'était chez un marchand de blanc, rue Rambuteau, au second. « Mais comment êtes-vous dépositaire de ça ? dit Claudin. — Quand j'envoie un colis à Trieste, j'y joins toujours deux ou trois brochures... »

Ceci prouve que les annonces payées dans les journaux ne commencent pas à la quatrième page, mais au *Premier Paris* et que les gens font de bien petites choses avant d'arriver à de grandes places.

Une nuance de coquetterie est indispensable à l'animalité de la femme !

Cette nuit, dans mon lit, j'écoutais, dans le mur, la pendule de l'horloge de l'hôtel et, à l'horizon, la mer qui montait. Il me semblait entendre en même temps le pouls du temps et la respiration de l'éternité.

Ce qu'a au degré supérieur Gisette, c'est la promptitude de conception dans le cynisme. Je lui apprends que Gaiffe est très amoureux de Mlle Vernon : « Ah ! me dit-elle, il a vu l'affaire ! »

Les hommes aiment les jolies femmes; les femmes aiment les beaux hommes.

Il est des femmes, dont le charme singulier est fait comme d'une suspension de la vie, d'une interruption de la présence d'esprit, d'absences rêveuses.

D'ici à peu, je crains bien que la localité, le paysage où nous sommes ne nous apparaisse plus qu'au travers de la société, des gens, des visages mêmes qui nous serviront; qu'il n'y aura plus pour nous d'endroit de bonheur, de soleil que là où il y aura une population accorte, jolie, égayante, réjouissante à l'œil et à l'âme.

Il n'y a de bon que les choses exquises.

Aux bains de mer, les filles ressemblent à des honnêtes femmes et elles affectent cette ressemblance. Elles ont la même toilette, de la tenue, des enfants, comme elles, qu'elles promènent et qu'elles ont l'air d'aimer. Dans ce jeu, elles s'oublient et se tiennent, elles sont moins familières. Elles jouent la femme du monde et se paraissent mariées... Leur maternité surtout est triomphante.

Et ce qu'il y a de triste, c'est que rien ne distingue la maternité d'une fille de la maternité d'une autre femme. A les voir, on les croirait mères.

J'ai vu à Touques, dans une auberge, une grande bonne, énormément grande. J'ai cru voir la femme même du Moyen Age du Nord, comme le type d'une race descendant des Niebelungen par la Patagonie. Et elle avait aussi la poésie effrayante d'une reine scandinave.

Pouah ! La vilaine et la détestable race que ces Normands, avec leurs paroles avares, leur sourire de paysan qui vous attrape, leur teint *rouvant*, sur lequel il semble qu'il ait givré, leurs sourcils blancs, leurs yeux de faïence, leurs vieilles femmes à l'air d'ogresses, leur rapacité sans la grâce ou la polichinellerie du Midi, leurs regards aigres comme leurs pommes, leur esprit d'intrigue, effrayant de suite, de profondeur et de froideur !

Paris, 2 septembre.

Aujourd'hui, dans les galeries de dessins, au Louvre, je vois trois collégiens en uniforme, juchés sur des chaises, qui copient des Watteau sur leurs genoux, les *trois crayons* achetés par le musée à la vente d'Imécourt. Et voilà une gloire qui ne mourra plus !

Tous ces jours-ci, tristesse vague et infinie, découragement, paresse, atonie du corps et de la tête. Plus que jamais en nous, cette tristesse du retour qui ressemble à une grande déception. On retrouve sa vie stagnante, à la même place. Au loin, on rêve je ne sais quoi qui doit vous arriver, un imprévu qu'on doit trouver chez soi. Et rien que des prospectus, des adresses, des catalogues ! Votre existence n'a pas marché. On a l'impression d'un nageur qui, en mer, par le brouillard ne se voit pas et ne se sent pas avancer.

Il faut renouer ses habitudes, son travail. On est, ces premiers jours d'arrivée comme tout désorienté et tout déséquilibré. Il faut reprendre goût à la platitude de la vie.

Des choses autour de moi, que je connais, que j'ai vues et revues cent fois, me vient une insupportable sensation d'ennui. Je m'ennuie avec les quelques idées monotones et ressassées, qui me passent et me repassent dans la tête. Et les autres, dont j'attendais des distractions, m'ennuient autant que moi. Ils sont comme je les ai quittés. Il ne leur est rien arrivé, à eux non plus ! Ils ont continué à être. Ils me disent les mots que je leur connais. Ce qu'ils me racontent, je le sais. La poignée de main qu'ils me donnent ressemble à celle qu'ils m'ont donnée. Ils n'ont changé de rien, ni de gilet ni d'esprit ni de maîtresse ni de fortune. Ils n'ont rien fait d'extraordinaire. Il n'y a pas plus de nouveau, d'imprévu en eux qu'en moi. Personne même n'est mort parmi nos connaissances... Je n'ai pas de chagrin, mais c'est pis que cela : le soleil me semble arrêté !

7 septembre.

Morère vient nous demander où en sont les affaires de Gavarni avec l'Empereur, et nous causons de Gavarni (1).

Il nous dit qu'il a d'abord travaillé à des instruments de précision chez Jecker. Et un jour même, en se promenant avec lui, dans un bric-à-brac, avisant un sextant, le tournant et le retournant dans tous les sens, disant : « Je n'en ai fait qu'un, je voudrais bien le retrouver... » Vers les dix-sept ans, entra chez Leblanc, aujourd'hui au Conservatoire, et y dessina du dessin de machines. Détail inconnu et caché par lui, qui éclaire le dessinateur de modes, sa mère était couturière. Son père, qui avait dû être tonnelier en Bourgogne, est venu à Paris à la Révolution et semble avoir vécu du travail de sa femme. Esprit faux, dont sa femme se plaignait dans les premiers temps de son mariage : l'amène en *titi* dans le bal de l'Opéra, disant qu'il n'y a là nul danger pour les femmes, mais seulement pour les jeunes gens !

(1) Cf. t. I, p. 1312, n. 1.

Absolument point de sens : fumant une cigarette au bordel, à côté de Morère qui tire son coup et ne couchant point avec sa femme revenant le trouver à Londres, après deux ans de séparation. L'amour, chez lui, dans sa jeunesse : amour de tête, par lettres; il appelait cela *ginginer*. Cependant, quelques jolies maîtresses : une, nommée Leroy, ancienne maîtresse du maréchal Vallée, revenant d'Afrique; et une certaine Adèle Nourtier (1).

Côté danseur : les dimanches, étudiant les grisettes au bal Dourlans; montrant à Morère l'endroit où il avait appris à danser, dans la cour des Coches. Côté élégant, seyant, prétentieux, dans sa jeunesse, qui le faisait traiter de *puant*.

Mercredi 9 septembre.

Nous allons enterrer, ce matin, une vieille cousine de quatre-vingt-trois ans, une de nos deux dernières visites de famille au jour de l'An (2).

C'est effrayant comme les familles se délient ! A ces rendez-vous de la mort, qui sont maintenant les seuls de la famille, on voit un tas de gens qu'on ne connaît pas, qui se trouvent vos cousins, et des jeunes gens en habit noir, qui sont les maris de filles de mères, avec lesquelles, enfant, vous avez joué !

En chemin de fer, le soir, nous rencontrons le vieux père Giraud, l'ancien ministre de l'Instruction publique, un de ces vieux épicuriens anecdotiques, qui semblent de vieilles et aimables momies du XVIIIe siècle. Il nous conte que lorsque Mortier entra vivement à Hanovre, on pinça tous les papiers de la comtesse de Provence et que dans ces papiers, aujourd'hui aux archives des Affaires étrangères, où ils ont traversé, là, toute la Restauration, il y a une correspondance obscène du mari à la femme, nommant tout par son nom. L'obscénité dans le mariage, — c'est bien du temps ! (3)

(1) Nom peu lisible.

(2) Cornélie de Courmont.

(3) Quand la paix fut rompue avec l'Angleterre en 1803, le général Mortier s'empara brusquement du Hanovre, propriété personnelle du souverain britannique, George III. A ce moment, le comte de Provence, le futur Louis XVIII, se trouvait en Courlande à Mittau. Sa femme était Louise-Marie-Joséphine de Savoie, fille de Victor-Amédée III de Sardaigne.

Entrée chez la Princesse : « Clotilde, je te présente messieurs de Goncourt. » C'est sa belle-sœur, une espèce de petite femme sans tournure, mal bâtie, avec, emmanchée au bout de cela, une tête aux gros yeux lourds et sans vie, à la mâchoire épaisse et forte. Un type de la dégénérescence d'une race royale du Midi et d'une race royale allemande. Le front bombé et bête; l'air endormi, comme chloroformé; la physionomie sans aucun mouvement, un sourire inanimé et sans nuance; et par là-dessus, muette comme une carpe : une vraie reine des Marmottes. La Princesse s'échappe d'auprès d'elle et, passant près de nous, avec un haut-le-corps d'impatience, d'ennui :

« Ah ! mais j'en ai assez! » Et elle semble appeler le dîner.

On dîne. La princesse reste fichée dans son assiette, toujours plus muette et plus absorbée, sa grosse mâchoire travaillant, ses yeux prêts à tomber dans les plats.

Pendant ce temps, sa dame d'honneur, Mme la vicomtesse Bertrand, conte à l'un de nous un mot de l'Empereur qu'elle a entendu. C'était à un dîner en petit comité. L'Empereur allait parler de Lacordaire, lorsque l'Impératrice le coupant : « Ah ! ne parlez pas de Lacordaire, nous descendons de saint Dominique ! — En ligne directe ? dit l'Empereur. Ce serait gros d'iniquités... » Et l'Impératrice de rougir jusqu'à la racine des cheveux (1).

Le soir, Clotilde partie : « Maintenant que les enfants sont couchés, dit la Princesse avec gaieté et soulagement, amusons-nous ! » Et elle prend à partie Sainte-Beuve sur son article en faveur du livre de Renan, livre qu'elle déclare détestable comme socialisme. Et Sainte-Beuve, après mille circonvallations et petites campagnes à droite et à gauche, finit par dire avec ses gestes onctueux de prêtre : « Mon Dieu, Princesse, nous sommes entre deux quarts d'heure : le quart d'heure primitif, qui est la naissance, ce qui n'est pas bien beau, et le quart final, qui est encore moins beau. Il faut tâcher de remplir les intervalles le plus agréablement possible, de vivre comme si on n'était jamais né et comme si on ne

---

(1) La même anecdote apparaît avec une variante chez O. Aubry (L'Impératrice Eugénie, 1933, t. I, p. 255), qui mentionne sainte Thérèse. Jacques Bainville (in Ch. Simond, Paris..., t. II, p. 596) parle seulement de saint Louis, — ce qui ne contredirait point les allégations de l'opposition républicaine, où l'on chuchote qu'Eugénie est en réalité la fille, née avant mariage, de la reine Christine, petite-nièce de Marie-Antoinette (cf. J. Debussy, L'Impératrice Eugénie, 1913, pp. 326 sqq.).

devait jamais mourir. » Et il termine en avouant à la Princesse qu'il a fait, dans cet article, bien des concessions à son intimité avec elle (1).

Puis voilà Cousin sur le tapis. On le peint comme un saltimbanque inspiré. Sainte-Beuve cite de lui ce mot. Il avait perdu un de ses amis, nommé Loyson ; sur sa tombe, il avait dit : « Au revoir, Loyson ; tu ne m'attendras pas longtemps ! » A quelques années de là, Labitte lui rappelant son discours et l'émotion qu'il leur avait donnée à tous, Cousin s'écrie avec sa voix solennelle : « Oh, je savais que je ne réaliserais pas ma prédiction... Moi, je m'entends en dramatique ! »

En revenant en chemin de fer, Sainte-Beuve nous raconte qu'il a servi de secrétaire, ces temps-ci, à une putain, qui voulait faire cracher au roi de Hollande l'argent d'une coucherie (2).

13 *septembre.*

Dîner avec Saint-Victor : des opinions moins assises, plus variables, plus domestiques et en même temps plus violentes de jour en jour ; ce qui leur manque au fond et en conscience, il le rattrape en fureur et en tranchant. Il est de plus en plus aigu dans ses changements de jugement : c'est une girouette qui n'est pas graissée.

Au fond, il a la fureur des idées reçues et des préjugés courants. Gœthe est toujours et partout, un dieu : il y a de la divinité dans ses MÉMOIRES, aucun égoïsme dans son épisode avec Frederika ! (3) Ces deux brelandiers, Briguiboule et Bénazet, sont de vrais Louis XIV et de grands honnêtes gens : « Bénazet se retirera sans un sou ! » Delacroix, aujourd'hui, est admirable, divin et de plus, « sage comme Raphaël »... Tout homme qui attaque Renan est un hypocrite et une canaille. Reiset est le plus grand connaisseur de tableaux... Et tout cela, Reiset, parce qu'il a trouvé bons ses tableaux ; — Briguiboule et Bénazet, parce qu'ils l'ont défrayé cette année ; — Renan, parce qu'il se vend à 40.000 ; —

(1) Article paru dans le CONSTITUTIONNEL le 7 septembre 1863 (NOUVEAUX LUNDIS, t. VI, pp. 1-23).

(2) Il s'agit de Guillaume III.

(3) Frédérique Brion, la fille du pasteur de Sesenheim : Gœthe l'aima durant ses années d'études à Strasbourg, puis partit. Elle lui resta fidèle jusqu'à sa mort, en 1813.

Delacroix, parce qu'il a vu de ses fanatiques, cette semaine; — Gœthe, parce que c'est un grand nom. Jamais un jugement personnel et désintéressé. Et puis aussi, dans toute cette violence, il doit y avoir un fond de querelle avec Lia, une irritabilité nerveuse de joueur à la Bourse, le faisant plein et insupportable de contradictions.

« Mon petit chéri... », ce mot, dans la rue, à moi passant inconnu, — eh mon Dieu ! cela ressemble terriblement à la banalité de la plupart des affections humaines !

14 septembre.

Chez Magny.

Grande bataille autour de la mémoire de Voltaire. Sainte-Beuve et Saint-Victor sont ses avocats contre nous, qui préférons du tout au tout la personne et le talent de Diderot. Saint-Victor, furieux d'enthousiasme et se battant les flancs avec cette absence de mesure, qui lui fait dire les plus grosses bêtises d'un homme d'esprit, s'écrie qu'il est tout, grand poète dans ses poésies légères, grand historien, qu'il a la fantaisie, une imagination prodigieuse... Il va jusqu'à affirmer que son style est plein de couleur et qu'il « ressemble étonnamment à Henri Heine »... Le Neveu de Rameau est une ordure ! Candide, c'est toute l'humanité ! Et ceci et cela... Pendant ce temps-là, Sainte-Beuve fait un long et fluent éloge de Voltaire, en le comparant à de l'eau claire pour la limpidité, la clarté, la transparence.

On crie, on s'emporte, on ne s'entend plus. Saint-Victor devient épileptique et Sainte-Beuve nous jure ses grands dieux qu'en une heure de cours, il nous convertirait à Voltaire. Gautier arrive à notre secours, proclame Voltaire infect, Candide idiot, Voltaire un Prudhomme gigantesque. Et s'adressant à tout le passé littéraire de Saint-Victor : « Tiens, tu es dégoûtant ! Enfin, lui dit-il avec un ton terrible, *Glissez mortels, n'appuyez pas* : tu aimes cela, cela te transporte, *Glissez, mortels, n'appuyez pas !* » (1)

---

(1) Le mot est souvent attribué à Voltaire. Il appartient en réalité à une de ses victimes, le poète Charles Roy, auteur du quatrain que termine ce vers célèbre et qui figurait sous la gravure de Larmessin d'après le Patinage de Lancret.

Saint-Victor rougit un peu, crie beaucoup; et de Voltaire, la conversation passe naturellement et sans descendre beaucoup à M. Thiers ! Ici on s'entend à peu près pour le déclarer un historien sans le moindre talent. Sainte-Beuve se hâte de le défendre comme historien en disant : « C'est un si charmant homme ! Il a tant d'esprit, tant d'influence... » Et il vous peint la façon dont il enguirlande une Chambre, séduit des députés. C'est toujours la façon de défense, de réponse et d'argumentation que j'ai vue à Sainte-Beuve. On lui dit : « Mais Mirabeau s'est vendu ! — Oui, mais il a tant aimé Sophie ! » (1) Et il parle...

Pour tout et pour tous, c'est ainsi. Et à propos d'un livre, jamais il ne répond sur le livre, mais toujours sur l'homme, sur ses relations, sur sa position, sur le rôle qu'il a joué. Il y a en même temps, chez lui, comme dans les natures à la Rousseau à haine de domestique, en même temps une très grande révolte et soulèvement contre l'édifice social, les maîtres de maison, la société tout entière, — et une très grande bassesse d'opinion devant tout homme de pouvoir, d'influence, de politique, qu'il soit Thiers, Molé, Guizot, Royer-Collard. Du reste, du gouvernement de Louis-Philippe, qu'il a traversé d'assez bas, il a gardé du respect et une certaine dépendance. Il croit à la force et au grand tempérament de toute cette si pauvre génération-là.

Sainte-Beuve est parti. On est à boire le mélange de liqueurs qu'il fait à chaque dessert, du rhum et du curaçao.

« Ah ! mais à propos, Gautier, vous revenez de Nohant, de chez Mme Sand ? Est-ce amusant ?

— Comme un couvent de Frères Moraves ! (2) Je suis arrivé le soir. C'est loin du chemin de fer. On m'a mis ma malle dans un buisson. Je suis entré par la ferme, avec des chiens qui me faisaient peur. On m'a fait dîner. La nourriture est bonne; mais il y a trop

---

(1) *Sophie*, la marquise de Monnier (1754-1789), qui vint rejoindre Mirabeau en Hollande où il s'était enfui (1776), y fut arrêtée et jetée dans un couvent de Gien, où Mirabeau, enfermé à Vincennes (1777-1781), lui adressa des lettres célèbres et où, devenue veuve et passée à des amours plus obscures, elle devait se suicider.

(2) Secte d'origine hussite, née au xve siècle en Bohême, passée en Moravie, puis en Pologne et qui a essaimé en Hollande et en Amérique, les Frères Moraves, qui ont donné à la nation tchèque des écrivains comme Comenius, et la « Bible de Kralice », se groupaient en communauté pratiquant, sous un clergé élu, une manière de communisme religieux.

de gibier et de poulets : moi, ça ne me va pas. Il y avait là Marchal
le peintre, Alexandre Dumas fils, Mme Calamatta.

— Eh bien, est-il toujours malade, Dumas fils ?

— Vous savez ce qu'il fait maintenant ? Il est très malheureux.
Il se met devant son papier blanc et il reste là quatre heures dessus.
Il écrit trois lignes. Il s'en va prendre un bain froid ou faire de la
gymnastique, parce qu'il est plein d'idées d'hygiène. Il revient,
il trouve ses trois lignes bêtes comme tout.

— Eh bien, c'est de la lucidité, ça ! dit quelqu'un.

— Et il ne laisse que trois mots. Son père arrive de temps en
temps de Naples, lui dit : « Fais-moi apporter une côtelette, je vais
te finir ta pièce », fait le scénario, introduit une putain, lui prend de
l'argent et part. Dumas fils prend le scénario, le lit, le trouve très
bien, va prendre un bain, relit le scénario, le trouve stupide, le
corrige pendant un an. Et quand son père revient, il retrouve, des
trois lignes de l'année précédente, encore trois mots !

— Et quelle est la vie à Nohant ?

— On déjeune à dix heures. Au dernier coup, quand l'aiguille est sur dix heures, chacun se met à table sans attendre.
Mme Sand arrive avec un air de somnambule, reste endormie
tout le déjeuner. Après le déjeuner, on va dans le jardin, on
joue au cochonnet; ça la ranime. Elle s'assied et se met à causer.
On cause généralement à cette heure-là de choses de prononciation; par exemple, sur la prononciation d'*ailleurs* et de *meilleur*.
Mais le grand plaisir de causerie de la société, ce sont les plaisanteries stercoraires.

— Bah !

— Oui, la merde, les pets, c'est le fond de la gaîté. Marchal
a beaucoup de succès avec ses vents. Mais par exemple, pas le
plus petit mot sur le rapport des sexes ! Je crois qu'on vous flan-
querait à la porte si vous y faisiez allusion...

« A trois heures, Mme Sand remonte faire de la copie
jusqu'à six heures. On dîne. Seulement, on vous prie de dîner
un peu vite, pour laisser le temps de dîner à Marie Caillot. C'est
la bonne de la maison, une petite Fadette que Mme Sand a prise
dans le pays, pour jouer dans les pièces de son théâtre, et qui
vient au salon, le soir, après dîner. Après dîner, Mme Sand
fait des patiences sans dire un mot jusqu'à minuit... Par exemple, le second jour, j'ai commencé à dire que si l'on ne parlait

1327

pas littérature, je m'en allais... Ah, littérature! Ils semblaient revenir de l'autre monde...

« Il faut vous dire qu'en ce moment, il n'y a qu'une chose dont on s'occupe là-bas, la minéralogie. Chacun a son marteau, on ne sort pas sans.

« Enfin, j'ai déclaré que Rousseau était le plus mauvais écrivain de la langue française, et ça nous a fait une discussion avec Mme Sand jusqu'à une heure du matin.

« Par exemple, Manceau lui a machiné ce Nohant pour la copie ! Elle ne peut s'asseoir dans une pièce sans qu'il surgisse des plumes, de l'encre bleue, du papier à cigarettes, du tabac turc et du papier à lettres rayé. Et elle en foire ! Car elle recommence à minuit jusqu'à quatre heures. Enfin, vous savez ce qui lui est arrivé, quelque chose de monstrueux ! Un jour, elle finit un roman à une heure du matin : « Tiens, dit-elle, j'ai fini ! » Et elle en recommence un autre. La copie est une fonction chez elle...

« Au reste, on est très bien chez elle. Par exemple, c'est un service silencieux. Il y a une boîte, qui a deux compartiments, dans le corridor : l'un est pour les lettres par la poste, l'autre pour la maison. Dans celui-ci, on écrit tout ce dont on a besoin, en indiquant son nom et sa chambre. J'ai eu besoin d'un peigne; j'ai écrit : *M. Théophile Gautier, telle chambre*, ma demande, — et le lendemain à six heures, j'avais trente peignes à choisir. »

Samedi 20 septembre.

Je passe, ce matin, porter le journal PARIS à Sainte-Beuve (1). Il me hèle, tandis que je le remets à sa gouvernante, Mme Dufour, une grande et assez belle brune, qui a, en vous ouvrant, comme des coups de soleil sous la peau. Et je l'aperçois sur un petit escalier, un petit vieillard en tricot de laine. Cela était effrayant comme de voir un Conventionnel aux Petits-Ménages.

Je vais de là chez un détenteur de documents sur les peintres, Émile Bellier de la Chavignerie. Un petit homme maigre, les yeux

(1) Sainte-Beuve se servira des lithographies du PARIS pour son article sur Gavarni (cf. t. I, p. 1296, n. 1).

ardents, poitrinaire, qui crache le sang et se tue à paperasser
l'infiniment petit du document sec. Un appartement sec et d'un
cénobitisme provincial, avec d'horribles souvenirs de famille et
d'infectes petites reliques de voyage, encadrées et datées, comme un
morceau de la tenture de la maison de Jeanne d'Arc à Domrémy.
On sent un homme qui herborise l'histoire. Il nous fait lire dans
la BIOGRAPHIE un article de lui sur les Saint-Aubin, où il parle en
blâmant notre style, — et tout son article est fait avec nous ! (1) Sa
spécialité est de déterrer les actes civils des peintres académiciens
du XVIIIᵉ siècle. Naturellement, ceux de Chardin lui manquaient.
Et il travaille à cela depuis dix ans ! Heureusement qu'en deux
heures, nous les avions trouvés aux Archives. Au fond, c'est attris-
tant et lugubre, ces travaux de taupes et de fourmis enragées.

21 septembre.

De chez mon oncle, à Croissy, où nous sommes venus passer
trois jours, je vais à Ferrières et grâce à Eugène Lami, j'y entre (2).
Oh ! les pauvres riches que les riches de ce temps-ci ! Ils n'ont
rien trouvé de mieux que de ramasser du bric-à-brac, de le raccor-
der, de l'empiler tant bien que mal. Ils ont de grands artistes modernes. Ils ont, pour s'orner leurs palais, des sculpteurs comme
Barye, des décorateurs comme Baudry; il y a mille talents à approprier à l'ameublement, des choses à faire qu'eux seuls peuvent
faire, — et rien de neuf, rien d'imprévu, rien de créé, rien qui
fasse envie et qui désespère ! Et tout déparé par l'absence d'unité,
le pot-pourri des styles, des étoffes, des meubles ! La molesquine
à côté du velours, le velours à côté de la soierie chinoise. Pas une
invention, pas une imagination ! A peine si dans un petit fumoir,
où cinq fumeurs s'asphyxient, Lami a déroulé une petite frise
charmante de Carnaval de Venise. De l'or qui ne crée pas, c'est
honteux ! Impuissance de l'argent au XIXᵉ siècle !

(1) Dans la BIOGRAPHIE UNIVERSELLE de Michaud, nouv. éd., t. 37 (1861)
l'article sur Gabriel de Saint-Aubin est signé B-N-T, il contient un renvoi à la notice
des Goncourt; même signature abrégée au bas d'une note mise à l'article signé P-E
et consacrée à Augustin de Saint-Aubin : cette note salue dans les Goncourt « deux
écrivains ingénieux, fort au fait des choses du XVIIIᵉ siècle », mais réprouve, dans
leurs écrits, « une affectation systématique de style ».

(2) Sur Ferrières, cf. t. I, p. 494, et p. 1156, n. 1.

Nous revenons pour le dîner de Magny. On cause de Vigny, le mort du jour, et voilà Sainte-Beuve jetant des anecdotes sur sa fosse. Quand j'entends, avec ses petites phrases, Sainte-Beuve toucher à un mort, il me semble voir des fourmis toucher à un cadavre; il vous nettoie une gloire, et vous avez un petit squelette de l'individu bien net et proprement arrangé.

« Mon Dieu, dit-il avec un geste onctueux, on ne sait pas trop s'il était noble, on ne lui a jamais vu de famille. C'était un noble de 1814 : à cette époque-là, on n'y regardait pas de si près... Il y a dans la correspondance de Garrick un de Vigny, qui lui demande de l'argent, mais très *noblement*, qui le choisit pour l'obliger : il serait curieux de savoir s'il en descend. C'était un ange. Il a toujours été *ange*, Vigny ! Jamais on n'a vu de bifteck chez lui. Quand on le quittait à sept heures pour aller dîner, il vous disait : « Comment, vous vous en allez déjà ? » Il ne comprenait rien à la réalité, il ne la voyait pas. Il avait des mots superbes de naïveté. Sortant de prononcer son discours à l'Académie, un ami lui dit que son discours était un peu long : « Mais je ne suis pas fatigué », lui répond de Vigny (1)... Avec cela, un reste de militaire. Lors de cette même réception, il avait une cravate noire et rencontrant, dans la bibliothèque, Spontini, qui avait gardé l'étiquette du costume impérial, il s'écrie : « N'est-ce pas que l'uniforme est dans la nature, Spontini ? » Gaspard de Pons, qui avait été dans son régiment, disait de lui : « En voilà un qui n'a pas l'air des trois choses qu'il est, un militaire, un poète et un homme d'esprit ! »

« Il était très maladroit. L'arrangement qui le mena à l'Académie, il n'y comprit rien. Quand il recommandait quelqu'un pour nos prix, il le perdait. Il apportait des extraits du livre à couronner et les lisait. Il impatientait tout le monde. Pour Taine, à propos de son Tite-Live, tout le monde était d'accord pour lui donner le prix. Vigny arrive, dit que c'est très bien, qu'il vient de le lire et qu'il demande à l'Académie la permission de lui en lire

---

(1) Le discours de Vigny — qui avait pris pour thèmes l'opposition du Penseur et de l'Improvisateur et le triomphe de la génération romantique — était de longueur normale; mais lu avec une complaisante lenteur, il impatienta le public, qui se vengea en aggravant par ses sourires et ses applaudissements les pointes contenues dans la réponse de Molé, d'où l'irritation de Vigny contre ce dernier (29 janv. 1846).

des passages. Au premier, il avait eu la main malheureuse ; Saint-Marc-Girardin se met à dire : « Mais ça n'est pas mieux que ça ? Je ne donne pas le prix ! » Et ainsi de suite... Il retarda ce prix d'un an.

« Il planait tellement au-dessus du monde réel, que lorsqu'il ne couchait pas encore avec Mme Dorval, Mme Dorval put lui dire : « Alfred, est-ce que vous ne comptez pas bientôt demander ma main à mes parents ? » De Vigny, on passe aux salons de Paris. Sainte-Beuve parle de celui de Mme de Circourt, salon très éclectique, très plein, très mêlé, très vivant, un peu trop bruyant, où l'on tombait un peu sur n'importe qui et où l'on parlait beaucoup, tous à la fois : « C'était un étourdissement plutôt qu'une conversation. » Puis on en vient aux deux uniques salons où les hommes de lettres vont maintenant : la Princesse et Mme de Païva. Ici, Gautier prend la parole et nous déroule l'étrange vie de cette femme (1).

Elle est la fille naturelle du prince Constantin et d'une Juive. Sa mère, qui était très belle, défigurée par la petite vérole, fit couvrir de crêpe tous les miroirs de la maison, pour ne plus se voir. La petite grandit sans glace. On lui disait qu'elle avait un nez en pomme de terre : cela la tourmentait beaucoup, elle ne savait pas ce que ça pouvait être. Pour détourner les soupçons de sang princier dans ses veines, on la maria jeune à un tailleur français de Moscou. Elle se laissa enlever de là par Herz, qui lui donnait des leçons de piano. A Paris, Herz, ruiné en 48, se sauve et la laisse. Elle tombe très gravement malade, sans le sou, à l'hôtel Valin, rue des Champs-Élysées, au quatrième. Gautier reçoit un mot d'elle, où elle le prie de venir la voir. Il y va. Elle lui dit : « Tu vois où j'en suis. Il se peut que je n'en revienne pas. Si ça arrive, tout est dit. Mais si j'en reviens, je ne suis pas une femme à gagner ma vie en faisant des chaussons de lisière : je veux avoir, à deux pas d'ici, le plus bel hôtel de Paris, tu entends bien, rappelle-toi ça ! » Elle en revient. Son amie Camille, la marchande de modes, l'arme en guerre, lui fournit son arsenal de trousseau et de toilettes pour son grand coup. Gautier la revoit au moment de partir, tout cela

(1) Add. 1887, en note : *Le récit est un peu romanesque, mais je ne suis qu'un sténographe et le donne tel qu'il sortit de la bouche de Gautier. Dans la parole de Gautier, il faut toujours s'attendre à du romanesque ou à de l'hyperbolisme ; dans la parole de Flaubert, à de l'exagération, à du grossissement des choses.*

étalé, l'essayant comme un soldat son fusil avant la bataille. Elle
lui dit : « Mais comme on ne peut répondre de rien, je peux rater
mon coup. Eh bien, alors, bonsoir ! » Et elle lui demande un flacon de chloroforme pour s'empoisonner en cas de pas de chance.
Gautier va demander cela à un interne de ses amis et le lui apporte.

Elle part. Quelques mois après, Gautier la trouve à Londres
dans une belle maison de campagne, avec une immense voiture,
magnifique : «Eh bien, bien ! lui dit-il, je vois que vous n'avez pas
eu besoin encore de poison ! » Elle lui explique alors qu'elle en
est très près, qu'elle n'a rien fait, que tout ça, ce sont ses frais et
qu'elle n'a plus que cinq cents francs, qu'il lui faut, avec ce dernier
argent, obtenir une loge de Lumley pour le lendemain à l'Opéra :
« J'ai mon idée », lui dit-elle. Gautier l'obtient. Et elle *fait* un
certain lord Howard (1), toqué, dont la manie est de se croire
enceint : on l'accouchait en lui tirant quelques chiffons. Au bout
de quelque temps, il passe à cette femme dans la tête le désir, la
pensée fixe de danser avec une reine. Elle rencontre M. de Païva,
ambassadeur de Portugal, bientôt amoureux fou. Elle va se faire
instruire, avec un sérieux parfait, de la religion catholique dans un
couvent, abjure sans rire, l'épouse et va en Portugal faire dans un
grand quadrille un vis-à-vis à la reine ! Puis ayant joui de tout cela,
trouve que la reine lui a fait la moue, que son nez lui a déplu, se
dégoûte de Païva, qui lui avait reconnu en l'épousant cent mille
francs, le traite de *rat*, le quitte et se sauve, sans pouvoir être repêchée par les légations mises à ses trousses par Païva.

Ici se place sans doute le récit fait par Saint-Victor de la poursuite de l'homme avec qui elle est maintenant, à travers l'Europe,
en Suède, etc., — un jeune baron silésien, le marquis de Carabas de
Silésie, dont le père a quatre-vingt-sept ans et autant de millions (2).

(1) Var. en marge : *Dudley*. — Cette variante ferait croire à une erreur
dans le corps du texte Ms. : il s'agirait non point de la famille des Howard, mais
de celle des Ward, comtes de Dudley : on songe alors à John William Ward,
l'ami de Canning, ministre des Affaires étrangères, dont la vieillesse abonde en
excentricités de toutes sortes. Mais il meurt en 1833; or, d'après les indications,
d'ailleurs très vagues, des biographes de la Païva — Boulenger et Loliée — le séjour
à Londres de la courtisane se situerait entre 1841 et 1849. S'il en est ainsi, faut-il
songer à William Ward, comte de Dudley (1817-1885), fils du précédent?

(2) Il s'agit du comte Henckel de Donnersmarck, qui finira par épouser la
Païva.

Amoureux fou d'elle, lui bâtit l'hôtel rêvé aux Champs-Élysées, lui achète Pontchartrain, où elle se croit descendre de Mme de Maintenon (1). La femme russe, dans sa force et sa diplomatie effrayante ! Elle veut un collier de perles noires de 60.000 francs. Le baron silésien trouve que c'est un peu cher. Elle voit à l'Exposition un meuble de 35.000 francs, marchandé par l'Empereur, qui le trouve trop cher, l'achète aussitôt, l'envoie au baron comme cadeau. Il lui achète le collier. Elle le renvoie, lui disant qu'elle ne fait pas un cadeau pour en avoir un. Il se pique et lui envoie toute la garniture de perles noires. En ce moment, si amoureux d'elle, qu'il donne beaucoup d'argent au denier de Saint-Pierre, dans l'espérance de faire casser par le Pape son mariage avec Païva.

30 septembre.

Après dîner, chez la Princesse, Girardin disait : « Maintenant qu'il n'y a plus ni bien ni mal, qu'on ne sait plus trop ce qui est droit, ce qui est honnête, qu'il n'y a plus de règle pour tout cela, qu'il n'y a plus qu'une chose, le succès, l'Empereur doit avoir un ministre qui s'appelle *Succès* ! Drouyn de Lhuys n'a pas été plus heureux avec la Russie que les ministres de Louis-Philippe : il faut donc le sacrifier (2). Honnêteté, bonnes intentions de l'homme, qu'est-ce que ça me fait ? Un ministre est absolument comme un cuisinier qui m'apporterait les plus beaux certificats du monde et qui ferait de la mauvaise cuisine : je serais responsable de sa mauvaise cuisine vis-à-vis de mes invités et je le chasserais. »

En chemin de fer, on cause de la candidature de Gautier à l'Académie : « Ce n'est pas possible, dit Sainte-Beuve, il lui

(1) Sur la commune de Jouars, près de la route de Paris à Dreux, le château de Pontchartrain datait du chancelier Louis Phélypeaux, comte de Pontchartrain (1643-1727), qui l'avait fait rebâtir par François Mansart.

(2) Voir t. I, p. 1250, n. 1, sur l'insurrection polonaise. Les démarches de Drouyn de Lhuys auprès des Russes s'étaient bornées à de platoniques conseils de modération, transmis le 16 avril 1863 à notre ambassadeur : ils mécontentèrent les Russes, sans obtenir de résultat positif... Drouyn de Lhuys gardera cependant les Affaires Étrangères jusqu'en 1866. L'allusion aux *ministres de Louis-Philippe* doit concerner, *mutatis mutandis*, le ministère de Jacques Laffitte, renvoyé en mars 1831 : Louis-Philippe lui reprochait, entre autres choses, d'avoir imprudemment irrité la Russie par ses encouragements aux insurgés polonais de 1831.

faudrait un an de visites, de sollicitations... Aucun des académiciens ne le connaît. Voyez-vous, le grand point, il faut qu'ils
vous aient vu, qu'ils aient fait connaissance avec votre figure...
Une élection, sachez-le bien, c'est une intrigue. Une intrigue,
fait-il en se reprenant, dans le bon sens du mot... Voyons, —
et il compte sur ses doigts, — il aura Augier, Feuillet, peut-être
Rémusat, Vitet, je crois. Il faudrait que je les voie beaucoup,
par exemple, ces deux-là ! Si c'était bien mené, mon Dieu...
Cousin, on lui lâcherait la Colonna, qui lui dirait qu'elle veut
absolument une symphonie en blanc majeur à elle adressée.
Par exemple, il ne faudrait pas qu'elle lâchât Cousin une
minute avant l'élection !... Par la Princesse, nous aurions aussi
Sacy... » (1)

La santé est de beaucoup dans la carrière d'un homme. Il y
a des gens qui naissent armés de cette force du corps sans défaillance, qui fait la volonté à toute heure. Girardin nous dit qu'il n'a
jamais été malade, qu'il ne sait pas ce que c'est que la maladie.

Octobre.

J'ai acheté l'autre jour des albums d'obscénités japonaises.
Cela me réjouit, m'amuse, m'enchante l'œil. Je regarde cela en
dehors de l'obscénité, qui y est et qui semble ne pas y être et que
je ne vois pas, tant elle disparaît sous la fantaisie. La violence des
lignes, l'imprévu de la conjonction, l'arrangement des accessoires,
le caprice des poses et des choses, le pittoresque et pour ainsi dire
le paysage des parties génitales. En les regardant, je songe à l'art
grec, l'ennui dans la perfection, un art qui ne se lavera jamais de
ce crime : *l'académique* !

De tous les grands personnages de l'histoire de France,
c'est peut-être encore Alexandre Dumas qui, dans ses romans, a
fait les médailles les plus ressemblantes,... en mie de pain.

(1) Gautier, le 3 avril 1862, avait recueilli une seule voix, quand il s'était
porté à la succession de Scribe; il se fera battre par Autran au fauteuil Ponsard le
7 mai 1868 et par Barbier au fauteuil Empis le 29 avril 1869. — La Symphonie en
blanc majeur, la pièce VI d'Émaux et Camées, vite célèbre par la virtuosité de ses
transpositions de sensations, avait été inspirée par Mme Kalergis.

ANNÉE 1863

Nous avons découvert la grande fatigue du monde : c'est de paraître attentif à des choses qui ne vous intéressent pas. Cela courbature en dedans !

Je viens de lire le nouveau programme de ce ministre touche-à-tout, Duruy, pour l'enseignement de l'histoire présente et toute chaude dans les collèges (1). Il restait cela à faire à ce gouvernement-ci, imposer aux enfants un catéchisme historique, former à l'Empire tout ce qui naît, prendre et surprendre les opinions politiques avant qu'elles ne soient; chez les générations, précéder le journal par le professeur; jeter dans les cervelles qui se forment l'idée que rien n'a été bien que ceci; despotiser des cervelles non encore formées; mettre déjà la servitude dans le devoir, la courtisanerie dans le cours; profiter de l'âge sans critique pour lui donner l'histoire du MONITEUR d'aujourd'hui; séduire en un mot les âmes mineures et commencer devant les enfants l'apothéose des Empereurs dans l'histoire. Ce ministre-ci aura attaché son nom à une bassesse de réclame, inconnue jusqu'ici des pouvoirs qui se sont respectés. Honteuse et mauvaise mesure après tout. Le chauvinisme deviendra un pensum, l'Empire héritera auprès de l'enfant de la haine des classiques.

3 octobre.

Assis au Café de la Régence, je trouve à ce coin de la rue Saint-Honoré un aspect du Paris de 1770, et aussi l'aspect d'une grande rue de grande ville de province. Il y a là un joaillier où me semble devoir trôner une belle joaillière de Restif. Les fenêtres des maisons sont bourgeoises. Il y a des passants qui ont l'air de retourner au Marais, des petites filles qui ont l'air de grisettes. Je pense vaguement à Philidor, il me revient des formes de vinaigrettes et de chaises à porteur, j'ai les yeux et l'âme bien loin de ces horribles parcours anglais des boulevards nouveaux, si longs, si larges, géométriques, ennuyeux comme des grandes routes.

Peut-être que ce qui, en ce temps, a le plus rompu avec le consacré et le classique, c'est le comique, le comique des bouffons

(1) Le décret du 23 septembre 1863 instituait en classe de philosophie un enseignement d'histoire, qui était appelé à prolonger le programme jusqu'à la période contemporaine.

actuels. Cela est du plus grand fantastique, d'une insanité qui arrache le rire, d'un imprévu, d'un caprice de pitre, d'un effet nerveux inouï, des choses qui font l'effet d'un gaz exhilarant qui fait mal, parfois, à faire frissonner, comme si on voyait Hamlet chez Bobèche ou Shakespeare gâteux.

Le vrai commencement d'une féerie est un homme qui va se tuer : monologue sur les grands soucis de la vie, mêlés à l'ennui de la Garde nationale, etc.

4 octobre.

Gavarni me donne une épreuve avant la lettre de son portrait. Il me dit que Bertauts, pour ces épreuves, a fait de l'encre spéciale, qui lui a coûté cent francs.

Hier, en sortant de la représentation d'ALADIN, il m'est revenu une idée que j'ai eue bien souvent en sortant du spectacle (1). Molière, en lisant ses pièces à sa servante, a jugé le théâtre : il se mettait simplement au niveau du public des œuvres dramatiques.

Morère me disait que dans les cafés où il allait avec Gavarni, Gavarni avait un sens divinatoire pour deviner l'état, la profession des gens qui étaient là. Souvent, Morère les rencontrait dans la rue avec les instruments de la profession qu'il avait dite : flair extraordinaire de l'individu.

Beaucoup d'études, mais encore plus grande mémoire. Il a dans sa tête les visages de tous les gens qu'il a vus. Il *voit* les gens qu'il dessine. Ils lui apparaissent souvent. Il a dit à Morère après avoir crayonné une tête : « Tenez, vous rappelez-vous ? — Non, dit Morère. — Comment ! C'est cet homme, vous savez bien, que nous avons vu sur un quai... » il y a vingt ans de cela !

Dans ce grand génie parvenu de l'art, Gavarni, il y a au fond ce qui reste d'un fond de premier manque d'éducation et d'aisance. Un temps, il s'est jeté, pour cacher cela, dans l'élégance extrême. Il a masqué ses instincts *peuple* sous des gants jaunes. Mais il est resté *peuple* au fond. Il se prend comme le peuple à ce qui est con-

---

(1) ALADIN OU LA LAMPE MERVEILLEUSE, féerie de Dennery et Hector Crémieux, créée au Châtelet le 3 octobre 1863.

sidération bourgeoise, dehors, conditions, titres. Il y a eu toujours, dans les parties qu'il a faites, une économie qui se ressent de la guinguette. Sa table est une vraie table d'ouvrier. Il est insensible à un tas de délicatesses matérielles, qui sont la note d'aristocratie d'un homme. Il a mangé beaucoup d'argent sans en dépenser. Il est fou sans être large, — non qu'il soit avare.

6 octobre.

Michelet me fait l'effet de voir l'histoire comme un homme qui, de la butte Montmartre, verrait Paris par un temps de brouillard, avec quelques éclaircies.

Comme on passe à côté de sa beauté à soi-même et de ce que votre corps a valu! Elle et moi, ce soir, nous nous parlions du temps où nous nous sommes rencontrés, il y a de cela douze ans. Comme nous jouissions de nous sans nous connaître, elle, sans me trouver ce que j'étais, un Chérubin, — moi, sans voir que j'avais dans les bras la DIANE d'Allegrain !

8 octobre.

C'est étonnant comme notre chemin se sera fait par le haut et pas du tout par le bas! Michelet, ces jours-ci, dans la préface de la RÉGENCE, nous traite d'éminents écrivains ! (1) Hugo, me dit Busquet, est plein de curiosité sympathique sur notre compte. C'est la grande critique qui nous a discutés, jugés, appréciés. Des camarades de notre temps, de notre âge, sauf Saint-Victor, nous n'avons trouvé que le silence et l'injure.

Comme Busquet me disait que Scholl était parti se battre avec le fils Granier, voilà Scholl qui passe avec son train courant, son pas nerveux, son allure dégingandée, un chantonnement aux lèvres. Il se bat demain auprès de Paris. Il cause, il blague, il est assez à l'aise, un peu colère, mais d'une très bonne tenue d'âme. Il a vraiment l'air de jouer le rôle d'un homme qui se bat. Il me dit que le petit passe pour être très fort, mais qu'il a pris trente leçons

(1) Dans sa préface (p. XIV) de LA RÉGENCE (1863), Michelet dit n'avoir point recouru aux textes postérieurs à la Régence, malgré les rapprochements faits entre cette époque et celle de Louis XVI par « d'éminents historiens, savants, ingénieux (je pense à MM. de Goncourt) » : malgré tout, « il y a bien des âges entre ces deux âges »... La louange n'allait pas sans réserves.

sur le terrain; et puis qu'au reste, avec sa garde, il en sera quitte au pis aller pour une égratignure au bras. Et il nous donne rendez-vous pour demain au Nain Jaune, à midi. Nous le quittons un peu plus émus que lui, envieux de ce courage de certains tempéraments optimistes, qui consiste à ne pas voir les choses à fond et à ne jamais compter dans un duel littéraire les hasards de mort.

9 octobre.

Les faiseurs de bandes du Nain Jaune nous apprennent que Scholl a reçu un coup d'épée, ce matin, qui pouvait le tuer.

Ces jours-ci, persécuté par cette idée que le monde n'était pas un monde immortel. Et alors, pourquoi tant d'efforts, de sacrifices, de sueurs de sang pour une immortalité qui n'est pas ? Alors pourquoi ne pas prendre de notre carrière le bénéfice et le bruit immédiat, l'argent et la trompette des basses œuvres ?

12 octobre.

A mesure qu'on avance dans la vie, l'amour de la société croît en vous avec le mépris des hommes.

Chez Magny, on cause du sans-cœur de Lamartine. Il y a eu une Mme Blanchecotte, une espèce d'ouvrière-poète, qui s'est faite, après 48, la placeuse dévouée de ses volumes. Lamartine, un beau jour, lui réclama 300 francs de trop : elle alla mettre tout ce qu'elle avait au Mont-de-Piété et les lui apporta. Il les prit.

Je trouve Renan atteint, éteint, un peu affaissé. Tout ce concert d'anathèmes, ces processions, ces prières, ces glas expiatoires, semblent descendre dans cette âme qui a rompu avec le séminaire, mais qui y tient toujours. Et il laisse échapper, en se promenant les mains contre les cuisses, la tête basse et de côté : « Si j'avais cru qu'on serait si bête, que ça ferait tant de bruit, ma foi, je ne sais pas si... »

Quant à Gautier, il est très frappé de toutes ces excommunications. Il y voit une espèce de *jettature*, qui pourrait retomber sur les voisins de table de Renan.

Mercredi 14 octobre.

Pour la Princesse, tout est pour le mieux dans le meilleur des mondes. Billault est mort, tant mieux ! Ça va faire que la politique du gouvernement va se dessiner. Enfin, elle va savoir, elle qui est prête à suivre le gouvernement n'importe où, à se faire ce qu'il voudra, — Jésuite s'il le veut, ça lui est parfaitement égal, — elle va savoir enfin ce qu'il faut être, tandis qu'avec ce diable de Billault, il endormait tout, il empêchait de prendre parti, il arrangeait si bien les situations fausses, qu'on y serait resté éternellement.

Et là-dessus, le dîner, qui avait commencé par de grands regrets sur le mort, finit par des demi-mots dits en souriant : « Oh ! il a été très habile,... il est mort à temps, avant cette question de Pologne. »

Après dîner, la Princesse se sauve du salon, du vieux Sacy et du vieil académicien Lebrun, le vieux journaliste et le vieux poète du temps de M. de Jouy : « Oh ! dit-elle, ces vieux sont si ennuyeux ! » Et elle se met à écouter Gavarni, qu'elle pousse sur ses amours. Car l'amour semble être resté non seulement la grande affaire, mais la grande curiosité de cette femme. Cela seul l'amuse, l'intéresse, l'anime : « Mais il n'y a que cela, dit-elle, moi j'ai été élevée là-dedans. Mon vieux père me disait souvent : « Vois-tu, « quand on ne peut plus faire l'amour ni un bon dîner, il vaut « autant mourir ». Le bon dîner, par exemple, moi je n'y tiens pas. Je mangerais du pain sec, ça me serait bien égal. »

Là-dessus, la porte s'ouvre à deux battants. C'est un ministre. C'est Boudet. La Princesse se lève, quitte ces confidences de Gavarni, les fumeurs, et va s'ennuyer.

15 octobre.

A la répétition de l'Aïeule de Charles Edmond à l'Ambigu. Singulier aspect morne : acteurs, auteurs, l'air d'ouvriers à la tâche. Sur les faces, un certain hébétement d'ennui, de satiété, de fatigue, de ressassement. Les acteurs, les actrices inertes ou marchant automatiquement, arpentent le foyer dans l'entr'acte silencieusement, machinalement, comme dégonflés des passions de leurs rôles. Point d'entrain. Les machinistes mêmes, funèbres et muets dans le travail. C'est une cuisine lugubre et fantomatique que celle du plaisir du public.

Je suis passé chez Scholl à quatre heures. Il tient cercle chez lui. La Barrucci est assise sur un canapé à ses côtés. Il en parle comme d'une sœur de charité ; et même, il nous l'a présentée.

JOURNAL

Samedi 17 *octobre, près Chartres.*

M. Camille Marcille me mène, auprès de chez lui, voir Maintenon, le château actuel des de Noailles. Le ciel est morose et rechigné. Des tulipiers, les feuilles mortes, toutes jaunes, tombent une à une dans les canaux d'eau morte. La vue est barrée par ce grand aqueduc ruiné, qui ne sert à rien. Le château mire lugubrement ses vieilles briques dans des canaux de Hollande. C'est bien là le tombeau froid, humide, ambitieux et ennuyé et ruiné de la mémoire de la Maintenon.

Le journal a tué le salon, le public a succédé à la société !

Du vendredi 16 *au lundi* 19 *octobre, à Oisème près Chartres.*

Nous sortons de passer de bons jours, — avec quelque chose de remué en moi, des jours dont on sort avec un parfum et comme une rosée dans l'âme (1), — dans la famille Camille Marcille, le frère de celui de Paris, à Oisème, près Chartres. C'est un petit nid, une simple maison sur une rampe de verdure, avec au-dessus, comme une chapelle dominant un village, un atelier posé, l'art dressé au haut de la vie de famille.

Là-haut, les yeux se réjouissent dans les Prud'hon, les Chardin, les Fragonard. En bas, dans le jardin, juste grand pour être gai et fleuri, dans la maison petite et pleine, le cœur s'égaie à une honnêteté franche comme l'or, à la cordialité de l'hospitalité, à tout ce qui se lève de bon, de frais, d'heureux, d'un intérieur réglé par le devoir et traversé comme par des vols d'enfants.

Oh, les jolies petites filles qu'il y avait là! Et quelle douceur à avoir leurs petites menottes dans les nôtres et à se promener ainsi, à voir, le soir, en nous allant coucher, la ribambelle de petites bottines à la porte de leur dortoir, comme rangées pour une nuit de Noël dans la cheminée et paraissant attendre un saint Nicolas; à voir le matin, en entrant au salon, entre les fauteuils, leurs petites chaises graduées de taille, selon l'âge de chacune ! Jolis petits anges fous, — et déjà des femmes, — où l'on voit déjà passer des âmes, la joue et le sentiment en fleur ! Amoureux petits êtres, qui

(1) Rayé depuis *des jours.*

vous laissent un rayon, lorsqu'elles ont ri, et se frottent à vous comme des chattes et vous montrent, en vous regardant, le bleu du ciel (1).

Il y eut un tableau charmant. On les entassa dans une petite voiture traînée par un pauvre âne. Un petit paysan à la blouse volante tapait sur le *bourri*. Toutes riaient, criaient, se démenaient. Une charretée de bonheurs de huit ans, point de peintres pour rendre cela !

Tout ce petit monde joue dans les jambes d'un père, qui n'est que bonté, froisse les jupes de soie d'une mère. Je voudrais la peindre, dire tout ce qu'elle m'a laissé de souvenir et combien c'est une figure qui reste au regard et à la pensée. Imaginez une femme d'une trentaine d'années, maigre et avec toutes les élégances de la maigreur, les traits découpés et comme desséchés de la plus fine et de la plus délicate façon du monde, le front bombé, les yeux un peu creux, le nez d'un arc délicieux, la bouche à la fois mordante et douce, le visage de l'ovale le plus aristocratique. Et là dedans, luisant d'un feu froid, cerclés de cernures, des yeux d'un bleu, d'une limpidité inquiétante, d'une transparence d'eau verte, des yeux d'émeraude, dont l'éclair par moments perce, impénétrables et dont on se sent par instants traversé. Et tout cela et le geste et la voix, et les façons comme les yeux, comme le visage, d'une distinction infinie que j'ai vue à quelques bourgeoises et que celle-ci a à un degré incroyable. Je n'ai jamais rencontré de plus grande dame bourgeoise. Il y a comme un rien de sécheresse et parfois comme une note d'hostilité hautaine, ajoutant encore à cette distinction. Mystère que cette femme, qui attire, captive, émeut !

C'est la petite-fille de Walckenaer. Elle a goûté au goût des lettres, à la vie de Paris et elle vit là toute l'année. Je lui disais au premier dîner : « Ce doit être bien dur pour vous, Madame, si parisienne... — Oh, mon Dieu ! a-t-elle fait vivement, quand on aime son mari, ses enfants, il n'y a rien qui soit dur. » Mais ceci a été répondu du ton d'une personne qui trouve indiscret qu'on touche à ses blessures, à des blessures acceptées. Et puis, de plus en plus, à l'air dont elle parlait, dont elle souriait même, j'ai vu passer en même temps l'amertume et la résignation de l'exil en

---

(1) Rayé depuis *et vous montrent*.

province pour une femme, parisienne jusqu'au bout des ongles, intelligente, lettrée, se rappelant les hommes de lettres qu'elle a vus, essayant de vivre de la vie de l'esprit, comme elle peut, en lisant; ayant en horreur les gens terre-à-terre qui l'entourent, la petite ville, les voisins, une fois par an se donnant la distraction du théâtre de Chartres, une pointe de sacrifice qui relève de mélancolie et d'amertume l'agrément de la femme. Elle essayait de me cacher tout cela, même de me le cacher en plaisantant. Et pourtant, peu à peu, je voyais se développer tout ce grand sacrifice accompli, mais saignant.

Le lendemain, à déjeuner, elle eut, à je ne sais quel mot indifférent, un mouvement nerveux, comme un frisson : « Oh ! dit-elle d'un ton étrange, Mademoiselle, je vous en prie, ne me donnez pas d'attaque de nerfs : je suis en train ce matin ! » Elle venait de dire à l'un de nous qu'elle avait pleuré toute la nuit en dormant et que c'était de voir des Parisiens, qui l'avait fait pleurer ainsi, et elle avait ajouté : « Je ne vais jamais à Paris, parce que ça me désole un mois. Je n'irai que pour les dents de ma fille, — et douze heures... »

Et puis, changeant de regard et de voix et regardant sa petite fille de huit ans, — celle-ci se serrant contre moi, se renversant sur moi et me jetant par ses yeux, par ses gestes, par l'étreinte de ses mains, par tout son corps, la tendresse de cette petite âme, si étrangement tendre, — elle se mit à dire, avec un sourire de Joconde presque : « Oh! ma pauvre fille, tu es le sentiment; lui, il est l'esprit. Il t'attrapera toujours. » Puis avec un soupir : « Oui, on peut la laisser ainsi quelques années; puis il faudra essayer de réformer un peu tout cela... ».

Ainsi dans cette femme, tout passe à tout moment d'un ton à un autre, d'une expression à une expression contraire, l'âme et l'esprit, mais toujours avec des sourires souffrants. Et près d'elle, près de cette femme rare, attirante, douloureuse et serpentine à la fois, ma pensée allait à ce grand roman qui était là, à côté de moi : le crucifiement volontaire de la femme dans le devoir.

Voici, je crois, la première aventure d'amour flatteuse qui m'arrive. Une petite bonne, une pauvre enfant trouvée de l'hospice de Châtellerault, servait les enfants. Elle avait une de ces figures minables, comme il semble qu'il y en ait eu au Moyen Age après les grandes famines, avec des yeux d'où le dévouement jaillissait comme de ceux d'un chien battu. La brave fille, le soir, en déshabillant sa maîtresse, se mit à lui dire : « Ah! Madame! ce monsieur Jules, je le trouve si gras, si gai, si joufflu, si gentil, que si j'étais riche, *j'en ferais mon cœur* ! »

Servir un gouvernement, c'est se dévouer à des appointements.

Rien de beau en art que par les aristocraties. Les ouvrages de peuple et pour le peuple, les travaux collectifs pour une collectivité ne sont que pyramides, routes, viaducs.

23, 24, 25 octobre, à Asnières-sur-Oise.

Nous voici chez les Lefebvre. Rien de triste comme ce malheureux père Lefebvre, à demi paralysé, ayant juste assez d'intelligence pour souffrir de sa carrière brisée de son renvoi du Conseil d'État, des coups que lui donne le MONITEUR de chaque matin avec les nominations de ses collègues au Sénat ou à la Grand'Croix de la Légion d'honneur. Je l'en ai entendu un soir avec son fils, dans le jardin, faire des éclats de voix déchirants d'enfant qui pleure. Son indignation s'étouffait dans une sorte de vagissement. Chagrins, désespoirs, amertumes de l'homme politique fauché, expiant la fortune de sa carrière, croyant à l'ingratitude du gouvernement, sentant tous ceux qui demeurent et montent dans les honneurs comme s'ils lui mettaient les pieds sur la poitrine, essayant de travailler et ne pouvant plus, obligé, après quelques minutes d'essai, de se tremper la tête dans de l'eau vinaigrée pour échapper à la congestion. De là, la tristesse retombe sur tout cet intérieur.

Il en est des petites filles jolies trop jeunes comme de ces journées où il fait beau trop matin.

Comme la femme d'Édouard était enceinte et qu'il disait qu'une fille ou un garçon lui était égal, sa belle-mère, tenant furieusement à un garçon, laissa échapper ce mot des entrailles de la femme : « Vous ne savez pas ce que c'est que le bonheur de créer un homme ! »

1343

JOURNAL

Nous causions avec Édouard de l'Impératrice. Voici la très curieuse et très secrète histoire qu'il m'a contée et qui, comme on va voir, vient de source.

Lui-même en causait avec le fils de son ancien chambellan, le jeune Tascher, qu'il a eu dans son bureau pour le former à la diplomatie et qui est maintenant attaché en Allemagne. Tascher lui disait que c'était un mélange de contrastes, de douceur et de violence; mais que par-dessus tout, ce qui dominait en elle, c'était la coquetterie, une coquetterie honnête, mais incroyable et allant jusqu'à l'imprudence. « Tenez, ajouta-t-il en se laissant aller, un de ces derniers hivers, elle a eu l'aventure suivante. Elle coqueta aux petits bals de la cour, aux bals masqués, avec un jeune homme, l'enflamma d'agaceries, de regards, le jeune homme se crut assez encouragé pour lui écrire. Et cela ne s'arrêta pas là. On lui répondit. Le jeune homme en devint fou, si complètement fou, qu'un beau jour, il arriva chez une femme de chambre espagnole de l'Impératrice, aux Tuileries, et lui déclara qu'il resterait jusqu'à ce qu'il eût parlé à l'Impératrice, disant qu'il savait parfaitement ce qu'il faisait et ayant presque l'attitude d'un homme qui avait le droit d'espérer, de demander cette entrevue à l'Impératrice. » Sur cette insistance, cette exigence, cette attitude jusqu'au bout comminatoire du jeune homme, s'entêtant, inébranlable et ayant un pistolet avec lequel il menaçait de se tuer, grand émoi de l'Impératrice. Elle eut pourtant la prudence de ne pas paraître. Le jeune homme cependant restait là, ne voulait pas s'en aller. Tout le château le savait là, dans l'appartement de la femme de chambre. Il y resta quarante-huit heures. On le menaça de le faire emmener par la garde. Il répondit qu'il se tuerait avant qu'elle ne fût arrivée. Enfin, ne sachant plus que faire, l'Impératrice se résolut à aller tout confier, se confesser à l'Empereur. L'Empereur envoya Bassano qui, à force d'instances, obtint du jeune homme qu'il quitterait les Tuileries. Il fut reconduit dans son pays sous escorte. Bassano fit même dans son pays un voyage diplomatique pour ravoir les lettres de l'Impératrice. Il parvint à les rapporter. « C'était un étranger, un Oriental, une tête très vive, ajouta Tascher en finissant. — Ah ! je sais qui c'est, je crois deviner. C'était Kalergis, le fils de l'envoyé de Grèce. — Oui ! »

En arrivant, M. Lefebvre, qui, jusqu'alors, n'avait jamais songé à nous embrasser, tend presque animalement le visage pour nous embrasser. Triste chose, que l'affectuosité revienne à l'homme avec l'intelligence qui s'en va.

Mercredi 28 octobre.

A Saint-Gratien, le dernier dîner de la Princesse, qui revient demain à Paris. Se rôtissant les pieds et un peu de la jambe, dans une pause d'homme, adossée à la cheminée, la Princesse entre en fureur contre la gâterie et l'adulation présente des enfants : « L'autre jour pour un bobo qu'un enfant avait au derrière, la famille était aux champs. Ils sont venus ici me demander ma robe de chambre pour lui en faire faire une pareille, à ce pauvre petit qui avait mal au derrière... On les dorlote, on les lave ! Eh bien, quand ils auraient les pieds sales ? Ils se les laveront à vingt ans ! Il faut que les enfants en passent par là. Nous n'avons pas été élevés comme ça, nous autres !... Quand je vois Benedetti embrasser la main de sa fille, j'ai envie de le claquer !... J'en ai passé, moi, des heures à avoir une plaque de fer blanc dans le dos, pour me le faire plat, qu'on attachait avec les vieux rubans de la Légion d'honneur de papa, et les pieds dans une boîte, et du pigeon et des épinards qu'on me forçait à manger pendant trois semaines... Il faut cela aux enfants ! »

Une maison où il n'y a ni élégance, ni distinction quelque part ou en quelqu'un, soit de la maîtresse ou de la bonne, d'une pièce ou d'un objet, m'est odieuse.

Jeudi 29 octobre, à Croisset près Rouen.

Nous trouvons, au débarcadère du chemin de fer, Flaubert avec son frère, chirurgien en chef de l'hôpital de Rouen, un très grand et méphistophélique garçon, à grande barbe noire, maigre, le profil découpé comme l'ombre d'un visage, le corps balancé sur lui-même, souple, comme une liane (1)... Nous roulons en fiacre jusqu'à Croisset, une jolie habitation à la façade Louis XVI, posée au bas d'une montée sur le bord de la

---

(1) Le frère de Flaubert : Achille Flaubert, de neuf ans son aîné.

Seine, qui semble ici le bout d'un lac et qui a un peu de la vague de la mer (1).

Nous voilà dans ce cabinet du travail obstiné et sans trêve, qui a vu tant de labeur et d'où sont sortis MADAME BOVARY et SALAMMBÔ.

Deux fenêtres donnent sur la Seine et laissent voir l'eau et les bateaux qui passent; trois fenêtres s'ouvrent sur le jardin, où une superbe charmille semble étayer la colline qui monte derrière la maison. Des corps de bibliothèque en bois de chêne, à colonnes torses, placés entre ces dernières fenêtres, se relient à la grande bibliothèque, qui fait tout le fond fermé de la pièce. En face la vue du jardin, sur des boiseries blanches, une cheminée qui porte une pendule paternelle en marbre jaune, avec buste d'Hippocrate en bronze. À côté, une mauvaise aquarelle, le portrait d'une petite Anglaise, langoureuse et maladive, qu'a connue Flaubert à Paris (2). Puis des dessus de boîtes à dessins indiens, encadrés comme des aquarelles, et l'eau-forte de Callot, une TENTATION DE SAINT-ANTOINE, qui sont là, comme les images du talent du maître.

Entre les deux fenêtres donnant sur la Seine, se lève, sur une gaine carrée peinte en bronze, le buste en marbre blanc de sa sœur morte, par Pradier, avec deux grandes anglaises, figure pure et ferme qui semble une figure grecque retrouvée dans un keep-sake (3). A côté, un divan-lit, fait d'un matelas recouvert d'une étoffe turque et chargé de coussins. Au milieu de la pièce, auprès d'une table portant une cassette de l'Inde à dessins coloriés, sur laquelle une idole dorée, est la table du travail, une grande table ronde à tapis vert, où l'écrivain prend l'encre à un encrier qui est un crapaud.

(1) Var. 1887 : *à la façade Empire.* — D'après René Dumesnil (GUSTAVE FLAUBERT, 1932, p. 113), cette maison achetée en 1844 par le père du romancier, avait été bâtie au XVIIIᵉ siècle par les bénédictins de Saint-Ouen de Rouen. On sait que l'abbé Prévost passe pour y avoir écrit MANON LESCAUT. L'habitation a disparu, sauf le pavillon du bord de l'eau, où se trouvait le cabinet de travail décrit par les Goncourt.

(2) Gertrude Collier, avec qui Flaubert adolescent avait passé de longues heures sur la plage de Trouville, avant de fréquenter à Paris chez l'amiral Collier, attaché naval en France et père de Gertrude. Celle-ci se fera connaître en Angleterre sous son nom de femme mariée, Mrs Tennant.

(3) Caroline Hamard, la confidente de Flaubert, morte le 20 mars 1846 à la naissance d'une petite fille, dont il va être question plus loin.

Une perse gaie, de façon ancienne et un peu orientale, à grosses fleurs rouges, garnit les portes et les fenêtres. Et çà et là, sur la cheminée, sur les tables, sur les tablettes des bibliothèques, accrochées à des bras, appliquées contre le mur, un bric-à-brac de choses d'Orient : des amulettes avec la patine verte de l'Égypte, des flèches, des armes, des instruments de musique, le banc de bois sur lequel les peuplades d'Afrique dorment, coupent leur viande, s'asseyent, des plats de cuivre, des colliers de verre et deux pieds de momie, arrachés par lui aux grottes de Samoûn et mettant au milieu des brochures leur bronze florentin et la vie figée de leurs muscles.

Cet intérieur, c'est l'homme, ses goûts et son talent : sa vraie passion est celle de ce gros Orient, il y a un fond de Barbare dans cette nature artiste.

30 octobre.

Il nous lit sa féerie qu'il vient de finir, LE CHATEAU DES CŒURS, une œuvre dont, dans mon estime pour lui, je le croyais incapable. Avoir lu toutes les féeries pour arriver à faire la plus vulgaire de toutes !

Il vit ici avec une nièce, la fille de cette sœur morte dont il a le buste, et sa mère qui, née en 1793, garde la vitalité des sangs de ce temps-là et, sous ses traits de vieille femme, la dignité d'une grande beauté passée (1).

C'est un intérieur assez sévère, très bourgeois et un peu serré. Les feux sont maigres dans les cheminées et les tapis cessent sur le carreau. Il y a de l'économie normande jusque dans l'ordinaire largesse provinciale, la nourriture. Point d'autre métal que l'argenterie, qui fait un peu froid, quand on pense qu'on est dans la maison d'un chirurgien, que la soupière est peut-être le paiement d'une jambe coupée, et le plat d'argent, d'une ablation de sein.

Cette réserve faite, que je crois plutôt particulière à la race qu'à la maison, l'hospitalité y est cordiale, accueillante et franche. La pauvre fille, prise entre la studiosité de son oncle et la vieillesse

---

(1) Corr. 1887 : *née en* 1794. Dumesnil (*loc. cit.*, p. 27) donne Caroline Fleuriot comme née le 7 septembre 1792. — La nièce de Flaubert prénommée aussi Caroline, élevée par Gustave et Mme Flaubert mère, deviendra Mme Commanville.

JOURNAL

de sa grand'mère, a d'aimables paroles, de jolis regards bleus et une jolie moue de regret, quand sur les sept heures, après le *Bonsoir, ma vieille !* de Flaubert à sa mère, la vieille grand'maman l'emmène dans sa chambre, pour se coucher bientôt.

1er novembre.

Nous sommes restés enfermés toute la journée. Cela plaît à Flaubert, qui semble avoir l'exercice en horreur et que sa mère est obligée de tourmenter pour mettre le pied dans le jardin. Elle nous disait que souvent, allant à Rouen, elle le retrouvait, en revenant, à la même place, dans la même pose, presque effrayée de son immobilité. Point de mouvement : il vit dans sa copie et dans son cabinet. Point de cheval, point de canot.

Toute la journée, sans se reposer, d'une voix tonnante, avec des éclats de voix de théâtre de boulevard, il nous a lu son premier roman, écrit en quatrième et qui n'a d'autre titre sur la couverture que FRAGMENTS DE STYLE QUELCONQUE. — Le sujet est la perte du pucelage d'un jeune homme avec une *putain idéale*. Il y a dans le jeune homme beaucoup de Flaubert, des espérances, aspirations, mélancolie, misanthropie, haine des masses. Tout cela, sauf le dialogue qui n'existe pas, est d'une puissance étonnante pour son âge (1). Il y a déjà là, dans le petit détail du paysage, l'observation délicate et charmante de MADAME BOVARY. Le commencement de ce roman, une tristesse d'automne, est une chose qu'il pourrait signer à l'heure qu'il est. En un mot, cela, malgré ses imperfections, est très fort.

Comme repos, avant dîner, il a été fouiller dans toutes ses défroques, costumes et souvenirs de voyages. Il a remué avec joie toute sa mascarade orientale ; et le voilà nous costumant et se costumant, superbe sous le *tarbouch*, une tête de Turc magnifique, avec ses beaux traits gras, son teint plein de sang et sa moustache tombante. Et il finit par retirer en soupirant la vieille culotte de peau de ses longs voyages, la regardant avec l'attendrissement d'un serpent qui regarderait sa vieille peau.

En cherchant son roman, il a trouvé des papiers *pêle-mêlés*, qu'il nous lit ce soir.

(1) Cf. t. I, p. 711, n. 2.

1348

C'est la confession autographe du pédéraste Chollet, qui tua son amant par jalousie et fut guillotiné au Havre, avec tout le détail de sa passion.

C'est la lettre d'une putain, offrant toutes les ordures de ses tendresses à un *miché*.

C'est l'épouvantable et sinistre lettre de ce malheureux qui devient bossu par devant et derrière à trois ans; puis dartreux à vif, brûlé à l'eau-forte et aux cantharides par des charlatans; puis boiteux, puis cul-de-jatte. Récit sans plainte, et terrible par cela même, d'un martyr de la fatalité, morceau de papier qui est encore la plus grande objection que j'aie rencontrée contre la Providence et la bonté de Dieu.

Et nous grisant de toutes ces vérités nues, de ces abîmes de choses vraies, nous nous disions : « La belle publication à faire, pour les philosophes et les moralistes, d'un choix de choses pareilles, qui seraient les ARCHIVES SECRÈTES DE L'HUMANITÉ ! »

A peine si nous sommes sortis un instant, à deux pas de la maison, dans le jardin. Le paysage avait l'air, la nuit, d'un paysage en cheveux.

2 novembre.

Nous avons demandé à Flaubert de nous lire un peu de ses notes de voyage (1). Il commence; et à mesure qu'il nous déroule ses fatigues, ses marches forcées, ses dix-huit heures de cheval, les journées sans eau, les nuits dévorées d'insectes, les duretés incessantes de la vie, plus dures encore que le péril journalier, une vérole effroyable brochant sur le tout et une dysenterie terrible à la suite du mercure, je me demande s'il n'y a pas eu vanité et pose dans ce voyage choisi, fait et parachevé pour en rapporter les récits et l'orgueil aux populations de Rouen.

Ses notes, faites avec l'art d'un habile peintre et qui ressemblent à de colorées esquisses, manquent, il faut le dire, malgré leur incroyable conscience, application et volonté de rendu, de ce je ne sais quoi, qui est l'âme des choses et qu'un peintre, Fromentin, a si bien perçu dans son SAHARA.

(1) Il s'agit des notes prises au cours du voyage d'Orient, entrepris avec Du Camp en 1849-1850; ces notes seront publiées, au moins partiellement, sous le titre de : A BORD DE LA CANGE, en 1880.

Toute la journée, il nous en lit; toute la soirée, il nous en dit. Et nous avons, à la fin de cette journée chambrée, comme la fatigue de tous les pays parcourus et de tous les paysages décrits. Comme repos, il n'a fumé que quelques pipes qu'il brûle vite, et toujours en causant littérature, tantôt essayant de réagir avec quelque mauvaise foi contre son tempérament, disant qu'il faut s'attacher aux côtés de l'art éternels et que spécialiser est empêcher cette éternité, que le spécial et le local ne peuvent produire le beau pur. Et comme nous lui demandons ce qu'il appelle le beau : « C'est ce par quoi je suis vaguement exalté ! »

Au reste, sur toutes choses, il a des thèses qui ne peuvent être sincères, des opinions de parade et de *chic* délicat, des paradoxes de modestie et des ravalements véritablement par trop exagérés devant l'orientalisme de Byron ou la puissance des AFFINITÉS ÉLECTIVES de Gœthe.

Il est minuit sonné. Il vient de nous finir son retour par la Grèce. Il ne veut pas encore nous lâcher, il veut encore causer, encore lire, nous disant qu'à cette heure, il commence à s'éveiller et qu'il se coucherait à six heures, si nous n'avions pas envie de dormir. Hier, Flaubert me disait : « Je n'ai pas baisé de vingt à vingt-quatre ans, parce que je m'étais promis de ne pas baiser. » Il y a là le fond et le secret de l'homme. Un homme qui s'impose des abstinences pour lui-même, ce n'est pas un homme d'instinct, ce n'est pas un homme qui parle, qui vit, qui pense naturellement. Il se modèle et se façonne selon certaines vanités, certains orgueils intimes, certaines théories secrètes, certains respects humains.

C'est un joli mot que celui de Mme de Dino, et profond, que son mot à Montrond, je crois, qui lui disait dans un château : « Mais il serait bien plus simple, au lieu de traverser tous les corridors, que j'aille coucher dans votre chambre, au lieu de vous compromettre à venir chez moi ! — Oui, mais vous pourriez mourir chez moi ! »

A propos du CAPITAINE FRACASSE, rien de plus choquant dans un livre que la réalité des choses faisant contraste au romanesque, au convenu, au faux des personnages. Tout ce qui est matière est détaillé, vivant, présent; tout le reste, dialogues, caractères, intrigues, est de convention. On voit le mur, l'ombre du héros. Le héros lui-même s'efface, fuit, s'estompe dans le faux et le vague. Défaut énorme de ce genre, qui, par l'empâtement, fait marcher le paysage, la maison, l'appartement, le costume sur l'homme, l'habit sur le caractère, le corps sur l'âme (1).

8 novembre.

Scholl tombe à sa façon chez nous, avec son coup de sonnette d'événement et d'ouragan. Il tient à nous démontrer sa nouvelle maîtresse, la Barrucci, et nous invite, de manière à ne pouvoir refuser, à dîner ce soir chez elle : « Vous verrez, mon cher, un luxe... C'est dégoûtant ! J'ai apporté ma pipe en bois pour fumer dans sa chambre. »

C'est au quartier des grandes filles, au n° 120 de l'avenue des Champs-Élysées, qu'elle demeure, à un premier dont les volets laissent filtrer les lumières d'une fête. Le luxe, le faste s'annoncent dès la loge du portier et vous conduisent chez elle par le grand escalier blanc à tapis, en vous mettant sous la main une rampe de velours.

Une grande livrée ouvre; et d'une antichambre assourdie par la moquette et les portières, on entre dans un grand salon blanc, le plafond peint en ciel, à portières, meubles et rideaux de lampas rouge. Une petite jardinière carrée, en imitation d'émail cloisonné, s'élève au milieu d'un divan rond. Des glaces du plus riche mauvais goût XVIe siècle; des consoles et des tables, où des sculpteurs de Venise semblent avoir taillé à la serpe des raisins et des ceps feuillus. Çà et là, de grands vases en imitation de Faënza, qu'on achète chez les mauvais marchands de Saxe moderne et de plaqué; et à une place d'honneur, sous un globe, une horrible coupe de Froment-Meurice en argent bruni, à feuillage émaillé, imitation fâcheuse de Benvenuto. Sur le velours du socle qui la porte, il y a, en or, un *N* surmonté de la couronne impériale; et sur la coupe, on lit, gravé : *Napoléon III.* Ceci représente, sans doute, une nuit d'amour de notre empereur.

(1) LE CAPITAINE FRACASSE de Théophile Gautier (1863) conte, à la manière du ROMAN COMIQUE de Scarron, les aventures du baron de Sigognac, quittant le château paternel pour suivre Isabelle, l'ingénue de la troupe de comédiens ambulants, parmi laquelle il s'engage.

La Barrucci est une femme assez grande, mince et svelte. Elle a de grands yeux noirs, un air de bonté vive, les traits de la petite beauté italienne, ce joli parler d'une jolie étrangère qui estropie le français. Elle est prise dans une robe montante de velours bleu clair, bordé partout de petit gris. Les lumières des lustres, à toutes les cassures de plis, mettent comme des miroitements de peluche et des blancheurs de givre. Et les caresses de lueurs, tombant de chaque côté et de haut sur ses épaules, semblent y verser, comme sur le velours d'un portrait de La Tour, la poudre tombée d'une perruque. Sur la tête, elle a une résille bleue du même ton que sa robe, avec une rose rouge piquée sur le côté. C'est tout à fait un joli pastel.

Il y a là Albéric Second, Royer; et arrive une femme, une amie, un repoussoir horrible et comme ces femmes savent les choisir, une grosse Émilie Williams, qui arrive d'Argenteuil, où malgré la pluie, elle a canoté toute la journée avec un M. de Nivière.

Le dîner est somptueux, insolent. En dépliant les serviettes, la main s'accroche aux broderies superbes du chiffre et de la couronne de la maîtresse de la maison, répétés dans les assiettes et sur les verres, dont le verre disparaît sous la gravure. L'argenterie remplit le buffet; de grands plats de majolique sont plaqués aux murs comme des boucliers. Sur la table, il y a la parade des corbeilles de fruits et des pièces truffées, montées avec des arrêts (1). Cela commence avec la soupe à la tortue, avec de vrais morceaux de tortue, puis des truffes, des faisans montés, des asperges en branches, des buissons de monstrueuses écrevisses de la Meuse. Les vins, c'est le Château-Yquem, le Les-d'Estournel, le Château-Margaux, les premiers crus du Rhin. Tout cela est accompagné de hors-d'œuvre qu'on passe. Il y a un grand luxe de tous ces excitants, poivrés, pimentés, chauffés, chargés, du caviar, des olives farcies, des piments à l'Italienne, de la mortadelle, — luxe d'épices que vous retrouvez dans tout repas fait chez une fille et dont le goût va, chez ces femmes, de la Barrucci au bordel.

Dans ce dîner, écrasant de luxe et qui fait penser involontairement aux misères qui n'ont pas de quoi manger, Scholl, ce petit Bordelais, ce petit grand homme de province, à la maigre cuisine paternelle, dont le plus grand extra était les œufs à la neige,

(1) *Arrêts :* mot peu lisible.

Scholl se plaint et ne trouve point encore que ce soit assez ! Il fait le mécontent dans ce rêve de mangeaille, dit qu'il n'y a rien à manger, demande du bœuf à la mode. C'est le voyou se vengeant de ce luxe si nouveau et inespéré en le blaguant, marchant dessus pour se mettre à sa hauteur. Du reste, il a bien compris ce monde-là, ce monde de femmes sur lesquelles il faut mettre ses talons de bottes, un monde qu'on ne soumet que par l'insolence et qu'il faut toujours étonner par l'exigence. Quand il a bien fait le méchant et le mécontent, quand il a bien craché sur quelque chose, il y a comme un ravissement dans les femmes, comme de mères pour un enfant volontaire. Elles se retournent et vous disent : « Hein! quel enfant gâté ! Il faut faire toutes ses volontés ! » Et l'autre avec sa mine froide, son œil sec, ne leur faisant pas même cadeau d'un sourire ! Pendant ce temps, le service s'empresse vers lui. Il y a du zèle des servantes autour de l'amant de Madame, et je vois à tout moment charger son assiette et la couvrir de truffes par les grands escogriffes à favoris, qui ont du bandit et du charlatan dans l'air, moitié détrousseurs de passants, moitié laquais de l'Eau Merveilleuse(1).

Après dîner, la Barrucci, qu'on pourrait baptiser bête et bonne, nous mène voir sa chambre à coucher. C'est une grande boîte toute capitonnée, ouvragée, frangée de satin feu à liseré de couleur pensée, — un de ces prodigieux ouvrages de tapissier dont on ne peut s'imaginer le prix ! Il y a un lit Louis XVI assez large pour que le Pactole y couche; et dans le fond du lit, à la tête, une horrible copie de l'horrible Vierge a la chaise de Raphaël. Bonne place pour ce chef-d'œuvre !

Elle nous montre tout cela avec la mimique et la vivacité italiennes, disant qu'elle est un peu artiste, qu'elle en a donné les dessins.

Puis on rentre au salon et comme on ne sait trop que faire, on demande à visiter, comme lieux historiques, les lieux où s'est dénouée l'affaire Calzado. L'on revient et la Barrucci, pour être agréable à la société, demande à sa grosse amie de vouloir bien nous montrer son derrière, qu'elle dit fort beau ! L'amie, sans

(1) Opéra comique en un acte, de Grisar, sur un livret de Sauvage, créé à la Renaissance le 30 janvier 1839. Mais il doit y avoir quelque confusion : dans l'Eau Merveilleuse, histoire du charlatan Tartaglia, floué par son jeune rival, le comédien ambulant Belloni, ne figure aucun laquais...

trop s'interloquer, est indécise. Elle hésite quelque temps, déclare qu'elle n'est pas en train, que mon Dieu! elle serait toute prête à nous le montrer particulièrement, mais que comme ça, en cérémonie, ça a l'air bête...

Là-dessus, Scholl fouille et refouille dans la montagne de cartes empilées auprès de la cheminée, dans un grand plat de Chine monté, appelant et blaguant tout haut tous les noms qui s'y trouvent. C'est presque toute la haute société; il y a là des cartes de la cour, des cartes de Bonaparte, des cartes armoriées du faubourg Saint-Germain et du meilleur. Toute la diplomatie française et européenne y est au complet. Je n'ai jamais eu mieux l'idée des ramifications du pouvoir, de l'apothéose sourde de ces femmes-là qu'en écoutant remuer ainsi les relations de celle-ci par son amant, faisant avec orgueil le boniment des connaissances de sa maîtresse.

Et pourquoi toutes ces adorations? Voilà quelques hautes courtisanes qu'il m'est donné de connaître. Aucune ne sort pour moi de la classe des prostituées. Elles ne vous donnent pas autre chose qu'une femme de bordel. Qu'elles en sortent ou qu'elles n'en sortent pas, il me semble qu'elles le sentent toujours et que par leurs gestes, leurs paroles, leur amabilité, elles vous y ramènent toujours. Aucune, jusqu'ici, ne m'a paru d'une race supérieure à celle de la femme de trottoir. Je crois qu'il n'y a plus de courtisanes et que tout ce qui en reste sont des filles.

Lundi 9 novembre.

Dîner chez Magny. Gautier expose la théorie, qui est la sienne, qu'un homme ne doit se montrer affecté de rien, que cela est honteux et dégradant, qu'il ne doit pas montrer de sensibilité, et surtout dans ses amours, — que la sensibilité est un côté inférieur en art et en littérature. Paradoxe qui, de lui, me semble fort intéressé et dont il se paye, peut-être, vis-à-vis de lui-même pour supprimer le cœur dans ses livres...

« Cette force que j'ai, dit-il, c'est par le stoïcisme des muscles que j'y suis arrivé. Il y a une chose qui m'a servi de leçon. A Montfaucon, on me montra un jour des chiens. Il fallait passer bien au milieu du chemin et bien tenir les pans de sa redingote. C'étaient des chiens très vigilants, des chiens élevés pour la garde, pour les châteaux, pour les fermes. Quand on leur mettait un âne dans le chemin et qu'on les lâchait, en cinq minutes, l'âne était nettoyé, propre, une carcasse... On me fit passer à côté, dans un autre compartiment de chiens. Ceux-là avaient une peur ! Ils vous léchaient vos talons de bottes : « C'est une autre espèce ? demandai-je à l'homme. — Non, Monsieur, ce sont absolument les mêmes ; mais les autres, on leur donne de la viande, ceux-là, on ne les nourrit qu'à la panade. » Cela m'a éclairé... J'ai mangé par jour dix livres de mouton et j'allais à la barrière, le lundi, attendre la descente des plâtriers pour les battre. »

Taine, qui a je ne sais quel air de clergyman à cette table et dans le monde, serré dans son habit noir, — l'air de revenir de l'Université d'Oxford par le Mont-de-Piété, — nous disait que maintenant, la spéculation d'Hachette était de commander des livres, des livres dans le courant du goût et des besoins du public, des livres qu'il vendait par le sujet et le titre, ce qui le dispensait d'avoir besoin d'hommes, d'un nom, de talent. Les succès de ventes et d'argent ont l'air de fort l'affriander. Il parle avec envie de Michelet, qui, en s'éditant lui-même et en ayant sa femme qui s'entend aux affaires, s'est fait, à ce qu'il dit, — c'est fort exagéré sans doute, — vingt mille de rentes. Je vois passer le bout de l'oreille du faiseur de livres, fort en quête de sujets bien posés, des études qui rapportent.

Mardi 10 *novembre.*

« Elle l'emmène sur les grands chemins au mois de décembre, malgré ses rhumatismes : je vous demande un peu ! Ce pauvre bonhomme, à son âge... Il est si bon ! L'autre jour, il y a un ministre qui dit : « Ah ! j'aimerais bien mieux que le Conseil fût jeudi : j'ai une partie de chasse mercredi. » Eh bien ! il a remis le conseil au jeudi ! Et il faut qu'il se dérange de là-bas, qu'il vienne toutes les semaines à Paris... Ah, elle le fait aller ! »

Ainsi parle la Princesse de l'Impératrice et de Compiègne. Sainte-Beuve, qui entre, lui apprend qu'il y est invité, à Compiègne. Et en passant à table, il me dit, en s'essuyant son crâne chauve, qui perle : « Ah ! j' sue déjà ! »

Je dîne à côté de Nieuwerkerke. Il ressemble à la fois à Charlemagne et à un beau chasseur derrière les voitures. Il me rappelle aussi le beau tolpache (1). Ça me paraît, au physique et au moral, l'Antinoüs des hercules de foire. Bête comme une femme : c'est le mot.

Ce qui manque aux livres de Gautier, c'est ce qui manque à l'homme : les nerfs, le système nerveux. Ce qu'il tient de lui, c'est *vache.*

Gaiffe nous accroche sur les boulevards. Il est toujours au moment de faire paraître un journal avec Peyrat. Il blague et se blague comme toujours : « Moi, je leur dis : « Vous voulez que je vous la fasse à la Jacobine ? » Eh bien, je la leur fais !... Garnier-Pagès, c'est lui qui me sauve. Il a dit : « Il y a quelque chose dans Gaiffe ! » Cette huître-là ! Il dit cela, comprenez-vous ?... Dans le journalisme, c'est bien simple, il ne faut jamais suivre une métaphore et ne jamais attaquer Béranger, voilà tout... »

Je le mets sur les souvenirs de la guerre d'Italie, où il a été envoyé comme journaliste. Il me parle des blessés, de ce qu'il a surtout remarqué en eux : l'œil, le regard doux et long, triste, enfantin, *attrapé*, comme d'une petite fille à laquelle on aurait abîmé sa poupée. Puis il me peint un champ de bataille avec la symétrie, l'arrangement ordonné des morts, couchés, avec de petites ombres portées, les traits, — même de ceux qui sont boursouflés, — augustes de paix; et la terre sur tous les champs de bataille, durcie, sans une motte de terre, battue comme une aire de grange. Il me peint encore l'aumônier essoufflé, semant en courant les absolutions sur les champs de blessés, qui le suivent de l'œil comme le gigot à une table d'hôtes.

Un jour, il dînait à l'état-major. A quelques pas de lui, il y avait un officier autrichien blessé, qu'un vieillard, sans doute un vieux domestique, avec une larme dans l'œil, faisait boire. Le jeune homme ne voulait pas et repoussait la boisson avec sa main, à un doigt auquel était une bague armoriée. Dans le mouvement qu'il fit, un peu de la tasse choquée tomba sur sa tunique. Alors, par un mouvement charmant, il donna sur la joue du vieux une tape de gronderie amicale : dans le geste, il passa.

---

(1) Les *tolpaches* étaient, comme les *pandours*, des fantassins appartenant à des corps francs hongrois au XVIIIᵉ siècle.

ANNÉE 1863

Nous allons remercier Michelet, que nous n'avons jamais vu, du mot très flatteur qu'il a mis pour nous dans sa Régence (1).

C'est rue de l'Ouest, au bout du Luxembourg, une grande maison bourgeoise, presque ouvrière. Au troisième, une petite porte à un seul battant, comme une porte de commerçant en chambre. Une bonne ouvre, nous annonce, et nous entrons, comme dans un moulin, dans un petit cabinet.

Le jour est tombé. Une lampe, avec un abat-jour, laisse apercevoir un mobilier où l'acajou se mêle à quelques gros objets d'art, à des glaces sculptées vaguement. Cela ressemble, enseveli dans l'ombre, à un mobilier de bourgeois habitué des Commissaires-Priseurs. Sa femme, une femme dont le visage assez frais, n'a pas d'âge, se tient à côté du bureau, où une lampe, le dos à la fenêtre, droite, assise sur une chaise, dans la pose un peu rigide d'une teneuse de livres dans une librairie protestante (2). Michelet est assis au milieu d'un canapé de velours vert, calé par des coussins à broderie de femme.

Il est comme son histoire même : toutes les parties basses dans la lumière, les hautes dans l'ombre. Le visage, rien qu'une ombre, où de longs cheveux blanchissent et d'où sort une voix... une voix professorale et sonore, roulante et chantante, qui se rengorge, pour ainsi dire, qui monte et descend et fait comme un continuel roucoulement grave.

Il nous parle avec « admiration » de notre étude sur Watteau, de cette histoire si intéressante, qui manque, l'histoire du mobilier français. Et il nous esquisse, comme en de vifs devis de poète, le logis du XVIe siècle, à l'italienne, avec les grands escaliers au milieu du palais; puis les grands plains-pieds permis par la disparition de l'escalier, introduits à l'hôtel de Rambouillet; puis le Louis XIV incommode et sauvage; puis ces merveilles d'appartements des fermiers généraux, à propos desquels il se demande si c'est l'argent des fermiers généraux ou le courant du temps ou le goût des ouvriers, qui les ont fait naître; puis notre appartement moderne, même des plus riches, sérieux, démeublé, désert.

(1) Add. 1887 : *Dans la préface de sa* Régence, *et en note, Edmond cite Michelet : « d'éminents écrivains, savants ingénieux, (je pense à MM. de Goncourt)... »*

(2) Add. 1887 : *dans une librairie protestante.*

Puis : « Vous, Messieurs, qui êtes des observateurs, vous écrirez cette histoire, l'histoire des femmes de chambre... Je ne vous parle pas de Mme de Maintenon, mais vous avez Mlle de Launai... Vous avez la Julie de Mme de Grammont, qui a eu sur elle une si grande influence, dans l'affaire de Corse surtout... Mme du Deffand dit quelque part qu'elle n'a que deux personnes qui lui sont attachées, d'Alembert et sa femme de chambre... Oh ! c'est une chose curieuse et importante que la part de la domesticité dans l'histoire... Les domestiques mâles ont eu moins d'influence...

« Louis XV ? Un homme d'esprit, mais un néant, un néant !...

« Les grandes choses de ce temps saisissent moins, elles échappent, on ne les voit pas. On ne voit pas l'isthme de Suez, on ne voit pas le percement des Alpes... Un chemin de fer : on ne voit qu'une locomotive qui passe, un peu de fumée... et ce chemin a cent lieues ! Oui ! les grandes choses de ce temps, on n'en voit pas la longueur... Je traversais un jour l'Angleterre dans sa partie la plus large, de York à... J'étais à Halifax. Il y avait des trottoirs dans la campagne, une herbe aussi bien tenue que le trottoir et des moutons qui paissaient le long, — tout cela était éclairé au gaz !

« Oh! c'est une chose bien singulière : avez-vous remarqué que dans ce temps-ci, les hommes célèbres n'ont pas la signification de leur physionomie ? Voyez leurs portraits, leurs photographies. Il n'y a plus de beaux portraits. Les gens remarquables ne se distinguent plus. Balzac n'avait rien de caractéristique. Est-ce que vous reconnaitriez, sur la vue, M. de Lamartine pour l'auteur de ses poèmes ? Il n'a rien dans la tête, les yeux éteints,... seulement une élégance de tournure que l'âge n'a pas cassée... C'est qu'en ce temps-ci, il y a chez nous trop d'accumulation. Oui, bien certainement, il y a plus d'accumulation qu'autrefois. Nous contenons tous plus des autres ; et alors, contenant plus des autres, notre physionomie nous est moins propre. Nous sommes plutôt des portraits d'une collectivité que de nous-mêmes... »

Il a remué des idées comme cela, comme à la main, pendant près de vingt minutes, toujours avec cette voix... Nous nous sommes levés. Il nous a reconduits jusqu'à la porte ; et alors, dans la lumière de la lampe qu'il portait, nous est apparu, un moment, ce prodigieux historien de rêve, ce grand somnambule du passé, ce puissant causeur que nous venions d'entendre : nous avons vu un petit vieillard maigriot, criquet, les mains tenant sa redingote sur son ventre, dans un geste étroit, souriant avec de grandes dents de mort et deux petits yeux clairs, l'air d'un vieux, mauvais petit rentier grinchu, la joue balayée de cheveux blancs.

J'entends à dîner chez Magny, le père Sainte-Beuve, penché à l'oreille de Flaubert, lui dire : « Renan est venu dîner l'autre jour chez Mᵐᵉ de Tourbey. Il a été très bien,... très charmant... »
Même ici, à notre table de sceptiques, cela a un peu fait scandale. Que nous tous qui ne fondons ni religion ni doute, qui ne fabriquons ni ne défabriquons de Christ, qui n'avons pas de robe d'apôtre, nous allions un jour là, c'est bien ; mais que cette espèce de prêtre de philosophie mange cette soupe-là, la soupe de Jeanne ! Ce temps-ci est amusant pour ces ironies-là.

En sortant de là et en pérégrinant, du pas lent et balancé d'un éléphant qui, après une traversée, se souvient du roulis, — c'est le pas du Gautier d'aujourd'hui, — Gautier, tout en étant heureux et flatté comme un débutant des articles que vient de lui consacrer Sainte-Beuve, se plaint de ce qu'il n'a point parlé, dans l'examen de ses poésies, de celles où il a mis le plus de lui-même : ÉMAUX ET CAMÉES (1).

Il se plaint de cette application du feuilletoniste à trouver chez lui un côté amoureux, sentimental, élégiaque, dont il a horreur. Il dit que certainement, dans les trente volumes qu'il a été obligé de pondre, il a été bien forcé de donner aux bourgeois la satisfaction, là, de sentiments, là, d'amour. Gautier ajoute :

« Les deux vraies cordes de mon œuvre, les deux vraies grandes notes sont la bouffonnerie et la mélancolie noire, — un emmerdement de mon temps, qui m'a fait chercher une espèce de dépaysement.

— Oui, lui disons-nous, vous avez la nostalgie de l'obélisque ! (2)

---

(1) L'article de Sainte-Beuve, paru dans les CONSTITUTIONNEL des 16, 23 et 30 novembre (cf. NOUV. LUNDIS, t. VI, pp. 265-339) concernait aussi bien les Salons, la critique dramatique, les VOYAGES, un roman comme LE CAPITAINE FRACASSE, que le recueil poétique d'ÉMAUX ET CAMÉES : étude d'ensemble, à propos de toute une série d'œuvres de Gautier rééditées nouvellement dans la *Bibliothèque Charpentier.*

(2) Allusion à la pièce d'ÉMAUX ET CAMÉES, XIII, NOSTALGIES D'OBÉLISQUES, où dialoguent les mélancolies symétriques et contraires des deux obélisques de Louqsor, l'Égyptien et le Parisien.

1359

— C'est cela ! Et c'est cela que Sainte-Beuve ne comprend pas. Il ne comprend pas que nous sommes tous les quatre ici des malades : ce qui nous distingue, c'est le sens de l'exotique. Il y a deux sens de l'exotique. Le premier vous donne le goût de l'exotique dans l'espace, le goût de l'Amérique, de l'Inde, des femmes jaunes, vertes, etc. Le second, qui est le plus raffiné, une corruption plus suprême, c'est le goût de l'exotique dans le temps. Par exemple, voilà Flaubert, il voudrait baiser à Carthage ; vous, vous voudriez la Parabère ; et moi, rien ne m'exciterait comme une momie...

— Mais comment voulez-vous, lui disons-nous, que le père Sainte-Beuve, en dépit de sa rage de tout comprendre, comprenne à fond un talent comme le vôtre ? D'abord, c'est très gentil, ses articles, c'est d'une aimable littérature, c'est très ingénieux, et puis voilà tout ! Jamais, avec sa petite touche, son petit parlage écrit, il n'a baptisé un homme, ni donné la formule d'un talent. Aucun de ses jugements n'a frappé, coulé dans un bronze la médaille d'une gloire... Et vous, avec tout son désir de vous être agréable, comment pouvait-il entrer dans votre peau ? Tout votre côté plastique lui échappe. Quand vous décrivez du nu, c'est chez vous comme un onanisme de la ligne (1). Vous venez de nous le dire tout à l'heure, vous ne cherchez pas à mettre de sensualité là dedans. Eh bien, pour lui, le nu, la description d'un sein, d'un corps de femme, tout cela est inséparable de l'idée cochonne, de l'excitation. Il y a du Devéria, pour lui, dans la Vénus de Milo.

Dans le journalisme, l'honnête homme est celui qui se fait payer l'opinion qu'il a ; le malhonnête, celui qu'on paie pour avoir l'opinion qu'il n'a pas.

Nous lisions, ces jours-ci, les Mœurs de La Popelinière, ce livre d'une si jolie polissonnerie, qui se jette à la fin dans une mer de culs fripons. Et il nous semblait, en le lisant, voir les femmes du peintre Baudouin retrousser à tout moment leurs jupes et devenir des académies de Boucher.

---

(1) Var. 1887 : *Quand vous décrivez du nu, ça lui paraît en quelque sorte de l'onanisme littéraire sous le prétexte de la ligne.*

27 novembre.

Après les grandes pestes, les grandes rafles d'êtres au Moyen Age, il naissait des gens avec des moitiés de sens : à l'un un œil, à l'autre les dents manquaient, à l'autre l'odorat, à l'autre l'ouïe. On aurait dit que la Nature, pressée de recréer, faisait de la pacotille, bouchait les trous tant bien que mal.

La femme qui nous sert semble être née dans une de ces fournées, tant ses sens moraux et physiques sont à l'état ébauché et incomplet.

Quel étrange contraste ! Gavarni, — ce Gavarni que la postérité se figurera comme le maître et l'essence de l'élégance, lui qui a chiffonné dans ses dessins tant de soie, tant de luxe, le dessus du panier de Paris, — Gavarni a un intérieur et des goûts presque d'ouvrier.

Un verre de marchand de vin pour boire du vin lui est égal. Il a horreur, dans un dîner, de tout ce qui sent la recherche, les vins extra, les mets montés ; et il appelle un dîner bien distingué celui où il n'y a pas cela.

Il vit avec une mère et sa fille, une providence de soins et de bonté, de dévouement, mais deux provinciales de Limoges (1). La mère, l'aspect d'une vieille portière qui tire les cartes ; la fille, maigre comme une cigale, dans une éternelle robe noire effrangée, ayant l'air d'une chanteuse de café dans le deuil d'une éternelle débine. Gavarni, cette intelligence si fine, si distinguée, si profonde, vit sans en souffrir, avec l'intelligence de ces deux femmes, dont l'une, la plus vieille, est à peu près tombée dans l'hébétement et le silence de l'enfance et dont l'autre est sans cesse bourdonnante d'un insolent parlage sur toutes choses (2). Je n'ai jamais vu un esprit supporter avec plus de patience l'imbécillité bavarde et j'en ai quelquefois, en m'en retournant chez moi, des étonnements et des stupéfactions.

---

(1) Il s'agit de Mlle Aimée, — Mlle Delesgues, — ancienne amie de pension de Mme Gavarni et qui, depuis la mort de Jean Gavarni, avait accepté de s'occuper, avec sa mère, de l'intérieur de Gavarni.

(2) Add. éd. : *de ces deux femmes.*

En passant dans le Luxembourg, à la nuit tombante : dans un coin du jardin, une vieille femme, la misère en chapeau, arrachait fièvreusement de l'écorce à un arbre, qu'elle fourrait, en regardant, inquiète, à droite et à gauche, dans sa poche. Toute la soirée, dans la chaleur où j'étais, j'ai été poursuivi par l'idée du feu maigre de la pauvre cheminée de cette vieille femme.

Ce soir, au Vaudeville, à la première des DIABLES NOIRS, Lia à force d'obsessions, d'intimidations, d'importunités, de menaces secrètes des scènes futures, est arrivée à nous faire dire par Saint-Victor, de Berton, avec lequel elle couche : « N'est-ce pas qu'il joue très bien ? » (1)

On nous racontait, ces jours-ci, de ce saltimbanque, Baudelaire, qu'il avait fait élection de domicile dans un petit hôtel, près d'un chemin de fer, et qu'il avait pris une chambre donnant sur un corridor, toujours plein de voyageurs, une vraie gare. Sa porte grande ouverte, il donne à tous le spectacle de lui-même en travail, en application de génie, les mains fouillant sa pensée, à travers ses longs cheveux blancs.

Henry Monnier ferait des volumes avec notre maîtresse. Elle a rêvé, l'autre jour, qu'elle était emportée en l'air par un aigle, un rêve qui la gonfle d'orgueil. Elle a consulté un monsieur de la mairie, qui lui a dit : « Vous serez comme décorée... »
« Eh bien, oui », fait-elle en nous voyant chercher ce que ça peut être, « enfin oui, une médaille..., quelque chose..., enfin, comme décorée... »

Au dîner chez la Princesse, nos amis Flaubert et Saint-Victor nous portent insupportablement sur les nerfs, avec ce redoublement de grécomanie. Enfin, ils en arrivent à admirer dans le

---

(1) LES DIABLES NOIRS, drame en quatre actes, de Victorien Sardou.

Parthénon jusqu'à la couleur de cet admirable blanc, qui est, dit Flaubert avec enthousiasme, « noir comme de l'ébène ! »

La Princesse parle, comme tout émoustillée, du plaisir qu'elle a eu à voir les DIABLES NOIRS. Elle a été grattée et chatouillée par la passion que l'auteur a cherché à y mettre. Le maquereau, dont Sardou a fait son héros, est pour elle sympathique. Les femmes, je le vois, n'ont point notre morale, elles n'ont que la conscience de leurs passions. Peut-être n'y a-t-il pas de maquereau pour les femmes ?

4 décembre.

Voilà trois jours que notre roman, RENÉE MAUPERIN, a commencé à paraître dans l'OPINION NATIONALE. Voilà trois jours que nos amis s'abstiennent rigoureusement de nous en parler et que nous n'en avons nul contre-coup dans l'allant ou le venant. Nous étions un peu désespérés de cette chose qui tombait dans le silence, quand, ce matin, nous est venue une très aimable lettre de Féval, qui nous montre que notre enfant remue.

Là-dessus, je pose des sangsues, derrière les oreilles, à Edmond, qui a mal aux yeux depuis quelque temps. Il a une dilatation de la pupille aussi forte que s'il avait été empoisonné avec de la belladone. Et notre médecin Simon se demande si ce ne serait pas l'excès de tabac.

Le signe d'une nature artiste est le désir des choses contre son instinct, tel que le désir du renversement du gouvernement.

6 décembre.

Ce qui est me semble surtout avoir le caractère du sens dessus dessous. Coup sur coup, aujourd'hui, voici ce qui me tombe à l'oreille : Girardin est à Compiègne et on en parle très sérieusement comme préfet de police.

Lundi 7 décembre.

En sortant de chez Magny, les hommes me semblent petits et pleins de choses apprises. Bonneval, cet homme dont Scholl lui-même se refusait à serrer la main, vient de faire un riche mariage ; et Scholl est presque un grand homme !

L'envie s'exaspère au théâtre. Il y en a deux grands exemples et deux assez laids martyrs : Dumas fils et Barrière. Il leur est impossible d'assister à une première représentation d'un autre et de travailler après un succès d'autrui.

11 décembre.

J'achète sans nulle émotion, comme Rothschild les achèterait, deux Lavreince 600 francs. Vraiment, jamais un franc n'a été un franc pour moi.

12 décembre.

En sortant de chez le médecin Magne, qui vient d'examiner les yeux d'Edmond, nous pensons de quel vaste orgueil doit vous remplir la médecine, cette combativité avec Dieu, et combien doit être empoignante cette partie d'échecs avec la mort. Suivre une maladie inconnue, sauver quelqu'un : que tout, auprès de cela, est petit ! Et comme auprès de cette vie qu'on touche par tous les bouts, la littérature est chose morte !

13 décembre.

Je sors d'une conférence du dimanche chez Flaubert, avec l'étonnement et le dégoût de la servitude des idées que je rencontre partout. Ils font semblant de remuer des paradoxes, et leurs paradoxes sont toujours un catéchisme !

16 décembre.

La Princesse, arrivée à cinq heures de Compiègne, est enthousiasmée d'une princesse de Bauffremont, l'âme des répétitions, qui dit : « Moi, je suis un vieux cabotin ! » Et l'on criera après le langage de notre roman !

Elle parle de l'Empereur : « Qu'est-ce que vous voulez ? cet homme, il n'est ni vif ni impressionnable. Il écoute tout le monde : il n'y a que les faits qui le décident. Rien ne l'émeut. L'autre jour, on lui a lâché un siphon d'eau de Seltz dans le cou; il s'est contenté de passer son verre de l'autre côté, sans rien dire. C'est un homme qui ne se met jamais en colère; et sa plus grande parole de colère est : « C'est absurde. » Il n'en dit jamais plus... Mais moi, si je l'avais épousé, je lui aurais cassé la tête pour voir ce qu'il y a dedans. »

Elle dit qu'elle a été touchée des plaintes de misère de Ponsard, obligé de vivre à Vienne. Et sur ce qu'elle en a touché à l'Empereur, l'Empereur lui a dit : « De l'argent ? c'est impossible ! Je lui ai déjà donné cinquante mille francs. »

Puis, l'on parle de l'article de Beulé (1). Exaspération de la Princesse, racolant des articles dans toute la société et disant : « Vous êtes tous des poltrons ! Vous êtes comme l'Empereur ! Il veut ménager le chou et la chèvre, et vous verrez qu'il sera mangé par la chèvre et le chou ! »

Ici, elle est interrompue par Sainte-Beuve, qui lui dit avec une certaine fermeté que l'Empereur n'a jamais tenu compte de la pensée, des revues, des journaux ; qu'il a fondé une revue, qu'il a laissée misérablement mourir de faim ; qu'on n'est jamais sûr d'être soutenu et qu'au fond, il n'y a de place au soleil que dans les journaux et les revues hostiles au gouvernement : « Vous dites : le Moniteur ? Comment ! Ce Moniteur, avec les gamins qui le dirigent !... Moi qui vous parle, j'ai été obligé de me raccommoder lâchement avec Buloz, avec lequel j'ai été fâché pendant dix ans (2)... Figurez-vous, — ici, j'ouvre une parenthèse, — je lui

(1) On trouvera en janvier 1867, un résumé de la polémique qui met aux prises, en 1863, Ingres et Nieuwerkerke. Ici, c'est Beulé, qui, dans L'ÉCOLE DE ROME AU XIXᵉ SIÈCLE, article paru dans la REVUE DES DEUX MONDES du 15 décembre 1863, s'insurge contre la nouvelle réglementation de l'Académie de France à Rome et de l'École des Beaux-Arts, objet du décret du 15 novembre 1863 : avant de retracer les fastes de l'École pour la justifier, il s'en prend au rapport de Nieuwerkerke, adressé par lui au maréchal Vaillant pour motiver la réforme : c'est « une triste tentative qui n'a plus besoin d'être combattue ».

(2) Les *gamins du MONITEUR*, ce sont Julien Turgan et Paul Dalloz (ce dernier est né en 1829 et Turgan en 1824), co-gérants du journal depuis 1852 et qui en ont fait un journal à grand tirage, à abonnements peu onéreux (40 francs au lieu de 120), où l'on a appelé Dumas, Gautier, About, Feuillet, etc., de façon à *couler* la presse d'opposition. Sainte-Beuve, sauf une interruption de six mois, y avait donné ses LUNDIS depuis le 6 décembre 1852 jusqu'au 26 août 1861. Depuis le 16 septembre 1861, il a quitté le MONITEUR pour le CONSTITUTIONNEL. — Sur la brouille avec Buloz, survenue en 1846, et provoquée en particulier par une action de la Société de la REVUE dont Sainte-Beuve veut se défaire, cf. A. Billy, S. B., t. I., p. 420. Sainte-Beuve, qui n'y collaborait plus depuis le 1ᵉʳ janvier 1848, y rentre avec un article sur Magnin le 15 mai 1863 ; mais sa collaboration restera espacée.

ai dit : «Vous êtes un voleur ! » et cela devant le monde. Et sur ce mot, vous ne savez pas ce qu'il a dit, au lieu de s'indigner?... « Ah! vous me cherchez des poux à la tête ! »

Cela va mal : gâchis gouvernemental, sens dessus dessous plus complet que jamais, des courants contrariés de faveur, Girardin qui soutient Pelletan à Compiègne et l'Empereur lui disant à déjeuner : « Eh bien ! Vous êtes content, vous avez la figure gaie d'avoir un ami dans la Chambre; et moi qui vous reçois, j'ai la figure longue d'avoir un ennemi de plus ! »

Et puis, — plus haut que tout cela, plus haut que cette anarchie de cour qui permet, un jour, le livre de Renan et qui l'autre jour, fait casser dans la pièce de Sandeau les bustes de Voltaire et de Rousseau, — ce tiraillement et cette impudente contradiction, qui tuera ceci : un principe qui est l'autorité, une tendance qui est la révolution (1).

17 décembre.

En regardant les yeux de Mme Marcille, ces yeux d'un bleu aigu, où les pupilles contractées sont comme des têtes d'épingles noires, ces yeux étranges et profonds, clairs et fascinants, ces yeux qu'on pourrait comparer avec leur cernure, à des émeraudes montées dans de la fièvre, je pensais au danger qu'il y aurait à voir trop souvent cette femme, danger fait tout entier de l'immatérialité de la personne, de ce caractère surnaturel des yeux, de cet émaciement de ses traits, d'une finesse presque psychique, de cette distinction d'une femme de Poe parisienne.

De toutes les femmes que j'ai vues, c'est elle que je serais le plus orgueilleux d'occuper; que je serais le plus humilié de ne pas toucher, comme un être distingué; par laquelle il me serait le plus dur de ne pas être estimé à ma valeur.

Et cependant, si je l'aimais, je comprends avec elle un amour dont il y a à faire un beau roman : non de possession corporelle, mais de la possession absolue de tout ce qui me charme en elle, de tout ce qui est immatériel, une possession de son cœur, de

---

(1) Le livre de Renan, c'est la Vie de Jésus. La pièce de Sandeau, c'est la Maison de Penarvan (Théâtre-Français, 15 décembre 1863) : les bustes en question ornent la maison rustique du noble démocrate Paul de Penarvan (cf. acte II, sc. 2).

sa tête, de son imagination. Je ne serais pas jaloux que son mari couchât avec elle; mais je voudrais que toutes ses tendresses m'appartinssent et je serais peut-être jaloux de ses enfants. Elle me disait qu'elle se réveillait la nuit pour entendre rouler les fiacres, — pour se sentir à Paris.

18 décembre.

Dîner chez Feydeau, où sous le faux et le gros luxe, se perçoivent des embarras, des préoccupations d'argent, une maison où on sent qu'on tire le diable par la queue avec des gants blancs... Charmante petite miniature de femme, mais ne dégageant autour d'elle ni esprit ni gaîté; une espèce d'Asiatique du Nord, mettant autour d'elle un sentiment de mélancolie ennuyeuse.

Flaubert a eu sa féerie refusée par Hostein, qui la lui a renvoyée par une espèce de commissionnaire, sans lettre, sans regrets. Le commissionnaire, questionné par Flaubert, a seulement répondu : « Ce n'est pas ce que M. Hostein voulait ». On devrait vraiment écrire sur les théâtres : *Les hommes de lettres n'entrent pas ici.*

Les Parisiens ont le teint d'un lendemain de bal masqué.

Passé un soir, assis à la porte du Café Véron, à voir entrer mes confrères de lettres que je ne connais pas. Tous ces visages sont tirés, travaillés, tourmentés. Il y a dans tous les gestes une nervosité maladive. Il n'y a pas là une figure heureuse, ni bonne.

Lundi 21 décembre.

Chez Magny. Nous sommes à peu près au complet et la dispute est énorme sur toutes choses.

« Boileau est bien plus poète que Racine », crie Saint-Victor.

« Bossuet écrit mal », affirme Flaubert.

Renan et Taine mettent La Bruyère au-dessous de La Rochefoucauld. Nous poussons des cris de paon.

« La Bruyère manque de philosophie, crient-ils.

— Qu'est-ce que c'est que ça ? »

Renan se rabat sur Pascal, qu'il proclame le premier écrivain de la langue française. « Un pur cul, Pascal! » crie Gautier.

Saint-Victor déclame du Hugo. Taine dit : « Généraliser la particularité, voilà tout Schiller. Particulariser la généralité, voilà tout Gœthe! »

On se bat sur l'esthétique, on trouve du génie aux rhéteurs, il y a des luttes homériques sur la valeur des mots et la musique des phrases. Puis entre Gautier et Taine... Sainte-Beuve les regarde douloureusement et d'un air inquiet. Tous parlent; et de la voix de tous, sortent des professions de foi d'athéisme, des morceaux d'utopie, des lambeaux de discours conventionnel, des systèmes de nationalisation de la religion. Et j'assiste à ce beau spectacle de voir Taine, qui vient de dégueuler à la fenêtre, se retourner et encore tout vert, des filets de vomissure à sa barbe, professer une heure durant, dans le mal de cœur, la supériorité de son Dieu protestant.

Mardi 22 *décembre.*

Dîner chez M. Delahante, amant de toute la famille Félix. Dans le salon, un grand portrait de son père. Tout ces bourgeois-là, du temps de Louis-Philippe, sont de la race des Bertin. C'est la bourgeoisie qui, à force de manger des truffes, a pris la face froncée de l'animal qui les cherche. Tête basse, soucieuse, occupée, rogue; une amplitude des ventres; des Domitiens de boutique ou de finance, assis dans leur obésité comme dans leur trône.

A côté de cette image de la truffe, nous avons fait le plus piètre et le plus étriqué des dîners. Cela m'a donné une assez triste idée du Jockey français : les membres seraient-ils simplement des blagueurs de la grande vie?

J'entendais raconter ce trait, assez touchant et assez dramatique, de Claudin arrivant chez le correspondant universel des journaux de province, Brainne, qui est devenu fou, et trouvant sa femme qui fait toutes les correspondances, même les courriers politiques, — ce qui prouve qu'il y a, en ce monde, même dans les lettres, bien des ouvrages à la portée de tous les sexes.

24 *décembre.*

Je vais servir de témoin à l'acte de naissance du second fils d'Édouard Lefebvre. Il y a une sécheresse horrible dans ces actes de la vie civile moderne. La famille moderne me semble appartenir au cadastre et à la statistique.

Édouard me contait ce mot, introuvable, de son premier fils, à qui on montre son petit frère de quelques heures et qui lui dit : « Ne pleure pas ! Veux-tu un fouet ? Je vais aller te chercher un fouet. »

Il faut se garder autant que possible de rendre un service aux princes : les princes n'estiment ce que vaut un service que vous pouvez leur rendre que lorsque vous ne le leur rendez pas.

Tous les sentiments humains, et peut-être même l'amour, ne sont que des composés ou des décomposés du sentiment de la propriété.

30 décembre.

Voici notre journée. Cette nuit, j'ai travaillé jusqu'à trois heures du matin à la scène d'amour de notre premier acte (1). Après déjeuner, j'ai été retirer aux Commissaires-Priseurs deux dessins que j'avais achetés hier. Puis nous avons corrigé les épreuves de notre nouvelle édition de l'HISTOIRE DE LA SOCIÉTÉ PENDANT LA RÉVOLUTION. Après cela, nous sommes montés sur des échelles et nous avons nettoyé avec de la potasse les murs et les toiles d'araignée de notre antichambre. De trois à quatre, nous avons été prendre notre leçon d'armes. En rentrant, un commissionnaire nous apporte des Commissaires-Priseurs un magnifique pastel de Perroneau, pour lequel nous avions donné commission, dimanche, à une vente de tableaux de l'École française. Nous nous habillons, mettons des cravates blanches, allons dîner chez la Princesse, revenons et fumons une pipe, en adoration devant notre Perroneau, posé sur la table de notre chambre.

31 décembre.

En regardant le Perroneau et nos tapisseries de Beauvais, je songe que le XVIIIe siècle a eu, dans son ameublement d'art, le *velouté*.

(1) La déclaration d'amour, sous le masque, de Paul de Bréville à Mme Maréchal au bal de l'Opéra : HENRIETTE MARÉCHAL, acte I, sc. 10.

Imprimerie Nationale de Monaco

Fasquelle et Flammarion, Éditeurs

N° 3815 - Octobre 1959